공립유치원교사 임용시험 대비

제3판

박문각

하수혜

거름이

유아교육개론

하

희 망

성실하게 뚜벅뚜벅 자신의 길을 가는 사람들에게만
보이는 그 별의 이름은 희망입니다.

지금도 어디선가 자신의 자리에서
묵묵히 책장을 넘기고 있을 선생님들이

자신들의 별을 찾아
그 빛을 나누어 주는 시간이 오기를 간절히 바랍니다.

아무리 어려워도 희망을 다 써버린 때는 없습니다.

우리가 견뎌내야 하는 시간들에
혹 어둠이 오더라도
맘도 몸도 다치지 않고
어울려 다독여 가며
세상의 밤을 밝히고
서로의 마음을 따듯하게 어루만져 줄 수 있는 우리이기를.

- by 하수혜

차 례

SESSION 09 유치원 교육과정 및 운영

SESSION 10 유아교육 프로그램

SESSION 11 누리과정 총론

		CHECK 1	CHECK 2	CHECK 3
UNIT01	부모교육의 역사			
UNIT02	부모교육의 개념과 목적			
UNIT03	부모교육의 필요성			
UNIT04	부모 양육 태도			
UNIT05	드라이커스-민주적 부모교육이론			
UNIT06	기노트-인본주의 부모교육이론			
UNIT07	고든-부모 효율성 훈련			
UNIT08	번-상호교류분석이론/교류분석이론			
UNIT09	행동주의 부모교육이론			
UNIT10	체계적 부모 효율성 훈련(STEP)			
UNIT11	적극적 부모 역할 훈련(APT)			
UNIT12	자녀가 경청하는 대화하기			
UNIT13	주장훈련			
UNIT14	가정과의 협력			
UNIT15	지역과의 협력			
UNIT16	생태학에 근거한 부모교육			
UNIT17	가족체계이론			
UNIT18	부모-교사의 관계			
UNIT19	상담의 원리 및 이론			
UNIT20	상담의 자세와 태도			
UNIT21	부모교육의 계획			
UNIT22	부모교육의 방법			

부모교육

I 부모교육의 의의와 역사

MEMO

UNIT 01 부모교육의 역사

1 서양

17~18세기	코메니우스	• 부모교육의 기원 • '모친학교 = 어머니의 무릎학교'
	로크	• 아동은 성인의 축소판이 아닌 성인과 다른 존재라고 보았다. • **부모 역할**: 훈육 시 벌보다는 칭찬을, 명령보다는 모범적이고 훌륭한 모델로서의 역할을 수행하는 것이라고 하였다.
	루소	• 성선설 • 자연이 이끄는 대로 따르면 바르고 건강한 발달이 이루어진다고 보았다. • **부모 역할**: 아동의 연령과 능력을 고려하여 적절한 과제를 제시하고, 개인차를 감안하며, 지나친 간섭은 지양하는 것이라고 보았다.
19세기	페스탈로치	• 아이들의 최초의 교사는 어머니이며, 모성애는 아동 발달의 원동력이라고 보았다. • 어머니와 자녀의 감각적 상호작용을 통해 조화로운 발달을 도모하였다. • 교육은 아동이 성장하여 가정을 벗어나기 전에 이루어져야 한다고 보았다. • 『게르트루트는 자녀들을 어떻게 가르쳤는가?』
	프뢰벨	• 유아중심적 교육 • 상호작용에 근거한 자녀 양육을 강조하였다. • 부모·자녀 간 수평적 관계의 중요성에 대한 인식을 고취시켰다. • 『어머니와 아기의 노래』
20세기	• 20세기 초반은 부모교육 이론들을 체계화할 수 있을 정도로 다양한 이론이 발표된 시기이다. – 프로이드의 정신분석이론, 아들러의 심리학이론, 왓슨의 행동주의 이론들은 모두 영유아기와 어머니 양육의 중요성을 강조하고 있다. – 이로써 영유아들의 정서, 안정성, 적응성, 발달적 욕구 등이 고려되기 시작하였고, 현대 부모교육의 이론 정립에 많은 영향을 주게 되었다. • 또한, 어머니교육 대신 부모교육이라는 용어가 사용되기 시작하였다.	

MEMO

SESSION #5

2 한국

1914년	• 미국 선교사 브라운 리: 개성에 유치원을 설립하고, '자모회'를 조직하였다. – 어머니들 교육을 통해 조직적인 부모교육이 시작되었다. 이화유치원의 학부모를 대상으로 한 '어머니회(자모회)'를 통해 아동중심교육에 입각한 유희 중심의 유치원 교육을 이해시키고, 한국 어머니들에게 육아법을 계몽하였다.
1930년	• 하워드: '어머니회'를 통한 교육운동을 가장 적극적으로 추진한 사람이다. – 어머니 교육, 아버지 교육에 관심을 가지고 '어머니회'에 양친이 함께 출석하도록 지도하였다.
1941년	이화여자대학교 교육학과 유아교육전공 영역에 '부모교육' 과목이 개설되었다.
1960년	아동연구, 인지발달의 중요성이 강조되고, 부모교육에 대한 인식이 확대되기 시작되었다.
1970년	• 육아 전반적인 분야로 관심이 확대되었다. • 한국행동과학연구소 주관 부모교육 세미나가 실시되었다.
1980년	• 1979년 UN의 '세계 어린이의 해'를 계기로 1970년대 후반부터 양육도서들이 출판되기 시작하면서 부모교육 활성화를 도모하였다. • 대학 부속 유치원, 염광유치원 등이 부모교육 프로그램을 시도하였다.
1990년	우리 고유의 부모교육 프로그램 개발을 위한 시도가 있었다.

UNIT 02 부모교육의 개념과 목적

1 부모교육의 개념

정의	• 유아교육 사전에서는 부모교육을 '이미 성인이 된 사람들이나 예비부모들을 위한 일종의 성인교육으로, 자녀의 양육이나 교육, 가정생활의 개선 등에 관한 지식을 얻거나 소양을 높이기 위한 것을 목적으로 한다'로 정의하고 있다. – 부모교육은 부모가 보다 나은 역할을 수행하며 부모–자녀 관계를 긍정적으로 유지하고 발전시킬 수 있도록 도울 뿐만 아니라, 부모의 다양한 협력과 지원을 이끌어 교육의 효과를 높인다. • 부모교육이란 유아기 자녀교육의 중요성을 부모들이 알게 하여, 인내심을 갖고 지속적으로 아이들을 양육하게 돕는 교육이다(이원영, 1985). 그 과정에서 부모들이 자녀 양육에 필요한 아동발달과 양육 지식·태도·방법을 익히게 함으로써, 아이들과의 관계를 개선하고 서로 행복감을 느끼게 돕는다. 종합 부모교육이란 부모와 교사들이 양육 지식·태도·방법을 익혀 아이들이 건강하고 행복하게 자라도록 돕고, 가정이 건전하고 따뜻한 양육 공동체가 되게 하는 실용학문이다.

MEMO

<table>
<tr><td rowspan="9">관련 개념</td><td colspan="2">영유아교육 분야에서의 부모교육은 다양한 이름으로 실행되고 있는데 그 강조점은 각각 다르다.</td></tr>
<tr><td>부모교육</td><td>• 부모교육은 초기에는 부모훈련이라는 일방적인 의미가 강조되었으나, 현재는 부모참여와 개입이라는 쌍방적인 의미를 포함해 포괄적인 의미를 가진 용어로 사용되고 있다.
• 부모가 유아교육 및 발달에 적극적으로 참여할 수 있도록 교육자는 지식과 정보를 전달하거나 기술을 가르친다.</td></tr>
<tr><td>부모교육 프로그램</td><td>부모와 자녀 사이의 긍정적인 상호작용을 도모하기 위해 다양한 형태로 기획한 교육활동을 의미한다.</td></tr>
<tr><td>부모훈련</td><td>• 부모도 훈련이 필요하다는 전제하에 이미 자녀를 둔 부모나 아기를 가질 계획이 있는 사람들을 대상으로 양육 기술 및 전략을 알려주는 교육을 의미한다.
– 부모교육과 비슷한 의미로 사용되는데, 구체적 절차와 개입이 있을 때 '훈련'이라는 용어를 사용한다.</td></tr>
<tr><td>부모참여</td><td>• 부모가 파트너로서 자녀가 다니는 교육기관의 다양한 프로그램에 참여하여 자녀양육과 교육이 잘 되도록 협력하는 데 초점을 둔 교육을 의미한다.
– 부모가 가족생활에 영향을 주는 특정 프로그램의 구성과 운영에 직접 참여하는 것으로 부모와 교사가 동반자로서 동등한 입장에서 상호 유대관계를 갖도록 하는 포괄적이고 적극적인 개념이다.</td></tr>
<tr><td>부모 지지하기</td><td>친지로부터의 도움을 포함하여 교회, 지역사회 내의 가족 학부모회, 지방단체, 아동복지시설, 병원, 교육기관, 기업체, 기타 사회사업기관으로부터의 지원 및 지지를 의미한다.</td></tr>
<tr><td>부모 역할하기</td><td>• 부모가 가정에서 자녀를 양육하고 보호하며 지도할 때 실제로 적용할 수 있는 방법을 알게 하는 데 중점을 두는 교육이다.
– 자녀 양육 시 부모－자녀 간의 대화를 비롯해 자녀지도에 포함되는 모든 반응, 활동, 기술을 총망라하는 것으로서, 어머니 역할하기와 아버지 역할하기를 포함한 양육활동을 의미한다.
– 이 과정에는 부모뿐만 아니라 유아의 신체적, 사회적, 정서적, 인지적 발달에 영향을 주는 형제자매, 또래집단, 친척, 교사 등도 포함된다(Binger, 1987).</td></tr>
<tr><td>부모상담</td><td>교사와 부모가 아이 개인에 대하여 정보를 공유하고 자녀양육과 관련된 문제를 생각해 보면서 해결방안을 함께 알아보는 것이다.</td></tr>
</table>

MEMO

SESSION #5

2 부모교육의 목적

목적	• 부모교육의 궁극적인 목적은 부모로 하여금 자녀의 발달 특성을 이해하고, 자녀를 양육하는 데 필요한 지식이나 기술, 태도 등을 습득하도록 도와주는 것이다. – 부모교육의 일차적 목적은 자녀의 성장과정이나 양육 방법과 관련된 폭넓고 전문적인 지식이나 정보를 제공해 주고, 이를 상호 간에 교환할 수 있도록 도와주는 것이다. – 부모로서 자신이 가진 신념에 대해 명료하게 인식하게 하고, 문제가 있을 경우에는 이를 변화시키도록 도와준다. – 부모로 하여금 효율적인 부모 역할을 수행하기 위한 특정한 기술을 습득하도록 도와주는 역할을 한다. – 부모-자녀 간의 상호작용에서 직면하게 되는 여러 가지 문제들에 대해 해결 능력을 증진시켜 준다. • 위와 같은 목적을 이루기 위하여 부모교육은 부모 자신의 발달적 욕구를 우선적으로 고려해야 하며, 부모 역할을 수행할 수 있는 역량을 배양함으로써 이에 대한 자신감과 부모로서의 자존감을 갖게 해야 한다. – 또한, 부모교육은 지나치게 세부적이고 기술적인 측면에 치중하기보다는 부모로서의 가치관과 신념이 확립되도록 하는 것이 바람직하다. – 나아가 부모교육은 부모-자녀 관계라는 좁은 의미에서 벗어나 가족 기능의 강화를 목적으로 해야 한다.

참고

부모교육에 대한 여러 학자들의 정의

에타흐 (Etaugh, 1980)	부모 역할의 지침과 정보를 제공하는 모든 종류의 활동과 경험이다.
브룩스 (Brooks, 1993)	가족에게 아동 양육 방법에 대한 지식을 제공하고 이를 변화시키려는 조직화되고 체계적인 노력이다.
카탈도 (Cataldo, 1987)	부모와 아이들을 돌보는 사람들에게 자녀를 건강하게 양육할 수 있는 방법을 가르쳐 주고 자신감을 증진시킬 수 있도록 제안된 프로그램, 자원서비스 또는 자원이다.
그롯버그 (Grotberg, 1983)	부모로서의 역할 기능을 원활하게 수행할 수 있도록 부모에게 정보나 지식을 전달하고 기술을 가르치는 활동이다.
하먼과 브림 (Harman & Brim, 1990)	부모를 직접적 대상으로 하여 자녀의 발달과 성장을 도모하고, 효과적인 부모 역할에 도움을 주는 조직적 교육 활동이다.

MEMO

UNIT 03 부모교육의 필요성

1 필요성

구분	내용
기본 관점	부모는 아동이 세상에 태어나 최초로 맺게 되는 인간관계이며, 부모가 제공하는 환경은 아동의 전반적인 발달에 중요한 영향을 미친다. 그러나 가족구조와 기능의 변화, 여성 취업의 증가, 지식과 정보의 폭발적 확대와 같은 현대사회의 급속한 변화는 부모들의 가치체계를 혼란시키고 부모 역할을 보다 어렵고 복잡하게 만들고 있다. 이에 부모들은 스스로 부모 역할을 제대로 수행하기 위해서 더 많은 노력과 교육이 필요하다는 것을 인식하게 되었고, 이를 보다 효율적으로 수행할 수 있도록 도와주는 체계적인 부모교육이 필요해졌다.
유아 측면	• 부모의 따뜻한 양육 아래 유아가 건강하고 행복하게 성장하도록 돕기 위해 부모교육이 필요하다. • 가정과 교육기관과의 연계성을 확립하여 유아에게 일관성 있는 교육을 하기 위해 부모교육이 필요하다. • 아동들이 앞으로 살게 될 미래 사회를 준비시켜 주어야 할 사람들이 부모들이므로 부모교육이 필요하다. • 부모의 양육 태도와 상호작용 유형에 따라 유아의 효과적인 전인발달을 이끌어낼 수 있기 때문에 부모교육이 필요하다. – **사회 · 정서발달**: 부모와의 안정적 애착형성은 유아의 원만한 대인관계를 이끈다. – **신체발달**: 부모의 양육 태도를 통해 신체발달이 조장(도전의 격려)되거나 저해(과잉보호)될 수 있다. – **인지발달**: 부모의 언어적 상호작용을 통해 유아에게 풍부한 경험을 제공하고, 유아의 능동적 호기심 및 탐색을 허용한다.
부모 측면	• 부모 자신의 성숙과 인간으로서의 자기성취를 위해 부모교육이 필요하다. – 부모로서의 역할을 수행하는 데에 심리적 준비가 필요하다고 본다. – 양육과정에서 수많은 좌절을 겪으면서 스트레스를 받고 자책할 수 있으므로, 부모교육을 통해 자녀양육에 대한 도움을 받고 부모로서의 역량을 증진시키는 것이 부모 자신의 성숙을 위해서도 필요하다고 본다. • 확대 가족제도의 붕괴라는 급속한 가족체계의 변화, 즉 핵가족화로 인해 확대 가족에서 특화되어 있던 양육지원시스템이 없어지게 됨으로써 주위로부터 자녀양육의 도움을 받을 수 없게 되었다. • 현대사회를 살아가는 젊은 부모들은 자녀양육이나 교육에 대한 정보가 넘쳐나다 보니, 오히려 이러한 정보들을 무분별하게 수용하게 되면서 부모로서의 가치체계에 혼란을 느끼게 된다. – 따라서 부모교육을 통해 자녀의 욕구에 대응하는 적절한 부모 역할 관련 지식과 정보를 배우면서 부모로서의 자신감과 건전한 가치관을 형성해 나가도록 도울 필요가 있다. – 바람직한 부모 역할에 대해 다양하고 많은 정보가 존재하므로 부모가 자신에게 가장 적절하고 자녀에게도 효율적인 정보를 찾아 활용하는 것을 돕기 위해 부모교육이 필요하다. • 성역할 개념의 변화에 따라 이에 적응하고 대처하기 위한 부모교육이 필요해졌다. – 여성의 사회적 진출이 늘어나면서 일과 가정의 양립을 위한 사회환경 조성이 중요해지고 있다.

MEMO

	– 부모교육을 통해 남성에게 공동양육의 중요성을 강조하여, 아버지도 자녀양육에 적극 참여하며 가사를 분담하도록 하는 등 평등한 성역할을 수행하게 해야 한다. • 현대 문화와 대중매체가 제시하는 부모상과 부모 역할은 비현실적인 이미지를 심어주는 경우가 많기 때문에 부모교육이 필요하다. – 실제로 자녀를 낳고 부모 역할을 수행하는 과정이 자신이 기대했던 것과 일치하지 않게 되면 혼란과 좌절을 경험하고 자책감을 갖게 된다. – 따라서 부모가 된다는 것이 어떤 의미를 지니며 부모 역할을 수행하기 위해서는 어떤 계획과 준비가 있어야 하는지에 대한 정보를 제공하기 위해 부모교육이 필요하다. • 교사·부모·사회의 구성원이 협력하는 '따뜻한 양육공동체(교육공동체)'를 만들기 위해 부모교육이 필요하다. – 부모의 교육이 필요하지만 교사도 부모의 마음으로 영유아교육기관에서 바람직한 양육과 교육을 해야 하므로 부모교육이 필요하다.
사회 측면	• 정부나 국가의 차원에서 인적 투자의 효율성을 고려해볼 때 부모교육이 필요하다. – 국가가 어린 자녀를 둔 부모를 교육함으로써 아동의 건강한 성장과 발달을 지원하는 것은, 적은 비용을 들여 질 높은 인적 자원을 확보하고 사회 발전의 원동력을 얻을 수 있다는 측면에서 더 경제적이라 할 수 있다. • 미래사회에 적응할 수 있는 유능한 인적 자원을 양성하기 위하여 부모교육이 필요하다. – 유아를 국가경제 발전의 원동력인 국민의 한 사람으로 보는 것으로, 인적 자원의 기반을 만들기 위해 유아기를 잘 계발해 나가야 한다는 입장이다. 부모들은 자녀의 미래를 준비시키기 위하여 미래사회에 적절한 사고방식과 능력이 무엇인지를 배워 자녀를 지원해줄 필요가 있기 때문에 부모교육이 필요하다. • 사회균등 정책의 일환으로 부모교육이 필요하다. – 이는 현대사회의 다양한 가족의 형태(가난으로 고통받는 가정, 이혼 및 별거로 인해 분리된 가정, 한부모 가정, 청소년 가장 등)에 적합한 효율적인 부모 역할과 부모-자녀 관계를 개선·유지하는 데 필요한 지식과 정보 등을 제공해 줄 수 있도록 부모교육이 필요하다.

2 부모교육의 목표 및 과정

정보교류	부모 상호 간의 정보를 나눌 수 있도록 하기 위함이다. 예 강연, 집단토의, 관련 서적 읽기, 부모집단 모임
자기인식	부모의 자기인식 증진을 돕기 위함이다. 예 집단토의, 일기쓰기와 기록, 자기분석 연습
자녀양육 기술훈련	부모에게 자녀양육을 위한 기술훈련을 제공하기 위함이다. 예 시범, 연습, 피드백, 관련 서적 읽기
문제해결하기	• 일상생활 속 자녀와의 상호작용 과정에서 직면하게 되는 여러 가지 문제들에 대한 해결 능력을 증진시키는 것이다. – 자녀양육과 발달에 관련된 문제를 해결해 나갈 수 있도록 돕기 위함이다. 예 토의, 관찰에 의한 피드백, 과제에 대한 피드백, 추후 검토

MEMO

③ 부모교육의 영향

아동에게 주는 영향	• 새로운 환경에서의 안전감 – 부모가 유치원이라는 새로운 환경과 교사에 대하여 편안함을 갖게 됨으로써 유아도 쉽게 안전감을 느끼게 된다. • 자아가치감 – 부모가 교사에게 긍정적으로 대우받고 있음을 느낌으로써 유아의 자아가치감도 증진된다. • 유아의 말과 행동에 대한 주변 성인들의 일관성 있는 반응 – 유아 주변 성인들이 일관된 교육철학을 갖게 됨으로써, 유아에게 일관성 있는 지도를 하게 된다.
부모에게 주는 영향	• 자녀양육에 대한 지지감 – 부모의 책임을 수행하는 데 정서적 · 인지적 지원을 받는다. • 지식과 기술 – 자녀 양육 및 교육에 대한 정보와 기술, 부모–자녀 관계 개선 및 유지를 위한 정보와 기술 등 자녀를 다루는 데 필요한 지식과 기술을 얻게 된다. • 부모의 자아존중감 확장 – 부모교육자가 주는 부모로서의 자신의 기능에 대한 피드백을 통하여 자아존중감을 확장하게 된다.
교사에게 주는 영향	• 아동에 대한 지식의 확장 – 교사가 가지고 있는 아동에 대한 지식은 수평적이고, 부모가 아동에 대하여 갖고 있는 지식은 수직적이므로, 부모를 통하여 아동에 대한 지식의 확장이 이루어진다. • 자신감의 증진 – 교사 자신의 노력에 대한 부모의 긍정적 반응, 존중, 그리고 적극적인 협조 등은 교사가 전문가로서 자신감을 갖는 데 중요하다. • 유아 학습경험의 자원 – 교사의 시간, 에너지, 지식, 창의력, 경험 등의 제한을 극복할 수 있는 자원을 제공받을 수 있다.

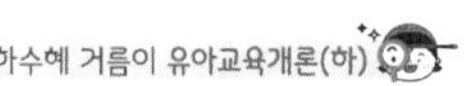

MEMO

SESSION 5

UNIT 04 부모 양육 태도

#KEYWORD 바움린드

1 쉐퍼(Schaefer, 1959)

부모의 애정 · 거부 정도와 행동에 부여하는 자율성 및 통제의 정도를 축으로 하여 4가지 유형으로 분류하였다.

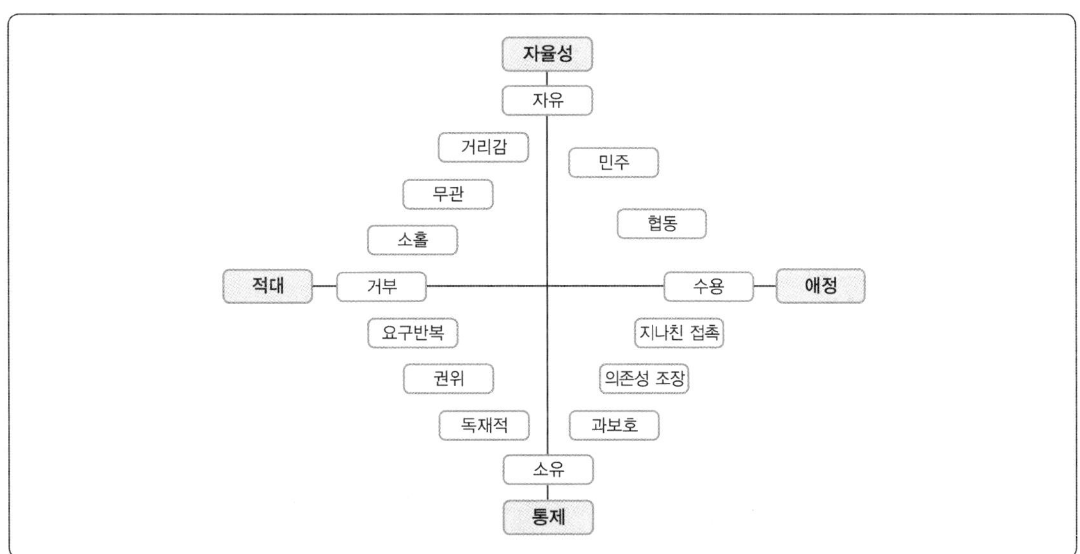

양육 태도 모형	부모의 행동 특성	자녀의 행동 특성
애정적-통제적	• 애정을 가지고 있으면서 동시에 자녀의 행동에 간섭과 통제를 보이는 태도이다. – 자녀에게 지나친 애정을 갖기 때문에 과잉보호적이고 소유적인 태도를 보인다. 즉, 자녀의 행동을 일일이 간섭하고 제한하거나 부모 자신의 경험에 따라 자녀의 삶을 계획하고 따라오도록 강요하며, 자녀에게 언어적 · 심리적 통제를 가하는 것이다. • 자녀의 발달단계를 고려하지 않고 자녀의 행동을 일괄적으로 통제한다. • 인지발달에 집착하여 학교 성적에 관심을 많이 둔다. – 자녀의 학습성취 여부에 따라 애정 수준과 통제수준을 조율한다. • 통제 유형 – 심리적 통제, 위협, 강압적인 명령, 거부, 무관심, 자녀에 대해 만족하지 못하는 태도	• 애정적-자율적 부모에게서 성장한 아동보다 더 의존적이다. • 사교성과 자신감, 창의성이 부족하고, 내성적인 성격을 지닌다. • 타인에 대한 적대감과 공격성이 높다.

MEMO

애정적- 자율적	• 가장 이상적인 부모의 양육 태도로서, 부모가 자녀에게 애정을 갖고 자녀가 독립적이고 자율적으로 행동하는 것을 허용하면서 하나의 인격체로 존중하는 태도이다. – 자녀에게 자유를 주지만 방임하지 않으며, 자녀로 하여금 본인의 생각과 행동에 따른 책임감과 의무를 갖게 한다. • 자녀의 발달수준과 특성에 맞는 요구를 한다. • 자녀에게 새롭고 도전적인 과제를 제시하고, 문제해결을 통한 내면적 기쁨과 성취감을 느끼게 한다. • 부모는 책임감과 일관성 있게 자녀를 양육하고, 자녀에게 정직하고 성실한 자세로 대한다. • 민주적 의사결정으로 합리적인 규칙을 설정하고, 모범적으로 이행한다.	• 부모와의 신뢰감을 토대로 다른 사람을 사랑할 줄 알고 관용적으로 대한다. • 자신의 감정을 자유롭게 표현하며 우호적인 대인관계를 형성할 수 있다. • 자신의 행동에 대한 자율성과 책임감을 경험함으로써 능동적 · 독립적 · 창의적 · 외향적이며, 사회적응력이 높다.
거부적- 통제적	• 자녀를 애정적으로 수용하지 않으며, 자녀의 행동에 대해 관대하지 않고, 심리적 · 언어적 통제와 신체적 처벌까지 사용하여 자녀를 엄격하게 규제하는 태도이다. • 부모가 가정 내의 모든 규칙을 일방적으로 정하며, 모든 의사결정을 내린다. – 자신의 절대적인 기준에 따라 자녀의 행동을 평가하고 복종을 강요하는 독재적 · 권위주의적인 태도를 보인다. • 지시와 명령을 통해 강압적으로 자녀의 행동을 통제한다.	• 지나치게 순종적이거나 반항적이다. • 부모에 대해 적대적 · 배타적 감정을 가진다. • 자아에 대한 분노, 내면적으로 많은 갈등과 고통을 지닌다. • 정서적으로 불안정하다. • 사회성 부족으로 정상적인 또래관계를 유지하지 못한다. • 자주성 · 자발성 · 독창성이 부족한 경향을 보인다.
거부적- 자율적	• 자녀에게 애정이 없는 상태로, 자녀를 있는 그대로 수용하지 못하고 양육을 귀찮게 생각하여 자녀가 마음대로 행동하게끔 방임하는 태도이다. • 자녀와 보내는 시간이 거의 없다. • 무관심, 무시, 방임, 태만, 냉담적 태도로 자녀를 대한다. • 불안정한 가족 관계 및 가정이 형성된다.	• 정서적 불안을 보인다. • 소극적 자세를 갖는다. • 사회적 · 정서적으로 미성숙한 행동을 보인다. • 사회적 규범을 익힐 수 없어 사회 부적응을 보인다. • 자신의 행동을 적절히 통제하지 못해 반사회적 행동을 한다.

2 번스타인(Bernstein, 1971) : 부모의 언어통제 유형

기본 관점	• 부모의 언어통제 유형은 번스타인의 언어 사회학 이론에 근거한 개념으로 부모가 자녀의 행동을 통제할 때 사용하는 언어를 분석한 것이다. • 부모의 양육 태도가 주로 언어적 표현을 통해 자녀에게 전달된다는 점에서 자녀에게 사용하는 언어통제 유형은 부모의 양육 태도와 연관된다고 보는 입상이다. • 부모가 유아에게 제공하는 역할재량권을 기준으로 하여 부모가 유아의 행동을 통제할 때 사용하는 언어 유형을 명령적 언어통제, 지위 지향적 언어통제, 인성적 언어통제 등의 세 가지 유형으로 구분하였다.
명령적 언어통제 유형	• 자녀에게 부여된 재량권이 거의 없으며, 자녀의 행동을 체벌이나 위협 등으로 다루어 부모의 지시에 복종하도록 강요하는 방식이다. – **통제방법 및 준거**: 체벌, 언어적 벌, 명령
지위 지향적 언어통제 유형	• 그 사회의 보편적이거나 특수한 지위에 내재된 규범에 근거한 통제양식이다. – 부모나 자녀의 심리적 특성이 아니라 가족 또는 사회규범이나 아동의 지위규범이 행동 통제의 준거가 된다. – 아동을 자신과 유사한 보편적 지위를 가진 다른 아동과 관련짓는 언어표현 양식이다. – **통제방법 및 준거**: 지위규범(연령, 성, 상하관계), 사회 및 보편규범(가족, 일반)
인성적 언어통제 유형	• 개인의 형식적 지위보다는 개인의 동기, 의도, 성향 등의 심리적 특성을 고려하여 행동을 통제하는 방식이다. • 자녀에게 행동의 선택에 대한 재량권을 부여하며, 자녀가 지시에 대해 의문을 제기하는 경우 새로운 설명을 해 준다. – 부모는 자녀가 그 규칙을 선택할 수 있는 상황과, 그 상황에서의 새로운 선택에 필요한 설명을 제공해줄 뿐, 규칙은 자녀가 스스로 선택하는 것이다. ➔ 자녀는 자신의 행동에 대한 결과를 스스로 인지(미리 예측)하고, 행동에 대해 판단하고 책임을 질 수 있게 되며, 자신에 대한 나름대로의 인식이 가능하게 된다.

3 바움린드(Baumrind, 1991)

기본 관점	• 부모가 자녀의 요구와 행동에 대해 반응하는 정도와 자녀에게 요구하는 정도를 바탕으로 네 가지 유형의 양육 태도로 나누었다. • 수용과 관여, 통제, 자율성 부여의 세 가지 특징에 따라 양육 유형을 분류하였다. • 시사점 – 부모는 바람직한 양육 방식을 통해 자녀에게 다른 사람과의 관계에서 필요한 여러 가지 능력과 기술을 가르쳐 주어야 한다. – 동시에 자녀를 이해해 주고 자녀의 필요나 요구에 일관적·반응적으로 응해줌으로써 자기 자신이나 다른 사람에 대한 사랑은 물론 신뢰감과 편안함을 가질 수 있게 해야 한다. – 올바른 양육 방식의 이해와 일관된 태도는 부모와 자녀 간에 긍정적 관계 형성을 기대할 수 있게 한다. **유의점** 아이가 혼란을 갖지 않도록 아빠와 엄마가 모두 같은 양육 방식으로 아이를 대해야 한다.

MEMO

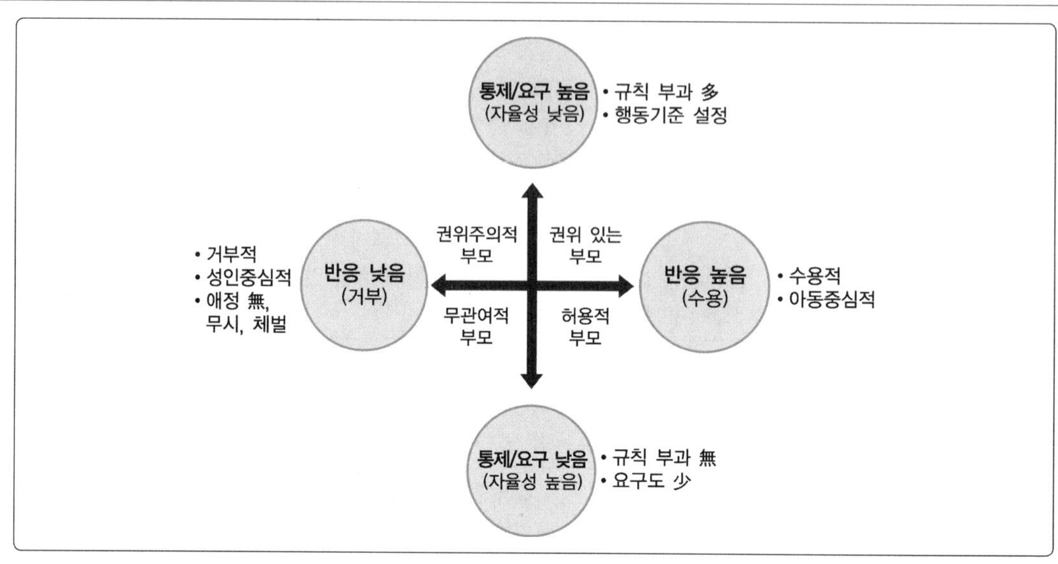

*허용적 태도 (방종적 태도)	부모	• 수용성이 높고, 통제적이지 않은 양육 행동이다. – 자녀에게 제한된 행동은 주지 않고 자유만 제공함으로써 자녀로 하여금 방종하도록 한다. – **자율성 측면**: 자녀가 하고 싶은 일을 마음대로 할 수 있도록 허용한다. – **통제 측면**: 자녀의 행동을 감독하거나 통제하지 않는다. • 자녀에게 따뜻하고 반응적이다. • 자녀의 심부름꾼처럼 행동한다. – 자녀의 요구를 계속 들어주다 보면 어느 시점에 가서 스트레스가 쌓여 결국 화를 내고, 또 화를 내게 된 것에 죄책감을 가진다.
	자녀	• 불복종하고 충동적으로 성장할 가능성이 높다. • 성인에게 지나치게 요구적이거나 의존적일 가능성이 높다. • 자아통제를 하지 못하고 성취지향성이 낮으며 미숙하고 퇴행성이 강하다.
권위 있는 태도 (민주적 태도)	부모	• 부모로서 권위가 있으며 애정적으로 자녀를 대하고 규칙 준수에서 일관된 태도를 보인다. • 부모는 자녀의 요구에 민감하게 반응하고, 무조건 허용하는 것이 아니라 한계를 명확하게 설정한다. – 부모가 요구한 규칙을 준수하지 않았을 경우, 엄격한 통제방식을 사용하며 벌을 주기도 한다. • 자녀가 책임감을 가지고 성숙하게 행동하기를 기대하고 부모의 명령이나 규칙을 왜 따라야 하는지 설명한다. • 성숙을 위한 합리적 요구를 일관되게 요청하며 자녀가 납득할 수 있도록 설명하고 자녀 스스로 규칙을 지키도록 돕는다. • 의견 갈등 시 공동의 의사결정을 할 수 있게 자녀에게 적절한 자율성을 부여한다. • 자녀의 의견을 존중하여 부모 자신의 행동이나 규칙을 융통성 있게 수정한다. • 자녀의 관점에서 사물을 이해하며 자녀의 발달수준에 관심이 있다. • 강압적인 지시나 강요, 체벌을 가하지 않는다.

*부모가 보완할 점
- 권위를 세울 필요가 있다.
- 자녀에게 침착한 태도로 적절한 벌을 가한다.
- 되는 것과 안 되는 것을 분명히 하고, 말과 행동이 일치해야 한다.
- 부모가 주는 벌에 대한 항의에 단호하게 대처한다.
- 협동하여 공동의 목표를 성취하는 기회를 경험하게 한다.

	자녀	자기통제감, 협동성, 높은 자기존중감, 사회적·도덕적 성숙 등 다양한 면에서 유능감이 나타난다.
*권위주의적 태도	부모	• 자유는 주어지지 않고 한계만 주어지는 방법이다. • 절대적 기준이나 규칙에 따라 자녀의 행동을 통제하고 권위지향적인 훈육을 한다. • 자녀에게 무조건적인 복종을 요구하며 자녀의 말대꾸나 자기의견 표현을 허용하지 않는다. – **자율성 측면**: 부모가 정한 규칙에 대해 설명하지 않고 무조건적인 복종을 요구한다. – **통제 측면**: 힘과 처벌을 사용하여 자녀를 통제하며 강압적 요구를 한다. • 자녀와 이야기하는 것을 좋아하지 않으며, 전통, 일, 질서유지와 복종에 중요한 가치를 둔다. • 종종 심리적 통제, 애정의 철회를 하거나 자녀의 인격을 침해한다.
	자녀	• 걱정이 많고 불안해하며 자기존중감과 자기신뢰감이 낮아져 좌절 시 적대적으로 반응한다. • 매사 자신감이 부족하고 진취적·자율적이지 못하다. • 비우호적 행동 또는 지나치게 복종적 혹은 순종적 행동을 한다.
*무관여적 태도 (거부적이고 냉담한 태도, 방임적 태도)	부모	• 수용적이지도 통제적이지도 않은 부모의 유형이다. • 분명한 자유나 제한이 없고 부모의 기분에 따라 달라지는 산만한 양육 유형으로, 일관성이 없다. • 자녀에 대한 훈육을 포기한 비참여 부모이다. • 자녀에게 최소한의 역할만을 수행할 뿐 무관심하며, 자녀 양육에 대한 철학이 없어 무기력하게 양육한다.
	자녀	• 정서적 자기조절과 학업 성취의 어려움이 있다. • 부모와 애착관계를 형성하기 어렵고 다른 사람에 대해서도 온정적이지 못하며 적개심이 많아 반사회적 행동을 보일 가능성이 높다. • 책임감과 독립성이 결여되어 있다.

MEMO

*부모가 보완할 점
- 칭찬과 격려를 자주 한다.
- 자녀 자체를 비난하지 말고 그의 행동에 대한 잘못만 지적한다.
- 자주 사랑을 표현한다.

*부모가 보완할 점
- 자녀 자체를 항상 인식하고 받아들여야 한다.
- 바람직하지 않은 행동은 꾸중하고 벌을 주되, 바람직한 행동은 칭찬한다.
- 작은 일이라도 공헌하거나 향상된 점을 찾아서 격려한다.
- 자녀의 욕구와 상태에 대해 주의를 기울인다.

MEMO

4 갈린스키(Galinsky, 1987) – 부모기 6단계

이미지 형성기	• 임신 기간 동안 태어날 자녀를 중심으로 부모 자신의 이미지를 형성하고 수정해 가는 과정이다. • 임신의 수용, 부모가 될 준비, 출산의 준비 등이 포함된다.
양육 단계	출생 후부터 약 2년까지로, 앞 단계에서 형성된 부모상과 자신의 실제 경험을 비교하며 출산, 애착의 감정조정, 아기의 개인차 등을 중심으로 정체감을 지속하게 된다.
권위적 단계	2세부터 4~5세까지로, 자녀에게 한계를 설정하고 강화하기도 하며 자율과 책임의 양면성 사이에서 부모로서의 권위를 형성한다.
설명 단계	• 5세에서 초등학교 시기까지로, 여러 가지 현실을 설명하고 연결해 주는 역할을 한다. • 분리와 결속, 걱정과 기대를 중심으로 새로운 단계에 대비하여 변화를 겪는다.
상호 의존 단계	• 성인이 되어가며 행동과 감정이 급격히 변하는 자녀에게서 느껴지는 놀라움 또는 충격을 중심으로 새로운 관계를 수립할 권위를 형성한다. • 자녀의 정체감을 수용하여 성장한 자녀와 새로운 결속을 형성함으로써 다음 세대를 살아갈 자녀를 독립된 인격체로 인정한다.
떠나보내는 단계	• 자녀의 청년기에 해당되는 시기로, 통제를 완화하고 떠나보내야 되는 것을 준비 · 수용하며 적응해야 한다. • 자신의 부모기에 대한 평가가 필요한 단계이다.

5 가트맨(Gottman) – 감정코칭 & 4가지 양육 태도(양육모형)

* 감정코칭
운동부의 코치처럼 부모가 자식에게 삶의 회노애락에 대처하는 방법을 가르치는 것

기본 관점	• 기노트(Ginott)의 인본주의 부모교육 이론을 토대로 하여 새로운 양육모형을 제시하였다. • 모든 분야의 성공과 행복을 좌우하는 것은 지능지수(IQ)가 아닌 정서 인식과 감정 대처 능력으로 보며, 정서지능이 높은 아이는 자신의 감정을 정확히 읽어내고 감정적인 표현이 풍부하다고 하였다. 따라서 부모가 자녀의 감정에 관여하여, '정서지능(EQ)'의 유능감을 길러주는 것이 중요하다고 보고 이러한 부모를 '감정코치'라고 부른다. • * 감정코칭 – 유아가 감정 문제를 인식하는 상황을 이용해 유아에게 올바른 감정발산법과 표현법을 가르침으로써 스스로 문제를 해결해 나갈 수 있도록 도와주는 과정이며, 이를 통해 정서지능에 있어 유능감을 형성할 수 있다. – 가트맨은 유아들이 자신의 적절하지 못한 행동을 스스로 규제할 줄 알고, 자신의 일에 집중할 수 있는 정신력과 여러 가지 일을 처리할 수 있는 능력을 배워야 한다고 주장하였다. 그리고 그 무엇보다 유아가 부정적인 상황을 극복하는 방법을 배우는 것은 자기 감정을 적절히 통제할 수 있는 능력을 습득하도록 돕기 때문에 중요하다고 보았다. ➔ ∴ 가트맨은 부모가 부모답기 위해 아이의 감정은 받아주되 행동은 고쳐주는 기술, 즉 '감정코칭'을 반드시 익혀야 한다고 강조하였다. • 부정적인 감정에서 인생의 참모습을 볼 수 있을 뿐만 아니라 교훈을 배울 수 있기 때문에, 기쁨만을 느끼게 하고 인정하기보다는 분노나 슬픔, 두려움과 같은 부정적인 정서도 무시하지 않는 것이 필요하다. 그럼으로써 부모는 자녀와 지금보다 더 친밀한 관계를 맺을 수 있다고 본 것이다.

MEMO

SESSION #5

감정코칭 5단계	유아의 *감정인식하기	• 유아는 자신의 감정을 부모나 성인이 알아준다는 것만으로도 심리적 안정을 찾으며 대화의 문을 쉽게 열게 된다. • 유아가 엉뚱한 문제에 화를 내거나 신경질을 낼 때마다 한 발 물러서서 아이의 삶에 어떤 일이 벌어지고 있는지 들여다볼 수 있어야 한다.
	친밀감 조성 및 교육의 좋은 기회로 삼는 것	• 유아가 겪는 감정적 순간을 잘 체크하여 좋은 기회로 만드는 것으로, 유아의 감정이 격해지는 순간을 친밀감 조성과 교육의 탁월한 기회로 삼는 것을 의미한다. – 유아가 자기 감정을 인정하면 이를 좋게 풀어낼 방법을 찾을 수 있다고 보므로, 유아의 감정적인 표현들을 감정코칭을 위한 기회로 삼는다. 유의점 유아가 자기의 감정을 부정하게 되면 내면의 스트레스가 쌓여 나중에 더 감정이 격해지면서 폭발할 수 있다. – 유아가 겪는 감정이 중요하다는 사실을 이해하도록 도와주는 것이다.
	공감적 경청하기	• 유아의 감정이 타당함을 인정하고 공감하며 경청하는 것으로, 적극적으로 공감하면서 유아의 말을 열심히 들어주는 것을 의미한다. – 풍부한 감성으로 유아가 느끼는 것을 함께 느껴야 한다. – 유아의 감정을 인정하고 공감해주면 유아는 자기 감정을 소중하게 여긴다는 것을 알게 되어 부모가 시키지 않아도 스스로의 감정을 솔직하게 고백할 수 있다.
	감정표현 돕기	• 유아가 자신의 감정을 표현하도록 도와주는 것이다. • 각각의 기분에 이름 붙이기 – 자기가 느낀 기분에 이름을 붙이게 하면 유아는 자신을 도와줄 수 있는 사람에게 자기 감정을 표현하며 도움을 청할 수 있다. – 이 단계에서는 때때로 여러 감정이 뒤섞이기 때문에 이를 골라내기 위해 애써야 한다. – 유아의 감정을 인정하고 읽어주되, 상대방의 처지도 이야기하여 유아가 균형잡힌 시각을 가질 수 있게 도와준다.
	스스로 문제 해결하기	• 유아가 스스로 문제를 해결하도록 이끌면서 행동에 한계를 정해주는 것이다. – 유아가 느낀 감정에 대해 그럴 만하다고 긍정해 주되, 좀 더 나은 방법으로 표현할 수 있다고 하면 유아의 성품과 자존감이 훼손되지 않을 수 있다.

* 감정인식
자신이 어떤 감정을 느끼고 있음을 깨닫고 그때의 감정이 무엇인지 구분하며 다른 사람이 느끼는 감정을 민감하게 살피는 것

MEMO

양육 태도 (양육모형)	① 축소전환형	• 특징 및 상호작용 방법 – 감정적이 되면 아이가 자제력을 상실할지도 모른다는 두려움 때문에 아이의 부정적 감정을 가볍게 여기며 무시한다.
		• 부모의 반응 – 아이의 감정에 대한 자신의 무관심을 합리화하고, 아이의 감정은 비합리적이기 때문에 중요하지 않다고 여긴다. – 부정적 감정에 초점을 맞추면 문제를 더 악화시킨다고 생각하므로 아이의 부정적 감정이 빨리 사라지기를 바란다. – 지금 상황을 모면하고, 이 시간이 지나면 문제가 해결될 것이라고 믿는다.
		• 아동에게 미치는 영향 – 자신의 감정이 부적절하다고 인식하며, 자신이 느끼는 방식이 본질적으로 옳지 않다고 생각할 수 있다. – 자신의 감정을 조절하기 어려워한다. – 자신과 타인의 감정을 인식하는 능력이 부족할 수 있다.
	② 억압형	• 특징 및 상호작용 방법 – 아이와의 정서적 공감대 형성이 부족하다. – 아이의 감정의 원인을 이해하려고 하기보다는 감정과 관련된 행동, 즉 화를 내면서 하는 행동에 더 초점을 맞추는 경향이 있다. – 아이의 감정표현에 대한 비판적 자세: 아이가 부정적인 감정을 드러내는 것을 비판하고, 감정표현을 했다는 이유로 꾸짖거나 벌을 준다.
		• 부모의 반응: 많은 행동이 축소전환형과 유사하나 더 부정적이다. – 아이의 감정표현이 옳고 그른지 판단하고 비판한다. – 아이에게 한계를 정할 필요성을 지나치게 의식한다. – 부정적인 감정은 성격이 나쁘기 때문이며 억제해야 한다고 본다. – 아이에게 권위에 대한 복종을 바라며, 바른 기준에 순응하기를 요구한다.
		• 아동에게 미치는 영향 – 축소전환형과 같은 결과를 가져온다.
	③ 방임형	• 특징 및 상호작용 방법 – 아이들의 분노와 슬픔을 '분출하면 해결되는 단순한 것'으로 여기며, 자녀의 감정을 인정하고 공감한다. 하지만 감정에 관해 아이에게 무엇을 가르쳐야 하는지 확실히 알지 못한다. – 모든 것을 이해하는 것 같지만 한계를 제시하지 못해서 행동을 좋은 방향으로 이끌어내는 것이 어렵다. 결국 문제를 해결하지 못하고 모든 것이 엉망이 될 가능성이 높다. – 타협이 나쁘다고 볼 수는 없으나, 시간에 쫓기는 부모가 현실적으로 매번 이렇게 대응할 수는 없다.

MEMO

		• 부모의 반응 – 감정이 분출되면 모든 것이 해결된다고 믿으므로 아이의 모든 감정 표현을 거리낌없이 수용한다. – 부정적인 감정을 위로하지만 감정에 대해 가르치지 않는다. – 지나치게 관내하여 한계를 정해 주지 않으며, 문제해결법을 가르치지 않는다.
		• 아동에게 미치는 영향 – 집중력이 부족하며 감정을 조절하는 법을 터득하지 못한다. – 친구를 사귀는 것이나 타인과 좋은 관계를 맺는 것이 어렵다.
	④ 감정코치형	• 특징 및 상호작용 방법 – 아이가 감정이라는 세계를 헤쳐나가도록 길잡이 역할을 하며, 감정을 모두 받아들이지만 부적절한 행동은 제한하고, 아이에게 감정조절 방법과 적절한 분출구를 찾는 문제 해결방법을 가르친다. – 슬픔, 분노, 두려움처럼 부정적인 감정도 인생에 유용한 의미가 있음을 알고 있으며, 부모가 아이에게 상처가 되는 말이나 행동을 하면 주저하지 않고 사과한다. – 감정코치에 능숙한 부모는 자신의 감정과 사랑하는 사람들의 감정을 파악하는 능력이 뛰어나며, 하나의 사건은 서로의 친밀감을 높일 수 있는 또 다른 기회가 된다고 본다. • 다른 양육 태도와의 차이점 – 슬퍼하는 아이의 관심을 결코 딴 데로 돌리려고 하지 않았다는 점에서 '축소전환형' 부모와 다르다. – 분명한 한계를 정한다는 점에서 '방임형' 부모와 다르다. – '감정코치형'으로 양육된 아이들은 문제 상황에서의 회복력이 뛰어나다.
		• 부모의 반응 – 아이가 부정적인 감정을 느낄 때가 곧 부모와 친밀감을 높일 기회라고 여긴다. – 아이의 감정을 알기 힘들 때에도 예민하게 감정을 포착한다. – 아이의 감정을 존중하며, 부정적 감정을 무시하지 않는다.
		• 아동에게 미치는 영향 – 자신의 감정을 신뢰하게 된다. – 감정을 조절하고 문제를 해결하는 방법을 터득한다. – 자긍심이 높고 학습능력이 뛰어나며, 다른 사람과 원만한 관계를 맺는다.

II 부모교육이론 및 프로그램

UNIT 05 드라이커스(Dreikurs) – 민주적 부모교육이론

#KEYWORD 아들러(개인심리학), 드라이커스, 민주적 부모교육이론, 관심 끌기, 힘 행사하기, 앙갚음하기, 무능함 보이기, 자연적 귀결, 논리적 귀결

1 이론관

이론적 배경	아들러의 제자인 드라이커스는 아들러의 개인심리학을 부모교육에 적용·발전시켰다. **아들러의 개인심리학** • 부모 양육 태도와 사회적 관심: 인간은 사회적 동물이므로 사회적 소속감을 느끼는 방향으로 행동하려는 '사회적 관심'이라는 경향성을 가지고 있으며, 부모의 양육 태도는 이러한 '사회적 관심'을 발달시키거나 방해할 수 있는 중요한 요인이 된다고 보았다. • 부모의 양육 태도와 생활양식: 어떻게 생활하고, 어떻게 문제를 해결하며, 어떻게 대인관계를 맺는지와 관련된 '생활양식'을 강조하였으며, 아동은 사회화 과정을 통해 '생활양식(인성, 태도, 신념, 능력 등을 포함)'을 형성하는데, 이때 부모의 양육 태도가 영향을 미친다고 보았다. • 자녀는 자신의 행동이나 생각에 대한 통제력과 완전성을 추구하려는 타고난 동기를 지니므로, 부모는 자녀의 능력을 신뢰하고 자녀로 하여금 자신의 능력에 대한 통찰력을 가지도록 도와야 한다고 하였다.
부모-자녀 관계에 대한 견해	• 상호존중을 기반으로 하는 민주적 양육 방식과 '평등'의 중요성을 강조하였다. – 부모와 자녀가 갈등을 경험하는 이유 중의 하나로 권위적 방식의 전통적 자녀양육을 꼽고, 사회가 변한 만큼 부모-자녀 관계도 보다 '평등한 관계'로 변해야 한다고 주장하였다. – 이와 더불어 부모-자녀 간에 평등과 상호존중의 원리에 의한 민주적 양육 방식이 필요함을 강조하였다. • 모든 인간은 연령, 사회적 지위, 자원의 소유 등을 고려한 종속적인 관계가 아니라 평등한 인간적 가치를 지니므로, 평등하며 민주적인 태도로 서로를 대해야 한다. 즉, 아동 또한 어리고 미숙하더라도 어른과 동등한 인간으로서의 가치를 지니므로, 부모가 자녀를 하나의 인격체로 존중해 주는 것이 중요하다고 주장하였다. • 존중받는 아동은 자신을 존중하는 것을 배우며, 자신을 존중하는 아동은 다른 사람이나 부모를 존중하는 것이 쉽다고 보았다. – 이에 '동등성을 찾는 양육이론' 또는 '민주적 전략이론'이라고도 부른다. • 민주적 태도와 한계성을 제시하였다. – 인간으로서의 동등한 권리를 부여하되, 지나친 허용을 반대한다. 이는 권위적 양육은 질서를 가져오지만 자유가 없고, 지나친 허용성은 무질서를 초래할 수 있음을 지적한 것이다.

MEMO

SESSION #5

	– 인간적인 가치 면에서는 동등함이나 사회적 질서유지 및 타인에게 폐를 끼치지 않는 것 역시 배워야 한다고 보고, 주어진 한계 내에서 자유를 경험해 볼 수 있도록 함으로써 내면적 조정, 자기통제 및 자립심을 습득하게 하였다. • 사회화 과정에서 가정의 중요성을 강조하였다. – 가정은 아동의 사회화 기능을 맡는 집단이며, 부모는 아동의 사회화를 담당하는 중요한 역할을 하므로, 자녀가 건전한 성격을 형성하는 데 부모가 만드는 가정의 환경 및 분위기, 가족의 역할수행이 중요하다고 보았다. – 이에 가정에서의 생활환경을 개선하여 건설적인 생활목표를 설정할 수 있도록 하는 부모교육 방법을 개발하게 되었다.
기본 관점	• 유아는 부모에게 상대적으로 열등감을 느낄 뿐만 아니라 스스로에게 기본적으로 부정적 개념을 지니고 있어서, 이러한 열등감을 보상하기 위해 가상적 목표를 세우게 된다고 보는 것이다. – 이때 가상적 목표를 달성하기 위해 특정한 행동을 하는데, 이러한 행동이 반복되어 생활양식이 된다. – 단, 유아가 가상적 목표를 잘못 세우면 바람직하지 못한 행동이 생활양식이 될 수 있으므로, 부모는 유아가 잘못된 행동목표를 세우지 않도록 주의 깊게 관찰해야 한다. – 만약 유아들이 잘못된 목표를 세웠을 때에는 민주적인 방법으로 이를 고칠 수 있도록 도와줌으로써 부모-자녀 관계를 긍정적으로 변화시켜야 한다.

2 자녀 양육의 원리

(1) 심리적 목표에 대한 이해

① 심리적 목표란 유아들이 자신의 위치를 발견하고자 하는 시도로 직접적 목표, 중간적 목표, 장기적 목표로 나눌 수 있다.

② 직접적·중간적 목표를 수행하는 과정에서 얻은 경험들이 장기적 목표를 설정하는 데 기본적으로 영향을 미치며, 장기적 목표 역시 직접적 목표를 수행하는 데 영향을 준다.

③ 유아는 발달 특징상 단기적인 안목으로 즉각적인 상황에 반응하기 때문에 특히 직접적 목표를 많이 사용한다.

직접적 목표 (가상적 목표)	• 직접적 목표는 상황이 일어날 때마다 그 즉시 설정하는 목표로서, 심리적으로 현재 유아에게 영향을 주는 이상(ideal)이며 '여기서-지금(here-now)' 존재하는 것이다. – 직접적 목표는 자녀들이 행동을 하는 원인, 동기, 충동, 본능 등을 설명해주는 단서이므로, 직접적 목표를 이해하게 되면 자녀들이 그 행동을 통해서 무엇을 얻고자 하는지 파악할 수 있다.
중간적 목표	중간적 목표는 심리적·신체적 편안함, 다른 사람을 기쁘게 하기, 다른 사람을 조정하기, 다른 사람보다 우세하게 느끼기, 삶의 의미 찾기 등을 추구하여 목표를 세우는 것이다.

MEMO

장기적 목표	• 장기적 목표는 모든 상황에서 주의집중을 받아 중심이 될 수 있도록 목표를 설정하고 그것을 성취하기 위해 오래 기다리며 노력하고 준비한다. 항상 좋은 사람이 되려고 하는 것도 장기적 목표를 달성하기 위해서일 때가 많다. – 장기직 목표를 세우는 사람은 현재에는 대인관계가 만족스럽지 못하지만 장기적으로는 사회적 인정을 받을 수 있도록 최선의 노력을 한다. – 장래에 타인으로부터 굴욕당하지 않으려고 강구하는 목표도 이에 속한다.

(2) 잘못된 행동목표

① 인간은 사회적 존재이기 때문에 집단에 소속되고자 하는 기본적인 욕구가 있으며, 유아기의 소속감은 최초로 접하는 가족집단에서 자신의 위치를 인정받고자 노력함으로써 형성된다. 이때 긍정적인 방법으로 소속감을 얻지 못할 경우 이를 성취하기 위한 수단으로 잘못된 행동목표를 세우게 된다.

– 주위 사람의 태도에 실망하고 자신의 위치가 불안하다고 느끼거나, 자신이 해낼 능력이 부족하다는 생각이 들면 네 가지 행동전략 중 한 가지 또는 두 가지 이상의 전략을 사용한다.

② 부모는 자녀의 문제 행동이 어떻게 시작된 것인지 그 뿌리를 파악하기 위해서 자녀의 직접적 목표 또는 행동전략을 알아야 한다.

관심 끌기	자녀의 잘못된 생각	• 가정이나 집단에서 심리적 소속감을 느끼지 못하고, 의미 있는 공헌을 못한다고 생각한다. • 다른 사람으로부터 주의집중이나 서비스를 받아야만 안전한 위치를 차지할 수 있다고 생각한다.
	부모의 느낌과 반응	• 느낌: 귀찮음 • 반응: 관심을 보이고 달래려고 함
	부모의 행동에 대한 아동의 반응	일시적으로 잘못된 행동을 중단하지만 이후에 같은 행동을 다시 재개하거나 다른 방법으로 방해한다.
	부모를 위한 대안	• 소거를 통해 잘못된 행동을 무시하고, 상반행동을 강화한다. – 가능한 한 잘못된 행동을 무시한다. – 공연히 시중을 들어주지 않는다. 상벌을 주거나 달래고 시중드는 것은 지나친 관심이다. – 고의적으로 관심을 얻으려 하지 않을 때 긍정적 행동에 대한 관심을 보여준다.
힘 행사하기	자녀의 잘못된 생각	• 자기가 하고 싶은 대로 해버리는, 즉 자신의 힘을 최대로 활용하거나 반항해야만 자신의 위치를 유지할 수 있다는 어리석은 판단이다. • 관심 끌기를 통해 다른 사람으로부터 강한 제지를 받게 되면 유아는 두 번째 잘못된 행동목표인 '힘 행사하기'로 나아가게 된다. – 유아는 많은 것을 스스로 할 수 있게 되었음에도 자신이 할 수 있는 것을 부모가 못하게 한다는 것을 인식하면, 자신이 하고자 하는 것을 해야만 가정에서 확고한 위치를 차지한다고 판단하여 자신의 힘과 능력을 시험해 보고자 한다. – 이러한 동기에서 부모의 요구에 '싫어'라는 말을 자주 사용하며 거절하거나 반항하고, 부모가 지시한 것과 반대로 행동함으로써 자신의 힘을 과시한다.

	부모의 느낌과 반응	• 느낌: 자신의 권위가 위협받는 것 같이 흥분함 • 반응: 싸우거나 포기함(자녀의 행동 범위를 제한하고 행동을 통제)
	부모의 행동에 대한 아동의 반응	적극적이거나 수동적 · 공격적이며 점차 그 행동이 심해지거나 반항적 순종을 보인다.
	부모를 위한 대안	• 갈등에서 한걸음 물러선다(갈등을 자연적인 현상으로 받아들이고 인정). • 유아에게 도움을 청하거나 협동하게 함으로써 힘을 건설적으로 어떻게 사용하는지 가르쳐 주도록 한다.
앙갚음하기 (복수하기)	자녀의 잘못된 생각	• 내가 상처받은 만큼 다른 사람도 아프게 해야 자신이 집단에 속하게 되고, 중요한 인물로 인정받을 수 있다고 판단한다. • '나는 사랑받지 못하고 있다'라고 생각한다.
	부모의 느낌과 반응	• 느낌: 깊게 상처 받음 • 반응: 보복하려는 경향
	부모의 행동에 대한 아동의 반응	더욱 심하게 잘못된 행동을 함으로써 복수심을 나타내거나 다른 무기를 선택한다.
	부모를 위한 대안	• 감정을 상하게 하지 않아야 한다. • 벌을 주거나 보복하지 않아야 한다. • 신뢰적 관계를 세우고, 사랑받고 있다는 것을 확신시켜 주어야 한다. • 자연적 귀결을 경험할 수 있는 기회를 제공하여 스스로 잘못된 행동을 인식하도록 한다.
부적절성 나타내기	자녀의 잘못된 생각	• 세 가지 방법을 사용해도 소속감을 성취하려는 자신의 행동목표를 달성하지 못했다는 느낌을 갖게 되면, 자신에 대해 상당히 실망하고 성취하려는 희망을 포기하게 되는 무능력감의 단계로 나아가게 된다. – 유아가 모든 노력에도 불구하고 행동목표에 도달하지 못했을 때, 실패를 예상하고 타인과 함께하는 것을 회피할 때 보이는 행동목표이다.
	부모의 느낌과 반응	• 느낌: 절망감, 포기, 무기력감 • 반응: 어떤 일도 할 수 없다고 인정하려는 경향
	부모의 행동에 대한 아동의 반응	• 어떤 것도 수동적으로 반응하거나 거의 반응하지 않으며, 어떠한 양상도 보이지 않는다. • 유아는 극도로 좌절되어 있고 모든 것을 포기한 상태이며, 자신을 쓸모없는 인간이라고 생각한다.
	부모를 위한 대안	• 절대 아동을 비난하지 않아야 한다. • 유아의 특기나 장점을 칭찬해 주고, 더 나아지려는 노력을 하면 격려해 주어야 한다. • 어떠한 긍정적 시도라도 격려해야 하며 조그만 일일지라도 관심을 보여야 한다. • 동정하거나 포기하지 않아야 한다.

MEMO

(3) 잘못된 행동목표 변경을 위한 방법 및 전략

<table>
<tr><td rowspan="3">자연적 · 논리적 *귀결</td><td colspan="2">• 행동의 책임이 부모에게 있는 것이 아니라 유아 자신에게 있음을 깨닫게 하는 것이다.
– 유아 자신이 행동을 결정하고 이에 대한 책임을 지며, 부모의 요구에 강요당하지 않고 자연적 · 사회적 질서로부터 스스로 배운다는 이점을 가지고 있다.
– 자연적 귀결이 논리적 귀결보다 교사와 유아 간 갈등이 발생할 소지가 적기 때문에 자연적 귀결을 먼저 사용하며, 자연적 귀결을 적용하는 것이 불가능하거나 이를 적용하기 위험한 경우에는 논리적 귀결을 사용한다.</td></tr>
<tr><td>자연적 귀결</td><td>• 자연적인 상황에서 유아 자신의 행동으로 인해 자신이 보상이나 벌을 받음으로써 스스로 배우는 방법이다.
– 즉, 자기가 한 행동의 결과를 보고, 해야 할 행동과 해서는 안 되는 행동을 배우는 것을 의미한다.</td></tr>
<tr><td>논리적 귀결</td><td>• 논리적 귀결은 성인이 제공하는 결과에 기초해서 바람직한 행동을 가르치는 것으로, 자연적 결과를 적용할 수 없는 경우에 사용한다.
• 유아의 행동과 논리적으로 관련이 있는 결과를 부모가 결정하거나 부모–아동이 합의하여 결정하는 것이다.
예 장난감을 오용한 자녀에게 이를 조심스럽게 가지고 놀 준비가 되었을 때 다시 주겠다고 약속하는 것이다.
• 자녀는 잘못된 행동에 대한 대가(논리적 귀결)를 체험하고 그릇된 행동을 바꿀 기회를 갖게 된다.
• 유아와 부모의 관계가 우호적일 때 논리적 귀결의 사용이 효과적이다.
• 논리적 귀결의 세 가지 형태(Kostelnik et al, 2009)
① 연습: 유아가 바람직한 행동을 연습하게 한다.
예 복도에서 걷는 것이 규칙인데도 뛰는 경우 되돌아와서 걷도록 한다.
② 복구: 유아가 잘못된 행동을 수정하는 것으로 연습의 적용이 어려운 경우 재구성, 즉 원상태로 되돌려 놓도록 하는 것이다.
예 유리창에 침 뱉는 행동을 하는 경우 유리창을 깨끗이 닦아서 원래의 상태로 되돌리도록 한다.
③ 일시적 권리 상실: 유아가 남용했던 권리를 잠시 상실한다.
예 그네타기 규칙을 지키지 않는 경우 그네를 탈 수 있는 권리를 일시적으로 상실하는 것이다.
유의점 연습, 복구는 어린 연령의 유아에게 사용하는 것이 적절하며, 일시적 권리 상실은 추상적 사고가 가능한 유아에게 적용하는 것이 효과적이다.
• 논리적 귀결의 여러 가지 규칙 중 많이 쓰이는 방법으로는 타임아웃(격리), 반응대가 등이 있다.
• 고려사항
– 유아가 논리적 귀결을 잘못된 행동에 대한 처벌로 인식하지 않도록 자녀의 행동과 분명한 관련이 있는 것을 결과로 선택해야 하며, 이를 적용하면서 비난이나 잔소리를 하지 않도록 주의해야 한다.
– 가족 구성원이 모두 동등한 권리를 행사하려면 구성원의 행동을 주관하는 규칙을 개개인이 이해하고 따라야 한다.
– 규칙을 정할 때는 민주적 원칙이 적용되어야 하며, 자녀뿐만 아니라 부모를 포함한 모든 가족 구성원은 가족이 합의하에 정한 규칙을 동등하게 지켜야 한다.</td></tr>
</table>

* 귀결
자기 행동의 결과를 경험하게 하는 것

MEMO

– 유아가 자신의 행동에 대한 결과를 예측할 수 있도록 일관성 있게 규칙을 적용하는 것이 좋다.
– 논리적 귀결을 적용할 때는 유아에게 선택의 기회를 먼저 제공해야 한다. 규칙을 어겼을 때 따르는 결과의 적용에 일관성을 유지해야 하지만, 유아가 잘못된 행동을 후회하고 뉘우친다면 선택의 기회를 제공하는 것이 저항을 줄이는 방법이 될 수 있기 때문이다.
– 만약 여러 유아가 관여되어 있다면 책임을 공유하도록 한다. 잘못을 밝혀내기 위해서 유아들을 경쟁자로 만들기보다는 논리적 귀결을 통해 유아들 모두 책임을 공유하도록 하는 것이 좋다.

논리적 귀결 vs 벌 특징 비교

- 논리적 귀결의 경우, 유아가 상황에 맞지 않는 행동을 하면 바라는 결과가 없어진다는 것 때문에 벌과 같은 개념으로 오해하는 경우가 있지만, 벌과는 여러 가지 점에서 차이가 있다.
  – 논리적 귀결은 유아가 했던 행동과 관련되지만, 벌은 유아가 했던 행동과는 관련이 없다.
  – 논리적 귀결은 윤리적 비난을 유아에게 지우지 않지만, 벌은 유아가 나쁜 행동을 저질렀고 속죄해야만 한다는 뜻을 내포하고 있다.

논리적 귀결	벌
일반적인 사회적 질서 및 합의한 규칙을 강조한다. 예 자신이 한 일에 대해 책임을 진다.	일방적인 권위를 강조한다. 예 '선생님이 시키는 대로 해.'
잘못된 행동과 논리적 관계가 있다. 예 우유를 쏟으면 걸레로 깨끗이 닦는다.	행동과 무관한 방식으로 제약한다. 예 우유를 쏟아서 간식시간에 복도에 서 있다.
도덕적 판단을 배제하고 인권을 존중 : 행위와 행위자를 분리한다. 예 못된 아이의 나쁜 행동이 아닌 누구에게나 그런 일이 있을 수 있다.	도덕적 판단 : 나쁜 행동을 했다는 뜻을 전한다. 예 '너는 부주의한 아이야.', '너는 문제아야.'
현재와 미래 행동에 중점을 둔다. 예 우유를 쏟게 된 이유를 알아보고 예방한다.	과거 행동에 초점을 둔다. 예 '너는 항상 우유를 쏟는 아이야.'
목소리로 존중과 선의를 전달한다.	공공연한 무관심, 위협을 활용한다.
자유로운 선택을 허용한다. 예 친구에게 사과하고 책임지기 위한 해결 방법을 결정한다.	순종, 복종을 요구한다. 예 '시키는 대로 해야 해.', '다른 것을 하면 안 돼.', '벌을 받아야 해.'

격려

- 드라이커스는 상벌이 지닌 한계점을 극복하고 상호존중과 평등에 근거한 민주적인 부모-자녀 관계를 형성하도록 하는 중요한 기술 중 하나로써 격려를 들었다. 아울러 격려가 아동양육에 매우 필요한 요소이기 때문에 격려의 부족이 잘못된 행동의 근본 원인이 될 수 있다고 하였다.
- 격려는 상황이나 결과와 무관하게 긍정적인 측면을 강조함으로써 궁극적으로는 자녀가 이를 극복할 수 있음을 믿게 하는 것이다.
  – 즉, 실패에 직면해서도 절망감이나 패배감에 빠지지 않고 이후에는 성공할 수 있다는 믿음을 길러주는 것으로, 존중과 신뢰에 바탕을 둔 격려는 자신의 시도가 언젠가는 성공할 것이라는 자신감을 심어준다는 점에서 중요한 의미가 있다.

MEMO

– 개인의 생활경험은 자신이 통제할 수 없는 다수의 요인으로 이루어져 있으며, 격려의 본질은 개인이 통제할 수 없는 요인의 영향을 최소화하고 통제할 수 있는 요인을 최대한 이용하도록 돕는 것이다(Sweeney, 1998).

구분	격려	칭찬
통제 방법	내적 통제	외적 통제
향상 기준	노력과 향상	절대적 기준
평가	내적 평가	외적 평가
기여	기여한 점의 가치 인정	개인적 이익 우선

그 외 여러 가지 전략		
	인식반응	• 인식반응은 유아가 자신이 선택한 목표를 갑자기 깨달았다는 뜻을 나타내는 이상한 미소 또는 눈빛을 의미하며, 왜 자신이 그런 식으로 행동했었는지를 이해하기 시작했다는 의미이기도 하다. – 인식반응은 비난하거나 꾸짖는 어조를 피해서 갈등이 없을 때 하는 것이 바람직하다. • 먼저 관찰을 통해 유아의 그릇된 목표를 발견하게 되면 부모뿐만 아니라 유아 자신도 문제의 원인을 파악하도록 하는, 즉 '인식반응'이 일어나도록 상황을 만든다. – 그릇된 삶의 목표의 전략 발견 ➡ 이야기나누기 ➡ 문제의 원인 파악 ➡ '인식반응' 유도
	가족회의	• 가족회의는 모든 가족에게 영향을 미치는 안건 등 어떠한 주제도 허용되며 누구든지 다양한 의견을 낼 수 있다. • 매주 나누는 가족회의는 부모와 유아에게 모든 종류의 가족 문제를 말할 수 있는 기회를 준다. – 불평을 이야기할 수도 있으며, 이를 해결하기 위한 다양한 방법도 제시할 수 있다. – 이를 통해 가족회의는 부정적인 감정은 물론 긍정적인 감정도 공유하는 독특한 상황을 제공한다. • 유아들은 다른 사람의 말을 경청하는 것을 배우게 되며, 부모들은 유아의 욕구와 가정에서의 위치에 대한 인식을 높이는 기회를 가질 수 있다.
	갈등 피하기	• 유아는 갈등이 생기면 반항이나 과격한 행동을 하게 되므로 부모는 협력을 요구해야 한다. – 그러기 위해서 부모는 항상 충분한 시간을 갖고 유아의 반응을 관찰할 수 있어야 한다. • 갈등을 피하기 위해서는 부모가 스스로 행동을 억제하고 융통성 있는 생각을 하는 것이 도움이 된다.
	바람직한 언어 사용	부모가 바람직한 언어를 사용한다면 유아에게 용기를 줄 수 있고 자신감도 향상시킬 수 있으므로 양육에 크게 도움이 된다.

MEMO

SESSION #5

UNIT 06 기노트(Ginott) — 인본주의 부모교육이론

#KEYWORD 기노트, 불평 늘어놓기, 감수성 높이기, 개념 형성, 기술 습득

1 이론관

<table>
<tr><td>배경</td><td colspan="2">인본주의 부모교육이론은 매슬로우(Maslow), 로저스(Rogers), 액슬린(Axline)으로 이어지는 인본주의 심리학을 기노트(Ginott)가 부모교육에 적용하여 발전시킨 이론으로, 이는 로저스의 내담자 중심 상담이론을 근간으로 한다.</td></tr>
<tr><td>부모-자녀 관계에 대한 견해</td><td colspan="2">• 자녀의 문제를 유발하게 하는 원인을 자녀양육경험의 부족, 그릇된 정보 또는 바람직하지 않은 자녀양육모델 때문이라고 보았다.
– 이에 정신의학적 이론과 부모교육을 연결시켜 부모와 자녀 간의 의사소통 기술을 증진시키려고 노력하였다.
• 기노트는 드라이커스의 주장과 마찬가지로 자녀가 문제 행동을 보이는 이유는 부모의 인성적 문제 때문이 아니라, 부모가 자녀를 효율적으로 양육하는 방법을 모르기 때문이라고 보았다.
– 이 점에서 부모교육이 필요하다고 하였으며, 부모는 정신치료 대상이 아닌 교육의 대상이라고 주장하였다.
– 이러한 학문적 태도는 부모들에게 죄의식을 주던 정신분석 이론가들의 태도에서 탈피해 진보된 것이었으며, 부모들을 정신적 문제의 소지자로 보는 대신 '배워야 하는 입장에 있는 사람'으로 전환시키게 하였다.</td></tr>
<tr><td rowspan="3">기본 원리</td><td>있는 그대로 받아들이기</td><td>• 부모는 자녀를 있는 그대로 받아들여야 한다.
• 현재 자녀가 하는 이야기를 집중하여 잘 들어준다.
– 이를 통해 자녀가 부모에게 자신의 느낌을 표현하고 싶은 마음이 일어나도록 해야 한다.
• 자녀가 갖는 느낌에 대한 적절한 반응을 위해 부모는 상담자, 치료자로서의 기술을 익혀야 한다.</td></tr>
<tr><td>숨은 감정 이해하기</td><td>• 부모는 자녀가 보이는 행동이나 들려주는 이야기의 이면에 있는 감정을 이해해야 한다.
• 자녀의 입장에서 생각해보려는 태도가 필요하다.
• 자녀가 표현하고 있는 감정에 대해서도 수용적인 태도가 필요하다.
– 부모의 수용적인 태도로 인하여 자녀는 좀 더 깊은 내면의 감정을 표현할 수 있고, 이러한 상호작용은 문제행동을 해결하는 하나의 방안이 된다.
• 자녀에게 자신의 감정이 어떤 것인지 인식시켜 주는 것도 중요하다.
– 부모가 자녀의 감정을 반영해주는 것에 의해 자녀 자신의 감정을 분명하게 인식할 수 있게 되며, 이를 통해 자녀는 통찰에 이르게 된다.
유의점 자녀를 이해시키기 위해 설명을 한다든지 부모의 생각을 설득시키려는 태도를 가져서는 안된다.</td></tr>
<tr><td>객관적 태도 갖기</td><td>부모는 자녀를 대할 때 아동 중심적 사고를 갖고 양육하되, 객관적으로 냉정함을 갖고 문제를 해결하는 태도를 지닐 수 있어야 한다.</td></tr>
</table>

MEMO

2 자녀양육의 원리

<table>
<tr><td rowspan="1">의사소통과 감정교류 (자녀와의 대화)</td><td>

• 기노트 이론의 핵심은 부모-자녀 간의 상호작용과 대화라고 할 수 있다.
- 적극적인 대화를 통해 자녀를 이해하고 사랑하는 것이 중요하며, 부모는 유아와의 대화에서 존중과 기술이 필요하다.
- 자녀의 행동에 대해 부정적인 반응을 보이지 않아야 하고, 유아의 입장에서 정말 도움을 줄 수 있는 것인지 충분히 검토하여 유아가 느끼고 있는 감정뿐만 아니라 그 속에 숨어있는 뜻까지 이해하여 반응해야 한다.
• 기노트의 『부모와 자녀 사이(Between Parent and Child)』
- 부모와 자녀 간의 대화 요령을 저술한 책이다.

① 자녀와의 대화는 존중과 기술을 바탕으로 해야 한다.
자녀가 무례한 행동을 했을 때 그 행동을 중심으로 이야기하되, 유아의 인성이나 성격 등을 비난하는 인신공격적인 언어를 사용하지 말아야 한다.

② 칭찬과 정적 강화를 과도하게 사용하지 말아야 한다.
칭찬이나 정적 강화를 할 때에는 인신적·도덕적인 평가어를 지양하고, 유아들이 실제로 노력한 정도만큼 성취한 수준과 행동에 알맞은 칭찬을 해야 한다.

③ 자녀와의 상호작용에서 갈등과 긴장은 계속 일어나기 마련이다.
• 특히 어른들을 화나게 하는 유아들이 있는데, 이때 화가 난다고 해서 부모가 죄의식이나 수치심을 느낄 필요는 없다.
• 이때 어른들은 유아들의 인성을 공격하지 않으면서 자신의 감정 상태를 언어로 표현하는 본보기를 보여주는 것이 바람직하다.

④ 바람직하지 못한 상호작용 형태는 지양해야 한다.
• 위협(으박지르기): 잘못된 행동(금지된 행동을 되풀이하고 싶어하는 것)을 불러일으킨다.
• 뇌물 공세: 단지 단기간의 행동 변화만을 얻는다.
• 빈정거리기: 유아의 기분만 상하게 할 뿐, 유아를 변화시킬 수 없다.
• 바람직한 대화 양식
- 유아가 문제행동을 일으킬 때에 문제가 된 행동 그 자체만을 다루도록 한다.
- 유아에게 문제행동 상황을 설명하도록 요구한 뒤, 이를 차분히 경청한다.
- 조용한 태도의 말(low-toned)은 아이로 하여금 자기가 저지른 일에 대하여 반성 또는 사과하는 마음으로 이끌어준다.

⑤ 부모와 자녀 사이의 신체적 크기 차이가 작을 때 의사소통은 더 효과적으로 이루어진다.
키를 낮추기, 한 다리를 구부리고 키 높이를 맞추기, 무릎 위에 유아를 앉히기, 마루 위에 같이 앉아서 의사소통하기 등을 통해 유아와 눈을 마주보며 이야기하는 것도 효과적이다.

⑥ 지혜롭게 분노 다루기
• 유아들은 성장해감에 따라 자기행동에 대한 책임을 질 수 있게 된다. 따라서, 여러 가지 중에 한 가지를 선택하여 끝까지 해볼 수 있는 기회를 주도록 한다.
• 부모는 아이의 개성과 인격을 손상시키지 않고서도 격노한 감정을 해소할 수 있음을 보여줌으로써 자녀에게 분노를 해소시키는 중요한 방법을 알려줄 수 있다.
• 분노(화)가 생길 때 고려할 점
- 감정은 용납되도록 표현되어야 하고, 행동은 제한과 지시를 받아야 한다. 이때 제지나 지시는 이치에 합당하고 일관성이 있어야 한다.

⑦ 유아들은 자신이 이해할 수 있는 한계가 합리적으로 주어질 때 책임감과 좋은 버릇을 기를 수 있다.
'~하지 마라'는 명령은 받아들일 수 없는 행동이 무엇인지 알게 하지만, 받아들일 수 있는 행동이 무엇인지 이해할 수 없으므로 선택의 기회가 주어져야 한다.

⑧ 체벌은 효과가 없을 뿐만 아니라 유아에게 해를 준다.
부모가 자녀를 때린다는 것은 '힘이 있거나 큰 사람은 힘이 없거나 어린 사람을 때릴 수 있다'는 뜻을 유아에게 전달하는 결과를 가져온다.
</td></tr>
</table>

MEMO

SESSION 5

<table>
<tr><td>유아의 태도 형성</td><td colspan="2">부모의 태도에 영향을 받아 유아가 길러내야 할 태도는 다음과 같다.
① 정직
• 유아는 부모의 반응에 따라 정직해야 하는지, 거짓을 말해야 하는지 배우게 되므로, 유아가 정직하게 성장하길 바라는 부모는 유아가 자신의 부정적, 긍정적 감정을 솔직하게 표현할 수 있도록 유아의 다양한 감정을 수용해야 한다.
• 부모는 유아가 거짓말을 하고 있다는 사실을 알게 되면 나쁜 아이라고 단정짓기보다는 거짓말이 의미하는 바를 이해하려고 노력해야 하며, 나아가 유아가 실제로 원하는 바가 무엇인지 깨달아야 한다.
• 유아들이 거짓말을 하는 원인이 무엇인지 알기 위한 어떠한 질문, 일방적인 판단, 대답을 강요하거나 타일러서 항복하게 해서는 안 되며, 사실을 그대로 말하게 하여 거짓말할 기회를 주지 않아야 한다.
② 책임감과 독립심
기노트는 유아를 스스로 책임질 수 있는 자율적인 존재, 가능성과 능력이 있는 존재로 보았다. 따라서 자녀에게 선택의 기회를 주고 스스로 결정하게 하며 그에 대해 책임질 기회를 주어야 한다. 이러한 경험올 통헤 책임감과 독립심을 키울 수 있기 때문이다.
③ 순종
유아가 부모에게 순종하거나 반항하고 싶은 생각은 외부의 어떤 조건에 의해서가 아니라 유아의 마음속에서 우러나는 생각과 감정에 따라 결정되므로, 부모는 유아에게 책임감 있는 행동을 보여야 하며 유아의 감정을 존중해야 한다.</td></tr>
<tr><td>부모의 역할과 훈육 원리</td><td>행동의 한계 설정</td><td>• 유아들은 자신이 이해할 수 있는 한계가 합리적으로 주어질 때 책임감과 좋은 습관을 기를 수 있다.
– 무제한의 자유가 도리어 유아를 불안하게 만들 수 있으며, 유아의 안전과 보호를 위해서도 행동의 한계를 설정하는 것이 필요하다.
• 아동의 감정적 표현에 대해서는 긍정적으로 수용하고, 아동의 행동에 대해서는 한계를 설정하는 것이 필요하다.
– 자신이나 타인에게 피해가 되는 공격적 행동이나 공공질서를 파괴하는 행동을 금지해야 한다.
• 부모는 자녀에게 확신을 가지고 분명한 훈육을 하되, 자녀의 마음에 상처를 남기지 않도록 유의해야 한다.
– 훈계는 유아가 최소한 알아들을 수 있는 범위 내에서 한 번만 한다. 훈계를 되풀이하면 잔소리로 듣게 되며 대부분의 유아들이 부모에게 반항을 하게 된다.

효과적인 자녀 훈육단계(행동의 한계설정)
<table><tr><td>1단계</td><td>자녀가 원하는 바를 인정하고 간단한 말로 다시 반복해 준다.
예 "넌 오늘 밤 조금 늦게 자고 싶은가 보구나."</td></tr><tr><td>2단계</td><td>잘못된 행동에 대해서는 분명하게 제지를 가하는 말을 해 준다.
예 "내일은 유치원 가야 하는 날인데 일찍 자는 것이 우리집 규칙이 잖니."</td></tr><tr><td>3단계</td><td>부모는 자녀가 원하는 바를 최소한 극히 일부분이라도 할 수 있도록 배려한다.
예 "원래 우리집 규칙은 9시에 자는 거지만, 10분만 더 놀고 자는 걸로 하자."</td></tr></table></td></tr>
</table>

MEMO

4단계	자녀가 제지를 받고 분하게 생각할 때 일어나는 마음을 표현하도록 도와준다. 예 "너는 그런 규칙이 싫다고 생각하지? 그래서 매일 밤늦게까지 놀고 늦게 자도 된다고 규칙을 바꿨으면 좋겠지?", "네가 자라서 아빠(또는 엄마)가 되면 그때는 네 마음대로 규칙을 바꿀 수도 있어."

출처: 「영유아교사를 위한 부모교육」, 이원영 외 3인 공저, 학지사

1단계	부모는 자녀가 원하는 것, 느끼는 것을 반대하거나 비판하지 말고 인정해 준다.
2단계	제한할 행동에 대해서는 분명하게 제지를 가하는 말을 한다.
3단계	부모는 자녀가 원하는 바를 최소한 일부라도 성취할 수 있도록 다른 방법을 제시해야 한다.
4단계	자녀가 어떤 제지를 당했을 때 일어나는 분노를 표현하도록 도와준다.

출처: 「부모교육」, 정지나 외 4인 공저, 양서원

참고

김명희(1996)는 레들(Redl)의 분석을 인용하면서 유아의 행동을 색깔로 구분하고, 빨간색 영역의 행동은 위험한 행동, 초록색 영역은 건전한 행동이라고 설명하였다.

초록색(의) 영역 (green area)	• 무엇을 기대한다거나 어떤 일을 인정해 주는 행동들이다. 이 영역은 언제나 자유롭고 친절하게 그 행동을 하라고 '예(yes)'라는 대답으로 인정을 해 준다. – 기대하거나 인정해 주는 행동 – 언제나 자유롭고 친절한 행동 – 승인되는 행동
노란색(의) 영역 (yellow area)	• 어떤 행동을 인정해 주는 것이 아니라 특별한 이유 때문에 묵인해 주는 것이다. 예를 들어 재난, 새로운 곳으로의 이사, 친구와의 이별, 죽음, 이혼 등과 같은 상황들은 특별한 환경이며, 이 환경에서 새롭게 적응해야 하므로 더욱 돌봐주기를 요구한다. 즉, 이와 같은 것들은 어쩔 수 없는 환경이므로 이를 고려하여 눈감아 주는 행동들이다. – 배우는 사람에게 베풀어지는 행동 – 어려운 상황일 때 돌봐주는 것
빨간색(의) 영역 (red area)	• 하고 싶은 대로 행동해서는 안 된다는 의미로 다른 사람에게 폐를 끼치거나 위험한 행동을 멈추게 하는 행동의 목록이다. 그 행동은 가족의 행복과 건강뿐만 아니라 물질적으로나 경제적으로도 손해가 되는 행동들이며, 만일 이러한 위험한 행동을 묵과할 때 아이는 마음속에 불안감을 갖게 된다. 아이는 부모가 자기를 내버려 두는 것은 사랑하지 않기 때문이라고 생각하게 된다. – 모든 행동을 묵과하지 않고 중지시키는 행동 – 사회적·도덕적으로 금지된 행동 – 인명과 재산피해를 줄 수 있는 위험한 행동

MEMO

SESSION #5

③ 부모교육의 방법 및 전략

• 기노트는 전문가에 의해서 이루어지는 '부모상담 모임'의 모형을 4단계로 제시하였다.
  – 실제적인 문제를 중요시하고 이에 필요한 양육기술 단계를 배울 수 있도록 하였으며, 지도자는 부모들이 양육기술 단계를 배워서 부모들의 태도에 변화를 가져올 수 있도록 안내하였다.

<table>
<tr><td>①
불평 늘어놓기 단계</td><td>• 부모가 그들의 자녀와 생활하면서 부딪히는 모든 문제와 어려움을 털어놓을 수 있는 단계이다.
– 문제 추출과 함께 문제 인식을 하게 되며 이를 통해 상호 간의 자녀를 이해하게 된다.
• 효과
– 부모들은 자기가 가지고 있는 문제가 혼자만의 것이 아님을 깨닫게 되고, 다른 부모들도 똑같이 자녀문제를 가지고 있다는 것을 인식해 상호 연민의 정을 갖게 되며 동시에 자신의 자녀에 대해서도 안심을 하게 된다.
– '지나치게 허용적인' 또는 '지나치게 제한적인' 부모의 입장에서는 서로의 공통점과 다른 점에 대한 경험을 하게 된다.</td></tr>
<tr><td>②
감수성 높이기 단계</td><td>• 문제 행동을 보이는 자녀의 느낌이 어떨지에 초점을 두고, 자녀에 대한 불평 대신 자녀의 입장에서 깊게 생각해보는 단계이다.
– 유아 중심으로 문제를 생각해보고 유아 입장에서 문제를 해결하도록 한다.
– 자녀의 느낌과 행동 사이에 작용하는 원인과 결과에 대해 집중적 관심을 가진다.
– 기노트는 자녀의 잘못된 행동이 자녀가 부모에 대해 느끼는 감정이 좋지 못하기 때문이라고 보고, 자녀의 감정을 무시하는 것이 곧 양육 실패의 원인이 될 수 있다고 강조한다. 따라서 유아의 입장이 되어 감정이입 해보면, 유아에 대한 불평과 미움이 연민과 애정으로 변하게 되고, '왜' 그런 행동을 하게 되었는지 이해하게 될 수 있다고 본다.
• 감수성 높이기의 두 단계
<table><tr><td>1단계</td><td>• 자녀들의 느낌을 이해하는 데 중점을 둔다.
– 그룹의 리더가 부모–자녀 간의 관계에서 어려움이 발생했을 때 갖게 되는 자녀의 느낌에 초점을 두고 이야기를 이끌어간다.
예 부모가 자녀를 무시하거나 나무랄 때, 자녀의 감정적 반응이 어떨지에 대해 중점적으로 토의한다.</td></tr><tr><td>2단계</td><td>• 부모 스스로 상처를 받거나 좌절을 경험했을 때의 심정에 대해 이야기를 나눔으로써 감수성을 배양하는 데 중점을 둔다.
– 부모들이 일상생활을 해나가면서 겪었을 정서적 경험들을 연관시켜 이야기를 이끌어간다.</td></tr></table>• 두 단계를 거치는 동안 부모는 남을 비판하거나 통제하려 하기보다는 수용하고 경청하는 일이 중요하다는 점을 깨닫게 된다.
• 두 단계를 거친 다음, 다양한 역할극을 통해 자녀의 입장이 되어 공감해볼 수 있도록 한다.
– 역할극 속의 부모를 보며, 부모가 자녀의 감정을 수용하지 않고 그에 대한 반응을 잘못하고 있음을 생각해 보게 한다.
• 효과
– 부모–자녀 간에 이루어지는 교류를 보다 나은 방향으로 이끌어주는 통찰력을 기를 수 있다.</td></tr>
</table>

MEMO

③ 개념 형성 단계	• 부모 자신들이 양육에 실패한 원인을 깨닫고 올바른 양육기법을 개념화하도록 훈련하는 단계이다. – 이전 단계(감수성 높이기 단계)와의 차이점: 전 단계에서는 자녀의 느낌과 부모–자녀 간의 감정 교류에 대하여 통찰력이 생기도록 훈련했다면, 개념 형성 단계에서는 그 통찰력을 기반으로 지금까지 왜 부모로서 그 문제를 다루는 데 실패하게 되었는지에 대한 원인 파악·분석 및 평가를 하여 자녀양육에 대한 새로운 지식과 개념을 가질 수 있도록 한다. – 유아들의 다양한 행동과 감정 역시 발달의 한 부분이라는 점을 이해시키며 부모들의 수용기술을 개발시키도록 한다(아동의 심리발달에 대한 이론을 실제에 적용해 보며 자녀의 문제 행동을 다루는 데 실패한 원인을 찾아본다). – 인간이 가진 양면의 감정을 이해시키고, 이러한 양면의 감정 공존이 정상적인 것임을 깨닫게 함으로써 유아의 행동에 대해 새로운 개념을 가질 수 있도록 한다. – 이를 통해 자녀의 문제나 부모 역할에 대해 새롭게 개념을 형성했다면, 이를 전제로 부모–자녀 관계를 개선하고 자녀 문제를 해결하기 위한 양육기술을 익힐 수 있도록 격려한다. ➔ 다양한 부모들의 성공적 문제해결 사례들을 발표와 토론 등을 통해 소개하여 공유함으로써, 자녀의 행동을 이해하고 문제해결 방법에 대한 개념을 형성할 수 있다(자녀의 감정을 용납하는 범위나 원칙 등에 대한 합리적 수준의 한계를 인식할 수 있도록 한다). – 이 단계에서 지도자는 부모가 자녀의 문제행동 원인을 이해하고 자신의 역할을 파악하는 통찰력, 문제를 해결할 수 있는 역량을 배양시킬 수 있도록 힘써야 한다.
④ 기술 습득 단계	• 부모 토론 그룹들이 당면하고 있는 문제를 처리하기 위해 이전 세 단계를 거쳐 완수한 자녀양육 기술을 실제 자녀교육 상황에 적용해 보는 단계이다. – 전 단계에서는 종전과 다른 새로운 자녀양육 기술의 개념을 형성했다면, 기술 습득 단계에서는 이에 그치지 않고 실제로 적용할 수 있는 여러 가지 기술을 발견하고 적용하여 문제를 해결하도록 해야 한다. – 세 단계를 거쳐 오면서 익힌 기술을 집에서 직접 자녀들에게 사용해 보고, 다시 모임에 참여해 서로 토의하고 생각을 나누면서 자녀에게 알맞은 방법을 발견한다. 이를 통해 부모들은 객관적 입장에서 문제의 원인을 파악하고 자녀가 표출한 행동에 대해 효과적으로 대응할 수 있는 기술을 점점 익히게 된다. – 자녀에 대한 통찰력을 가지고 판단하여 성공하도록 유도하는 것이 매우 중요하고, 이를 계속적으로 적용한다면 기술에 대한 자신감과 내적 만족감이 생기면서 자녀양육 기법이 더 향상된다. • 효과 – 감정적인 의사소통 대신 애정적인 어휘를 보다 많이 사용하게 되고, 이로써 자녀들과의 의사소통 기술이 점차 향상된다. – 부모 스스로 감정을 적절히 표현하게 되어 자녀에게 중요한 모델이 된다.

MEMO

SESSION #5

UNIT 07 고든(Gordon) – 부모 효율성 훈련

#KEYWORD 고든, 부모 효율성 훈련이론, 수용성 수준, 자녀 양육 원리, 나-전달법, 나-전달법의 구성요소, 적극적 경청(반영적 경청), 무승부법

1 이론관

배경	• 고든은 임상심리학자로 정서적·지적인 문제가 있는 유아들을 치료하였으나, 모든 문제를 의학적 경험만으로 해결하기에는 어려움이 있음을 알게 되었다. • 유아들의 정서적·지적인 문제는 부모-자녀 간의 인간관계에서 문제가 생겨 일어난 것이므로 부모들을 교육시킴으로써 해결할 수 있다고 보고, 부모-자녀 인간관계의 향상에 초점을 두어 프로그램을 개발하였다. – 부모-자녀 간의 갈등을 해소하고 변화를 가져오기 위해서는 체계적이고 반복적인 훈련이 필요하다고 보고, 부모 효율성 훈련(P.E.T.)이라는 프로그램을 개발하여 부모교육을 체계적으로 이끌어 나갔다. – 부모들의 의사소통 기술 발달과 부모-자녀 사이의 갈등을 해결하는 방법에 초점을 두었다.
부모-자녀 관계에 대한 견해	• 부모-자녀 간의 갈등은 서로 자신들의 입장에서 옳고 그름만을 주장하게 되면서 이로 인한 불만으로 생겨나는 것이라고 본다. – 즉, 자녀의 입장에서는 자신 나름의 욕구를 충족시키기 위해 행동하는 것이지만, 부모의 입장에서는 자녀들의 행동을 보면 수용할 수 없는 경우가 많고, 상황마다 이를 허용해 줄 수 있는 여부나 정도가 달라지기 때문에 자녀와 마찰이 생기게 된다는 것이다. • 부모가 자녀에게 수용을 나타내는 언어를 사용하고, 비언어적 메시지를 통해 자녀의 행동을 긍정적으로 받아들이는 등의 의사소통 방법을 훈련하며 양육기술을 터득한다면 부모-자녀 관계는 개선될 수 있다고 본다. – 하지만 이를 위해서는 부모가 자녀를 이해하고, 자녀가 욕구 충족을 위해 하는 행동들을 수용할 수 있는 자세가 미리 준비되어 있어야 한다.
목표	• 부모-자녀 간의 효과적 인간관계 형성기법 개발을 위해 가장 중요한 요인인 '효율적인 수용능력'을 개발하는 것이다. – 수용을 나타내는 언어사용능력의 향상을 통해 효율적인 의사소통이 이루어지도록 한다. • 부모-자녀 간의 인간관계에서 자녀의 행동을 제대로 이해하고 자신의 감정을 올바로 표현할 수 있는 기법을 습득하도록 한다. • 자녀와의 관계에서 문제가 발생할 경우 효과적으로 대응할 수 있는 의사소통능력 기술을 터득한다.
장점	• 부모 역할을 효율적으로 수행하고 자녀와 의사소통을 하여 개방적인 상태를 유지할 수 있게 되며, 부모와 자녀 관계가 결속되고, 그들 사이의 긴장과 갈등을 해결할 수 있는 방법의 개발과 능력 신장이 이루어진다. • 부모와 자녀가 상호존중하고 사랑을 바탕으로 따뜻하고 친밀한 관계를 발달시킬 수 있다는 사실을 확신할 수 있게 하며, 가족관계에서 세대 간의 차이로 인한 갈등이 줄어들게 된다.

MEMO

2 자녀 양육의 원리

(1) 부모 자신의 수용성 수준 파악하기

<table>
<tr><td rowspan="1">개념</td><td colspan="2">

• 수용성 수준의 상이성(비일관성)
– 자녀들의 행동을 받아주는 부모의 견해에는 차이가 있으며, 자녀의 행동을 수용하는 수준은 부모들의 기분, 집안 및 주위 사정, 사회의 분위기에 따라 항상 변화하기 마련이며 자녀의 출생순위에 따라서도 달라진다.
– 똑같은 행동도 어떤 부모는 문제성이 있는 것으로 여기고 어떤 부모는 정상적인 행동으로 받아들이게 된다. 즉, 수용 불가능 행동수준이 높은 부모는 이 수준이 낮은 부모보다 자녀를 문제아로 파악하는 경향이 높다.
– 따라서 자녀를 양육할 때 부모는 자신의 수용성 수준이 어느 정도인가를 파악할 필요가 있으며, 만약 수용 불가능 행동수준이 높은 부모라면 자신의 가치관을 바꾸기 위한 노력이 필요하다. 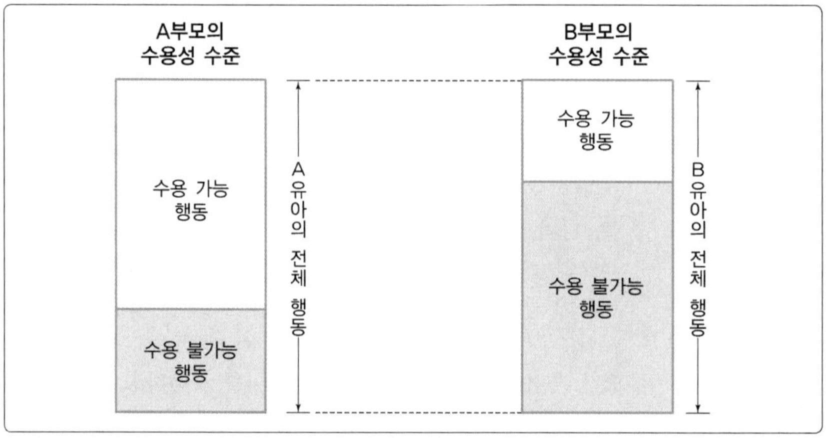

A부모의 수용성 수준: 수용 가능 행동 / 수용 불가능 행동 — A 유아의 전체 행동
B부모의 수용성 수준: 수용 가능 행동 / 수용 불가능 행동 — B 유아의 전체 행동

자녀의 행동에 대한 수용성 수준

</td></tr>
<tr><td rowspan="2">수준</td><td>수용적 부모</td><td>• 정서적으로 안정되어 있고, 개방적이며, 허용 수준이 높을 뿐만 아니라 자기 자신에 만족하는 등의 성격을 가진다.
• 자신의 감정통제가 잘 되고, 자신의 감정이 주위에 의해 좌우되지 않는다.</td></tr>
<tr><td>비수용적 부모</td><td>• 정서적으로 불안정하고, 폐쇄적이며, 까다로운 성격을 가진다.
• 부모 자신의 성격 자체가 까다롭기 때문에 어떤 행동에 대해서 옳고 그르다는 고정관념이 강하다.
• 대인관계가 원만하지 않을 뿐만 아니라 자녀의 행동을 사사건건 간섭하고, 그냥 지나칠 일도 결코 예사로 넘기지 않기 때문에 주변 사람들을 불편하게 만든다.</td></tr>
</table>

⑵ 문제의 소유자 파악하기(가려내기)

<table>
<tr><td>개념</td><td>

• * 문제 의식을 가진 소유자 파악

– 부모 자신의 관용성이 어느 정도인지 평가한 후에도 여전히 문제는 남아 있다. 이는 부모가 아이의 행동을 수용할 수 있지만 아이 자신이 문제를 갖고 있기 때문에 좌절과 갈등을 느끼는 경우나(자녀가 문제의 소유자), 아이의 행동 중 부모가 수용 불가능한 행동이 많아 부모가 괴롭고 힘든 경우(부모가 문제의 소유자)가 그 예에 해당한다.

– 따라서 자녀와 부모 중 누가 문제를 소유하고 있는지를 가려내고, 문제를 소유한 사람에 따라 이를 해결하기 위한 기술(부모의 의사소통 기술 또는 대화기법)을 다르게 접근해야 한다고 본다.

– 부모 효율성 훈련에서는 문제를 소유한 사람이 누구인지에 따라 반영적 경청, 나-전달법, 무승부법을 해결책으로 제시하고 있다.

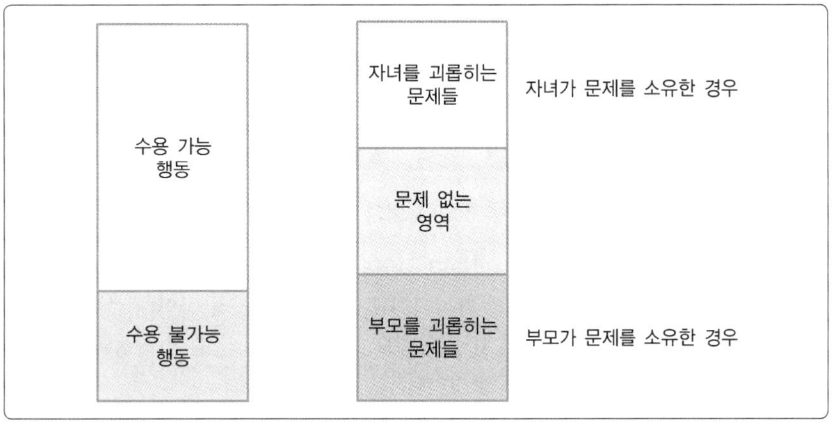 수용 가능 행동	자녀를 괴롭히는 문제들	자녀가 문제를 소유한 경우
	문제 없는 영역	
수용 불가능 행동	부모를 괴롭히는 문제들	부모가 문제를 소유한 경우

문제의 소유자 파악하기

• 부모와 자녀 모두에게 문제가 없는 부분이 원만한 관계이다. 일단 문제의 소유자가 누구인지를 파악한 후 자녀가 문제를 소유했을 때는 자녀를 돕는 기술의 방법(반영적 경청)을 사용하고, 문제의 소유자가 부모일 경우는 부모의 입장 알리기(나-전달법)를 사용한다.

</td></tr>
<tr><td>문제의 소유자가 '자녀'인 경우</td><td>

• 자녀가 자신의 문제 때문에 화를 낸다든지 좌절감을 느낀다든지 불행하다는 생각을 한다든지 적응을 못하여 나타나는 행동의 경우로, 이러한 아이들의 문제는 부모의 태도, 생활과 관계없이(부모에게는 문제가 없음) 본인 중심의 인간관계와 생활에서 일어난 것이기 때문에 자신이 해결하는 것이 가장 효과적이다.

예 함께 놀 친구가 없다든가, 친구들에게 따돌림을 받는다든가, 숙제가 너무 어렵게 느껴지는 경우, 선생님에 대해 화가 난다고 투덜거리는 경우, 자신이 너무 뚱뚱하다고 생각하는 경우이다.

• 아이들이 소유한 문제를 부모의 문제로 받아들여 모두 해결해 주어서는 안 된다.

– 자신의 아이라 할지라도 부모가 아이들이 소유한 문제를 전지전능하게 해결해 줄 수 없으며, 있다 하더라도 부모가 떠안아 해결해 주면 아이의 적응 능력을 발달시키지 못하게 되므로 유의해야 한다.

– 아이들은 어른들이 생각하는 것 이상으로 자신의 문제를 현명하게 처리할 수 있는 능력을 지니고 있으므로, 장래에 부딪히게 될 모든 문제들을 해결할 수 있게 되려면 어려서부터 문제를 스스로 처리해 보는 경험을 해야 한다.

</td></tr>
</table>

MEMO

* 문제의 소유자 : 불편감을 느끼는 사람, 관계에 문제가 있다고 인식하는 사람을 의미한다. 부모-자녀 관계에서는 부모나 자녀 또는 부모와 자녀 모두가 문제를 소유할 수 있다. 문제를 가진 사람은 불편함을 느끼지만 문제를 가지지 않은 사람은 평온한 상태에 있다.

MEMO

	• 자녀가 문제를 소유하였을 때 도울 수 있는 최선의 방법은 부모가 훈련받은 상담자나 정신과 의사와 같은 역할을 하며 먼저 아이의 말을 잘 들어주는 것이다. – 즉, 부모는 객관적인 태도를 갖고 자녀가 스스로 문제를 해결할 수 있도록 촉진자, 촉매자, 해결중개인이 됨으로써 심리적으로 도와줄 수 있다. 유의점 자녀는 자신의 문제를 언어로 표현하는 동안 나름대로 건설적인 방법을 터득해 가게 되므로, 부모가 대신 말하여 해결해주려고 하면 안 된다.
문제의 소유자가 '부모'인 경우	• 자녀의 행동 중 부모 입장에서 수용 불가능한 행동이 많아 부모가 괴롭고 힘든 경우, 즉 부모의 권리나 행동을 방해하거나 침해하는 유아의 행동으로 부모가 좌절·갈등을 느낀다면, 이때는 부모가 문제를 소유한 것이다. 예 손님과 이야기를 나누고 있는데 자꾸 칭얼거리며 방해한다든지, 곧 외출을 해야 하는데 준비는 안 하고 느리게 행동한다든지, 벽에 낙서를 해 환경을 더럽히는 등의 경우이다. • 부모 자신의 생각과 감정을 아동에게 객관적·효과적으로 전달하는 기술(나-전달법)을 사용함으로써 문제를 해결할 수 있다. – 부모를 방해하는 자녀의 행동 그 자체를 비난하기보다는 행동의 결과에 중심을 두고 협조를 구하는 방식으로 의사소통을 하는 것이다. – 즉, 자녀를 탓하지 않고 부모 자신이 중심이 되어 부모의 느낌을 말함으로써 부모와 자녀 간의 의사소통을 원활하게 한다.

① 문제의 소유자가 '자녀'인 경우: 반영적 경청

개념	• 자녀를 돕는 기술인 「반영적 경청(reflective listening)」 사용하기 • 반영적 경청은 자녀에게 들은 것을 되돌려 반영해 주며 듣는 방법으로 자녀가 이야기할 때 자녀의 표정과 태도, 이야기에 담긴 감정을 정확히 이해하고 언급(표현)하며 집중하여 듣는 방법이다. – 반영적 경청을 사용함으로써 부모는 자녀가 스스로 문제를 해결하도록 지원할 수 있다.	
필수적 자세	• 자녀와 대화하려는 개방적 자세 • 자녀의 문제를 해결하는 데 도움을 주려는 자세 • 부모의 감정과 자녀의 감정이 다르다 하더라도 부모가 자녀의 감정을 수용하려는 태도 • 자녀가 자신의 감정을 조절할 능력이 있으며, 스스로 문제를 해결할 수 있는 능력을 갖추고 있다는 믿음 • 자녀를 개별적인 인격체로 보는 자세	
경청의 기술: 4가지 방법	수동적 경청이나 침묵 조용히 들어주기	• 부모가 계속 말을 하거나 말을 많이 하면 자녀는 자신의 이야기를 할 수 없게 되므로 침착하게 인내하며 조용히 들어준다. – 조용히 들어주는 태도는 "너의 느낌이 어떤지 듣고 싶다.", "너의 느낌을 받아 줄게.", "네가 나에게 뭘 이야기할 건지는 네가 결정할 수 있다.", "이건 네 문제이니까 네가 책임지고 해결할 수 있을 걸로 믿는다."라는 비언어적 메시지를 전달하게 되므로, 자녀는 편안하게 자기의 생각을 말하게 된다.

MEMO

SESSION #5

	인식반응 보이기 (acknowledgement response)	• 고개를 끄덕이거나 앞으로 상체를 기울이며 듣는다든지, 미소를 짓거나 얼굴 표정을 짓는 것 등의 동작으로 표현하는 것과, "아아 그래, 그랬어?", "저런"과 같이 언어적 신호를 보내는 것이다. – 침묵은 자녀에게 메시지가 받아들여지지 않았다고 전달될 수 있으므로, 열심히 듣고 있다는 표시를 언어적 · 비언어적으로 표현할 필요가 있다. – 이러한 인식반응을 보이면 자녀는 부모가 자신의 문제를 진지하게 생각하며 듣고 있음을 알게 된다.
	계속 말하게끔 격려하기 (door openers or invitations)	• 자녀가 느낌이나 문제를 이야기할 때 계속해서 이야기하게끔 격려해 주는 것이다. • 처음에 마음의 문을 열고 말문을 열 수 있도록 "네 이야기가 재미있구나. 그것에 대해 이야기해 줄 수 있겠니?"와 같은 언어를 사용하여 계속해서 많은 이야기를 할 수 있게 격려한다. – 판단 · 비평 · 질책 · 비난 없이 문제를 함께 걱정하고 있다는 뜻을 전달해야 한다.
	적극적 경청 (active listening)	• 적극적 경청은 전문적 상담가들에게 지금까지 가장 효과적으로 알려진 기술로, 자녀로부터 들은 것을 이해하고 송환효과(피드백)를 보내면서 들어주는 것이다. • 개방적 의사소통 방법으로, 그냥 들어주는 태도였던 침묵이나 조용히 듣는 수동적 경청과 달리, 자녀로부터 들은 대화 내용을 이해하고 피드백하는 진지한 대화의 자세를 의미한다. – 부모는 적극적 경청을 통해 자녀가 중요하다고 느끼는 지식, 생각, 감정을 알아낼 수 있다. • 부모는 자녀로 하여금 자녀가 이야기한 것과 이야기하지 않은 것 이면에 숨은 감정을 다 알고 있음을 알려주고, 그 느낌을 자녀에게 메시지로 반응한다. 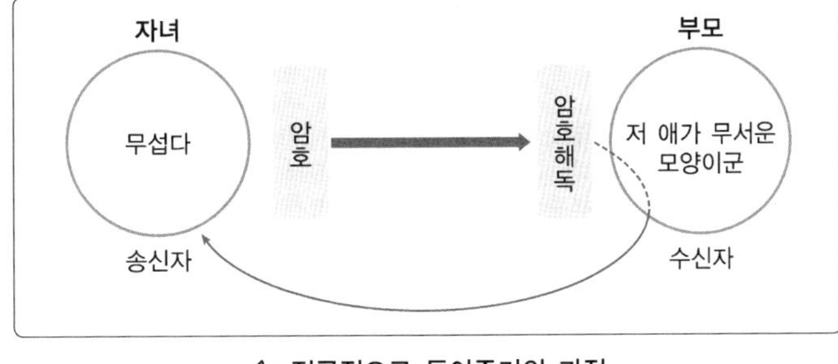 적극적으로 들어주기의 과정

MEMO

<table>
<tr><td rowspan="4">반영적 경청의 3단계</td><td colspan="2">의사소통 과정(반영적 경청의 3단계)이 효과적으로 진행될 때 자녀들이 소유하고 있는 문제의 폭은 줄어들 것이며, 부모-자녀 관계에 문제가 없는 영역이 늘어나 화목하고 평안한 관계가 유지될 수 있다.</td></tr>
<tr><td>1단계
(암호)</td><td>• 자녀가 말이나 얼굴 표정, 신체적 표현을 통해 문제를 가지고 있다는 단서를 전달한다.
- 자신의 느낌을 부모에게 적극적으로 표현하지 못하는 아이들은 자신의 내적 감정을 표출하지 않으면서 부모가 그 뜻을 이해해 주기를 바라며 이를 암호화하여 간접적, 상징적으로 표현한다.
- 간접적으로 표현하면 안전하다고 생각되어 암호화하는 것이다.</td></tr>
<tr><td>2단계
(귀환)</td><td>• 부모는 관찰한 단서를 해독하여 자녀의 느낌이나 생각을 피드백한다.
- 암호 해독: 암호화된 메시지를 받은 부모가 그것이 무엇을 뜻하는지 잘 해독해야 하므로, 순간 아이가 느끼는 감정을 적극적으로 해석해내야 한다.
- 피드백(송환효과): 암호 해독과정에서 부모는 늘 추측을 해야 하기 때문에 의미를 잘못 해석할 때도 있지만, 부모는 자녀의 이야기를 적극적으로 들음으로써 자녀가 느끼는 감정을 정확히 이해하기 위해 노력하여 피드백해야 한다.</td></tr>
<tr><td>3단계
(긍정 또는 부정)</td><td>• 자녀는 부모의 피드백을 긍정하여 계속 진행하거나, 좀 더 확실한 암호를 보내고자 한다.
- 부모가 자신의 이야기를 적극적으로 듣고 자신의 감정을 이해하고 있음을 피드백(송환효과)받게 되면 자신의 마음속 느낌을 표현하고 정서적 불안감을 해소하게 된다.</td></tr>
<tr><td>장점</td><td colspan="2">• 문제가 되는 감정의 정화작용을 촉진한다.
• 부정적인 감정을 두려워하지 않도록 해 준다.
• 부모와 자녀 사이의 온정적인 관계를 증진시킨다.
• 자녀에게 부모 또는 타인의 말을 경청하는 태도를 길러줄 수 있다.
• 자녀 스스로 자신의 문제를 분석하고 해결책을 찾도록 격려하여 독립심을 길러준다.</td></tr>
</table>

② 문제의 소유자가 부모인 경우: 나-전달법(I-message)

개념	• 부모의 입장 알리기: 「나-전달법」 사용하기 • 나-전달법은 아이의 행동이 부모에게 좌절과 갈등을 일으켜 부모가 문제를 소유하게 될 때 이를 효과적으로 아이에게 전달하기 위해 사용하는 기술로, 아이의 행동으로 인해 나 자신이 어떻게 느끼고 있는지를 객관적으로 전달하는 것, 지금 있는 그대로의 상황을 화내거나 나무라지 않고 담담하게 표현하는 것이다. - 즉, 나-전달법은 부모가 자신의 생각이나 감정을 자녀에게 표현하는 기술이다. 자녀의 말, 행동으로 부정적 감정이 발생할 때 나-전달법을 사용함으로써 부모는 솔직하게 감정을 표현할 수 있다. - 아이의 행동을 비판·질책·훈화하기보다 나-전달법을 통해 협동을 구하는 태도는 아이의 판단을 신뢰한다는 의미를 전달하게 되어 의사소통이 원활해진다.

MEMO

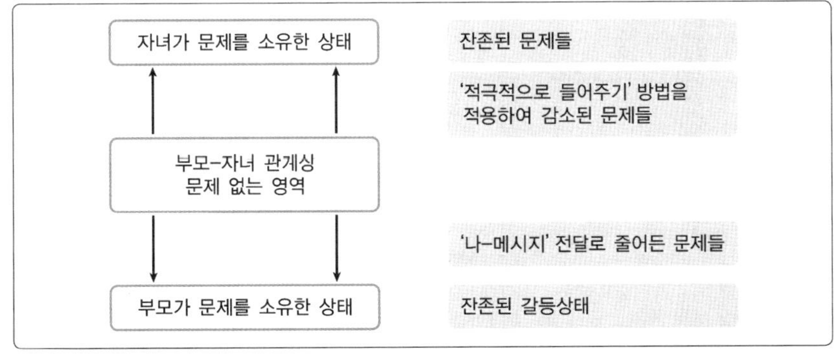

부모-자녀 간 문제의 소유에 따른 갈등 해결 방법

<table>
<tr><td rowspan="4">3요소</td><td colspan="2">나-전달법의 3요소는 다음과 같으며, 3요소의 순서(구조)는 바뀔 수 있다.</td></tr>
<tr><td>행동</td><td>• 부모에게 방해되는 행동을 말한다.
- 수용할 수 없는 자녀의 행동에 대하여 비난·비평하거나 화를 내지 않고 자녀의 행동을 있는 그대로 객관적으로 표현한다.</td></tr>
<tr><td>결과
(영향)</td><td>• 자녀의 행동이 영향을 미친 결과를 말한다.
- 자녀의 그 행동이 부모에게 미치는 구체적 영향이 무엇인지 간결하게 표현하고, 가감없이 예고한다.</td></tr>
<tr><td>감정
(느낌)</td><td>• 행동의 결과 때문에 생긴 부모의 느낌을 말한다.
- 자녀의 행동이나 그 행동이 미치게 되는 구체적 영향에 대해 부모의 감정 또는 느낌이 어떤지를 과도하지 않게 솔직히 표현한다.</td></tr>
<tr><td>유의점</td><td colspan="2">• 부정적 정서나 내용을 강조하지 않는다.
• 상대를 평가하려는 태도를 갖지 않도록 하고, 이때 언어와 표정도 유의해야 한다.
• 나-전달법을 일관되지 못하게 사용하면 자녀들이 이를 무시할 수 있으므로 일관성 있게 사용하는 것이 바람직하다.
• 나-전달법은 조용하나 단호한 목소리로 표현할 때 가장 효과적이다. 그러므로 화가 났을 때에는 나-전달법을 피하는 것이 좋다. 화가 난 상태에서 상대방에게 나-전달법을 사용하면 상대방의 반항심을 불러일으키게 된다.</td></tr>
<tr><td>실제 발생 가능한 문제</td><td colspan="2">• 부모의 나-전달법을 자녀 쪽에서 무시하게 되는 경우에는 더 강력한 나-전달법을 다시 보낸다.
• 자녀 또한 나-전달법을 사용하여 부모의 나-전달법에 응수하게 되는 경우 부모는 자신이 보낸 나-전달법보다는 자녀의 나-전달법을 먼저 수용해야 하기 때문에, 능동적인 청취법의 기술(적극적 경청)을 적용하여 자녀가 경험하고 있는 감정을 먼저 반향시켜 주는 역할담당을 우선해야 한다.</td></tr>
</table>

MEMO

<table>
<tr><td rowspan="4">유형</td><td>긍정적
나-전달법</td><td>부모나 자녀 모두에게 문제점이 없을 때, 상대의 행동에 대해 나의 좋은 생각이나 느낌을 전달하는 의사소통 기술이다.
예 "네가 장난감을 정리해주어서(행동), 정말 고마워(감정). 엄마가 힘들게 청소하지 않고 편히 쉴 수 있겠구나(영향)."</td></tr>
<tr><td>예방적
나-전달법</td><td>어떤 일이 미칠 영향을 예방하기 위해서 사전에 사용하게 된다.
예 "네가 식탁 주위에서 놀고 있으면 걱정이 된다. 네가 컵을 깰까봐."</td></tr>
<tr><td>직면적
나-전달법</td><td>문제에 부딪치게 될 때 사용하는 나-전달법으로, 어떤 행동을 변화시킬 목적으로 사용되며, 주로 아랫사람이나 친구 간에 사용한다.
예 "내가 너에게 말할 때, 네가 대답하지 않거나 쳐다보지 않으면 난 기분이 나빠."</td></tr>
<tr><td>개방적
나-전달법</td><td>• 상대방의 행동과 관계없이 평소 나는 어떤 사람이라는 것을 알려주는 것이다.
- 평소에 '개방적인 나-전달'을 많이 해 놓으면 상대방은 나를 보다 더 잘 알 수 있고, 기회가 있으면 내가 좋아하고 싫어하는 것에 자기들의 행동을 맞추려 애를 쓰게 된다.
예 "엄마는 초록색이 좋아(감정). 왜냐하면 초록색을 보면 숲이 생각나고 편안한 마음이 되거든(영향)."</td></tr>
<tr><td>장점</td><td colspan="2">• 자녀의 행동이 부모에게 미치는 영향을 비난하지 않고 다만 부모가 자녀의 행동에 대해 느낀 바를 말하기 때문에 자녀에게 상처를 주지 않을 수 있다.
• 자녀의 행동이 야기한 결과로써 부모가 느끼게 된 감정에 대하여 자녀가 분명히 알게 한다.
• 자녀의 행동에 대한 변화를 강조할 뿐이지, 자녀의 성격을 지적하지 않는다.
• 자녀의 자아개념을 상실하게 하지 않으면서, 자녀 스스로 문제해결의 책임을 지도록 유도할 수 있다.
• 자녀에게 적극적인 경청을 경험하게 함으로써 개방적인 의사소통 기법을 터득하게 한다.
- 위협적으로 말하지 않기 때문에 자녀는 부모의 이야기를 훨씬 더 잘 경청하게 된다.
• 부모-자녀 간에 솔직한 감정이입을 가능하게 함으로써 서로를 신뢰하게 만든다.
• 부모가 자녀를 있는 그대로 이해하게 되면, 자녀도 자신을 부모에게 노출할 용기를 얻게 된다.</td></tr>
</table>

너-전달법

• 자녀의 행동에 초점을 맞추어 그 행동에 대한 비난, 비평 혹은 평가의 의미를 전하는 의사소통 방법으로 상대방에게 잘못이 있다고 말하는 것이며 말로 공격하는 것이다.
  - 부모 자신이 해결안을 자녀들에게 제시 또는 투입시키게 되는 하강식 의사 전달의 수단이 될 뿐, 부모가 경험하고 있는 감정이 자녀에게 전달되지는 않는다.

MEMO

SESSION 5

③ 비권위적 방법 또는 민주적 방법 : 무승부법(no-lose method)

특징	• 무승부법은 반영적 경청이나 나–전달법을 활용하고도 문제가 해결되지 않고 자녀가 자신의 방식대로 행동하려고 할 때 활용할 수 있는 방법으로, 부모–자녀가 앉아서 객관적인 태도로 사실에 입각하여 문제들을 토의하면서 해결해나가는 방법이다. 부모는 아이의 의견과 의사결정능력을 존중하고 아이 역시 부모의 제안을 존중하면서 토의하고 해결하는 방법이다. – 부모는 해결책을 찾는 데 자녀를 적극적으로 개입시키고 자녀와 협력하여 문제 해결 방법을 결정한다. – 부모와 자녀 사이의 힘의 차이를 줄이고 두 사람이 함께 수용하는 문제해결 방안을 제시한다. – 부모가 자녀의 인격을 존중할 때 사용할 수 있으며, 갈등을 해결함에 있어서 두 사람 모두의 요구가 절충되어야 한다는 것을 이해하게 되기 때문에 부모와 자녀는 얻는 것도 잃는 것도 없다. – 부모와 자녀 양쪽의 문제 및 갈등 모두가 해결되는 것을 의미하는 것으로서 부모의 요구나 감정이 자녀의 그것과 더불어 만족을 성취하게 되는 것을 의미한다.
주의할 점	• 반영적 경청, 나–전달법에 대한 경험이 없는 자녀는 무승부법 과정에 참여하길 꺼리기 때문에 반영적 경청이나 나–전달법의 기술이 습득된 것을 전제로 한다. – 반영적 경청이나 나–전달법의 기술을 먼저 사용한 후에 무승부법을 실시한다. • 무승부법은 문제를 해결하는 데 있어 상처받는 사람, 승자와 패자가 있어서는 안 된다는 것을 전제로 한다. 따라서 자신의 뜻대로 상대를 이끌어 가려는 의도로 무승부법을 사용해서는 안 된다. • 여러 가지 해결책이 제시되어야 하며 결정된 해결책을 자녀가 이행하지 않더라도 이에 집착하여 벌을 주거나 비난하지 말아야 한다. 대신 나–전달법을 사용해 자녀 행동에 대한 감정을 표현하거나 자녀와 상의하여 앞으로 어떻게 할지를 결정해야 한다.
무승부법이 효과적인 이유	• 자녀는 갈등문제 해소에 참여함으로써 문제해결의 책임이 자신에게도 있음을 알게 되므로 자녀의 자율성과 책임감이 촉진된다. • 무승부법을 통해 결정된 문제해결책은 자녀와 부모가 합의한 결정이므로 부모와 자녀 모두 해결책 실천에 불만을 갖지 않을 수 있다. • 갈등을 해결하기 위한 창의적, 효과적인 방법으로 모두 만족감을 느끼게 된다. • 유아 스스로 생각하여 갈등을 해결하게 함으로써 합리적 사고의 훈련이 된다. 이는 자녀의 인지발달을 촉진하며 문제해결능력 향상에 기여한다. • 부모–자녀 간의 갈등이 있을 때는 적대감도 있게 되지만 서로 만족감을 주는 해결책을 모색하게 되면 사랑과 존경의 느낌으로 더 돈독한 부모–자녀관계가 된다. • 서로 합의점을 찾게 되므로 강요를 적게 하여 위협이나 간섭 등이 없어지게 된다. • 일상생활에서 부모–자녀의 갈등해소를 할 수 있는 가장 적절한 방법으로서 갈등해소에 대한 치료적인 효과를 볼 수 있다. • 유아의 욕구도 어른만큼 중요하다고 가정하므로 부모는 자녀를 성인처럼 존중하는 마음을 갖고 대하게 된다.

MEMO

<table>
<tr><td rowspan="4">무승부법의
6단계</td><td>1단계
갈등 확인
(문제 정의하기)</td><td>• 부모와 자녀 간의 갈등요인이 무엇인지를 함께 확인하고 분명하게 밝히는 단계로, 부모는 자녀에게 서로의 바람을 모두 충족시키는 문제해결방안을 찾을 것이라고 말하며 지금의 문제를 정의한다.
– 부모는 자녀에게 원하는 것을 나-전달법으로 표현하며 반영적 경청으로 자녀의 욕구와 감정을 받아들임으로써 실제로 문제를 이해하도록 한다.
– 부모와 자녀 모두의 욕구를 충족시킬 수 있는 해결방안을 찾고 있다는 것을 자녀가 분명히 이해할 수 있도록 설명해야 한다.</td></tr>
<tr><td>2단계
가능한 해결책 탐색
(해결책 모색)</td><td>• 확인된 문제를 어떻게 해결할 것인지 여러 각도에서 검토하는 단계로, 다양한 문제해결책을 찾아 기록한다.
– 가장 좋은 해결책을 얻으려고 노력하고 있다는 점을 명심해야 한다.
• 이 단계에서는 특별한 해결책을 논의하거나 평가하기 전에 많은 해결책을 내놓는 일이 중요하다.
– 부모가 먼저 해결책을 말하지 말고 자녀가 먼저 제시하도록 하며, 가능한 한 더 이상의 방법이 없을 때까지 모든 해결책을 제시해 보도록 한다.
• 이 단계의 마지막에 다시 문제점을 적어보고, 해결책을 모아 정리하면 문제해결의 계기가 될 수 있다.
예 "우리가 해야할 일이 어떤 것이 있을까?"
예 "이 문제를 해결할 수 있는 여러 가지 방법이 틀림없이 있을 거야."
예 "가능한 한 많은 해결책을 생각해 보자."</td></tr>
<tr><td>3단계
가능한 해결책 평가
(해결책 평가)</td><td>• 앞서 제안된 해결책들이 실행 가능한지, 부모와 자녀의 욕구를 모두 만족시키는지 평가한다.
– 부모와 자녀는 수용할 수 있고 수용할 수 없는 방법에 대해 솔직하게 표현해야 한다.
– 해결책이 합리적이고 적절한지를 평가한다.
– 해결책에 결함은 없는지, 실천가능하지 않은 이유는 무엇인지, 이행하기에 힘들지 않은지, 모두에게 공평한지에 대해 생각한다.
예 "자, 여러 가지 방법 중 가장 적절하다고 생각되는 것은 무엇이지?"
예 "왜 이 방법은 적절하지 않다고 생각하니?"
예 "더 좋은 방법은 없을까?"</td></tr>
<tr><td>4단계
최상의 해결책 결정
(해결책 선택)</td><td>• 부모와 자녀가 합의하여 갈등을 해결하는 최상의 방법을 선택한다.
– 자녀의 생각을 확인할 수 있지만 해결방안을 강요하거나 설득해서는 안 된다.
• 모두 참여하여 결정한 방법이기 때문에 지켜야 할 책임이 있음을 알려야 하며, 나중에 동의했던 결정에 대한 반대나 오해의 방지를 위해 그 해결책을 기록해 둔다.
예 "이 방법이 좋다고 생각하니?"
예 "이 방법이 우리의 문제를 해결할 수 있다고 생각하니?"
예 "이것은 우리가 합의한 거야. 괜찮니?"</td></tr>
</table>

MEMO

	5단계 결정된 해결책 시행 (해결책 실천하기)	• 최상의 해결 방법이 결정되면 수행할 구체적인 방법을 결정하고, 직접 실행에 옮긴다. – 해결방안이 합의된 후 곧바로 실행에 옮기는 것에 대해 누가, 언제, 무엇을 행동하는지 등의 이야기를 나누는 것이 필요하다. – 부모는 자녀의 수행 능력에 대한 믿음과, 자녀가 결정된 사항을 충실히 수행할 것이라는 믿음을 가질 필요가 있다. – 각자의 실천 사항을 기록하고 격려한다. • 만약 자녀가 합의된 것을 철저히 수행하지 못한 경우에는 나-전달법을 사용하여 의사소통한다.
	6단계 사후평가 (해결책 사후 평가하기)	• 결정된 방법을 일정기간 실시한 후, 약속된 시간에 실천 여부와 만족스러운 결과인지를 평가한다. – 선택하여 시행한 방법을 검토하고, 그것이 올바른지 평가한다. – 협의 사항을 지키는 데 어려움이 없는지, 있다면 어떤 이유가 있는지 살펴보며 의논한다. – 계속 진행할지 아니면 좀 더 보완해야 할 사항이 있는지 함께 논의한다. • 만약 약속대로 해결책이 실천되지 않은 경우나, 문제점이 발견 또는 최선의 것이 아닌 것으로 평가된 경우에는 다시 문제를 정의하는 1단계로 돌아가 합의하여 결정하는 과정을 되풀이한다. 예 "우리의 결정은 어떻게 실행되고 있지?" 예 "우리가 결정한 것에 대해 아직까지 만족하니?"

참고

갈등 해결을 위한 부모 태도의 유형

승자형 부모 (제1의 방법)	• 자녀들에게 권위나 힘을 행사할 수 있는 그들의 권리를 당연한 것으로 생각하고 꼭 지키려고 한다. • 부모는 자녀보다 우월하고 힘이 있다는 생각에 기초해 자녀들의 행동 범위를 제한하고, 강요하며, 명령하고, 복종을 요구하며, 벌로 위협을 하거나 벌을 준다. • 부모와 자녀의 욕구 간에 갈등이 있을 때 언제나 부모가 승리하고 "우리가 가장 잘 안다. 너희들을 위한 것이다." 등의 얘기로 부모의 승리를 합리화한다.
패자형 부모 (제2의 방법)	• 자녀들로 하여금 대부분의 시간을 자유롭게 보내게 하면서 의식적으로 제약을 피하고 권위주의적인 방법을 용납하지 않는 것을 자랑으로 여긴다. • 어린이의 욕구를 좌절시키는 것은 해롭다고 믿기 때문에 부모와 자녀의 욕구 간에 갈등이 있을 때 자녀가 원하는 것을 허용하고 자녀를 통제하기를 포기한다. 자녀가 언제나 승자가 되는 것이다.
무패형 부모 (제3의 방법)	• 부모 효율성 훈련을 통한 제3의 부모 유형으로, 유아에게도 자신의 행동에 책임질 능력이 있다는 신뢰를 바탕으로 한다. – 부모 효율성 훈련과정에서 갈등 해결의 새로운 수단인 무패방법을 통해 부모와 자녀 모두 승자가 되는 무패형 부모가 되는 방법을 배우게 된다.
동요형 부모	• 대부분의 부모는 한 가지를 일관되게 하는 것이 불가능하다고 말하면서 두 가지 접근을 조화시키려 한다. • 동요형 부모들은 대개 엄격과 관용, 곤란과 용이함, 제한과 허용 사이에서 방황한다.

MEMO

UNIT 08 번(Eric Berne) – 상호교류분석이론 / 교류분석이론

#KEYWORD 번, 교류분석이론, 교차적 교류, 보완적 상호교류, 자아상태(아동자아, 부모자아, 성인자아)

1 이론관

<table>
<tr>
<td>이론적 배경</td>
<td>
• 상호교류분석(교류분석, Transactional Analysis : TA)이론은 미국의 정신의학자 에릭 번(Eric Berne, 1910~1970)이 1954년에 창시한 성격이론으로, 정신분석이론에 근거를 두고 있지만 정통 프로이드 학파에 비해 사회적 관계를 중요시하는 점에서 '사회적 정신의학'이라고 할 수 있다.
– 번(Berne)은 환자에 대한 치료 경험을 토대로 인간의 성격은 사회적 상호작용과 관련이 있음을 깨닫고, 인간관계에서의 의사소통과 상호교류 양식에 초점을 둔 이론을 창시하였다.
• 교류분석이론은 개인의 인성과 성격이 사회적인 상호교류관계에 의해 형성되며 나아가 삶의 유형이 결정된다고 보므로, 개인의 인성에서 자아상태 간의 교류적 측면을 강조한다.
• 국제교류분석협회의 정의에 따르면 '교류분석이론은 하나의 성격이론인 동시에 개인의 성장과 변화를 시도하는 체계적인 심리치료법'이다.

교류
• 사회적 상호작용의 단위를 '교류'라고 하였는데, 이는 의사소통 과정에서 한 사람이 보내는 자극에 대해 다른 사람이 반응하는 것을 말한다.
• 이때의 교류는 단순히 표면상 나타나는 말의 교환뿐만 아니라 마음속 깊이 전달되는 의미, 의도, 느낌 등 여러 측면을 포함하는 깊은 수준의 의사소통을 의미한다.

• 상호교류분석은 다른 사람과의 상호작용을 분석하는 방법으로, 번은 상호교류에 부모자아, 성인자아, 아동자아라는 자아상태가 관여한다고 보고 자아상태 간의 교류패턴을 분석함으로써 개인을 변화시키고 대인 갈등을 감소시킬 수 있다고 하였다.
– 번은 교류과정에서 어떤 자아상태가 작용되는지 분명하게 표현된다고 설명하면서, 자아상태는 프로이드의 '의식, 무의식, 전의식' 개념과는 달리 관찰이 가능하다고 보았다.
– 인간에게는 '부모자아, 성인자아, 아동자아'라는 세 가지 자아상태가 공존하며 외현적인 행동을 통해 표현된다고 보았다. 뿐만 아니라 이 세 자아는 관계를 개선시키는 데 실제적 도움이 된다고 하였다.
• 이를 통해 번은 인간관계에서의 의사소통이나 교류방법에 역점을 두게 되었으며, 이러한 상호교류의 원리를 부모교육에 적용하여 부모–자녀 관계를 개선시키자는 교류분석 부모교육이론을 정립하게 되었다.
</td>
</tr>
</table>

MEMO

SESSION #5

기본 원리	• 행동의 동기에는 크게 두 가지의 욕구, 즉 기본적인 생리적 욕구(예 음식물, 공기, 물 등을 원하는 욕구)와 심리적 욕구(예 다른 사람의 자극을 원하는 욕구)가 작용한다. – 교류분석이론에서는 이 두 가지 욕구에 의해 '자극의 욕구, 인정의 욕구, 자세의 욕구, 구조의 욕구'를 갖게 되며, 이 욕구들은 다른 사람과의 사회적 상호교류를 통해서만 충족이 가능하고, 이러한 욕구들이 작용하여 인간 행동의 동기가 된다고 본다. • 교류분석이론은 인간관계의 상호교환 원리에 관심을 두고 모든 사람은 자극을 받고자 하는 욕구를 가졌으며, 이 욕구에 대한 스트로크(쓰다듬기)가 긍정적인가 또는 부정적인가에 따라 자신에 대한 감정과 교류의 질이 달라진다고 본다. – 신체적 접촉이나 심리적 안정은 유아의 자아존중감을 향상시키고 자신을 긍정적 존재로 인식하도록 돕는다. – 특히 학대받은 유아와 그의 부모, 입양된 아이들, 결손 가정의 유아들, 그리고 청소년들과 그들의 부모들이 교류분석을 활용한다면 부모–자녀관계가 향상될 것이고 의사소통도 원활히 이루어질 수 있다고 본다.
목표	• 교류분석이 궁극적으로 추구하는 목적은 *'자율성 회복'이다. – 모든 사람은 본질적으로 긍정적인 존재(I'm OK – You're OK)로 태어나 자율적으로 생각하며 삶의 방향을 스스로 결단할 수 있다. – 그런데 *성장 과정에서 양육과 교육이 어긋나 이런 능력을 잃게 되는 사람들이 있다. 그럼에도 어렸을 때 자신이 무의식적으로 정한 '초기결정'은 상황이 바뀔 때 또는 자신의 결단에 의해 융통성 있게 변화될 수 있다고 보았다. – 이런 변화가 자신의 인생각본을 평가하고 재구조화하여 바꿀 수 있다는 것으로 보고 *'자기 재양육(self-reparenting)'이라고 명명하였다(James, 1974). – 자기 재양육을 통해 아동자아상태의 행동, 사고, 감정에 대한 책임이 자신에게 있음을 자각한 후 자신이 지금까지 해온 부정적인 행동, 사고, 감정을 긍정적인 아동자아상태로 바꾸는 것이다. • 교류분석에서는 성인자아상태를 인성의 집행자로 보고, 성인자아상태도 자기 재양육으로 바꾸어야 한다고 본다. 이는 성인자아상태가 제대로 기능해야 번(Berne)이 말한 '통합된 성인자아상태(intergrated adult)' 또는 '유연한 성인자아'로 기능할 수 있기 때문이다. – 자율성이 반드시 성인자아상태에만 있는 것은 아니지만, 성인자아상태를 통해 세상에 대한 정보를 처리하고, 세 유형의 자아상태 중 적절한 유형을 선택하여 반응하게 되므로 성인자아상태의 자기 재양육은 매우 중요하다. – 성인자아상태는 '여기서–지금(here-now)'의 상황에 반응해야 할 때 자신과 타인에게 긍정적으로 되고 개인의 자원을 총동원하여 문제를 이성적 · 합리적으로 해결할 수 있도록 이끈다. 즉, 당면한 문제를 해결하기 위해 필요한 정보를 부모자아상태와 아동자아상태로부터 가져와 성인자아상태로 합리적인 판단을 내린다.

* '자율성'은 '거기서–그때(there-then)'의 인생각본으로부터 벗어나 '여기서–지금(here-now)'에 기초하여 느끼고 생각하며 행동하는 것이다.

* 모든 아이는 자율적인 존재로 태어나지만 생존을 위해 부모에게 의존할 수밖에 없기 때문에 자신에게 돌봄을 제공하는 주변 어른들의 영향을 받으며 자율성을 유보하거나 포기하는 경우가 많다고 보았다. 즉, 인간은 자신의 부모에게서 부모가 되는 법을 배우기 때문에, 자율적이지 않은 패자인 부모가 아이를 자율성이 있는 승자로 키우기는 어렵다고 본 것이다.

* '자기 재양육'이란, 과거 부모로부터 받았던 부정적이고 제한적인 메시지들을 극복하여 새로운 긍정적 메시지를 스스로에게 입력하면서 '새로운 부모자아상태'를 발달시키는 자가치료(self-therapy) 방법이다.

MEMO

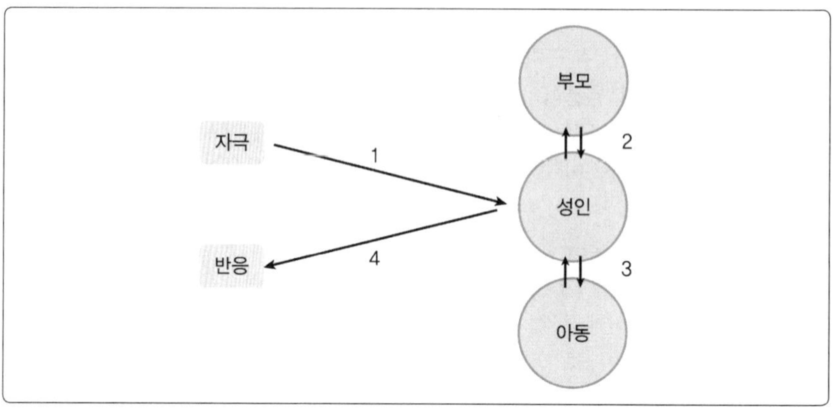

집행자로서의 성인자아상태

① 자신의 자아상태를 파악하여 성인자아가 아동자아와 부모자아의 부정적인 영향력과 혼합되지 않고, 자유롭게 기능하며 부당한 금지나 명령들을 독립적으로 선택할 수 있는 능력을 기른다.
② 부모로 하여금 세 가지 자아상태들을 상황에 따라 적절하게 사용할 수 있도록 융통성을 기름으로써 다른 사람과 효과적인 관계를 가질 수 있도록 한다.
③ 부모와 유아가 자신의 과거 경험을 통해 형성된 부정적 생활자세를 버리고 자기긍정－타인긍정(I'm OK – You're OK)의 생활자세를 수용할 수 있도록 한다.
➔ 결국 부모교육의 목적은 개인이 자신과 자아상태를 자율적으로 선택할 수 있는 능력을 함양하도록 하는 데 있다.

참고

스트로크(쓰다듬기)

- 번은 자극욕구를 만족시켜주는 기본 단위를 스트로크(쓰다듬기)라고 개념화하였고, 자극욕구는 스트로크를 통해 충족된다고 보았다.
- 스트로크는 한 개인으로 하여금 자신의 존재를 인식하게 해주는 '인식의 기본 단위'로, 이는 세 가지 방법인 「신체적 방법(예 껴안기, 쓰다듬기, 밀기 등), 언어적 방법, 비언어적 방법(예 표정, 윙크 등)」으로 제공된다.
- 스트로크 방식은 개인이나 가족에 따라 다르게 학습되며, 개인의 스트로크 방식은 성격 형성에 영향을 미친다. 즉, 개인에게 여러 가지 스트로크가 역동적으로 제공되면서 다른 사람이나 자기 자신에 대한 느낌을 가지게 되고 이를 기반으로 기본적인 삶의 입장이 형성된다.

2 스트로크

(1) 개념

기본 관점	• 번은 스트로크(쓰다듬기)로 이루어지는 교류가 사회적 상호작용의 기본이라고 보았으며, 인간은 누구나 타인으로부터 인정받으려는 욕구를 가지는데 이를 충족시킬 수 있는 행동이 스트로크라고 보았다. • 아이는 혼자서 생활할 수 없으므로 주양육자의 스트로크가 절대적으로 필요하며 주양육자와 적절한 스트로크 교환이 이루어질 때 아이는 자신이 존중받는다고 느끼고, 원만한 인간관계를 형성할 수 있다.

(2) 스트로크의 종류

① 스트로크는 말, 인상, 표정, 몸짓 등의 언어적·비언어적 의사소통 수단으로 표현되는 것이며, 특성에 따라 신체적/언어적, 긍정적/부정적, 조건적/무조건적 유형으로 나뉜다.

② 사람들은 긍정적 스트로크를 선호하지만 스트로크가 부족한 것은 '심리적 죽음'과 같아서 생존하기 위해 부정적 스트로크라도 받으려 한다.

<table>
<tr><td><u>신체적 스트로크</u>
및
<u>언어적 스트로크</u></td><td colspan="3">① 신체적 스트로크는 갓난아기를 안아주거나 업어주는 것, 어깨를 두드리거나 손을 잡아주는 것, 머리를 쓰다듬는 등 직접적인 접촉에 의한 행동으로 인정자극을 주는 것을 말한다. 즉, 몸짓, 손짓, 얼굴표정 등을 통해 메시지를 주고받는 것을 의미한다.
– 신체적 스트로크는 전 생애 동안 중요하지만 특히 출생 직후 영아의 성장에서는 만지고 쓰다듬어 주는 신체적, 감각적 자극이 필수적이다.
② 언어적 스트로크는 칭찬의 말이나, 갓난아기에게 "우리 아가 까꿍!"하고 말을 걸어보는 것처럼 말을 통해 자극이나 반응을 주고받는 것을 의미한다.
• 영·유아기에는 신체적 스트로크를 통해 상호작용하는 경우가 많으나 성장하면서 언어적 스트로크 혹은 둘을 동시에 사용하는 횟수가 점차 많아지게 된다.
– 즉, 신체적 스트로크는 영유아가 성장함에 따라 점점 줄어들게 되어 인정받고자 하는 욕구, 상징적이고 언어적 존재 인식인 심리적 스트로크로 대치된다. 접촉과 자극의 욕구를 충족시키는 수단이 신체적 자극에서 심리적이고 언어적인 자극으로 바뀌는 것이다.</td></tr>
<tr><td rowspan="5"><u>긍정적 스트로크</u>
및
<u>부정적 스트로크</u></td><td rowspan="3">긍정적
<u>스트로크</u></td><td colspan="2">「긍정적 스트로크」는 어떤 사람을 기분 좋게 만들거나 스스로를 괜찮다고 느끼게 하는 것으로, 애무나 인정, 긍정적 평가와 같이 쾌감을 주는 스트로크를 의미한다.</td></tr>
<tr><td>긍정적 무조건
<u>스트로크</u></td><td>개인의 성취나 행위에 기초하여 인정해 주는 것이 아니라, 그 개인의 존재 자체에 근거하여 인정하는 것이다.</td></tr>
<tr><td>긍정적 조건
<u>스트로크</u></td><td>'~을 하기 때문에' 관심을 보이거나 인정을 해 주는 것이다.</td></tr>
<tr><td rowspan="2">부정적
<u>스트로크</u></td><td colspan="2">• 「부정적 스트로크」는 어떤 사람을 기분 나쁘게 만들거나 스스로 부족하다고 느끼게 하는 것으로, 긍정적인 방식으로 스트로크를 얻지 못할 경우 상대방을 화나게 하거나 상처를 줘서라도 관심을 얻고자 하는 스트로크를 의미한다.
– 스트로크는 개인의 생존에 필수적이기 때문에 일반적으로 사람들은 긍정적 스트로크를 일차적으로 추구하지만, 그렇지 못할 경우에 아무런 스트로크를 받지 못하는 것보다는 부정적 스트로크라도 받으려는 경향이 있다.
– 부정적 무조건 스트로크는 개인의 성장에 치명적인 악영향을 미치며, 부정적 조건 스트로크 또한 지나치면 문제행동을 유발할 수 있다.</td></tr>
<tr><td>부정적 무조건
<u>스트로크</u></td><td>"무조건 네가 싫어."와 같이, 개인의 특정한 행동이 아니라 존재 자체에 대해 부정적 스트로크를 제공하는 것이다.</td></tr>
</table>

MEMO

		부정적 조건 스트로크	"너는 ~를 해서 싫어."와 같이 개인의 특정한 행동에 대한 부정적 스트로크를 의미한다.

(3) 스트로크 충족 방법

① 교류분석이론에서는 스트로크를 충족하는 방법이 인간발달 단계마다 차이가 있나고 본다.

② 양육자로부터 어떠한 스트로크를 받았는가에 따라 기본적인 인생태도를 형성하게 된다.

구분	내용
자극의 욕구 (자극갈망)	• 자극의 욕구는 영아기에 주로 나타나는 접촉의 욕구로, 영아는 신체적인 접촉의 욕구가 강하며 이를 통해 친밀감을 나누기를 원한다. • 어릴수록 감각적 자극에 대한 욕구가 있어서 부모가 아동을 만지고 쓰다듬어 주는 등 '신체접촉'을 만족시켜 주어야 한다. – 특히 어머니와의 관계에서 육체적 · 긍정적 스트로크인 스킨십이 중요하다. – 이러한 기본적인 욕구가 충족되지 않아 정서적 · 감각적으로 박탈되면 영유아의 신체적 · 심리적 발달에 영향을 준다(예 모성결핍증후군).
인정의 욕구 (인정갈망)	• 인정의 욕구는 마음의 접촉을 갈망하는 것으로, 승인욕구라고도 한다. – 유아기 자녀는 부모에게 말로 자신을 표현할 수 있게 되며, 부모가 말로 칭찬해 주거나 고개 끄덕임을 보여주는 것과 같이 언어나 동작에 의한 애정표현 및 인정을 갈망하게 된다. 즉, 자극의 욕구가 확대되어 덜 신체적이면서 좀 더 언어적인 방식의 스트로크를 원하게 된다. – 영아기의 신체적 친밀감을 통한 '자극의 욕구'가 성장해 갈수록 사회적인 상호작용을 통한 '인정의 욕구' 충족으로 대치되는 것이다. – 인정욕구를 보이는 아동에게 그것을 제공하지 않으면 열등감과 부정적인 느낌으로 스스로를 바라보게 되어 결국 낮은 자존감을 갖게 된다.
자세(태도)의 욕구	개인의 생활자세를 형성하게 해 주는 것으로, 부모가 자녀의 반응에 대응하는 태도(금지, 명령, 허용, 수용 등)에 따라 자녀는 긍정적 생활자세, 부정적 생활자세 중 하나를 형성하게 된다.
구조화의 욕구 (구조갈망)	• 주어진 시간을 의미 있게 보내고 싶어서 방법을 찾고 이를 발달시키고자 하는 욕구, 즉 자신의 인생을 의미 있게 보내고 싶어하는 것을 말한다. – 자신의 생활에 필요한 스트로크를 최대한 보장받기 위해 시간을 적절하게 사용하는 수단이며, 주로 성인이 되어 사용한다. – 인간은 환경 속에서 좋아하는 방법으로 시간을 즐기고 타인들과의 관계를 통해 어떻게 시간을 구조화하는지 배운다. – 시간의 구조화는 자극욕구의 연장으로 볼 수 있으며, 이에 대한 방법에는 폐쇄, 의식, 잡담, 활동, 게임, 친밀이 있다.

(4) 부모-자녀 관계에서 스트로크가 갖는 긍정적 기능

• 자녀의 자존감이 향상되고 자신을 긍정적 존재로 인식하는 데 도움이 된다.

– 특히 부모로부터 긍정적 스트로크, 즉 따뜻하게 안아주거나 칭찬해 주는 것과 같은 스트로크를 받게 되면 신체적 접촉이나 심리적 안정을 통하여 자녀가 자아존중감을 느끼고 자신을 긍정적으로 인식하게 된다.

MEMO

SESSION #5

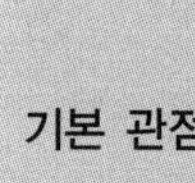

상호교류적 접근 분석의 기본적 4단계

(1) 자아상태의 구조 분석

① 구조 분석

기본 관점	• 구조 분석이란 개인 성격(인성)의 기본이 되는 자아상태의 구조를 분석하는 것으로, 자아상태를 파악함으로써 한 개인을 변화시키는 것이 가능하다고 본다. – 자신의 자아상태 구조를 파악하고 세 가지 자아상태가 균형을 이루도록 하는 것이 구조 분석의 목표이다. • 교류 분석은 인간의 행동과 교류를 자아상태(ego state)모델(PAC 모델)을 사용하여 '인간의 감정・사고・행동은 부모자아(P, Parent ego state), 성인자아(A, Adult ego state), 아동자아(C, Child ego state)의 세 가지 유형으로 나타난다'고 설명한다.

② 자아상태의 구조와 기능 분석

㉠ 한 개인의 자아상태는 부모자아(Parent ego : P), 성인자아(Adult ego : A), 아동자아(Child ego : C)의 세 가지 측면으로 구분할 수 있으며, 상황에 따라 각각 다른 자아상태가 개인의 행동을 지배하게 된다고 본다.

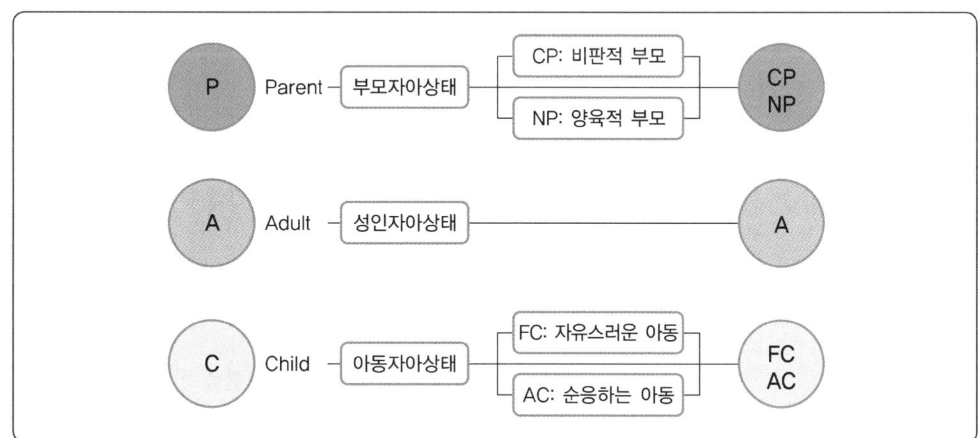

자아상태의 구조, 기능 분석

㉡ 부모자아상태와 아동자아상태는 과거의 영향을 받아 형성되었기 때문에 사람마다 삶의 유형이 다르게 나타나며, 같은 상황도 사람마다 다르게 해석하여 말하고 행동하게 되는데, 번은 이를 '인생각본'이라고 명명하였다.

㉢ 교류분석학자들은 삶의 과정에서 사람들이 자신의 인생각본에 따라 말하고 행동하는 것, 다시 말해 비판적/통제적 부모자아상태, 양육적 부모자아상태, 자유로운 아동자아상태, 순응적 아동자아상태가 부딪치고 연결되면서 만들어 내는 교류를 분석하여, 인생을 보다 새롭게 변화시키기 위한 노력을 기울인다.

㉣ 번에 의하면 적절한 수준의 성인자아상태는 사람들을 합리적이고 이성적으로 생각하고 말하게 해 주기 때문에 대단히 현실적이고 바람직하다.

– 따라서 번은 '나'를 '새로운 나'로 만들고자 한다면, 적절한 수준의 성인자아상태를 활성화해야 한다고 주장하였다(단, 성인자아상태가 지나치게 강하게 기능하여 경직된 사고나 기계적 사고를 하지 않도록 주의가 필요함을 강조하였다).

MEMO

<table>
<tr>
<td rowspan="3">아동자아</td>
<td colspan="2">• 아동자아상태(Child ego state)는 인간의 모든 생득적 충동과 출생 후 5세경까지의 주양육자에 대한 감정적 반응, 즉 인생의 초기 경험들에서 느끼게 되는 감정들과 그에 대한 반응양식들로 구성된다(= 어린 시절 실제로 느끼고 행동했던 것과 같은 감정이나 행동이 내면화된 것으로, 영아기, 유아기, 아동기 때 보고 들은 것, 직접 느끼고 행동했던 것이 기록되어 있다).
– 인간의 생물학적인 욕구나 기본적인 감정과 충동의 저장고로, 인간으로서 가지는 생리적인 욕구와 기본적인 정서에 대한 기억이 내재된 것이라고 할 수 있다.
– 부모자아가 생활에 대해 학습된 개념이라면, 아동자아는 생활에 대한 느낌과 기본적 욕구, 어린 시절의 창의성과 유쾌함에 관한 감정적 개념이며, 아동이 태어나면서부터 존재하는 것이다.
– 따라서 아동자아로 교류할 때는 어릴 때부터 자주 했던 행동과 이에 수반된 감정 및 경험을 재연한다.</td>
</tr>
<tr>
<td>천성적
(자유로운)
아동자아</td>
<td>• 유아가 본래 타고난 대로 특유의 개성을 지닌 자아상태로, 구속받지 않고 자신의 감정을 자유롭게 행동으로 표현하며 호기심과 창의성의 토대가 된다.
– 지나칠 경우 자신을 통제하지 못하고 즉흥적, 충동적, 이기적으로 행동하게 되는 경향이 있다.
• 언어적 단서: 밝고 명랑하고 개방적이며 자유로운 말투, 어린아이의 말투, '바란다', '원한다' 등
• 행동적 단서: 잘 웃음, 활발함, 풍부한 유머, 씩씩함</td>
</tr>
<tr>
<td>개작된
(순응된)
아동자아</td>
<td>• 부모의 기대나 욕구에 부응하는 표현을 하려 하기 때문에 부자연스럽고 의존적인 경향이 강하다. 자신의 내면에서 나오는 감정을 억제하고 어른의 기대에 부응하려고 노력하는 착한 아이와 같다.
– 규범을 따르고 타인에게 순종하는 반응과 관련이 있어 사회적응에 도움이 된다.
– 타인을 즐겁게 하고 타인에게 자신을 맞추는 기능을 하기 때문에 지나치면 정서적 문제를 야기할 수 있다.
• 언어적 단서: 자신감 없이 중얼거리는 말투
• 행동적 단서: 타인의 표정을 살핌, 한숨, 불안해함, 두려워함</td>
</tr>
<tr>
<td>성인자아</td>
<td colspan="2">• 성인자아상태(Adult ego state)는 부모자아와 아동자아의 기능을 조절하고 객관적으로 중재하여 자아상태 전체를 통합하는 자아로서 기능한다.
• 현실적으로 자료를 모으고 분류하며 논리적인 결론에 이르는 인성의 일부분으로, 사실에 근거하여 정보를 분석하고 적절한 해결 방법을 탐색하는 능력의 기초가 된다.
– 즉, 다양한 정보를 획득하고 평가하여 어떤 일을 합리적으로 처리하는 기능을 한다.
– 따라서 성인자아상태로 기능하는 사람은 현재의 지식·정보·사실에 기초하여 '여기서–지금(here-now)'의 상황을 파악한 후 그에 알맞은 방식으로 말하고 행동하며 교류한다.
• 성인자아상태는 생존에 필수적인 심리적 상태로서, 환경과의 상호작용에서 경험하게 되는 사건들을 객관적으로 파악하여 상황에 효과적으로 대처하는 기제이다.
– 아동자아와 부모자아의 영향을 받아 아동의 사회적 역량이 누적되면서 형성되게 된다고 보는 것으로, 아동자아의 감정적 생활개념(아동의 '느낀 개념')과 부모자아의 학습된 생활개념(부모로부터 '배운 개념')에서 얻은 정보를 근거로 하여 인생에 대해 '터득한 능력'이라고 할 수 있다.</td>
</tr>
</table>

MEMO

<table>
<tr><td></td><td colspan="2">• 생후 10개월 이전의 유아에게는 부모자아와 아동자아만 존재하다가 생후 10개월 이후부터 신체발달을 이루며 자신이 원하는 것을 해낼 수 있음을 알게 되면서 초기 형태의 성인자아를 확립하게 된다.
– 이후 유아들의 생활연령이 증가함에 따라 성인자아상태의 질적인 변화가 일어나고 상황판단에 대한 수준도 달라지게 된다.
• 성인자아가 지나치게 작동할 때에는 냉정하고 무감각하며 감정이 없는 상태가 될 수 있다.
• 언어적 단서: 성인자아의 기본 어휘는 '왜, 무엇이, 언제, 어디서'와 같은 객관적 정보와 관련되어 있다.
– '~라고 생각한다', '내 견해로는', 육하원칙의 논리, 침착하고 냉정하고 기계적이며 객관적인 말투
• 행동적 단서: 눈 마주침, 바른 자세로 경청, 신중하게 생각, 진지한 표정</td></tr>
<tr><td rowspan="2">부모자아</td><td colspan="2">• 부모자아상태(Parent ego state)는 생후 5년 동안 생활하는 환경 속에서 삶에 영향을 주었던 부모 또는 주변의 의미 있는 타인(부모, 형제, TV, 관계 깊었던 사람)들이 보여준 행동·감정·사고 중 자신이 무의식적으로 선택한 내용으로 구성된다.
– 즉, 부모나 형제, 권위 있는 사람들, 기타 자신의 행동에 영향을 미친 사람들을 통해 학습된 태도나 행동이 내면화된 것이다.
– 인간이 태어난 후 사회화 과정에서 의미 있는 영향을 제공했던 부모를 비롯한 주변 사람들의 행동을 통하여 학습하고 모방된 정보가 기록된 것으로, 일종의 '가르침을 받은 생활개념'이라 할 수 있다.
• 아동은 부모자아상태를 형성하면서 해야할 일과 하지 말아야 할 일에 대한 기준, 예의, 전통 등을 배우고, 자신이 살고 있는 사회에 적응하게 되며, 이는 개인이 사회구성원으로서 효율적으로 행동하는 데 기여할 수 있다.
– 부모자아에는 사회적 규칙, 규범, 예절, 윤리, 태도, 전통 등이 포함되어 있으며 이러한 정보는 비판이나 평가과정 없이 기록된 것으로, 행동을 명령, 금지하는 기능을 한다.
– 따라서 부모자아상태로 교류할 때에는 대개 자신의 부모나 부모처럼 생각되는 인물들이 했던 행동·감정·사고 중 자신이 무의식적으로 선택한 내용을 자신도 모르게 그대로 재연한다.</td></tr>
<tr><td>양육적
부모자아상태</td><td>• 유아가 필요로 하는 정신적·신체적인 것을 제공해 주는 기능이 강하며, 이타적이고 보호적인 태도와 관련된다.
– 양육적 부모자아상태는 타인에 대한 돌봄, 관심(부모가 자녀를 사랑·관심·배려·헌신으로 돌본 내용)으로 구성된 것으로, 상대가 도움을 필요로 할 때 부모처럼 보살펴 주고 따뜻한 말로 위로를 건네는 등 온정적이고 원만한 대인관계를 맺는 데 초석이 된다.
– 이것이 지나칠 경우 상대의 독립심이나 자립심, 자신감을 저해하는 요인이 되어 아동을 과잉보호하고 의존적으로 만들 수 있다.
• 언어적 단서: 동정적, 부드럽고 순한 말투
• 행동적 단서: 안아줌, 어깨 두드림</td></tr>
</table>

MEMO

	통제적 (비판적) 부모자아상태	• 부모의 가치판단 윤리·도덕의 기준을 그대로 내면화한 것으로, 유아의 천성적 자아상태의 형성을 고려하지 않고 부모의 기대와 요구로 양육한다. • 지배적인 태도와 관련된 것으로 아동이 세상을 살아가면서 해야 하는 것과 해서는 안 되는 것 등의 여러 가지 규칙을 지시하고 가르친다. – 이는 아동이 생활을 하는 데 필요한 관습이나 규칙을 지도하는 토대가 되지만, 자녀에게 지배적인 태도로 지나치게 명령·간섭하게 되어 자녀가 자신에 대해 정체감을 갖지 못하고 타인에 이끌려 다니게 만든다. • 언어적 단서: 설교조, 비판적, 강압적, 단정적 말투 • 행동적 단서: 시비조, 손가락질, 지시

③ 자아상태의 경계(혼란)

㉠ 인간은 세 가지 자아상태를 모두 가지고 있지만 각 자아상태를 활용하는 정도는 개인마다 다르다.

– 이상적인 자아상태는 인성의 세 가지 자아상태가 적절한 경계와 균형을 이룬 상태를 말하며, 정서적으로 건강한 사람은 융통성이 있어서 세 가지 자아상태를 자유롭게 선택할 수 있는 사람을 말한다.

– 반면 심리적으로 어려움을 겪는 사람은 자아상태를 선택하거나 적용하는 데 경직되어 있다.

㉡ 외부 세계에 잘 적응하기 위해서는 세 가지 자아상태가 균형 있고 유연하게 활용되어야 한다.

– 만약 자아상태의 기능적인 장애로 인하여 특정한 자아상태가 지배적이거나 그 경계가 파손된 경우에는 아래와 같이 여러 가지 문제로 발현될 수 있다.

오염(혼합)

• 세 자아의 경계선이 지나치게 이완되어 성인자아가 부모자아나 아동자아와 충분히 구별되지 않은 상태이다.

• 하나의 자아상태가 다른 자아상태의 경계 속에 침입하는 것으로, 성인자아의 경계선이 견고하지 못하기 때문에 부모자아나 아동자아상태가 성인자아상태를 침범하여 상황을 객관적으로 판단하는 것을 방해하는 것을 말한다.

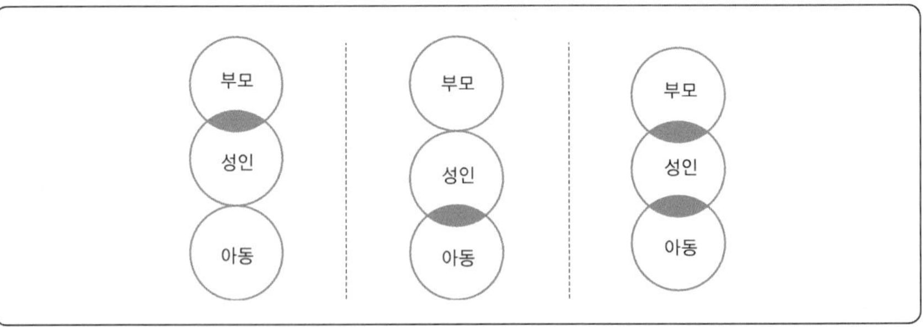

편견	망상	편견, 망상
• 부모자아가 성인자아를 오염시키면 편견으로 반응한다. • 자기 자신이나 타인에게 엄격하게 행동하고 통제하는 경향이 있으며, 지나치게 일을 하는 경우도 있다.	• 아동자아가 성인자아를 오염시키면 비합리적 사고와 판단으로 말하고 행동한다. • 일 처리 과정에서 충동적이며 적절하지 않은 (비합리적인) 결정을 내리거나 이기적으로 행동하기도 한다.	• 부모자아와 아동자아가 동시에 성인자아를 침입하여 이중오염된 경우이다. • 망상과 편견이 혼합되어 상당히 정신병리적인 성격을 보일 수 있다.

배제 (폐쇄)

- 세 자아의 경계선이 지나치게 경직된 경우, 심리적 에너지의 이동이 자유롭게 이루어지지 못하여 발생하는 것으로, 상황과는 관계없이 일관된 자아 구조를 작동시킬 때 나타난다.
  - 부모, 성인, 아동자아상태 중 하나의 자아상태에 고착되어 다른 두 가지 자아상태의 영향이 배제되거나, 또는 두 가지의 자아상태에 고착되어 하나의 자아상태 영향만 배제하는 경우이다.

① 부모자아상태에 고착	② 성인자아상태에 고착	③ 아동자아상태에 고착
비판적, 지시적, 권위주의적인 태도를 보인다.	지나치게 논리적·객관적이며, 감정표현이 없어 기계적인 성격 특성이 나타난다.	놀기 좋아하고, 자기가 하고 싶은 대로 행동하는 경향이 강하다.
④ 성인·아동자아상태에 고착 (부모자아 배제)	⑤ 부모·아동자아상태에 고착 (성인자아 배제)	⑥ 부모·성인자아상태에 고착 (아동자아 배제)
부모자아상태의 영향이 배제된 사람은 상호교류와 관련된 규칙을 무시하며 지키지 않는 경향이 강하다.	• 성인자아상태의 영향이 배제된 사람은 사실검증 능력에 문제가 생겨 문제 상황에 맞는 해결책을 내지 못한다. • 또한 논리적·객관적 사고가 결여된 성격 특성이 나타난다.	• 아동자아상태의 영향이 배제된 사람은 놀이에는 전혀 관심이 없으며 밤늦게까지 일만 한다. • 또한 엄격한 책임감으로 무장된 성격 특성을 지니며, 상대방을 대할 때 매우 차갑거나 유머감각 없이 반응한다.
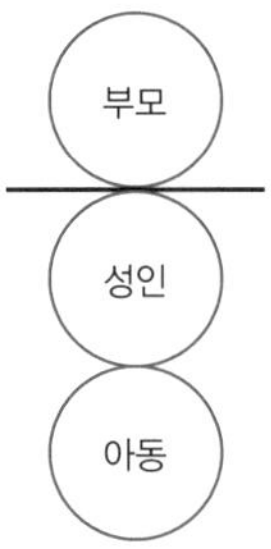 부모 성인 아동	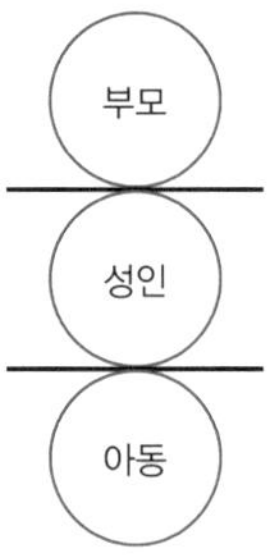 부모 성인 아동	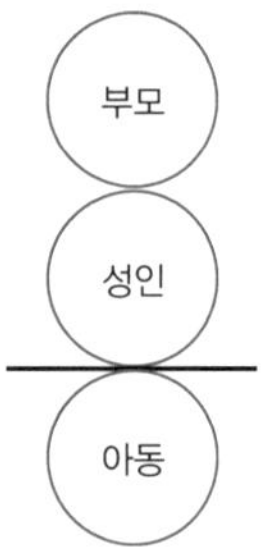 부모 성인 아동

(2) 교류(교류패턴) 분석

기본 관점

- '교류패턴 분석'이란, 구조 분석에 의해서 명확화된 자아상태(P, A, C)의 이해를 기반으로, 일상생활 속에서 주고받은 말, 태도, 행동 등을 분석하는 것이다.
  - 자아상태의 구조뿐만 아니라 자아상태 간 교류가 융통성 있게 이루어질 때, 적응적인 행동을 보이며 갈등이 감소한다고 보았다.
- 사람들은 의사소통 시 자신의 세 가지 자아상태 중 어느 한 가지의 자아를 선택하여 말하게 되고, 상대방 또한 자신의 자아상태 중 어느 하나를 번갈아 가며 응답하게 된다. 이러한 의사소통의 교환을 하나의 교류라고 하고, 이러한 교류가 이루어지는 것을 의사교류라고 한다.
- 목표: 의사소통 과정에서 인간은 스트로크를 최대한 얻기 위하여 시간을 구조화하려는 욕구를 가지므로, 의사소통 유형을 분석하여 원만한 교류가 이루어지도록 하는 것이다.

MEMO

교류패턴	상보(적) 교류	• 상보적 상호교류 = 보완적 상호교류 • 상호 간의 의사소통에서 동일한 두 개의 자아상태가 개입되어 자극과 반응이 평행을 이루는 형태로, 이때 언어적인 메시지와 비언어적인 메시지가 일치한다. – 발신자가 보내는 메시지에 대해 수신자의 반응이 기대한 대로 되돌아와 평행을 이루는 것으로, 상호 간의 충돌이 없거나 최소한으로 줄어들고, 결과적으로 원만한 상호작용이 이루어지게 된다. • 부모－자녀 간의 대화가 부모자아 대 부모자아, 성인자아 대 성인자아, 아동자아 대 아동자아, 부모자아 대 아동자아상태로 평행하게 오간다면 이는 상보적 교류에 해당하고 의사소통은 원활하게 이루어지게 된다. • 상대방이 자신의 이야기를 잘 듣고 있으며 상대방으로부터 공감을 얻었다고 생각해 친밀감과 안정감, 만족감을 느끼게 된다. 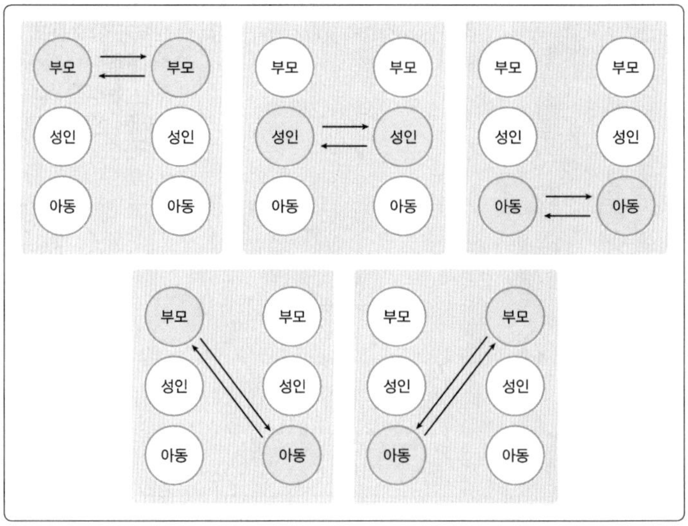
	교차(적) 교류	• 교차적 상호교류 • 한 사람이 두 가지 자아상태로 대화하는 경우로, 의사소통에서 기대하지 않은 자아상태가 개입되어 자극과 반응이 교차를 이루는 형태이다. – 발신자가 기대하는 대로 응답이 오지 않고 예상 밖의 응답이 올 때 일어나는 교류로, 원만한 대화가 이루어지지 않고 의사소통이 분열되거나 중단된다. – 교차적 교류는 갈등교류라고 할 수 있으며, 교차적 교류가 빈번하게 이루어지고 있다면 두 사람 간의 관계가 심하게 어긋나고 있음을 시사한다.

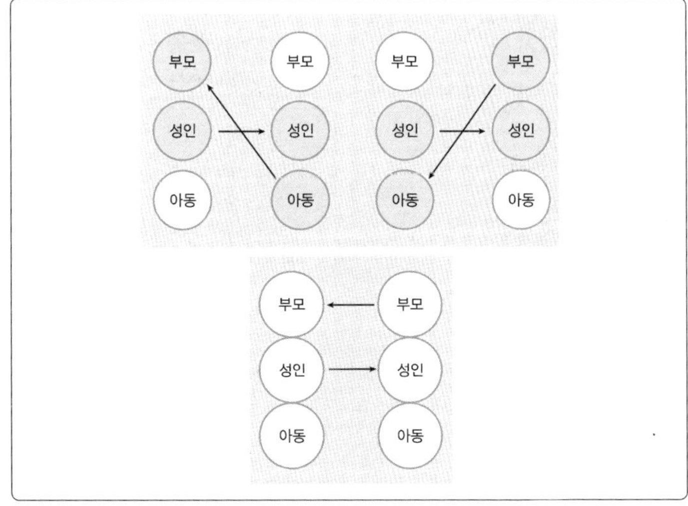

MEMO

이면(적) 교류	• 잠재적 상호교류 = 암시적 상호교류 • 가장 복잡한 교류 형태로, 겉으로 보이는 것과 다른 자아상태의 교류가 내부에서 일어나는 것을 말한다. 즉, 표면상으로는 상보적 교류나 교차적 교류인 것처럼 보이지만 이면에서는 다른 심리적 메시지를 보내는 것이다. – 겉으로 나타난 대화 내용(사회적 메시지)과 달리 그 이면에 감추어진 메시지(심리적 메시지)가 있는 경우이다. ① **사회적 메시지**: 외부로 표현되는 자극과 반응을 묶어 사회적 메시지라 하며, 언어적으로 전달된다. ② **심리적 메시지**: 내부에서 이루어지는 자극과 반응을 묶어 심리적 메시지라 하며, 언어 이면에 작용하는 것이다. – 의사소통에서 교류의 결과는 대부분 심리적 메시지에 의해 결정되는데, 외부와 내부에서 표현되는 메시지의 내용이 다르면 갈등을 유발한다. – 이는 표면상으로 이루어지는 교류와는 달리, 내부에서 이루어지는 심리적 메시지의 교류이므로 쉽게 단절될 수 있다. 이러한 심리 교차에서 비롯된 단절을 예방하기 위해서는 겉으로 나타나는 사회적 메시지인 언어나 태도보다 내면의 심리적 메시지를 이해하고 그것에 맞게 반응할 필요가 있다. • 번은 사람 간의 의사소통 과정에는 늘 숨겨진 함정이 있는데, 그것은 잠재적 상호교류에 의해 일어난다고 하였다. 아울러 이를 '게임'이라고 말하며 의식적 또는 무의식적으로 일어난다고 하였다. – '게임'은 유희나 단어 그대로 단순한 게임을 의미하는 것이 아니라 두 사람 또는 그 이상의 집단의 사람들에게 일어나는 심리적 상호교류의 상태를 의미한다. – 두 사람 간의 관계를 개선하기 위해서는 그들 사이의 상호교류의 근원을 파악하는 것이 중요하다.

MEMO

		➡ 결국 상호교류 심리학에서 뜻하는 정신분석이란 그 사람이 인간관계를 맺을 때 사용하는 게임을 분석하여, 보다 친밀한 관계를 갖도록 돕는 것을 의미한다. 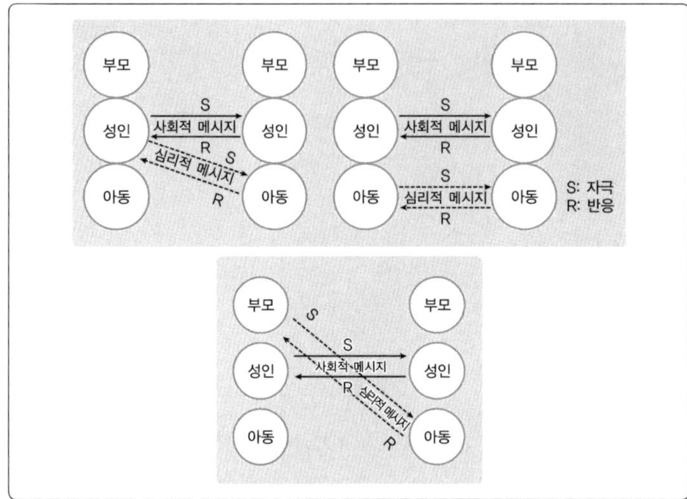
시간의 구조화	• 인간이 하루의 시간을 대인 간 교류와 관련하여 여섯 가지 양상으로 프로그램화해 사용하는 것(폐쇄, 의식, 활동, 잡담, 게임, 친밀)이다. • 인간의 행동은 타인으로부터 자극과 인정을 받고 싶은 의도에서 비롯된다. • 인간은 타인과의 상호작용에서 자신이 원하는 스트로크를 얻기 위하여 다양한 방법으로 상대방이나 시간을 활용하고, 환경을 조작한다. 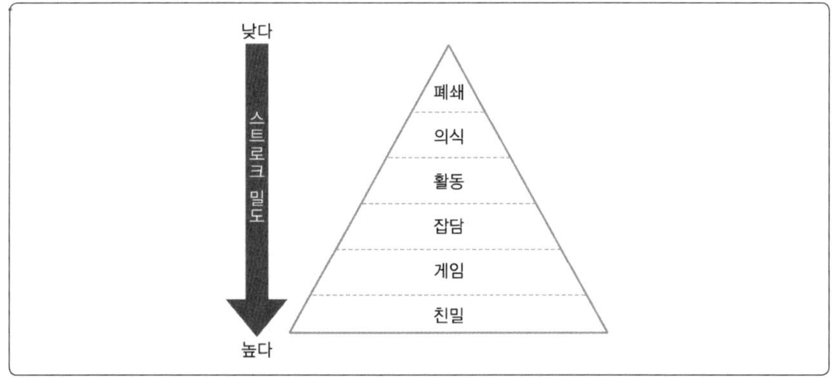 	
	폐쇄 (철회, 회피)	• 타인과의 의사소통을 중지하고 자신만의 생각에 잠기는 방법으로, 자극을 피하기 때문에 보상이 가장 적다. – 폐쇄 시간 구조화 양상은 인간관계에 대한 신뢰의 정도가 낮다. – 타인과의 교류가 적기 때문에 대인 간 갈등으로 인한 심리적 상처를 경험할 가능성이 매우 낮아지므로 한편으로는 가장 안전한 시간 구조화이다. • 원인: 대체로 어린 시절 어머니와의 관계에서 스트로크 부족을 경험하였거나 안정된 애착 관계를 맺지 못하였기 때문이다. • 한계: 지속적으로 폐쇄(철회)의 방법 사용 ➡ 은둔형 외톨이, 우울증 예 자녀가 학교에서 있었던 일을 이야기하는데, 자신들의 일에 골몰하여 반응 없는 부모의 경우

MEMO

SESSION #5

관습 (의례, 의식)	• 일상적인 인사, 종교적 의식 등 전통이나 관습에 따르는 시간 구조화 양상이다. – 특정한 일에 대해 사회가 합의한 방식대로만 시간을 사용하기 때문에 폐쇄 다음으로 안전한 시간 구조화를 의미한다. – 대인 간 깊은 교류를 맺지 않아도 현재 상태를 유지한 정도의 최소한의 대인 간 교류를 통해 긍정적 스트로크 획득이 가능하다.
활동	• 자신의 일을 계획하고 수행하는 것으로서, 다른 사람과의 흥미 있는 시간을 피하고 자신에게 이익이 될 수 있도록 시간을 짜는 것이다. • 자기 스스로 외부의 대상에 접근하여 구체적인 형태로 긍정적 · 부정적인 스트로크를 교환하는 실용적 · 생산적 · 창조적인 시간 구조화 방법이다. – 몇 가지의 목표 성취를 위한, 즉 객관적인 관심도가 있는 경우가 이에 해당하며, 생산적이고 창의적인 결과로 나타날 경우 만족감이 높아지게 된다. – 활동을 하는 동안은 다른 사람과의 친밀한 교제를 피하게 되어 회피나 관습처럼 현실과 유리된 결과를 가져올 수 있다. • 활동으로 자신의 시간을 구조화한 사람 중 부적응의 예 – **일 중독증 환자**: 업무 활동만으로 자신의 시간을 구조화 ➡ 타인과의 친밀한 교제를 피한다. – **빈 둥지 증후군**: 자녀 양육이라는 활동만으로 자신의 시간을 구조화 ➡ 타인과의 친밀한 교제를 피한다. • 스트로크의 수준은 시간 보내기(잡담)와 유사할 수 있으나 목적을 갖고 목표성취를 위해 스트로크한다는 부분에서 더 밀도를 높게 보는 경우도 있다.
시간 보내기 (잡담)	• 낯선 관계에서도 큰 부담이 없는 주제(과거의 단순한 일이나 시사적 사건, 화제 등)에 대해 재미있게 상호 교류하며 스트로크 교환을 하는 시간 구조화로, 취미생활이나 스포츠 등과 같이 일상적인 주제를 중심으로 스트로크를 추구하는 방법이다. • 친밀한 관계를 맺지 않아도 상호 간에 원하는 스트로크 교환이 가능하며, 상당히 안정적인 형태로 스트로크를 구하게 된다. • 특정한 목적 없이 소소한 대화를 나누는 수준으로, 시간을 같이 보내고 싶은 사람(관계를 유지하고 싶은 사람)인지 상대방을 탐색하는 수단으로 활용된다. • 한계: 사회적인 관계를 유지하는 데 도움이 되지만, 감정이 개입되지 않고 단순한 정보 교환이 주를 이루므로 이후의 공허감이나 권태감이 유발될 수 있다.

MEMO

	게임	• 타인에게 자신의 욕구를 깨닫지 못하게 하면서 자극욕구, 소속욕구, 지위의 욕구를 만족시키려는 동기에서 비롯된 행동이다. • 일종의 심리적 게임으로, 일련의 이면교류 후 상호 간 불쾌 감정을 느끼는 시간 구조화이다. – 즉, 참된 동기나 목적을 숨기는 이면교류가 정형화된 일련의 교류로, 인정받고자 하는 무의식적 욕구가 게임을 만든다고 본다. – 신뢰와 애정이 뒷받침된 친밀한 교류가 결여되어 있으며, 일련의 주고받는 대화 후 불쾌한 느낌이 드는 등 부정적 스트로크가 교환되므로 승자가 없고 패자만이 존재하는 대화방식이다. • 원인: 초기 어린 시절 주양육자와의 관계에서 긍정적 스트로크를 얻지 못함에서 기초한다.
	친밀감	• 자유롭게 현실을 인식하고, 보고, 듣고, 느끼며 그 감정을 타인과 교환하는 시간 구성방법으로, 이상적인 시간 구조화 양상이다. • 게임을 행사하지 않는 심리적으로 건전한 사람들이 선택하는 방법이다. • 상호 간 긍정의 인생태도로 교류할 때 높아진다. • 상호 간 신뢰가 전제되어 있기에 상대의 입장을 공감한다. • 친밀한 교류는 이해타산, 비판, 비난을 하지 않고 인간적인 '참 만남'을 가질 수 있도록 한다. • 몸, 마음, 영혼이 자유로운 삶(예 조건 없는 행함을 실천하는 자원봉사 활동)이 가능하도록 한다.

(3) 인생태도 분석

기본 관점	• 일상생활에서 스트로크를 획득하는 것은 삶의 근본적인 동기로 작용하므로 자녀는 자신이 원하는 스트로크를 얻기 위해 부모나 환경을 다양한 방법으로 조작하려고 한다. 그 결과 어릴 때 주양육자로부터 받은 스트로크에 기초하여 자신과 타인, 세계에 대해 긍정(OK) 또는 부정(not OK)의 가치를 부여하는 인생태도를 형성한다. • 출생 후 만 8세가 될 때까지 형성되는 인생태도는 이후의 결정과 행동을 정당화하며 계속 유지되고, 현실적인 삶의 방식으로 작용한다.
인생태도 (생활태도, 생활자세)의 유형	• 인생태도는 어린 시절 부모와의 스트로크를 바탕으로 형성된 자신이나 타인, 세상에 대한 기본적인 반응태도와 이에 근거한 자기상, 타인상을 의미한다. – 부모와의 상호작용을 통해 만족스러운 스트로크를 받게 되면 긍정적인 인생태도를, 부모의 반응이 부적절하거나 부정적인 스트로크를 받게 되면 부정적인 인생태도를 형성하게 된다. – 긍정성: 인간이 지니고 있는 본질적인 측면으로, 자신과 타인을 있는 그대로 수용하여 행복감을 느낄 수 있는 상태일 때 나타난다. 이는 안정성, 사랑받고 있다는 느낌, 즐거움, 할 수 있다는 생각과 관련되어 있다. – 부정성: 불안정성, 사랑받을 만한 가치가 없다는 느낌, 어리석음, 어떤 일도 할 수 없다는 느낌과 관련되어 있다. • 인생태도는 부모와 자녀 간 접촉의 질적 수준과 내용에 따라 네 가지로 나타나며, 인간은 자신이 형성한 인생태도에 따라 일상생활에서 행동을 선택하게 된다.

MEMO

SESSION #5

자기부정–타인긍정	• I'm not OK – You're OK • 출생 직후 무력한 존재인 인간은 타인의 도움을 받아야만 자신의 욕구를 충족시키는 것이 가능하기 때문에 아동은 자신이 무능하며 (I'm not OK) 자신보다 타인이 유능하다(You're OK)는 인생태도를 형성할 수 있다. – 이런 태도의 아동은 자신이 타인에 비해 부적절하고 열등하다고 느끼며, 자신에 대한 느낌은 다른 사람이 인정해 줄 경우에만 가치가 있다고 생각하게 된다. – 자기비하나 열등감으로 인해 타인을 회피하거나, 절망감, 자포자기, 우울증으로 발전될 가능성이 있다. 따라서 이러한 인생태도를 가진 아동은 스트로크에 대한 욕구가 강하다는 사실을 염두에 두고 부모가 자녀를 적극적으로 지지하고 격려해야 극복할 수 있다. • 부모 역할 – 자신을 긍정적으로 생각하게 하기 위해서는 가급적 자녀에게 지시적인 태도를 자제하고, 지속적으로 자녀의 행동을 지지해 주며, 자녀가 자율적인 태도를 보일 때 긍정적인 강화를 해 주는 것이 바람직하다.
자기부정–타인부정	• I'm not OK – You're not OK • 출생 후 부모와의 관계에서 기본적인 신뢰감을 형성하지 못하여 자신이 위험에 처했을 때 도움을 줄 수 있는 사람이 아무도 없다는 느낌에서 비롯된다. • 이 인생태도는 영아기를 지나 유아기에 나타날 수 있는데, 걸음마기는 주변환경 탐색에 관심이 많아지며 배변훈련이 이루어지는 시기이다. – 이 시기에 부모가 주변 환경을 탐색하려는 자녀의 시도를 허용하지 않으면, 적절한 자율성의 개념을 발달시키지 못하게 되고 자신에 대해 무능력감을 갖게 된다(I'm not OK). – 이와 동시에 대소변 훈련 등을 통해 부모가 보이는 통제는 아동으로 하여금 부모에 대해서도 부정적인 태도를 갖게 한다(You're not OK). – 이 경우 유아는 자신과 다른 사람 모두를 믿지 못하며(불신감) 자신에 대해 수치감과 무능력함, 더 나아가 인생을 무가치한 것(절망적이고 허무적인 태도)으로 생각하게 된다. • 부모와의 상호작용을 통해 타인부정의 인생태도를 형성한 아동은 이를 제3자에게도 적용시키게 되며, 이러한 과정에서 타인의 긍정적인 보살핌까지도 거부하는 경향을 보인다. • 이들은 스트로크에 대한 욕구가 강하지만 긍정적으로 스트로크를 주고받는 방법은 제대로 알지 못하기 때문에 결과적으로 상대방으로부터 부정적인 스트로크를 경험하는 악순환이 나타나게 된다. • 부모 역할 – 이들에게 지속적인 관심을 보여주고, 사소한 긍정적 행동에 대해서도 강화와 격려를 통해 지속적으로 긍정적인 스트로크를 제공해 주는 것이 필요하다.

MEMO

	자기긍정-타인부정	• I'm OK - You're not OK • 아동이 성장하면서 점차 외부의 도움 없이도 생존할 수 있다는 자신감이 생기고, 부모의 통제와 같은 외부 자극을 거부하게 되면서 형성되는 인생태도이다. - 이때 부모로부터의 사랑이나 애정의 결핍정도가 심각하거나 심한 학대를 경험한 경우, 자신에 대해서는 긍정적인 자세를 지니고 타인에 대해서는 부정적인 자세를 가지게 된다. 성장하는 동안 부모로부터 심한 학대를 받은 아동의 경우에는 옳지 못한 사람은 자신이 아니라 부모라는 결정을 내린다. 이런 결정을 내린 아동은 자신을 보호하려는 의도에서 자신에게 가졌던 부정적인 감정이 긍정적인 자세(I'm OK)로 바뀌고, 부모에게 가졌던 긍정적인 감정은 부정적인 것(You're not OK)으로 변하게 된다. • 이러한 인생태도를 가진 아동은 자신에게 위해를 가한 타인은 옳지 않고, 나를 혼자 내버려 둔다면 나는 아무런 문제가 없다는 생각이 지배적이다. - 타인에 대해 불안해하고, 타인을 불신하면서 부적절하고 가치 없는 사람으로 보며, 타인 위에 서고자 하는 것이 기본 입장이다. 그렇기 때문에 화를 잘 내고 타인을 무시한다. 타인에게는 냉정하지만 자기 자신에게는 매우 관대하여 일이 잘 진행되지 않는 경우 자신은 잘못이 없으며 타인에게 모든 책임을 전가하기도 한다. • 이 인생태도가 지속되면 자기 자신에 대해서는 우월감을 가지고 타인은 무능력한 존재로 간주하여 반사회적인 범죄를 저지르는 경우가 많다.
	자기긍정-타인긍정	• I'm OK - You're OK • 자기 자신에 대해 만족하고 타인에게 편안함을 느끼며, 자신과 타인 모두 가치 있다고 생각하는 가장 바람직하고 건전한 형태의 인생태도이다. - 이는 앞서 설명한 세 가지 인생태도와 질적인 차이가 있다 : 앞선 세 가지 인생태도는 생애 초기에 무의식적으로 형성된 것이며 감정적인 것에 기초한 반면, 자기긍정-타인긍정의 자세는 의식적인 사고나 활동에 기초한 것으로, 아동이 의식이나 사고가 발달하기 전에는 자기긍정-타인긍정의 자세를 가질 수 없으나 아동에게 성인자아가 형성되기 시작하면 이러한 자세로의 변화가 가능하다. • 부모 역할 - 아동이 주변 환경을 탐색할 때 부모는 자녀에게 애정을 표현하고, 아동의 행동을 격려·강화해 줌으로써 가치 있는 인간이라는 생각을 갖도록 해 줄 수 있다. 이러한 과정을 통해 아동은 자신의 가치를 발견할 수 있으므로, 자신도 옳고(I'm OK) 타인도 옳다(You're OK)는 생각을 갖게 된다.

MEMO

SESSION #5

부모와 교사의 역할	• 아이가 자기긍정-타인긍정의 인생태도를 발달시킬 수 있도록 긍정적인 쓰다듬기를 한다. • 자기긍정-타인긍정의 인생태도를 가진 사람들과 교류할 수 있는 기회를 갖는다. • 부모, 교사의 자기긍정-타인긍정 인생태도를 강화하기 위해 노력한다.

(4) 인생각본 분석

개념	• 인생각본은 출생과 더불어 쓰기 시작하는 무의식적인 인생계획으로, 어린 시절부터 부모의 언어적, 비언어적 메시지를 통해 자신이 어떻게 살아야 할 것인가에 대한 각본을 형성하며, 일단 각본이 만들어지면 성장과정에서 직면하는 모든 일을 이 각본에 맞추고 정당화하려고 한다. – 출생 직후부터 부모의 영향(부모와의 상호작용)을 받으며 형성된 인생각본은 이후의 인생경험에 의해 강화를 받아 고정되는 인생에 대한 일종의 청사진으로, 자기 인생의 가장 중요한 국면에서 어떻게 행동해야 하는지에 대한 지침이 된다. • 인생각본은 어린 시절 환경에 대한 반응으로, 아이들이 내린 초기결정들을 그대로 하여 형성되는데, 이것은 이 세상에서 살아있는 동안 사람들이 최선의 전략으로 알고 사용하는 각본이 된다. 그렇기 때문에 아동자아상태에서 유아기적 사고와 정서를 토대로 내려진 각본결정이 사실이 아니어도 유아는 자신의 각본결정을 지속한다. – 즉, 출생 이후 부모나 기타 중요한 인물과의 상호작용을 통해 특정한 인생각본을 형성하게 되면, 그 이후에 직면하는 모든 사건을 기존에 형성된 각본에 맞추려고 무의식적으로 노력하는 현재진형형 프로그램이라는 것이다. • 인생각본 분석의 목표는 잘못된 각본인 경우 재결정을 통해 성공적인 각본을 형성하게 함으로써, 자신의 잠재력을 발휘하여 자율적인 인간으로 살아가도록 도와주는 것이다. – 이에 각본분석을 통해 자신의 파괴적인 패자각본을 인식하고, 이를 긍정적인 각본으로 '재결정'하도록 하는 것이 인생각본 분석의 주된 목적이라 할 수 있다.

인생각본의 유형

성공적인 승자 각본	평범한 각본	파괴적인 패배자 각본
• 인생의 목표를 스스로 설정하고 자기실현을 이루어내는 각본을 가지고, 이를 위해 전력을 다해 실행하며 살아가고 자신의 인생에 만족한다. • 실패할 때도 있지만 굴하지 않고 꿋꿋이 이겨나가며 성공하는 삶을 사는 것이다. • 자존감이 높으며, 도전하는 것을 두려워하지 않고, 경쟁심이 강하다.	• 비교적 성실하고 근면한 태도로 인생을 살아간다. • 특별한 문제를 일으키지 않지만 어느 정도의 수준에 도달하겠다는 목표이다. • 의식이 약해서 자신의 목표를 달성하지 못하더라도 이를 합리화한다. 그렇기 때문에 힘이 있음에도 불구하고 자신의 힘과 에너지, 능력을 사용하지 않으며 충분히 발휘하지 못한다. • 대부분 자기합리화를 많이 하며, '그래도'라는 말을 자주 사용한다.	• 스스로에 대해 자신의 힘으로 목표를 달성할 힘이 없는 존재라고 생각하며, 마음먹은 대로 되는 일이 하나도 없다고 여기고 실제로 그렇게 행동한다. 또한 실패의 책임을 자신이 지려하지 않고 누군가에게 전가시키고, 과거에 실패했던 경험에 연연하며 그 실패가 곧 자기자신이라고 믿으면서 지속적으로 영향을 받는다. • 상황이 항상 나쁜 쪽으로 흘러갈 것이라는 각본을 가지고 있으며, 열등감이 많고 사회 적응에 어려움을 보이며, 심리적인 문제도 가지고 있다.

MEMO

부모와 교사의 역할	• 각본은 어린 시절 부모에 의해 형성된 자아개념을 바탕으로 부모가 자녀를 대하는 태도에 기인하여 만들어지는 것이다. 즉, 부모로부터 전달되는 메시지는 인생각본의 기본이 되므로 부모는 자녀가 인생 성공자의 각본을 가지도록 도와주어야 한다. • 부모와 교사의 역할 – 아이들의 삶을 조건 없이 존중해 주는 태도를 보인다. – 승자의 심리적 각본을 발달시킬 수 있도록 각 아이의 긍정성, 자율성, 변화 가능성을 신뢰하며 긍정적으로 상호작용한다. – 아이들이 승자의 인생각본을 발달시킬 수 있도록 부모와 교사 자신의 각본을 점검해 보고 재결정한다. – 점진적으로 부모와 교사의 인생각본을 승자각본으로 변화시키면서 자율성을 회복하기 위해 노력한다.

참고

❶ 교류분석에서 말하는 게임

- 게임을 도발하는 사람이 숨겨진 동기를 가지고 게임 연출의 상대를 발견하면 계략을 쓰게 되고, 약점을 가진 게임의 상대가 이에 걸려들면서 일련의 표면적인 교류가 이루어지게 된다고 본다. 게임이 확대되면서 엇갈림이나 대립과 같은 교차교류가 나타나 상호 간에 혼란이 일어나고, 게임은 결말을 내리게 된다.
  - 명료하고 예측 가능한 결과를 향해 진행하는 일련의 이면적 교류로, 이는 게임의 결말을 통해 게임을 받는 상대에게 반드시 불쾌한 감정을 안겨주게 된다는 것을 뜻한다.
  - 사람들에게 주는 불쾌한 감정과 그에 따른 참회·후회를 반복하는 심리적 게임으로서 나쁜 버릇과 같다.
- 게임의 교류방식에는 박해자, 구원자, 희생자의 세 가지 역할이 발생하며, 사람들은 이 역할 중 하나를 연기하게 된다.
  - 카프만(Karpman, 1968)은 게임에 있어서 게임을 도발하는 역할이 교대로 이루어진다고 하였으며, 이러한 게임이 펼쳐지는 모형을 드라마 삼각형으로 묘사하고 있다. 사람들은 언제 어디서든 게임을 할 때 박해자, 구원자, 희생자의 세 가지 역할각본 가운데 하나를 연기하게 된다고 한다. 그리고 이 가운데 어떤 역할을 하든지 *디스카운트가 일어난다.

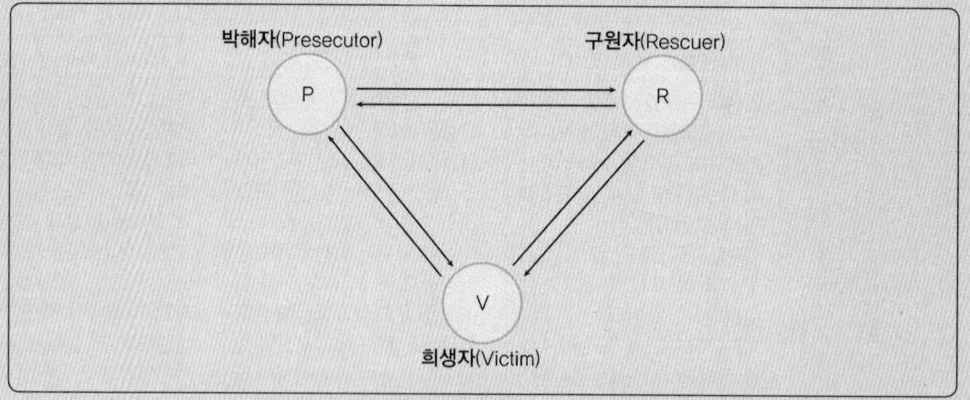

드라마 삼각형(Drama Triangle)

❷ 사람들이 불쾌한 결말의 감정을 가지면서도 게임을 하는 이유

- 애정이나 스트로크를 얻기 위한 수단으로서의 게임
  - 아이들은 토라지는 행동에 의해 부모의 관심을 끌 수 있으며, 긍정적 인정자극이 아니더라도 무관심보다는 낫기 때문에 게임을 하여 인정자극을 받고자 한다.
- 시간을 구조화하는 방법의 하나로서의 게임
  - 성인들은 시간을 구조화하는 한 방법으로 상대에 대한 흉보기 같은 게임 교류방식을 선택한다는 것이다.

*디스카운트
- 자신이 갖는 인생각본에 맞추기 위해 자신과 타인, 세상의 특정 측면을 보지 못하는 것을 의미한다.
- 자기자신도 모르게 문제해결과 관련된 정보를 무시하는 것이다.
  예 상황을 변화시키고 문제를 해결해 나가는 데 필요한 정보를 자신도 모르게 무시·방치하기, 과잉적응하기, 문제에 대처하지 않고 짜증만 내기, 무기력해지기 등의 행동으로 대하는 것

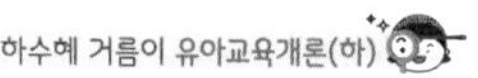

- 라켓감정(racket feeling)의 수단으로서의 게임
  - 출생 이후부터 인간은 가족 내의 상호작용을 통해 어떤 감정은 무방하지만 어떤 감정은 금지된다는 것을 알게 된다. 이후 성장하여 자신의 각본을 연출할 때, 실제로 자신이 느끼는 감정은 숨기고 어린 시절 허용되었던 감정으로 표현하게 되는데, 이처럼 대치된 감정을 교류분석에서는 라켓감정이라고 하며 이러한 라켓감정을 표현하기 위해 사람들은 게임을 한다고 본다.
- 개인의 생활 자세를 반복 · 확인하는 방법의 하나로서의 게임(각본의 정당화)
  - 일반적으로 사람들은 자신이 직면하고 있는 일을 기존의 각본에 맞추려고 노력할 뿐만 아니라 자신의 각본이 정당하다는 것을 증명하기 위해 노력한다.
  - 게임의 교류방식을 도발한 사람은 게임의 결말을 통해 자신의 인생태도를 강화하고 또한 증명하게 된다는 것이다(어려서부터 금지령에 의해 형성된 "I'm not OK" 유형은, 자라는 중에 자신도 모르게 이를 확인하려고 한다는 것이다).

❸ 게임의 근절
- 게임의 방식으로 시간을 구조화하는 사람들의 대부분은 자신이 게임을 하고 있다는 것을 느끼지 못한다.
  ➔ ∴ 게임의 근절을 통해 자각, 자발성, 친밀성을 이루어 만성부정감정을 없애고 참다운 인간관계를 맺어가야 한다.

MEMO

UNIT 09 행동주의 부모교육이론

1 부모-자녀관계에 대한 견해

행동주의적 관점	• 행동주의 이론은 행동주의 심리학에 기초를 둔 행동과 학습 원리이며, 행동주의 부모교육 이론은 행동주의 이론을 부모가 습득하여 자녀의 행동관리에 적용시키는 것으로 Watson과 Skinner의 기여가 크다고 볼 수 있다. • 행동주의는 환경과 훈련을 중요하게 생각한다. 따라서 인간의 능력은 유전에 의해 결정되는 것이 아니라 학습자에게 제공되는 환경이 개인차를 만들어 낸다고 주장한다. • 행동주의적 관점에서 볼 때 경험을 축적하고 연습하는 학습과정에서 아이들의 인격·습관·행동이 변하기 때문에 부모는 아이가 태어날 때부터 바람직한 습관과 행동이 일어나도록 일관성 있게 지속적으로 이와 관련된 경험을 제공하여야 한다. • 행동주의 이론에서 제시하는 부모의 역할은 '사회화의 대행자'로서 바람직한 행동을 유발할 수 있는 환경을 조성하는 것이다. - 부모는 자녀의 행동이나 기본생활습관 중 사회적으로 바람직한 교육목표를 구체화한 다음, 아이가 그 목표에 부합하는 행동을 보이면 강화해 주고, 바람직하지 못한 행동은 다시 반복하지 않게 하는 역할을 함으로써 자녀의 행동을 지도·통제해야 한다. - 왓슨(Watson, 1920)에 따르면 인간의 정서도 고전적 조건형성을 통해 학습되는 것이다. 행동주의적 관점에서 볼 때 모든 행동은 변화 가능하므로 현재의 부적응적인 정서행동은 부정적인 행동이 아니라 훈련을 다시 받아야 할 행동이다. 따라서 자녀의 부적응적인 정서로 인해 나타나는 구체적인 행동을 수정하는 것이 행동주의 심리학에 기반한 부모교육의 목표이다.
왓슨	• 왓슨은 '행동주의 심리학자의 선언'(1925)에서 조건화의 원리에 의하여 어린 아이들에게 원하는 행동을 배우게 할 수 있다고 하였다. - 왓슨의 행동주의에 기초한 양육이론을 담은 왓슨의 양육서인 『영아 및 아동의 심리학적 양육』(1928)은 미국 전역의 부모들에게 영향을 주었다. - 우리나라 1950년대 가정 교과서에서도 그 이론이 소개되어 모유를 먹이되 시간을 정해 놓고 반드시 그 시간에만 주라고 할 정도였다.
스키너	• 신행동주의 학자인 스키너(B. F. Skinner, 1904~1990)는 1948년 『월든 투(Walden Two)』라는 양육서를 썼다. - 행동은 반응과 강화의 연합에 의해 변화되므로 부모는 자녀의 말과 행동에 알맞은 강화방법을 써서 행동을 변화시켜야 한다고 보았다.

참고

행동주의의 기본 가정

• 인간의 모든 행동, 즉 바람직한 행동과 바람직하지 않은 행동은 학습된다. 따라서 모든 행동은 학습을 통해 변화시킬 수 있다.
• 학습은 경험과 연습에 의해 이루어져 행동이 변화된다. 인간은 백지 상태로 태어나 환경의 영향을 받으며 학습한다.
• 복잡한 환경은 단순한 자극으로 나눌 수 있고, 복잡한 행동은 단순한 반응으로 나눌 수 있다. 또한 복잡한 행동은 단순한 반응이 결합된 것이다. 즉, 전체가 부분의 합과 같다.
• 학습은 자극과 반응 사이의 연합을 형성하는 과정이다.

MEMO

SESSION #5

2 자녀양육의 원리

행동주의에 근거해 자녀를 양육하려면 부모는 아이의 행동이 그 아이가 속한 환경과 기능적으로 관련되어 있음을 인식하고 예방적인 접근을 해야 한다.

<table>
<tr><td>목표행동
(target
behavior)의
선정</td><td>① 목표행동의 의미
• 관찰・측정이 가능한 구체적 행동으로 “언제, 어디서, 무엇을, 어떻게” 하였는지에 대해 관찰된 행동으로 정의될 수 있는 단위행동을 목표행동이라고 한다.
예 식사시간에 반찬 투정을 하는 행동, 동생을 때리는 행동, 장난감을 정리정돈하지 않는 행동, 손님만 오면 돈을 달라고 보채는 행동 등 이러한 하나하나의 행동을 목표행동이라고 한다.
② 목표행동의 선정
• 자녀에게 길러주고 싶은 행동이 있거나 또는 문제가 되는 행동을 수정하고 싶을 때에는 제일 먼저 목표행동을 명확하게 설정하는 것이 무엇보다도 중요하다.
• 모든 행동은 한꺼번에 수정할 수 없으므로 그 행동이 나타나는 빈도수를 파악하고, 발생빈도를 기준으로 우선순위를 정하여 하나씩 수정해 나가도록 계획해야 한다.</td></tr>
<tr><td>기록하기</td><td>• 아동의 행동을 수정하려고 할 경우 제일 효과적인 방법은 기록하는 것이다.
• 전문가들은 시청각 매체를 사용해서 아동의 행동을 자동기록(automatic recording)하거나 직접측정(direct measurement)한다.
• 하지만 가정에서 부모는 관찰기록(observational recording) 하는 것이 좋다. 관찰기록은 일화기록, 사건중심기록, 지속성 기록, 간격적 기록, 시간표집기록으로 나눌 수 있다.
– 일화기록: 구체적 행동사례를 있는 대로 상세하게 기록하는 방법으로 아동의 문제행동을 연구하는 데 특히 도움이 된다.
– 사건중심기록: 사건을 일으키는 행동을 모두 누적하여 기록하는 것으로 아동개인과 목표행동을 깊이 관찰하는 이점이 있으며, 사건표집법으로 볼 수 있다.
– 지속성 기록: 시간을 정해놓고 그 시간 동안 목표행동을 얼마나 오래 지속하는가를 알아내어 기록하는 방법이다.
– 간격적 기록: 관찰하는 기간을 균등하게 배분해 놓고 각각의 간격마다 목표행동이 나타나는지 아닌지를 파악하는 방법이다. 부모가 눈을 떼지 않고 관찰해야만 행동의 빈도와 지속성을 알 수 있다.
– 시간표집기록: 간격적 기록법과 비슷하나 부모가 관찰시간과 간격을 임의로 정해놓고 목표행동이 나타나는지를 파악하는 방법이다. 시간표집법은 일정한 시간간격을 두고 일정한 시간단위씩 측정・관찰함으로써 그 측정치를 통하여 과정 전체를 추정하려는 직접관찰의 한 방법으로 시간선택 관찰법이라고도 한다.</td></tr>
<tr><td>행동분석</td><td>• 관찰된 행동에 대한 기록이 끝나면 수집된 자료를 통하여 아동의 행동을 분석한다.
• 행동을 분석하는 일은 행동을 유발시키는 선행(antecedent)자극과 행동 그 자체, 그리고 행동(behavior), 행동 뒤에 따라오는 후속(consequences)자극과 행동을 찾아내는 것이다.
• 아동의 행동을 유발시키는 선행자극과 행동을 증감시키는 후속자극이 무엇인지 알게 되면 행동을 쉽게 수정할 수 있으므로 아동의 행동이 주로 언제, 어디서, 어떻게 자주 나타나는지, 행동이 발생한 다음 후속자극으로 어떤 강화를 받았는지 그 상황을 세밀하게 분석한다.
<table><tr><th>선행(antecedent)자극</th><th>행동(behavior)</th><th>후속(consequences)자극</th></tr><tr><td>행동유발자극</td><td>문제행동</td><td>강화 또는 벌</td></tr><tr><td>엄마가 동생하고만 놀아주고 동생만 안아준다.</td><td>동생을 때리거나 발로 찬다.</td><td>엄마가 야단을 치거나 때려준다. 또는 달랜다.</td></tr></table></td></tr>
</table>

MEMO

<table>
<tr><td rowspan="6">모델링과 모방</td><td>개념</td><td>• 모델링은 부모 자신이 바람직한 행동을 아이에게 보여주는 것이다.
• 모방은 부모가 보여주는 그 행동을 아이가 따라하는 것이다.</td></tr>
<tr><td>장점</td><td>모델링과 모방은 부모가 쉽게 실행할 수 있고, 일단 행동이 학습되면 외적 강화 없이도 유지될 수 있다.</td></tr>
<tr><td>적용</td><td>주로 빠른 시간 내에 새로운 행동을 가르치고자 할 때 아이에게 목표행동을 정확하게 시범보인다.</td></tr>
<tr><td>모델의 조건</td><td>• 부모는 아이와 유사한 특성이 많고, 비슷한 관심과 문제를 공유하며, 아이보다 우월한 점이 많아 매우 효과적인 모델이 된다.
• 부모를 포함한 여러 모델은 바람직한 행동을 시범 보여주는 것뿐만 아니라 그 후에 강화받는 모습까지 직접 유아들이 관찰할 수 있도록 해주어야 한다.</td></tr>
<tr><td>방법</td><td>자녀가 모방하기 원하는 행동을 분명하게 구체적으로 모델링하고, 가장 쉬운 행동부터 시작하여 어려운 행동 순으로 모범을 보인다.</td></tr>
<tr><td>유의점</td><td>아이의 연령이 어릴수록 무조건 모방하는 경우가 많으므로 부모는 자신의 말과 행동에 주의해야 한다.</td></tr>
<tr><td rowspan="4">협약 · 신속한 반응 · 점진적 쇠퇴 · 안내</td><td>협약</td><td>• 협약(arrangement)은 자녀와 부모가 어떤 문제행동에 대해 함께 이야기 나눈 후 약속을 정하는 방법이다.
– 부모는 자녀와 함께 앉아 이해하기 쉬운 말로 약속내용을 구체적으로 쓴다.
– 간략하고 분명한 글로 기록하고 날짜를 써서 아이가 서명하게 하면 좀 더 효과적이다.
– 처벌은 최소한의 수준으로 정하고 목표행동과 관련되는 보상은 구체적으로 제시하되 적응기간을 정해 두고 실천하게 한다.
– 협약은 수시로 조정한다.</td></tr>
<tr><td>신속한 반응</td><td>• 신속한 반응(rapidity)은 부모가 새로운 자극을 주었을 때, 자녀가 목표행동을 보이면 그 즉시 보상해 주는 것이다.
– 자녀가 새로 익힌 노래를 하다가 가사를 잊었을 때 부모가 소리나지 않게 입모양을 보여주는 언어적 신속성
– 손에 뜨거운 것이 닿기 전에 피하도록 하는 신체적 신속성
– '쉿' 하는 몸짓으로 조용하게 하는 신속성
– 글이나 그림으로 목표행동을 알리는 회화적 신속성
– '삐' 소리가 나면 달리기를 시작하듯 행동하게 하는 기계적 신속성</td></tr>
<tr><td>점진적 쇠퇴</td><td>점진적 쇠퇴(progressive decline)는 아이가 새로운 자극에 익숙해지면 행동단서를 점진적으로 제거하여 일반화시키는 방법을 말한다.</td></tr>
<tr><td>안내</td><td>• 안내(guidance)는 관찰과 분석에 의해 분명한 목표를 설정하고, 성취수준을 극대화하되 실패를 극소화할 수 있도록 가르치는 방법이다.
– 부모와 자녀가 자주 반응을 주고받고 피드백을 나누면 효과적이다.
– 아이마다 갖고 있는 개인차를 인정해 주면 더 큰 효과를 볼 수 있다.</td></tr>
</table>

MEMO

<table>
<tr><td rowspan="3">강화</td><td colspan="2">강화는 부모가 세운 목표행동을 아이가 할 때 보상을 해 주어 그 행동을 많이 하게 하는 것으로, 새로 배운 행동을 습관화하는 데에 효과적이다.</td></tr>
<tr><td>정적 강화</td><td>• 정적 강화는 바람직한 행동이 나타났을 때 자녀에게 칭찬이나 상을 주어 그 행동을 다시 하고 싶게 하는 것을 말한다.
• 유형: 정적 강화에는 소모 강화(먹을 수 있는 것), 활동 강화(놀이나 게임하기 등), 소유 강화(놀잇감, 책 등 소유할 수 있는 것), 사회적 강화(칭찬, 미소 등 언어적 자극이나 신체적 접촉)가 있다.
• 효과적 사용: 자녀 개개인이 선호하는 물건이나 반응을 강화물로 쓰면 효과가 크다. 평상시에는 갖지 못하는 물건을 강화물로 선택하여 제공하면 보다 효과적이다.
예 자녀가 좋아하지만 평소에 자주 먹을 수 없는 식혜를 만들어 강화물로 이용하는 동시에, 이를 자녀와 함께 만들면 아이는 식혜와 함께 엄마의 관심까지 받아 강력한 강화를 가져온다.
장점 정적 강화를 받으면 세로토닌의 분비가 증가하여 우울감이 감소하고 기분이 좋아지는 긍정적인 효과가 있다.</td></tr>
<tr><td>부적 강화</td><td>• 부적 강화는 바람직한 행동을 못하게 만드는 방해요인이나 자녀가 싫어하는 자극을 제거함으로써 바람직한 행동이 일어나게 하는 것이다.
– 부적 강화에서 '부적(negative)'이라는 단어의 의미는 나쁘거나 불쾌한 것이 아니라 단지 아이의 행동에 방해가 되는 '나쁜 자극'을 제거한다는 의미이다.
– 증가시키고자 하는 행동이 나타나지 않아 정적 강화를 하기 어려운 경우 아이를 관찰하며 나쁜 환경 자극을 제거하는 부적 강화를 하여 원하는 목표 행동을 촉진할 수 있다.</td></tr>
<tr><td rowspan="2">소거와 벌</td><td>소거</td><td>소거는 아이가 바람직하지 않은 행동을 했을 때 기대하는 것을 받지 못하도록 상황을 조정하는 방법이다.</td></tr>
<tr><td>벌</td><td>• 벌은 아이의 나쁜 행동이나 말을 약화 또는 없애려는 목적으로 쓴다.
– 아이가 바람직하지 않은 행동을 할 때 아이가 싫어하는 반응을 해주거나[가, 加] 좋아하는 자극을 제거[감, 減]하는 두 가지 방법이 있다.
– 불쾌한 자극을 제공하는 방법은 아이의 분노나 반항심을 불러일으키기 쉽고 교육적이지 못한 경우가 많아 교육현장에서는 좋아하는 자극을 제거하는 방법을 주로 쓴다.
① 격리하기(time-out): 아이가 공격적·파괴적 행동을 할 때, 그 행동으로 다른 사람의 관심을 끌지 않도록 그가 속한 집단에서 분리시키거나 즐거움을 주는 공간에서 떨어져 있게 하는 것을 말한다.
② 교정: 아이의 행동이 지나치게 잘못된 경우, 그 행동을 대체하여 효과적으로 강화해 줄 만한 행동을 아이에게서 관찰할 수 없을 때 사용할 수 있는 행동수정 방법이다.
– '복원': 아이의 어떤 행동으로 인해 환경에 일어난 변화를 이전의 모습으로 돌아오게 복원하는 것으로, 아이가 자신의 행동에 책임지게 하는 효과가 있다.
– '정정(바꾸기 연습)': 부적절한 행동을 보일 때 그에 상응하는 적절한 행동을 정확하게 할 수 있도록 가르치고 연습시키는 방법이다.</td></tr>
</table>

MEMO

		단점 • 벌을 주는 것 자체로는 아이의 행동을 완전히 바꿀 수 없고 효과가 일시적이므로 자주 사용하지 말아야 한다. – 벌을 받고 나서 더 이상한 행동을 할 수 있으므로 벌을 주려 할 때는 심사숙고해야 하며, 벌 대신 정적 강화, 즉 아이가 바른 행동을 하는 그 순간 인정 · 칭찬 · 격려하는 방법을 쓰는 것이 좋다.

III 부모교육 프로그램

MEMO

UNIT 10 체계적 부모 효율성 훈련(Systematic Training for Effective Parenting: STEP)

1 이론관

배경	• 체계적 부모 효율성 훈련 프로그램(STEP = 효율적인 부모 역할수행을 위한 체계적 훈련)은 딩크메이어(Dinkmayer)와 맥케이(Mckay)가 드라이커스(Dreikurs)의 민주적 양육방식이론, 기노트(Ginott)의 인본주의적 부모교육이론, 고든(Gordon)의 부모 효율성 훈련이론, 번(Berne)의 교류분석이론, 행동수정 등의 이론을 종합하여 1976년에 만들었다. • STEP에는 번과 기노트의 이론, 행동수정이론이 반영되어 있지만, 내용의 상당 부분을 차지하는 '잘못된 행동의 네 가지 목표' 파악이나 '자연적 · 논리적 귀결', '인식반응', '격려하기'의 사용은 드라이커스의 이론에서, '반영적 경청', '대안 찾기'나 부모의 생각과 느낌을 표현하는 '나-전달법'은 고든의 이론에서 가져왔다. • STEP은 효율적인 부모가 되기 위한 훈련과정(9주 동안 주 1회씩 총 9회, 매회 2시간 동안 부모를 교육)으로서 질 높은 사회로 발전하기 위해서는 부모-자녀 관계의 질 개선이 선행되어야 하며, 그러기 위해서는 가정에서 민주적인 혁명이 먼저 이루어져야 한다고 본다.
목표 및 필수 구성요소	• STEP 프로그램은 부모-자녀 간의 사회적 평등(민주적 관계)을 전제로 ① 의사소통을 위한 대화기술, ② 부모 자신을 변화시키는 기술(부모 자신이 변화하려는 노력), ③ 자녀를 변화시키는 기술, ④ 가족의 문제를 해결하는 기술(가족문제 해결 방법), ⑤ 환경을 계획하여 구성하는 기술(환경을 구성하는 방법) 등을 프로그램의 원리 및 교육 내용으로 다룬다. • STEP의 교육철학: 사랑과 존중을 바탕으로 한 인간가치의 구현 - STEP은 사랑과 존중으로 한 사람 한 사람이 인간으로서 갖고 있는 가치를 구현하게 돕는 것을 목적으로 하여 ① 상호존중(부모-자녀 간에 상호존중하기), ② 격려(격려와 용기 주기), ③ 즐거운 시간 갖기(가족과 즐거운 시간 함께 보내기), ④ 사랑의 표시(사랑 표현하기 = 구체적인 행동이나 언어로 사랑 표시하기)를 목표로 한다. - 아무리 좋은 양육법이라도 부모가 시간을 할애하여 노력하지 않는다면 효과를 볼 수 없다고 보고, 부모-자녀 간의 민주적이고 긍정적인 관계를 갖기 위한 필수적 요소로 위 네 가지를 제안한 것이다.

MEMO

	상호존중하기	• 상호존중이란 부모와 자녀가 서로 존중하며, 또한 부모는 자녀에게 남을 존중하는 태도를 가르쳐야 함을 말한다. – 부모–자녀 간에 바람직한 관계를 유지하기 위해서는 부모가 먼저 자녀를 이해하고 존중하는 태도를 보여야 한다. 이를 위해서는 부정적인 말을 삼가는 것부터 시작해야 하고, 자녀에게 부모를 존경하고 타인을 존중하는 태도를 가르쳐야 한다. 예 잔소리를 하거나 소리를 지르고, 때리고 엄포를 놓고, 아이가 혼자서도 할 수 있는 일을 부모가 대신하며, 일관성 없이 자녀를 대하는 것은 자녀를 존중할 줄 모르는 증거이다.
	즐거운 시간 갖기	• 부모–자녀가 원만하고 성숙한 인간관계가 되기 위해 중요한 요소는 가족 모두가 참여하여 서로 즐거운 시간을 보내는 것이다. • 즐거운 시간을 갖기 위한 계획을 통해 부모와 자녀가 즐길 수 있는 것을 잠깐이라도 함께 할 수 있도록 하는 시간과 노력이 필요하다.
	격려하기	• 부모는 자녀를 신뢰하고, 자녀 스스로 자신은 능력이 있다고 느낄 수 있도록 계속적으로 용기와 격려를 해 주어야 한다. • 무조건적인 격려와 용기는 바람직하지 않고 자녀의 잘못된 행동에 대해서 인정하고 평가하는 방향으로 격려하는 것이 바람직하다. • 협동적인 관계는 자녀들이 자기 자신과 부모에 대해 어떻게 느끼는지에 따라 좌우된다.
	사랑 표현하기	• 사랑은 자녀를 존중하고 책임감과 독립성을 길러주려는 부모의 태도에서 전달된다. • 자녀들이 안정감을 느끼기 위해서는 자기가 사랑하고, 사랑받고 있다는 사람이 적어도 1명 이상은 있음을 느껴야 한다. – 따라서 부모는 자녀에 대한 사랑을 표현할 때 말뿐만 아니라 스킨십과 같은 행동으로 표현해 주는 것이 중요하다.

2 부모교육 원리

잘못된 행동목표 파악하기	• 아동을 성인과 마찬가지로 소속감을 얻고자 하는 사회적 동물로 보고, 타인으로부터 인정을 받고자 하는 욕구가 충족되지 못할 경우 네 가지의 잘못된 행동목표(관심 끌기, 힘 행사하기, 앙갚음하기, 부적절성 나타내기)를 설정하게 된다고 본다. – 이러한 잘못된 행동목표를 변화시키고 긍정적인 관계를 형성하기 위한 방법으로 ① 상호존중하기, ② 즐거운 시간 갖기, ③ 격려하기, ④ 사랑 표현하기와 같은 방법을 제시하였다.
대화기술	• 「반영적 경청」, 「나–전달법」 – 부모 역할 중 하나는 '자녀와의 대화'로, 부모는 '반영적 경청, 나–전달법, 감정이입, 공감, 반영시키기, 동등한 수준의 대화, 자녀의 행동에 대한 부모의 솔직한 느낌 표현하기' 등의 방법을 익혀 자녀와 원활한 관계를 유지하는 것이다.

부모 자신을 변화시키는 기술	• 부모-자녀 간의 갈등을 줄이려면 무엇보다도 부모 자신이 바뀌어야 한다. – 부모 자신이 변화하려 하지만 부모가 자기패배적 각본을 갖고 있을 때는 스스로 바꾸기 힘들기 때문에 전문적인 상담을 받는다. • 부모는 있는 그대로 자녀를 수용하여 발달에 걸맞은 현실적인 기대를 해야 한다. – 부모가 잔소리하는 습관을 바꿔 자녀의 입장에서 상황을 이해하려고 노력하면 자녀는 자신이 할 수 있는 것과 할 수 없는 것을 인식하게 되고 자신의 기대수준을 어떻게 바꿔야 할지 알게 된다. • 부모가 기대하는 것을 하라고 요구하기 전에 자녀의 욕구를 먼저 존중해주면 갈등이 줄어든다. – 자녀의 욕구를 이해하고 받아줘도 자녀는 부모가 인정해주고 존중해주기를 갈망하기 때문에 부모의 기대에 맞추어 행동한다. • 부모는 자녀의 말을 잘 듣고 행동을 주의 깊게 관찰하는 방향으로 태도를 바꾸어야 한다. – 그러면 자녀가 주의집중 끌기, 힘 행사하기, 보복하기, 부적절하게 행동하기 등의 네 가지 전략을 사용하는지 아니면 바람직한 행동을 알아서 하는지 알 수 있다. • 「격려하기」 – 부모는 자녀의 장점 및 가정이나 자신에 대한 아이의 기여에도 관심을 보이고, 자녀의 노력과 성취를 표현해야 한다. – 이때 칭찬보다는 격려가 바람직하다. 칭찬은 좋은 점이나 착하고 훌륭한 일을 높이 평가함으로써 현재 상태에 만족하게 하지만, 격려는 용기나 의욕이 솟아나도록 북돋워 주기 때문이다.
자녀를 변화시키는 기술	• 「자연적 · 논리적 귀결」 – 자녀가 스스로 결정해서 행동하고, 그 결과로부터 배우도록 하는 자연적 · 논리적 귀결 방법을 사용한다. – STEP에서는 상과 벌, 또는 행동주의식의 행동수정 방식보다는 자녀가 지켜야 할 범위를 설정해 주고 그 한계를 지키지 못했을 때 자연적 귀결과 논리적 귀결을 경험하게 하는 훈육 방법을 사용하는 것이 더 유익하다고 본다. – 이와 달리 보상과 처벌은 수직적 부모-자녀 관계를 바탕으로 하기 때문에 부모가 시키는 대로 복종하는 것을 강조한다. 이러한 훈육방법은 아이가 책임감 있게 생각하고 행동하는 것을 막는다. – 부모는 화를 내거나 야단을 쳐서 아이를 통제하려고 애쓸 필요가 없다. 단지 일정한 한계점을 주고 아이가 스스로 결정해서 행동하고 그 결과로부터 배우도록 하는 것으로 충분하다. '먹지 않으면 배가 고프다'는 것은 자연적 귀결을 통해 배운다. 그러나 자연적 결과를 사용할 수 없을 때에는 논리적 귀결을 사용한다. '늦잠을 자면 유치원에 늦게 되고, 재미있게 놀 수 있는 시간이 줄어든다'라는 논리적 결과의 경험은 사회적 질서를 지켜야 한다는 것을 깨닫게 한다.
가족의 변화-문제해결의 기술	• 「무승부법」, 「가족회의」 – 고든의 무승부법, 드라이커스의 가족회의를 통해 민주적으로 해결하는 것이다. – 문제를 해결하기 위해서는 먼저 문제를 세심하고 주의 깊게 묘사하고, 대안들이 나오면 그 가운데 가장 적절한 방법을 선택 · 실행 · 평가한다. – 만약 문제가 해결되지 않으면 그 해결책에 대한 정의를 다시 해 보거나 다른 해결책을 선택한다. – 문제해결 과정에서 특정한 한 사람을 지목하여 문제를 일으키는 사람으로 책망하지 않도록 주의해야 한다.

MEMO

<table>
<tr><td>환경을 계획하는 기술</td><td>• 부모는 가족 구성원들이 보낼 시간, 공간 및 활동 등의 환경을 계획함으로써 부모-자녀 관계를 개선시켜 나갈 수 있다.
• 가정에서 환경을 풍부하게 해주거나, 자극상황을 만들어 주는 등을 계획하여 자녀가 무료하지 않게 생활할 수 있도록 한다.
– 이러한 환경은 자녀가 재미있게 시간을 보낼 수 있도록 돕기 때문에 가족생활에서 많은 갈등을 피할 수 있고, 자녀의 문제행동도 감소시킬 수 있다.</td></tr>
</table>

3 부모교육 방법과 내용

<table>
<tr><td>방법</td><td colspan="2">• STEP 프로그램은 포스터, 카세트, 부모용 안내서 및 리더십 훈련용 안내서와 잘 구조화된 강사 지침서로 구성되어 있으며, 교재 홍보가 잘 되어 있을 뿐만 아니라 세련되고 쉬운 내용으로 많은 사람들에게 알려져 있다. 안내서의 총 9개의 장 중에서 전반부는 양육 원리와 기술로, 후반부는 자녀의 긍정적인 행동목표를 중심으로 구성되어 있다.
• 최근 STEP 프로그램은 6세 이하의 자녀를 둔 부모와 10대 부모를 위한 프로그램을 개발하는 등 대상별 특성을 고려하여 적용하고 있다(Getswichi, 2004).</td></tr>
<tr><td rowspan="3">내용</td><td colspan="2">• 총 9장으로 구성된 프로그램의 내용은 양육원리와 기술을 습득하게 하는 부모능력 향상을 위한 내용과, 유아의 긍정적인 행동목표가 초점이 된 유아의 행동발달을 위한 내용으로 대별된다.
• 드라이커스의 유아행동의 목표 파악, 자연적·논리적 귀결과 고든의 민주적인 의사소통 기법도 중요한 내용으로 포함시키고 있다.</td></tr>
<tr><td>1주</td><td>• 자녀 행동의 이해
– 첫째 주에 다루는 내용으로, 네 가지 잘못된 목표인 관심 끌기, 힘 행사하기, 앙갚음하기, 부적절성 나타내기 중 하나에 근거를 두고, 잘못된 행동을 분석하여 긍정적인 목표를 찾아보며 그것에 대해 격려하는 것이다.
– 자녀 행동을 이해하기 위하여 자녀의 잘못된 행동을 주의 깊게 관찰하며 행동 이면에 깔려있는 좌절된 욕구를 이해하고 자녀의 긍정적인 관계를 형성하는 일을 강조한다.
– 부모-자녀 간의 긍정적인 관계형성을 위해 격려, 즐거운 시간 갖기, 상호존중, 사랑의 표시 등을 적극 활용하도록 권장하고 있다.</td></tr>
<tr><td>2주</td><td>• 자녀와 부모 자신의 이해
– 자녀의 생활방식을 결정하는 기본적인 신념은 어린 시절에 형성되며, 이러한 생활방식은 가족분위기와 가치관, 성 역할, 가족 내의 위치, 양육 방법 등 환경적 요소에 영향을 받게 된다. 이 중 완벽을 추구하는 부모 밑에서 양육되는 자녀의 고통은 가장 크다고 본다.
➔ ∴ 부모들은 자녀에 대한 이해는 물론 자신에 대해서도 올바르게 이해해야 하며, 완벽한 부모는 없다는 전제하에 책임 있는 부모가 되도록 노력하는 것이 바람직하다고 본다.</td></tr>
</table>

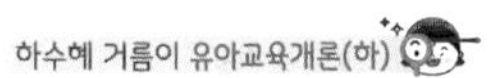

3주	• 「격려」: 자신감과 자아존중감 길러주기 – 자녀를 격려하는 방법에 있어 외적 통제에 의한 '외적 동기화'보다는 자녀 스스로 긍정적인 행동을 유발할 수 있는 '내적 동기화'를 강조하고 있다. – 부모의 기준에 근거하여 주어지는 상벌과 달리 격려는 잘한 점과 장점에 초점을 맞춤으로써 자녀에게 자신감과 자아존중감을 갖게 해 주는 것이다.
4주	• 효과적인 의사소통 방법의 습득: 「반영적 경청」 – 의사소통을 개방적 반응과 폐쇄적 반응으로 구분하였을 때, 개방적 반응은 다른 사람이 말하는 것을 주의 깊게 듣고 그 이면에 숨은 의미를 파악하여 반응을 보이는 것을 의미하는 반면, 폐쇄적 반응은 다른 사람의 말을 잘 듣지 않거나 그 숨은 의미를 잘 이해하지 못하고 형식적인 반응을 보이는 것을 의미한다. – 만족스러운 부모-자녀관계가 유지되기 위해서는 효과적인 의사소통 방법을 습득하는 것이 무엇보다 필요하다고 보고, 부모가 자녀의 생각과 감정을 전적으로 수용하여 개방적인 반응을 보이는 반영적 경청을 권장한다. – 부모가 자녀의 생각이나 감정에 대해 개방적으로 반영적 경청을 하게 되면 자녀는 거부된다는 두려움 없이 자신의 생각이나 느낌을 솔직하게 표현하게 되지만, 폐쇄적인 반응을 보이는 경우 의사소통은 단절된다.
5주	• 효과적인 의사소통 방법의 습득: 「대안 찾기」와 「나-전달법」 – 부모-자녀 간에 의사소통이 원활하게 이루어지기 위해서는 반영적 경청뿐만 아니라, 대안 찾기나 부모의 생각과 느낌을 표현하는 나-전달법을 사용하는 것이 필요하다. – 문제가 되는 사람이 부모인 경우 나-전달법을 통해서 부모의 생각과 느낌을 표현하도록 하고, 부모나 자녀 중 어느 쪽도 패배감을 갖지 않도록 대안 찾기를 통해 문제의 해결책을 발견하도록 하는 것이 필요하다.
6주	• 책임감 배양을 위한 훈육방법: 「자연적 귀결」, 「논리적 귀결」의 적용 – 자녀를 양육할 때 대개는 권위를 바탕으로 보상과 처벌을 통한 훈육방법을 사용하게 되나, 이러한 방법은 자녀의 자율성과 책임감을 저해시킬 수 있다. – 자연적 귀결은 부모의 인위적인 개입 없이 자연적 사건으로부터 질서와 행동목표를 터득하게 하는 방법이며, 논리적 귀결은 유아의 행동과 논리적으로 관련이 있는 결과를 부모가 결정하거나 부모-아동이 합의하여 결정하는 것이다. – 자연적 귀결이 어려운 경우에는 논리적 귀결을 사용한다. 예 자연적 귀결은 '불을 만지면 뜨겁다'는 것을 경험을 통해 배우게 하는 경우이며, 논리적 귀결은 '공부를 게을리 하면 성적이 나쁘다'는 것을 논리적 결과의 경험을 통해서 배우는 경우이다.
7주	• 자연적·논리적 귀결의 활용(반응 대신 행동하기) – 자연적·논리적 귀결의 활용은 아침 등교시간이나 옷 입기, 식사습관 등과 같이 부모들이 흔히 직면하는 문제들에 적용시킴으로써, 보다 원만한 부모-자녀 관계가 이루어질 수 있도록 하는 것이다.

MEMO

	8주	• 가족회의(가족모임) – 가족회의(가족모임)는 의사결정 과정에 온 가족이 참여하는 방법으로, 자녀–부모 간에 긍정적인 관계를 형성하고 가족 구성원 모두가 의사소통과정에 함께함으로써 민주적인 가족관계가 이루어질 수 있다.
	9주	• 자신감 개발 및 잠재력 발휘(잠재력 신장) – 부모는 자녀를 양육하는 과정에서 자신감과 잠재력을 약화시키는 자기패배적 신념을 경계해야 한다. 부모는 자신뿐만 아니라 자녀 또한 불완전하다는 사실을 수용할 수 있는 용기가 필요하며, 부모 자신이 불완전하다는 사실을 수용한다면 자녀의 실수도 쉽게 받아들일 수 있다. – STEP에서 강조하는 점 중에 하나는 자녀들에게 자신감을 배양하여 잠재력을 신장시키는 일이다. ➔ ∴ 부모의 긍정적인 태도를 통해 자녀는 자신이 가치 있는 인간이라는 정체감을 가지고 어려운 일에 용기를 갖고 도전하게 될 수 있다는 것을 명심해야 한다.

참고

STEP에서 행하는 가족 모임을 위한 지침

- 모임을 계획된 시간에 정기적으로 갖는다(정규적으로 계획된 시간을 정하여 모임).
- 모든 가족 구성원을 동등하게 대하고 의장 역할은 돌아가며 맡는다(사회자는 가족들이 돌아가며 함).
- '반영적 경청'과 '나–전달법'으로 자기의 느낌과 신념을 솔직하게 전달하고, 상대방의 이야기를 개방적 태도로 수용한다.
- 문제해결을 위해서는 브레인스토밍으로 해결책을 탐색한다.
- 가족 내에 일어난 좋은 일을 알리고 서로 격려한다.
- 가족이 함께할 만한 오락을 준비한다(회의를 마치면 미리 준비한 가족 전체가 함께할 수 있는 오락이나 게임을 한다).
- 모임 소요시간은 가족들이 함께 정하고, 정해진 시간 내에 끝낸다(유아의 경우 20~30분, 아동인 경우에도 1시간을 초과하지 않는다).
- 모임 중에 나온 제안이나 결정 사항을 기록해 둔다.

MEMO

SESSION #5

UNIT 11 적극적 부모 역할 훈련(Active Parenting Training : APT)

1 이론관

<table>
<tr><td>이론적 배경</td><td>• 적극적 부모 역할 훈련(Active Parenting Training : APT)은 1983년 마이클 팝킨(Michael Popkin)이 아들러, 드라이커스, 로저스, 칼크허프와 고든, 기노트, 엘리스와 에릭슨의 이론 등을 정리하여 체계화한 부모교육 프로그램이다.
– 목표와 교육 내용은 아들러와 드라이커스의 이론에 근거해 개발된 STEP 프로그램과 유사하며, 팝킨은 비디오를 활용하는 훈련법이 가장 효과적이며 경제적이라고 생각했기 때문에 프로그램 운영에 이를 적극 활용하게 하였다.</td></tr>
<tr><td>기본 관점</td><td>• 기존의 부모교육 방법이 책이나 지침서만을 사용했던 것과는 달리 상황이 담긴 비디오를 제작하여 전문가와 함께 시청하면서 토의함으로써 부모들의 공감을 쉽게 얻는 프로그램이다.
• 적극적 부모 역할 훈련의 궁극적 목적은 아이들이 민주 시민으로 생활하는 데 필요한 협동심, 용기, 책임감, 자기존중감을 기르는 것이며, 주요 목표는 부모의 자녀교육에 대한 목표를 명료화시키고 부모로 하여금 효율적인 자녀 지도에 대한 확신을 가지고 분명하게 행동할 수 있게 하는 것이다.
• 구성은 비디오테이프, 프로그램 지도교사를 위한 지침, 안내서와 행동 지도서, 소책자, 공고 포스터 등으로 되어 있으며, 정기회보도 발간하고 있다.
• 적극적 부모 역할 훈련(APT)을 구성하는 여섯 가지 주제와 각 주제별 주요 내용은 아래와 같다.
<table>
<tr><td>적극적인 부모되기</td><td>• 왜 적극적 부모훈련인가?
• 평등의 개념
• 부모됨의 형태
• 우리가 키우고자 하는 아이들은 어떤 아이들인가?
• 가족을 강화시키기 위한 활동</td></tr>
<tr><td>자녀 이해하기</td><td>• 자긍심 키우기
• 아동 행동의 네 가지 목표
• 드라이커스의 잘못된 행동의 네 가지 목표
• 부모됨과 화냄</td></tr>
<tr><td>용기 북돋우기</td><td>• 좌절감을 야기하는 행동 피하기
• 격려의 방법</td></tr>
<tr><td>책임감 발전시키기</td><td>• 정해진 한계 내에서의 자유
• 부모를 위한 문제해결 방식
• 문제를 소유한 사람은 누구인가?
• 나-전달법
• 자연적·논리적 결과
• 상호 존중</td></tr>
<tr><td>협력을 구하기</td><td>• 의사소통 : 협력으로 가는 길
• 의사소통
• 적극적인 의사소통
• 애정 표현하기</td></tr>
<tr><td>민주사회에서의 적극적인 부모</td><td>• 가족회의
• 집단 속에서 문제를 다루는 법
• 가족단위 강조하기</td></tr>
</table></td></tr>
</table>

MEMO

	• 참여자들의 자기 평가 – APT 부모 역할 훈련에 참여한 부모들은 훈련 시작과 끝에 아이용 목표 카드를 작성하여 각자의 훈련 효과를 점검한다. 목표 카드에는 적극적 부모 역할 훈련의 네 가지 목표인 '책임감', '협동심', '용기', '자기존중감'과 함께 자기 아이에게 바라는 목표를 기록하여 10점 척도상에 점수로 표시하여 평가한다.
절차	6개의 비디오테이프로 새로운 내용을 소개하면서 양육기술을 관찰할 수 있으며, 부모용 지침서의 과제 활동을 실행하면서 새로운 기술을 가정에서 실습해 보도록 하고 있다. ① 전문가는 토론이나 비디오 상영을 통해 내용을 소개한다. ② 비디오에 출연한 가족이 보여주는 부모 역할 기술을 관찰한다. ③ 비디오와 다른 집단활동을 통해 배운 내용을 실습해 본다. ④ 가정으로 돌아가 부모용 지침서에 있는 과제를 기록한다. ⑤ 부모용 지침서를 보고 새로운 기술을 가정에서 적용한다. ⑥ 모임에서 가정에 적용한 사례를 '함께 이야기나누기'하며 피드백과 격려를 받는다. ⑦ 배운 기술을 꾸준히 반복하고 연습하며 유지·향상시킨다.

2 프로그램의 주제 및 내용(Popkin, 1989)

• 적극적 부모 역할 훈련의 핵심은 다양한 상황을 묘사하고 있는 비디오테이프이다.
  – 이 비디오에는 다양한 민족과 인종, 다양한 형태의 가족 화목 활동, 생활인의 기술 가르치기, 가족회의 방법이 수록되어 있다.
  – APT 프로그램 지도교사는 교육시간 동안 부모들에게 이 비디오를 시청하게 한 후 토론하게 하는 방식으로 부모들을 교육한다.

적극적인 부모되기	• 보상과 처벌을 사용하는 것의 문제를 지적하며 부모 역할의 유형을 소개하고, 어떠한 지도방법을 선택할지 기회를 준다. 이때 민주적 가치의 소중함을 알게 한다. – 적극적인 부모는 '현재 안에서의 자유', 즉 선택의 자유를 아이에게 준다. – 하지만 선택의 기회를 주는 방법은 아이의 연령에 따라 달라져야 하며, 선택의 자유를 제공하면서 책임지는 것도 함께 가르친다. • 민주적 가치가 존중받는 여부에 따라 부모의 지도 유형은 군주형, 허용형, 민주형으로 구분된다. ① **군주형**: 독재자처럼 아이들이 무엇을 할지, 언제 해야 할지를 명령한다. – 아이들은 부모의 명령에 도전하거나 반대할 수 없다. 순종을 잘하면 보상을 받고 그렇지 못하면 처벌을 받게 된다. ② **허용형**: 거칠고 완고한 독재적 방식에 강력하게 반대하여 아이들의 말과 행동을 모두 받아주는 허용형의 부모들은 아이들의 심부름꾼처럼 행동한다. – 아이들이 제멋대로 하고 싶은 일을 마음껏 하도록 허용한다. – 질서와 규율 없이 무제한의 자유가 허용된다. – 종종 아이들이 버릇없이 굴고 부모의 권위에 도전하는 것도 방임한다.

MEMO

SESSION #5

	③ 민주형: 민주형은 군주형과 허용형의 중간 그 이상의 의미를 가진다. – 적극적인 부모라 불리는 이들은 자유를 추구하면서도 타인의 권리와 책임도 똑같이 보장해줘야 할 것으로 여긴다. – 부모는 아이가 다른 친구와 협동하는 법을 가르치고 스스로 학습하도록 돕는 역할을 한다. – 진정한 리더십을 발휘하므로 이 가정은 민주적이고 질서있으며 세심한 돌봄과 관심이 있다. 개개인이 모두 중요한 구성원으로서 인정을 받기 때문이다.
자녀 이해하기	• 아이의 행동을 이해하기 위해서 성격 형성요인, 발달과정, 그릇된 행동의 이면에 숨겨진 심리적 욕구 이해하기를 배운다. • 드라이커스가 주장한 아이의 '잘못된 행동 목적 네 가지'를 중심으로 아이의 행동을 이해한다.
용기 북돋우기 (용기와 자아존중감)	• 실패회로와 성공회로를 소개하며 아이를 성공회로에 머물게 할 수 있는 방법으로 격려하라고 독려하면서, 격려의 구체적인 방법과 기술을 연습하도록 하였다. • 실패했거나 성공했을 때 긍정적인 사고와 감정을 갖도록 용기와 격려를 주라고 한다. • 성공–실패 회로 안에서 낙심하고 있는 아이가 빠져나오도록 돕고, 계속해서 성공회로에 머물 수 있도록 자기존중감을 높이고 용기를 얻는 대화로써 격려를 아끼지 않아야 한다.
책임감 발전시키기 (책임감 갖게 하기)	• 책임감이란 자신의 행동을 선택하고 그 결과를 받아들이는 과정이다(책임감 = 선택 + 결과). 즉, 책임진다는 것은 '자신이 선택한 것을 수용한다'는 것을 아이가 이해하는 것이다. – 책임감을 갖게 하려면 정중히 요청하기, 나–전달법 쓰기, 논리적 귀결 사용하기를 권한다. 따라서 책임감 발전시키기를 배울 때 나–전달법을 쓰게 하고, 자연적 귀결과 논리적 귀결을 사용하는 요령을 설명한다. ① 정중히 요청하기: 어떤 상황에서 부모가 원하는 바를 아이가 잘 알지 못할 때는 성인에게 하듯 부드럽게 요청하며 바라는 바를 밝힌다. ② 나–전달법: 부모가 인식한 문제점을 구체적으로 전달하는 것으로 현재 상황을 가감 없이 객관적으로 말하며, 이 상황에서 부모가 느끼는 바와 그렇게 느끼는 이유를 밝힌다. 이를 통해 아이는 자신의 행동이 다른 사람에게 주는 영향을 인식하게 된다. ③ 논리적 귀결을 경험하게 한다.
협력을 구하기 (협동심 자극하기)	• '협력을 구하기'는 *협동심을 기르는 의사소통의 기법으로서 소통의 걸림돌을 피하고 적극적인 의사소통 기법을 사용하는 것이다. 협동심을 기르는 의사소통의 기법은 두 단계로 나뉜다. ① 서로의 입장 이해하기: 의사소통의 걸림돌을 피하고 적극적인 경청과 나–전달법을 사용한다. ② 공동의 목표를 실현하기: 서로의 요구를 충족시킬 수 있는 실현 가능한 대안을 찾아보고 실행하며 결과를 모니터링하면서 지도한다.

* 협동
두 사람 이상이 공동목표를 향하여 함께 일하는 것이다.

MEMO

민주사회에서의 적극적 부모	• 민주사회에서 요구되는 부모 역할은 화목하고 민주적인 가족이 되도록 리더십을 발휘하는 것이다. – 가족 간의 대화, 문제해결을 위한 토론, 가족 회의하기 등의 구체적인 방법과 요령을 제시한다. • 가족회의는 구성원들이 참여하여 가족문제를 해결하고 결정을 내리도록 한다. – 가족회의를 통해 모든 사람은 동등한 목소리로 생각이나 느낌을 나눌 수 있으며, 어떤 사항의 경우 부모에게 결정권이 있을 수 있으나 대부분의 결정은 합의에 의하며 모든 결정은 다음 회의 때까지 유효하다. – 아이들의 입장에서 자신의 발언과 의견이 존중되고 있다는 생각이 들 때 스스로 협동심과 책임감을 갖는다.

UNIT 12 자녀가 경청하는 대화하기

기본 관점	• 자녀가 경청하는 대화하기(how to talk so kids will listen)는 기노트(Ginott)의 긴 상담 경험이 녹아 있는 프로그램이다. • 1980년 페이버(Faber)와 마즐리시(Mazlish)에 의해 개발되었으며 인본주의적 관점에 기초한다. • 부모－자녀 간의 문제는 의사소통에서 비롯된다고 전제하기 때문에 부모에게 올바른 대화 방법을 교육하여 부모－자녀 관계를 향상시키는 것을 목표로 한다.
프로그램 내용	① 자녀가 자신의 감정을 해결하도록 도와주기 – 부모가 자녀의 감정을 부정하면 자녀는 혼란을 느끼고 화를 내게 되므로, 부모는 자녀의 감정을 부정하는 데에서 벗어나 자녀의 감정을 있는 그대로 수용함으로써 자녀가 스스로 자신의 감정을 다루게 할 수 있다. – 자녀의 이야기 경청하기, 자녀의 감정 표현 수용하기, 기쁨·슬픔 등 자녀가 표현한 감정을 명명하기(이름 붙이기), 자녀가 원하는 것을 상상을 통해 이룰 수 있게 하기 등으로 자녀가 자신의 감정을 해결하게 돕는다. ② 협력하기 – **협력을 유도하는 다섯 가지 기술**: 본 것이나 문제점을 서술하기, 정보 제공하기, 한 마디로 말하기, 부모 자신의 감정에 대해 말하기, 쪽지 쓰기 – **협력을 방해하는 부적절한 방법**: 비난과 저주, 단정해서 말하기, 협박, 명령, 비교, 야유 ③ 벌에 대한 대안 제시하기 – 자녀에게 벌을 주는 것은 효과적이지 않으므로 도움이 되는 방법을 제시하거나 자녀의 마음이 상하지 않는 방식으로 거절을 표현하는 것, 부모가 기대하는 바를 정확하게 말해 주는 것, 자녀가 선택하게 하는 것, 자녀가 잘못된 행동의 결과를 경험하게 하는 것과 같은 대안을 활용하여 대체해야 한다. ④ 자율성 격려하기 – 자녀가 결정하게 하고 자녀의 노력을 존중하며, 지나치게 많은 질문을 하지 않고 질문에 즉각 답하는 대신 생각을 되물음으로써 자녀의 자율성을 격려할 수 있다.

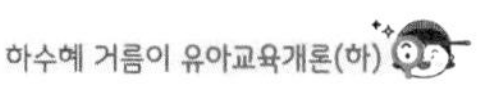

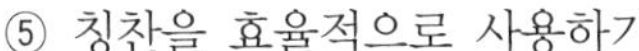

	⑤ 칭찬을 효율적으로 사용하기 – 부모가 느끼거나 본 것에 대해 인정의 의미를 곁들여 그대로 말하거나 자녀에 대해 느낀 것을 구체적으로 묘사하는 것이 효과적이다. – 자녀는 부모에게 인정을 받을 때 스스로를 칭찬하고 자존감을 높일 수 있다. ⑥ 자녀를 기존의 역할에서 벗어나게 하기 – 부모는 지너를 '넌 이런 아이야'라고 규정해서는 안 되며, 자녀가 기존의 역할에서 벗어나 자유롭게 생활할 수 있게 지원해 주어야 한다. – 자녀가 미처 인식하지 못한 장점을 알려주거나 자신에 대해 긍정적인 말을 하는 것을 듣게 함으로써 자녀를 효과적으로 변화시킬 수 있다. – 또한 기존의 방식대로 행동했을 때 부모의 느낌이나 기대를 말해 주는 것도 자녀를 변화시키는 유용한 방법이다.

UNIT 13 주장훈련

배경	• 주장훈련(assertive discipline)은 행동주의에 기초한 것으로, 주로 사회적 상황에서 경험하게 되는 불안을 감소시키는 데 사용되었다. • 아동·가족상담가인 리 캔터(Lee Canter)와 교사인 말린 캔터(Marlene Canter)는 1985년에 주장훈련을 부모교육 프로그램으로 발전시켰다.
기본 관점	• 주장훈련에서는 인간관계에서 나타나는 행동을 주장행동(assertive behavior)과 비주장행동(nonassertive behavior)으로 구분하였다. ① 주장행동은 타인에게 피해를 주지 않는 방식으로 자신의 의견, 권리, 느낌을 표현하는 학습된 행동이다. ② 비주장행동은 타인에게 피해를 주더라도 자신의 의견, 욕구, 권리 등을 표현하는 공격적인 행동과 자신이 원하는 바를 표현하지 못하는 소극적 행동을 말한다. • 주장훈련에서는 인지적·정서적·행동적 요인으로 인해 비주장적인 행동을 하게 된다고 본다. – 즉, 부모가 어떤 것이 주장적인 행동인지를 모르거나(인지적 요인), 불안이 높고 위축되어 있거나(정서적 요인), 원하는 바를 실천에 옮길 능력이 없기(행동적 요인) 때문에 자녀와 성공적으로 상호작용하지 못한다고 간주한다.
주장훈련 프로그램 내용 및 절차	• 주장훈련 프로그램에서는 부모에게 주장행동과 관련된 인지·정서·행동적 요인을 설명하고 자녀에 대해 주장적으로 행동할 수 있는 방법을 교육한다. 주장훈련 프로그램의 내용 및 전반적 절차는 다음과 같다. ① 소극적 행동, 주장적 행동, 공격적 행동의 구분 – **소극적 행동**: 자신의 권리를 옹호하지 못하는 행동 – **주장적 행동**: 상대방의 권리를 침해하지 않는 범위 내에서 자신의 권리를 옹호하는 행동 – **공격적 행동**: 상대방의 권리를 침해하면서까지 자신의 권리를 내세우는 행동

MEMO

② 비주장적 행동(소극적 · 공격적 행동)의 이유 확인
- 어떤 이유 때문에 주장행동을 하지 못하는지 알아보는 훈련을 한다.
- **행동적 이유**: 어떻게 행동하는 것이 주장적 행동인지 몰라서 주장적 행동을 하지 못한다.
- **정서적 이유**: 정시적으로 불안해서 주장적 행동을 하지 못한다.
- **인지적 이유**: 어떤 행동이 주장적인 것인지 모르거나, 생각이나 판단이 잘못되어 주장적 행동을 하지 못한다.

③ 주장적으로 행동하기
- 어떤 행동이 주장적 행동인지 몰라서 하지 못하는 경우 이를 극복하기 위한 훈련을 한다.
- 주장적인 방식으로 의견과 요구를 단호하게 말로 표현하는 것을 연습하고, 말의 내용에 적합한 눈맞춤, 태도를 사용할 수 있게 교육한다.

④ 불안 극복 작전
- 정서적 이유 때문에 주장행동을 하지 못하는 경우 이를 극복하기 위한 훈련을 한다.
- 단호하고 주장적인 의사소통을 방해하는 요인이 불안(정서적 이유) 때문인 경우, 반복적인 훈련을 통해 자녀와의 의사소통 시 발생하는 불안을 다룰 수 있게 돕는다.

⑤ 주장적으로 사고하기
- 인지적 이유 때문에 주장적 행동을 하지 못하는 경우 이를 극복하기 위한 훈련을 한다.
- 주장적 행동을 가로막는 대표적인 인지적 이유는 어떤 것이 주장적 행동인지를 모르는 것이다. 이 경우, 주장적 행동의 정의와 특성에 대해 설명해 줌으로써 부모가 주장적 행동을 실천하도록 도울 수 있다.
- 또한 주장적 사고에 대한 왜곡된 인식으로 인해 실천하지 못하는 경우에는 주장적 행동에 대한 인식을 수정해 주어야 한다.

IV 부모참여의 유형

UNIT 14 가정과의 협력

MEMO

#KEYWORD 앱스테인 – 부모참여 유형

1 부모참여 – 앱스테인(Epstein)

<table>
<tr><td rowspan="1">기본 관점</td><td colspan="2">• 부모-교사의 관계
– 교사는 부모가 유아의 삶에서 첫 번째로 중요한 사람이고, 유아에 대해 많은 것을 알고 있으며, 유아의 성장 및 발달에 결정적인 영향을 미치는 존재임을 인정하여 존중・신뢰해야 한다.
– 부모는 유아의 교육을 위한 전문가로 교사를 인정・신뢰하고, 유치원에서 추구하는 교육 철학・목적 또는 교육 내용・방법을 이해하며 공감할 수 있어야 한다.
• 부모-교사 협력의 중요성
– 공통사항
① 유아에 대한 구체적인 정보를 보다 많이 공유하게 된다.
② 일관성 있는 방식으로 유아를 교육하게 된다.
– 교사: 정보 공유를 통해 유아에게 가장 적합한 교육 프로그램을 계획・실행하게 된다.
– 부모: 자신감을 갖고 유치원의 부모교육과 자녀 양육에 참여한다.
• 부모참여
– 가정 같은 학교-학교 같은 가정
– 지역사회와 함께 하는 가정-가정과 같은 우호적인 학교와 지역사회
– 성공적인 동반자 관계 형성을 위한 부모참여 유형을 제안한다.</td></tr>
<tr><td rowspan="6">유형</td><td>지혜로운 부모 역할 지원</td><td>유아의 학습에 적합한 가정환경 제공에 관한 정보를 알려주고, 효율적인 부모 역할 기술을 획득할 수 있도록 부모를 지원한다.</td></tr>
<tr><td>의사소통하기</td><td>• 유아의 진전된 모습과 교육기관의 프로그램에 대해 가정과 교육기관이 원활한 소통을 한다.
– 유아교육기관의 프로그램과 유아의 발달 상황에 대하여 유아교육기관에서 가정으로, 그리고 가정에서 유아교육기관으로의 효과적인 의사소통을 가능하게 하는 방안이다.</td></tr>
<tr><td>자원봉사</td><td>유아와 유아교육기관의 지원을 위해 자원봉사를 조직하고 활동한다.</td></tr>
<tr><td>가정에서의 학습</td><td>유아와 그 가족이 가정에서도 다양한 학습 경험을 함께 하도록 돕는다.</td></tr>
<tr><td>의사결정</td><td>유아교육기관의 의사결정 과정에 부모의 참여를 격려하고 부모 지도자를 훈련한다.</td></tr>
<tr><td>지역사회와의 협력</td><td>지역사회의 자원과 서비스를 활용하여 가정, 유아 그리고 유아교육기관이 필요한 도움을 얻을 수 있도록 지원하는 것이다.</td></tr>
</table>

MEMO

② 부모참여 – 스티븐스와 킹(Stevens & King, 1976)

단계	내용
1단계 : 청중으로서의 역할	정보를 받아들이는 청중의 입장에서 최소한의 참여이다.
2단계 : 교사로서의 역할	공식적 교육환경 이외 또는 가정에서 지녀의 교사로서 참여한다.
3단계 : 자원봉사자로서의 역할	활동을 돕거나 조직하는 자원봉사자로서 참여한다(특별한 능력이 요구되지 않음).
4단계 : 훈련된 봉사자로서의 역할	훈련받은 요원으로서의 입장(정규적으로 훈련받은 준교사의 입장)으로 참여한다.
5단계 : 정책결정자로서의 참여	프로그램 방향 설정에 참여한다.

③ 부모참여 – 갓슨과 헤스(Godson & Hess, 1980)

역할	내용
정책참여자로서의 부모	유아교육의 모든 정책에 참여한다.
효과적인 교사로서의 부모	가르치는 교수기술·전략에 도움을 준다.
자원 활용으로서의 부모	• 교수·학습 상황을 보다 현장감 있게 하기 위해 필요한 자원인사가 되는 것이다. – 경찰, 소방관, 의사, 우체국 직원 등과 같은 역할을 말한다.
바람직한 부모로서의 역할	종합적 의미로써 부모로서의 소양과 기술을 갖추려고 한다.

참고

부모가 교육기관에 참여하면서 수행하는 역할

※ 버거(Berger, 2004)
① 자기 자녀의 교사로서의 부모
② 참관자로서의 부모
③ 일시적인 자원봉사자로서의 부모
④ 자원인사 자원봉사자로서의 부모
⑤ 고용된 자원인사로서의 부모
⑥ 정책결정자

MEMO

SESSION #5

UNIT 15 지역과의 협력

#KEYWORD 지역사회 인사 초청

1 기본 관점

개념	• 유아를 둘러싸고 있는 사회와의 교류, 참여, 경험을 의미한다. ➔ 공동체의 구성원으로 살아가는 데 필요한 지식과 태도, 기술과 가치를 형성한다. • 유치원을 둘러싸고 있는 지역의 여러 기관, 구성원과 유치원이 상호 간에 도움을 주고 받으며, 더 나은 교육의 질을 위해 노력하는 것이다.
교육적 의의	• 유아들에게 공동체 의식을 함양하게 한다. • 유아들이 보고 듣고 느끼는 실생활의 경험 속에서 더 많은 지식을 습득할 수 있다. • 유치원 운영에 도움을 준다. • 유치원에 대한 지역사회 구성원의 인식을 높인다.

2 지역사회 인사의 유치원 참여

자원봉사자	• 지역의 인적자원을 자원봉사자로 활용하는 계획을 수립한다. – 지역사회 주민들의 유아교육에의 자발적인 봉사기회를 제공하는 것이다. 예 대학의 유아교육과 학생회, 동아리, 교회, 고등학교, 시민단체, 개인 등 • 자원봉사자의 유형 – 텃밭 가꾸기 시 농사를 지어본 부모, 조부모 등 – 지역 관련 민요나 이야기 관련 활동 시 지역사회 어른 – 현장학습, 캠프, 운동회 때 지역사회의 유아교육과 학생 • 자원봉사가 효율적으로 이루어지기 위한 방안 – 자원봉사자를 존중하는 마음으로 대해야 한다. – 유치원으로부터 환영을 받고 필요한 존재라는 느낌을 갖도록 해야 한다. – 교사는 자원봉사자가 활동에 참여하기 전에 기관의 교육철학이나 목적, 교직원, 조직구조, 봉사자의 자격 및 태도, 봉사자의 역할 등에 대해 안내해 주도록 한다.
의사결정자	• 유치원과 지역사회가 긴밀한 협력관계를 유지하기 위해서는 상호 존중과 이해가 있어야 하며, 그들의 의견이나 요구를 수렴할 수 있는 창구가 마련되어야 한다. • **운영위원회 구성·운영**: 기관장, 교사, 부모, 지역사회의 인사를 포함하고 정기적인 회의를 개최한다. • 운영위원회의 역할 – 가정 및 지역사회와 기관 사이를 원활하게 하는 역할 – 기관의 정책을 세울 때 부모와 지역사회의 입장 반영 – 기관과 가정 및 지역사회가 서로 협력하도록 돕는 역할

MEMO

3 지역사회 활용

기본 관점	지역사회에 속한 다른 기관과의 친밀한 관계 및 교류를 통해 도움 받는 것뿐만 아니라, 유아가 지역사회의 환경을 이해하고 적응할 수 있는 경험을 제공하는 것을 의미한다.
방문	병원, 경찰서, 도서관, 초등학교, 대학, 주민센터, 예비군 중대본부, 공원 관리사무소, 소방서, 농장 등
연계 프로그램 운영	• 지역사회의 도서관 연계 – 책과 놀잇감의 주기적 대여, 정기적으로 방문하여 책 읽기, 초등학교 저학년과 지속적 연계프로그램 운영
지역사회의 지원	• 가정환경, 발달적 특성상 특별한 보호나 지원을 필요로 하는 유아 – 발달 지연, 이혼, 학대, 질병, 다문화 가정(한국어 프로그램 참여 안내) • 유아와 가족의 신체적 · 정신적 건강, 안정된 생활을 위한 도움 제공(전문기관과 네트워크 구성)

4 유치원의 지역사회 봉사

기본 관점	• 지역사회가 필요로 할 때 유치원의 활용을 위해 개방한다. 예 선거나 회의장소로 유치원 제공 • 지역민을 대상으로 하는 다양한 프로그램을 운영한다. 예 유아 양육에 대한 강좌, 노인이나 청소년을 위한 행사, 바자회, 중고 책 교환, 영화 상영을 위해 직접 주관 또는 장소 대여 • 유아들이 다양한 시설을 방문하여 봉사활동을 한다. 예 유아의 노인시설 방문 • 교직원이 지역사회의 여러 조직에 참여하여 활동한다. 예 전문가 모임, 회의, 연수 등

5 일반적인 지역사회와의 협력 유형(2007 지도서, 종일반)

지역사회 기관 견학하기	• 종일반 유아들은 긴 일과 시간을 이용하여 다양한 지역사회 기관을 견학할 수 있다. • 견학 기관 선정 시 생활주제와 관련하여 선정하되 유아의 관심, 교육적 가치, 지역사회의 형편 등을 고려하고, 사전에 기관 협조를 요청한다. • 견학 장소 선정 후 기관의 종류, 이동 거리와 학습 내용에 따라 참여 연령, 집단의 크기를 정한다. • 견학 이후 유치원으로 돌아와 정보를 공유한다.
학급의 문제 해결하기	• 종일반에서 생활하던 중 구매할 물건을 결정하거나 수리를 요청할 일이 발생할 경우 교사와 원장, 원감뿐만 아니라 유아들이 함께 참여과정을 경험한다. – 유치원 수도가 고장나서 수리해야 하는 경우 – 오후 마당놀이에 필요한 햇빛 가림막 설치 – 인터넷을 통해 물건을 검색하고 적절한 물건을 선택한 후에 직접 주문 · 설치하는 과정

전문가 모시기	• 교육과정 진행 중 직업에 대한 깊이 있는 지식이 필요할 경우 다양한 직업 세계를 경험할 기회를 마련해 준다. – 고추장 만드는 방법 ➡ 요리 경험이 많은 할머니 모시기 – 콩에 대해 조사 중 콩의 쓰임새 ➡ 두부 가게 사장님 모시기 – 동물 생활 주제 진행 ➡ 동물원이나 동물구호단체에 근무하는 직원 초청하기
지역사회 행사 참여하기	시방자치단체가 주관하는 축제나 전시회, 걷기대회, 인근 학교의 축제, 종교단체의 바자회에 학급 단위로 참여한다. **장점** 소속감을 느끼고 행사의 의미를 알아보며 다양한 사회적 지식을 습득할 수 있다.
지역사회에 기여하기	• 유아들이 주최한 벼룩시장의 수익금을 사회복지시설에 전달한다. • 수해 발생 시 옷가지 등을 모아 구호단체에 전달한다.
유치원 개방하기	• 지역사회 및 저소득층 유아들을 위하여 유치원 도서실을 개방하고 책 읽어주기 활동을 실시한다. • 지방자치단체의 행사 시 유치원 공간을 활용한다.

UNIT 16 생태학에 근거한 부모교육

#KEYWORD 브론펜브레너의 생태학적 체계이론에 근거한 유치원-가정 연계의 필요성

1 생태학적 접근

생태학적 이론관 (Bronfenbrenner, 1990)	• 가족의 사회문화적 환경은 영유아의 삶에 절대적으로 중요한 영향을 미치는 요인이다. – 주된 양육자와 지속적으로 상호작용을 함으로써 강하고 무조건적인 정서적 애착이 형성되며, 이렇게 형성된 애착은 유아의 전 생애에 걸친 발달과 복지에 긍정적인 영향을 미친다. – 영유아기에 가정에서 양육자와 이루어지는 비형식적인 경험이 형식적인 교육에서의 성공을 이끈다. – 가족을 둘러싸고 있는 인적 자원으로, 유아와 부모를 도와주는 성인인 '조부모, 친척, 친구 그리고 이웃'의 존재도 중요한 요인이다. 유아와 가족에게 도움을 주고, 가족들이 어려움을 극복할 수 있도록 격려하며, 사랑으로 지켜봐 줌으로써 가족에게 큰 힘이 된다. – 가정과 유아교육기관 사이의 개방적이고 효과적인 의사소통 및 상호 신뢰는 유아와 가족의 평안한 삶에 많은 영향을 미치는 환경적 요소이다. – 부모들의 직장에서의 스트레스나 직장 생활의 조건은 가정환경의 질에 영향을 미치고, 이러한 가정환경은 유아들의 인지적, 사회적 발달 등 전반적인 성장에 많은 영향을 가져오게 된다(Parcel & Menaghan, 1994). – 공공 정책의 입안 및 실현과 같은 사회 체계는 가정 내에서의 유아 양육에 영향을 미치고, 다시 유아의 발달에도 많은 영향을 주게 된다.

MEMO

SESSION 5

MEMO

부모와 교사와의 관계에 대한 관점 (Coleman, 1997)	• 부모와 교사가 자주 상호작용해야 한다. • 부모와 교사는 서로 존중해야 한다. • 가정, 교육기관과 지역사회에서 이루어지는 아이들의 학습에 부모와 교사는 공동의 책임을 가져야 한다. • 교사는 교실 밖에서 이루어지는 아이들의 학습에 대해서도 책임을 느껴야 한다. • 부모와 교사는 아이들에 대한 정보를 공유할 책임이 있다.

2 생태학적 입장의 '학교를 중심으로 하는 부모교육'(Epstein, 1995)

부모 역할수행	유아들의 가족을 돕는 것으로, 부모들에게 부모 역할수행에 필요한 기술을 익히도록 교육하는 것이다.
의사소통하기	유아의 진전된 모습과 교육기관의 프로그램에 대해 가정과 교육기관이 원활한 소통을 하는 것이다.
자원봉사	유아와 교육기관을 지원하기 위해 자원봉사를 조직하고 봉사하는 것이다.
가정에서의 학습	유아와 그 가족이 가정에서도 다양한 학습 경험을 함께 하도록 돕는 것이다.
의사결정	가족을 학교 교육에 대한 의사결정에 참여하도록 함으로써 그들의 리더십을 개발할 수 있도록 돕는 것이다.
지역사회와의 협력	교육기관이 지역에 산재한 자원을 연계하여, 유아와 그들의 가족, 교육기관이 필요한 도움을 얻을 수 있도록 지원하는 것이다.

참고

생태학적 체계 모형(Bronfenbrenner)

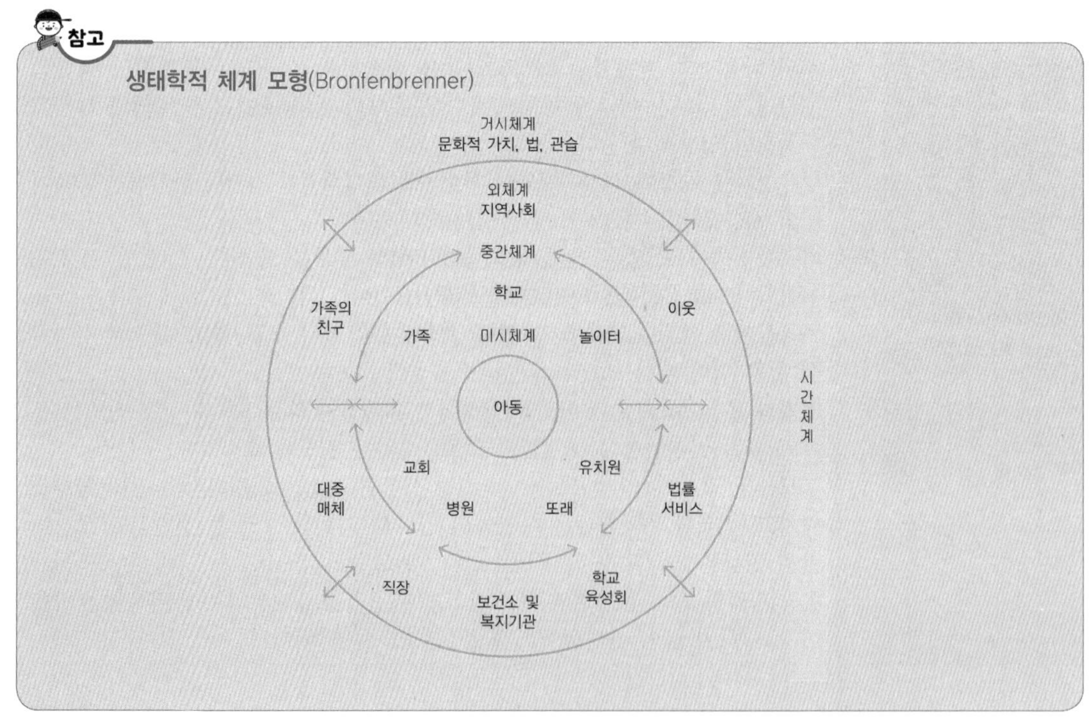

MEMO

UNIT 17 가족체계이론

1 이론관

기본 관점	• 가족을 하나의 체계로 이해하는 것으로, 가족 구성원 개개인의 모든 것이 가족 모두에게 영향을 미칠 수 있다는 이론이다. – 가족을 하나의 체계로 보고 가족 내의 관계와 의사소통 등 가족 간 상호작용을 설명한다. – 한 개인을 가장 효율적으로 변화시킬 수 있는 방법은 그들의 가족을 변화시키는 것이라고 본다.

2 특성

항상성	• 가족 전체는 항상 안정성을 가지려는 특성을 지니므로, 부부·부모·형제자매 등 하위 체계에서도 안정을 지속하려는 노력이 끊임없이 나타난다. – 만약 가족 구성원 중 어느 하나가 제 역할을 못하게 되면 긴장상태로 돌입해 좌절과 갈등을 겪게 된다.
경계성	• 가족체계는 경계가 있으며 경계를 중심으로 안과 밖이 구분되는 특성이 있다. – 안: 내가 속한 가족체계 / 밖: 다른 가족체계 – 구성원들 간의 개성 차이가 내가 속한 가족체계 내에서 가족 구성원 사이의 경계를 만든다. • 다름에 대한 이해와 노력이 요구된다. – 가족 구성원들 간의 개성과 습관을 서로 이해하려는 노력과 함께 우리 가족과 다른 가족 구성원 간 특성의 다름을 이해하려는 노력이 필요하다. – 이를 통해 가족 간에 의사소통이 잘 되면 사회에서의 인간관계도 원만해질 수 있다.
개방성과 폐쇄성	• 개방성(개방체계) – 가정 밖의 환경과 교류하는 특성으로, 경계의 투과성을 가지고 있어 정보나 에너지의 투입과 산출이 자유롭게 일어난다. – 개방적인 가족은 외부 세계와의 교류에 대해 수용적이다. • 폐쇄성 – 가족끼리만 뭉치는 특성으로, 다른 체계와의 상호작용이 거의 없어 고립되어 있다. – 폐쇄적인 가족은 외부 세계의 관여에 대해 지나치게 거부적이다.
규칙	• 가족체계 내의 규칙이 있다. – 건강한 가족체계일수록 모든 가족 구성원이 분명히 알고 있는 규칙이 있다. – 가족 구성원 간의 오해와 갈등을 예방하기 위해 정기적인 가족회의를 통해 규칙을 명시화하는 것이 필요하다.

MEMO

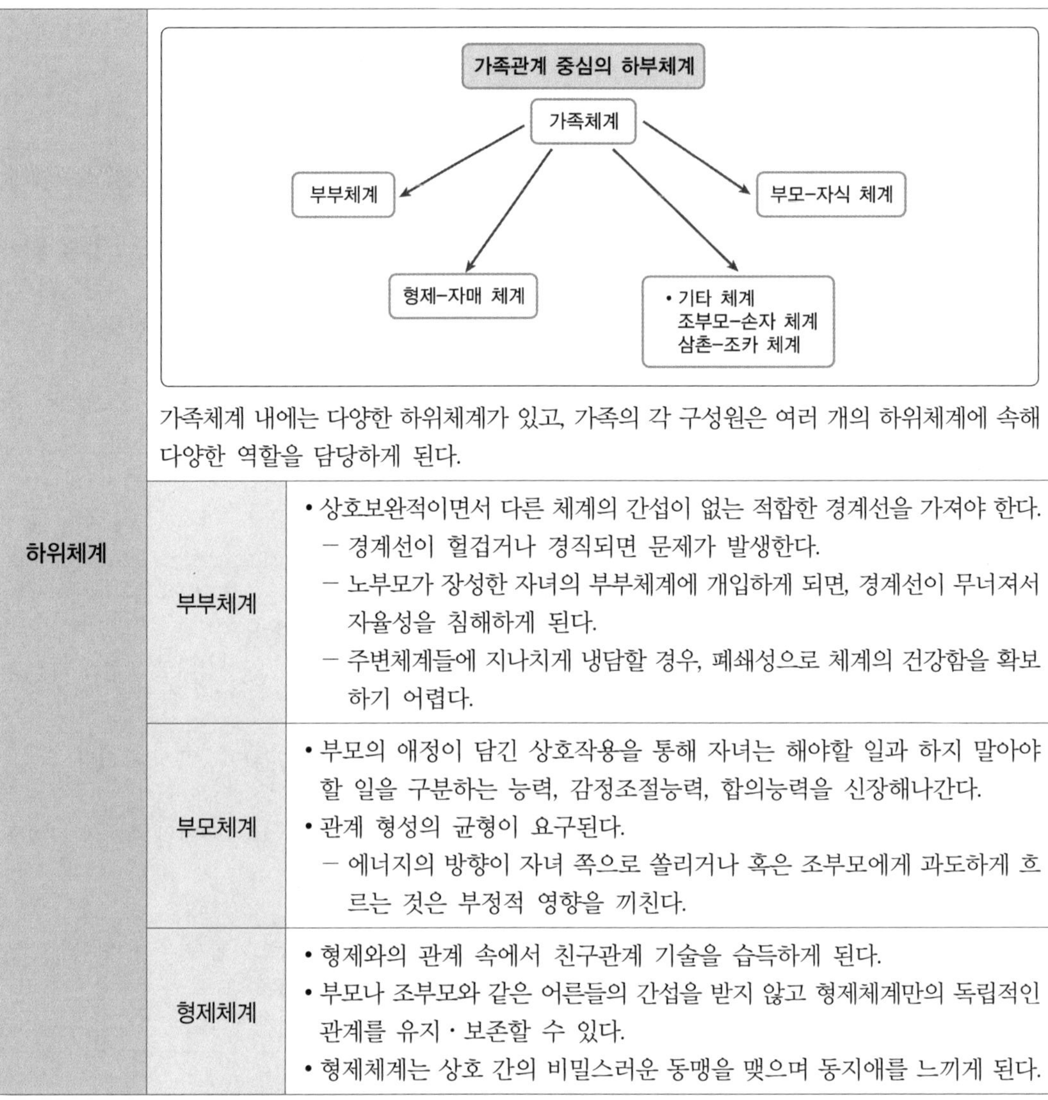

<table>
<tr><td rowspan="4">하위체계</td><td colspan="2">가족체계 내에는 다양한 하위체계가 있고, 가족의 각 구성원은 여러 개의 하위체계에 속해 다양한 역할을 담당하게 된다.</td></tr>
<tr><td>부부체계</td><td>• 상호보완적이면서 다른 체계의 간섭이 없는 적합한 경계선을 가져야 한다.
– 경계선이 헐겁거나 경직되면 문제가 발생한다.
– 노부모가 장성한 자녀의 부부체계에 개입하게 되면, 경계선이 무너져서 자율성을 침해하게 된다.
– 주변체계들에 지나치게 냉담할 경우, 폐쇄성으로 체계의 건강함을 확보하기 어렵다.</td></tr>
<tr><td>부모체계</td><td>• 부모의 애정이 담긴 상호작용을 통해 자녀는 해야할 일과 하지 말아야 할 일을 구분하는 능력, 감정조절능력, 합의능력을 신장해나간다.
• 관계 형성의 균형이 요구된다.
– 에너지의 방향이 자녀 쪽으로 쏠리거나 혹은 조부모에게 과도하게 흐르는 것은 부정적 영향을 끼친다.</td></tr>
<tr><td>형제체계</td><td>• 형제와의 관계 속에서 친구관계 기술을 습득하게 된다.
• 부모나 조부모와 같은 어른들의 간섭을 받지 않고 형제체계만의 독립적인 관계를 유지・보존할 수 있다.
• 형제체계는 상호 간의 비밀스러운 동맹을 맺으며 동지애를 느끼게 된다.</td></tr>
</table>

V 부모교육의 실제

MEMO

UNIT 18 부모-교사의 관계

1 전문가로서 유아의 부모를 지원하는 유아교사

(1) 부모를 지원하는 과정에서 고려할 사항(Couchenour & Chrisman, 1998)

신뢰 형성	• 유아교사는 항상 신뢰할 수 있는 대상이 되어야 한다. – 부모지원의 과정에서 필수적으로 요구되는 유아교사의 역할은 부모들에게 항상 신뢰를 줄 수 있는 존재로 남아있는 것이다. – 교사는 부모들이 말한 내용에 관하여 반드시 비밀을 지켜야 한다.
전문가로서의 역할 수행지침	• 유아와 부모에 관하여 염려하고 있다는 사실을 알리는 동시에 전문가로서의 한계(전문가로서의 역할수행 지침)를 명확히 해야 한다. – 유아교사로서 자신이 해야 할 일이 무엇이고, 어느 정도의 깊이까지 부모들과 상호작용해야 할지를 명확히 인식해야 한다. – 유아교육기관의 부모지원 과정에 관한 정책을 숙지하고 이에 근거하여 부모와 상호작용해야 한다. – 유아교육기관에 자녀를 보내고 있는 부모들 간에 분쟁이 발생했을 때 어느 한쪽 편만 드는 것을 삼가야 한다. – 부모와의 의사소통 과정에서 사용할 수 있는 다양한 기법을 익혀야 한다. – 교사로서의 책무를 넘는 문제에 관해서는 원장 등에게 권한을 위임한다.
기록 및 보관	유아교육기관에서 이루어진 다양한 부모지원 사례들에 관한 정확한 정보를 기록하여 보관한다. **장점** • 유아와 가족에 대한 정확한 정보는 교육기관에서 교육과정을 구성할 때 많은 도움이 된다. • 정확히 기록되고 잘 보관된 자료는 영유아교사들의 부모지원 과정에서 유용하게 활용할 수 있는 자료가 될 수 있다. **유의점** 정보를 보관할 때 영유아와 부모에 관한 비밀이 철저하게 지켜질 수 있어야 한다.

(2) 부모-교사 간 긴밀한 협력관계의 교육적 의의

① 유아에 대한 정보를 공유할 수 있다.
② 적합한 프로그램을 실행할 수 있다.
③ 일관성 있는 양육이 가능하다.
④ 효율적으로 유아의 전인적 발달을 도모할 수 있다.

MEMO

2 부모-교사의 동반자적 관계 - 게츠위치(Gestwicki, 2004)

① 게츠위치는 기관과 가정의 동반자적 관계가 가지고 오는 긍정적 효과가 영유아, 부모, 교사 모두에게 나타난다고 하였다.

② 영유아에게는 환경의 안정과 자아개념의 향상을, 교사와 부모들에게는 합리적 · 논리적 · 일관적인 반응을 확보할 수 있게 한다.

㉠ 부모에게는 기관으로부터 지원을 받았다는 느낌, 부모 역할에 대한 지식과 기술의 습득, 부모 자신의 자아개념 향상을 가져다준다.

㉡ 교사는 부모와 아이로부터 긍정적인 반응을 받을 수 있어 자신감이 향상될 수 있으며, 다양한 지원으로 인해 교육의 질적 수준을 높일 수 있다.

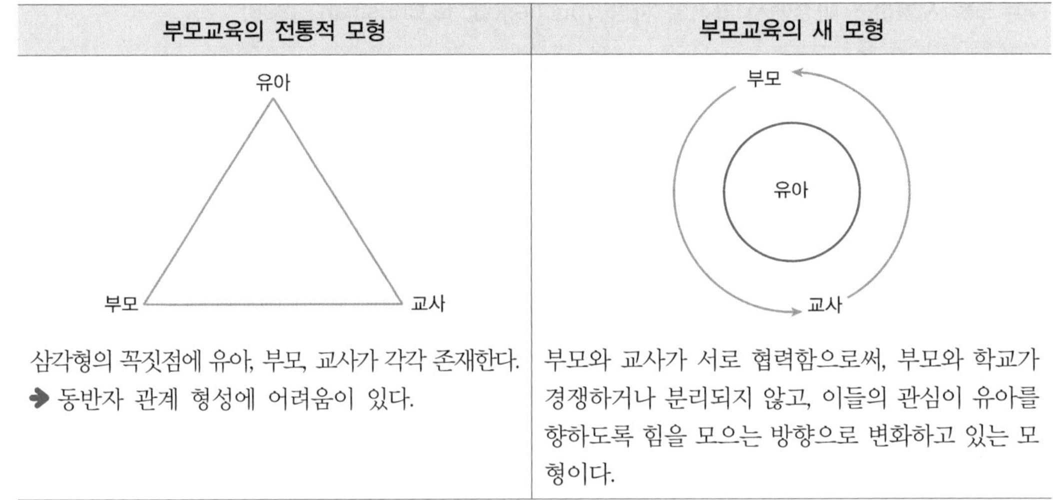

부모교육의 전통적 모형	부모교육의 새 모형
삼각형의 꼭짓점에 유아, 부모, 교사가 각각 존재한다. ➔ 동반자 관계 형성에 어려움이 있다.	부모와 교사가 서로 협력함으로써, 부모와 학교가 경쟁하거나 분리되지 않고, 이들의 관심이 유아를 향하도록 힘을 모으는 방향으로 변화하고 있는 모형이다.

3 부모-교사 간 갈등 유형

구분	내용
자녀에 대한 부적절한 이해와 기대	• 부모가 자녀의 수준에 비해 높은 기대를 갖는 경우 • 자녀에 대해서 부정적으로 생각하거나 관심이 없는 경우 예 준비물 빠트리기 • 자신의 자녀를 중심으로 학급이 운영되기를 원하는 경우 • 자신의 유아와 다른 유아를 비교하는 경우 • 유아의 성격, 친구 관계, 행동 등을 잘 이해하지 못하고 있는 경우
유아교육에 대한 이해 부족	• 가정에서 지도해야 할 것도 유치원에서 지도해주기를 바라는 경우 • 유치원 교육과정에 대한 이해 부족으로 공부는 안 시키고 놀이만 한다고 생각하는 경우 • 문제의 원인이 가정에 있는데 이를 인식하지 못하는 경우 • 유아를 데리러 올 때까지 돌봐줄 것을 요구하는 경우
유아 지도의 어려움에 대한 이해 부족	• 유치원에서 일어난 유아들 간의 싸움, 사고 등에 대해서 부모들을 이해시켜야 하는 경우 • 유아에 대해 잘 파악하지 못한 상태에서 부모를 상담해야 하는 경우 • 유치원에서 적응을 못하는 유아의 부모를 상담해야 하는 경우

MEMO

SESSION #5

교사에 대한 부모의 예의 부족	• 교사를 가르치려고 하는 부모를 상대해야 하는 경우 • 상담 시 부모가 예의 바르지 못한 태도를 보이는 경우 • 시간과 장소를 가리지 않고 상담을 요구하는 경우
교사에 대한 불만	• 교사의 관심 부족에 대해서 불만을 표현하는 경우 • 자녀의 말만 듣고 항의하는 부모를 이해시켜야 하는 경우 • 다른 교사와 담임교사를 비교하는 경우

④ 부모-교사 간 갈등 해결 방법

범주	설명	예시
부모에게 미리 전화하기	유아로부터 상황설명을 들으면 오해의 소지가 있으므로 유아가 집에 도착하기 전에 미리 교사가 부모에게 직접 연락한다.	"오늘 유치원에서 민영이가 친구와 놀이하다가 얼굴에 손톱 자국이 났습니다. 약을 발라주고 집으로 보냈는데, 민영이 얼굴을 보고 놀라실까봐 미리 전화를 드립니다."
부모에 감정 이입하기	부모에게 감정 이입을 하여 공감대를 형성한다.	"너무 속상하시지요? 저도 우리 반 아이들 얼굴에 상처나면 너무 속상해요."
부모의 불만 해소하기	교사로서의 책임을 인식하고 정중하게 사과한다.	"교사로서 아이들을 잘 돌보지 못해서 죄송합니다."
상황 설명하기	부모에게 객관적인 상황에 대해 설명한다.	"쌓기 영역에서 민영이가 친구에게 장난감을 달라고 했는데, 친구가 주지 않자 친구의 장난감을 빼앗았고, 화가 난 친구가 민영이의 얼굴을 할퀴었습니다."
부모 이해시키기	유아들의 일반적인 특성(자기중심적, 인내심이 없음)을 설명해주고, 모든 유아들이 그럴 가능성이 있음을 알려준다.	"저희 학급에서도 이런 일을 방지하기 위해서 규칙을 정해 놓았지만, 아이들은 다른 아이들을 기다려 주거나 이해하기 어렵습니다. 그래서 민영이뿐 아니라 다른 아이들도 가끔 그런 행동을 해요."
유아의 특성 설명하기	• 원에서의 교우 관계 및 행동 특성을 설명해준다. • 이때 아이의 좋은 특성을 먼저 설명하고 부정적인 특성(싸움의 원인이 된 특성)은 나중에 설명한다.	"민영이는 활발하고 친구와 잘 어울려 놀지만 성격이 급하고, 참고 기다리는 것을 어려워해서 말보다 행동이 먼저 앞서는 경우가 있습니다."
신뢰감 형성하기	• 앞으로 원에서의 문제해결방향을 제시한다. • 다시는 이런 일이 일어나지 않을 것이라는 식의 확답은 추후에 교사와 부모와의 관계에서 신뢰감을 떨어지게 할 수 있으므로 지양한다.	"유아들의 특성상 앞으로도 이런 일이 일어날 수 있기 때문에 유아들이 규칙을 더 잘 지킬 수 있도록 하겠습니다."

MEMO

UNIT 19 상담의 원리 및 이론

#KEYWORD 로저스, 상담이론, 상담태도, 공감적 이해

1 상담

개념	• 정의: '목적을 가진 대화'로 '내담자로 하여금 새로운 방향에서 발전적인 한 발자국을 내딛을 수 있도록 하며 자신을 이해하도록 도와주는 구조화되고 허용적인 관계'이다(Rogers). • 상담과 면담은 서로 비슷한 의미로 혼용해 사용되나, 면담은 서로 만나서 이야기함을 뜻하며, 상담은 문제를 해결하거나 궁금증을 풀기 위하여 서로 의논함을 말한다.

2 상담의 기본 원리

마음 읽기	• 부모가 궁금해 하는 것에 대해 눈으로 확인할 수 있게 하거나 알려주는 것이 바람직하다. • 상담에 임하는 부모의 정서와 입장에 대하여 이해할 필요가 있다. • 교사는 부모가 자녀의 문제를 어느 정도 인식하고 걱정을 하지만, 또 다른 한편으로는 인정하고 싶지 않은 이중적인 마음이 있음을 이해해야 한다. • 부모마다 성격이 다양하고 유아교육기관에 대한 기대도 다르기 때문에 각각의 특성을 파악하고 대처방안을 세워두는 것도 필요하다.
친밀감 형성하기	• 교사와 부모가 서로를 신뢰하고 편안한 감정으로 대화를 나눌 수 있는 분위기를 형성한다. • 유아교육기관에서 교사와 부모가 처음으로 만나 친밀감을 형성하기는 어려우므로 평소에 부모와 좋은 관계를 유지하는 것이 중요하다.
수용적 존중하기	언어적 방법이나 비언어적 방법으로 부모의 표현을 존중하며 반응해 줄 수 있다. 예 '예~', '그렇군요!', '그러실 수 있겠어요.', 미소와 눈짓 등의 제스처
적극적 경청하기	• 경청은 잘 듣는 것으로 이때 부모의 언어적인 메시지와 비언어적인 메시지가 대상에 모두 포함된다. – 부모 및 유아에 대한 정보 수집이 용이하게 될 뿐만 아니라 부모의 기대와 욕구, 문제 상황 등이 보다 명료해질 수 있다. • 부모와 유아의 정보를 받아들일 때는 교사의 사회문화적 배경, 교육 및 훈련이 편견으로 작용하거나, 교사의 건강 상태, 개인적 가치관 및 신념의 차이 등에 영향을 받지 않도록 주의해야 한다.
공감적 이해하기	• 공감은 서로 마음을 깊게 나누는 과정이며 친근함을 표현하는 좋은 방법이므로 상담의 순간마다 정서적으로 아이의 문제를 함께 걱정하는 동반자로서 부모와 함께 하고 있음을 보여주어야 한다. • 교사가 부모의 정서를 반영하여 공감한 내용을 부모에게 재전달할 경우에는 부모가 말한 내용의 핵심을 파악하여 짧고 정확하게 전달해야 한다. 이때 언어, 태도, 행동에 일관성을 갖도록 한다. 유의점 부모의 배경이 매우 다양하여 이야기가 중복되거나 의미를 이해하기 어려울 때가 있으므로 중간에 서로의 의미를 정리할 필요가 있다.

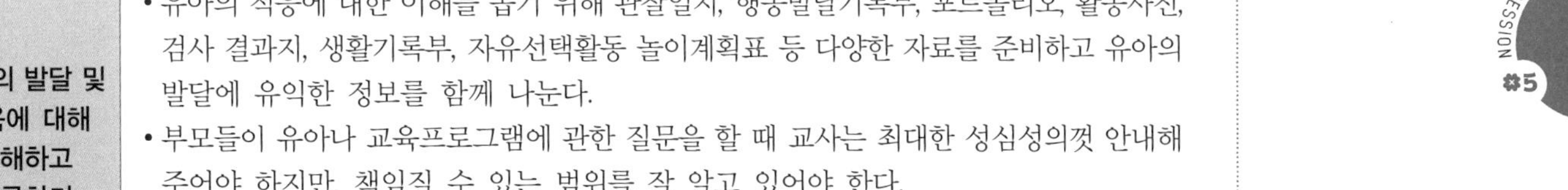

유아의 발달 및 교육에 대해 이해하고 교류하기	• 유아의 적응에 대한 이해를 돕기 위해 관찰일지, 행동발달기록부, 포트폴리오, 활동사진, 검사 결과지, 생활기록부, 자유선택활동 놀이계획표 등 다양한 자료를 준비하고 유아의 발달에 유익한 정보를 함께 나눈다. • 부모들이 유아나 교육프로그램에 관한 질문을 할 때 교사는 최대한 성심성의껏 안내해 주어야 하지만, 책임질 수 있는 범위를 잘 알고 있어야 한다. • 부모와 상담할 때 교사의 역할은 유아가 원만한 대인관계를 갖도록 돕는 것이며, 배려, 존중, 절충, 그리고 타협하려는 의지와 같은 태도의 모범을 보이는 것이 바람직하다.
효과적인 질문 사용하기	• 가능한 한 개방적 질문을 사용해 부모가 포괄적인 의견, 사고, 감정 및 관점을 이야기할 수 있도록 돕는다. • 직접적 질문의 방식보다 간접적으로 질문하는 것이 상대방에게 더 편안함을 줄 수 있다. 예 대화 도중 자연스럽게 "○○ 어머니는 이것을 좋아하세요?"라고 직접적으로 물어볼 수는 있으나 상황에 따라 "어머님들이 이것을 좋아하시는 것 같아요."라고 할 수도 있고, 그에 따라 "나도 좋아해요."라는 반응이 돌아올 수 있다. • 두 가지를 동시에 질문하지 않고 한 번에 한 가지의 질문만 하도록 한다. • '왜?'라는 질문은 질책을 당하는 느낌을 줄 수 있으므로 되도록 피하는 것이 좋다. • 부모의 질문에 대해 단정적이고 결정적인 답변을 피하는 것이 좋다. • 교육 전문용어는 필요할 때 사용할 수는 있으나 되도록 자주 사용하지는 않도록 한다.
교사 및 부모의 협력적 관계 형성하기	• 교사는 유아에게 어떤 문제가 발생했을 경우, 부모와의 적극적인 협력을 통해 유아에 대한 최적의 도움을 제공할 수 있다는 것을 명심해야 한다. • 나름대로 최선을 다하는 부모의 노력과 애씀을 인정해 주고, 유아의 발달과 교육을 위해 부모의 협조가 반드시 필요하며 중요한 역할을 할 수 있다는 것을 알려줄 필요가 있다. • 교사는 부모에게 필요한 정보를 제공하고 유아에게 도움이 될 수 있는 방법을 알려주어야 하며, 문제해결을 위해 부모의 도움이 필요할 때에는 교사가 요청할 것이고 부모가 도움을 원할 때에는 반드시 도움을 제공할 것임을 인식하도록 하는 것이 중요하다.

MEMO

3 상담 이론

정신분석 상담 (Freud)	• 상담의 정신분석학 접근은 프로이드의 초기 원칙을 바탕으로 한다. • 모든 정신 현상은 이전에 일어났던 현상의 결과로 일어나며, 반드시 원인이 있다는 심적 결정론을 따른다. • **정신분석 상담의 목표**: 내담자의 무의식적인 갈등을 의식화하여 문제 행동에 대한 각성과 통찰을 통해 내적 갈등을 해결하는 것이다. • **중요 상담기술**: 자유현상, 해석, 꿈의 분석, 전이분석 및 저항 등
개인심리 상담 (Adler)	• 개인은 통합된 목적을 가지고 있는 사회적이고 창조적이며 자율적으로 의사결정을 하는 존재라는 점을 기본 원리로 한다. • **개인심리 상담의 목표**: 개인이 자신의 삶에 대해 가지고 있는 그릇된 신념을 인식하고 변화시켜 사회적 관심을 향상시키고, 그 결과 사회적 세계에 참여할 수 있도록 돕는 것이다. • 교육과정의 목표(Mosak, 1989) ① 사회적 관심을 향상시킨다. ② 열등감을 감소시킨다. ③ 내담자가 가진 견해나 목표를 변화시킨다. ④ 내담자의 그릇된 동기를 수정한다. ⑤ 내담자가 타인과 동등하다고 느끼도록 한다. ⑥ 한 사회의 구성원으로서 기여하도록 돕는다. • 개인심리 상담에서는 상담자가 특정한 상담 · 치료 절차에 얽매이지 않고 자유롭게 내담자를 상담하게 되는데, 상담자는 내담자에게 가장 적합한 상담기법이 될 것을 선택하여 적용할 수 있다. • 초등학교 교육, 교사들에 대한 자문, 부모교육, 부부상담, 가족상담 등의 영역에서 활발히 이루어진다.
내담자 중심 상담 (Rogers)	• 내담자 중심 상담은 자아이론(self-theory), 비지시적(nondirective) 상담, 로저스적(Rogerian) 상담 혹은 인간 중심 상담(person centered counseling)이라고도 한다. • 내담중심 상담의 공헌점 ① 상담자와 내담자의 관계를 강조한다. ② 내담자가 상담의 관계에서 보다 능동적인 존재라고 인식한다. ③ 수용, 무조건적인 긍정적 관계, 감정이입적(공감적) 이해, 상담가의 솔직성 등은 관계를 촉진하는 필수적인 조건이다. ④ 상담에 대한 평가를 시도한다.
상호교류분석 상담 (Berne)	• 교류분석 또는 의사거래분석으로 알려진 이 상담방법은 프로이드(Freud)의 영향과 폴 페던(Paul Federn)의 자아심리학 등에 영향을 받았다. • 인간의 모든 것은 어릴 때 결정되나 변화될 수 있다는 입장을 취한다. • 자율성의 성취는 상호교류분석 상담의 궁극적인 목적이며, 이를 갖기 위해서는 각성, 자발성, 친밀성이 중요하다. • 상담자는 내담자에게 효과적인 의사소통방법을 가르침으로써 타인과 올바르게 교류할 수 있도록 도와주며, 의사소통의 효율은 높이고 타인과의 갈등은 감소시키려고 한다.

UNIT 20 상담의 자세와 태도

시작	• 상담을 시작하기 전 교사는 부모와 유아에 대한 자신의 감정을 생각해 보아야 한다. – 부모와 유아에 대해 쌓인 자신의 감정이나 선입견, 편견을 정리하고 시작하는 태도가 필요하기 때문이다. • 상담을 시작하기 전에 날씨에 관한 내용이나 당일 유아의 기분 상태 등에 관한 이야기를 먼저 꺼냄으로써, 긴장감 또는 서먹한 분위기를 완화하여 부모가 마음을 열고 편안하게 상담할 수 있도록 한다. • 상담 일정 계획표에 따라 유아와 관련된 사전 준비파일 내용을 참고자료로 삼아 상담을 실시한다. – 사전 준비파일: 관찰일지, 행동발달기록부, 포트폴리오, 활동사진, 검사결과지, 생활기록부, 자유선택활동 놀이 계획표, 유아의 발달상황이나 부모의 양육 행동 설문지 등 • 부모는 교사의 전문성과 역량을 확인하고 싶은 마음이 있으므로 필요에 따라 근거자료를 제시하며 언급하는 것도 필요하다. 예 국가나 기관의 교육정책, 누리과정 내용, 평가지침 등
전개	• 유아의 문제에 대하여 이야기를 꺼내기 전에 바람직한 행동이나 좋은 점에 대해 먼저 말한다. • 부모와 유아의 문제 행동에 대한 질문이나 궁금한 점에 대하여 이야기 나눌 때, 언제, 어디서 주로 그러한 행동을 보이는지에 대해 자세히 물어봄으로써 보다 종합적으로 접근할 수 있다. • 교사가 '공격적', '산만'과 같은 부정적인 용어로 유아를 고정화시킨다면 부모는 마음의 큰 상처를 받게 되며 유아의 상황을 극단적으로 판단하여 문제시하게 되므로, 그것에 대치될 수 있는 긍정적인 표현을 찾아 부모와 함께 문제를 해결할 수 있는 방안을 모색할 수 있도록 한다. 예 '갑자기 예민하게 반응할 때가 있어요.', '좀 한눈을 팔 때가 있어요.' 등 • 부모가 면담 도중 면담 내용과 관계가 적은 의견을 말할 경우 부모의 의견에 공감한다는 말과 함께, 주제에서 벗어나고 있음을 알고 파악하고자 하는 바를 다시 강조하되, 부모의 마음이 상하지 않도록 주의하며 유연하게 방향을 바꾸도록 한다. • 교사는 권위적인 분위기를 느끼게 할 수 있는 태도를 삼가도록 유의한다. 예 다리를 꼬거나 턱을 괴거나 팔짱을 끼는 등의 자세 • '왜?'라는 질문은 질책을 당하는 느낌을 주므로 주의할 필요가 있으며, '왜?'라고 묻기보다는 '어떻게?'로 바꾸어 질문한다. • 부모를 정면으로 대하고 부모와 눈을 마주치면서 부모의 의견에 공감한다는 의미로 종종 고개를 끄덕이거나 미소를 짓는 등 부드럽게 대화를 진행한다. • 대화를 주고받을 때는 밝고 명랑한 표정을 지으며 부모가 생각을 정리할 수 있도록 말의 속도를 적절히 조절하도록 하고, 아래와 같이 비판・평가하거나 바람직하지 않은 말투는 되도록 피한다. – 부모보다 앞서 유아의 행동을 예견하는 듯한 메시지 예 ○○이가 원래 그래요? 저는 그럴 줄 알았어요. – 유아의 문제 행동 상황을 단언하는 메시지 예 ○○이는 △△가 분명합니다. 매번 그렇게 행동했어요. – 부모의 의견을 존중하기보다 자신의 의견을 전달하는 메시지 예 제 생각은 어머니와 다릅니다.

MEMO

	• 유아에 대한 중요한 결정은 부모의 몫임을 명심하며, 부모 대신 앞선 결정을 내리지 않도록 한다.
마무리	• 서두른다는 인상을 주지 않도록 하고, 적당한 시간(약 30분 정도) 후에 면담을 종료한다. • 부모가 이야기했던 생각과 기대를 간결하게 정리해 준다. • 상담이 끝나면 면담내용을 정리하여 기록하고 보관한다. 유의점 나중에 정리하는 것은 기억이 잘 나지 않고 분량이 많아지면 기록하기 쉽지 않으므로 바로 정리하는 습관을 갖도록 한다.
평가 및 피드백	• 상담이 끝난 즉시, 교사는 상담일지를 작성한 뒤 개인별 상담내용의 과정과 방향성을 분석하여 다음 면담에 활용한다. 예 문제 행동에 대한 후속 상담에서는 그 문제 행동이 어떻게 긍정적으로 변화하였는지를 관찰하여 변화 결과를 알려 준다. • 메모 또는 사진으로 기록해 두는 습관을 갖도록 한다. • 상담은 정해진 날짜나 시간에만 이루어지는 것이 아니라 필요에 따라 수시로 이루어질 수 있으며, 전화 또는 메일, 통신문, 홈페이지 등을 활용할 수도 있다.

UNIT 21 부모교육의 계획

1 부모의 다양한 역할과 다양한 부모교육의 실제

모든 부모가 자기 자녀의 보호자와 양육자의 역할뿐만 아니라 계속 성장해야 할 평생교육의 학습자, 양육공동체의 동반자로서의 역할에 이르기까지 그 역할들을 충실히 해낼 수 있도록 영유아교육기관은 다양한 부모교육의 실제를 통해 도와야 한다.

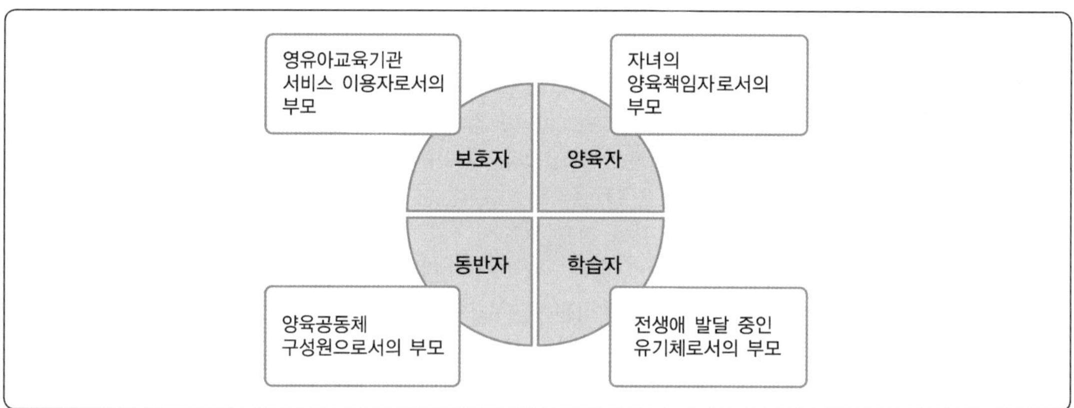

부모의 다양한 역할과 정의

MEMO

SESSION #5

보호자 역할	• 영유아교육기관의 서비스 이용자로서의 부모는 자신이 수행할 '보호자' 역할을 안내받아야 한다. – 유치원과 어린이집에 다니는 자녀의 생활을 지원할 때 책무가 무엇인지 알아야 한다. 예 입학(입소)을 앞둔 신입 원아 보호자 오리엔테이션, 가정통신문, 알림장 등을 통해서 다양한 수준으로 안내하여 부모의 책무를 알게 한다.
양육자 역할	• 양육책임자로서의 부보는 '양육자' 역할을 잘 수행하도록 지원받아야 한다. – 자녀의 성장과 발달을 도우려면 부모들이 이런 역할에 대해 알아야 한다. 예 부모 교육·상담, 전문가의 강연이 양육자 역할을 지원하는 예라고 할 수 있다.
학습자 역할	• 부모 자신도 평생 '학습자'로서 양질의 교육을 받아야 함을 알게 한다. – 부모교육을 통하여 부모 자신의 인성을 향상시킬 수 있고 양육의 질적 수준도 높아질 수 있기 때문이다. • 부모의 인성이 바뀌면 그 효과가 가정에서 시작될 것이고, 유치원과 어린이집, 지역사회, 국가로까지 이어지게 된다.
동반자 역할	• 모든 부모들은 양육공동체의 일원으로서 다음 세대를 위해 협력해야 한다. – 자녀가 속한 영유아교육기관의 운영뿐만 아니라 지역사회, 지방자치단체, 국가와 국제사회의 아동관련 정책 등 세계 시민으로서 다음 세대를 위한 의사결정에 참여해야 한다. 예 동반자로서의 권리와 의무는 학부모위원으로 운영위원회에 참여하기, 시군구 지방자치단체의 정책위원회에 참여하기, 교육감 선거에 참여할 권리 등이 해당된다.

2 부모교육의 계획

유아교육기관에서 부모교육을 계획할 때 고려해야 할 일반적인 원칙

부모들의 욕구 반영	• 부모들의 욕구를 최대한 반영한다. – 부모들의 욕구가 반영되면 부모들은 수동적 태도를 능동적 태도로 바꾼다. 프로그램을 진행하는 교사와 부모들이 동등한 관계로 협력하며 일하게 된다.
통합적 운영	• 영유아교육기관의 교육계획과 통합적으로 운영되어야 한다. – 영유아의 성장·발달을 지원하기 위해서는 기관 교육과 가정 간에 일관성을 가져야 하므로 연간 계획안 작성 시 부모참여 프로그램의 목표, 주제, 방법 등이 영유아교육기관의 교육과 일관성이 있어야 한다. – 기관의 연간 교육계획을 포함한 계절, 행사, 기관 구성원의 요구를 기초로 구체적으로 계획해야 한다.
다양성과 일관성	• 프로그램은 다양성과 일관성있게 계획하여 실행한다. – 부모교육의 형태와 유형은 다양하나 서로 유기적이며 일관성이 있도록 구성한다. 따라서 부모교육을 하는 목적을 분명히 하고 그에 맞는 구체적인 내용과 실천방안을 규모있게 실시한다.
맥락 고려	• 부모의 사회·문화·경제·교육적 맥락을 고려한다. – 영유아교육기관이 위치한 지역의 사회적 상황, 문화적 특성, 경제적 수준, 가족의 생활 맥락에 따라 프로그램의 내용수준, 부모교육 형태와 실시 방법 등을 조정한다. 예 결혼이주자 가정과 같이 다문화 가족이 많은 기관에서는 심층 면담을 통해 그들의 요구에 근거한 부모교육 프로그램으로 자녀양육을 지원할 수 있다.

MEMO

부모 개인의 요구	• 부모 개인의 요구를 반영한다. – 학급 전체를 대상으로 일관적인 프로그램을 실시하기보다는 부모 개개인이 의미를 발견할 수 있는 형태로 계획한다. 예 맞벌이 부부를 위해 행사를 토요일 오후에 갖는다든지, 졸업식을 퇴근 후 저녁시간에 하도록 하는 것이다.
부모의 참여 수준	• 부모의 참여 수준을 다양하게 계획한다. – 부모참여 효과에 대한 기대 때문에 기관에서는 무리한 계획을 밀고 나가는 경우가 있는데, 그러면 부모들은 강제 동원을 받는다는 기분이 들어 참여 자체에 부담을 가질 수도 있다. – 모든 부모들이 일률적으로 참여할 수 없으므로 형식적, 비형식적 부모교육의 기회를 다양하게 제공하는 것이 바람직하다. – 어떤 형태로든 모든 부모들이 기관에 소속감을 느끼고 필요한 정보를 충분히 제공받을 뿐만 아니라 의사결정 과정에 참여하게 해야 한다.
적극적인 참여	• 적극적인 참여가 가능한 계획을 수립한다. – 과거 부모들이 제공되는 정보를 수동적으로 받아들였다면, 현대의 부모들은 주도적으로 정보를 찾고 제공받기를 원한다. – 일방적으로 참여를 종용받는 행사가 되지 않도록 하며 주도적으로 선택할 수 있는 프로그램을 운영한다.

참고

부모교육 계획 시 주의사항

부모교육의 주제 선정	• 부모교육의 주제 및 유형 등을 선정할 때는 너무 중복되지 않은 주제를 선정한다. • 연령 및 재원기간 등을 고려한다. • 최근 학부모들이 필요로 하는 것이 무엇인지를 파악하여 그 요구를 반영한다. • 영유아교육기관이 속한 지역사회의 특수성을 반영하는 주제를 선정한다. ➔ 위의 내용들을 고려하는 이유는 부모교육에 대한 동기가 저하되거나 참여가 줄어드는 일이 없도록 하기 위함이다.
부모교육의 유형	특정 유형의 부모교육이 익숙하거나 계획 및 실행이 쉽더라도 가급적 다양한 유형의 부모교육이 고루 실시될 수 있도록 계획 시 의식적으로 여러 유형의 부모교육을 배치한다.
전문가, 교사, 부모 주도의 교육	부모교육을 주도하는 사람 역시 외부 전문가를 강연자로 초청하는 경우나 교사가 주도하는 형태, 부모참여도가 높은 유형 등을 골고루 계획한다.
부모교육 참여도 제고	• 부모교육의 참여도를 높일 수 있도록 계획한다. – 사전 조사를 통해 최대한 많은 부모가 참여할 수 있는 시기로 부모교육 시간을 정해야 한다. – 맞벌이 부모의 일정을 고려하고, 아버지의 부모교육 참여도를 높이기 위해 일과시간 이후나 주말에 부모교육을 실시하는 것이 좋다. – 자녀를 돌볼 수 있는 공간과 프로그램을 함께 계획하여, 부모가 자녀를 맡기고 부모교육에 참여할 수 있는 환경적 조건을 구비해야 한다.
다양성 고려	• 다양한 가정 형태와 양육 환경을 고려한다. – 특수한 요구를 가진 아동 및 다양한 형태의 가족에게 부모교육이 더 필요함을 고려하여 그들을 위한 부모교육을 개발하고 실행하는 것이 필요하다. – 전체 부모를 대상으로 하는 부모교육을 실행하는 데 있어서도 특수한 상황의 구성원들이 소외감을 느끼지 않도록 이들을 배려하여 실행해야 한다. – 조부모를 대상으로 양육 및 교육에 필요한 지식과 기술을 가르치거나 서로의 정보와 의견을 공유하는 장을 마련하는 등 조부모의 부모교육 참여를 확대할 수 있는 방안이 시행되어야 한다.

MEMO

SESSION 5

UNIT 22 부모교육의 방법

#KEYWORD 부모참여, 요구 반영, 전화, 봉사, 가정통신문

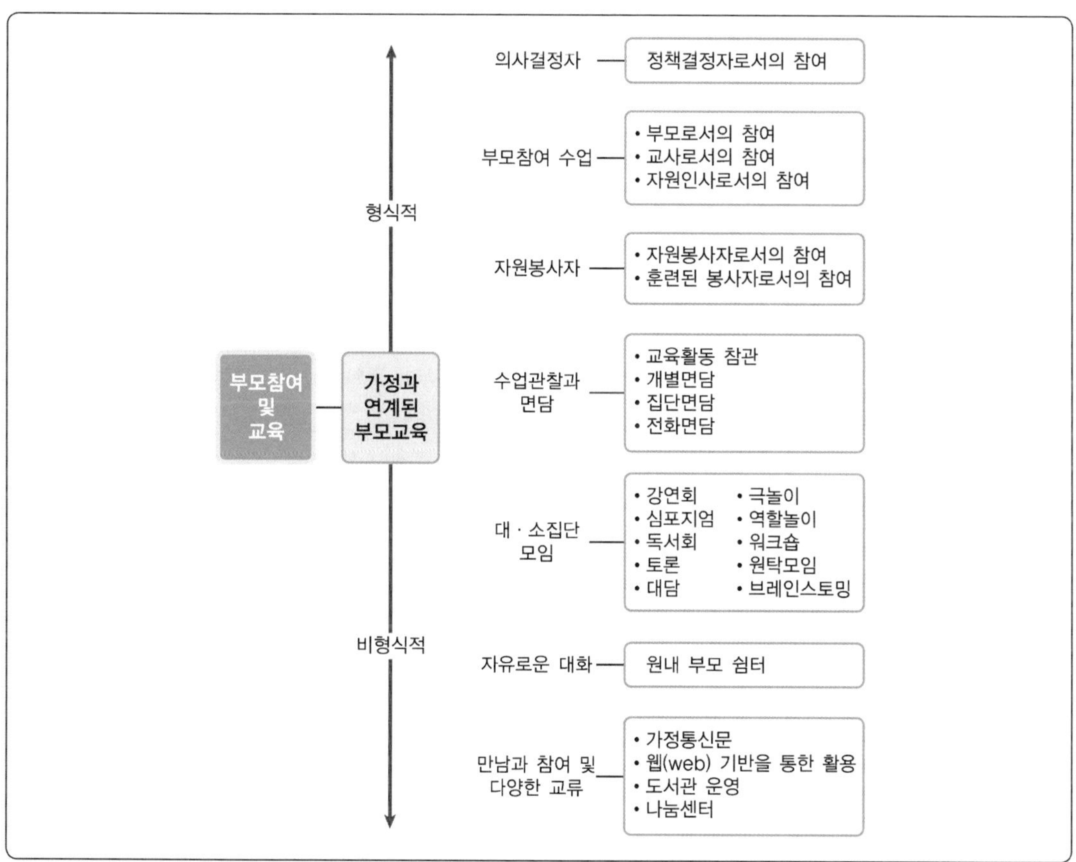

부모교육의 다양한 형태

부모교육을 그 내용과 수준에 따라 다음의 세 가지로 구분하여 다루기도 한다.

- 부모와의 교류
  - 영유아교육의 효율성을 높이려면 가정과의 긴밀한 협력이 필요하므로 부모와 교사가 만날 수 있는 형식적인 기회와 통로를 다양하게 마련하여야 한다.
  - 가정과의 의사소통과 협력을 통해서 기관은 부모와의 일관된 교육적 신념을 가지고 아이의 성장을 도울 수 있다. 따라서 기관에서는 다양한 경로의 의사소통을 통해서 부모 역할을 잘 수행하도록 도와야 한다.
  - 기관과 가정과의 활발한 교류는 아이를 둘러싸고 있는 미시체계인 가정 · 기관 · 지역사회의 기능을 강화할 뿐만 아니라, 중간체계로서 가정과 기관, 기관과 지역사회, 가정과 지역사회를 연계할 수 있는 다양한 기회를 가지므로 아이를 위해 가치충돌 없이 협력할 수 있다.
  - 등 · 하원 지도, 알림장, 가정통신문, 홈페이지 등과 같이 부모와의 소통은 아이에 대한 정보를 주고받아 가정과 기관에서의 자녀가 보다 안정적이며 즐거운 생활을 하도록 도울 수 있다.

MEMO

- 부모의 참여
  - 신입 원아 오리엔테이션, 입학식, 수업참관, 자원봉사, 가족행사, 운영위원회 등과 같이 부모가 영유아교육의 주체로서 다양한 활동에 참여하여 영유아교육기관의 교육목적과 목표 등의 실현에 동반자로서의 역할을 수행하기 위함이다.
  - 비슷한 발달 과업을 겪고 있는 아이들을 가진 부모들의 고민과 어려움은 거의 유사하다. 비슷한 요구를 가진 부모들이 모여 자녀양육에 대한 전문가의 강연회, 토론회 등을 하거나 워크숍, 독서회 등의 모임을 갖는다.
- 부모 상담
  - 아이의 요구를 깊이 이해하기 위한 부모와 교사의 상담은 가정에서의 부모 역할과 기관에서의 교사 역할에 긍정적인 영향을 준다.
  - 정기적, 비정기적으로 이루어지는 1:1 개별상담과 반별 집단면담, 전화상담 등은 대부분의 영유아 교육기관에서 실시되고 있다.
  - 뿐만 아니라 교육 수요자로서 서비스의 개선과 관련된 부모들의 의견에 대한 상담을 포함한다.

1 만남과 참여의 다양한 교류

등·하원 시 인계	등·하원 시간에는 교사와 부모가 아이를 인계하면서 아이의 건강, 기분, 활동 경험과 같은 특이사항 등에 대해 소통을 나누게 된다. **유의점** ① 등원 시 교사는 인사를 잘 나눠야 한다. ② 등원 시에는 보호자에게 아이의 건강상태, 기분, 일과 중의 경험과 특이사항에 대해 직접 대면하여 묻거나 부모가 작성한 알림장으로 반드시 확인하여야 한다. – 아픈 아이에 대해서는 투약 혹은 사전에 알아야 할 사안에 대해 메모하고 기억하며 다른 교직원과 공유한다. ③ 하원 시에는 아이의 건강상태, 기분, 일과 중의 경험 및 특이사항에 대해 부모에게 알린다. – 투약 의뢰된 사항에 대해 보고하며, 하원 시 귀가동의서에 기록된 보호자에게만 아이를 인계해야 한다. 만일 하원 시 인계받을 보호자가 아이를 책임질 수 없는 상태(심신미약, 만취, 미성년자)일 경우는 부모에게 확인을 한다. ④ 통학 차량으로 하원할 시 보호자가 정해진 장소에 없을 경우에는 아이를 혼자 귀가시킬 수 없으므로 다시 기관으로 데리고 와 보호자가 올 때까지 보호한다. ⑤ 등·하원 시 아이에 대한 부모와의 소통은 간단명료하게 나누는 것이 바람직하다. 이야기가 길어지면 다른 아이의 안전을 감독하기 어려워지므로 중요 용건을 간단히 언급하며, 시간을 요하는 사안은 알림장이나 전화상담 등 다른 경로로 소통하는 것이 좋다. ⑥ 아이의 겉옷, 신발, 가방, 물품 등의 개인 용품 관리 및 손씻기를 안내하며, 아이의 기본생활습관(예절, 청결, 질서, 절제) 형성을 돕는다. ⑦ 통학차량으로 등·하원하는 아이의 경우, 차량안전지도를 맡은 교사가 부모를 만나게 되어 도보로 통학하는 아이의 부모에 비해 담임교사와의 소통 기회가 적으므로, 정기적으로 알림장이나 전화상담을 하여 교류가 부족해지지 않도록 유념한다.

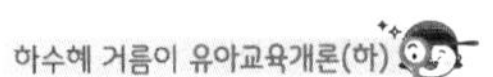

자유로운 대화 (학부모 쉼터)	• 유아의 등·하원 시 또는 유아교육기관이나 보육시설의 행사에 부모들이 참여할 때, 부모 간, 부모와 교사 간의 편안한 대화가 이루어질 수 있도록 학부모 쉼터를 제공하는 것이다. 예 자녀들의 작품을 감상할 수 있는 공간, 담소를 나눌 수 있는 공간, 인터넷 정보를 검색할 수 있는 공간, 부모들이 언제든지 요구사항이나 의견을 알릴 수 있는 소리함과 같은 시설이 있다. **장점** • 부모들은 심리적으로 편안한 환경에서 독서, 작품 감상을 하거나 대화를 나눔으로써 유아교육기관이나 보육시설에 대한 이해를 높일 수 있다. • 부모들 사이의 친목을 도모할 수 있다. • 자녀양육이나 교육활동에 관련된 정보를 공유할 수 있다.
알림장 (원아수첩 등)	• 기관에서의 알림장은 양육과 보육에 필요한 정보를 주고받는 문서로서, 가정과 기관에서의 생활경험에 대한 소통과 교류의 메신저 역할을 한다. – 교사와 부모 모두가 유아의 일상 상태를 이해하고 지도하는 데 효과적인 수단이다. – 특히 어린 유아의 경우 자기표현이나 의사전달 능력이 미숙하므로, 기관에서 유아가 어떻게 지냈는지 부모에게 알려주어 가정에서 일관성 있는 교육과 돌봄을 받을 수 있도록 한다. • 알림장에는 작성일자와 시간, 작성자(교사 이름, 반 이름), 아이 이름 등의 형식적 정보를 기록하는 부분이 있고, 아이의 건강(배변, 발열, 투약관련 사항 등), 영양(간식·식사 등의 메뉴, 양, 시간)에 관련된 내용을 기록하는 정량적 숫자를 기입하는 부분이 있다. 유아의 기관 내 놀이, 활동, 일상과 관련된 생활 경험이 서술되어 있으며, 가정에 보내는 공식적인 안내사항 등을 기록할 수 있도록 되어있다. • 직접 수기로 하거나 컴퓨터로 작성하여 하원 시 전달하는 방식에서 요즘에는 디지털 기기와 모바일 플랫폼(앱 기반 알림장)을 이용한 알림장으로 변화하고 있으며, 사진 업로드를 통해 부모가 수시로 유아의 기관생활에 대해 확인하는 것이 가능하다. – 이러한 경우 교사는 교육활동 이외의 시간에 글을 올리거나 답변하게 된다는 점을 부모에게 미리 전달하는 것이 필요하다. • 교사는 각 아동에 대한 내용 작성 시, 부모의 입장에서 자녀에 대한 개별적인 관찰 내용이 기술되어 있다고 느낄 수 있도록 작성하는 것이 좋다. • 가정에서는 전날 하원 시부터 등원할 때까지 아이가 보인 특별한 반응 또는 교사에게 부탁하고 싶은 점을 간단히 기록하여 보내도록 안내한다. – 특히 급·간식 메뉴에 알레르기 유발 물질이 함유되어 있어 대체식품이 필요한 경우나 질병으로 인한 투약 의뢰사항이 있는 경우 꼼꼼히 기록하도록 요청한다. – 또한 귀가 예정 시간과 귀가 시 인계할 보호자가 누구인지 기록해 교사가 확인할 수 있도록 한다. **유의점** ① 기관에서 가정으로 보내는 공적 문서로서 아이에 대한 객관적인 정보를 충실히 기록한다. – 온라인상의 애플리케이션을 이용하여 알림장을 작성할 경우에는 맞춤법, 오탈자, 문단의 구조 등에 더욱 유의한다. – 친밀감을 나타내기 위해 이모티콘(^^, ㅋㅋ, ㅎㅎ, ㅠㅠ 등)을 지나치게 사용할 경우, 소통이 왜곡되어 부모의 기분이 나빠질 수 있다. ② 직접 대면하여 나누는 대화는 억양과 표정으로 정서를 함께 전달할 수 있지만, 알림장은 문자로만 소통해야 하므로 오해를 불러일으킬 소지가 있다. – 따라서 정황을 설명해야 하거나 동의를 구하는 사안은 직접 통화 또는 대면하여 소통을 하는 것이 바람직하다.

MEMO

구분	세부	내용
		– 특히 안전사고나 부정적인 내용은 자칫 오해를 불러일으킬 수 있으므로 알림장에 글로 전달하는 것보다는 등·하원 시 직접 대면하거나 전화 등으로 전달하는 것이 더 효과적이다. ③ 알림장에 아이의 이름을 잘못 적거나, 적절한 에피소드가 아니거나, 문법적 오류 또는 오탈자를 쓰는 등의 사소한 실수는 신뢰에 문제를 일으킬 수 있으므로 유의한다. ④ 부모들이 아이의 등원 전 상태나 상황을 확인하여 교사에게 꼭 전달해야 함을 명확히 안내한다.
가정통신문		• 간편하면서 보편적으로 사용되는 가장 소극적인 형태의 부모교육 방법으로, 유아교육기관에서 가정으로 전달하고 싶은 여러 가지 사항에 대한 정보를 서신 및 전언으로 제공하고 협력을 요청하는 형태이다. • 가정통신문의 목적은 기관에서 교수학습하는 내용, 행사 계획·운영 활동들을 부모에게 알리는 것이며, 주로 가정에서 부모-자녀 간의 긍정적인 상호작용을 도모할 수 있는 아이디어를 제공한다. • 가정통신문의 유형으로는 메모, 편지, 연간/월별/주간/일일 교육 예정안 등이 있으며, 그 밖에 회의, 공지사항이 발생할 때마다 통신문, 전언통신, 컴퓨터통신 등을 이용할 수 있다. – 주기는 기관별로 다르지만 대개 1~2주 단위로 발간되고, 특별한 행사나 공지사항이 있을 때 임시로 배부되기도 한다.
	안내서	• 유치원 전반에 대한 정보를 주기 위하여 만든 책자로서, 간단하고 기억하기 쉽게 제작한다. – 유치원의 역사, 입학 규정, 하루 일과, 교사진 등을 수록할 수 있다.
	서신	집단 모임, 유치원 행사, 교육활동의 계획, 부모교육 프로그램에 참석하지 못한 부모를 위하여 다양한 내용을 적어 보낼 수 있다.
	기록과 보고	유아의 행동을 관찰하면서 바로바로 기록해 두면 유아의 발달상황을 객관적으로 파악할 수 있다.
	쪽지, 편지	유아의 행동에 변화가 있거나 새로운 경험을 했을 경우 또는 작은 사고가 있었을 때 간단히 적어 유아 편에 가정으로 보낼 수 있다.
	뉴스레터	유치원에서 활동한 사진, 부모에게 알려주고 싶은 정보, 유아와 가볼 만한 곳, 우리 가족을 소개합니다, 우리 가족이 지은 동시나 동화 등을 수록해 주 1회 가정으로 전달하는 방과후 과정 신문을 보낼 수 있다.
부모용 소책자		유아의 발달에 대한 이해에서부터 유치원 교육의 철학, 목적, 교육 내용 및 방법과 부모의 역할에 이르기까지 다양한 내용을 포함하여 제공할 수 있다.
게시판		• 현관 게시판에는 기관의 운영방침, 월별 행사, 식단 안내, 유용한 양육 정보, 영양·건강 정보 등을 게시한다. • 교실 입구 게시판에는 주간 교육계획안 및 반의 공지사항, 해당 연령의 발달정보 등을 게시할 수 있다. • 계절, 테마 등에 따라 게시판의 환경 구성에 변화를 줄 수 있다. 다만, 정보전달을 위한 곳이므로 정보에 집중될 수 있도록 파스텔톤 또는 너무 화려하지 않은 배경을 선택하여 구성한다.

MEMO

SESSION #5

웹(Web) 기반을 통한 활용 (홈페이지)	부모가 직접 방문하지 않아도 기관에서 계획・실행하는 운영 내용을 쉽게 살펴볼 수 있도록 웹을 이용한 E-mail, 블로그, 카페, 홈페이지를 활용하여 교사와 부모 간의 정보 교환 및 교육활동을 공유하는 것 등을 의미한다.	
	장점	• 기관: 부모의 요구사항을 보다 신속하게 수렴하여 교육활동에 반영할 수 있다. • 부모: 시간과 공간에 구애받지 않고 언제든지 의견을 제시할 수 있다. • 이 외에도 항상 누구나 쉽게 소통할 수 있으며, 계속적인 업데이트를 통해 새로운 정보를 제공함으로써 부모교육의 효과를 높일 수 있다.
도서관 운영	• 유아교육기관이나 보육시설에서 운영하고 있는 도서와 가정으로부터 지원받은 도서를 상황에 따라 복도 또는 빈 공간을 이용해 도서관으로 꾸미거나, 별도의 교실을 마련하여 도서관으로 운영하는 것이다. – 도서대출 대장이나 홈페이지를 통해 대출 가능한 도서와 신간도서 목록 등을 부모에게 알림으로써 가정에서 읽고 돌려주는 대출서비스를 운영할 수 있다. – 유아용 도서, 학부모들에게 유익한 도서들로 비치한다.	
나눔센터	• 유아교육기관과 가정을 연계하여 가정에서 사용하지 않는 물건이나, 사용하다가 이제는 필요하지 않게 된 물건을 서로 필요한 사람들끼리 교환할 수 있는 기회를 제공하는 것이다. – 가정에 안내문을 발송하여 물건을 수합하고 일정 분량의 물건이 모이면 벼룩시장이나 아나바다 행사를 운영함으로써 부모의 관심과 참여를 높일 수 있다.	

2 대・소집단 모임

강연회	• 학부모에게 필요하다고 생각되는 적절한 주제를 정하고 그 분야의 전문가를 초빙하여 학부모를 대상으로 주제와 관련된 강연을 실시함으로써 관련 지식 및 기술을 전하는 부모교육을 의미한다. – 많은 사람들에게 정보를 동시에 전달할 수 있으므로, 부모들이 공통적으로 관심을 두는 주제들을 다룰 때 유아교육기관에서 많이 활용하는 방법이다. – 강사는 주로 주제에 대해 가장 잘 아는 전문가를 모시지만, 기관의 원장, 교사, 학부모 중에 전문가가 있으면 자생적으로 초청하여 강연회를 가진다. – 그러나 여의치 않으면 원장, 원감이나 교사가 부모교육 전문기관에서 전문가 과정을 이수한 후 부모교육을 할 수도 있다. • 강연회가 끝나면 참여한 부모들에게 평가서 작성을 요청한다. 이는 부모들의 반응을 보기 위함이기도 하지만, 이후 계획에 도움이 되므로 정확하고 합리적인 평가가 이루어지도록 하는 것이다(부모교육의 내용에 따라 객관적인 평가가 이루어질 수 있는 평가서를 개발하는 것도 효과적이다).

MEMO

<table>
<tr><td rowspan="2"></td><td>장점</td><td>• 부모들이 교육을 위해 무언가를 준비해야 하는 부담이 없을 뿐만 아니라 기관에서도 비교적 손쉽게 준비할 수 있다는 이점 때문에 가장 널리 사용되는 방법이다.
• 부모와 자녀 상태를 이미 파악하고 있기 때문에 문제를 빨리 해결할 수 있다.
• 부모교육 프로그램이 끝난 후에도 자주 도움을 줄 수 있다.</td></tr>
<tr><td>준비</td><td>① 주제 선정 및 강사 섭외
– 주제와 내용에 따라 부모교육의 효과가 달라지므로 주제를 선정하기 전에 유아의 발달상황, 유아가 당면한 문제, 부모들이 필요로 하는 분야는 어떤 것인지 요구조사를 한다.
– 기관에서는 관심주제에 대하여 부모들에게 의견을 묻고, 이전의 부모 강연회 주제와 중복되지 않도록 주제에 변화를 주어 선정한다.
② 강사 선정 및 연락
– 주제를 선정한 후에는 그 주제에 대한 내용을 가장 효과적으로 부모에게 전달할 수 있는 강사를 선정해야 한다.
– 강사의 시간과 강연회 장소 및 가능 일정을 조율하고, 부모의 참석 가능 시간을 고려하여 강연회 일정을 정한다.
– 강사에게 1~2일 전에 연락하여 일정과 장소를 다시 알려준다.
③ 강연회 일정 및 장소 결정
– 일정은 부모들이 마음 편히 참석할 수 있는 시간이 좋다.
– 부모가 유아들을 데리고 오는 경우가 있으므로, 강연회 시간 동안 유아들이 할 수 있는 별도의 프로그램과 담당교사를 준비해야 한다.
– 부모교육의 장소는 원내에서 하는 것이 편리하지만, 보다 넓은 외부 장소가 필요한 경우 그 장소를 미리 섭외해 두어야 한다.
④ 강연회 실시(당일)
– 부모 강연회 시작 전에 미리 좌석 배치, 기자재 및 다과 세팅, 강사용 음료 등을 준비한다.
– 강연회가 시작되면 부모를 강연장 자리로 안내하고 참석 교사가 강연회 내용을 정리한다.
⑤ 강연회 실시 후
– 담임교사는 결석한 부모에게 전화하여 결석 이유를 확인하고 다음에 반드시 참여하도록 권유한다.
– 강연회 실시 후 부모들에게 간단한 평가 및 피드백을 받고 다음 강연회 내용이나 강사 선정 시 참고하도록 기록해 둔다.</td></tr>
<tr><td colspan="2">토론회</td><td>• 주제에 대해 3인 이상의 각기 다른 견해를 가진 전문가가 초빙되어 주제와 관련된 전문적 견해에 대해 설명하고 자신의 주장을 펼친 후 각각 질의응답을 받는 형식이다.
– 논란이 되는 문제에 대하여 찬반 토론하는 것으로 공개토론회보다 형식적인 성격을 띤다.</td></tr>
<tr><td colspan="2">패널회의
(panel discussion)</td><td>청중이 모인 가운데 2~8명의 연사가 사회자의 주도하에 서로 다른 분야의 전문가적 견해를 발표하는 공개토론회로서 청중도 자신의 의견을 발표할 수 있다.</td></tr>
</table>

MEMO

SESSION #5

<table>
<tr><td>포럼
(forum)</td><td colspan="3">• 포럼은 제시된 한 가지 주제에 대해 상반된 견해를 가진 동일분야의 전문가(2~5명 정도)들이 사회자의 주도하에 청중 앞에서 벌이는 공개토론회로서 청중이 자유롭게 질의에 참여하는 기회가 많으며, 사회자가 의견을 종합한다.
– 사회자의 주도에 따라 패널리스트나 발표자로 참가한다.</td></tr>
<tr><td>심포지엄
(심포지움)</td><td colspan="3">• 어떤 주제, 문제, 사건에 대한 전반적인 이해를 얻기 위해 주제와 관련된 각 분야의 몇몇 전문가들을 초청하여 그들의 다양한 견해를 들어보는 형태이다.
– 포럼에 비해 다소의 형식을 갖추며, 청중의 질의 기회는 상대적으로 적다.</td></tr>
<tr><td>좌담회</td><td colspan="3">전문가가 초빙되지만 부모가 전문가의 강연을 수동적으로 듣기만 하는 것이 아니라 자유롭게 의견을 나누는 토론과정이 강조된다.</td></tr>
<tr><td>세미나</td><td colspan="3">교육 및 연구 목적을 가진 소규모적 회의로, 한 사람의 주도하에 정해진 주제에 대한 각자의 지식, 경험을 발표하고 토론하는 자리이다.
예 학술연구</td></tr>
<tr><td rowspan="4">워크숍</td><td colspan="3">• 부모들이 모여 유아교육기관에서의 교육활동이 효율적으로 진행될 수 있도록 함께 생각하며 일하거나, 유아교육과 관련 있는 내용을 유아교육 전문가로부터 실제로 배우면서 실습해 보는 것이다.
– 추상적인 지식의 전달을 넘어 실제적인 활동을 직접적으로 경험해 보는 부모교육이다.
• 주제 및 내용에 따라 전문 강사를 초빙하여 진행되기도 하고, 전문 강사 없이 교사 또는 관련 분야 지식이나 경험이 있는 부모의 주도하에 진행되기도 한다.
– 주로 소집단으로 이루어지며, 일회성 워크숍, 주기적인 워크숍(정례화)으로 진행이 가능하다.</td></tr>
<tr><td rowspan="2">대표적 유형</td><td>교재교구
워크숍</td><td>• 자녀의 연령과 발달에 적합한 놀잇감을 부모가 직접 만들어 보고 그것을 이용하여 자녀와 놀이하는 방법을 배울 수 있다.
– 교재교구 워크숍은 5~10명의 소모임이나 중간 규모 집단의 부모가 담당교사의 지도하에 자녀의 연령에 적합한 놀이용 교재나 교구를 만드는데, 이 과정에서 부모와 교사는 서로 편안하게 대화를 나누며 경험을 공유한다.
– 교재교구를 제작한 이후에 부모는 완성한 놀잇감을 가지고 자녀와 놀이하는 방법, 적절한 대화와 상호작용하는 방법 등을 배우고 연습해 볼 수 있다.
• 워크숍에서 만든 교재교구는 유치원에 비치하여 유아들이 놀이해 보거나, 가정으로 배부하여 부모와 놀이 시 활용해 볼 수 있다.</td></tr>
<tr><td>놀이방법
워크숍</td><td>• 영유아와 부모가 놀이하는 방법이나 가정에서 상호작용하는 방법을 실제로 해보는 것이다.
– 발달 수준의 차이를 반영하여 진행하기도 하고, 일반적인 상호작용에 대한 워크숍을 진행할 수도 있다.</td></tr>
<tr><td>장점</td><td colspan="2">지식의 전달을 넘어 워크숍을 통해 배운 기술을 소집단 모임 형태의 실습으로 익히게 하면, 이론으로 끝나지 않고 실제적 양육기술, 의사소통 기술 향상 등으로 이어진다는 점에서 효과적이다.</td></tr>
</table>

memo

<table>
<tr><td rowspan="1"></td><td>준비</td><td>• 계획하기: 워크숍 세부 추진계획을 수립한다(역할 분담 및 프로그램 기획, 세부일정, 소요예산 등).
• 가정통신문 배부: 시기, 주제, 인적자원, 참여 여부 등 수요 조사를 위한 항목을 추가할 수 있다.
• 전문 강연자 위촉: 강연주제 분야의 전문가를 섭외한다.</td></tr>
<tr><td>간담회</td><td colspan="2">• 원내에서 대집단, 소집단으로 간담회를 진행할 수 있다.
• 부모들에게 기관의 교육철학과 목표, 교육과정 내용, 지도방법을 안내하고, 1년간의 교육행사 및 활동내용, 하루의 프로그램 진행과정, 영유아에게 기대되는 효과 등을 설명한다.
– 특히 기관에서의 하루일과 및 교육활동 영상자료를 통해 보여주는 것이 효과적이다.
• 자녀의 기관생활이나 발달 또는 문제행동에 대해 궁금한 점을 상담하기도 하고, 다른 학부모들의 자녀 양육 방법에 대해 서로 의견을 나누는 시간이 된다. 아울러, 기관운영에 대한 발전적 건의사항이 있을 경우 공개적으로 논의할 수도 있다.
• 간담회 후에는 개별적으로 담임교사와 상담할 수 있는 시간을 마련하여 집단에서 논의할 수 없었던 개별적 요구에 대해 상담하도록 한다.
예 연령별(반별) 간담회, 주제별 간담회, 초등 준비 간담회</td></tr>
<tr><td>부모회</td><td colspan="2">• 특정 주제에 관심을 공유하는 학부모들을 집단별로 모집하여 학부모 모임을 정기적으로 가짐으로써 해당 주제에 대한 이해를 높이는 모임이다.
– 유아교육기관에서는 각 주제별 집단에 학부모를 모집하고 모임장소를 제공하거나, 주제와 관련된 정보를 얻을 수 있는 도서나 관련 기관, 전문가 등을 섭외하여 모임의 진행을 돕는다.
– 육아 및 교육과 관련하여 관심 있는 특정 주제에 대해 지식과 정보를 공유함으로써, 궁금증을 해결함과 동시에 학부모들 간의 정보교류의 장으로 기능한다.</td></tr>
<tr><td>독서회</td><td colspan="2">• 관심 있는 부모들의 소그룹으로서 유아의 발달 및 교육과 관련된 주제를 선정하여 관련 도서나 미디어를 감상하고 그에 대한 의견을 나누는 모임이다.
• 좋은 책을 나누어 읽고 그 내용을 요약·정리하여 부모회 때 보고하며 토의하는 형식이다.
– 유아교육기관에서 관련 전문가가 모임을 주도할 수도 있고, 부모들끼리 보다 자유로운 분위기에서 토론을 하며 진행할 수도 있다.</td></tr>
<tr><td rowspan="2">극놀이</td><td>정의</td><td>문제가 될 수 있는 상황을 대본에 따라 극으로 표현하여 해결책을 찾아보는 방법이다.</td></tr>
<tr><td>적절한 주제</td><td>• 가정에서의 폭력
• 유아학대
• 고집이 있는 유아 다루기</td></tr>
<tr><td rowspan="2">역할놀이</td><td>정의</td><td>부모나 교사 몇 사람이 역할을 분담하여 교육상의 문제점을 극으로 표현해 봄으로써 상대방의 마음상태를 이해하는 방법이다.</td></tr>
<tr><td>적절한 주제</td><td>• 자녀와의 대화법
• 상대방 입장 되어보기</td></tr>
</table>

	• 일종의 심리극으로 자녀양육과정에서 직면하는 문제를 극으로 표현하는 활동이다. – 갈등을 유발하는 실생활 상황을 극으로 표현하게 되면 일종의 은유적인 모습으로 극중 인물을 평할 수 있는 이점이 있다. – 또한 역할극을 통해 부모가 자녀의 역할을, 자녀가 부모의 역할을 연기해봄으로써 상호 간에 보다 깊은 이해가 가능하다.	
상대방과의 상호작용 평가	정의	STEP이나 P.E.T와 같이, 의사소통하며 상호교류 및 피드백을 하는 방식이다.
	적절한 주제	• 자녀의 문제행동 발견 • 적극적 경청과 의사소통
소집단 토의	정의	소규모의 공개토의로서 대집단 모임 도중 또는 끝난 후 주위에 앉은 사람들끼리 토의하는 형식이다.
	적절한 주제	• 자신만의 양육법 공유하기 • 방학 또는 행사 관련 의견 나누기
동심원 모임	• 공개토론이나 원탁모임을 변형한 형태로, 큰 원 안에 작은 원을 만들어 소집단 토의를 하고 전체 집단에 공개하는 형식이다. – 작은 원 안의 구성원들이 문제를 토론하는 동안, 밖의 큰 원 안에 있는 구성원들은 토론을 경청하며, 5~10분의 정해진 토론시간이 지난 후 회의 내용은 전체 구성원들에게 개방된다.	
원탁모임	위아래의 구분이나 자리의 순서가 없는 모임으로, 모든 구성원이 평등하게 참여할 수 있도록 둥근 탁자에 둘러앉아 서로 얼굴을 마주보며 관심 있는 주제에 대하여 자유롭게 토의하는 형태이다.	
브레인스토밍	• 집단의 모든 구성원들이 다양한 아이디어를 산출하게 하는 방법이다. – 참여자들이 적극적인 상호작용을 통하여 아이디어를 교환하고 많은 사고를 할 수 있도록 장려한다.	

3 면담

개인면담 (개별면담)	• 유아교육기관에서의 개인면담이란 교사와 부모가 1:1로 만나 함께 앉아 자녀에 대한 의견을 나누는 면담으로, 개인적으로 실시되는 모든 면담을 개인면담이라고 칭할 수 있다. – 유아의 적응상태나 생활내용, 발달정도 등을 부모와 토의하기 위해 개별면담을 실시한다. – 면담을 위해서 교사는 그동안의 관찰기록, 유아의 활동결과물이나 일정 기간 동안 이루어진 작품들, 각종 심리검사 결과 등을 준비한다. – 개별면담의 내용으로는 아이의 신체 발달 정도 및 신체 활동 참여 정도, 아이의 적응 문제, 자신감, 친구 관계, 활동 참여 정도, 교사와의 관계, 생활습관, 탐색 능력, 주의 집중 정도, 호기심을 보이는 상황, 대화의 이해 수준, 인지 발달 상황 등으로 다양하다. 그 밖에도 부모가 궁금해 하는 사항은 모두 개별면담의 내용이 될 수 있다. • 대부분의 기관에서는 학기당 1~2회 정기적으로 실행되며, 유아나 부모에게서 특별한 요구가 있는 경우에는 기간에 상관없이 수시로 행해지기도 한다.

MEMO

SESSION #5

MEMO

<table>
<tr>
<td rowspan="3"></td>
<td rowspan="2">유형</td>
<td>정기면담</td>
<td>• 학기 초 면담
– 개별면담은 교사와 부모가 긍정적 관계를 맺을 수 있는 기회를 제공하기 때문에 학기 초에 계획하는 것이 효과적이다.
– 부모는 교사에게 유아의 가정환경과 가정에서의 양육 방법, 형제관계, 유아가 말하는 기관생활 등에 대한 정보를 제공해 준다.
– 교사는 부모에게 기관에서 생활하는 유아의 초기적응에 대한 정보를 전달하되, 적응기간 중에 보이는 영유아의 모습은 기관생활에 익숙해진 후에 변화될 수 있다는 가능성을 염두에 두고 긍정적인 측면에서 해석하여 전달한다.
• 학기 말 면담
– 학기가 마무리되기 전, 유아가 기관생활을 하면서 성장한 측면에 초점을 두고 개별면담을 진행한다.
– 교사는 유아의 발달, 놀이, 일상생활에 대하여 관찰한 바를 토대로 부모와의 면담을 준비하며, 유아의 기관생활을 부모에게 전달하고 부모와 생각을 나누는 시간을 가진다.
– 유아의 문제행동에 대해 부모와 면담할 경우, 이 시기는 행동변화의 가능성이 충분히 있음을 부모에게 이해시키고 부모가 가정에서 도와주었으면 하는 부분에 대해 협조를 부탁하는 것이 좋다.</td>
</tr>
<tr>
<td>수시면담</td>
<td>• 평소에 궁금한 점이나 기관생활에 대해 문의하고 싶은 것이 있는 경우, 교사가 부모에게 면담을 요청하거나 부모가 교사에게 면담을 요청할 수도 있다.
• 일상적인 의사소통에 비해 조금 더 형식을 갖춘 면담이므로 교사도 면담에서 다룰 내용에 대해 충분히 준비를 하고 부모도 마음의 준비를 하여 면담에 임하는 것이 효과적이다.</td>
</tr>
<tr>
<td>장점</td>
<td colspan="2">• 교사
– 유아의 가정생활 및 과거 경험 등의 유용한 정보를 얻어 유아에 대한 이해를 높일 수 있다.
– 유아교육기관의 활동이나 각종 행사에 대한 평가나 의견을 부모로부터 들을 수 있다.
– 부모와 함께 해결방안을 강구하게 되면 부모가 협조하고 노력하는 경향이 있다.
• 부모
– 부모와 교사의 개인적 접촉으로 이루어지기 때문에 아이에 대해 많은 것을 물어보고 싶어하는 부모의 요구를 채워줄 수 있다.
– 부모가 원하는 시간에 맞추기 쉽다.
– 유아가 가정 이외의 상황에서 하는 행동들이 어떤지 알 수 있다.
– 유아에게 문제행동이 나타났을 때 서로 의견을 나누고 해결 방법을 함께 생각할 수 있다.</td>
</tr>
</table>

MEMO

SESSION #5

		• 공통 – 1:1 대면을 통해 충분한 시간 동안 부모와 교사가 마음속에 있는 이야기를 나누게 됨으로써 상호 신뢰감을 형성하게 된다. – 개별 유아의 특징과 다양한 문제를 이야기할 수 있으며, 이를 통해 유아에게 최적의 교육 방향을 설정할 수 있다.
	단점	하루 종일 업무에 시달리는 교사들에게 또 다른 시간적인 부담이 될 수 있다.
	유의점	• 교사는 유아에 대한 전문가이지만 개별 유아에 대한 이해도에 있어서는 부모도 뒤지지 않는다는 점을 인정하여, 전문적이고 객관적인 지식과 기술을 전하되 부모의 의견을 존중하여 함께 가장 바람직한 결정을 내리는 과정이 중요하다. • 서로 시간이 맞지 않을 경우에는 전화 상담을 하기도 하며, 개별상담 내용은 기록으로 남겨 추후 상담의 기초자료로 이용한다. • 부모들이 하는 이야기 중 아이를 이해하고 돕는 데 필요한 내용은 메모해 둔다. 대화의 초점은 아이의 발달 상황, 진보 정도, 협력사항 등에 두되, 다른 아이와 비교하거나 다른 가정을 비평하는 것은 피한다.
집단면담	• 자녀양육 정보와 유아교육기관에 관한 기대와 정보를 공유하고 서로의 공통 관심사에 대하여 교사와 다수의 부모가 상호작용하는 방법이다. – 학기 초 오리엔테이션 후, 수업참관 후에 각 교실에서 이루어질 수 있다.	
	장점	• 부모 측면 – 부모들이 한 자리에 함께 모여 유아교육에 대한 정보를 공유하며 자녀양육에 대한 공감대를 형성할 수 있다. – 공통의 관심사에 대해 생각이 다른 부모들이 상호 의견을 교환함으로써 유아의 문제를 폭넓게 볼 수 있게 되고, 문제에 대한 다양한 해결방법을 모색할 수 있다. • 교사 측면 – 서류를 통해서는 자세히 알 수 없었던 각 유아의 특징들을 부모로부터 직접 듣게 됨으로써 보다 효과적으로 교육할 수 있다. – 기관의 교육철학 및 교육방침과 같이 학부모가 공통적으로 알아야 할 내용을 다수의 학부모들에게 동시에 안내할 수 있으므로 효과적이다. • 부모와 교사 공통 측면 – 교사와 다수의 부모가 상호작용하게 됨으로써 부모와 교사 둘만 있을 때 가지게 되는 긴장을 자연스럽게 해소할 수 있다.
	단점	깊이 있게 면담하기 어렵다.
전화면담	• 시간 제약 없이 필요에 따라 수시로 간편하게 전화로 부모와 연락할 수 있어, 부모가 기관에 간단한 전달사항이나 문의사항이 있는 경우나, 급작스럽게 어떤 일이 발생하여 빠른 시간 내에 부모에게 전달해야 하는 이야기가 있거나, 부모가 기관을 방문하여 정기상담에 참여할 수 없는 경우에 상담 대체수단으로 사용할 수 있는 방법이다. – 즉, 일과 중에 일어난 유아의 특이사항에 대한 내용을 전달할 수 있고, 유아교육기관에 자주 방문하기 어려운 부모를 위하여 자녀의 양육에 관한 상담을 실시해 전달사항 등을 알려줄 수 있다.	

MEMO

	• 맞벌이 부모들처럼 기관에 와서 면담하기 힘들 때 효과적이다. – 맞벌이 부모의 경우 영유아의 등·하원을 도와주는 다른 양육자(베이비시터, 조부모, 친척 등)로부터 전해 듣는 정보가 제한적이거나 다른 양육자의 해석이 들어간 정보를 전달받아 오해가 생길 수도 있으므로, 교사가 부모와 정기적으로 전화 통화를 하여 직접 영유아의 기관생활에 대해 전달하는 것이 좋다.	
	장점	• 시간이나 공간의 제약을 거의 받지 않고, 간편하게 부모와 연락할 수 있다. • 일과 중 일어난 유아의 특이사항이나 전달사항을 수시로 신속하게 안내할 수 있다. • 직접 대면하지 않기 때문에 개별면담보다 심리적으로 부담이 적다.
	단점	• 대면상담에 비해 깊이 있는 의사소통을 기대하기가 어려우며, 내담자의 복잡한 정서적 내용을 파악하기 힘들다. • 상담자 입장에서 내담자와의 상담 내용을 신뢰하기가 어려우며, 내담자와의 라포 형성이 쉽지 않다. • 전화로 심각한 내용을 통화할 경우에는 자칫 오해가 생겨 문제가 커질 수도 있으므로, 따로 시간을 정해 직접 얼굴을 보면서 이야기를 나누는 것이 효과적이다.

4 수업참관

개념	• 수업참관은 부모들에게 유아교육기관의 교육방향을 알리고 부모들이 유아교육기관에서 일어나는 일상생활 및 교육활동, 자녀의 성장·발달 정도를 직접 관찰할 수 있도록 부모를 초대하여 수업상황을 보여 주는 것을 말한다. • 수업참관의 목적: 기관에서 아이들이 어떻게 생활하는지 부모들에게 있는 그대로 보여 주면서 아이의 발달 정도, 학습 습관, 태도 등에 대한 객관적인 자료를 얻게 하는 것이다. – 자녀나 다른 유아들에게 부담을 줄 수 있으므로 부모가 교실에서 여러 가지 일을 도우면서 자녀를 관찰하게 하는 것이 더 자연스러울 수 있다.
방법	• (* 일방경이 설치된) 별도의 참관실에서 참관하는 방법 • 교실 안에서 직접 참관하는 방법 • 컴퓨터를 통해 참관하는 방법 – 최근에는 부모가 유치원에 오지 않고 가정이나 직장에서 유치원의 자녀를 관찰할 수 있도록 컴퓨터를 통한 참관을 실시하는 경우도 점차 증가하고 있다.
장점	• 부모 측면 – 유아교육기관에서 이루어지고 있는 교육활동을 이해할 수 있는 기회가 된다. – 부모로 하여금 가정과 다른 상황에서 자녀의 행동을 객관적으로 살펴보고 그 차이를 발견하게 함으로써, 유아가 교육기관에서 보이는 모습이 가정에서의 모습과 다를 수도 있다는 것을 이해할 수 있다. – 또래집단에서 자녀의 발달 정도와 개인차를 식별하고 이해하는 데 도움이 된다. – 교사의 지도방법을 배워서 가정에서도 일관된 방법으로 지도할 수 있게 하는 데 도움이 된다.

* 일방경(一方鏡, one way mirror) 한쪽에서 보면 반대쪽의 물체를 볼 수 있으나, 반대쪽에서는 한쪽의 물체를 볼 수 없도록 제작된 거울이다.

MEMO

SESSION 5

<table>
<tr><td></td><td colspan="2">– 부모에게 자녀의 학교생활을 관찰할 수 있는 기회를 주면 자녀교육에 대한 관심도가 높아지고, 교사의 지도방법을 보면서 가정에서의 자녀양육 방법을 개선 또는 향상시킬 수 있다.
• 유아교육기관 측면
– 참관 후에 남긴 소감록을 통해 부모들의 소감을 교육활동 운영에 반영할 수 있다.
– 교사의 교육 방법을 보며 자녀를 맡긴 기관의 교육을 신뢰할 수 있게 된다.</td></tr>
<tr><td rowspan="3">진행</td><td>사전 교육</td><td>• 내용 : 무엇을 어떻게 관찰해야 하며, 주의해야 할 점이 무엇인지에 대해 사전에 구체적으로 안내해 준다.
– 영유아의 특성상 부모의 존재를 인식했을 때 평소와 전혀 다른 모습을 보이는 경우가 많기 때문에, 수업참관을 실행하기 전에 교사는 영유아에게 수업참관의 목적 및 의의를 잘 설명하여 평소대로 행동하도록 주지시키고, 부모에게도 역시 이러한 기능을 설명하여 부모가 오해하는 일이 없도록 주의한다.
• 방법 : 상황에 따라 가정통신문이나 집단 또는 개별만남, 전화, 이메일, 인터넷 등을 통해 실시한다.</td></tr>
<tr><td>일시</td><td>• 교사는 부모 수업 참관이 예정된 날짜를 미리 인지하고, 준비할 수 있어야 한다.
• 사전에 학부모 인파가 몰릴 수 있음을 대비해 인원을 적절히 배정하여 계속적으로 참관할 수 있도록 배려한다.</td></tr>
<tr><td>참관 후</td><td>수업참관 후에는 교사와 학부모 간의 면담시간을 가지거나 지면을 이용하여 수업참관을 통해 새로 발견한 사항, 의문점, 건의사항 등을 나누는 것이 좋다.</td></tr>
<tr><td>계획 시 고려사항</td><td colspan="2">• 수업참관의 계획과정에서 가장 먼저 고려해야 할 일은 참관일의 선정 및 참관방식을 결정하는 일이다.
– 수업참관일은 질문지를 보내 부모들이 선택한 특정일을 정리하여 그에 따라 몇 개의 소집단으로 나누어서 참관시킬 수도 있고, 수시로 교실을 개방하여 참관시킬 수도 있다.
– 그러나 일방경(one-way mirror)이 설치된 관찰실이 있는 경우를 제외하고는 부모가 수시로 수업참관을 하기 위해 교실을 드나들면 교실의 분위기가 소란해지거나 산만해지고, 평소와는 다른 유아의 행동이 나타나기도 하며, 부모들이 유아에 대해 간섭하거나 수업을 방해할 수도 있기 때문에 주의가 필요하다.
– 그러므로 교사는 침착한 태도로 예정된 프로그램을 진행시키는 데 힘써야 하고, 참관에 앞서 안내서와 함께 참관할 때 주의할 점과 기록할 사항 등을 가정통신문으로 보내야 한다. 또한 참관 후에는 반드시 교사와 의문사항에 대해 상담의 기회를 갖는 것이 좋다.
• 너무 자주 실시하면 교사들에게 부담이 될 뿐만 아니라 맞벌이로 시간이 없는 부모들에게도 부담을 주기 때문에 한 학기 1회 또는 연 1회로 계획하는 것이 좋다.
• 수업참관 및 참여수업을 보다 교육적으로 이끌어 가기 위해 참관과 참여의 목적, 내용, 주의사항 등을 문서로 만들어 미리 나누어 주고 이에 대해 질의응답을 가진 후 참관하면 좋다.</td></tr>
</table>

MEMO

	• 결과물 보여주기 식의 수업보다는 아이들이 기관에서 보내는 일상생활을 있는 그대로 보여주는 수업을 실시한다. 참관일을 위해 장기간 준비하여 부모들에게 보이려 하면 아이들과 교사는 어려움을 겪게 될뿐더러 아이들은 과정보다 결과가 중요하다는 잘못된 생각을 하게 될 것이다.

5 부모 참여수업

개념	• 많은 기관에서 실시하고 있는 대표적인 부모교육 프로그램으로서, 부모가 자녀와 함께 유아교육기관의 생활을 직접 경험해 보는 활동이다. – 최근 가족의 형태가 다양해지면서 가족구성원 중 어머니나 아버지가 없는 한부모 가정이 점차 증가함에 따라, 이에 대한 대안으로 가족구성원 중 누구라도 참여할 수 있는 참여수업으로 계획되는 경우가 늘어나고 있다. – 일반적으로 참여수업은 특별한 활동을 준비하기보다는 평소대로 자연스러운 일과를 진행하고 부모가 참여할 수 있는 한두 가지의 활동을 준비하는 것이 바람직하다.
장점	• 교육프로그램을 이해할 수 있다. • 자녀의 기관생활을 새로운 시각에서 볼 수 있다. • 자녀와 함께하는 시간의 즐거움을 통해 부모 역할의 중요성을 인식함과 동시에 부모－자녀 관계 개선에 도움을 받을 수 있다.

6 가족 참여행사

개념	유아교육기관에서 실시하는 가족 참여행사는 가족구성원 모두에게 친밀감을 증진시킬 수 있는 기회를 제공해줄 뿐만 아니라 원내 부모들 간의 관계를 돈독하게 해줄 수 있는 프로그램이다.
고려사항	• **계획하기**: 어떤 관점·목적으로 진행할지에 대한 의미 공유하기, 어떤 형태로 어떤 활동을 할 것인가에 대한 방향 정하기, 세분화된 활동선정과 업무 분장하기 • **준비하기**: 준비목록 작성하기, 제작할 것과 구입할 것 구분하여 준비하기, 활동 세부내용에 필요한 작업하기, 자원봉사자 섭외하기, 활동별 안내문 제작하기, 초대장 배부하기(영유아가 만들어서 배부하는 것이 의미 있음) • **행사 전**: 기관 장식하기, 공간 구성하기, 환경 세팅하기, 재료 준비하기, 세팅 후 점검하기, 사진 찍어두기 • **행사**: 업무분장별로 각 위치에서 행사 진행하기 • **행사 후**: 행사 장소 정리 및 평가하기(다음 행사에 반영할 수 있도록 구체적으로 평가하기), 행사보고서 작성하기, 사진·동영상을 편집하여 홈페이지에 공지하기

MEMO

SESSION #5

7 부모 자원봉사

<table>
<tr><td>개념</td><td colspan="2">부모가 유치원의 교육활동 보조자로서 참여하는 형태를 의미하는 것으로, 이는 교육자료 제작, 환경조성, 각종 행사 참여지원, 동화 읽어주기, 안전지도, 귀가지도, 자유놀이와 같은 학급 활동을 보조하는 것에서부터 프로그램 자원봉사까지 다양하다.</td></tr>
<tr><td>유형</td><td colspan="2">• 간식 및 점심준비 봉사
• 놀이시간 보조자 봉사
• 소집단 학습 보조자 봉사
• 환경정리와 교재 제작 봉사
• 현장학습, 소풍, 운동회 등 행사의 보조원 역할</td></tr>
<tr><td rowspan="3">자원봉사 활용 방법</td><td>전문 지식을 활용한 봉사</td><td>• 부모가 가진 특정 전문 지식이나 자원을 활용하여 교육적인 도움을 받는 활동이다.
– 기관 방문 : 특정 전문 지식이나 기능을 가진 부모들이 유치원을 직접 방문하여 유아들을 지도하는 형태이다.
– 직장 방문 : 부모가 교육기관에 오기 힘들거나 부모의 직장에서 수업을 진행하는 것이 더 효과적이라고 판단되는 경우에는 부모의 직장을 방문한다.</td></tr>
<tr><td>교육자료 제작</td><td>유치원에 필요한 여러 가지 자료 제작 시 부모의 도움을 받는 활동이다.</td></tr>
<tr><td>수업 보조교사</td><td>• 자원봉사자
• 훈련된 봉사자</td></tr>
<tr><td>자원봉사의 필요성 및 효과</td><td colspan="2">• 자원봉사자로 활동한 부모는 영유아기 발달에 대해 이해하며 상호작용 방법을 배울 기회를 얻는다.
• 봉사하면서 기관에서 배운 바를 가정에서 적용해 볼 수 있다.
• 가정에서의 부모 역할과 능력의 중요성을 확인할 수 있다.
• 유아교육의 효율성을 높일 수 있다.
• 유치원과 가정 간의 연계가 이루어질 수 있다.
• 유치원 교육에 대한 인식을 넓힐 수 있다.
• 자원봉사자가 갖고 있는 재능이나 특기를 활용할 기회를 제공한다.
• 건전한 여가 선용과 유휴자원을 활용할 수 있다.
• 타인을 이해할 수 있다.</td></tr>
</table>

MEMO

자원봉사의 효과를 극대화하기 위한 방법	• 학기 초에 부모에게 부모자원봉사의 필요성 및 자원할 수 있는 분야에 대하여 조사하고 그 자료를 비치한다. • 특정 전문 지식이나 기능을 가진 부모들을 기관으로 초대하여 유아들을 직접 지도할 수 있도록 진행하거나, 유아들이 부모들의 직장을 방문하여 현상학습이 이루어지도록 한다. • 학기 초에 유치원에 필요한 교육 자료를 제작하는 데에 도움이 필요함을 알리고 자발적인 지원을 받은 후 기관에서 장소와 자료를 제공하고 제작 방법을 안내하여 교육 자료를 만들도록 한다. – 자료를 제작한 부모들이 학급 수업 보조로 참여할 수 있는 기회를 제공하거나 부모가 만든 자료를 집으로 가져가서 자녀와 함께 놀이하는 기회를 제공함으로써 자신이 제작한 자료가 유아에게 어떻게 쓰이는지를 알고, 교육자료 제작의 의미와 보람을 더 느낄 수 있는 기회를 제공할 수 있다. • 자원자를 대상으로 유아교육에 대한 연수를 사전에 실시하여 수업 보조교사 역할로서 유치원 프로그램에 참여하도록 한다.

memo

		CHECK 1	CHECK 2	CHECK 3
UNIT01	아동의 권리의 이해			
UNIT02	아동권리 이념의 발달			
UNIT03	아동복지의 이해			
UNIT04	아동복지 서비스의 이해 및 분류			
UNIT05	아동복지의 실천 분야			

아동복지

I 아동권리의 이해

MEMO

UNIT 01 아동의 권리의 이해

#KEYWORD 아동의 권리에 관한 협약

1 아동권리의 개념

(1) 우리나라 '아동권리'의 법률적 정의

<table>
<tr><td rowspan="2">「헌법」</td><td>제10조</td><td>모든 국민은 인간으로서의 존엄과 가치를 가지며, 행복을 추구할 권리를 가진다. 국가는 개인이 가지는 불가침의 기본적 인권을 확인하고 이를 보장할 의무를 진다.</td></tr>
<tr><td>제34조</td><td>① 모든 국민은 인간다운 생활을 할 권리를 가진다.</td></tr>
<tr><td>「아동복지법」</td><td>제2조
(기본이념)</td><td>① 아동은 자신 또는 부모의 성별, 연령, 종교, 사회적 신분, 재산, 장애 유무, 출생지역, 인종 등에 따른 어떠한 종류의 차별도 받지 아니하고 자라나야 한다.
② 아동은 완전하고 조화로운 인격발달을 위하여 안정된 가정환경에서 행복하게 자라나야 한다.
③ 아동에 관한 모든 활동에 있어서 아동의 이익이 최우선적으로 고려되어야 한다.
④ 아동은 아동의 권리보장과 복지증진을 위하여 이 법에 따른 보호와 지원을 받을 권리를 가진다.</td></tr>
</table>

(2) 아동권리의 기본 요소

① 권리 주체에 따른 구분: 아동권리는 아동의 특성을 고려하여 수동적 권리와 능동적 권리의 특성을 동시에 갖는다.

<table>
<tr><td>수동적 권리</td><td>• 아동은 기본적으로 천부의 보편적 인권을 누릴 수 있는 존재이며 성인과 동일한 인권을 가진다.
– 그러나 아동은 성인의 보호를 필요로 하는 의존적인 존재이므로 부모와 가족, 사회, 국가의 보호와 양육에 의하여 성장하고 발달한다.
– 그러므로 아동의 권리는 보호와 양육을 제공하는 주체의 의식과 행동에 따라 수동적으로 보호되는 특성을 가지고 있다.
• 수동적 권리는 아동이 아동기라는 발달단계에 있기 때문에 양육이나 보호를 받는 수동적 존재로서 보장받아야 하는 권리를 의미한다.
– 현행 「아동복지법」이나 아동권리헌장의 규정을 보면 "~양육된다", "~지켜진다", "~보호된다" 등으로 표현하고 있는데, 이는 아동을 양육이나 보호를 받는 수혜자로 보고 있음을 알 수 있다.</td></tr>
</table>

MEMO

SESSION #6

능동적 권리	• 아동권리는 수동적 권리의 특성을 가지지만, 동시에 인권은 인간의 자율적 판단과 참여를 기초로 한다는 점에서 아동권리도 능동적 권리로서의 요소를 갖는다. – 능동적 권리로서의 아동권리는 아동이 권리의 주체로서 자신의 삶에 영향을 미치는 사안에 대하여 스스로의 의견을 주장하고, 결정하며, 참여할 수 있는 권리를 갖는다는 특성을 지니고 있다. • 능동적 권리는 아동을 단순히 권리를 수용하는 것뿐만 아니라 권리를 행사하는 능동적 주체라고 간주하고, 인간으로서 자신의 의견을 주장하고 행사하는 자유를 얻음에 따라 법적 효력을 가지는 권리를 말한다.

② 4대 기본 권리(아동권리의 내용): 생존권, 보호권, 발달권, 참여권

㉠ 아동권리의 개념은 아동이 보호받아야 할 권리와 함께 아동을 권리의 주체자로 보는 능동적이고 적극적인 권리의 특성을 포함하여 설명되는데, 이는 아동권리의 내용과 연관된다.

㉡ 권리는 아동권리선언이나 헌장을 통해서 공표되며, 「아동권리협약」은 아동이 가져야 할 기본 권리를 크게 '생존권, 보호권, 발달권, 참여권'의 4가지로 제시하고 있다.

생존권 ('생존할 권리', Right to Survival)	적절한 생활수준을 누릴 권리, 안전한 주거지에서 살아갈 권리, 충분한 영양을 섭취하고 기본적인 보건서비스를 받을 권리 등 기본적인 삶을 누리는 데 필요한 권리이다. 예 영양실조・난민 아동들이 생존할 권리 등이 포함된다.
보호권 ('보호받을 권리', Right to Protection)	• 각종 차별대우와 착취, 학대와 방임, 가족과의 인위적인 분리, 형법 등의 폐습으로부터 보호받을 권리이다. • 모든 형태의 학대와 방임, 차별, 폭력, 고문, 징집, 부당한 형사처분, 과도한 노동, 약물과 성폭력 등 어린이에게 유해한 것으로부터 보호받을 권리이다. 예 경제적 착취, 신체・정서・성 학대, 방임과 유기, 전쟁, 혹사, 차별대우로부터 보호받을 권리 등이 포함된다.
발달권 ('발달할 권리', Right to Development)	• 신체적・정서적・도덕적・사회적 성장에 필요한 정규교육, 비정규교육을 포함해 모든 종류의 교육을 받을 권리이다. – 아동들이 최대한 자신의 능력을 펼칠 수 있는 권리를 의미하는 것으로, 교육, 문화, 예술 등의 다양한 활동을 통해 아동이 성장하고 자기 계발을 이룰 수 있도록 지원하는 것을 포함한다. – 아동이 유능하게 자라고 발전할 수 있는 환경을 조성하며, 그들의 능력과 잠재력을 존중할 것을 강조한다. 예 잠재능력을 최대한 발휘하는 데 필요한 권리, 교육받을 권리, 여가를 즐길 권리, 전통적으로 문화생활을 할 권리, 정보를 얻을 권리, 생각과 양심과 종교의 자유를 누릴 수 있는 권리 등이 포함된다.
참여권 ('참여할 권리', Right to Participation)	• 아동들이 자신의 나라와 지역사회의 활동에 적극적으로 참가할 수 있는 권리를 의미한다. • 자신의 생활에 영향을 주는 일에 대해 의견을 말하고 존중받을 권리, 표현의 자유, 양심과 종교의 자유, 평화로운 방법으로 모임을 자유롭게 열 수 있는 권리, 사생활을 보호받을 권리, 유익한 정보를 얻을 권리이다. 예 자신의 의사를 표현할 자유와 자기 생활에 영향을 주는 일에 대하여 말할 수 있는 권리, 책임감 있는 어른이 되기 위해 아동 자신의 능력에 부응하여 적절한 사회활동에 참여할 기회를 가질 권리 등이 포함된다.

MEMO

③ 3P 개념

- 아동권리의 개념은 제공(Provision), 보호(Protection), 참여(Participation)라는 '3P 개념'으로 설명되기도 한다(장인협, 오정수, 2000).
  - 즉, 아동권리의 기본 요소에는 아동의 욕구충족에 필요한 자원의 제공, 유해한 환경과 착취 · 학대로부터의 보호, 자신의 삶에 능동적인 참여의 개념을 담고 있다.

구분	내용
제공 (Provision)	• 아동이 필요로 하는 욕구의 충족, 인적 · 물적 자원의 제공과 이것을 사용할 권리이다. – 아동권리란 아동의 욕구와 관심을 인정하고 충족해 주고자 하는 사회적 의지의 표명이다. 「아동권리협약」은 아동의 기본적 욕구를 체계적으로 서술하고 이것의 충족을 보장한 것이다. – 일반아동에 대한 성명, 국적 등 시민적 권리와 자유의 제공, 건전한 가정환경, 기초보건과 복지, 교육, 여가, 문화 활동의 기회 제공, 보호가 필요한 아동에 대한 대안의 양육체계와 특별보호조치의 제공 등이 이 개념에 포함된다.
보호 (Protection)	• 아동은 위해한 행위로부터 보호받아야 한다. • 특별히 보호를 받아야 하는 아동의 보호 개념은 난민아동, 무력분쟁상의 아동을 포함하여 법적 분쟁이나 착취상황으로부터 보호를 받아야 한다는 것이다. – 법적 분쟁상의 아동 보호는 범죄행위로 인하여 소년형사소송 중인 아동이나 자유가 박탈된 아동에 대한 보호와 지원이 이루어져야 함을 말하며, 착취상황의 아동 보호는 법적으로 금지된 노동으로 인한 경제적 착취, 육체적 · 정신적 학대와 성적 착취로부터 보호받을 권리가 있음을 말한다.
참여 (Participation)	• 아동이 자신의 삶에서 중요한 영향을 미치는 결정에 대하여 알고 능동적으로 참여할 수 있는 권리이다. – 아동은 성장과 더불어 책임 있는 성년기에 대비한 준비단계로 진입하므로 사회활동에 참여할 기회를 많이 가져야 한다. – 아동의 동의가 필요한 의사결정, 예컨대 친권 상실, 이혼, 입양 등에 아동의 의사가 존중되어야 하며, 정보접근권도 이에 포함된다.

MEMO

참고

아동권리의 개념 [이순형 외 공저(2016), 아동복지 이론과 실천, 학지사]

- 인권(人權)은 사람이 출생과 더불어 존재로서 소유하는 자연법적 권리를 말한다.
- 성인에게 주어지는 인권은 아동에게도 그대로 적용되고, 그에 덧붙여 아동은 생존을 스스로 보장할 수 없는 특별한 존재이므로 보호권과 양육보장권이 추가된다(이순형, 2011).
  - 작은 사람인 아동에게 인권은 사람으로서 이 세상에서 성장하고 발달하고 차별 없이 살아갈 권리를 말한다.
  - 구체적으로 아동의 권리는 생존권, 성장발달권, 시민권과 자유권, 양육보장권(가정환경 및 대리보호에 대한 권리), 복지권(기초보건 및 복리권), 교육권 및 문화향유권(교육, 여가 및 문화적 생활을 위한 권리), 특별보호권으로 분류할 수 있다.

생존권	• 인간의 생명은 존중되어야 하고, 그 생명활동이 유지되어야 한다. – 누구나 세상에 나올 때는 생존권을 가지고 태어나며 모든 아동에게 생명을 유지하고 생명활동을 할 수 있는 권리가 보장되어야 한다. – 장애가 있거나 발달이 지체된 아동도 예외가 아니다.
성장발달권	• 아동은 성인과 달리 신체적으로 성장하고 정신적으로 발달해야 할 과업이자 권리를 가지고 있다. – 아동에게 성장발달은 자연스러운 생명활동이자 발달과업이다. – 식품을 통해서 영양을 섭취하여 신체를 발달시키고, 지적 자극을 받아들여 정신적 발달을 도모한다. – 따라서 성장발달을 금지하는 것은 생명에 손상을 입히는 것이나 다를 바 없는 가해 행위이다.
시민권과 자유권	성인이 사회의 시민으로서 자유롭게 의사결정을 할 권리가 있는 것처럼, 아동도 사회의 미래 시민으로서 자유롭게 자신의 의견을 제시하고 자기 미래를 결정할 권리가 있다. 아동은 때로는 부모의 부당한 친권행사에 대해서도 자신의 성장과 행복을 추구할 권리를 가진다. 따라서 아동과 관련된 사항은 아동 자신의 행복을 최우선 조건으로 하여 결정되어야 한다.
양육보장권	• 성인과 달리 스스로를 보호할 수 없는 아동은 성장할 때까지 안전하게 양육될 권리를 가진다. – 양육보장권은 아동의 발달에 가장 적합한 가정환경을 보장받아야 할 권리를 말한다. – 따라서 부모로부터의 방임이나 학대와 같이 가정환경이 아동의 발달에 부적합한 경우 대리보호자에 의해 건강한 대리환경에서 보호받을 권리가 있다.
복지권 (기초보건 및 복리권)	• 아동이 신체와 정신을 건강하게 발달시키고 타고난 신체와 지적 능력을 계발하여 행복하게 살기 위해서는 타고난 능력이나 상태와 관계없이 기초보건을 유지하고 자신의 복리를 보장받는 복지권이 필요하다. – 특히 정상아가 아닌 경우에는 그 장애를 극복하도록, 그리고 박탈가정에서 태어난 경우에는 그 환경의 문제를 극복하도록 사회가 지원해주어야 한다.
교육권 및 문화향유권 (교육, 여가 및 문화적 생활을 위한 권리)	• 아동은 잠재된 능력을 계발하기 위해서 교육받을 권리가 있다. – 특히 사회에서 직업을 가지고 생활을 영위할 수 있는 기본 능력을 준비하기 위한 교육과정이 제공되어야 한다. – 아동에게는 초·중·고등학교 과정의 정기교육이 의무적으로 제공되는데, 이는 어디까지나 국가의 경제사정에 의존한다. 예 우리나라는 초·중등학교 9년 과정을 의무교육으로 정하고 있다. 또한 2013년부터 0세에서 5세아까지 무상보육이 실시되었는데, 이는 점차 확대되고 있다.
특별보호권	• 아동은 어떤 상황에서든 특별히 안전하게 보호받을 권리가 있다. – 특별보호권은 정상아동이나 특수아동에 관계없이 주어지는 동일한 권리이다. – 천재지변과 같은 재난, 전쟁, 자연재해 등 위기상황에서 아동은 최우선으로 보호되어야 한다.

MEMO

❷ 「아동권리협약」(Convention on the Rights of the Child)

<table>
<tr><td>개념 및 정의</td><td>• UN 「아동권리협약」은 1989년 UN총회에서 채택된 지 1년이 채 못 되어 20개국이 비준서를 기탁함으로써 1990년 9월 2일 발효되었고, 이를 계기로 전 세계 아동의 권리를 보장하기 위한 법적 구속력이 강화되었다.
– 「아동권리협약」은 20세기에 아동을 위한 가장 큰 국제사회의 업적 중 하나가 되었고, 2014년 194개국 협약 당사국의 비준을 얻은 범세계적인 국제협약이라고 할 수 있다.
• 「아동권리협약」은 18세 미만의 모든 아동을 권리의 주체로 인정한 세계 최초의 국제규범으로, 오늘날 아동의 보호와 존중을 실현하는 이념적 토대가 되고 있다. 즉, 아동은 인간으로서 가지는 기본적 권리와 더불어 이 시기의 발달 특성에 적합하게 성인의 보호와 배려를 받을 권리를 가진 존재로 받아들여지고 있다.
– 이 협약에 서명을 한 국가에서는 권리의 실현을 위하여 입법 · 행정 · 경제 및 사회적 조치를 취해야 하며, 매 5년마다 그 보고서를 제출할 의무를 지니도록 규정하고 있다.
• 우리나라는 1990년 9월 25일에 서명하고 이듬해인 1991년 11월 20일에 비준서를 기탁함으로써 같은 해 12월 20일 한국에 대해서도 「아동권리협약」이 발효하게 되었다.</td></tr>
<tr><td>구성</td><td>• 「아동권리협약」은 전문, 제3부 총 54개 조문으로 구성되어 있다.
– 전문은 인간의 존엄과 가치, 평등권 등 인간의 기본적 인권을 확인하면서, 아동이 특별한 보호와 원조를 받을 권리를 가진 주체임을 명시하고, 아동의 보호에 대한 가족의 일차적 책임을 강조하였다.
– 또한 출생 전후 아동의 법적 보호, 아동이 속한 사회의 문화적 가치 존중, 아동의 권리를 지키기 위한 국제사회의 협력을 강조하였다.
• 『아동복지(박선희 · 조홍식 공저, 2020)』에서는 조문 54개조가 실질적 규정인 제1부(제1조~제41조)와 이행에 관한 제2부(제42조~제45조), 그리고 부칙인 제3부(제46조~제54조)로 구성되어 있다고 보았다.
– 유엔 아동권리위원회는 협약 조항에 대한 이해와 심의가 용이하도록 8개의 분류 기준에 따라 조항을 나누어 구분하였고, 이 분류 기준에 따라 국가 보고서를 작성하도록 하였다.
– 이는 ① 협약 이행을 위한 일반조치, ② 아동의 정의, ③ 일반원칙, ④ 시민적 권리와 자유, ⑤ 가정환경 및 대리보호, ⑥ 기초보건 및 복지, ⑦ 교육, 여가 및 문화적 활동, ⑧ 특별보호조치를 포함한다.
• 『아동복지론(정익중 · 오정수 공저, 2021)』에서는 「아동권리협약」이 아동의 정의, 일반원칙, 자유권적 권리, 사회권적 권리, 협약의 이행방법 등의 내용으로 구성되어 있다고 보았다.

「아동권리협약」의 구성 [정익중 · 오정수 공저(2021), 아동복지론, 학지사]
<table><tr><th>구분</th><th>내용</th><th>해당 조항</th></tr><tr><td>아동의 정의</td><td>18세 미만</td><td>제1조</td></tr><tr><td>일반 원칙</td><td>무차별, 아동 이익의 최우선, 아동 생명 · 생존과 발달 보장, 아동 의사존중</td><td>제2 · 3 · 6 · 12조</td></tr><tr><td>자유권적 권리</td><td>성명권, 국적, 신분 보존, 표현 · 사상 · 양심 · 종교의 자유, 정보접근권</td><td>제7 · 8 · 13~17 · 37조</td></tr></table></td></tr>
</table>

MEMO

SESSION 6

구분	내용	조항
사회권적 권리	가정생활과 대안양육	제5·9·11·18~21·25·27·29조
	기초보건과 복지	제16·18·23~24·26~27조
	교육, 여가, 문화	제28~29·31조
	특별보호 조치	제22·32·34~40조
협약의 이행방법	당사국, 위원회의 의무	제4·42·44~46조

<table>
<tr><td rowspan="4">「아동권리협약」의 4대 기본 권리 – 서울특별시 아동복지센터 내용 기준</td><td>생존권</td><td>기본적인 삶을 누리는 데 필요한 권리</td></tr>
<tr><td>보호권</td><td>유해한 것으로부터 보호받을 권리</td></tr>
<tr><td>발달권</td><td>잠재능력을 최대한 발휘하는 데 필요한 권리</td></tr>
<tr><td>참여권</td><td>자신의 생활에 영향을 주는 일에 대해 의견을 말하고 존중받을 권리</td></tr>
<tr><td rowspan="3">「아동권리협약」의 (일반)원칙</td><td colspan="2">「아동권리협약」은 협약 내용 전체의 해석 및 각 당사국의 국내 이행계획에 지침이 될 4가지 일반원칙을 규정하고 있으며, 이 원칙들은 특히 제2조, 제3조, 제6조, 제12조에 명시되어 있다.</td></tr>
<tr><td>무차별
(non-discrimination)
원칙</td><td>• 이 원칙에서 협약 당사국들은 아동과 부모 또는 보호자의 인종, 성별, 언어, 종교, 정치적 의견, 국적, 출생, 재산 등에 관계없이 어떠한 종류의 차별도 받지 않고, 당사국은 이를 위한 적절한 조치를 취하여야 한다고 규정하고 있다.
– 협약은 아동 자신의 사유에 의한 차별뿐만 아니라 부모나 보호자의 이유에 의한 차별까지 금하고 있다. 아동에 대한 무차별적 평등은 국가가 이러한 권리를 누릴 수 있도록 아동을 보호해야 할 뿐만 아니라 이를 위한 적절한 조치를 취해야 한다는 것을 의미한다(정태수, 1989).
• (제2조) 당사국은 아동을 인종, 피부색, 성별, 언어, 종교, 정치적 의견, 민족적·인종적 또는 사회적 출신, 재산, 무능력, 출생 또는 기타의 신분에 관계없이 그리고 어떠한 종류의 차별없이 협약에 규정된 권리를 존중하고 각 아동에게 보장하여야 한다. 국가는 모든 형태의 차별이나 처벌로부터 아동이 보호되도록 보장하는 모든 적절한 조치를 취하여야 한다.</td></tr>
<tr><td>아동 최선의 이익
(best interest of the child)
원칙</td><td>• 이 원칙은 사회복지기관, 법원·행정·입법기관 등에 의하여 실시되는 모든 아동 관련활동에서 아동의 최선의 이익이 최우선적으로 고려되어야 할 것을 규정하고 있다.
– 최선의 이익은 경제적·사회적 상황이 각 국가마다 다르기 때문에 일률적 기준을 정하기는 어렵지만, 의사결정권자가 아동의 이익에 관한 어떤 결정을 함에 있어 아동의 권리보호와 복리증진을 우선적으로 고려하여야 함을 의미한다고 할 것이다.</td></tr>
</table>

MEMO

		• (제3조) 공공 또는 민간 사회복지기관, 법원, 행정당국 또는 입법기관 등에 의하여 실시되는 아동에 관한 모든 활동에 있어서 아동의 최상의 이익이 최우선적으로 고려되어야 한다. 국가는 아동복지에 필요한 보호와 배려를 아동에게 보장하고, 이를 위하여 모든 적절한 입법적·행정적 조치를 취하여야 한다.
	아동의 생존·보호·발달보장 (= 생존과 발달 보장, = 아동의 생명·생존·발달권 보장, right to life, survival, and development) 원칙	• (제6조) 이 원칙은 모든 아동이 생명에 관한 고유한 권리를 가지고 있으며, 당사국은 가능한 한 최대한도로 아동의 생존과 발달을 보장하여야 한다고 규정하고 있다. – 생존 및 발달권은 아동의 기초적인 권리인 동시에 아동에게 부여된 고유의 권리라고 할 수 있으며, 시민적·정치적 권리의 성격뿐만 아니라 경제적·사회적·문화적 권리로서의 성격도 아울러 가지는 것으로 해석된다.
	아동의 의사 표명권 (= 아동 의사존중과 참여, = 아동 의견 존중, views of the child) 원칙	• (제12조) 이 원칙은 자신의 견해를 형성할 능력이 있는 아동에 대하여 본인에게 영향을 미치는 모든 문제에 있어서 자신의 견해를 자유스럽게 표현할 권리를 보장하며, 아동의 견해에 대하여는 아동의 연령과 성숙도에 따라 정당한 비중이 부여되어야 한다는 것이다. – 이것은 아동의 자기결정권을 의미함과 동시에, 아동에게 어떤 영향을 미칠 결정을 하는 데 있어서 아동 자신의 참여를 의미한다. 즉, 아동에게 영향을 미치는 사법적 또는 행정적 절차 등에서 아동의 의견이 중시되어야 한다는 데 그 핵심이 있고, 실제적으로 사법적·행정적 절차와 관련하여 아동 자신의 의견을 진술할 기회를 제공받는 것이라 하겠다(박현석, 1998).
자유권적 권리와 사회권적 권리	• 「아동권리협약」의 내용에는 이 협약의 일반원칙에 기초하여 자유권적 권리와 사회적 권리의 보장이 다음과 같이 제시되어 있다. – 자유권적 권리는 시민적 권리와 자유에 관한 내용을 포함하고 있으며, 사회권적 권리는 가정환경과 대안양육, 기초보건과 복지, 교육, 여가, 문화활동, 특별보호조치 등 아동의 삶의 질을 보장하는 구체적인 내용을 포함하고 있다. **참고** • 아동이 인간답게 살기 위해 요구할 수 있는 기본적 권리는 크게 자유권적 기본권과 사회권적 기본권으로 구분할 수 있다. – 자유권적 기본권은 국가 권력에 의하여 개인의 자유를 침해당하지 않을 권리를 의미하고, 사회권적 기본권은 교육권, 평등권 등과 같이 국민이 인간다운 생활을 할 수 있도록 국가에 요구할 수 있는 권리를 말한다. – 즉, 자유권적 기본권은 국가의 개입을 철저하게 배제하고자 하는 반면, 사회권적 기본권은 오히려 국가의 적극적인 개입을 요구한다. 이로 인해 2가지 권리는 상호 대립되는 것으로 간주할 수도 있으나, 권리보장의 가장 핵심적인 과제는 사회권과 자유권이 서로 조화롭게 보장되는 것이다(한상운, 2007).	

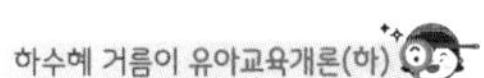

MEMO

SESSION 6

	자유권적 권리	**성명권과 국적취득권, 부모로부터 양육받을 권리** (제7조) 아동은 출생 후 즉시 등록되어야 하고, 출생시부터 성명권과 국적취득권을 가지며, 가능한 한 자신의 부모를 알고 부모에 의하여 양육받을 권리를 가진다. **신분 보존의 권리** (제8조) 당사국은 위법한 간섭을 받지 아니하고, 국적, 성명 및 가족관계를 포함하여 법률에 의하여 인정된 신분을 보존할 수 있는 아동의 권리를 존중한다. **표현의 자유** (제13조) 아동은 표현에 대한 자유권을 가진다. 이 권리는 구두, 필기 또는 인쇄, 예술의 형태나 아동이 선택하는 기타의 매체를 통하여 모든 종류의 정보와 사상을 국경에 관계없이 추구하고 접수하며 전달하는 자유를 포함한다. **사상, 양심, 종교의 자유** (제14조) 당사국은 아동의 사상·양심 및 종교의 자유에 대한 권리를 존중하여야 한다. **결사와 집회의 자유** (제15조) 당사국은 아동의 결사의 자유와 평화적 집회의 자유에 대한 권리를 인정한다. **사생활의 보호** (제16조) 어떠한 아동도 사생활, 가족, 가정 또는 통신에 대하여 자의적이거나 위법적인 간섭을 받지 아니하며 또한 명예나 신망에 대한 위법적인 공격을 받지 아니한다. **정보접근권** (제17조) 당사국은 대중매체가 수행하는 중요한 기능을 인정하며, 아동이 다양한 국내 및 국제적 정보원으로부터의 정보와 자료, 특히 아동의 사회적·정신적·도덕적 복지와 신체적·정신적 건강의 향상을 목적으로 하는 정보와 자료에 대한 접근권을 가짐을 보장하여야 한다.
	사회권적 권리	**정상적 가정생활을 누릴 수 있는 권리** (제9조) 당사국은 아동이 그의 의사에 반하여 부모로부터 분리되지 않도록 보장해야 한다고 규정하고 있다. 다만, 책임 있는 해당기관 주도로 아동이 그의 부모와 떨어져 있는 것이 그 아동의 최적의 생존을 보장한다고 판단하였을 때 합법적인 절차에 따른 사법심사를 거쳐 이를 실행할 수 있다. 그러나 이러한 경우에도 정상적인 환경하에서 그들의 부모와 개인적인 관계 및 접촉을 할 수 있도록 아동의 권리를 존중해야 한다.

MEMO

사회보장 혜택의 권리

(제26조) 당사국은 모든 아동이 사회보험을 포함한 사회보장 제도의 혜택을 받을 권리를 가진다는 것을 인정하고 국법에 위배되지 않는 범위 내에서 이 권리의 충분한 실행을 위해 필요한 방법을 강구해야 한다. 경제적 불안정으로 아동의 최소한의 욕구가 충족되지 않을 경우 아동의 신체적·지적·정서적 발달에 장애를 초래하게 된다. 사회보장은 돌발적인 경제적 불안에 대한 대비책으로 제도적 장치를 마련하여 아동의 권리를 보장하는 것이다.

보건과 의료적 서비스를 받을 권리

(제24조) 당사국은 도달가능한 최상의 건강수준을 향유하고, 질병의 치료와 건강의 회복을 위한 시설을 사용할 수 있는 아동의 권리를 인정해야 하며, 건강관리지원의 이용에 관한 아동의 권리가 박탈되지 아니하도록 노력하여야 한다. 이러한 권리가 보장됨으로써 아동의 사망률을 감소시킬 수 있으며, 알맞은 영양식과 깨끗한 물과 공기를 제공하여 질병과 영양실조를 예방할 수 있다. 그리고 임산부에 대한 적절한 출산 전후의 건강보호를 제공해야 한다.

교육을 받을 권리

(제28조) 당사국은 아동의 교육에 대한 권리를 인정하며, 점진적으로 그리고 기회 균등의 기초 위에서 이 권리를 달성하기 위하여 무료의 초등교육, 일반교육과 직업교육을 포함한 다양한 형태의 중등교육, 고등교육을 장려하는 조치를 취하여야 한다.

적절한 여가, 오락 및 문화적 생활을 누릴 수 있는 권리

(제31조) 당사국은 휴식과 여가를 즐기고, 자신의 연령에 적합한 놀이와 오락활동에 참여하며, 문화생활과 예술에 자유롭게 참여할 수 있는 아동의 권리를 인정하고, 문화적·예술적 생활에 완전하게 참여할 수 있는 아동의 권리를 존중하고 촉진하며, 문화, 예술, 오락 및 여가활동을 위한 적절하고 균등한 기회의 제공을 장려하여야 한다.

방임이나 학대 및 착취로부터 보호받을 권리

(제32조) 당사국은 경제적 착취 및 위험하거나 아동의 교육에 방해되거나, 아동의 건강이나 신체적·지적·정신적·도덕적 또는 사회적 발전에 유해한 어떠한 노동의 수행으로부터 보호받을 아동의 권리를 인정하고, 이 조의 이행을 보장하기 위한 입법적·행정적·사회적 및 교육적 조치를 강구하여야 한다. 또한 제33조는 마약과 향정신성 물질의 불법적 사용으로부터 아동을 보호해야 하며, 제34조는 모든 형태의 성적 착취와 성적 학대로부터 아동을 보호해야 함을 규정하고 있다.

MEMO

SESSION #6

		장애아동이 특별한 보호를 받을 권리 (제23조) 당사국은 정신적 또는 신체적 장애아동의 존엄성이 보장되고 자립이 촉진되며 적극적 사회참여가 조장되는 여건 속에서 충분히 품위 있는 생활을 누려야 함을 인정하고, 장애아동의 특별한 보호를 받을 권리를 보장해야 한다. 당사국은 신청에 의하여, 그리고 아동의 여건 또는 부모나 다른 아동 양육자의 사정에 적합한 지원이, 활용 가능한 재원의 범위 안에서, 이를 받을 만한 아동과 그의 양육 책임자에게 제공될 것을 장려하고 보장하여야 한다.
「아동권리협약」의 특징 및 의의	• 권리협약의 내용이 종래의 아동의 권리에 관한 어떤 선언이나 헌장보다도 포괄적이며 구체적이라는 점이다. – 즉, 권리협약은 전문과 54개조로 이루어져 있고, 그중 제1조에서 제41조까지 시행을 위한 절차와 규정을 명시하고 있다. • 아동의 권리에 대한 선언에서 협약의 단계로 도약적인 발전의 계기를 만들어 주었다는 점이다. – 협약은 협약 당사국에 있어서는 국내법과 동일한 법적 구속력을 가진 아동의 권리를 구체적으로 제시하여 권리의 실천적 대책을 촉구하고 있으므로 그 의의는 매우 크다. • 각국의 아동이나 청소년과 관련된 제반 법규 또는 아동을 위한 복지 정책이나 서비스에 관한 내용들을 개정하고 보완할 수 있는 기틀을 마련해 주었다. – 기존의 아동법규로서는 새롭게 출현하는 아동문제나 욕구충족에 대처하기 어렵지만, 국제협약은 정부 및 민간 차원에서 아동의 최선의 이익을 우선하는 원칙을 규정하고 있다는 점에서 각국의 정책과 제도적 발전의 이정표가 되고 있다. • 「아동권리협약」은 지구공동체 의식의 조성에 기여할 수 있다. – 이 협약은 평화, 자유 그리고 복지라는 인류 공동의 목표 추구의 일환이라는 점에서 그 의의가 매우 크다.	

참고

아동권리 모니터링

• 우리나라는 「아동권리협약」 비준 당사국으로서 그 의무를 다해야 한다.
  – 아동의 권리가 침해되지 않고 잘 보장되고 있는가를 판단하기 위해 국제적 차원에서 제도적 장치인 이른바 「아동권리 모니터링」을 통하여, 5년마다 아동권리 이행보고서를 제출하도록 하고 있다.
  – 아동권리 모니터링은 아동의 권리가 제대로 보장되고 있는지를 지속적으로 조사하고 감시하며 그 결과를 반영하여, 궁극적으로 아동의 권리가 신장되도록 하는 행위이다. 이러한 모니터링은 다양한 수준에서 행해질 수 있다. 국제적 수준뿐만 아니라 국가(정부) 수준 또는 지방자치단체나 공공단체, 민간단체 수준에서 아동권리의 모니터링이 가능하다. 실제로 유엔의 아동권리위원회는 협약 당사국의 「아동권리협약」 이행을 증진시키기 위하여 각국의 아동권리 정책들에 대한 모니터링을 실시하고 있다. 당사국들이 5년마다 유엔에 제출하는 국가보고서는 유엔에 의한 각국의 아동권리 모니터링 자료이면서 동시에 협약 당사국의 아동권리 모니터링을 의무화하기 위한 조치이다(황옥경, 2022).

MEMO

UNIT 02 아동권리 이념의 발달

#KEYWORD 대한민국 어린이헌장

20세기에 들어와서 서구에서는 「아동권리에 대한 제네바 선언」, 우리나라에서는 소파 방정환 선생의 아동권리 옹호운동을 기점으로 하여 아동권리 사상의 발전이 활발하게 이루어졌다.

1 외국의 아동권리 이념의 발달

- 아동권리사상의 발전을 살펴보면 19세기 이전에는 아동이 부모의 소유물처럼 여겨져 아동권리가 희박하였으나, 19세기에는 산업화와 도시화 과정에서 아동을 무시, 유기, 이용하는 것을 보호하기 위해 법과 자선단체가 만들어졌다.
- 그리고 20세기 초부터 아동을 독립된 인격체로 받아들이기 시작하여 아동권리사상이 아동복지의 이념과 실천과제로서 강조되기 시작하였다.
- 오늘날은 아동을 보호하는 수동적인 형태에서 벗어나 능동적인 아동권리 보장이라는 적극적인 아동권리 사상이 발달하게 되었다(장인협, 1998).

「세계아동헌장」 (1922년)	아동권리사상은 권리선언을 통해 표명되었는데, 아동권리선언의 선구는 1922년 영국의 국제아동기금단체연합이 발표한 세계아동헌장으로서, 그것은 아동이 신체적 · 심리적 · 정신적 행복을 위해 필요한 요소를 부여받아야 함을 선포한 것이었다.
국제연맹 「제네바 아동권리 선언」 (=「아동권리에 관한 제네바 선언」) (1924년, 1948년)	• 아동의 권리에 대한 최초의 국제 문서로, 1923년 영국의 * 에글란타인 젭 여사가 성문화한 아동권리선언을 모태로 한 것이다. – Jebb 여사는 제1차 세계대전 기간 동안 기아문제에 관여하면서 아동기금을 출범시키고 식량부족 사태를 막기 위해 노력하였다. – 제1차 세계대전 이후 독일과 오스트리아를 위시하여 서구 사회에서는 많은 아동들이 빈곤과 기아, 영양실조 등의 문제로 어려움에 처해 있었으나 기금 모금에는 상당한 한계가 있었다. 이에 Jebb 여사는 어린이들의 권리에 대한 인식이 필요함을 역설하는 발표문을 국제연맹에 제출하였다. 이를 기초로 1924년 제네바에서 개최된 국제연맹 회의에서는 「아동권리에 대한 제네바 선언」 5개 항을 채택하였다. 이는 국제사회가 아동의 권리보호를 중요한 과제로 인식한 최초의 문서이다. – 「제네바 아동권리 선언」은 아동의 빈곤이나 기아, 영양실조가 가장 큰 문제였던 당시의 시대 상황에 따라 기본적인 생존권에 초점을 맞추었다. 따라서 아동의 교육권 등과 같은 복지권이 제외되었다는 점에서는 한계가 있다. – 1924년 : 5개 조('~하여야 한다') ➡ 1948년 : 7개 조로 개정하였다. – 1948년 : 국제연맹(League of Nations)에서 국제연합(United Nations : UN)으로 조직명을 바꾼 다음, 1924년의 선언을 수정하고 2개 조항을 첨가하여 총 7개 조항으로 다시 공표하였다. • '제네바 선언' 5개 항의 내용은 아동의 심신발달의 보장, 아동보호의 접근방법, 아동구제의 최우선 원칙, 자립과 착취에서의 보호, 아동육성의 궁극적 목표를 제시하고 있다. **제1조** 아동에게는 정상적인 발달에 필요한 물질적 · 정신적 수단이 제공되어야 한다. **제2조** 굶주린 아동에게는 먹을 것을, 병든 아동에게는 치료를, 발달이 늦은 아동에게는 도움을, 비행아동에게는 교화의 기회를, 고아와 부랑아에게는 주거와 원조를 제공하여야 한다. **제3조** 아동은 위험에 처한 경우 가장 먼저 구제를 받아야 한다. **제4조** 아동은 생계연명을 보장받아야 하며, 모든 형태의 착취로부터 보호받아야 한다. **제5조** 아동은 자신의 재능을 인류에게 이바지해야 한다는 인식에서 양육되어야 한다.

* 배경
에글란타인 젭 (Eglantyne Jebb) — 「세계아동헌장」
- 국제적으로 인정하는 최초의 아동권리 선언이며, 우리나라에서처럼 조직이 아닌 개인에 의해 공표되었다.
- 에글란타인 젭 여사는 1923년에 5개 조항의 아동권리선언을 공표하였으며, 이 선언은 다음 해인 1924년에 '제네바 아동권리선언'이 공표되는 데 결정적인 역할을 하였다.

MEMO

「세계인권선언」(1948년)	• 12월 10일: 제3회 국제연합(UN) 총회에서 '세계인권선언일'로 선포하였다. – 세계인권선언은 제2차 세계대전 중 인류의 야만적인 범죄에 대한 성찰을 계기로 개인의 자유와 권리를 진술한 문서로서 모든 인간의 기본적 권리를 존중해야 한다는 유엔헌장의 취지를 반영하여 유엔 인권위원회에서 작성되었고, 1948년 12월 10일 제3차 유엔총회에서 채택되었다. – 세계인권선언은 다양한 정치·법적 체제, 종교·문화·철학적 전통에 내재한 공통의 가치 결집을 위한 노력의 산물로서 인권과 기본적 자유의 보편성을 강조하고 있으며, 이후 60개 이상의 국제인권 관련 규범 탄생의 기념비적 역할을 하였다. – **한계** 세계인권선언은 법적 구속력이 부재하며, 권리보장을 위한 국가의 의무가 제시되지 않았고, 경제·사회·문화적 권리 분야에 대한 관심이 부족한 것이 주요 한계로 지적되고 있다.
「유엔 아동권리선언」(1959년)	• 제2차 세계대전 이후 국제사회는 수많은 아동이 겪는 고통에 대해 다시금 국가적 책임을 명시할 필요성을 느끼게 되었다. 따라서 국제연합은 제네바 선언에 기초하여 1959년 11월 20일 제14차 유엔총회에서 10개 조항으로 확장된 「유엔 아동권리선언(UN Declaration of the Rights of the Child)」을 채택하였다. – 이는 아동의 권리를 체계적으로 명시하고, 아동의 권리를 주체로 인정하여 아동의 복지권을 강조하였다는 점에서 큰 의미가 있다(장인협·오정수, 1993). – 「유엔 아동권리선언」은 모든 아동이 누려야 할 권리와 자유를 전문(前文) 및 10개조('아동은~해야 한다')로 제시하였다. – 법적 구속력은 없으나, 전 세계 각국 어린이들의 권리보장과 이를 위한 각 국가의 각성 및 실질적인 노력에 큰 반향을 불러일으켰다. • 「유엔 아동권리선언」은 아동을 권리의 주체로 인정하고 이를 보장하겠다는 국제적 의지의 표현이며, 모든 아동의 권리보장이라는 측면에서 아동의 복지권을 강조한 것으로 볼 수 있다. **제1조** 모든 아동은 선언에 명시된 권리를 보장받아야 한다. 아동은 인종, 피부색, 성별 등에 따라 차별을 받지 않을 권리를 갖는다. **제2조** 아동은 법률에 의해 자유와 존엄성을 보장받으며, 건강하고 정상적으로 발달할 수 있도록 특별한 보호를 받을 권리를 갖는다. 이를 위해 법률을 제정하는 데 있어서 아동의 최상의 이익을 우선적으로 고려해야 한다. **제3조** 아동은 출생 시부터 성명과 국적을 부여받을 권리를 갖는다. **제4조** 아동은 사회보장혜택을 받을 권리를 갖는다. **제5조** 장애아동에게는 특별한 치료와 교육, 보호가 제공되어야 한다. **제6조** 전인적 발달을 위해 아동은 사랑과 이해를 필요로 하므로 가급적 아동은 가정에서 부모에 의해 양육되어야 하며, 사회는 가정이 없는 아동에 대해 특별한 보호를 제공할 의무를 갖는다. **제7조** 아동은 적어도 초등학교까지는 의무교육을 받을 권리를 가지며, 아동의 교육과 지도는 아동의 최상의 이익에 근거하여 이루어져야 한다. 또한 아동에게는 교육뿐만 아니라 놀이와 여가도 제공되어야 하며, 사회는 이러한 권리를 증진시키기 위해 노력하여야 한다. **제8조** 아동은 모든 상황에서 우선적으로 보호와 구제를 받아야 한다. **제9조** 아동은 모든 형태의 방임, 학대, 착취로부터 보호받아야 하며, 적절한 연령에 도달하기 전에는 고용이 금지되어야 한다. **제10조** 아동은 모든 형태의 차별적 관행으로부터 보호되어야 하며, 자신의 재능을 이웃에게 이바지할 수 있도록 양육되어야 한다.

MEMO

「세계 어린이의 해」(1979년)	• 유엔(UN) 아동권리선언 10개 조항이 제정된 이후인 1979년, 유엔은 「유엔 아동권리선언」 20주년을 기념하여 이 해를 '세계 어린이의 해'로 정하였다. – 유엔에서는 1959년 아동권리선언의 정신을 더욱 공고히 하기 위해, 1979년 아동권리선언을 다시 공표함과 동시에 "아동은 충분한 발달을 위해 애정과 물질적인 안정 속에서 성장할 권리가 있으며, 부모와 사회는 그 책임을 진다"는 인식을 강화하도록 '세계 어린이의 해'를 선포하였다.
「유엔 아동권리협약」(1989년)	• 아동의 권리에 대한 국제협약 – 1979년 국제협약의 제정안이 폴란드 정부에 의해 제출된 이후 10년 동안의 준비 작업을 통해 국제협약이 마련되었으며, 마침내 1989년 10월에 유엔 총회의 승인과 20개 국가들의 비준을 받아 1990년 9월 2일 효력이 발생하게 되었다. • 유엔은 10개 항의 「아동권리선언」이 제정된 20주년을 기념하여 1979년을 '세계 어린이의 해'로 선포하였다. 나아가 아동의 권리를 단순히 선언문이 아닌 법적 구속력을 가진 국제협약의 형태로 발전시킬 필요성을 인식하게 되면서 「유엔 아동권리협약」이 제정되었다. 「유엔 아동권리협약」은 1989년 11월 20일 유엔 총회에서 만장일치로 채택되었고, 1990년 10월 2일부터 국제법으로서 그 효력을 발생하게 되었다. 이는 「유엔 아동권리선언」에서 명시한 아동의 권리를 지속적으로 보장하기 위해 채택된 최초의 국제협약으로 우리나라를 위시하여 193개국이 비준한 협약이다. 이 협약에 비준한 국가는 협약에 명시된 모든 아동의 권리를 보장할 의무를 갖게 되며, 동시에 협약의 이행상황을 유엔 아동권리위원회에 보고할 의무를 갖는다. 「아동권리협약」의 의의 • 국제연합총회에서 만장일치로 채택된 협약이다. • 아동의 권리보호만을 목적으로 한 최초의 국제협약이다. • 아동을 인권의 적극적 향유 주체로 인정하고 있는 유일한 협약이다. • 협약 당사국에 대한 모니터링 및 그 이행결과에 대한 보고를 의무화한 협약이다. • 단기간에 가장 많은 나라가 협약에 비준하고 의무를 다하고자 노력하는 협약이다. • 국제간의 신뢰에 기반한 것으로 국내법과 동일한 효력 및 구속력을 지니는 국제법이며 자발적으로 이행해야만 하는 협약이다.
「세계아동 정상회담」(1990년)	• 1990년 9월 30일, 유엔 본부에서 사상 최초로 아동을 위해 개최되었다. – '어린이에게 밝은 미래를'이라는 구호를 내걸고 열린 「세계아동정상회담」에는 71개국의 정상을 비롯하여 159개국 대표가 참석한 가운데 1990년대 아동의 생존, 보호, 발달을 위한 선언문과 이를 구체적으로 실천하기 위한 *행동계획이 채택되었다. – 아동정상회담의 행동계획은 어린이를 위한 개발이 전반적인 국가발전의 핵심적 목표가 되어야 함을 전제로 아동보건과 영양, 모자보건과 가족계획, 기초교육과 문맹퇴치, 역경에 처한 어린이와 전쟁 시 어린이 보호, 어린이와 환경, 빈곤퇴치와 경제성장 촉진 등의 분야에서 2000년까지 이루어야 할 일련의 아동개발 목표를 명시하고 이를 달성하기 위한 전략과 보완조치들을 다각적으로 제시하고 있다.

* 행동계획
행동계획에 제시된 1990년대 아동개선사업의 목표는 7개 분야로 집약되고 이 7개 목표를 완수하기 위한 25개 세부목표도 설정되어 있다. 목표 달성시기는 아동의 삶이 대폭 개선되는 이정표로 삼은 2000년까지이다.

MEMO

SESSION 6

「유엔(UN) 아동특별총회」 (2002년)	**유엔(UN) 아동특별총회의 개요** • UN 아동특별총회(이하 '아동특총')는 2002년 5월 8일~5월 10일 미국 뉴욕에서 개최되었다. 아동특총은 1990년 「세계아동정상회담」에서 채택된 선언 및 행동계획(Declaration and Plan of Action)의 성과를 검토하고, 앞으로 10년간 아동을 위해 전 세계적인 차원에서 추진할 새로운 목표 및 행동계획을 설정하기 위해 마련되었다. – 새로운 목표와 행동계획을 작성하기 위하여 그동안 3차례에 걸친 준비회의가 있었고, 이를 통하여 이행문서의 초안이 작성되었다. **UN 아동특별총회의 결과** • 채택된 최종 결과문서(A World Fit for Children : 아동에게 적합한 세상 만들기)는 크게 선언문과 향후 행동계획으로 구분된다. – 선언문에는 1990년 세계아동정상회의 이래 이루어진 아동복지향상의 성과를 평가하고 있고, 구체적인 행동계획에는 ① 「아동에게 적합한 세상」을 만들기 위한 조치 규정, ② 목표, 전략 및 실천방안(보건, 교육, 학대・착취 및 폭력 근절, HIV/AIDS 퇴치), ③ 재원 확보(선진국들의 ODA 증액, 최빈국에 대한 부채 탕감), ④ 후속조치 및 모니터링(결과문서 채택을 위한 국가・지역차원의 행동계획 수립) 등의 내용이 포함되어 있다. – 아동에게 적합한 세상을 만들기 위한 결과문서 전반에 나타난 기본 원칙은 아동을 무엇보다 우선하고, 아동보호를 위하여 빈곤을 제거하고 아동에 대해 투자하며, 폭력・착취・학대・전쟁으로부터 아동을 보호하고, 아동에게 적극 귀 기울이며 참여를 보장해 나아가야 한다는 것이다.

2 우리나라의 아동권리 이념의 발달

배경	• 우리나라에서의 본격적인 아동권리의 발달은 소파 방정환 선생을 주축으로 한 선각자들의 아동애호운동으로부터 시작되었다고 볼 수 있다. • 이후 여러 가지 정치・경제・사회의 급변을 겪으면서 다양한 관점과 성격을 지닌 각종의 아동애호와 보호운동이 점진적으로 이루어지면서 법제화되기 시작하였다. ➔ 이러한 법제화는 아동권리 신장에 결정적인 역할을 하였다. • 유엔이 주도한 각종의 아동권리운동은 우리나라 아동의 권리발달에 직・간접적인 영향을 미쳤으며, 지속적으로 아동복지 관계법에 반영됨으로써 아동복지의 증진을 도모하고 있다.
소년운동 (1920년 初)	• 소파 방정환(1899~1931) – 방정환 선생을 중심으로 우리나라 소년운동이 시작되었다. – 우리나라의 최초의 어린이 운동가이자 애국계몽활동가이다. – 어린이들에게도 인권이 있음을 강조하였다. – 어린이들을 위한 동화와 「어린이」 등 각종 잡지를 만들었다. – 1921년 '어린이'라는 말을 처음으로 사용하였다.

MEMO

'어린이날' 선전문 (1922년)	• '천도교소년회'는 창립 1주년이 되는 1922년 5월 1일을 우리나라 최초의 '어린이의 날'로 정하고 여러 기념행사를 했는데, 그때 '어린이날' 선전문 배포를 통해 독자적으로 어린이 운동의 포문을 열었다. – 정확한 기록은 없지만 이 선전문은 당시 어린이 운동을 주도적으로 이끈 천도교소년회 측의 김기전 선생이 작성한 것으로 추정되는데, 김기전과 함께 천도교소년회의 핵심 인물이었던 방정환 선생의 생각이 반영된 것으로 보는 견해가 지배적이다. – 김기전 선생이 어린이 운동의 '이론'을, 방정환 선생이 어린이 운동의 '실천'을 주도했다는 설이 일반적으로 알려져 있다. | 제1회 '어린이의 날' 선전문 | 1. 어린 사람을 헛말로 속히지 말아 주십시오. 2. 어린 사람을 늘 가까이 하시고 자주 이야기하여 주십시오. 3. 어린 사람에게 경어를 쓰시되 늘 부드럽게 하여 주십시오. 4. 어린 사람에게 수면과 운동을 충분히 하게 하여 주십시오. 5. 이발이나 목욕 같은 것을 때맞춰 하도록 하여 주십시오. 6. 나쁜 구경을 시키지 마시고 동물원에 자주 보내 주십시오. 7. 장가나 시집 보낼 생각 마시고 사람답게만 하여 주십시오.
「아동권리공약 3장」 (1923년)	• 1923년 5월 1일 '조선소년운동협회' 주최로 열린 어린이날 행사에서 우리나라 최초의 아동권리 선언인 「아동권리공약 3장」이 공표되었다. 즉, '조선소년운동협회'가 「소년운동 선언」에서 「아동권리공약 3장」을 선포한 것이다. – 이 공약은 1924년 제네바의 국제연맹에서 채택된 국제아동인권선언보다도 1년 앞섰음을 볼 때, 우리나라 선각자들의 아동애호사상에 대한 선견지명을 읽을 수 있다는 점에서 기념비적인 의의를 지닌다고 할 수 있다. – 첫째 조항이 아동의 인격적인 권리를 표방한 것이라면, 둘째 조항은 노동으로부터 벗어날 수 있는 권리를 표방한 것이고, 셋째 조항은 놀이와 학습의 권리를 표방한 것이다. – 이 외에도 어린이에 대한 존중과 일상적인 참여를 어른들에게 권고하는 내용을 담은 9항목의 '어른에게 드리는 글'과 7항목의 '어린 동무들에게' 주는 당부의 말이 발표되었다. |아동권리공약 3장 (소년운동의 선언 – 세 가지 조건)| 본 소년운동협회는 이 어린이날의 첫 기념되는 5월 1일인 오늘에 있어 고요히 생각하고 굳이 결심한 나머지 감히 아래와 같은 세 조건의 표방을 소리쳐 전하며, 이에 대한 천하 형제의 심심한 주의와 공명과 또는 협동 실행이 있기를 바라는 바이라. • 어린이를 재래의 윤리적 압박으로부터 해방하여 그들에 대한 완전한 인격적 예우를 허하라. • 어린이를 재래의 경제적 압박으로부터 해방하여 만 14세 이하의 그들에 대한 무상 또는 유상의 노동을 폐하라. • 어린이 그들이 고요히 배우고 즐거이 놀기에 족한 각양의 가정 또는 사회적 시설을 행하라. | 1923년, 어른에게 드리는 글 | • 어린이를 내려다보지 마시고 쳐다보아 주시오. • 어린이를 늘 가까이 하사 자주 이야기를 하여 주시오. • 어린이에게 경어를 쓰시되 늘 보드랍게 하여 주시오. • 이발이나 목욕, 의복 같은 것을 때맞춰 하도록 하여 주시오.

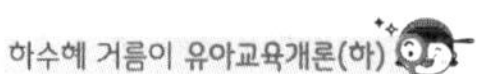

MEMO

- 잠자는 것과 운동하는 것을 충분히 하게 하여 주시오.
- 산보와 원족 같은 것을 가끔 가끔 시켜주시오.
- 어린이를 책망하실 때에는 쉽게 성만 내지 마시고 자세히 타일러 주시오.
- 어린이들이 서로 모여 즐겁게 놀만한 놀이터나 기관 같은 것을 지어 주시오.
- 대우주의 뇌신경의 말초는 늙은이에게 있지 아니하고 젊은이에게도 있지 아니하고 오직 어린이 그들에게만 있는 것을 늘 생각하여 주시오.

| 1923년, 어린 동무들에게 |

- 돋는 해와 지는 해를 반드시 보기로 합시다.
- 어른에게는 물론이고 당신들끼리도 서로 존대하기로 합시다.
- 뒷간이나 담벽에 글씨를 쓰거나 그림 같은 것을 그리지 말기로 합시다.
- 길가에서 떼를 지어 놀거나 유리 같은 것을 버리지 말기로 합시다.
- 꽃이나 풀을 꺾지 말고 동물을 사랑하기로 합시다.
- 전차나 기차에서는 어른에게 자리를 사양하기로 합시다.
- 입은 꼭 다물고 몸은 바르게 가지기로 합시다.

| 1923년, 어린이날의 약속 |

우리들의 희망은 오직 한 가지 어린이를 잘 키우는 데 있을 뿐입니다. 다같이 내일을 살리기 위하여 이 몇 가지를 실행합시다.

어린이는 어른보다 더 새로운 사람입니다. 내 아들놈, 내 딸년 하고 자기의 물건같이 여기지 말고, 자기보다 한결 더 새로운 시대의 새 인물인 것을 알아야 합니다.

어린이를 어른보다 더 높게 대접하십시오. 어른은 뿌리라면 어린이는 싹입니다. 뿌리가 근본이라고 위에 올라앉아서 싹을 내려누르면 그 나무는 죽어버립니다. 뿌리가 원칙상 그 싹을 위해야 그 나무는 뻗쳐 나갈 것입니다.

어린이를 결코 윽박지르지 마십시오. 조선의 부모는 대개가 가정교육은 엄해야 한다는 잘못된 생각으로 그 자녀의 인생을 망쳐 놓습니다. 윽박지를 때마다 뻗어가는 어린이의 기운은 바짝바짝 줄어듭니다. 그렇게 길러온 사람은 공부를 아무리 많이 해도 크게 자라서 뛰어난 인물이 못 되고 남에게 꿀리고 뒤지는 샌님이 되고 맙니다.

어린이의 생활을 항상 즐겁게 해 주십시오. 심심하게 기쁨 없이 자라는 것처럼 자라가는 어린 사람에게 해로운 일이 또 없습니다. 항상 즐겁게 기쁘게 해 주어야 그 마음과 몸이 활짝 커 가는 것입니다.

어린이는 항상 칭찬해 가며 기르십시오. 칭찬을 하면 주제넘어진다고 생각하는 것은 큰 잘못입니다. 잘하는 일에는 반드시 칭찬과 독려를 해 주어야 그 어린이의 용기와 자신하는 힘이 늘어가는 것입니다.

어린이의 몸을 자주 주의해 보십시오. 집안의 어린이가 무엇을 즐기나, 몸과 마음이 어떻게 변해 가나, 이런 것을 항상 주의해 보아 주십시오. 평상시에 그냥 내버려 두었다가 잘못된 뒤에 야단을 하거나 후회하는 것은 부모들의 큰 잘못입니다.

어린이에게 잡지를 자주 읽히십시오. 어린이에게는 되도록 다달이 나는 소년잡지를 읽히십시오. 그래야 생각이 넓고 커짐은 물론이요, 또한 부드럽고도 고상한 인격을 가지게 됩니다. 돈이나 과자를 사 주지 말고 반드시 잡지를 사 주도록 하십시오.

MEMO

	• 사회운동 차원에서 만들어진 어린이날은 1957년 5월 5일 「대한민국 어린이헌장」 제정을 계기로 국가적 차원의 공식적인 행사로 발전하였다. – 이는 비록 법률적 효력은 없다 하더라도 어린이 육성의 기본 정신을 밝히고 어린이의 천부적인 인권을 존중하기 위한 지침을 세시해주었다. – 동화작가인 마해송, 강소천 등이 중심이 되어 1957년 2월에 작성되었고, 같은 해 다시 전문과 9개 항의 어린이헌장으로 보완하여 제35회 어린이날인 5월 5일을 기해 공표하였다. • 이후 1988년 보건복지부는 제66회 어린이날을 기해 민주사회의 시민으로서 어린이상을 구체적으로 표현한다는 취지 아래 이전의 내용에서 피상적인 부분을 전면 개정하여 전문과 11개항으로 구성된 「대한민국 어린이헌장」을 공포하였다. – 어린이헌장의 내용은 아동이 차별을 받지 않고 존엄한 인간으로서의 권리를 보장받으면서 건강하게 성장해 나가는 데 필요한 여러 가지 요건을 명시하고 있다. – 이러한 어린이헌장의 내용은 바로 1923년의 「아동권리에 대한 제네바 선언」과 1959년의 「유엔 아동권리선언」의 내용을 계승함과 동시에 유니세프(UNICEF)가 권고하는 생존권, 보호권, 발달권, 참여권 보장에 대한 규정과도 일맥상통하는 것이다.
「대한민국 어린이헌장」 (1957년)	| 1957년 대한민국 어린이헌장 | 어린이는 나라와 겨레의 앞날을 이어나갈 새 사람이므로 그들의 몸과 마음을 귀히 여겨 옳고 아름답고 씩씩하게 자라도록 힘써야 한다. 1. 어린이는 인간으로서 존중하여야 하며 사회의 한 사람으로서 올바르게 키워야 한다. 2. 어린이는 튼튼하게 낳아 가정과 사회에서 참된 애정으로 교육하여야 한다. 3. 어린이에게는 마음껏 놀고 공부할 수 있는 시설과 환경을 마련해 주어야 한다. 4. 어린이는 공부나 일이 몸과 마음에 짐이 되지 않아야 한다. 5. 어린이는 위험한 때에 맨 먼저 구출하여야 한다. 6. 어린이는 어떠한 경우에라도 악용의 대상이 되어서는 아니 된다. 7. 굶주린 어린이는 먹여야 한다. 병든 어린이는 치료해 주어야 하고 신체와 정신에 결함이 있는 어린이는 도와주어야 한다. 불량아는 교화하여야 하고 고아와 부랑아는 구호하여야 한다. 8. 어린이는 자연과 예술을 사랑하고 과학을 탐구하며 도의를 존중하도록 이끌어야 한다. 9. 어린이는 좋은 국민으로서 인류의 자유와 평화와 문화발전에 공헌할 수 있도록 키워야 한다. | 1988년 대한민국 어린이헌장 [대한민국 어린이헌장 개정 내용] | 대한민국 어린이헌장은 어린이날의 참뜻을 바탕으로 하여, 모든 어린이가 차별 없이 인간으로서의 존엄성을 지니고, 나라의 앞날을 이어나갈 새 사람으로 존중되며, 바르고 아름답고 씩씩하게 자라도록 함을 길잡이로 삼는다. 1. 어린이는 건전하게 태어나 따뜻한 가정에서 사랑 속에 자라야 한다. 2. 어린이는 고른 영양을 취하고, 질병의 예방과 치료를 받으며, 맑고 깨끗한 환경에서 살아야 한다. 3. 어린이는 누구나 좋은 교육시설에서 개인의 능력과 소질에 따라 교육을 받아야 한다. 4. 어린이는 빛나는 우리 문화를 이어 받아, 새롭게 창조하고 널리 펴나가는 힘을 길러야 한다. 5. 어린이는 즐겁고 유익한 놀이와 오락을 위한 시설과 공간을 제공받아야 한다. 6. 어린이는 예절과 질서를 지키며, 한겨레로서 서로 돕고, 스스로를 이기며 책임을 다하는 민주 시민으로 자라야 한다.

MEMO

	7. 어린이는 자연과 예술을 사랑하고 과학을 탐구하는 마음과 태도를 길러야 한다. 8. 어린이는 해로운 사회 환경과 위험으로부터 먼저 보호되어야 한다. 9. 어린이는 학대를 받거나 버림을 당해서는 안 되고, 나쁜 일과 짐이 되는 노동에 이용되지 말아야 한다. 10. 몸이나 마음에 장애를 가진 어린이는 필요한 교육과 치료를 받아야 하고, 빗나간 어린이는 선도되어야 한다. 11. 어린이는 우리의 내일이며 소망이다. 나라의 앞날을 짊어질 한국인으로, 인류의 평화에 이바지 할 수 있는 세계인으로 키워야 한다.
「아동복지법」 (1981년)	• 「아동복지법」은 아동이 건강하게 출생하여 행복하고 안전하게 자라나도록 그 복지를 보장함을 목적으로 하는 법이다. – 근대적 의미의 「아동복지법」은 1961년 「아동복리법」이라는 명칭으로 제정되었다. 이는 전후의 요보호아동을 구제하기 위한 선별적인 성격이 강하였고, 따라서 생존권 보장이 우선적인 목표였다. – 이후 1981년 개정된 「아동복지법」은 요보호아동을 위한 「아동복리법」에서 한 걸음 나아가 일반아동도 포함하는 보편적인 복지대책을 실시하기 위한 목적으로 제정된 것이다. 즉, 요보호아동의 구제라는 기존의 사후 대체적인 틀에서 벗어나 다양하고 전문적인 복지 서비스를 제공함으로써 모든 아동의 건강한 발달을 보장함과 동시에 아동의 권리를 보호하기 위한 법적 기초를 마련하였다는 점에서 큰 의의를 찾을 수 있다.
「아동권리협약」 비준 (1991년)	• 우리나라는 1990년 9월 25일에 서명하고, 이듬해인 1991년 11월 20일에 비준서를 기탁함으로써 「아동권리협약」은 같은 해 12월 20일 한국에 대해서도 발효하게 되었다. 그러므로 우리나라는 비준 당사국으로서 의무를 다해야 한다. – 「아동권리협약」은 국내법과 동일한 효력을 가지므로, 「아동권리협약」을 준수하기 위해서는 「아동권리협약」을 반영한 법체계를 마련해야 하며, 관계법을 제・개정해야 한다. – 이러한 맥락에서 우리나라에서는 「아동복지법」을 개정하고, 또한 아동복지 관계법을 제・개정하였으며, 이러한 과정에서 점진적인 아동권리의 보장이 이루어지고 있다. – 비준국은 협약 제44조에 의거하여 협약의 정신을 숙지하고 그것이 정한 바대로 아동의 권리보장에 최대한 노력하여야 하며, 그 결과를 국가보고서 형식으로 제출할 의무를 지니고 있다. 즉, 협약 비준국은 비준 후 2년 이내에 그리고 그 이후에는 5년마다 협약 이행보고서를 제출하여야 한다. – 아동의 권리가 침해되지 않고 잘 보장되고 있는가를 판단하기 위해, 국제적 차원에서의 제도적 장치를 「아동권리 모니터링」이라고 하여, 5년마다 아동권리 이행보고서를 제출하도록 하고 있다.

MEMO

「영유아보육법」 (1991년)	• 우리나라의 보육사업은 1921년 태화사회관에서 처음으로 시작되었으며, 해방 후 6·25 전쟁 직후에는 보육사업이 구호·보호적인 형태를 지녔고, 1961년에는 「아동복리법」이 제정·공포되어 제도화되었다. • 1961년 제정된 「아동복리법」에서 자녀들로 인하여 일을 할 수 없이 생활에 지장을 받거나 질병, 기타 사정으로 인하여 가정에서 보호할 수 없는 아동들을 대상으로 그들을 위탁받아 낮 동안 보호하는 탁아시설이 규정되었다. 그러나 탁아시설은 보호에만 중점을 두어 교육 프로그램이 결여되어 있다는 지적이 나왔다. • 이에 따라 1982년 「유아교육진흥법」이 제정·공포됨으로써 보육시설을 새마을 유아원으로 통폐합시켜 설치하였다. – 그러나 「유아교육진흥법」에는 탁아기능에 대한 조항이 없어 사회적으로 시급히 요청되는 탁아욕구를 충족하지 못하는 결과를 초래하였고, 이러한 시대적 요구에 부응하기 위해 1989년 9월 19일 「아동복지법 시행령」 개정에 의하여 탁아시설의 조항을 삽입하였으며, 1990년 「아동복지법 시행규칙」을 개정하고 탁아사업을 부활시켰다. • 하지만 이 법으로는 보육욕구에 대한 수용이 미흡하여, 하나의 독립된 법률체계하에서 보건복지부가 관장하는 운영체계로 전환하는 것을 골자로 1991년 1월 14일에 「영유아보육법」이 독립적으로 제정·실시되었다. – 1999년 「영유아보육법」이 법률 제5845호로 일부 개정되었고, 그 후 2004년 1월 29일 「영유아보육법」이 다시 전면 개정되었으며, 2014년 5월 법률 제12697호로 일부 개정되었다. • 영유아보육 업무는 「정부조직법」의 개정에 따라 2004년 여성가족부가 관장하였으며, 2008년부터 보건복지가족부, 2010년부터 다시 보건복지부의 관장으로 변경되었다. • 그리고, 유보통합 추진에 따라 보건복지부 소관이던 영유아보육 업무는 2023년 12월 「정부조직법」이 개정·공포되어 2024년 6월부터 교육부로 이관되었다.
「유아교육법」 (2004년)	• 1907년: 학무국에서 보통교육과 유치원 교육에 관한 사무를 다루었다. • 1922년: 제2차 조선교육령과 소학교령에 유치원 설립인가 절차와 시설기준이 제시되었으나 법적 효력없이 지침의 기능만 있었다. • 1949년: 12월 31일 「교육법」이 제정 공포되어 유치원의 설립인가, 원아의 수, 보육과목, 보육일수 등이 정해졌으나 정부수준의 행정적 지도나 감독은 없었다. • 1963년: '유치원 설치 기본령'이 공포되어 유치원 시설기준을 규정하였다. • 1969년: '유치원 교육과정령'이 공포되었다. • 1976년: 최초의 공립유치원인 병설유치원이 설립되었다. 그 후 유아교육의 공교육에 대한 요구와 교육의 양적·질적 팽창이 이루어졌다. • 1982년: 「유아교육진흥법」이 공포되면서 유아교육의 법적 근거를 마련하였고 더불어 유아교육의 양적 팽창이 급속도로 이루어졌다. 이원화 체제였던 유아교육은 「유아교육진흥법」으로 보건복지부, 내무부, 농업진흥청에서 분산 관장하던 어린이집을 '새마을 유아원'으로 통합하고 유치원과 함께 유아교육기관으로 일원화되었다. • 1991년: 점차 여성의 취업이 증가하는 등 사회적 변화로 1991년 보건복지부는 영유아보육법을 제정·공포하였고, 새마을 유아원이 보건복지부의 어린이집으로 복귀되어 다시 이원화가 되었다. 이때 난무하였던 여러 시설을 국·공립어린이집, 법인어린이집, 민간어린이집, 직장어린이집, 부모협동어린이집, 가정어린이집으로 재정립하였다. • 2004년: 「유아교육법」, 「영유아보육법」이 동시에 제·개정되어 현재까지 이원화 체제가 유지되고 있으나, 이르면 2026년부터 유보통합이 본격 시행될 예정이다.

MEMO

「유아교육법」 제정의 의미

- 「유아교육법」의 제정은 유아교육 관련 법조항을 체계적으로 정비하여 기본적 교육법 체계를 마련했다는 점에서 의미가 깊다.
  - 유아교육 관련법은 「초·중등교육법」, 「유아교육진흥법」 등으로 부속되거나 여러 곳에 산재해 있다가 2004년 1월 「유아교육법」이 제정·공포되면서 독립된 법체계를 갖추게 되었다. 이로써 우리나라 교육법은 「교육기본법」, 「유아교육법」, 「초·중등교육법」, 「고등교육법」, 「평생교육법」의 5법 체제를 갖추게 되었고, 「영유아보육법」의 전면 개정안도 통과되어 영유아 관련 법은 양법체제를 형성하게 되었다.
  - 「유아교육법」은 교육을 유아단계부터 체계화하고, 유아교육에 대한 공교육 체제 구축의 법적 근거를 마련하여 질적 수준이 높은 유아교육기관에서 유아의 균형적이고 조화로운 발달을 조장함과 아울러 유아 보호자의 사회·경제적 활동이 원활하게 이루어질 수 있도록 지원하는 것을 목적으로 하고 있다.

어린이 놀이헌장 (2015년)

- 우리나라 최초의 어린이 놀이헌장: "가정, 학교, 지역사회가 어린이의 놀 권리를 존중하고 놀 터와 놀 시간을 제공해야 한다."
  - 2015년 4월 25일 200여 명의 초등학생이 참여하여 진행한 '어린이 놀이헌장 원탁회의' 결과 중에서 어린이들의 공감도가 높은 내용을 기초로 초안을 작성하고, 인터넷을 통해 어린이들의 초안 검토의견 수렴 과정을 거쳐서 「어린이 놀이헌장」을 완성했다. 이는 어린이들에 의한, 어린이들을 위한, 어린이들의 선언이다.
  - 강원도교육감(민병희)이 처음 제안하고 전국 시도교육감이 만장일치로 합의해 공동으로 추진하면서 어린이들의 놀 권리에 대한 사회적 인식이 확산되는 계기가 되었다. 2015년 5월 4일 전국시도교육감협의회 주최로 국회의원회관 제1소회의실에서 어린이가 놀이의 주인임을 인정하는 교육공동체 모두의 약속을 선포하기 위한 '어린이 놀이헌장' 선포식을 개최하였다.

모든 어린이는 놀면서 자라고 꿈꿀 때 행복하다. 가정, 학교, 지역사회는 어린이의 놀 권리를 존중해야 하며, 어린이에게 놀 터와 놀 시간을 충분히 제공해 주어야 한다.

어린이에게는 놀 권리가 있다.
어린이는 놀이로 행복을 누릴 권리가 있으며 놀이의 주인공은 어린이이다.

어린이는 차별 없이 놀이 지원을 받아야 한다.
어린이는 성별, 종교, 장애, 빈부, 인종 등에 상관없이 놀이 지원을 받아야 한다.

어린이는 놀 터와 놀 시간을 누려야 한다.
어린이는 자유롭게 놀거나 쉴 수 있도록 놀 터와 놀 시간을 충분히 누릴 수 있어야 한다.

어린이는 다양한 놀이를 경험해야 한다.
가정, 학교, 지역사회는 어린이의 발달 단계에 맞는 풍부한 놀이 환경을 만들어 주고, 다양한 놀이 경험의 기회를 제공해 주어야 한다.

가정, 학교, 지역사회는 놀이에 대한 가치를 존중해야 한다.
가정, 학교, 지역사회는 어린이의 놀이를 존중하고 가치를 인정해야 하며, 안전하고 즐겁게 놀 수 있도록 배려하여야 한다.

2015년 5월 4일
전국시도교육감협의회 선포

MEMO

아동권리헌장 (2016년)

- 보건복지부가 2016년 5월 2일 '어린이가 행복한 세상을 위한 우리의 약속'을 주제로 제정하였다.
  - 정부 차원의 「아동권리헌장」은 1957년 방정환 선생의 정신을 기리며 정부가 제정한 「어린이헌장」(1988년 개정) 이후 처음이다.
  - 이 헌장은 유엔 「아동권리협약」에 기초해 달라진 시대상을 반영하고 어린이의 처지에서 기술한 사실상의 첫 헌장이라고 평가받는다.

> 모든 아동은 독립된 인격체로 존중받고 차별받지 않아야 한다. 또한 생명을 존중받고, 보호받으며, 발달하고 참여할 수 있는 고유한 권리가 있다. 부모와 사회, 국가와 지방자치단체는 아동의 이익을 최우선적으로 고려해야 하며, 다음과 같은 아동의 권리를 확인하고 실현할 책임이 있다.
>
> 1. 아동은 생명을 존중받아야 하며 부모와 가족의 보살핌을 받을 권리가 있다.
> 2. 아동은 모든 형태의 학대와 방임, 폭력과 착취로부터 보호받을 권리가 있다.
> 3. 아동은 출신, 성별, 언어, 인종, 종교, 사회·경제적 배경, 학력, 연령, 장애 등의 이유로 차별받지 않을 권리가 있다.
> 4. 아동은 개인적인 생활이 부당하게 공개되지 않고 보호받을 권리가 있다.
> 5. 아동은 신체적·정신적·사회적으로 건강하게 성장하고 발달하는 데 필요한 기본적인 영양, 주거, 의료 등을 지원받을 권리가 있다.
> 6. 아동은 자신이 살아가는 데 필요한 지식과 정보를 알 권리가 있다.
> 7. 아동은 자유롭게 상상하고 도전하며 창의적으로 활동하고 자신의 능력과 소질에 따라 교육받을 권리가 있다.
> 8. 아동은 휴식과 여가를 누리며 다양한 놀이와 오락, 문화·예술 활동에 자유롭고 즐겁게 참여할 권리가 있다.
> 9. 아동은 자신의 생각이나 느낌을 자유롭게 표현할 수 있으며, 자신에게 영향을 주는 결정에 대해 의견을 말하고 이를 존중받을 권리가 있다.

참고

어린이날

정의

어린이들이 올바르고 슬기로우며 씩씩하게 자라도록 하고, 어린이에 대한 애호사상을 앙양하기(드높이고 북돋우기) 위하여 지정한 날이다.

내용

1919년 3·1독립운동을 계기로 어린이들에게 민족정신을 고취하고자, 1923년 방정환(方定煥)을 포함한 일본유학생 모임인 '색동회'가 주축이 되어 5월 1일을 '어린이날'로 정하였다가 1927년 날짜를 5월 첫 일요일로 변경하였다.

1923년 5월 1일 첫 번째 어린이날 기념행사에서 '어른들에게 드리는 글'이 배포되었는데 여기서 특히 "어린이에게 경어를 쓰시되 늘 부드럽게 하여 주시오."라고 당부했다. 방정환은 독립된 인격체로서의 어린이에 대한 존중을 부탁한 것이다. 첫 번째 어린이날의 구호는 "씩씩하고 참된 소년이 됩시다. 그리고 늘 서로 사랑하며 도와갑시다."였다.

1945년 광복 이후에는 5월 5일로 정하여 행사를 해왔으며, 1961년에 제정·공포된 「아동복지법」에서는 '어린이날'을 5월 5일로 하였고, 1973년에는 기념일로 지정하였다가 1975년부터는 공휴일로 제정하였다. 2018년부터는 어린이날이 주말이나 다른 공휴일과 겹칠 경우, 그다음 비공휴일을 대체휴일로 지정하고 있다.

이 날에는 어린이가 따뜻한 사랑 속에서 바르고 씩씩하게 자랄 수 있는 계기를 마련하도록 하며, 불우한 어린이들이 인간으로서의 긍지와 자신감을 가질 수 있도록 격려·위로하고, 모범어린이 및 아동복지사업의 숨은 유공자를 발굴, 표창하는 한편, 어린이들이 즐길 수 있는 여러 가지 행사를 실시하여 체력향상 및 정서함양을 도모한다.

각 시·도, 시·군 및 단체별로 어린이가 참석하는 기념식을 거행하는데, 기념식전에서는 「대한민국 어린이헌장」을 낭독하고 착한 어린이·청소년을 시상한다. 또한, 어린이 체육대회·웅변대회·글짓기대회·가장행렬·묘기시범·밤불꽃놀이·어린이 큰잔치 등을 거행하기도 한다.

II 아동복지의 이해

UNIT 03 아동복지의 이해

(#KEYWORD) 아동복지법

1 아동복지의 법률적 정의

'아동'의 법률적 정의	「아동권리협약」	제1조	이 협약의 목적상, "아동"이라 함은 아동에게 적용되는 법에 의하여 보다 조기에 성인 연령에 달하지 아니하는 한, 18세 미만의 모든 사람을 말한다.
	「아동복지법」	제3조 (정의)	1. "아동"이란 18세 미만인 사람을 말한다.
	「유아교육법」	제2조 (정의)	1. "유아"란 만 3세부터 초등학교 취학 전까지의 어린이를 말한다.
	「영유아보육법」	제2조 (정의)	1. "영유아"란 7세 이하의 취학 전 아동을 말한다.
'아동복지'의 법률적 정의	「아동복지법」	제3조 (정의)	2. "아동복지"란 아동이 행복한 삶을 누릴 수 있는 기본적인 여건을 조성하고 조화롭게 성장·발달할 수 있도록 하기 위한 경제적·사회적·정서적 지원을 말한다.

2 아동복지의 의미

아동복지는 학자마다 다르지만 일반적으로 아동(child)과 복지(welfare)라는 두 용어의 합성어로서 'child welfare(아동복지)'로 표기된다. 아동복지란 아동이 편안하고 안녕히 잘 지내는 환경과 상태를 뜻한다.

카두신과 마틴 (Kadushin & Martin, 1988)	**넓은 의미** 아동복지는 지역사회의 요구와 조화를 이루는 모든 아동들의 행복 및 사회적응을 위해 심리적·사회적·생물적 잠재력을 계발시켜 주기 위한 각종의 방법이다. **좁은 의미** 아동복지는 사회기관이나 가족을 통해서 충족되지 않는 욕구를 지닌 아동과 그의 가족에 관련되는 것으로서 전문적인 사회복지기관에서 행해지는 특별한 서비스라고 정의하였다.
장인협과 오정수 (1999)	아동복지란 특수한 장애를 가진 아동은 물론 모든 아동들이 가족 및 사회의 일원으로서 육체적으로나 정신적으로 건전하게 성장 및 발달할 수 있도록 지역사회나 사회복지 서비스 분야에 있는 공사(公私) 단체와 기관들이 협력하여 아동의 복지에 필요한 사업을 계획하며 실행에 옮기는 조직적인 활동이다.

MEMO

MEMO

종합	**아동복지란** • 목적 면에서 아동의 생존과 생활에 대한 복지권의 기본 이념에 입각하여 아동의 행복과 성장을 도모하고자 하는 것이다. • 주체 면에서 아동을 포함한 가족과 사회구성원 전체가 된다. • 대상 면에서 아동이 된다. • 수단 면에서 제도적 · 정책적 · 기술적 서비스 등 조직적인 제반 활동이 된다. • 범위 면에서 사회복지의 한 분야가 되고 있다.

3 아동복지의 필요성

여성취업률의 증가, 저출산과 인구구조의 변화, 다양한 가족형태의 증가, 아동의 권리에 대한 인식 변화 등의 영향으로 다양한 내용의 아동복지 서비스를 필요로 하고 있다.

여성취업률의 증가	• 최근 가족의 변화에 큰 영향을 미친 중요한 사건 가운데 하나가 기혼여성의 경제활동 참여 비율이 증가했다는 점이다. – 여성의 교육수준 향상이나 자녀수의 감소, 가사노동량의 축소 등과 같은 생활구조의 변화로, 맞벌이 가족은 앞으로도 지속적으로 증가할 것으로 전망된다. • 맞벌이 가정의 최대 난제는 육아문제이다. 전통사회에서는 아버지와 어머니의 역할이 엄격하게 구분되어 어머니는 자녀양육을 담당해왔으나, 여성취업률이 증가하면서 가정에서 자녀양육의 역할을 담당할 수 있는 주체가 사라진 것이다. – 보육은 바로 이러한 육아문제를 지원하기 위한 복지제도이다. 이는 특히 보편주의적 복지를 실현하는 대표적인 방법으로 아동복지정책에서 차지하는 비중이 크다. 그러나 아직 영유아 보육은 양적 · 질적 차원에서 많은 개선이 필요한 상황이고, 다양한 형태의 보육시설의 확충이나 보육시설의 질적 수준, 보육 비용, 보육교사의 자질 면에서 개선이 필요하다.
저출산율과 인구구조의 변화	• 의학의 발달로 인간의 평균수명이 증가하고 있는 것은 세계적인 추세이다. – 우리나라도 예외는 아니어서 평균수명의 연장으로 노인인구의 비율은 빠르게 증가하는 데 반해 저출산으로 아동 수는 점차 감소함으로써 인구구조가 급격하게 변화하고 있다. – 더구나 우리나라는 평균수명의 증가속도가 세계 어느 나라보다도 빠른 반면, 출산율은 지속적으로 감소하여 사회적인 문제가 심화되고 있다. 이는 생산성이나 노인부양에서 심각한 어려움을 초래할 수 있으며, 따라서 아동수당 지급 등 출산장려를 유도하는 정책의 수립이 과거 그 어느 때보다도 절실한 상황이다.
다양한 가족형태의 증가	• 우리나라는 점차 핵가족화, 소가족화가 되어가고 있다. 이러한 가족형태의 변화는 여성취업률의 증가와 더불어 자녀양육자 부재현상을 촉진시키는 요인이 되고 있다. – 뿐만 아니라 이로 인해 현대의 부모들은 과거 대가족에서처럼 가족 내에서 자녀양육 방법을 자연스럽게 전수받을 기회가 없고 따라서 부모 역할에 대한 준비도 부족한 실정이다. 이는 부모 역할의 어려움을 가중시키는 요인이 되고 있으며, 아동학대를 유발하는 요인으로 작용하기도 한다. 따라서 부모들을 대상으로 자녀양육과 관련된 교육 프로그램이나 상담서비스를 개설하는 등 다양한 복지서비스가 필요하다.

	• 또한 가족보다 개인적인 성취에 더 많은 가치를 두게 되면서 현대사회에서는 결혼을 통해 형성된 가족이 더 이상 안정적인 단위가 아니다. 이혼율은 급속도로 증가하고 있고, 이에 따른 한부모가족이나 계부모가족의 비율도 점차 증가하고 있다. – 이러한 높은 이혼율은 아동의 성장과 발달뿐만 아니라 부모 역할에도 큰 영향을 미치게 된다. 이혼으로 인해 한부모가족이나 계부모가족이 점차 높은 비중을 차지하게 될 것이며, 이에 따라 유발되는 가족 내 갈등은 아동학대 문제로 확대되기도 한다. 그러므로 이들 가족의 부모와 아동을 대상으로 한 지원 및 상담서비스의 필요성이 증가하고 있다.
아동권리에 대한 인식의 변화	• 20세기에 들어와 많은 학자들은 인간발달에서 아동기의 중요성에 대해 관심을 갖게 되었다. 정신분석이론이나 학습이론, 인지발달이론 등 다양한 관점에서 연구들이 이루어졌으며, 사회적으로도 자녀양육의 중요성에 대한 인식을 갖게 되었다. 이들은 아동발달에서 부모 역할의 중요성을 강조하기 시작하였으며, 이들의 주장은 가정위탁보호와 아동권리 사상의 발전 등 오늘날 아동복지사상과 정책의 근간이 되고 있다. 특히 Bowlby와 Ainsworth를 중심으로 발전된 애착이론은 기존의 시설보호에서 가정위탁으로의 전환에 지대한 영향을 미쳤다. • 또한 「유엔 아동권리협약」은 요보호아동을 대상으로 물질적 구호에 치중했던 기존의 복지에 대한 인식을 아동의 권리까지 보장하는 방향으로 확장시켰다. 「유엔 아동권리협약」에서는 아동학대 예방이나 체벌 방지를 위한 구체적인 조항을 명시하고, 당사국들이 그 이행사항을 권리위원회에 보고하도록 하고 있다. 그 결과 우리나라에서도 아동의 권리향상을 위한 많은 노력이 결실을 거두었지만 이를 위한 정책입안이나 홍보도 적극적으로 이루어져야 할 것이다.

4 아동복지의 대상

일반아동	• 일반아동은 건전한 가정에서 양육되므로 국가나 사회가 특별히 보호하지 않아도 생활할 수 있는 대상을 말한다. – 그러나 사회의 급격한 변화로 아동들의 양육환경이 악화되고 있어, 아동복지는 문제아동 예방차원뿐만 아니라 일반아동 복지차원에서도 그 대책이 강구되어야 한다. • 일반아동을 위한 복지사업은 사전에 보호를 필요로 하는 아동 발생을 예방할 수 있도록 모든 아동과 그 부모, 나아가 임신에서 출산·육아에 이르기까지 아동의 건강을 위한 산전 보건 및 부모의 역할 등을 우선 고려해야 한다. • 그리하여 아동복지정책은 도움을 필요로 하는 아동의 수를 되도록 줄임으로써 개인이나 가족의 복지는 물론 사회의 안정을 가져올 수 있을 뿐만 아니라 경제적인 면에서도 장래 국가사회에 이바지할 수 있는 완전한 투자가 되는 것이다. – 최근 각국에서는 아동을 위한 복지정책, 예컨대 어린이공원을 많이 세우는 일, 유아도서 및 완구 제작, 아동상담제도의 전문화와 활용, 아동을 위한 체계적인 전문인 양성, 아동을 위한 편리한 도시계획 등 일반아동을 위한 사회복지정책을 강화하고 있다.

MEMO

MEMO

<table>
<tr><td rowspan="3">요보호아동</td><td colspan="2">• 모든 아동은 건전한 가정을 기반으로 하여 부모의 보호 속에 성장·발달되어야 한다. 그러나 부모가 양육기능을 상실하였을 경우에는 국가나 사회가 아동들의 욕구와 문제를 해결해야 한다.
– 요보호아동을 크게 욕구결핍 관련아동과 사회문제 관련아동으로 구분할 수 있는데, 이 둘은 중첩되는 경우가 많다.</td></tr>
<tr><td>욕구결핍 관련아동</td><td>• 소득욕구결핍 관련아동으로 빈곤아동, 실업아동 등을 들 수 있다.
• 건강욕구결핍 관련아동으로 영양실조, 질병아동, 장애아동 등을 들 수 있다.
• 교육욕구결핍 관련아동으로 미취학아동, 재수생, 학교중퇴자 등을 들 수 있다.
• 주거욕구결핍 관련아동으로 시설아동, 가출아동, 부랑아동, 무직청소년 등을 들 수 있다.
• 문화욕구결핍 관련아동으로 문화실조아동, 자폐아동 등을 들 수 있다.</td></tr>
<tr><td>사회문제 관련아동</td><td>• 구조적 문제 관련아동으로 빈곤아동, 근로청소년 등을 들 수 있다.
• 해체적 문제 관련아동으로 결손가정아동, 기아·가출아동, 방임·학대 아동 등을 들 수 있다.
• 탈선적 문제 관련아동으로 비행청소년, 성격결함아동, 약물남용청소년 등을 들 수 있다.</td></tr>
</table>

5 사회복지 실천분야로서의 아동복지 – 아동복지의 유형(아동복지의 관점)

<table>
<tr><td rowspan="2">잔여적 복지 (residual)</td><td colspan="2">미국의 아동복지학자 카두신(Kadushin)은 그의 저서 『아동복지 서비스(Child Welfare Services)』(1974)에서 아동복지를 잔여적 의미와 사회적 서비스의 한 형태로 정의하고 있다. 이는 복지에 대한 개인과 가족의 책임을 강조하는 미국사회의 가치관이 반영된 정의다.</td></tr>
<tr><td>선별성의 원칙 (협의의 개념)</td><td>• 잔여적 복지로서의 아동복지는 일반적인 사회규범·규정들이 아동의 욕구를 충분히 충족시키지 못하는 상황일 때 책임을 진다. 따라서 잔여적 개념에서의 아동복지는 사회의 규범적 제도가 아동의 중대한 요구를 충족시키는 것에 실패했을 때 사회복지 서비스를 제공하는 것이 적절하다고 본다.
• 최소적 서비스의 방향
– 가장 욕구가 크고 긴급한 아동, 즉 사회가 법적으로 인정하는 요보호 상태에 처한 아동에게 초점을 두고 급여와 서비스를 제공하는 것을 의미한다.
– 선별주의 원칙에 입각하여 급여와 서비스는 그 성격에서 시혜적이고 범주적이며, 열등처우의 원칙이 불가피하고, 낙인효과에 의한 수치감을 초래할 수도 있다.
예 공공주택, 헤드스타트를 통한 교육기회의 제공 등</td></tr>
</table>

MEMO

SESSION #6

제도적 복지 (institutional)	보편성의 원칙 (광의의 개념)	• 제도적 복지는 아동복지를 다른 사회적 공공재(공립학교, 도서관, 공원)와 같은 차원의 것으로 간주한다. 이 관점에서는 모든 가정의 모든 아동들에게 적절히 적용할 수 있도록 아동복지 서비스가 실시되어야 한다고 본다. • 개발적 서비스의 방향 – 전체 아동을 대상으로 아동의 제반 조건이나 특성에 관계없이 동등한 수준에서 예방적 서비스를 목적으로, 사회가 책임을 지고 여러 가지 복지 조치를 제도적으로 실시하는 것을 의미한다. – 아동의 성별, 부모의 사회계층적 지위 등에 관계없이 모든 아동을 대상으로 급여 또는 서비스를 제공하는 것이다. – 사회 구성원들이 주는 자와 받는 자로 분리되지 않게 하고, 그 결과 인간의 존엄성과 사회적 통합이 유지될 수 있다고 주장한다. 예 국민보건서비스, 아동수당, 가족수당, 무상의무교육 등

➔ 아동복지는 근본적으로 모든 아동의 안녕을 추구하지만, 실질적으로는 시행되는 법률이나 규율들이 문제 상황에 처한 아동들에 대한 원조를 우선시하고 있어 제도적 복지보다 잔여적 복지의 성격을 더 많이 지니고 있다. 각종 아동복지와 관련된 법 조항들에서 '고아, 방치된 아이들, 장애아' 등을 아동복지 서비스의 우선 수혜대상으로 간주하고 있는 것이 한 예이다(Pecora et al., 1992; Tower, 1998).

6 아동복지의 기본 전제

참고

학자에 따른 아동복지의 기본 전제(기본 요소)

아동복지의 목표는 아동이 건강하게 출생하여 자신이나 사회에 유익한 영향을 미칠 수 있는 경험 및 기회의 혜택을 받으면서 성장할 수 있도록 추구하는 것이다. 이러한 목표를 성취하기 위해 전제되는 기본 요소들은 학자에 따라 다소 견해 차이를 보인다.

Fredericksen(1957)	부모의 계몽, 가정생활, 보건, 경제적 안정, 종교, 교육, 놀이, 착취에서의 해방, 특별서비스
사회사업백과사전(1965)	• (안정된) 가족생활, 부모의 보호, 적절한 가정경제와 주거, 건강과 의료보호, 교육, 유희(놀이)나 교우, 윤리적 표준, 이념과 가치 • 교육적 · 직업적 지도, 법적 보호
장인협, 오정수(2000)	안정된 가정생활, 경제적 안정, 보건 및 의료보호, 교육, 노동, 오락, 특수보호
이순형 외(2006)	부모 및 가정, 교육 및 훈련, 보건 및 의료, 놀이 및 여가, 노동 및 피착취, 특수보호
국제연합(UN)의 아동권리선언(1959)	'아동권리선언'에서도 각 조항에서 아동의 권리를 선언하면서, 아동복지 이념을 실현할 수 있는 여러 조건을 제시하였다. • 제4조 : 영양, 주거, 오락, 의료의 제공 • 제5조 : 장애아를 위한 치료, 특수교육과 보호의 제공 • 제6조 : 가정생활의 보존과 가정이 없는 아동의 특수보호 • 제7조 : 교육과 놀이의 기회 제공 등 아동복지의 기본 조건 제시

MEMO

아동복지에서 고려해야 하는 기본 전제(기본 요소)들을 종합해 보면 아래와 같다.

부모의 계몽과 교육	• 자녀교육을 할 때에는 모든 것을 받아들일 수 있는 어린 시기에 유대관계, 독립정신, 자신감, 근면정신 등을 심어 주어야 한다. 이러한 아동의 행동양식 형성에 가장 큰 영향력을 미치는 것은 가정에서의 부모-자녀 관계에서 이루어진다. - 부모와 사회가 기대하는 행동양식을 가진 아동으로 육성하기 위해서는 부모로서 자녀양육의 책임에 대한 준비 및 이를 위한 적절한 상담과 지도 프로그램이 부모에게 제공되어야 한다. 또한 아동발달의 원리, 자녀와의 대화기법, 부모 역할 등에 대한 부모교육이 병행되어야 한다.
안정된 가정생활 (안정된 가정환경)	• 아동은 부모나 가정에서부터 사회생활이 시작되어 그 사회의 기본생활습관이나 행동의 기준 및 가치판단의 척도를 습득하면서 점차 이웃, 학교, 직장, 일반사회로 뻗어나가 사회적 인간으로 성장해 나간다. 따라서 가정은 사회구성의 기본 단위이며 아동의 건강한 발달의 기본 터전을 이루고 있으므로, 아동들의 가정생활에서의 안정이나 강화가 중요한 복지내용으로 받아들여져야 한다. - UN의 아동권리선언에서 명시된 바와 같이 아동은 긴급을 요하거나 부득이한 이유를 제외하고 가정에서 이탈시켜서는 안 된다는 기본 전제가 아동복지 실현에서 매우 중요한 조건이 되는 것이다. • 그러나 오늘날의 사회현상은 아동에게 이처럼 중요하게 여겨지는 안정된 가정환경의 기회를 박탈하고 있다. 이것은 현대사회의 변화하는 환경이라는 새로운 도전 앞에 가족이 구조적 취약성을 노출하고 있는 사실에 그 원인이 있으며, 점차 증가하고 있는 가족의 위기와 해체 현상은 건전한 아동복지 실현의 기반을 위협하고 있다. - 따라서 긴급한 상황이나 불가피한 경우를 제외하고는 아동을 부모로부터 이탈시켜서는 안 되며, 모든 아동이 안정된 가정환경을 통하여 성장·발달해야 할 것이다. - 그리고 가정환경의 안정과 기능 강화를 위해서는 부모에 대한 교육이나 서비스를 제공하고, 가족문제 해결을 위해 아동과 부모가 접근할 수 있는 가족상담 서비스를 확충하여야 한다. - 아동이 불가피하게 가정을 벗어나는 경우에도 가정적인 형태의 보호를 제공하는 대체가정서비스인 가정위탁이나 입양이 바람직하며, 가정에서의 보호가 아닌 시설보호 서비스를 제공하는 경우에도 가정과 유사한 형태의 생활환경과 분위기를 제공하는 공동생활가정제도가 바람직하다.
경제적 안정 (소득과 주거의 보장)	• 경제적으로 안정된 생활을 누리는 가정의 아동과 그렇지 못한 아동, 즉 *빈곤가정의 아동 사이에는 여러 면에서 차이가 생길 수 있을 것이다. - 빈곤은 불충분한 영양과 과밀지역 내의 불결한 주거, 빈곤지역의 문화실조 등으로 아동에게 갖가지 악영향을 끼칠 수 있다. 예 가정의 구조적 환경인 소득수준은 어머니의 우울에 영향을 미치고, 어머니가 우울할수록 부부관계의 만족도가 낮으며 자녀의 사회성 발달에 영향을 주는 것으로 나타났다(임원신, 2011). • 아동에게 안정감을 주기 위해서는 가정에서 생활에 필요한 최저한도의 물질적 욕구가 충족되어야 한다. 이는 아동의 기본적 욕구인 의식주 문제의 해결이 신체적·정신적 발달에 필수적인 요소이기 때문이다. - 빈곤과 경제적 불안정은 최소한의 아동의 욕구를 충족하지 못하게 하여 이들의 건전한 성장 발달에 장애를 초래하고, 교육과 문화적 경험의 기회마저 박탈하여 아동의 지적·정서적 발달을 저해한다.

*빈곤
빈곤은 인간이 의식주와 관련된 기본적 소비생활에 필요한 최소한의 생활물자를 조달받지 못함으로써 육체적·정신적 자기 재생산의 장애를 겪게 되는 현상을 말한다.

MEMO

- 경제적으로 안정된 생활을 누리지 못하는 빈곤가정의 아동은 아동양육 환경상의 박탈이나 결함을 경험하게 되며, 이것은 나아가 아동학대나 방임, 비행 등의 사회문제와 행동문제를 초래하기도 한다.

• 아동빈곤의 문제를 해결하고 경제적 안정을 제공하기 위한 대책으로는 빈곤가정과 위탁가정 아동을 지원하는 기초생활보장제도, 저소득층을 위한 각종 소득공제제도, 7세 미만 모든 아동에게 지원하는 보편적 아동수당제도, 아동양육비 지원, 저소득 가정의 아동을 위한 무료급식, 건강진단, 방과후 교육 등의 급여와 서비스가 있다.

> **빈곤이 아동에게 미치는 영향**
> • 빈곤가정의 아동은 우선 신체적으로 영양의 부족이 초래되며, 이러한 아동은 건강상태가 좋지 않다.
> • 정서적인 측면에서는 심리적 박탈과 불안감을 갖게 되고 대인관계와 인격형성에 부정적인 영향을 미치게 된다.
> • 교육기회와 문화적 경험의 기회 측면에서도 빈곤가정의 아동은 박탈을 경험한다.
> • 빈곤아동은 다양한 학습과 문화적 경험의 기회를 갖지 못하여 지적 자극이 부족하고, 이것은 아동의 인지능력 향상과 학습능력의 발달에 부정적인 영향을 미치게 된다.

보건 및 의료보호 (건강과 의료보호)

• 「아동복지법」 제1조의 규정과 같이 아동복지의 목적은 아동이 건강하게 출생하여 성장하도록 보장해야 하는 것인 만큼, 아동의 건강과 의료보호는 아동복지의 전제가 되는 요소이다.
  - 아동이 건강하게 태어나고 육성되기 위해서는 아동의 신체적 · 정신적 건강에 필요한 적절한 대책이 공공의 책임하에 계획 · 실천되어야 한다. 또한 아동의 건강뿐만 아니라 모체의 건강유지 증진은 아동복지의 기본이다.

• 「유엔 아동권리협약」 제24조에서는 아동이 최상의 건강수준을 향유하고 질병의 치료와 건강의 회복을 위한 시설을 사용할 수 있는 권리를 인정하고 있다.
  - 당사국은 이를 위하여 유아와 아동의 사망률을 감소시키기 위한 조치, 기초건강관리의 발전에 중점을 두면서 모든 아동에게 필요한 의료지원과 건강관리의 제공을 보장하는 조치, 질병과 영양실조를 퇴치하기 위한 조치, 산모를 위하여 출산 전후의 적절한 건강관리를 보장하는 조치 등을 규정하고 있다.

• ① 「아동복지법」에는 아동의 건강과 안전을 위한 보호자의 책임, 국가의 책임을 규정하고 있고, ② 「모자보건법」과 「저출산 · 고령사회기본법」에는 모성의 생명과 건강을 보호하고 자녀의 출산과 양육을 도모하기 위하여 모성의 의무, 국가와 지방자치단체의 책임을 규정하고 있다. ③ 「국민건강보험법」에 의한 건강보험제도에서도 아동의 출산과 양육의 어려움을 해소하고 출산 친화적 환경을 조성하기 위하여 임신 · 출산 진료비, 출산장려금, 산모 · 신생아 건강관리 등이 지원되고 있다. 이것은 아동에 대한 건강투자를 확대하여 아동기의 건강을 향상시키는 제도적 장치로서 의의가 있다.
  - 아동의 건강은 태아기에 있어서는 태내 환경 여하에 달려 있으며, 출생 후에도 당분간은 태아와 똑같이 전적으로 수동적 존재로서 어머니의 보호가 불가피하므로, 어머니의 건강과 여전히 밀접한 관련이 있다. 임신부는 이미 태아와 상호관계를 맺고 있으므로 영양, 약물섭취, 언행, 마음상태 등의 모든 신체 · 정신적인 측면에서 관리를 잘해야 한다.
  - 태아기뿐만 아니라 분만기에도 보건의 중요성은 매우 높다. 미숙아는 허약한 어머니나 취업모 등의 경우와 같이 경제적 · 사회적으로 어려움을 겪을 때 그 출현율이 높다. 이와 같이 불리한 조건에서 태어나는 아동들에 대해서는 세심한 검진이나 육아지도가 필요하다.

MEMO

	• 아동의 보건과 의료를 위한 보편적인 서비스가 이루어져야 한다. – 어머니와 영아 보호를 위한 서비스: 결혼 전의 상담서비스, 임신기간 중 적절하면서 계속적인 서비스, 분만 전후 보호서비스, 특별한 경제적·사회적 문제를 가진 임산부를 위한 서비스 등이 있다. – 유아 및 아동의 보호를 위한 서비스: 균등한 분포에 의해 제공되는 숙달된 소아과 의사의 서비스, 건강한 일반유아들에 대해서도 이루어지는 정기적인 건강진단 및 의학상의 지도감독서비스, 전염병에 대한 방역 및 대책서비스, 위생에 관한 제반 법률이나 규정의 시행, 좋은 영양, 적절한 병원보호나 외래환자 진료서비스, 보건소서비스, 정신위생이나 아동상담소서비스 등을 들 수 있다.
교육 (교육기회와 복지서비스의 제공)	• 아동은 성장 발달단계에 따라 적절한 교육을 받음으로써 자기완성과 가치를 실현할 수 있다. 따라서 모든 아동들은 타고난 잠재력을 최대한 신장시키며 그들의 능력을 최대한 발휘할 수 있도록 교육의 기회가 부여되어야 한다. – 아동의 배움에 대한 욕구는 자기충족과 불안해소를 위한 선천적인 경향이다. – 따라서 아동은 그의 능력·필요·흥미에 따라 교육의 기회가 부여되어야 하며, 자기만족을 얻고 불안에서 벗어나기 위해 배우려는 욕구가 충족될 수 있어야 한다. – 만약 이러한 교육기회가 박탈되거나 거절되는 경우에는 아동 자신의 욕구 좌절은 물론 부모나 사회에 대해서도 많은 부담을 안겨주게 될 것이다. • 모든 아동은 어려서부터 학교와 관계를 갖게 되는데, 학교는 단순히 지식을 전달하는 기능뿐만 아니라 아동의 전인격적 성장을 위한 교육의 장으로의 역할로도 기능한다. 따라서 아동의 권리 중에 교육을 받을 권리는 으뜸이 되어야 한다. – 「헌법」 제27조에 명시되어 있는 바와 같이, 모든 국민은 능력에 따라 균등하게 교육을 받을 권리를 가진다. 적어도 초·중등교육은 의무적이고 무상으로 교육받아야 하며, 일정한 연령에 도달하는 아동은 모두 정규교육을 이수해야 한다. – 「유엔 아동권리협약」 제28조에서도 초등교육은 의무적으로 모든 사람에게 무료로 제공되어야 하며, 일반교육 및 직업교육을 포함한 여러 형태의 중등교육의 발전을 장려하고, 국가는 이에 대한 아동의 이용 및 접근이 가능하도록 재정적 지원을 제공해야 한다고 규정하고 있다. – 우리나라의 경우, 적어도 6년의 초등교육과 3년의 중등교육은 의무적이며 무상으로 받게 되어 있어 아동, 부모 및 국가의 권리와 의무를 명확히 하고 있다. • 지금까지 공교육의 형태로는 초등교육에서 시작하여 중등교육, 고등교육의 형태를 갖추어 왔으나, 최근에는 많은 심리학자에 의한 아동연구 결과 인간 지능발달의 결정적인 시기를 유아기라고 보고함으로써 유아교육의 중요성이 강조되고 있다. • 특히 조기교육의 성과는 저소득지역, 농어촌지역의 어린이들에게서 잘 나타나고 있다. – 빈곤하거나 불우한 환경에서 교육의 기회를 누리지 못하고 자란 어린이들은 성인이 되어서도 빈곤에서 탈피하지 못하는 악순환을 경험하게 된다. – 저소득지역의 열악한 환경에서 살아가는 아동을 대상으로 1960년대부터 실시된 미국의 헤드스타트(Head Start) 프로그램은 빈곤의 악순환을 극복하기 위한 정책적 목적으로 시도되었다. – 그리고 영국의 슈어 스타트(Sure Start), 호주의 페어 스타트(Fair Start) 프로그램도 저소득지역 아동을 위한 국가적 차원의 대책으로 시행되고 있다. – 우리나라의 경우도 2000년대 이후 저소득지역의 빈곤아동을 위하여 민간차원에서 교육, 복지, 건강 서비스를 결합한 위 스타트(WE Start) 프로그램이 시행 중이고, 공공차원에서는 드림스타트 프로그램이 도입·시행되고 있다.

MEMO

SESSION #6

	• 교육사업이 질적·양적으로 강화되어야 하며, 이 외에도 학교 교육을 보완할 수 있는 제반 프로그램이나 서비스를 확대하기 위해서는 학교 출석에 관한 규정, 학교 보건사업, 학교 사회사업, 직업지도, 정신박약아의 특별학급, 장애아 통합교육, 안전교육, 영양적 급식 등에 관심을 기울이면서, 또한 이들을 교육할 전문가 양성과 질적 향상을 위한 처우개신 등의 계획이 수립되어야 한다.
종교	• 종교적인 사상이나 개념은 아동 각자의 배경이나 욕구에 따라 교육이 이루어져야 한다. – 이러한 종교적 이념이나 개념은 개인의 내재적 가치나 동포로서의 인간의 가치를 인식하게 해 주므로 아동들에게 인생철학의 발전과 더불어 도덕적 가치를 중요시하는 교육이 되어야 한다. – 그러나 부모가 자식에게 종교를 강요하는 것은 오히려 심리적으로 나쁜 결과를 초래하기 때문에 아동들에게 자유로운 종교적 생활을 부여하도록 권장하는 것이 좋다.
놀이 (놀이 및 오락/ 건전한 놀이의 제공)	• 놀이는 아동이 자신들의 감정을 마음껏 발산할 수 있고, 육체적 활동을 자연스럽게 할 수 있는 것으로 아동들에게 있어서 가장 중요한 권리이다. 따라서 모든 아동으로 하여금 성장에 도움이 되는 지적 관심과 신체적 활동을 추구하고 자기충족감을 줄 수 있는 놀이 기회를 갖도록 해야 한다. – 놀이를 통하여 아동은 다른 집단과 상호작용할 수 있는 기회가 더 많이 주어지며, 어려서부터 다양한 놀이집단 활동에 참가하는 것은 아동의 심신의 발달에도 긍정적인 영향을 미치게 된다. – 그뿐 아니라 오락(recreation)은 여가시간을 건설적으로 활용함으로써 개인의 재창조의 힘을 키워줘 어떠한 압력이나 긴장에서도 벗어날 수 있게 한다. – 따라서 놀이와 오락은 아동생활의 중요한 부분으로서 아동의 행동에 큰 영향을 미치므로 건전한 놀이나 오락 프로그램을 적극 개발해야 할 것이며, 모든 아동들에게 놀이 및 여가활동의 기회도 충분히 제공해 주어야 한다. – 이와 더불어 아동의 발달에 긍정적인 영향을 미치는 놀이의 효과를 높이기 위해서는 유아교육기관이나 학교에 적절하고 교육적인 시설과 놀이기구가 마련되어야 한다. 또한 놀이를 위한 환경 구성에 있어서 아동의 발달수준과 행동 특징, 기호 및 흥미 등을 반영해야 한다. • 학업을 중시하는 우리나라의 경쟁적 교육환경 속에서도 최근에는 제2차 아동정책기본계획(2020~2024)에 아동의 진정한 행복을 위하여 놀이와 학습의 균형과 건전한 놀이의 시간을 보장해야 한다는 반성이 나타나고 있다. **놀이가 아동의 전인적 발달에 미치는 긍정적 영향** ① 신체발달 측면에서는 놀이의 동작을 통해 신체 성장이 촉진되고 기본운동능력이 증진된다. ② 사회성 발달 측면에서는 도덕적 기준이나 규칙, 성 역할 등 많은 사회적 학습을 하게 된다. ③ 인지발달 측면에서는 놀이 중의 탐색활동을 통해 사물에 대한 이해력이 증진되고 문제해결력이 발달된다. ④ 언어발달 측면에서는 놀이진행에 있어 필수적인 매체인 언어를 사용함으로써 다양한 어휘를 배우고, 역할·상황에 맞는 적절한 언어를 사용하게 되며, 자신의 의견을 교환하는 의사소통 능력을 기르게 된다. ⑤ 정서발달에 있어서는 놀이 경험을 통해 긍정적인 자아개념, 자율성, 인내심, 성취감 등 건전한 자아를 형성하게 되며, 다른 사람의 정서에 감정이입을 함으로써 자기중심성에서 탈피할 수 있게 된다. ⑥ 창의성 발달 측면에서는 놀이 경험을 지닌 아동이 과제에 호기심과 흥미를 갖고 융통적이고 자발적으로 참여하며, 또한 놀이의 상징적인 활동이 창의적인 실행을 자극할 수 있다.

memo

* 연소노동
나이가 어린 사람이 하는 노동을 말하며, 우리나라에서는 「근로기준법」에 의거하여 15세 미만 아동의 노동을 금하고 있다.

<table>
<tr><td>노동으로부터의 보호
('유해노동과 환경으로부터 보호')</td><td>• 아동복지의 기본 전제는 모든 아동이 노동이나 유해한 환경으로부터 보호되어야 한다는 것이다.
– 왜냐하면 아동은 사회규정상 아직도 성장·발전하고 보호받아야 하는 미성숙한 대상이기 때문이다.
– 뿐만 아니라 * 연소노동은 신체적 발달을 저해하며, 건강을 위태롭게 하고, 지능발달에 장애를 초래하며, 인격발달에 부정적인 영향을 미친다.
• 아동이 불가피하게 취업해야 할 경우에는 아동의 연령, 능력 등을 충분히 고려해야 하며, 또한 취업과 함께 아동의 욕구를 충족해 줄 수 있는 교육이나 복지대책이 수반되어야 할 것이다.
– 즉, 근로아동을 위해서는 사업장에 교육시설 및 기술교육제도를 마련하여 이들에게 교육적 성취감을 충족시켜 주어야 한다.
– 그리고 적절한 노동시간과 위생적인 작업환경을 도모하여 질병 예방에 유의해야 할 것이며, 기본적 권리를 박탈당하고 있는 근로아동을 위해서는 법률적·사회적인 보호대책이 지속적으로 강구되어야 한다.

「근로기준법」과 「아동복지법」
• 우리나라 「근로기준법」에서는 15세 미만자를 근로자로 사용하지 못하며, 여자와 18세 미만자는 도덕상 또는 보건상 유해, 위험한 사업에 사용하지 못하며, 15세 이상 18세 미만자의 근로시간은 1일 7시간, 일주일에 42시간을 초과하지 못한다고 규정하고 있다.
• 「아동복지법」 제17조에는 아동에게 음행을 시키거나 음행을 매개하는 행위, 장애를 가진 아동을 공중에 관람시키는 행위, 아동에게 구걸을 시키거나 아동을 이용하여 구걸하는 행위, 공중의 오락 또는 흥행을 목적으로 아동의 건강 또는 안전에 유해한 곡예를 시키는 행위를 금지하고 있다.
➔ 이와 같이 아동을 유해노동으로부터 보호하고자 법률로 규정하는 것은 아동발달의 관점에서 아동에게 교육과 놀이의 기회를 충분히 보장하고 정상적인 성장 발달을 도모하고자 하는 정신에서 나온 것으로 볼 수 있다.</td></tr>
<tr><td>특수보호</td><td>• 아동복지가 모든 아동을 대상으로 그들의 복지를 증진시키기 위한 것이라면, 특수한 상황에 처한 아동을 위한 개별적인 특수보호도 실시되어야 한다.
– 즉, 신체적·정신적·심리적 장애를 가진 아동에 대한 교육 및 치료와 보호, 취업모 자녀에 대한 탁아보호 및 방과후 보호, 빈곤층 아동에 대한 교육·보건·오락 및 문화시설 등의 제공이 이루어져야 한다.</td></tr>
</table>

7 아동복지의 원칙

• 아동은 인간의 생활주기에서 가장 특별한 보호와 지도를 요하는 시기에 처해 있으므로 인간의 행복추구권, 인간의 평등 및 기회균등보장, 그리고 복지실현의 사회적 책임성 등이 더욱 강조되어야 한다.
• 아동복지대책을 실천하는 데 기초가 되어야 할 원칙은 아래와 같다.

(1) 권리와 책임의 원칙

• 아동복지의 주체는 모든 국민이다. 모든 국민은 아동, 부모(보호자), 국가와 지방자치단체 등을 구성하며, 아동복지는 이 세 주체가 각자의 권리와 책임의 확립을 바탕으로 상호작용과 협력 속에서 수행되어야 바람직한 방향으로 나아가게 된다.
  – 권리와 책임의 원칙은 서로 상보적이므로 권리의 향유와 함께 책임의 준수, 즉 의무가 동반되어야 한다.

- 아동을 위한 건전한 육성대책은 아동 · 부모 · 사회가 각각의 권리와 책임의 확립에 기반을 두고 있어야 한다.

<table>
<tr><td rowspan="3">아동</td><td colspan="2">아동은 아동복지의 주체로서 권리와 책임을 가진다.</td></tr>
<tr><td>권리</td><td>• 모든 아동은 독자적인 권리를 가진 하나의 인간이다. 모든 아동은 생존하고 성장하며 보호 · 지도받아야 한다는 점에서 이들의 권리가 유래된다.
– 아동은 일반적으로 어른과 동등하게 합법적으로 보호되지만 아동의 약한 특성, 가족의 독특한 역할에 따라 법체계가 조정되어 융통성 있게 적용되어야 한다.
• 아동은 생존과 발달을 위해 의식주를 제공받고 안전한 생활을 누리며, 학대와 착취로부터 보호되고, 교육받을 권리와 함께 놀이 활동에 참여하며 자신의 견해를 표현할 권리를 지닌다.
• 아동권리에 대한 대표적인 예로 「세계아동의 권리선언」(1959)에서 '아동은 가능한 한 양친의 보호와 책임 아래서 자라날 권리가 있다'고 규정한 것을 들 수 있으며, 「아동의 권리에 관한 국제협약」(1989)에서는 아동의 권리로 생존권, 발달권, 보호권, 참여권을 규정하였다.</td></tr>
<tr><td>책임</td><td>• 아동은 부모나 사회가 규정한 질서를 지키고 자녀로서 부모의 양육과 보호에 따름으로써 한 사회의 구성원이자 제 몫을 다하는 성인으로 성장할 수 있다.
• 아동은 자신의 성장과 발달을 책임지고 있는 부모 및 성인의 긍정적이고 합리적인 기대와 지도에 부응해야 한다. 즉, '아직 어린 아동'이라는 미명하에 책임을 소홀히 하거나 회피하지 않도록 아동의 발달특성에 적합하게 지도해야 한다.
– 아동은 자신에게 부과되는 합리적 요구를 수용하고, 사회의 구성원으로서 자신의 본분과 도리를 지켜야 한다.
– 아동은 성인의 보호를 받지만, 점점 독립된 개체로서 생활이 가능하도록 적극적으로 행동해야 한다.
– 아동이라 할지라도 사회에서 합의하여 규정하고 있는 질서를 지켜야 한다.</td></tr>
<tr><td rowspan="2">부모</td><td colspan="2">사회에서 아동들을 양육하는 주된 권리와 책임은 부모에게 있다.</td></tr>
<tr><td>권리</td><td>• 부모는 아동이 태어나거나 법적으로 입양된 사실에 의해 자연적으로 양육권을 가진다.
– 부모는 아동의 성격발달에 영향을 주는 일상의 행동 관련 생활방식과 수준을 결정한다.
– 또한 종교를 결정하고 아동의 기본 윤리적 가치에 영향을 미칠 수도 있으며, 교육의 종류와 범위, 직업에 대한 결정, 성인의 성취 수준에도 영향을 미친다.
– 아동이 받는 건강보호의 질적 수준도 특정 지역사회에서 제공되는 건강서비스뿐만 아니라 부모의 지식 또는 필요한 의료보호를 선택하는 범위에 달려 있다.</td></tr>
</table>

MEMO

		• 부모는 아동의 생활방식과 행동기준을 결정할 권리를 가지고 있다. 자녀를 보호하고 양육하는 과정에서 발생하는 수많은 의사결정상황에서 부모는 스스로 자신에 대한 사안을 결정할 만큼 판단능력이 미치지 못하는 자녀를 대신하여 이를 판단하고 결정할 수 있는 권리를 지닌다. 물론 그에 대한 책임도 져야 한다(이소희, 1989). • 부모는 자녀가 출생한 순간부터 공식적인 보호자이자 후견인으로서의 지위를 가지며, 자녀의 올바른 성장과 발달을 위해 신체적 보호, 경제적 지원, 사회적 안전과 같은 총체적 책임을 수행해야 한다. – 물론 과거에 비해 자녀양육에 대한 권리와 책임이 다소 약화되었다 할지라도 아동복지에 대한 일차적 책임은 부모에게 있으며, 이는 아동복지 관계법에 규정되어 있다. – 동시에 국내법과 동일한 효력을 지니는 「아동의 권리에 관한 국제협약」 제3조 제2항에는 '당사국은 아동의 부모, 후견인 및 기타 아동에 대해 법적 책임이 있는 자의 권리와 의무를 고려하여 아동복지에 필요한 보호와 배려를 보장하고, 이를 위해 입법적 · 행정적으로 모든 적절한 조치를 취해야 한다'고 명시되어 있다. – 그러나 우리나라의 여건상 아동복지에 대한 투자와 사회보장 수준이 미약하기 때문에 부모가 감당해야 할 책임이 상대적으로 큰 편이다.
	책임	• 아동의 보호 및 육성을 위한 일차적 책임은 부모에게 있다. – 부모는 자녀를 양육하고 보호하며 건강한 발달을 도와야 한다. – 자녀의 친권자로서 자녀의 삶에 영향을 미치는 중요한 사항들에 대한 의사결정권을 가질 뿐만 아니라 한 사회의 구성원으로서 올바르게 성장하도록 지원할 의무와 책임을 진다. • 부모의 책임 – 재정적으로 지원하는 것 – 아동을 위험과 사고로부터 안전하게 보호하고 신체적 조건과 건강의 요구에 관심을 보이며 신체를 보호해 주는 것 – 정서적으로 보호해 주는 것 – 아동뿐만 아니라 청소년에게 안내와 감독을 해 주는 것과 함께, 아동 개인의 수준과 능력에 맞는 기대수준을 갖는 것 – 아동을 위해 중요한 결정을 할 책임, 즉 의료적 치료에 동의, 군대 복무, 결혼 등과 관련된 결정 책임을 갖는 것
사회 및 국가	사회는 아동의 복지를 증진시키기 위한 권리와 책임을 가진다.	
	권리	• 아동들을 건전하게 육성하기 위해서 국가는 단속이나 통제력을 행사하여 의무교육에서와 같이 부모를 다스릴 규정을 설정할 수도 있고, 아동을 고용하는 기업주들에 대한 의무를 부과하며, 상인들로 하여금 연소자들에게 술이나 담배를 팔지 못하도록 하는 제반 규정을 설정할 권리를 갖고 있다.

MEMO

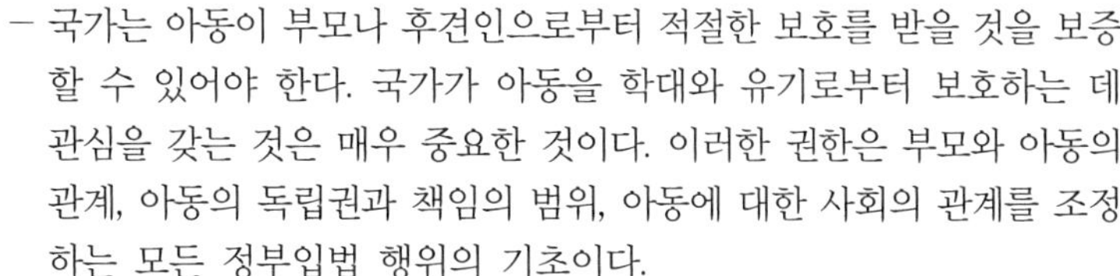

		– 국가는 아동이 부모나 후견인으로부터 적절한 보호를 받을 것을 보증할 수 있어야 한다. 국가가 아동을 학대와 유기로부터 보호하는 데 관심을 갖는 것은 매우 중요한 것이다. 이러한 권한은 부모와 아동의 관계, 아동의 독립권과 책임의 범위, 아동에 대한 사회의 관계를 조정하는 모든 정부입법 행위의 기초이다. – 국가는 많은 영역에서 미성년자의 권리를 규제한다. 즉, 아동의 노동(아동이 일할 수 있는 시간과 직업 종류), 의무교육(학교 입학 연령, 공립학교의 교육), 의료조치 동의(아동이 부모의 동의 없이 받을 수 있는 의료처치의 유형이나 기간을 결정할 연령), 성적 이용이나 아동 포르노그래피, 결혼(허가가 요구되는 최저 연령), 알코올 약물 사용(사고 파는 연령) 등과 관련된 권리에 관여한다. • 아동들이 더 많이 도움을 받을 수 있고 없는 것은 사회가 아동과 함께 변천해 가는 세계에 대한 이해를 얼마나 가지는가, 아동의 권리를 얼마나 존중하는가, 전문적인 서비스나 시설들을 통해 아동들의 요구를 충족시킬 재원을 얼마나 제공하는가의 여부에 달려 있다고 할 수 있다. • 다양한 아동복지대책을 개발하기 위해 입법의 권한을 행사하는 일을 한다. – 아동들을 건전하게 육성하기 위해서는 국가가 단속이나 통제력을 행사한다. 예 의무교육, 아동을 고용하는 기업주들에 대한 책임 부과, 미성년자에게 술이나 담배를 팔지 못하도록 하는 제반 규정을 설정할 권리 등
	책임	• 「아동권리협약」(제18조)에 의하면, 국가는 부모가 양육 책임을 잘 수행할 수 있도록 적절한 지원을 제공하고 아동에게 보호시설을 지정해야 하며 부모의 아동을 보호하기 위해 적절한 조치를 취해야 할 책임이 있다. – 국가는 의무교육을 통해 아동의 교육권을 보장하고, 아동에게 술과 담배를 파는 행동을 금지하는 등 유해한 환경으로부터 아동을 보호하며, 부모가 아동을 학대하는 등 부모로서의 역할에 현저한 문제가 있을 때에는 아동들을 위탁가정에 이관하거나 시설보호를 받도록 조치해야 한다. • 아동복지의 중요성에 대한 인식을 고취하고, 아동을 위한 제반 복지환경과 제도를 확충함으로써 아동복지의 인프라를 구축해야 한다. • 아동을 올바르게 육성시키기 위해 보호와 혜택을 제공해야 한다.

참고

부모의 권리가 제한되는 경우

- 부모로서의 역할수행에 어려움이 있을 경우 사회적 지원과 개입이 이루어지며, 양육역할에 현저한 문제가 발생할 경우에는 아동의 최선의 이익을 위해 부모의 권리가 제한될 수도 있다.
- 특별한 경우를 제외하고는 부모와 자녀의 동거권이 보장되어야 하므로 매우 신중한 조치가 이루어져야 한다.

MEMO

(2) 전문성과 통합성의 원칙

① 오늘날 아동복지는 아동을 포함한 국민들이 인간다운 삶을 살 수 있도록 보장하기 위해 제도적 차원에서 실시된다. 따라서 고도의 전문성이 필요한 영역이며, 아동복지대상이 생활하고 있는 여러 상황적 특성을 고려하여 매우 효과적으로 이루어질 수 있도록 통합되어야 한다.

② 전문성과 통합성의 원칙은 독립적이면서도 보완 및 지지적 관계에 있으며, 아동복지 전문가와 전문기관을 통해 유기적으로 이루어져야 한다.

- 다시 말해, 아동복지 실천영역이 아동중심에서 가족, 학교, 지역사회, 국가에 이르기까지 확대됨에 따라 아동과 다양한 체계들의 상호작용을 동시에 고려하여 개입하는 통합적 접근을 모색하게 된 것이다.

전문성의 원칙	• 전문성의 원칙은 아동복지사업이 전문가와 전문기관에서 이루어져야 한다는 원칙이다. • 아동은 발달단계에 따라 욕구와 사고, 행동상의 차이를 보이며, 특히 급격한 사회 변화와 가정환경의 변화 속에서 아동이 갖는 문제 역시 더욱 다양하고 복잡해지는 양상을 보이고 있기 때문에 현대사회에서의 아동문제는 단지 부모나 자원봉사자의 능력만으로는 해결하기 어렵다. – 이들이 안고 있는 문제나 욕구를 충족시키기 위해서는 아동과 이를 둘러싼 환경에 대한 이해를 토대로 전문적인 지식과 기술을 적용할 수 있는 아동복지 전문가에 의해 아동복지 서비스가 계획되고 실천되어야 한다. 즉, 전문적 지식과 기술을 습득한 전문 인력이 요구되는 것이다. – 그러므로 교육학, 심리학, 사회사업학, 아동학, 기타 아동과 관련된 학문 분야를 전공한 사람들의 활동이 아동정책이나 사업 분야에서 과감히 전개되어야 하며, 이 밖에 현행 지도자들의 체계적 훈련을 통한 전문적 인력의 투입도 있어야 한다. – 또한 아동 전문직의 지도력 보장을 위해 정부 수준에서 강한 제도적 장치를 마련하고, 지도자를 양성하여 사업의 성과를 거두도록 노력해야 한다.
통합성의 원칙	• 아동복지영역에서 활용할 수 있는 여러 가지 전문적인 지식과 기술을 유기적으로 결합시켜 목적하는 바를 달성하도록 구조화하여 실천하는 것을 말한다. – 그러므로 아동복지에 영향을 미치는 각각의 요소들을 고려하여 적절하게 통합시켜서 효과성을 제고해야 한다. • 이러한 관점에서 브론펜브레너의 생태학적 체계 이론은 통합의 취지를 잘 설명해 주고 있다. 생태체계이론에 의하면 아동도 '환경 속의 인간(아동)'이 된다. 그러므로 아동의 행동을 단순히 원인과 결과의 단선적인 시각으로 이해하던 견해에서 탈피하여 아동의 행동에 영향을 미치는 다양한 주변 환경을 비중 있게 고려하게 되는 것이다. – 다시 말하면 생태체계적 접근이 도입되기 이전에는 전통적인 정신분석이론, 인지이론, 행동주의이론, 인본주의이론 등의 주요 이론에 의존하여 각각이 설명하는 관점에 따른 부분적인 해석과 접근에 머물렀으나, 생태체계이론은 국지적인 이론적 편협성을 극복하고 아동에 대한 통합적 이해와 포괄적 접근을 가능케 하고 있다. – 특히 아동은 성장과정에 있으므로 부모를 중심으로 가족 등 다양한 환경으로부터 영향을 받는다. 따라서 생태체계적 접근은 아동복지실천에서 매우 설명력이 높은 실천원칙이자 방법으로 인정되고 있다. 예 청소년의 인터넷 중독에 대한 생태학적 접근 연구에서 청소년의 자존감, 충동성, 우울, 부모와의 의사소통 및 갈등 정도, 또래친밀감, 학교생활 만족도 등이 영향 요인으로 밝혀졌다(김진희, 김경신, 2004).

MEMO

	– 이러한 연구결과는 아동복지의 실천을 위해서는 아동의 개인적 특성의 변화와 함께 가족, 또래집단의 영향을 동시에 고려하는 개입과 학급·학교 단위의 예방프로그램 실시 등은 물론, 문제에 관하여 학교 안에서 적시에 개입할 수 있는 전문적인 원조체계의 수립 등이 필요함을 알 수 있다.

(3) 개별성과 포괄성의 원칙

개별성의 원칙	• 개별성의 원칙이란 아동복지 실시의 전 과정, 즉 문제의 확인, 진단, 치료방법의 선정 및 그 목표 설정에 이르기까지 개인적 특성을 고려해야 한다는 것이다. – 이때 고려할 사항으로는 심신의 발달특성, 문제의 발생원인, 생활사, 현재의 상태 및 주변 환경 등이 모두 포함된다. – 더 넓은 의미에서 이 원칙은 아동을 소외계층으로 볼 것이 아니라 사회문제에 대한 의도적인 변화를 시도함으로써 아동을 건전하게 성장·발달할 수 있도록 이끌면, 국가발전에 참여하고 활동할 수 있는 존재가 될 수 있다고 보는 것이다. – 이 원칙은 아동을 독립된 인격체로 보고, 아동이 처한 상황을 그대로 수용한다는 점이 전제되고 있다. 예 동일한 종류의 비행아동이라도 어떤 아동은 행동수정기법으로, 어떤 아동은 정신분석적 기법으로 선도하는 것
포괄성의 원칙	• 포괄성의 원칙이란 아동문제에 대처할 때 여러 가지 유형의 서비스를 함께 고려해야 그 효과를 거둘 수 있다는 것이다. – 즉, 아동발달이 서로 유기적인 관계를 가지고 전개되므로 한 영역의 발달 손상은 다른 영역에 파급되며, 아동은 하나의 전체성을 띤 인간으로서 그들에게 직접적으로 관련되는 제 측면들이 상호 보완되는 가운데 건전한 성장과 발달을 도모할 수 있는 것이다. – 이와 같이 포괄성의 원칙은 아동을 전인적으로 파악하고 있음이 전제된다. • 포괄성의 원칙이란 아동복지를 달성하기 위해서 경제·교육·보건·주택·노동 등 여러 분야의 포괄적인 대책이 아동 관련 정책과 서비스에 수반되어야 함을 말한다. – 아동의 신체·정서·인지·사회발달은 각각 분리된 것이 아니라 상호 관련되어 역동적으로 발달하므로 아동의 욕구에 대해 포괄적으로 다룰 필요가 있다. – 대상 아동의 욕구가 포괄적으로 다루어질 수 있기 위해서는 아동복지 관련 소관 부처, 부서 간의 유기적 협조체계가 요구된다. 예 심신장애아동을 대상으로 한 복지대책 : 장애아동의 사회적 자립을 위해서 의료재활, 교육재활, 심리재활 및 직업재활이 포괄적으로 제공된다(주정일·이소희). 예 빈곤가정 아동 : 빈곤가정의 아동은 1차적으로 부모의 경제적 빈곤으로 인해 먹고 입는 생활에서 곤란을 겪으며 나아가 교육 및 학습, 문화적 기회에서도 불리한 입장에 있다. 단순히 제도를 통해 의식주 문제를 해결하도록 돕는 것만으로는 빈곤한 가정의 아동이 당면하는 문제를 해결하고 변화시키는 데에 한계가 있다. 예 학대받는 아동 : 학대받는 아동의 상당수가 부모 간 갈등의 문제나 가정의 경제적 문제, 지역사회로부터의 고립, 학교에서의 부적응이나 고립 등과 관련한 문제를 동반하는 만큼, 문제해결을 위해서는 아동을 둘러싼 다양하고도 중층적인 체계를 포괄적으로 고려해야 한다.

MEMO

(4) 보편성과 선별성의 원칙

- 우리의 아동복지 실태는 보완적인 개념, 즉 협의적이며 일부 선정된 특수대상을 위한 대책에만 급급해 왔다.
  - 앞으로 아동들에 대한 대책은 보호와 치료를 중심으로 하는 보완적 기능의 한계를 탈피하여 전체 아동이나 청소년을 대상으로 하는 예방과 개발을 중심으로, 다시 말해 보편성을 띤 제도적 기능이 수행될 수 있는 방향으로 추진해 가야 한다.

보편성의 원칙	• 보편성의 원칙이란 전체 아동을 대상으로 하는 총괄적이고 기회균등적인 개념에 기반을 둔 것으로, 전체 아동을 대상으로 급여나 서비스를 제공하는 원칙이다(장인협·오정수, 2001). – 성별, 계층, 인종, 민족, 장애와 같은 질병 유무와 수준, 보호자의 유무와 같은 특별한 상황적 조건에 관계없이 동일하게 대응(평등하게 지원)하는 것, 즉 모든 아동에게 동등한 급여와 서비스를 제공하는 것을 말한다. – 이 원칙은 평등의 이념과 함께 건강하고 건전한 육성을 통해 아동문제 및 사회문제를 예방하려고 하는 가정이 전제되어 있다. – 비교적 사전적이고 예방적인 성격을 지니며, 제도적 차원에서 이루어진다. 예 아동양육을 위한 최저소득의 보장, 기본적인 의료 조치, 최소한도의 사회생활을 영위할 수 있도록 생활훈련과 기초교육 등이 이 원칙하에서 실시된다. 예 「교육기본법」과 「영유아보육법」에 의거하여 만 5세아의 교육과 보육을 무상으로 실시함과 동시에 초등교육과 중등교육의 무상실시와 무상학교급식을 그 예로 들 수 있다.
선별성의 원칙	• 아동복지에 있어서 선별성의 원칙은 빈곤가정의 자녀, 질병이나 장애, 학대 위험 등과 같은 범주화에 기초하여 보호가 필요한 아동에게 우선적으로 복지서비스를 제공하는 것을 말한다. 즉, 특별한 *상황적 조건에 의해 그 누구보다도 우선적인 대상으로 고려하는 것을 말한다. – 특정아동을 대상으로 하는 보충적 사업으로서 여러 가지 조건이나 기준에 의해 아동복지사업의 대상을 제한하는 열등처우적인 것을 의미한다. – 개인과 가정 및 사회적 원인에서 발생되는 문제를 보완하거나 해소하기 위해 국가가 공적(公的)으로 지원할 때 적용하는 원칙이며, 사후적·일시적·보충(보완)적·치료적·잔여적 성격으로 요약된다. 즉, 선별성의 원칙에 의해 제공되는 급여나 서비스는 문제의 원인이 자발적이든 비자발적이든 간에 개인적인 결함이 있다는 전제하에 문제를 보완하거나 해소하기 위한 최소한의 보호로서, 일시적·보완적·잔여적 성격이 강하다는 것이다. • 선별성의 원칙은 대부분 부모의 양육능력 정도가 기준이 된다. 즉, 부모가 양육책임을 다하기 어렵거나 또는 거의 불가능한 경우로서, 이른바 요보호아동이 그 대상이 된다. – 빈곤계층의 아동이나 가장 욕구가 큰 아동들에게 급여나 서비스를 제공하는 원칙으로, 그 성격에 있어서 시혜적·범주적이고, 열등처우의 원칙이 불가피하며, 낙인효과에 의한 수치감을 초래할 수 있다(장인협·오정수, 2001). 예 특수교육대상자에 대한 무상교육, 저소득층 맞벌이 부부의 자녀를 위한 무료탁아 등

*상황적 조건
상황적 조건들의 예로는 선천적 및 후천적인 장애와 질병, 보호자의 유무와 보호능력, 아동을 포함한 인간의 발달 특성, 정치와 경제 및 사회적인 이념과 함께 천재지변과 전쟁 등의 급박한 위기상황을 들 수 있다.

MEMO

SESSION 6

(5) 개발적 기능의 원칙

개발적 기능의 원칙	• 개발적 기능의 원칙은 아동이 지니고 있는 잠재능력을 최대한 개발하기 위한 것으로, 요보호 중심의 사후 대응적 체계 방식이 아닌, 적극적이며 예방적인 차원을 고려하는 개발지향적 체계로의 전환을 의미한다. – 개발석 기능의 원칙이 적용되는 대상은 모든 아동이나, 특히 아동발달상의 편차가 심한 장애아동과 우수아동, 또 결손된 양육환경에서 자라는 고아나 빈곤가정의 아동이 주요 대상이 된다. • 이 원칙에는 아동의 사회적 자립과 동시에 아동이 사회에 기여할 존재라는 관점이 전제되어 있으며, 사회적 자립에는 경제적 자립의 의미가 강하게 함축되어 있다. 이는 요보호 아동을 단순히 보호하는 것이 아니라, 보호를 통해 정상적인 생활이 가능해야 하며, 역경을 극복하고 잔존능력을 최대한 개발하도록 지원하고 서로 협력해야 함을 의미한다. – 장애아동 : 장애아동이 가진 잔존능력이 개발되지 않는다면 사회적 자립이 불가능해지므로, 장애아동을 대상으로 특수치료나 교육, 직업재활훈련이 이루어져야 한다. – 우수아동 : 우수아동의 잠재능력이 개발되지 않는다면 아동 자신뿐만 아니라 사회의 유익을 위해서도 손실이며, 사회 부적응을 초래할 우려도 있으므로 이들의 능력에 적합한 교육을 받을 수 있도록 해주어야 한다. – 빈곤가정 아동 : 실조된 환경이 학업 성취를 저해함으로써 직업적 성공이 어려워져 빈곤의 악순환을 되풀이할 가능성이 높으므로, 이들을 대상으로 한 직업훈련이 강조된다. • 그동안 우리나라의 아동복지 사업은 특별보호가 필요한 아동들을 위한 것이 대부분이었는데, 앞으로는 보다 적극적이며 예방적인 변화를 갖게 하는 개발적 기능의 면이 수행되어 국가발전이나 경제개발에서의 부정적 요소들에 대처할 수 있도록 해야 한다.

(6) 치료성과 예방성의 원칙

아동기는 전 인간발달의 초기에 해당되어 발달의 기제인 '기초성－적기성－누적성－불가역성'이 크게 작용하기 때문에, 아동복지에서는 예방성의 원칙을 매우 강조하게 된다.

치료성의 원칙	• 사회구성원의 상황을 고려했을 때, 특별한 도움이 필요한 대상자일 경우, 그 무엇보다도 적합한 '치료'를 먼저 실시해야 하는 것을 말한다. 예 보건 · 의료상황에서의 응급환자 – 특히 아동의 경우 적기를 놓치면 장애는 더욱 악화되어 돌이킬 수 없는 상처를 남기기 때문이다. – 이는 아동발달에서 말하는 기초성, 적기성, 누적성, 불가역성의 원리가 적용되는 것과 동일한 맥락이며, '결정적 시기'의 개념과 상통한다.
예방성의 원칙	• 아동과 부모 및 가족이 지닌 장애나 문제의 발생을 미리 방지하기 위해 적용하는 것을 말한다. – 특별한 도움을 필요로 하는 아동과 그의 부모 및 가족뿐만 아니라 우리나라 전체 아동과 그 가족의 행복과 복지를 보장하기 때문에 훨씬 경제적이고 바람직하다. – 예방성의 원칙이 지니는 의미는 보편성의 원칙 적용과 매우 밀접한 관련성이 있다. 그러므로 이 원칙이 적용되기 위해서는 국가재정의 뒷받침이 있어야 하고, 장기적으로 아동복지 인프라를 구축하기 위한 청사진을 마련해야 한다. • 아동복지에 대한 투자는 국가 장래를 보장하는 가장 가치 있는 투자라는 점에 방점을 두어야 한다.

MEMO

참고

보호성과 계발성의 원칙 [이소희 · 유서현 · 김일부(2020), 「아동먼저! 아동권리와 아동복지」, 정민사]

- 모든 인간은 그 존재만으로도 가치가 있다. 나아가 아동은 성장과정을 통해 역사를 계승한다는 차원에서 더욱 보배로운 존재이다. 그러나 격동과 격변의 세상사에 따른 역동적인 삶의 유지로 인해 평안하고 안전하게 생활하기가 그리 쉽지 않다. 더구나 성장과정에 있는 아동의 경우는 부모를 비롯한 보호자의 보호가 없으면 생존 자체가 불가능하다. 그렇기 때문에 아동복지 관계법에는 아동을 보호할 책임에 대해 규정하고 있는 것이다.
  - 단순한 보호를 넘어 이를 통해 정상적인 생활이 가능해야 할 뿐만 아니라, 역경을 극복하고 잔존능력을 최대한 계발하도록 지원하고 서로 협력해야 하는 것이다. 이러한 맥락에서 볼 때, 크고 작은 다양한 역경과 시련, 실패를 오히려 도약의 발판으로 삼아 더 높이 튀어오르는 마음의 근력을 말하는 회복탄력성(resilience)의 개념은 이러한 보호성과 계발성의 원칙을 지지하는 이론이라고 할 수 있으며, 여러 아동복지 분야에서 효과성이 검증되고 있다(길현주, 2015; 손창영, 2018; 이가경, 2018; 정은주, 2017).

보호성의 원칙	• 보호성의 원칙은 도움이 필요한 사회구성원을 대상으로 잔존능력을 보호하고, 정상화에 이르도록 지원하는 것을 말한다. – 이는 선별성의 원칙 및 치료성의 원칙과 밀접한 관련을 지닌다. 예 아동복지 분야에서의 예를 들면 「장애아동 복지지원법」, 「특수교육진흥법」, 「아동학대범죄의 처벌 등에 관한 특례법」에 의거하여 각종 대책을 실시하는 것을 말한다. – 특별한 욕구나 요구를 지닌 아동과 그 보호자에 적용되는 바가 크므로 보다 높은 전문성이 필요하다. 물론 앞서 언급한 바와 같이 전문성은 비단 특별한 보호가 필요한 아동만이 아니라 모든 아동복지대상자에게 적용된다.
계발성의 원칙	• 계발성의 원칙은 모든 일반 구성원을 대상으로 잠재능력을 최대한 계발할 수 있도록 지원하는 것을 말한다. – 이는 비단 특별한 도움이 필요한 사람뿐만 아니라, 모든 사람에게 적용되는 원칙으로 그 대응하는 성격이 다를 뿐이다. 즉, 보호에 대응한 상대적인 개념으로서의 계발성이라는 것이다. – 실제적으로 과거에 비해 오늘날 아동을 둘러싸고 있는 사회구조와 환경이 급변하고 있다는 점과 이에 따라 아동복지적 요구와 욕구도 매우 다양해졌다는 점, 그리고 복지를 시혜가 아닌 권리의 개념으로 인식함으로써 복지에 대한 주장과 기대가 고조되고 있다는 현실 인식은 계발성의 원칙을 더욱 강조하고 있다. 예 아동복지 분야에서의 예를 들면 창의와 인성을 겸비한 글로벌 인재로 육성하려는 각종 교육정책(김재춘, 2012, 2018; 교육과학기술부, 2010; 교육부, 2012)과 함께 민간 차원에서 실시하는 영리더십 교육을 들 수 있다(한국영리더십센터, 2019).

III 아동복지 서비스

MEMO

UNIT 04 아동복지 서비스의 이해 및 분류

#KEYWORD 카두신, 아동복지 서비스의 유형, 지지적 서비스, 보충적 서비스, 대리적 서비스

참고

사회복지 서비스의 이해

- 메이어(Meyer)는 『아동복지 핸드북(Handbook of Child Welfare)』(1985)에서 아동복지를 사회체계의 한 부분이면서 사회제도이자 사회복지 전문직의 한 분야로 정의하고 있다.
  - "아동복지는 지속적인 사회체계의 하나로서, 아동의 복지를 증진시키기 위한 사회제도이며 하나의 전문직으로서의 사회사업의 한 분야이다."(Meyer, 1985).
  - 아동복지 서비스는 사회복지 서비스의 한 분야이기 때문에 이를 이해하려면 무엇보다 사회복지 서비스에 대한 이해가 필요하다.
- 사회복지 서비스는 현대인의 상호관계 및 역할에 대한 욕구를 충족시키려는 사회적 고안(social inventions)으로서, 가족생활을 보호하거나 회복하게 하고 개인의 내 · 외적 문제에 대처하도록 돕는다. 또한, 개인의 성장발달을 지원하고 정보 제공과 안내 · 옹호, 구체적 도움을 통하여 사회자원에의 접근을 촉진시키는 기능을 한다.
  - 사회복지 서비스는 경제 보장에 덧붙여 비경제적 보장을 내용으로 한다. 다시 말해 이는 특수적 · 구체적 · 개별적으로 개인이나 가족문제에 대응하는 기능적 특징을 갖고 있다고 할 수 있다.
  - 사회복지 서비스는 사회문제가 가속화됨으로써 특히 사회적으로 불우하고 열세한 위치에 있는 아동, 노인, 여성 및 장애인 등을 우선 대상으로 이들의 제반 문제를 해결하여 정상적인 사회인으로 복귀시키는 데 목적을 두고 있기 때문에 사회보험이나 공공부조의 재정적인 부조와는 달리 사회복지 전문가에 의한 전문적인 서비스만으로도 성과를 기대할 수 있다.
- 아동복지 서비스의 개념을 한마디로 정의내리기는 어려우나, 사회복지 서비스의 개념을 인용하여 정의를 내리면 다음과 같다.
  - 아동복지 서비스는 사회문제가 가속화됨으로써 특히 사회적으로 불우하고 열세한 위치에 있는 아동들을 우선대상으로 이들의 제반 문제를 해결하여 정상적인 삶을 영위하도록 하는 데 목적을 두고, 특수적 · 구체적 · 개별적인 형태로 아동 개인이나 가족문제에 대응하는 기능을 하는 사회복지 서비스의 한 분야라고 할 수 있다.

MEMO

1 아동복지 서비스의 유형

(1) 서비스 제공 장소에 의한 분류

재가 서비스 (in-home service, 가정 내 서비스)	• 아동이 부모를 비롯한 가족구성원들과 함께 생활하면서 필요한 양육과 서비스를 제공받는 형태를 말한다. – 가족의 구조적 결손은 없지만 심한 스트레스나 역기능의 위험 요소를 가지고 있을 때, 혹은 한부모가정이나 조손가정과 같이 구조적 결손을 경험하면서 가족기능의 원활한 수행이 어려울 경우에 제공된다. – 원가정의 기능 가운데 결핍된 부분을 지지하거나 보충해 줌으로써 원가정의 해체나 붕괴를 막아 주는 기능을 수행하며, 아울러 해당 가정의 강점을 지원하여 특정 시점에서의 위기를 극복할 수 있는 자원의 역할을 수행할 수도 있다.
가정 외 서비스 (out-of service)	• 아동이 자신의 원가정을 떠나 일정 기간 동안 시설이나 위탁가정 등에서 생활하면서 제공받는 양육 및 보호서비스를 의미한다. 또한 원가정에서 생활하지만 특정 시간 동안 가정 밖의 시설에서 양육과 보호를 받는 것 역시 가정 외 서비스에 해당한다. • 아동이 자신이 거주하는 가정과 가정 밖의 서비스 제공 장소 간에 내왕하면서 보호나 서비스를 받는 경우, 그리고 자신의 출생 가정을 떠나 일시적으로 또는 장기적으로 보호시설이나 다른 위탁가정 등에 거주하면서 양육이나 서비스를 제공받는 경우를 모두 포함한다. – 아동의 보호에 있어 안정된 가정생활과 가정중심의 보호 원칙의 중요성에도 불구하고, 가정이 해체되거나 아동의 특별한 욕구를 충족시키기 위한 경우에는 불가피하게 가정을 떠나 보호를 받아야 하는 사례가 발생한다.

(2) 아동복지 서비스의 기능에 의한 분류(= 부모-자녀 간 역기능 대처 중심의 서비스 유형) – 카두신(Kadushin)

- 아동양육을 위한 가정의 역할에 대하여 아동복지 서비스가 어떠한 기능을 지니는가에 따라 지지적 서비스, 보조적 서비스, 대리적 서비스로 구분하였다(Kadushin, 1974; Kadushin & Martin, 1988).
  – 이 분류는 아동 양육기능의 1차적 책임은 부모에게 있으며, 부모가 아동양육의 책임을 다하지 못할 때 그 정도에 따라 국가나 사회가 부모의 양육을 보완하거나 대리할 수 있다는 시각을 반영한 것이다.

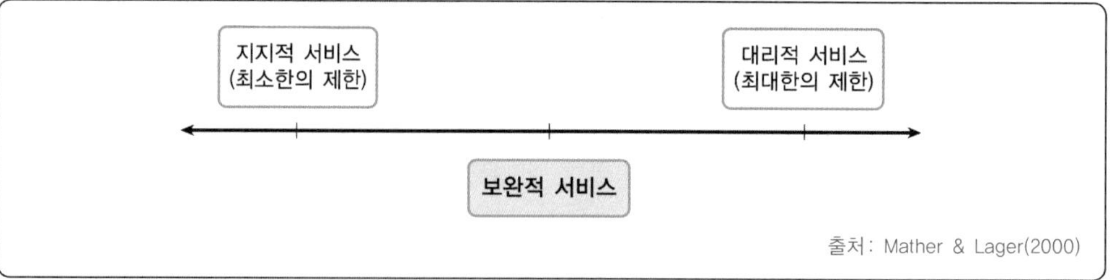

연속선상의 아동복지 서비스

– 위의 그림과 같이 지지적, 보완적, 대리적 아동복지 서비스는 부모 역할에 대한 '최소 제한'으로부터 '최대 제한'에 이르는 연속선상에 위치하며, 각각의 서비스는 상호 배타적이라기보다는 서로 보완되거나 중복되는 개념으로 볼 수 있다(Mather & Langer, 2000).

예 주 부양자에게 가사노동이나 아동돌봄 서비스를 제공하는 것은 부모 역할의 일부를 보완해 주는 동시에 부모의 역할기능을 강화하고 지원하는 기능을 수행할 수 있다. 실제로 이러한 서비스가 각 개인이나 가족상황에서 어떻게 활용되느냐에 따라 그 성격이 달라질 수 있는 것이다.

MEMO

• 아동복지 서비스를 부모-자녀 간의 역기능으로 빚어지는 문제에 대처하기 위한 것으로 볼 때, 아동복지 서비스를 필요로 하는 상황의 정도에 따라 3가지 영역, 즉 지지적 서비스, 보완적 서비스, 대리적 서비스로 분류할 수 있다.

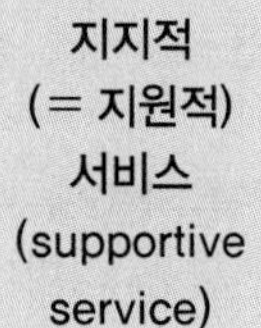

지지적 (= 지원적) 서비스 (supportive service)

지지적 서비스의 개념

• 아동복지 서비스의 연속선에서 '최소 제한'에 해당되는 서비스로, 안전하고 애정적인 가정의 역할을 제공할 수 있는 경우 아동발달을 위한 최선의 환경은 가족이며 아동은 자신의 원가족에서 성장해야 한다는 신념에 근거한다.
  - 따라서 지지적 서비스는 아동이 속해 있는 원가정의 구조를 침해하지 않으면서 그 가정의 기능이 원활하게 수행될 수 있도록 지원해 주는 외부의 서비스를 의미한다.
  - 지지적 서비스는 가족체계가 구조적으로 손상되지는 않았지만 지속적인 스트레스에 노출될 경우 제공될 수 있다.
    예 가정 내 스트레스가 지속될 경우 가족해체와 같은 구조적 결손이 발생할 수 있으므로 이를 예방하기 위해 가족의 강점을 지원하고 강화시키는 것이다.
  - 특별한 욕구와 문제를 지닌 아동에게 의료, 교육, 상담서비스와 같은 적절한 지원을 제공하는 것도 지지적 서비스에 속한다.

• 가족구성원인 부모와 자녀가 각자의 책임을 효율적으로 수행할 수 있도록 그들의 능력을 지원·강화시켜 주는 서비스를 말한다.
  - 이러한 지지적 서비스는 아동이 가정에서 생활하면서 받을 수 있는 서비스로서, 아동복지기관은 부모와 아동이 자신들의 역할을 제대로 수행할 수 있도록 원조하는 데 국한된다.
  - 다시 말해, 이는 아동문제를 예방하기 위한 1차 방어선으로 아동을 가정에 머물게 하면서 부모와의 좋은 관계를 계속 유지할 수 있도록, 상담 등의 서비스를 통해 가족들의 기능을 강화시키고 부모-자녀 간의 긴장을 완화시켜 주기 위한 것이다.
  - 이때 서비스가 바로 주어지지 않으면 가족 내에 균열이 일어나 이혼·별거·유기 등의 문제가 일어날 수 있다.
  - 따라서 지지적 서비스는 부모와 자녀들이 더 많은 만족감을 갖고 갈등을 최소화하여 원만한 관계를 유지하면서 생활할 수 있도록 변화시키며, 결국 가족구성원의 사회적 기능수행을 향상시켜 가족해체의 위험성을 감소키는 것을 목적으로 한다.

• 지지적 서비스는 부모들이 자신의 역할을 이행할 수 있도록 강화하고 지지하는 서비스이지 부모의 책임을 대신하는 것은 아니다.

지지적 서비스의 종류

• 일반적으로 개별지도서비스(case work service), 가족상담 및 가족치료, 집단서비스, 지역사회 정신건강상담 등 지역사회 프로그램이 있다.
  - **개별지도서비스**: 개별적인 면접을 통하여 서비스를 제공하며 가족이 직면하고 있는 사회적·정서적 압력을 감소시켜 주고 그들이 만족스러운 사회적 기능을 하도록 능력을 향상시키는 것으로, 아동상담, 학대 및 방임 아동 보호, 미혼 부모 상담 등이 있다.
  - **집단서비스 프로그램**: 가정교육 프로그램과 집단상담 프로그램 등이 있다. 집단 구성원들은 이 프로그램을 통해 부모-자녀 간의 관계에 대한 공통된 생활경험을 공유하게 되고 토의내용에 지적·정서적으로 깊이 관여하게 됨으로써 부모로서의 역할에 대한 보다 깊은 이해와 능력을 획득하게 된다.

MEMO

<table>
<tr>
<td></td>
<td>– 지역사회 프로그램: 아동복지 서비스 개발 방향과 밀접한 관계가 있다. 이는 개인이나 집단의 욕구를 개인, 집단, 지역사회의 상호관련 속에서 충족시키려고 시도하는 것으로 아동복지 서비스와 관련된 지역사회 프로그램을 통해 개발·확보 가능하다. 이러한 지역사회 프로그램은 가정상담소, 집단활동기관, 미혼부모기관 등 사회복지기관과 아동상담소에서 주로 제공된다. 특히 사회복지기관은 대체로 부모에 대한 서비스 제공 등을 통해서, 그리고 아동상담소는 아동에 대한 서비스를 제공함으로써 문제해결을 시도한다.
지지적 서비스를 필요로 하는 구체적인 상황
• 부모가 그의 자녀를 양육하는 데 어려움이 있는 경우
• 아동이나 부모가 자신의 역할에 대하여 아무런 만족을 느끼지 못하는 경우
• 자녀의 친구관계나 학교생활에 문제가 있다고 여기고 관심을 가졌을 경우
• 형제간 갈등으로 가정이 화목하지 못할 경우
• 불만스러운 부부관계로 인하여 자녀들에게 문제가 발생할 경우</td>
</tr>
<tr>
<td>보완적
(= 보충적)
서비스
(supplementary service)</td>
<td>보완적 서비스의 개념
• 부모의 보호·양육의 질이 부적절하거나 제한되어 있을 때 이를 보완하기 위해 제공되는 서비스로 부모 역할의 일부를 대신한다.
• 아동문제에 대처하기 위한 2차 방어선으로 가정 및 가족의 형태는 그대로 있으나 부모의 역할이 매우 부적절하여 가정 외부에서 지원해 줌으로써 부모의 역할을 대행하거나 도와주는 것이다.
보완적 서비스의 종류
• 보완적 서비스의 종류에는 소득보완, 보육, 홈메이커서비스, 일시돌봄서비스 등이 있다.
– 소득보완: 부모의 실직이나 장애, 사망으로 적정 소득이 상실된 가족에 대한 경제적 지원(공적 부조와 사회보험)으로 가정의 소득을 보완한다는 의미에서 중요하다.
– 보육서비스: 아동이 그의 가정에서 정상적인 양육을 받기 어려운 경우, 하루 중 일정한 시간 동안 타인에 의해 주어지는 보호를 의미하는 것으로 이를 통해 아동의 행동능력 향상, 타인과의 협동, 자립심 고양 등을 기할 수 있으며, 부모 모두 가정 밖 노동을 가능하게 해 가정의 경제에 도움을 줄 수 있다.
– 홈메이커서비스: 아동보호 및 가사노동에 관련된 전통적인 어머니 역할 부재를 보완한다.
– 일시돌봄서비스: 공보육·교육 외의 시간이나 부모의 긴급한 사유로 인해 일시적 돌봄이 필요한 가정에 제공되는 아이돌보미서비스, 장애아동의 양육이나 가족 문제로 인해 부모의 스트레스가 높을 때 기관에서 일정기간 아이돌봄서비스를 제공하는 경우도 이에 해당한다.</td>
</tr>
</table>

MEMO

대리적 (= 대체적) 서비스 (substitute service)	**대리적 서비스의 개념** • 가장 제한적인 서비스로서 아동복지 서비스의 연속선상에서 '최소 제한'의 반대 극단에 위치한다. 부모 역할의 전부가 상실되었을 경우 아동에게 부모를 대신하여 제공하는 서비스를 의미한다. • 부모와 자녀 및 가족관계가 일시적 혹은 영구적으로 해체된 정도의 상황이 발생한 경우에 개입하는 아동보호 수단이다. 즉, 아동문제에 대한 3차 방어선으로, 부모-자녀 관계가 임시적 또는 영구적으로 해체되었을 때 아동을 다른 가정이나 시설에 있게 함으로써 아동을 보호하는 것이다. **대리적 서비스의 종류** • 대표적인 대리적 서비스로 가정위탁보호사업(foster home care), 입양, 시설보호 등을 들 수 있다. - 가정위탁보호사업: 부모의 이혼, 사망, 아동유기 등으로 가정이 파괴된 경우 혹은 아동이 가정환경에서 정상적으로 성장하는 데 문제를 가지고 있는 경우 일정한 기간 동안 대리적으로 가정적 보호를 하는 것이다. - 입양: 자기 아이가 아닌 다른 아동을 법적·사회적 과정을 통해 영원한 부모-자녀 관계로 맺어 양육·보호하는 것이다. - 시설보호: 아동의 부모가 그 자녀를 양육할 의사나 충분한 능력이 없을 때 혈연 관계가 없는 타인이 부모 역할을 대리하여 일정한 시설에서 일시적 또는 장기적으로 집단보호하는 사업을 말한다. 시설보호의 대상은 장애아동, 비행아 등 요보호 문제를 지닌 아동 중 사정상 가정 내에서 욕구를 만족시킬 수 없거나 위탁보호도 불가능한 경우에 이루어진다.

(3) 방어선 위치에 의한 아동복지 서비스의 유형 - 주커만(Zukerman)

① 방어선의 개념은 카두신의 저서 『아동복지 서비스』(1974)에서도 부분적으로 제시된 바 있으며, 카두신은 지지적 서비스를 1차 방어선, 보조적 서비스를 2차 방어선, 대리적 서비스를 3차 방어선의 개념으로 인식하였다.

② 한편 주커만(Zuckerman)은 그의 저서 『아동복지』(1983)에서 다음과 같은 방어선의 개념에 의해 아동복지 서비스를 체계적으로 분류하였다(Zuckerman, 1983).

- 지지적 서비스와 보조적 서비스의 대부분을 제1차 방어선(The First Line of Defence)으로 보았으며, 대리적 서비스 중 가정 형태의 서비스를 제공하는 가정위탁과 입양을 제2차 방어선(The Second Line of Defence), 집단보호서비스를 제3차 방어선(The Third Line of Defence)으로 구분하였다.

제1차 방어선으로서 가정 내 서비스	• 가정은 아동에게 일차적 방어선으로서의 기능을 수행한다. 그러나 가정이 아동의 기본적인 욕구를 충족하지 못할 위험에 처하거나 부모-자녀의 역할관계에 장애가 있을 경우, 가정의 사회적 기능을 회복, 유지, 강화함으로써 제1차 방어선으로서의 역할을 수행해야 한다. • 지지적, 보충적이다. • 가정의 사회적 기능을 회복, 유지, 강화시키는 역할을 수행한다. 예 가족치료 부모교육, 아동상담, 소득보장 프로그램 등

MEMO

제2차 방어선으로서 대리가정 서비스	• 가정이 정상적인 기능을 충분히 수행하지 못하면 아동에게 출생가정의 역할을 대신할 수 있는 다른 보호의 장이 요구된다. 이러한 경우, 가능한 한 가정과 유사한 자연스러운 보호의 장으로서 대리가정을 마련해 주는 것이 가장 바람직하다. – 이러한 주장은 Goldstein, Freud 그리고 Solnit(1973)에 의하여 제안된 것으로 최소침해대안(The Least Detrimental Alternative)의 원칙이라고 불린다. 이 원칙은 가정의 기능 수행에 장애가 있을 경우, 아동에게 가장 적절한 형태의 보호와 서비스가 무엇인가를 결정하는 기준으로 널리 수용되고 있다. – 이 원칙이 제시하는 서비스의 목표는 아동의 삶과 가정에 대하여 제한적인 요소를 최소한도로 줄이는 것이다. 따라서 구조화된 주거시설에 비하여 덜 구속적이고, 가정생활의 환경에 근접하며, 지역사회에 자유롭게 접근할 수 있는 보호의 장으로서 대리가정이 제안되는 것이다. • 대리적 / 원가정 대리 : 가정 형태의 서비스를 제공한다. • 가정의 기능이 정상적으로 수행되지 못할 때, 아동을 위해서 원가정과 가장 유사한 기능을 하는 다른 보호의 장소를 아동에게 제공하는 것이다. 예 가정위탁, 입양서비스 등
제3차 방어선으로서 집단보호 (생활시설) 서비스	• 그룹홈이나 주거시설에 의한 서비스는 앞서 언급한 최소침해대안의 원칙에 따라 아동의 욕구가 출생가정이나 대리가정에 의하여 충족될 수 없는 경우에 한하여 집단적인 보호를 제공하는 것이다. – 또래집단과의 관계가 중요한 요소인 집단적 생활환경이 필요한 아동, 특수한 욕구를 가진 장애아동에게 이러한 주거환경에 의한 서비스가 제공된다. – 집단보호는 6~12명의 아동을 수용한 소규모 집단가정에서부터 대규모 수용시설에 이르기까지 규모와 형태가 다양하다. 어떤 가정은 직원이 대리부모의 역할을 수행함으로써 가정의 형태로 운영되기도 한다. 또한 정서적인 장애를 지닌 아동이나 가정에서 행동장애를 일으킨 아동을 위하여 치료적인 기능을 수행하는 시설도 있다. • 대리적 / 원가정 대리 : 집단생활 환경 속에서 서비스를 제공한다. • 아동의 욕구가 원가정 혹은 대리가정에서 충족될 수 없는 경우에 한하여 마지막 대안으로 제공되는 집단보호 서비스이다. – 탈시설화의 경향에 따라 가장 마지막에 사용되어야 할 아동복지 서비스이다.

(4) 서비스 기능상의 유형

아동의 사회화와 발달 촉진을 위한 서비스	• 이 서비스는 가족과 이웃 또는 친척이 담당했던 교육, 아동양육, 가치관 전달, 오락활동 등을 말하며, 사회에서 요구되는 공통가치로의 사회화, 개인적인 발달수준의 향상을 목적으로 한다. • 보육 프로그램, 아동발달 프로그램, 청소년센터와 호스텔 프로그램, 캠프, 부모집단 교육 프로그램 등이 해당된다.
치료 · 원조 · 재활을 위한 서비스	• '대리보호'라는 용어가 이 범주에 속한 서비스의 의미를 대표적으로 설명한다. – 가족 및 1차 집단의 지지를 대신하거나 보충함으로써 문제를 가진 아동을 도와주는 것이다. 환경적이거나 상황적 · 대인적 · 정신 내적 문제를 대상으로 하는 프로그램을 가지고 집중적으로 또는 간결하게 아동을 도와주는 것에 초점을 둔다.

	– 이것의 목표는 가능한 한 정상적으로 아동의 기능을 회복하게 하는 것이며, 설사 완전한 회복을 하지 못하더라도 아동 개인 · 집단 · 사회환경 사이에 합리적인 관계를 이루도록 노력한다. 예 가족치료, 가족상담, 위탁양육, 입양, 시설업소보호, 보호관찰, 집단치료 및 상담, 재가서비스, 치료캠프 등
접근 · 정보 충고 서비스	• 현대의 관료적 복잡성, 권리자격, 자원의 가치, 서비스로부터의 혜택 등에 관한 아동과 부모들의 이해 부족 및 차별대우, 대상자와 서비스 사이의 지리적 간격 등으로 접근 서비스 제공의 필요성이 점차 증가하고 있다. – 아동복지 서비스 전문가는 연결요원으로서, 중개인으로서, 대변자로서 프로그램이 그 대상자들에게 도달 · 활용되도록 정보를 제공하고, 의뢰하며, 연결시켜 주도록 노력한다. – 따라서 아동복지 서비스에 대한 다양한 정보를 제공 · 안내 · 연결할 장치가 필요하다.

(5) 가족의 욕구수준에 따른 분류 – 美 아동보호기금(Children's Defence Fund, 1993; Shireman, 2003)

① 이 분류체계는 미국의 아동보호기금이란 단체에 의하여 개발되었으며, 가족의 욕구수준에 따라 아동복지 서비스는 다음과 같이 분류된다.

② 아래의 그림은 가족 욕구수준에 따른 서비스로 피라미드 형태의 연속성을 보여준다. 피라미드의 맨 아래로 갈수록 욕구수준은 낮으나 대상자가 많아지며, 피라미드의 위로 올라갈수록 욕구수준은 높고 대상자는 적어진다.

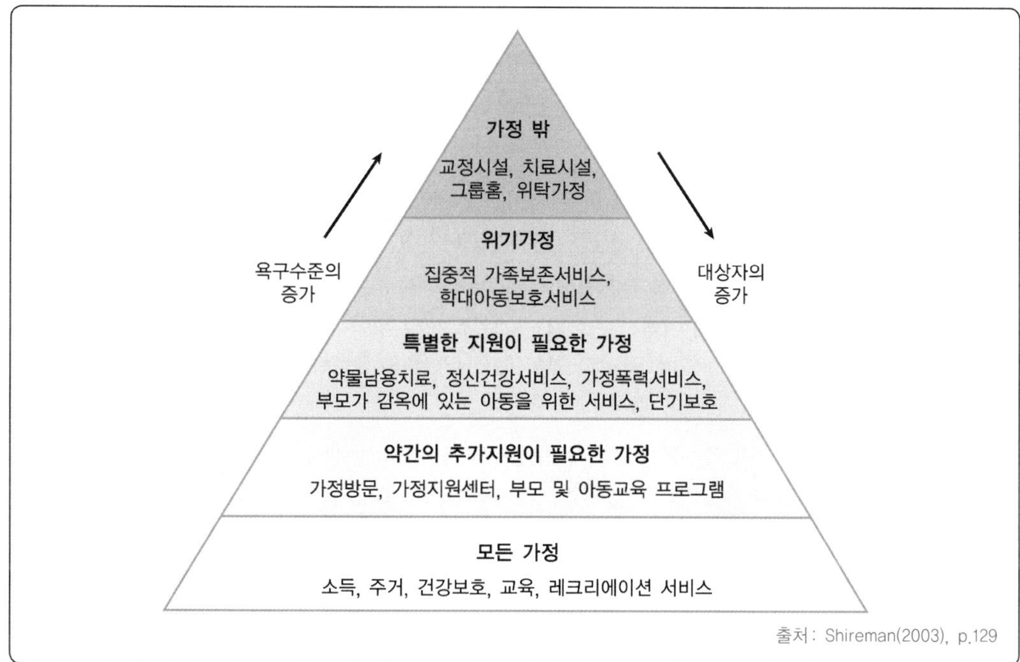

가족의 욕구수준에 따른 아동복지 서비스

MEMO

모든 가정을 위한 서비스	모든 가정의 아동을 위한 보편적인 서비스이며, 적절한 소득, 주거, 건강보호, 보육, 교육, 여가 서비스가 포함된다.
약간의 추가지원이 필요한 가정을 위한 서비스	가정방문 프로그램, 가정지원센터의 서비스, 부모 및 아동교육 프로그램을 포함한다.
특별한 지원이 필요한 가정을 위한 서비스	약물남용치료서비스, 정신건강서비스, 단기보호서비스, 가정폭력서비스, 부모가 감옥에 있는 아동을 위한 서비스 등이 포함된다.
위기가정을 위한 서비스	위기가정 서비스는 욕구수준이 상당히 높은 단계로서 집중적 가족보존서비스, 학대아동보호서비스 등이 포함된다.
가정 밖의 서비스	아동 자신이 가정에서 보호받지 못하는 상황이 오면, 아동은 자신의 가정을 떠나 외부 가정이나 시설에서 보호를 받는다. 가정을 떠난 외부 서비스에는 비행아동을 위한 교정시설, 치료시설, 그룹홈, 위탁가정 등이 포함된다.

2 아동복지 서비스의 전문화를 위한 전제

아동복지 서비스의 전문화를 이루려면 다음과 같은 공통적 특성을 지녀야 한다(부성래 외, 1997).

종합성	다양한 아동복지 서비스의 개발을 통해 가족과 아동의 특수한 욕구에 대응할 수 있다. 적절한 서비스의 제공은 가족이나 아동의 능력을 개발하고 지역사회에의 참여를 촉진할 수 있으며, 이를 위해서는 서비스에의 접근성이 제고되어야 한다.
예방기능	이 서비스 체계는 문제의 대응보다는 예방을 강조한다. 예방은 문제해결보다 장기적으로 경제적이며 사회의 안정성 확보와 지역사회의 건전화에 기여할 수 있다.
특수성	지역 · 문화 · 성(性) 등에 따른 서비스를 제공할 때 지역의 특유한 경제적 · 사회적 · 문화적 배경을 고려해야 한다. 서비스 체계 전체의 정책결정 과정에서도 이러한 차이를 반영한다.
결과 중심에 의한 평가	서비스의 효과성이나 효율성에 대한 평가는 서비스 정도나 종류만이 대상이 아니라 '실제로 가족과 아동에게 어떠한 변화를 가져왔는가'로 평가한다. 목표달성을 위한 적절한 서비스의 제공이 전제가 되며, 긍정적 환류(feed-back)를 유도하기 위해 관련자들의 서비스에 대한 훈련, 지도, 평가의 기회도 제공한다.
통합성	개별적 서비스는 통합적 계획 아래에서 제공되기 때문에 가족들은 자신들이 원하는 원조를 쉽게 받을 수 있으며, 공급자 역시 효율적으로 공급한다.
발전지향성	끊임없이 변화하는 아동과 가족의 욕구 파악과 평가가 반드시 필요하다. 따라서 서비스는 연령, 발달단계, 기타 특수한 사정을 고려해 제공되어야 한다.
유연성	가족이나 아동의 욕구에 기민하게 대처해야 하지만 개입 여부를 결정하기 위해 상황에 대한 정확한 판단이 필요하다.
가족중심적 체계	아동이 가지고 있는 문제는 가족성원 전체와 관련된 문제이다. 따라서 서비스의 종류나 정도 등은 개인뿐만 아니라 가족 전체의 욕구 충족을 목적으로 한다. 서비스 제공방법도 가족의 욕구를 고려해서 결정한다.

MEMO

UNIT 05 아동복지의 실천 분야

#KEYWORD 국가정책사업, 교육복지 우선지원사업, 아동권리보장원

1 가정위탁보호(가정위탁보호아동을 위한 아동복지실천)

가정위탁보호의 개념 및 의의	**개념** • 가정위탁보호(foster care)란 자기 가정에서는 양육이나 시설보호가 불가능한 아동에게 계획된 기간 동안 주어지는 대리적인 가정보호이다. – 이에 대해 카두신(Kadushin, 1980)은 미국아동복지연맹(1959)의 정의를 인용하여 가정위탁양육을 자신의 친부모에 의해서 일시적이거나 장기적인 기간 동안 양육될 수 없는 아동, 혹은 입양이 바람직하지 않거나 가능하지 않은 아동에게 계획된 기간 동안 대리적 가정보호를 제공하는 아동복지 서비스라고 정의하였다. • 가정위탁보호는 아동복지 서비스의 하나로서 친생부모가 일시적 또는 장기적으로 아동을 양육할 수 없거나 양육하기에 부적절할 때 일정 기간 위탁가정을 제공하여 보호하고 양육하는 아동복지제도이다. – 가정위탁은 아동의 원가정을 지킬 수 있다는 점과 가정의 보호를 받을 수 없는 아동에게 일시적이라도 가정 경험을 제공한다는 점에서 매우 중요하다. – 가정위탁보호도 입양과 마찬가지로 출생가정이 아닌 타 가정에 의해서 주어지는 보호이지만, 영구보호의 형태인 입양과 달리 계획된 한정 기간에 양육이 제공된다는 점에서 차이가 있다. – 가정위탁보호는 법적으로 새로운 부모-자녀 관계를 창설하는 입양과 달리, 주민등록만 옮겨 동거인의 자격으로 아동을 돌보게 된다. **의의** • 가정위탁보호는 아동이 위탁되어 있는 기간 동안 친부모가 양육능력을 회복하고 가정환경을 안정적으로 개선하는 것과, 가족이 해체되는 것을 사전에 방지할 수 있다는 데 그 의의가 있다. – 위탁된 사유에 따라 그 의의에 차이가 있으며 내용은 다음과 같다. 가정환경적 요인에 의하여 위탁된 경우: 아동은 안정된 가정 분위기에서 개별보호를 받을 수 있으므로 발달적인 손상을 줄일 수 있다. 아동 자신의 발달상 문제로 인해 위탁된 경우: 직업적 능력을 기르고 사회적으로 자립하는 데 도움을 받을 수 있다. **가정위탁보호가 필요한 상황** • 아동의 부모가 가정에서 아동을 보호할 수 없거나 보호하지 않으려고 하는 경우가 해당되며, 다음과 같이 구분할 수 있다. ㉠ 부모와 관련된 어려움: 부모의 사망, 이혼, 별거, 신체적 혹은 정신적 질병, 유기, 학대, 적절한 재정자원의 결핍 등 ㉡ 아동과 관련된 어려움: 아동의 신체적 장애, 지적 장애, 사회적 일탈행위, 정서적 혼란 등

MEMO

<table>
<tr><td rowspan="6">가정위탁보호의 종류</td><td colspan="2">아동의 특성과 배경에 따라 가정위탁보호의 형태를 결정하게 된다.</td></tr>
<tr><td>무료위탁
(free foster homes)</td><td>• 순수한 자원봉사로, 무상으로 위탁받은 아이들을 가정에서 돌봄으로써 양육부담을 수탁자가 부담하는 것이다.
• 보수를 받지 않고 아동을 보호·양육하는 것으로서 위탁보호사업의 효시를 이루는 형태이다.
– 아동양육을 통한 모성애의 충족을 기쁨으로 여기며 자선적 입장에서 무료로 양육하는 것을 말한다.</td></tr>
<tr><td>유료위탁
(boarding foster homes)</td><td>• 위탁받은 가정이 아동보호를 위해 사회기관으로부터 양육에 따른 수고비를 받는 것이다.
• 보수를 받고 아동을 보호·양육하는 것으로서 우리나라 및 다른 나라에서도 가장 많이 활용되는 형태이다.</td></tr>
<tr><td>고용위탁
(wage foster homes)</td><td>• 위탁기간에 아동이 노동하여 숙식비를 대신하는 것이다.
– 고용노동을 통해 양육에 필요한 비용을 부과함과 동시에 장차 자립생활을 할 수 있도록 하는 것이다.
– 고용위탁보호가 되는 아동들은 대부분 청소년이며, 보호받는 아동이 숙식과 임금을 받을 수 있는 위탁과 단순히 노동의 대가로 숙식만 제공받는 2가지 형태가 있다.
• 보호를 받는 아동이 숙식비 및 추가비용을 벌기 위해서 노동을 하는 것이다.</td></tr>
<tr><td>특수위탁
(specialized foster homes)</td><td>신체 및 정신장애를 지닌 특수아동들이 대상이 되며, 일반아동의 위탁보다 보수가 높은 편이다.</td></tr>
<tr><td>의뢰위탁
(receiving foster homes)</td><td>• 미아·기아 등 갑작스런 위기상황이 발생하였을 때 기관의 의뢰하에 실시되는 형태이다.
– 우리나라의 일시보호시설처럼 위탁기간 동안 아동에 대한 조사와 진단을 실시하여 아동의 배치형태를 결정하게 된다.</td></tr>
</table>

그 외 가정위탁보호서비스의 유형 [정익중·오정수 공저(2021), 「아동복지론」, 학지사]

입양위탁보호

수탁자가 보호대상아동을 자기의 양자로 삼기 위한 위탁보호이다.

전문위탁보호

심신장애아동들을 대상으로 치료와 재활기능을 갖는 전문적 위탁(specialized foster family homes)이 있다. 심한 정서적 문제가 있어서 행동이 불안하지만 가정생활을 함으로써 어떤 도움을 받을 수 있는 아이들을 위한 것이다. 위탁부모는 아이들의 치료자라고 할 수 있는데, 이러한 경우에 위탁부모는 아주 높은 수준의 인격과 훈련의 소유자이어야 한다. 이들에 대한 보수는 다른 보통 가정의 가정위탁보호보다 높으며 우리나라에서는 양육보조금 등 일반가정위탁과 동일한 지원 외에도 전문아동보호비 등을 지급한다(보건복지부, 2020).

집단위탁보호

그룹홈을 말하는데 4~12명 정도의 규모로 시설에서 운영한다. 시설에서 생활한 아동들이 사회나 가정으로 성공적으로 되돌아갈 수 있는지의 시험이 필요한 경우나, 시설에서 더욱 자연스러운 생활 경험의 기회가 필요한 경우에 해당한다.

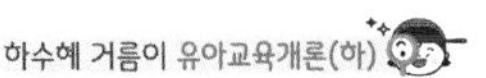

MEMO

SESSION #6

2 아동시설보호(시설보호아동을 위한 아동복지실천)

(1) 시설복지서비스의 이해

시설복지 서비스의 개념 및 필요성	• 시설복지서비스는 가정에서 욕구가 제대로 충족되지 못하는 아동을 위해서 집단보호와 치료를 마련해 주는 대리보호를 의미한다. 아동은 자기의 가정과 부모 밑에서 성장해야 한다는 것이 중요한 원칙이지만, 도저히 가정에서 성장할 수 없는 아동들은 불가피하게 시설복지서비스를 받을 수밖에 없다. • 아동복지시설은 여러 가지 사정에 의하여 가정에서 생활을 계속할 수 없는 상태에 있는 아동들의 생활지원의 장으로 인간적인 정이 구비되어 있는 생활시설이며, 한편으로는 문제에 대한 치료, 훈련 등의 전문적인 자립지원을 실시하는 지역사회 복지 자원이기도 하다. • 아동은 가정에서 태어나고 양육되며, 가정은 아동의 성장과 발달을 위한 가장 중요한 환경이 되어야 함은 아동복지의 기본 원리이다. 그러나 아동이 이러한 환경을 일시적으로 또는 장기적으로 누릴 수 없거나, 가정에서의 양육이 오히려 아동의 건전한 성장과 발달을 저해하는 요인이 될 것으로 판단되는 경우에는 사회적 보호조치로서 시설보호 프로그램이 필요하게 된다. – 시설보호의 목적은 이와 같이 가정에서의 아동양육이 충족될 수 없는 아동들에 대해서 집단보호와 치료서비스를 제공함에 있다. 시설보호는 집단생활 프로그램이나 각기 아동의 욕구에 따르는 특수서비스 등을 통해서 전문적인 서비스와 다양한 경험을 얻을 수 있는 기회를 제공해 준다. – 시설보호의 목적은 단순한 수용보호에 있는 것이 아니라, 아동의 건전한 성장과 인격발달 또는 제반 문제행동의 교정 및 개선에 있다. 구체적으로는 시설보호를 통해서 ㉠ 아동의 정상적인 성숙을 도와주며, ㉡ 이전의 부정적 경험의 영향을 교정・변화시켜 주고, ㉢ 아동의 인격발달이나 기능에 장애를 가져오게 한 사회적・정서적 문제들을 개선해 주는 것에 그 목적이 있다.
시설복지 서비스의 사회적 역할	① 사회적으로 생활하기 곤란한 아동들이 시설에 입소하여 생활원조를 받는 것이다. 시설에서 있을 수밖에 없는 아동들에 대한 지원, 생존권의 보장이 무엇보다 중요한 역할이지만, 아동에 대한 생활지원뿐만 아니라 전문적 양육기능을 갖고 있어서 사회적 자립을 지원하는 역할도 한다. 이러한 전문적 원조는 가정에서는 할 수 없는 활동이다. ② 가정에 대한 지원 역할이다. 아동복지시설은 아동이나 장애아 등에 대한 지원을 통해 가정생활을 간접적으로 지원하고, 가족관계를 조정하며, 가정의 양육기능을 안정시키고 강화하는 역할을 한다. ③ 지역사회에서의 역할이다. 종래의 사회복지시설은 의지하여야 하는 가족이나 지역사회도 없이 가족이나 지역사회로부터 배제된 아동들이 수용되어 보호받았다. 따라서 가족이나 지역사회와의 관계를 생각할 필요는 없었다. 그러나 사회나 가족의 변화와 생활욕구의 증대, 복지서비스를 이용하는 사람들의 의식과 이념의 변화로 인해 가족이나 지역사회와의 관계를 생각하며 서비스나 시설을 운영하여야 한다.

MEMO

<table>
<tr><td rowspan="3">시설복지 서비스의 분류</td><td colspan="2">• 일반적으로 시설복지서비스의 분류는 크게 입소생활형 서비스와 통원이용형 서비스 크게 2가지로 구분할 수 있다.
– 대체로 지금까지의 시설에 대한 개념은 입소생활형 서비스가 주로 강조된 데 비해, 1980년대 이후에는 재활 등의 통원이용형 서비스의 의의가 강조되고 있다.
– 시설복지서비스의 역할 면에서 볼 때도 지금까지의 입소나 생활보호 위주의 기능에서 전문적인 예방, 치료, 재활, 교육, 상담 등의 기능을 강화하는 방향으로 발전시켜 나가고 있다. 동시에 이를 뒷받침할 수 있는 전문인력의 확보와 활용도 이루어지고 있는 추세이다.</td></tr>
<tr><td>입소생활형 서비스</td><td>• 가정의 지원을 받지 못하는 아동들을 가정이 아닌 전통적인 시설에 입소시켜 일정기간 동안 생활하게 하는 서비스이다.
– 일상생활 원조 및 가정을 대신해서 보호하는 가정 대체적 서비스 기능을 주로 하게 된다.</td></tr>
<tr><td>통원이용형 서비스</td><td>• 가정에서 생활하면서 욕구와 문제를 해결하기 위해 필요할 때마다 아동복지시설에서 주어지는 서비스이다.
– 일반가정에서 행할 수 없는 치료, 교육 등을 담당하는 전문적 서비스 기능을 수행한다.</td></tr>
</table>

(2) 아동복지시설 서비스의 이해

<table>
<tr><td>아동복지시설 서비스의 개념</td><td colspan="3">• 아동복지시설 서비스는 보호자가 없거나 보호자로부터 유기 또는 이탈된 아동, 보호자가 양육하기 곤란한 아동을 아동복지시설에서 만 18세 미만까지 양육하는 등 사회인으로 육성하기 위해 세운 일정한 시설에서 제공하는 사회복지 서비스를 말한다.
• 부모가 아동을 양육・보호할 능력을 상실하였거나 그 역할을 회피할 때 제공되는 완전한 대리보호사업으로서 집단 거주의 형태로 제공된다. 즉, 혈연적으로 무관한 아동들이 혈연적으로 무관한 어른의 보호 아래 24시간 함께 거주함으로써 아동을 사회적으로 보호하는 아동복지 서비스의 일종이다.
• 아동복지시설 서비스가 요구되는 상황은 다음과 같이 3가지로 분류할 수 있다.
– 부모문제: 아동학대, 방임, 유기, 부부갈등, 알코올 중독이나 복역 등
– 아동문제: 정신지체, 비행, 신체적・정서적 장애, 문제행동 등
– 환경문제: 빈곤, 불량한 주택, 만성적 실직이나 충분한 사회적 지원체계의 결핍 등</td></tr>
<tr><td rowspan="5">아동복지시설의 분류</td><td rowspan="3">서비스 기간에 따른 분류</td><td>일시보호시설</td><td>일시적으로 보호아동을 양육・보호하는 시설로서, 대개 3개월까지 보호 가능한 곳을 말한다.</td></tr>
<tr><td>단기보호시설</td><td>단기간 보호아동을 양육・보호하는 시설로서, 6개월까지 보호 가능한 곳을 말한다.</td></tr>
<tr><td>장기보호시설</td><td>장기간 보호아동을 양육・보호하는 시설로서, 기간에 상관없이 만 18세가 될 때까지 보호 가능한 곳을 말한다.</td></tr>
<tr><td rowspan="2">시설 규모에 따른 분류</td><td>대규모 시설</td><td>보호아동의 수가 대규모인 시설로서 30인에서 200인 정도 규모의 시설을 말한다.</td></tr>
<tr><td>소규모 시설</td><td>30인 이하의 시설을 말한다.</td></tr>
</table>

<table>
<tr><td rowspan="4"></td><td rowspan="4">기능에 따른 분류</td><td>양육·보호시설</td><td>보호를 필요로 하는 아동을 입소시켜 양육·보호를 목적으로 하는 시설이다.</td></tr>
<tr><td>치료시설</td><td>문제아동을 입소시켜 보호 및 치료를 목적으로 하는 시설이다.</td></tr>
<tr><td>직업훈련시설</td><td>만 15세 이상의 아동을 입소시켜 취업에 필요한 지식과 기능을 습득시키는 것을 목적으로 하는 시설이다.</td></tr>
<tr><td>자립지원시설</td><td>아동복지시설을 퇴소한 연장아동에 대해 취업준비 또는 취업 후 일정기간 보호함으로써 자립지원을 목적으로 하는 시설이다.</td></tr>
<tr><td rowspan="8">아동복지시설의 종류</td><td colspan="3">2023년 7월 18일에 개정된 우리나라 「아동복지법」(제52조)은 아동복지시설의 종류를 다음과 같이 정하였다.</td></tr>
<tr><td>아동양육시설</td><td colspan="2">보호대상아동을 입소시켜 보호, 양육 및 취업훈련, 자립지원 서비스 등을 제공하는 것을 목적으로 하는 시설이다.</td></tr>
<tr><td>아동일시보호시설</td><td colspan="2">보호대상아동을 일시보호하고 아동에 대한 향후의 양육대책수립 및 보호조치를 행하는 것을 목적으로 하는 시설이다.</td></tr>
<tr><td>아동보호치료시설</td><td colspan="2">• 아동에게 보호 및 치료 서비스를 제공하는 다음 각 항목의 시설이다.
가. 불량행위를 하거나 할 우려가 있는 아동으로서 보호자가 없거나 친권자나 후견인이 입소를 신청한 아동, 또는 가정법원이나 지방법원소년부지원에서 보호위탁된 19세 미만인 사람을 입소시켜 치료와 선도를 통하여 건전한 사회인으로 육성하는 것을 목적으로 하는 시설이다.
나. 정서적·행동적 장애로 인하여 어려움을 겪고 있는 아동 또는 학대로 인하여 부모로부터 일시 격리되어 치료받을 필요가 있는 아동을 보호·치료하는 시설이다.</td></tr>
<tr><td>공동생활가정</td><td colspan="2">보호대상아동에게 가정과 같은 주거여건과 보호, 양육, 자립지원 서비스를 제공하는 것을 목적으로 하는 시설이다.</td></tr>
<tr><td>자립지원시설</td><td colspan="2">아동복지시설에서 퇴소한 사람에 대해 취업준비기간 또는 취업 후 일정 기간 동안 보호함으로써 자립을 지원하는 것을 목적으로 하는 시설이다.</td></tr>
<tr><td>아동상담소</td><td colspan="2">아동과 그 가족의 문제에 관한 상담, 치료, 예방 및 연구 등을 목적으로 하는 시설이다.</td></tr>
<tr><td>아동전용시설</td><td colspan="2">어린이공원, 어린이놀이터, 아동회관, 체육·연극·영화·과학실험 전시 시설, 아동휴게숙박시설, 야영장 등 아동에게 건전한 놀이·오락, 그 밖의 각종 편의를 제공하여 심신의 건강유지와 복지증진에 필요한 서비스를 제공하는 것을 목적으로 하는 시설이다.</td></tr>
</table>

MEMO

memo

	지역아동센터	지역사회 아동의 보호·교육, 건전한 놀이와 오락의 제공, 보호자와 지역사회의 연계 등 아동의 건전육성을 위하여 종합적인 아동복지 서비스를 제공하는 시설이다.
	아동보호전문기관	학대받은 아동의 치료, 아동학대의 재발 방지 등 사례 관리 및 아동학대예방을 목적으로 하는 시설이다.
	가정위탁지원센터	보호대상아동에 대한 가정위탁사업을 활성화하는 것을 목적으로 하는 시설이다.
	아동권리보장원	아동정책에 대한 종합적인 수행과 아동복지 관련 사업의 효과적인 추진을 위하여 필요한 정책의 수립을 지원하고, 사업평가 등의 업무수행을 목적으로 하는 시설이다.
아동보호시설의 장·단점	**장점** • 집단생활을 할 수 있는 기회(타인에 대한 권리나 능력에 관한 존경심을 깨닫게 될 수 있는 기회)가 있다. • 개인 습관을 규칙화할 수 있다. • 규칙적이고 균형 있는 생활이 가능하다. • 타인에 대해 일반적·객관적 태도로 수용이 가능해진다. • 계속적인 훈련이 가능하다. • 집단에 대한 관심도가 높아진다. **단점** • 과도하게 고정된 생활을 할 우려가 있다. • 개인의 자유와 창의에 제한이 있다. • 교우나 사회생활에 제한이 있다. • 경제적 경험에 대한 기회에 제한이 있다. • 정서적 욕구의 불충분한 발산이 우려되기도 한다.	

3 지역사회 아동보호

(1) 지역사회아동을 위한 아동복지정책

- 현재 우리나라 아동 관련 업무는 보건복지부를 비롯하여 교육부, 여성가족부, 고용노동부, 행정안전부, 법무부 등의 부처에 분산되어 있으며, 지역사회 빈곤아동을 위한 정책은 보건복지부에서 주로 담당하고 있다.
- 보건복지부는 아동정책과에서 아동복지에 관한 정책을 총괄하고 종합계획을 수립·시행한다.
- 아동과 관련하여 교육부 학생맞춤통합지원과가 실시하는 정책은 교육복지 우선지원사업 등을 들 수 있다.

MEMO

① 교육복지 – '교육복지 우선지원사업'

필요성	• 지역사회 빈곤아동에게 가장 필요한 서비스 중 하나가 교육지원이다. 교육은 개인의 사회적 성공을 이루는 강력한 수단이기 때문에 빈곤탈출에서 교육의 역할은 절대적이다. 일반적으로 빈곤의 원인을 논의할 때 가장 빈번하게 거론하는 것이 교육수준이다. 교육에는 일정한 경제적 비용이 수반되기 때문에 경제적 불평등은 교육기회의 불평등으로 이어진다. – 교육성취의 불평등이 오늘날 빈곤 재생산 과정의 한 단면임을 고려한다면 빈곤아동들에 대한 교육지원은 일차적 중요성을 갖는다(정익중, 2011). • 지역사회 빈곤아동들에게 필요한 서비스로 교육지원 외에 복지 및 문화지원이 있다. – 빈곤아동 중 심각한 경우 기본적인 의식주조차 해결하기 어려운 경우도 있는데, 이들에게는 생존에 필요한 기본적인 복지서비스가 제공되어야 한다. – 이들에게는 기본적인 의료서비스가 제공되어야 하며, 특정 문제가 있는 아동들에게는 약물치료, 재활서비스 등을 반드시 제공해야 한다. – 또한 아동들의 건강한 성장발달을 위해서는 여가활동 등 다양한 문화활동이 제공되어야 한다. 이러한 문화적 경험기회를 통해 아동들은 지적인 자극을 받게 되고 이러한 지적 자극을 통해 인지능력이 향상되며 학습능력, 학업성적도 제고된다. 그러므로 빈곤아동의 문화적 경험기회의 결손은 다음 발달단계의 인지능력, 학습능력, 학업성적의 저하로 나타날 가능성이 높다. 따라서 빈곤아동들의 정상적인 인지·정서발달을 위해서는 필수적인 문화활동이 지원되어야 한다. – 이러한 교육지원, 복지 및 문화지원을 포괄하여 제공하려고 시도하는 것이 교육복지 우선지원사업이다.
개념 및 정의	• 교육복지 우선지원사업은 저소득층이 밀집한 학교의 학생을 대상으로 학습지원, 문화체험, 심리정서 프로그램, 교육복지 등을 종합적으로 지원하여(교육부, 2018) 아동의 발달단계에 맞는 역량과 맞춤형 지원을 목적으로 하는 사업이다. – 취약계층 유아 교육안전망을 구축하며, 초·중학교 일반화 및 맞춤형 지원 강화, 고등학교 교육복지사업을 확대하고 있다. – 교육복지 우선지원사업은 도시 저소득층 밀집지역 아동들의 탈빈곤을 위해 경제적 보조에 중점을 둔 정책에서 벗어나 교육–복지–문화를 동시에 제공하는 적극적 차별정책으로 제안되었다(교육인적자원부·한국교육개발원, 2004). • 교육복지 우선지원사업의 추진전략은 가정–학교–지역사회를 연결하는 통합지원체제 구축을 통해서 학습, 문화체험, 심리정서, 복지 등 아동청소년 삶의 전 영역에서의 필요에 대응하는 것이다. – 이를 위해 교육취약 아동청소년들 개개인의 수준과 역량에 맞는 프로그램을 개발하여 자기주도적 학습능력을 증진시키고, 문화체험 활동 지원, 영·유아 교육·보육 지원 등을 실시하고 있다.

MEMO

대상 및 내용	• 교육복지 우선지원사업의 대상은 초·중·고교 학생 중 기초생활보장 수급자와 한부모가족 보호대상, 차상위계층, 탈북 및 다문화가정 자녀, 특수교육대상 등이다(교육부, 2018). – 저소득층 초등학생에 대해서는 주의력 결핍 증상, 정서 발달 장애, 학교부적응 등 조기 개입이 필요한 아동에게 적합한 프로그램을 제공하고, 정서적 안정, 학습의욕과 태도 개선, 방임되는 아동 보호, 기초학습 토대 및 개인별 특기 발견에 중점을 둔다. – 중학생에 대해서는 건강한 사회적 발달을 지원할 수 있는 프로그램 및 교육과정과 연계된 프로그램에 중점을 둔다. – 고등학생은 학교 및 사회 적응력 향상을 위한 프로그램, 진로 지도 및 직업교육 프로그램에 중점을 두고 있다(교육과학기술부·한국교육개발원, 2012). – 또한 학교가 지역사회의 핵심 센터로서 지역의 교육－문화－복지의 중심적 역할을 수행할 수 있도록 기능을 강화하고, 이를 통해 교육취약 아동 청소년들에 대한 지역사회 차원의 교육－문화－복지의 통합 서비스망을 구축하게 된다. • 학교와 지역사회 각 기관과의 네트워크를 통해 지역의 인적·물적 자원을 연계하는 역할을 담당하게 될 '지역사회교육전문가'를 배치하였다. – 이들은 학생의 기본적 욕구를 파악하고, 이를 토대로 상담활동, 멘토링 프로그램, 학생 문화활동, 부적응학생 예방활동 등의 운영을 위해 학교와 가정과의 연계, 지역사회기관과의 연계를 도모한다. – 이들은 사회복지사, 청소년지도사 등 관련 분야 전문가로서 해당 지역사회에서 관련 업무 경력자를 중심으로 선발 배치하였다.

② 아동정신보건사업 – '지역사회 아동·청소년 정신건강증진 사업, Wee프로젝트'

지역사회 아동·청소년 정신건강증진 사업	• 사회가 발전하려면 사회구성원 개개인이 신체적으로 건강해야 할 뿐만 아니라 정신적으로도 건강해야 한다. 이러한 건강을 위해서는 예방이 더 중요하고, 예방을 위해서는 장애의 조기발견과 치료가 잘 시행되어야 한다. – 그러나 대체로 학교보건교육에는 정신건강에 대한 부분이 소홀히 다루어지고 있는 것이 현실이다. 이러한 정신건강 문제를 일찍 발견한다면 다양한 치료법을 동원하여 쉽게 회복할 수 있지만, 아동들의 우울증은 대부분 성인기로 넘어가 장기화되고 치료가 어려워진다. – 따라서 이러한 문제를 해결하기 위한 아동·청소년 정신건강증진 사업은 지역사회 내 아동·청소년 정신건강복지서비스 제공체계를 구축함으로써 아동·청소년기 정신건강문제의 예방, 조기발견 및 상담·치료를 통하여 건강한 사회구성원으로의 성장발달을 지원하는 것을 목적으로 한다(보건복지부, 2020). • 사업 대상은 지역 내 미취학 아동을 포함한 만 18세 이하의 아동과 청소년, 지역사회 내 북한이탈주민, 다문화가정, 조손가정, 한부모가정, 청소년 쉼터, 공동생활가정, 아동복지시설 등 취약계층 아동청소년, 그리고 아동의 부모나 교사, 시설 종사자 등 아동·청소년 정신건강 관계자이다(보건복지부, 2020).

MEMO

SESSION #6

<table>
<tr>
<td>Wee
프로젝트</td>
<td>
• 정신건강증진 사업이 지역사회를 중심으로 제공되는 아동・청소년 정신건강서비스라면, Wee프로젝트는 학교를 중심으로 이루어진다.
– 학교폭력, 학업중단, 정서행동장애, 자살 등 다양한 학교부적응 문제를 호소하는 학생들이 증가하면서, 교육과학기술부는 위기학생을 위한 통합적 지원책으로 'Wee프로젝트(학교안전통합시스템)'를 2008년부터 추진하였다(교육과학기술부, 2010).
• Wee프로젝트는 총 3차 안전망으로 구성되는데, 단위학교(Wee클래스)－시・도 지역교육청(Wee센터)－시・도 교육청(Wee스쿨)의 긴밀한 협력체계를 바탕으로 위기학생에 대한 종합안전망을 구축하고 운영함으로써 학교부적응 해소 및 개인 역량 극대화, 품격 있는 인재 양성 등을 목적으로 하는 학교상담체제이다(교육과학기술부, 2011; 김인규, 2011; 심정연, 2017).
– 먼저, 각 학교 단위로 운영되는 1차 안전망 Wee클래스는 위기학생을 주요 대상으로 하며 학교 전체 학생도 그 대상으로 포함한다. 학생상담실에 배치된 상담인력이 다양한 개인상담, 심리검사, 집단상담 등을 운영한다.
– 시・도 지역교육청 차원에서 설치・운영되는 2차 안전망 Wee센터는 Wee클래스에 비해 예방적 성격은 다소 적으며 진단과 상담 위주의 서비스를 제공한다. 임상심리사, 전문상담사, 사회복지사, 전문상담교사 등으로 인력이 다양하게 구성되며, 전문가의 지속적인 관리를 요하는 학생을 위한 원스톱 서비스를 제공한다.
– 시・도 교육청 차원의 3차 안전망 Wee스쿨은 장기적인 상담 및 치료가 필요한 고위험군 학생을 대상으로 하며, 기숙형 장기위탁교육 서비스를 제공한다(심정연, 2017).
• 앞의 3차 안전망 중, 특히 사회복지적 관점에서 주목해야 하는 부분은 Wee센터이다.
– 학교 내 학생상담실을 중심으로 이루어지는 Wee클래스는 외부의 자원을 연계하지 않고 학교 내에서 서비스를 제공한다.
– 반면, Wee센터는 단위학교에서도 지도하기 어려운 학생들에게 전문가에 의한 맞춤형 상담서비스를 제공하는 2차 안전망으로, 지역교육청에 설치・운영하며 학생고충상담, 진로개발 등의 문제를 해결해주고, 전문상담교사, 전문상담사, 사회복지사, 임상심리사, 치료사 등의 전문가들이 학생들에 대한 심리검사, 상담, 지원 등 다양한 문제를 one-stop으로 해결해 주는 서비스를 제공한다(이선주, 2012).
</td>
</tr>
</table>

MEMO

(2) 지역사회아동을 위한 아동복지 서비스

① 드림스타트

배경	• 2004년 5월에 시작된 'WE Start' 운동은 사회 모두(WE)가 나서 빈곤층 아동들의 삶의 공성한 출발(Start)을 도와줌으로써 가난의 대물림을 끊어주자는 취지의 시민 운동이었다. • 'WE Start' 사업은 단순한 시범사업에서 그치지 않고 효과성과 효율성을 입증하여 국가적으로 정책화하고자 하는 사회적 실험이었는데, 중앙정부가 민간에서 진행해 온 'WE Start' 사업을 국책사업으로 채택하여 2007년부터 보건복지부 주관으로 16개 지역에서 희망스타트(현 드림스타트) 사업을 시작하게 되었다.
개념	• 드림스타트는 사후대처적인 단기적 소득지원형의 서비스를 탈피하고 지역사회 내 보건·복지자원을 연계하여 빈곤아동 개개인에게 맞춤형 통합서비스를 제공하는 것이다. – 궁극적으로 드림스타트는 국가가 취약지역 아동에게 영유아기부터 집중 투자하여 공정한 출발선을 보장해 주고자 한다는 의미에서 영국의 슈어스타트(Sure Start), 미국의 헤드스타트(Head Start)와 같은 성격의 프로그램이다.
특징	㉠ 드림스타트 사업은 그의 가족을 대상으로 맞춤형 통합서비스를 제공하는 것을 특징으로 한다. – 사례관리를 기본으로 복지서비스 이용자들의 문제와 욕구에 기반한 맞춤형 서비스를 제공함으로써 그동안 분리 제공되던 보건·복지·보육·교육서비스가 통합적인 형태로 one-stop 서비스 지원이 가능해지게 되었다. ㉡ 예방 중심의 포괄적 서비스를 지향한다. – 이 사업은 빈곤가정과 아동들을 대상으로 영유아 및 학령기 아동은 물론 임신에서 출산까지 가급적 조기에 빈곤가정 아동을 지원함으로써 문제를 원천적으로 예방하고자 하는 사업이다. ㉢ 궁극적으로 자녀세대와 부모세대에게 동시에 개입하는 2세대 프로그램(two-generation program)을 지향하는 사업이다. – 성인중심이나 아동중심의 분절적 프로그램에서 벗어나 두 세대에 대한 동시적 접근을 통해 부모의 경제적 자활능력은 물론 양육능력의 향상을 가져와 아동 프로그램에서 얻어진 긍정적인 효과가 지속될 수 있도록 하는 데 기여한다. ㉣ 아이들이 살기 행복한 '건강한 마을 만들기 사업'이다. – '아이를 키우기 위해서는 한 마을이 필요하다'는 아프리카의 속담처럼, 이 사업은 지역사회를 조직하여 건강한 마을을 만들려는 것이다. ㉤ 수행 인력에 있어서 민간과 공공기관의 협력과 간호·보육·교육·복지전문가들 간에 다학제적인 접근이 이루어지는 팀 접근 사업이라는 특징을 가지고 있다.

MEMO

② 방과후 돌봄 및 활동

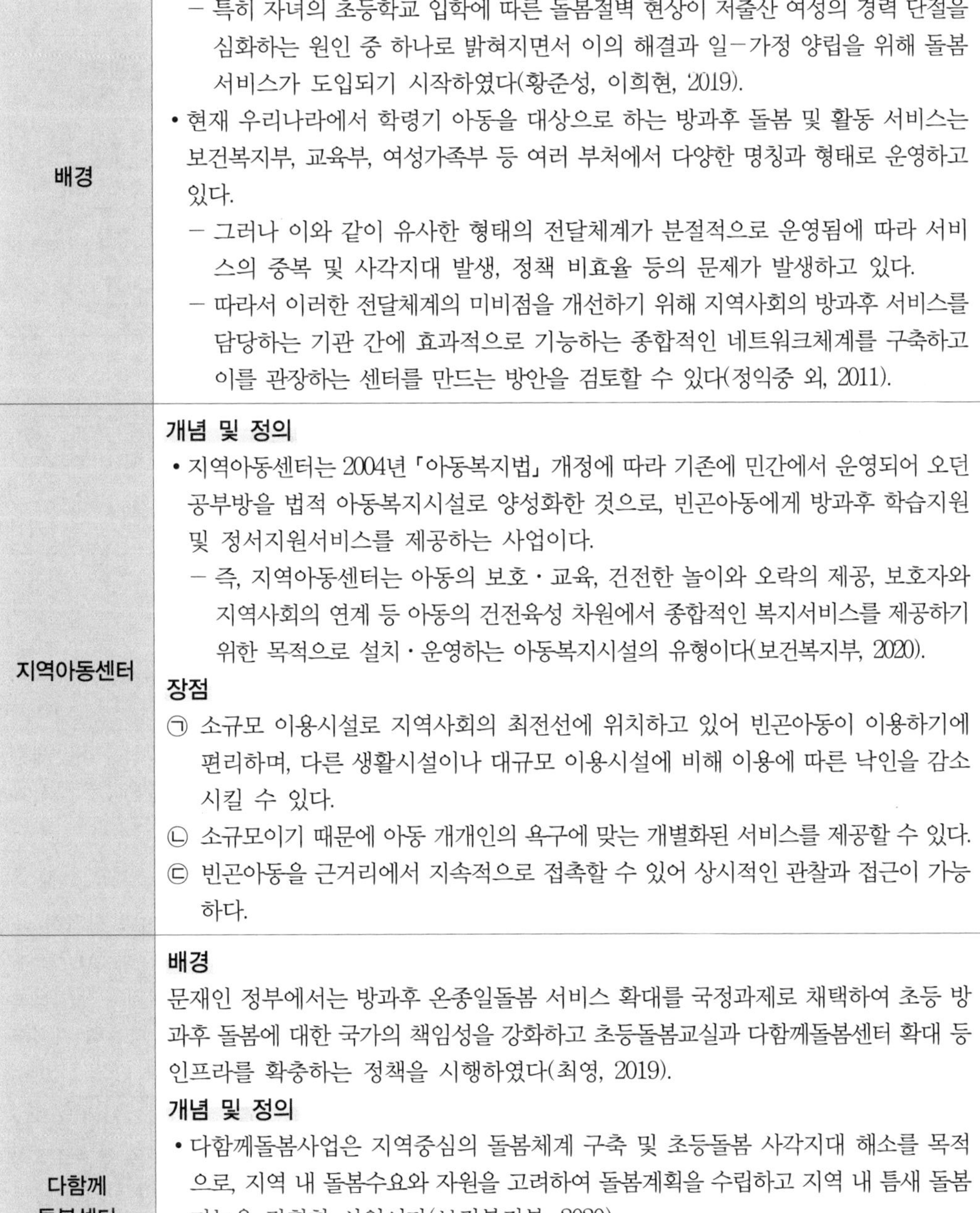

구분	내용
배경	• 여성의 사회진출 확대에 따른 맞벌이 부부의 증가로 아동돌봄 공백이 발생하였다. – 특히 자녀의 초등학교 입학에 따른 돌봄절벽 현상이 저출산 여성의 경력 단절을 심화하는 원인 중 하나로 밝혀지면서 이의 해결과 일-가정 양립을 위해 돌봄서비스가 도입되기 시작하였다(황준성, 이희현, 2019). • 현재 우리나라에서 학령기 아동을 대상으로 하는 방과후 돌봄 및 활동 서비스는 보건복지부, 교육부, 여성가족부 등 여러 부처에서 다양한 명칭과 형태로 운영하고 있다. – 그러나 이와 같이 유사한 형태의 전달체계가 분절적으로 운영됨에 따라 서비스의 중복 및 사각지대 발생, 정책 비효율 등의 문제가 발생하고 있다. – 따라서 이러한 전달체계의 미비점을 개선하기 위해 지역사회의 방과후 서비스를 담당하는 기관 간에 효과적으로 기능하는 종합적인 네트워크체계를 구축하고 이를 관장하는 센터를 만드는 방안을 검토할 수 있다(정익중 외, 2011).
지역아동센터	**개념 및 정의** • 지역아동센터는 2004년 「아동복지법」 개정에 따라 기존에 민간에서 운영되어 오던 공부방을 법적 아동복지시설로 양성화한 것으로, 빈곤아동에게 방과후 학습지원 및 정서지원서비스를 제공하는 사업이다. – 즉, 지역아동센터는 아동의 보호·교육, 건전한 놀이와 오락의 제공, 보호자와 지역사회의 연계 등 아동의 건전육성 차원에서 종합적인 복지서비스를 제공하기 위한 목적으로 설치·운영하는 아동복지시설의 유형이다(보건복지부, 2020). **장점** ㉠ 소규모 이용시설로 지역사회의 최전선에 위치하고 있어 빈곤아동이 이용하기에 편리하며, 다른 생활시설이나 대규모 이용시설에 비해 이용에 따른 낙인을 감소시킬 수 있다. ㉡ 소규모이기 때문에 아동 개개인의 욕구에 맞는 개별화된 서비스를 제공할 수 있다. ㉢ 빈곤아동을 근거리에서 지속적으로 접촉할 수 있어 상시적인 관찰과 접근이 가능하다.
다함께 돌봄센터	**배경** 문재인 정부에서는 방과후 온종일돌봄 서비스 확대를 국정과제로 채택하여 초등 방과후 돌봄에 대한 국가의 책임성을 강화하고 초등돌봄교실과 다함께돌봄센터 확대 등 인프라를 확충하는 정책을 시행하였다(최영, 2019). **개념 및 정의** • 다함께돌봄사업은 지역중심의 돌봄체계 구축 및 초등돌봄 사각지대 해소를 목적으로, 지역 내 돌봄수요와 자원을 고려하여 돌봄계획을 수립하고 지역 내 틈새 돌봄 기능을 강화한 사업이다(보건복지부, 2020). – 즉, 온종일돌봄은 학교돌봄과 지역사회 내 마을돌봄의 연계와 협력을 강조하는 것이며, 다함께돌봄은 온종일돌봄체계 중 마을돌봄의 한 축을 담당하고 있다고 볼 수 있다. – 이용대상은 소득수준에 상관없이 돌봄이 필요한 만 6~12세 초등학생 아동이며, 다른 공적 돌봄서비스를 이용하더라도 병행이용의 필요가 있을 경우 서비스를 연계하여 이용할 수 있다.

MEMO

– 서비스의 내용은 출결 및 급식·간식 등 기본적인 돌봄과 관련된 기본 프로그램과 숙제지도 및 보충지도, 신체활동과 같은 공통프로그램, 학습활동(특기적성) 프로그램으로 구분된다(보건복지부, 2020).

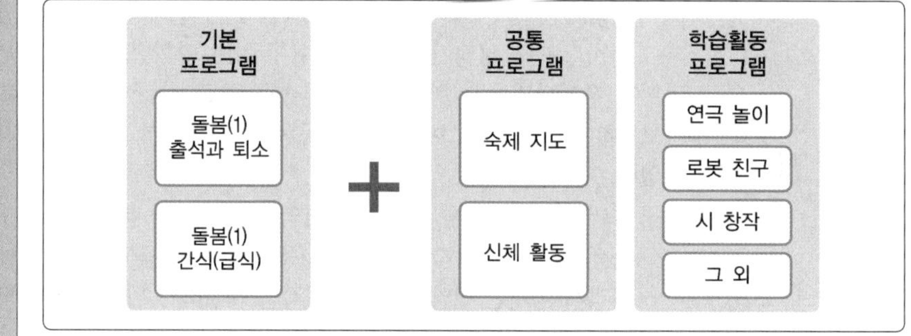

방과후 서비스에 관한 부처별 사업

구분	보건복지부		교육부		여성가족부
돌봄서비스	지역아동센터	다함께돌봄센터	방과후학교	초등돌봄교실	청소년방과후 아카데미
근거법	「아동복지법」	「저출산고령사회 기본법」, 「아동복지법」	초·중등교육과정총론 (교육부 고시)		「청소년기본법」
대상	만 18세 미만	만 12세 미만	초1~고3	초1~6	초4~중3
운영형태	취약계층 중심 상시 돌봄	맞벌이가정 중심 상시·일시 돌봄	자율적 선택 일시 돌봄	맞벌이가정 중심 상시 돌봄	취약계층 중심 상시 돌봄

③ 문화예술교육

개념 및 정의	문화예술교육은 예술교육을 바탕으로 하여 미적 감수성 함양이나 창의성 육성 및 정서함양을 도모하는 것으로(박소연, 홍성만, 임채홍, 2011; 배나래, 2017), 예술, 교육 및 복지 분야에서는 아동의 개별적 차이를 반영하며 학업 이외의 영역으로 눈을 넓힐 수 있는 문화예술교육 사업을 시행하여, 아동의 문화예술 향유의 기회를 확대하고 다양한 교육기회를 제공함으로써 아동의 삶의 질 향상에 힘쓰고 있다.
문화체육관광부	• 문화체육관광부가 주관하는 '꿈의 오케스트라' 사업은 지역사회형 오케스트라 교육사업으로 창의성과 인성함양을 위해 초·중·고 예술교육을 제공하는 것이다. – 이 사업의 목적은 특히 소외아동을 대상으로 악기 교육뿐만 아니라 공동체 교육을 제공하기 위한 것으로, 문화체육관광부의 정책적 지원하에 전국적으로 점차 확대하여 시행되고 있다. – 특히 지역의 문화재단, 국공립 및 민간 오케스트라, 문예회관 등 지역 문화자원들의 파트너십 구조를 통해 각 단위사업이 운영됨으로써 지역의 지속 가능한 발전역량을 키우는 '지역사회형' 오케스트라 사업으로 추진되고 있다.

MEMO

교육부	• 교육부가 주관하는 '학생 오케스트라' 사업은 학교를 중심으로 한 사업으로 교육지원청 관내 개별학교에 교육센터를 만들어 오케스트라를 운영하는 것이다. – 예술 교육을 통한 창의인재 육성과 공동체 교육을 목적으로 한다. – 특히 학생 오케스트라 사업은 지역과의 협조를 통해 이루어진다. 즉, 교육지원청에시는 인근 대학, 지방자치단체, 예술단체 및 기업 등이 참여하는 '지역예술교육협의회'를 구성함으로써 음악전공 대학생, 강사 및 운영 인력 등 인적 지원을 확보하고, 기업과 지방자치단체로부터는 재정 지원을 확보한다. • 한국문화예술교육진흥원이 촉매 역할을 하는 '꿈의 오케스트라' 사업은 바우처 사업 등을 통해 개별 교향악단 차원에서 기존에 추진되고 있는 악기교육을 넘어, 음악의 즐거움을 함께 나누며 하모니를 이루어내는 전국 단위의 오케스트라교육을 지원한다. – 또한 장기적 사업추진전략이 구체적으로 제시된 사업운영단체를 선정하여, 지역사회 중심의 자생적 음악교육 사업기반을 마련해 나가고자 한다. 즉, 아동청소년의 악기교육이 개인적 소양교육 차원을 넘어 사회적 환원활동 등 보다 효과적인 경험으로 이어질 수 있도록 지역사회 공공영역을 중심으로 한 지원시스템을 마련해 나가고자 하는 목적을 가진다.

장애통합교육

I 장애의 이해

MEMO

UNIT 01 장애의 종류

#KEYWORD 과잉행동장애(ADHD) 유아의 지도 방법

1 시각장애

<table>
<tr><td>교육적 정의</td><td colspan="2">• 실제로 시각장애인 중 다수가 잔존시력을 지니고 있으며, 전혀 볼 수 없는 경우는 소수에 불과하기 때문에 교육 현장에서는 읽기 교수 방법상의 차이를 강조하는 교육적 정의를 사용한다.
– '맹(盲)'은 시각 손상이 심하여, 시력을 사용하지 않고 청각과 촉각 등 다른 감각으로 학습하는 경우를 말한다.
예 점자를 배워야 하거나 청각 교재를 사용해야 하는 경우
– '저시력'은 남아있는 잔존시력을 학습의 주된 수단으로 사용하는 경우를 말한다.
예 활자의 크기를 조절하거나 확대경을 사용해서 글자나 인쇄물을 읽을 수 있는 경우</td></tr>
<tr><td>「장애인 등에 대한 특수교육법 시행령」</td><td colspan="2">• 시각장애를 지닌 특수교육대상자 선정기준
– 시각계의 손상이 심하여 시각기능을 전혀 이용하지 못하거나 보조공학기기의 지원을 받아야 시각적 과제를 수행할 수 있는 사람으로서 시각에 의한 학습이 곤란하여 특정의 광학기구·학습매체 등을 이용해 학습하거나 촉각 또는 청각을 학습의 주요 수단으로 사용하는 사람</td></tr>
<tr><td rowspan="2">교수 방법</td><td colspan="2">시각장애유아를 교육할 때에는 유아가 보유한 잔존시력을 최대한으로 활용할 수 있도록 해 주고, 시각 외에 사용 가능한 모든 감각수단(잔존시력, 촉각, 청각, 후각, 미각 등)의 잔존감각을 활용하도록 하여 시각결손을 보상해 주는 노력이 필요하다.</td></tr>
<tr><td>환경</td><td>적절한 조명
시각장애유아들은 눈이 보이지 않는다는 단순한 생각으로 적절한 조명에 대해 관심을 기울이지 않는다면, 잔존시력을 충분히 활용하지 못하거나 시력의 악화를 초래할 수 있기 때문에 교실의 전체적인 조명과 함께 각 활동 영역에 대한 부분 조명이 적절하게 이루어질 수 있도록 고려해야 한다.
자리 배치
– 그림자가 생기거나 빛이 반사되는 곳은 피하도록 한다.
– 교사는 시범을 보이거나 설명을 할 때 창문을 등져서는 안 된다.</td></tr>
</table>

– 교사는 시각장애 학생의 얼굴 정면으로 자연광이나 전등 빛이 비춰지지 않도록 자리 배치에 신경 쓰는 것이 좋다.

칠판과 화이트보드 사용 시 주의점

– 광택이 나는 칠판이나 화이트보드는 눈부심을 유발할 수 있으므로 무광의 칠판을 사용해야 한다.
– 분필이나 마커는 칠판이나 화이트보드와 대비가 되는 것으로 선택하는 것이 좋다.

소음 수준 조절

시각장애유아는 청각 자극을 통해 환경과 상호작용하는 경우가 많으므로 소음의 수준을 적절히 조절해서 청각 단서 인식에 방해받지 않도록 배려해야 한다(소리를 통해 정보를 파악하도록 소음이 지나치게 많은 곳을 피해서 앉도록 한다).

접근 가능성

교실 내 모든 영역에 혼자 접근이 가능하도록 환경을 구성해야 하며, 특히 환경 내에서 이동할 수 있는 능력인 *이동성(mobility) 및 환경 내 사물과 관련하여 자신의 위치를 알 수 있도록 *공간 감각을 사용하는 능력인 방향정위(orientation) 훈련이 반드시 제공되어야 한다.

이동 및 방향정위 지원하기

- 현재 위치와 이동해야 할 목표 지점에 대하여 말로 설명하기
- 이동할 목표 지점을 향해 방향 잡아주기
- 이동할 목표 지점까지의 상황(예 몇 발 걷기) 설명하기
- 소리나는 방향 인지를 돕기 위해 다양한 방향에서 이름 불러 쳐다보게 하기
- 친구(또는 교사)와 손잡고 이동하기
- 핸드레일 잡고 계단 오르내리기
- 안전을 고려한 접근성을 확인하고 보장하기

– 유아가 이동할 때 도움이 필요한 경우가 있다면 행동 지시를 구체적으로 해야 한다.
  예 '여기', '저기'라는 지시어보다는 '앞', '뒤', '왼쪽', '오른쪽', '시계 방향' 등과 같은 표현을 사용하여 정확하게 이동하도록 한다)
– 학급 내에서 이루어지는 활동들을 직접 보거나 활동에 참여할 수 있는 기회를 제공하기 위해 수업 중에 이동할 수 있도록 허락해주는 것이 좋다.
– 원내 위치를 파악할 때에는 시각장애유아를 중심으로 시계 방향으로 설명한다.

- 흥미 영역 또는 교구장마다 구별되는 촉감(예 스티커의 모양이나 수를 달리하여 부착)을 제공해 자신의 위치나 원하는 장소를 확인하도록 지원한다.
- 책상 밑으로 의자를 밀어 넣어 이동에 불편이 없도록 한다.
- 유아가 넘어지지 않도록 교실 바닥에 깔린 매트나 부착물이 안전한지 점검해야 한다.
- 교실은 항상 정리정돈된 상태를 유지하며 이동 통로에는 진로를 방해할 수 있는 물건을 두지 않도록 한다.
- 출입문은 완전히 닫거나 열어 두어 유아가 다치지 않도록 배려해야 한다. 반쯤 열려 있으면 모서리에 부딪쳐 다칠 수 있기 때문이다.

MEMO

*이동성
혼자 이동할 수 있는 능력

*공간 감각
사물이 나를 중심으로 어떻게 배치되었는지를 알기 위해 감각을 사용하는 능력

MEMO

	교재 · 교구	• 잔존시력을 활용할 수 있도록 자료를 수정한다. – 그림 · 사진 자료 확대하기 – 플래시나 PPT 자료를 사용하는 경우 가까이에서 탐색할 수 있도록 개별 자료로 출력하기 – 사물이나 그림의 색상이나 명암을 대비시키는 등의 시각적인 자극에 주의를 기울이기 • 시각적 정보 입력이 제한되기 때문에 청각이나 촉각 등의 기타 감각적 자극을 제공하는 교재를 활용하는 것이 좋다. – 진행 중인 교수 장면이나 상황에 대하여 말로 설명하기 – 시각자료(예 그림, 사진)에 대하여 말로 설명하기 – 오디오북이나 녹음 자료 활용하기 – 주사위 등 활동 자료에 방울이나 소리나는 장치하기 – 그림 · 사진 자료 중 가능한 경우 실물 또는 모형으로 대체하기 – 양각화 프린터를 이용하여 그림 · 사진 자료를 입체화하기 – 입체 스티커, 부직포, 벨크로 테이프, 모래, 모루, 글루건 등을 이용하여 촉감을 느낄 수 있도록 자료 수정하기 – 그림 · 사진 자료를 모양대로 오려 만져서 알게 하기 • 보조도구를 사용한다. – 실물화상기 사용하기 – 돋보기나 확대경 이용하기
	교수활동 시 고려점	• 청각 · 촉각 또는 잔존시력을 활용하여 탐색할 수 있도록 충분한 시간을 제공한다. • 시각장애유아의 이름을 불러 주어 자신에게 말을 걸고 있다는 것을 알려준다. • 학습해야 하는 특정 기술을 표현할 때 항상 일관성 있게 명명한다. • 학급에서 지켜야 할 규칙과 바른 행동에 대해 구체적으로 설명한다. • 유아가 환경을 탐구할 수 있도록 적극적으로 지원한다. • 교사는 유아의 뒤에서 움직임을 직접 경험할 수 있게 해 주면서 적절한 반응을 제공할 수 있다. 이때 교사는 유아의 뒤에서 양팔을 둘러 잡고 움직이게 함으로써 자연적인 움직임의 흐름을 느낄 수 있도록 해 주는 것이 좋다. • 동작을 경험할 수 있도록 교사나 친구의 동작을 손으로 만지게 하거나 손 위의 손(hand-over-hand) 또는 손 아래 손(hand-under-hand) 촉진으로 손의 움직임을 경험하게 한다. • 일상적으로 발생하는 환경소음이나 시각적 정보를 설명함으로써 환경 내에서 일어나는 사건을 인지하게 해 준다. – 즉, 소리가 나거나 상황의 변화가 있을 때 무슨 소리인지, 무엇을 하고 있는지 등을 설명해 준다.

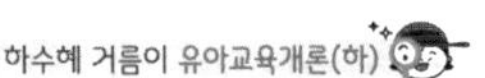

MEMO

		• 기술(특히 자조기술)을 학습할 때에는 기술이 자연적으로 발생하는 시간과 장소에서 교수한다. – 모든 기술의 학습은 활동 중심 중재를 통해서 자연적인 행동 발생이 이루어지는 활동 중에 교수되어야 한다. • 수업 중에 사용할 놀잇감이나 도구 등은 수업이 시작하기 전에 미리 탐색할 수 있게 한다.

SESSION #7

2 청각장애

개념 및 정의	교육적 관점	• 청력 손상이 아동의 말하는 능력과 언어 발달에 얼마나 큰 영향을 미치는지를 강조한다. – '농'은 보청기 사용 여부와 관계없이 청력을 통하여 언어 정보를 성공적으로 처리하는 데 방해가 되는 청력 손상을 의미한다. – '난청'은 보청기를 사용하면 청력을 통하여 언어 정보를 성공적으로 처리할 수 있을 만큼 충분한 잔존 청력을 가지고 있는 경우를 의미한다.
	「장애인 등에 대한 특수교육법 시행령」	• 청각장애를 지닌 특수교육대상자 선정기준 – 청력 손실이 심하여 보청기를 착용해도 청각을 통한 의사소통이 불가능 또는 곤란한 상태이거나, 청력이 남아 있어도 보청기를 착용해야 청각을 통한 의사소통이 가능하여 청각에 의한 교육적 성취가 어려운 사람
교수 방법	환경	• 말하는 사람이나 시각적 단서가 가려지지 않도록 조명이나 좌석 배치, 위치 등을 고려해야 한다. – 소리 나는 방향으로 잘 들리는 귀를 향하게 하기: 양쪽 귀의 상태에 따라서 교사의 정면이나 좌우에 배치해야 하므로 유아의 청력 손상에 대한 정보를 잘 활용해야 한다. – 교사의 말소리를 잘 듣고 입 모양을 잘 볼 수 있는 곳에 자리 배치하기: 교사의 움직임에 따라 유아가 시선을 따라올 수 있는지 확인하고 등을 돌리거나 입술이 가려지지 않도록 배려한다. • 남아있는 청력을 잘 활용할 수 있도록 주변 소음의 정도를 잘 조절한다. • 보청기를 착용하는 유아의 경우에는 교실 내 모든 소리가 확대되어 들리기 때문에 불필요한 소음이나 배경 소리에 의해서 방해받지 않도록 주의를 기울인다.

memo

	교수활동 시 고려점	• 청각장애를 지닌 유아와 대화할 때에는 눈높이를 맞추도록 노력한다. • 동화책 등 활동에 사용되는 자료를 활동 영역에 비치하여 탐색할 기회를 제공한다. • 유아가 잘 보고 들을 수 있게 마주 보고 말하도록 또래를 지도한다. • 교사가 말할 때 조용히 하도록 또래를 지도한다. • 보청기나 인공와우 착용 유아가 신체적인 충격(예 활동 중 유아끼리 부딪치기)을 받지 않도록 배려한다. • 청각장애유아들의 언어 발달의 지체가 기타 영역(예 사회성, 인지)의 발달에도 영향을 미칠 수 있음을 인식하여 적절한 교수를 제공해야 한다. – 특히 청각장애유아는 또래와 협동놀이를 하기보다는 사회적으로 고립되거나 단독놀이를 하는 경우가 많기 때문에(Gargiulo & Bouck, 2018) 시각이나 촉각 탐색이 필요한 교재를 제공하는 등 사회적 상호작용의 기회를 부여하기 위하여 노력해야 한다. – 필요한 경우에는 언어치료사의 도움을 받아 유아가 적절한 의사소통 방법을 학습할 수 있도록 도와주고 주변의 성인이나 또래가 같은 방법으로 의사소통할 수 있도록 해 주어야 한다. – 수어로 의사소통을 하는 유아의 경우에는 의사소통 방법의 차이로 인하여 좌절하지 않도록 특별한 주의를 기울인다. • 의사소통 중에는 일반적인 음성과 몸짓 등을 사용하는 것이 보다 효율적이다. – 때로는 교사가 과도한 몸짓을 사용하기도 하는데, 이러한 과도한 몸짓은 유아로 하여금 지나치게 몸짓 단서에 의존하게 함으로써 구어를 이해하는 데 방해가 될 수 있으므로 유의해야 한다. • 청각 외 기타 감각(예 시각, 진동) 통로를 이용해서 학습의 기회를 제공해야 한다. – 활동 중 말 대신 몸짓이나 그림 자료(예 표정 카드) 등의 시각적 자료를 사용하여 표현하기 – 활동 중 소리 단서를 시각적 단서로 대체하기 예 게임에서 출발신호 소리 대신 깃발 흔들기로 대체함 – 노래의 가사나 활동 설명을 돕기 위하여 표정이나 몸동작 함께 사용하기 – 노래 가사판이나 활동 자료를 볼 때 손가락이나 지시봉으로 진행 정도 알려주기 – 노래 음의 높낮이, 셈여림, 빠르기 등을 손동작으로 시각화하기 – 박자를 맞출 수 있도록 메트로놈을 시각적 단서로 활용하기 – 타악기나 리듬악기를 두드리거나 흔들며 음의 진동 느끼기 – 시각적 단서가 있는 리듬악기나 타악기를 사용하여 시각적인 단서와 함께 진동을 느끼며 소리 경험하기 예 두드리면 진공에 의해 색공이 튀어오르는 난타북 – 스피커에서 나오는 음악을 들을 때 스피커에 손을 대고 진동 느끼기 • 보조도구를 사용한다. – 무선 마이크나 FM 보청기 사용하기 – 이어폰이나 헤드셋 사용하기

MEMO

		• 청능 훈련을 삽입한다. – 활동과 관련된 특정 발음의 발성 훈련기회 제공하기 – 활동과 관련된 호흡 훈련기회 제공하기 예 꽃잎 불기, 생일케이크 촛불 불기 – 발음 교정을 위하여 설압자 등 사용하기 – 유아를 쳐다보며 크고 분명한 발음으로 또박또박 말하기 – 말할 때 분명한 표정이나 몸짓을 활용하여 말의 내용 보충하기 – 단어 또는 문장 단위로 듣기 기회 제공하기

참고

- 교사는 보청기 사용 방법이나 작동 기술 등을 미리 알고 있어야 하고, 보청기를 위한 여분의 건전지를 준비해 두고 잘 작동되고 있는지 수시로 점검해야 하며, 유아의 귀 상태가 괜찮은지도 살펴보아야 한다.
- 유아가 언제 인공와우 수술을 받았는지, 수술 후 어떤 훈련을 받고 있는지, 수술 전에 어느 정도로 말을 습득했는지 등과 같은 개인적인 특성에 따라 지원의 요구가 달라질 수 있으므로, 교사는 이에 대한 정확한 정보에 기반하기 위해서 부모 또는 의료진과 긴밀하게 협력할 수 있어야 한다.

3 지적장애

개념 및 정의	• 지적장애는 「장애인 등에 대한 특수교육법」에서 지적 기능과 적응행동의 어려움이 함께 존재하여 교육적 성취에 어려움이 있는 경우로 정의된다. • 발달의 가변성이 큰 영유아를 대상으로 지적장애라는 용어를 사용하는 것은 부적절하다. – 유아특수교육과 관련된 많은 문헌에서는 유아기 장애를 설명하면서 지적장애를 독립적으로 설명하지 않으며 대신 발달지체의 개념을 적용한다. 이것은 지능과 적응행동을 중심으로 하는 지적장애의 정의 자체가 유아기 어린 아동에게 적용하기 어려울 뿐만 아니라 유아가 성장하면서 그 행동이나 능력의 변화를 보이기도 하기 때문이다. 그러나 이후에 지적장애를 지닌 것으로 판별되는 유아는 일반적으로 지적 기능의 발달이 지체되는 등의 공통적인 특성을 보인다. – 지적장애는 장애의 정도에 따라 영유아기에 그 특성이 드러나기도 하고 드러나지 않기도 한다. 유아를 대상으로 교육하는 교사는 지적장애의 정의와 특성을 잘 알아야 하며, 이를 통해서 이후에 지적장애로 판별될 수도 있는 유아에게 가능한 한 조기에 적절한 교육을 제공할 수 있어야 한다. • 인지 발달 영역에서 지체된 유아들이 학령기에 정신지체로 판정받을 가능성이 높지만 일반적으로 유아들에게 적용하기에는 부적절한 용어로 지적되고 있어, 2016년 '정신지체' 용어를 '지적장애'로 개정하였다.	
	「장애인 등에 대한 특수교육법 시행령」	• 지적장애를 지닌 특수교육대상자 선정기준 – 지적 기능과 적응행동상의 어려움이 함께 존재하여 교육적 성취에 어려움이 있는 사람

MEMO

교수 방법

- 다양한 환경과 활동을 통한 학습을 지원한다.
  - 유아의 흥미에 따른 학습 기회를 제공하고 발달을 촉진하기 위해서는 풍부하고 자극적인 환경을 구성해 주어야 한다.
- 일과를 운영함에 있어서도 일관성을 유지하여 이를 통해서 안정감과 자신감을 증진시키고 기억력에 도움을 주도록 한다.
- 인지 발달이 지체된 유아는 일반유아와 달리 사회적 상호작용이나 놀이를 통해 언어나 사회성, 인지 발달을 자연스럽게 이루지 못하기 때문에 특별한 지원을 필요로 할 수 있다.
  예 일반 또래와의 구조화된 놀이를 통해서 언어 및 의사소통, 사회성 발달을 촉진할 수 있으며, 활동중심의 삽입된 학습 기회를 충분히 활용함으로써 다양한 영역의 발달을 이룰 수 있다.
- 인지 발달이 지체된 유아를 위해서는 가능한 한 구체적이고 직접적인 조작이 가능한 교재를 사용하는 것이 좋다.
  - 특히 추상적인 개념(예 위, 아래, 안, 밖)이나 전학문 기술(예 숫자 및 글자의 인식, 색깔, 모양)의 학습을 위해서 교사는 다양한 방법의 구체적인 실례를 통하여 개념을 소개하는 것이 좋다(예 실제 물건을 이용해 활동한다).
- 또래의 바람직한 행동을 관찰, 모방할 수 있도록 지원한다.
- 또래와 상호작용하는 방법, 의사소통하는 방법을 직접 가르치고 기다려준다.
- 교사가 유아의 강점을 활용하여 흥미를 유지시키고 성공률을 높임으로써 긍정적인 자존감을 촉진하고 좌절감을 낮추도록 노력해야 한다.

일반화를 촉진하기 위한 전략

전략	방법
다양한 성인의 참여	• 보조교사나 자원봉사자 등 다양한 성인이 동일한 기술의 교수에 참여함으로써 유아가 여러 사람을 대상으로 기술을 사용할 수 있게 한다. – 이때 참여하는 성인 간에 일관성 있는 교수가 이루어질 수 있도록 의사소통이 잘 이루어져야 한다.
자연적으로 발생하는 활동에 삽입	옷을 입고 벗는 기술을 교수할 때에는 실제로 옷을 입고 벗어야 하는 일과 중에 교수하고, 손가락으로 작은 물건 쥐기 기술을 교수할 때에는 간식시간에 작은 과자를 먹게 하거나 미술 활동 중에 구슬을 붙이게 하는 등 자연적인 상황에서 교수한다.
일반화 상황과 유사한 학습 환경	• 교수 환경을 가능한 한 실제 환경과 유사하게 구성한다. – 예를 들어, 컵으로 마시기 기술을 학습하고 있는 유아가 가정에서도 동일한 기술을 보이기 위해서는 유치원에서 사용하는 손잡이 달린 컵을 가정에서도 사용하게 함으로써 일반화를 촉진할 수 있다.
교수 환경의 다양화	목표 기술을 사용할 수 있는 장소나 활동, 대상자를 다양하게 함으로써 또다른 환경에서의 기술 사용 가능성을 높인다.

MEMO

4 지체장애

<table>
<tr><td>개념 및 정의</td><td colspan="2">• 지체장애는 신경계의 이상, 근골격계의 이상, 선천적 기형(예 골반 탈구, 이분척추 등) 등의 신체적 이상을 가진 모든 경우를 포함하는 장애를 말한다.
– 신경운동계 장애는 두뇌 또는 척수의 신경학적 손상에 의해서 신체 움직임 기능에 이상을 가져오는 장애이다.
예 뇌성마비, 경련장애, 신경관 결함에 속하는 이분척추나 척수손상
– 근골격 장애는 팔, 다리, 척추, 관절 등 근육이나 뼈와 관련된 결함 또는 질병에 의한 장애를 말한다.
예 근이영양증, 소아류머티즘관절염, 척추측만증, 사지 결손이나 손상 등의 정형외과적 기형
– 교육 현장에서 가장 많이 접하게 되는 뇌성마비의 경우는 만 2세 이전에 발생한 뇌 신경상의 손상을 의미하며, 마비가 일어나는 부위나 마비 정도가 유아에 따라 매우 다양한 형태로 나타난다.
예 한쪽 팔이나 다리에만 마비가 있을 수도 있고 사지가 모두 마비될 수도 있다. 운동 기능 이상의 유형도 근육이 뻣뻣해져서 잘 움직이지 못하는 경우(경직성)도 있고 근육의 힘이 약하여 흔들흔들해서 의도한 동작을 잘할 수 없는 경우(불수의 운동형)도 있는데, 뇌성마비 중 가장 자주 나타나는 유형은 경직성 뇌성마비이다.</td></tr>
<tr><td></td><td>「장애인 등에 대한 특수교육법 시행령」</td><td>• 지체장애를 지닌 특수교육대상자 선정기준
– 기능·형태상 장애를 가지고 있거나 몸통을 지탱하거나 팔다리의 움직임 등에 어려움을 겪는 신체적 조건이나 상태로 인해 교육적 성취에 어려움이 있는 사람</td></tr>
<tr><td>교수 방법</td><td>환경</td><td>• 접근 가능성 확보하기: 독립적으로 이동할 수 있는 공간이나 이동로가 확보되어 있는지와, 교실 내 모든 영역으로의 접근이 가능한지를 확인해야 한다.
– 실외 놀이나 현장체험학습 등 밖으로 이동하는 경우 사전에 이동 통로 및 장소에 대한 접근 가능성 탐색하기
– 이동을 위한 보조도구(예 휠체어, 이동형 보조의자, 워커) 사용하기
– 상향 자세 유지를 위한 자세 지지용 보조도구(예 스탠더, 피더시트, 코너 의자) 사용으로 활동 참여 가능성 확보하기
– 상향 자세가 어려운 유아의 양손과 팔의 자유로운 사용을 통한 활동 참여 가능성 확보하기
예 경사용 지지대
• 보조도구 이용 시 충분한 공간 확보하기
• 신체 움직임이 방해되지 않도록 충분한 공간 확보하기
• 의자에서 미끄러지지 않도록 또는 자료가 움직이지 않도록 고정하기
예 종이테이프로 붙이기, 용기를 책상에 고정하기, 의자나 책상에 논슬립 매트 깔기
• 환경 수정 보조도구(예 팔의 움직임이 자유롭지 못한 유아를 위한 연장수도꼭지) 사용하기
• 반응할 수 있는 충분한 시간 제공하기
• 책상 또는 흥미영역 내 활동 공간에 경계 만들기
• 활동 규칙 수정하기
• 손으로 쥐기 쉽도록 자료 수정하기
예 책장에 스티로폼 붙이기, 퍼즐 조각 두툼하게 만들거나 꼭지 붙이기, 숟가락이나 리듬악기에 손목끈 부착하기, 크레용이나 붓에 그립 끼우기</td></tr>
</table>

MEMO

	교수활동 시 고려점	• 적절한 앉기와 자세잡기를 통하여 신체적인 안정감을 높이고, 상체를 활용하여 학습 활동에 참여할 수 있도록 한다. – 이를 위해 필요한 경우에는 다양한 보조도구나 발받침 등을 사용할 수 있으므로, 교사는 유아가 사용하는 보조도구(보조장구)의 사용법을 알아두어야 한다. • 일반적으로 운동 기능 발달의 지체를 보이는 유아는 신체적으로 허약하거나 쉽게 피로를 느끼기 때문에, 교수 활동과 관련하여 교육과정, 시간표, 활동의 길이나 성격 등을 잘 조절해야 한다. • 운동 기능 발달이 지체됨으로 인해서 환경 탐구가 결여되고 이로써 관련 발달 영역의 지체를 보일 수 있으므로, 교사는 언어가 풍부한 환경을 조성해야 한다. 가정과 학교의 환경 내에서 가능한 한 많은 이동과 접근을 보장하고 모든 활동과 학습에 언어를 통합시킴으로써 자극적이고 풍부한 환경을 구성해 주는 것이 좋다. • 운동 기능 발달이 지체된 유아는 항상 보조와 지원을 받게 되기 때문에 책임감이나 지도력, 독립심, 긍정적 자존감 등을 형성하기 어려울 수도 있으므로, 적절한 활동에 참여하게 하고 역할을 부여하는 등의 배려를 해야 한다. • 활동의 일부에 참여하거나 다른 방식으로 참여할 수 있는 기회를 제공한다. • 의사소통을 보조할 수 있는 다양한 방법을 제공한다. 예 그림카드, 손짓 등 • 보조도구를 사용한다. – 독립적인 자조기술을 위한 적응기구(예 컵, 숟가락, 포크) 사용하기 – 활동 보조도구(예 쥐기 보조도구, 쓰기·그리기 보조도구, 레인보우 집게, 수정 가위) 사용하기

MEMO

5 정서 · 행동장애

<table>
<tr><td rowspan="2">개념 및 정의</td><td colspan="2">• 인간의 감정이나 행동의 측정기준을 선정하는 것이 어렵고 정상과 이상을 분류하기 위한 경계가 모호하다는 점, 문제가 되는 정서 또는 행동 특성이 일시적인 경우가 있다는 점 등 여러 가지 이유로 인해 한 마디로 정의하기는 어렵다.
• 정서 · 행동장애의 행동 특성은 다양한 방법으로 분류되는데, 보편적으로 사용되는 분류 체계는 이들의 행동 유형을 외현적 행동과 내재적 행동의 두 가지로 나누는 것이다.
– 즉, 공격적이고 겉으로 드러나는 행동을 보이거나 미성숙하면서도 내부적으로 위축된 행동을 보이기도 하는 등 상반된 행동 특성을 나타낼 수 있다는 것이다.

정서 · 행동장애 행동 특성의 분류
<table><tr><td>외현적 행동</td><td>• 외현적 행동은 품행장애와 기타 공격적인 행동을 포함한다.
– 가장 보편적인 문제로 품행장애를 들 수 있는데, 때리기, 싸우기, 친구 놀리기, 소리 지르기, 반항하기, 울기, 기물 파괴하기, 강탈하기 등의 행동이 이에 속한다.
– 이러한 행동은 일반 아동에게서도 흔히 관찰되는 행동이지만, 행동의 발생이 지나치게 충동적이거나 잦으면 문제로 여겨져야 한다.</td></tr><tr><td>내재적 행동</td><td>• 내재적 행동은 불안, 우울, 공포 등의 행동을 포함한다.
– 내재적으로 나타나는 사회적 위축 행동은 겉으로 드러나는 품행장애나 기타 공격 행동과는 달리 잘 발견되지 않는 경우가 많기 때문에 조기 발견을 위해서 각별한 관심이 필요하다.</td></tr></table></td></tr>
<tr><td>「장애인 등에 대한 특수교육법 시행령」</td><td>• 정서 · 행동장애를 지닌 특수교육대상자 선정기준
– 장기간에 걸쳐 다음 각 목의 어느 하나에 해당하여, 특별한 교육적 조치가 필요한 사람
가. 지적 · 감각적 · 건강상의 이유로 설명할 수 없는 학습상의 어려움을 지닌 사람
나. 또래나 교사와의 대인관계에 어려움이 있어 학습에 어려움을 겪는 사람
다. 일반적인 상황에서 부적절한 행동이나 감정을 나타내어 학습에 어려움이 있는 사람
라. 전반적인 불행감이나 우울증을 나타내어 학습에 어려움이 있는 사람
마. 학교나 개인 문제에 관련된 신체적인 통증이나 공포를 나타내어 학습에 어려움이 있는 사람</td></tr>
<tr><td>교수 방법</td><td colspan="2">• 구체적 기록을 통해 문제 행동을 일으키는 원인을 찾고 부모와 면담을 한다.
• 행동상의 문제를 보일 때 과제의 난이도, 활동 시간, 공간의 넓이, 교재 수의 적절성을 살핀다.
• 관심을 끌기 위한 행동을 무시하고 바람직한 행동을 할 수 있는 기회를 주며 칭찬한다.
• 자신의 느낌, 요구를 표현할 수 있는 적절한 방법(언어 외)과 기회(그림, 노래)를 제공한다.
• 공격적 특성보다 사회적 특성을 지닌 장난감과 책을 통해 또래와의 상호작용을 촉진한다.
• 여러 상황이나 대안 등 적절한 선택을 할 수 있는 기회를 제공한다.</td></tr>
</table>

MEMO

6 자폐성 장애

<table>
<tr><td rowspan="2">개념 및 정의</td><td colspan="2">자폐는 1943년 Kanner가 처음으로 소개한 이래 그 속성을 이해하고 개념을 정립하기 위한 지속적인 노력이 기울여져 온 장애 영역이다. 현재 자폐를 정의하기 위해서 가장 많이 사용되는 기준은 미국 성신의학협회(APA)의 『정신장애 진단 및 통계 편찬(DSM-5)』이다. 이 편람은 그동안 전반적 발달장애의 하위 영역으로 분류되었던 자폐성 장애와 아스퍼거 증후군 등의 관련 장애를 모두 포함하는 자폐 범주성 장애(Autism Spectrum Disorder : ASD)로 용어를 변경하였다. 이러한 변화는 자폐가 '있다/없다'로 명확하게 구분되는 개념이기보다는 자폐적 성향의 연속선으로 이해되어야 하며(Rutter, 1999), 이러한 연속적인 범주 내에 들어오는 다양한 하위 유형과 심각한 정도가 모두 포함되어야 한다는 연구 결과를 기반으로 한다(Simpson, 1996; APA, 2013).

• 자폐 범주성 장애는 다른 사람과의 상호작용 및 의사소통에 있어서 결함을 보이고 반복적인 행동, 동일성에 대한 고집, 제한된 관심, 감각자극에 대한 특이한 반응 등의 행동 특성을 보이는 것으로 정의되며, 이와 같은 행동 특성은 발달 초기에 나타난다.
− 현재 교육 현장에서는 자폐 또는 자폐성 장애, 아스퍼거 증후군, 고기능 자폐 등 다양한 관련 용어가 함께 사용되고 있다. 우리나라의 경우 2007년 「장애인 등에 대한 특수교육법」에 처음으로 '자폐성 장애'라는 용어를 통해 독립된 장애 영역으로 포함되면서 교육 현장에서는 주로 해당 용어가 사용되고 있다.
− 자폐성 장애는 과거 전반적 발달장애에 속하는 하나의 하위 유형을 지칭하던 용어로, 현재 자폐 관련 폭넓은 증상과 정도를 모두 포함하는 자폐 범주성 장애와 달리 그 의미가 제한될 수 있으므로 사용에 주의를 기울여야 한다. 아스퍼거 증후군 역시 자폐 범주성 장애로 포함되면서 더 이상 독립된 장애 영역으로 진단되지는 않지만, 현재 교육 현장에서는 지적 능력이나 구어 능력에 문제가 없으면서 사회 의사소통 결함과 반복적이고 제한된 행동 특성을 보이는 아동을 지칭하는 용어로 사용되고 있다.</td></tr>
<tr><td>「장애인 등에 대한 특수교육법 시행령」</td><td>• 자폐성 장애를 지닌 특수교육대상자 선정기준
− 사회적 상호작용과 의사소통에 결함이 있고, 제한적이고 반복적인 관심과 활동을 보임으로써 교육적 성취 및 일상생활 적응에 도움이 필요한 사람</td></tr>
<tr><td>자폐 범주성 장애의 특성</td><td colspan="2">자폐 범주성 장애는 진단 기준상 제한적이고 반복적인 행동·관심·활동의 특성을 보이는데, 구체적으로 ① 상동적이고 반복적인 행동, ② 동일성에 대한 융통성 없는 집착, ③ 강도와 초점이 매우 제한되고 고정된 관심, ④ 비전형적인 감각 반응 및 관심이라는 네 가지 구체적인 유형의 행동을 포함한다.</td></tr>
<tr><td rowspan="2">교수 방법</td><td colspan="2">자폐 범주성 장애유아를 위한 학습 환경은, 이들이 보이는 동일성에 대한 고집이나 변화에 대한 저항, 특정 사물이나 활동에 대한 지나친 집착, 지속적이고도 반복적인 행동, 특정 감각 자극에 대해 지나치게 민감하거나 둔감한 반응, 사회 의사소통 기술의 부족 또는 결함 등의 행동 특성으로 인하여 특별한 수정을 필요로 할 수 있다.</td></tr>
<tr><td>규칙</td><td>• 학급에서 해야 하는 행동과 하지 않아야 하는 행동을 시각적 자료로 제시한다.
− 시각적 단서에 더 잘 반응하므로 시각적 의사소통 기제를 사용한다.
• 유아가 받아들일 수 없는 행동을 하는 경우 결과에 대해 일관성 있게 반응한다.</td></tr>
</table>

MEMO

SESSION #7

	• 명확한 규칙 제시와 예측 가능한 환경을 제공한다. – 접근 시 미리 알려주기(사전 예고하기 / 예측 가능성 제공하기), 교사의 행동과 일관된 패턴을 통해 유아가 교사 행동을 예상하도록 한다.
환경	• 잘 계획되고, 예측이 가능하며, 참여를 증진시킬 수 있도록 환경을 구조화한다. – 교실의 영역표시, 일관된 하루 일과, 분명한 전이 활동을 제공한다. • 하루 일과를 알 수 있는 일과표를 제공하고 다음날 일과 활동을 미리 알 수 있도록 한다. • 교실에서 발생할 수 있는 소음을 줄인다. – 소리를 흡수하는 재질의 카펫이나 천을 깔아주고 무의미한 음악을 없앤다. • 감각적 속성을 고려하여 편안한 환경을 조성한다. • 변화와 이동에 적응하게 하는 융통성 있는 환경을 구성한다.
교재 · 교구	• 자폐 범주성 장애가 지니는 장애의 특성을 고려하여 비치하거나 사용한다면, 이들의 학습을 돕고 행동 문제를 예방하는 데 도움이 된다. 예 그림이나 사진으로 제작한 일과표 등의 시각적 지원은 학급 내에서의 기대행동을 이해하고, 규칙을 따르고 부적절한 행동을 줄이며, 활동 간 이동에 보다 쉽게 적응하도록 돕는다. 예 상업용으로 개발된 상황이야기, 그림교환 의사소통체계 등도 바람직한 행동을 가르치고 적절한 의사소통을 증진시키기 위한 교수전략으로 사용될 수 있다. – 다양한 그림과 사진을 제공함으로써 시각적 지원 자료를 손쉽게 만들 수 있도록 도와주는 소프트웨어를 활용하여 교사가 직접 다양한 시각적 교수 자료를 제작할 수 있다. • 특별한 관심 영역(Special Interest Area : SIA)에 흥미를 보이는 자폐 범주성 장애유아에게 이러한 흥미기반의 교재를 활용한다면 보다 효율적인 학습 기회를 제공할 수 있다.
교수 방법	• 사회 의사소통 기술의 학습과 또래 상호작용을 증진시키기 위해 또래 문화를 지원하는 환경을 제공해야 한다. • 일반유아 : 자폐성을 지닌 유아를 이해할 수 있는 정보를 제공하고, 상호작용 방식을 구체적으로 안내한다. • 자폐성을 지닌 유아 : 또래와 상호작용하기 위한 구체적인 방법을 가르친다. – 적절한 행동이나 말로 표현할 수 있게 돕기 – 유아의 부모와 긴밀하게 함께 협력하기 – 유아가 선호하는 것에 대한 체크리스트 작성하기

MEMO

7 의사소통장애

개념 및 정의

- 우리나라 「장애인 등에 대한 특수교육법」에서는 의사소통장애를 언어의 수용 및 표현 능력, 조음능력, 말 유창성이 부족하거나 기능적 음성장애가 있어 의사소통이 어려운 경우로 정의한다.
- 의사소통장애는 자신의 언어, 지역, 문화 내에서 상대방에게 정보를 전달하거나 상대방으로부터 정보를 수용하고 이해하는 과정에 심각한 어려움을 보이는 것으로 정의된다(Justice & Redle, 2014).
  - 과거 언어병리학의 관심은 말장애에 있었으나 현재는 언어장애로 그 관심의 초점이 변하였다. 이와 같은 변화의 주된 원인은 말장애 그 자체보다는 의사소통에 있어서의 문제가 훨씬 더 심각한 장애임을 인식하였기 때문이다.
    - 예 말을 잘하는 아동 중에도 다른 사람과의 의사소통이 어려운 아동이 있는 반면, 말을 정확하게 하지 못하면서도 의사소통에는 아무런 문제를 보이지 않는 아동이 있다.
  - 말이란 내용을 알아들을 수 있는 음성적 입력을 의미하는 반면에, 언어는 내용의 형성과 해석 모두와 관련된다. 그러므로 언어는 듣기와 말하기, 읽기와 쓰기, 기술적인 대화, 사회적 상호작용을 모두 포함한다.

미국의 말-언어-청각 협회의 의사소통장애 분류 및 정의

- 의사소통장애는 개념이나 구어, 비구어 및 그래픽 상징체계를 수용하고 전달하며 처리하는 능력에 있어서의 손상을 의미한다. 의사소통장애는 청각, 언어 또는 말의 처리 과정에서 분명하게 나타날 수도 있다.
  - 의사소통장애는 경도에서 최중도에 이르는 범위를 보이며, 발달적이거나 후천적으로 나타난다.
  - 한 가지 이상의 의사소통장애가 혼합적으로 나타나기도 한다. 의사소통장애는 주장애 또는 기타 장애의 2차적인 장애로 나타날 수 있다.

㉠ 말장애 : 말소리의 발성, 흐름, 음성에 있어서의 손상을 의미한다. 말장애는 조음장애, 유창성장애, 음성장애를 포함한다.

조음장애	말의 이해를 방해하는 대치, 탈락, 첨가, 왜곡으로 특징지어지는 말소리의 비전형적인 산출을 의미한다.
유창성장애	• 비전형적인 속도, 리듬 또는 음절, 어절, 단어, 구절의 반복으로 특징지어지는 말하기 흐름의 방해를 의미한다. • 유창성장애는 과도한 긴장, 힘들여 애쓰는 행동, 2차적인 매너리즘과 함께 나타날 수 있다.
음성장애	자신의 나이나 성별에 부적절한 음성의 질, 높이, 크기, 공명, 지속시간에 있어서의 비정상적인 산출이나 결여를 의미한다.

㉡ 언어장애 : 말, 문자, 기타 상징체계의 이해 및 활용에 있어서의 손상을 의미한다. 언어장애는 언어의 형태(음운론, 형태론, 구문론), 언어의 내용(의미론), 언어의 의사소통(화용론)에 있어서의 손상을 포함한다.

언어의 형태	음운론	언어의 소리 체계와 소리의 합성을 규정하는 규칙을 의미한다.
	형태론	단어의 구조와 단어 형태의 구성을 규정하는 체계를 말한다.
	구문론	문장을 만들기 위한 단어의 순서와 조합 및 문장 내에서의 요소들 간의 관계를 의미한다.
언어의 내용	의미론	단어와 문장의 의미를 규정하는 체계를 말한다.
언어의 기능	화용론	기능적이고 사회적으로 적절한 의사소통을 위해서 이상의 언어 요소들을 조합하는 체계를 말한다.

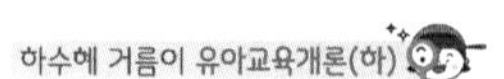

MEMO

	「장애인 등에 대한 특수교육법 시행령」	• 의사소통장애를 지닌 특수교육대상자 선정기준 – 다음 각 목의 어느 하나에 해당하여 특별한 교육적 조치가 필요한 사람 가. 언어의 수용 및 표현 능력이 인지능력에 비하여 현저하게 부족한 사람 나. 조음능력이 현저히 부족하여 의사소통이 어려운 사람 다. 말 유창성이 현저히 부족하여 의사소통이 어려운 사람 라. 기능적 음성장애가 있어 의사소통이 어려운 사람
교수 방법	• 느린 속도로 말하고 충분히 기다리기 • **구체적인 단어를 사용**: 중요 단어나 문장 반복하기 • 단어를 구로, 구를 문장으로 점진적 확장하기 • 대안적 의사소통 방법 고안하기 • 언어가 풍부한 환경 구성하기 • 유아의 의사소통적인 행동에 적극적으로 반응하기 • 유아의 모든 행동을 말로 설명하고 주변 사물의 이름 말해주기 • 유아가 말을 해야하는 상황 만들기	

8 학습장애

<table>
<tr><td rowspan="2">개념 및 정의</td><td colspan="2">• 「장애인 등에 대한 특수교육법」에 따르면, 학습장애는 개인의 내적 요인으로 인하여 듣기, 말하기, 주의집중, 지각, 기억, 문제해결 등의 학습 기능이나 읽기, 쓰기, 수학 등 학업 성취 영역에서 현저하게 어려움이 있는 경우로 정의된다.
– 학습장애의 정의는 다음의 다섯 가지 기본적인 요소를 포함하고 있으며, 이를 이해함으로써 학습장애의 개념을 보다 명확히 정립할 수 있다(Raymond, 2017).
<table>
<tr><td>기본적인 심리적 과정에서의 장애</td><td>정보를 효율적으로 처리하지 못함으로 인하여 학습상의 어려움이 발생한다.</td></tr>
<tr><td>언어 요소</td><td>언어 이해 및 사용 문제가 핵심 개념으로 포함되며, 듣기나 읽기 등의 수용언어와 말하기나 쓰기 등의 표현언어의 결함으로 나타난다.</td></tr>
<tr><td>능력 결함</td><td>적절한 교수가 제공되었음에도 예상 또는 설명할 수 없는 성취상의 결함이 나타난다.</td></tr>
<tr><td>포함 기준</td><td>새로운 정의가 과거 학습장애를 지칭할 때 사용되었던 용어를 모두 포함할 수 있게 한다.</td></tr>
<tr><td>제외 기준</td><td>학습장애가 아닌 다른 장애가 있거나, 학습할 기회가 주어지지 않음으로 인하여 발생하는 학업상의 어려움은 해당되지 않는다.</td></tr>
</table></td></tr>
<tr><td>「장애인 등에 대한 특수교육법 시행령」</td><td>• 학습장애를 지닌 특수교육대상자 선정기준
– 개인의 내적 요인으로 인하여 듣기, 말하기, 주의집중, 지각(知覺), 기억, 문제해결 등의 학습기능이나 읽기, 쓰기, 수학 등 학업 성취 영역에서 현저하게 어려움이 있는 사람</td></tr>
</table>

MEMO

9 건강장애

<table>
<tr><td rowspan="2">개념 및 정의</td><td colspan="2">2005년 「특수교육진흥법」 개정을 통해 새로운 장애 영역으로 추가된 것으로, 현재 「장애인 등에 대한 특수교육법」에 의하면 건강장애는 만성질환으로 인해 3개월 이상의 장기입원 또는 통원치료 등 계속적인 의료적 지원이 필요하여 학교생활 및 학업 수행에 어려움을 가지게 되는 경우로 정의된다.

유아가 경련 장애를 보일 때 교사가 취해야 할 행동
• 다른 유아들이 당황하거나 놀라지 않도록 안심시키고, 발작이 곧 끝날 것이고 아픈 것이 아니라고 설명해 준다.
• 발작을 억지로 멈추게 할 수는 없으므로 유아를 흔들거나 깨우려고 하지 말고, 부드러운 것으로 머리를 받쳐주고 주변에 다칠 만한 물건들을 치운 후 발작이 끝날 때까지 기다린다.
• 유아를 옆으로 눕혀 침이나 이물질이 기도로 들어가지 않게 한다.
• 입안에 무엇을 넣거나 입을 억지로 벌리려고 하지 않는다.
• 발작이 끝난 후에는 재우거나 잠시 쉬게 한다.</td></tr>
<tr><td>「장애인 등에 대한 특수교육법 시행령」</td><td>• 건강장애를 지닌 특수교육대상자 선정기준
– 만성질환으로 인하여 3개월 이상의 장기입원 또는 통원치료 등 계속적인 의료적 지원이 필요하여 학교생활 및 학업 수행에 어려움이 있는 사람</td></tr>
<tr><td>교수 방법</td><td colspan="2">• 오랜 기간의 치료나 입원으로 인해 또래들과 잘 어울리지 못하는 경우가 많으므로 사회적으로 고립되지 않도록 배려해야 한다.
• 유아의 상태에 대한 정확한 지식을 가지고 지도하며 과잉보호를 하지 말아야 한다.
• 질병으로 인한 경험이 정서적 발달에 미치는 부정적인 영향을 고려해야 한다.
• 부모를 통해 병·의원과의 협력을 도모해야 한다.</td></tr>
</table>

10 발달지체

<table>
<tr><td>개념 및 정의</td><td>• 발달지체(developmental delay)는 일반적으로 자신의 나이보다 훨씬 더 어린 아동들의 전형적인 발달수준이 나타나고, 그 수준의 아동과 동일한 수행을 보일 때 사용하는 용어이다(Dunlap, 2009; Allen & Cowdery, 2015). 발달지체는 장애인교육법(IDEA)에서 영유아기 특수교육대상자의 적격성 판정을 위해 처음으로 사용되기 시작하였으며, 우리나라에서는 「장애인 등에 대한 특수교육법」에서 처음으로 특수교육대상자 선정기준으로 포함되었다.
– 이 법에서는 '발달지체를 지닌 특수교육대상자'를 '신체, 인지, 의사소통, 사회·정서, 적응행동 중 하나 이상의 발달이 또래에 비하여 현저하게 지체되어 특별한 교육적 조치가 필요한 영아 및 9세 미만의 아동'으로 정의하고, 특정 장애명으로 진단되지 않아도 발달상의 지체를 설명하는 기준만으로 특수교육대상자로서의 적격성을 인정받을 수 있는 통로를 마련하였다.
– 그러나 기타 장애 유형과는 별도로 조기교육 대상자의 적격성 판정 기준으로 명시한 미국의 법률과는 달리, 기타 장애 유형과 함께 특수교육대상자 선정기준에 포함시킴으로써 또 다른 '장애명'으로 오인될 여지를 남기고 있다.</td></tr>
</table>

MEMO

	– 발달지체는 장애명이 아니며, 특정 장애명으로 명명하기에 부적절한 영유아기 아동을 대상으로 특수교육 적격성을 인정하기 위한 용어임을 명심하고 그 사용에 주의를 기울여야 한다. • 정상적인 발달 속도와 비교하여 유의미하게 느린 발달의 양상을 보임으로써 예측되는 장애의 의심 상태, 또는 발달의 속도가 상대적으로 지나치게 느려 발생한 다양한 장애의 유형을 통칭한다. • 발달지체는 지적장애, 시각장애와 같은 특정 장애범주가 아니라 발달이 늦은 '상태'를 지칭하는 것으로, 장애범주에 포함되어서는 안되지만 특수교육 서비스 제공을 위한 장애 범주 중의 하나로 규정되어 있다. 이를 감안하여 「장애인 등에 대한 특수교육법」에서 '등'이 표기된 이유가 발달지체 때문이라고 할 수 있다.

(1) 운동기능 발달의 지체유아에 대한 교수방법

환경	• 가정과 학교의 환경 내에서 가능한 한 많은 이동과 접근을 보장하고, 모든 활동과 학습에 언어를 통합시킴으로써 자극적이고 풍부한 환경을 구성해 주는 것이 좋다. – **이동과 접근 가능성**: 운동 기능 발달이 지체된 유아를 교수할 때에는 가장 먼저 이들이 독립적으로 이동할 수 있는 공간이나 이동로가 확보되어 있는지와, 교실 내 모든 영역으로의 접근이 가능한지를 확인해야 한다. 예 특히 휠체어를 타는 유아의 경우 휠체어를 탄 상태에서 독립적으로 유치원이나 교실의 모든 장소로 이동이 가능해야 하고, 테이블 활동에 참여할 수 있어야 하며, 독립적으로 교재를 사용하고 치울 수 있어야 한다. – **언어적으로 풍부한 환경 조성**: 운동 기능 발달이 지체됨으로 인해서 환경 탐구가 결여되고 이로써 관련 발달 영역의 지체를 보일 수도 있기 때문에 언어가 풍부한 환경을 조성해야 한다.
적절한 자세잡기	• 교사는 운동 기능 발달이 지체된 유아의 앉기와 자세잡기에 특별한 관심을 기울여야 한다. 적절한 앉기와 자세잡기를 통하여 신체적인 안전과 안정감을 높이고, 상체를 활용하여 학습 활동에 참여할 수 있게 하며, 부수적인 기형이 생기지 않도록 예방할 수 있다. – 필요한 경우에는 다양한 보조도구나 발받침 등을 사용할 수 있다. – 적절한 앉기와 자세잡기가 이루어지지 않으면 혈액 순환 장애, 근육 경직, 저림 현상이 나타날 수 있으며 소화, 호흡, 신체적 발달에도 부정적인 영향을 미치게 된다.
교재 · 교구	• 운동 기능 발달이 지체된 유아를 위한 교재나 교구 선택을 위해서는 물리치료사나 작업치료사와의 긴밀한 협조가 필요하다. – 유아의 근육 긴장도에 따라서 보조도구나 보장구, 보철구를 적절하게 사용해야 하며, 이러한 도구를 사용하고 있는 유아에 대해서는 그 상태를 정기적으로 점검하여 움직임을 제한하거나 혈액 순환을 방해하는 등의 부작용이 발생하지 않도록 항상 주의를 기울여야 한다. 특히 휠체어를 사용하는 유아의 경우에는 정기적으로 휠체어 상태를 점검해 주어야 한다.
일과 운영	일반적으로 운동 기능 발달의 지체를 보이는 유아는 신체적으로 허약하거나 쉽게 피로를 느끼기 때문에 교수 활동과 관련해서 교육과정, 시간표, 활동의 길이나 성격 등을 잘 조절해야 한다.

MEMO

교수 활동	• 운동 기능 발달이 지체된 유아는 항상 보조와 지원을 받게 되기 때문에 책임감이나 지도력, 독립심, 긍정적인 자존감 등을 형성하기 어려울 수도 있으므로, 적절한 활동에 참여하게 하고 역할을 부여하는 등의 배려를 해야 한다. • 상담 제공: 다양한 질병이나 장애에 대한 적응 문제(예 진행성 장애니 질병, 외모나 기형, 입원에 의한 장기 결석, 통원 치료에 대한 스트레스, 과잉보호, 죽음)와 관련해서 상담이 필요한 경우가 많으며, 친구의 장애로 인해서 또래에게 상담을 제공해야 하는 경우도 있으므로 교사는 이에 따른 적절한 대처를 할 수 있어야 한다. 교사가 직접 전문적인 상담을 할 수 없는 경우에는 상담의 필요성을 잘 인식하고 적절한 지원을 받을 수 있도록 지원한다.

(2) 사회 · 정서 발달의 지체유아에 대한 교수방법

사회 · 정서 발달의 지체를 보이는 유아는 매우 다양한 행동적인 특성을 보이기 때문에 교수적 접근에 있어서 개별화된 전략을 사용해야 한다.

환경	• 사회-정서 문제를 지닌 유아는 환경 구성과 관련해서 행동 문제를 보이는 경우가 많기 때문에 이러한 행동 문제가 발생하는 시간이나 장소 등에 대한 기록을 남김으로써 문제에 대한 정확한 분석이 이루어져야 한다. – 행동 문제에 대한 상세한 기록은 행동을 일으키는 환경적 사건이 무엇인지를 알게 해 주기 때문에 행동의 예방이나 교정을 위해서 반드시 필요하다. – 유아는 과제의 난이도, 활동의 길이, 관심 요구, 공간의 적절성, 기대 수준의 적합성, 교재의 수 등 여러 가지 환경적 요인에 의해서 행동 문제를 보일 수 있다. 특히 행동 문제를 보이는 유아에게는 환경의 예측 가능성과 일관성이 결정적으로 중요한 역할을 하기 때문에 자신의 행동에 대한 반응을 예측할 수 있도록 기대행동을 미리 알리고 교수하는 것이 좋다.
교재 · 교구	• 사회-정서 문제를 보이는 유아를 위해서는 교재가 안전한지, 교재의 수가 충분한지, 동기를 유발하는지 등을 점검해야 하며, 특히 자신을 표현할 수 있는 교재(예 그림 그리기를 통해서 자신의 감정을 표출함)를 준비함으로써 적절한 방법으로 감정을 표현할 수 있게 도와주어야 한다. 필요한 경우에는 자신과 타인의 감정을 인식하고 적절하게 표현하거나 조절할 수 있도록 교재를 제공하고 이를 활용한 교수 활동을 진행할 수도 있다. – 사회적 상호작용을 촉진하는 교재(예 둘이 타는 그네, 시소)는 또래와의 자연스러운 상호작용 참여를 촉진할 수 있으므로, 교사는 놀이시간에 나타나는 행동 문제와 관련되는 교재가 있는지 잘 관찰하고 적절한 교재를 제공할 수 있어야 한다.
교수 활동	• 사회-정서 문제를 지닌 유아를 교수할 때에는 다음과 같은 단계적인 절차를 적용하게 된다. – 먼저 부적절한 행동이 발생하는 시간이나 장소, 대상자 등의 상세한 내용을 관찰하고 부모와의 면담 등을 통해서 행동 문제의 원인을 파악한다. 이러한 과정을 기능적 행동 분석이라고 한다(Walker & Hott, 2017). – 이렇게 행동의 기능을 분석한 후에는 이에 따른 개별화된 교수계획을 세우고 교수 전략을 적용하게 된다. 이때 행동 문제를 위한 교수적 접근은 앞에서 설명한 바와 같이 예방 중심의 긍정적 지원 형태여야 한다. 즉, 문제행동을 감소시키거나 예방함과 동시에 바람직한 행동을 촉진하는 긍정적 행동 지원(Positive Behavior Supports: PBS)이 적용되어야 한다(Dunlap & Fox, 2009).

MEMO

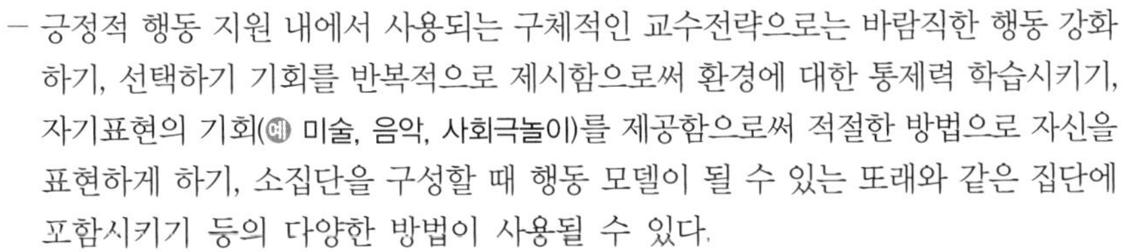

	– 긍정적 행동 지원 내에서 사용되는 구체적인 교수전략으로는 바람직한 행동 강화하기, 선택하기 기회를 반복적으로 제시함으로써 환경에 대한 통제력 학습시키기, 자기표현의 기회(예 미술, 음악, 사회극놀이)를 제공함으로써 적절한 방법으로 자신을 표현하게 하기, 소집단을 구성할 때 행동 모델이 될 수 있는 또래와 같은 집단에 포함시키기 등의 다양한 방법이 사용될 수 있다. – 특히 사회–정서 문제를 보이는 유아는 사회적 상호작용이나 의사소통 문제를 보일 가능성이 매우 크기 때문에 이에 대한 교수도 함께 제공한다.

(3) 의사소통 발달의 지체유아에 대한 교수방법

환경	• 언어가 풍부한 환경을 구성한다. – 대화, 음악, 문자 등 언어가 풍부한 환경을 제공함으로써 언어 산출, 언어 구조, 사회적 교환의 모델을 제공한다.
교재 · 교구	• 유아의 관심을 고려한다. – 동물에 흥미를 보이는 유아의 경우, 동물과 관련된 교재를 사용하고 동물 소리와 관련된 언어 자극을 제공함으로써 언어 발달 촉진을 위한 동기를 유지한다. • 볼 수 있지만 만질 수 없는 곳에 둔다. – 유아가 원하거나 필요로 하는 사물을 손에 닿지 않는 곳에 둠으로써 의사소통을 시작할 수 있는 기회를 제공한다. • 교재 · 교구의 수를 제한한다. – 간식 시간에 유아가 좋아하는 과자를 부족하게 제공하는 등 교재나 교구의 수를 의도적으로 제한함으로써 요구하기 기술을 사용할 기회를 제공한다. • 선택의 기회를 제공한다. – 일과나 활동을 통해서 다양한 선택의 기회를 줌으로써 환경을 통제하고 의사소통을 할 수 있는 기회를 제공한다.
교수 활동	• 구어/비구어 시도에 항상 반응한다. – 몸짓, 울음, 눈맞춤, 발성, 단어 등 유아의 모든 의사소통적 행동에 적절하게 반응한다. • 차례 주고받기 게임을 사용한다. – 까꿍놀이 등의 간단한 게임을 통해서 의사소통의 필수적인 요소인 차례 주고받기를 학습시킨다. • 환경 내 모든 사물을 명명하고 행동을 설명한다. – 신발을 신길 때 "신발 신어요."라고 말하면서 "신발"과 "신어요"라는 언어 자극을 제공하는 등 유아가 참여하는 모든 행동을 설명하고 사물을 명명함으로써 언어 발달을 촉진한다. • 유아의 행동과 발성을 모방한다. – 유아의 행동과 발성을 모방함으로써 움직임과 발성을 강화하고 언어 습득의 기초가 되는 모방 기술을 촉진한다. • 유아가 사용하는 언어를 확장한다. – 공을 떨어뜨린 유아가 "밑에"라고 말할 때 "공이 밑으로 떨어졌다."라고 말함으로써 유아의 시작행동에 반응하고 유아의 발성을 모방 · 강화하여 언어 구조를 확장한다.

MEMO

	• 필요한 경우 음성과 함께 몸짓을 사용한다. – 고개를 끄덕이거나 손가락으로 가리키는 등의 몸짓을 사용함으로써 언어 산출에 대한 시각적 단서를 함께 제공한다. • 말을 멈추고 기다린다. – 언어 기술이 제한된 유아와 말할 때 교사가 너무 많은 말을 하기보다는 말을 멈추고 잠시 기다려 줌으로써 유아가 말할 수 있는 기회를 제공한다. • 언어치료사 등 관련 전문가와 협력한다. – 개별화된 언어 목표를 교수함에 있어 모든 사람이 동일한 전략과 반응을 사용해야 하므로, 효과적인 전략을 일관성 있게 사용하기 위해서는 관련 전문가와 협력해야 한다.

11 주의력결핍 과잉행동장애

개념 및 정의

• 주의력결핍 과잉행동장애(Attention Deficit Hyperactivity Disorder : ADHD)는 아직까지 독립된 장애 영역으로 인정받지 못하고 있으며, 미국 장애인교육법에서는 기타 건강상의 장애 영역으로 분류된다. 그러나 주의력결핍 과잉행동장애는 실제 교육 현장에서 매우 분명한 특성을 지닌 하나의 장애 유형으로 자리 잡아가고 있다.
  – 주의력결핍 과잉행동장애는 미국 『정신장애 진단 및 통계 편람(DSM-5)』(APA, 2013)에서 제시하는 기준에 의해 가장 많이 판별되고 있기 때문에 장애를 정의함에 있어서도 DSM-5의 진단 기준이 많이 사용된다.

주의력결핍 과잉행동장애의 진단 기준

A. 기능이나 발달을 방해하는 주의력결핍 또는 과잉행동–충동성의 지속적인 양상이며 아래의 내용으로 특징지어진다.

(1) 주의력결핍	다음의 증상 중 여섯 가지 이상이 최소한 6개월 이상 발달 수준에 맞지 않을 정도로 나타나고, 사회 및 학업/직업 활동에 직접적으로 부정적인 영향을 미친다. a. 학교, 직장, 기타 활동에서 세부사항에 대한 주의를 기울이지 못하거나 부주의한 실수를 한다. b. 과제나 놀이 활동에 지속적으로 집중하기 어려워한다. c. 자신에게 말하는 것을 잘 듣지 않는 것처럼 보인다. d. 지시를 따르거나 학교 과제, 집안일, 직장 업무를 완수하지 못한다. e. 과제와 활동을 조직하는 데 어려움을 보인다. f. 지속적인 정신적 노력이 필요한 과제(학교 과제나 숙제, 나이가 많은 청소년이나 성인의 경우 보고서 작성하기, 양식 작성하기, 긴 보고서 검토하기)에 참여하기를 피하거나 싫어하거나 원하지 않는다. g. 과제나 활동을 위해서 필요한 물건(학교 교재, 연필, 책, 도구, 지갑, 열쇠, 과제물, 안경, 핸드폰)을 잃어버린다. h. 외부 자극에 쉽게 산만해진다. i. 일상적인 활동을 자주 잊어버린다.

MEMO

(2) 과잉행동-충동성	다음의 증상 중 여섯 가지 이상이 최소한 6개월 이상 발달 수준에 맞지 않을 정도로 나타나고 사회 및 학업/직업 활동에 직접적으로 부정적인 영향을 미친다. a. 손발을 가만히 두지 못하고 의자에 앉아서도 계속 몸을 움직인다. b. 자리에 앉아 있어야 하는 상황에서 자리를 떠난다. 예 교실, 사무실이나 직장, 기타 제자리에 있도록 요구되는 장소에서 자리를 떠난다. c. 부적절한 상황에서 뛰어다니거나 기어올라간다(주의: 청소년이나 성인의 경우 가만히 못 있고 들썩거리는 행동일 수 있다). d. 조용히 놀이나 여가 활동에 참여하지 못한다. e. 마치 "자동차에 쫓기듯이" 끊임없이 움직이는 행동을 보인다. f. 지나치게 말을 많이 한다. g. 질문이 끝나기 전에 성급하게 대답을 한다. h. 차례를 기다리기 어려워한다. i. 다른 사람을 방해하거나 중단시킨다.

B. 몇 가지 주의력결핍이나 과잉행동-충동성 증상이 12세 이전에 나타난다.
C. 몇 가지 주의력결핍이나 과잉행동-충동성 증상이 두 가지 이상의 환경에서 나타난다.
D. 증상이 사회성, 학업 또는 직업 기능의 질을 방해하거나 감소시킨다.
E. 증상이 조현병 또는 기타 정신질환에 의한 것이 아니며, 다른 정신장애(기분장애, 불안장애, 해리장애, 인격장애, 물질 중독 또는 위축)에 의해서 더 잘 설명되지 않는다.

주의력결핍 과잉행동장애의 3가지 측면에서의 행동 특성	• 주의력결핍 과잉행동장애는 위와 같은 행동 문제로 진단이 의뢰되며, 평균적으로 3~4세 정도의 유아기에 진단을 받게 된다. 그러나 주의집중장애가 주요 증상인 경우에는 학업 과제에 집중해야 하는 학령기가 될 때까지 장애 여부가 인지되지 않기도 한다. – 미국 소아과학회(American Academy of Pediatrics)에서는 4세가 될 때까지는 주의력결핍 과잉행동장애로 진단하지 않도록 권고하는데, 이는 매우 활동적인 영유아의 경우 그 행동 특성이 장애와 구분되기 어렵다는 이유 때문이다(MacDonald, 2015).	
	주의력결핍	주의력결핍 양상을 보이는 아동은 매우 산만하여 활동 중에 쉽게 방해를 받거나 특정 과제에 주의를 기울일 수 없는 경우가 많다.
	과잉행동	과잉행동은 활동의 양이 지나치게 과도해서 일상적인 생활 기능에 부정적인 영향을 미치는 경우에 사용되는 용어로, 이러한 특성을 보이는 아동은 실제로 쉼 없이 움직이면서 물건을 만지고, 돌아다니고, 뛰고, 기어오르고, 끊임없이 말하고, 시끄럽게 놀이하고, 충동적으로 행동한다.
	충동성	충동성은 주의 깊은 생각이나 목적 없이 발생하는 행동으로 설명될 수 있다. 충동성을 보이는 아동은 생각하지 않고 충동적으로 행동하기 때문에 이들의 반응은 부적절한 경우가 많으며, 특히 수업 활동 중 부정확한 반응을 많이 보인다.
교수 방법	• 활동에 잘 참여하고 있을 때를 포착해서 칭찬하고, 참여를 격려한다. • 활동의 정도가 연령에 비해 부적절한 수준인지 살펴본다. • 집중과 활동 참여를 위한 교실 내에서의 규칙을 정한다.	

II 장애유아 지도

MEMO

UNIT 02 장애유아 부모의 반응

#KEYWORD 청각장애, 시각장애, 주의력결핍 과잉행동장애

- 장애 자녀를 둔 부모가 자녀의 장애 사실을 알고 난 후에 겪는 정서적 반응은, 대부분의 사람들이 사랑하는 사람의 죽음을 맞을 때 경험하는 충격, 불신, 거부, 분노, 타협, 우울, 수용의 단계(Kubler-Ross, 1969)와 유사하다고 보았다(Moses, 1987).
  - 이와 같은 일련의 정서적 반응 단계가 모든 부모에게서 정해진 순서대로 나타나는 것은 아니지만, 전문가는 부모가 보일 수 있는 다양한 유형의 반응에 대해 이해하고 그러한 반응이 나타나는 경우에는 교육 프로그램이나 교사의 입장에서 적절한 지원을 제공할 수 있어야 한다.

부모의 잠재적인 정서 반응 및 그에 따른 교사의 역할

감정	부모 반응	교사 역할
충격, 불신, 거부	• 수치심, 죄책감, 무가치함, 과잉보상을 보인다. • 불신한다. • "아빠 어릴 때와 똑같아." • "걱정하지 마. 괜찮아질 거야." • 진단을 위해 여러 의사를 찾아다닌다. • 다른 사람과는 대화하지 않고 모든 정보를 탐색한다. • 장애가 있음을 부인하려고 할 수 있다.	• 공감하며 수용의 자세로 듣는다. • 가족들이 감정을 표현하도록 격려한다. • 가족들에게 이러한 감정이 자연스러운 것임을 확신시킨다. • 적극적으로 듣는다. • 인내심을 갖는다. • 아동의 행동에 대해 함께 말한다. • 가족들이 준비되었을 때, 필요한 지원을 제공한다. 예 부모 자조모임, 진단 의뢰 • 문화적으로 다양한 견해를 이해한다.
화, 분노	• 교사나 다른 사람을 향해 분노를 표출한다. • 도움을 주려는 이들(배우자, 전문가, 가족)에게 화를 낼 수 있다. • 다른 사람을 비난한다. • 장애가 없는 자녀를 둔 사람을 향하여 분노한다. • 전문가 진단의 정확성에 대해 논쟁을 벌이려고 할 수 있다.	• 인내 · 격려한다. • 부모의 감정적인 반응을 개인적으로 받아들이지 않는다. • 부모를 바쁘게 만든다. • 자녀와의 성공적인 상호작용을 통해 자신감을 갖게 해 준다. • 긍정적인 부모-자녀 상호작용을 시범 보여주고 지원하며, 성공적인 방법을 제안한다. • 이해, 연민, 배려의 마음을 전한다. • 가족들이 분노와 분개를 표현하고 표출할 수 있도록 격려한다. • 가족들이 느끼는 '감정'에 대해 논쟁하지 않아야 한다. • 공격적인 말에 방어하지 말아야 한다.

MEMO

타협	• 발달상의 지체를 불가피한 것으로 수용한다. • 각오(또는 열심)를 다짐한다. • "내가 (이렇게) 하면 (이렇게) 될 거야." • 장애를 없앨 수 있다고 들은 방법은 무엇이든 하려고 할지도 모른다. • 신과 협상하려고 한다. 예 '장애가 사라지게 해 준다면 모든 것을 하겠다.'	• 가족의 감정을 수용하며, 공감하는 이해를 보여준다. • 부모가 그러한 감정을 느끼는 것이 당연하고 괜찮다는 것을 이해하도록 돕는다. • 정직하게 소통한다. 예 "매우 좌절되는 일일 거예요."
우울, 좌절	• "무슨 소용이야?", "상관없어." • 아무것도 가치 없는 듯한 느낌을 보인다. • 무기력함과 절망감을 보인다. • 완벽한 또는 건강한 자녀 상실에 대한 슬픔을 보인다. • 현실을 수용하기 시작하고, 기대했던 아이를 잃어버렸음에 슬퍼하게 된다. • 자녀의 잠재력을 볼 수 없고, 단지 자녀의 결함만을 보려할 수도 있다.	• 해야 할 일을 작게 나누고 실현 가능한 목표를 정하도록 돕는다. • 자녀의 부족함에 초점을 맞추는 대신 강점(장점)을 발견하도록 돕는다. • 양육 기술에 자신감을 느끼도록 돕는다. • 전문적인 상담이나 기타 지원 서비스에 의뢰해 준다. • 부모 지원 그룹과 같은 자원을 제안한다.
적응, 조정	• 무엇인가 이루어질 수 있다고 이해한다. • 삶의 방식을 조정한다. • 자녀의 요구에 적응한다. • 기꺼이 실행한다. • 자녀의 요구에 초점을 맞추는 대신 자녀의 강점을 보기 시작한다. • 실제적인 무엇인가를 하겠다는 의지를 보인다. • 자녀의 삶을 향상시키기 위해 긍정적이고 주도적인 입장을 견지한다.	• 자녀가 진보를 보일 때 부모를 칭찬한다. • 다른 부모로부터 격려 받을 수 있도록 지원 체계에의 연결을 돕는다. • 긍정적인 상호작용 방법을 보여 준다. • 개방적이고 정기적인 의사소통을 유지한다. • 교육기관 및 기타 관련서비스 제공자와 협력한다. • 가족의 역량 강화를 위해 지원한다.

출처: 「장애인 가족지원」(박지연 외 공역, p.163), 학지사

SESSION #7

MEMO

UNIT 03 장애유아 교수방법

#KEYWORD 개별화교육계획

1 장애가 있는 유아지도

장애인을 위한 교육제도	• 장애유아도 일반학교에서 비장애유아와 함께 교육받을 수 있고, 유아는 누구나 차별 없이 교육을 받아야 한다. 장애유아가 다른 비장애 또래와 함께 어울려 살아갈 것을 생각하면서 우선적으로 통합된 교육 환경에서 교육받을 수 있도록 하는 것이 원칙이다. – 법률 보장: 우리나라는 「장애인 등에 대한 특수교육법」과 「장애인 차별금지 및 권리구제 등에 관한 법률」에 따라 장애유아도 일반학교에서 교육받을 수 있는 권리를 보장하며, 장애를 이유로 교육에서 차별받지 않도록 법률로 규정하고 있다. – 통합/분리: 장애유아의 교육지원은 다양한 곳에서 이루어질 수 있다. 비장애유아와 함께 교육을 받는 통합교육의 형태로부터 장애유아끼리 따로 교육을 받는 분리교육의 형태도 가능하다. – 기관별: 장애유아가 교육지원을 받을 수 있는 기관으로 어린이집, 유치원, 일반학교, 특수학교 등이 있다. – 필요/연령별: 장애유아의 필요에 따라 교육지원을 받는 곳을 결정할 수 있고, 유아의 연령에 따라 교육을 받을 수 있는 장소도 달라질 수 있다.
교사의 장애유아 지도 (유의사항)	• 교사는 전문가의 도움을 받아 장애 상태와 발달에 따른 적절한 교육·보육계획을 세워야 한다. • 교사가 특수교육에 대해 충분한 지식이 없는 상황에서 혼자 특수 유아에 대해 판단을 내리는 것은 바람직하지 않다. • 교사는 특수교육 전문가와의 긴밀한 협력 체계를 구축하고, 특수교육 대상으로 판단되는 유아를 보다 면밀히 관찰하여 그에 따른 개별지도를 해야 한다.

2 개별화교육 프로그램

(1) '개별화교육계획'의 개념 및 정의

개념 및 정의	• '개별화교육 프로그램(Individualized Education Program: IEP)'이란 각 유아들이 지니는 개인차와, 장애에 따른 발달상의 개인차로 인해 일반유아교육만으로는 그들의 필요를 충족시킬 수 없으므로, 교육을 계획하고 실시할 때 각 장애유아의 발달에 적합한 프로그램을 계획하고 시행하는 것을 말한다. – 여기서 '개별화'란 교사와 유아의 1:1 교육만을 의미하기보다 프로그램이 각 장애유아에게 맞춰지는 것(맞춰서 작성되는 것)을 의미한다. – 개별화교육 프로그램은 장애유아와 가족의 강점, 요구 및 필요를 파악하여 양질의 교육과 서비스를 제공해야 하기 때문에, 장애유아에 따른 교육을 진행할 수 있도록 최대한 모든 정보가 집약되며, 이에 따라 장애유아의 전인적 발달을 위한 평가·분석을 실시하여 유아특수교육에 실질적인 도움을 줄 수 있는 내용요소들을 포함해야 한다.

MEMO

	• '개별화교육계획'은 우리나라 「장애인 등에 대한 특수교육법」에 따라 개별화된 교육 프로그램 제공을 보장하기 위하여 작성하는 문서이다. • 이와 같이 통합교육에서 개별화교육은 장애유아가 일반유아교육 프로그램의 활동에 참여하는 가운데 장애유아의 개별화된 교육적인 접근을 포함시켜, 지속적으로 가르치고 배우는 여러 가지 상황에서 장애유아의 개별 목표와 진보를 이루어가는 과정을 말한다.	
	「장애인 등에 대한 특수교육법」	• 「장애인 등에 대한 특수교육법」에 따르면 '개별화교육'이란 각급 학교의 장이 특수교육대상자 개인의 능력을 계발하기 위하여 장애유형 및 장애 특성에 적합한 교육목표 · 교육방법 · 교육 내용 · 특수교육 관련서비스 등이 포함된 계획을 수립하여 실시하는 교육을 말한다(제2조). • 우리나라에서는 「장애인 등에 대한 특수교육법」에 따라 장애 학생에게 개별화교육을 제공하기 위하여 '개별화교육계획'을 작성하도록 명시하고 있다. – 즉, '개별화교육계획'은 각급 학교의 장이 특수교육대상자의 교육적 요구에 적합한 교육을 제공하기 위하여 보호자, 특수교육교원, 일반교육교원, 진로 및 직업교육 담당 교원, 특수교육 관련서비스 담당 인력 등으로 구성된 개별화교육지원팀에 의해서 개발된 문서를 의미한다(제22조).

(2) '개별화교육계획'의 필요성

필요성	• 장애유아는 가지고 있는 장애가 동일한 경우에도 장애가 미치는 영향이나 발달의 양상이 개별적으로 다르기 때문에 교육적인 요구 역시 모두 다르다. • 따라서 개별 유아의 발달 수준과 교육적 요구를 면밀하게 파악하여 유아에게 적절한 교육을 제공하기 위한 계획을 세우는 것은 매우 중요하다. – 특히, 장애유아가 일반학급에 통합되어 있는 경우 이와 같은 체계적인 계획은 협력적 교수와 실행의 효율성을 높임으로써 교육성과를 증진시킨다. • 유치원의 특수학급 장애유아들은 개인차의 범위가 넓고 주의집중이 곤란하기 때문에 효율적인 학습 활동을 전개하기 위해서는 개별화교육이 이루어져야 한다.

MEMO

(3) '개별화교육계획'의 개발 시기

- '개별화교육계획'은 개별 유아에게 필요한 적정 서비스를 제공하기 위하여 계획되는 총체적인 교육의 한 부분이므로, 장애진단과 함께 적격성 판정이 이루어지고 필요한 특수교육 및 관련서비스의 형태가 결정된 직후에 개발되어야 한다.
  - 실제로 '개별화교육계획'을 개발하고 실행하는 기본적인 목적은 유아의 개별적인 필요에 가장 적합한 서비스를 계획하고, 이러한 계획에 따라 교육 프로그램에 배치하고 교육하기 위한 것이다.
  - 즉, 작성된 '개별화교육계획'은 특수교육 및 관련서비스를 어떤 환경에서 어떻게 제공할 것인지를 결정하는 기초 자료로서의 역할을 할 수 있어야 한다(Burton, 2018; Strickland, 1993).

개발 시기 (우리나라)	• 우리나라의 경우에는 「장애인 등에 대한 특수교육법 시행령」에 의해서 교육 배치가 이루어지고 학년이 시작된 후, – 각급학교의 장은 매 학년 시작일부터 2주 이내에 특수교육대상자의 교육적 요구에 적합한 교육을 제공하기 위하여 보호자, 특수교육교원, 일반교육교원, 진로 및 직업 교육 담당 교원, 특수교육 관련서비스 담당 인력 등으로 개별화교육지원팀을 구성하여야 한다. – 개별화교육지원팀은 매 학기의 시작일부터 30일 이내에 '개별화교육계획'을 작성해야 하며, '개별화교육계획'에는 특수교육대상자의 인적사항과 특별한 교육지원이 필요한 영역의 현재 학습수행 수준, 교육목표, 교육 내용, 교육방법, 평가계획 및 특수교육 관련서비스 내용과 방법이 포함되어야 한다. – 이와 같이 우리나라의 '개별화교육계획'은 장애유아가 교육 현장에 배치된 후 개발하는 선 배치–후 개발의 절차로 이루어진다. 이렇게 배치가 결정된 후에 교육 프로그램을 개발하게 되면 기관이나 프로그램의 사정상 적절한 교육 서비스 제공이 어려워질 수 있다.

(4) 개별화교육계획의 기능

관리 도구	• '개별화교육계획'은 관리 도구로서의 역할을 한다. – 발달 영역별 장단기 교수목표, 교수 활동을 위한 유의점, 제공되는 관련서비스, 평가 절차 및 기준 등을 명시함으로써 총체적인 교육 프로그램 제공을 위한 청사진으로서 교수의 방향과 진행을 관리할 수 있게 해 준다.
평가 도구	• '개별화교육계획'은 장애유아의 발달과 학습상의 성취를 알게 해 주는 평가 도구의 역할을 한다. – 나이가 어린 장애유아에게는 획일화된 집단 평가를 실시하기가 어렵고 또한 그러한 평가가 무의미한 경우가 많으므로, 각 유아의 개별화교육계획에 명시된 목표와 평가기준에 의해서 평가가 이루어져야 한다. 이것은 개별화교육계획 개발 시 수립된 교수목표가 개별 유아에 대한 교수 효과 및 진보를 평가해 주는 기준으로 사용될 수 있음을 의미한다.
의사소통의 도구	• '개별화교육계획' 개발을 위한 절차 자체가 교사(또는 팀)와 학부모 간 의사소통의 기회가 될 수 있으며 서로의 의견 차이를 좁히는 역할을 할 수 있다. – 가족과 교사는 장애유아의 교육적 필요와 이를 위한 서비스에 대해 의견이 다를 수 있으므로 회의나 기타 합리적인 통로를 통하여 이러한 차이에 대하여 토의하고 합의를 이룰 수 있다.

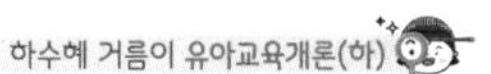

	– 전문가 간에도 '개별화교육계획'은 중요한 협력 매개가 될 수 있는데, 특히 통합 환경의 장애유아의 경우 통합학급을 담당하는 유아교사와의 협력을 위한 결정적인 역할을 하게 된다.

(5) '개별화교육계획'의 내용('개별화교육 프로그램'의 구성요소)

- 법적으로 명시된 '개별화교육계획'의 내용으로는 특수교육대상자의 인적사항과 특별한 교육지원이 필요한 영역의 현재 학습수행 수준, 교육목표, 교육내용, 교육방법, 평가계획 및 제공할 관련서비스의 내용과 방법 등이 포함된다.
  - '개별화교육 프로그램'의 양식이나 구체적인 내용은 작성하는 기관마다 다르게 기재할 수 있지만, 법적으로 제시된 내용요소는 반드시 포함되어야 한다.

인적사항	• 대상 유아의 성명, 성별, 생년월일, 소속 기관 및 학급명, 가족사항, 주소, 연락처 등을 기록해야 한다. 이 외에도 과거 장애진단을 받았던 내용이나 결과 등 교수계획에 필요하다고 판단되는 사항을 간략하게 포함시킬 수 있다. – 인적사항 관련 정보를 문서로 남길 때 주의해야 할 점은 반드시 필요 최소한의 정보만 기록하며, 정보 수집에 대한 동의서를 서면으로 받아서 보관해야 한다.
현행수준	• 현행수준은 현재의 학습수행 수준을 말하며, 유아의 경우에는 발달 수준을 의미한다. – 따라서 현행수준을 파악하는 것은 발달을 촉진하기 위한 교수목표 수립의 첫 단계라 할 수 있다. 또한 파악된 현행수준은 이후의 진보를 비교할 수 있는 기초선의 역할을 하게 된다. – 현행수준 서술은 평가 결과를 실제적인 교수계획을 위한 정보로 전환하여 기록하는 것을 의미하므로, 현행수준은 개별화교육계획 작성 전 단계에서 수행된 교육진단의 결과를 근거로 정확하고 분명하게 기록되어야 한다.
교수목표	• 교수목표는 교수 활동을 통해서 유아가 앞으로 성취해야 할 내용이다. – 교육 현장에서 유아를 교수하기 위한 시간과 자원은 한정되어 있으므로, 개별화교육계획 작성 전 단계에 수행된 교육진단의 결과를 통해서 가장 시급하게 가르쳐야 하는 기술의 우선순위를 정해야 한다. – 교수목표의 우선순위는 ① 부모를 포함한 가족이나 기타 유아 주변의 중요한 사람들이 중요하다고 생각하는 기술, ② 유아의 나이와 발달에 적합한 기술, ③ 유아로 하여금 좀 더 독립적으로 기능할 수 있게 해 주거나 가족의 양육을 도와주는 것, ④ 현실적이고 성취 가능한 것, ⑤ 유아의 학습 단계(예 습득, 숙달, 유지, 일반화)에 따라 다양하게 수립되어야 한다. • 우선순위로 선정된 교수목표는 다음과 같은 기준에 따라 서술한다(이소현 외, 2018). ① 교수목표는 개별 유아의 필요에 따라 발달 영역별(운동, 인지, 의사소통, 사회·정서, 적응행동 등)로 작성한다. – 영역별로 작성된 교수목표는 유아교육과정에 따른 유치원 일과 및 활동에 삽입된 형태로 가르치게 되며, 이를 통하여 개별화교육계획은 장애유아를 위한 교육의 가장 큰 목적 중 하나인 유아의 발달과 학습을 촉진하는 역할을 수행하게 된다. ② 교수목표는 장기목표와 단기목표로 나누어 작성한다. – 일반적으로 장기목표는 1년 동안 이루어야 할 연간 교수목표를 말하며, 단기목표는 연간 교수목표를 성취하기 위해서 교수해야 할 중간 단계의 교수목표를 말한다.

MEMO

	– 그러나 장애유아를 위한 교수목표는 유아의 발달에 민감하게 반응해야 하므로, 진도점검 과정에서 수정이 필요한 것으로 판단되면 즉각적으로 융통성 있게 수정할 수 있어야 한다. **교수목표 서술 시 포함되어야 하는 3가지 요소** 〔행동〕 행동은 관찰과 측정이 가능한 행동, 즉 보거나 들을 수 있는 행동이어야 함을 의미한다. 〔행동 수행 조건〕 • 행동 수행 조건이란 행동의 발생이 기대되는 상황을 의미하며, 학습 상황, 사용되는 교재, 행동 발생 장소, 행동의 대상자 등을 포함한다. – 교수목표를 서술할 때에는 가능한 한 정확하게 행동 수행 조건을 명시해야 한다. – 행동 수행 조건을 서술할 때에는 행동 수행을 위해서 필요한 보조의 정도(예 촉진)나 제공할 단서(예 지시, 교재) 등에 대한 설명도 포함할 수 있다. 〔성취 기준〕 행동의 성취 기준은 행동이 얼마나 잘 수행되어야 성취된 것으로 평가할 것인지에 대한 기준을 제시하는 것으로 빈도, 지속시간, 백분율, 숙달 정도, 형태 또는 강도 등의 기준으로 설명된다.
평가 계획	• 평가 계획에는 평가 방법, 평가 기준, 평가 일정 등이 포함된다. ① **평가 방법**: 특정 교수목표의 성취를 측정하기 위하여 사용될 측정 도구와 방법을 말하며, 규준참조검사, 준거참조검사, 교사가 직접 제작한 검사, 관찰, 과제물 등 여러 가지 방법이 사용될 수 있다. ② **평가 기준**: 어느 정도의 수준까지 수행해야 특정 교수목표를 성취한 것으로 볼 것인가 하는 기준으로, 단기목표에서 제시되곤 한다. ③ **평가 일정의 계획**: 얼마나 자주 평가를 할 것인가에 관한 것으로, 「장애인 등에 대한 특수교육법」에서는 매 학기마다 교수목표에 관한 평가를 하도록 규정하고 있다. 그러나 유아의 진보 상태를 파악하고 필요할 경우 교육 프로그램의 수정도 가능하게 하기 위해서는, 학기말 총괄평가 외에도 진도점검의 차원에서 가능한 한 자주 평가를 실시하는 것이 바람직하다. 특히, 개별 유아의 발달 성취는 주로 활동 중 삽입교수를 통하여 이루어지므로 삽입교수계획안의 평가 계획에 따라 학기 내내 수시로 평가하게 된다.
특수교육 관련서비스	• 장애유아 교육에 있어서 특수교육 관련서비스는 교육 경험을 통해서 최대한의 혜택을 받을 수 있도록 제공하는 추가적인 지원 서비스를 말한다. – 가족 지원, 치료 지원, 지원인력 지원, 장애인용 각종 교구나 학습보조기 또는 보조공학기기 등의 설비, 취학 편의를 위한 통학 지원, 장애 유형에 따른 정보 제공 등을 의미한다. • 관련서비스가 필요하다고 결정된 경우에는 '개별화교육계획'에 서비스의 유형과 더불어 제공 횟수 및 시간 등의 방법과 제공 책임자를 함께 명시해야 한다. – 우리나라의 경우에는 교육지원청별로 차이는 있지만 특수교육지원센터나 거점 특수학교에서 가족 지원이나 치료 지원 또는 학습교구나 보조공학기기 대여 등의 관련서비스 제공이 부분적으로 이루어지고 있다. 따라서 특수교사는 교육지원청별 자원을 확인하고 유아가 적절한 서비스를 제공받을 수 있도록 노력하여야 한다.

MEMO

SESSION #7

참고

'개별화교육 프로그램'의 구성 요소 [한국방송통신대(2023), 「특수교육학개론」, 유은영 · 조윤경 공저]

구성 요소	내용	비고
현재수행 수준	장애아동의 학습적인 성취, 사회적 적응, 직업 기술, 심리운동 기술, 자조기술을 포함한 교육 수행에 대한 장애아동의 현 수준 서술	개별화교육 프로그램의 내용 중 '현행수준'에 장애아동의 적응행동, 운동, 사회성, 인지, 의사소통 등의 발달영역별로 현행수준이 서술되어야 한다.
장기목적	장애아동의 개별화된 교육 프로그램에 따라 장애아동이 교육 후에 성취해야 하는 교육적인 수행에 대한 장기목적 서술	'현행수준'의 내용을 바탕으로 장애아동의 강점, 지도점을 고려하여 1년 동안 성취할 장기목적이 서술되어야 한다.
단기목표	교육적 수행과 장기목적 간 측정되는 중간 단계인 단기 교수목표에 대한 서술	1년간의 장기목적을 지도하기 위해서 교육목표로 세분화되는 단기목표가 서술되어야 한다.
특수교육 관련서비스	장애아동에게 필요한 교육적 서비스에 대한 서술: 장애아동의 독특한 요구에 맞는 모든 특수교육과 관련 서비스 및 장애아동이 참여하는 물리적 교육 프로그램에 대한 형태 포함, 필요한 특수 교육적 매체와 자료	장애아동이 현재 받고 있는 언어치료, 물리치료, 작업치료 등의 관련 서비스 프로그램에 대한 내용이 포함되어야 한다.
기간	서비스 시작 시기와 지속 기간에 대한 날짜	교육진단, 교육기간, 평가기간 등에 대한 날짜가 명시되어야 한다.
통합 정도	장애아동이 일반교육에 참여하는 정도에 대한 서술	통합기관은 '완전통합'의 형태로 운영되는 경우 적을 필요가 없을 수도 있지만, 부분통합이나 분리기관의 경우 장애아동의 일반교육 배치와 참여 정도가 포함되어야 한다.
교육배치 형태	장애아동의 교육적 배치 형태에 대한 명시	
책임자	개별화교육 프로그램 실행에 책임이 있는 요원들의 이름	개별화교육 프로그램 과정에 참석하는 팀 구성원(예 유아교사, 특수교사), 부모의 이름이 명시되어야 한다.
평가	객관적인 기준, 평가절차, 장기목적에 따라 확정된 스케줄의 결정, 단기교수목표의 달성 여부	개별화교육 프로그램 실행의 평가 형태, 준거평가, 성취도와 목표의 실행을 시작한 날짜와 종료일 등이 포함되어야 한다.

(6) 개별화교육지원팀

구성	• '개별화교육계획'을 개발하기 위해서는 가장 먼저 장애유아의 교육과 관련된 중요한 사람들로 팀이 구성된다. – 「장애인 등에 대한 특수교육법」은 학교장 또는 유치원장으로 하여금 매 학년의 시작일부터 2주 내에 장애유아의 교육적 요구에 적합한 교육을 제공하기 위하여 보호자, 특수교육교원, 일반교육교원, 진로 및 직업교육 담당 교원, 특수교육 관련서비스 담당 인력 등으로 개별화교육지원팀을 구성하도록 규정한다. – 장애유아의 나이가 아직 어리기 때문에 진로 및 직업교육 담당 교원은 제외될 수 있으며, 통합유치원의 경우에는 통합학급을 담당하는 일반교육교원인 유아교사가 반드시 참여하여야 한다.

MEMO

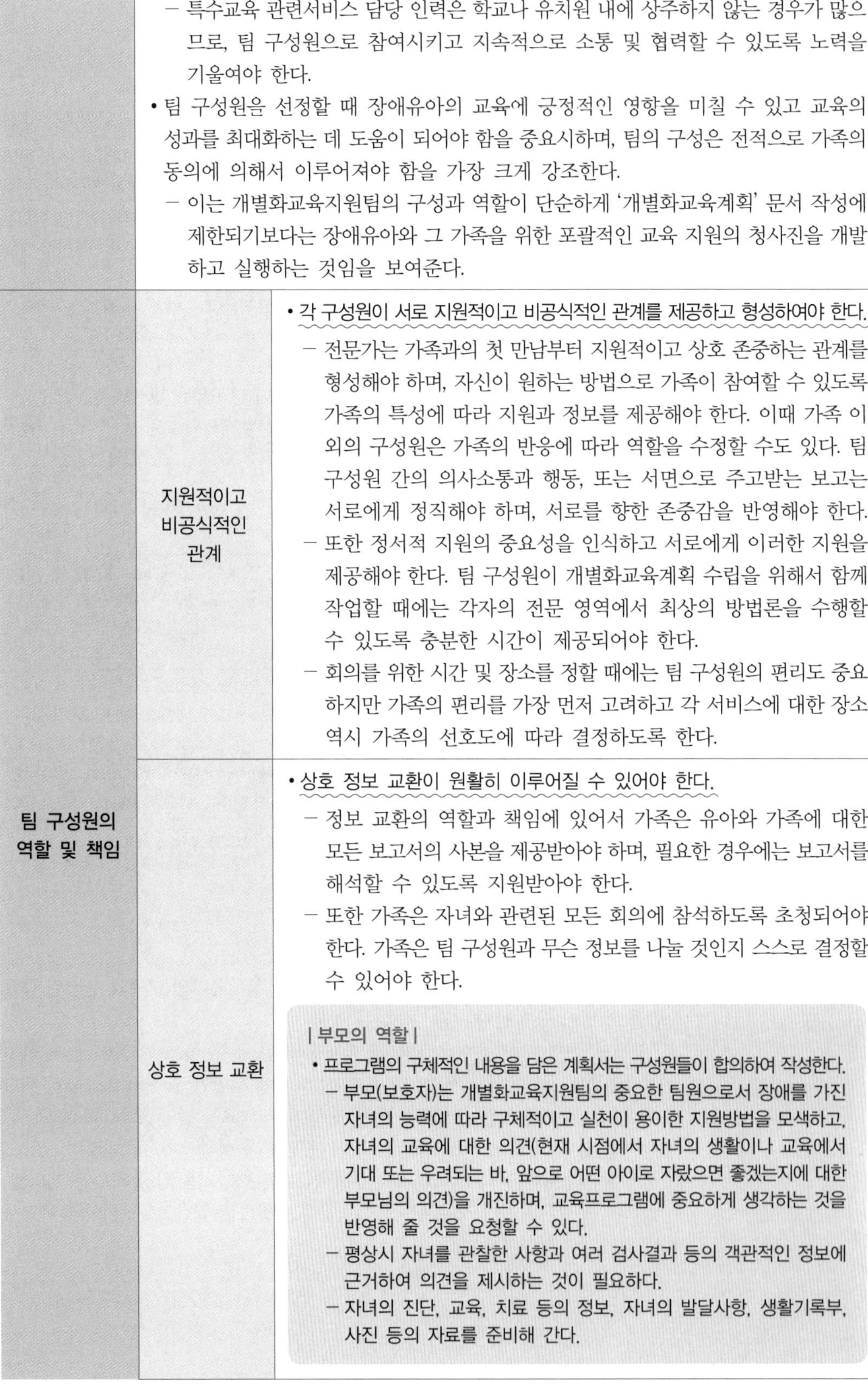

		– 특수교육 관련서비스 담당 인력은 학교나 유치원 내에 상주하지 않는 경우가 많으므로, 팀 구성원으로 참여시키고 지속적으로 소통 및 협력할 수 있도록 노력을 기울여야 한다. • 팀 구성원을 선정할 때 장애유아의 교육에 긍정적인 영향을 미칠 수 있고 교육의 성과를 최대화하는 데 도움이 되어야 함을 중요시하며, 팀의 구성은 전적으로 가족의 동의에 의해서 이루어져야 함을 가장 크게 강조한다. – 이는 개별화교육지원팀의 구성과 역할이 단순하게 '개별화교육계획' 문서 작성에 제한되기보다는 장애유아와 그 가족을 위한 포괄적인 교육 지원의 청사진을 개발하고 실행하는 것임을 보여준다.
팀 구성원의 역할 및 책임	지원적이고 비공식적인 관계	• 각 구성원이 서로 지원적이고 비공식적인 관계를 제공하고 형성하여야 한다. – 전문가는 가족과의 첫 만남부터 지원적이고 상호 존중하는 관계를 형성해야 하며, 자신이 원하는 방법으로 가족이 참여할 수 있도록 가족의 특성에 따라 지원과 정보를 제공해야 한다. 이때 가족 이외의 구성원은 가족의 반응에 따라 역할을 수정할 수도 있다. 팀 구성원 간의 의사소통과 행동, 또는 서면으로 주고받는 보고는 서로에게 정직해야 하며, 서로를 향한 존중감을 반영해야 한다. – 또한 정서적 지원의 중요성을 인식하고 서로에게 이러한 지원을 제공해야 한다. 팀 구성원이 개별화교육계획 수립을 위해서 함께 작업할 때에는 각자의 전문 영역에서 최상의 방법론을 수행할 수 있도록 충분한 시간이 제공되어야 한다. – 회의를 위한 시간 및 장소를 정할 때에는 팀 구성원의 편리도 중요하지만 가족의 편리를 가장 먼저 고려하고 각 서비스에 대한 장소 역시 가족의 선호도에 따라 결정하도록 한다.
	상호 정보 교환	• 상호 정보 교환이 원활히 이루어질 수 있어야 한다. – 정보 교환의 역할과 책임에 있어서 가족은 유아와 가족에 대한 모든 보고서의 사본을 제공받아야 하며, 필요한 경우에는 보고서를 해석할 수 있도록 지원받아야 한다. – 또한 가족은 자녀와 관련된 모든 회의에 참석하도록 초청되어야 한다. 가족은 팀 구성원과 무슨 정보를 나눌 것인지 스스로 결정할 수 있어야 한다. | 부모의 역할 | • 프로그램의 구체적인 내용을 담은 계획서는 구성원들이 합의하여 작성한다. – 부모(보호자)는 개별화교육지원팀의 중요한 팀원으로서 장애를 가진 자녀의 능력에 따라 구체적이고 실천이 용이한 지원방법을 모색하고, 자녀의 교육에 대한 의견(현재 시점에서 자녀의 생활이나 교육에서 기대 또는 우려되는 바, 앞으로 어떤 아이로 자랐으면 좋겠는지에 대한 부모님의 의견)을 개진하며, 교육프로그램에 중요하게 생각하는 것을 반영해 줄 것을 요청할 수 있다. – 평상시 자녀를 관찰한 사항과 여러 검사결과 등의 객관적인 정보에 근거하여 의견을 제시하는 것이 필요하다. – 자녀의 진단, 교육, 치료 등의 정보, 자녀의 발달사항, 생활기록부, 사진 등의 자료를 준비해 간다.

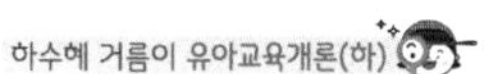

MEMO

	성취 촉진 및 진도 점검	• 유아의 성취를 촉진하고 진도를 점검하여야 한다. – '개별화교육계획'에 따라 유아의 진보를 평가할 때에는 개별화된 기준을 적용해야 한다. – 팀 구성원이 '개별화교육계획'을 수정할 때에는 가족의 선호도나 진단의 결과, 새롭게 발견된 유아에 대한 정보 등을 근거로 결정해야 한다. 이러한 과정에서 가족은 자신의 역할을 선택하거나 수정할 수 있는 기회를 제공받게 된다.
	옹호자	• 팀의 구성원은 옹호자의 역할을 해야 한다. – '개별화교육계획'의 개발을 담당하는 책임자는 처음부터 가족에게 개발 과정에 있어서의 가족의 권리에 대하여 분명하게 설명해야 하기 때문에, 팀의 구성원은 '개별화교육계획'과 관련된 법률, 정책, 최상의 방법론에 대하여 잘 알고 있어야 한다. – 팀 구성원 중 전문가들은 유아와 그 가족의 권리보장을 위한 옹호자의 역할을 적극적으로 수행해야 하며, 지역사회 서비스에 있어서 무엇이 부족한지에 대해서 지속적으로 분석하고 관련 정책 담당자에게 인지시켜야 한다.
문서 작성	• '개별화교육계획'의 개발 과정은 진행적이고 역동적이면서 또한 개별화되어야 한다. – 회의 진행뿐만 아니라 모든 문서 작성은 간결한 의사소통을 원칙으로 해야 하며, 필요한 경우에는 전문적인 정보에 대한 설명을 포함해야 한다. • '개별화교육계획'을 문서로 작성하는 절차는 기관이나 작성자에 따라 다르지만 기본적으로 6단계가 포함된다. – 1단계 : 유아의 배경 정보를 기록한다. – 2단계 : 유아의 현행수준을 기록한다. – 3단계 : 교수목표를 장기목표와 그에 따른 단기목표로 나누어 기록한다. – 4단계 : 교수목표 성취를 위해서 필요한 특수교육 및 관련서비스를 기록한다. – 5단계 : 유아의 부모에게 제공할 정기적인 진도 보고 방법을 설명한다. – 6단계 : 개별화교육지원팀의 구성원과 부모가 서명하고 날짜를 기입한다. • 우리나라의 경우 개별 유아에 대한 '개별화교육계획'은 주로 특수교사 주도로 작성되며 이에 대한 전문적인 점검팀을 별도로 두지 않는다. – 기관에 따라서 기관장이나 교육 프로그램의 담당교사(예 부장교사, 주임교사) 등이 '개별화교육계획' 개발에 대한 점검 역할을 하고 피드백을 주는 경우도 있다. – 그러므로 교육 현장의 상황에 맞추어 가장 바람직한 '개별화교육계획'이 개발될 수 있도록, 즉 교사 단독의 교육 프로그램 개발을 지양하고 가족을 포함한 관련 전문가들이 함께 정보를 주고받으면서 최상의 교육을 계획할 수 있도록 노력해야 한다.	

SESSION #7

MEMO

(7) 통합교육에서 장애유아의 개별화교육 프로그램의 실행

일반 유치원 및 어린이집의 통합교육에서 장애유아의 개별화교육 프로그램을 실시하기 위해서는 다음과 같은 4단계 절차를 통해 실행이 이루어진다.

개별화교육 프로그램 실행의 4단계

<table>
<tr><td>1단계 :
장애유아
개별화교육
프로그램(IEP)
계획을 위한
진단과 평가</td><td>장애유아 개별화교육 프로그램(IEP) 계획을 위한 진단 및 평가가 이루어져야 한다.
• 진단 및 평가는 유아에 대한 정보를 수집하는 과정으로, 장애유아가 각 반에 배치되면 장애유아에게 적절한 개별화교육 프로그램을 제공하기 위하여, 보다 구체적인 진단 및 평가가 시작된다.
– 진단과 평가를 위해 주로 사용하는 방법은 다음과 같다.
<table><tr><td>생태적 평가</td><td>• 장애유아가 처해 있는 환경에서의 적응 정도를 평가한다.
– 즉, 면담, 일화기록(관찰기록), 가정방문, 일과평가, 주변환경평가 등을 실시한다.</td></tr><tr><td>수행 평가</td><td>• 장애유아가 수행한 과제를 보고 평가한다.
– 장애유아의 작품, 활동을 촬영한 비디오테이프 및 사진, 산출물 및 결과물 등을 활용한다.</td></tr><tr><td>교육과정 평가</td><td>• 순서나 항목들이 개별 장애유아의 장애와 발달수준에 적합한지를 평가한다.
• 인지, 언어, 사회성, 운동성 영역의 평가와 치료평가 등을 한다.</td></tr></table></td></tr>
<tr><td>2단계 :
개별 장애유아에
대한 목표
정하기</td><td>개별 장애유아에 대한 목표를 정해야 한다.
① 바람직한 목표 선정의 기준
– 장애유아의 개별적인 교육목표는 각 장애유아의 자연스러운 생활 속에서 그것이 의미 있고 가치가 있느냐에 따라 결정한다.
– 발달수준에 적합하고 기능적인 교육목표를 선정한다.
– 부모의 의견을 포함시키며, 각 장애유아의 독특한 행동양식, 강점, 과제해결 전략을 명시한다.
② 장애유아의 교육목표를 선정하는 가장 우선적인 필요와 요구를 선별하기 위한 기준의 타당성 근거
– 장애유아의 현행수준을 고려해야 한다.
– 장애유아의 관심, 좋아하는 것, 능력에 따른 목표여야 한다. 즉, 장애유아가 선호하는 사람, 상황, 장소 등을 고려해서 목표를 구체화한다.
– 통합교육의 유치원 및 어린이집 환경에 참여할 수 있는 것이어야 한다.
– 장애에 대한 낙인을 최소화하는 목표여야 한다.
– 다양한 환경에서 유용하여야 한다.
③ 목표의 기록
– 목표를 진술하는 행동, 조건, 기준의 3가지 측면을 포함하여 조작적 정의를 내리도록 한다. 이는 효과적인 평가를 위한 것으로 긍정적인 표현을 통하여 기술하도록 한다.</td></tr>
</table>

memo

SESSION #7

3단계 : 장애유아 개별화교육 프로그램의 적용

장애유아의 개별화교육 프로그램을 적용하는 과정이 진행된다.

삽입 학습의 기회(Embedded Learning Opportunity : ELO)

- 개별화교육 프로그램 실행에 대한 주요 요소로 활동 목표 안에 아동의 개별화교육 프로그램을 삽입하여 적용하는 것을 들 수 있다.
  - 삽입시키기(embedding) 활동 안에서 장애유아의 교육목적이 확장 · 수정되며 의미 있는 방법으로 적용되도록 포함시키는 과정이다.
  - 유아교사는 진행 중인 교육활동 중에 장애유아의 개별목표가 자주 포함되도록 다양한 기회를 제공하고, 그것이 습득 · 연습되어 일반화될 수 있도록 한다.
  - 하나의 활동에 몇 가지 개별목표를 적용할 수 있다.
- 아래의 3가지 활동은 자연적인 환경에 개별목표를 구체적으로 삽입할 수 있는 방법이다.

IEP목표를 적용할 수 있는 3가지 형태의 활동

활동의 형태	정의와 예
반복되는 활동 (Routines)	• 반복되는 일과 활동으로 예상할 수 있거나 규칙적으로 일어날 수 있는 일들은 새로운 기술 습득 또는 습득된 기술을 연습할 수 있는 기회를 준다. • 일상생활 중에 일어나며 예측할 수 있는 활동이다. 예 식사, 옷 입고 벗기, 인사, 외출, 목욕, 간식, 씻기, 정리정돈 등
유아-시작 활동 (Child-Initiated)	• 계획된 활동으로 특별한 목표기술을 연습하도록 독립적으로 고안된 활동이기보다, 장애유아의 흥미를 유발할 수 있는 계획된 활동을 말한다. • 성인의 지시 없이도 활동에 참가할 수 있는 활동을 계획한다. • 성인의 요구나 지시 따르기가 아니라 장애유아가 시도해보고 요구하는 활동이다. 예 책 읽기, 옷 입기, 놀이터 나가기
계획된 활동 (Planned Activities)	• 장애유아의 시작행동으로 장애유아 스스로의 욕구가 달성될 수 있는 활동을 말한다. • 성인에 의해 계획된 구조화된 활동이다. • 성인이 준비하나 장애유아의 흥미를 이끌어낼 수 있는 활동이다. 예 공원 산책, 현장학습, 작업, 게임 등

4단계 : 진보평가 · 목표수정 등의 재평가

장애유아의 진보평가, 자원조정, 목표수정 등의 재평가 과정을 통해 실행된다.

- 장애유아의 개별화교육 프로그램은 진단과 평가를 통해 프로그램을 계획하고 실행하며, 일정한 시간 동안 목표 습득의 정도를 점검하고 평가하여야 한다. 이를 통해서 프로그램이 수정되는 순환의 과정을 거쳐야 한다.
  - 단일 행동에 대한 특정한 상황에서의 정확한 데이터를 수집하기보다 전체의 일과 안에서 일어나는 활동에 유의하여 평가의 기회를 놓치지 않아야 한다.

MEMO

참고

개별화교육 프로그램의 개발과 시행 [한국방송통신대(2023), 「특수교육학개론」, 유은영 · 조윤경 공저]

개별화교육 프로그램의 개발과 시행은 아래의 과정이 순환적으로 실시된다.

① 장애영유아의 발달과 학습 및 행동에 어떤 문제가 있는지 먼저 파악하는 진단평가를 실시한다.
② 진단평가 결과를 바탕으로 장기교수 목적과 단기교수 목표를 구체적으로 계획한다.
③ 일상적인 학급 활동 내에서 장애영유아의 욕구를 반영해서 교수목표를 실시한다.
④ 영유아의 진전도를 지속적으로 모니터링하는 평가를 시행하고, 이러한 수시 평가 결과를 바탕으로 교육계획을 수정하거나 보완한다(조윤경 · 김수진, 2014).

진단평가

교육진단: 평가도구 활용, 행동 관찰, 일과 적응도 평가 등, 교사, 부모 면담, 가족 관련 정보 수집(가정방문 포함)

현행수준요약서에 근거한 장단기 교육 우선순위 결정

가족의 요구와 자원 반영

조작적인 목표 설정

목표행동 구체화, 교수계획, 성취기준의 구체화

개별적인 목표의 일과 내 삽입교수

신변처리, 인지, 언어, 대 · 소근육 기술, 정서 및 사회적 행동, 통합 상황인 경우 유아교육과정 수정과 동시에 시행됨

평가

진보 평가, 자원 조정, 목표 수정

개별화교육 프로그램 개발과정

MEMO

SESSION #7

UNIT 04 장애유아를 위한 교수적 접근

#KEYWORD 또래교수

1 교수적 접근의 기본적인 원리

- 교사는 장애유아에게 제공하는 학습 경험이 이들의 최대한의 참여를 촉진할 수 있도록 배려해야 하며, 필요하다면 활동에 참여하는 중에 학습과 발달이 이루어지도록 특정 교수전략을 사용할 수 있어야 한다.
  - 특정 교수전략을 선정하고 언제 어떻게 사용하는지를 결정하기 위해서는 기본적으로 교수적 접근의 기초 원리가 적용된다.

A 장애유아를 위한 교수적 접근 시 일반적으로 고려해야 하는 기본적인 원리

<table>
<tr><td>증거 기반의 실제</td><td colspan="2">과학적 기반의 연구 결과를 통하여 그 성과가 입증된 교수전략을 사용한다.
• 장애유아를 위한 교육에 있어 증거 기반의 실제(Evidence-Based Paractices : EBP)를 적용한다는 것은 과학적 기반의 연구 결과를 통하여 그 성과가 입증된 교수전략을 사용해야 함을 의미한다(Cook & Odom, 2013).
– 즉, 장애유아에게 사용하는 교수방법은 이미 질적으로 우수한 많은 연구에 의해서 유아에게 의미 있는 성과를 가져다줄 수 있는 효과적인 방법으로 입증된 것이어야 한다.</td></tr>
<tr><td rowspan="3">놀이 중심 접근</td><td colspan="2">장애유아를 위한 교수적 접근은 주요 교수목표로 놀이 행동을 포함시킴과 동시에, 기타 발달 영역의 기술 습득을 촉진하기 위한 장으로 놀이를 활용한다.</td></tr>
<tr><td>주요 놀이를 교수목표 중 하나로 반드시 포함시켜야 한다</td><td>장애유아에게 있어서 놀이를 주요 교수목표로 하여 교수계획에 반드시 포함시켜야 한다.
• 장애가 없는 유아는 성장하면서 사물을 가지고 노는 대상 놀이나 사람과 함께 노는 사회적 놀이 행동을 자연스럽게 발달시키지만, 장애를 지닌 유아의 경우 적절한 놀이 행동 자체를 습득하도록 체계적인 교수를 필요로 할 수도 있다.
• 그러므로 장애유아를 위한 놀이와 관련해서 '놀이 빈도와 지속시간 증가, 보다 복잡한 놀이에 참여, 또래와 함께 하는 놀이 빈도와 지속시간의 증가'와 같은 교수목표가 성취되도록 체계적인 교수를 제공해야 한다(Barton & Pokorski, 2018).</td></tr>
<tr><td>다양한 영역의 발달과 학습을 촉진하고, 특정 교수목표를 성취시키기 위한 교수활동은 놀이를 기반으로 이루어져야 한다</td><td>놀이는 증거 기반의 실제에 해당하는 다양한 교수전략을 실행할 수 있는 장을 제공한다.
놀이를 통해 발달 영역의 주요 기술이 습득되며, 놀이는 다양한 상황에서 다른 사람과의 의미 있는 상호작용을 가능하게 해 주고, 독립적인 참여를 촉진하며, 문제행동과 양립할 수 없다는 특성을 지니는 등 교수적 측면에서 다양한 실질적 성과를 가져다 준다. 즉, 놀이가 진행되는 중에 여러 발달 영역의 특정 기술을 학습시키고, 발달을 촉진하기 위한 다양한 교수전략이 삽입될 수 있다는 것이다.</td></tr>
</table>

MEMO

* 교수전략의 보편성
모든 유아를 위하여 사용되는 교수전략, 즉 자연적인 접근을 의미한다.

* 근접발달영역(Zone of Proximal Development : ZPD)
비고츠키가 제시한 개념으로, 유아가 다른 사람의 도움을 받아 기능할 수 있는 수행 범위를 의미한다.

일과 및 활동 중심의 자연적 접근	일반유아교육과정의 가장 자연적 환경인 일과와 활동을 기반으로 하되, 필요한 경우 개입의 정도가 가장 적은 교수전략부터 위계적으로 사용한다. • 장애유아를 위한 교육과정은 일반유아교육과정을 기반으로 하되 개별 유아를 위한 지원을 동시에 제공하는 방식의 운영을 원칙으로 하는 것과 같이, 교수전략을 사용할 때에도 모든 유아를 위한 보편적 교수전략의 사용을 우선적으로 하되 필요한 경우 개별 교수목표 성취를 지원하는 특정 교수전략을 사용한다. 즉, 교수전략을 사용할 때에는 *보편성과 개별성을 모두 다 고려해야 한다는 것이다. – 교수전략의 적용에 있어서 보편성을 고려하는 이유는 모든 유아를 위하여 계획된 자연적인 일과와 활동 중에 장애유아의 학습과 발달이 충분히 성취될 수 있다면, 이들을 위한 특별한 교수전략이 추가로 필요하지 않을 수 있기 때문이다. – 장애유아가 보편적 학습 환경만으로 학습과 발달을 성취하는 데 어려움을 경험한다면 장애유아를 위해서는 보다 집중적인 교수를 하게 된다.
근접발달영역과 비계교수	유아의 발달 수준을 파악하고 약간의 도움으로 과제 수행이 가능한 *근접발달영역 내에서 성인 및 또래의 지원을 통한 다양한 학습 기회를 제공한다. • 주의 깊은 계획을 통해 유아의 현행 기술을 고려한 비계교수의 적용은 장애유아에게 효과적인 교수전략으로 사용될 수 있다. 예를 들어, 교사가 특정 기술을 수행하도록 제공하는 다양한 종류의 촉진이나 또래와 함께 과제를 수행하게 되는 협동학습 또는 또래교수 등은 비계교수의 개념이 적용된 교수전략이라 할 수 있다. – 그러므로 교사는 비계교수를 효과적으로 적용하기 위하여 유아의 현행 발달 수준을 정확하게 파악할 수 있어야 하며, 근접발달영역 내에서 다음 단계 발달을 촉진할 수 있도록 적절한 교수목표 수립의 기초가 되는 발달 관련 지식을 갖추어야 한다.
과제분석에 따른 기술 교수	복잡한 기술을 작은 단계로 나누어 수행과 학습을 쉽게 한 후 한 단계씩 점진적으로 교수한다. • 장애가 없는 유아에게는 단순해 보이는 기술이나 과제도, 장애를 지닌 유아에게는 어렵고 복잡할 수 있다. 이것은 이들이 그러한 기술이나 과제를 학습할 수 없음을 의미하는 것이 아니라 기술이나 과제를 학습이 가능한 작은 단계로 나누어야 함을 의미한다. 이러한 전략을 과제분석이라고 하는데, 관찰이 가능한 작은 단계로 나누어질 수 있는 기술을 교수할 때 가장 효과적으로 사용될 수 있는 방법이다. • 과제분석을 적용하는 경우 교사는 한 번에 한 단계씩 교수하게 되며, 이때 앞에서 설명한 근접발달영역과 비계교수의 원리가 적용된다. 또한 분석된 과제의 각 단계를 사진이나 그림으로 보여주는 시각적 지원을 활용하거나, 각 단계의 습득을 보조하기에 적합한 다양한 유형의 교사 촉진을 사용할 수도 있다. • 과제분석에 의한 교수의 경우 때로는 첫 단계부터 가르치는 것(과제분석)이 유용할 수도 있고 마지막 단계부터 가르치는 것(역순 과제분석)이 유용할 수도 있다. | 역순 과제분석 | 먼저 유아가 1단계부터 7단계까지의 과제를 수행할 수 있도록 보조나 촉진을 제공하고 마지막 8단계의 기술만을 독립적으로 수행할 수 있도록 교수한다. 8단계의 기술 수행이 성취 기준에 도달하면 다음에는 7단계부터 독립적으로 수행할 수 있도록 교수한다. 이러한 방법을 반복함으로써 마지막에는 1단계부터 독립적으로 수행할 수 있게 된다. • 과제분석된 기술 중에는 유아의 장애 특성 등의 개별적인 상황에 따라 보조나 환경적인 수정을 제공해도 독립적으로 수행할 수 없는 기술이 있을 수 있다. 이러한 경우에 교사는 최소한의 도움으로 최대한의 독립적인 과제 수행이 가능하도록 과제를 수정해야 하며, 필요한 경우 부분참여의 원리를 적용한다.

MEMO

예방 중심의 행동 지원	부적절한 행동이 발생한 후에 교정적 접근을 하기보다는, 행동의 기능을 파악하여 부적절한 행동 대신 적절한 대안적 행동을 학습하도록 지원한다.

참고

장애유아를 위한 교수·학습 원리(= 통합교육에서의 교수·학습 원리)

<table>
<tr><td rowspan="8">개별적인 특성과 발달 수준을 고려하여 상호작용하기</td><td colspan="2">• 장애유아는 장애로 인해 또래보다 발달이 늦거나 기질이 더 강하게 나타날 수 있다. 따라서 교사는 더욱 면밀하게 장애유아를 관찰하고 그 특성에 맞는 교수·학습방법을 찾아내기 위해 노력해야 하며, 체계적이고 일관적인 상호작용을 해야 한다.
– 장애가 있는 유아 중에는 의사소통 발달에 지연을 보이는 경우가 많기 때문에 교사는 다양한 의사소통 전략을 고려해야 한다.
발달이 지연되거나 지체된 유아와 의사소통 시 고려해야 할 전략</td></tr>
<tr><td>유아의 관심과 행동 따르기</td><td>의사소통 시 교사가 주도하여 지시하거나 관심을 바꾸려 하지 말고, 유아가 '반응'하게 하기 위해서 유아가 보고 있는 것, 갖고 노는 것의 소리나 행동을 따라하여 의사소통을 시작한다.</td></tr>
<tr><td>단어 확장하기</td><td>현재 유아가 사용하고 있는 단어를 확장하도록 지원한다.
예 유아가 강아지를 보고 "멍"이라고 부른다면 "멍멍이"라고 말해주고, "멍멍이"라고 하면 "멍멍이가 오네."라고 확장하여 말해준다.</td></tr>
<tr><td>단어와 설명 사용하기</td><td>유아의 의사소통 발달을 위해 단어를 분명하게 말해주고 상황을 설명하여 말한다.
예 유아가 인형 머리를 빗겨주다가 "이거"하고 보여주면 "○○이가 빗으로 인형 머리를 빗겨 주었네."라고 설명하는 문장으로 말해 준다.</td></tr>
<tr><td>주요 단어 및 어절의 반복</td><td>주요 단어나 어절을 반복해 주면 학습에 더 도움이 된다.
예 "끈적끈적"이라는 단어를 가르치기 위해서 밀가루 점토놀이를 하며 "밀가루에 물을 부으니 끈적끈적해졌네. ○○이 손에도 끈적끈적한 반죽이 묻었어. 선생님 손도 끈적끈적해. 끈적끈적한 반죽을 더 주물러볼까?"라고 단어를 반복해준다.</td></tr>
<tr><td>적절한 속도</td><td>• 의사소통 발달이 늦은 유아에게는 천천히 또박또박 말해주는 것이 의사소통에 도움이 된다.
– 교사뿐만 아니라 같은 학급의 또래들에게도 해당 유아에게 말할 때는 천천히 말할 것을 요청한다.</td></tr>
<tr><td>반응 기다리기</td><td>질문을 하고 답을 할 때까지 적정 시간을 기다린다. 반응이 늦어지는 경우 대답에 대한 모델링을 주어 따라해 볼 수 있도록 한다.</td></tr>
<tr><td>의사소통의 기회 제공</td><td>• 장애유아 중 자발적 의사소통이 부족한 경우에는 교사가 자발적인 의사소통이 일어날 수 있는 환경을 조성할 필요가 있다.
– 장애유아나 비장애유아 모두가 좋아하는 놀이나 활동을 하면 평소보다 더 많은 의사소통을 하게 되므로 교사는 공통적인 대화 주제를 발굴하는 데 관심을 기울일 필요가 있다.
예 떠먹는 요구르트를 줄 때 숟가락을 일부러 주지 않아 유아가 요구하게 한다든지, 좋아하는 오리기 그림을 주고 가위를 멀찍이 둔다든지 하여 유아가 의사소통할 수밖에 없게 상황을 조성하는 방법이 있다.</td></tr>
</table>

SESSION #7

MEMO

유아의 선호도를 활용하기	• 장애유아가 좋아하는 것이 무엇인지 또는 흥미를 보이는 것이 무엇인지 알아내는 것은 교수·학습 효과를 높이는 데 많은 도움이 된다. – 양육자와의 상담이나 직접 관찰을 통해 장애유아가 선호하는 상호작용이 무엇인지 알아낼 수도 있다. – 장애유아의 선호도를 알 수 없을 때 선호목록 기록 일지를 적는다면 도움이 된다.
일과 중에서 가르치기	• 교수활동이 제공되지 않더라도 또래가 미술도구를 사용하는 것을 보고 따라한다든지 또래가 옆에서 장애유아의 종이를 잡아주거나 웃어주는 등 자연스럽게 일어나는 다양한 촉진이나 지원이 제공될 수 있다. – 이러한 것들이 장애유아의 학습 동기를 유발하여 새롭게 학습한 기술이나 지식을 유지할 수 있게 해준다.
일과를 규칙적으로 하기	• 장애가 있는 유아는 새로운 변화에 대한 적응이 늦거나 불안해할 수 있다. 아울러 학습이 되지 않거나 익숙해지지 않았는데 놀잇감을 바꿔버리거나 치워버리고 다른 놀잇감을 갖고 노는 방법을 익혀야 한다면 학습효과가 떨어질 수 있다. – 따라서 일과를 규칙적으로 하거나, 바꿔야 한다면 사전에 익숙해지도록 안내하고, 일과나 놀잇감 등을 부분적으로 바꾸는 것이 도움이 된다.
단계별로 가르치기	• 학습속도가 늦거나 인지능력 발달이 느린 유아의 경우 배워야 할 과제를 한두 번에 가르치기보다는 한 과제를 나누어 하나씩 연결해서 순차적으로 가르치는 것이 더 효과가 있다. – 일반적으로 과제는 쉬운 것에서 어려운 것으로, 단순한 것에서 복잡한 것으로, 구체적인 것에서 추상적인 것으로 설명하는 것이 좋다. – 이러한 관점을 바탕으로 상위과제를 수행하기 위해 하위과제를 체계적으로 분석하는 것을 '과제 분석(task analysis)'이라고 한다. – 과제 분석 단계는 현재 유아가 수행할 수 있는 수준 또는 발달 수준이나 장애 유형·정도에 따라 단계가 더 세분화될 수도 있고, 두 단계나 세 단계씩 붙여서 가르칠 수도 있다. 분석한 과제를 단계별로 한 단계씩 교수하되 한 단계를 혼자서 잘할 수 있을 때 다음 단계를 붙여서 가르친다. 예 1단계를 학습한 유아에게 다음 단계를 가르칠 때 1~2단계를 붙여서 가르치는데 이를 순연쇄(forward chaining) 교수라고 하고, 마지막 단계부터 거꾸로 교수하는 것을 역연쇄(backward chaining) 교수라고 한다. – 역연쇄로 가르치면 성취감을 먼저 경험하는 이점이 있다. 더불어 유아의 특성상 앞부분은 교사가 빠르게 도와주고 마지막 단계를 하게 하면 학습의 동기 유발이 더 잘되는 유아도 있으므로 유아의 특성을 잘 파악하여 적용하는 것이 좋다.
구체적 경험하기	• 장애유아도 일상생활에서 직접 보고 듣고 만지고 조작하는 과정을 통해 더 잘 배운다. – 따라서 장애유아가 쉽게 경험할 수 있도록 물리적 환경을 적절히 수행해주거나, 잘 조작할 수 있도록 도구나 놀잇감을 수정해주는 것이 필요하다. – 또한 장애로 인해 산책이나 숲 놀이에서 제외되지 않도록 세심하게 관찰하고 지원해야 한다. – 때로는 시간과 경험의 양을 조절해 주어야 하는 경우도 있기 때문에 장애유아를 지도할 때는 교사의 역할이 중요하다.
문제행동의 이유를 파악하여 사전 지도하기	• 유아가 문제행동을 한 후 잘못된 것을 지적하는 것보다, 바람직한 행동, 기대행동을 먼저 가르쳐주거나 바람직하지 못한 행동이 일어나는 상황이나 이유를 알아내어 지원을 해준다면 문제행동을 예방할 수 있다 • 유아가 문제행동을 하는 이유 중 '관심받기'인 경우가 많고 '회피하기'나 '방해하기' 등을 하려고 문제행동을 하는 경우도 적지 않다. 교사는 유아의 문제행동 이유를 잘 파악하여 문제행동이 긍정적인 방향으로 수정될 수 있도록 지도할 필요가 있다.

MEMO

문제행동의 이유에 따른 지도 전략	
관심을 받고 싶거나 상호작용을 원하는 경우	• 정기적으로 관심을 받을 수 있는 기회를 갖는다. • 학급의 일원으로서의 소속감을 심어준다. • (받아들여질 수 있는) 긍정적인 행동을 가르친다. • 적절한 행동에 대한 '즉각적인' 관심을 보여준다.
과제나 활동을 하기 싫은 경우	• 과제 양을 조금씩 증가시킨다. • 과제 수행 시간을 늘려준다. • 난이도를 낮춘다. • 실수하기 전에 올바른 반응을 할 수 있게 유도한다(힌트주기, 첫 글자 말해주기 등).
원하는 것을 얻는 것인 경우	• 명확한 기대를 알려주고, 기대에 맞게 행동했을 때 후속자극(상이나 좋아하는 활동)을 제공한다. • 선택권을 부여해 스스로 통제할 수 있는 기회를 준다. • 사회적 이야기: 주어진 상황에서 무슨 일이 일어날지, 기대할 수 있는 결과가 무엇인지 이야기한다.
감각적 자극인 경우	그 행동 때문에 다른 활동이나 놀이를 하지 않을 만큼 정도가 심하면 감각적인 소거가 일어나는 상황을 의도적으로 구성(재미있는 놀이하기, 과제 부여하기 등)한다.
심심해서 습관적으로 하는 경우	유아가 좋아하고 적극적으로 할 수 있는 의미 있는 활동을 제공한다.

2 예방 중심의 행동지원(문제행동 지도: 긍정적 행동지원)

(1) 배경과 4가지 이론적 전제

긍정적 행동지원의 배경	• 장애아동의 문제행동 진전 및 다른 영역으로의 확대를 예방하기 위해 문제행동에 대한 조기중재의 필요성이 강조되면서, 문제행동 제거에 초점을 두고 처벌 위주로 시행된 기존의 문제행동 수정방법에 관해 비판이 제기되었다. 특히 통합이라는 일반교육환경에서 장애아동의 문제행동을 교정할 때, 처벌 위주의 중재방법은 장애아동의 인권뿐만 아니라 일반아동의 교육권 등을 존중하는 의미에서 사용하기 어렵게 되었다. • 통합 상황의 확대에 따라 장애아동이 일반기관에서 교육을 받는 수가 증가하면서, 통합환경에서 장애아동이 보이는 부적응 행동의 감소 및 예방을 목적으로 하는 체계적이고 전인적인 행동지원 방법이 매우 중요하게 되었다. • 긍정적 행동지원(Positive Behavior Supports: PBS)은 기존의 행동수정 방법에 반기를 들고 나타난 방식으로, 1990년대부터 *응용행동분석의 기법에 근간을 두고(Horner et al., 1990) 인간존중의 이념 아래 장애아동의 심각한 문제행동을 다루기 위한 새로운 행동접근으로 개발·적용되고 있다.

* 응용행동분석(Applied Behavior Analysis: ABA)
  - 학습과 행동 변화에 대한 정확한 측정 및 체계적이고 과학적인 접근을 통해 긍정적 행동지원의 이론적 틀과 적용전략 등의 방법 면에서 기초를 제공한다.
  - 응용행동분석은 배경사건—선행사건—행동—후속결과의 4단계 행동 발생 모형과, 행동은 기능과 목적이 있다는 데 근거한 기능진단 등을 강조한다.

MEMO

*삶의 질 향상이란 문제행동을 직접적으로 중재하기보다는 생활양식의 변화와 환경의 재배치를 시도하는 것을 말한다. 이는 긍정적 행동지원의 과정을 실행할 때 아동을 직접적으로 지원하는 주체들, 즉 부모, 교사, 서비스 제공자 등을 포함하는 팀에 의해서 실행될 때 가장 효과적(Presley et al., 2001)이라는 전제에 근거한다.

긍정적 행동지원의 4가지 이론적 전제	① 어린 유아의 행동은 처벌의 대상이 될 수 없다. ② 개별 유아에 대해 발달적인 능력에 맞는 행동을 기대할 때 문제행동을 감소시키거나 예방할 수 있다. ③ 유아의 놀이나 학습 환경은 이들의 바람직한 행동을 촉진하도록 계획·조절될 수 있다. ④ 유아의 부적절한 행동에 대한 반응은 긍정적이어야 하고, 행동 자체에 초점을 맞추어야 하며, 교수와 양육을 위한 노력이어야 한다.

(2) 개념 및 정의

핵심 개념

- 긍정적 행동지원은 아동의 문제를 직접적으로 중재할 뿐만 아니라 문제행동에 영향을 미치는 환경 변인들을 중재하여 문제행동을 사전에 예방함으로써 궁극적으로 전반적인 *삶의 질을 향상시키려는 방법이다. 즉, 장애 자녀와 관련된 사람들, 특히 부모를 포함한 주변 사람들의 생활양식이 변화할 수 있도록 돕는 것이다(Carr et al., 2002).
  - 아동을 둘러싼 전체적인 생태학적인 관점에서 문제행동을 바라보고, 관련된 사람들이 협력하여 아동의 바람직한 행동을 증가시키면서 구성원 전체의 삶의 질도 향상시키는 것이 긍정적 행동지원이다. 즉, 아동의 환경을 변화시켜 문제행동을 예방하고 아동의 행동 스타일을 바꿈으로써 아동과 환경이 긍정적으로 소통하도록 지원하는 것이다.
  - 따라서 긍정적 행동지원은 아동 자신과 가족의 참여뿐만 아니라, 가정을 포함한 주변 환경의 변화를 중요하게 여기므로 부모의 적극적인 참여가 아동의 문제행동 지도의 성공 여부에 중요한 지침이 된다.

전통적인 행동수정과 긍정적 행동지원의 차이 비교

구분	행동수정	긍정적 행동지원
초점	아동의 행동 변화	아동을 둘러싼 인적·물적 환경 변화
주요기제	벌 혹은 칭찬 위주의 후속결과인 반응 전략	행동의 의사소통 기능 파악을 통한 문제행동 예방 위주의 배경 및 선행사건 전략
환경	일대일 접근이 가능한 임상적 환경	자연적인 통합환경
이슈	문제행동 감소 효과는 있으나 인권, 윤리성 등의 논쟁을 유발한다.	문제행동의 의사소통 의도(목적 혹은 기능) 진단에 시간이 많이 걸린다.

(3) 긍정적 행동지원의 3차원 실행

사회적 지원체계와 문제행동 예방 모형

- 긍정적 행동지원은 아동이 속한 모든 환경에서 시행되어야 한다.
  - 장애아동과 일반아동이 함께 학습하고 생활하는 통합 어린이집과 가정에서 긍정적 행동지원을 시행할 때, 일반교사와 특수교사 간의 협력은 ① 사회적으로 수용적인 환경을 촉진하는 학습환경, ② 모든 아동의 사회적 능력을 증진시키는 학습환경, ③ 사회적으로 부적절한 행동 혹은 사회적 어려움에 관한 문제를 예방하거나 긍정적으로 다루는 학습환경의 조성에 매우 중요한 것으로 밝혀졌다.
  - 교사는 모든 아동을 위한 물리적 환경과 사회적 환경을 구성하면서, 사회적 지원 시스템 내에서 다음의 그림이 제시한 3가지 수준을 전체적으로 검토할 것을 권고하고 있다(Meadan & Monda-Amaya, 2008).

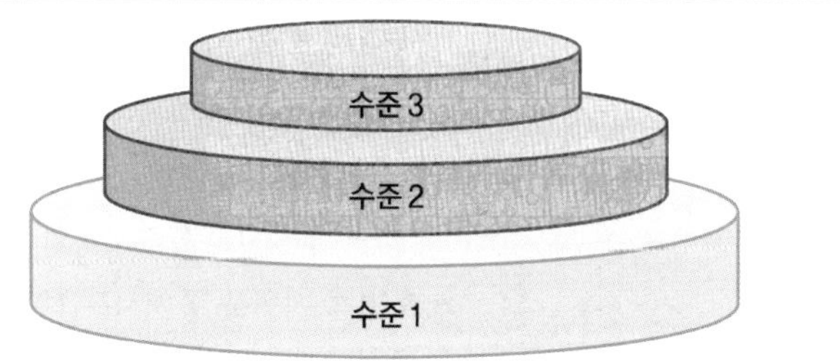

- 수준 1: 학급 전체 분위기 강조(이 분위기는 사회적으로 지원적인 환경 구성에 필요한 기반이 된다)
- 수준 2: 사회적 능력과 긍정적인 행동을 교수 혹은 촉진하는 구체적인 학급 전략 및 교육과정 검토
- 수준 3: 아동의 사회적 능력을 증진시키고, 목표영역을 다루기 위한 전략 및 중재에 대해 설명

사회적 지원체계: 세 가지 수준의 지원

- 이러한 3가지 수준의 사회적 지원체계는 예방적인 모형으로 아래에 제시한 '아동의 문제행동 예방과 사회석 능력 지원을 위한 교수 피라미드'(teaching pyramid)의 4단계와도 맥락을 같이한다(Joseph & Strain, 2003).

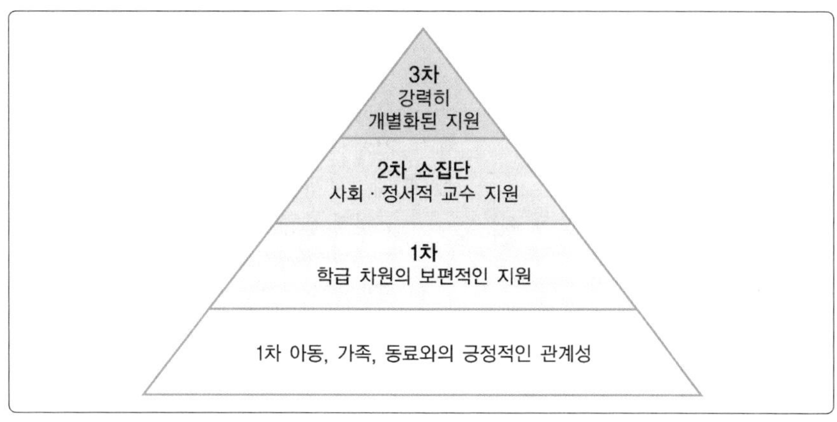

아동의 문제행동 예방과 사회적 능력 지원을 위한 교수 피라미드

- 1단계로 아동, 가족, 동료와의 긍정적인 관계성을 기반으로 하여, 2단계로 학급중심의 예방인 실제들을 시행하고(1, 2단계는 1수준인 보편적 지원), 3단계로 사회・정서적 교수전략들을 도입하며(3단계는 2수준인 소집단 지원), 4단계로 필요한 경우 개별적이고 강력한 중재를 시행한다(4단계는 3수준인 개별화 지원). 이때 구체적이고 개별적인 긍정적 행동지원 계획을 구성하고 시행・평가하게 된다.

문제행동에 대한 1차, 2차, 3차 지원	1차 예방: 보편적 지원 (universal support)	• 학급, 복도, 운동장, 식당과 같은 전체적인 학교환경 속에서 모든 아동을 직접교수하는 것을 말한다. 모든 아동이 특정 문제행동에 대한 판별이나 의뢰 없이도 긍정적인 행동지원을 받는다는 점에서 예방적 사전 활동이다. – 1차 지원인 보편적 지원의 목표는 가능한 한 교육기관 환경 내의 모든 아동을 대상으로 문제행동을 감소시키거나 제거하면서 긍정적인 행동도 증가시키는 것이다.

MEMO

		– 이 목표를 성취하기 위해서 구조화된 학급환경, 규칙적인 하루 일과표 등의 제공과 같이 예측 가능한 환경을 제공하는 전략이 많이 사용된다(Fox et al., 2003). 보편적 지원을 통해 문제행동을 유발할 가능성이 있는 아동도 이를 억제하고 규칙을 따르는 등의 효과를 산출할 수 있다.
	2차 예방: 소집단 지원 (group support)	• 보편적 지원을 통해서는 해결되지 않는 유형, 즉 사회적 기술이 부족하거나 문제행동 발생 위험이 높은 아동에게 적용된다. – 보편적 지원보다는 높은 강도의 지원이 필요한 아동을 위한 방법이다. – 2차 예방 수준의 지원전략으로는 상업적으로 개발된 사회성 훈련 프로그램, 교사가 제작한 각종 사회성 기술 교수 프로그램, 멘토 프로그램, 방과 후 읽기 지도 등이 활용될 수 있다(Fox et al., 2003).
	3차 예방: 개별화 지원 (individualized support)	• 만성적이고 심각한 아동의 문제행동을 해결하기 위한 집중적인 지원을 일컫는다. 이는 문제행동의 기능 평가, 가설 세우기, 다양한 전략이 적용된다(Janney & Snell, 2000). ① 1단계: 문제행동 정의 및 우선순위 결정하기 – 문제행동이 무엇인지 확인한 후 지원이 필요한 행동의 우선순위를 결정하는 단계로, 장애아동이 보이는 문제행동을 가능한 한 자세하게 관찰 가능한 용어로 서술하는 것이다. 즉, 문제행동을 잘 정의하기 위해서 장애아동의 문제행동을 주의 깊게 관찰하여 보이는 행동을 그대로 기록한다. ② 2단계: 문제행동의 기능 평가하기 – 긍정적 행동지원에서는 장애아동의 모든 문제가 어떤 목적이 있다고 가정하고 있다. 해당 단계는 문제행동의 기능을 평가하는 단계로, '장애아동의 행동이 왜 일어났는가?'를 파악하여 문제행동을 위한 지원방법, 즉 긍정적 행동지원 계획을 세우는 데 매우 중요한 단계이다. ③ 3단계: 문제행동의 가설 세우기 – 장애아동이 왜 문제행동을 하며 그 행동의 기능이 무엇인지 설명하는 가설을 세우는 단계로, 가설을 통해 관찰된 배경사건과 선행사건, 행동, 후속결과 사이의 관계를 밝힌다. – 가설 문장은 어떤 형식으로 사용했는가와 관계없이 다음의 3종류의 정보를 반드시 포함해야 한다. ㉠ 가설 문장에서는 문제행동 전에 일어난 사건을 서술해야 하는데, 이는 행동 직전의 선행사건뿐만 아니라 관련된 배경사건을 포함해야 한다. ㉡ 문제행동을 기술한다. ㉢ 추정되는 문제행동의 기능을 서술한다. 문제행동의 기능은 원하는 것을 얻기 위한 획득과 원하지 않는 것을 피하기 위한 회피로 나눈다. ④ 4단계: 문제행동에 대한 지원 계획하기 – 문제행동에 미치는 영향은 상황에 따라 다르므로 그 상황에 맞게 중재를 해야 한다.

MEMO

- 문제행동 지원 계획을 위한 요소는 다음과 같다.
  - ㉠ 문제행동을 유발하는 사건을 변화시키기 위한 선행사건 및 배경사건 중재
  - ㉡ 문제행동을 대체하는 사회적으로 바람직한 행동을 교수하기 위한 대체행동 교수
  - ㉢ 문제행동에 대해 다른 사람의 반응을 효과적이고 교육적인 방법으로 변화시키기 위한 반응전략 중재
  - ㉣ 바람직한 성과를 지속적으로 지원하기 위한 광범위한 교육과정
  - ㉤ 사회적 또는 삶의 양식 변화를 만들기 위한 장기적인 지원

⑤ 5단계: 평가하기
- 1~4단계 과정을 통해서 파악한 문제행동과 그 기능, 문제행동의 가설 등을 기록하고, 그에 따른 행동지원을 계획한다. 행동지원 계획을 실제로 실행하면서 평가를 통하여 계획을 수정해가며 장애아동의 문제행동을 도울 수 있다.
- 목표행동에 대한 변화를 평가하기 위해서는 목표행동의 감소와 증가에 대한 추세, 지원방법에 대한 평가, 수정 또는 중단해야 하는 전략에 대한 점검 등이 이루어져야 한다(조윤경 외, 2010).

(4) 긍정적 행동지원의 주요 요소

요소	설명
생태학적 접근	행동은 사람과 환경 간 상호작용에 의한 것이며, 특정 행동은 그 행동이 발생한 환경 내에서 특정 기능을 지니므로 행동 변화를 위해서는 환경에 먼저 초점을 맞추어야 한다.
진단 중심 접근	중재가 효과적이기 위해서는 행동의 기능을 알기 위한 진단이 먼저 이루어져야 한다.
맞춤형 접근	중재가 효과적이기 위해서는 개별 유아의 문제행동 원인을 고려하고, 그 유아의 관심과 선호도를 중심으로 계획되어야 한다.
예방 및 교육 중심 접근	행동의 환경적인 측면을 이해함으로써 환경을 변화시키고, 필요 기술을 가르쳐 처벌 중심이 아닌 예방과 교수 중심의 중재를 제공해야 한다.
삶의 방식 및 통합 중심 접근	중재는 전반적인 삶의 방식 변화를 가져다주는 폭넓은 성과에 초점을 맞춤으로써 통합을 촉진하고 삶의 질을 강화해야 한다.
종합적인 접근	단일 중재로 구성된 전통적인 행동 중재를 지양하고 예방, 대체기술 교수, 문제행동에 대한 반응, 삶의 방식 개선을 모두 포함하는 종합적인 특성을 지녀야 한다.
팀 접근	중재가 효과적이기 위해서는 부모, 교사, 관리자, 행동지원 전문가 등 다양한 인력으로 구성된 팀의 노력이 필요하다.
대상을 존중하는 접근	문제행동을 개인의 입장에서 이해하고 접근하며, 특히 개인에게 낙인이나 고통을 주지 않고 오히려 항상 나이에 적절하고 긍정적인 이미지를 촉진하기 위한 목적으로 이루어져야 한다.
장기성과 중심 접근	장애를 지닌 경우 일생에 걸친 지원을 필요로 할 수 있다는 사실에 근거하여 삶의 방식에 변화가 나타나는지를 확인하는 등 장기적인 측면에 초점을 맞추어야 한다.

memo

③ 교수적 접근의 위계적 적용 원칙(교수 4단계 모형, Building Blocks Model)

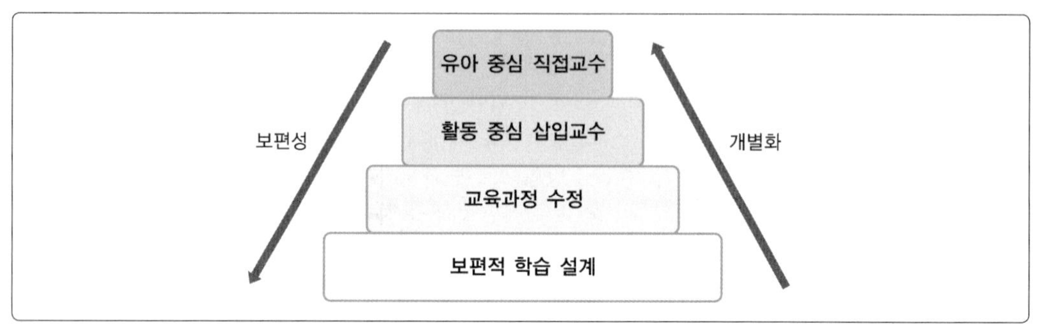

교수적 접근의 위계적 적용 원칙

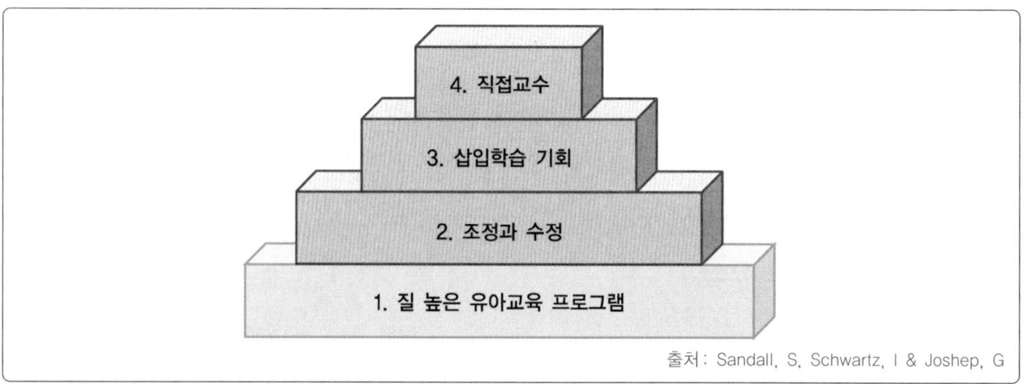

교수 4단계 모형(Building Blocks Model)

- 장애영유아의 성공적인 통합과 발달을 촉진하기 위해 미국에서 실시한 연구에서, 장애영유아를 지도하는 교사들이 이해하고 적용하기 쉬운 교수 4단계 모형(Building Blocks Model)을 개발하였다.
- 유치원의 교육 환경과 교육과정이 장애유아의 성장과 발달에 바람직한 영향을 주기 위해서는 위의 그림과 같이 질 높은 교육과정에 기반을 둔 과정 운영이 중요하며, 교육과정의 수정이 적용되어야 한다.
  - 교수전략은 자연적인 접근의 위계적 적용 원칙에 따라 교사의 직접적인 개입이 가장 적은 순서로 적용되어야 하는데, 환경을 수정하는 교육과정 수정 전략을 먼저 사용하고, 일과와 활동이 진행되는 중에 교수전략을 삽입하는 활동 중심 삽입교수를 사용하며, 유아를 중심으로 직접적인 교수전략을 적용하는 유아 중심 직접교수를 사용하게 된다.
  - 이러한 교수전략은 서로 배타적으로 위계적인 순서에 의해서만 적용되는 것은 아니며, 상황에 따라 동시에 또는 순서를 달리하여 융통성 있게 적용될 수 있다.
- 교사의 역할은 개별 장애유아에게 적합한 교수 활동을 구상·실행하며, 삽입 학습 기회를 통하여 장애유아의 개별화교육계획 목표와 활동을 연결시키고, 이 과정에서 교수전략을 계획하고 실행·평가하며 필요한 직접교수전략을 적용해야 한다.

MEMO

(1) 질 높은 교육과정(누리과정)

① 보편적 교육과정은 다양한 요구를 가진 장애유아가 접근 가능하고 참여할 수 있는 환경을 구성하기 위한 필수조건으로 강조되어야 하며, 다양한 수준의 교수적 촉진과 다양한 방법으로의 참여(유아의 관심, 호기심, 동기, 선호도 고려), 다양한 형태의 반응을 가능하게 한다.

② 보편적 학습 설계의 원칙은 모든 유아가 하루 일과와 활동에 의미 있게 참여하기 위한 중요한 요소이며, 이를 기반으로 적절한 교육과정 수정이 병행되어야 한다.

③ 특별한 요구를 가진 장애유아를 담당하는 교사들은 누리과정을 기반으로 하여 장애유아의 개별적인 교육적 요구를 계획, 실행, 평가하여야 한다.

보편적 학습 설계의 개념 및 중요성	• 개념: '보편적 학습 설계(Universal Design for Learning: UDL)'란 개인적·문화적·언어적인 측면에서의 차이를 조정해 주는 융통성 있는 교수방법과, 교재를 통하여 다양한 수준의 능력과 필요를 지닌 유아 개개인 모두가 학습 활동에 접근할 수 있게 해 주는 학습 설계의 원칙을 말한다. – '보편적 학습 설계'는 건축학에서 건물을 지을 때 다양한 사람들의 필요를 충족시키기 위하여 설계 단계에서부터 개별적 요구를 반영한다는 것으로 사용되던 '보편적 설계'라는 개념을 교육 현장에 적용하면서 '보편적 학습 설계'의 개념으로 확장되었다. – 유아교육기관에서 모든 유아가 교육과정에 참여하도록 촉진하는 교수·학습 환경의 구성은 이러한 '보편적 학습 설계'의 원칙을 반영함으로써 시작된다고 할 수 있다. 특히 장애유아를 위한 교육에 있어서도 다양한 요구를 지닌 모든 유아가 접근하고 참여할 수 있는 교육 환경을 구성할 필수적인 조건으로 '보편적 학습 설계'의 원칙이 강조되기 시작하였다. 이를 통해 개별 유아에게 적합한 학습 환경에 초점을 맞추는 수정이나 적합화 등의 방법보다는 처음부터 다양한 학습자의 요구를 충족시키는 학습 환경을 설계하도록 강조하게 되었다. • '보편적 학습 설계'의 중요성: 유치원의 모든 환경은 유아의 참여를 전제로 이들의 발달과 학습을 촉진해야 하기 때문에, 유아교육기관의 모든 환경은 유아를 위한 학습 환경이 된다고 볼 수 있다. 이에 장애유아를 포함한 모든 유아에게 바람직한 가장 기본적인 교수·학습 환경으로서 '보편적 학습 설계'가 중요하다. • '보편적 학습 설계'에서 보편적이라는 용어는 모두를 위한 하나의 궁극적인 해결책을 의미하는 것이 아니다. – 오히려 개별 학습자의 고유한 특성과 이들에게 적절한 학습 경험을 구성해 주고자 하는 필요를 반영함으로써 모든 학습자에게 접근 가능하고 적절한 대안을 포함한다는 것이다(Rose & Meyer, 2006). – 즉, 교수·학습 환경을 계획하는 단계에서부터 이러한 원칙을 반영함으로써 모든 유아가 자신에게 적합한 방법으로 자료를 사용하고 참여·표현할 수 있도록, 다양한 유형의 자료를 제시하고 다양한 방식으로 참여하게 하며 다양한 방식의 표현을 허용하는 것이다.

MEMO

<table>
<tr><td rowspan="4">보편적 학습 설계가 반영된 교수·학습 환경</td><td colspan="2">보편적 학습 설계가 반영된 교수·학습 환경 구성의 3가지 주요 요소</td></tr>
<tr><td>제시 방법</td><td>• 학습자가 다양한 방식으로 정보와 내용에 접근할 수 있게 해 주는 것이다.
• 학습 과정에 있어서 '무엇'에 해당하는 것으로, 즉 학습해야 하는 내용을 어떻게 제시할 것인지를 의미한다(DEC, 2007).
– 대부분의 유아는 보고 듣고 만지는 행동을 통하여 정보를 습득한다. 그러나 모든 유아는 개별적으로 정보를 습득하는 방식에 차이를 보일 수 있으며, 특히 선호하는 방식 자체가 다를 수도 있다.
– 따라서 교사가 교수 내용을 제시하는 방법은 정보 습득 방식에 있어서의 다양성을 고려해야 한다.
– 이를 위해서 교사는 모든 유아가 자신에게 보다 적절한 방법으로 정보를 습득할 수 있도록 다양한 방식(예 말, 그림 카드, 구체물)으로 내용을 제시해야 하며, 이러한 내용을 제시할 때에는 유아의 수준에 맞게 의사소통할 수 있어야 한다.</td></tr>
<tr><td>참여 방법</td><td>• 학습자의 동기를 유발하고 지속시키는 것이다.
• 학습 과정에 있어서 '왜'에 해당하는 것으로(DEC, 2007), 교사는 유아가 계획된 일과와 활동에 왜 참여하려고 하는지 또는 교실 내의 사람이나 교재와 왜 상호작용하려고 하는지에 대하여 고민해야 한다.
• 교사가 유아의 참여를 확보하기 위해서는 모든 유아의 서로 다른 관심사를 기반으로 이들의 동기를 유발할 수 있어야 하며, 더 나아가서는 활동이 진행되는 중에 그러한 동기가 지속될 수 있도록 해야 한다.
① 교사는 유아의 참여 증진을 위한 다양한 전략을 사용할 수 있다.
② 교사는 활동 내내 참여하고자 하는 동기가 유지될 수 있도록 활동이 유아에게 너무 지루한지 또는 너무 어려운지 등의 요소를 잘 고려해야 한다.
③ 활동의 형태나 종류 또는 활동의 길이 등 활동을 구성하는 다양한 요소 역시 유아의 참여를 지속시키는 데 영향을 미칠 수 있으므로 이에 대한 특별한 관심을 기울여야 한다.</td></tr>
<tr><td>표현 방법</td><td>• 학습자가 다양한 방식으로 자신이 알고 있는 것을 나타내게 해 주는 것이다.
• 학습 과정에 있어서 '어떻게'에 해당하는 것이다(DEC, 2007).
• 유아는 자신이 학습한 것을 나타내는 방식에 있어서도 매우 다양하고 서로 다를 수 있다.
– 따라서 교사는 유아가 각자에게 적합한 방식으로 표현할 수 있도록 다양한 형태와 수준의 소통 방법을 허용해야 하며, 이들의 표현 방법과 수준이 점차 향상될 수 있도록 체계적인 교수를 통하여 도와주어야 한다.</td></tr>
</table>

(2) 장애유아를 위한 교수전략

1) 교육과정 수정(조정과 수정)

개념 및 정의	• 장애영유아가 소속된 학급의 일반 프로그램에 함께 참여하도록 장애영유아에 대해 적절하게 지원하는 수정전략이 필요하다. – '수정전략'이란 장애영유아의 참여를 위한 지원전략으로, 참여를 돕기 위한 조정 방안을 말한다. – 일반 교육과정이 진행되는 학급에서 장애영유아를 위한 활동을 따로 계획하고 실행하기보다는, 학급에 제시한 활동에 참여할 수 있도록 장애영유아의 수준에 맞게 개별적인 수정을 계획하고 촉진하는 것이 필요하다. – 다시 말해 '수정전략'은 학급에서 진행 중인 활동이나 자료, 수준, 지원의 양 등에 변화를 주어 최대한 장애영유아의 참여를 끌어내는 것이다(조윤경 외, 2010).

MEMO

<table>
<tr><td></td><td colspan="2">• ‘교육과정 수정(조정과 수정)’이란 장애를 가진 유아가 일반유아교육과정 내에서 최대한 참여하고 성공적인 교육적 성과를 낼 수 있도록, 장애를 가진 유아들의 개별적 필요에 따라 교육과정을 적절하게 수정하는 것을 말한다. 즉, 유아가 기존의 일과와 활동에 참여하는 것을 촉진하기 위해서 진행 중인 학급 활동이나 교재를 변경하는 것을 의미한다(Odom, Zercher, Marquart, Li, Sandall & Wolfberg, 2002).
– ‘교수 4단계 모형(Building Blocks Model)’의 1단계, 질 높은 교육과정을 기반으로 하는 2단계의 장애유아를 위한 ‘교육과정 수정(조정과 수정)’ 방안을 모색하여 활동에 대한 참여 계획을 수립한다.
– 조정과 수정을 계획하되, 실제로 활동이 진행되는 상황이나 개별 장애 영유아와 함께 활동에 참여하고 있는 일반유아들의 반응정도(참여도) 등을 고려하여 융통성 있게 적용한다.
• 교육과정 수정이 활발하게 적용되기 위해서는 2가지 측면에서 교사의 이해가 선행되어야 한다.
– 교육과정 수정 전략은 교수적 접근의 위계적 순서에서 자연적이고 덜 개입적인 방법으로 우선적으로 적용해야 하는 전략임을 이해할 필요가 있다.
– 교육과정 수정이 특별한 자료나 추가적인 노력을 크게 필요로 하지 않아 적용하기 쉬운 중재임을 인식하고 적절한 수정 전략을 사용할 수 있어야 한다.</td></tr>
<tr><td>중요성</td><td colspan="2">• 장애를 가진 유아가 발달상의 지체나 특정 결함으로 기존의 교육과정에 접근하기 어려운 경우가 많기 때문에 중요하다.
• 교육과정 수정을 통해 장애유아들이 교육과정에 좀 더 편하게 접근하도록 도와 그들의 참여와 학습을 촉진시키기 때문에 중요하다.</td></tr>
<tr><td rowspan="3">유형
(Sandall & Schwartz, 2002)</td><td colspan="2">통합된 장애영유아들을 위하여 현장에서 가장 자주 사용되는 전략은 샌들과 슈바르츠(Sandall & Schwartz, 2002)가 제시한 교육과정 수정 유형이다.</td></tr>
<tr><td>환경적 지원</td><td>• 참여와 학습을 촉진하기 위해서 물리적 · 사회적 · 시간적 환경을 수정한다.
• 참여, 집중, 학습을 촉진하기 위해 물리적 · 사회적 · 시간적 환경을 조절한다.
– 물리적 환경의 변경(변화)
– 사회적 환경의 변경(변화)
– 시간적 환경의 변경(변화)</td></tr>
<tr><td>교재 수정
(= 자료 수정)</td><td>• 가능한 한 독립적인 참여를 촉진하기 위해 교재를 수정한다.
– 적절한 높이의 자료 제시하기
– 자료(교재) 고정하기
– 놀이기술이나 반응을 위한 자료 수정하기
– 관심과 흥미를 위한 자료 수정하기
– 교재 · 교구를 최적 위치에 배치하기
– 반응 수정하기
– 교재를 크게 또는 밝게 제작하기</td></tr>
</table>

MEMO

	활동의 단순화	• 수행 단계의 수를 줄이거나 수행 단계를 작게 나눔으로써 복잡한 과제를 간단하게 한다. • 활동을 작은 부분으로 나누거나 단계 수를 줄여 복잡한 활동을 단순화한다. − 난이도 낮추기 − 필요한 단계의 수를 변화시키거나 줄이기 (수행 단계 변경하기, 수행 단계의 수 줄이기) − 복잡한 과제를 부분으로 나누는 단순화하기 − 작은 단계로 세분화하기 − 성공하는 단계에서 종료하기
	선호도 활용	• 주어진 기회를 통해서 학습의 혜택을 누리지 못하는 경우, 유아의 선호도를 판별하여 활동에 통합시킨다. • 장애영유아가 학습 기회를 활용하지 못하는 경우, 선호하는 것을 확인하고 반영한다. − 선호하는 장난감 활용하기 − 선호하는 활동 활용하기 − 선호하는 사람 활용(배치)하기
	성인 지원	• 유아 참여와 학습 지원을 위한 성인 중재를 의미한다. • 장애영유아의 참여와 학습을 지원하기 위해 성인이 활동과 일과에 개입한다. − 시범 보이기 − 장애영유아의 놀이에 함께 참여하기 − 칭찬과 격려(지속적인 참여와 학습을 위한 칭찬과 격려)하기
	또래 지원	• 중요한 목표 행동의 학습을 도와주도록 또래를 활용한다. • 또래를 활용하여 장애영유아가 목표를 달성하도록 돕는다. − 시범 보이기 − 보조자 도우미 되기 − 또래의 칭찬과 격려
	적응도구 사용 (= 특수 장비)	• 유아의 참여를 돕거나 참여의 정도를 증가시키기 위하여 특별한 적응 도구(특수 장비나 기구)를 사용한다. − 접근할 수 있도록 특별한 도구 사용(활동이나 놀이 영역에 접근의 용이성을 위한 특수 장비 활용)하기 − 참여할 수 있도록 특별한 도구 사용(참여율 증진을 돕는 특수 장비 활용)하기
	(눈에) 보이지 않는 지원	• 활동 중에 자연적으로 발생하는 사건을 의도적으로 구성한다. • 활동 내에서 자연적으로 사건이 일어나도록 조직한다. − 활동 순서 조절하기 − 활동을 계열화하여 조절하기

MEMO

2) 활동 중심 삽입교수

개념 및 정의	• 활동 중심 삽입교수는 '활동 중심 중재(Activity-Based Intervention : ABI, Bricker & Woods-Cripe, 1992)'와 활동 중에 교수의 기회를 삽입하는 '삽입 학습 기회(Embedded Learning Opportunity : ELO; Horn, Lieber, Lim Sandall & Schwartz, 2000)'의 두 가지 유사한 교수전략의 개념을 혼합한 용어이다. • 활동 중심 삽입교수란 유치원의 하루 일과에 따라서 진행되는 활동에 교수 활동을 삽입하여 장애유아의 교수목표가 성취되게 하는 교수전략이다. – 활동 중심 삽입교수는 유아교육기관의 하루 일과나 활동 중에 장애유아가 개별화교육계획의 교수목표를 연습할 수 있도록 특정 시간을 선정하고, 짧지만 체계적인 교수를 실행함으로써 유아로 하여금 필요한 기술을 자연적인 환경에서 성공적으로 사용할 수 있게 도와주는 방법이다. • 활동 중심 삽입교수란 교사가 유아의 개별화교육의 목표를 달성하기 위한 교수 기회를 일과 및 활동 내에 삽입하여 학습의 기회를 자연적인 상황에서 제공하는 것을 의미한다. '활동 중심 삽입교수' 유사 개념 • 활동 중심 삽입교수는 유아교육기관의 자연적인 일과와 활동 중에 진행된다는 성격상 일과 중심 교수전략(routine-based strategies), 놀이 중심 중재(play-based intervention), 이동 중심 교수(transition based instruction) 등 다양한 유사 개념의 전략으로도 소개되고 있다. – 일과 중심 교수전략은 이야기나누기 시간이나 간식 시간 등 기존의 예상 가능한 일과 중에 교수를 삽입한다는 의미로 사용된다(Johnson, Rahn & Bricker, 2015; Schwartz & Woods, 2015). – 놀이 중심 중재는 유아가 놀이하는 중에 기술을 습득하도록 교수를 제공하거나 촉진하는 것을 말한다(Linder, 2008). – 이동 중심 교수는 일과 중 한 활동에서 다른 활동으로 넘어가는 중에 학습 기회를 제공하는 방법이다(Johnson et al., 2015; Vaiouli & Ogle, 2015).
필요성	• 대부분의 유아교육 프로그램이 하루 일과 전체를 통해서 학습 기회를 제공하기 때문에 대부분의 학습은 유아가 자신의 흥미와 선호도를 기반으로 활동에 참여하게 될 때, 이러한 참여가 학습 기회로 연계되면서 발생한다. – 그러나, 장애유아는 일반 교육과정에 참여하는 것만으로는 자신에게 필요한 모든 학습 기회를 제공받을 수 없기 때문에 활동 중심 삽입교수는 장애유아에게 이러한 기회를 인식하고 학습할 수 있도록 구체적인 보조와 지원을 제공할 수 있다.
실행 절차	• 활동 중심 삽입교수가 효율적으로 이루어지기 위해서는 구체적인 방법론에 의한 체계적인 계획과 실행이 필요한데, 일반적으로 3단계로 이루어진다. – 1단계 : 유치원 교육과정에 따라 장애유아의 교수목표를 수정한다. 먼저 무엇을 가르칠 것인지를 확인하기 위하여 유아의 개별화교육계획 교수목표를 검토해 활동 중에 가르칠 수 있는 형태의 목표인지를 확인한 후 그렇지 않은 경우 활동 중에 교수할 수 있는 형태로 수정하게 된다. – 2단계 : 교수목표를 학습할 수 있는 학습 기회를 구성한다. 교수목표를 언제 가르칠 것인지 결정하는 단계로, 기존의 일과 전반을 검토하여 1단계에서 수정된 교수목표를 학습하기에 적합한 활동을 선정하게 된다.

MEMO

- 3단계: 삽입교수를 계획하여 실시하고 평가한다.
  1단계에서 수정한 교수목표를 2단계에서 선정한 활동 중에 가르치기 위한 구체적인 교수방법을 계획하여 실시하고 평가하게 된다. 즉, 교사가 직접적으로 사용하게 될 교수전략과 진도점검의 방법 등을 구체적으로 계획하고 실행한 후 실제로 학습이 발생했는지 평가한다.

단계	절차	주요 실행 내용
1단계	교수 목표 점검 및 수정	개별 장애유아의 개별화교육계획 교수목표와 학급에서 진행될 일과 및 활동의 교수목표를 검토하여, 유아의 개별 교수목표를 기존의 일과와 활동 중에 삽입하여 교수할 수 있는 형태로 재서술한다.
2단계	학습 기회 구성	일과와 활동 계획을 분석하여 개별 장애유아의 교수목표를 삽입하여 교수할 수 있는 적절한 학습 기회를 판별한다.
3단계	삽입교수 계획	• 개별 장애유아의 교수목표를 판별된 학습 기회에 삽입하여 교수할 수 있도록 교수전략 및 평가 계획을 포함한 구체적인 교수계획을 작성한다. 이때 교사 또는 학급에서 정한 특정 양식의 활동 중심 삽입교수 계획표를 사용하면 보다 편리하고 일관성 있는 교수계획이 가능하다. – 시간지연, 모델링, 촉진, 강화 등의 교수전략을 사용하여 어떤 방법으로 삽입교수가 이루어질 것인지 계획한다. – 개별 장애유아의 교수목표를 판별된 학습 기회에 삽입하여 교수할 수 있도록 교수전략 및 평가계획을 포함한 구체적인 교수계획을 작성해야 한다.
	삽입교수 실시 (= 실행)	전 단계에서 수립한 계획에 따라 삽입교수를 실행한다. 일과와 활동이 진행되는 중에 활동 중심 삽입교수가 성공적으로 실시되기 위해서는 교수계획에 대한 교사(들)의 숙지가 반드시 필요하며, 교수 실시에 대한 *중재충실도를 점검하는 것이 좋다.
	삽입교수 평가	삽입교수 시행에 대한 평가를 실시한다. 즉, 유아가 자신의 교수목표를 성취하였는지에 대하여 교수계획에 포함된 평가계획에 따라 진도점검을 실시한다. 이때 진도점검은 계획에 따라 정기적으로 실시하는 것이 좋으며, 그 결과는 이후에 교수계획을 수정하기 위한 기준 자료로 활용된다.

* 중재충실도
교수전략을 사용할 때 그 절차가 얼마나 정확하게 이루어지는지를 의미한다.

장점

• 진행 중인 학급 활동과 일과를 활용하기 때문에 학급 환경에 큰 변화를 줄 필요가 없다.
  - 학급 활동이 진행되는 맥락 중에 자연스럽게 삽입되는 방법으로 교수하기 때문에 일반교육과정 접근을 가능하게 하면서 동시에 교육과정의 흐름에 큰 변화를 주지 않고도 개별 유아의 교수목표를 달성하게 한다.

• 분리된 환경보다는 대부분 일반유치원 환경에서 잘 실행될 수 있다.
  - 일반유치원 환경은 연령에 적합한 교재와 활동, 자연적이고 기능적인 환경과 단서, 다양한 교재들이 통합환경 내에서 이미 존재하는 교수자원들이기 때문에 적합하다.
  - 일반유치원에는 자연스러운 선택의 기회를 제공하는 아동주도의 활동이 많으므로 적합하다.

• 유아가 선호하거나 흥미로워하는 활동을 기초로 하기 때문에 유아의 참여를 자연스럽게 촉진시킬 수 있다.

MEMO

	• 학급 내 자연적인 환경에서 교수가 일어나기 때문에 새로 습득한 기술의 즉각적이고도 기능적인 사용 능력을 증진시킬 수 있다. – 활동 중에 삽입된 학습 기회를 통하여 특정 기술을 습득하게 되는 경우, 유아는 교수가 이루어지는 활동을 포함한 자연적인 일과 중에 그 기술을 다시 사용하게 됨으로써 기술의 습득 및 유지가 더욱 효과적으로 이루어질 수 있다. • 유아교육기관의 하루 일과 및 활동 전반에 걸쳐 삽입 학습의 기회가 체계적으로 제공됨으로써 새롭게 학습한 기술의 사용 능력이 다양한 상황으로 일반화될 수 있다. • 분리된 기술을 집중 교수하는 것이 아니라 통합된 형태의 행동을 일상적인 학급 활동 내에서 분산 교수하기 때문에, 보다 효율적인 교수전략이 될 수 있다. – 물건 요구하기(의사소통), 물감 칠하기(소근육운동), 손 씻기(자조기술) 등을 각각 가르치면 모두 3회기 수업이 필요하지만, 자유활동 시간에 조형활동을 하면서 이런 기술을 삽입시켜 교수한다면 1회기 수업시간에 3가지 발달영역의 기술을 가르칠 수 있다. – 장애유아의 개별적 교수에 필요한 교사의 시간과 노력을 줄이면서 동시에 장애유아의 집단활동에 참여하는 시간을 늘릴 수 있다. • 유아교육에서 지향하고 있는 발달에 적합한 실제와 이론적 · 철학적 기초를 공유하고 있으며, 자연적인 선행사건과 후속결과 등의 행동적인 학습 원리를 효과적으로 적용하여 유치원 환경에서 다양한 유아들의 욕구를 해결할 수 있도록 고안되었다.

3) 자연적 교수전략

<table>
<tr><td>개념 및 정의</td><td colspan="2">• 자연적 교수전략은 특정 기술을 가르치기 위하여 학급이나 기타 자연적인 환경 내에서 일상적으로 발생하는 사건이나 활동을 활용하는 교수전략으로 정의된다.
– 자연적 교수전략은 환경 교수(milieu teaching) 또는 강화된 환경 교수(enhanced milieu teaching)라고도 불리며, 통합교육 현장에서 이상적인 교수전략으로 여겨진다. 이것은 자연적 교수전략이 유아가 주도하고 교사가 안내하는 절차를 사용함으로써 발달에 적합한 실제를 반영하기 때문이다(Copple & Bredekamp, 2009).</td></tr>
<tr><td rowspan="2">유형</td><td colspan="2">자연적 교수전략으로 가장 많이 사용되는 대표적인 교수전략으로는 우발교수(Hart & Risley, 1968), 요구모델(Rogers-Warren & Warren, 1980), 시간지연(Halle et al., 1979)의 방법이 있다.</td></tr>
<tr><td>우발교수</td><td>• 우발교수는 주로 의사소통을 촉진하기 위하여 자유선택활동 등의 비구조화된 상황에서 자연적으로 발생하는 장면을 이용하는 전략이다.
– 유아가 선호하는 물건을 의도적으로 손에 닿지 않으면서 잘 보이는 곳에 두어 시작행동이 요구되는 환경을 조성하기, 유아의 기대에 어긋나는 행동하기, 도움이 필요한 상황 만들기 등의 방법을 사용한다.
– 이때 교사는 요구하기, 확장하기, 기다리기, 시범, 강화 등의 전략을 사용한다.</td></tr>
</table>

MEMO

	요구모델	• 자발적인 시작행동을 보이지 않는 유아에게 주로 사용한다. 우발교수가 유아 주도 교수전략인 것과는 달리 유아의 시작행동을 기다리지 않고 교사가 먼저 특정 반응을 요구하는 교사 주도의 방법이다. – 이때 교사는 유아의 관심을 활용해서 특정 반응을 요구하는 질문을 하게 되며, 이를 통하여 사물 요구하기 행동이나 발성, 발화, 어휘력 증진, 사물 요구하기 기술을 교수하는 데 효과적으로 사용된다.
	시간지연	• 시간지연은 우발교수나 요구모델을 사용할 때 교사의 구어(언어적) 촉진에 의존하는 것을 막기 위하여 유아의 반응을 기다리는 시간을 체계적으로 조절하여 촉진 의존성을 감소시키고 자발적인 반응을 증진시키는 전략이다. – 자발적인 요구하기나 명명하기 기술 습득에 효과적이다. – 특히 옷 입기나 손 씻기와 같이 연속적으로 이루어지는 활동을 교수할 때 많이 사용된다. – 시간지연의 형태에 따라 정해진 시간을 기다리는 '고정 시간지연'과 기다리는 시간을 점차 변동시키는 '점진적 시간지연'의 2가지로 분류된다.

4) 교사 주도 교수전략(직접교수)

개념 및 정의	• 직접교수는 교사가 직접 실행하는 교수로 교사가 특정 기술이나 행동 발생을 목적으로 직접 장애영유아에게 촉진을 제공하는 것이다. 촉진은 장애영유아가 교사가 원하는 반응을 하도록 장애영유아를 도와주는 모든 방법을 의미한다(이소현, 2011). • 교사 주도 교수전략은 사회적 상호작용을 증진시키거나 특정 기술을 가르치기 위한 목적으로 교사가 직접 실행하는 중재를 의미한다(Gargiulo & Bouck, 2018). – 교사의 교수 행동은 앞에서 설명한 활동 중심 삽입교수나 자연적 교수전략 내에서도 핵심적으로 사용된다. – 일반적으로 유아의 행동은 그 행동과 연관된 선행사건 및 후속결과와의 관계 속에서 발생한다. 예를 들어, 자연적 교수전략 사용 사례 중 유아가 요구하기 행동을 하도록 좋아하는 놀잇감을 손에 닿지 않는 곳에 두는 것은 교사의 선행사건에 해당한다. 이러한 선행사건을 통해서 발생한 유아의 요구행동은 원하는 놀잇감을 갖게 되는 자연적인 결과에 의해서 영향을 받는데, 이러한 자연적 결과가 후속결과라 할 수 있다. 이렇게 특정 행동이 기대되는 상황에서 유아의 행동이 나타나지 않는다면 교사의 직접적인 교수 행동이 추가되는데, 주로 특정 행동이 발생하도록 지원하는 촉진과 행동 후에 주어지는 피드백이 많이 사용된다.
유의점	• 교수·학습에서 장애유아를 지도할 때 유의할 점은 다음과 같다. ① 유아가 목표행동을 시도한 후에 절차에 따라 지원을 제공해야 한다. ② 유아가 반응하지 않거나 맞지 않는 반응을 했을 때는 '교정'을 제공하는데, 교정은 목표행동이나 반응을 시범 보이거나 말로 설명해 주는 방식으로 제공할 수 있다.

MEMO

③ 유아가 목표반응을 한 후에도 '칭찬'이나 "그렇게 하는거야." 등의 적절한 강화를 제공하여 기대행동이나 학습내용을 정확히 알도록 해준다.

Noonan과 McCormick(2006)은 장애유아의 학습을 돕기 위해 통합환경에서 효과적으로 사용할 수 있는 교수・학습 전략인 '촉진'과, 강화를 사용한 '격려'에 대해 다음과 같이 설명하고 있다.

유형

① 촉진

• 다양한 방식으로 촉진할 수 있으며, 촉진 유형은 '자연적 촉진'과 '교수적 촉진'으로 구분할 수 있다.

자연적 촉진

– '자연적 촉진'은 반응을 일으키게 하는 환경적 자극을 일컫는데, 촉진이 반응의 원인이 되거나 반응을 유도하지 않지만 유아가 반응하도록 신호를 보내는 역할을 한다고 할 수 있다.

교수적 촉진

– '교수적 촉진'은 자연적 촉진이 유아에게 충분하게 전달되지 않거나 비효과적일 때 반응을 하도록 제공되는 것들을 말한다.

교수적 촉진 유형 및 방법 –「유아특수교육(2021)」, 이소현, 학지사

교수적 촉진	방법
구어 촉진	주어진 과제를 수행하도록 직접적으로 또는 간접적으로 지원하는 단순한 지시 또는 설명으로, 이때 사용되는 말은 유아가 이해하기 쉽도록 짧고 간결해야 한다. 예 도형 맞추기 교재를 쳐다보고 있는 유아에게 "어떤 도형이 구멍에 맞을까?"라고 말한다. 예 손을 씻기 위해서 수도 손잡이를 잘못된 방향으로 돌리고 있는 유아에게 "다른 쪽으로 돌려 봐."라고 말한다.
몸짓 촉진	과제를 수행하도록 안내해 주는 가리키기 등의 몸짓으로, 단독으로 사용되기도 하지만 주로 구어 촉진과 함께 사용된다. 예 위의 손 씻기 사례에서 구어 촉진과 함께 손가락으로 수도꼭지를 틀어야 하는 방향을 가리킨다. 예 퍼즐놀이를 끝낸 유아에게 치우라고 말하면서 퍼즐을 가리키고 곧이어 선반을 가리킨다.
시범 촉진	구어나 신체 촉진, 또는 두 가지를 함께 사용해서 과제의 일부나 전체를 수행하는 모습을 보여주는 방법으로, 주로 유아가 기대하는 행동을 수행할 수 있을 때 사용된다. 예 놀잇감의 이름을 말하고 따라 하게 한다. 예 한 발 뛰기나 구르기 등의 신체 활동을 직접 수행하면서 보여 주고 따라 하게 한다. 예 한쪽 운동화를 신겨 주면서 "이쪽은 선생님이 도와줄 테니 저쪽은 혼자 신어 보렴."이라고 말한다.
접촉 촉진	접촉을 활용하는 방법으로, 유아의 특정 신체 부위를 만지거나 유아가 특정 사물을 만지게 하는 두 가지 형태로 사용된다. 특히 사물을 만지게 하는 방법은 시각장애유아나 수용언어의 발달이 지체된 유아에게 유용하게 사용될 수 있다. 예 식사시간에 숟가락을 입으로 가져가면서 입을 벌리라는 뜻으로 턱을 살짝 건드린다. 예 식사시간을 알리기 위해서 숟가락을 만지게 한다. 예 이야기나누기 시간에 의자에 앉으라는 뜻으로 어깨를 지긋이 누른다.

SESSION #7

MEMO

신체 촉진	과제를 수행하도록 신체적으로 보조하는 방법으로, 부분적이거나 완전한 보조의 형태로 주어진다. 예 식사시간에 숟가락을 사용하도록 팔꿈치에 가만히 손을 대고 있는다(부분적인 신체 촉진). 예 물을 마실 때 컵을 잡은 유아의 손을 잡고 마시도록 보조한다(완전한 신체 촉진).
공간 촉진	행동 발생 가능성을 높이기 위해서 사물을 특정 위치(예 과제 수행을 위해 필요한 장소, 유아에게 더 가까운 장소)에 놓아 과제 수행을 상기시키는 방법이다. 예 손을 씻을 때 수건을 세면대 가까이에 가져다 놓아 손을 닦도록 보조한다. 예 숟가락을 그릇에 꽂아두어 손가락이 아닌 숟가락으로 음식을 먹도록 보조한다.
시각적 촉진	그림이나 사진, 색깔, 그래픽 등의 시각적인 단서를 사용해서 과제 수행의 주요 요소를 보여주는 방법으로, 정기적으로 수행되거나 순서대로 수행되는 활동을 보조하기 위하여 많이 사용된다. 예 교재 선반이나 보관함에 사진을 붙여 독립적으로 정리할 수 있도록 돕는다. 예 화장실 개수대 위에 손 씻는 순서를 사진으로 붙여 적절한 방법으로 손을 씻도록 보조한다. 예 사진 또는 그림으로 만든 시간표를 붙여 하루 일과와 활동의 진행을 알고 따르게 한다.
단서 촉진	과제 수행의 특정 측면에 대한 직접적인 관심을 유도하기 위한 방법으로, 구어나 몸짓으로 단서를 제공한다. 이때 사용되는 단서는 과제를 가장 잘 대표할 수 있는 것이어야 한다. 예 "자, 식사시간이다."라고 말하면서 손가락으로 숟가락을 가리키거나, 식사시간에 "숟가락을 들자."라고 말한다(식사의 특성을 가장 잘 나타내는 숟가락이라는 단서를 사용해서 독립적인 식사 기술을 촉진한다).

교수적 촉진 유형 및 방법 - 「장애유아 놀이운영 지원 안내자료」

교수적 촉진	방법
직접적 구어	무엇을 해야 할지를 유아에게 구체적 문장으로 말하기 예 "안녕"이라고 말하렴.
간접적 구어	무엇이 필요한지를 시사하는 질문을 하거나 문장 말하기 예 "집에 오면 무엇을 해야 하니?"("낮잠을 자야 해."를 의미함)
몸짓	비구어적 촉진으로서 손이나 신체의 일부를 움직이기 예 가리키기와 같이 사람들에게 익숙한 관습적인 몸짓 또는 동생이 달려오도록 촉진하기 위해 형제가 발을 구르는 것과 같은 가족에게만 알려진 비관습적인 몸짓
시범	기대하는 반응을 시범 보여주기 예 공 굴리기를 시범보임
촉각적 촉진	유아를 만져서 유아의 주의를 끌거나 반응을 이끌어내기 위함 예 유아의 턱을 만져서 먹을 수 있게 입을 벌리도록 촉진함
부분적 신체 촉진	신체의 일부를 만지거나 다루어서 유아를 안내하기 예 팔꿈치를 잡아 안내하거나 영아가 사물을 들려고 할 때 물건의 무게를 지지해 주는 것
완전한 신체 촉진	신체의 일부를 만지거나 다루어서 완전한 안내 제공하기 예 영아의 손을 안내하여 손가락으로 버튼을 누르도록 도와주는 것

MEMO

공간적 촉진	정반응을 증가시킬 가능성이 있는 장소에 자극물을 배치하기 예 대상 유아의 칫솔을 앞에 놓아두는 것
움직임	주의를 끌기 위해 자극의 위치를 바꾸기 예 두 장의 셔츠를 들고 유아에게 빨간 셔츠와 파란 셔츠 중 어떤 것을 입고 싶은지 물어보면서 셔츠를 흔들기
청각적 촉진	원하는 반응을 이끌어 내기 위해 (말 대신) 소리 이용하기 예 사물을 두드리는 것

SESSION 07

장애영유아를 지도하기 위해 촉진을 사용할 때 고려점(이소현 외, 2009)

- 촉진은 체계적인 계획하에 사용되어야 한다. 사전 계획에 의해서 체계적으로 적용되어야 하며, 실제로 사용된 후에는 점진적으로 소거함으로써 궁극적으로 장애영유아가 독립적으로 목표행동을 수행할 수 있도록 도와주어야 한다.
- 촉진을 위한 교사의 행동은 교수 자극을 제시할 때와 마찬가지로 장애영유아의 관심을 끌 수 있어야 한다.
- 촉진을 사용할 때에는 개입의 정도가 가장 낮으면서도 가장 효과적인 방법을 선택해야 한다.
- 교수전략으로 촉진을 사용한 후에는 반드시 소거해야 한다.
- 촉진을 교수전략으로 사용하고자 할 때 교사는 사용할 교수전략에 대한 정보를 장애영유아의 교육과 관련된 다른 교사나 치료사, 또는 부모와 공유해야 한다.

② 피드백

피드백은 유아의 행동 후에 주어지는 교사의 행동을 의미한다.

- 주로 유아가 수행한 행동과 관련한 정보를 제공하게 되는데, 특정 교수 상황에서 유아가 자신이 수행한 행동에 대하여 바르게 행동했는지 그렇지 않은지를 알게 하기 위하여 제공하는 교사의 행동을 말한다.
- 피드백은 유아의 행동에 따라 2가지로 나누어지는데, 유아가 기대하는 행동을 보이는 경우에는 '강화'가 주어지며, 부적절하거나 부정확한 반응을 보이는 경우에는 '교정 피드백'이 주어진다.

강화(긍정적 강화를 위한 격려하기)

- 유아의 행동에 뒤따라 제공됨으로써 그 행동의 발생률을 높이는 보상적인 물건, 사건, 또는 활동으로 정의된다(Alberto & Troutman, 2012).
  - 즉, 강화는 유아가 정반응을 보인 후에 주어지는 긍정적인 피드백이다.
  - 유아가 좋아하는 음식이나 놀잇감 혹은 활동일 수도 있고, 칭찬 등의 사회적 보상일 수도 있다.
- 정적 강화는 반응이 반복될 가능성을 높이는 후속결과이다. 새로운 기술을 습득하는 데 어려움이 있거나 자연적으로 일어나는 격려를 인식하지 못하는 장애유아에게는 교수적 정적 강화를 제공해야 한다. 이는 특정 기술을 가르치기 위해 체계적 교수를 하는 것이다. 즉, 학습 효과를 높이기 위해서 구어적 칭찬("잘했어.")이나 비구어적 칭찬(안아주기, 미소, 쓰다듬어 주기 등), 또는 원하는 물건이나 행동(좋아하는 장난감이나 음식 주기, 박수 쳐주기)을 사용하는 것이다.

교정 피드백

- 교정 피드백은 유아가 상황에 적절하지 않은 행동을 보이거나 부정확한 반응을 보일 때 사용되는 교수전략으로, 유아로 하여금 자신의 행동이 부정확하거나 수용할 수 없다는 사실을 알게 하고, 보다 적절하게 행동하도록 보여주는 방법이다.

MEMO

	• 교정 피드백을 제공할 때 가장 주의해야 할 점은 체벌과 같은 부정적인 형태로 제공되어서는 안 되며, 유아가 스스로 어떻게 행동해야 하는지 알 수 있도록 정보를 제공하고 행동을 안내하는 차원에서 제공되어야 한다는 점이다(Sandall et al., 2019). 따라서 교정 피드백은 중립적인 톤의 음성으로 제공하는 것이 좋다.

5) 또래 중개 교수전략

<table>
<tr><td>개념 및 정의</td><td colspan="3">• 또래 중개 교수전략은 장애유아의 학습과 발달을 촉진하기 위하여 또래를 활용하는 전략을 모두 포함한다(Grisham-Brown & Hemmeter, 2017).
– 또래 중개 교수전략에서 또래는 교사의 훈련에 따라 장애유아의 행동을 변화시키고 전학문 기술이나 사회 의사소통 및 놀이 기술을 증진시키는 역할을 하게 된다(Strain & Bovey, 2015).</td></tr>
<tr><td rowspan="3">또래 중개 교수 전략에 따른 혜택</td><td>습득된 기술의 일반화 촉진</td><td colspan="2">학급의 일과와 활동 중에 자연스럽게 포함되는 또래를 대상으로 자연적인 환경에서 기술을 연습할 수 있는 기회를 제공받기 때문에 다양한 사람과 상황으로의 일반화를 가능하게 해 준다.</td></tr>
<tr><td>사회적 상호작용을 위한 기회</td><td colspan="2">유아에게 양질의 사회적 상호작용을 위한 기회를 제공해 준다. 이는 교수전략 자체가 또래를 포함하기 때문이며, 교사가 점차 이들의 상호작용 중에 제공하던 촉진이나 개입을 소거시킨 후에도 또래의 지원이 계속되면서 질적으로 우수한 사회적 상호작용이 지속될 수 있다.</td></tr>
<tr><td>다양한 유형의 장애를 지닌 유아에게도 효과적</td><td colspan="2">발달지체, 언어지체, 다운 증후군, 자폐 범주성 장애 등 다양한 유형의 장애를 지닌 유아와 정서적 고립 등의 장애위험 유아에게도 효과적인 교수전략으로 보고된다.</td></tr>
<tr><td rowspan="2">지원 형태에 따른 유형</td><td rowspan="2">또래 주도 중재</td><td colspan="2">• 또래 주도 중재는 또래로 하여금 다른 유아의 학습이나 참여를 촉진하게 하는 방법이다.
– 교사는 교수 활동을 또래에게 전적으로 맡기는 것이 아니라 교사의 주의 깊은 계획과 감독에 의해서 진행되어야 함을 인식해야 한다(Kohler & Strain, 1990).
– 또래 주도 중재가 성공적으로 이루어지기 위해서는 교사가 또래를 훈련하고 역할을 수행하도록 안내할 때 다음과 같은 점을 특별히 고려해야 한다(Pretti-Fonczak, Grisham-Brown 등, 2017).

한 명의 또래에게 과중한 부담이 가지 않도록 복수의 또래를 활용하며, 적절한 훈련과 피드백을 제공하는 등 다양한 측면의 방법론적 실행을 고려하는 것이 좋다.

• 또래 주도 중재를 위하여 많이 사용하는 방법에는 또래 감독, 또래 교수, 또래 시범, 또래 상호작용 훈련, 집단 강화 등이 있다.</td></tr>
<tr><td>또래 감독</td><td>또래 감독은 주로 장애유아의 문제행동을 감소시키기 위한 방법으로 많이 사용된다.</td></tr>
</table>

MEMO

<table>
<tr><td rowspan="1">또래 교수</td><td colspan="2">또래 교수는 학업 기술의 증진을 위해서 또래가 직접 학업 내용을 교수하게 하는 방법으로, 장애유아가 특정 과제를 완수하거나 특정 기술을 수행하도록 또래가 교수하는 방법이다.</td></tr>
<tr><td rowspan="3">또래 시범</td><td colspan="2">• 또래 시범은 또래를 바람직한 행동의 시범자로 활용하는 방법이다.
– 또래 모방 훈련과 따라하기 훈련의 2가지 방법이 사용된다.</td></tr>
<tr><td>또래 모방 훈련</td><td>또래 모방 훈련의 경우, 또래의 행동을 모방시키기 위해서 언어와 신체 촉진 및 칭찬을 사용하는데, 주로 자연적인 환경에서 또래가 보이는 단순한 행동을 모방하도록 지시한 후에 촉진을 하거나 칭찬을 해 주는 방법으로, 비교적 행동의 유지와 일반화 효과가 큰 것으로 보고된다.</td></tr>
<tr><td>따라하기 훈련</td><td>따라하기 훈련은 이미 모방 기술을 지니고 있는 장애유아를 대상으로 또래가 먼저 복잡한 기술을 보이게 한 후 따라하게 하는 방법으로, 주로 구조화된 상황에서 실시된다.</td></tr>
<tr><td>또래 상호작용 훈련</td><td colspan="2">• 또래 상호작용 훈련은 직접교수, 역할놀이, 촉진 등의 방법으로 또래를 먼저 훈련한 뒤에, 상호작용 증진을 위한 구조화된 놀이 상황에서 장애유아와의 상호작용을 시작하게 하는 방법이다.
– 유아의 사회적 행동을 증가시키는 가장 효과적인 방법으로 알려져 있다.
– 또래 상호작용 훈련은 몇 회기에 걸쳐서 나누기, 놀이 제안하기, 도와주기, 칭찬하기(또는 애정 표현하기) 등의 사회적 기술의 개념을 소개하고 각 기술을 사용할 수 있도록 훈련하는 절차로 진행된다. 각 훈련 회기는 주로 대상 친구와 함께 놀아야 하는 이유 또는 중요성에 대해 이야기를 나눈 후 특정 기술을 사용해서 친구를 놀이로 끌어들이고 유지하는 방법을 학습시키기 위하여 연습, 역할놀이, 피드백 등의 전략이 사용된다.</td></tr>
<tr><td>집단 강화</td><td colspan="2">한 집단 내에 있는 모든 유아가 일정 기준에 도달했을 때 집단 전체를 강화하거나, 장애유아가 특정 기준에 도달했을 때 집단 구성원 모두를 강화하는 방법이다.</td></tr>
</table>

SESSION #7

MEMO

	협동학습	

협동학습

• 협동학습은 다양한 학습자로 구성된 소규모의 집단이 적극적으로 참여하여 함께 활동을 성취하는 것으로 정의된다(Gargiulo & Bouck, 2018).
  - 협동학습은 참여하는 유아들 간의 협력적인 상호작용을 증진시키고, 협력적인 학습 기술을 교수하며, 긍정적인 자존감을 형성시키는 등의 효과가 있는 것으로 알려져 있다.
  - 협동학습을 적용하기 위해서는 일반적으로 다음과 같은 4가지 기본적인 요소가 필요하다(Gargiulo & Bouck, 2018).

협동학습의 구성 요소 및 전략

구성요소	방법	전략
긍정적인 상호 의존성	공동의 목표 달성을 위해 서로에게 상호 의존하도록 만든다.	• 활동 중에 과제와 능력이 서로 맞도록 자료, 역할, 과제를 분담한다. • 유아들을 주의깊게 짝을 지어서 한두 명이 보조와 모델의 역할을 하게 한다. • 짝이나 집단 내에서 장애유아가 '주도자'의 역할을 할 수 있도록 적절한 과제를 포함시킨다.
의사소통	공동의 목표 달성을 위해 전략적으로 자료를 분산시킴으로써 구성원 간의 상호작용과 의사소통이 발생하게 한다.	• 의도적으로 자료를 흩트려 놓음으로써 또래에게 요구하게 만든다. • 의도적으로 도구(예 풀, 가위)를 부족하게 제공함으로써 서로 나누어 쓰게 한다. • 좌석 간격을 충분히 넓게 하여 자료를 서로 요구하게 만든다. • 필요한 경우에는 촉진을 제공한다. 예 "영미한테 도와달라고 말하렴.", "네가 필요한 것이 무엇인지 동호한테 말하렴."
책임 수행	과제의 완성을 위해서 모든 구성원이 각자의 능력에 맞도록 책임을 나누게 한다. 활동 중에 장애유아의 교수목표를 삽입한다.	• 모든 유아가 자신의 역할이 무엇인지 말하게 한다. • 모든 유아에게 다른 친구가 무엇을 잘했는지 말하게 한다(기여도를 높이고 '팀'에 대한 느낌을 갖게 하며 기억력과 자존감을 증진시킨다).
집단화 과정	두 사람 이상이 함께 작업할 때 기대되는 차례 주고받기, 듣기, 시작하기, 반응하기 등의 기본적인 행동을 하게 한다.	위에서 설명한 의사소통 전략을 사용해서 나누기, 차례 주고받기, 듣기, 도움 청하기, 도움 제안하기 등 집단 내에서의 기본적인 기술을 촉진한다.

MEMO

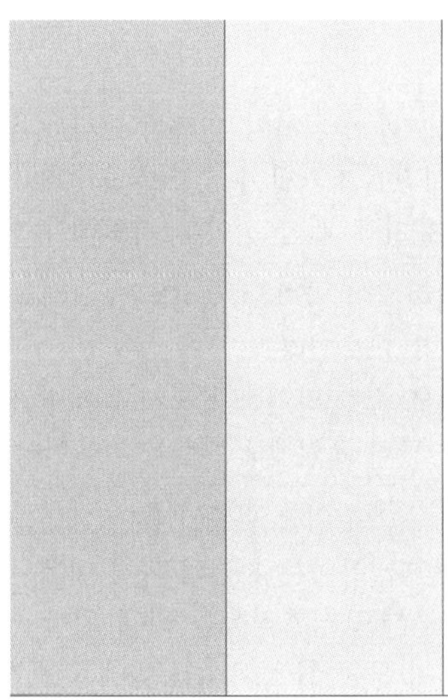

- 장애유아가 포함된 집단을 대상으로 협동학습을 적용할 때에는 기본 요소 외에도 다음과 같은 점에 유의해야 한다(Noonan & McCormick, 2014).
  - 협동학습을 통해서 교수해야 하는 목표를 분명하게 정하고 필요한 협동 기술의 목록을 작성한다.
  - 목표한 기술을 학습시키기 위해서는 일련의 교안이나 활동이 계획되어야 한다.
  - 활동 중에 유아에게 기대하는 행동을 분명하게 설명해 주어야 한다.
  - 협동학습이 진행되는 동안 교사는 주의 깊게 관찰하고 필요한 경우에 촉진과 칭찬 등의 방법으로 보조한다.
  - 협동학습이 끝난 후에는 유아에게 피드백을 제공하고 평가한다.

UNIT 05 장애유아를 위한 환경 구성

① 유치원의 환경은 장애유아를 포함한 모든 유아에게 적절해야 한다. 특히 장애를 지닌 유아는 물리적 환경이 어떻게 구성되어 있는가에 따라 편리하게 생활할 수도 있고 불편을 느낄 수도 있다.

② 보편적 환경(= 보편적 설계, universal design)이란 모두에게 편리한 환경 또는 모든 사람이 편리하게 사용할 수 있도록 고려한 디자인을 의미한다.

㉠ 유아교육 현장에서의 보편적 환경은 모든 연령과 능력 수준에 맞는 환경을 의미한다. 이러한 보편적 환경을 구성하는 것은 모든 사람에게 도움을 줄 뿐만 아니라 장애를 가진 사람에게는 보다 특별한 도움이 되기도 한다.

㉡ 또한 이렇게 유치원 시설을 처음 설계할 때부터 모든 사람의 편리성을 고려한다면, 특별히 장애유아의 입학을 위해서 물리적인 시설을 별도로 준비할 필요는 없게 된다.

예 엘리베이터: 층간 이동 엘리베이터는 지체장애유아뿐만 아니라 일시적으로 휠체어나 목발을 사용하는 사람, 노인, 짐을 나르는 사람 등 다양한 사람이 편리하게 이용할 수 있다.

예 경사로: 경사로는 휠체어나 목발을 이용하는 지체장애유아뿐만 아니라 일반유아나 유모차를 이용하는 사람 등 모든 이에게 유용하다.

㉢ 계단 없는 미끄럼틀: 계단을 오르내리기 힘든 지체장애 또는 건강장애유아가 쉽게 올라갈 수 있도록 만들어진 미끄럼틀이며, 다른 모든 유아도 즐겁게 이용 가능하다.

MEMO

❶ 공간 구성

안전하고 건강한 환경	안전사고 예방	언제 어디서 발생할지 모를 안전사고를 방지하기 위하여 교사는 우선적으로 예방적 차원에서 위험 요소를 사전에 제거할 수 있도록 노력해야 하며, 특히 활동이 진행되는 동안 모든 유아에 대한 시야를 확보해야 한다.
	개별 유아의 특성 고려	• 장애를 지닌 대부분의 유아는 전형적인 발달을 보이는 또래에 비하여 사고나 손상의 위험을 더 많이 지니고 있다. – 교사는 환경 전반의 안전 관련 요소를 확인함과 동시에 개별 장애유아가 지니는 특성에 따라 안전 관리 요인에도 관심을 기울여야 한다.
	질서 있고 정돈된 환경	• 질서 있고 정돈된 안전한 환경은 사고의 위험을 줄일 뿐만 아니라 유아에게 환경에 대한 안정감을 제공한다. 유아는 자신의 환경 내에서 안정감을 느낄 때 더욱 활발하게 탐구하고 상호작용을 하게 된다. – 때때로 부모나 교사는 환경 내의 모든 위험 요소를 없애고 완벽하게 안전한 환경을 제공하기 위해 노력하기도 하지만, 위험 요소가 전혀 없는 환경은 장애유아의 새로운 경험을 제한하는 빈약한 환경으로 작용할 수 있다. – 그러므로 안전한 환경을 구성함에 있어서 물리적으로 위협적인 요소와 건설적인 위험 요소를 구분할 수 있어야 하며, 유아가 극복할 수 있는 일상적인 장해물을 적절히 배치함으로써 이를 해결하는 경험을 하게 하는 것도 필요하다.
	청결한 환경	• 장애유아를 위한 교육 환경이 건강하게 유지되기 위해서는 환경이 청결해야 한다. 여기서 청결이란 교실 등의 공간과 교재·교구 등을 깨끗하게 유지하는 것과 유아 개개인의 위생 관리를 모두 포함한다. – 청소가 필요한 바닥은 매일 청소하고, 소독이 필요한 교재나 교구는 정기적으로 소독하며, 세탁이 필요한 교재나 교구(예 가장놀이를 위한 옷, 천으로 만든 인형, 개인 담요)는 자주 세탁해야 한다. – 특히, 교재·교구를 청결하게 유지하고 관리하는 것은 교사의 주된 의무 중 하나라고 할 수 있다. 화장실 변기, 휠체어에 부착된 테이블, 음식을 먹는 테이블 등은 특별한 관심을 기울여야 한다. – 사용한 교재는 반드시 씻거나 소독해야 하며, 특별히 아프거나 그런 징후(예 기침하기, 코 흘리기)를 보이는 유아가 사용한 후에는 더욱 주의해야 한다. 유아가 입에 넣었던 교재는 즉시 소독하는 것이 좋다.
	개인 위생	• 유아 개인의 위생을 위해서는 교사가 제공하는 환경 외에도 스스로 연령에 적합한 위생 관리(예 양치질하기, 손 씻기, 세수하기, 화장실 사용하기)를 할 수 있도록 교수를 제공해야 한다. – 유아 개인의 위생 관리를 잘하는 것은 유아들 간에 자주 전염되는 질병을 예방하는 데에도 효과적이다. 장애유아의 경우에는 개인의 상태에 따라 특정 감염 위험에 더 민감할 수 있으므로 좀 더 각별한 주의를 기울여야 한다. – 유아뿐만 아니라 교사도 손을 자주 씻어야 하며, 손 소독제나 항균 물휴지 등을 교실에 비치하고 사용하는 것도 좋은 방법이다.

<table>
<tr><td rowspan="3">접근 가능한 환경</td><td colspan="2">• 장애유아를 위한 환경은 유아의 장애가 환경으로 인해서 불이익이 되지 않도록 주의 깊게 설계되어야 한다. 즉, 장애유아도 장애가 없는 유아가 접근하는 모든 환경에 독립적으로 접근할 수 있어야 한다는 것이다.
– 교육 현장에서 사용되는 접근 가능성이라는 용어는 동등한 교육 기회를 제공한다는 맥락으로 해석될 수 있다(Gargiulo & Kilgo, 2020). 이것은 접근 가능성이 보장됨으로써 유아가 교육활동에 참여할 수 있게 되며, 참여가 보장됨으로써 교수목표가 성취될 수 있기 때문이다.
– 이때 접근 가능성은 환경 내 물리적 공간뿐만 아니라 교재·교구 또는 진행되는 활동 모두를 대상으로 하기 때문에 환경상의 특성으로 인해서 장애유아의 활동 참여나 탐구 행동이 제한되는 등 부정적인 영향을 받아서는 안 된다는 것이다.
– 환경에 접근하지 못하여 활동에 참여하지 못한다면, 좌절을 경험함과 동시에 학습의 기회를 상실하게 된다. 그러므로 교사는 장애유아를 위한 환경을 구성함에 있어서 이들이 환경의 모든 측면에 접근할 수 있는지를 반드시 점검해야 한다.</td></tr>
<tr><td>실내 환경</td><td>• 유아가 환경 내에서 자유롭게 돌아다니고 교실 내 모든 공간에 접근할 수 있어야 한다.
예 교실 내에 바닥의 높이를 달리하는 공간이 있다면 지체장애유아나 휠체어를 타는 유아가 접근할 수 있도록 수정되어야 한다.
• 실내 환경을 보완할 때에는 불필요하게 많은 수정을 하지 않도록 주의를 기울이는 것이 좋다. 즉, 장애유아가 접근할 수 있기 위한 최소한의 수정만을 함으로써, 장애가 있는 유아와 장애가 없는 유아의 차이가 크게 드러나지 않도록 하는 것이 바람직하다는 것이다.</td></tr>
<tr><td>실외 환경</td><td>• 실외 환경의 경우에도 설계에서부터 모든 유아의 접근 가능성을 고려하여 구성하도록 하고, 이미 구성된 환경의 경우에는 장애유아의 필요에 따라 수정할 수 있다.
• 실외 놀이를 위해 바깥으로 나가거나 현장체험학습을 위해 이동해야 하는 경우, 이동 통로 및 장소에 대한 접근 가능성을 사전에 탐색할 필요가 있다.
– 또한 지체장애유아는 실외 놀이시간에 적극적인 참여가 어려울 수 있으므로 실내 환경을 구성할 때 이에 대한 배려가 있어야 한다.
예 자갈 바닥인 경우에는 휠체어가 다니기 어려우며 특히 다리 사용이 불편한 유아가 넘어져 다치기 쉬우므로, 보다 적절한 마감재로 바닥을 변경하는 등의 배려가 필요하다.
– 또한 실외놀이터 역시 장애유아가 접근할 수 있도록 설계되어야 한다.
예 그네에 벨트를 달거나 의자 모양의 그네를 설치함으로써 자세잡기나 균형에 어려움을 보이는 유아가 그네를 탈 수 있으며, 경사진 바닥에 미끄럼틀을 설치함으로써 장애유아가 쉽게 접근하고 계단으로 인한 위험 요인도 줄일 수 있다.</td></tr>
<tr><td>충분한 공간</td><td colspan="2">• 다양한 보조도구나 적응 도구들을 필요로 하며, 치료사나 보조교사 등의 성인 인력이 더 많이 필요할 수 있기 때문에 보다 큰 공간을 필요로 할 수 있다.
– 일반적으로 공간이 너무 협소하거나 한 공간 안에 너무 많은 유아들이 있으면 스트레스나 공격적 행동이 증가할 수 있다. 반면에 공간이 너무 넓으면 사회적 상호작용이 감소할 수 있다.</td></tr>
</table>

MEMO

SESSION #7

MEMO

반응적 환경	• 반응적 환경이란 유아-환경 간의 상호작용 시 예측 가능하면서도 즉각적인 피드백을 제공하는 환경을 의미한다. – 장애유아들로 하여금 자신이 환경을 조절할 수 있다는 자신감과 안정감을 지니게 하며, 시간이 지나도 계속해서 환경과 상호작용하게 만드는 강력한 동기를 제공한다. ➔ 유아들이 자신의 환경을 성공적으로 조절하는 것을 경험할 수 있도록 환경의 반응성을 고려해야 한다.
참여를 촉진하는 환경	• 참여도가 높으면 학습을 촉진할 뿐만 아니라 문제 행동을 줄일 수 있다. – 매력적인 교구를 제공한다. – 참여를 의무가 아닌 특권으로 만든다. – 활동 내에서 역할을 맡게 한다. – 상호작용을 활발히 할 수 있도록 촉진한다. – 유아의 교재 선호도를 조사한다.

통합교육을 위한 물리적 환경 구성 시 일반적인 고려사항

- 휠체어 같은 보조 장비를 이동하거나 놓아두기에 충분한 공간을 마련한다.
- 교실은 안정감 있어야 하고 소음과 조명을 고려하여야 한다.
- 교재·교구는 다양한 장애 유형의 유아들에게 적합해야 한다.
  예 또래보다 발달적으로 좀 더 낮은 수준의 유아가 있다면 그러한 유아에게 흥미 있는 자료를 특별히 제시해 주어야 한다.

통합교육을 위한 물리적 환경 구성 시 세부적인 고려사항 [Klein, Cook, Richardson-Gibbs(2001)]

심리적 안정감	• 모든 유아를 위해 신체적·심리적으로 안정감을 느낄 수 있는 환경을 마련해 주어야 한다. 유아의 신체적 안전을 위해 많은 관심을 기울여야 하지만, 그에 못지않게 심리적 안정감을 느낄 수 있도록 환경을 조성하는 데 신경을 써야 한다. – 상업적인 교육 자료들과 함께 집에서 사용하는 친숙한 물건들이나 놀잇감들이 제시되면 안정감을 느낀다. – 공간과 자료의 배치에 있어서도 질서와 안정성을 고려해야 하는데, 이는 안정감을 느낄 필요가 있는 유아에게 예측 가능성을 제공해주기 때문이다. 예 매일 같은 장소에 물건이나 자료가 놓여 있다면, 유아는 어디에서 자료들을 찾아 사용할 수 있고 어디에 다시 가져다 놓을지 예측할 수 있어 안정감을 느낀다. – 그러나 통합교육 환경에서처럼 전체 유아들의 관심과 놀이주제에 따라 교재교구나 놀잇감을 바꿔 주어야 하는 현실에서는 장애유아를 위해 소수의 품목만 같은 장소에 있도록 유지해주는 방안을 적용해 볼 수 있다.
신체적 안전성	• 장애유아가 속한 통합교육 환경에서 신체적으로 안전한 환경이 되도록 계획할 때 일반적으로 유아를 위한 환경과 특별히 다른 환경을 마련할 필요는 없으나, 다음과 같은 사항들을 보다 더 세심하게 고려해야 한다. – 장애로 인해 몸의 자세가 불안정하고 지탱을 잘 못하는 유아가 있다면, 의지할 수 있는 견고하고 안정된 가구가 필요하다. 특히 선반도 튼튼한 것으로 설치한다. – 교구장이나 다른 가구 또는 벽 등의 날카로운 모서리들은 고무나 스펀지로 감싸서 부상을 예방한다.

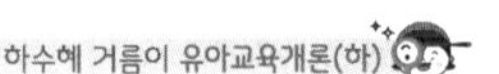

MEMO

	– 실외놀이 영역들 중 일부에는 충격을 완화할 수 있는 고무매트가 필요하다. – 걸음이 불안정한 유아와 저시력 유아를 위해서는 손으로 잡고 이동할 수 있는 난간을 설치해야 한다. – 저시력 유아를 위해 주요 통행로의 장애물들, 커브와 계단들을 분명하게 표시해 놓아야 한다.
독립적 접근성	• 유아가 독립적이고 적극적으로 환경에 참여하도록 공간이 설계되고 자료가 선택되어야 한다. – 휠체어와 같은 보조 또는 지원 장비를 사용하는 유아가 있을 경우, 이들이 각 활동 영역에 접근할 수 있도록 통로를 충분히 넓게 설치해야 한다. – 동선은 최대한 줄여야 하며, 자유롭게 지나다닐 수 있어야 한다. 가까운 곳에 교구장을 놓고, 휠체어를 두거나 이동보조장비를 놓아둘 수 있는 공간을 마련하고, 교차통행이 일어나지 않도록 발바닥 그림이나 색깔 선을 표시해 준다. 그러나 계단의 발바닥 표시는 유아가 그림에 발을 맞추는 데 신경을 써 오히려 더 위험할 수 있으므로 주의한다. – 교실에서 휠체어를 타고 다녀야 하는 유아가 활동이나 놀이에 참여할 수 있도록 고려해 주어야 한다. 예 전체 모임 시 카펫에 모두 앉거나 바닥에 둘러앉아서 하는 게임을 할 때, 모두 의자에 앉아서 하거나 테이블 위로 게임판을 올려서 한다든지 하는 활동 수정을 하여 참여를 도울 수 있다. – 청각장애유아나 글자를 읽지 못하는 유아가 스스로 영역을 선택하여 놀이할 수 있도록 영역별 활동을 예시하는 사진을 붙여 둘 수 있다. • 안전하고 독립적인 접근을 보장하기 위해 출입문, 경사로, 화장실, 의자와 테이블 등의 배치에 다음과 같은 건축학적 고려가 요구된다. – 출입문: 유아는 문 열기를 힘들어할 수 있으며, 특히 지체장애유아가 있을 경우, 문 열기, 문 닫기, 문 열어놓기가 쉬워야 한다. 문은 휠체어가 통과할 수 있도록 표준 기준의 문보다 넓어야 한다. – 경사로: 두 대의 휠체어가 지나갈 수 있도록 충분히 넓어야 하며, 경사로는 성인을 위한 경사로보다 경사가 안만해야 한다. – 화장실: 변기의 높이는 다양해야 하며, 화장실 칸막이는 유아가 휠체어에서 변기로 이동하기 쉽도록 36인치(91.44cm) 이상으로 설치한다. 화장실 공간이 넓을수록 이동보조장비를 장착하거나 사용하는 유아도 편리하게 사용하고 보조하기도 용이하다. 장애유아를 위해 화장실과 유아용 변기 의자에 보조장치가 필요할 수 있다. – 테이블 높이와 의자: 장애유아가 적절한 자세를 잡을 수 있도록 테이블 높이를 조정하거나, 높낮이를 조절할 수 있거나 안전벨트나 팔걸이 등의 보조장치가 있는 의자가 필요할 수 있다. – 조명: 가까이에서 시각을 사용하는 교재·교구를 두거나 놀이 영역을 배치할 때는 조명을 고려해야 한다. 자연광과 유사한 등을 달거나 창문과 채광창으로 자연 채광을 높임으로써 형광등으로 인해 발생하는 스트레스를 완화시킬 수 있고, 밝은 곳, 책상에 붙이는 램프를 사용하는 것도 도움이 된다.

memo

* 활동 시간표란 활동의 순서와 각 활동에 배정된 시간을 의미한다. 즉, 유아교육기관의 시간적 환경이라 할 수 있다.

② *활동 시간표 구성

활동시간 계획 시 장애유아를 위하여 고려해야 하는 기본적인 원칙	유아 간 개인 차이 반영	• 활동의 순서를 결정할 때 유아 간 개인 차이를 반영해야 한다. – 일반적으로 장애유아는 지니고 있는 장애로 인하여 특별한 요구나 선호도를 보일 수 있다. 그러므로 교사는 활동의 순서를 정할 때 하루 전체 일과를 고려함과 동시에 활동의 장소(예 교실, 운동장)나 학습 기회 등의 요소가 개별 장애유아의 필요와 잘 맞는지 살펴보아야 한다. – 또한 활동 순서나 길이는 계절에 따라서도 변할 수 있다. 특히 실외놀이의 경우에는 계절에 따라 그 시간의 길이도 달라져야 할 뿐만 아니라 하루 중 시간 배정도 변화해야 한다.
	활동 간 균형 고려	• 활동 시간표를 계획할 때 교사는 다양한 종류와 수준의 활동이 균형을 이루도록 고려해야 한다. – 성인 주도의 계획된 활동과, 계획되지 않은 유아 주도 활동 간의 균형 – 신체적인 움직임이 많이 필요한 활동과 조용한 활동 간의 균형
	예측 가능한 활동의 순서	• 활동은 정확하게 예측할 수 있는 순서대로 진행되는 것이 좋다. 장애유아를 위한 교육에 있어서 일관성 있고 예측 가능한 환경은 그렇지 못한 환경보다 더 바람직한 학습 환경을 구성해 준다. – 예측 불가능한 환경은 유아로 하여금 다음에 일어날 사건이나 활동이 무엇인지 알지 못하게 함으로써 불안감을 증가시키는 반면, 예측 가능한 환경은 안정된 학습 환경을 제공해 준다. – 또한 활동의 반복은 친숙한 활동의 수행으로 편안함을 느끼게 해 줄 뿐만 아니라 수행에 대한 자신감을 부여함으로써 자아개념의 발달에 긍정적인 영향을 미친다. – 대부분의 장애유아는 규칙적이고 일관성 있는 환경을 통해 가장 성공적인 수행을 보인다. 이를 위해서 대부분의 학급에서는 그림이나 사진 또는 구체물을 이용하여 일과표를 만들고 유아가 볼 수 있게 게시하곤 한다. – 대부분의 유아는 익숙한 환경에서 편안함을 느끼기 때문에 예고 없이 활동의 순서나 내용을 바꾸는 것은 좋지 않다. 특히 장애를 지닌 유아의 경우에는 일과의 변화가 문제행동을 유발할 수도 있다는 사실을 고려해야 한다. 그러므로 장애유아를 포함한 모든 유아가 다음에 발생할 사건이나 활동이 무엇인지를 알게 함으로써 환경에 대한 안정감을 느끼게 하는 것이 중요하다. • 그러나 활동의 순서가 절대적으로 고정되어야 하는 것은 아니다. – 일과는 불가피하게 변경될 수도 있음을 인지하게 하고 변화에 대해 미리 알려서 대처하게 하는 등 적당히 융통성 있게 운영함으로써, 현장학습 등의 특별활동 계획이나 낯선 사람의 방문 등 계획하지 않은 사건의 발생을 점차 수용할 수 있도록 지도해야 한다.

MEMO

활동의 진행 미리 알려주기	• 시간표에 따른 활동의 진행을 미리 알려주어야 한다. – 일반적으로 유아는 특정 활동에 집중하게 되면 다른 것에 관심을 돌리기가 쉽지 않다. 그러므로 활동이 끝나기 몇 분 전에 다음 활동으로의 이동을 미리 예고하는 것이 좋다. – 유아는 과제를 완수함으로써 만족감을 얻고 자기 자신에 대한 자존감을 발달시키곤 한다. 특히 장애유아의 경우 과제를 적절하게 완성하는 경험을 통해서 많은 혜택을 얻을 수 있다. 그러나 활동을 위한 충분한 시간이 주어지지 않는다면 이들이 과제를 완수할 수 있는 기회를 상실하게 되며 다음 활동으로의 이동이 방해를 받게 된다. 교사는 장애유아의 장애 특성이나 필요에 따라 이러한 활동 완수의 기회를 경험할 수 있도록 시간표를 잘 구성하고, 그 진행에 대하여 미리 알려줌으로써 준비할 수 있게 해 주는 것이 좋다. – 모든 활동과 이동 시간은 학급 내 모든 유아가 자신의 속도로 충분히 참여할 수 있도록 계획되어야 한다. 예 충분한 시간을 주면 혼자 이동할 수 있는 유아임에도 이동 시간이 짧다는 이유로 번쩍 안아 들어 영역 활동에서 간식 테이블로 옮긴다면, 이 유아는 독립적인 과제 수행의 기회를 잃게 될 뿐만 아니라 자존감에도 부정적인 영향을 받게 된다.

UNIT 06 장애유아 통합교육

#KEYWORD 장애통합교육

1 장애유아 통합교육의 개념

개념	• 통합교육이란 장애를 가진 유아가 일반적인 교육 환경에서 한 학급의 일원으로 인정받으며 또래와 함께 학급의 모든 활동에 참여하는 것을 의미한다. • 우리나라의 「장애인 등에 대한 특수교육법」(2007)에서는 "통합교육"이란 특수교육대상자가 일반학교에서 장애유형·장애정도에 따라 차별을 받지 아니하고 또래와 함께 개개인의 교육적 요구에 적합한 교육을 받는 것이라고 정의하고 있다. • Kaufman 등(1975)에 의하면 통합이란 장애유아가 일반학급에서 물리적(시간적 통합), 학문적(교수적 통합), 사회적(사회적 통합)으로 통합되는 것을 의미한다. 진정한 의미에서의 통합이 이루어지기 위해서는 이 3가지 형태의 통합이 모두 이루어짐으로써 장애유아가 일반교육환경에 배치되어 모든 교수활동에 동등하게 참여하고, 교사나 또래로부터 학급의 구성원으로 인정받을 수 있어야 한다(박은혜, 2001). • 장애유아 통합교육은 장애인도 지역사회의 다른 구성원과 같거나 유사한 생활권리를 가진다는 사고에 따라, 장애인이 가능한 한 일반인과 같이 정상적인 생활을 할 수 있게 하는 정상화 원리와 같은 철학적 믿음, 탈수용 시설화와 같은 사회적 움직임, 최소제한 환경의 의무와 같은 법률 제정 등에 의해 그 속도가 가속화되었다. • 특히 최근에는 주류화(mainstreaming)나 합친다(integration)는 개념으로서의 통합보다는 포함(inclusion)의 개념으로서 통합교육이 강조되고 있다.

MEMO

- 장애유아와 비장애유아라는 두 개의 분리된 집단이 하나로 합쳐지는 과정으로서의 인식에서 벗어나, 처음부터 서로 포함되어 있는 하나의 집단으로 인식하고 함께 교육한다는 개념으로 변화해 가는 것이라고 할 수 있다.
- 따라서 현재 논의되고 있는 '포함'의 개념으로서의 통합교육은 장애유아들의 교육 선택권 및 구성원 자격에 대한 능동한 권리를 인정하고, 모든 교육환경에서 동등한 소속감을 지닐 수 있어야 한다는 가치를 부여하는 개념이라고 할 수 있다.

• 장애유아 통합교육은 다양한 교육적 필요와 능력을 지닌 유아들이 함께 교육받는 프로그램으로서, 장애를 지닌 유아들이 일반 또래들과 함께 유치원이나 어린이집 등의 기관에서 같은 장소, 같은 시간에, 같은 과정의 교육을 받으며 배울 수 있도록 일반 교육기관이나 학급에 배치하게 된다. 그 안에서 의미 있는 상호작용이 일어날 수 있도록 교육과정을 알맞게 조정·운영하며, 정신건강지원, 신체건강지원, 환경지원 등 장애유아의 요구에 따른 특수교육 관련 지원을 하는 것을 의미한다.

통합교육을 지칭하는 용어

용어	정의
통합교육 (Inclusive Education)	"통합교육"이란 특수교육대상자가 일반학교에서 장애유형·장애정도에 따라 차별을 받지 아니하고 또래와 함께 개개인의 교육적 요구에 적합한 교육을 받는 것을 말한다(「장애인 등에 대한 특수교육법」 제2조).
통합(혼합) (Integration)	• 두 집단의 유아를 혼합하는 적극적인 과정이다. • 분리(segregation)와는 반대되는 개념으로 장애가 있는 유아와 장애가 없는 유아를 같은 학급에 함께 있게 하기 위한 체계적이고도 주의 깊은 노력을 의미한다.
주류화 (Mainstreaming)	• 장애유아를 가능한 한 비장애유아들의 생활 흐름에 포함시키는 것을 의미한다. - 하루 전체나 일정 시간 동안 학급 활동 전체 또는 부분적으로 일반학급에 장애유아를 배치하는 것을 의미한다. - 교사가 장애유아의 교육에 대한 주요 책임을 진다.
역 통합 (Reversed Mainstreaming)	장애유아를 위한 학급에 비장애유아를 배치하는 것을 말한다.
통합(포함) (Inclusion)	중도(중증)장애를 포함하는 모든 장애유아들이 거주 지역 학교의 나이에 맞는 일반학급에서 유아와 교사 모두에게 필요한 적정 서비스 및 보조를 통해 교육받는 것을 말한다.
완전통합 (Full Inclusion)	장애의 유형이나 정도와는 상관없이 하루 종일 일반학급에 완전히 포함되는 것을 의미한다.

MEMO

2 장애유아 통합교육의 필요성 및 목적

장애유아 통합교육의 필요성	• 사회가 점점 발달하고 개방적으로 변화하면서 통합교육의 필요성은 더 커져만 가고 있다. 장애유아를 위한 통합교육이 필요한 주된 이유는 다음과 같다. ① 발달기는 유아가 신체적으로 발달함과 동시에 사회적 관계 속에서 상호작용을 통해 성장하는 시기이므로, 일반 또래와 놀이할 수 있는 풍부한 환경을 제공해야 하기 때문이다. ② 장애유아와 비장애유아가 함께 활동하는 가운데 장애유아뿐만 아니라 비장애유아도 성장할 수 있기 때문이다. ③ 장애유아 부모에게도 미치는 긍정적인 영향이 있다. 장애유아 통합교육이 성공적으로 실시될 때 부모들은 장애를 지닌 자녀들에 대해 좀 더 긍정적인 태도를 갖게 된다. 예컨대, 비장애유아의 부모들과 접촉할 기회가 자연스럽게 많아짐으로 인해 고립감을 피할 수도 있으며, 분리된 특수 사회가 아니라 현실 속에서 장애유아가 학교에서 보이는 성취를 파악할 수 있게 된다.
장애유아 통합교육의 목적	• 장애유아에게 맞는 적절하고 효과적인 교육을 제공할 수 있다. – 일반학급에서 교육을 받고 있는 장애유아에 대해 보다 적절하고 효과적인 교육을 제공하기 위한 목적으로 통합교육을 실시한다. • 학습 시간의 낭비를 줄여줄 수 있다. – 장애유아들에게 주어지는 이동 프로그램(pull-out program)은 한 환경에서 다른 환경으로의 이동과 적응 때문에 불필요한 시간을 낭비하게 하지만, 통합교육은 그러한 이동과 적응 시간을 줄이는 데 효과적이다. • 서비스 전달에 방해를 최소화한다. – 통합교육이 일반학급의 내용과 맥락 속에서 이루어짐으로써 서비스 전달에 방해가 최소화되고 유연하게 전달되도록 한다. • 보다 밀착된 점검을 한다. – 교육 성과를 정확하게 파악하고, 장애유아의 IEP(개별화교육 프로그램) 목적에 대한 진전을 보다 잘 평가할 수 있다. • 보다 높은 자긍심을 가지게 된다. – 장애유아들이 일반학급에 배치되어 교육을 받는 것은 장애유아뿐만 아니라 비장애유아들에게도 긍정적으로 작용하여 각자 높은 자긍심을 갖도록 한다. • 소속감을 가지게 한다. – *원적 학급에서 하루 종일 생활하는 것이 원적 학급에 대한 소속감을 갖도록 하는 데 훨씬 유리하며, 일반학생들의 입장에서도 장애학생을 급우로 생각하도록 하는 데 도움이 된다. • 보다 많은 위험을 제거한다. – 높은 자긍심이나 소속감과 함께 학생들은 위험을 당할 가능성이 감소되고, 보다 어려운 과제를 시도하게 되면서 일반학급의 활동에 참여하는 것이 증가하게 된다. 또한 이것은 일반교사와 특수교사들에게도 자신의 활동이 도움이 되었다는 긍정적인 영향을 준다. • 명칭 붙임의 부정적인 영향이 보다 적어진다. – 통합교육이 이루어지는 학급에서는 이제 더 이상 명칭이 문제가 되지 않는다. 대신 다양한 수준에 있는 학생들이 다양한 방법으로 학습하도록 하는 것이 강조된다.

*원적(原籍) 학급
장애유아가 적을 두고 있는 일반학급

SESSION #7

MEMO

	• 교사 간의 팀워크를 강화한다. – 통합교육은 상호보완적으로 진행되는 현직 연수 분위기에서 함께 가르치는 교사들 사이의 효과적인 협력을 요구한다. • '우리'라는 공동체적 주인의식을 갖게 한다. – '당신의 학생', '나의 학생'이라는 감정보다 '우리의 학생'이 되어야 한다는 것이다.

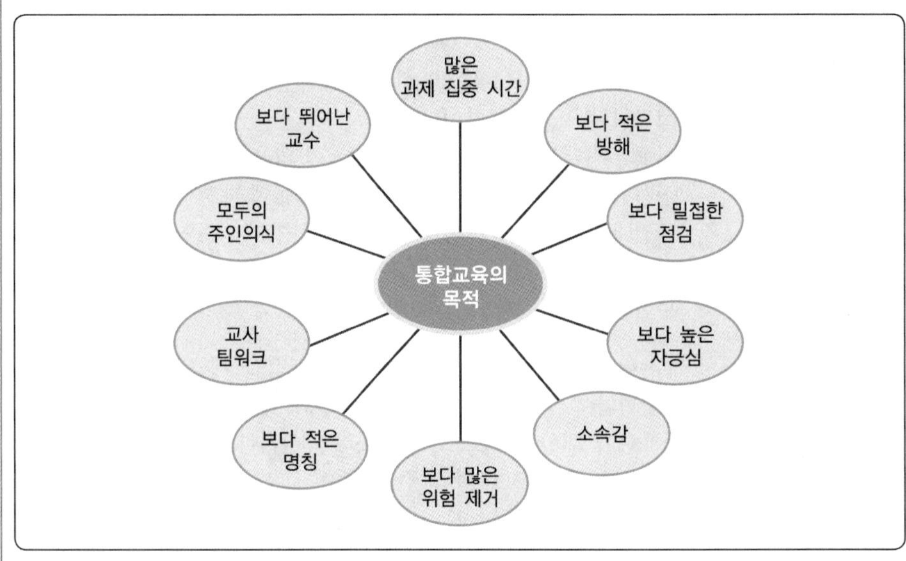

장애유아 통합교육의 목적

3 장애유아 통합교육의 장점 및 단점

장점	• 장애 유무에 관계없이 여러 가지 능력·개성을 가진 또래가 교육이나 생활에서 영향을 주고받으면서 생활경험을 넓혀가는 동시에, 비장애유아에 의해 배우는 것도 많다. • 장애유아에게 있어서는 비장애유아로부터 여러 가지 자극을 받아 모방함으로써 언어, 사회성, 흥미, 관심 등 한 사람 한 사람이 가지고 있는 각자의 능력을 제대로 발휘할 수 있다. • 비장애유아와 사이좋게 놀게 되고 친구관계가 넓어진다. • 비장애유아의 행동을 본받아 생활습관이 촉진되고 바른 행동을 취하게 된다. • 비장애유아에 있어서는 함께 배우고 함께 생활하면서 장애를 가진 친구를 알게 되며 생각하고 배려하는 방법을 몸에 익힐 수 있다. • 교사 자신이 통합교육을 통해서 장애유아를 바르게 이해할 수 있고, 장애유아에 대한 지식을 넓히며 지도기술을 향상시켜 갈 수 있다.

MEMO

단점	• 집단 구성원이 더욱 다양해지기 때문에 개개인의 능력 특성에 따라 교육하기 힘들다. • 장애유아를 위한 시설이 미비하고 교육적 배려가 불충분하면 오히려 적응하는 데 어려움을 느낄 수 있다. • 비장애유아의 지나친 도움을 받아 자립심이 약해지고 의뢰심이 강하게 되는 등 장애유아 자신의 발달이 저해될 수 있다. • 친구들이 장애유아를 조롱한다든지, 부정적으로 흉내 낸다든지, 혹은 약한 자를 괴롭히는 행동 등이 발생할 수도 있다. • 일반교사가 장애유아에 대한 전문적 지식·지도기술이 부족하면 장애유아를 적절히 지도하기 어렵다. • 장애유아와 비장애유아의 부모를 대상으로 장애공감교육이 필요하며, 통합에 대한 이해가 부족할 경우 학부모 간 갈등의 요소가 될 수도 있다.

4 통합교육의 분류

(1) Kaufman 장애통합의 구분

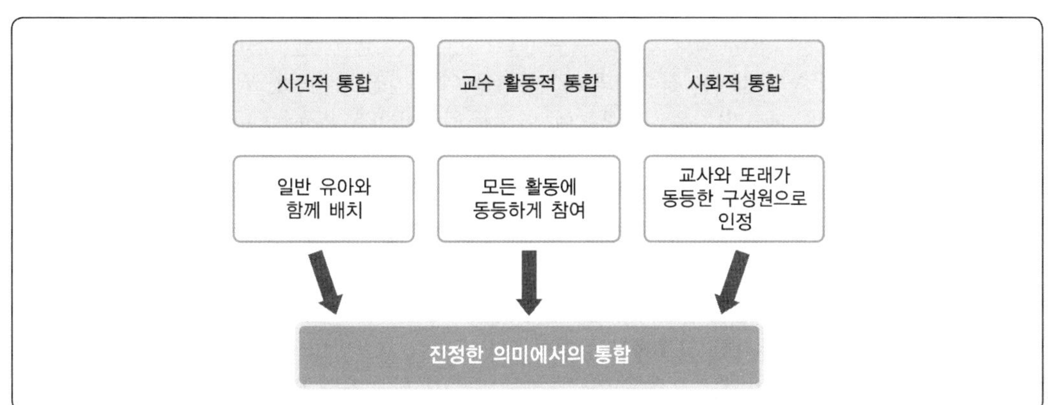

진정한 의미에서의 통합교육

물리적 통합 (temporal integration)	일정시간 동안 일반 또래들과 동일한 교육환경에 배치하는 것을 의미한다.
학문적 통합 (instructional integration)	일반학급의 학업활동에 의미 있게 참여하는 것을 의미한다.
사회적 통합 (social integration)	통합되는 학급의 교사와 또래들로부터 학급의 구성원으로 수용되는 것을 의미한다.

MEMO

(2) 통합수준에 따른 분류

물리적 통합	건축의 구조를 정비하여 장애학생, 일반학생의 접촉을 촉진·조장하는 것을 의미한다.
용어적 통합	장애를 의미하는 명칭과 차별적 표현을 사용하지 않는 것을 의미한다.
행정적 통합	장애학생과 일반학생을 법적으로 구분하지 않는 것을 의미한다.
사회적 통합	장애학생과 일반학생 간의 사회적 접촉의 빈도와 강도를 증진시키는 것을 의미한다.
교육과정 통합	장애학생과 일반학생에게 동일한 교육과정의 구조·목표를 적용하는 것을 의미한다.
심리적 통합	모든 학생들이 같은 교실에서 같은 프로그램으로 함께 수업 받는 것을 의미한다.

5 통합교육의 역사적 배경

- 통합교육은 몇 가지 역사적 흐름을 통해 최근의 모습을 갖추게 되었다.
  - 철학적 근간이 된 '정상화 원리', 사회적 움직임인 '탈시설수용화', 법 제정을 이끈 '최소제한환경' 의무화, 일반교육 안에 특수교육을 넣는 방법인 '일반교육주도'라는 역사적 흐름 속에 현재의 통합교육 개념이 만들어졌다.

정상화의 원리	• 정상화의 원리는 장애인의 사회통합을 위한 가장 기본적인 원리로, 1960년대 스웨덴의 니리(Nirje)가 처음 사용했으며, 이후 울펜스버거(Wolfensberger, 1972)가 장애인 서비스 원리로 사용하였다. • 문화적으로 정상적인 행동과 특성을 형성·유지하기 위해서는 문화적으로 가능한 한 정상적인 방법을 사용해야 한다는 철칙에서 시작되었다. • 정상화는 '장애인을 위한 교육의 목적 및 수단이, 가능한 한 일반인을 위한 교육의 목적 및 수단과 같아야 한다'는 것을 의미하므로 장애유아도 일반유아와 동일한 교육환경이나 최대한 유사한 환경에서 동일하거나 유사한 교육방법으로 교육받아야 한다고 본다. • 정상화 원리는 '최소제한환경' 개념의 탄생에 촉매의 역할을 하였다.
탈시설수용화(탈시설화)	• 20세기 초 산업화로 인해 노동자 인구가 많아지면서 가족이 장애인을 돌보는 것이 어려워져 장애인을 위한 수용시설이 점차 많아졌으나, 대부분 외곽에 위치하여 설립 취지와는 다르게 지역사회와 접촉이 없는 폐쇄적인 수용 시설로 변질된 상태였다. – 이러한 물리적·사회적인 환경이 장애인들의 재활에 부적절하다는 평가를 받아 오던 시점에 '정상화의 원리'가 강조되면서 탈시설화 운동이 전개되었다. • 이러한 변화는 장애 학생도 일반 학생과 함께 교육받아야 한다는 교육적 요구를 촉발시키며 교육 현장에도 영향을 미치게 되었다.
최소제한환경(Least Restrictive Environment : LRE)	• '최소제한환경(Least Restrictive Environment : LRE)'이란 장애아동을 또래나 가정, 교육기관, 지역사회에서 가능한 한 최소한으로 분리해야 한다는 개념으로 미국 「장애인교육법(IDEA)」에 명시된 법적 용어이다. 즉, 장애아동의 생활이 가능한 한 '일반적인 환경에서 이루어져야 한다'는 것이다. – 일반학급에서 보충적 도움·서비스로 통합이 어려운 경우가 아니면 어떠한 분리 환경에도 배치되어서는 안 된다고 보는 것이다.

MEMO

SESSION #7

	최소제한환경을 결정하는 데 도움이 되는 5가지 지침은 다음과 같다. ① 최소제한환경은 개별 아동의 필요를 근거로 결정되어야 한다. 아동의 장애 종류와 경중은 매우 다르기 때문에 그 차이에 따라 일반학급, 특수학급, 특수학교 등을 선택해야 한다. ② 장애아동을 분리교육하기 전에 최대한 통합환경에 배치되도록 하는 노력이 선행되어야 한다. 보조교사 지원, 특수교사의 일반학급 지원, 프로그램 운영 등 일반학급에 배치될 수 있는 방법을 최선으로 고려한 후 여력이 없을 때 분리를 결정한다. ③ 개별 아동에게 적합한 연계적 특수교육 서비스를 운영해야 한다. ④ 최소제한환경을 결정할 때 또래 아동들도 고려해야 한다. 아동의 장애 특성과 정도에 따라 또래의 권리가 침해될 수 있기 때문이다. ⑤ 장애아동이 제한된 환경에 배치되어야 할 때에는 가능하면 통합의 기회를 최대한으로 준다. 수업의 통합이 어려운 경우에는 점심시간, 쉬는 시간, 특별활동시간 등에 통합한다. 주류화(mainstreaming) • '최소제한환경'의 원리를 실현하기 위해 교육적 방안의 하나로 '주류화'가 제시되었다. • 장애학생들을 일반교육과정에 포함시키는 것을 의미한다(교육적 용어). – 장애학생들이 학교생활의 일부를 일반학급에서 또래들과 함께 보내는 것으로, 장애아동을 비장애아동을 위한 프로그램에 배치해야 한다고 주장하는 것이다.
일반교육주도 (Regular Education Initiative : REI)	• '일반교육주도'는 일반교육과 특수교육을 같은 교육체계로 묶어 교육적인 개혁을 시도하려는 주장이지만 찬반 의견이 대립하고 있다. – 찬성 입장에서는 일반교육과 특수교육으로 나누어 이루어지는 현행제도는, 이중적 구조로 인해 비기능적 · 비효율적 · 비경제적이라고 주장한다. – 반대 입장에서는 일반교사는 장애아동 교육 준비가 되어 있지 않고, 장애 정도와 특성에 관계없이 모든 장애아동을 획일적으로 일반학급에 배치하는 것이 타당하지 않다고 주장한다. • '일반교육주도'는 특수교육에서 포함의 개념을 내포하는 '통합교육(inclusion)'이라는 용어가 탄생하게 하였고, 일반교육-특수교육 간의 동등한 협력(collaboration)이 강조되도록 하였다.
완전통합 (full inclusion, inclusion)	• '완전통합교육'은 일반교육주도와 관련한 여러 제안 중에서 가장 극단적인 형태, 즉 교육의 수월성과 효율성 제고를 위해 일반교육과 특수교육을 합병함으로써 단일 교육체제를 구성해야 한다는 입장이다. **'완전통합'이 담고 있는 개념** ① 장애의 형태나 정도에 상관없이 모든 장애아동이 일반학급에 참여한다(분리된 특수교육은 존재하지 않음). ② 모든 장애아동은 자신이 사는 지역사회 학교(장애가 없었다면 가게 될 학교)에 다닌다. ③ 특수교육이 아닌 일반교육이 장애학생을 위한 주된 책임을 진다. • '완전통합'에서 추구하는 것은 장애 정도나 종류에 상관없이 모든 장애아동이 일반학급에 통합되어야 한다는 것이다. 그러나 '완전통합'을 하게 되면 개별 아동의 필요를 충족시켜 줄 수 없다는 단점이 발생한다. – 일반학급 교사는 장애아동의 개별적 필요를 충족시켜 줄 교육을 받지 못했기 때문에 능력과 태도가 준비되지 않은 문제가 있다. – 또한 일반교사의 능력과 태도가 준비되었다 하더라도 전문가 수준의 서비스를 제공하지 못하고, 같은 학급의 또래들이 불이익을 받을 수도 있기 때문에 윤리적으로만 '완전통합'을 주장하는 것은 부적절하다.

MEMO

6 통합교육의 당위성

법적 당위성	• 우리나라에서는 1977년에 「특수교육진흥법」을 제정·공포함으로써 특수교육 확대와 교육의 질적 향상에 많이 기여하였으며, 이후 1994년 법률이 새롭게 개정되었다. • 「특수교육진흥법」을 기초로 하여 2007년 4월 「장애인 차별금지 및 권리구제 등에 관한 법률」이 장애아동의 통합교육에 대한 법적 근거를 제공하였고, 2007년 4월 30일에 「장애인 등에 대한 특수교육법」이 국회에서 통과되었다.
교육적 당위성	• 통합교육의 당위성을 장애유아의 입장에서 먼저 살펴보면, 통합된 지역사회의 한 시민으로서 자기의 역할을 하며 살아가기 위해서는 통합교육이 필수적이다. 일반교실은 사회의 축소판으로, 특수학급이나 특수학교보다 사회의 모습을 더 많이 닮았고 다양한 상황이 발생한다. – 비장애유아의 경우 장애유아와 같은 공간에서 상호작용하고 생활하는 과정에서 장애유아에 대해 올바르게 이해할 수 있다. – 또한 통합교육이 비장애유아의 교육적 성취를 방해하는 것이 아니라 오히려 사회성 발달, 읽기 및 수학 성취가 훨씬 높게 나타났다(이수정, 2010; McDonnell et al., 2003). – 통합교육을 받은 장애유아의 교육성과는 분리교육에서 얻은 성과와 최소한 같거나 그 이상일 뿐만 아니라, 교사들 또한 좀 더 깊게 교육을 계획하고 배려함으로써 유아들의 발달적·행동적·태도적 측면에 긍정적인 영향을 준다. – 장애유아는 또래를 통한 관찰학습을 통해 연령에 따른 적절하고 바람직한 행동을 배울 수 있으며 인지 및 언어발달이 촉진될 수 있다.
사회·윤리적 당위성	• 먼저 사회적 당위성은 통합교육을 통해 장애아동과 일반아동이 서로를 이해하고 수용하며 편견 없이 상호작용하고 돕는 공동체를 형성하는 능력을 길러줄 수 있음에 있다. 어린 연령부터 통합교육이 이루어질수록 장애아동은 이차적 장애 발생이 예방될 수 있고 행동발달을 더욱 정상화할 수 있으며, 사회적응능력을 발달시킬 수 있다. ① 통합교육은 모든 사람이 평등하다는 사회적 가치를 실현한다. 사회 구성원으로서 동등한 기회를 가진다는 개인의 권리가 통합교육으로부터 실현될 수 있다는 것이다. ② 통합교육은 다양한 구성원으로 이루어진 사회에서 유아들이 서로의 다름을 인정하고 수용하고 배려하는 긍정적인 삶을 살아갈 수 있도록 준비시킨다. – 장애인의 사회 통합이 당연한 권리로 인정된다면 순조로운 사회 적응을 위해서는 장애유아 본인 및 그 주변 사람들의 장애에 대한 올바른 이해와 긍정적 태도가 반드시 필요하며, 이러한 것들은 유아기 조기 통합교육으로부터 시작해 함께 살아가는 경험을 통해서 서서히 이루어갈 수 있다. – 통합교육을 통해 장애아동에 대한 사회적 태도를 긍정적으로 변화시킬 수 있다. – 분리교육이 장애아동에게 미칠 수 있는 부정적인 영향을 막을 수 있다. ③ 통합교육은 분리교육에 비해서 경제적으로 더 효율적인 정책이다. 즉, 장애유아를 분리된 환경이 아닌 기존의 일반교육 체계 내에서 교육함으로써 교육비용을 절감할 수 있다는 것이다. – 기존의 교육시설을 이용할 수 있으므로 분리된 교육기관 설립 및 운영에 드는 비용을 절감시키고 장애유아 교육 수혜율을 확장하는 동반 효과도 기대할 수 있다. – 조기 통합교육의 성과를 통하여 이후 학령기 장애 학생이나 성인기 장애인의 사회적응과 독립적인 삶을 가능하게 함으로써, 사회의 부담을 경감하고 더불어 살아가는 바람직한 사회의 기반을 마련할 수 있음이 보고되고 있다.

MEMO

	• 다음으로 윤리적 당위성을 살펴보면, 누구나 장애와 상관없이 평등하게 교육받을 권리가 있음에도 장애아동은 가까운 곳에 특수학교, 특수교사 혹은 특수학급이 없기 때문에 일반학교에서 장애아동을 못 가르친다는 이유로 교육받을 권리를 누리지 못할 수 있으므로 윤리적 측면에서도 통합교육이 이루어져야 한다.

7 장애유아 통합교육의 영향

<table>
<tr><td rowspan="2">기본 관점: 장애유아 통합교육이 유아기에 적합한 이유</td><td colspan="2">• 유치원은 또래와 어울리는 첫 번째 장소로서 또래 관계를 형성하는 중요한 기회를 제공하므로, 유아기는 장애통합교육이 적절한 시기이다.
• 유아교육 프로그램은 다양하고 폭넓은 내용의 프로그램을 포함하여, 유아의 개인차를 고려할 수 있으므로 장애통합교육이 가능하다.
• 유아교육 환경에서 사용하고 있는 교수 방법들은 장애유아를 포함한 모든 유아의 발달에 적합하고 유용하다.
• 학업 성과에 중심을 두는 학령기보다는 흥미를 가지고 탐색하며 환경과 상호작용하는 데 중점을 두는 유아기에 통합교육이 더 효과적으로 이루어질 수 있다.
• 장애유아나 비장애유아 모두 나이가 어릴수록 장애에 대한 편견이 없고 쉽게 동화될 수 있기 때문이다.</td></tr>
<tr><td>유의점</td><td>• 장애유아가 통합교육에서 성공하기 위해서는 독립적인 신변처리 능력과 사회성 기술이 필요하다.
– 따라서 무조건적인 조기 통합교육보다는 유아의 발달연령과 생활연령을 고려하고, 유아가 통합교육을 받기 위해 필요한 기능을 충분히 습득하였는지를 신중히 판단한 후에 이루어져야 한다.</td></tr>
<tr><td>장애유아에게 미치는 영향</td><td colspan="2">• 장애유아는 일반 학급에서 분리되어 따로 교육을 받는 것보다 자신의 또래와 함께 교육을 받을 때, 또래들을 통해 새로운 적응 기술을 배우게 되고 그러한 기술을 전제로 어떻게 사용할 수 있는지를 모방한다.
• 또래들의 적절한 행동을 관찰하여 학습할 수 있고, 비장애유아와 상호작용하면서 사회성, 의사소통능력, 긍정적인 사회적 행동이 증가한다.
• 장애유아가 일반학급에서 또래들과 함께 교육을 받음으로써 장애로 인하여 발생하게 될 낙인의 부정적인 영향을 감소시킬 수 있고, 일반유아가 장애유아에 대해 이해하고 편견을 줄이는 데 기여한다.
• 장애유아의 인지와 학업성취 면에서 긍정적인 효과가 있다.
– 잠재 능력의 발견 기회를 제공받는다.
• 사회적 지지를 더 많이 받게 되고, 전형적인 발달을 보이는 또래들과 지속적이고 질 높은 우정을 형성할 기회를 갖는다.
• 중도장애유아가 일반유아와 통합되면 행동적 측면에서 긍정적 영향을 받아 부적절한 놀이행동을 보이는 빈도가 줄어든다.
• 생활 경험의 폭이 넓어진다.
• 놀이와 생활의 흐름에 따라 규칙적인 행동을 하게 됨으로써 생활습관이 좋아진다.
• 자립심을 촉진한다.
• 실제적인 생활경험을 통해서 지역사회에서의 삶을 준비할 수 있다.</td></tr>
</table>

MEMO

비장애유아에게 미치는 영향	• 사회적 책임감이 향상된다. – 통합교육을 통하여 비장애유아는 개개인의 다양성을 이해하고 받아들이며 장애유아에 대한 긍정적인 태도를 갖게 되면서, 장애유아를 배려하고 돕는 등 사회적 책임감이 향상되는 모습을 보인다. – 발달적, 행동적, 태도적 측면에서 이타적인 사고와 태도를 갖는 등 긍정적인 영향을 받게 된다. • 이타적인 행동과 그러한 행동을 언제 어떻게 사용해야 하는지를 학습한다. • 장애아를 보살피고 도와주는 마음, 타인을 배려하는 마음과 감정이입 등의 사회적 행동이 향상된다. • 존중의 태도가 함양된다. – 타인을 대하는 태도는 유아기에 학습이 된다. 그렇기에 유아기에 통합교육을 받게 되는 경우, 장애를 바르게 바라보고 이해하며 존중하는 태도를 갖게 된다. • 통합교육을 받기 전보다 장애 및 장애유아에 대해서 보다 사실적이고 정확한 견해를 학습할 수 있는 기회를 갖는다. • 발달적 성취도가 높다. – 통합교육을 받는 비장애유아는 인격적 태도와 사회성 발달을 함양하며, 통합교육을 받지 않는 비교집단과 대비했을 때 발달적 성취도가 더 높게 나타나는 모습을 보인다. • 장애유아를 가르쳐주면서 자신의 지식을 정교화하게 된다. • 직접 경험을 통해 장애유아에 대한 부정적인 인식을 개선시키게 된다. • 어려움에도 불구하고 성공적으로 성취한 사람들에 대한 모델을 제공받을 수 있다. • 장애를 가진 친구와 함께 생활하면서 겪는 문제상황들은 유아들의 문제해결능력을 발달시킬 수 있다.
장애유아의 부모에게 미치는 영향	• 통합교육이 성공적으로 실시될 때 부모들은 장애를 지닌 자녀들에 대해서 좀 더 긍정적인 태도를 갖게 된다. • 현실적인 발달의 정도를 파악할 수 있다. – 통합교육 속 장애유아가 비장애유아와 어울리는 모습과 일과를 보면서 자녀의 성취를 현실적으로 바라보게 되며, 전형적인 발달의 정도를 알고, 자녀의 나이에 맞는 적절한 발달을 촉진할 수 있게 된다. • 사회적 관계가 확장된다. – 통합교육을 통해 긍정적인 자아 인식을 갖는 데 도움이 되고, 다른 부모(비장애유아의 부모)와의 잦은 소통을 통하여 사회적 관계를 넓혀 고립감을 피할 수 있다.
비장애유아의 부모에게 미치는 영향	• 장애인 또는 그 가족에 대하여 잘 이해하게 된다. • 장애아 가족들의 요구에 대한 관심이 증가하게 된다. • 장애유아의 가족들과 관계를 형성하고 그들과 지역사회에 기여할 수 있다. • 자녀에게 개별적인 차이와 그러한 차이를 수용하는 것에 대해서 가르칠 기회를 갖는다. • 장애유아의 부모들과 접촉함으로써 자녀 양육과 관련된 문제해결의 가능성에 대해서 긍정적인 자극을 얻게 된다.
교사	• 유아의 발달 단계에 대하여 새롭게 공부할 수 있으며, 장애에 대하여 학습하는 기회가 된다. • 장애유아도 가르칠 수 있다는 자신감을 갖게 된다. • 세심한 관찰력이 생기고 지도 기술이 향상된다.

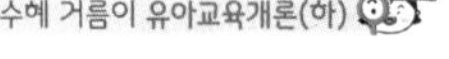

MEMO

교사	• 장애유아와 비장애유아의 욕구에 맞는 교수기술을 습득할 수 있다. • 장애유아에 대한 긍정적 태도를 증진시킬 수 있다. • 곤란을 이겨내며 성장하는 유아의 힘에 감동하여, 교사로서의 긍지와 보람을 갖게 된다. • 교사끼리의 협조가 강화된다.
사회에 미치는 영향	• 장래의 사회구성원이 될 유아들에게 장애에 대한 올바른 인식을 갖게 하고, 더불어 사는 바람직한 형태의 사회를 만들어 가기 위한 기초적인 역할을 할 수 있다. • 장애유아들이 성장해 가면서 직면하게 되는 사회적응상의 문제를 처음부터 분리시키지 않음으로써 문제의 발생 자체를 사전에 방지할 수 있다.

8 장애통합교육의 어려움

유아 측면	**성공적 통합교육이 실행되기 어려운 이유** • 장애유아들이 지닌 외모나 능력의 차이로 인하여 장애나 장애유아에 대한 편견을 가질 수 있다. 이로 인해 통합 현장의 장애유아들이 또래들에게 사회적으로 거부당하는 비율이 높아 통합교육의 실행 자체가 어려워질 수 있다. • 주변 성인이나 사회의 장애인에 대한 인식과 태도가 4~5세 유아들의 장애인에 대한 인식과 태도를 형성하는 데에 영향을 미친다. 따라서 장애유아를 이해하고 수용하도록 촉진하는 성인의 중재가 없는 상태에서 장애유아들을 일반유아들과 함께 배치하는 것만으로는 성공적인 통합교육을 실행할 수 없다. **진정한 의미에서의 통합교육을 위한 필수적인 요소** 교사는 우선적으로 일반유아들이 장애유아에 대한 긍정적인 인식과 태도를 가지고 이들과 사회적인 관계를 형성하도록 환경을 조성하고 교수 활동을 진행하는 등 유아를 대상으로 하는 구체적인 지원을 제공해야 한다.
교사 측면	**성공적 통합교육이 실행되기 어려운 이유** • 교사양성 체계와 교육 현장이 유아교육과 특수교육으로 이분화되어 있기 때문에, 교사가 통합교육에 대한 적절한 사전지식을 갖추지 못하거나 역할에 대한 혼란으로 인하여 준비되지 않음으로써 유아 지도에 많은 어려움을 지니고 있다. • 교사들의 과다한 업무와 준비 부족이 통합교육의 걸림돌로 작용하고 있다. **성공적인 통합교육 실행을 위한 교사의 역할** • 일반유아 교사들이 일반유아와 장애유아들 간의 친구 관계를 촉진하는 데 가장 큰 역할을 하는 것으로 보고되고 있으므로, 통합교육 현장에서 교사들은 적절한 준비와 의지를 갖고 다양하고도 긍정적인 사례들을 만들어 나갈 수 있어야 한다. • 인형이나 동화를 활용한 교육활동, 자유놀이 활동을 이용한 장애 관련 교재의 활용, 또래주도 활동, 일과 내 역할 활동, 사회적 통합 촉진 활동 등과 같이 교사가 체계적으로 준비한 교육 활동이 일반유아들의 장애유아 수용 태도 및 관계 형성에 긍정적인 영향을 미칠 수 있다. • 놀잇감, 책, 학급 게시물, 다양한 교재 및 교구 등을 통하여 통합교육에 적합한 교육 환경을 조성해야 한다.

MEMO

부모 측면	**성공적 통합교육이 실행되기 어려운 이유** 일반적으로 처음 통합교육을 경험하는 일반유아 부모들은 장애유아와의 통합교육이 자녀들에게 부정적인 영향을 미치지 않을까 하는 우려를 한다. 이러한 부모의 우려는 장애유아 통합교육 프로그램 운영에 걸림돌로 작용할 수 있다. **장애유아 통합교육의 효과에 대한 연구에서의 결론** • 일반유아들이 장애유아와 함께 교육받을 때 부정적인 영향을 받지 않을 뿐만 아니라, 오히려 주의 깊은 계획과 배려가 뒤따른다면 발달적, 행동적, 태도적 측면에서 긍정적인 영향을 받을 수 있는 것으로 보고되고 있다. 뿐만 아니라, 부모들에게도 다음과 같은 이점을 주는 것으로 나타나고 있다. ㉠ 장애유아를 더 잘 이해할 수 있게 된다. ㉡ 장애유아 가족들의 요구에 대한 관심을 보이게 된다. ㉢ 장애유아의 부모들과 접촉함으로써 자녀 양육과 관련된 문제해결의 가능성을 긍정적으로 검토하게 된다. • 부모들은 우선적으로 통합교육을 통하여 자녀들이 부정적인 영향을 받지 않는다는 사실을 잘 인식하고, 더 나아가서는 장애나 장애유아들에 대하여 올바르게 이해하고 통합교육 프로그램 운영을 위한 긍정적이고 협력적인 태도를 가질 수 있도록 지원받아야 한다. **진정한 의미에서의 통합교육을 위한 필수적인 요소(부모교육을 위한 노력)** • 교사들은 통합교육을 실행하면서 부모들을 대상으로 적절한 정보를 제공하고, 가정에서의 연계 활동을 지원함으로써 통합교육 현장에서의 교육적인 성과를 증진시키기 위한 노력을 기울여야 한다. • 일반유아들의 장애에 대한 인식이나 태도는 주변 성인들의 영향을 받기 때문에, 부모의 장애 및 통합교육에 대한 관점이 자녀들에게 직접적인 영향을 미치게 된다는 사실을 인식하고 이에 따른 구체적인 지원의 역할을 할 수 있어야 한다.

참고

통합교육 방해 요인 및 해결 방안 [유아특수교육(2021), 이소현, 학지사]

관련 전문가의 책임의식 부족	• 통합교육을 주도해 나가야 하는 전문가의 통합교육에 대한 긍정적인 태도와 책임의식 부족은 유치원 통합교육이 직면하고 있는 가장 큰 문제라고 할 수 있다(Barton & Smith, 2015). – 통합교육 실행 가능성에 대한 잘못된 정보, 잘 알지 못하는 낯선 방법론에 대한 두려움, 변화에 대한 저항, 장애유아에 대한 편견, 장애유아로 인하여 일반유아에게 주어지는 관심이나 자원이 분산될 것이라는 우려, 그리고 무엇보다 통합교육을 통하여 모든 유아가 교육 성과적 혜택을 누릴 수 있다는 사실에 대한 인식 부족 등으로 인해 통합교육에 대한 잘못된 태도와 신념이 형성된다(U.S. Department of Health and Human Services & U.S. Department of Education, 2016). • 통합교육 실행과 관련된 교사, 관리자, 행정가 등 전문가의 통합교육에 대한 잘못된 태도와 신념은 통합교육에 대한 주인의식 또는 책임의식 결여로 연결된다. – 통합교육은 일반 유치원 환경에서 유아교사에 의해 주도되기 때문에, 이들이 장애유아 통합교육에 대한 책임의식을 지니지 않는다면 통합교육은 그 시작조차도 이루어질 수 없다. – 그러나 장애유아 통합교육은 아직까지도 특수교육 분야에서 해결해야 할 과제이자 문제인 것으로 인식되는 경우가 많은 것이 사실이다. 이것은 유치원에 통합되어 있는 장애유아조차도 특수학급이라는 분리된 환경에서 시간을 보내면서 일반 교육과정 접근과 참여가 보장되지 않는 경우가 많다는 사실을 통해서도 쉽게 알 수 있다(이소현 외, 2019). • 이와 같은 문제를 극복하고 성공적인 통합교육을 실시하기 위해서는 유아의 교육과 관련된 모든 사람, 특히 행정을 주도해 나갈 관리자의 통합교육에 대한 긍정적인 태도 및 책임의식이 반드시 필요하다.

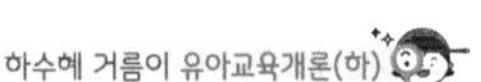

MEMO

SESSION #7

	– 특히 유치원 관리자의 긍정적인 태도와 책임의식은 통합교육의 실질적인 운영에 기여하게 되고, 더 나아가서는 교육 활동을 진행하게 될 유아교사 및 특수교사의 프로그램 성패에 대한 태도와 자신감에 직접적인 영향을 미치게 된다. 그러므로 교육 체계 운영에 있어서 관련 전문가의 장애유아에 대한 올바른 이해가 이루어지고, 이들의 교육에 대한 유아교육 및 특수교육 분야의 '공동주인의식(joint ownership)'이 선행된다면 장애유아 통합교육의 성공적인 실행을 기대할 수 있을 것이다.
교육과정 운영상의 차이	• 유아교육과 특수교육을 취하는 이론적 · 교육철학적 차이로 인하여 교육과정 운영에서도 차이가 있다는 것이다. – 일반적으로 유아교육과정에서는 루소의 교육철학과 프뢰벨, 오베린, 오웬, 몬테소리 등의 교수방법, 그리고 피아제, 비고츠키, 에릭슨 등의 발달이론을 적용한다(Odom & McEvoy, 1990). 그러므로 이와 같은 프로그램에서는 유아 스스로 적극적인 환경과의 접촉을 통하여 경험하고 학습하게 하는 유아 주도의 교육이 주요 교육과정으로 구성된다. 이와 같은 교육과정을 적용하게 되면 유아의 학습 준비도 및 관심과 교실 환경 간의 적절한 조화를 제공하여, 환경과의 경험을 최대화하고 놀이를 통한 학습을 촉진하는 것이 프로그램의 목표가 된다. – 이와 달리 특수교육은 교육과정 운영에 있어서 교사가 학생을 직접 가르치는 교사 주도의 성격을 많이 나타낸다(Peterson, 1987). 특히 왓슨, 손다이크, 스키너, 파블로프 등의 행동주의 이론이나 교육심리학의 학습이론 등이 많이 적용되어 왔다. – 장애유아는 장애 그 자체로 인한 발달지체를 나타낼 뿐만 아니라, 지니고 있는 장애로 인하여 환경과의 전형적인 상호작용이 어려워 이중적인 발달지체를 경험하게 된다. 그러므로 이들을 위하여 개별적인 필요에 따른 학습 경험을 제공해 주는 것은 특수교육이 지니고 있는 가장 중요한 과제 중 하나이다. 즉, 유아 개개인에게 맞는 특정 교수목표를 수립해 실시하는 개별화교육이 특수교육 전반에 걸쳐 주요 교육과정의 형태로 등장하게 된 것이다. • 장애유아 통합교육의 바람직한 실시를 위해서는 위에서 언급한 두 교육 현장 간의 상이한 교육과정 운영 형태를 어떻게 효과적으로 병합할 수 있는지에 대한 과제가 선결되어야 한다. – 즉, 유아교육과 특수교육 간의 상이함을 유아특수교육의 방법론적 접근으로 해결해야 한다는 것이다. 이를 위해 특수교육의 개별화교육계획을 유치원의 정규 교육과정과 병합하여 적용할 수 있는 실제적 방법론(예 개별화교육과정)이 제시되었다.
교사의 자질 및 협력 부족	• 장애유아의 성공적인 통합교육 실행을 위해서는 유아교육과 유아특수교육 간의 장벽을 넘어서서 함께 일할 수 있는 자질과 협력 체제가 필요하다. ① 유아교사의 장애유아에 대한 이해 부족 및 전문성의 결여 – 장애유아 통합교육 현장에서 주도적인 역할을 담당해야 하는 유아교사가 장애유아에 대한 이해가 부족하고 전문성이 준비되지 않는다면 통합교육은 그 실행이 어려워진다. ② 특수교사의 유아교육과정 운영에 대한 이해 부족 – 통합교육 현장에서 유아교육과정이 운영되는 중에 장애유아에게 적절한 교육을 지원하고 협력해야 하는 특수교사의 유아교육과정 운영에 대한 이해가 선행되지 않는다면 성공적인 통합교육을 실행할 수 없을 것이다. • 교사들은 통합교육 실행을 어렵게 하는 요소로 유치원 차원의 협력 및 실행 체계 부재를 들고 있다. – 교사들이 협력을 실행함에 있어서 겪는 어려움은 ① 관리자의 이해 부족, ② 유아교사의 장애유아에 대한 이해 부족, ③ 특수교사의 유아교육과정에 대한 이해 부족, ④ 교사의 협력하고자 하는 의지 부족, ⑤ 실질적인 협력 과정에서의 시간과 체계 부재 등에서 기인한다고 보고한다.
제도적 지원 부족	• 질적으로 우수한 통합교육은 행정 절차를 통한 제도적 지원으로부터 시작된다. 즉, 장애유아를 위한 양질의 교육과정을 운영할 수 있는 교육기관이 준비되지 않는다면 통합교육은 그 시작조차도 하기 어렵다는 것이다. • 이를 해결하기 위해서는 통합교육의 질을 좌우하는 특수교사 배치 외에도 ① 통합학급의 교사 대 유아 비율 조정, ② 통합교육을 위한 교육과정 운영 지침 개발 및 보급, ③ 통합교육 현장에 적합한 교사 양성 및 연수, ④ 통합교육에 초점을 맞춘 장학 지원, ⑤ 통합교육 현장에서의 관련서비스 연계 제공 등 통합교육의 성공적인 실행을 위한 행정 및 재정 등의 제도적 지원이 이루어져야 할 것이다.

MEMO

9 사회적 통합 촉진을 위한 교수전략

(1) 학급 활동 구성

<table>
<tr><td>장애유아 수용을 위한 교수활동</td><td>• 장애유아가 유치원에 들어오기 전 먼저 또래에게 유아에 대한 정보를 제공함으로써 준비시킨다.
• 또래에 의한 장애유아의 수용은 통합교육의 질적 환경구성을 위해 매우 중요한 요소이나, 실질적으로 사회적 통합을 위한 충분조건은 아니다.</td></tr>
<tr><td>우정 활동</td><td>학급에서 많이 사용되는 노래나 손유희, 게임 활동 등에 애정을 표현하기 위한 행동(예 어깨동무하기, 손잡기 등)이나 상호작용이 포함된 놀이(예 간지럼 태우기, 손 맞잡고 돌기 등)를 포함하도록 수정하는 활동이다.
우정 활동의 원리
• 활동을 통해 긍정적인 상호작용을 위한 구체적 행동을 학습할 수 있으며, 우정 활동을 통한 긍정적인 상호작용으로 친구를 좋아하는 감정을 형성할 수 있다는 원리이다.
• 우정 활동은 대집단 활동과 소집단 활동 모두 가능하며, 매일의 일과 중에 일상적으로 사용할 수도 있고(예 주의집중을 위한 손유희로 "달라도 똑같아요" 노래 부르고 율동하기) 특별한 활동으로 진행할 수도 있다(예 노래 배우는 시간에 "달라도 똑같아요" 노래를 배우고 여러 가지 방법으로 율동을 구성해 보기).
우정 활동을 실행할 때 고려할 점
• 주의집중을 위한 손유희나 노래 등을 통해, 짧은 시간이더라도 가능한 한 매일 실행한다.
• 모든 아이들에게 재미있고 흥미로운 활동이어야 한다.
• 우정 활동 중에 아이들 스스로가 우정을 표현할 수 있는 행동(예 마주보고 웃기, 서로 좋아한다고 말하기)이나 상호작용적인 행동을 생각해 낼 수 있도록 기회를 주고, 아이들이 생각한 행동을 활동에 포함시키면 더 흥미롭게 참여할 수 있다.
• 우정 활동 중에 아이들이 바람직한 상호작용을 관찰할 수 있도록 또래가 시범을 보이도록 한다.
예 교사가 "누가 한 번 나와서 해볼래요?"라고 말하고, 잘 하는 또래들이 앞에 나와서 시범을 보이도록 한다.
• 아이들의 흥미를 끌 수 있는 재미있는 행동과 함께 친사회적인 행동들(예 미소짓기, 악수하기, 나누기, 서로 칭찬하기 등)이 포함되도록 하여 아동들이 긍정적인 행동들을 배울 수 있도록 돕는다.</td></tr>
<tr><td>장애 수용 촉진 활동</td><td>• 아주 작은 부분이라도 또래들에게 장애유아가 잘하는 것을 부각시켜 보여준다.
예 미술 시간에 혼자서 색칠을 한 나현이에게 "와! 나현이는 혼자서 그림을 잘 그리는구나."라고 말한다.
• 장애유아에 대한 또래들의 질문에 대해서는 장애에 대한 정확한 지식을 갖도록 적절히 대답한다.
• 장애를 가진 친구에게 부정적인 인식을 갖고 있는 유아가 있다면, 교사가 장애유아를 포함하여 아이들과 함께 놀아주는 등 자연스럽고도 즐거운 경험을 할 수 있도록 한다.</td></tr>
</table>

MEMO

	• 놀이 활동 전이나 이야기나누기 시간을 이용하여 구체적인 놀이 상황에서 장애유아와 함께 놀 수 있는 방법에 대해 이야기를 나눈다. – 아이들 스스로 방법을 생각해 내도록 하면 점차 창의적인 방법들을 개발할 수 있고, 장애유아와 함께 놀기 위해 자발적으로 규칙을 수정할 수 있게 된다. • 가정과 연계하여 전체 부모들이 장애아동에 대해 긍정적으로 수용할 수 있도록 돕는다.
교사의 직접교수	장애유아와 일반유아에 대한 사회적 상호작용 기술 교수 • 교사는 구체적인 기술을 시범 보이고 이를 연습할 수 있는 기회를 제공한다. – 친구에게 함께 놀자고 말하는 방법, 필요할 때 도움을 청하거나 도움을 주는 방법, 놀이에서 소외되는 친구가 있다는 것을 인식하고 다가가 함께 놀자고 말하는 방법, 놀이를 시작하기 위한 구체적인 행동 등을 교육한다. 유아들의 질문에 대답하기 • 유아들에게 장애를 가진 유아에 대해 적절히 설명하는 것은, 유아들이 장애를 바르게 이해하고 긍정적으로 수용하는 데에 도움을 준다. – 교사는 유아가 장애를 가진 친구들의 행동이나 장애로 인한 특정 현상에 대하여 질문할 때, 가능한 한 정확하게 장애 상태에 대해 정보를 제공하는 것이 좋다. – 이때 가장 주의할 점은 장애유아가 계속해서 발달하고 있고 다른 점보다 비슷한 점이 더 많다는 것에 초점을 두어 이야기하는 것이 좋다는 것이다. 짝을 이용한 상호작용 촉진 • 장애유아에게 짝을 정해주어 짝이 여러 가지 도움을 주거나 활동의 모델이 되게 하는 전략은 통합된 환경에서 자주 사용하는 유용한 방법이다. – 짝에게 장애유아가 연습을 통해 배울 수 있다는 점과 적절한 상호작용 방법을 알려줌으로써, 짝이 장애유아의 학습 기회를 빼앗지 않도록 한다. – 짝이 된 유아가 장애유아를 지나치게 도와줌으로써 학습의 기회가 박탈되는 것은 아닌지 지속적으로 점검하고, 필요한 경우 적절한 역할을 상기시킨다. – 짝이 된 유아가 부담을 느낄 정도로 도우미의 역할을 강조해서는 안 된다. – 짝으로서의 역할을 부담스러워하지는 않는지 지속적으로 점검한다. – 짝이 장애유아에게 교사나 형, 언니처럼 말하고 있는 것은 아닌지 점검한다. – 교사의 말과 행동은 그대로 유아들의 모델이 되므로 교사가 장애유아에게 너무 지시적인 말만 하는 것은 아닌지, 장애유아가 활동을 할 수 있도록 충분한 시간을 제공하는지 등을 스스로 점검한다. – 장애유아와 짝 간에 친구로서의 동등한 관계가 맺어지도록 교사가 최대한 지원한다.

MEMO

(2) 환경구성

장애를 긍정적으로 수용하기 위한 환경구성	• 일반유아들의 장애유아 수용은 유치원 환경을 적절하게 구성함으로써 증진될 수 있다. – 역할놀이 영역에 다양한 장애를 표현하는 인형이나 장애와 관련된 도구를 비치해서 놀이에 활용한다. 예 휠체어 모형, 점자책 등 – 환경판을 구성할 때 다양한 장애를 표현하는 구성물을 활용한다. 예 휠체어를 탄 유아, 안경을 쓴 곰 등 • 교재에서의 장애인 표현: 장애를 긍정적으로 표현한 동화책을 도서영역에 비치한다. – 다른 점보다는 비슷한 점을 강조한다. – 무능력보다 능력이나 장점을 강조한다.
장애 이해를 지도하기 위한 그림책/동화책의 선정기준	• 선정 시 아래와 같은 내용을 고려하도록 한다. – 장애를 지닌 등장인물이 주인공 역할이거나 긍정적으로 표현된 것 – 감정, 일상생활 등 전인적인 부분을 묘사하고, 동정심을 갖지 않도록 표현한 것 – 그림을 분명하고 사실적으로 표현한 것 – 현재 사용되고 있는 적절한 용어를 사용한 것 – 일반유아와 장애유아 간의 유사점을 강조한 것 – 모든 사람들의 차이에 대해 존중하도록 격려하는 내용이 포함될 것 – 다른 사람의 느낌에 대해 이해할 수 있는 내용이 포함될 것
또래 간 상호작용을 증진하기 위한 환경구성	• 불필요한 다툼을 줄이고 필요한 상호작용을 할 가능성을 높이기 위해 적절하게 놀이 공간을 제한해 준다. 예 자유놀이 시간에 한 영역에 들어가는 유아의 수를 제한하기, 놀이하는 공간을 제한하여 상호작용할 가능성을 높이기 • 상호작용을 유발할 가능성이 높은 교재나 장난감을 비치해 둔다. 예 퍼즐보다는 게임 자료가 상호작용하기에 더 적합함 • 상호작용을 할 수 있도록 교재 수를 조절하거나(예 미술 시간에 점토를 하나만 주고 옆 친구와 나누어 갖도록 함) 교재를 나누어 주는 방법을 조절한다(예 색연필을 색깔별로 통에 담아주고 필요한 색깔을 나누어 쓰도록 함). • 하루 중 일부는 대집단 활동 대신 소집단으로 활동을 구성하여 상호작용을 증진시킨다. • 소집단 활동을 할 때 장애유아가 좋아하거나 장애유아에게 관심을 보이는 유아, 리더십이 있거나 다른 친구들을 잘 배려해 주는 유아를 배치하여 장애유아와의 상호작용을 돕는다.

MEMO

UNIT 07 장애이해교육과 사회적 상호작용

❶ 장애이해교육의 필요성

사회적 통합	유아를 대상으로 하는 장애이해교육은 장애인에게 가해지는 부정적인 행위와 차별 행위를 예방할 수 있다. ➔ 장애유아와 같은 시대, 같은 사회의 구성원으로서 살아갈 또래의 장애에 대한 부정적인 인식은 장애유아의 사회통합에 걸림돌이 될 수 있기 때문에, 표면적 교육이 아닌 근본적인 인식 개선을 위한 교육이 필요하다.
'다름'과 '차이'에 대한 인식 발달 형성	• 유아가 만 2세가 되면 나와 타인과의 '다름'과 '차이'에 대해 인식할 수 있고, 장애가 있는 또래와의 관계가 자신에게 미치는 영향에 대해 인식할 수 있는 조건적 수용태도가 형성된다. – 유아기에는 '차이'에 대한 지각을 할 수 있고 본인이 지각한 것에 대해 편견을 가질 수 있다. • 유아의 언어발달정도, 적응양식, 사회적 행동, 대인관계 및 인지기능에서의 미성숙과 같은 특성은 타인에 대해서 부정적인 태도와 편견을 갖게 할 수 있다. • 또한 대상에 대한 부정적 경험을 했거나 증오, 공포, 부정적 신념과 태도, 장애에 대한 제한된 정보나 잘못된 교육으로 인해 장애인에 대한 선입견과 편견이 형성되기도 한다. ➔ 비장애유아의 장애유아에 대한 태도는 새로운 경험과 정보를 습득함으로써 지속적으로 변화가 가능하므로 인식이 고정되어버리기 전에 현실적인 지각과 태도를 바람직한 방향으로 이끌어 줄 필요가 있다.

❷ 장애이해교육의 교육개념 및 목표

장애이해교육을 위해 다룰 수 있는 교육개념	• 유아가 장애에 대해 이해하고 편견이나 선입견을 갖지 않도록 교육하는 활동의 주요 개념들은 아래와 같다. – 모든 사람은 다르지만 같은 점을 가지고 있다. – 사람들은 모두 다르기 때문에 특별하다. – 사람들의 서로 다른 점은 서로에게 도움이 된다. – 나는 친구를 도와줄 수 있고 도움을 받을 수도 있다. – 나는 소중한 존재이다. – 내가 소중한 존재인 것처럼 다른 사람도 소중하다. – 사람들은 모두 다양한 능력과 특성을 가지고 있다. – 우리는 다양한 특성을 가진 사람들과 의사소통할 수 있다. – 친구를 도와주는 방법에는 여러 가지가 있다. – 장애는 할 수 없는 게 아니라 다른 방식으로 하는 것이다. – 함께 놀이하면 즐겁다.

MEMO

장애이해교육을 위한 목표와 내용	① 장애이해교육을 통해 스스로를 소중히 여길 줄 아는 유아들이 되게 한다. – 이러한 교육을 한다면 다른 사람도 자신만큼 존중할 수 있게 된다. ② 사람들은 누구나 조금씩 자라고 있다는 것을 교육한다. – 특히, 장애를 갖고 있는 친구들도 자라고 있음을 이야기해 준다. ③ 자기의 느낌을 표현하고 다른 사람이 어떤 느낌을 갖게 되는지를 알 수 있도록 한다. – 자신의 행동으로 인해 다른 사람을 기쁘게 할 수도 있고 슬프거나 화나게 할 수도 있다는 것을 알려주어 다양한 친구와 더불어 살아가는 법을 알도록 교육한다. ④ 우리의 몸은 누구에게나 특별하고 소중함을 교육한다. – 모든 사람의 몸은 모두 특별하고 소중한 것이다. – 유아가 자신의 몸을 소중히 여길 수 있도록 도와주고, 다양한 외모를 가진 사람들을 존중할 수 있는 내용으로 교육한다. ⑤ 유아들은 성인의 보호와 도움이 필요하다는 것을 교육한다. – 장애나 병을 가진 경우에는 더욱 성인의 보호와 도움이 필요하다. – 그러나 유아들은 항상 도움만 받는 것이 아니라, 유아들도 어른을 도울 수 있고 다른 사람을 도와주는 것은 사람들이 당연히 해야 하고 자연스러운 일임을 알려준다. ⑥ 서로 다르다는 것은 잘못된 것이 아니라 오히려 좋은 것임을 알려준다. – 서로 다른 사람들에게 관심을 가질 수 있게 되고, 서로 다른 점을 인정하면서 누구와도 어울려 살아가는 방법을 배우게 된다. ⑦ 장애인을 도와주는 도구나 장비, 시설에 대해서도 유아에게 설명해준다. – 장애인은 불쌍하거나 도움만 줘야 하는 존재가 아니라 우리와 더불어 생활하고 활동하는 사람들인 것을 자연스럽게 알게 한다. 말을 하지 못하거나 들을 수 없어도 의사소통하고 예술을 즐기거나 문화생활을 하는 내용도 교육에 포함시킨다.

참고

사회적 통합 촉진을 위한 교수내용(「유아를 위한 장애 이해 및 통합교육 활동자료」, 교육부, 2008)

❶ 장애를 비롯한 다양성 수용하기

의미	• 유아들이 장애를 가진 유아를 긍정적으로 받아들이게 하기 위해, 장애를 이상하거나 비정상적인 것으로 인식하지 않고 누구나 갖고 있는 '다른 점' 중의 하나로 인식하게 하는 것이 필요하다. 이를 통해 장애를 더 편안하게 받아들일 수 있다. • 장애개념에 대해 직접적으로 소개하는 활동보다는 다양성을 긍정적으로 받아들이고 불필요한 편견을 없애기 위한 활동들을 통해 장애를 이해하도록 하는 것이 더욱 효과적이다.
지도 방향	• 모든 사람은 다르지만 같은 점을 가지고 있다는 것을 경험하게 한다. • 사람들은 모두 다르기 때문에 특별하다는 것을 강조한다. • 사람들의 서로 다른 점은 서로에게 도움이 되기도 한다는 것을 경험하게 한다. • 장애를 설명할 때 일반적인 장애의 특성을 알려주기보다 우리 반 친구의 특성을 자연스러운 상황과 활동 내에서 알 수 있게 하는 것이 더 바람직하다. ➔ 구체적인 활동을 통해 유아들이 각기 다른 방식으로 서로에게 도움을 줄 수 있다는 것을 경험하게 한다.

MEMO

SESSION 07

❷ 자신과 타인에 대한 이해와 상호존중

구분	내용
의미	• 장애를 가진 유아를 우리 반의 일원으로 받아들이고 배려하게 하기 위해서는 다른 사람의 느낌을 이해하고 다른 사람을 존중하는 태도를 갖는 것이 중요하다. • 유아들의 자기 존중감을 높이기 위한 여러 가지 활동을 실시하면서 내가 소중한 존재이듯이 다른 사람도 똑같이 소중한 존재라는 것을 인식할 수 있도록 해야 한다.
지도 방향	• 유아 스스로 자신이 소중한 존재라는 것을 경험하게 한다. • 내가 소중한 존재인 것처럼 다른 사람도 소중한 존재라는 것을 생각해보게 한다. • 여러 가지 느낌을 인식하고 다른 사람의 느낌을 이해할 수 있도록 기회를 제공한다. • 다양한 능력과 특성을 가진 사람들을 배려해야 할 때가 언제인지 함께 생각해 보고 구체적인 방법을 이야기해 본다.

❸ 다양한 친구들과 상호작용하기

구분	내용
의미	• 사회적 통합이 이루어지기 위해 또래 간의 사회적 상호작용이 반드시 선행되어야 한다. • 질적인 상호작용을 하기 위해 유아들은 적절한 사회적 기술을 배워야 한다.
지도 방향	• 다양한 능력과 특성을 가진 사람들과 의사소통 하기 위한 여러 가지 방법이 있다는 것을 경험하게 한다. • 또래와 함께 놀기 위한 구체적인 기술을 가르친다. • 실제로 다양한 친구들과 함께 놀 수 있는 기회를 제공함으로써 상호작용 과정에서 나타날 수 있는 문제를 스스로 해결할 수 있는 능력을 키운다. ➔ 의사소통적 다양성에 대한 인식(수어, 손짓 등 다양한 방식)과 함께 구체적인 상호작용 기술들을 직접 가르칠 수 있도록 활동을 구성한다. ➔ 친구와의 놀이에 참여하는 방법, 함께 놀자고 말하는 방법, 놀이를 수정하는 방법 등 유아기의 적절한 상호작용 전략들을 지도하기 위한 활동을 포함한다.

❹ 우정을 촉진하는 학급문화 만들기

구분	내용
의미	• 장애를 가진 유아가 특별한 대우를 받는 것이 아니라 모든 유아들이 서로 돕고 존중하며 우정을 쌓아가는 반 분위기 속에서 장애를 가진 유아가 반의 일원으로 소속되게 하는 것이다. • 교사는 공동체 의식을 높이기 위해 협동할 수 있는 기회를 제공하고 긍정적이고 직접적인 상호작용을 할 수 있게 돕는다.
지도 방향	• 공동체 의식을 높이기 위한 협동 작업을 실시한다. • 긍정적인 상호작용과 우정을 촉진하는 학급 차원의 활동을 실시한다.

MEMO

③ 장애이해교육을 위한 효과적인 방안

유아를 대상으로 하는 교육은 교사주도형 집단 교육보다는 유아들이 직접 참여하는 대소집단 활동이나 역할극, 놀이, 동화, 이야기나누기 형식으로 진행해야 교육의 효과를 높일 수 있다.

<table>
<tr><td>교사의 역할</td><td colspan="2">• 유아에게 장애이해교육을 실시하는 교사는 자신이 장애에 대해 긍정적인 대도를 기져야할 뿐만 아니라, 정확한 지식과 어린 학습자에게 전달할 수 있는 적절한 교수·학습법을 고안해야 하고 효과적인 상호작용을 해야 한다.
• 오히려 ① 정확한 정보를 주고 또래 유아들이 장애유아에게 어떻게 대해야 하는지, ② 같은 학급의 친구로 어떻게 즐겁게 지낼 수 있는지에 대한 내용의 상호작용을 하는 것이 성공적인 통합교육과 장애이해교육에 더 효과적일 것이다.
• 교사는 장애이해교육을 위해 각 사람은 개인차가 존재한다는 것을 이해하고 반응하도록 교육해야 한다.
– 장애인을 하나의 인격체로 존중하고 그들의 수행 능력에 기대를 가지는 것이 중요하다.
– 모든 유아에게 긍정적이며 공평하고 일관된 태도를 유지하는 것을 보여주어야 하고, 필요하다면 '공평한 태도'에 대해 모든 유아와 함께 이야기를 나누거나 정해보는 활동을 진행하는 방안도 있다.
• 통합학급의 분위기는 서로 돌보고 지원하는 공동체 문화가 조성되어야 한다.
– 통합교육을 위한 이상적인 학교 환경은 모든 학생이 소속되고, 다양성이 존중되며, 공동체 의식으로 서로를 배려하고, 모든 학생의 욕구가 충족되는 지원적인 환경이다 (김수연, 2015).</td></tr>
<tr><td>효과적 교육방안</td><td colspan="2">• 장애인(유아)에 대한 정보를 제공한다.
– 장애유아가 태어났을 때, 아기 때 모습, 어떤 장난감·색·음식·놀이 등을 좋아하는지 등 장애유아에 대해 관심을 갖고 친근감을 느낄 수 있는 내용으로 구성하여 사진이나 영상을 직접 설명식으로 제공할 수 있다.
• 다른 점과 비슷한 점에 대해 이야기나누기를 하거나 사회적 상호작용이 일어날 수 있는 상황을 의도적으로 만들어 준다.
• 또래유아가 장애유아와 함께 놀이나 활동할 수 있는 프로그램을 실시한다.
– 유아가 가장 친밀감을 느끼고 편견이나 선입견을 갖지 않고 우정을 갖게 하는 데 가장 효과적인 방법은 함께 즐겁게 노는 경험을 하는 것이다.
– 또래에게 장애유아나 장애인에게 어떻게 상호작용해야 하는지, 장난감을 건네줄 때는 어떻게 해야 하고 반응을 기다려야 한다면 어떻게, 어느 정도 기다려야 하는지 등도 가르쳐 준다.
– 또한 함께 하면 더 재미있는 놀이(감)를 준비해 주고 장애유아와 함께 놀이할 수 있도록 유도한다.</td></tr>
<tr><td rowspan="2">교수전략</td><td colspan="2">유아가 장애에 대해 이해하도록 돕기 위한 방안을 적용할 때 사용할 수 있는 구체적인 교수전략은 유아교사가 일반적으로 사용하는 교수전략을 적용하면 되는데, 장애이해교육에 적용할 때는 다음과 같이 시행할 수 있다.</td></tr>
<tr><td>설명하기 및 시범보이기 전략</td><td>장애의 특성이나 불편한 점을 설명하거나, 불편한 점 때문에 사용하는 도구나 기구 및 장치 등을 보여주고 이를 사용하는 것을 설명하여 이해를 돕는 전략이다.</td></tr>
</table>

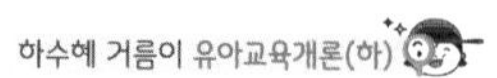

MEMO

	토의 전략	장애유아와 통합교육을 받을 때 일어날 수 있는 갈등 상황을 파악하고 자신의 생각을 다른 사람과 함께 이야기함으로써, 다른 사람을 더 잘 이해할 수 있게 하는 전략이다.
	문제해결하기 전략	토의 전략과 함께 사용할 수 있으며, 문제나 갈등 상황에서 다양한 해결책을 찾아보게 함으로써 문제해결력과 추론능력을 발달시킬 수 있는 전략이다.
	모델링 전략	모델이 말이나 행동하는 것을 관찰하게 함으로써 교육이 되도록 하는 전략으로, 직접 해보기 전에 장애유아와 상호작용을 잘하는 또래를 칭찬하고 다른 유아들이 관찰하게 하여 교육의 효과를 볼 수 있는 방법이다.
	시뮬레이션과 역할놀이 전략	통합학급이 아닌 경우 인형이나 역할극을 통해 장애이해교육, 장애인과 상호작용하는 방법 등을 교육하는 전략이다.

장애이해교육 활동(프로그램)의 유형

- 효과적인 통합교육을 위해 필요한 유아 대상 장애이해교육을 위해 다양한 프로그램의 유형이 적용되고 있다.
  - 장애이해교육 프로그램을 선정하고 시행할 때는 유아의 연령과 발달 수준을 고려하여 신중하게 계획하고 운영한다.
  - 특히 '장애유아 부모 초청하기'는 장애유아의 부모가 원할 때는 내용 및 유아와 상호작용하는 방법 등을 교사가 알려주어야 하고, 필요하다면 부모 옆에서 지원해 주어야 한다.

유아대상 장애이해교육 활동 유형

단순 장애이해 활동	반 편견 교육과정(대집단·소집단 토론)
도서를 통한 활동 – 주인공에게 편지 쓰기	통합 놀이 활동
영상물을 활용한 활동	과제학습수행 활동을 통한 교육
인형극 관람	장애에 대한 정보 제공
독후감이나 자료집 만들기 활동	역할극 활용
초청인사의 강연 활용	장애유아의 부모를 초청하여 장애유아의 아기 시절 이야기 듣기

- 동화를 통한 장애이해교육

동화책 읽기	장애로 인해 불편하거나 동정 및 도움의 대상이 되는 내용을 지양하고, 자존감을 갖고 긍정적인 면을 보도록 내용을 선정한다.
동화책 이야기나누기	'어떤 내용인지', '주인공은 어떤 생각을 했는지', '어떤 기분이었는지' 등을 교육목표에 맞게 질문하고 이야기를 나눠본다.
동화 프로젝트 (활동 중심 프로젝트)	동화와 연결하여 활동해 본다. 예 그림을 보고 장애유아에게 어떤 말을 해줄지 생각해 보고 적어보세요.

MEMO

4 장애유아와의 사회적 상호작용

(1) 장애로 인한 사회적 상호작용과 놀이의 어려움

- 놀이는 인지, 사회, 정서, 언어, 신체행동 발달과 상호 연관되므로, 장애로 인해 발달이 지체되거나 지연된 유아는 사회적 상호작용과 놀이에 있어 어려움이 있을 수 있다.
  - 대부분의 유아는 어린 시기부터 특별히 가르치거나 시키지 않아도 자연스럽게 다른 사람들을 관찰하고 상호작용하면서 어떻게 행동해야 하는지(사회적 능력)를 배우지만, 장애가 있는 유아는 위와 같은 사회적 상호작용의 결핍으로 인해 사회적 능력에 문제를 보이게 된다.

(2) 사회적 상호작용 증진 방안

- 의미 있는 사회적 통합을 위해서는 비장애유아의 장애에 대한 이해와 반편견 교육을 통해, 또래유아들이 장애가 있는 유아를 같은 또래로 인식하고 함께 상호작용할 수 있도록 해야 한다.
- 통합교육은 전형적인 발달을 보이는 또래들과 함께, 같은 교육의 장에서 상호작용의 기회를 가질 수 있다는 점에서 교육적으로 큰 혜택이라고 볼 수 있다.
  - 장애유아와 비장애유아의 사회적 상호작용이 활발하게 이루어지도록 교사의 주의 깊은 지도와 개입이 있어야 한다.

사회적 상호작용 증진을 위한 교수 시 고려사항	• 유아의 기질 • 정서 능력: 자신의 정서 표현, 자신과 타인의 정서 이해, 정서조절 • 사회적 강화(social reinforcement): 성인이나 또래에게서 받는 피드백 • 성인의 민감한 반응: (아이가 기대하지 않았던) 수반성 자극(contingent stimulation) • 발달상의 문제: 유아의 독특한 신호나 반응을 알아채기 • 사회적 상호작용 기술 보유 정도
사회적 상호작용을 위한 활동의 4가지 구성요소	① 참여할 유아 정하기 ② 교실의 놀이 영역 계획하기 ③ 사회적 상호작용과 긍정적 놀이 경험의 기회를 많이 제공할 수 있는 활동 선택하기 ④ 매일의 활동을 계획·준비하고 실행하며 점검하기 – 사회극놀이로 실행한다(기능적 놀이, 구성적 활동, 사회극놀이, 규칙 있는 게임 중에서 사회극놀이는 또래 상호작용을 가장 잘 지원할 수 있는 놀이이다). – 교사는 모니터의 역할을 하며, 유아 간 상호작용이 활발하지 않을 경우 놀이에 대한 아이디어 제공, 직접적 지시 등을 통해 다른 또래와 상호작용하도록 촉진할 수 있다.
사회적 상호작용을 증진시키기 위한 교사의 역할	• 또래관계 개선을 위한 지원자로서의 역할 – Brown, Odom, McConnell & Rathel(2008)은 「효과적인 또래 상호작용 중재를 위한 위계적 접근법」을 제안하였다. – 교사는 장애유아의 또래 상호작용 능력을 개선하기 위하여 중재위계에 따라 최소한의 개입이 요구되는 중재를 실시하고 변화를 관찰한 다음, 필요한 경우 중재의 정도를 증진시켜 가는 것이 중요하다.

MEMO

SESSION #7

효과적인 또래 상호작용 중재를 위한 위계적 접근법

요소	전략	지원 내용
① 학급 차원의 중재	최소한의 개입이 요구되는 단계이며 전체 학급을 대상으로 한다.	
	정서적 중재	장애유아에 대한 장애인식개선의 내용
	사회적 능력 교육과정	사회적 관계에서 나타날 수 있는 문제해결 방법 (감정 조절, 친구 사귀기 등)
	통합교육	지지적이고 우호적인 통합환경 만들기
	발달에 적합한 실제(DAP)	유아교육 현장에서 다뤄야 하는 실천방법
② 자연적인 또래 상호작용 중재	우발학습	유아가 다른 유아와 짧은 시간이라도 상호작용을 하거나 관심을 보일 때 실행하는 것
	우정 활동	조금 더 의도적이고 집중적인 또래관계 증진을 위한 개입 방법
③ 직접적 · 사회적 기술 중재	사회적 통합활동	사회적 상호작용 능력이 부족하면 유아와 반응적인 또래를 선정한 뒤 5~15분 정도 미리 계획된 사회적 활동을 하고, 또래와 긍정적인 놀이경험을 할 수 있는 활동을 선정하여 실행하는 방법
	짝꿍기술훈련	교사가 특정 사회적 행동을 장애유아와 비장애유아에게 훈련시켜 사회적 상호작용능력을 개선하는 프로그램

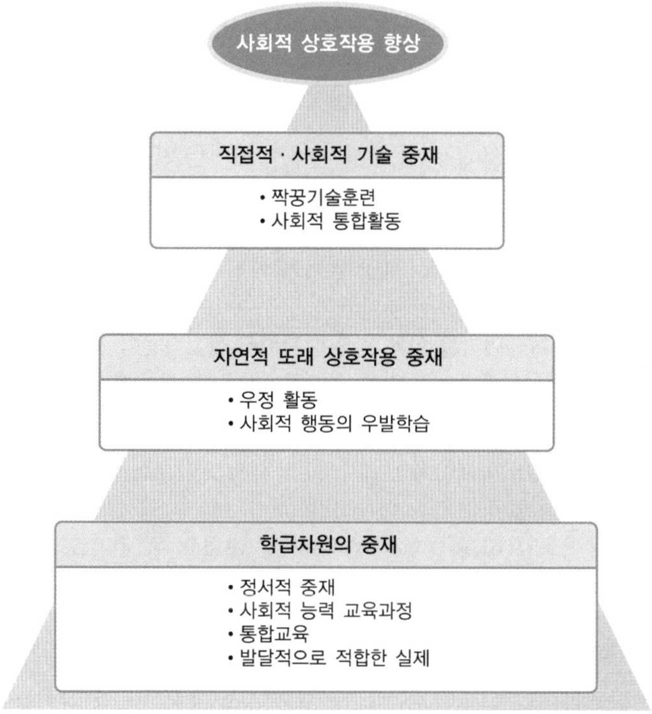

출처: Brown, W. H., Odom, S. L., McConnell, S. R. & Rathel, J. M. (2008)

MEMO

(3) 사회적 상호작용을 증진시키기 위한 교사의 구조적 교수 방안

- 사회적 상호작용을 증진시키기 위한 교수를 할 때는 사전에 사회적 상호작용의 교육목표를 구체적이고 명시적으로 정한 후, 시행 단계와 사용할 전략을 결정한다.
  - 이를 시행할 때에는 교재교구나 놀잇감, 놀이 환경 등이 준비되어야 한다(Bailey & Wolery, 2001).

교사의 관심과 강화	• 교사와는 상호작용을 하지만 또래와 상호작용을 하지 않는 유아에 대해, 교사에게 상호작용을 시작해올 때는 무시해 버리고 또래와 상호작용을 할 때는 관심을 보여 또래와의 상호작용이 증가하도록 하는 전략이다. • '교사의 관심과 강화 전략'을 사용할 때에는 다음과 같은 점들을 고려해야 한다. – 목표 행동을 선정할 때에는 이미 대상 유아가 어느 정도 또래와 사회적 상호작용을 할 수 있어야 한다. – 교사의 관심만으로 효과적인 강화가 되지는 않을 수 있으므로, 대상 유아가 선호하는 것으로 강화물을 선정해서 관심과 함께 사용한다. – 유아가 목표행동이나 또래와의 사회적 상호작용을 하면 바로 관심을 보이고 강화를 해준다. 그러나 그 강화물로 인해 사회적 상호작용과 놀이가 방해받을 수 있으므로, 스티커를 주거나 그 강화물로 또래와 바로 사회적 놀이를 할 수 있는 것을 주는 것이 효과적이다. – 강화는 지속적인 사회적 상호작용을 위해 제공되어야 한다. 상호작용을 시작하자마자 바로 강화를 제공하기보다는, 놀이가 어느 정도 지속된 후 강화를 제공하면 상호작용을 지속하는 데 효과적이다.
교사의 촉진과 강화	'교사의 관심과 강화 전략'은 대상 유아가 어느 정도 사회적 상호작용 기술을 갖고 있어야 효과적이지만, 사회적 상호작용을 하도록 '촉진'하는 전략은 상호작용을 하지 않는 유아에게도 효과적으로 사용할 수 있다.
일치 훈련	• '일치 훈련'은 대상 유아로 하여금 자신이 계획하거나 말을 한 것을 그대로 실행하도록 하는 지도전략이다. – 다른 교사주도형 전략보다 유아가 스스로 할 수 있도록 교사의 개입을 최소화한 전략으로, 대상 유아가 자신이 말로 계획한 행동을 했을 때 강화 또는 강화물을 제공하는 것이다. – 이러한 일치 훈련은 사회적 상호작용이 결핍된 장애유아뿐만 아니라 사회적 상황 내에서 훈련이 필요한 비장애유아에게도 적용할 수 있는 효과적인 전략이다.
애정 표현 활동	• '애정 표현 활동'은 다양한 형태의 애정적인 표현을 할 수 있도록 유아교육과정 속에 있는 게임과 노래 등의 활동을 개사하거나, '애정'을 표현할 수 있는 간단한 동작을 넣어서 하는 활동이다. – 이 활동들은 정기적으로 대집단 및 소집단 활동 중에 실시하는 것이다. – 애정 표현 활동의 시작 부분은 교사가 유아들에게 우정의 중요성과 애정 표현 활동의 목적을 설명한다. – 애정 표현은 '간지럼 태우기', '친구 껴안기', '미소 짓기', '손잡거나 쓰다듬기', '머리를 부드럽게 쓰다듬기' 등의 표현이 있다. 유아들이 애정이나 우정을 다른 시간에 표현하더라도 이는 강화의 효과를 높인다. 이 활동은 전 학급 유아들의 사회적 상호작용을 높이는 효과도 보인다.

MEMO

(4) 상호작용을 증진시키기 위한 또래 교수 방법

• 사회적 상호작용이 결핍된 유아들을 돕기 위해 또래 주도 교수 전략을 사용할 수 있다.
  – 이 전략을 사용할 때에는 주로 전형적인 사회성 발달을 보이는 또래를 선정한다.
  – 사회적 상호작용이 결핍된 유아의 상호작용을 증진시키기 위해 사용되는 또래 주도 전략은, 또래가 중재하고 개입하기도 하나 많은 부분을 교사가 주의 깊게 계획하고 준비해야 하며, 적절한 강화와 촉진 등을 사용해야 그 효과를 얻을 수 있다.

또래의 사회적 상호작용 시작행동	• 또래의 사회적 상호작용 시작행동으로 손쉽게 활용할 수 있는 전략은, 또래가 사회적 상호작용이 결핍된 유아에게 먼저 상호작용을 시작하도록 직접적인 교수, 역할놀이, 촉진 활동을 하는 것이다. – 교사는 또래 감독을 할 유아들을 훈련한다. 놀이 제안하기, 나누기, 도와주기, 애정 표현하기 등을 훈련하는 데 매 회기 20분이 넘지 않도록 한다. – 이 방법은 특히 대상 유아가 또래와 또래들의 놀이에 관심을 보일 때, 대상 유아의 상호작용을 시작하게 하는 데 효과가 있다.
또래가 사회적 상호작용 시범 보여주기	• 또래 시범 보여주기 전략은 또래가 사회적 상호작용이나 놀이에서의 새로운 기술 등을 대상 유아에게 시범 보이게 하여 대상 유아가 보고 따라 하도록 하는 것이다. – 또래의 시범을 보고 대상 유아가 모방하게 하도록 언어적 · 신체적 촉진을 사용하고, 모방 행동을 하였을 때는 칭찬해 준다.
전 학급 강화하기	• 학급 전체를 강화하는 전략은 집단 내에서 학급 구성원 전체의 사회적 상호작용 행동에 대해 강화를 제공하는 것이다. – 이때 강화는 다양한 방법으로 제공되는데 학급의 모든 유아가 사회적 상호작용이 결핍된 유아와 일정 기준의 상호작용을 했을 때 주어지기도 하고, 특정 대상 유아가 일정 기준에 도달했을 때 학급 전체에게 강화가 주어질 수도 있다. 모두 함께 또는 각 유아의 성취가 모여서 기준에 도달할 수도 있다. – 이러한 전략은 또래들이 훈련받지 않은 바람직한 행동, 예를 들어, 대상 유아를 도와준다거나 서로 격려하여 기준에 도달하려고 한다거나 하는 긍정적인 결과를 나타내는 효과도 있다.

MEMO

UNIT 08 통합교육을 위한 협력

장애유아 통합교육에서의 협력

- 협력은 성공적인 장애유아 통합교육의 실행을 위해 책임을 공유하는 관련 주체(유아교육과 특수교육) 간 상호작용의 방식을 의미하며, 공동의 목적을 가지고 함께 논의하고 의사결정을 하는 과정을 말한다.
  - 전문가 간의 실제적 통합을 위해서는 각 분야의 교육 전문가인 교사의 교수 수행능력이 요구된다.
  - 각 분야의 교육 전문가인 교사 간의 협력을 통해 각 분야의 관점과 지식 및 교수방법을 포함하여 하나의 체제로 운영되어야 그 효과를 최대로 발휘할 수 있다.
  - 협력에는 공동의 목표와 방향을 계획하고 목표에 대한 책무성을 공유하며 서로의 경험을 바탕으로 목표 달성을 위해 함께 노력하는 등의 과정이 있어야 하며, 협력의 주체들이 역할과 책임에 대한 일치된 견해와 교육목표, 운영과정 및 결과 등을 공유해야 한다.
- 현재 통합교육 현장에서의 교사 간 협력은 '조정', '자문', '팀 접근'과 같은 형태로 이루어지고 있다.

조정 협력의 가장 단순한 형태로 통합교육 서비스가 계획된 시간에 체계적인 방법으로 제공되었는지를 점검하기 위해서 구성원들이 대화하고 협력하는 것이다.

자문 각 구성원들이 정보와 전문지식을 서로 주고받는 것이다.

팀 접근 협력의 가장 어려운 수준으로, 각 구성원이 자신의 강점을 바탕으로 동등한 입장에서 상호적으로 정보를 교환하며 협력하는 것을 의미한다.

1 장애유아 통합교육에서 협력의 중요성

책임 공유	통합교육은 책임을 공유해야 하기 때문이다. • 기관장 중심의 권위구조에서 교육의 각 분야를 맡고 있는 담당자들에게 권위가 부여되는 등 구조가 변화되고 있고, 각 교사들의 역할 변화와 전문성에 대한 책무성이 증가하였다. – 특히 유아교육 분야는 이분화된 체제로 인해 다른 급의 학교보다 더 다양한 전공의 전문가들이 한 공간에서 공동의 책무성을 가지고 함께 일하고 있어, 교사 간 원활한 의사소통과 협력관계가 효과적인 교육을 위한 필수 요소가 되었다. • 유치원 통합교육을 위해서는 교육의 주체인 유아교육과 특수교육 양측 모두 통합이 지니는 가치와 의미에 대해 확고한 신념과 책임의식을 가지고 접근해야 한다. – 통합교육은 장애유아를 교육하는 유아특수교육과 일반유아를 교육하는 유아교육 영역에서 협력적으로 함께 이루어가야 하는 공동의 과제로 인식되어야 한다.
효율적인 교육 계획 및 실행	서로의 전문성을 공유하고 수용함으로써 보다 효율적인 교육 계획 및 실행이 가능하기 때문이다. • 협력 팀 중에서도 일반교사와 특수교사는 지속적으로 정서적 교류 또는 공감과 소통의 과정을 거치게 되며, 이러한 과정에서 서로 간의 협력은 교사로서의 효능감이나 교수 수행 능력뿐만 아니라 직무만족도를 높이는 역할을 하게 된다. – 특수교육에 대한 전문성이 부족한 일반교사에게 특수교사와의 협력은 정서적인 지원뿐만 아니라 장애유아의 교육적 요구를 파악하고 교육하는 데 결정적인 도움이 될 수 있다. – 특수교사 역시 유아교육 현장에서 일반교사와의 협력 없이는, 유아교육과정 내에서 자연스럽게 장애유아의 요구에 적합한 교육을 계획하고 실행하기 어려울 수 있다.

MEMO

개별 교사의 자질 향상의 기회	협력은 서로의 전문적인 역할을 방출하게 하여 개별 교사의 자질을 향상시키는 기회로 작용한다. 장애유아 통합교육 측면에서 전문가라고 할 수 있는 일반교사와 특수교사 또는 기타 관련 전문가에 이르기까지, 자신의 전문적인 지식과 역할을 상대방에게 방출하고 상대방의 전문적인 지식과 역할을 인정하고 학습함으로써 결과적으로는 통합교육의 효율적인 실행을 위한 향상된 전문성을 확보하게 된다.

2 협력 팀 구성 및 역할

(1) 협력 팀의 구성

① 통합교육에 있어서 협력의 주요 주체는 일반교사와 특수교사지만, 전반적인 관리 책임자인 원장 또는 원감을 비롯하여 지원인력, 관련서비스 전문가, 가족에 이르기까지 유아의 발달에 영향을 미치는 다양한 전문가가 관여하게 된다.

- 일반적으로 장애를 지닌 영유아에게 서비스를 제공하기 위해서 필요한 전문 영역은 특수교육, 일반교육, 의학, 간호학, 영양학, 작업치료, 물리치료, 언어치료, 청각학, 심리학, 사회복지 등 매우 다양하다. 이와 같은 전문 영역은 일반유아교육이나 유아특수교육에 있어서 실제 지원과 협력이 가능한 것으로 분석될 뿐만 아니라, 전문가 양성 과정에서부터 협력을 위한 교육과정이 고려되어야 함이 강조된다(Bruder et al., 2019).

② 장애유아의 특성과 필요로 하는 지원의 정도 및 내용에 따라 협력 팀의 구성은 달라지므로, 협력의 범위는 대상 유아에 따라 유연하게 적용되어야 한다. 즉, 협력 팀은 일반교사와 특수교사 두 명이 될 수도 있고, 필요에 따라 더 많은 구성원이 포함될 수도 있다.

③ 개별 장애유아를 중심으로 협력 팀이 구성되면 팀 구성원 간에 서로 소통하면서 교육과정을 운영하게 된다. 이를 위해서는 구성원 간의 소통을 수월하게 해 주는 의사소통 체계를 마련해야 한다. 일반적으로 유아교육기관에서의 협력 팀 구성원 간 의사소통은 통합교육협의회 형태로 이루어지는 경우가 많으며, 주로 학기 초에 시간과 장소를 정해 학기 내내 정기적으로 진행된다. 이때 필요한 경우 관리자 또는 지원인력 등 모든 구성원이 참여해야 하지만, 교육과정 운영을 위해서는 핵심 구성원인 일반교사와 특수교사가 참여하는 소규모 협의회를 이용하여 잦은 의사소통을 할 수도 있다.

④ 협력적 팀은 이러한 노력을 통해서 리더십과 책임감을 공유해야 한다. 또한 일반교사, 특수교사, 관련서비스 전문가, 가족 등 통합교육에 관련된 인력은 통합교육현장에 포함된 모든 유아를 잘 교육해야 한다는 공동의 주인의식을 가지고 각자 자신의 역할을 충실하게 수행하여야 한다. 구성원 각자의 공동 주인의식과 역할수행은 성공적인 통합교육의 가장 기본적이면서도 필수적인 요소라 할 수 있다.

MEMO

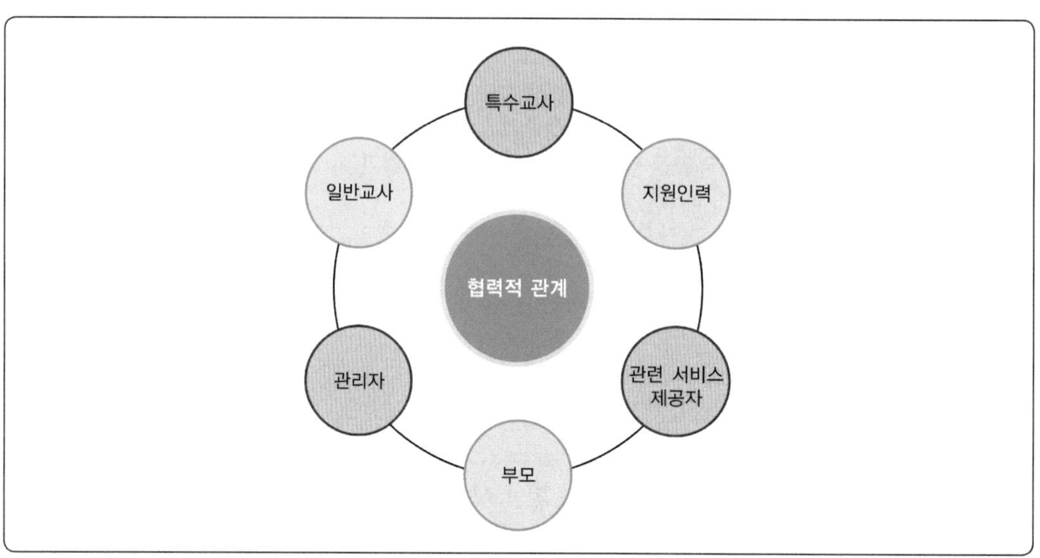

협력적 관계의 구성

(2) 장애유아를 위한 협력 팀의 잠재적인 구성원 및 역할

구성원	역할
관리자 (학교 행정가)	• 원장, 원감, 학교장, 교감 등 교육기관의 관리자와 장학사 등 학교 행정가들은 통합교육의 협력이 잘 이루어지도록 도와주는 역할을 하며, 일반교사의 태도와 환경조성에 영향을 미친다는 점에서 매우 중요한 구성원이다. • 학교 관리자는 학교정책을 통해 협력적 접근 실행에 실질적 지원을 해 줄 수 있는데, 여기에는 재정적 · 시간적 · 행정적 지원 등이 포함된다. • 통합교육을 위해 시 · 도 교육청에서 가능한 모든 지원방안을 끌어오거나, 교사 간의 협력이 가능하도록 교사 교육이나 교사들의 스케줄 관리를 조절해 주는 것, 정책 조정을 통해 협력을 위한 분위기 조성, 여러 가지 사무적인 일 처리로 인해 협력을 위한 시간 할애가 어려운 경우 조절해 주는 것 등 학교장의 지원이 반드시 필요한 부분이 있다. │관리자의 역할│ • 통합교육에 대한 신념 정립 • 유치원 내 협력 및 의사소통 체계 마련을 위한 중추적인 역할 • 교사 교육 및 연수 지원 • 교육과정 운영에 있어서 교사 간 협력이 이루어지도록 촉진 • 가족 지원을 포함한 연간 일정에 대한 총체적인 관리 및 지원 • 통합교육 성과 지표 마련 및 평가 • 자료 기반의 의사결정 • 구성원과의 효율적인 관계 형성 및 유지 • 책임 공유

MEMO

일반교사	• 일반교육이 통합교육을 주도한다는 점에서 일반교사의 역할은 매우 중요하다. 일반교사는 유치원 교육과정 내 교육 계획 및 실행에 대한 책임을 지닌 교사로, 일과와 활동을 운영하는 중에 장애유아를 어떻게 교육할 것인지 특수교사와 함께 계획하고 실행해야 한다. • 특수교사와의 협력관계에서 넓은 시각을 가진 일반교사의 의견과 정보 제공, 모니터링 등의 역할이 필요하다. • 통합학급의 일반교사는 다양하게 고안된 협력교수 방법을 적용하고, 특수아동에 대한 일반아동들의 역할에 대해 모델링을 해 줄 수 있다. • 또한 통합학급에 배치된 지원인력과의 의사소통, 관리감독 등을 특수교사와 공유한다. ㅣ일반교사의 역할수행ㅣ • 유아교육과정에 대한 계획과 실행내용 협의 • 장애유아의 사회적 통합을 위한 유아교육과정 운영 • 장애유아의 활동 참여를 위한 교수·평가 방법 논의 및 실행 • 교육활동 운영 중 장애유아 삽입교수 실행 • 통합학급 내에서 특수교육 지원인력에 대한 관리 및 감독 • 장애유아의 필요에 따른 다양한 지원(예 행동 지원, 진학 지원, 가족 지원)을 위한 협의와 실행
특수교사	• 특수교사는 장애유아에 대한 직접교수와 더불어 장애유아의 특성과 필요한 교육 내용에 대한 전반적인 정보를 일반교사에게 제공하고, 협력을 통해 통합교육을 위한 교수적 수정의 전반적 내용을 개발해야 한다. • 특수교사의 중요한 역할은 장애유아가 통합학급의 일반교육과정에 잘 적응하고 참여하도록 하기 위해 유아와 일반교사로부터 필요한 지원내용을 파악하고 이를 지원해 주는 것이다. • 또한 통합학급에 배치된 지원인력의 교육과 관리감독은 특수교사가 맡아야 한다. 일반교사와 부모가 통합교육에서의 지원인력의 역할과 역량에 대해 정확히 알게 하고, 지원인력이 통합교육을 모두 책임지지 않도록 하는 것도 특수교사의 역할이다. ㅣ특수교사의 역할수행ㅣ • 유아교육과정을 기반으로 한 교수적 수정 관련 제안과 협의 • 장애유아의 사회적 통합을 위한 구성원 관리 및 유아교육과정 운영 지원 • 장애유아의 활동 참여를 위한 교수·평가 방법 논의 및 실행 • 교육활동 운영 중 장애유아를 위한 삽입교수 지원 및 직접교수 실행 • 특수교육 지원인력에 대한 지도 및 관리 감독 • 장애유아의 필요에 따른 다양한 지원(예 행동 지원, 진학 지원, 가족 지원)을 위한 협의와 실행
지원인력	• 우리나라 「장애인 등에 대한 특수교육법」 시행규칙(교육부령 제269호, 2022. 6. 29., 일부개정)에서는 지원인력의 역할을 규정하고 있다. • 지원인력은 장애유아의 교육 및 활동 참여 기회를 극대화하기 위한 과정에서 특수교사의 주도하에 보조적인 역할을 하게 된다. • 지원인력은 적정한 자격을 갖추어야 하며, 필요하다면 연수와 교육을 받아야 한다.

MEMO

	• 지원인력의 역할은 특수교사의 관리와 지도에 따라 달라질 수 있으며, 일반적으로 교사의 지시에 따라 교수 활동을 보조하는 등의 역할을 하게 된다. – 지원인력의 역할은 교사의 지시에 따라 교수·학습 활동, 신변처리, 급식, 교내외 활동, 등·하교 등 특수교육대상자의 교육 및 학교 활동에 대하여 보조 역할을 담당하는 것이다. • 아동이 특수교사와 떨어져 일반학급에서 보조원과 지내는 경우, 특수교사는 특수아동에 대한 지원 내용과 깊이에 대해 사전에 충분히 계획하고 보조원의 교육 및 주기적인 평가를 시행해야 한다. | 지원인력의 역할수행 | • 필요한 경우 장애유아를 위한 협력 팀 구성원으로 협의회 참여 • 필요한 경우 연수 및 교육 참여 • 유아교사 및 특수교사의 지도에 따른 교육 활동 보조 • 유아교사 및 특수교사의 지도에 따른 행정 업무 보조
관련서비스 제공자	• 관련서비스는 장애유아의 특별한 교육 및 치료 요구에 따라 유치원에서 제공하거나 외부에서 지원받을 수 있다. • 물리치료와 같이 치료 장소로 가야 하는 특수한 경우도 있지만, 최근에는 교육현장에서 치료 서비스가 제공되거나 교사와 부모가 치료자에게 교육을 받아 교육과정에서 자연스럽게 통합될 수 있도록 하는 모델이 강조되고 있다(표윤희, 박은혜, 2010). 따라서 관련 서비스 제공자들은 다양한 치료가 일반교육과정 안에서 통합될 수 있도록 역할을 해 주어야 한다. 예 국·공립 통합어린이집의 경우, 언어치료사가 어린이집에 상주하면서 일반교사, 특수교사, 부모와 협력하여 특수아동이 일반교육과정에 흡수되었을 때 이루어질 내용에 대해 협력하기도 하고, 치료시간에는 따로 특수아동을 치료실로 데려와 치료하고 교실로 보내는 방식으로 협력이 이루어지는 경우도 있다. | 관련서비스 제공자의 역할수행 | • 장애유아에게 필요한 치료 및 교육 지원(예 서비스 제공, 역할 방출) • 필요한 경우 장애유아를 위한 협력 팀 구성원으로 협의회 참여 • 치료 및 교육 관련 경과의 공유
부모	• 교사는 교육기관에서 이루어지는 교육과 특수아동의 모습을 잘 알고 있지만, 다른 부분은 특수아동의 부모가 더 많이 알고 있는 경우가 많다. • 부모의 정보는 주관적이어서 부정확하거나 완전히 믿을 수 없는 경우도 있지만, 교육기관에서 얻을 수 없는 특수아동에 대한 다른 정보들을 부모로부터 얻을 수 있다. | 부모의 역할수행 | • 장애유아 관련 정보(예 발달, 강점, 요구, 자원) 제공 • 개별화교육계획 등 자녀의 교육 관련 주요 의사 결정 • 가정과의 연계를 위한 가정지도 실행 및 평가 결과 공유

MEMO

3 협력적 접근(3가지 구분)

장애유아를 위한 교육과정 운영에 있어서 모든 주요 영역의 발달을 균등하게 지원하고 포괄적인 서비스를 제공하기 위하여 다양한 전문 영역의 협력적인 접근을 필요로 한다(Grisham-Brown & Hemmeter, 2017; Peterson, 1987).

<table>
<tr><td>다학문적 접근</td><td>

• 다학문적 접근(multidisciplinary approach)의 협력은 다양한 영역의 각 전문가가 자신의 전문 영역을 대표하는 진단 도구나 방법을 사용하여 진단하고 교수하는 것을 의미한다.
  – 이때 각 영역의 전문가는 서로의 전문성에 따라 독립적으로 작업하고 그 결과를 보고할 때에도 독립적으로 수행하기 때문에, 서로 간의 협력은 거의 일어나지 않는다.

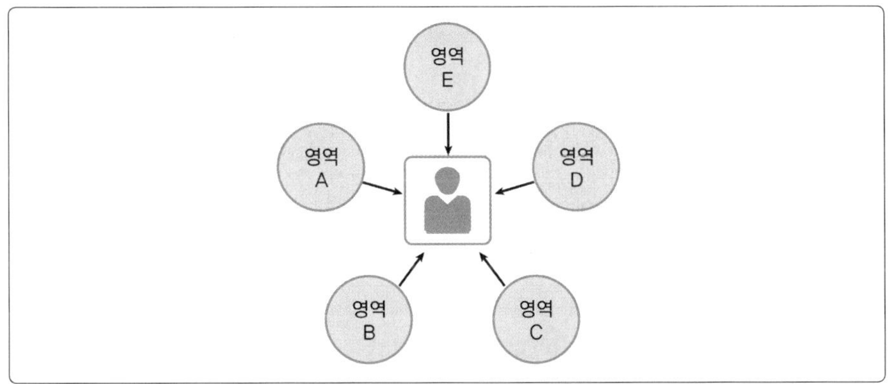

</td></tr>
<tr><td>간학문적 접근</td><td>

• 간학문적 접근(interdisciplinary approach)이란 다양한 영역의 전문가가 서로 밀접하게 의사소통을 함으로써 진단과 교육 계획이 좀 더 화합된 형태로 이루어질 수 있는 협력적 접근 방법이다.
  – 간학문적 접근의 진단에서도 다학문적 접근에서와 같이 진단 과정에서는 각 영역의 전문가가 독립적으로 작업을 하지만, 그 과정과 결과의 보고에 있어서 서로 정보를 교환하고 협력하게 된다.
  – 간학문적 접근의 협력 모델에서는 팀을 구성하는 모든 전문가와 가족이 진단과 중재의 모든 과정에서 함께 의논한다는 공식적인 협력을 기초로 한다.
  – 때로는 전문가 각자가 지니는 자신의 '전문 영역'에 대한 폐쇄적인 성향으로 인해서 진정한 의미에서의 팀 구성원 간 협력이 이루어지지 않을 수도 있다.

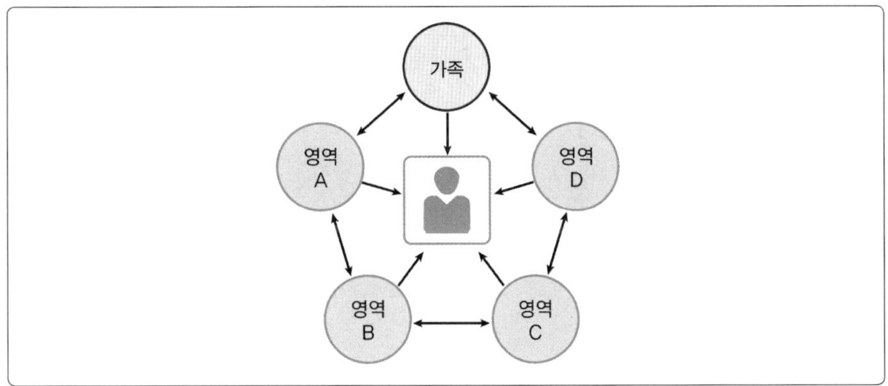

</td></tr>
</table>

MEMO

초학문적 접근	• 초학문적 접근(transdisciplinary approach)은 앞에서 설명한 간학문적 접근의 강점을 기초로 생성된 접근 방법으로, 간학문적 접근이 가지고 있는 가장 큰 장점인 다양한 영역의 전문가들 간의 협력을 기초로 이루어진다. – 그러나 초학문적 접근은 간학문적 접근이 지니는 제한점을 극복하기 위해서 역할 공유와 주 서비스 제공자의 개념을 도입하였다. – 먼저 초학문적 접근에서는 다양한 영역의 전문가가 서로의 역할을 공유하게 되는데, 이것은 각 전문가가 자신의 영역에 대한 초기 평가를 실시한 후에, 대표 중재자인 주 서비스 제공자(예 유아교사 또는 특수교사)에게 자신의 전문 영역의 교수 기술을 가르침으로써 역할을 방출하는 것을 의미한다. – 이때 대표 중재자는 각 전문가에게서 전달받은 교수전략을 대상 유아를 상대로 실행하게 된다. – 초학문적 접근의 협력은 장애유아를 위한 서비스가 여러 개의 조각으로 나뉘어서 제공되거나 중복되는 것을 방지하고, 보다 협력적이고 종합적인 형태로 제공될 수 있게 할 뿐만 아니라, 가족을 팀의 동등한 구성원으로 인정하고 의사결정의 모든 과정에서 모든 정보를 공유하게 함으로써 참여를 증진시킨다는 특성을 지닌다(Cross, 2012; Guillen & Winton, 2015; Turnbull et al., 2015). 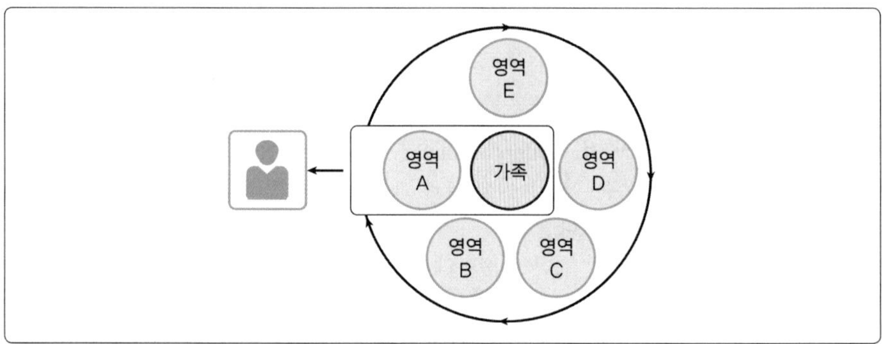

MEMO

4 협력교수 – Cook & Friend(1993, 1995)

(1) 협력교수의 기본 관점

개념	• '협력교수'는 교사 간 협력 방법 중 하나로서 교육을 실행하는 전문가들, 주로 교수자 간의 협력이라고 할 수 있다. – 교육과정 운영을 위해 일과 활동 중 다양한 방법으로 협력하게 되면, 일반교사와 특수교사는 공동의 책임을 지니고 특수교육대상 유아를 포함한 학급 내 전체 유아를 함께 교수하고 평가하게 된다. – 이때 일반교사와 특수교사는 협력교수를 통해서 서로의 전문 영역에 대해 스스로를 제한하지 않고 전문적 역할을 서로에게 배우면서 실행하게 되므로, 궁극적으로 교육의 질이 향상된다. • Cook & Friend(1993, 1995)는 '협력교수'를 두 명 혹은 그 이상의 전문가가 다양한 능력의 학생들에게 동일한 물리적 공간 안에서 함께 교수하는 것이라고 정의한다. – 일과나 활동이 진행될 때 누가 주도적인 역할을 하는지 또는 활동 중에 직접적인 개입을 통한 교수는 누가 진행하는지 등에 따라 교수·지원 형태, 스테이션 교수 형태, 평행 교수 형태, 대안적 교수 형태, 팀 교수 형태로 분류하였다.
특성	① 두 명 혹은 그 이상의 전문가가 각자의 장점을 살려 함께 교수한다. ② 함께 교수에 직접 참여한다. – 이는 직접 교수하지 않은 다른 한 명의 교사가 자문 또는 감독만 하거나 장애유아 옆에서 보조교사처럼 도와주는 것은 협력교수라고 하지 않는다는 것을 의미한다. ③ 다양한 발달 수준의 유아들을 대상으로 한다. – 통합된 장애유아들의 다양한 발달 수준으로 인해 협력교수가 필요해지기 때문이다. ④ 하나의 공간에서 교수하는 것이다. – 협력적 자문이나 통합지원팀처럼 일시적이고 특정 시간만 지원하는 것이 아니라 동일한 물리적 공간에서 함께 가르치는 것으로, 협력교사들이 지속적으로 같은 교실 내에서 협력적으로 교수하는 것이다.
통합교육에서의 교사 간 협력교수의 원리	• 통합교육의 장에서 교사 간 협력을 하려면 공동의 목표를 실천하고자 하는 상호 간의 노력이 중요하다. • 협력교수가 효과적으로 시행되기 위해서는 협력교수팀이 정기적으로 만나야 하는데 항상 역동적인 유아교육기관에서 시간을 내는 것은 쉽지 않을 수 있으나, 최소한 일주일에 30분 정도라도 협력교수를 위한 만남이 필요하다. • 협력교수 관계의 교사들은 협력의 필요성을 인정하고 상호의존적 관계를 인식·유지해야 한다. • 상호 간 전문성에 대한 신뢰를 구축하고, 협력 기술을 습득하여 효과적인 협력교수를 하면서 상대방과 자신의 성장에 보탬이 되도록 해야 한다. • 또한 정기적인 평가를 통하여 협력교수에 반영한다.

MEMO

협력교수를 효과적으로 수행하기 위한 전략	• 통합교육에서 교사 간 협력교수를 효과적으로 수행하기 위한 전략을 요약하면 다음과 같다. ① 협력교사들은 각자의 교수를 향상시키도록 노력해야 한다. – 기관 차원의 연수나 교수전략이 뛰어난 교사의 수업을 관찰하고 분석해 본다든지 수업코칭을 받는다든지 하는 방안도 있고, 협력교수를 함께하는 교사와의 상호 지원과 피드백을 주고받는 전략으로 각자의 교수를 향상시킬 수 있다. ② 협력교사들은 모든 유아들에 대한 책임을 공유해야 한다. – 학급의 유아를 '내 학생'과 '네 학생'으로 구분하는 것이 아니라, 장애·비장애 유아 모두를 하나의 집단으로 인식해야 한다. ③ 협력교사들은 교수에 대한 책임을 함께 져야 한다. – 이는 각 교사가 본인이 잘하는 부분의 교수를 각각 담당했다 할지라도 교수한 모든 부분에 대한 책임도 같이 져야 한다는 의미이므로 함께 계획하고 시행하고 평가하는 과정을 갖는 것이 중요하다. ④ 협력교사들은 정기적으로 의사소통해야 한다. – 시간을 정해놓고 규칙적으로 만나 협의하는 것도 중요하지만, 비형식적인 짧은 의사소통 형식도 적절하게 활용한다면 역동적인 교육 현장에서 협의할 수 있는 시간을 마련할 수 있다. – 만약 서로 간의 이견이 있는 경우에 상대방의 의견을 무시하지 않고 존중하며 합의를 도출하는 능력도 매우 중요하므로, 이러한 역량을 기르기 위한 별도의 노력이 필요하다면 시행한다. ⑤ 협력교수자들은 자신의 파트너를 지원해야 한다. – 서로 간의 지원에는 새로운 교수방법의 시도 등에 대한 비공식적인 정서적 지지와 실제적인 동료지도(peer coaching) 형태가 있다. – 파트너가 되는 교사를 지원하기 위해서는 자신의 전문성을 충분히 갖춰야 하며, 지속적으로 역량을 기르기 위해 노력해야 한다. ⑥ 통합학급의 모든 유아를 교수에 포함시키기 위한 적극적인 노력을 기울여야 한다. – 때로는 개별 지도해야 할 경우도 있으나, 가능하면 분리시키지 않고 통합환경 내에서 중재나 개별 유아에게 특화된 지도를 할 수 있도록 교수·학습 방안을 마련한다.

(2) 교사 간 협력교수 형태

① 스테이션 교수

개념 및 정의	• 교사는 수업 내용을 모둠의 형태로 구성하고, 유아들은 스테이션을 따라 이동하면서 각 스테이션 담당 교사에게 교수를 받는 형태이다. – 각 모둠은 수업 내용에 따라 이야기책 읽기 활동, 이야기책과 관련된 조형놀이 활동, 혼자 그림 그리기 활동 등 다양한 형태로 구성될 수 있다. – 각 모둠 간의 활동 내용들은 연계성이 갖춰져야 한다.
장점	• 여러 형태의 실제 경험하는 활동(hands-on activity)이 있는 수업에 적합하다. • 유아들 간의 모둠 활동을 통한 사회적 상호작용의 기회가 증가한다. • 소집단학습이 가능하다. • 모둠별 각각의 학습장소 제공 시, 독립적 학습의 기회를 제공한다. • 교사와 유아의 비율이 낮다.

MEMO

	• 적극적인 참여가 가능한 환경을 제시하여 자발적인 반응 가능성을 높인다. • 교사가 스테이션별로 교수를 진행하므로 교사의 업무 부담이 경감된다. • 교사의 계획에 따라 집단을 구성할 수 있다. • 교사는 교실 내 스테이션별로 책임과 지위를 가질 수 있다.
단점 및 유의점	• 많은 계획과 준비가 필요하다. • 교실 내 소음 수준이 높아진다. 　– 여러 유아들이 움직일 때 유아의 행동이나 소음 관리가 어렵다(모둠 이동에 따른 규칙과 기술 지도가 필요하다). • 활동 수준이 지나치게 높아져서 감독하기 어려울 수 있다. • 시간에 맞춰 원활하게 이동하기 어렵다. • 유아의 독립적 수행 수준에 따라 스테이션 수를 조절해야 할 수 있다. • 넓은 교실 공간이 필요하다. • 각 모둠 활동이 연계성이 없는 경우 효과가 적다.
적용의 예시	일반교사는 한복을 입는 방법을 알아보는 활동을 진행하고 특수교사는 실제로 한복을 입는 활동을 동시에 진행하여, 유아들이 각 활동에 정해진 집단별로 이동하며 참여하게 한다.

② 평행 교수

개념 및 정의	• 두 교사가 함께 수업을 계획하고 전체 학급 유아를 수준별로 골고루 섞이도록 두 집단(예 A조, B조)으로 나눈 후, 두 교사는 각 집단을 맡아 동시에 같은 활동(내용)을 교수하는 방법이다. 　– 교사에 따라 전달 방식에는 차이가 있으나 두 집단의 유아들은 기본적으로 같은 수업 내용을 배우게 된다.
장점	• 프로젝트 학습 등에 사용된다. • 요리나 미술활동과 같이 교사 대 유아의 비율이 낮아야 하는 경우에 사용한다. • 효과적인 반복 학습이 가능하다. • 교사–학생 간 비율을 감소시켜 주의집중과 참여를 증진시킨다.
단점 및 유의점	• 학급을 동등한 두 집단으로 구성하고 수업 내용 면에서 동일한 것을 두 집단이 학습한다는 점에서 대안교수와 차이가 있다. • 두 교사가 같은 내용을 교수하므로 가르치는 내용이 동일하기 위해서는 구체적인 사전 협의가 필수적이다. • 두 교사의 활동 설명 난이도와 수업 진행 속도에서 일관성이 없는 경우가 있으므로 충분한 공동 계획이 필요하다. 　– 동일한 수준의 내용을 성취하기 어려울 수 있다. 　– 상대방 교사의 속도에 대해 점검해야 한다. • 유아들 중 한 교사의 지도를 선호하는 경우가 생길 수 있다 • 소음 및 행동 문제가 발생하여 교실이 시끄러워질 수 있다. • 모둠 간 경쟁이 될 수 있다. • 넓은 교실 공간이 필요하다.
적용의 예시	이야기나누기 활동 시 전체 유아를 두 집단으로 나누어 한 집단은 일반교사와 (일반학급에서), 다른 한 집단은 특수교사와 (특수학급에서) 동일한 교수·학습 자료를 활용하여 진행한다.

MEMO

③ 팀티칭

개념 및 정의	• 가장 높은 수준의 교사 간 협력을 요하는 협력교수 모형으로, 두 교사가 수업 진행 과정에 있어 동등한 책임과 역할을 가지고 전 유아들을 지도하게 된다. – 두 교사가 전체 유아를 대상으로 동등한 책임과 역할을 지니고 함께 수업을 하는 동안 번갈아가면서 다양한 역할(예 개념 교수, 시범, 역할놀이)을 수행함으로써 전체 유아를 위한 교수 역할을 공유하는 방법이다. • 두 교사는 수업을 함께 조직하고 교사의 설명이 번갈아가며 진행되어, 두 교사 모두 내용 전달에 있어 주도적인 역할을 담당하게 된다.
장점	• 교사 간 협의로 체계적인 관찰과 자료 수집이 가능하다. • 다양한 활동을 지도하는 데 유용하다. • 토론이 필요하거나 복습과정에서 활용하면 효과적이다. • 교사의 수업 운영을 통해 협동하는 방법을 배울 수 있는 실질적인 기회를 제공할 수 있다. • 교사 간 가장 높은 수준의 협력 관계가 요구된다. • 수업 중 적절한 모델링이 가능하다. • 개별 유아에게 도움을 주기 쉽다. • 보람을 느낄 수 있는 유형이다.
단점 및 유의점	• 협력 교사 간의 상호 신뢰와 협력이 절대적으로 필요하다. • 교사에 따라 부담을 많이 느낄 수도 있다. • 모델링과 역할놀이 기술을 필요로 한다. • 학습을 풍부하게 하는 것이 아니라 교사의 업무를 분담하는 것에 머무를 수 있다. • 교사의 공동 준비과정이 많이 요구된다(내용 전달, 교실 훈육에 관한 기준이 일치해야 한다). • 교사 간의 교수전달 방법이 다른 경우, 유아들이 내용을 이해하는 데 혼란이 있을 수 있다.
적용의 예시	이야기나누기 활동 시 일반교사 또는 특수교사가 방법을 설명하고, 나머지 한 교사가 옆에서 실제 한복을 제시하거나 구체적으로 입는 시범을 보인다.

④ 교수–관찰

개념 및 정의	한 교사가 수업을 진행하는 동안 다른 교사는 유아의 참여를 관찰하여, 수업 종료 후 두 교사가 함께 장애유아의 참여와 습득 정도를 평가하기 위해 논의를 진행하는 방법이다.
장점	• 활동이 진행될 때 유아의 수업 참여를 잘 관찰할 수 있다. • 유아의 발달 상태나 목표에 대한 진도를 점검할 때 유용하다.
단점 및 유의점	수업 종료 후 교사들은 함께 관찰 정보를 분석해야 한다.
적용의 예시	이야기나누기 활동 시 일반교사 또는 특수교사가 방법을 소개한 후 다함께 한복을 입어 보는 동안, 나머지 한 교사가 각 유아를 관찰하여 한복 입는 방법에 대한 이해와 실행 정도를 평가한다.

MEMO

⑤ 교수-지원

개념 및 정의	• 두 교사의 역할이 전체 수업과 개별 지원으로 구분되는 협력교수로, 한 교사가 전체 활동에 우선적인 책임을 지고, 다른 교사는 유아들 사이를 순회하면서 개별적으로 지원이 필요한 유아를 지도한다. – 전체 수업과 개별 지원으로 나눈 교사의 역할은 수업 내용에 따라 수시로 바뀔 수 있고, 개별 지원도 장애유아를 포함한 모든 유아들에게 제공될 수 있다. – 현재 유아 교실 환경에서 적용되고 있는 주교사, 부교사의 형태와 유사하나, 교사의 역할이 항상 고정되어 있지 않은 점에서 차이가 있다.
장점	• 1:1 직접 지도가 가능하므로, 개별적인 도움이 필요한 유아를 지원할 수 있다. • 다른 모형에 비해 상대적으로 적은 협력 계획시간이 요구된다. – 한 사람이 주도하게 됨으로써 계획하고 실행하는 데 시간이 적게 들어 효율적이다. • 한 교사가 수업을 진행하고 나머지 교사가 보조하는 것을 의미하므로, 업무가 자연스럽게 분담되어 부담을 줄일 수 있다. • 모든 주제 활동에 적용 가능하다. • 전체 교수를 담당하는 교사가 수업하는 동안, 다른 협력 교사가 유아들을 개별적으로 지원하거나 행동 문제를 관리해 주므로 전체 수업에 더욱 집중할 수 있다.
단점 및 유의점	• 교사로서 지도와 보조 역할이 고정되지 않도록 주의해야 한다. – 전체 수업 교사, 개별 지원 교사로 교수 역할이 고정되어 있는 경우 개별 지원 교사의 역할에 대해 불만족이 있을 수 있다. – 주교사, 보조교사의 역할이 고정되어 있는 경우 진정한 협력교수라 할 수 없다. • 각 교사의 역할이 수시로 바뀔 때 수업의 흐름이 부자유스러울 수 있다. • 개별 지원을 담당하는 교사가 지원인력으로 여겨지거나 유아의 주의를 산만하게 할 수 있다. • 유아가 지원교사에게 지나치게 의존할 수 있다.
적용의 예시	이야기나누기 활동 시 일반교사 또는 특수교사가 방법을 소개한 후 다함께 한복을 입는 동안, 나머지 한 교사가 학생들 사이를 순회하며 개별적으로 도움이 필요한 유아를 지도한다.

⑥ 대안적 교수

개념 및 정의	• 대안교수에서는 학급을 대집단과 다른 하나의 소집단으로 나누어 한 교사가 대집단을 상대로 전체적인 수업에 책임을 지고 학급을 지도하는 동안, 다른 교사는 도움이 필요한 소집단의 유아에게 추가적인 심화학습이나 보충학습 등의 부가적인 지원을 제공하는 방법이다. – 두 교사가 각각의 집단을 맡아 지도하는데, 주로 소집단의 유아들은 개별적인 도움(예 심화교육, 보충교육)이 필요한 유아들로 구성된다. – 장애유아가 늘 소집단에서 지도를 받는다면 유아들 간의 낙인이 생기게 되므로 모든 유아들이 대집단과 소집단에서 자유롭게 활동을 할 수 있도록 구성한다. – 수준별 지도가 필요한 활동에서 적절하게 적용될 수 있다.

MEMO

장점	• 복습, 반복학습, 심화학습에 유용하게 사용될 수 있다. – 추가적인 학습이 필요한 유아에게 지원이 가능하다(심화수업, 보충수업). – 결석한 유아의 보충기회를 제공할 수 있다. • 학급 전체와 개별 유아의 속도를 맞출 수 있다. • 전체 수업을 담당하는 교사가 집중할 수 있도록 도움을 제공한다.
단점 및 유의점	• 도움이 필요한 유아 또는 소집단만 계속 교수하기 쉬우므로 주의해야 하며, 다양한 유아들이 소집단 교수를 받을 수 있는 기회를 계획한다. 예 관심 있는 주제에 관해 다양한 유아들이 소집단 교수를 받을 수 있는 기회를 계획하거나, 관심 있는 주제에 관해 학습하는 기회를 계획하는 활동 • 학습 환경을 분리시켜 유아가 고립될 수 있다. • 특정 유아만 계속 교수의 대상이 될 때 유아에게 부정적인 이미지를 제공하지 않도록 주의해야 한다. – 항상 소집단 교수에서 보충수업을 받는 유아가 생긴다면 다른 또래들에게 '낙인'을 받게 되는 경우가 있다. • 교수–지원의 형태처럼 교사의 집단지도 역할이 대집단과 소집단으로 고정되어서는 안 된다.
적용의 예시	이야기나누기 활동 전에 한 교사가 어제 학습한 한복에 대해 회상하도록 슬라이드를 보여주는 동안, 다른 교사는 복습이 필요한 유아에게 보충 설명을 하거나 이미 알고 있는 유아에게 깃, 섶, 고름, 배래 등 심화된 내용을 설명한다.

5 교사 간 협력관계에 따른 모델 – Henderson(1996)

교사 간 협력관계에 따른 모델(Henderson, 1996)은 교사 간 협력관계를 참여도(commitment), 직업적 영향력(career influence), 친밀도(intimacy)의 정도에 따라 협력적 교환, 협력적 모델링, 협력적 코칭, 협력적 감독, 협력적 조언의 5단계로 분류하였다.

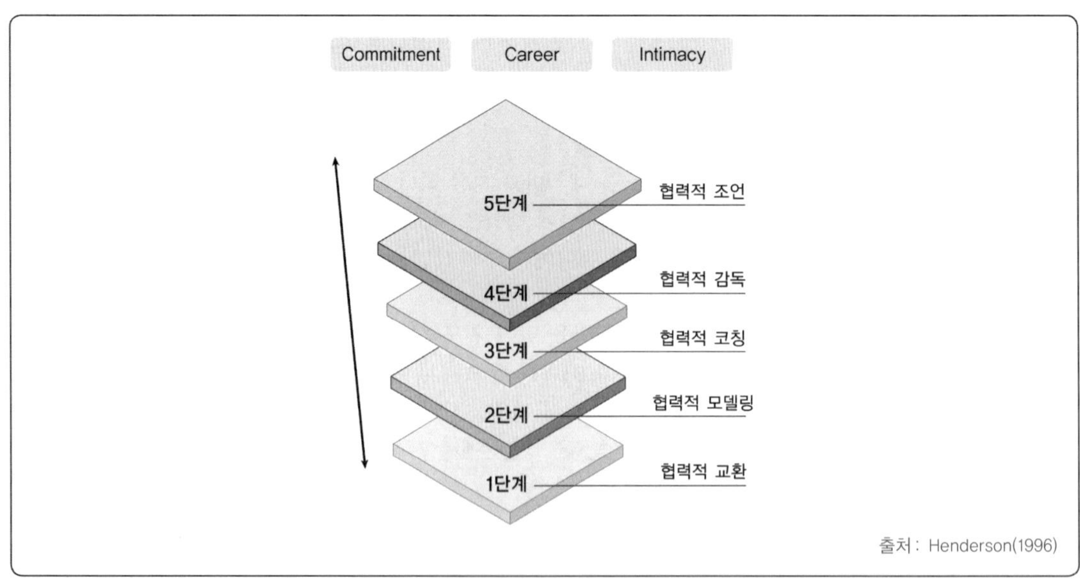

협력관계에 따른 모델

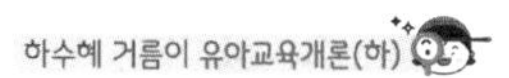

MEMO

협력적 교환	• 협력의 1단계로, 다른 모델보다 교사들의 협력을 위한 상호작용과 참여의 정도가 가장 적다. • 이 모델은 직업적 영향력이나 친밀도가 최소인 단계로 교사 경력의 정도와 상관없이 새로운 정보나 지식을 자유롭게 교환하는 방식이다.
협력적 모델링	• 협력의 2단계로, 특정 분야에 경험이나 전문지식이 많은 교사가 동료교사에게 시범교수를 보여주는 형태이다. • 이 모델은 협력하는 교사들의 경력이 유사하고 친밀도가 어느 정도 있는 경우에 효과적이다. 물론 상호 간에는 상대의 전문성에 대한 신뢰가 있어야 한다.
협력적 코칭	• 협력의 3단계로, 특정 분야에 경험과 전문성을 더 가진 교사가 동료교사로 하여금 새로운 교수전략이나 실제를 적절하게 적용할 수 있도록 코칭한다. • 이 모델은 한쪽 교사의 경력이 더 높고, 전문성에 대한 신뢰도나 친밀도가 낮지 않을 때 주로 사용한다.
협력적 감독	• 협력의 4단계로, 경험과 전문성이 있는 교사가 동료교사의 교수 실제에 대해 평가적 피드백을 주어 교수가 향상되도록 돕는다. • 이 모델은 협력을 하는 교사들의 친밀도는 높지 않아도 경력과 역량 차가 클 경우에 주로 적용한다.
협력적 조언	• 협력의 5단계로, 경험과 전문성이 적은 교사가 문제에 부딪힐 때마다 경험과 전문성이 많은 교사가 조언을 하여 문제해결을 돕는다. • 이 모델은 협력하는 교사 한 쪽이 다른 쪽 교사의 멘토와 유사한 역할을 하며, 상대 교사의 성장과 역량 증진에 가치와 보람을 두는 경우에 효과적이다.

6 협력을 위한 노력(협력적 실행을 위한 노력)

협력적 접근의 촉진 및 방해 요인

성공적 협력의 촉진 요인	성공적 협력의 방해 요인
• 자발적인 관계에 의해 협력이 이루어진다. • 상호적인 목표를 가지고 협력한다. • 각 사람은 동등하게 대접받는다. • 각 사람은 동일한 의사결정 권한을 가진다. • 책임, 책무성, 자료를 공유한다.	• 행정적 지원이 부족하다. • 계획을 위한 시간이 부족하다. • 시간표상의 문제가 있다. • 개인적 오해가 생긴다. • 각자의 역할이 불분명하다. • 권위에 대한 다툼과 드러내지 않는 생각들을 가지고 있다.

① 장애유아 통합교육에 있어서 협력을 통한 성과를 극대화하기 위해서는, 협력을 잘 할 수 있도록 사전에 계획하고 준비해야 한다.

② 협력을 위한 노력은 협력 팀 구성원 간에 서로의 의견 경청하기와 같은 건전한 의사소통 방법을 숙지하거나, 유치원 내에 체계적인 협력 체계를 마련하는 등 다양한 차원에서 이루어져야 한다.

MEMO

관리자의 신념	• 유치원 운영과 감독의 책임을 지고 있는 관리자의 의식과 신념은 유아의 부모를 설득할 수 있는 힘에서부터 행·재정적 지원, 인적 자원 확보, 협력 체계 마련에 이르기까지 광범위하게 영향을 미치며, 궁극적으로는 통합교육의 지속적인 성과에 영향을 준다. – 따라서 관리자가 지니는 통합의 당위성에 대한 신념과 긍정적 성과에 대한 확신이 중요하며, 이를 위해 필요한 경우에는 교육청 주관 교육이나 연수 프로그램 참여를 통해 지원받을 수 있다.
존경하고 경청하는 자세	• 협력 팀은 구성원들이 각자 다른 분야의 전공과 배경을 가지고 있기 때문에 서로 존중하고 경청하는 자세가 필요하다. – 이를 위해서는 무엇보다 먼저 다른 분야의 팀원에게 자신의 전문 영역에 대해 알기 쉽게 설명할 수 있어야 하고, 또한 상대방의 전문 영역에 대한 설명을 경청하는 능동적인 듣기를 실행해야 한다. – 고개 끄덕이기, 요약해서 확인하기 등의 능동적인 듣기는 긍정적인 상호작용과 열린 의사소통 관계를 유지하는 데 도움을 준다.
공동연수를 통한 공동의 역량 강화	• 협력 팀 구성원 중 일반교사와 특수교사는 특수교육방법론과 유아교육과정에 관한 공동연수를 통해 교육적 접근의 지식이나 방법에 대한 공동의 역량을 강화하는 기회를 갖는 것이 좋다. – 또한 공동연수라는 과정을 통해 특수교육과 유아교육 영역의 공통점과 차이점을 확인하고 서로 이해하며 협력할 수 있는 기초를 마련할 수 있다. – 공동연수는 협력적 계획과 실행에 있어 반드시 필요한 정서적 교류가 가능하도록 도와주고, 공감과 소통 능력을 향상시키는 데에도 도움이 될 것이다.
효율적인 시간관리	• 주요 협력 주체가 되는 일반교사와 특수교사의 협력을 위해서는 시간을 효율적으로 관리할 필요가 있다. – 개인의 시간 관리를 위해서도 노력해야 하지만, 공동의 시간을 마련하는 노력도 중요하다. – 간혹 협의를 위한 시간을 마련하기 힘들어 협력적인 통합교육의 실행이 어려워지기도 하는데, 이를 해결하기 위해서는 협의를 위한 회의 시간을 사전에 계획하고 지정할 필요가 있다.
협력 체계의 마련을 통한 통합교육의 효율적 실행	• 유치원은 협력 체계를 마련함으로써 통합교육을 효율적으로 시행할 수 있도록 준비해야 한다. 유치원의 상황이나 사정에 따라 다양한 방법으로 협력할 수 있는데, 일반적으로는 다음과 같은 내용을 중심으로 협력 체계를 수립해 나간다면 보다 원활한 협력적 관계를 유지하고 실행할 수 있다. – 공동 담임 제도 – 통합교육 협의회 구성과 협의회 일정 확보 – 정기적인 연수에 대한 연간 일정 확보 – 요구에 따른 다양한 교원 능력계발을 위한 시스템 도입 예 전문가 자문, 공동연수, 동료장학, 강의 – 가족 참여를 위한 방안 마련

memo

		CHECK 1	CHECK 2	CHECK 3
UNIT01	연구 및 평가의 목적			
UNIT02	연구의 종류			
UNIT03	검사도구의 타당도와 신뢰도			
UNIT04	관찰 및 행동 연구의 윤리적 문제			
UNIT05	관찰법			
UNIT06	표준화검사			
UNIT07	면접법			
UNIT08	질문지법			
UNIT09	평가 시기에 따른 유형			
UNIT10	평가를 해석하는 방식 및 기준에 따른 유형			
UNIT11	평가 방법에 따른 유형			
UNIT12	평가 내용에 따른 평가			
UNIT13	표본기록법(표본식 기록법)			
UNIT14	일화기록법			
UNIT15	사회성 측정법			
UNIT16	행동목록법(체크리스트)			
UNIT17	평정척도법			
UNIT18	시간표집법(빈도표집법)			
UNIT19	사건표집법			
UNIT20	포트폴리오 평가			

유아교육평가

I 유아교육연구 및 평가

MEMO

UNIT 01 연구 및 평가의 목적

#KEYWORD 평가의 목적

1 유아교육 평가의 필요성

교육목표 달성 여부 확인	• 모든 교육활동은 기본적으로 달성하고자 하는 교육목표를 가지고 있다. – 의도한 목표의 성취 여부를 살펴보지 않고 교육활동을 진행한다면 교육의 적절성과 효과성을 확인할 수 없다. – 교육목표의 달성은 장기적 효과와 단기적 효과 두 가지로 구분한다. 유아교육의 장기적 목표는 유아의 발달이 전체적으로 골고루 이루어졌는지의 문제이고, 단기적 목표는 교육활동이나 자극에 대한 바람직한 변화가 나타났는지의 문제이다. – 이러한 교육목표 달성을 확인하기 위해서는 교사가 얼마나 효과적인 교육 내용들을 제시했는지, 그리고 유아에게 적합한 교수·학습 방법들을 사용했는지 등을 함께 고려해야 한다. 이를 통해 교육목표의 성취 여부를 확인할 수 있음과 동시에, 교육의 적절성과 효과성을 점검할 수 있다. ➔ 그러므로 유아교육 평가는 유아 개인적인 측면에서의 실질적 변화와 함께, 전반적인 교육 측면에서의 성과를 점검하기 위해 필요함을 알 수 있다.
유아의 발달적 변화 이해	• 평가의 목적은 유아의 발달적 변화를 이해하고자 하는 것에 있다. – 개별 유아는 각각의 발달영역에서 보이는 발달의 속도나 정도, 내용이 서로 다르므로, 유아에게 적합한 교육활동을 제공하기 위해서는 유아의 발달 수준이나 상태를 이해하는 것이 필요하다. – 유아의 현재 상태를 이해하지 못하면, 유아에게 어떤 교육활동이나 프로그램을 제공하는 것이 효과적인지 결정할 수 없다. 그러므로 학습자인 유아를 올바르게 이해하는 것은 교육의 효과성을 확보하는 최적의 방법이다. 유의점 유아의 발달적 변화를 올바르게 이해하기 위해 지속적으로 유아의 현재 상태를 파악하는 것이 필요하다. – 발달의 모든 영역은 서로 연관이 있고, 얽혀 있기 때문에 모든 영역에 대한 증거를 수집하여 유아에 필요한 교육활동이나 경험을 제공하는 것은 발달을 자극하고 돕는다는 측면에서 효과적이다. 이러한 평가를 학기 말쯤에 하나의 설명적인 요약으로 제공한다면 각 유아의 성장과 발달의 참모습을 알려 주게 되며, 교사나 부모들에게 더욱 효율적인 의사소통을 제공할 것이다. 또한 그 내용을 포트폴리오 형태로 정리 및 보관하여 그 유아의 다음 담임교사에게 전달할 수 있다. ➔ 유아가 가지고 있는 개인적인 특성이나 성숙, 관심 및 호기심의 정도 등을 이해하는 것은 교육을 효과적이고 적절하게 해 주므로 유아교육에서 평가는 필요하다.

MEMO

교육활동의 개선	• 교육활동과 관련된 여러 가지 과정들을 효과적으로 개선하기 위해 평가가 필요하다. – 교사가 사용하는 방법이 유아에게 적절하지 않다면 교육방법을 바꾸어야 하고, 교육 내용이 유아의 호기심을 자극하지 못하거나 집중력을 저하시킨다면 유아의 흥미를 불러일으킬 수 있는 다른 교육 내용을 선택해야 한다. ➔ 평가는 교사의 교수전략이나 교육 내용에 대해 점검하게 하며, 그 결과를 비탕으로 더욱 효과적인 방안을 마련하게 만든다. – 유아교사는 유아교육과정을 구성하여 교육활동을 전개하는데, 이 과정에서 어떤 교육과정이 효과적인지를 점검해야 한다. ➔ 이를 통해 교육과정을 더욱 효율적으로 개선할 수 있으며, 유아교육의 적절성과 효과성을 높일 수 있다.
효율적 의사소통	• 유아교육에서는 의사소통을 위해서 평가가 필요하다. – 기관과 부모: 유아교육은 가정과 유아교육기관의 연계성을 바탕으로 하며, 가정과의 협력이 절대적으로 필요하다. 따라서 유아에 대한 여러 가지 자료들을 바탕으로 부모와 의사소통함으로써 유아교육의 효과성을 확보할 수 있어야 한다. 유의점 의사소통이 유아교육기관의 일방적인 견해를 바탕으로 이루어진다면 유아교육기관과 가정의 연계성을 기대할 수 없다. – 기관과 기관: 유아의 현재 발달 상태, 수준 및 개인적인 특성에 대한 자료를 유아가 초등학교에 진학할 때 첨부하면 학교에서 적응을 더욱 쉽게 할 수 있다. 유아교육기관과 초등학교 간의 이러한 의사소통을 통해 교육의 효율성과 적절성을 더욱 용이하게 확보할 수 있고, 유아는 형식적 교육에 더욱 잘 적응하게 된다. ➔ 그러므로 기관과 부모, 기관과 기관 간의 상호 의사소통을 더욱 효율적으로 하기 위해 유아교육에서 평가는 필요하다.

2 유아교육 평가의 목적

유아의 현재 상태를 파악하기 위함이다.	• 유아의 현재 상태를 파악하기 위해 평가를 실시한다. – 평가는 유아의 현재 상태, 즉 유아의 발달 수준이 어느 정도인지에 대한 정보를 제공하며, 이는 유아에게 어떤 교육활동이나 프로그램을 제공하는 것이 효과적인지 결정하는 데에 중요한 정보로 활용된다.
유아교육 프로그램의 효과를 알아보기 위함이다.	• 유아교육 프로그램의 효과를 알아보기 위해 교육 내용의 적절성, 교육방법의 효율성, 긍정적인 변화의 정도 등의 측면에서 평가를 실시한다. – 즉, 교육평가는 프로그램에서 이루어진 교육적 행위가 결과적으로 바람직한 방향으로의 변화를 일으켰는지에 대해 판단하는 것이다. – 프로그램이 유아의 성장과 발달에 긍정적인 변화를 일으키지 못했다면 이는 내용이나 목표가 잘못 설정되었거나, 유아의 흥미를 전혀 반영하지 못하여 학습의 동기를 이끌어내는 데 실패한 것이다. – 이처럼 평가를 통해 유아교육 프로그램이 사용한 여러 가지 전략이나 방법들에 대한 효과성・적절성을 점검함으로써, 해당 프로그램의 문제점이 무엇인지 알아내는 것은 그 무엇보다 중요하다.

MEMO

유아교육 프로그램의 질적 향상을 꾀한다.	• 유아교육 프로그램의 질적 향상을 위해 평가를 실시한다. – 교사나 장학사는 프로그램을 평가하여 유아에게 필요한 서비스가 무엇이고 프로그램의 무엇을 수정해야 하는지 알게 한다. ➜ 평가를 함으로써 더 나은 교육 내용이나 방법을 모색할 수 있으며, 이를 통해 교육 내용, 교사의 역할, 교수방법을 개선하고 유아교육 프로그램의 질적 향상을 꾀할 수 있다.
부모와 의사소통할 자료나 정보를 제공하기 위함이다.	• 부모와 효과적으로 의사소통할 자료나 정보를 제공하기 위해 평가를 실시한다. – 부모는 자녀에 대해 알지 못하거나 잘못 이해한 정보가 있을 수 있으므로, 유아에 대한 여러 가지 자료(예 유아가 그린 작품이나 활동하는 사진, 유아의 언어적 발달에 대한 평가자료)들을 바탕으로 부모와 효과적으로 의사소통할 수 있어야 한다. ➜ 이러한 부모와 유아교육기관 간의 의사소통은 가정과 기관의 일관성 있는 교육 활동을 통해 바람직한 유아교육의 실행을 이끌어낸다.

3 유아교육 평가의 기능

기초 자료를 수집한다.	• 유아를 이해하는 데 필요한 기초 자료를 수집하는 기능이다. – 지능검사, 학습준비도 검사, 사회성숙도 검사, 언어능력 검사 등을 바탕으로 평가는 유아의 현재 상태를 이해하는 데 필요한 정보를 제공하는 기능을 한다.
유아교육 목표의 달성을 확인한다.	• 유아교육 목표의 달성을 확인하는 기능이다. – 우리나라 유치원교육과정은 유아교육의 전체적인 목표를 달성하기 위한 내용들로 구성되어 있다. 이를 통해 유아교육 프로그램이 유아교육의 전체적인 목표를 달성했는지 알아보고, 유아의 발달을 조장할 수 있는 교육활동들을 제공할 수 있도록 프로그램의 질적 변화도 꾀해야 한다. 평가는 그런 목적을 달성할 수 있는 정보를 제공하는 기능을 한다.
부모에게 필요한 자료 및 정보를 제공한다.	• 부모에게 필요한 자료나 정보를 제공하는 기능이다. – 평가는 부모에게 자녀를 이해하는 데 필요한 자료나 정보를 제공하며, 이러한 내용들을 바탕으로 교사는 부모와 효과적으로 의사소통할 수 있다.
유아교육의 질적 향상을 꾀한다.	• 유아교육의 질적 향상을 꾀할 수 있는 기능이다. – 유아교육의 활동들이 전체적으로 새롭게 변화되고 질적으로 향상될 수 있기 위해서는 유아교육 활동과 내용 전반에 걸쳐 평가해야 한다. – 평가를 통해 내용을 비교·분석함으로써 유아교육의 질적 향상을 꾀할 수 있다.
교사의 질적 향상을 도모한다.	• 교사의 질적 향상을 도모하는 기능을 한다. – 유아교사는 유아에게 절대적인 힘을 가진 존재이며, 유아교사가 사용하는 여러 가지 교수법은 유아의 발달을 자극하는 데 아주 중요하다. – 평가는 유아에게 필요한 교수방법과 수정해야 하는 교수방법이 무엇인지 알게 하므로, 교사의 교수법을 향상시키는 기능을 한다고 볼 수 있다.

MEMO

유아에게 필요한 활동이 무엇인지 알게 한다.	• 평가는 유아에게 필요한 활동이 무엇인지 알게 하는 기능을 한다. – 유아의 현재 상태나 수준을 바탕으로 제공한 교육활동이더라도, 유아의 흥미나 호기심을 자극하지 못한다면 교육목표의 달성은 기대할 수 없다. – 평가는 학습이나 활동의 내적 동기를 자극하여 유아가 보이는 관심과 흥미를 이끌어 냄으로써, 유아에게 적합하고 필요한 활동이 무엇인지 알게 하는 기능을 한다.

참고

유아교육에서 교육평가는 유아의 발달 상태를 파악한다는 점에서 중요하다.

시간의 흐름에 따른 유아의 발달적 변화를 제대로 이해하지 못한다면, 유아에게 적합한 자극이나 교육활동을 효과적으로 제공할 수 없다. 아울러 평가를 통해 유아가 보이는 관심이나 흥미를 이끌어 내지 못한다면, 개인의 발달을 최상의 상태로 이끌 수 없다. 그러므로 유아에게 필요한 자극을 준비하고 제공하기 위해서는 유아의 현재 수준과 발달 상태를 파악하는 것이 중요하며, 이것이 유아교육에서 평가의 중요한 기능이다.

2019 개정 누리과정에서 교수평가의 목적

영유아의 전인적 성장 및 발달에 도움	• 자연스러운 일상생활에서의 관찰을 통해 개별 영유아의 신체・인지・사회・정서 발달의 수준을 기록함으로써 유아의 행동을 이해할 수 있는 중요한 정보를 제공받을 수 있다. 이는 유아의 전인적 성장 및 발달에 도움이 된다. – 개별 유아의 발달상태가 특정 연령의 보편적 발달규준에 비추어 발달적으로 지체 또는 이탈되었는지 여부를 판별할 수 있다. – 교사가 개별 유아를 위한 적절한 교육과정을 계획하는 데 도움을 준다. – 교사는 관찰을 통해 유아 개개인이 가지고 있는 흥미, 관심, 사전지식 등을 파악하여 이에 기초한 교육과정을 계획・수정・보완할 수 있으며, 각 유아의 장단점을 확인해 그에 따라 장점을 계속 키워주고 단점을 보완하면서 유아의 개성을 살릴 수 있도록 지도할 수 있다.
교사수업의 질적인 향상	• 관찰을 통해 자신의 수업이나 유아와의 의사소통, 학급운영이 어떻게 이루어지고 있는지를 파악하고, 이에 대한 피드백을 받음으로써 전문성 신장에 도움이 된다. – 피드백을 통해 잘못된 부분은 수정하고 더 나은 교수를 위한 정보를 얻을 수 있게 되어 수업의 질적 향상에 도움이 된다.
부모에게 필요한 이해자료 제공	• 개별 유아에 대한 관찰기록들은 학부모와의 의사소통에 유용하게 활용될 수 있다. – 학부모와의 면담 시 개별 유아의 발달에 대한 전반적인 정보를 제공하는 중요한 자료가 되며, 이를 통해 부모는 유아를 잘 이해할 수 있게 된다. 이때 발달에 적합한 부모 역할 관련 정보를 함께 제공한다면, 보다 나은 부모-자녀 관계를 형성하는 데에 도움을 줄 수 있다. – 일정 기간 동안 수집된 유아의 성장기록은 그 프로그램의 효과를 나타내주는 중요한 증거로 학부모에게 제시될 수 있으며, 이는 부모가 교사와 유치원을 이해하는 데에 도움이 된다.
기관의 교육목표 달성도 파악	각 기관이 정하고 있는 교육목표가 제대로 달성되고 있는지, 기관운영에서 미비한 점이나 보완할 점은 없는지에 대해 파악함으로써, 교육의 질적 개선을 위한 수정・보완점에 대해 합리적이고 객관적인 정보를 얻을 수 있다.

MEMO

UNIT 02 연구의 종류

1 자료수집에 의한 분류(분석 방법에 따른 분류)

양적 연구	• 어떤 현상을 설명하고 이해하고자 할 때 객관적인 척도로 측정해 양적인 자료를 수집하고, 이를 토대로 통계적인 방법을 활용해 결과를 처리하는 것을 의미한다. • 목적: 어떤 현상을 설명하고 예측하며, 인과관계와 상관관계를 밝혀내고, 그 결과를 일반화하기 위함이다. 예 조사연구, 실험연구, 상관연구
질적 연구	• 어떤 현상에 대한 이해와 탐구를 위해 관찰이나 면담을 통하여 심층적인 자료를 수집하는 방법을 의미한다. • 자료의 의미를 해석함에 있어서 연구자에 따른 다양한 관점과 해석에 의존하여 언어적으로 자세히 기술한다. 예 사례연구, 역사적 연구, 문화기술적 연구

2 시간적 관점에 따른 분류

횡단적 연구	• 같은 기간에 *모집단으로부터 추출된 *표본의 현상을 연구하는 방법이다. • 여러 연령 집단을 동시에 *표집하여 이들로부터 얻은 자료를 통해 연령 집단 간 차이를 밝힐 수 있다. 예 3, 6, 9세의 각각 다른 연령의 아동들을 같은 시기에 측정하여 3세부터 9세까지의 발달변화를 연구하는 방법이다. **장점** 단기간에 연구가 완료되므로 시간이 적게 소요되며, 모집단을 대표하는 표본의 결과를 얻게 되므로 일반화할 수 있다. **단점** 발달의 연속성을 알 수 없으며, 연령 증가에 따른 변화를 보기 어렵고, 종단적 연구에 비해 연구의 깊이가 덜할 수 있다. 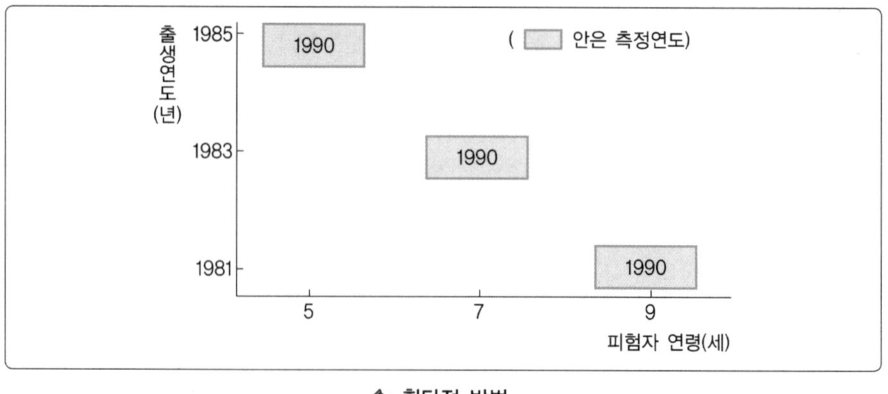 횡단적 방법

* 모집단
연구의 대상이 되는 전체를 말한다.

* 표본
모집단을 대표하여 선정된 단위 모집단을 연구의 대상으로 하는 것이 실제적으로 불가능하기 때문에, 모집단을 대표하는 표본을 사용하여 연구를 하게 된다.

* 표집
모집단으로부터 표본을 추출하는 것을 말한다.

MEMO

구분	내용
종단적 연구	• 동일한 연구대상을 일정한 기간 동안 계속적으로 관찰·측정함으로써, 연구에서 관심을 두고 있는 변인의 특성을 시기에 따라 추적하여 연구하는 방법이다. • 연구대상의 특성이 시간에 따라 어떻게 변화되는지를 지속적으로 연구하는 방법, 즉 시간의 경과에 따른 변화를 분석하고자 하는 연구법이다. – 특정 연령 집단을 표집하여 일정한 기간 동안 시간의 흐름에 따른 발달적 특징과 변화 과정을 추적·연구하는 것이다. **장점** 초기 경험이 후기 발달에 미치는 영향을 알 수 있다. **단점** 경비 문제와 연습효과의 문제 발생 가능성이 있다. 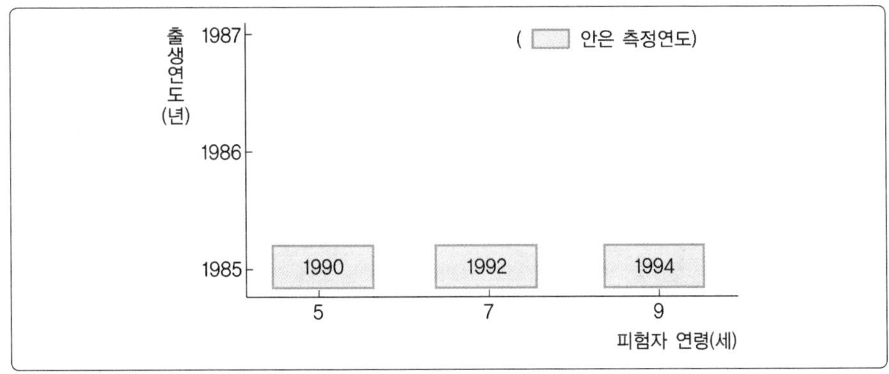 종단적 방법
횡단적–단기 종단적 연구	• 횡단적 연구의 대상이 되는 몇 개의 연령 집단을 선정하여 현상을 연구하고, 단기간 동안 추적함으로써 종단적인 발달 변화를 진단하는 연구이다. – 횡단적 방법에 의해 여러 연령 집단을 연구하고, 그 연령 집단을 다시 종단적 방법에 의해 반복 측정하는 것이다. 예 4~11세 아동의 도덕적 개념 발달과정 연구의 경우, 4, 7, 11세의 3개 집단을 표집하여 같은 해에 자료를 얻으면 횡단적 연구이고, 4세 아동이 11세가 되기까지 7년의 기간 동안 자료를 구하는 것은 종단적 연구이다. 횡단적–단기 종단적 연구는 4, 7, 11세의 세 집단을 표집하여 3년 후에 다시 세 집단을 추적해 진단하는 것이다. 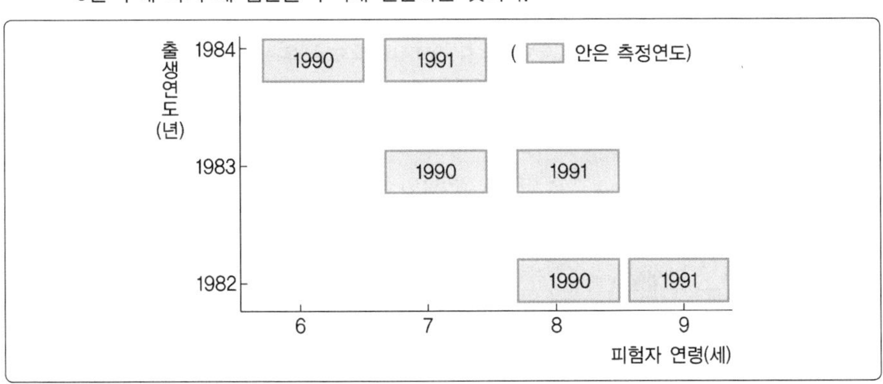 횡단적–단기 종단적 방법
시간차 연구	• 연령은 일정하게 하면서 시기를 달리하여 연구하는 방법으로 문화적 효과를 측정할 수 있다. 예 2013년–3세 연구, 2014년–3세 연구

MEMO

3 연구의 도구(자료 수집 방법)

<table>
<tr><td>관찰연구</td><td colspan="2">아동의 행동을 면밀하게 관찰하고 객관적으로 기록하는 것이다.</td></tr>
<tr><td>상관연구</td><td colspan="2">• 연구자가 주어진 현상을 조작하거나 통제하지 않고 자연조건 그대로인 상태에서 변인 간의 관계를 연구하는 것으로, 한 변인과 다른 변인이 어느 정도 관련되는가를 통계적으로 나타내는 것이다.
• 정적 상관과 부적 상관
– 정적 상관: 한 변인의 값이 증가함에 따라 다른 변인의 값 또한 증가할 때, 혹은 한 변인의 값이 감소함에 따라 다른 변인의 값 또한 감소할 때 정적 상관관계가 존재한다고 본다.
– 부적 상관: 한 변인의 값이 증가하는 데 비해 다른 변인의 값이 감소할 때, 혹은 한 변인의 값이 감소하는 데 비해 다른 변인의 값이 증가할 때 부적 상관관계가 존재한다고 본다.
장점 실험연구가 불가능할 때 사용 가능하다.
단점 상관도는 두 변인 간의 관련성 정도만을 가리킬 뿐 인과관계를 의미하는 것은 아니므로, 변인들 간의 인과관계를 밝히지 못한다.</td></tr>
<tr><td>실험연구</td><td colspan="2">• 변인들 간의 관계를 밝히기 위해, 통제된 상황에서 독립변인을 인위적으로 조작하여 그것이 종속변인에 어떠한 영향을 미치는가를 객관적인 방법으로 측정·분석하는 방법이다.
– 즉, 특정 행동의 원인이라고 생각되는 한 변인 또는 여러 변인들을 체계적으로 만들어 제시하고, 그 결과로 나타나는 종속변인을 측정하는 방법이다.
• 독립변인과 종속변인
– 독립변인: 연구자에 의해 조작이 가능한 변인으로, 만들어 제시되는 변인들(원인이 되는 것)이다.
– 종속변인: 독립변인에 따라 나타나는 반응이나 결과(결과로서 나타나는 것)이다.
장점 단기간에 가능하고, 변인들 간의 인과관계를 밝힐 수 있다.
단점 자연 상황에서 이루어진 것이 아니며, 모든 변인을 완벽하게 통제하기 어렵다.</td></tr>
<tr><td rowspan="2">조사연구</td><td colspan="2">• 모집단에서 다수의 표본을 추출하여 연구자가 탐구하고자 하는 문제에 대한 일반적인 경향을 체계적으로 수집·분석하는 데 목적이 있다.
– 특정한 연구문제에 관련된 사람들의 속성이나 행동, 태도 등을 연구하는 것이다.</td></tr>
<tr><td>면접법</td><td>• 질문이 구두로 제시되는 방법이다.
• 면접자와 피면접자가 1:1로 직접 대면하여 면접자가 질문을 하고, 이에 대한 피면접자의 반응을 받아 분석하는 방법이다.
• 연구자가 면접자와 피면접자 간에 이루어지는 상호작용을 통해 자료를 얻는 방법이다.
– 개인에 대한 많은 정보를 알고 싶을 때 사용한다.
장점 직접적 정보수집이 가능하다.
단점 아동반응이 부정확할 가능성이 높다.</td></tr>
</table>

MEMO

	질문지법	• 질문지를 만들어 실시하는 방법이다. • 연구자가 어떤 문제에 대해 미리 만들어진 일련의 질문들을 제시하여 피험자가 대답을 기술하도록 하는 방법이다. **장점** 많은 자료의 조직적 수집이 가능하고, 여러 대상자들에게 실시할 수 있으므로(집단실시가 가능하므로) 시간과 경비가 절약된다. **단점** 망각이나 반응의 편향성(바람직한 방향으로 생각하는 것) 때문에 부정확할 가능성이 높다.
사례연구		• 소수의 사례를 대상으로 하여 얻은 연구 결과를 바탕으로 모집단의 어떤 특징을 추론하고자 시작된 연구이다. • 연구대상 집단에 대한 포괄적인 이해와 연구대상 속성 파악에 목적을 둔다. • 사건을 거의 통제하지 않은 자연적인 상태에서 나타나는 연구대상의 관습, 행동, 태도, 성격 등을 관찰하여, 이들의 관계를 규명하는 데 초점을 맞춘다. 예 자기 자녀를 연구대상으로 관찰했던 피아제의 인지발달 연구가 이에 해당한다.
문헌연구법		사회 · 문화 현상을 연구하기 위한 자료 수집 방법의 하나로, 기존에 존재하고 있는 *문헌 자료를 통해 필요한 정보를 수집하는 방법이다.

*문헌
유아교육 영역의 서적이나 다양한 학문 분야에서 출판된 자료를 의미하는 것으로 각종 저서, 학술지, 통계 자료집, 잡지 등이 포함된다.

SESSION #8

UNIT 03 검사도구의 타당도와 신뢰도

#KEYWORD 타당도, 신뢰도

1 타당도

(1) 타당도의 개념

① 타당도는 문자 그대로 검사가 얼마나 타당한지를 나타내는 지수로, 그 검사문항이 측정하고자 하는 것을 제대로 측정하고 있는지에 대한 문제이다.

② 측정하려는 속성을 실제 얼마나 정확히 측정하느냐의 문제로, 관찰하고자 하는 것을 실제로 관찰하고 제대로 평가하고 있는지에 대한 개념이다.

— 따라서 타당도를 높이는 것은, 측정하고자 하는 행동을 잘 반영하고 대표할 수 있는 행동을 관찰하는가에 달려있다.

MEMO

(2) 타당도의 유형

<table>
<tr><td>내용 타당도</td><td colspan="2">• 검사를 통해 측정하고자 하는 내용을 어느 정도로 충실하게 측정하고 있는지를 알려주는 지수를 말한다.
• 평가하기 위해 선정한 내용(표집)이 평가 대상이 되는 전체 내용을 잘 내표할 수 있는지를 연역적이면서도 논리적으로 따지는 작업이다.
• 검사내용전문가는 검사를 통해 측정하고자 하는 속성을 제대로 측정하였는지를 주관적으로 판단한다.
– 내용전문가마다 각기 다른 견해를 지니고 있다면 내용 타당도에 대한 각기 다른 검정 결과가 나올 수 있다.
• 교수・학습 과정에서 설정하였던 교육목표의 성취 여부를 묻기 위한 학업성취도 검사의 타당성 검증에서 내용 타당도가 많이 쓰인다.
– '검사가 교육과정에 있는 내용을 얼마나 잘 포함하고 있느냐(교과 타당도)'의 문제 또는 '교수・학습 중에 가르치고 배운 내용이 얼마나 포함되었느냐(교수 타당도)'를 검증할 때 사용한다.
유의점 내용전문가의 자격 요건이 해당 검사의 내용 타당도에 대한 보증이 될 수 있으므로 중요한 검사일수록 자격 요건을 엄격하게 정해야 한다.
장점 내용전문가가 문항을 검토하고 각 문항의 타당도를 판단한 결과를 간단한 식으로 계산하면 되기 때문에 타당도 중 상대적으로 쉽게 구할 수 있다.
단점 내용전문가들의 주관을 배제하기 힘들다.</td></tr>
<tr><td rowspan="3">준거관련 타당도</td><td colspan="2">• 준거관련 타당도는 검사가 어떤 '준거'와 관련하여 타당한지, 즉 측정해야 할 것을 제대로 측정하고 있는지 알려주는 지수이다.
• 준거관련 타당도는 공인 타당도와 예측 타당도로 나뉜다.</td></tr>
<tr><td>공인 타당도</td><td>• 새로운 검사를 제작하였을 때 새로 제작한 검사의 타당성을 검증하기 위하여, 기존에 타당성을 보장받고 있는 검사와의 유사성 혹은 연관성에 의해 타당성을 검증하는 방법이다.
– 기존에 이미 타당도를 인정받고 있는 평가도구를 준거로 하여 새롭게 제작한 평가도구가 얼마나 닮아있는지를 측정하는 것이다.
– 공인 타당도의 준거는 관심이 있는 검사와 비슷한 시점에서 측정된 검사가 된다.</td></tr>
<tr><td>예측 타당도
(예언 타당도)</td><td>• 제작된 검사에서 얻은 점수와, 미래의 어떤 행위와의 관계로 추정되는 타당도를 말한다.
– 검사점수가 미래의 행위를 얼마나 잘 예측하느냐 하는 문제이다.
• 예측 타당도의 준거는 관심이 있는 검사 기준 미래 시점에서 측정된 검사가 된다.
– 현재의 관찰결과가 미래의 행동이나 발달 사이에 상관이 높을수록 예언 타당도가 높다.
예 비행사 적성검사에서 높은 점수를 받은 비행사가 이후 실제 비행에서도 안전운행 기록이 높다거나, 대학수학능력 시험에서 높은 점수를 획득한 학생이 대학에서 성공적으로 학업을 수행할 때 그 검사 및 시험의 예언 타당도가 높다고 할 수 있다.</td></tr>
</table>

MEMO

<table>
<tr><td>구인 타당도</td><td>• 추상적인 어떤 속성, 즉 구인이 제대로 측정되었는지를 알아보는 지수이다.
– 조작적으로 정의되지 않은 인간의 심리적 특성이나 성질을 심리적 구인으로 분석하여 조작적 정의를 부여한 다음, 검사점수가 조작적 정의에서 규명한 심리적 구인들을 제대로 측정하였는가를 검정하는 방법이다.
– 검사도구나 관찰한 목표 행동이 조작적으로 규정한 어떤 심리적 특성의 구인들을 제대로 나타내거나 측정할 수 있는 것인지에 주안점을 두는 것이다.
– 실제로 관찰된 목표행동이 관찰자가 특별히 관심을 갖는 심리학적 개념이나 이론적 구성요인을 얼마나 잘 나타내는가 하는 것이다.
예 우선 창의력을 측정할 때 창의력은 민감성, 이해성, 도전성, 개방성, 자발성, 자신감의 구인으로 구성되어 있다는 조작적 정의에 근거하여 검사를 제작 · 실시한다. 그다음, 그 검사 도구가 이 같은 구인들을 측정하고 있다고 판단되면 구인 타당도를 지니는 것이라고 본다. 그러나 검사결과가 조작적으로 규정한 어떤 심리적 특성의 구인들이 아닌 다른 구인들을 측정하고 있다면 이는 구인 타당도가 결여되어 있다고 보는 것이다.
• 구인 다당도는 내용 타당도나 준거관련 타당도보다 여러 단계를 거쳐야 하고 요인분석과 같은 통계기법을 수행해야 한다.

구인 타당도를 구하는 개략적인 절차
① 관련 선행연구를 분석한다.
② 측정하고자 하는 구인에 대해 전문성을 지닌 면담 참여자를 선정하고 면담을 실시한다.
③ 면담결과 및 선행연구를 바탕으로 연구자는 설문문항을 도출하고 측정도구(설문) 초안을 만든다.
④ 설문조사를 실시하고 신뢰도를 구한 후 요인분석을 실시한다.
⑤ 수렴타당도 및 판별타당도를 산출한다.
– 수렴타당도는 특성을 다른 방법으로 측정할 때의 타당도를 말한다.
– 판별타당도는 다른 속성을 같은 방법으로 측정할 때의 타당도를 말하며, 수렴타당도는 판별타당도보다 높아야 한다.
⑥ 측정도구 문항을 최종 선정한다.</td></tr>
<tr><td>안면 타당도</td><td>• 검사도구의 문항들이 피험자에게 친숙한 정도를 말한다.
– 문항들이 피험자들과 얼마만큼 친숙도를 형성하고 있는가의 문제이다.
– 어떤 특성을 측정할 때 자주 접해 본 문항들이 있으면 안면 타당도가 있다고 말한다.
예 평가 대상과 비슷한 수준에 있는 다른 학생들에게 평가도구를 보여주고 평가 내용이나 방법 등이 적절한지 여부를 확인하는 것이 이에 해당한다.</td></tr>
<tr><td>결과 타당도</td><td>• 검사나 평가를 실시하고 난 결과에 대한 가치판단이다.
– 평가 결과와 평가 목적과의 부합성, 평가 결과를 이용할 때의 목적 도달 여부, 평가 결과가 사회에 주는 영향, 그리고 평가 결과를 이용할 때의 사회의 변화들과 관계가 있다.</td></tr>
</table>

MEMO

2 신뢰도(reliability)

(1) 신뢰도의 개념

개념	• 신뢰도란 측정하려는 것을 얼마나 안정적으로 일관성 있게 측정하는가의 문제이다. – 인간의 어떤 속성을 측정할 때마다 같은 점수를 얻을 때, 신뢰성이 있다고 본다. • 검사 신뢰도란, 평가도구를 이용하여 수집한 검사의 점수가 얼마나 정확하고 일관성이 있느냐로, 오차 없이 정확하게 측정하는 정도에 대한 문제이다. – 즉, 검사결과의 일관성을 의미하는 것으로, 검사 신뢰도가 높다는 것은 검사를 여러 번 시행해도 그 결과가 일관된다는 뜻이다.
신뢰도와 타당도의 관계	• 일관되게 같은 점수가 나온다면 신뢰도가 높은데, 그때 그 검사점수가 측정해야 하는 영역까지 잘 측정하고 있다면 타당도까지 높다고 할 수 있다. • 타당도를 높이려면 우선 신뢰도가 높아야 한다. – 신뢰도는 타당도의 필요조건으로, 측정의 관점에서는 어느 정도 높은 신뢰도가 전제되어야 타당도를 논할 수 있다. 일관되게 같은 점수가 나온다면 신뢰도가 높은데, 검사점수가 측정해야 하는 영역까지 잘 측정한다고 말할 수 없기 때문이다. – 검사에서 타당도는 거의 신뢰도보다 낮다.

(2) 신뢰도의 추정방법

일반적으로 신뢰도 추정방법은 두 번의 검사시행 후 신뢰도를 추정하는 방법과 한 번의 검사시행 후 신뢰도를 교정하는 방법, 내적 합치도를 구하는 방법이 있다.

두 번의 시험	검사–재검사 신뢰도	• 동일한 검사를 동일한 피험자 집단에 일정 시간 간격을 두고 두 번 실시하여 얻은 두 점수의 상관계수에 의하여 신뢰도를 추정하는 방법이다. – 두 검사결과 사이에 상관계수가 높으면 신뢰도가 높다고 할 수 있다. – 시험 간격 정도에 따라 신뢰도 계수가 변화하는 문제점을 지닌다.	
	동형검사 신뢰도	• 형태는 서로 다르지만 동일한 특성을 측정하고자 하는 두 개의 동형검사를 제작한 뒤, 동일 피험자 집단에게 검사를 실시하여 얻은 두 점수 간의 유사성을 측정하는 것이다. – 동형검사를 제작해야 한다는 것과 시험의 동형성 정도에 따라 신뢰도 계수가 변화하는 단점을 지닌다.	
한 번의 시험	내적 일관성 신뢰도	• 내적 일관성 신뢰도는 검사를 두 번 실시하지 않고 검사의 신뢰도를 추정할 수 있는 방법이다. • 검사를 구성하고 있는 부분검사 또는 문항 간의 일관성의 정도를 말하며, 해당 검사나 문항들이 측정하는 내용을 얼마나 일관성 있게 측정하였느냐의 문제이다.	
		반분 신뢰도	한 번의 검사결과를 반으로 쪼개어 2개의 검사인 것처럼 취급하여 상관계수를 구하는 방법이다. 예 원래 40문항으로 구성된 1개의 검사를 20문항인 검사 2개인 것처럼 취급하는 것이다. 유의점 두 검사가 '동형'이 되도록 쪼개야 한다.

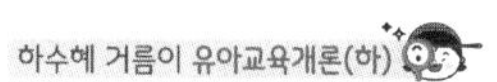

MEMO

		내적 합치도 (= 내적 일치도, 문항내적 일관성 신뢰도)	검사를 한 번만 시행하여 신뢰도를 구할 수 있는 방법이며, 반분 신뢰도와 달리 검사를 구성하는 문항 하나하나를 각각의 검사처럼 간주하여 문항들 간의 유사성 혹은 측정의 일치성을 추정하는 방법이다.

3 객관도(objectivity)

<table>
<tr><td>개념</td><td>• 객관도는 채점자 간 신뢰도와 채점자 내 신뢰도를 일컫는다.
– 채점자 간 신뢰도와 채점자 내 신뢰도는 여러 명(또는 여러 번)의 채점이 얼마나 일관되는지를 알아보는 것이므로 '채점의 신뢰도'라고 볼 수 있다.
– 실제 사례에서는 2인 이상의 채점자가 같은 문항을 채점하여 상관계수 또는 일치도로 신뢰도를 구하는 것이 일반적이다. 즉, 채점자 간 신뢰도가 흔히 쓰이는 방법이다.
<table><tr><td>채점자 간 신뢰도</td><td>서술형 또는 논술형 문항의 채점에서와 같이 채점에 채점자의 주관이 개입할 수 있는 경우, 같은 답안을 여러 명의 채점자가 채점하도록 하고 그 결과가 일관되는지 확인할 필요가 있다. 이렇게 여러 채점자가 채점한 점수에 대하여 상관계수 또는 일치도를 구하는 경우에는 이를 채점자 간 신뢰도(inter-rater reliability)라고 한다.</td></tr><tr><td>채점자 내 신뢰도</td><td>같은 답안을 1명의 채점자가 여러 번 채점한 후 그 상관계수 또는 일치도를 구하면 채점자 내 신뢰도(intra-rater reliability)를 구한 것이 된다.</td></tr></table></td></tr>
<tr><td>객관도와 신뢰도의 관계</td><td>• 채점의 객관도가 신뢰도에 영향을 준다.
– 서술형이나 논술형 문항의 경우 채점 기준 자체가 엉성하면 채점자마다 다르게 점수를 부여하여 신뢰도가 낮아진다.
– 채점 기준표를 잘 만들더라도 채점자의 훈련이 충분하지 않으면 채점자에 따라 점수가 달라지는 경우가 발생하여 신뢰도가 낮아질 수 있다.
• 객관도를 높이기 위한 대안: 채점자 훈련이 필수적이며, 채점자 내 신뢰도와 채점자 간 신뢰도를 구하여 채점과정을 모니터링해야 한다.</td></tr>
</table>

4 실용도

개념	• 검사도구가 실제로 얼마나 유용하게 쓰일 수 있는지에 대한 것을 점검하는 개념으로, 평가도구의 제작과정, 시행방법·절차, 그리고 평가 결과를 채점하거나 분석하기 위해 소요되는 인적·물적 자원의 양과 질이 주변 여건에 비추어 봤을 때 실용적인지를 나타내는 정도이다. – 하나의 측정도구를 사용할 때, 시간·노력·경비 등의 소모성의 정도를 의미한다. – 검사를 실시하는 것이 쉽고, 소요시간이 짧으며, 검사결과 채점 및 해석 시 전문가가 필요 없고, 검사비용이 덜 들며, 동형검사가 가능한 검사는 반대의 경우보다 실용적 측면에서 더 바람직하다.

SESSION #8

MEMO

UNIT 04 관찰 및 행동 연구의 윤리적 문제

① 연구를 수행하고자 하는 연구수행 기관의 기관장 및 관련 행정가에게 연구의 목적, 대상, 기간, 방법 및 연구대상의 권리 등이 구체적으로 명시되어 있는 서면으로 된 사전동의서를 제출하여 사전에 허가를 받아야 한다.

② 연구하고자 하는 유아의 부모 또는 보호자에게도 연구의 목적, 기간, 방법 및 연구결과의 사용범위 등에 대해 설명하고, 사전동의서를 서면으로 반드시 받아야 한다.
- 또한 사전동의를 받고 연구에 참여시켰다 하더라도 연구진행 도중에 유아나 보호자가 언제든지 그만 둘 수 있는 권리(중도탈락의 권리)가 있으며, 그만두었을 때 어떠한 불이익도 당하지 않는다는 점을 동의서에 명시해야 한다.

③ 유아 개인의 사생활 보호 및 비밀이 보장되어야 한다.
㉠ 연구자는 관찰하고 연구한 내용과 결과 등 수집한 모든 자료들의 비밀을 보장해야 한다.
㉡ 이러한 유아에 관한 정보 및 연구결과는 유아 당사자, 유아의 부모나 보호자, 또는 부모가 승낙한 사람에게만 제공되어야 하며, 동의서에 명시된 연구의 목적 이외의 용도로 사용해서는 안 된다.

④ 연구로 인한 유아의 정신적·신체적 상해 문제에 주의해야 한다.
㉠ 연령이 어린 유아일수록 관찰, 실험, 또는 검사 상황에서 불편함이나 긴장 및 좌절로 인해 심신상해를 입을 수 있으므로, 이러한 피해가 발생하지 않도록 연구의 목적을 설정하거나 연구의 과정을 수립할 때 각별히 유의해야 한다.
㉡ 관찰 및 연구진행 도중 어떤 절차가 유아에게 해를 끼칠지도 모른다고 판단이 되면, 즉각 중지하거나 다른 방법을 사용해야 한다.

II 아동발달 연구방법

UNIT 05 관찰법

#KEYWORD 관찰법, 관찰자 간 신뢰도, 관찰자 내 신뢰도

MEMO

1 관찰법의 개념

구분	내용
개념	• 관찰법은 대상의 행동이나 상황 중에서 연구 목적에 부합하는 것을 관찰하여 기록 또는 부호화하는 방법이다. • 유아의 발달을 보다 잘 이해하기 위해 일상생활 속에서 이루어지는 자연스러운 행동을 면밀하게 관찰하고 객관적으로 기록하는 방법이다. • 관찰대상자와 관찰상황에 대한 통제 정도에 따라 자연적(비통제적) / 통제적 관찰법으로 분류할 수 있으며, 관찰자의 관찰상황에 대한 개입 여부에 따라 참여 / 비참여 관찰법으로 나눌 수 있다.
장점	• 관찰대상과의 친밀성을 유지할 수 있어 심층적인 자료 수집이 가능하다. – 특히 참여관찰은 관찰대상자와 상호작용을 하면서 관찰하므로 관찰목적에 적합한 자료를 수집하는 것 이외에도 부가적인 정보를 수집할 수 있다. • 관찰대상자의 능력이나 발달 정도, 교육 수준에 영향을 받지 않는다. – 특히 관찰법은 어린 연령 유아들의 발달과 행동 변화에 대한 정보를 얻는 데 아주 좋은 방법이다. 유아교사가 유아를 다양한 상황에서 주기적으로 혹은 자주 관찰하면 유아의 성장과정이나 변화 모습 등을 잘 이해할 수 있다. • 행동이나 사건의 전후 맥락을 파악할 수 있다. – 일화기록법이나 사건표집법 등은 행동이나 사건의 발생 이유, 맥락, 과정 등을 이해하는 데 도움을 준다. 따라서 관찰법은 어떤 행동에 대한 유아들의 상태와 흐름을 이해하는 데 좋은 방법이다. • 비교적 간단한 훈련을 통해서 관찰법을 실시할 수 있으며, 다른 어떤 방법보다 자료 수집과 적용이 쉽다. – 관찰법을 실시할 때 검사 도구를 진행하기 위한 전문적인 교육을 받지 않아도 된다. – 특히 일화기록법, 사건표집법 등은 간단한 주의사항만으로도 실시할 수 있으며, 체크리스트법이나 평정척도법과 같은 관찰법도 간단한 훈련을 통해 객관적으로 관찰 기록을 유지할 수 있다. • 비교적 자세하고 풍부하며 생생한 정보를 많이 수집할 수 있으며, 실험연구를 더욱 체계적이게 하기 위한 연구가설을 설정하는 데 기초를 제공할 수 있다. • 관찰할 행동 영역이 덜 제한적이고, 비언어적 행동에 대한 자료 수집 측면에서 조사연구나 실험연구보다 더 유용하다. • 관찰대상자가 자신의 생각이나 느낌을 정확히 모르거나 표현하지 못한다 해도 자료 수집이 가능하다.

MEMO

* 외적 타당성(외적 타당도)
- 외적 타당성은 실험 결과의 일반화 또는 대표성과 관련된 문제로 결과의 적용 집단, 시간, 공간의 측면에서 어느 정도 일반화할 수 있는가를 다룬다. 즉, 표본에서 얻어진 연구의 결과를 다른 집단 혹은 다른 환경에 확대 해석 또는 일반화를 할 수 있는 정도를 의미한다.
- 외적 타당성을 높이기 위해서는 최대한 현실과 유사한 조건에서 실험이 이루어져야 한다.

	• 대체적으로 자연 상황에서 이루어져 관찰상황과 일상생활의 이질성이 낮으므로 * 외적 타당성이 높다. • 행동 발생과 동시에 기록되기 때문에 행동 배경 또는 상황과 직접적으로 관련된 자료를 제공해 주며, 행동의 자연적 흐름을 방해하지 않는다.
단점	• 통제된 관찰이 아니면 관찰대상의 행동이 발생될 때까지 기다려야 하므로 관찰의 전체 시간이 많이 소요될 수 있다. 예 사건표집법은 관찰하고자 하는 행동을 기다려야 한다. • 다른 방법에 비해 시간과 비용이 많이 든다. • 관찰자의 편견, 선입견, 주관적 판단이 개입될 수 있으므로 수집자료의 신뢰도가 낮을 가능성이 높으며 객관성을 유지하기 힘들다. ※ 관찰자의 주관이나 선입견이 작용하는 문제에 대한 대안 – 관찰자 훈련이나 관찰자 간 신뢰도를 통해 어느 정도 해결할 수 있다. – 관찰행동에 대한 조작적 정의를 통해 보완할 수 있다. 조작적 정의를 바탕으로 관찰한 행동이나 특성은 다른 사람에게 오해를 주지 않고 객관적으로 의사소통하게 한다. 따라서 조작적 정의를 바탕으로 관찰행동을 추출하고, 추출된 행동이 조작적 정의에 합당한지 검토하는 과정을 통해 관찰의 타당도를 높일 수 있다. 이러한 조작적 정의를 내릴 때는 정의를 내리고자 하는 개념에 대한 이론이나 연구결과를 바탕으로 하는 것이 바람직하다. **조작적 정의** 조작적 정의란 관찰행동이 무엇이고 어떤 속성을 지닌 것인지 알려주는 것으로, 관찰할 수 없는 것을 관찰할 수 있게 하는 특성이 있다. 예 '사랑'은 아주 다양하고 복잡하게 표현되므로 사실상 관찰이 불가능하다. 그러나 '두 사람이 서로 눈을 마주하여 바라보는 것'을 '사랑'이라고 정의하면 관찰이 가능해진다. 위의 예처럼 조작적 정의는 어떤 사회적 행동에도 적용할 수 있고, 이를 바탕으로 관찰하면 관찰 과정이나 내용이 확실해지고 관찰결과를 믿을 수 있게 된다. • 특정한 범위 내에서 수량화(예 빈도)할 수도 있지만, 주관적 성격, 심층 분석을 특징으로 하고 있기에 양적 측정이 어렵다. • 관찰대상 집단에 대한 사전승인이 필요하다. 관찰을 위해서는 사전에 관찰대상자가 속한 집단의 기관장과 해당 관련자에게 승인을 받아야 한다. • 관찰자에 의해 관찰상황이 변화할 수 있는데, 이를 관찰자의 영향이라고 한다. 관찰자로 인해 대상자가 과잉으로 행동하거나 부자연스럽게 행동한다면 자료를 수집하는 데 왜곡 현상이 나타날 수 있다. – 대안: 관찰자의 영향을 최소화하기 위해 관찰을 실시하기 전에 관찰자가 대상자와 라포를 형성하고 일방경을 통해 관찰하는 것이다. • 표본의 수가 적어 자료의 객관성을 떨어뜨릴 가능성이 있다. • 관찰자의 자질과 관련한 문제로, 관찰자의 관찰능력이 충분하지 않거나 사전 훈련 없이 관찰을 실시하는 경우 수집한 자료의 신뢰성에 문제가 될 수 있다.

MEMO

2 관찰법의 분류

(1) 관찰상황의 통제 정도에 따른 분류

자연적 관찰법 (비통제적 관찰법)		
	• 아동의 자발적인 행동을 의도적으로 조작하지 않고 어떤 행동이나 현상을 자연적인 발생 그대로 관찰하는 방법이다. • 자연적 관찰은 어떤 목적을 가지고 조작된 상황에서 관찰하는 것이 아니라 자연스런 상황에서 일어나는 행동들을 관찰하기 때문에, 관찰자료들은 우발적이며 단편적인 것이 되는 경우가 많다. 그러므로 보다 치밀하고 조직화된 관찰을 위한 예비단계로서 활용되기도 한다. • 분명한 목적을 설정하지 않으면 체계화된 관찰이 어렵기 때문에 문제를 분명히 설정하는 것이 중요하며, 외형적인 행동뿐만 아니라 이러한 행동을 발생시킨 조건 및 상황과 관련지어 관찰해야 한다.	
	장점	자연스러운 상황에서 일어나는 다양한 현상을 제한 없이 관찰할 수 있기 때문에 관찰자가 예상하지 못한 점을 발견할 수 있다.
	단점	• 수집된 관찰자료가 우발적이며 단편적인 것에 불과할 수 있다. • 관찰대상이나 관찰장면을 의도적으로 조작하지 않기 때문에 한 번 관찰된 행동을 다시 관찰하기 위해서는 오랜 시간 동안 기다려야 할 수도 있다. 발생빈도가 낮거나 사적인 행동의 측정이 어렵다.
	고려사항	• 관찰하고자 하는 관찰문제를 분명히 해야 한다. – 관찰하고자 하는 관찰문제를 분명히 하는 것은 관찰의 방향을 이끌어 주고 관찰에서 불필요한 자료를 수집하지 않게 한다. • 관찰장면을 정한다. – 자연적인 관찰에서 연구자가 모든 장면을 다 관찰하는 것은 사실상 불가능하므로 연구하고 평가하고자 하는 관찰장면을 사전에 정하여 관찰하게 되면, 관찰의 목적을 달성하는 데 더욱 도움이 된다. • 전후 맥락을 고려하여 관찰한다. – 있는 그대로의 상황에서 비통제적 관찰을 하더라도 행동이나 현상과 관련된 전후 맥락을 고려하여 관찰하는 것이 그 행동이나 현상을 이해하는 데 많은 도움이 된다. – 유아의 행동은 관련 조건이 있거나 맥락에 따라 달라지는 경우가 많아서, 특정 행동이 나타나는 상황에 대한 원인이나 사전 조건에 대한 정보가 없다면 유아의 행동을 과소평가할 수 있다. • 관찰을 기록할 때 관찰한 것과 주관적인 생각을 구분하도록 한다. – 나타나는 현상 그대로를 관찰하는 비통제적 관찰에서 중요한 것은 '있는 그대로' 기록하는 것이며, 이를 통해 유아의 행동이나 현상을 판단하고 이해하게 된다. – 즉, '있는 그대로의 관찰'로 관찰을 기록하고 이러한 관찰기록이 원자료가 되므로, 관찰자의 개인적인 생각이나 의견 혹은 판단이 들어가 있다면 원자료로서의 기능을 할 수 없다. – 그러므로 자연적 관찰에서 중요한 것은 관찰한 사실과 개인의 주관적인 판단이나 생각을 구분해야 한다는 것이다.

MEMO

통제적 관찰법	• 관찰의 상황이나 장면에 일정한 통제 또는 조작을 가하는 방법으로, 관찰을 통해 보고자 하는 것을 볼 수 있도록 관찰시간, 장면, 그 행동을 발생시킨 상황이나 조건을 인위적으로 조작해 놓고 어떤 결과가 나타나는지를 관찰하는 것이다. • 통제적 관찰은 두 가지 의미로 사용된다. ① **실험적 조작**: 관찰장면, 조건, 상황 등을 의도적으로 조작한 후, 이러한 조작이 관찰대상의 행동에 어떤 영향을 미치는지 관찰하는 것이다. ② **관찰체계의 구조화**: 관찰될 행동, 장면, 시간 등을 미리 정해놓고 특정한 영역의 행동에 대해서만 관찰하는 것이다. • 통제적 관찰은 실험연구에서 많이 사용되는데, * 가외변인이 개입할 수 있는 상황을 통제한 상태에서 관찰하는 경우가 통제적 관찰이다. – 만약 실험연구에서 실험처치 이외에 다른 조건이 들어가면 나온 결과가 실험처치에 의한 결과라는 것을 장담할 수 없으므로, 실험의 목적을 위해 불필요한 조건들을 제거하거나 최소화하여 통제해야 한다. • 통제적 관찰은 인위적인 관찰장면에서 관찰하며, 실험처치가 주어지는 장면을 방해하지 말아야 하므로 일방경을 통해 관찰한다.

* 가외변인
실험연구에서 실험처치 이외에 실험조건에 영향을 미칠 수 있는 조건을 가외변인이라고 한다.

(2) 관찰상황에 대한 개입여부에 따른 분류

• 참여관찰과 비참여관찰은, 관찰자가 모두 관찰장면에 존재한다는 점은 같지만 관찰자가 관찰장면에서 어떤 역할을 하는지는 다르다.
– 참여관찰은 관찰자가 관찰장면에서 관찰대상들과 상호작용하며, 그들의 일원인 것처럼 역할을 하고 관찰을 한다.
– 하지만 비참여관찰은 관찰장면에서 직접 상호작용하지 않고 관찰대상과 일정한 거리를 유지하면서 관찰하는 것으로, 관찰장면에 개입하지 않는다.

참여관찰법	• 관찰자가 관찰대상자의 행동에 대해서 아무런 통제를 가하지 않고, 관찰자가 관찰대상과 현장에서 함께 생활하면서 자연스러운 행동을 관찰하는 방법이다. • 일반적인 유아교육 현장에서 유아교사가 관찰자이자 교사의 역할을 하게 되는 경우가 이에 속한다. 예 현장의 교사가 교실에서 수업하거나 관찰자가 보조교사로 수업에 참여하면서 유아를 관찰하는 것, 인류학자가 특정 문화권에 들어가 함께 생활하면서 그들의 문화나 관습, 행동에 대해 관찰하는 것을 들 수 있다.	
	장점	• 관찰자의 존재로 인한 피관찰자의 부자연스러운 행동을 최소화시킬 수 있다. • 자연스러운 상황에서 심층적이고 포괄적인 연구를 수행할 수 있다. • 평소에는 관찰할 수 없는 특수한 행동에 대해 관찰자료를 수집할 수 있다.
	단점	• 관찰자가 그 사회에 들어가는 것 자체가 구성원의 일상적인 모습을 바꾸어 놓을 수 있다는 점 또한 무시할 수 없으며, 관찰자에게 많은 인내와 용기가 필요하다. • 관찰대상자들과 직접 상호작용하며 관찰자료를 수집하므로 시간과 노력이 많이 소요되고, 관찰자의 특성(감정상태)에 영향을 받으므로 객관성을 유지하는 데에 어려움이 있다.

MEMO

<table>
<tr><td rowspan="4">비참여관찰법</td><td colspan="2">• 관찰자가 관찰장면에는 참여하지만 관찰대상의 활동에 참여하지 않고 관찰하는 방법이다.
• 대표적인 방법으로 일방경을 통하여 행동을 관찰하거나 비디오로 촬영하여 관찰하는 방법을 들 수 있다.</td></tr>
<tr><td>장점</td><td>관찰자가 관찰에 전념할 수 있으며 관찰대상에게 영향을 미치지 않고 관찰이 이루어질 수 있어서 상대적으로 객관성을 확보할 확률이 크며, 조직적이고 계획적으로 할 수 있다.</td></tr>
<tr><td>단점</td><td>현실적으로는 참여대상 구성원에 대한 충분한 이해가 선행되지 않는 상태에서 관찰이 이루어지기 때문에 관찰이 피상적으로 이루어질 수 있고, 관찰하고자 하는 행동이나 말이 잘 보이지 않거나 들리지 않을 수도 있다.</td></tr>
<tr><td>유의점</td><td>• 관찰로 인하여 교실에서 진행되고 있는 활동을 방해하지 않는다.
– 유아의 주의를 끌지 않으면서도 관찰장면을 볼 수 있도록 교실에서 조용히 움직인다.
• 유아의 행동을 방해하지 않도록 개인적 공간에서 충분히 멀리 떨어져 있어야 한다. 그러나, 소리는 들리는 위치여야 한다.
• 평범하고 편안한 옷을 입고, 유아의 주의를 끌 만한 장신구를 피한다.
• 유아를 불편하게 만드는 지나친 관심과 지속적으로 쳐다보는 등의 행동은 삼가야 한다.
• 보고 들을 수 있는 거리에 있되, 놀이 영역이나 개인 공간에 들어가지 않는다.
• 만약 유아가 무엇을 하고 있는지 물어보면 간단하게 대답을 한다.</td></tr>
</table>

3 관찰에서의 신뢰도

① 관찰에서의 신뢰도라 함은 관찰이 얼마나 일관적이고 안정적인가를 나타내는 지수로, 한 관찰자가 다른 관찰자와 얼마나 유사하게 평가했느냐의 문제인 '관찰자 간 신뢰도'와 한 관찰자가 측정대상을 계속적으로 일관성 있게 측정했느냐의 문제인 '관찰자 내 신뢰도'로 구분된다.

② 관찰의 신뢰도란 다수의 관찰자가 어느 정도 서로 일치하느냐의 문제이며, '관찰자 간 일치도'라고도 하고, 관찰자 대신에 평정자라는 용어를 사용하여 '평정자 간 신뢰도' 혹은 '일치도'라고도 한다.

관찰자 내 신뢰도	• 1명의 관찰자가 같은 장면을 두 번 이상 관찰·기록하였을 때 결과가 얼마나 일관되느냐의 정도를 말한다. – 즉, 개인이 가지는 일관성을 말하는 것으로 자신의 관찰기록 간 일관성을 알아보는 것을 의미한다. • 보통 관찰장면을 비디오로 녹화하여 같은 장면을 반복해 보면서 이들에 대한 기록 간의 일치 정도를 나타내는 것으로 객관적인 관찰·기록을 위한 훈련 과정이 필요하다. • 개인의 일관성이 전제가 되지 않는다면, 이는 관찰자 개인의 관찰기준이 변화된다는 것을 의미하므로 관찰자 내 신뢰도는 관찰자 간 신뢰도 추정의 기본 전제조건이 된다.

MEMO

관찰자 간 신뢰도	• 하나의 관찰장면에 대해서 2명 이상의 관찰자가 독립적으로 같은 상황과 같은 대상들을 관찰한 결과가 얼마나 일관되느냐의 정도를 말한다. 즉, 관찰자 간 일치 정도를 말하며, 이는 곧 관찰기록의 안정성 또는 일관성, 관찰자들의 관찰결과의 유사성을 의미한다. • 일반적으로 명확한 구분 없이 '관찰자 신뢰도'라고 하면 관찰자 간 신뢰도를 의미한다. – 즉, 관찰자 간 신뢰도가 높다면 이 관찰은 객관적이고 안정적이며 일관성이 있다고 말하는 것이고, 반대로 관찰자 간 신뢰도가 낮다면 관찰자에 따라 관찰결과가 많이 바뀌게 되어 관찰결과를 신뢰할 수 없다는 것을 의미한다.

4 관찰에서의 오류

① 관찰은 유아를 이해하는 데 매우 좋은 방법이지만, 관찰이 객관적이고 체계적으로 이루어지도록 유의해야 한다. 관찰과 기록, 해석의 과정에 생길 수 있는 오류들이 있기 때문에 이러한 문제가 최소화되도록 해야 할 것이다.

② 관찰에서 오류를 줄이기 위해서는 관찰범주를 설정함에 있어 오류를 최소화하는 것이 중요하다.

용어의 객관성	관찰가능한 행동적 용어를 사용한다.
심리적 특수성	심리학적으로 명료한 용어를 사용한다.
이론적 통합성	행동의 범주들이 이론적으로 상호 관련성을 지니면서 체계적인 특성을 갖도록 한다.

(1) 관찰대상자의 오류

관찰자의 위치로 인한 영향	• 관찰대상에 미치는 관찰자의 영향으로, 관찰장면에 관찰자가 있다는 것 자체가 관찰대상에게 영향을 미친다. – 참여관찰을 하든 비참여관찰을 하든 관찰자(유아교사)는 관찰장면에 존재해야 한다. 유아들은 누군가 자신을 보고 있으면 자연스러운 행동을 하지 못하고 평소에 하지 않던 행동을 할 수 있게 된다. **극복 방안** • 관찰자는 관찰자의 영향을 최소화하는 것이 필요하다. – 일방경(one-way mirror)이 설치된 방을 이용하거나 혹은 숨은 카메라 등을 장치하기도 한다. – 관찰하기 전에 관찰대상과 사전에 친밀감(라포)을 형성한다. 피관찰자가 관찰자의 존재에 익숙해지도록 실제 관찰에 들어가기 전에 관찰상황에 미리 노출되도록 하는 방법이다.		
관찰대상자(피관찰자, 피험자)의 오류	피험자의 기대영향	호손 효과	피관찰자가 자신의 행동이 관찰되고 있음을 인지하게 될 때, 자신의 행동을 다르게 조정하거나 순화시키려는 경향을 의미한다.

MEMO

SESSION #8

		플래시보 효과	• 실험 대상자들이 스스로 실험에 반응함으로써 나타나는 효과로, 실제는 실험 처치나 개입이 이루어지지 않았는데도 불구하고 그것을 받은 것과 유사한 효과가 나타나는 경우를 의미하며 '위약 효과', '가처치 효과'라고 말한다. 이는 조사 대상자들의 순수한 심리적 반응에 의해 나타나는 효과이다. – 이처럼 관찰대상자가 실제로 아무 효과가 없는 어떤 대상이나 사물, 처치 등에 대해 긍정적인 기대를 지니고 있어 효과가 나타나게 된다면 관찰 대상자의 행동을 신뢰하기 어렵다.
	반응 성향	피험자가 검사를 받을 때 나타나는 태도로서 요구하는 내용과는 상관없이 어떤 특정한 방향으로 계속 반응하는 경향을 의미한다.	
		사회적 소망성	= 사회기대 성향, 사회적 바람직함 편향 (social desirability bias) • 자신의 반응을 표시하는 것이 아니고, 일반적으로 사람들이 어떻게 대답하는 쪽을 좋아하느냐를 고려하여 반응하는 것이다. • 자신의 행동특성과는 관계없이 사회적으로 바람직한 전통적 기준에 따라서만 응답하려는 성향이다.
		회피성	일반적으로 좋지 않게 보는 반응을 회피하는 태도를 말한다.
		일탈반응	일반인의 반응 패턴과는 현저하게 어긋난 반응을 나타내는 것이다.

(2) 관찰자의 오류

관찰결과에 대한 개인적 기대에 따른 문제	관찰자가 관찰과정에서 기대하는 방향의 행동을 더 많이 관찰하려는 경향이다.
관찰자의 민감성에 대한 문제	• 유아의 행동이나 움직임 또는 표정을 포착하여 기술할 수 있는 민감성이 부족해서 이러한 문제가 나타날 수 있다. • 개인의 특징에 많이 의존하지만 훈련을 통해서 개선될 수 있다.
유아발달에 대한 지식 및 사전경험의 정도	• 교사는 발달 관련 지식이 많을수록 발달의 중요한 이정표가 되는 행동이나 발달상의 지체로 보이는 행동을 쉽게 인식할 수 있다. • 자녀를 양육해본 경험이 있거나 유아 교육기관에서 유아와 같이 생활한 경험이 많은 교사들은 유아발달에 대한 지식이나 경험 정도에 따라, 같은 행동이라도 그 중요도에 있어서 전혀 다르게 인식하여 관찰·해석하는 등 상이한 관찰결과를 나타낼 수 있다. • 유아발달에 대한 지식 및 사전경험의 정도가 많을수록 유아의 특이한 행동이나 교육적 중재를 요하는 행동 등을 민감하게 알아본다.

MEMO

* 편견
공정하지 못하고 한쪽으로 치우친 생각 / 일방적인 견해 / 편향된 견해

구분	세부	내용
관찰자의 개인적인 후광효과		• 참여 대상에 대한 예비지식이나 관찰자의 개인적인 감정으로 인하여 관찰대상의 행동을 과대 또는 과소평가하게 만드는 경향이다. • 어떤 관찰대상이 가지고 있는 두드러진 특성으로 인해 그것에 합치하는 방향으로 *편견이 생겨, 다른 측면에서의 평가나 전체적인 평가가 영향을 받는 부적절한 일반화의 경향이다.
	후광효과 (halo effect)	• 사전에 유아에 대한 긍정적인 정보를 가지고 있을 경우, 우호적인 관점에서 더 과장되고 좋은 방향으로 관찰·해석하게 된다. – 즉, 긍정적인 일부의 특성이나 평가 때문에 관찰자의 나머지 전체에 긍정적인 영향을 미치는 현상이다.
	부정적 후광효과 (역후광효과, negative halo effect)	• 관찰대상자의 어떤 좋지 않은 특성으로 인해 평정해야 하는 다른 특성을 나쁘게 평가하는 것이다. – 즉, 어떤 특정한 현상을 보고 개인의 다른 인상평가에 부정적인 영향을 미치는 현상을 의미한다.
관찰자의 불충분한 훈련으로 인한 문제		• 관찰도구 및 관찰매체에 대한 숙련성과 관련된 문제이다. – 관찰도구에 익숙해지기 위해서는 사전훈련이 필요한데, 관찰방식에 대한 훈련이 충분하지 않으면 기록하는 데 너무 많은 시간과 노력을 기울이게 되어 관찰 자체가 소홀히 될 수 있다. – 관찰매체 활용 시 사용법을 미리 숙지해야 하며, 그렇지 않을 경우 매체 작동 과정에 중점을 두게 되어 중요한 관찰장면을 놓칠 우려가 있다. • 많은 관찰매체들을 학급에서 사용하기 전에 실제로 충분한 훈련이 필요하다. – 실제 연습, 피드백, 토의를 위해 충분한 사전모임을 가지며, 관찰체계에 따른 사용규칙과 그 절차를 정확히 익히도록 한다.
관찰자 개인의 특성에 대한 문제	관용의 오류	• 관찰대상에 대하여 지나치게 후하게 기록하려는 경향이다. – 일반적으로 아는 사람에게 실제보다 더 높게 점수를 주는 경향이 있다.
	엄격의 오류	지나치게 엄격한 기준을 적용하여 기록하려는 경향으로 거의 모든 문항을 엄밀하고 낮게 평정한다.
과도한 일반화		어느 정도 익숙한 경험은 어떤 현상을 당연한 것으로 간주하게 만든다.
기록 및 해석의 오류		같은 기록이라도 개인적인 편견 등의 이유로 기록과 해석에 오류가 있을 수 있다.
	주관적 해석	관찰결과를 관찰자 자신의 느낌에 기초하여 해석하게 되는 것이다.
	생략 오류	• 유아의 행동을 이해하는 데 필요하거나 도움이 되는 정보를 빠뜨리는 것이다. • 원인: 관찰 시 마음이 심란하여 이미 발생한 행동들을 가볍게 빠뜨리거나, 불충분한 관찰일지 기록으로 생기는 오류이다. • 대안: 관찰일지 기록은 가능한 한 빠르게 이루어져야 한다. – 관찰하는 동안 많은 것들을 기록하지 못할 경우, 이후 단기기억에 의존할 수밖에 없으므로 관찰 즉시 기록하는 것이 좋다.

MEMO

	첨가 오류	• 생략 오류와 대조를 이루는 것으로, 실제로 본 상황 이상의 정보를 담을 때 발생하게 된다. • 실제로는 발생하지 않았는데 상호 작용이 일어난 것처럼 행동이나 언어를 기록하는 것을 말한다. • 원인: 불충분한 주의집중이나 가상의 기억에 의존하여 기록하기 때문이다.
	전환 오류	• 일어난 행동의 순서를 부적절한 순서로 계열화시키는 것이다. • 사건의 순서가 중요할 때는 심각한 실수를 불러올 수 있다. – 오전 9시 20분에 발생한 행동이 9시 35분경에 일어나는 행동에 영향을 줄 수 있는 것처럼 시간의 순서는 중요하다. • 대안: 시간을 기록하는 것이다. – 발생한 행동의 시작과 끝을 기록하거나 관찰행동에 대한 관찰시작 시간과 마침 시간을 기록한다. – 유아의 주의집중 시간이나 특정 활동에 보내는 시간의 정도에 대한 정보도 함께 제공해 준다.

관찰기록 시 발생할 수 있는 오류(Richarz, 1980)

관찰기록 시에 발생할 수 있는 오류	누락의 오류	• 관찰대상 행동을 이해하는 데 도움이 되거나 필요한 정보를 제외시키는 오류이다. – 다양한 방해 요인들로 인해 이미 일어난 행동을 놓쳐버리거나 기록을 잘못하는 경우에 발생할 수 있다.
	첨가의 오류	현장에서 일어나지 않은 행동, 대화, 상호작용 등을 보고하거나, 현장에 없었던 사람이 있었던 것처럼 보고하는 것과 같이, 실제로 일어난 내용 이외의 정보를 포함시키는 오류이다.
	전달의 오류	• 관찰한 행동을 기록함에 있어 순서를 틀리게 기록하는 오류이다. – 관찰기록을 할 때 시간을 기록함으로써 이러한 오류를 줄일 수 있다.
관찰오류를 피하기 위한 방안 (관찰 시 유의점)	• 관찰계획을 먼저 수립한다. – '언제, 어디서, 누구를 관찰할 것인가?' • 관찰결과 기록 방식을 사전에 결정하면 효과적인 관찰로 이어질 수 있다. • 관찰영역별로 모든 유아에 대해 결과를 기록하고, 그다음 다른 영역으로 진행한다. • 판단이 불가능한 사항은 남겨놓은 뒤 차후에 추가로 관찰한다. • 관찰결과는 가능하면 관찰과 동시에, 적어도 관찰 직후에 바로 기록한다. **즉시 기록하기 위한 방법** – 손닿기 쉬운 곳에 기록용지와 필기도구를 둔다. – 간략하게 기록하고 일과 후 완성한다. • 시간을 충분히 두어 피험자가 관찰자의 존재에 익숙해지도록 하거나 관찰자가 피험자의 눈에 띄지 않도록 한다. • 관찰자의 주관이 개입되기 쉬우므로 훈련을 통해 객관적 관찰능력을 높이도록 노력해야 한다.	

SESSION #8

MEMO

5 관찰의 절차

관찰법은 대체로 관찰을 실시하기 위한 여러 가지 세부적인 계획을 구성하는 준비단계, 실제로 관찰하는 관찰단계, 그리고 관찰과 자료들을 통해 현상을 이해하고 해석하는 평가단계로 나눌 수 있다.

(1) 1단계 : 관찰준비단계(준비단계)

구분		내용
특징		• 관찰을 하기 위해 관찰목적을 설정하고 이에 따라 관찰대상자, 관찰장소, 관찰장면, 관찰시간, 관찰기록 방법, 관찰기록의 보조도구 사용 여부, 보조관찰자 훈련 문제 등을 결정하고 준비해야 한다. − 시간표집법에서는 같은 장면에서 관찰하는 관찰자가 여러 명일 경우(혼자 관찰할 경우 신뢰도에 문제가 발생하므로)가 있으므로 관찰방법과 기록 방법 등에 대한 훈련(보조관찰자 훈련)도 미리 실시하여 준비해야 한다. − 특히 관찰자의 위치, 관찰자의 기록 방법, 관찰 시작 장면, 대화 기록에 대한 보조장치의 사용 여부, 관찰장면에서 관찰자의 역할 등을 사전에 결정하고 준비해야 한다. • 경우에 따라 관찰기관을 사전 방문하여 기관장과 담당 교사에게 관찰목적과 세부사항을 설명하고 승낙받아야 하며, 관찰에 필요한 윤리적 문제도 해결해야 한다.
계획	관찰의 목적	관찰의 목적에 따라 관찰대상자, 관찰장소, 관찰장면, 관찰기록 방법의 선정 등이 달라질 수 있기 때문에 뚜렷한 목적을 가지고 관찰하는 것은 매우 중요하다.
	관찰행동의 표집	• 참여 대상을 선정하여 그 대상의 행동을 범주화하고 행동 단위를 결정하는 것이다. − 이때 관심 있는 행동을 잘 대표할 수 있는 표본을 얻는 것이 중요하다. • 사진이나 영상을 사용하는 것이 적절한 경우는 다음과 같다. − 관찰자가 포착할 수 없을 만큼 행동이 빠른 경우 − 한 번에 모두 다 관찰할 수 없을 만큼 복잡한 행동일 경우 − 행동변화가 미묘해서 구분하기 어려울 경우
	관찰장면의 선정	관찰자가 보고자 하는 행동이 가장 잘 발생하는 장소와 상황을 선택하는 것을 의미한다.
	관찰기록 방법의 선택	• 관찰장면을 기록할 방법을 선택해야 한다. − 관찰기록방법에는 '서술형, 약호형, 매체형(기계에 의한 기록)'이 있다.

MEMO

(2) 2단계 : 관찰단계

<table>
<tr><th>활동</th><th>내용</th></tr>
<tr><td>관찰</td><td>• 관찰단계는 관찰법을 실행하여 자료를 수집하는 것을 말한다.
– 실제로 관찰이 이루어지는 단계로, 관찰장면에서의 있는 그대로의 현상을 주의 깊게 살펴보는 과정이 필요하다.
– 관찰장면을 주의 깊게 살펴본다는 것은 시각적인 관찰이 주된 방법이겠지만 청각, 후각, 촉각, 미각 등 모든 감각기관을 이용하여 살펴볼 수도 있다.
• 관찰현장에 직접 참여하여 관찰을 실시할 수도 있고, 녹화나 녹음을 통해 관찰을 실시할 수도 있으며, 이후 단계인 기록 단계를 동시에 실시할 수도 있고, 관찰 후 기록할 수도 있다.
• 관찰단계에서 중요한 것 중의 하나가 관찰자의 위치이다.
① 참여관찰
관찰대상자와 상호작용하면서 관찰하므로 상호작용의 정도와 관찰자의 위치는 크게 문제되지 않는다.
유의점
• 관찰자는 관찰목적을 염두에 두고 관찰을 실시해야 하며, 관찰대상자를 위협하거나 지나치게 방해하고 간섭하는 형태의 상호작용은 곤란하다.
• 관찰상황과 관찰시간 혹은 관찰장면에 따라 관찰위치를 융통성 있게 변화시키면서 자료를 수집해야 한다.
② 비참여관찰
관찰자는 관찰대상과 떨어진 위치에서 관찰하므로 관찰자의 위치가 중요하다. 따라서 비참여관찰을 실시할 경우 관찰자는 관찰대상자를 추적 관찰할 수 있는 자세와 태도가 요구된다.
– 관찰대상자와 상호작용을 하지 않으므로 관찰할 때 관찰대상자에 집중하고 엉뚱한 곳을 바라보아선 안 된다(집중하지 않거나, 엉뚱한 곳을 바라보게 되면 자료를 수집해도 그것은 타당한 자료로 확신할 수 없다).
– 관찰대상자의 언어적 표현이나 대화를 수집한다면 녹음기와 같은 보조장치를 사용하도록 하고 관찰대상자가 이동하면 이것도 옮겨 놓아야 한다.</td></tr>
<tr><td>기록</td><td>• 관찰을 할 때 기록을 하고 이를 유지하는 것은 중요하다.
– 관찰대상자의 행동이나 이와 관련된 현상은 시간의 흐름에 따라 변하고 관찰한 자료는 관찰이 진행되면서 점차 누적되므로, 관찰기록을 유지하지 않으면 관찰대상자의 행동이나 현상을 이해하는 데 어려움이 있을 수 있다.
• 관찰기록은 가능하면 행동 발생 당시에 기록하는 것이 좋다.
– 즉각적인 기록이 이루어지지 못해서 기억에 의존하여 기록을 할 경우 오류가 발생할 수 있다.
– 사후에 기록하게 될 경우, 관찰장면에 대한 핵심적 어휘를 기록해 둔 후 가능한 한 빨리 완전한 문장으로 재구성하는 것이 좋다.
• 관찰장면을 객관적으로 기록하는 것도 중요하다.
– 발생하고 있는 장면을 가능한 한 상세히 정확하고 완전하게 기술해야 하며, 관찰자의 개인적 의견이나 느낌, 추론 등이 포함되지 않도록 해야 한다.</td></tr>
</table>

MEMO

	• 기록보조도구 – 관찰에서는 눈으로 모든 정보나 변화를 보관할 수 없으므로, 현장에서 나오는 정보를 어떻게 기록하느냐 하는 점은 매우 중요하다. – 관찰의 타당성을 높이는 것은 관찰기록의 객관성을 확보하는 문제와 연결된다. – 서술적 관찰기록 이외에 관찰기록을 객관적으로 유지시킬 수 있는 사진기나 녹음기, 동영상 등을 사용하는 것이 필요하다.
관찰기록 방법	• 관찰장소에서 관찰대상자를 관찰하면서 기록하는 방법은 다음과 같다. ① **관찰과 동시에 기록하는 방법** – 이 방법은 관찰하면서 일어나는 현상을 관찰기록노트에 기록하는 것이다. – 관찰과 동시에 기록하려면 이동과 관리에 불편함이 없도록 기록노트를 준비해야 한다. – 관찰기록을 할 때 관찰의 주변 상황이나 맥락에 대한 개략적이고 상세한 정보를 포착하여 기록해 두는 것이 필요하다. 그리고 현상을 대표하는 용어나 간결하게 설명하는 주제어 혹은 축약어 등으로 기록하는 훈련을 해야 한다. – 관찰과 동시에 기록하는 것은 행동이나 현상을 축약적으로 기록하게 되므로, 관찰이 끝난 다음 기록한 내용을 보충하여 정리하는 전사를 반드시 실시해야 한다. – 이 방법은 초보자보다는 숙련된 관찰자가 사용하는 것이 효율적이며, 관찰내용이나 맥락의 전후관계 등을 이해할 수 있다. – 그러나 모든 현상을 다 관찰하지 못하며 관찰기록이 힘들다는 단점이 있다. ② **관찰과 기록을 병행하는 방법** – 이 방법은 일정 시간 동안 각각 관찰·기록하는 것이다. – 참여관찰이나 비참여관찰의 경우, 관찰과 기록을 병행할 수 있으며 기록하는 시간 동안은 관찰하지 않는다. – 표본기록법이나 일화기록법의 경우, 관찰하고자 하는 현상이나 행동을 맥락에 근거를 두고 일정 시간 동안 관찰하고 그것을 기록노트에 기록할 수 있다. – 시간표집의 경우, 관찰기록은 일정 시간 동안 관찰하고 일정 시간 동안 기록하는 형태이다. 위의 두 가지 방법과 마찬가지로 기록하는 동안에는 관찰하지 못한다는 단점이 있지만 서술형보다는 기록이 용이하다. 이때 시간표집법에서 관찰과 기록을 병행하려면 관찰시간과 관찰기록시간을 사전에 결정해 두어야 한다. 예 30초 동안 관찰하고 20초 동안 기록하고, 또 다시 30초 동안 관찰하고 20초 동안 기록하는 형태를 반복한다. ③ **관찰종료 후 기록하는 방법** – 관찰장면에서 관찰하고자 하는 것을 모두 관찰한 다음 관찰노트에 기록하는 것이다. 특히 한 장소에서 한 가지 현상만 관찰할 경우, 또는 연구하고자 하는 주제에 따라 이 방법을 사용할 수도 있다. – 관찰종료 후 기록은 관찰한 장면의 흐름과 내용에 대한 기억을 토대로 기록하는 방법이므로 관찰내용과 관찰의 타당성에 문제가 있을 수 있다. 그러나 관찰시간이 짧다면 관찰이 끝난 다음에 기록할 수 있다.

MEMO

- 관찰을 한 번만 실시하면 관찰대상자의 행동이나 관련 현상을 충분히 이해하지 못한다. 1회의 관찰로 유아의 행동이나 변화에 대한 결과를 이해하는 것은 아주 지엽적이고 단편적인 이해이므로 관찰은 누적적으로 실시해야 한다.

관찰기록 방법은 다음과 같은 것들이 있다.

① **서술형**

- 서술적 관찰기록으로, 이때 '서술'은 글로 무엇을 기록하는 것이다. 서술적 관찰기록은 관찰한 것을 글로 자세하고 구체적으로 기록하는 것이다.
- 즉, 관찰대상자의 행동이나 행동발생 상황과 사건, 참여자, 참여자들의 대화 내용, 분위기, 관찰시간 등을 자세하게 기록하는 것이다.

예 표본식 기록(표본기록법), 일화기록법, 서술식 사건표집법 등

장점

서술적 관찰기록을 유지하면 사건이나 행동의 맥락, 흐름, 변화 등을 잘 이해할 수 있고 다른 정보도 파악할 수 있다.

② **약호형**

- 기호를 이용한 관찰기록으로, 관찰할 행동을 관찰목록으로 미리 구성하고 이를 약호화하여 기호로 기록하는 방법이다. 체크리스트법이나 시간표집법과 같이 이미 관찰할 행동목록이 정해져 있는 관찰기록법에서 사용한다.
- 예를 들어 시간표집법은 사전에 정해진 관찰 행동목록에 있는 행동이 관찰시간 안에 나타나면 해당 시간의 행동목록에 체크한다.
- 약호형 관찰기록 중 평정척도는 관찰과 동시에 기록이 이루어지기보다 관찰자의 과거 기억에 의존하여 반응하는 경우가 대부분이다. 이로 인해 기억에 문제가 있으면 관찰대상자를 평가하는 데 오류가 나타날 수 있다.

예 행동목록법(체크리스트법), 평정척도법, 시간표집법 등

③ **매체형**

- 매체를 이용한 관찰기록으로, 사진기나 녹음기, 비디오 녹화 등과 같은 매체를 사용하여 기록하는 것이다.
- 관찰하면서 대화를 모두 기록하는 것은 사실상 불가능하므로, 녹음기나 비디오를 사용하여 기록하는 것이 좋다.

장점

녹음기나 비디오는 관찰의 보조도구로, 대화의 전체 맥락이나 관찰에서 놓칠 수 있는 행동이나 사건을 기록할 수 있다.

이러한 매체를 활용하면 행동을 세세하게 기록할 수 있을 뿐만 아니라, 관찰하느라 기록하지 못한 행동이나 대화 등을 기록할 수 있고, 관찰의 주관성 문제를 해소하는 데 도움이 된다.

예 녹음기, 사진기, 비디오, 컴퓨터 등

MEMO

참고

관찰기록 유형

구분	특징	예
서술형	• 고정된 양식 없이 행동과 사건의 전모를 그대로 이야기하듯 기록하는 방법이다. – 특별한 사전 준비물이 필요 없다. – 사건이 발생한 주변 상황에 대한 정보수집이 가능하다. – 사건의 전후 관계를 파악할 수 있다.	• 표본식 기록(표본기록법) • 일화기록법 • 서술식 사건표집법 등
약호형	• 기록을 위해 사전에 특정 양식을 미리 준비하여 기록하는 형태이다. – 관찰하려는 행동에 대한 조작적 정의가 필요하다. – 행동이 출현하면 부호나 기호로 기록한다. – 행동의 시작과 끝이 분명한 경우에 적절하다.	• 행동목록법(체크리스트법) • 평정척도법 • 시간표집법 등
매체형 (기계에 의한 기록)	• 여러 가지 장비를 이용하여 간편 · 정확 · 신속하게 관찰의 결과를 기록하는 방법이다. – 기기 이용으로 정확한 관찰기록이 가능하다. – 장기적 보관이 가능하다.	• 녹음기 • 사진기 • 비디오 • 컴퓨터 등

(3) 3단계 : 관찰평가단계(평가단계)

특징	• 관찰의 평가단계는 두 가지 일을 진행할 수 있다. • 첫째, 관찰기록한 자료를 검토하여 무슨 일이 일어났는지를 간단하게 분석 · 기록하며 다음 관찰을 어떻게 진행할 것인지를 점검하는 것이다. 관찰은 매일 이루어지는 순환적인 과정으로, 하루 동안의 관찰로 종료되기보다는 며칠 동안 관찰되는 경우가 많다. 따라서 관찰을 실질적으로 연구하고 평가하고자 하는 목적과 부합하여 진행하기 위해서는 아래와 같은 내용을 점검하여 검토하는 것이 필요하다. – 관찰이 잘 진행되고 있는지, 관찰하는 과정에서 나타난 문제점은 없는지, 관찰내용이 실질적으로 연구하고자 하는 목적을 잘 달성하고 있는지 등에 대한 점검이 있어야 한다. – 또한 관찰기록에서 나타난 여러 가지 현상들의 점검을 통해 관찰하고자 하는 내용을 변경할 수도 있다. • 둘째, 관찰기록한 자료를 바탕으로, 관찰하여 평가하고자 하는 현상이나 관찰대상자의 행동에 대해 분석하여 가치판단을 실시하는 것이다. – 질적 연구에서는 관찰평가의 과정이 관찰하는 동안 이루어지므로, 관찰이 끝나지 않은 상태라 하더라도 관찰내용에서 어떤 현상이 나타나고 있는지 혹은 유아의 발달과 활동이 정상적으로 이루어지고 있는지 등의 분석이 가능하다. 그러한 분석은 다음 날의 관찰에 반영하여 다시 관찰이 이루어진다. – 양적 연구에서의 관찰평가단계는 모든 관찰이 끝난 다음에 실시하는 가치판단이다. 여기에서는 통계적인 분석을 위해 실질적으로 자료를 코딩하고, 이에 대한 분석을 통해 현상을 설명하고 이해하는 평가가 이루어진다.

MEMO

<table>
<tr><td rowspan="3">활동</td><td>추론</td><td>• 객관적 서술을 넘어 관찰된 행동의 원인, 그 행동을 할 때의 감정 등을 추측해 보는 것으로 어떤 행동이나 사건의 원인, 개인적 동기, 행동의 목적을 설명하려는 시도를 말한다.
– 즉, 실제로 보지 못한 이면에 대해 추측하는 단계이다.</td></tr>
<tr><td>평가</td><td>• 관찰기록 자료들을 바탕으로 현상이나 행동에 대한 가치판단을 실시하는 것이다.
– 유아의 어떤 행동이 바람직한지 혹은 바람직하지 않은지, 긍정적인지 혹은 부정적인지, 정상적인 발달을 하고 있는지 혹은 발달이 지체되어 있는지 등을 판단한다.</td></tr>
<tr><td>결과 활용</td><td>• 관찰이라는 과정에 직접 포함된 것이라기보다는 관찰자료에 근거해서 교육적 개선을 도모하기 위한 추후 활동을 의미한다.
• 관찰평가 단계를 통해 얻은 결과나 결론을 바탕으로 관찰자는 그에 적합한 조치를 취할 수도 있다.
예 관찰대상자의 행동을 진단하거나 변화를 돕는 프로그램·활동을 제작할 수 있다.
예 유아교사의 역할이나 전략을 수정·보완할 수도 있다.</td></tr>
</table>

참고

관찰법의 절차

단계	주된 활동	구체적인 내용
관찰준비단계	• 계획 • 준비	• 관찰목적을 설정한다. • 관찰대상자를 선정한다. • 관찰행동을 표집하고 관찰장소를 선정한다. • 관찰기록 방법을 선정하고 관찰자를 훈련한다.
관찰단계	• 관찰 • 기록	• 관찰자의 위치에 주의하면서 관찰한다. • 관찰대상자와의 관계에 유의하면서 관찰한다. • 객관적으로 기록한다. • 관찰과 동시 기록, 번갈아 기록, 관찰후 기록을 실시한다.
관찰평가단계	• 분석과 해석 • 평가 • 결과 활용	• 행동의 원인, 목적, 동기 등을 추출한다. • 행동원인 분석, 과정 분석, 상황 해석을 실시한다. • 추출된 결과를 종합하여 평가한다. • 교육과정에 반영하고 부모면담에 활용한다.

MEMO

6 자료수집의 방법

① 유아에 대한 정보를 수집하는 보편적이고 유용한 방식으로 대화하기, 질문하기, 지시하기 등이 있으며, 이는 일상적인 교실에서의 상호작용이다.

② 일반적 대화나 교육적 대화를 통해 반응을 이끌어내는 것은 관찰될 수 없는 내적 사고과정을 알아낼 수 있는 방법이다.

③ 자료수집의 방법은 역동적 평가, 수행표본, 인터뷰와 논의로 나누어 살펴볼 수 있다.

(1) 역동적 평가

특징	• 비고츠키의 근접발달 영역 개념을 사용하여 자료를 수집하는 방식이다. • 역동적 평가는 유아에게서 이제 막 나타나려고 하는 기술을 알아보는 것이며, 이는 교사와 유아의 상호작용 중에 건드려 줄 수 있는 것이다. • 교사는 유아의 현재 발달수준뿐만 아니라 더 나은 잠재적 발달수준으로 이끌어 줄 수 있는 교육과정을 발견하고자 한다. 이를 위해 힌트, 단서, 질문 등을 사용하여 유아의 반응을 기록한다.

(2) 수행표본

특징	• 유아가 자신의 지식과 이해를 행동으로 바꿀 수 있는지를 보기 위해 문제를 풀어보게 한다. • 수행표본은 관찰가능하고 정의될 수 있는 행동을 평가한다.

(3) 인터뷰와 논의

특징	• 인터뷰는 보통 계획된 문서의 질문으로 행해지며, 논의는 교사와 유아가 아이디어를 공유하며 이야기하는 것을 말한다. – 인터뷰는 거의 모든 대상과 모든 복잡한 수준에 대해서도 적용할 수 있으나 개방형 질문과 다양한 질문이 필요하다. – 이야기나누기는 유아의 이해와 자신감 수준을 드러낼 수 있다.

MEMO

UNIT 06 표준화검사

#KEYWORD 표준화검사

1 검사의 개념

개념	• 검사(test)는 직접적인 측정이 불가능하여 간접측정이 필요할 때 사용하는 도구를 의미한다. – 검사는 측정내용에 따라 매우 다양하며, 일반적으로는 다수의 하위요인과 그 하위요인들을 측정하기 위한 문항들로 구성된다. 예 어떤 사람의 지능이나 성격, 흥미나 태도와 같은 잠재적 특성은 검사라는 도구를 사용하여 측정 가능하다.

SESSION #8

2 검사의 종류

사람의 잠재적 특성에 따른 구분	인지적 영역의 검사	인지적 영역을 측정하는 검사로는 지능검사, 학업적성검사, 학업성취도 검사 등이 있다.
	정의적 영역의 검사	• 정의적 영역을 측정하기 위한 검사는 주로 정서, 동기, 흥미, 태도 등을 측정하는 검사를 말한다. – 정답이 존재하는 인지적 영역의 검사와는 달리 정답이 없으며, 응답의 시간제한이 없고, 최대한 정직하게 응답해야 한다는 특징이 있다.
	심동적 영역의 검사	심동적 영역의 검사는 손이나 발 등과 같은 신체의 일부나 전신을 움직여서 어떤 행동의 숙련도를 측정하는 검사로, 노래 부르기, 그림 그리기, 율동, 기계조작, 실험기기를 다루는 능력, 무용 실기, 피겨스케이팅 등에 대한 검사를 들 수 있다.
검사의 목적에 따른 구분	규준참조검사	• 같은 시험을 본 다른 학생들과의 비교가 목적인 검사이다. – 규준참조검사를 제작할 때에는 난이도가 다양한 문항(문항변별도가 높은 문항)으로 구성해야 한다.
	준거참조검사	• 학생이 일정 수준에 도달했는지 알아보기 위한 검사이다. – 준거참조검사를 제작할 때에는 그 준거에 해당하는 내용과 수준으로 문항을 출제해야 한다.
검사시간에 따른 구분	속도검사	속도검사는 시간에 제한을 두는 검사로, 보통 쉬운 문제로 구성하여 문제해결 능력보다는 숙련도를 측정하는 검사이다.
	역량검사	• 역량검사는 시간에 제한을 두지 않고 충분한 시간을 부여하여 학생의 충분한 능력을 측정하는 검사를 말한다. – 숙련도보다는 문제해결 능력을 측정하는 검사이다. 예 학업성취도 검사는 주로 역량검사의 특성을 활용하지만, 시간 제한을 둠으로써 부분적으로 속도 검사의 특성을 합한 것이라고 볼 수 있다.

MEMO

<table>
<tr><td rowspan="2">표준화 여부에 따른 구분</td><td>교실검사</td><td>• 교실검사(classroom test)는 교사제작검사(teacher-class)라고도 하며 교수·학습을 목적으로 담임교사 또는 해당 과목의 담당교사가 자신의 반 학생들을 위해 제작한 검사를 말한다.
– 교실검사는 교실평가에서 중요한 역할을 하며, 비표준화된 검사로 간주된다.
– 교실검사는 학생이 마지막에 얼마나 성취했는지를 판단하는 것보다는 학생이 다음 단계로 나아갈 수 있도록 도와주는 것을 목표로 해야 한다.
• 교실검사의 특징
– 교수·학습의 결과로 달성해야 하는 구체적인 학습목표가 있으며, 비교적 최근에 가르친 내용에 대하여 수시로 평가하는 것이 가능하다.
– 평가 결과를 바탕으로 교사와 학생 모두 학습 개선을 위하여 필요한 정보를 즉각적으로 파악할 수 있다.
예 교사는 교수·학습과정 중 수시로 형성평가를 실시함으로써 학생들이 어떤 부분에서 오개념이 생기는지 파악하고, 이 정보를 더욱 융통성 있게 후속 교수·학습에 적용할 수 있다.
– 표준화검사보다 비용이 적게 들고, 검사 실시, 채점 및 해석에서 전문가의 도움을 받지 않아도 된다.
– 교사의 능력에 따라 검사문항의 선정과 작성의 질이 달라지며, 교사가 검사문항을 선정하고 작성하는 데 시간이 많이 걸릴 수 있다.
– 표준화 검사에 비해 신뢰도와 타당도가 떨어질 수 있다.</td></tr>
<tr><td>표준화검사</td><td>• 검사 제작에 다수의 내용전문가와 평가전문가가 투입되어 검사 실시, 채점, 해석의 전 과정이 표준화된 검사를 말한다.
• 표준화검사를 활용할 경우 검사 실시, 채점, 해석을 할 때 검사 요강에 명시된 절차를 따라야 하며, 이에 따르면 전문가의 도움 없이도 검사를 실시하고 채점하며 해석할 수 있다.
• 누가 사용하더라도 검사의 실시와 채점, 그리고 결과의 해석이 동일할 수 있도록 모든 절차와 방법을 기술적으로 엄격하게 통제하여 만들어 놓은 검사이므로, 모든 피검자들이 동일한 과제를 수행하고 검사자로부터 동일한 정도의 보조를 받고, 동일한 채점 방법 및 해석 지침에 따라 수행 결과를 평가받는다.
➔ 따라서 실시하기 전 특별한 훈련이 필요하며, 전문적 지식이 요구되기도 한다.</td></tr>
</table>

MEMO

③ 표준화검사

개념

- 검사도구의 내용이나 실시방법, 해석 등이 일반화되고 객관화된 방식으로 실시되는 검사를 말한다. 즉, 검사내용, 검사실시 조건, 결과 해석이 규격화된 검사이며 타당도와 신뢰도가 확보된 검사이다.
  - 전문가들에 의해 제작되어 검사시행 방법, 검사내용, 채점과정, 해석 등이 모두 표준화되어 있다.
- 표준화검사에서 표준이란 보편타당한 기준을 의미하며, 이 기준은 어떤 행동의 정도나 성향을 알기 위한 비교의 근거로 사용된다. 즉, 표준화 기준에 비교하여 어떤 성향이나 행동이 무엇을 의미하는지 해석하게 된다.

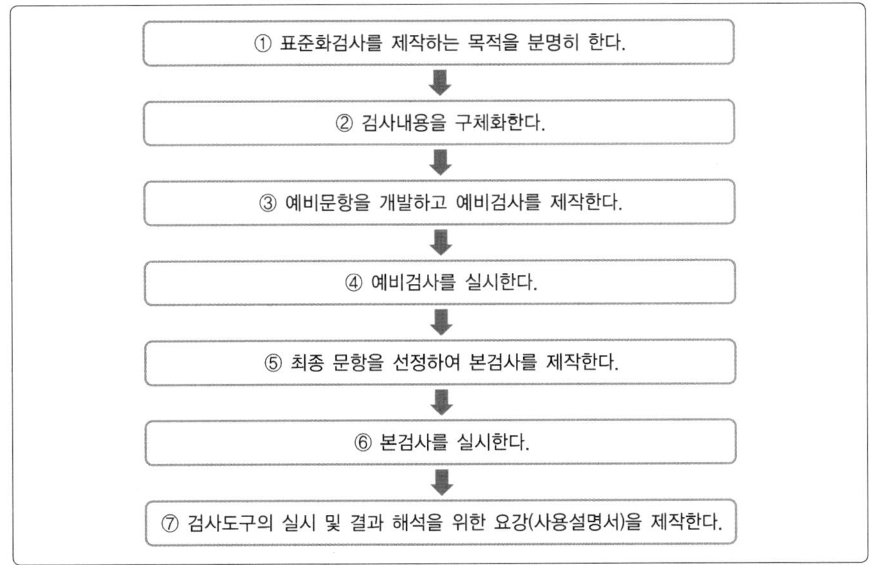

표준화검사의 일반적인 제작절차

- 그러므로 표준은 보편타당하고 객관적인 기준으로 작용하며 사람들은 표준에 비추어 어떤 것을 이해할 수 있다.
- 표준의 이러한 성격을 반영하고 있는 표준화검사는 전문가들에 의해 제작되어 검사 시행 방법, 검사내용, 채점과정, 해석 등이 모두 표준화되어 나타난다.

- 검사를 표준화하는 목적은 모든 대상에게 동일한 검사조건을 제시하고 유지하려는 것이다.
  - 동일한 방식이나 기준에 근거하여 검사를 실시하고 채점하면 같은 기준에 근거하여 서로 비교할 수 있기 때문에 그 결과는 객관성을 띠게 된다.

> **표준화검사가 타당도와 신뢰도가 확보된 검사인 이유**
>
> 표준화검사는 일반적으로 전문가들이 제작한다. 전문가들은 전국 단위의 전체 집단을 대상으로 검사를 실시할 수 없으므로 전체 집단, 즉 모집단을 대표하는 표본을 대상을 제작한 검사를 실시하여 그 결과를 모집단에 유추하여 적용할 수 있는 *규준을 구성하게 된다. 이에 해당하는 규준은 백분위, 표준점수 등이며 이러한 규준점수는 평균, 표준편차와 함께 다른 집단의 검사점수와 비교할 수 있다. 이런 작업을 거쳐 검사는 타당도와 신뢰도를 확보하고 규준 정보를 가지게 되어 표준화검사로서 작용하게 된다.
>
> ➔ 그러므로 표준화검사는 검사내용, 검사실시 조건, 결과 해석이 규격화된 검사이며, 타당도와 신뢰도가 확보된 검사이다.

* 규준
피검사자의 검사 점수가 규준 집단에서 어디에 위치해 있는지를 알 수 있도록 한 규준 집단의 결과척도이다.

SESSION #8

MEMO

장점	• 실시하기가 간편하고 쉽다. – 표준화검사는 검사 자체가 구조화되어 있으므로 검사목적에 따라 검사내용이 일정하게 준비되어 있고 정해진 형식에 따라 진행된다. 그리고 검사의 방법과 절차도 일정하므로 검사를 실시하기가 편리하다. • 개발 과정에서 대규모로 제작되고, 내용의 표집이 광범위하며, 전문적이고 체계적인 절차를 거치므로 상당한 수준의 신뢰도와 타당도가 보장된다. • 검사의 신뢰도와 타당도가 확보되므로 검사결과의 객관성이 있다. – 검사결과가 검사도구에 따라 다르지 않으므로 그 결과를 규준에 비교하여 해석할 수 있다. • 표본집단의 점수를 기초로 규준이 만들어진 검사이므로, 개인의 점수를 규준에 맞추어서 해석할 수 있고 개인차를 비교할 수 있다. • 필요한 정보를 수집할 때 표준화검사를 부분적으로 활용할 수 있다. • 교사의 의도와 전문성에 따라 교육활동에서 표준화검사를 이용할 수 있다.
단점	• 상대적인 서열을 중시하는 것으로 학습자에게 검사 불안을 증진시킬 수 있다. • 학습자들 사이에 지나친 경쟁을 유발시킬 가능성이 있다. • 검사결과에 따라 학습자를 잘못 규정하거나 낙인찍을 가능성이 있다. • 검사결과를 너무 신뢰하여 학습자의 자아개념을 손상시킬 가능성이 있다. • 검사결과가 좋을 경우 학습자의 *자기충족적 예언을 유발할 가능성이 있다.
표준화검사 활용의 유의점	• 표준화검사를 실시하려면 표준화검사의 실시환경을 구성해야 하고, 검사자와 검사대상자 사이의 신뢰감을 형성하는 것이 필요하다. • 검사결과는 사생활 보호와 비밀유지의 차원에서 관리되어야 한다. • 표준화검사로 인한 부작용이 교육 현장에서 발생하지 않도록 검사도구에 대한 전문성 못지않게 표준화검사의 활용에 유의할 필요가 있다. – 개인의 소질과 특성을 신장·발전시키기 위해서 표준화검사가 필요하지만, 표준화검사를 오남용하는 것은 오히려 심리적인 위축과 불안을 야기할 수 있음을 명심해야 한다. – 표준화검사를 제작하기 위해서는 전문적인 이론과 방법을 동원해야 하는데 비전문가들이 임의적으로 제작하여 상업적으로 보급하는 경우가 많기 때문에, 표준화검사를 활용할 때 각별한 주의가 필요하다. – 유아교육 현장에서는 표준화검사가 많지 않지만 이를 맹신하는 것은 곤란하며, 다른 검사도구와 병행하여 유아를 평가하는 것이 필요하다.

* 자기충족적 예언
다른 사람들이 기대하는 대로 행동하게 된다는 것으로, 자기 자신이 어떻게 될 것이라는 다른 사람들의 예측이나 기대가 자신의 행동에 반영되어, 예측하거나 기대한 대로 이루어진다는 것을 의미한다.

MEMO

4 관찰법과 검사법

<table>
<tr><td rowspan="3">관찰법과 검사법</td><td>구분</td><td>관찰법</td><td>검사법</td></tr>
<tr><td>장점</td><td>• 자료 수집 과정: 자연스러움
• 자료 수집 영역: 사회성, 행동 발달</td><td>• 자료 수집 과정: 객관성, 신뢰도가 높음
• 자료 수집 영역: 인지, 언어, 신체 발달</td></tr>
<tr><td>단점</td><td>• 신뢰도와 객관성이 낮음
• 체계적인 관찰 ➡ 시간과 노력이 소요됨
• 유아의 내적 속성을 평가하기 어려움</td><td>• 평가 영역이 제한적
• 유아에게 부정적 영향
• 검사받는 기술 및 경험에 따라 점수의 차이가 있음</td></tr>
<tr><td>형식적인 검사법의 문제점</td><td colspan="3">• 단편적인 지식이나 암기 위주이므로 유아가 실제 알고 있는 것이나 할 수 있는 것을 통해 사고 능력 및 과정을 평가하지 못하므로, 유아의 능력을 종합적으로 정확하게 반영하지 못한다.
• 유아의 검사받는 기술 및 경험에 따라 차이가 크므로 결과를 신뢰하기 어렵다.
• 교사가 검사 결과를 의식하여 유아의 발달에 해로운 교실 수업을 유도할 우려가 있다.
• 검사받는 과정이나 결과를 통해 유아에게 스트레스를 주어 앞으로의 학습에 부정적인 태도를 형성하게 할 수 있다.
• 검사 결과는 유아가 무엇을 할 수 있는지를 보여주기보다는 무엇을 얼마나 못하는지를 부각시키게 되므로, 교사나 부모로 하여금 유아에 대한 부정적인 시각을 갖게 할 수 있다.
• 검사 결과는 유아들의 개별 비교를 위해 사용되므로 유아들 간의 경쟁심을 조장하게 되고, 따라서 유아들의 협동심 및 문제해결을 어렵게 한다.</td></tr>
</table>

UNIT 07 면접법

1 주요 개념

개념 및 특징	• 면접법(interview)은 대화를 바탕으로 평가에 필요한 자료를 수집하기 위한 방법이다. • 면접법은 질문자와 응답자 사이의 언어적인 상호작용을 통해 여러 가지 정보를 획득한다는 측면에서 다른 평가방법보다 상당히 융통성이 있는 방법이다. – 얼굴을 맞대고 면접을 하면서 면접대상자의 반응을 보고 자연스럽게 추가 질문을 하여 정보를 얻을 수도 있고, 말로 설명할 수 있기 때문에 복잡한 질문도 가능하다. – 그리고 답변을 듣다가 떠오르는 어떤 주제에 대하여 자세히 캐묻는 것도 가능하다. – 특히 응답자와 밀접한 관계를 유지할 경우 내면의 심층적인 정보도 아울러 획득할 수 있는 방법이다. • 면접법은 면접자와 응답자 간의 상호작용이므로 신뢰감 형성이 중요하다. – 신뢰감이 형성되어 있지 않으면 필요한 정보나 자료를 기대할 수 없을 가능성이 높으므로 신뢰를 형성하기 위해 면접자는 다양한 방법을 강구할 필요가 있다. • 면접을 하기 위해 면접자가 훈련이 되어 있어야 하며, 면접자의 편향이나 편견이 작용하지 않도록 주의해야 한다.

MEMO

유아교육에서의 면접법	• 유아교육에서 면접법은 면접자가 피면접자인 유아와 대화를 나누면서 정보를 수집하는 방법으로, 유아에 대한 이해를 바탕으로 더욱 적절하게 지도하고 보다 효율적으로 문제를 해결하기 위해 사용한다. ① 유아교육에서는 부모와의 면접을 통해 유아에 대한 정보를 얻을 수 있고, 유아교사를 대상으로 필요한 사항들에 대해 면접으로 정보나 자료를 수집할 수 있다. ② 유아들을 관찰하는 도중에 행동의 원인이나 배경을 파악하고자 할 때 면접법을 사용할 수 있다. – 유아가 사회적 상호작용을 하는 동안 갈등으로 인해 문제가 발생할 경우, 면접법은 문제의 원인 파악과 해결 수단으로 사용하기도 한다. – 또한 관찰을 통해 드러나는 어떤 현상에 대한 심리적인 이유나 배경에 대한 정보를 면접으로 알아낼 수도 있다. 관찰법은 단순히 어떤 맥락에서 갈등이 놀잇감으로 인해 나타나고 어떻게 해결했는지에 대한 정보만 얻을 수 있지만, 면접법은 이러한 정보에 덧붙여 갈등의 이면에 들어 있는 유아의 심리적 상태나 배경에 대한 정보도 얻을 수 있으므로 효과적이다. • 유아를 대상으로 개인면접을 실시하는 경우 유아는 언어적 표현이 미숙한 경우가 많으므로 사실상 면접에 제한이 있는 경우가 발생한다. – 자유놀이 상황에서 나타나는 문제점들에 대해 유아의 의견을 알아보기 위하여 실시하는 비구조적 면접에서도 유아는 단답형의 대답을 하거나 짧은 형태로 답을 하는 경우가 대부분이다. – 이유: 유아가 아직 자신의 의견이나 생각을 조리 있게 표현하지 못할 뿐더러 내적인 심리상태를 표현하는 데 익숙하지 않기 때문이다. – 대안: 유아와 면접을 진행할 때는 여러 가지 보조자료가 필요하다. 구두 질문 문항과 함께 사진이나 그림자료를 사용하여 면접이 이루어지기도 한다. • 유아와의 면접을 진행할 때 유아가 좋아하는 것, 하고 싶은 것, 함께 지내고 싶은 사람 등과 같이 유아의 현재 상황에 초점을 맞추는 것이 좋다. • 유아가 문제 상황에 처하여 이를 해결했다 하더라도 이에 대한 기억이 오래가지 않으므로, 가능하면 상황이 발생한 직후에 곧바로 질문하는 것이 효과적이다. • 유아는 면접을 할 때 산만하거나 주의를 집중하지 못하는 경우도 있으므로 이를 고려하여 면접에 임하는 것이 좋다.

MEMO

2 면접법의 유형

(1) 구조화 정도에 따른 분류

<table>
<tr><td>구조화된 면접</td><td>• 표준화된 면접이라고도 하며, 사전에 체계적인 계획을 세워 질문의 내용이나 순서를 정해진 계획에 따라 진행하는 방법이다.
– 즉, 수집하기를 원하는 정보에 대한 질문 리스트가 있어서 모든 면접대상자에게 같은 질문을 동일한 순서로 묻는 방법이다.
– 면접내용은 사전에 결정되므로, 면접자에게 융통성을 주지 않고 계획한 것에 따라 면접을 진행시키도록 한다.
• 구체적인 질문들을 미리 정해놓으므로 초보자도 간단히 실시할 수 있다.
• 정해진 질문들을 위주로 면접하기 때문에 질문 장소나 시간 등이 상당히 고정적이다.
– 따라서 구조화 면접법은 신뢰도가 높은 편이다.
• 그러나 융통성이 없는 방법이므로 돌발 상황에 대처하기 힘들며, 새로운 사실을 발견할 가능성이 낮다는 문제가 있다.
• 질문에 대한 응답을 얻으면 다음 질문으로 넘어가기 때문에 부가적인 정보에 관심이 없다.</td></tr>
<tr><td>비구조화된 면접</td><td>• 비구조화 면접은 사전에 계획된 명확한 질문 리스트 없이 진행되는 면접법이다.
– 연구 주제와 관련된 하나의 큰 일반적인 질문으로 면접을 시작하지만 면접대상자의 답변에 따라 다음 질문은 달라질 수 있다. 일차적인 질문을 통해 나온 응답을 바탕으로 이차적인 질문도 할 수 있어서 심층적인 정보를 얻을 수 있다.
– 그리고 면접자와 면접대상자의 라포가 잘 형성되어 있다면 의도치 않았던 부가적인 정보들을 얻을 수 있다. 이로 인해 비구조화 면접법은 심층면접이라고도 불린다.

심층면접(in-depth interview)
• 심층면접은 비구조적 면접처럼 비형식적으로 이루어지는 면접법이다.
• 어떤 주제에 대해 응답자가 가진 여러 가지 반응을 구체적으로 알아보기 위해 하는 면접으로, 질문에 대한 응답과 더불어 질문의 이면에 들어 있는 응답자의 느낌이나 반응, 정서적 표현, 의도 등을 알아보기 위한 방법이다.
• 비구조적 면접법처럼 면접의 전체적인 윤곽을 바탕으로 진행하며, 어디에서든지 질문할 수 있는 상황이나 여건이 허락된다면 할 수 있는 장점이 있으나, 심층적인 정보나 반응을 얻고자 하므로 시간이나 노력이 상대적으로 많이 들어간다는 단점이 있다.

• 비구조화 면접법에서 미리 정해진 질문이 없다고 하여 계획된 질문이 전혀 없는 것은 아니다. 면접계획은 세우되 목적을 명백히 하고, 방법은 면접 목적에서 크게 벗어나지 않는 한 면접자에게 일임하는 것이다.
– 질문 내용과 방향을 전체적으로 정해주는 질문들은 계획되어 있으나, 면접과정에 융통성이 있어서 정해진 질문이나 질문 순서로 진행되지 않을 뿐이다. 즉, 필요한 정보를 알아내기 위하여 질문의 구성이나 순서, 방법 같은 것을 면접 상황에 따라 면접자가 융통성 있게 조정하면서 자유롭게 질문한다.
– 면접자의 전문성이 요구되고 초보자가 실시할 경우 사전에 훈련이 필요하다. 또한 구조화 면접법에 비해 시간이 상대적으로 많이 소요된다.
• 관찰을 통해 얻은 현상에 대해 심층적으로 알아보고자 하여 참여관찰을 하면서 심층질문으로 비구조화 면접을 진행하는 경우가 많다.</td></tr>
</table>

MEMO

<table>
<tr><td>반구조화된 면접</td><td>• 반구조화된 면접은 구조화된 면접과 비구조화된 면접을 절충한 형태로, 구조화–비구조화 연속선상의 어느 한 가운데 있는 방법이다.
• 사전에 면접의 내용과 절차에 관한 계획을 세우되, 실제의 면접 상황에서는 상황에 따라 세부 질문과 질문 형식을 자유롭게 할 수 있도록 허용하는 방법이다.

초점집단면접 – FGI(Focus Group Interview)
• 가장 많이 쓰이는 반구조화 면접은 초점집단면접으로 불리는 FGI(Focus Group Interview)로, 반구조화 면접과 호환되어 쓰인다. 초점집단면접(FGI)은 특정한 집단에 특정한 주제로 자유롭게 토론하면서 반응이나 느낌 등을 얻는 방식으로, 일대다 면접(집단면접)이다. 개별면접으로 시행되는 비구조화 면접과 차이가 있다.
• 초점집단면접은 보통 7~8명의 면접대상자와 1명의 진행자로 구성되며, 진행자가 만약 선거 이슈에 대한 여론을 파악하고자 한다면 미리 계획된 질문 리스트로 초점집단면접을 시작하지만, 면접대상자의 반응 또는 답변에 따라 질문 순서가 바뀔 수도 있고, 다음 질문이 이전 답변에서 다뤄졌다고 판단되면 생략할 수도 있다.
• 초점집단면접은 응답자들의 자유로운 토론을 통해 어떤 주제에 대한 공통적인 의사, 관련 내용 등에 대한 정보를 구할 수 있으므로 자료가 신뢰성 있는 경우가 많으며, 면접 집단 내 상호작용까지 파악할 수 있다는 장점이 있다.</td></tr>
</table>

(2) 면접 대상자의 수에 따른 분류

<table>
<tr><td>개별면접
(개인면접, 단독면접)</td><td>• 개인면접은 일대일 면접으로 면접자와 면접대상자 간에 이루어진다.
– 개인면접은 한 개인의 의사나 내적 반응, 의도, 정서적 반응 등을 알아볼 수 있으며, 면담자와 라포가 잘 형성되어 있는 경우 다양한 정보를 얻을 수 있다.
– 비교적 정확하고 진솔한 정보를 얻을 수 있다는 장점이 있지만, 시간과 비용이 많이 든다는 단점도 있다.
– 개인면접에는 부모면접, 유아면접 등이 있다.

부모면접
• 부모와의 면접은 비형식적이지만 우호적인 태도로 진행하고, 학기 시작 2~4주 후에, 학기 중간에, 학기 말에 부모와 면접할 수 있도록 계획할 필요가 있다.
• 부모면접은 유아교육의 정보수집에서 필요한 자원으로, 유아가 없는 조용한 장소에서 유아의 발달, 주변 환경, 가정의 분위기, 교실에서의 유아 진척 정도 등에 대해 대화하도록 한다.
• 부모와의 면접을 통해 유아교육기관과 가정의 연계성을 꾀할 수 있고 아울러 기관과 부모의 효율적인 의사소통을 확보할 수 있다.
• 면접을 통해 부모는 자녀가 유아교육기관에서 어떻게 생활하는지를 알게 된다.
• 교사는 면접 과정에서 유아의 가정생활이나 유아의 장점, 약점, 두려워하는 점 및 유아에 대해 잘 이해할 수 있는 정보를 알 수 있어서 유아가 필요로 하고 즐거워하는 활동을 보다 세밀하게 계획할 수 있다.
• 부모면접을 위해 고려할 사항(Gober, 2002)
– 면접날짜를 연간계획으로 작성하여 미리 짜 놓는다.
– 부모와의 면접을 위해 보조교사나 지원교사를 활용한다.
– 계획을 세울 때 원장의 지원을 받는다.
– 면접결과를 부모에게 보낼 수 있도록 설명 요약이 들어있는 유아 포트폴리오를 만든다.</td></tr>
</table>

MEMO

집단면접	• 면접자와 면접 대상자 중 어느 한쪽이 두 명 이상이거나 양쪽이 모두 두 명 이상으로 구성되어 한 장소에서 동시에 이루어지는 면접 방법이다. – 여러 사람으로부터 많은 정보를 동시에 수집할 수 있기 때문에 시간과 비용이 개별면접에 비해 적게 든다는 장점이 있지만, 면접자가 여러 사람을 대상으로 면접을 진행해야 하기 때문에 개별면접에 비해 면접자의 능숙한 면접기술이 요구된다는 단점이 있다.

(3) 면접법의 절차

준비과정	• 면접을 위해 필요한 자료와 내용을 준비하는 과정이다. – 면접목표에 부합하는 질문을 준비한다. – 사전에 응답자와 연락하여 면접목표 및 면접으로 얻을 수 있는 이점 등을 설명하고, 면접 시간과 장소를 정한다. – 면접내용을 기록할 면접기록용지와 보조도구(녹음기 등)도 준비한다.
면접과정	• 순비한 질문을 바탕으로 필요한 정보를 얻는 과정이다. – 조용하고 편안한 분위기의 장소에서 면접을 실시하고, 녹음기와 같은 보조수단의 활용은 사전에 허락을 받아야 한다. – 면접 예상시간을 알려 주어 심리적으로 안정감을 가질 수 있도록 하며, 관련 질문과 자료를 제공하면서 면접을 하도록 한다. – 면접자는 응답자에게서 가능한 한 많은 정보를 얻어야 하므로 면접자가 응답자보다 더 많이 말하지 않아야 한다. – 면접자는 응답자의 얼굴을 마주 보면서 면접하고, 기록을 의식해 기록에만 치중하는 모습을 보여 주지 않아야 하며, 응답자가 편안하게 느끼도록 면접을 진행해야 한다.
기록과정	• 면접이 끝나면 수집한 자료를 정리하여 문서화해야 한다. – 면접과정에서 기록한 면접대상자의 반응을 정리하여 전사한다. – 면접대상자의 응답 가운데 추가 정보가 필요하거나 확인이 필요한 내용은 면접대상자에게 추가 질문하여 응답을 보완한다. – 면접으로 얻은 여러 가지 정보는 응답자의 동의 없이 면접자가 발설해서는 안 되며, 면접내용에 대해 비밀을 유지해야 한다.

SESSION #8

MEMO

(4) 면접법의 장점과 단점

<table>
<tr><td>장점</td><td>• 질문이 자연스럽고 인위적이지 않으며, 융통성이 있다.
– 특히 유아의 심리상태를 파악하기가 상대적으로 용이하다.
• 면접대상자의 분명치 않은 대답이나 언어적 반응을 심도 있게 알아볼 수 있다. 특히 응답에 일관성이 없거나 모호한 것은 다시 질문하여 보완할 수 있다.
– 유아의 응답이 불충분하거나 부정확할 때 추가로 질문함으로써 다양하고 유익한 정보를 얻을 수 있다.
• 의견, 태도, 반응의 근원을 파악할 수 있으며, 피상적인 대답 이외에도 심층적인 개인의 정보, 태도, 지각, 신념 등 그 배경과 관련 있는 정보들을 수집할 수 있다.
• 누구에게나 실시할 수 있다.
• 질문지법보다 회수율이 높고 무응답의 가능성이 낮다.
• 면접 도중에 면접대상자의 행동과 다양한 반응도 관찰할 수 있다.
• 글자를 모르는 사람에게도 적용할 수 있다.
– 질문 문항에 대해 구두로 하되, 함께 사진이나 그림 자료를 사용할 수 있다.
• 제3자의 개입을 막을 수 있고 정확한 본인의 의견을 들을 수 있다.
• 직접적 정보수집의 가능성이 높다.
• 다른 평가 도구(예 관찰)와 병행하여 사용할 수 있다.
• 유아와 라포가 형성되면 심층적 대화를 통해서 평가의 타당도를 높일 수 있다.</td></tr>
<tr><td>단점</td><td>• 면접자가 면접대상자의 표정, 몸짓 등에 영향을 받아 왜곡된 해석을 할 가능성이 있다.
• 자유 응답이 많아질수록 결과를 수량화하여 처리하기가 어렵고 해석도 다양해질 수 있다.
• 면접과정에서 면접대상자가 핵심사안의 언급을 회피할 가능성이 있다. 이를 최소화하기 위해 면접자는 면접대상자와 친밀감 및 신뢰감을 형성할 필요가 있다.
• 시간과 비용이 많이 든다. 특히 한 번에 많은 유아를 대상으로 실시하기 어렵다.
• 어떤 사안에 대해서는 응답자를 구하기 어려운 경우도 있다. 실제로 면접대상자가 자신의 내적 심리상태가 밝혀지는 것을 꺼린다면 질문에 미온적인 반응을 보이기도 한다.
• 질문에 대한 자신의 반응을 밝히기를 꺼려 면접에 참여하지 않는 경우도 있다.
• 특히 주의 집중력이 약한 어린 유아를 대상으로 할 경우 어려움이 있다.
• 유아의 언어적 의사소통능력이 부족하여 정확한 정보를 얻기 어렵다.
– 대안: 그림, 사진자료를 함께 사용할 수 있다.
• 유아의 행동이나 표정에 영향을 받아 부정확한 정보를 얻을 수 있다.
– 대안: 부모 면담 및 체계적인 다른 방법과 함께 사용한다.</td></tr>
</table>

MEMO

UNIT 08 질문지법

① 주요 개념

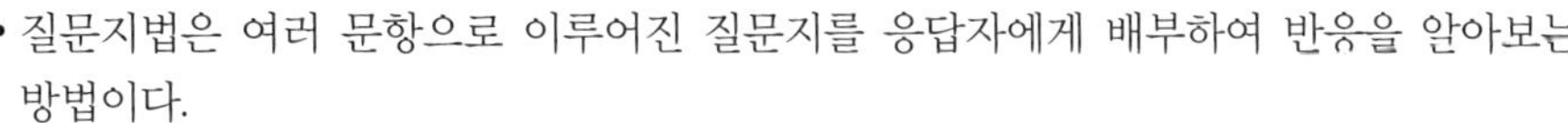

개념 및 특징	• 질문지법은 여러 문항으로 이루어진 질문지를 응답자에게 배부하여 반응을 알아보는 방법이다. – 즉, 일련의 질문 내용에 대해 응답자 자신이 판단하여 진술 또는 표식을 하는 방법이다. • 질문지는 알아보고자 하는 목적에 부합하는 질문들로 구성된다. – 여론조사처럼 전화나 인터넷으로 질문을 하거나, 현장에 직접 나가 응답자들에게 질문지를 주고 응답을 받기도 한다. • 질문지법은 일화기록법이나 면접법과 달리 자료를 쉽게 코딩하여 통계적으로 분석할 수 있고 자료를 빨리 수집할 수 있어서 경제적이다. • 개발된 질문이 없다면 새로운 질문을 작성해야 하므로 시간과 노력이 많이 소요된다. • 유아교육에서 유아를 대상으로 질문지법을 실행하는 경우는 드물지만 유아교사나 부모를 대상으로 실시할 수 있다. • 질문지를 작성할 때 사용하는 표현은 간단명료하고 구체적이어야 하며, 문항 수는 최소한으로 하는 것이 좋다.

SESSION #8

② 질문지법의 유형

구조화 질문지 (폐쇄형 질문지)	• 구조화 질문지는 질문에 보기 선택지를 제시하고 이에 응답하게 하는 질문 문항으로 구성되며, 자유응답을 요구하는 질문은 주어지지 않아 폐쇄형 질문지라고도 한다. – 질문에 대한 두 개 이상의 반응을 응답으로 제시하고, 그중 응답자의 의견과 가장 일치하는 답을 선택하거나 서열을 정하도록 하는 질문 형식이다. 예 선택요구형, 분류형, 순위형, 체크리스트형, 평정척도형으로 구분할 수 있다. **장점** 질문으로 자료를 쉽게 수집할 수 있고, 응답하기 편리하며, 반응을 수량화하여 분석하기가 용이하다. **단점** • 응답자가 가지고 있는 창의적인 생각이나 의견을 표현하기 어렵다. • 개인에 따른 느낌이나 견해가 무시될 수 있다. • 질문지에 제시된 응답의 보기들이 적절하지 않을 때에는 조사 결과를 신뢰하기 어렵다.

MEMO

비구조화 질문지 (개방형 질문지)	• 비구조화 질문지는 개방형 질문지라고도 하며 질문은 자유응답이 가능한 문항으로 구성된다. – 즉, 보기 선택지에 응답하게 하는 질문 문항이 아니라 개인의 의견이나 생각을 자유롭게 서술하는 문항으로 구성된 형태의 질문지이다. – 비구조화 질문지는 응답자의 자유로운 반응을 기대할 수 있어 응답자의 판단, 느낌, 생각, 태도 등을 비교적 자세히 알아볼 수 있다. **장점** 창의적이고 흥미로운 응답이 나올 수 있다. **단점** • 응답의 유목이 많을 때 응답하는 데 시간과 노력이 상당히 소요되기 때문에, 성의 없는 응답이나 무응답이 많을 수 있어 필요한 정보를 얻지 못할 수도 있다. • 응답을 얻은 후에 주관적인 내용들을 유형별로 나누고 분석해야 하므로 시간과 비용이 많이 들고 통계적 분석이 어렵다.
반구조화 질문지	• 구조화 질문지와 비구조화 질문지의 단점을 보완하여 제공되는 질문형태가 반구조화 질문지이다. • 반구조화 질문지는 구조화 질문지처럼 보기 선택지가 있는 질문 문항과 자유응답이 가능한 질문 문항으로 구성하는데, 질문지의 앞부분은 구조화 질문지, 뒷부분은 비구조화 질문지로 구성하는 형태가 일반적이다.

3 질문지의 작성절차

질문지 개발목적의 명료화	• 개발하려는 질문지는 알아보고자 하는 연구의 목적에 따라 문항을 결정하므로 검사의 목적을 먼저 설정한다. • 검사목적을 설정하는 것은 검사 도구의 타당도를 확보하는 방법 중 하나이며, 질문지의 내용과 문항을 구성하는 근거를 마련해 준다.
개발 목적에 따른 구체적인 문항들의 작성	• 검사목적을 달성할 수 있는 질문 문항들을 구체적으로 작성한다. • 질문 문항들 간의 상호관계를 바탕으로 전체 지시문과 문항들을 제시한다.
작성한 문항들의 점검	• 일차적으로 작성한 질문 문항들이 연구의 목적과 내용을 잘 반영하고 있는지를 알아보아야 한다. – 이러한 과정은 내용타당도나 구인타당도를 확보하는 과정으로, 특히 관련 분야의 전문가에게 자문하여 내용에 관한 타당도를 확보하는 것이 필요하다. • 예비검사를 실시하여 무엇이 문제인지 혹은 잘못된 점은 없는지, 글자의 오해나 혼동은 없는지, 응답요령이 응답자의 수준에 적합한지 등을 검토하여야 한다.

MEMO

4 질문지법의 장점과 단점

장점	• 면접법에 비해 시간이나 비용 면에서 경제적이다. • 문항에 따른 응답 형태를 제시함으로써 응답자가 쉽고 정확하게 답할 수 있다. • 빠른 시간에 핵심적인 정보를 비교적 객관적이고 정확하게 획득할 수 있다. • 응답자의 익명성을 보장할 수 있다. • 큰 집단을 대상으로 동시에 실시할 수 있다.
단점	• 융통성이 부족하고, 자료수집 과정에서 질문 문항 이외의 정보를 얻을 수 없다. • 면접법, 관찰법과 비교 시 응답의 회수율이 상대적으로 낮다. 회수율이 낮을수록 표집으로 인한 문제가 제기될 수 있다. 회수율을 높이기 위한 방법으로 응답자 중 추첨을 통하여 상품을 주기도 하고, 우편조사일 경우 봉투 안에 소정의 선물을 제공하기도 한다. • 모집단을 대표할 수 있는 집단 추출이 용이하지 않다. • 질문 내용과 절차를 이해하려면 일정한 교육수준이 요구된다. 따라서 유아에게는 적당하지 않다. • 응답하는 상황에 대해 전혀 알 수 없다. • 망각, 반응의 편향성(바람직한 방향으로 생각하는 것) 때문에 부정확할 가능성이 높다.

III 평가의 유형

MEMO

UNIT 09 평가 시기에 따른 유형

1 진단평가

특징	• 진단평가는 학습활동을 시작하기 전에 학습자의 학습 수준이나 준비도, 학습 동기, 학습 결함, 학습 흥미나 태도, 학습환경 요인 등을 파악하는 평가이다. – 교육활동에서 학습의 효율성을 높이고 학습목표를 달성할 수 있도록 학습에 필요한 정보들을 사전에 파악하는 활동이다. – 진단평가는 교육활동을 실행하기 전에 학습자의 선행 지식이나 기능, 학습결손 등을 점검하며, 투입평가라고도 한다. • 목적: 진단평가를 통해 학습활동을 위한 출발점 행동을 파악하고 효과적인 교수·학습 전략을 모색할 수 있다. – 학습자의 출발점 행동을 파악하는 것은 지능이나 적성, 선수학습 정도 등의 지적 출발점 행동과 학습에 대한 태도, 흥미, 동기 등의 정의적 출발점 행동으로 구분된다. • 진단평가는 형식적인 평가로 실시하는 것이 쉽지 않으므로 자료(예 전년도 성적표, 종합생활기록부)를 통해 학습자의 특성을 파악하게 된다.
기능	• 학습능력, 학습 준비 상태, 학습 동기나 흥미, 자신감 등 학습자의 상태를 파악하는 것이다. • 학습 실패의 원인, 학습에 영향을 미치는 요인들을 파악할 수 있다. • 진단평가의 결과는 학습자를 분류하고 배치하는 데에 활용된다. 이는 비슷한 학습자를 같은 집단으로 구성하여 적절한 교수·학습 방법이나 내용을 제공함으로써 학습의 극대화를 도모하기 위한 것이다.

2 형성평가

특징	• 형성평가는 교육활동의 과정에서 학습목표가 제대로 달성되고 있는지 점검하여 교수·학습 방법이나 절차를 수정·보완하고자 시행하는 평가이다. – 학습과정을 학습 도중에 점검하여 학습목표의 달성 여부를 확인하는 것이다. 따라서 형성평가는 과정평가라고도 하며, 중간 단계에서 실시한다는 의미를 강조하고 중간평가라고도 한다. 예 학생들의 이해 정도, 학습자의 학습 방법, 수업능력, 수업태도, 교수전략 등 – 목적: 수업과정에서 학습자들의 학습 진전 상황이나 정도를 확인하여 적절한 피드백을 제공하고 교수·학습 활동을 개선하고자 형성평가를 실시한다. • 교육활동에서 '형성'이란 학습활동으로 달성하고자 하는 지식이나 태도, 행동 등을 달성해 나가는 것을 의미한다. 형성평가에서는 교육활동의 목표, 내용, 방법, 절차 등이 효과적으로 구성되었는지, 학습과정에서 학습자의 성취 정도가 어떠한지를 점검한다.

MEMO

	• 교육활동이 끝난 후 결과나 성취 정도가 만족스럽지 못한 경우에는 수정하기 어렵지만, 수업이 진행되는 도중에 수시로 목표달성 정도와 과정을 점검하면 총괄평가의 이러한 문제점을 보완할 수 있다. • 형성평가는 교육활동을 학습자의 수준에 맞춰 적절하게 수정·보완하는 데 도움을 주므로 교사와 학습자 사이의 긴밀한 의사소통을 통해 다양한 정보를 수집하는 것이 중요하다.
기능	• 학습자의 학습 진행의 속도 조절 기능 ➡ 이를 통해 개인의 학습능력에 따라 학습을 진행할 수 있고 학습의 개별화를 추구할 수 있다. • 학습자의 학습활동 강화 기능 ➡ 학습자에게 학습동기를 제공하여 학습의 효율성이 높아진다. • 교수·학습 과정에서 학습자에게 피드백 제공 기능 ➡ 학습에서 개인의 장점과 단점 혹은 문제점이 무엇인지 파악하게 되어 학습의 효율성이 높아진다. • 교수·학습 활동의 개선 기능 ➡ 학습내용이나 학습방법이 학습자에게 어떤 영향을 미치는지 파악하여 교수·학습 활동을 개선할 수 있다. • 학습 곤란의 정도를 진단하는 기능 ➡ 학습의 실패 원인이나 학습의 어려움 정도를 분석하여 수정하거나 보완할 수 있다.

SESSION #8

3 총괄평가

특징	• 총괄평가는 교육활동을 마치고 교육활동의 성과나 효율성에 대해 종합적이고 최종적인 결론을 도출하기 위한 평가를 말한다. – 교육활동이 모두 끝난 다음에 이루어지는 평가활동으로 교육활동에 대한 최종적인 점검활동이다. 예 교육 목표의 달성 여부, 교육 목표와 관련한 학습자의 진척 여부, 학습내용의 적절성, 학습 전략의 효율성 등 – 총괄평가는 비교적 장기간에 이루어진 학습 결과나 성과를 총체적으로 파악한다. 따라서 총괄평가는 결과평가 혹은 산출평가라고도 한다. 예 대학수학능력시험은 고등학교의 전체 과정에 대한 성취 정도를 점검하는 성격을 띠므로 총괄평가에 해당한다. – 또한 개인의 진학이나 자격시험에 대한 의사결정에도 영향을 미칠 수 있다. • 총괄평가는 교육목표의 달성 여부와 장래의 성취도를 예측하는 근거를 제공한다. – 총괄평가의 결과는 집단과 비교하여 상대적인 서열로(규준참조평가) 나타낼 수도 있고, 달성의 최저기준을 제시하여 통과 여부(준거참조평가)를 판단할 수도 있다.
기능	• 학습자의 성적, 평점, 등급 등을 부여하는 기능 • 평가 결과를 통해 학생들의 장래 성적을 예측하는 기능 • 집단성과를 비교할 수 있는 정보를 제공하는 기능 • 교육활동 및 학습지도의 장기적인 질을 관리하는 기능

MEMO

진단평가, 형성평가, 총괄평가의 비교

구분	진단평가	형성평가	총괄평가
평가시기	수업활동 시작 전	수업활동 진행 중	수업활동 종료 후
평가목적	• 출발점 행동 진단 • 출발점 행동 준비 • 효과적인 교수·학습전략 모색	• 학습 진전 상황 확인 • 교수·학습 활동의 개선 • 교수방법 개선	• 성적, 평점, 등급 부여 • 책무성 차원의 교육 및 수업활동의 효과성·효율성 판단
주요기능	• 수업 내적 예진 활동 • 수업 외적 실패 요인 진단 및 처치 • 배치활동	• 피드백 • 학습 진행속도 조절 • 학습활동 강화 • 교수·학습 활동 개선	• 성적, 평점, 등급 부여 • 장래 성적 예측 • 집단성과 비교 • 학습지도의 질 관리
평가방법	비형식적·형식적 평가	• 수시평가 • 비형식적·형식적 평가	형식적 평가
평가주체	• 교사 • 교육내용전문가	교사	• 교육내용전문가 • 평가 전문가
평가기준	준거참조	준거참조	• 규준참조 • 준거참조

UNIT 10 평가를 해석하는 방식 및 기준에 따른 유형

1 규준참조평가(규준지향적 평가 / 상대평가)

특징	• 배경: 진보주의 교육으로 인해 학력수준이 하향되고 기초과학 교육이 부실해졌다고 지적되면서, 교육을 강화함과 동시에 지식 획득에 대한 평가방법으로 규준에 근거한 평가를 적용하게 되었다. 이러한 분위기는 우리나라에도 전달되어 상급학교나 대학 진학을 위해 규준참조평가를 활용하고 있다. • 규준참조평가는 개인이 속한 집단의 속성에 비추어 개인의 점수를 평가하는 것이다. – 이때 '규준'은 표본의 점수분포로 얻은 상대적인 해석기준으로, 달성해야 하는 목표가 아니라 개인의 점수가 어느 위치인지를 알려주는 것이다. – 규준참조평가에서는 개인의 교육목표 달성에 대한 성공이나 실패에 관심이 없는 대신, 집단에서 누가 성취를 더 잘했는지를 평가한다. 즉, 학습자의 우열을 가리는 것이 크게 강조된다. • 규준참조평가는 개인의 점수에 대한 집단에서의 위치와 서열을 알려주므로 서열참조평가 혹은 상대평가라고도 한다. – 규준참조평가는 전체 집단을 대표하는 점수의 성격을 띠는 평균과 표준편차를 활용한다. 평균과 표준편차는 집단에 속한 개인들의 점수를 통해 얻어지며, 이를 바탕으로 개인의 점수가 집단의 어느 위치인지를 판단하게 된다.

MEMO

	• 규준참조평가에서는 개인의 점수를 객관적이고 공정하게 비교할 수 있는 규준을 만드는 것과 개인의 점수의 차이를 잘 변별하는 변별도 높은 문항을 만드는 것이 중요하다. 그리고 이러한 차이를 잘 파악하여 교육을 실행한다면 교육의 질을 높일 수 있다.
장점	• 개인차의 변별이 가능하다. • 개인의 상대적인 위치를 파악하여 우열을 가리기 쉽다. • 학습자의 우열이 나타나므로 경쟁을 통한 학습동기를 유발할 수 있다.
단점	• 가르치고 배워야 하는 것에 대한 기준이 모호하다. – 특히 무엇을 배워야 하는지에 대한 신념이나 가치가 모호해져서 교육을 통한 발전이나 교육의 힘이 상실될 가능성이 있다. • 경쟁을 교육의 당연한 가치나 윤리로 생각하게 한다. – 규준참조평가는 상대적인 서열에 근거하여 평가하므로 서열을 더 좋게 하려는 경쟁심을 조장하게 된다. – 따라서 경쟁에 앞서려는 외적 동기로 교육이 진행될 수 있고, 경쟁이나 서열이 없으면 교육결과가 나타나지 않을 수 있다. – 이로 인해 학습자의 참다운 능력이 무엇인지를 파악하는 것이 곤란하다. • 상대적인 서열을 강조하므로 교수·학습 이론을 적용하는 것이 힘들고, 교육의 내용이나 과정에서 무엇이 잘못되었는지 파악하여 이를 개선하는 등 교수·학습 과정을 발전시키는 것도 곤란하다. – 특히 학습목표의 달성 과정이나 정도에 대한 칭찬이나 강화가 주어지지 않고 집단의 수준에 따라 평가 결과가 좌우되므로 학습행동을 체계적으로 강화하지 못한다. • 암기 위주의 교육을 조장한다. – 규준참조평가는 상대적으로 높은 점수나 서열의 획득이 중요하므로 점수를 더 많이 받으려는 결과 위주의 암기를 조장하게 된다. – 이에 따라 이해력, 분석력, 창조력, 탐구능력 등과 같은 정신적인 사고를 기를 수 없다. • 서열 위주의 결과를 얻으려는 사고로 인해 정신건강에 문제가 생길 수 있다. – 특히 검사결과에 대한 지나친 불안, 비교 우위에 대한 불안, 이기심 등으로 인해 정서적인 특성에 부정적인 영향을 미친다. 유아기에 부적합한 이유 • 유아들 간의 과도한 경쟁심을 조장하게 된다. • 유아가 못하는 것을 부각시키게 되어 낙인찍을 가능성이 있다. • 단편적 지식을 다루는 경향성을 지니고 있어서 사고 능력 및 과정을 측정하지 못하며, 유아의 능력을 종합적으로 정확하게 반영하기 어렵다.

MEMO

2 준거참조평가(목표지향적 평가 / 준거지향적 평가 / 절대평가)

특징	• 배경: 교육분야의 지나친 경쟁과 서열 의식의 문제점이 대두되고, 교육의 본질은 경쟁보다 상호 협동이며, 상대적 서열보다 개인의 수준과 능력 향상이라는 의견이 나오면서 개인의 수준과 능력을 특정 기준에 비추어 판단해야 한다는 준거참조의 관점이 나타났다. • 준거참조평가는 평가에 필요한 일정한 기준선을 정하고 그 기준선에 도달했는지의 여부를 평가하는 것을 말한다. 사전에 정해진 판단기준에 근거하여 학습자의 성취수준이나 행동목표의 도달정도를 판단하는 준거지향평가이다. – 준거참조평가에서 기준선이란 목표 도달 여부의 판단준거를 의미한다. – 교육에서 준거는 학년 수준이나 교과목별 수준에 근거하여 설정되는 교육목표이고 이때 개인의 점수가 판단의 근거가 된다. – 따라서 준거참조평가는 개인의 성취를 집단과 비교하여 상대적인 서열로 판단하지 않고, 사전에 설정된 학습목표나 성취기준을 학습자가 얼마나 달성했는지를 판단한다. – 모든 학습자가 적절한 학습 내용과 학습 방법에 의해 목표에 도달할 수 있도록 하는 것이 강조된다. • 준거참조평가는 모든 학습자가 교육목표에 도달할 수 있으므로 목표참조평가라고 하며, 알고 있는 정도를 평가하므로 절대평가라고도 한다. • 서열화(비교)를 방지하기 위하여 문장으로 기술한다.
장점	• 교육효과에 대한 신념을 달성할 수 있다. • 지적 성취, 성취감을 유발하여 학습효과를 증진시킨다. • 학습자의 도달과 미달 여부에 대한 직접적인 정보를 제공한다. • 협동정신과 탐구정신을 조장한다. • 학습에 대한 효과적인 강화를 가능하게 해준다.
단점	• 준거를 설정하기가 어렵다. • 학습의 외적 동기유발이 부족하다.

규준참조평가와 준거참조평가의 비교

구분	규준참조평가(진단평가)	준거참조평가(형성평가)
평가목적	상대적 비교와 개인차 변별	학업성취 결과의 직접 확인
확인내용	누구보다 얼마나 더 성취했는가?	무엇을 얼마나 성취했는가?
개인차에 대한 교육적 신념	• 개인차를 인정(정규분포)한다. • 항상 성공/실패자가 있다.	• 개인차를 없앨 수 있다. • 적절한 환경, 방법, 노력으로 완전학습(부적편포)이 가능하다.
평가시점	학습 종료 후	교수·학습 과정
비교대상	개인과 개인	준거와 수행
검사도구의 특성	신뢰도와 객관도를 중시한다.	타당도를 중시한다.
측정학적 배경	심리적·상대적 측정 전통	물리적·절대적 측정 전통
평가의 적용	분류, 선별, 배치	자격부여, 확인, 교정, 개선

MEMO

3 위치평가(위치지향평가)

특징	• 위치평가 혹은 위치지향평가란 개인이 특정 시점에 획득한 도달점수의 위치를 고려하여 평가하는 것이다. – 흔히 학교교육 현장에서 활용하는 평가방식은 위치평가라고 할 수 있으며, 이때 '상대적인 위치'에 근거를 두고 평가하면 상대평가가 되고, '절대적인 위치'에 근거를 두고 평가하면 절대평가가 된다. • 위치평가에서는 특정한 시점에서 파악한 도달점수에 근거하여 평가하기 때문에 고정적 평가기법을 주로 활용한다. – 고정적 평가기법이란, 특정 시점에서 피평가자의 도달점수를 확인하기 위한 것으로 학교 교육현장에서 가장 흔히 사용하는 평가기법을 의미한다.

4 변화평가(변화지향평가)

특징	• 변화평가 혹은 변화지향평가란 개인에게 일정 기간 동안 일어난 변화의 정도, 즉 변화점수에 근거를 두고 평가하는 것이다. – 일부 학교교육 현장에서 개별 학생의 발전 정도를 파악하여 '진보상' 혹은 '발전상' 등을 주는 것은 변화평가를 활용한 것이다. • 변화평가에서는 개개인의 변화점수를 파악해야 하기 때문에 적어도 2회 이상 측정하는 역동적 평가기법을 주로 활용한다. – 여기서 역동적 평가기법이란 '검사–중재(혹은 교육적 처방)–재검사'라는 절차를 적어도 1회 이상 실시하는 평가기법을 말한다.

MEMO

UNIT 11 평가 방법에 따른 유형

1 지필평가

특징	지필평가는 많은 사람을 대상으로 동시에 평가할 수 있다는 장점이 있어 학교 현장에서 가장 많이 실시되는 평가방법이다. 필기도구를 활용하여 시험지에 답을 작성하는 형식의 평가방법이며, 일반적으로 두 가지 형태로 구분할 수 있다. ① **선택형 평가**: 제시된 선택지에서 문제에 대한 대답을 선택하게 하는 것으로, 선택형 평가는 정답이 정해져 있으므로 오답 시비가 없고 정답을 알면 누구라도 기계적으로 평가할 수 있으므로 객관식 평가라고도 한다. – 선택형 평가의 대표적인 것은 선다형 평가문항이며, 이 외에 진위형, 연결형이 있다. ㉠ **선다형 문항**: 문제에 대한 대답으로 가능한 몇 개의 선택지(보기)를 제시한 후 그에 대한 대답을 선택하게 하는 유형이다. ㉡ **진위형 문항**: '○×형 문항'이라고도 하며 어떤 제시문이 옳고 그른지를 선택하게 하는 유형이다. ㉢ **연결형 문항**: '줄긋기' 혹은 '짝짓기'형의 문항으로 좌측과 우측에 여러 선택지를 나열하고 서로 관계있는 것끼리 선으로 연결하게 하는 유형이다. ② **서술형 평가**: 제시된 선택지에서 대답을 선택하지 않고 직접 서술하게 하는 단답형 혹은 서술형 평가이다. 평가자가 평가기준에 근거하여 자신의 전문적인 식견이나 판단을 바탕으로 평가하므로 주관식 평가라고도 한다. ㉠ **단답형 평가**: 한 가지나 두 가지 단어 정도로 정답이 정해져 있으므로 평가 결과에 대한 오류 가능성이 거의 없다. ㉡ **서술형 평가**: 문장 혹은 문단으로 정답을 기술하므로 평가기준이 필요하며, 평가자의 전문성이나 판단을 바탕으로 평가가 이루어진다. 평가자의 판단이 작용하는 관계로 평가 결과에 대한 시비가 있을 수 있다.

2 구술평가

특징	• 구술평가는 말을 통해 실시되는 평가이다. 말로 진행되므로 대화형식을 띠며 주어진 질문에 대한 대답을 평가하는 것이다. – 평가자가 질문하고 응답자가 질문에 대한 대답을 제시하는 형식으로 진행되는 구술평가는 대화형식으로 진행되는 수행평가의 면접법과 같은 형태를 띤다. – 면접을 통해 응시자의 전문성, 대응능력, 태도, 표현능력 등을 평가할 수 있다. – 구술평가는 미리 선정한 질문에 대해 구술하도록 하며 평가기준을 사전에 정해놓는 것이 바람직하다.

MEMO

3 수행평가

<table>
<tr>
<td>수행평가의
필요성
(배경)</td>
<td>수행평가를 실시하게 된 다양한 배경에 대해 아터와 본드(Arter & Bond, 1993)는 다음과 같이 정리하였다.
① 교육목표의 변화로 인해 수행평가가 대두되었다.
– 전통적인 평가는 교육목표의 달성 여부를 기억에 의존하는 형태였으며, 지식의 습득과 이것의 재생이 주된 평가의 목적이었다.
– 요즘은 어떤 지식을 가지고 있는지보다 지식을 어떻게 습득하는지에 초점을 둔다. 지식에 접근하는 방법이 다양하다는 것은 학습자로서 창의성을 가지고 있음을 의미하고, 이를 통해 효율적으로 문제를 해결할 수 있으며 나아가 자기주도적으로 학습에 임할 수 있음을 말한다.
– 이러한 교육목표의 변화를 평가가 수용하기 위해서는 전통적인 평가방법이 바람직하지 않다.
② 학습내용과 수행기준의 변화로 인해 대두되었다.
– 정보로서 지식을 효과적으로 제공하려던 입장에서 지식에 접근하는 방식이 다양해짐에 따라 학습자가 실행해야 하는 기준도 달라졌다.
– 이러한 변화를 수용하기 위해서는 새로운 방식의 평가가 필요한데, 이 때문에 수행평가가 나타나게 되었다.
③ 평가관의 변화이다.
– 전통적인 평가관은 학습자를 수동적으로 바라보았고, 수동적인 학습자는 스스로 어떤 변화를 추구하지 못한다. 또한 전통적인 평가방법으로는 학습자의 다원적인 속성을 알아보지 못하였다.
– 다양한 문제를 다양한 방식으로 접근하고 활동에 참여하는 것이 중요한 학습활동이므로 평가의 목적도 전통적인 평가와 달라졌다. 이러한 이유로 수행평가가 나타나게 되었다.
④ 실제성의 강조이다.
– 전통적인 평가방법에서는 현장지향성을 띠지 않는다. 기억과 이의 재생에 근거를 두고 평가하는 경우가 많기 때문에, 한 곳에서 일정 시간 동안 평가를 실시하더라도 아무런 문제가 나타나지 않는다.
– 현대의 학습내용은 다양하고, 또한 학습자의 참여 정도나 능력 등도 함께 파악해서 이를 학습활동에 반영해야 하므로, 한 곳에서 일정한 시간 동안 평가하는 것으로는 그 요구를 충족하지 못한다. 따라서 수행평가의 필요성이 나타나게 되었다.
⑤ 교사 역할의 변화이다.
– 학습자의 변화는 교사의 역할이 변화함을 의미한다.
– 다양성을 추구한다면 교사의 역할도 다양해져야 하는데 그 방법 중 하나가 평가 결과를 학습내용에 반영하는 것이다. 이로 인해 수행평가가 필요하게 되었다.</td>
</tr>
</table>

SESSION #8

MEMO

특징	• 전통적 평가의 문제점 – 전통적으로 실시하던 기존 평가들은 결과 위주의 평가이기에 교육활동과정에서 학습자들이 어떤 노력과 태도를 보였는지 등을 알 수 없었다. – 이로 인해 교육평가가 전인적 평가를 지향하지 못하고, 결과적으로 나타난 행위에 대한 평가에 치우침으로써 학습자의 학습 스트레스를 해소해 주지 못하거나 교육과정의 내실을 기할 수 없는 문제들을 야기하였다. ➔ 평가의 본래적 목적을 달성하고 학습자의 다양한 측면을 제대로 파악한다는 취지에서 대안적으로 나온 평가가 학습자의 실제 수행 정도를 알아보는 '수행평가'이다. 이러한 이유로 수행평가를 '대안적 평가'라고도 한다. • 수행평가는 교육적 행위로서의 전통적 검사에 대한 '대안적 평가'이다. – '대안적 평가'란 기존의 어떤 평가방법을 대치하는 평가로, 기존의 지필식 검사가 지닌 여러 가지 문제를 최소화하고 보완하여, 학습자의 전인적 발달을 도모하기 위한 목적이 있다. • 대안적 평가로서의 수행평가는 학습자가 특정 문항이나 과제에 대한 대답이나 결과물을 스스로 만들어 내게 하는 평가방식으로, 학습자가 결과를 만들어 내는 과정에 초점을 두는 '과정지향적 평가'이다. – '수행'이란 학습자가 과제를 실제로 실행하여 그 결과를 확인하는 전 과정을 이르는 말이며, 수행평가는 과제를 실행하고 완성물을 만들어 내는 전 과정에 대한 평가를 의미한다. – 이때 학습자가 스스로 만들어 내는 형태는 학습자가 스스로 탐구하여 결과물이나 자료를 구성해서 발표하기도 하고 그림이나 동작으로 나타낼 수도 있으며, 학습자가 스스로 시연할 수도 있다. • 수행평가는 활동과정에 초점을 두는 평가이다. 지필평가와 결과에만 초점을 두고 평가하는 전통적인 평가방법과 다르게 수행과정과 결과를 모두 고려하여 평가한다. – 즉, 평가자가 학습자의 학습과제 수행과정과 결과를 직접 관찰하고, 그 결과를 전문적으로 판단하는 평가 방법이다. – 결과에만 초점을 두는 평가는 결과적으로 목표를 달성했는지에 초점을 두게 되며, 학습자는 열심히 했으나 결과가 좋지 않으면 실망할 수 있다. 그러나 수행평가는 결과가 좋지 않아도 수행과정에서 많이 노력한 것이 반영되므로 결과에만 초점을 두는 평가방식과 평가결과 면에서 달라질 수 있다. 이는 학습자의 학습에 대한 동기부여를 강화한다. • 수행평가가 이루어지는 상황은 실제적이고 지속적이다. – 학습자의 다양한 능력과 학습자 개개인의 발달 변화 과정을 종합적으로 평가하려면 한 번의 평가로 끝나는 것이 아니라 실제 상황에서 지속적으로 이루어져야 한다. • 학습자의 인지적 영역, 정의적 영역, 신체적 영역 등에 대한 종합적이고 총체적인 평가를 중시하는 전인적 평가를 지향한다.

MEMO

수행평가 과제 개발 및 채점 절차	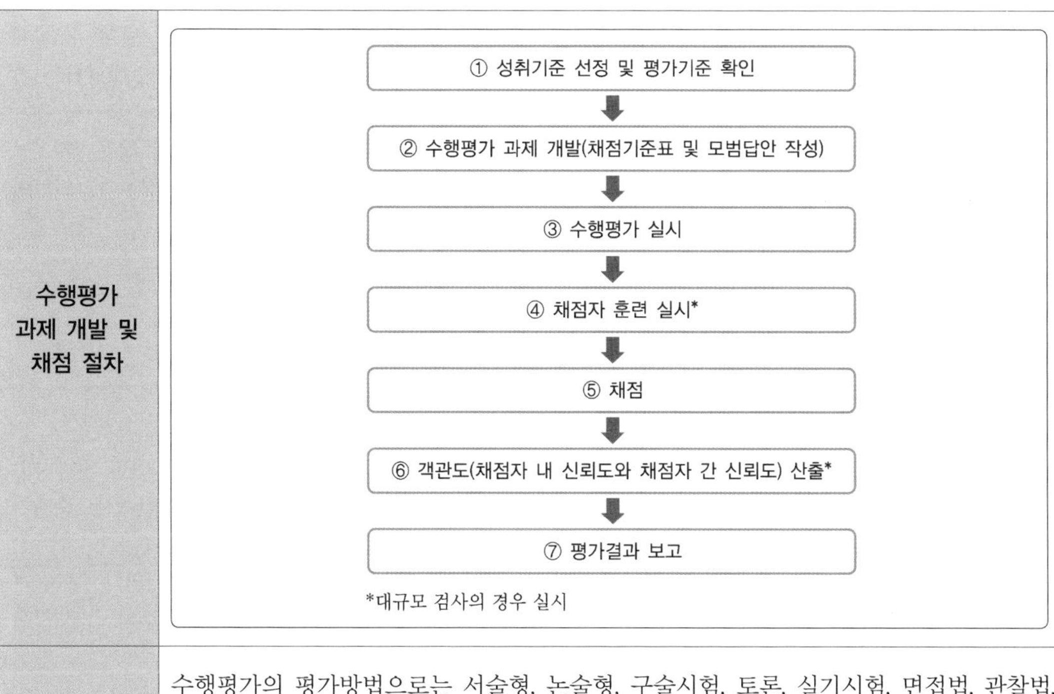
수행평가의 유형	수행평가의 평가방법으로는 서술형, 논술형, 구술시험, 토론, 실기시험, 면접법, 관찰법, 연구보고서법, 프로젝트법, 포트폴리오법 등이 있다. 예 지필고사라도 수행과정을 측정할 수 있는 논술형 문항으로 이루어졌다면 수행평가라 볼 수 있다. 즉, 작문시험의 경우 종이와 연필로 보는 전통적인 시험방식의 지필고사로 시험을 보게 되지만, 학습자의 글쓰기 능력을 직접적으로 평가하는 것이므로 수행평가에 해당한다. 예 팀원들이 서로 협동하여 어떤 과제 수행과정과 결과물을 발표하게 할 수 있다. 예 음악경연대회 참가자들이 음악능력을 노래나 악기 등을 활용하여 실기로 표현하면, 평가자는 참가자들의 음악에 대한 감성, 이해, 기술, 태도 등을 평가하여 입상자 선발에 반영할 수 있다. 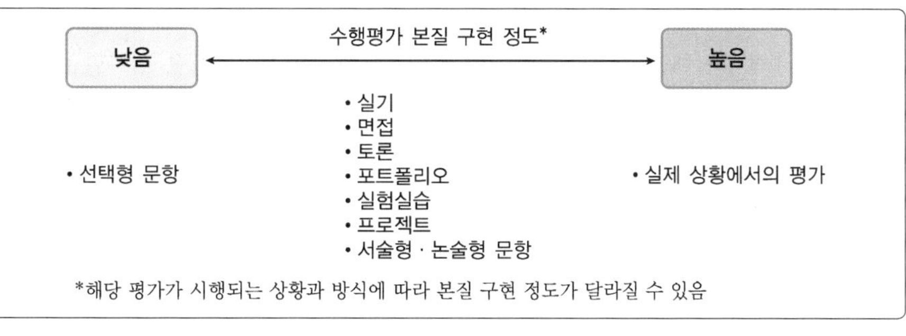 다양한 수행평가 방법
평가 내용	• 하나의 결과에 초점을 두고 평가하기보다 다양한 속성을 함께 알아본다. – 학습자의 학습 참여 정도, 판단력, 문제해결력, 태도나 가치관, 고등사고능력, 의사소통 기술, 활동의 형태 등을 평가할 수 있다.

MEMO

장점	• 수행평가는 가능한 한 실제 상황에서 달성했는지 여부를 파악할 수 있게 해 준다. 실제 상황에서의 평가와 가까울수록 그 평가의 타당도가 높아진다고 보므로, 수행평가는 상대적으로 타당도가 높은 평가라고 할 수 있다. • 인지적 능력, 정의적 특성, 심동적 특성을 모두 평가할 수 있는 총체적 접근이다. – 과제 성격상 집단에서의 협동심, 리더십, 의사소통 능력 등 지필고사에서는 간과되었던 정의적 영역 또한 평가할 수 있다. • 개방형 형태의 평가방법으로 다양한 사고능력을 함양한다. • 과제 성격상 협동학습을 유도하므로 전인교육을 도모한다. • 검사결과뿐만 아니라 문제해결과정도 분석할 수 있다. • 학습동기와 흥미를 유발한다. • 검사 불안이 적은 편이다.
단점	• 교사 입장에서 수행평가도구의 개발에 어려움이 있다. 수행평가 과제를 매년 개발하고 시행하는 데는 상당한 노력과 시간이 요구되며, 특히 채점 및 기록으로 인한 업무 증가가 우려된다. • 학습자 입장에서 수시로, 지속적으로 진행되는 수행평가 과제는 부담이 된다. 특히 과목별 수행평가 과제 수가 합쳐지면 학습자 한 명이 수행해야 하는 과제 수가 너무 많아 부담이 커진다. • 채점의 기준을 설정하기가 용이하지 않다. • 점수결과의 활용에 어려움이 있다. • 채점자 간 신뢰도와 채점자 내 신뢰도 확보에 어려움이 있다. 즉, 수행평가는 채점의 객관성이 담보되는 선다형 지필고사와 비교할 때 채점자 신뢰도 확보가 쉽지 않다. – 선다형 문항은 문항 채점에 주관성이 개입될 여지가 전혀 없는 반면, 수행평가는 모든 가능한 상황을 고려하여 모범답안과 채점 기준표를 꼼꼼히 만들어 놓지 않을 경우 채점이 쉽지 않다. 따라서 채점의 객관성이 강조되는 상황에서 수행평가문항 또는 과제는 선호되지 않는 경향이 있다. – 대안: 과제 구성에 따라 개인 또는 집단의 수행을 평가할 수 있으며 집단 속에서의 개인의 수행도 평가 가능하므로, ① 수행평가 과제 개발 절차에 채점 기준표 및 모범답안 작성을 포함시킴으로써 채점의 객관성을 확보할 수 있도록 해야 한다. ② 수행평가 과제와 같이 채점자의 주관이 개입될 수 있는 경우 채점 전 채점자 훈련을 실시한다. ③ 채점의 신뢰도를 높일 수 있도록 같은 답안을 여러 명의 채점자가 채점하게 한 후 채점결과가 일관되는지 확인하여 객관도 산출을 해야 한다.
평가의 방향 (고려사항)	• 발달적으로 적합한 평가여야 한다. • 결과로 나온 결과물 혹은 기억력 등에 초점을 두는 평가가 아니라, 학습 활동의 전체 과정을 다 살펴서 그 학습의 정도가 어떤지를 알아보는 활동 과정에 초점을 두는 평가여야 한다. • 학습자의 다양한 능력을 평가하기 위해 실생활의 맥락에서 평가가 이루어질 수 있도록 해야 하며, 한 번의 평가로 끝나는 것이 아닌 지속적 평가가 이루어져야 한다. • 학습자가 평가과정에 참여하고 결과물을 산출하는 활동을 실제로 해야 하므로 과정 수행에 들어가는 시간을 많이 제공해야 한다. • 학습자 스스로 평가를 이끌어가는 특징이 있으므로 학습자를 배려하는 개방적인 형태로 이루어져야 한다.

MEMO

	• 전통적인 지필식 검사보다 평가를 실시하는 데 상대적으로 교사의 정열과 노력이 많이 필요하고 철저히 준비해야 하며, 평가에 대한 여러 가지 지식이나 훈련이 있어야 가능하다. – 훈련과 노력이 뒷받침되어야만 학습자의 능력을 판단하여 발달을 정리할 수 있기 때문이다.
유아교육적 활용	• 유아는 글을 이해하고 논리적으로 판단할 수 있는 수준이 아니므로 유아기에 적용할 수 있는 평가방법으로 수행평가가 유용하다. • 유아교육에서는 수행평가 유형 중 관찰법, 면접법, 포트폴리오법이 효과적인데, 그중에서 포트폴리오법이 많이 사용되고 있다.
교사의 역할	• 수행평가를 비롯한 학습자 평가가 제대로 시행되려면 근본적으로는 평가를 수행하는 교사들의 학습자 평가에 대한 전문성이 요구된다. 그래야 자신이 담당한 학습자들에게 어느 내용을 어느 비중으로 어떤 평가방법을 써서 평가할 것인지 결정할 수 있기 때문이다. – 교사는 광범위한 내용학적 지식과 더불어 구성주의 교육학에 대한 지식도 있어야 하고, 평가를 잘하기 위한 훈련을 받아야 하며, 자신이 가르치는 학습자 집단의 수준 및 발달 단계도 잘 알고 있어야 한다.

전통적 평가와 대안적 평가의 비교

구분	전통적 평가	대안적 평가
학습관	학습결과에 관심	학습과정과 결과에 관심
학자관	• 수동적 관점 • 분리된 지식과 기술을 평가함	• 능동적 관점 • 통합된 지식과 기술을 평가함
평가형태	지필검사	수행평가, 포트폴리오
평가실시	일회적 평가	지속적 평가
평가내용	단일 속성	다원적 속성
평가대상	개인평가 강조	집단평가 강조

수행평가의 유형으로서 「포트폴리오 평가」

- 포트폴리오는 개별 학습자가 자신의 능력을 보여주기 위해 각자 가장 잘된 과제를 모은 것으로, 채점의 신뢰도와 공정성 등의 문제점을 내포하는 평가유형이므로 외부 검사로 쓰이기에는 적절하지 않다. 그러나 포트폴리오는 수업도구로서 여러 가지 유용한 특징이 있다.
  - 교수·학습이 목적인 교실평가라면 포트폴리오는 학습자가 자기성찰을 할 수 있게 해 준다. 즉, 학습자는 자신의 포트폴리오를 구성하기 위하여 학습목표를 정하고 자신의 과제들을 검토하며 그중 어떤 과제를 선택할지 자신의 기준을 만들게 된다.
  - 이 과정에서 자신의 과제에 대한 장단점도 평가할 수 있으며, 다른 사람에게 왜 그렇게 생각하는지 설명할 기회도 얻게 된다.
  - 이렇게 과제를 한 묶음으로 평가하는 포트폴리오를 직접 구성하면서 학습자들은 자신이 필요로 하는 것이 무엇인지 이해하여 수행능력을 향상시키고 학습과정을 진행시킬 수 있다. 즉, 자신의 학습에 대한 책임감이 더 커지게 되므로 학습자로서의 권한 또한 강화된다.

MEMO

4 컴퓨터 평가

특징	• 배경: 21세기에 들어와 지식·정보화시대를 맞이하면서 정보통신기술의 발달과 함께 컴퓨터를 활용하여 평가하는 사례가 점차 증가하고 있으며, 앞으로 다가올 미래사회에서는 이러한 컴퓨터 평가를 지필평가보다 더 많이 활용할 가능성이 있다. • 컴퓨터 평가란 컴퓨터를 활용하여 평가하는 것을 의미하는데, 피평가자가 컴퓨터 앞에 앉아서 모니터에 나타나는 문항에 대해 키보드나 마우스를 사용하여 응답하는 방식으로 진행한다. 예 미국 대학에 유학가기 위하여 응시해야 하는 토플(TOEFL)이나 SAT도 지필평가에서 컴퓨터 평가 방식으로 바뀌었다.

UNIT 12 평가 내용에 따른 평가

* 인지적 영역, 정의적 영역, 심동적 영역은 블룸 등(Bloom et al., 1956)이 제안한 교육목표 분류학에 따른 구분으로, 인간의 능력 요인을 이와 같이 나누고 각 영역의 학습을 위계적으로 분류하여 제시하고 있다.

• 교육평가의 내용에 따라 그 유형을 크게 *인지적 영역(cognitive domain, 지적 영역이라고도 함), 정의적 영역(affective domain), 심동적 영역(psycho-motor domain)의 평가로 분류할 수 있다.
- 이는 일반적으로 교육목표의 내용을 분류할 때 활용하는 세 가지 영역에 대해 그 내용을 평가한다는 것을 강조하기 위한 분류방법이다.
- 여기서 주의해야 할 점은, 이러한 내용 영역의 구분이 어디까지나 정도의 문제라는 점을 인식해야 하는 것이다.
- 왜냐하면 블룸 등(Bloom et al., 1956)의 교육목표 분류는 인지적·정의적·심동적 영역이 따로 발달하기보다 통합적으로 표현된다고 보므로, 구체적인 교육목표는 일반적으로 인지적·정의적·심동적 영역을 서로 통합하여 진술하는 것이지 특정 영역 한 가지만을 언급하는 경우는 거의 없기 때문이다.

1 인지적 영역의 평가

특징	• 블룸 등(Bloom et al., 1956)이 구분한 인지적 영역은 지식 획득과정의 난이도와 복잡성 수준에 따라 지식, 이해, 적용, 분석, 종합, 평가라는 6단계로 분류되며, 각 단계는 다시 세부적인 지식유형으로 구분된다. - 이 6단계의 지식은 위계적으로 구성되어 있으며 이성적인 사고작용을 통해 학습할 수 있는 내용이다. - 따라서 인지적 영역에 대한 평가는 6단계의 위계적인 지식 분류에 대한 이성적인 사고과정으로 학습하는 것에 대한 평가를 의미한다. - 즉, 어떤 교과목의 사실, 개념, 법칙, 원리 등과 같은 지식을 얼마나 많이 가지고 있는지, 그리고 그 지식을 얼마나 잘 이해하고 '적용'하며, '분석'하고 '종합'하여 '평가'할 수 있는지 등을 평가하는 것이다. - 일반적으로 지능이라 말하는 학문적 지능에 대한 평가도 이에 속한다. 예 유아에게 학습준비도 검사를 실시하여 상위 학습에 대한 유아의 인지 수준·상태를 평가하는 것 예 중학교 학생들에게 교과목별로 실시되는 학업성취도 평가와 같이 학교에서 각 교과목별로 성적을 파악하기 위해 실시하는 각종 시험

MEMO

2 정의적 영역의 평가

<table>
<tr><td>특징</td><td>
• 블룸 등(Bloom et al., 1956)이 구분한 정의적 영역은 감성, 흥미, 반응, 가치 또는 가치 복합 등에 의한 인격화의 범주이다. 즉, 정의적 영역이란 성격이나 흥미, 가치관 등과 같이 감성의 작용을 통해 학습할 수 있는 내용 영역을 말한다.
– 정의적 영역도 인지적 영역과 마찬가지로 위계적으로 구성되어 있으며, 이러한 분류는 어떤 외적 현상이나 가치가 한 개인의 내적 수준으로 점차 내면화되고 조직화되어 가는 과정의 정도를 의미한다.
– 즉, 어떤 현상을 학습하면 그것을 내면화하여 자신의 신념으로 만들기도 하고 그것에 대한 흥미와 태도를 표현하기도 한다. 이로 인해 학습자는 사회현상에 대한 준법정신, 책임감, 협동, 배려 등의 태도를 보이며 이러한 것을 자신의 정체성으로 삼을 수 있다.
– 이와 같은 내면적 현상에 대해 평가하는 것이 정의적 영역의 평가이다.
• 정의적 영역의 평가에서는 지식이나 개념, 원리, 비교, 종합, 판단 등에 대한 형성 정도를 평가하는 인지적 영역의 평가처럼 성격, 흥미, 가치관, 자아개념, 성취동기 등을 평가하며, 아울러 태도나 신념 등도 평가한다.
예 학교에서 학생의 사회성, 준법성, 협동성, 책임감을 평가하거나, 흥미, 가치, 태도, 신념, 자아개념, 성취동기 등에 대해 평가하는 것이 이에 해당한다.
예 각 교과목에 대한 학생의 흥미나 태도 등을 평가하는 것도 이에 속한다.
예 정서지능, 직업적성이나 태도에 대한 평가 등도 정의적 영역의 평가에 해당한다.
• 정의적 영역에 대한 평가는 관찰법, 면접법, 질문지법 등이 있다.
– 관찰법은 감각기관을 활용하여 자료를 수집해서 평가하는 방법으로 일화기록법, 체크리스트, 척도형 등이 있다.
– 면접법은 대화를 통해 자료를 수집하여 평가하는 방법이다. 면접법은 관찰법으로 수집한 자료를 보충할 수 있다.
– 질문지법은 알아보고자 하는 내용을 질문 문항으로 구성하여 자료를 수집한 다음 평가하는 방법이다. 질문으로 자료를 수집하고자 할 때 질문 문항들의 형태는 체크리스트 형식이나 평정척도의 형태로 구성한다.
</td></tr>
</table>

정의적 특성 교육목표의 분류(크래스올, 블룸과 마시아, 1973)

교육목표	내용	행동의 진술
자극 수용하기	어떤 태도, 행동, 가치에 대해 알아차리는 태도	느낀다, 감지한다, 경험한다, 참여한다, 인지한다
자극에 반응하기	관심의 수준을 넘어 어떤 사태나 현상에 대해 반응하는 태도	확인한다, 따른다, 허락한다, 공헌한다, 즐긴다, 만족한다
가치화	어떤 것이 가치가 있는지 구분하는 태도	믿는다, 추구한다, 정당화한다, 존경한다, 검색한다
조직화	여러 가치를 위계적으로 조직하고 상호관계를 결정하며, 지배적 가치와 모든 경우에 적용되는 가치를 인정하는 태도	검사한다, 분류한다, 체계화한다, 창조한다, 통합한다
인격화	가치화와 조직화가 정착되어 가치체계가 내면화된 상태	내면화한다, 결론을 내린다, 개선한다, 해결한다, 판단한다

MEMO

❸ 심동적 영역의 평가

특징	• 블룸 등(Bloom et al., 1956)이 구분한 심동적 영역은 신체 각 부위의 움직임을 통해 학습할 수 있는 내용영역으로, 신체 움직임에 정신적 요소를 포함한 학습영역이다. 따라서 심동적 영역의 평가는 정신적인 요소와 함께 신체적인 움직임을 평가하게 된다. – 신체 부위를 움직이려면 마음과 근육이 서로 조화를 이루어 움직여야 한다. 따라서 심동적 영역은 신체 움직임과 정신적 요소를 포함한다. – 즉, 움직이고자 하는 마음(심, 心)과 그에 따른 수반되는 근육의 움직임(동, 動)을 합하여 '심동'적 영역을 구성하게 된다. – 예컨대 예체능 교과목에서 노래 부르기, 악기 연주하기, 그림 그리기, 운동경기하기, 무용하기 등에 대해 평가하는 것이 이에 해당한다. 예 악기를 연주하려면 악보를 이해하고 그에 따라 신체를 움직이게 된다. 악보에 대한 이해 없이 악기를 연주한다면 그것은 경험을 통해 이미 이해하고 있는 상태일지 모른다. 예 교사의 구령에 따라 신체 동작을 하고 축구 경기를 하려면 규칙을 이해하고 준수하면서 공을 차는 기술을 발휘해야 한다. 예 무용하기나 노래 부르기, 창의적으로 움직이기 등과 같은 행동은 모두 정신적인 요소를 포함해서 나타난다. • 심동적 영역의 동작은 다음과 같은 세 가지로 구분할 수 있다. – 아래의 동작들을 자세히 살펴보았을 때 기계를 조작하려면 기계에 대한 인지능력이 필요하고 악기를 연주하려면 움직이는 기술과, 정서적 감성・느낌이 요구된다. 따라서 심동적 영역의 평가는 단순히 외부로 드러나는 신체 움직임에 대한 평가만 하는 것이 아니라 정서와 느낌, 인지가 포함된 능력을 평가하게 된다. ① 일반적 동작: 일상적인 활동을 할 때 기술이 필요한 동작 예 타이핑하기, 자전거 타기, 기계 조작하기, 신체를 다양하게 움직이기 등과 같은 동작 ② 언어 동작: 글을 읽고 쓰는 것과 관련 있는 동작 예 읽고 쓰는 것, 속기하기, 외국어 배워 말하기 등과 같은 동작 ③ 느낌 동작: 인지적으로 이해하여 감성으로 표현되는 동작 예 악기 연주하기, 그림 그리기, 무용하기 등과 같은 동작

IV 평가의 종류

MEMO

UNIT 13 표본기록법(표본식 기록법)

1 표본기록법의 개념 및 특징

개념	• 표본기록법은 관찰자가 관찰대상, 관찰장면, 관찰시간 등을 미리 정해놓고, 유아의 모든 말이나 행동을 일어난 순서대로 가장 자세하고 전체적으로 기록하는 관찰방법이다. – 즉, 관찰자는 어떤 특정 순간만을 선택하는 것이 아니라 제한된 시간 안에서 연속적인 행동을 '지속적'으로 관찰하는 것이며, 또한 어떤 특정한 관심 부분만을 선택하는 것이 아니라 그 상황에서 일어나는 '전체'를 기록하는 것이다. **사용 목적** ① 원자료 확보 – 어떤 행동에 대한 해석이나 평가보다, 있는 그대로의 원자료를 가능한 한 많이 수집하려는 목적으로 사용될 수 있다. 이렇게 수집된 원자료들은 후에 관찰자나 다른 교사 또는 연구자에 의해 재분석될 수 있다. ② 유아의 행동과 언어를 자세하고 객관적으로 기록함으로써 유아의 발달을 여러 측면에서 볼 수 있게 한다. – 교사가 어떤 유아가 가지고 있는 특정 문제 행동을 해결하고자 할 때 사용될 수 있다. – 학기 초 새로 맡은 유아에 대해 알고자 할 때 사용될 수 있다. • 관찰대상이 사용한 언어나 관찰장면의 상황을 보다 완전하고 정확하게 기록하기 위해, 관찰자는 오디오 녹음기나 디지털 카메라 등을 사용할 수 있다. – 아무리 훈련이 잘된 관찰자라 하더라도 관찰장면에서 일어나는 모든 것을 하나도 놓치지 않고 기록한다는 것은 불가능하기 때문이다. • 유아들을 직접 다루는 교사에게 표본기록법의 가치는 시간이 흐르면서 수집되는 정보의 양이 많아질수록 높아지는데, 이를 통해서 교사들은 수집된 정보들을 비교할 수 있고, 진행상황을 도표화하거나 변화 양상을 검토하고 평가할 수 있다. – 그러나 종합적이고 제한적이지 않은 특성 때문에 관찰방법 중 가장 어려운 것이기도 하다.

MEMO

2 표본식 기록을 위한 지침(유의사항)

관찰지침	• 관찰기록지에 관찰날짜, 시간, 유아의 이름, 성별, 생년월일, 관찰된 장소, 관찰장면, 관찰자의 이름 등을 미리 적어놓는다. – 관찰유아의 행동이 관찰된 장소 및 관찰장면을 반드시 적는다. • 관찰시간의 제한: 1회 관찰은 보통 10분 내외가 적당하고 30분을 초과하지 않도록 한다. • 기록지의 왼쪽 면에 시간의 경과를 기록한다. 이것은 활동의 선호도나 흐름을 이해하는 데 유용한 자료가 된다. 예 10분 동안의 기록이면 매 1분마다, 30분 동안의 기록이면 매 5분마다 시간 표시를 하거나, 또는 장면이 바뀔 때마다 시간 표시를 할 수 있다. • 보고 들은 모든 행동을 사건이 일어난 순서대로 자세히 전체적으로 기록한다. • 객관적인 사실만 기록하고 관찰자의 해석이나 주관적인 판단은 기록하지 않는다. – 만일 필요하다면 기록지의 오른쪽 면을 이용하여 관찰상황에 대한 보충 설명이나 관찰자의 해석을 별도로 적어서 관찰장면을 이해하는 데 도움이 되게 한다. • 사건이 일어나고 있는 현장에서 적는 것이므로 현재형으로 서술하고, 관찰대상이 한 말은 직접화법을 이용하여 인용부호(“ ”) 속에 넣어 기록한다. • 관찰대상의 말과 행동뿐만 아니라, 관찰대상과 상호작용을 하고 있는 사람들(예 다른 유아, 교사, 학부모 등)의 말과 행동도 기록한다. • 표본기록의 하단에 신체, 정서, 인지, 사회, 언어 발달영역별로 간략하게 요약한다.

3 장점과 단점

장점	• 관찰된 행동이나 사건이 어떠한 맥락에서 일어났는지 전후 관계를 파악할 수 있다. 이는 어떤 유아가 가지고 있는 문제 행동을 해결하는 데 도움이 된다. • 모든 장면을 아주 자세하게 기록해 놓음으로써 유아에 대한 많은 정보를 얻을 수 있고, 이는 학기 초 교사가 유아를 이해하는 데 도움이 될 수 있다. 유아에 대해 얻은 정보는 교육과정을 계획하거나 개별적인 교육적 개입을 할 때 기초자료가 된다. • 생활 속에서 일어나는 생생한 정보를 수집함으로써 체계적 실험연구를 위한 기초가 된다. • 다른 특별한 도구가 필요 없고 최소한의 필기도구와 관찰기록지만 있으면 된다.
단점	• 다른 서술식 관찰법에 비해 기록하고 평가하는 데 시간이 많이 걸린다. • 수집된 자료를 분류하고 분석하는 일이 쉽지 않다. 너무 많은 자료를 수집했을 때 교사가 일일이 그 많은 내용을 읽고 분석하려면 시간과 노력이 많이 따르게 된다. • 주관적인 해석이나 추론으로 흐를 수 있다. • 한 번에 한 명 정도로 적은 수의 유아밖에는 관찰하지 못한다. – 교사나 관찰자가 관찰대상 유아를 주시하고 기록해야 하기 때문에 한 번에 여러 명을 관찰하면 유아의 중요한 행동이나 말을 놓칠 수 있다.

MEMO

SESSION #8

④ 관찰양식: 표본식 기록법

관찰대상: 생년월일: ___ 년 ___ 월 ___ 일 (남·여)
관 찰 자: 관 찰 일: ___ 년 ___ 월 ___ 일
관찰장면: 관찰시간:

시간	기록	주석
09:40 09:41 09:42		
요약		
추론		
교수계획		

- 발달적 요약: 인지, 사회, 정서, 신체
- 누리과정 영역별 요약: 신체운동·건강, 의사소통, 사회관계, 예술경험, 자연탐구

UNIT 14 일화기록법

#KEYWORD 일화기록법(활용방안, 유의사항, 지침, 작성방법)

① 일화기록법의 개념 및 특징

개념	• 일화기록법은 한 가지 행동이나 상황에 초점을 맞추어 관찰하여 간결한 형태로 기록하는 관찰방법으로, 특별한 준비나 시간제한 없이 관찰자에게 중요하거나 흥미롭거나 의미 있다고 생각되는 것이면 어느 것이나 그때그때 기록하면 된다. • 자연적인 상황(일상생활)에서 일어나는 한 가지 짧은 행동이나 사건, 태도, 성취 등을 관찰하여 마치 사진을 보는 것처럼 간결하지만 사실적이고 구체적으로 기록한다.
특징	• 한 가지 행동이나 상황에 초점을 맞추어 관찰하고 기록하기 때문에 관찰대상의 특성에 대한 정보를 수집하는 데 효율적이다. • 일상생활에서 일어나는 짧은 내용의 사건이나 우발적 행동에 대한 사실적인 기록이다. • 기대되는 행동에 대한 관찰보다는 예기치 않은 행동이나 사건을 기록할 때 사용할 수 있다. 그러므로 사전에 관찰행동에 대한 조작적 정의가 반드시 필요한 것은 아니다. • 단순히 한 장면, 한 사건에 대한 일화를 기록하는 것이지만, 일화기록을 누적해 모은다면 사례연구의 한 자료로 사용할 수도 있다.

MEMO

목적	• 유아의 행동적 특성을 이해하는 것이다. – 교실 내에서 발생하는 바람직하지 않은 행동이나 사건뿐만 아니라 바람직한 행동의 발달적 특성도 이해하기 위해 사용한다.
활용방안	• 지속적이고 체계적으로 일화를 기록하여 유아의 성장 발달을 판단하는 자료로 활용한다. • 생활기록부 작성 시 활용한다. • 부모 면담 자료로 활용한다. • 교사 자신의 교육과정 운영을 점검하는 자료로 활용한다.

2 일화기록법을 위한 지침

일화기록을 위한 지침 (유의사항)	• 관찰대상의 주 행동 한 가지에만 초점을 맞춘다. 즉, 한 가지 행동, 사건 등의 일화를 객관적이고 사실적으로 기록한다. • 관찰날짜, 관찰시간, 관찰장면, 진행 중인 활동 등 상황적인 자료뿐만 아니라, 관찰유아의 이름, 생년월일, 성별 및 관찰자의 이름 등과 같은 기본적인 자료도 기록에 포함되어야 한다. • 관찰상황의 배경 정보 및 어떤 상황에서 어떤 유아와 어떤 일로 인해 사건이나 행동이 나타나는지를 상세히 기록한다. • 기록은 가능하면 나타나는 행동이나 사건에 대해서만 기록하되 주관적인 용어를 사용하지 않는다. – 주관적인 용어는 자연적인 상황에서 나타나는 행동에 대한 기록이 아니라 관찰자의 생각이나 판단, 편견에 의한 것이므로 나타난 사건이나 행동에 대해서만 있는 그대로 기록해야 한다. • 기록은 객관적이고 사실적으로 이루어져야 하며, 관찰자의 추론과 해석은 배제되어야 한다. • 행동이나 사건의 일화가 나타나는 시간 순서대로 기록한다. – 일화가 발생한 직후에 바로 기록하되, 한 번에 한 가지 일화를 기록하고 시간의 흐름에 따라 일화가 전개되는 순서로 기록하는 것이 좋다. • 행동이나 사건이 발생하자마자 즉시 기록한다. 시간이 흐른 뒤 기록하면 관찰자의 기억이 변할 수 있으므로 관찰직후나 가능하면 빨리 기록한다. – 가능하면 관찰과 동시에 기록하되, 동시에 기록하는 것이 어려울 경우에는 사건이나 행동 및 그 상황을 설명하는 핵심 단어나 문장을 메모하고, 관찰을 마친 후 빠른 시간 내에 기록을 전사하여 보충한다. – 주요 단어들을 간단하게 육하원칙에 따라 언제, 어디서, 누가, 어떤 일을, 왜, 어떻게 했는지 메모해 두고(예 은혜, 역할놀이 영역, 시장놀이, 현빈이와 상호작용, 만족), 일과 후 자세하게 기록하는 것도 한 가지 방법이 될 수 있다(예 며칠 전 새로 온 은혜가 오늘 역할놀이 영역에서 현빈이와 함께 즐거운 표정으로 시장놀이를 한다). • 교사는 언제라도 기록을 할 수 있도록 주머니 속에 필기구와 작은 수첩을 들고 다니거나, 미니녹음기를 활용하거나, 또는 교실 내 적당한 위치에 기록도구를 준비하여야 한다. • 언어적 상호작용은 가능하면 그대로 기록하고, 인용부호(" ")를 사용하여 직접화법으로 기재한다.

MEMO

	• 실제 관찰한 사건이나 행동을 기록한 일화와 이에 대한 관찰자의 해석을 구분하여 기록한다. – 일화기록은 자연적인 상황에서 일어난 행동이나 사건에 대한 기록이지만, 해석은 관찰의 맥락, 이전 상황과의 관련성 등을 바탕으로 이루어지는 것이므로, 일어난 사건 및 행동과 따로 구분하여 기록하는 것이 좋다. 이러한 관찰자의 생각을 따로 모아 기록하는 것은 관찰자의 연구저널이 될 수 있다. • 관찰대상 유아의 말과 행동은 구분해서 기록한다. • 관찰대상의 말과 행동뿐만 아니라, 관찰대상과 상호작용을 하고 있는 다른 유아나 교사의 반응도 있는 그대로 기재함으로써 상황에 대한 정보를 기록해야 한다. • 목소리, 몸짓, 얼굴 표정 등 감정의 표현도 기록하여 사건에 대한 완전한 서술이 되도록 한다. • 각각의 일화를 독립적으로 기록해야 하며, 서로 다른 일화를 총괄적으로 기록하지 않는다. • 발달 영역 또는 교육과정 영역의 중요 포인트를 적어 놓는다. • 관련 사건이나 행동에 대한 일화를 여러 번 관찰하여 기록하는 것이 필요하다. – 한 두 번의 기록으로는 행동 및 사건에 대한 정확한 정보를 얻기 어려우므로 유사한 사건, 관련사건 등을 부가적으로 여러 번 더 관찰한 후 행동이나 사건에 대해 해석한다. • 각 유아의 발달상의 다양한 일화를 모으기 위해 정기적으로 포트폴리오를 체크한다.

③ 일화기록법의 장점과 단점

장점	• 특정한 시간이나 사건에 제한 없이 언제, 어디서나 기록할 수 있다. – 특별한 준비나 계획 없이 관찰자가 중요하다고 생각되는 사건일 경우 무엇이든 기록하면 되므로 교사의 입장에서 가장 손쉽게 접근할 수 있는 관찰방법이다. • 자연스러운 상황에서 관찰된 사건에 대한 사실적·객관적 기록이다. • 행동이 일어나는 상황이나 배경을 고려하여 유아의 행동을 이해할 수 있다. – 일화기록은 행동의 원인이나 맥락을 제공하므로 유아의 행동을 판단하고 이해하는 데 도움이 된다. • 여러 번에 걸쳐서 모아진 기록들은 다른 기록들과 비교할 수 있으며, 교사가 유아의 독특한 발달 패턴, 변화, 흥미, 능력, 필요 등을 정확하게 이해하는 데 도움을 줄 수 있다. • 유아를 위한 연구에 효율적으로 사용할 수 있다. 유아는 어른에 비해 인지나 언어에 아직 제한이 있으므로 관찰연구가 더 적합한 경우가 많기 때문이다.
단점	• 표본기록법에 비하여 상황묘사가 적고, 표본기록법보다 시간이 덜 걸리지만 일화기록법 역시 기록하는 데 많은 시간이 소요되어 관찰자가 부담을 가질 수 있다. • 대상 유아에게서 기대되는 특정 행동의 관찰에는 효과적이지 않다. • 유아들의 행동 중 일부만을 기록하기 때문에 해석할 때 오류를 범할 수 있다. 바람직하지 못한 행동이나 관찰자의 눈에 띄는 행동일 경우에 그 행동이 관찰대상 유아의 모든 것을 대표하는 것처럼 판단하는 일반화의 오류를 범할 수 있다. • 시간이 지난 후 기록하는 경우, 관찰자의 편견이 들어가거나 그때의 상황을 잊어버리는 경우가 생긴다.

MEMO

- 주변 상황을 충분히 기록하지 않기 때문에 시간간격과 행동단위가 작은 경우에는 연속성과 자연성, 충분한 상황적 설명이 모두 결여되어 자료의 가치가 제한을 받을 수 있다.
- 정확하고 객관적인 관찰기록이 아닐 경우, 오히려 유아에 대한 잘못된 인상을 심어줄 수 있다.
- 단편적인 사건의 기록이므로 한 두 개의 일화기록만으로는 큰 의미를 부여하기 어렵다.
  - 일반화된 해석을 하려면 어느 정도 누적된 기록이 있어야 하며, 좀 더 구조화된 관찰 방법과 병행하여 실시하는 것이 바람직하다.
- 관찰자 자신의 주관적인 판단이나 감정을 완전히 배제하기 어렵기 때문에 객관적 기술에 한계가 있다. 따라서 관찰자는 발생하는 행동을 있는 그대로 기술할 수 있는 객관성을 유지하는 것이 필요하다.
- 일화기록을 활용하여 수집된 자료는 수량화 혹은 양적인 분석이 어렵다.
- 특정 행동이 발생했을 경우 기록하기 때문에 특정 행동과 관련이 있는 전체적인 맥락을 이해하기 위한 기록이 부족할 수 있다.
  - 예 교실에서 공격적 행동을 나타내는 유아의 경우, 공격적 행동은 바람직하지 않은 행동으로 인식되어 관찰대상 유아의 다른 긍정적인 발달적 특성이 관심을 받지 못하고 공격성만 관찰대상 행동으로 선정되어 일화기록이 이루어질 우려가 있다.

4 일화기록법 관찰양식

관찰양식: 일화기록법

관찰대상:　　　　　　　　　생년월일: ___ 년 ___ 월 ___ 일 (남 · 여)
관 찰 자:　　　　　　　　　관 찰 일: ___ 년 ___ 월 ___ 일
관찰장면:　　　　　　　　　관찰시간:

기록	
발달영역 (교육과정 영역)	

- 요약:
- 교수전략:

MEMO

UNIT 15 사회성 측정법

#KEYWORD 사회성 측정법의 목적, 인기아, 고립아, 또래 지명법, 소시오그램

1 사회성 측정법의 개념

개념	**사회성 측정법의 배경** 사회성 측정법은 모레노(J. L. Moreno)에 의해 개발되었는데, 그는 1932년 뉴욕시 브룩클린에 있는 공립학교의 유치원부터 8학년까지의 학생들을 대상으로 옆에 앉기를 원하는 학생을 선택하는 조사를 실시하였다. 그 결과 어떤 학생은 많은 학생들에게 선택되었지만 어떤 학생은 전혀 선택되지 않았고, 나머지 대부분의 학생들은 중간 정도의 선택을 받았다. 그래서 이와 같은 친구 선택의 관계를 좀 더 자세히 분석해 보았더니 겉으로는 나타나지 않았던 학급 내의 사회적 구조가 분명히 드러났다. 모레노는 이와 같은 조사를 통하여 집단 내에서 한 구성원의 인간관계나 위치, 나아가 집단 자체의 구조 및 발전상태를 평가할 수 있다고 말하면서 이와 같은 조사 방법을 사회성 측정 검사를 이용한 사회성 측정법이라고 불렀다. • 사회성 측정법(sociometry)은 한 집단 구성원들의 역학관계를 알아보기 위해 사용되는 것으로, 어떤 집단 구성원들의 상호작용 양상이나 응집력, 수용이나 거부의 정도, 사회적 관계의 정도 등을 평가하는 데 이용된다. • 사회성 측정법은 한 집단 내의 역학관계, 즉 어떤 집단구성원들의 상호작용 양상이나 집단의 응집력을 알아보고자 할 때 사용하는 방법으로, 한 유아가 그의 친구들에게 어떻게 지각되고 받아들여지고 있는가를 평가하는 데 이용된다. 이때 사용되는 측정도구를 '사회성 측정검사'라고 한다. – 한 집단 속에 있는 유아들 간의 상호 선택, 배척 등을 통해 구성원들의 사회적 위치, 유아 개인의 사회적 수용도나 인기도를 파악할 수 있다. – 한 집단 내의 구성원들의 상호작용 양상이나 집단의 응집력을 알아보고자 할 때 사용하는 방법이다.

2 사회성 측정법의 목적 · 활용

목적 및 활용	• **개별 유아의 사회적 적응의 개선** 각 유아가 소속된 집단의 구성원으로부터 수용 혹은 거부되는가의 자료를 통해 도움을 필요로 하는 유아를 찾아내고 그 원인을 진단하는 데 이용된다. – 개별 유아의 사회적 적응이나 부적응의 진단을 통해 도움을 필요로 하는 유아를 찾아내고, 그 원인을 확인하여 치료 효과를 증진시키며, 이로 인한 유아의 인간관계 개선에 도움을 주고자 할 때 사용할 수 있다. • **개인의 사회적 태도나 소수집단에 대한 편견을 발견하기 위함** – 유아의 '왕따' 현상과 같은 개인의 사회적 태도나 소수 집단에 대한 편견을 발견하고 연구하고자 할 때 활용할 수 있다.

MEMO

	• **집단의 사회적 구조의 개선** 한 집단의 응집력과 집단 내 개인들 간의 수평적·수직적 인간관계를 분석하고자 할 때 이용된다. – 사회성 측정법을 통해 유아교육 현장에서 유아의 교우관계를 조사하여 집단 내의 유아 간 상호작용을 이해할 수 있다. – 이러한 유아들 간의 상호작용 분석을 통해 집단의 응집력과 효율성을 높일 수 있도록 도움을 줄 수 있다. • **유아집단의 조직 및 집단구조 재구성** 새로운 집단을 조직하거나 기존의 집단구조를 재구성하고자 할 때 필요한 정보를 얻을 수 있다. – 교육활동 및 놀이활동 등 학습의 여러 가지 목적을 달성하기 위하여 유아집단을 새로 조직하거나 재구성할 때, 사회성 측정법을 통해 파악한 정보를 바탕으로 조직할 수 있다.

③ 사회성 측정법의 종류

또래지명법 (동료지명법)	• 또래지명법은 가장 기본이 되는 사회성 측정법으로 유아의 사회성 측정에 관한 대부분의 연구에서 사용되고 있다. – 주어진 기준(어떤 상황이나 조건을 제시하고 그 상황이나 조건에 맞는 친구)에 의하여 각 유아가 몇 명의 친구를 선택하게 하는 방법으로, 선택허용 수가 무제한일 때 각 유아에 대한 선택의 수가 많고 적음을 통해 그 유아가 대인관계에서 얼마만큼 자기 확장적인지 혹은 자기폐쇄적인지를 판단할 수 있다. • 여기서 다른 유아들로부터 받은 선택 수가 한 유아의 사회성 측정지위 또는 사회적 수용도가 된다. **유의점** 선택의 준거가 되는 상황 또는 조건을 분명히 해야 하고, 선택할 수 있는 인원과 순위를 밝히도록 하는 것이 바람직하다. 예 ① 거름이반 친구들 중에서 생일잔치에 초대하고 싶은 친구 (　) ② 같이 앉고 싶은 친구 (　) ③ 도시락을 같이 먹고 싶은 친구 (　)
또래평정법 (동료평정법)	• 각 유아에게 학급 구성원 전체의 이름이 적혀있는 목록을 나누어 준 후, 한 사람도 빠뜨리지 않고 모두를 평정하게 하는(구성원 모두를 선호의 정도에 따라 평정하도록 하는) 방법이다. – 또래평정법은 전체 학급 유아 중 갑자기 한 친구의 이름이 떠오르지 않거나 또는 선택하려고 하는 친구의 이름을 쓸 줄 모르기 때문에 대상을 선택하지 못할 수도 있는 가능성을 줄일 수 있다. • 모든 유아가 학급 유아 전체에 의해 평정되므로 점수를 합산하면 각 유아가 같은 학급 친구들에 의해 수용되고 있는 정도를 알 수 있다.

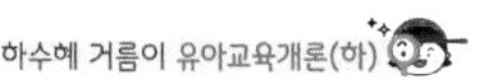

MEMO

추인법	어떤 특성에 관련된 진술문을 주고 그 진술문의 설명에 가장 잘 부합한다고 생각되는 친구를 선택하게 하는 방법이다. **장점** 비교적 짧은 시간에 실시할 수 있으며, 기록된 이름의 빈도만을 계산하면 되기 때문에 편리하다. **단점** 집단 내에서 소외되어 있는 구성원에 대한 정보를 얻기 어렵다. 예 거름이반 학생들 중에서 다음 진술문에 가장 잘 해당된다고 생각하는 사람의 이름을 쓰시오. 단, 하나의 진술문에 여러 사람의 이름을 적어도 되며, 같은 사람의 이름을 여러 번 적어도 됩니다. ① 선생님의 말씀을 열심히 듣는 학생 (　) ② 이야기를 재미있게 하는 친구 (　)
쌍별비교법	• 쌍별비교법은 유아교육기관에서 한 학급에 놀고 있는 유아의 실물사진을 한 명의 유아에게 보여주면서 동시에 웃는 얼굴, 찡그린 얼굴, 중립적인 얼굴의 세 종류(3점 척도에 해당)의 그림사진을 보여주고, 친구의 실물사진에서 연상되는 감정 및 태도와 가장 유사한 그림사진을 서로 짝짓게 하여 측정하는 방법이다. – 나이가 어린 유아들은 측정문항에 대한 이해력이 부족하여 스스로 반응을 잘 못하기 때문에 쌍별비교법은 어린 유아들을 대상으로 그들의 또래관계를 측정하고자 할 때 유용하다.

4 사회성 측정의 결과 분석 방법

(1) 소시오그램(교우도 / 사회도 / 사회관계도)

개념	• 각 유아들의 선택과 배치관계를 중심으로 사회도를 그려보는 방법으로, 사회도란 집단구성원들 간의 선택과 배척관계를 그림으로 일목요연하게 나타낸 것이다. 이 그림을 보면 인기 있는 아이, 고립된 아이, 배척받는 아이, 무시되는 아이, 단짝 등 교우관계에 대한 정보를 파악할 수 있도록 해준다. – 한 집단의 사회적 관계를 그림으로 표시하는 것으로서 교우도 또는 교우관계도라고 한다. – 이 방법은 그림을 통해 보다 신속하게 집단의 구조나 인간관계를 이해할 수 있게 한다. – 특정 개인의 사회적 지위 역시 전체적 맥락 속에서 해석할 수 있게 한다. – 하나의 도형 안에 한 집단 아동들의 상호 선택 또는 배척을 그려 넣을 수 있고, 특이할 만한 아동들 간의 관계도를 별도로 떼어내 그림으로 그려낼 수도 있다.

MEMO

<table>
<tr><td></td><td colspan="2">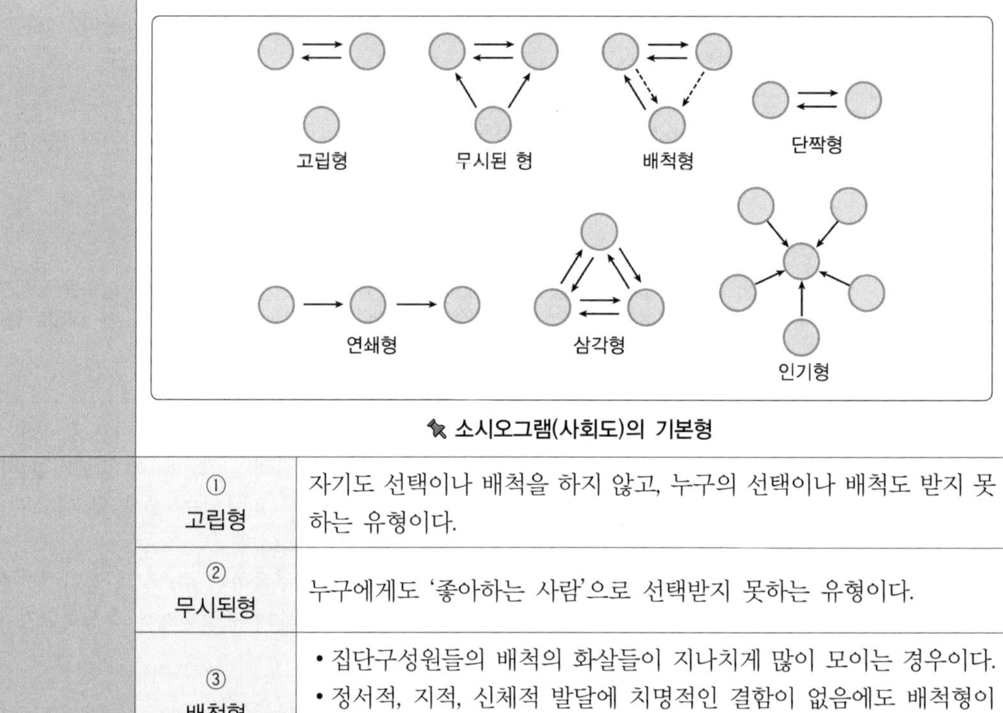소시오그램(사회도)의 기본형</td></tr>
<tr><td rowspan="7">사회관계 유형
(사회적 지위 유형)</td><td>①
고립형</td><td>자기도 선택이나 배척을 하지 않고, 누구의 선택이나 배척도 받지 못하는 유형이다.</td></tr>
<tr><td>②
무시된형</td><td>누구에게도 '좋아하는 사람'으로 선택받지 못하는 유형이다.</td></tr>
<tr><td>③
배척형</td><td>• 집단구성원들의 배척의 화살들이 지나치게 많이 모이는 경우이다.
• 정서적, 지적, 신체적 발달에 치명적인 결함이 없음에도 배척형이 나타날 경우 철저하게 원인 규명이 되어야 한다.</td></tr>
<tr><td>④
단짝형</td><td>• 두 사람이 상호 선택하고 있는 경우이다.
• 개방적인 단짝형은 집단의 응집성 및 생산성을 높여준다.
• 단짝형이 극단적인 형태로 발전하게 될 경우 폐쇄적인 교우관계가 되어 사회집단의 분열 원인이 될 수도 있다.</td></tr>
<tr><td>⑤
연쇄형</td><td>• 선택의 화살이 한쪽으로만 움직이는 경우이다.
• 연쇄형이 많은 집단은 응집력이 약하다.</td></tr>
<tr><td>⑥
삼각형</td><td>• 세 사람의 선택이 연쇄형으로 되어 있는 경우 또는 상호선택이 되어 있는 경우이다.
• 연쇄형으로 나타나는 삼각형은 선택이 무제한으로 허용되었을 때 나타날 수 있는 유형이며, 상호선택으로 나타날 수 있는 유형은 파벌이 조성되어 있는 폐쇄적이고 배타적인 사회성 유형이라고 볼 수 있다.</td></tr>
<tr><td>⑦
인기형</td><td>• 한 사람이 집단구성원의 상당수에게서 선택받는 경우이다.
• 인기형의 경우 공식적 · 비공식적인 리더일 확률이 높다.
• 한 집단 속에서 한 사람에게 선택이 지나치게 모이는 과잉선택은 문제가 될 수 있다.</td></tr>
</table>

MEMO

(2) 소시오 메트릭스(사회성 측정 행렬표)

개념

- 사회성 측정 행렬표는 대상의 선택과 피선택 반응을 이용한 이원표를 뜻한다.
- 각 질문마다 선택된 학생의 횟수 및 순위를 표시하여 사회성을 분석하는 방법이다.

소시오 메트릭스(사회성 측정 행렬표)

(N = 7)

선택자 \ 피선택자	은새	민성	대호	하은	선정	건희	희서	선택 수
은새		0	1	0	0	1	0	2
민성	0		1	0	0	1	0	2
대호	0	1		0	0	1	0	2
하은	1	0	0		1	0	0	2
선정	0	0	0	1		1	0	2
건희	0	1	1	0	0		0	2
희서	0	0	0	0	1	1		2
피선택 수	1	2	3	1	2	5	0	

- 위 자료는 7명으로 구성된 새싹반에서 각각 좋아하는 유아를 두 명씩 선택했을 때의 결과를 제시한 것이다.
  - 위 표에서 세로줄은 선택한 유아, 가로줄은 선택받은 유아를 나타내고 있고, 각 칸에서 1은 선택한 경우, 0은 선택하지 않은 경우를 나타낸다. 행렬표의 자료는 가로줄과 세로줄의 합계에 의한 해석 및 개인 간 선택과 피선택에 관한 해석으로 나누어 볼 수 있다.
  - 가로줄의 선택자별 합계는 선택 수로서 이 표의 경우에는 두 명씩만 선택하도록 하였으므로 유아별 차이가 없다. 또 세로줄의 선택자별 합계는 피선택 수로서 집단에서의 사회적 지위, 즉 수용도 또는 인기도를 나타낸다.
  - 건희의 피선택 수는 5로서 가장 높은 인기도를 나타내며, 희서는 0으로 다른 유아로부터 수용도가 낮음을 나타낸다. 피선택 수가 적을수록 집단에서 고립되거나 경시되는 유아라고 볼 수 있다.

5 사회성 측정법의 장단점 및 유의사항

장점

- 유아들 사이의 집단 역동이나 집단 내 비형식적 소집단의 구조파악이 쉽다.
  - 또래 집단 내 유아의 사회적 위치를 발견하는 데 의의가 있다.
- 유아의 시각에서 유아를 평가할 수 있다.
- 단순하고 실시하기가 용이하므로 현장의 교사들에게 유용하다.
- 자료수집 방법이 단순하고 경제적이다.
- 교사가 사용함에 있어 융통성이 상대적으로 크다.
  - 연구의 대상과 실시목적에 따라 지시나 문항을 다양하게 작성할 수 있어 방법상 융통성이 크다.
- 교육 상황에 효과적으로 적용할 수 있다.

MEMO

단점	• 사회성 측정이 이루어지는 상황과 시기, 분위기에 따라 유아의 반응이 달라지므로 자료의 신뢰도, 타당도에 문제가 있을 수 있다. • 좋아하는지 또는 싫어하는지에 대한 정보만 있으며, 왜 좋고 싫은지에 대한 이유는 알 수 없다. • 통계적 분석에서 많은 제한점이 있다. • 사회성 측정결과와 관찰결과가 일치하지 않는 경우도 있다.

6 사회성 측정검사도구 제작 시 유의사항

사회성 측정검사도구 제작 시 유의사항	• 유아들이 선택하는 목적과 이유를 분명히 이해할 수 있도록 문항의 내용을 쉽고 흥미롭게 작성한다. • 집단의 활동에 한정적인 관계가 있는 현실적이고 의미 있는 상황을 만들어 선택할 수 있도록 한다. 예 "책상에 앉을 때 짝이 되고 싶은 친구는?", "너의 생일파티에 초대하고 싶은 친구는?" • 각 유아가 선택할 수 있는 숫자를 명확하게 명시한다. 그리고 선택할 수 있는 친구가 두 명 이상인 경우에는 순서를 표시해야 되는지 아니면 특별한 순서 없이 나열해도 되는지를 명시해야 한다. • '싫어하는 사람', '나쁜 사람' 등 부정적인 기준의 사용은 교육적인 면에서 좋지 않으므로 될 수 있는 한 삼가는 것이 바람직하다.

7 사회성 측정검사 실시 시 유의사항

사회성 측정검사 실시 시 유의사항	• 집단 전체를 조사대상으로 한다. • 대상 유아들이 검사에 응답할 때 다른 유아의 간섭 없이 독자적으로 반응할 수 있는 검사환경을 만들어 주어야 한다. 특히 학급 조직에의 부정적 영향을 막기 위해 검사 결과가 다른 유아에게 알려지지 않도록 한다. • 나이 어린 유아들을 대상으로 검사할 경우 질문지를 읽고 판단하는 능력이 부족하므로, 개별적인 면담을 통해 반응을 얻는 것이 좋다. • 유아가 학급 전체 유아를 파악하고 반응할 수 있도록 학급 유아가 함께 찍은 사진을 제시하는 것이 좋다. • 유아의 사회적 관계는 그날 유아의 기분이나 상태에 따라 달라질 수 있으므로 유아의 상호작용에 대한 관찰을 함께 실시하여 사회적 관계를 파악하도록 한다.

MEMO

UNIT 16 행동목록법(체크리스트)

#KEYWORD 행동목록법의 특징, 유의사항

1 행동목록법의 개념 및 특징

개념	• 행동목록법 혹은 체크리스트란, 관찰하고자 하는 특정 행동의 목록을 선정해 두고, 이 행동의 출현유무를 관찰하여 기록하는 방법이다. – 즉, 관찰자가 단순히 어떤 행동이나 발달 특성이 나타나는지 알아보고 싶을 때 쓰이는 관찰방법으로, 행동의 출현빈도나 질적 특성에 관한 자료수집이 주요 관심이 아닐 때 사용된다. • 행동목록을 사용하는 목적: 어느 한 시점에서 특정 행동의 출현유무를 관찰함으로써 관찰대상의 현재 상태를 파악하고자 할 때 사용된다. 그러나 시간에 따른 발달의 변화를 알고자 할 때에도 사용될 수 있다. – 유아, 교육환경, 프로그램 등 관찰대상의 현재 상태가 어떠한지를 파악하기 위해서도 사용될 수 있다. – 체크리스트법으로 관찰기록한 것을 계속 모으면 시간 흐름에 따른 발달 변화를 파악할 수 있다. 학기 초와 학기 중간, 학기 말의 생활습관 변화나 유아의 자유놀이 선택이 시간의 흐름에 따라 어떻게 변했는지에 대해 이해할 수 있다.
특징	• 행동목록은 일반적으로 주어진 상황에서 특정한 기술이나 행동의 출현 여부에 초점을 맞추어 목록이 작성된다. 여기서 '주어진 상황'과 '특정한 기술이나 행동'은 중요한 의미가 있다. – '주어진 상황'은 목록에 있는 행동이 특정 상황이나 장면에서 일어날 것 같다는 것을 의미하므로, 주어진 상황을 분명히 하면 효율성을 높일 수 있다. – '특정한 기술이나 행동'은 관찰이 이루어지기 전에 미리 보고자 하는 행동목록이 작성된다는 것이다. • 유아에게 어떤 특정한 특성, 기술이 있는지 또는 유아가 특정 행동을 하는지 여부를 관찰한다. • 교사가 관심 있는 행동의 대표적 목록을 작성한 후 행동의 출현 여부를 관찰하여 '예/아니오', '그렇다/그렇지 않다'로 표기한다. – 관찰자의 주관적 평가를 가능한 한 배제하기 위해 사전에 유아발달이나 행동특성의 목록을 미리 작성하기 때문에 체크리스트라고도 한다. • 관찰하고자 하는 특정 행동의 현재 상태를 파악하고자 하거나, 시간의 흐름에 따른 발달의 변화를 알아보고자 할 때 많이 사용한다. • 동일한 관찰내용을 동일한 체크리스트를 사용하여 적절한 시간 간격을 두고 2회나 3회 실시하며, 그 결과를 비교함으로써 유아에게 나타나는 변화를 분석해 볼 수 있다.

SESSION #8

MEMO

② 행동목록법의 지침

지침	• 관찰목적과 이에 따른 관찰행동을 정한다. – 체크리스트법을 통해 행동의 발생 유무를 알거나 혹은 누적하여 관찰하면 행동의 변화를 알 수 있는 것이 관찰목적으로 작용할 수 있다. • 관찰자의 주관적인 평가를 가능한 한 배제하기 위해서 관찰하려는 행동 단위를 미리 자세하게 분류하고 이것을 기초로 한 행동이 나타났을 때 표시한다. • 관찰은 행동목록에 있는 항목에 대해서만 이루어져야 한다. • 한 번에 단 한명의 유아를 대상으로 관찰이 이루어져야 하며, 각 유아에게 독립된 행동목록이 사용되어야 한다. • 특정한 특성이나 대상, 조건, 사건 또는 행동이 존재하는지 아닌지를 기록하는 형태이기 때문에 행동이나 사건이 발생하는 빈도가 중요한 평가일 경우 적합하지 않다. • 행동목록을 이용하여 얻어지는 자료의 질은 각 항목의 명료성 혹은 관찰자가 얼마나 정확하게 각 항목을 평가하느냐에 달려 있으므로, 행동목록의 지침은 모호하지 않고 정확·명료하게 기록되어 있어야 한다. 이를 통해 관찰자는 각 항목을 잘 이해할 수 있게 된다.
행동목록 작성 시 유의사항	• 관찰기록지에 관찰자명, 관찰대상의 이름, 연령, 성별 및 관찰일 등 관찰과 관련된 기록란이 반드시 필요하다. • 행동목록에 포함될 문항은 직접 관찰가능하고, 구체적 행동들로 기술한 것이어야 한다. – 관찰할 행동목록이 실제로 관찰가능한 것인지를 예비 관찰을 실시하여 점검한다. 예 청결한 생활하기 ➡ 식사 전에 손씻기 • 관찰행동의 목록을 구성하는 것은 관찰의 내용과 범위를 결정하는 데 도움을 주며, 관찰행동에 대한 조작적 정의를 통해 구성할 수 있다. – 관찰할 행동에 대한 관찰목록을 조작적 정의를 바탕으로 선별한다. • 관찰의 목적이나 내용에 따라 기록은 한꺼번에 이루어지거나, 여러 번에 걸쳐서 이루어질 수도 있다. 따라서 기록양식에는 출현유무의 표기와 함께 행동이 관찰된 날짜를 기록할 수 있도록 하는 것이 좋다. • 관찰양식은 행동목록의 작성 목적에 따라 구성되어 있어야 한다. • 목록은 가능한 한 포괄적이고 관찰하려는 영역이나 행동을 대표하는 목록으로 구성하고, 문항 간 서로 중복되지 않아야 한다. – 즉, 문항은 관찰대상 행동을 모두 포괄하되 문항 간에 상호 배타적이어야 한다. 예 식사 후 양치질하기와 음식물을 먹은 후 양치질하기라는 항목이 있다면, 식사 후 양치질하기는 음식물을 먹은 후 양치질하기에 포함되는 것으로 중복되는 문항이 될 수 있다. • 한 가지 행동만을 나타내는 간결한 표현을 사용한다. • 목록을 배열함에 있어서 순서나 위치를 가능한 한 논리적으로 조직하여 관찰자가 행동관찰결과를 보다 쉽게 기록할 수 있도록 한다.

MEMO

③ 행동목록법의 장점과 단점

장점	• 관찰자가 특별한 훈련을 받지 않아도 할 수 있으며, 관찰대상의 행동을 단순한 방법으로 기록할 수 있어서 신속하게 이루어지므로 능률적이다(빠르고 효율적으로 기록할 수 있다). • 수집된 자료는 수량화하여 통계적으로 분석될 수 있다. • 같은 행동목록을 주기적으로 반복 사용하면, 개별 유아의 단계적인 발달상을 기록하고 관찰하는 데 도움이 된다. 즉, 유아 개인의 단계적인 발달상을 기록하면 발달의 변화를 관찰할 수 있다. – 같은 행동목록으로 적절한 시간 간격을 두고 2회나 3회 반복적으로 실시한 후, 나타나는 변화를 분석하면 행동 발달 변화를 평가할 수 있다.
단점	• 행동의 출현 유무만을 알 수 있으며, 행동의 출현 빈도나 지속성, 기타 행동의 질적 수준에 대한 다양한 정보를 제공하지 못한다. • 행동 단위를 의미 있게 조직적으로 분류하는 것이 어려우므로 행동목록을 작성하는 데 시간과 노력이 많이 든다. – 즉, 행동목록을 포괄적이면서 문항 간 서로 중복되지 않게 조직적으로 구성하기 위해서는 시간과 노력이 많이 요구된다.

④ 행동목록법의 관찰양식

관찰양식: 행동목록법

관찰아동: ○○○ 생년월일: ___ 년 ___ 월 ___ 일 (남 · 여)

관 찰 자: ◇◇◇

관찰일시	1회	2회	3회		
영역	내용		1회	2회	3회
기본생활습관	1. 친구와 교사를 만나면 인사를 한다.				
	2. 자신의 옷과 신발을 스스로 정리 · 정돈한다.				
	3. 간식 / 식사 전에 손을 씻는다.				
	4. 복도에서 천천히 걷는다.				
	5. 선생님에게 존댓말을 쓴다.				
	6. 음식을 골고루 먹는다.				
	7. 화장실 사용 후 뒤처리를 혼자서 한다.				
	8. 공동의 물건을 소중히 다루고 아껴 쓴다.				
	9. 고마워, 괜찮아, 미안해 등의 말을 적절하게 사용한다.				
	10. 혼자서 옷을 입는다.				

MEMO

UNIT 17 평정척도법

#KEYWORD 평정척도의 오류

1 평정척도법의 개념 및 특징

개념	• 평정척도법은 사전에 준비된 범주에 따라 특정 행동을 관찰하고, 이 행동의 특성, 특질, 혹은 성격을 몇 개의 등급으로 구분하여 기록하는 방법이다. – 즉, 평정척도법은 특정 행동의 출현유무를 기록하는 데 그치지 않고, 행동의 질적인 특성을 알아보기 위해 연속성이 있는 단계를 수량화된 점수나 가치가 부여된 기록지에 평정하는 방법으로, 행동목록법의 한계점을 보완한 것이라고 할 수 있다. • 평정척도법에서의 기록은 흔히 관찰과 동시에 이루어지지 않으며, 관찰을 충분히 한 후에 관찰결과에 대한 종합적인 판단을 요구한다(관찰을 충분히 한 다음에 그 결과를 요약하는 수단이다). – 따라서 이러한 판단을 내리는 과정에서 관찰자의 개인적인 편견이나 오류가 포함되지 않도록 유의해야 한다.
특징	• 행동목록법에 질적 수준에 대한 정보를 첨가한 형태이다. – 행동의 출현유무와 행동출현 빈도, 행동의 질적인 수준을 몇 가지 등급으로 구분해서 기록할 수 있다. • 관찰에 필요한 적당한 장면을 선정하고 기록하는 데 있어 훈련하지 않고 사용하면 신뢰도에 문제가 나타날 수 있으므로 훈련된 관찰자가 사용해야 한다.

2 평정척도법의 관찰지침

사용 방법	• 관심 있는 주제를 정한다. • 주제와 관련된 내용을 관련 자료를 살펴서 조사하여야 한다. • 문항에 사용할 개념을 분명하게 기술한다. • 관찰지를 만들 때는 기술 평정, 숫자 평정, 카테고리 평정 등을 고려한다.
평정척도 사용 시 고려할 점	• 평정척도를 구성하는 각 문항은 가능한 한 명확하고 간결하게 표현되어야 한다. – 평정척도를 실시하면서 생각을 요하는 문항은 바람직하지 않다. • 문항에는 '좋은' 혹은 '나쁜' 행동을 의미하는 가치 판단적인 용어나, '평균적', '우수', '아주'와 같이 일반적인 용어는 사용하지 않아야 한다. • 사용할 평정척도의 유형을 정한다. – 평정척도에는 기술평정척도, 숫자평정척도, 도식평정척도 등이 있다. • 평정의 단계를 결정한다. – 일반적으로 3단계 척도에서부터 7단계 척도까지 많이 사용되는데, 평정 단계의 수는 평정 대상이 되는 특성, 평정이 이루어지는 상황이나 조건, 평정자의 훈련 여부 등에 따라서 결정된다.

MEMO

	• 평정하는 과정에서 개인적인 편견이나 오류가 개입되지 않도록 주의해야 한다. 가능하다면 평정할 대상을 모르는 상태에서 평정하는 것이 좋다. – 이를 위해서 관찰자는 평정을 하기 전, 그 누구에게도 관찰대상에 대한 의견을 물어보아서는 안 되며, 관찰대상에 대해 관찰자 스스로가 가지고 있는 선입견이나 전반적인 인상에 영향을 받지 않도록 해야 한다. • 각 문항을 평정할 때의 판단은 특정 행동에 대한 질적인 특성이나 발생 빈도에 관해 충분히 관찰한 결과를 바탕으로 하여 종합적으로 이루어져야 한다. • 관찰양식 작성 시 척도의 한편에 '관찰 못함'이라는 칸을 만들어 두는 것이 좋다. – 관찰자가 관찰하지 못하는 문항을 무리하게 평정하도록 만들기보다는 판단을 보류할 수 있도록 해준다. • 척도를 개발할 때 교육과정의 내용을 준거로 작성한다. • 관찰장면, 상황의 수, 관찰과 평정하는 데 걸리는 시간을 주의 깊게 결정한다.

③ 평정척도법의 유형

<table>
<tr><td rowspan="5">유형</td><td>기술 평정척도</td><td colspan="2">• 카테고리 평정척도
• 평정하고자 하는 항목의 내용 정도를 기술하는 유형이다.
• 행동의 한 차원을 연속성 있는 몇 개의 범주로 나누어 기술하는 형태이다.
예 신체 운동 건강: 신체 부분에 대한 관심
( ) 신체 주요부분의 명칭(머리, 다리, 팔, 손 등)을 안다.
( ) 신체 주요부분의 명칭과 주요기능(걷는다, 잡는다 등)을 안다.
( ) 신체 세부적 부분의 명칭(팔꿈치, 뒤꿈치)을 안다.
( ) 신체 세부적 부분의 명칭과 기능을 안다.</td></tr>
<tr><td>표준 평정척도</td><td colspan="2">• 기준형 평정척도
• 평정자에게 다른 사람과 비교할 수 있는 기준을 제공하는 것이다.
예 수개념 이해
하위 5% — 하위 20% — 중간 50% — 상위 20% — 상위 5%</td></tr>
<tr><td rowspan="3">숫자 평정척도</td><td colspan="2">• 행동 범주에 연속적인 숫자를 부여하여 평정하는 형태이다.
• 평정하려는 행동의 특성을 나타내는 숫자를 할당한다.
• 숫자는 동(同) 간격을 나타낸다고 여기며, 따라서 동간척도로 간주하여 통계적으로 자료를 분석할 수 있다.</td></tr>
<tr><td>단극척도</td><td>바른 자세로 듣는다
1 — 2 — 3 — 4 — 5</td></tr>
<tr><td>양극척도</td><td>정직하다
−2 — −1 — 0 — 1 — 2</td></tr>
</table>

MEMO

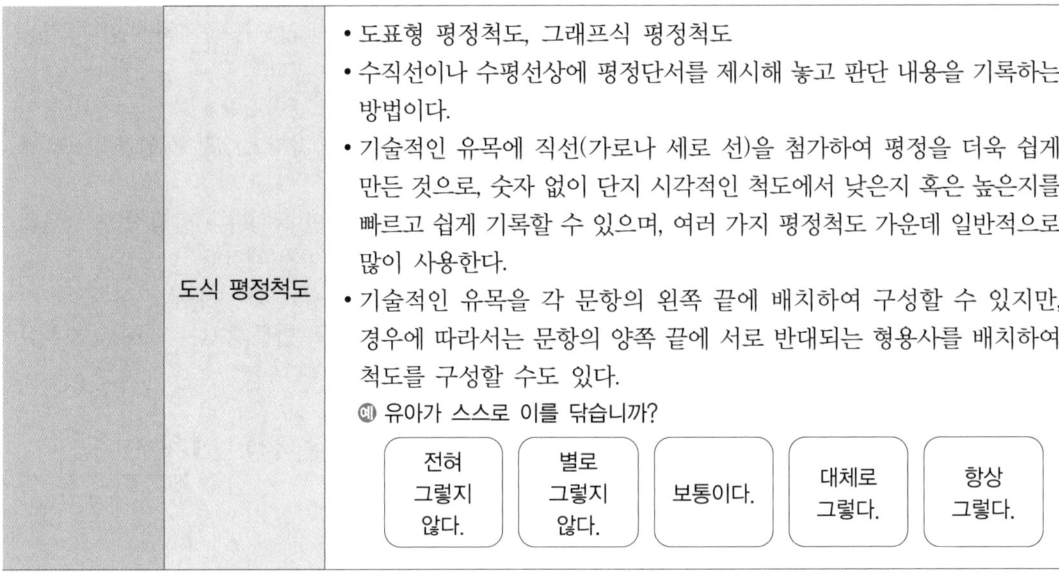

	도식 평정척도	• 도표형 평정척도, 그래프식 평정척도 • 수직선이나 수평선상에 평정단서를 제시해 놓고 판단 내용을 기록하는 방법이다. • 기술적인 유목에 직선(가로나 세로 선)을 첨가하여 평정을 더욱 쉽게 만든 것으로, 숫자 없이 단지 시각적인 척도에서 낮은지 혹은 높은지를 빠르고 쉽게 기록할 수 있으며, 여러 가지 평정척도 가운데 일반적으로 많이 사용한다. • 기술적인 유목을 각 문항의 왼쪽 끝에 배치하여 구성할 수 있지만, 경우에 따라서는 문항의 양쪽 끝에 서로 반대되는 형용사를 배치하여 척도를 구성할 수도 있다. 예 유아가 스스로 이를 닦습니까? 전혀 그렇지 않다. / 별로 그렇지 않다. / 보통이다. / 대체로 그렇다. / 항상 그렇다.

4 평정척도법의 장점과 단점

장점	• 사용하기가 편리하고, 짧은 시간 안에 많은 항목을 한꺼번에 평가할 수 있어 효율적이다. • 기록은 관찰하면서 바로 이루어지는 것이 아니라, 관찰 후 교사가 편리한 시간에 이루어질 수 있기 때문에 용이하다. • 평정척도법은 특정 행동의 출현 유무뿐만 아니라 나타난 행동의 질적 수준도 함께 평가할 수 있기 때문에 행동목록법보다 더 많은 정보를 제공한다. • 평정척도를 주기적으로 반복해서 사용한다면, 현재 유아의 발달상태에 대한 정보와 함께 시간의 흐름에 따른 유아발달의 변화에 관한 유용한 정보를 얻을 수 있다. • 관찰자료를 쉽게 수량화해서 관찰대상 간 비교를 할 수 있다.
단점	• 각 행동이 관찰되는 상황의 설명 없이 단지 행동의 수준만을 기록하기 때문에, 행동에 대한 원인이나 전후 사정 등 상황에 대한 정보를 제공해 주지 못한다. • 관찰내용을 직접 현장에서 기록하는 것이 아니라 관찰을 충분히 한 이후에 종합적으로 판단해야 하므로, 관찰자의 기억이나 지각적 속성에 따라 개인의 편견이 개입될 여지가 많다. − 즉, 관찰뿐만 아니라 척도에 대한 판단을 요구하므로 관찰자의 주관, 편견, 오류가 나타날 가능성이 높다. • 사용하기는 편리하지만, 막상 관찰자가 관찰하고자 하는 행동 범주를 정확하고 객관적으로 개발하는 것은 쉽지 않다. − 특히 다른 사람에 의해서 만들어진 평정척도를 이용할 때 자신이 생각하고 있는 문항이 없어 당혹해하는 경우도 생긴다.

MEMO

5 평정자들이 평정척도로 관찰대상자의 행동을 평정할 때 범할 수 있는 오류(반응편향) – 길포드(Guilford, 1954)

관용의 오류 (error of leniency)	• 관찰자들이 일반적으로 관찰대상을 평정할 때 아는 사람에 대해서는 실제보다 높게 점수를 주는 경향, 즉 지나치게 후하게 기록하려는 경향이 있다. – 이처럼 평정대상자를 평가할 때 더욱 관대하게 평정하는 경향이 관용의 오류이다.
후광효과 (halo effect)	• 후광효과는 평정에 다른 정보가 영향을 미치는 경우 평정자가 이에 영향을 받아 평정하는 것을 말한다. – 흔히 관찰대상을 평정할 때 주위의 어떤 요소가 작용하여 관찰대상을 과대평가하거나 과소평가하는 것을 말한다. – **후광오류**: 평정대상자의 어떤 좋은 특성으로 인해 평정해야 하는 다른 특성을 좋게 평정하는 것이다. – **역후광오류**: 평정대상자의 어떤 좋지 않은 특성으로 인해 평정해야 하는 다른 특성을 나쁘게 평정하는 것이다.
중심경향의 오류 (error of central tendency)	• 평정할 때 관찰자가 극단적인 선택(매우 긍정적 혹은 매우 부정적)을 피하고 싶을 때나 잘 모르는 특성을 판단할 때 척도의 중간 수준 혹은 보통으로 표시하는 것이다. – 즉, '보통이다'가 있는 5점, 7점, 9점 리커트 척도에서 평정자가 중앙값인 '보통이다'를 주로 선택하는 경향을 말한다.
논리의 오류 (error of logic)	잘못된 논리로 평정을 함으로써 발생하는 편향이다. 예를 들어 교사가 학생의 정의적 특성을 평정할 때 공부 잘하는 학생이 도덕성과 준법성도 높을 것이라고 생각하고 평정하는 것이다.
대비의 오류 (error of contrast)	• '대비의 오류' 개념은 길포드가 발전시킨 것으로, 평정자가 가지지 못한 어떤 특성을 피평정자가 가졌을 때 그 점을 실제보다 더 부각시켜 평정하는 것을 말한다. 평가되는 속성을 어떻게 보느냐에 따라 자신과 정반대로 평정하거나 아주 비슷하게 평정하는 경향을 말한다. – 관찰자가 지니고 있는 특성이 관찰대상자에게도 있는 특성이거나 관찰자가 정통하고 능숙한 분야이면 과소평가하여, 혹은 지나치게 까다롭게 평가하여 낮게 평정한다. – 관찰대상자가 지니고 있는 특성이 관찰자에게 없는 특성이거나 관찰자가 생소하고 미숙한 분야이면 이를 과대평가하게 되어 높게 평정한다. – 관찰자와 관찰대상자가 공통된 견해를 가지고 있는 경우 관대하게 평정하고, 다른 견해를 가지고 있는 경우 인색하게 평정한다.
근접성의 오류 (error of proximity)	평정척도상의 문항들이 평정자들과 시간적·공간적으로 가까이 배치되어 있을 때 이 항목들에 대해 비슷하게 평정하는 경향을 의미한다.

MEMO

6 평정 시 범하는 오류에 대한 해결방안

평정 시 오류 해결방안	• 유치원 단위로 관찰훈련을 실시하여 문항에 대한 해석의 일치도와 교사 개인의 편견, 주관적 요소를 발견할 수 있으며, 이를 통해 관찰의 신뢰도를 높일 수 있다. • 한 영역 또는 문항별로 모든 유아에 대해 결과를 기록하고 다음 문항이나 영역으로 옮겨 간다. • 판단이 어려운 문항이 생기면 일단 빈칸으로 남겨 놓은 후 추가 관찰기간을 설정하고 빠진 부분만 더 관찰하여 기록을 완성한다. • 각각의 문항을 별개로 간주하여 관찰하고 그 결과에 따라 판단한다.

7 평정척도법의 관찰양식

(1) 숫자 평정척도

관찰대상: ○○○ 생년월일: ___ 년 ___ 월 ___ 일 (남 · 여)
관 찰 자: ◇◇◇ 관찰일시: ___ 년 ___ 월 ___ 일
관찰행동: 유아의 자조행동 관찰장소:

	1 (아주 못함)	2 (못함)	3 (보통)	4 (잘함)	5 (아주 잘함)	6 (관찰 못함)
옷 입기	1	2	3	4	5	n/o
간식 먹은 책상 치우기	1	2	3	4	5	n/o
손 씻기	1	2	3	4	5	n/o
놀잇감 치우기	1	2	3	4	5	n/o
활동 스스로 선택하기	1	2	3	4	5	n/o

(2) 도식 평정척도(= 도표형 평정척도, 그래프식 평정척도)

관찰대상: ○○○ 생년월일: ___ 년 ___ 월 ___ 일 (남 · 여)
관 찰 자: ◇◇◇ 관찰일시: ___ 년 ___ 월 ___ 일
관찰행동: 유아의 사회적 행동 관찰장소:

사회적 상호작용의 내용	항상	가끔	때때로	거의	전혀
1. 행동을 먼저 시작한다.					
2. 친구들을 초대해서 함께 놀이한다.					
3. 놀잇감을 가지고 논다.					
4. 문제가 생기면 먼저 해결한다.					

MEMO

(3) 표준 평정척도(= 기준형 평정척도)

관찰대상 : ○○○ 생년월일 : ___ 년 ___ 월 ___ 일 (남 · 여)
관 찰 자 : ◇◇◇ 관찰일시 : ___ 년 ___ 월 ___ 일
관찰행동 : 전체적인 학습태도 평정장소 :

	상위 1%	상위 5%	상위 10%	상위 25%	중간 50%	하위 25%	하위 10%
지적능력							
창조성							
독립성							
책임감							

SESSION #8

UNIT 18 시간표집법(빈도표집법)

#KEYWORD 시간표집법 계획 시 포함되어야 할 요소, 단점, 관찰양식지

1 시간표집법의 개념 및 특징

개념	• 시간표집법은 관찰하고자 하는 행동을 정해진 시간 동안 비교적 짧고 일정한 시간간격으로 반복적으로 관찰하여 얼마나 자주 일어나는지 행동의 출현빈도를 기록하는 방법이다. – 즉, 시간표집법에서 관찰을 실시하는 기준은 '시간'으로, 정해진 시간 동안 계속 관찰하는 것이 아니라 시간간격에 맞추어 행동을 관찰하고 그 결과를 기록하는 것을 여러 번 반복하므로 특정 행동이 얼마나 발생했는지를 양적으로 측정할 수 있다. – 관찰행동을 특정 시간에 관찰하므로 관찰시간과 관찰행동이 사전에 정해져 있다. • 관찰자가 쉽게 관찰할 수 있고 평균 15분 동안 최소 1회 이상 자주 나타나는 행동이 시간표집법으로 관찰하기에 적당하다. – 짧은 시간에 나타나는 행동을 기록하므로 빈번히 발생하는 행동이어야 관찰의 대상 행동이 될 수 있다. • 목적 : 특정 행동이 얼마나 자주 빈번하게 나타나는지를 알고 싶은 경우 활용한다.
특징	• 일반적으로 15분에 한 번 정도 나타나야 시간표집법을 사용할 수 있으므로, 관찰행동을 선정하기 전에 예비관찰을 통해 어떤 행동이 자주 규칙적으로 일어나는지를 살펴보는 것이 중요하다. • 미리 선정된 특정 행동을 정해진 시간 동안 관찰하며, 관찰이 한 번에 끝나는 것이 아니라 시간 간격에 맞추어 여러 번 반복되는 것이 특징이다. 예 특정 유아의 공격적 행동을 관찰하고자 할 때, 미리 계획을 세워 1분 관찰 후 30초 기록하는 방식으로 15분 동안 10회의 관찰을 한다.

MEMO

② 시간표집법의 지침

지침	① 관찰의 목적을 밝히고, 관찰하려는 행동에 대한 조작적 정의를 내린다. – 조작적 정의는 어떤 개념을 분명하게, 관찰가능한 구체적인 행동으로 기술한 것이어야 한다. ② 관찰하려는 행동 단위를 하위행동으로 범주화하고, 이때 행동의 하위범주는 포괄적이면서도 상호 배타적으로 규명되도록 한다. ③ 관찰자는 각 관찰범주에 대한 조작적 정의를 충분히 이해하고 대표적인 예를 숙지하고 있어야 쉽게 관찰할 수 있다. ④ 관찰의 시간단위를 결정한다. – 즉, 1회 관찰시간을 얼마나 할 것인가를 결정하는 문제인데, 이는 관찰하려는 행동이 일어나는 빈도와 행동의 특성에 따라 다르다. 시간의 길이는 5초에서 20분까지 다양하지만, 대부분의 유아관찰에서는 5분 이하의 시간단위를 사용한다. ⑤ 관찰시간 단위 간의 간격을 결정한다. – 시간단위 간에 얼마나 간격을 둘 것인지는 앞에서 정한 시간단위의 길이, 관찰대상의 수, 얼마나 상세한 기록을 요구하느냐 등의 요인에 의해서 결정된다. ⑥ 관찰횟수와 총 시간 수를 결정한다. – 연구대상별로 총 몇 회에 걸쳐서 관찰한 것인지에 대한 결정은 대표적인 표집을 얻는 데 필요하다고 생각되는 시간에 따라 다르다. 일반적으로 행동의 변화가 크거나 아직 많이 연구되지 않은 영역의 행동에 대해서는 보다 많은 횟수의 관찰이 필요하며, 따라서 관찰시간도 더 많이 소요된다. ⑦ 관찰양식지는 관찰의 목적, 관찰하는 행동의 특성, 관찰대상, 관찰시간 등에 따라 관찰자가 다양하게 개발하여 사용할 수 있다. – 일반적으로 관찰대상에 대한 정보, 관찰행동범주, 관찰횟수, 행동의 출현빈도를 기록할 수 있으면 된다. – 또한 관찰 중 예기치 않게 생긴 사건이나 어떤 특별한 상황이 있을 때, 이를 기록할 비고란을 따로 만들어 후에 참고가 될 수 있도록 한다. ⑧ 관찰기록 방법을 결정한다[체크표(∨), 세기표(///), 1과 0으로 표시하기 등]. – 특정 행동의 출현 유무를 체크표로 표시 – 일정한 시간단위 내에서 특정 행동이 나타나는 빈도수를 세기표로 표시 – 행동의 지속시간을 세기표 우측 상단에 추가(예 /20초)하여 표시

MEMO

③ 시간표집법의 장점과 단점

장점	• 관찰하고자 하는 시간의 한계가 분명하고 관찰하려는 행동에 대한 조작적 정의로 통제가 이루어지기 때문에, 다른 어느 관찰방법보다 신뢰도, 객관성 및 대표성이 높다. • 서술식 관찰방법에 비해 단시간에 많은 정보를 얻을 수 있기 때문에 시간과 노력을 절약할 수 있다. – 특히 한꺼번에 많은 수의 대상을 관찰할 수 있으므로 비교적 짧은 시간에 다량의 자료를 수집할 수 있어 효율적이다. • 관찰과 동시에 자료를 부호화하여 기록하기 때문에 서술식 관찰법보다 간편하게 사용할 수 있다. • 결과로 수집된 자료는 수량화가 용이하여 통계적으로 분석될 수 있고, 다른 변인과의 관계를 발견할 때에도 도움이 된다. • 빠르게 일어나는 행동을 체계적으로 관찰하는 데 적합하며, 개인 혹은 집단을 모두 관찰할 수 있다. • 관찰대상자의 일상생활을 방해하지 않고서도 기록과 채점이 가능하며, 관찰대상자와 사전에 라포를 형성할 필요가 없다.
단점	• 비교적 자주 발생하는 행동(최소한 15분에 1회 이상)에만 사용할 수 있으므로, 예비관찰을 통해 관찰하고자 하는 특정 행동이 규칙적으로 일어나는지를 미리 살펴보는 것이 중요하다. • 시각적으로 관찰이 가능한 외현행동에는 적합하지만, 그렇지 못한 경우(예 관찰대상의 내면의 감정이나 생각)에는 적용하기 어렵다. • 특정 행동에만 초점을 두어 관찰이 이루어지기 때문에 자료가 단편적이며, 사건의 전모나 일어난 순서, 인간행동 간의 상호관계, 행동의 인과관계 등을 파악하는 것은 어렵다. 예 철수가 우는 횟수를 알 수는 있으나 철수가 우는 이유, 우는 과정에서의 행동, 우는 상황에 대한 자료를 수집하기가 어렵다. • 사전에 행동을 정의하고 범주화해야 하며 시간단위, 관찰횟수, 기록방법을 결정하고 기록양식을 만들어야 하기 때문에 실제 관찰을 하기 전 계획단계에서 상당한 시간과 노력이 들어간다. • 관찰자가 관찰한 행동을 무의식중에 미리 정해진 범주에 맞춰 넣으려고 한다면, 그 행동을 이해하는 데 정말 중요한 다른 행동들을 간과해버릴 수도 있다.

MEMO

4 시간표집법의 관찰양식

관찰대상: ○○○ 생년월일: ___ 년 ___ 월 ___ 일 (남 · 여)
관 찰 자: ◇◇◇ 관 찰 일: ___ 년 ___ 월 ___ 일
관찰행동: 교사에 대한 의존성 관찰시간:
관찰장면: 유아가 장난감을 가지고 노는 장면 관찰장소: △△반 교실

• 1회에 30초씩 관찰하고 30초 기록하라. 30초 동안 동일한 행동이 여러 번 나타나더라도 1번만 표시하라.

시간간격 / 관찰행동	30초 (1회)	30초 (2회)	30초 (3회)	30초 (4회)	30초 (5회)	…
놀면서 교사를 바라본다.	✓					
교사에게 손을 뻗는다.	✓	✓				
교사에게 다가간다.				✓	✓	
교사를 부른다.			✓		✓	
교사에게 도움을 요청한다.				✓		
교사를 바라보며 운다.						

비고	지나가던 □□가 교사에게 다가와서 안김. △△가 교사를 불렀지만 교사의 반응이 없었으며, 잠시 후 △△가 교사에게 다가와 울기 시작함

행동의 출현 유무 표시방법

	30초 (1회)	30초 (2회)	30초 (3회)	30초 (4회)
때리기	/			
꼬집기		/		/
할퀴기			/	

행동의 빈도 표시방법

	30초 (1회)	30초 (2회)	30초 (3회)	30초 (4회)
때리기	//			///
꼬집기		/		
할퀴기			/	

행동의 지속시간 표시방법
(지속시간을 초 단위로 우측 상단에 표시하세요)

	30초 (1회)	30초 (2회)	30초 (3회)	30초 (4회)
때리기	/^{20}			
꼬집기		/^{3}		/^{5}
할퀴기			/^{2}	

MEMO

UNIT 19 사건표집법

#KEYWORD 사건표집법의 개념, ABC 서술식 사건표집법의 특징과 장점, 빈도 사건표집법의 특징

1 사건표집법 개념 및 특징

<table>
<tr><td>개념</td><td>• 관찰이 필요한 행동이나 사건을 명확히 선정해서 조작적으로 정의한 다음, 특정한 행동이나 사건이 생길 때마다 관찰하는 방법이다.

시간표집법 vs 사건표집법
• 시간표집법은 자료를 수집하는 데 소요되는 시간을 사전에 정할 수 있지만, 사건표집법은 자료 수집에 얼마나 많은 시간이 걸릴지 미리 알기 어렵다.
• 시간표집법은 정해진 시간 내에 발생하는 행동이나 사건의 존재 유무에 초점을 두지만, 사건표집법은 관찰자가 관심을 갖는 특정 사건 혹은 행동에 초점을 둔다. 즉, 사건표집법은 시간표집법과는 달리 관찰단위가 시간이 아니라 어떤 사건이나 행동 자체에 있다.

• 사건표집법은 관찰하고자 하는 사건을 정하고 그 사건이 발생하면 즉각적으로 기록하는 방법으로 기록 방법에는 ① 코딩체계를 택하거나, ② 이를 기술하거나, ③ 코딩과 기술을 모두 기록하는 방법이 있다.
• 사건표집법은 크게 빈도사건표집법과 ABC 서술식 사건표집법으로 구분할 수 있다.
예 유아가 교실에서 공격적 행동으로 싸우는 것을 관찰하면, 관찰자는 싸움이라는 행동이 나타나기를 기다렸다가 관찰하고 싸움이 끝나면 관찰을 마치고 기록한다. 기록할 때 싸움의 참여자, 문제 상황, 전개 양상, 싸움의 종결 등에 대해 일화기록처럼 전체 행동을 묘사하여 기록(ABC 서술식 사건표집법)할 수도 있고, 관찰행동에 대한 범주를 미리 부호화한 목록표를 이용하여 기록(빈도 사건표집법)할 수도 있다.</td></tr>
<tr><td>특징</td><td>• 단순히 어떤 행동의 발생 유무만을 관찰하기보다는 행동이나 사건이 발생하기를 기다렸다가 관심을 가진 행동이나 사건이 일어나면 그때마다 일정한 형식에 따라 기술하는 방법이다.
• 관찰자가 관찰대상 유아의 특정 행동이 나타날 때까지 기다렸다가 관심 있는 행동이 발생하면 관찰하고 기록한다. 따라서 언제 꼭 관찰해야 한다는 시간적 제약이 없고 유아들의 행동이나 사건의 존재 유무보다는 사건의 특성을 탐색하는 데 더 관심을 둔다.
• 사건표집법으로 연구할 수 있는 행동이나 사건의 종류는 다양하고 행동의 범위는 제한이 없다.</td></tr>
<tr><td>사건표집법으로 관찰 시 유의사항</td><td>• 관찰자는 관찰하고자 하는 유아들의 행동을 명확히 규정할 수 있도록 조작적 정의를 사전에 내려둔다.
• 유아들의 행동을 관찰할 장소와 시간에 대해 충분히 알고 유아들의 행동이나 사건을 언제, 어떤 장소와 장면에서 관찰할 것인가를 결정할 수 있어야 한다.
– 사건표집법은 관찰하고자 하는 행동이 나타나기를 기다렸다가 관찰하므로 관찰행동이 나타나는 장소에 대해 특히 알고 있어야 한다.
• 기록하고자 하는 정보나 자료의 종류를 결정한다. 사건표집법은 서술식 사건표집법으로 행동을 기술할 수도 있고, 빈도 사건표집법으로 미리 정해진 행동의 범주에 따라 표기할 수도 있으므로, 어떤 관찰지를 사용할 것인지를 미리 계획해 두어야 한다.
• 관찰기록지는 가능한 한 쉽고 편리하게 만들어야 한다.</td></tr>
</table>

SESSION #8

MEMO

	• 빈도 사건표집법을 사용할 경우 미리 정해진 행동 범주를 분명하고 쉽게 찾을 수 있도록 하고, 서술식 사건표집법을 이용할 경우에는 시간, 사건 전 행동, 사건행동, 사건 후 행동을 충분히 기록할 수 있는 여백을 두어야 한다.

2 ABC 서술식 사건표집법(서술식 사건표집법 / ABC 사건표집법)

개념	• ABC 서술식 사건표집법은 문제 행동의 원인 규명을 위해 특정 사건과 행동을 관찰하면서 그 사건이나 행동이 일어나기 전의 상황, 사건 그 이후의 결과도 함께 서술하는 방법이다. − ABC 서술식 사건표집법은 행동의 원인을 파악하고자 할 때 적합하며, 사건이나 행동 발생의 과정, 맥락, 결과 등도 함께 파악할 수 있다. • 특정한 사건을 관찰대상으로 표집하여 자연적인 상황에서 그 사건이 발생하였을 때, 사안의 맥락, 전후 관계 등을 자세히 관찰하여 기술하는 방법이다. − 여기에서 중요한 것은 사건이 나타나기를 기다린다는 점과 사건이 나타나면 자연적인 상황에서 관찰한다는 점이다. − 관찰시간에 관계없이 사건을 전체적인 맥락과 관련지어 관찰하고 이해하는 데 초점을 둔다.
특징	• Bell과 Low(1977)는 자연스러운 상황에서 일어나는 행동의 원인과 결과를 알 수 있도록 하는 사건표집법을 고안하였는데, 관찰하고자 하는 사건이나 행동이 일어나기 전의 상황(Antecedent Event : A)과 관찰하고자 하는 사건이나 행동 그 자체(Behavior : B), 그리고 사건이나 행동이 일어난 후의 결과(Consequence : C)를 순서대로 기록하는 것이다. 어떤 행동의 원인을 알고자 하는 데 관찰목적을 두고 있다면 가장 적합하게 사용할 수 있는 방법이다. • ABC 서술식 사건표집법의 진행 표본기록법이나 일화기록법과 마찬가지로 서술식 관찰방법이므로, 기록은 객관적으로 이루어져야 하고, 관찰자의 추론과 해석은 배제되어야 하며, 관찰대상이 한 말은 직접화법을 사용해 기록하고, 관찰대상의 정보, 일시, 장면, 사건에 대한 정보가 포함되어야 하는 것과 같은 기본적인 기록지침은 그대로 따르면 된다(아래의 ①~④에 해당하는 내용이다). ① 기본 정보(관찰유아의 이름, 생년월일, 관찰자, 관찰날짜, 현재 연령 등)를 기술한다. ② 관찰대상의 언어적 반응은 직접화법(" ")을 활용하여 기록한다. ③ 관찰한 내용을 객관적으로 기록하고, 관찰자의 주관적 해석, 추론 등은 배제한다. ④ 관찰행동이 어느 장소, 시간에 잘 나타나는지를 확인하고 이를 정하여 기록한다. 단, ABC 서술식 사건표집법을 적용하여 관찰하고자 할 경우에는 아래와 같은 사항을 함께 유의해야 한다(⑤~⑦). ⑤ 관찰하고자 하는 행동이나 사건을 명확하게 정한다. ⑥ 관찰양식지는 가능한 한 관찰자가 사용하기에 쉽고 편리하도록 만든다. 사건, 사건 전 행동, 사건 후 행동을 충분히 기록할 수 있는 여백을 두어야 하며, 어떤 항목에 대해 서술할 것인지를 미리 관찰기록 용지상에 계획해 두어야 한다. ⑦ 행동 특성을 자세하게 기록해야 할 필요가 있기 때문에 비디오, 녹음기 등과 같은 영상·음성기록매체를 함께 사용할 수 있다.

MEMO

장점	• 교사가 관심을 가지는 유아의 행동에 대한 질적인 정보를 제공해 준다. – 자연적 상황에서 행동이나 사건이 일어난 전후 맥락이 기록되므로 관찰된 행동의 배경을 알 수 있다. 즉, 어떤 상황에서 그런 행동이 나오는지 알 수 있게 해준다. – 관찰행동과 관찰상황에 대한 자연적이고 부가적인 정보를 제공한다. • 관찰자가 관찰대상자와 함께 생활하면서 사건이 나타나기를 기다려 기록하기 때문에 상대적으로 관찰시간 및 기록시간에 대한 부담이 없다. • 관찰할 수 있는 행동의 범위는 제한이 없어서 자주 발생하지 않는 행동을 연구할 수 있다. • 유아 개인에 대한 질적인 정보를 제공해 준다. • 관찰대상 유아를 개별적으로 관찰할 수 있으므로 개별화된 교수전략을 수립하는 데 도움이 된다.
단점	• 다른 서술식 관찰방법과 마찬가지로 서술식 사건표집법도 많은 시간과 노력을 필요로 한다. • 관찰시간을 예측할 수 없다. – 관찰행동이 나타나지 않으면 관찰이 오래 걸리므로 빈도사건표집법이나 시간표집법에 비해 많은 시간과 노력이 든다. • 관찰한 사건을 사건 전, 사건 발생, 사건 후로 구분하여 기록하는 것이 쉽지 않다. 즉, 사건 이전의 상태나 상황에서 사건에 대한 일화를 분리하는 것이 어렵다. • 관찰 결과를 수량화하지 못하여 통계적으로 분석하기 어렵다. • 일화기록법보다는 사건의 진체적인 흐름을 알 수 있으나, 표본기록법에 비하면 사건이 일어난 전후의 자연스러운 연속성이 깨지기 쉽다. • 뚜렷한 관찰의 초점을 가지고 유아의 행동을 기록하기 때문에 관찰된 행동의 원인과 결과 해석에 관찰자의 주관이나 편견이 개입될 여지가 있다. – 즉, 뚜렷한 관찰의 초점을 가지고 유아의 행동을 보게 되므로, 교사가 마음속으로 어떤 결론을 내리고 관찰하게 된다면 주관적인 관찰을 하게 될 위험이 있다.

3 빈도 사건표집법

개념	• 관찰하고자 하는 행동이나 사건이 발생할 때마다 그 빈도를 체크표(∨)나 빈도표(/)로 누가적으로 기록하는 방법이다. 단, 관찰의 시간이 미리 정해져 있지 않다. • **관찰의 목적**: 빈도 사건표집법은 관찰하고자 하는 행동이나 사건이 얼마나 자주 일어나는지를 파악하기 위해 사용하는 방법으로, 발생빈도를 알 수 있다. – 특정 행동의 발생 유무를 알 수 있다는 것이 시간표집법과의 공통점이다. – 하지만 시간표집법은 정해진 시간 간격 내에서의 특정 행동의 발생 유무를 체크하고, 빈도 사건표집법은 시간제한 없이 특정 행동이 발생했을 때 기록한다는 점에서 차이가 있다.

MEMO

*조작적 정의
어떤 개념을 분명하고 관찰 가능한 구체적인 행동으로 기술하는 것으로, 모든 사람에게 똑같은 의미로 전달되는 것을 목적으로 한다.

*범주화
특정 행동을 하위행동으로 분류하는 것으로, 이때 행동의 하위범주 간 중복이 없어야 하고, 그 행동의 하위범주는 포괄적이면서도 문항 간 중복이 또한 없어야 한다.

특징	• 빈도 사건표집법은 어떤 행동을 대표하는 '표집'을 기록하는 것으로, 서술식 사건표집법이 질적인 정보를 제공해 준다면 빈도 사건표집법은 양적인 정보를 제공해 준다. • 빈도 사건표집법의 진행 ① 관찰하고자 하는 행동이나 사건을 명확하게 정한다. ② 정해진 행동이나 사건에 대한 *조작적 정의를 내리고, 하위행동이나 사건으로 *범주화한다. – 이때, 관찰하고자 하는 행동이나 사건과 관련해서 미리 정해진 범주양식이 있다면 그대로 사용하면 된다. 만약 범주양식이 없다면 관찰자 나름대로 범주체계를 개발하여 조작적 정의를 내려보도록 한다. ③ 관찰자는 각 관찰범주의 조작적 정의에 대해 충분히 이해하여, 이와 같은 행동이나 사건이 언제, 어떤 장면에서 가장 잘 관찰될 수 있을지 결정한다. ④ 관찰양식지는 가능한 한 관찰자가 미리 정해진 행동범주를 분명하고 쉽게 찾을 수 있도록 만든다. 관찰양식은 표집하고자 하는 행동이나 사건에 따라 다양한 형태로 구성될 수 있는데, 일반적으로는 관찰과 관련된 기본 정보를 기록하는 부분과 미리 정해진 범주에 따라 빈도를 표시하는 부분으로 나뉜다. ⑤ 미리 정해진 범주의 행동이나 사건이 나타날 때까지 기다렸다가, 일어날 때마다 단순하게 세기표나 빈도로 부호화하여 기록한다. – 이때 얼마나 오랫동안 관찰할지는 범주의 행동이나 사건이 언제 일어날지를 예상할 수 있는가에 따라 결정하면 된다. 예를 들어 대근육 운동능력을 관찰하려면 실외놀이 시간이 가장 적당하지만, 반면에 공격성을 관찰하려면 그 행동이 일어날 때까지 기다려야 한다.
장점	• 선별된 행동이나 상황이 얼마나 자주 일어나는지 알아보는 주제 중심의 관찰방법으로서 양적 정보를 제공해준다. • 가장 큰 장점은 편리함과 단순함이다. – 관찰하고자 하는 행동이나 사건에 대한 범주체계가 사전에 마련되어 있으므로 실제 관찰이 이루어질 경우, 세부사항을 적지 않고 빈도로 간단하게 기록할 수 있다. 따라서 기록하는 데 시간과 노력이 절약된다. • 특정한 사건이 발생할 때에만 기록하므로 시간이 많이 절약된다. • 빈도로 표시되기 때문에 자료를 쉽게 수량화하고 통계적으로 분석할 수 있다. • 관찰행동의 범위가 광범위하고, 상당히 융통성이 있기 때문에 여러 가지 주제를 넓게 관찰하는 것이 가능하다.
단점	• 관찰하고자 하는 행동이나 사건이 얼마나 자주 일어나는지에 대한 빈도만 기록하기 때문에, 출현행동이나 사건의 원인을 알아내는 데는 적합하지 못하다. • 빈도로 사건의 발생 여부만 기록하므로 행동이나 사건의 양적인 자료는 제공해 줄 수 있으나, 유아 개인의 질적인 정보를 제공해 주기 어렵다.

MEMO

SESSION 08

4 관찰양식: 사건표집법

(1) ABC 서술식 사건표집법

관찰대상: ○○○ 생년월일: ___ 년 ___ 월 ___ 일 (남 · 여)
관 찰 자: ◇◇◇ 관 찰 일: ___ 년 ___ 월 ___ 일
관찰행동: 관찰시간:

시간	사건 전	사건	사건 후

• 요약:

(2) 빈도사건 표집법

관찰대상: ○○○ 생년월일: ___ 년 ___ 월 ___ 일 (남 · 여)
관 찰 자: ◇◇◇ 관 찰 일: ___ 년 ___ 월 ___ 일
관찰행동: 놀이 중에 나타나는 창의성 활동(인지적 요소)

【지침】

1. 영유아가 자유선택활동 중 아래와 같은 활동영역에서 창의성 관련행동을 보였을 때, 해당하는 범주에 표시(/)한다.
2. 창의성 관련행동이 동시에 다양하게 관찰되었을 때는 해당하는 범주에 모두 표시한다.
3. 창의성 관련행동이 여러 번 나타날 때에는 나타날 때마다 표시한다.
4. 영역을 더 줄이거나 늘리거나 관찰하고 싶은 영역을 선택하여 관찰할 수 있다.

창의성의 인지적 요소 / 놀이영역	사고의 확장			사고의 수렴		문제해결력		비고
	확산적 사고	상상력/시각화 능력	유추/은유적 사고	논리/분석적 사고	비판적 사고	문제 발견	문제 해결	
쌓기놀이영역				//				
미술영역		/						
과학영역	/			/	/	//		
역할놀이영역			/					
수 · 조작영역							//	

MEMO

UNIT 20 포트폴리오 평가

#KEYWORD 포트폴리오의 의미, 장점, 단점, 구성요소(자기반영)

1 포트폴리오 평가의 개념 및 목적

<table>
<tr><td>포트폴리오</td><td colspan="2">• 포트폴리오는 자신의 활동에 대한 노력이나 성과, 변화와 진보 등을 보여주는 작품들의 집합체이다(Shores & Grace, 2004).
• 교육에서 포트폴리오는 서류를 단순히 모아 두는 폴더의 의미도 있지만, 학습자의 변화나 노력, 성취 등을 파악하려는 목적을 지니고 있다(Valencqa, 1998). 즉, 포트폴리오는 학습자에 관한 기록이나 성취결과물 등과 같은 다양한 자료를 통해 학습자의 발전과정, 노력이나 흥미의 정도, 성취, 변화 정도 등을 평가할 수 있다.</td></tr>
<tr><td rowspan="2">포트폴리오 평가</td><td>개념</td><td>• 포트폴리오 평가는 작품집(포트폴리오)에 들어 있는 결과물과 자료로서 학습자의 관심, 능력, 진도, 성취, 노력, 성장 등에 대한 정도를 평가하는 것이다.
• 포트폴리오 평가는 학습목표의 성취를 향한 학습자의 진보과정을 기록하기 위해 학습자의 결과물을 의도적이면서도 체계적으로 모아 평가하는 것이다(McMillan, 1997).
• 포트폴리오 평가는 의도적이고 목적적인 자료의 수집, 학습자의 활동과 기록을 포함하는 자료, 시간의 흐름에 따른 변화라는 세 가지를 포함하고 있다.
• 포트폴리오 평가는 학습자의 활동과 그 활동에 대한 반성이 있는 학습기록이며, 학습자와 교사 사이의 협동적인 노력으로 수집되고 성과를 향한 진보를 나타낸다(National Education Association, 1993). 즉, 포트폴리오 평가는 학습자들의 활동을 의도적으로 수집하며, 학습자의 지식과 기술, 태도 등에 대한 성장을 파악하기 위해 학습자와 교사가 활용하는 체계적이고 조직화된 평가이다.

| 유아교육에서의 포트폴리오 평가 |
• 마틴(Martin, 1999) : 유아 포트폴리오 평가는 유아에 대한 관찰내용, 건강과 사회성의 진보, 검사결과, 유아의 작품 그리고 다른 유의미한 정보들을 모아 평가하는 방법이라고 하였다.
• 맥아피와 레옹(McAfee & Leong, 1997) : 유아 포트폴리오 평가에 대해, 유아의 계속적인 발달과 학습을 알려 주는 자료를 조직화하고 의도적으로 수집하여 평가하는 방법이라고 하였다.
• 학자들의 종합적 견해 : 유아 포트폴리오 평가는 유아의 발달과 학습 진보, 변화를 지속적이고 종합적으로 평가하는 것이다.
➔ 이를 위해 유아교사는 유아의 개인 작품을 모아 유아의 성취, 진보, 노력, 흥미 등을 이해하고자 장기간에 걸쳐 유아의 결과물을 계획적으로 조직할 필요가 있다.</td></tr>
<tr><td>목적</td><td>• 유아의 발달을 이해하고 촉진하기 위해서이다.
• 유아의 다양한 능력과 수행의 증거들을 기록하기 위해서이다.
• 유아에게 다음 단계의 학습활동을 안내하기 위해서이다.
• 교수・학습 방법을 수정 및 보완하기 위해서이다.
• 교육과정을 수정 및 개정하기 위해서이다.
• 성취를 경험하게 하여 유아의 자긍심을 향상시키기 위해서이다.
• 부모와 효과적으로 의사소통하기 위해서이다.</td></tr>
</table>

MEMO

2 포트폴리오 평가의 특징

오스터호프 (Oosterhoff, 1994)	• 학습자는 자신의 포트폴리오를 수집 · 제작하므로 개별화 수업과 목표에 적용하기가 용이하다. • 학습자들이 만든 결과물로 평가한다. – 그 결과물이 바로 목표와 관련되며, 그것을 만드는 과정 또한 중요하게 여긴다. • 포트폴리오 평가는 평가과정에 학습자가 참여하여 자신의 목표가 성취되었는지에 대해 교사와 함께 평가하게 되는데, 이런 과정을 통해 학습자는 자신의 장점을 명확하게 알 수 있고 교사는 학습자가 무엇을 잘하는지 파악하여 장점을 격려할 수 있다. • 학습자의 평가 결과를 바탕으로 타인과 의사소통하기가 용이하다. – 학습자의 작품집은 학습자의 진보와 성취 정도에 대한 정보를 학부모나 교육 관련 인사들에게 명확하게 제시해 줄 수 있다.
맥아피와 레옹 (McAfee & Leong, 1997)	• 포트폴리오 평가는 학습자의 변화와 장점에 초점을 맞춘 긍정적 평가관을 가지고 있다. – 특히 장기간에 걸쳐 수집된 자료들은 학습자가 바람직한 방향으로 진보하는 데 도움을 준다. • 포트폴리오 평가는 학습자의 자기주도적 학습을 이끈다. – 학습자는 포트폴리오로 인해 자신의 강점과 장점이 무엇인지 파악할 수 있어 스스로 학습목표를 설정할 수 있고 스스로 학습하는 효과를 낳는다. • 포트폴리오 평가는 개인 내 평가와 개별화된 교육과정을 이끈다. – 포트폴리오 평가자료는 학습자마다 다르며, 이를 통해 자신의 학습 상태에 관심을 가지고 학습을 진행할 수 있다. • 포트폴리오 평가는 공유와 협력을 장려한다. – 포트폴리오 평가는 학습자, 교사, 부모가 함께 협력하여 진행된다. – 또한 또래의 조언으로 자신의 학습상태에 대해 깨달을 수도 있다. • 포트폴리오 평가는 교수 · 학습과 평가가 통합된 형태이다. – 교수 · 학습이 끝난 시점에서 별개의 추가활동으로 평가가 이루어지는 것이 아니라 교수 · 학습 자체가 평가과정이며, 그때 산출되는 결과물 자체가 평가 대상이 된다.
황해익 (2000)	• 포트폴리오는 학습에 평가와 교수를 연결시켰다. • 자신의 평가와 목표를 스스로 설정함으로써 유아의 참여를 높인다. • 포트폴리오는 유아의 발달과 학습에 대한 많은 자료를 제공하며, 항상 노력과 성취에 초점을 맞춘다. • 포트폴리오는 유아의 개인차를 고려하고, 다양한 능력에 초점을 맞춘다. • 유아는 부모, 가족 구성원 및 교사와 협력하여 포트폴리오 항목들을 선정하고, 자료를 수집하며 반영하는 데 직접 참여가 가능하다. • 포트폴리오 평가자료는 1년에 걸쳐 지속적이고 체계적으로 수집한다.

SESSION #8

MEMO

3 포트폴리오 평가의 유형

• 포트폴리오의 유형
- 쇼어와 그레이스(Shores & Grace)는 개인 포트폴리오, 학습 포트폴리오, 인수 포트폴리오로 나누었다.
- 다니엘슨과 압루턴(Danielson & Abrutyn, 1997)은 포트폴리오 평가의 유형을 진행(혹은 학습) 포트폴리오, 전시 포트폴리오, 평가 포트폴리오로 나누었다.
- 키멜도르프(Kimeldorf)는 포트폴리오 평가의 유형을 학습자 포트폴리오, 연구 포트폴리오, 전문가 포트폴리오, 개인 포트폴리오 등으로 나누었다.
- 발렌시아(Valencia, 1998)는 포트폴리오를 평가목적에 따라 전시용, 기록용, 평가용, 과정용, 종합용으로 분류하고 있다.

유형	내용
진행(학습) 포트폴리오	• 학습자의 학습 과정이 발생하는 초기부터 학습 과정에 나오는 산출물을 포함하는 포트폴리오로서, 학습자의 변화 과정을 살펴볼 수 있도록 만든 것이다. 여기에 포함되는 결과물은 최종 결과가 아니며 계속해서 평가 결과를 첨가하고 보충하며 저장하고 추가하는 포트폴리오이다. • 현재 진행 중인 유아의 활동에 대한 전반적인 기록으로, 유아와 교사가 가장 빈번하게 활용하는 유형이다. • 학습 영역별 아동의 진보에 따른 각종 작품들로 구성된다. • 유아의 활동에 대한 기록, 초안, 작업표본, 자기반성기록 등을 포함한다.
전시 포트폴리오	• 유아가 수행한 최고의 학습결과나 학습행동을 모아 자료를 전시할 목적으로 제작하는 포트폴리오이다. • 유아가 성취한 가장 높은 수준의 성취를 표현하기 위한 것으로, 작품은 교사와 학습자가 협의하여 선정하는 것이 원칙이며, 이 과정에서 유아의 의견을 최대한 반영해야 한다.
평가 포트폴리오	• 교육목표에 따른 학습 결과를 나타내는 포트폴리오이다. - 프로그램의 목적과 목표, 기준에 따라 유아의 진보를 평가하기 위해 활용한다. • 학습내용에 대한 충분한 기술을 습득했는지, 다음 단계나 학년으로 올라가도 되는지에 대한 자료를 수집하여 학습 목표에 대한 이해, 성장, 변화 등에 대하여 평가한다. - 교사는 유아의 발달이 어떻게 향상될지, 앞으로의 성장과 학습에 필요한 것이 무엇인지를 평가하는 데 자료를 사용한다. • 일화기록, 체크리스트, 평정척도 등을 포함한다.
학습자 포트폴리오	• 학습자의 성취와 지식을 담아 수업과정이나 그 밖의 특별한 활동이 무엇인지 증명할 수 있는 포트폴리오이다. - 학습자 개인이 노력한 사항, 획득한 지식이나 기술의 표본들을 포함할 수 있다.
연구 포트폴리오	연구과제나 연구단계의 순서나 노력을 보여주는 다큐멘터리와 같은 포트폴리오이다.
교사-제작 포트폴리오	교사가 손쉽고 간단하게 사용하기 위해 만든 것으로, 여러 가지 자료를 담는 것을 목적으로 한다.
과정 포트폴리오	유아의 학습에서 발달과정을 나타내는 본보기들이 들어있는 포트폴리오로, 미완성에서 완성으로의 과정 혹은 비능률에서 능률적인 상태로의 변화 등에 관한 자료들로 구성한다.

MEMO

전문가 포트폴리오	• 전문인이 되기 위한 목표와 연구과제를 설정하고 전문가가 되기 위해 주제를 고르는 포트폴리오이다. – 현재 진행하고 있는 포트폴리오의 내용을 분석하여 따로 보관한다면 전문가 포트폴리오가 된다. – 이럴 경우 전문가 포트폴리오는 메타평가적 속성을 띤다.
결합 포트폴리오	전시 포트폴리오와 과정 포트폴리오를 결합한 형태를 말하는 것으로, 전시 포트폴리오와 과정 포트폴리오의 작품들에서 선택한 것으로 구성한 것을 말한다.
인수 포트폴리오	• 학년 말에 유아의 1년 동안의 활동들을 정리하고, 미래의 교사에게 참고할 수 있는 자료를 전하기 위한 포트폴리오이다. • 유아의 가장 대표적인 작품을 유아와 협의해 골라내어 구성할 수 있다.
개인 포트폴리오	• 교사의 일화기록, 부모 면담기록, 가정환경 조사 등 시간의 흐름에 따른 개별적인 유아에 대한 정보를 제공해 주기 때문에 학습 포트폴리오에는 포함되지 않지만, 보관될 가치가 충분하므로 개인 포트폴리오에 포함될 수 있다. • 병력사항, 부모의 전화번호 등의 비밀보장이 되어야 하는 유아의 개인정보를 포함한다. • 개인의 최종 포트폴리오는 학습자 개인의 장래 학습방향과 현 상태에 대해 조사하고 검토하는 데 도움을 줄 수 있다.

포트폴리오 생성 유형에 따른 분류(Kingore, 1993)

자연발생적 포트폴리오	학습활동을 전개하는 과정에서 자연스럽게 생성된 증거물·성과물 등의 자료모음을 말한다.
정기적 포트폴리오	계획된 교수활동 중에서 행사와 같이 주기적으로 행해지는 활동의 성과물을 말한다.
계획된 경험 포트폴리오	교육목표에 맞춰 표준화된 상황을 제시하고 그로부터 실행해야 할 경험들을 중심으로 한 내용들이 포함된 성과물을 말한다.

4 포트폴리오 평가의 장점과 단점

장점	• 발달과정에 대한 정보를 얻을 수 있다. – 포트폴리오 평가는 결과물이 만들어지는 과정과 그것에 대한 학습자의 반성적 사고 및 자기평가를 중요하게 여기므로, 학습 과정에서 학습자가 겪는 어려움 혹은 발달 과정 등에 대한 정보를 얻을 수 있다. • 학습자의 긍정적인 자존감 형성에 도움을 준다. – 학습자가 교사와 협력하여 평가 목표와 평가 준거의 설정, 자기평가나 동료평가의 실시, 협의회를 통한 평가 결과 활용 등에 참여할 수 있다. – 이러한 평가 과정을 통해 학습자는 긍정적인 자존감을 형성할 수 있다. • 일상의 환경 속에서 평가가 이루어진다. – 인위적인 검사 상황을 배제하고, 일상의 교육활동 진행과정에서 학습자의 행동이나 태도 등의 변화나 발달 상황 등을 총체적으로 파악할 수 있다. 그러므로 이를 위해 별도의 시간을 내어 평가할 필요가 없다.

MEMO

	• 학습자의 장점에 초점을 둔다. – 장기간에 걸친 작품이나 결과물의 수집을 통해 학습자가 어떤 것을 할 수 있고, 이전과 비교하여 어떤 점이 더 좋아졌는지 등을 알 수 있다. 그러므로 포트폴리오 평가는 학습자가 할 수 없는 것이 무엇인지에 주된 초점이 있기보다 무엇을 할 수 있는지에 관심을 갖게 해 준다. • 개별 학습자에게 적합한 평가를 실시할 수 있다. – 학습자의 연령, 발달 수준, 발달 영역 및 교육과정 영역, 교육기관의 목적 또는 그 이외의 여러 요인이나 상황에 따라 포트폴리오를 구성할 수 있다. – 따라서 개별 학습자에게 가장 적절하고 정밀하며, 발달적으로 적합한 평가를 실시할 수 있다. • 평가의 과정에 부모와 가족도 참여할 수 있다. – 학습자에 대해 가장 많은 정보를 가지고 있는 부모가 평가 과정에 참여함으로써 학습자에 대한 이해를 높이고 교육효과를 증진시킬 수 있다. • 협동을 장려한다. – 포트폴리오 평가에서 가장 많이 활용하는 동료평가를 통하여 다른 사람의 작품에 대한 평가능력을 기를 수 있을 뿐만 아니라, 다른 사람과의 협동적 학습능력도 기를 수 있다. – 또한 평가의 과정에서 학습자와 학습자, 학습자와 교사, 교사와 교사 간에 협력적 관계를 유지해야 하며, 그 결과 상호 간의 협동 및 신뢰감 형성에 기여할 수 있다.
단점	• 비용이 많이 들고, 장시간의 평가 시간이 문제로 지적된다. – 학습자의 작품을 모으고 평가하는 데 교사의 노력과 시간이 상당히 소요되며, 비용 또한 많이 든다. • 학습자들의 작품을 수집하고 조직·정리할 수 있는 충분한 공간이 확보되어야 한다. • 수집한 작품이 유아의 능력을 충분히 대변하지 못할 수 있다. • 대규모로 실시하기 어렵다. • 교사의 편견이 작용할 수 있다. – 교사가 학습자에 대해 가지고 있는 예비지식이나 개인적인 감정으로 인하여 기록물을 수집하고 평가하는 과정에서 학습자의 작품에 대해 과대 또는 과소평가할 수 있다. • 평가의 목적이나 방법에 대한 이해가 선행되지 않으면 단순히 유아 작품만의 모음이 될 수 있다. • 포트폴리오에 대한 내용의 타당성을 확보하기 쉽지 않고, 평가 결과에 대한 신뢰성 및 객관성을 확보하기 어렵다. – 자료수집과 평가 과정에 교사의 판단과 주관이 개입되고 또 교사마다 관점이 다르기 때문에, 같은 학습자에 대해서도 전혀 다른 작품을 수집하거나 전혀 다른 평가를 내릴 가능성을 배제할 수 없다. ➔ 해결방안: 포트폴리오 평가계획 수립 시, 평가 지침을 명확히 설정해야 한다. 평가 지침에 평가의 목표나 방향이 분명하지 않을 경우, 자료를 체계적으로 수집하기 어렵고 수집한 자료에 대해 주관적 해석이 이루어질 수 있기 때문이다.

MEMO

5 포트폴리오 평가의 구성

(1) 구성 요소

포트폴리오 평가를 위한 구성물은 다양한 영역에서 학습자의 활동 결과물을 장기간에 걸쳐 수집하는 것이 바람직하다.

작업 표본	학습자들의 활동 결과물로, 포트폴리오의 대표적인 자료이다. 작업표본은 다양한 영역에서 학습자의 진보를 나타내는 모든 자료를 지칭하며 학습자의 발달을 보여주는 일차적 자원이다.
	• 유아의 글이나 그림과 같은 평면 작품뿐만 아니라 활동 과정을 촬영한 비디오 자료나 사진 자료 • 유아들의 대화나 노래, 음악 연주 등을 녹음한 자료 • 유아의 이야기를 교사가 받아 적어준 것 • 유아가 읽은 책의 목록 • 유아가 평상시 보여주는 전형적인 수준의 작품 • 유아의 개성 및 학습 스타일을 보여주는 것 • 장점이나 유아 자신에게 의미가 있는 것 • 완성된 것과 미완성된 것 • 협동 작품 • 2차원 작품과 3차원 작품 등
날짜	• 포트폴리오에 넣을 작업 표본에는 날짜를 반드시 기록해야 한다. • 일정기간 동안 유아의 변화 양상을 살펴보기 위해서는 날짜가 분명히 기입되어야만 한다. • 교사가 날짜를 기입해 주거나 유아가 직접 기입하기도 하며, 날짜 도장을 마련하여 숫자 표현이 어려운 유아를 도울 수 있다.
내용 목차	• 포트폴리오의 내용 목차는 수집될 내용물들을 미리 표로 만들어 내용물이 첨가될 때 날짜와 영역을 표시하는 일종의 요약표이다. • 포트폴리오 앞부분에 넣어둠으로써 작업 표본에 대한 정보를 제공하고 이해를 돕는다. • 내용목차 점검을 통해 개별 유아가 선호하는 활동이나 좋아하는 영역 등에 대한 개략적인 파악이 가능하다.
분류표 (label)	포트폴리오는 다양한 영역에서 다양한 작품을 포함하므로 정리되지 않을 수 있다. 따라서 주제별로 분류하거나 교육과정 영역별로 분류표를 붙이면 도움이 된다.

MEMO

<table>
<tr><td>자기반영
(반성적
자기평가지)</td><td>• 자신의 활동에 대해 목표에 비추어 반성하거나 느낀 점, 새로 알게 된 것, 다음의 목표 등을 유아의 입장에서 스스로 정리하고 확인하는 것으로 유아 자신이 직접 남기는 코멘트이다.
– 유이의 반성적 자기평가 기록은 교사가 받아 써 줄 수 있다.

자기반영을 돕는 질문
– 제목을 무엇이라고 지었니?
– 어떤 재료들로 만들었니?
– 어떻게 만들었는지 말해줄 수 있겠니?
– 어떤 점을 자랑하고 싶니?
– 어떤 점을 바꾸고 싶니?
– 다음에 새로 한다면 바꾸고 싶은 부분은 어디니?
– 어떻게 하면 다르게 해 볼 수 있을까?
– 다음에는 무엇을 만들고 싶니?
– 이것을 만들면서 힘든(쉬운) 점은 무엇이었니?
– 힘들 때 어떻게 해결했니?
– 처음에 쓰기(만들기, 그리기) 전에 네가 생각했던 대로 되었니?
– 계획한 대로 되지 않았다면 달라진 점이 무엇이니? 왜 그렇게 되었니?
– 이것을 쓰는(만드는, 하는) 동안 어떤 기분이 들었니?
– 이것을 만들면서 새롭게 알게 된 것이나 친구들에게 가르쳐 주고 싶은 것은 무엇이니?</td></tr>
<tr><td>조언
(코멘트)</td><td>• 교사, 부모, 또래, 이외의 다른 사람들이 학습자의 활동에 대해 개인적 의견을 기록하는 것이다.
– 작업 표본에 코멘트를 첨가하면 평가목적에 적합하고 가치 있는 기록자료가 된다.
– 이 조언은 구어적으로 이루어지기도 하며, 유아의 작품 한켠에 간단히 기록해 줄 수도 있다.</td></tr>
<tr><td>학습일지</td><td>• 학습자가 스스로 경험한 것을 기록한 것으로, 학습자가 배우고 있는 것과 다음에 배울 것에 대한 학습자의 사고를 말해준다.
– 따라서 활동 진행과정이나 상황 설명, 어려움, 실수, 의문점, 좋은 점 등을 기록할 수 있고, 이것으로 교사와 학습자가 서로 의사소통할 수 있다.</td></tr>
<tr><td>관찰기록</td><td>• 관찰기록은 교사가 유아의 활동과 그 결과물을 지켜보고 남긴 기록을 말한다.
• 유아의 경우 다른 학교 급의 학생들에 비해 자신의 활동이나 진보에 대해 말이나 글로 나타내는 것이 다소 제한되므로 교사가 유아를 관찰하여 평가하는 것이 중요한 비중을 차지한다.
• 관찰기록물은 학습활동 포트폴리오에 포함시키기보다는 교사가 유아 개인의 사적인 정보를 모아 두는 개인 포트폴리오에 넣어두는 것이 좋다.
• 체계적인 관찰기록을 위해 일화기록, 표본기록, 평정척도, 체크리스트 등의 다양한 기법을 사용할 수 있다.</td></tr>
</table>

MEMO

(2) 포트폴리오의 내용 구성을 결정할 때 고려할 점(Wortham, Barbour & Desjean-Perrotta, 1998)

내용 구성 결정 시 고려사항	• 포트폴리오에 포함시킬 것을 결정할 때 다음 질문과 대답을 해 볼 필요가 있다. – 포트폴리오는 누구에게 보여주기 위한 것일까? – 학습자의 변화, 진보, 성장 등을 잘 보여주는 것일까? – 최상의 작품만 선정할 것인가, 진보를 나타내는 작품도 포함할 것인가? • 포트폴리오는 지식과 기능에서 유아의 성장을 나타내며 교사와 유아가 동의해야 한다. • 포트폴리오 구성요소에 대해 교사, 유아, 학부모가 정기적으로 심의해야 한다. • 포트폴리오의 내용 선정은 교육과정 및 수업목표와 연계되어야 한다. • 유아는 정기적으로 자신의 포트폴리오를 살펴보아야 한다. • 포트폴리오는 한 영역의 내용에만 의존하지 않아야 한다. • 포트폴리오가 정보 종합과 고찰에 용이하도록 요약이나 내용목록표를 삽입한다. • 유아의 작품이나 활동에 대해 교사가 의견을 제시해야 한다. • 유아의 행동에 대한 관찰결과를 포함해야 한다. • 교사는 포트폴리오의 목적과 활용에 대해 인식해야 한다.

(3) 포트폴리오 조직 시 유의사항

조직 시 유의사항	• 조직하는 기준을 어떻게 정할 것인가를 결정한다(누리과정 영역 / 발달영역 / 활동 영역). • 날짜를 기입하여 일정 시기마다 편집하고 결론을 내리는 시기를 미리 결정한다. • 내용물을 넣을 장소, 혹은 도구로 적합한 것을 결정한다. • 늘 조직하고 현재의 경향을 유지하도록 한다. • 학기 초부터 수집해 놓는 습관을 들인다. • 작품에 대해 유아와 자주 상호작용하는 것이 필요하며, 포트폴리오 해석을 위한 준거를 마련해 두는 것이 중요하다.

SESSION #8

6 포트폴리오 평가의 절차(효과적인 운영 방안)

(1) 계획하기	포트폴리오를 계획 없이 진행하여 자료를 모으면 단순한 '자료 모음집'이 될 수 있으므로, 포트폴리오 평가를 성공적으로 하려면 충분한 계획을 세워야 한다.
	• 누리과정의 목표와 내용을 근거로 평가의 지침을 명확하게 설정한다. – 교육과정에 근거한 체계적인 평가가 이루어지도록 하기 위함이다. • 자료수집에 대한 지침을 정한다. 지침에는 포트폴리오 평가의 목적, 수집할 항목(발달 영역, 흥미 영역, 생활 영역별 등으로 포트폴리오를 조직하는 기준), 수집할 내용물과 수집방법, 일정 시기마다 편집하고 결론을 내리는 시기, 상담과 협의 횟수 및 시기 등을 포함한다. – 교육과정상 중요한 활동, 내용 등을 고려하여 유아의 학습에 대한 수행상의 진보를 볼 수 있는 항목들에 대한 계획을 세운다. • 자료에 포함할 수 있는 것과 제한할 것을 결정한다.

MEMO

	• 포트폴리오 내용물을 보관하기 위한 장소를 결정하고 준비한다. – 교사 자신의 계획에 맞게 작품들을 담아둘 도구를 결정한다. 예 피자 박스, 구두 상자, 파일 등 • 1년을 기간별로 나누어 정보수집 시기와 수집기간을 정한다. – 학기 초, 중간, 얼마나 오래 모으는지를 결정한다. • 수집한 자료에 대한 활용방법을 정한다. 유아, 부모, 교사가 함께 소통할 수 있는 방안을 계획하고, 어떻게 활용할 것인지에 대한 것도 포함한다. • 평가 참여자에 대한 연수계획과 안내방법을 정한다. – 유아, 부모, 교사의 역할에 따라 포트폴리오 평가의 정의·목적 및 가치, 자료수집 방법 및 내용, 자료 해석방법 등에 대한 연수계획을 포함한다. – 유아는 실행 전보다, 실행하면서 자료를 보고 적절한 질문을 하여 자기반영을 할 수 있도록 계획한다.
(2) **실행하기 (수집)**	• 실행단계에서는 다양한 자료를 수집하여 그에 대한 평가가 진행된다. • 수집할 자료는 부모가 작성한 유아 개인 정보에 관한 기록, 유아의 작품이나 활동물, 일과 중 유아를 관찰한 기록물이다.
	① 보관함 준비하기 ② 내용 목차 작성하기 ③ 시간에 따른 다양한 작업 표본 수집하기(유아의 작품을 다양하게 수집) ④ 학습일지 기록하기 ⑤ 관찰기록하기 ⑥ 자기반영 및 조언자료 수집하기 • 유아의 작품을 지속적이면서 체계적으로 수집한다. • 수집된 자료에는 유아의 이름, 날짜, 설명, 제작의 과정을 기록한다. – 작품마다 그 작업을 할 때의 맥락에 대한 교사의 간략한 설명이나 해석을 첨가해 둔다.
(3) **자료해석 및 활용하기 (해석)**	**해석** • 포트폴리오의 과정에서 작품에 대해 유아와 자주 상호작용할 수 있도록 한다. • 포트폴리오의 해석을 위한 준거를 마련한다. • 교사의 주관에 치우치지 않도록 유의해야 한다. • 유아의 작품에만 의존하지 않고 사회 문화적 배경을 고려하여 총체적 해석을 한다. **활용** • 수집한 자료들을 분석해 생활영역이나 발달영역별로 범주화하여 동료교사나 전문가와 주기적으로 협의회를 할 때 자료로 활용할 수 있다. • 학년 말에 교사와 부모의 협의회를 통해 개별 유아를 위한 교육방향을 의논하여 다음 해에 반영되도록 한다. • 한 해의 마지막 협의회에는 다음 해에 대상 유아를 담당할 교사도 참석하여 교육의 방향을 잡을 수 있다.

MEMO

	발달영역별 평가	• 발달영역에 따라 유아의 현재 수준을 서술한다. 예 덧셈과 뺄셈을 할 수 있다. • 유아의 진보에 관해 서술한다. 예 3월에 두발 자전거를 못 탔으나, 지속적으로 연습하여 1학기 말에 스스로 자전거를 탈 수 있게 되었고 자신감이 생겼다.
	종합평가	• 유아의 특성과 관심영역에 대해 서술한다. 예 의사소통 능력이 초기보다 좋아졌으며, 또래관계 유지가 향상되어 사회성이 잘 발달된 편이다. • 발달영역별 평가에서 도움이 필요한 부분에 대한 지도 방법이나 계획을 서술한다. 예 규칙 지키기의 내면화와 측정과 관련된 활동을 경험하도록 지도하는 것이 필요하다. • 유아의 재능이나 장점 또는 개별화된 지도가 필요한 점에 대해 서술한다. 예 미술활동에 자신감을 가지고 창의적 성향을 보이므로 이를 위한 지도나 프로그램이 필요하다.

SESSION #8

7 포트폴리오 평가의 평정방법

자기평가	• 자기평가는 과거 경험이나 학습을 회상하고 이해하며 명백하게 하려는 과정이다. 즉, 학습자가 학습 준비부터 학습 결과의 평가에 이르는 전 과정에 걸쳐 자신의 학습상황이나 행동을 스스로 평가하여, 바람직한 결과가 유지되고 발전될 수 있도록 학습방법을 개선·조정하는 일련의 과정이다. • 자기평가의 장점 – 비교적 단시간에 시행할 수 있고, 학습자가 직접 평가에 참여할 수 있으며, 이를 통해 자율성을 기를 수 있다. – 자기평가는 학습자의 학습동기를 촉진할 수 있다. • 자기평가의 단점 – 학습자가 자신을 충분히 파악하지 못했을 경우 무의식적인 방어기제나 의도적인 동기 등으로 인하여 자료의 신뢰도와 타당도에 제한이 있다.
동료평가	• 동료평가는 학습과정의 결과에 대한 주변 동료의 평가를 말하는 것으로, 학습자끼리 서로 평가하는 것을 말한다. – 동료평가는 동료 간의 작품을 서로 공유하고, 설명을 구체화하며, 학습자로서 토론하여 자신의 생각을 수정하게 된다. 그리고 시작할 때의 수준과 끝날 때의 수준을 서로 비교·검토하여 성장을 발견하게 해준다. • 포트폴리오 평가에서 동료평가를 사용하는 이유 – 모든 학습자의 인지적 능력, 의사소통 기능과 함께 협동심, 소속감, 학습통제력을 함양하는 등 포트폴리오 평가를 통해 교수·학습효과를 거두는 수단이 될 수 있기 때문이다.

MEMO

교사평가	• 교사평가는 교사의 학습자 평가와 교사의 자기평가로 나눌 수 있다. – **교사의 학습자 평가**: 학습자들의 목표 정하기, 포트폴리오 조직하기, 학습자들이 반성하기 등을 잘할 수 있도록 지원하고, 학습자 평가를 통하여 학습자에게 피드백을 줄 수 있다. – **교사의 자기평가**: 학습자들이 학습하는 것처럼 교사 자신의 교수에 관한 자기평가를 통해 반성할 수 있는 평가를 말한다.

8 포트폴리오 평가의 참여자 역할

교사의 역할	• 교사는 학습자들이 평가의 주체로 활동할 수 있도록 그들의 생각을 존중하고, 학습과 평가의 책임을 수행할 수 있게 배려해야 한다. – 평가과정에 학습자들을 참여시킬 방법을 고안하고 실행해야 하며, 수업과정에서 교수와 평가를 통합하는 역할을 해야 한다. – 포트폴리오 평가에서 얻은 자료를 통해 학습자들을 충분히 이해하고, 그것을 바탕으로 개별화된 수업을 준비할 수 있어야 한다. – 포트폴리오 평가를 성공적으로 실행하기 위해 교사는 부모와도 적절한 협력관계를 맺어야 한다. – 자료 개발과 평가에 이르기까지 동료교사와 협력적으로 작업하고 분담하는 것도 필요하다.
학습자의 역할	학습자는 포트폴리오 평가의 대상이자, 자신이 직접 평가를 수행하기도 하고 평가를 통해 실질적으로 혜택을 얻는 수혜자이다. **유의점** • 학습자가 자발적이고 적극적으로 참여하도록 유도하고, 또래를 평가자로 활용하도록 한다. • 학습자가 스스로 자기반영(자기평가)을 할 수 있게 이끌도록 한다.
부모와 행정가의 역할	• 부모는 평가 결과의 중요한 사용자이자, 학습자에 관한 정보생산자 혹은 정보제공자로서의 역할을 한다. – 부모는 학습자에 대한 정보를 제공하고 교사, 학습자와 공유함으로써 학습자에게 가장 적절한 방식으로 일관성 있게 교육하는 파트너 역할을 한다. • 행정가는 포트폴리오 평가 결과의 대표적 소비자이다. – 교육 현장에서의 교육활동이 교육과정의 목표를 계획한 대로 달성했는지를 확인하는 교육과정의 지도자 역할을 수행하는 것이 필요하다. – 행정가는 교사, 부모, 행정당국, 지역공동체에 학습자의 학습과 평가를 위한 대안적 방법의 필요성을 인식시킬 계획을 수립해 새로운 평가방법이 정착되도록 한다.

MEMO

9 포트폴리오의 가치

<table>
<tr><td>포트폴리오의 가치</td><td>
• 효율적인 평가도구로서의 역할을 한다.
– 포트폴리오 평가는 표준화 검사와 달리, 학습자 중심 학습에서의 성과물들뿐만 아니라 학습 발달과정의 평가 방법까지도 종합적으로 알아볼 수 있다.
– 학습자 스스로가 목표를 설정하고 평가활동에 직접 참여할 수 있으므로 평가에 대해 능동적으로 생각할 뿐만 아니라, 자기평가, 동료평가, 교사평가를 다양하게 이용할 수 있기 때문에 교육의 효과 면에서 효율적이다.
• 학습자의 반성적 사고를 높이는 도구 역할을 한다.
– 포트폴리오 평가를 통해 학습자가 자신의 수준을 발견하고 부족한 부분을 찾아 무엇을 해야 할지를 결정하게 함으로써 학습자의 반성적 사고를 높인다.
– 포트폴리오의 반성효과에 의해 학습자 스스로가 학습－평가활동의 주체가 되며 자신의 활동에 대해 깊은 사고를 하게 한다.
• 학습 동기의 증진 및 자율성 향상의 도구로서 가치가 있다.
– 포트폴리오 평가는 평가 과정에 학습자들을 참여시킴으로써 학습자는 스스로 포트폴리오 평가 활동의 주체가 되어 자신의 목표를 성취했는지에 대해 교사와 함께 평가하게 된다. 이러한 과정을 통해 학습자의 자율성을 강조할 뿐만 아니라 교육활동에 대한 학습자의 책임도 생각하게 한다.
• 교수계획 수립 및 교수전략의 도구 역할을 한다.
– 포트폴리오 평가는 교수활동과 바로 연결될 수 있으므로 개별 학습자에게 적절한 교수계획을 수립하기에 효과적인 도구이다.
– 또한 획일적이고 통제적인 교육의 문제점을 해결해 줄 뿐만 아니라 교수를 돕는 학습자 중심의 교수전략 도구이다.
– 유아교사는 유아들의 작품들을 검토하고 행동을 관찰하면서 교육활동의 수준을 계획하거나 수정할 수 있으며, 역동적인 교수 전략을 수립할 수 있다.
• 연계성 있는 교육을 위한 정보 제공의 도구로서 가치가 있다.
– 포트폴리오는 학년이나 교사가 바뀔 경우에도 교사가 개별 학습자에 대해 알 수 있는 많은 정보를 제공한다.
– 교사는 학습자의 포트폴리오를 검토하여 발달 정도나 관심 영역에 대해 알 수 있으며, 이를 통해 더욱 연계성 있는 교육이 이루어질 수 있다.
• 의사소통의 도구 역할을 한다.
– 포트폴리오는 일방적인 교사의 지식 전달이 아닌 학습자와 교사 간의 상호작용과 의사소통의 장으로서의 역할과 기능을 수행한다.
– 또한 포트폴리오 평가는 부모나 동료교사, 행정가, 기타 사람들에게 더욱 구체적이고 의미 있는 정보를 제시할 수 있다.
</td></tr>
</table>

		CHECK 1	CHECK 2	CHECK 3
UNIT01	교육과정의 개념			
UNIT02	교육과정의 관점과 개념의 변천			
UNIT03	교육과정의 유형			
UNIT04	유아교육의 특성과 성격			
UNIT05	유아교육과정의 개념			
UNIT06	유아교육과정의 유형 분류			
UNIT07	유아교육과정의 이론적 배경			
UNIT08	한국 유아교육 체제의 변화			
UNIT09	유치원 교육과정 및 누리과정의 변천			
UNIT10	교육목표 설정 시 고려해야 하는 3가지			
UNIT11	교육목표의 수준 및 교육목표 설정			
UNIT12	교육목표의 분류			
UNIT13	교육목표 진술			
UNIT14	교육 내용 선정			
UNIT15	교육 내용 유형-Schwartz & Robinson			
UNIT16	교육 내용 조직방법			
UNIT17	유아교육의 교수학습 원리			
UNIT18	유아를 위한 교수학습 전략			
UNIT19	교수학습 과정			
UNIT20	교수학습 이론			
UNIT21	유아교육과정 운영을 위한 교수학습방법의 일반적 원리			
UNIT22	유아교육과정 운영에 따른 교사의 지원			
UNIT23	교육평가			
UNIT24	교육계획			
UNIT25	현장학습			

유치원 교육과정 및 운영

I 교육과정

MEMO

UNIT 01 교육과정의 개념

#KEYWORD 국가 수준의 교육과정

유아교육과정은 일반 교육과정의 토대와 맥락 위에서 발생하였기 때문에 먼저 교육과정의 개념을 살펴보아야 한다. 교육과정의 정의는 관점에 따라 다양하므로 그것의 여러 개념적 정의와 유형을 알아보고, 유아교육과정의 특성과 이를 반영한 여러 개념적 분류를 살펴볼 필요가 있다.

1 교육과정의 개념 변화

교육과정의 개념 변화	• 교육과정은 영어로 'curriculum'(커리큘럼)이며, 말이 달려야 하는 정해진 길이라는 의미로 이를 학교 상황에 적용해 보면, 학생들이 공부해야 할 일련의 정해진 내용, 즉 교수요목(course of study)으로 교육과정의 의미를 해석할 수 있다. • 전통적 의미의 교육과정은 학교에서 배우는 교과목이나 이를 통해 배우는 교육 내용으로 정의되어 왔다. – 즉, 학습자의 흥미나 수준, 적성 등을 고려하지 않고 교사가 일괄적으로 교육 내용을 제시하면 학습자들이 이를 수동적으로 받아들이는 것을 전제로 한다. – 따라서 교육과정은 누구에게나 같은 내용으로 공통 교육과정화 되었으며 다양성보다는 공통성이 강조되었다. 즉, 인간으로서 보편적으로 배워야 할 중요한 객관적인 지식이나 규범적인 가치들이 공통 교육과정 내용으로 포함되었다. • 1970년대 이후 시작된 재개념주의에서는 교육과정이 학교 안에서의 교과목이나 경험이라는 제한적 의미를 넘어 삶의 궤적(course of life)이라는 의미로 재해석되었다. 교육과정에는 교과 교육과정뿐만 아니라 교과 외 교육과정도 포함되고, 학교 교육과정뿐만 아니라 학교 밖 가정과 사회에서 학생들이 겪는 경험 역시 포함된다. – 이 관점에서의 교육과정은 학습자 개개인의 특성과 경험에 따라 차별화되며 학습자를 능동적 존재로 가정한다. – 따라서 공통 교육과정보다는 선택적 교육과정이 강조되고 객관적 지식뿐만 아니라 주관적 경험과 관계 등이 중시된다.

MEMO

교육과정 개념의 변천

전통적 교육과정	1970년대 이후	재개념주의 교육과정
고정된 교육과정	➡ 재개념화	유동적 교육과정
수동적 학생을 가정함		능동적 학생을 가정함 (학생이 능동적으로 경험하는 교육과정)
공통 교육과정이 강조됨		선택 교육과정이 강조됨
객관적 내용이나 경험이 강조됨		주관적 경험 및 타 경험과의 관계를 강조함
학교 교육과정에 한정		학교 교육과정은 물론 학교 밖 경험까지 포함
공식적 교육과정에 한정		잠재적 교육과정을 포함
교과목(course of study)으로서 교육과정		개인의 삶의 궤적(course of life)으로서 교육과정

SESSION #9

2 슈버트(Schubert, 1992)가 제시한 8가지 유형의 교육과정 정의

구분	내용
교과목 또는 교과목의 교육 내용으로서 교육과정	• 오늘날 가장 일반적이고 보편적으로 이해되는 교육과정의 의미로 학교에서 학생들이 배우는 교과목이나 교육 내용의 조직·목록으로서의 교육과정을 말한다. – 지금까지 오랫동안 학교 교육과정이 교과중심(subject-centered)으로 이루어졌기 때문에 이는 가장 전통적이고 보편화된 정의라고 할 수 있다. – 교과목 중심의 정의는 교육과정을 교과과정(course of study)과 동일하게 보는 관점으로, 교육과정과 교과과정 용어를 혼용하기도 한다. **단점** 교육과정을 교과과정으로만 한정할 경우 창의적 체험활동이나 동아리활동, 봉사활동과 같은 비교과과정과 일상에서 학생들이 겪는 유의미한 경험이 간과되기 쉬우며, 인성이나 창의성 교육 등이 소홀히 이루어질 우려가 있다.
계획된 프로그램으로서 교육과정	• 교과목 또는 해당 교과목의 교육내용으로서의 교육과정과 관련된 것으로, 교육목적을 이루기 위해 계획한 모든 교육활동을 포괄하는 개념이며, 교육내용의 범위(scope)와 계열(sequence), 교수학습방법, 교육평가 등을 조직화하여 문서화한 형태로 존재한다. 예 국가 수준 교육과정 문서, 시·도 교육청의 교육과정 지침, 학교의 교육과정 운영계획서, 수업계획서로의 교수요목이나 교과서, 교사용 지도서, 차시별 수업지도안 등이 계획된 프로그램으로서의 교육과정에 포함된다. **단점** 모든 교육활동을 사전에 계획하기 어렵다는 점과 계획을 지나치게 강조하다 보면 학습과정을 소홀히 하기 쉽다는 한계가 있다.
의도된 학습 결과로서 교육과정	• 계획된 프로그램으로서 교육과정이 사전 계획에 강조점을 두는 것에 반해, 의도된 학습 결과로서 교육과정은 수업 후 나타나는 결과에 초점을 둔다. – 즉, 교육활동이나 수업, 프로그램 자체보다 학생들에게 나타나는 의도된 학습 결과에 초점을 둔다(Posner, 1982). 따라서 교육과정에서 행위동사로 진술된 성취 기준을 구체적으로 제시한다는 특징이 있다.

MEMO

	ⓔ 초등학교 교육과정에 성취 기준을 도입하여 학생들이 학습을 통해 성취해야 할 지식과 기능, 태도 등의 핵심역량과 특성을 진술한 것은 이 정의에 해당하는 사례이다. **단점** 모든 학생이 의도된 학습 결과를 성취했다고 하더라도 학생마다 성취한 수준과 질적인 양상이 다를 수 있으므로 개별 학생의 학습 결과를 정확히 파악하기 어렵고, 의도하지 않은 학습 결과를 간과한다는 점이 한계로 지적된다.
수행할 과업으로서 교육과정	이 정의는 교육과정을 특정 목적 달성에 필요한 기술, 기능, 과제 등의 과업으로 보는 것으로, 근대의 회사나 공장 등의 산업체에서 시행되는 훈련 프로그램에서 유래되었다(홍후조, 2016). ⓔ 읽기, 쓰기, 셈하기의 3R이나 특정 직업에 필요한 기술은 수행할 과업으로서 교육과정의 예라고 볼 수 있다. **단점** • 교육과정을 과업으로 보면 그 범위나 의미가 매우 축소된다. • 20세기 산업사회가 요구하는 인재를 양성하는 데는 적절할 수 있으나, 4차 산업혁명 시대 인재에게 필요한 창의력, 문제해결력, 비판력 등을 향상하는 데 적절하지 않다는 비판을 받는다(김대석, 2017).
사회를 개선하는 활동 (사회를 개선하는 프로그램)으로서 교육과정	• 이 정의는 사회를 새롭게 만들기 위해 학생들을 의식화하고 문화와 사회를 개선할 수 있는 능력 및 신념을 길러주는 교육과정을 말한다(홍후조, 2016). – 이는 교육을 통해 사회의 부조리와 모순을 개선하는 데 적극적인 행동가를 기르고자 하는 관점에서 출발한 정의이다. – 이러한 관점은 현대 사회와 문화가 위기에 봉착했음을 전제로 하고, 이에 대한 대처로서 문화를 재건하는 학교의 역할을 강조한다. – 또한 기존 학교의 기능인 사회화에 반대하고, 학교 교육을 통해 불합리한 사회문제를 해결함으로써 문화 재건의 능력을 기르는 사회적 자아실현을 주장한다(조용진, 1990). **단점** 교육과정을 사회 개선 및 문화 재건을 위한 활동으로 보는 것은 매우 급진적이고 비판적인 관점이며, 역사적으로 보수적 제도교육 성격인 학교 교육과정에 적합하지 않다는 한계가 있다(김대석, 2017).
사회재생산 도구로서 교육과정	• 이 관점에서는 현 세대의 정치, 경제, 문화적 체제를 다음 세대로 전수하는 도구로서 교육과정을 정의한다. – 학교 교육은 사회의 유지와 발전을 위해 필요한 지식이나 가치를 재생산하는 역할을 담당하는 것으로, 이는 지식과 교육을 가치중립적이고 객관적인 것으로 보지 않고 특정 계층의 관심과 이익을 대변한다고 보는 관점에서 출발한다(김재건, 1995). – 특히 사회적으로 지배적인 문화와 가치를 교육과정 내용으로 구성하여 지배집단의 지식, 가치, 행동양식과 세계관을 학습자가 자연스럽게 받아들이게 한다고 본다. 즉, 지배계층의 규범과 가치, 문화를 교육과정을 통해 정당화함으로써 이를 더욱 공고히 하는 것으로 보는 관점이다(Bourdieu, 1977; Bowles & Gintis, 1976). **단점** 복잡다단한 세계를 지배와 피지배의 단순한 이분법적 구도로 인식하며, 이러한 인식에서 출발한 교육과정 역시 단순한 관점으로 축소되었다는 한계가 있다.

MEMO

학생이 학교에서 겪는 의미 있는 경험으로서 교육과정	• 전통적 관점에서의 교육과정은 교과목 또는 교과내용 자체를 교육과정으로 본다. 그러나 교육과정은 교과 시간에 배우는 정해진 내용뿐만 아니라 학교에서 겪는 의미 있는 경험 모두를 포괄하는 것으로 의미가 점차 확대되어 왔다. – 슈왑(Schwab, 1978)은 교육환경, 교육 내용, 교사, 학습자의 4가지 요소가 복잡하게 상호작용하는 것을 교육과정으로 보았다. 4가지 요소가 마치 유기체와 같이 여러 상황에서 다채롭게 조화되기 때문에 교육과정은 정해진 틀에 고정되지 않고 무궁무진하게 다양화되는 것이다. **단점** 교육과정을 계획·실천하거나 성과를 분석하기 어렵기 때문에 교육과정으로서 실효성을 지니는지를 확신할 수 없다는 한계가 있다.
개인의 삶에 대한 해석으로서 교육과정	• 이 정의는 교육과정을 보는 가장 포괄적인 관점으로, 한 개인이 자신의 삶을 만들어 가는 과정에 영향을 미친다고 해석한 모든 경험, 환경, 영향력을 교육과정으로 본다. – 학습자를 '현재에서 의미를 찾고 이와 관련된 과거의 경험을 조합·재구성하면서 미래를 계획·창조해 가는 주체'로 보며, 이 같은 해석과 성찰의 결과를 교육과정으로 포괄한다(Pinar et al., 1996). 즉, 교육과정은 개인이 살아온 독특한 삶에 대한 반성과 성찰, 해석, 기획을 토대로 만들어진다고 볼 수 있다. **단점** 보편적 지식과 가치관을 가르치는 일반적인 공교육에서는 실천하기 어렵고, 자기성찰은 개인적 책임이므로 사회적 공동체를 유지하기 위한 책임도 함께 지니는 공교육에서는 이를 강조하기 어렵다는 한계가 있다(홍후조, 2016).

3 교육과정의 필요성

국가의 교육과정 기준 설정 필요성	현대 국가의 의무	국가는 교육적인 측면에서 일정한 표준을 설정해야 한다.
	교육의 질적 기회 균등 보장	지역, 유치원, 교원, 교육환경에 상관없이 일정 수준 이상의 교육을 보장받을 수 있어야 한다.
	연령 및 수준별 교육 내용의 일관성과 체계성 유지	교육 내용의 영역, 범위, 수준, 학습량 등에서 계통성을 갖추고 일관성을 유지하기 위해 필요하다.
	학교 교육의 일정 수준 확보	각 유치원의 교육이 일정 수준을 유지하려면 해당 유치원에서 이루어지는 교육에 대한 관리가 필요하다.
	교육의 중립성 확보	교육에 가해질 우려가 있는 부당한 압력이나 간섭, 편향된 교화, 선전 등을 방지하여 교육의 중립성을 확보하기 위해 기준의 필요성이 강조된다.
	교육 목표 달성에 대한 국가의 책무	교육 내용 기준의 설정은 교육 제도와 조직·운영을 위임받은 국가의 일차적인 책임으로, 국가의 교육행정기능 중 가장 중요한 일에 해당한다.

MEMO

<table>
<tr><td rowspan="2">국가 수준 교육과정의 한계 및 극복방안</td><td>한계</td><td>국가 수준의 교육과정은 전국 유치원에서 다루어야 할 공통적이고 일반적인 기준이기 때문에 각 지역 및 유치원의 특수성과 실정, 필요, 요구를 충분히 고려하기 어렵다.</td></tr>
<tr><td>극복방안</td><td>• 시 · 도 교육청에서는 지역의 특성을 반영한 지역수준의 교육과정 편성 · 운영 지침을 작성하여 제시해야 한다.
• 지역 교육청에서는 교육과정 편성 · 운영의 장학자료를 작성, 제시해야 한다.
• 유치원에서는 국가 수준의 교육과정, 시 · 도 교육청의 교육과정 편성 · 운영 지침, 지역 교육청의 장학자료를 기초로 해당 유치원의 실정 및 유아, 교원, 주민의 요구와 필요 등을 반영한 유치원 교육과정을 편성 · 운영해야 한다.</td></tr>
<tr><td rowspan="5">유치원 교육과정 편성 · 운영의 필요성</td><td colspan="2">유치원 교육과정은 특색 있는 각 유치원의 교육 설계도이자, 상세한 교육 운영을 위한 세부 실천계획이다.</td></tr>
<tr><td>교육의 적합성 신장</td><td>• 지역이나 유치원의 특수성, 교육의 실태, 유아 · 교원 · 학부모의 요구와 필요를 반영하여 해당 유치원의 교육 중점을 설정하고 운영할 수 있다.
• 유치원 교육과정의 편성 · 운영은 국가 수준의 공통성과 지역, 유치원, 개인 수준의 다양성을 동시에 추구하는 교육과정이므로 유아 · 교원 · 학부모가 함께 실현해 나가는 교육적인 노력이 필요하다.</td></tr>
<tr><td>교원의 자율성과 전문성의 신장</td><td>• 유치원 교사는 유아의 능력과 욕구, 유치원의 지역적인 특수성을 가장 잘 이해하므로, 유치원 교육과정의 편성 · 운영은 교원의 전문적인 업무라고 볼 수 있다.
  – 따라서 유치원 교사가 교육과정 편성 · 운영 과정에 능동적이고 적극적으로 참여하도록 유도함으로써 자율성과 전문성을 신장할 기회를 제공할 수 있어야 한다.
• 교육청 및 기관의 원장은 교사가 지역이나 유치원의 실정에 따라 자율성을 발휘하여 교육과정을 운영할 수 있도록 이를 보장하고 지원해 주어야 한다.</td></tr>
<tr><td>교육의 다양성 추구</td><td>획일적인 지식 주입식 교육에서 탈피하여 유아 개개인의 적성에 맞는 개별 교육을 실천하기 위해서는 '교육과정 중심의 유치원 교육체제'로 전환되어야 한다.</td></tr>
<tr><td>학습자 중심의 교육 구현</td><td>• 개개인의 적성, 흥미나 관심에 따라 교육 내용에 대한 유아의 선택권을 확대하기 위하여 유아의 발달 단계에 알맞은 유치원 교육과정이 필요하다.
• 유치원 교육과정의 편성 · 운영을 통하여 유아 개인의 특기, 관심, 흥미를 담은 새로운 영역과 내용을 설정함으로써 학습자 중심의 교육과정으로 융통성 있게 구성하여 탄력적으로 운영하는 것이 가능하다.</td></tr>
</table>

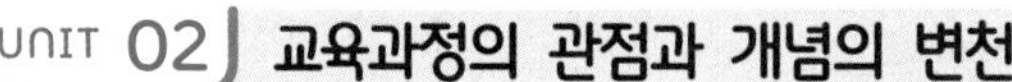

UNIT 02 교육과정의 관점과 개념의 변천

#KEYWORD 경험중심 교육과정, 학문중심 교육과정, 인간중심 교육과정

- 교육과정의 관점: 교육과정은 어떤 관점에서 교육의 가치와 의미를 규정하는지에 따라 다양하게 분류할 수 있다. 교육에 대한 철학과 교육목적, 교육 내용 선정과 조직, 교수학습 및 평가 등의 관점에 따른 교육과정의 성격 차이는 확연히 드러난다.
- 교육과정 내용 구성방식에 따른 개념: 교육과정의 개념을 교육 내용의 구성방식에 따라 이해하는 입장이다. 즉, 교육 내용이 '가르치는 교사 중심이어야 하나? 배우는 학습자 중심이어야 하나?', '논리적으로 조직된 교과목으로 구성되어야 하나? 심리적으로 조직된 교과목이어야 하나?', '보편적이고 절대적인 지식 중심으로 구성되어야 하나? 학습자의 흥미와 관심에 따른 경험 중심으로 구성되어야 하나?' 등에 대한 탐색에 따라 교육과정의 개념이 다양하게 구분·변천되어 왔다.

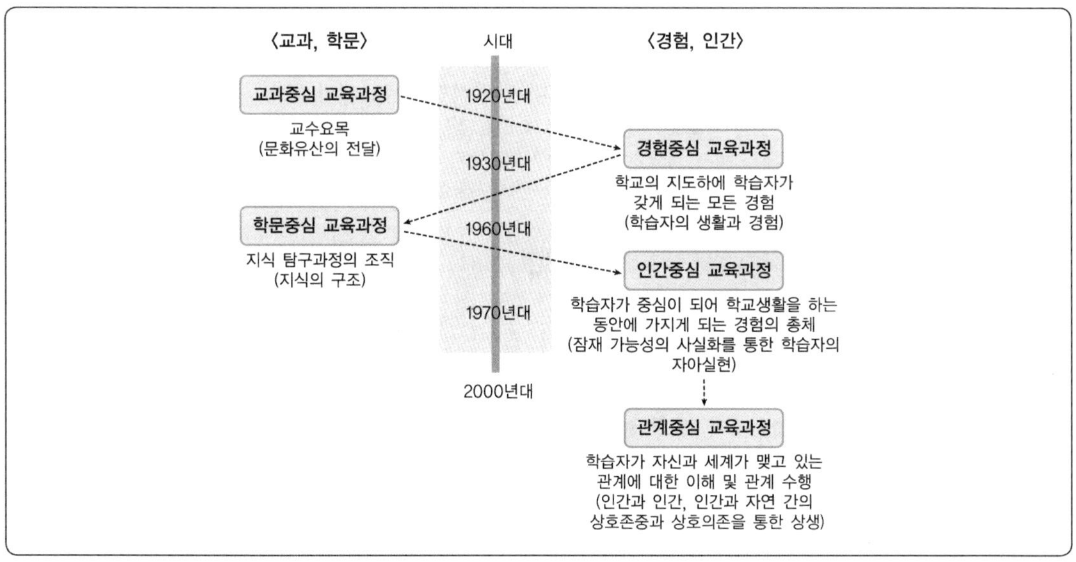

교육과정 내용 구성방식에 따른 개념의 변천

MEMO

❶ 교과중심 교육과정(subject-centered curriculum)

배경	• 교과중심 교육과정 개념은 미국을 중심으로 한 본질주의 교육사상과 연계된다. – 본질주의 교육사상은 우리가 지녀온 문화적 전통 가운데 항구적인 가치를 지닌 본질적인 요소를 찾아 교육해야 한다는 것이다. – 따라서 학교는 항상 변하는 일시적인 것보다는 항구적인 것을, 현상적인 것보다는 본질적인 것을, 단편적인 사실보다는 원리원칙을, 실제적인 것보다는 이론적인 것을 중시한다.
개념 및 정의	• 교육과정의 개념을 교수요목(course of study)으로 보는 견해로, 인류가 오랫동안 경험을 통해 쌓은 지식인 *교과지식을 가르치고 배우는 것이다. – 즉, 학습자 개인의 흥미에 기반한 탐구가 아니라, 보편적이고 항구적이며 본질적인 진리 탐구를 중시한다.
교육목적	인류의 문화유산을 후세대에 전달함으로써 학습자의 합리적인 이성(logos)을 개발하는 것에 있다.
교육 내용	교육 내용은 보편타당하고 핵심적이며 객관적인 사실, 개념, 또는 윤리와 가치 등이다. 예 사회 구성원과의 소통에 필요한 태도, 용어 등의 숙달 예 생산적 구성원으로서 필요한 읽기, 쓰기, 말하기, 셈하기 등의 숙달 예 원만한 구성원이 되기 위한 가치(배려, 정직, 충성, 공감 등) 교육 등 궁극적인 교육목적: 합리적인 사고능력 개발 ↑ 1차적 교육목적: 문화유산이 담긴 교과지식 공부 ↑ 교육 내용: 문화유산 중 중요하고 핵심적이며 객관적인 사실, 개념, 법칙, 가치, 기능 등(교과목) 출처: 김대석(2017), 「쉽게 풀어 쓴 교육과정과 수업」, 박영스토리 **교과중심 교육과정의 교육 내용과 교육목적**
교수학습 방법 및 평가	• 학교는 교과목을 통해 체계화된 교과지식을 모든 학생에게 효율적으로 전달하는 역할을 한다. – 개별 학습자의 주도적 탐구보다는 교수자(교사) 중심의 설명식 교수학습방법을 사용한다. – 평가는 학습자가 교과지식을 잘 이해하고 내면화했는지를 확인하는 지필시험 형태로 이루어진다.
단점	• 교과중심 교육과정은 학습자의 개성이나 창의력, 비판적 사고력을 계발하는 데 제한적이다. • 기성세대나 사회의 권위를 무비판적으로 수용하는 수동적 태도를 배우게 되고 교육현장에서 권위적인 교육관으로 발현된다는 점에서 민주적 교육관과 대치된다는 비판을 받는다(김대석, 2017).

* 교과
교과란 인류가 발견하고 이룩해 낸 다양한 지식과 문화 중 중요한 것들을 선정하여 체계적으로 구분, 조직한 것이다. 따라서 교과중심 교육과정은 언어, 수학, 과학, 사회, 음악 등 전통적인 교과 학습을 중요시한다(김대석, 2017).

MEMO

2 경험중심 교육과정(experience-centered curriculum)

배경	• 경험중심 교육과정은 20세기 초 진보주의 교육사상의 출현과 더불어 교과중심 교육과정에 대한 비판과 회의에서 시작된 교육과정으로, 대표학자로는 듀이(J. Dewey)를 들 수 있다. • 그 당시 교육계에서는 산업사회로 급변하는 과정에서 발생하는 각종 문제들을 교과중심 교육만으로는 해결하기 어렵다는 한계를 느끼고, 교육과정에 좀 더 실제적인 내용을 담거나 사회 변화에 유용하도록 바뀌어야 한다는 움직임이 시작되었다. – 교과중심 교육과정에서의 교과는 그 학문 내용과 조직의 테두리를 크게 벗어나지 못함으로써 현실생활과의 괴리를 심하게 나타낸다는 회의에서 비롯되었다.
개념 및 정의	• 경험중심 교육과정은 실생활과 밀접한 연관이 있는 문제들을 해결하는 데 중점을 두는 관점으로 교수자가 정해진 교과의 내용을 전달하는 것보다는 학습자가 어떤 흥미를 느끼고 어떤 경험을 함으로써 민주 시민으로 성장하는지에 관심을 둔다. • 교육과정의 개념을 '학교의 지도하에 학습자가 갖게 되는 모든 경험'으로 보는 견해로, 학습자가 학교에서 겪는 모든 교육적이고 유의미한 경험의 총체를 교육과정으로 본다. – 중요한 점은 이때의 경험이 교과지식을 배제하거나 부정하는 것이 아니라 이를 포함한다는 것이다. – 교과지식은 경험을 통해 학습자에게 의미 있게 도달되어야 하는데, 이를 위해 교과지식이 학문 안에서의 고유한 체계와 조직이 아니라 학습자의 흥미와 요구에 따라 재구성되어야 한다. 즉, 학습자의 심리적 요소인 흥미와 교과의 논리가 경험을 통해 만나 재구성되고 내면화됨으로써 학습자가 성장해 나간다. – 듀이와 경험중심 교육과정이 교과를 부정한다는 오해를 받기도 하지만, 이는 사실이 아니다. 교과 자체보다는 이것이 어떻게 학습자에게 의미를 갖는지 그 과정을 중시하고, 학습방법이자 통로로서 학습자의 개인적 흥미와 생활에 주목하며, 그 결과로 나타나는 아동의 계속적이고 발전적인 성장에 교육의 목표를 둔 것이다.
교수방법	• 경험중심 교육과정에서는 아동의 성장이라는 목표하에 학습자에게 의미 있는 경험을 중심으로 관련된 교과지식을 통합적으로 조직하여 교육 내용을 선정하고 체계화한다. • 또한 학습자의 경험과 성장을 중시해 학생의 관심과 흥미에 기반한 교수학습방법을 사용한다. 즉, 학습은 경험에서 출발하므로 직접적인 경험을 학습의 방법으로 삼고, 학습자의 실생활에 맞닥뜨리는 문제를 프로젝트 학습과 협동학습을 통해 해결해 가는 방식의 교수학습방법을 사용한다. • 교사는 학습자의 경험과 교과지식을 연결하여 학습자가 더 넓은 세계로 나아가고 진보하도록 도와주는 역할을 한다.
장점	학생의 흥미와 관심을 존중하고 이를 기반으로 학습 경험이 구성되므로 동기화 및 자발적 참여가 잘 이루어지고, 궁극적으로 실제적인 문제해결능력이 향상될 수 있다.
단점	교과지식을 체계적으로 학습하기 어렵고, 공통 교육과정에 소홀하기 쉬우며, 교사가 개별 학생의 흥미와 관심을 모두 교육과정에 반영하기 쉽지 않다는 한계가 있다.

MEMO

* 지식의 구조 — 『교육의 과정』(브루너, Bruner, 1960)
- 지식의 기본개념, 기본적인 아이디어, 핵심개념 등과 동의어로, 이는 교사가 학습자에게 주입하는 것이 아니라, 학습자 스스로 탐구의 과정을 통해 '발견의 기쁨'을 경험하는 것이 중요하다는 점을 강조한다.
- 학문중심 교육과정의 주창자인 브루너는 아무리 어려운 교과라도 이 구조를 잘 표현하면 어린 연령의 유아도 충분히 학습 가능하다고 보았다.

3 학문중심 교육과정(discipline-centered curriculum)

배경	• 1950년대까지 지속된 경험중심 교육과정이 학습자의 흥미를 기초로 한다는 점은 좋았으나, 구성방식에 있어 지식의 체계성이 소홀히 여겨지는 결함이 나타났다. 이처럼 학문중심 교육과정은 앞선 시대의 지배적 교육과정이었던 경험중심 교육과정에 대한 비판에서 출발하였다. – 타일러(Tyler)가 1949년에 제시한 『교육과정과 교수의 기본원리』에서 교육과정의 구성방식을 4단계(교육목적 및 목표의 설정, 교육 내용의 선정 및 조직, 교수·학습 과정의 계획 및 운영, 성취도 평가)로 나누어 교육계획의 철저함과 일련의 구조화된 학습결과를 강조한 것이 우선 작용하였다. • 학문중심 교육과정이 나타난 또 하나의 동기는 지식과 기술의 폭발적인 증가를 들 수 있다. 이를 교육하기 위한 해결책으로 한정된 학교의 교육기간 동안 효과적으로 가르칠 수 있는 지식으로서, 전이도가 높은 '* 지식의 구조(지식의 본질)'가 최선이라는 주장이 대두되었다. – 학습자들의 흥미와 실생활의 경험을 중시하는 경험중심 교육과정으로 인해 학력이 저하되었다는 주장과 함께, 1957년 소련의 인공위성 스푸트니크(Sputnik)호의 발사 이후 증폭된 미국의 과학기술과 교육에 대한 위기감은 학문중심 교육과정 출발의 도화선이 되었다.
개념 및 정의	• 미국의 교육심리학자인 브루너(J. Bruner)에 의해 제시된 개념으로, 교육과정이란 '각 학문에 내재한 지식 탐구과정의 조직'으로 보는 견해이며, 교육을 학문에 내재되어 있는 지식의 구조를 탐구하고 발견하는 것으로 본다. – 학문중심 교육과정에서는 교과의 지식이 각 학문의 구조를 중심으로 체계화되고, 학습자는 각자의 수준과 발달에 따라 적절한 수준에서 학문의 구조를 탐구한다. – 이 관점에서는 단편적인 사실이나 정보의 축적보다는 지식의 구조, 기본 개념, 원리 및 탐구방법을 강조한다.
교과내용	• 학문중심 교육과정에서 교과는 어린 연령부터 고등학생까지 동일하되 그 내용의 깊이와 폭, 수준이 점차 높아지는 나선형 방식으로 조직된다(나선형 교육과정). – 또한 학생들은 학습내용을 직접 탐구하면서 교과의 기본 아이디어를 직접 발견하고, 지적 희열을 느끼며 학습의 경향성을 갖출 수 있다. 따라서 학습의 결과보다는 과정을 중시한다.
교사 역할	• 교사의 역할은 지식을 전달하는 것이 아니라 자료를 제시하고 질문하며 학습을 안내하는 것이다. – 이러한 점에서 학문중심 교육과정과 교과중심 교육과정은 교과의 내용을 중시한다는 공통점이 있지만, 교사의 역할은 매우 다르다.
단점	• 지나치게 인지적 발달을 강조함으로써 학습자들의 정의적·신체적 발달을 이루기 어렵고, 결국 전인발달을 도모하는 데 한계가 있다는 점이다(김승희, 2018). • 수학, 과학 등 일부 학문의 지식 구조를 지나치게 강조하고 실생활이나 사회문제와 관련된 지식에는 소홀하였다는 점이다.

MEMO

4 인간중심 교육과정

배경	• 인간중심 교육과정은 20세기 후반 과학기술 발달과 함께 고도의 산업화가 진행되면서 교육을 인재 육성을 위한 수단으로만 인식하는 당시 사회 분위기에 대한 회의로 등장하였다. • 기존의 학문중심 교육과정이 교과를 통한 인지발달만을 중시하여 학습자들의 비인간화와 몰개성화를 불러일으킨다는 비판도 하나의 요인이 되었다. • '교육은 인간의 삶 자체에 충실해야 하며, 자기충족감이 넘치는 인간을 육성하는 것'이라는 교육의 본질관에 적극적인 관심을 두게 되었다.
개념 및 정의	• 교육과정의 개념을 '학습자가 중심이 되어 학교생활을 하는 동안 가지게 되는 모든 경험'으로 보는 견해로, 여기서 학교생활 중의 경험은 경험중심 교육과정에서 뜻한 학교의 지도·계획·의도에 의해 갖게 되는 경험과 이것이 없었는데도 갖게 되는 경험을 모두 포함한다. • 인간중심 교육과정은 교육의 본질을 자아실현으로 설정하고 인간다움의 회복에 특별한 중요성을 부여하는데, 이는 실존주의 교육사상과도 연계된다. – 인간중심 교육과정은 인본주의에 기초를 둔 교육과정으로 전인교육을 통한 자아실현을 추구한다. – 이러한 배경에서 출발한 인간중심 교육과정은 학습자의 내적 동기, 능동성, 정서를 강조함으로써 인간성을 함양하고 전인발달을 이루는 과정을 교육으로 본다. – 따라서 이 관점에서는 학습자 각자의 잠재능력을 개발하는 기회를 제공함으로써 인간적 성장과 이를 통한 자아실현을 돕는다.
교사 역할	• 교사의 교육관을 중시한다. 교사는 인간주의적이어야 하며, 진실된 교사는 학습자에 대한 존중·공감적 이해·애정 등을 특성으로 한다. – 교사는 학습자의 인격을 존중하고 이들의 이야기에 공감하며 경청한다. – 개방적이고 포용적이며 따뜻한 교실 분위기를 조성하여 학습자들이 잠재력을 마음껏 펼칠 수 있도록 한다. – 무엇보다 교사 본인의 인간성이 매우 중요하며, 학습자들의 인격이나 가치관 등에 긍정적인 영향력을 미칠 수 있어야 한다.
단점	• 인간적 성장과 전인발달 및 이를 통한 자아실현이라는 교육목표를 확인하기 어렵고, 교육 내용이 모호하다는 점이다. – 학문중심 교육과정과 행동주의 교육사조에 대한 대안적인 성격이 강해 교육과정이 구체적이지 않고, 따라서 이를 실현하기가 쉽지 않아 사실상 학교 현장에서 체계적으로 실천된 적이 없다는 비판을 받는다(김대석, 2017). • 이 관점에서는 교과중심, 경험중심, 학문중심 교육과정에서와 같은 구체적으로 문서화된 계획을 하기가 어렵다. – 인간중심 교육과정에서 구현하고자 하는 책임, 질서, 청결, 존중 등 인간의 행동특성 및 가치가 대부분 정의적 영역에 속해 있기 때문이다.

MEMO

5 관계중심 교육과정

배경	• 20세기 후반 인간 본위현상으로 인한 자연환경의 훼손, 기술문명의 발달에 따른 매연·공해 및 그에 따른 기상 변화, 정보통신 혁명과 개인 중심적 사고의 역작용으로 나타난 가정해체, 물질만능주의 등이 대두되며 개인 삶의 질적인 문제에 대해 심각하게 고려할 필요성이 제기되었다. • 박찬옥(2005)은 21세기 공동체사회의 중요한 적응기제는 관계 형성이라고 하면서 인간과 인간, 인간과 자연 간의 상호존중, 상호의존을 통한 상생의 관계 형성을 강조하였다. – 이와 같은 차원에서 달린과 러스트(Dalin & Rust, 1996)는 관계중심 교육과정의 내용으로 자아, 타인, 자연, 문화의 4개 영역을 제시하면서, 이들 영역은 관계그물망으로 연결되어 관계성에 입각한 존재의미를 확보한다고 하였다. 교육은 학습자가 4개 영역의 세계를 경험하고 관련지으면서 자신과 주변 생태계 구성원들의 존재의미를 발견하고 허용해 주도록 하는 것이다. 관계중심 교육과정이 관계 수행적 삶을 지향한다는 점에서 삶과 관련된 모든 학문, 즉 인문과학, 사회과학, 자연과학이 교과가 될 수 있다. 이들 교과를 통해 각각에 내포된 요소들의 관계성과 의미를 이해하는 능력을 계발한다는 데 가치가 있다. • 관계중심 교육과정에서 가르친다는 것은 학습자 자신을 비롯하여 인간이라는 존재, 인간을 둘러싼 생태계(세계)가 무엇인지 알아가도록 하는 것이며, 이를 위해 교사는 학습자와 생태계의 관계를 매개하고(매개자) 동시에 교사와 학습자 간의 관계를 수행하는(관계자) 역할을 해야 한다.
개념 및 정의	• 교육과정의 개념을 '학습자가 자신과 세계에 대해 맺고 있는 구체적 관계들의 이해 및 관계 수행'으로 보는 견해이다. – 인간중심 교육과정이 학습자 개인의 자발성·자율성을 존중하고 이를 실현하는 데 중점을 두었다면, 관계중심 교육과정은 자신과의 반성적 관계, 자신과 타인과의 배려적 관계, 자신과 자연과의 질서 이해적 관계를 수행하도록 하는 데 의미를 둔다고 할 수 있다(정은해, 2000).

(PLUS) 역량중심 교육과정

• 역량(competency)중심 교육과정은 학교에서 가르치는 지식, 기능, 태도를 종합하여 실제적인 사태에서 문제해결 능력을 발휘함으로써 아는 것을 넘어 할 줄 아는 수행능력을 강조한다.
  – 21세기가 요구하는 핵심역량은 무엇이고, 그 수행능력은 어떻게 기를까? 여기서는 핵심역량을 추출하여 이를 교과 등에서 프로젝트 학습을 통해 구현하려고 노력한다.
  – 역량중심 교육과정의 실천을 위해서는 OECD 회원국과 우리나라의 2015 개정 교육과정에서 핵심역량을 기르는 핵심 프로젝트를 발굴하여 구현하는 것이 관건이다(홍후조·조용, 2021).
  – 산업혁명 이후 역량은 직무수행 능력으로 더욱 강조되었다는 점에서 이는 직업 교육과정을 현대화·고도화한 것이라고 할 수 있다.

MEMO

UNIT 03 교육과정의 유형

#KEYWORD 공식적 교육과정, 잠재적 교육과정, 영 교육과정, 국가 수준 교육과정

1 가시성에 따른 교육과정 분류

- 현실에 존재하는 교육과정은 관점에 따라 다양한 형태를 갖추고 있다. 교육과정 형태를 구분하고 결정하는 여러 관점 중 대표적인 것은 '가시성(visibility)'이다.
  - 가시성이나 공식화의 정도에 따라 교육과정은 가시화 정도가 가장 크고 명확한 공식적 교육과정, 그 그림자라고 할 수 있는 잠재적 교육과정, 의도적으로 가르치지 않거나 배제하여 보이지 않는 영 교육과정으로 구분된다(홍후조, 2016).
- 블룸(Bloom, 1971)은 이와 같이 교수요목 등 문서화할 수 있는 의도적 교육과정을 표면적 교육과정이라고 하고, 가치·태도·흥미 등 문서로 계획하기에는 곤란하거나 학교생활 중 은연중에 가지게 되는 경험을 잠재적 교육과정이라고 부른다(김종서, 1987).
  - 표면적 교육과정과 같은 의미로 계획된, 구조화된, 공식적, 외현적, 가시적, 외적, 조직화된, 기대된, 형식적 교육과정이라는 용어가 사용되기도 한다.
  - 잠재적 교육과정과 같은 의미로는 숨은, 비구조적, 비공식적, 내현적, 비가시적, 내적, 비조직적, 기대되지 않은, 비형식적 교육과정이라는 용어가 사용된다.

SESSION #9

참고

아이즈너(Eisner) 및 블룸(Bloom)

- 아이즈너(Eisner)
  - 교육적 의도성 정도에 따른 분류 : 공식적 교육과정, 잠재적 교육과정, 영 교육과정
- 블룸(Bloom)
  - 문서화(문서계획)의 여부에 따른 분류 : 표면적 교육과정, 잠재적 교육과정

공식적 교육과정	• 공식적 교육과정은 문서화된 교육과정으로 학교에서 학습자에게 제공하는 교육 내용과 학습활동을 의미한다(김승희, 2018). 예 교육과정 기준을 담은 각종 문서, 시·도 교육청의 교육과정 지침, 지역 교육청의 장학자료, 교과서나 교사용 해설서 등의 수업 교재, 단위 학교의 교육과정 운영 계획, 교사의 수업계획안과 이에 따라 실시된 수업 등이 공식적 교육과정에 포함된다(홍후조, 2016). – 사전에 계획하고, 그대로 실천하며, 이에 대한 평가가 가능하다는 특징이 있다. – 학교의 의도적인 계획에 따라 교과를 통해 일정한 학습시간에 이루어진다는 점에서 지적인 내용, 교과, 단기적 학습과 관련이 있다(유광찬, 2010). – 의도적이고 직접적이며 눈에 잘 보여 학생들이 쉽게 경험할 수 있다는 속성으로 인해 형식적 교육과정, 표면적 교육과정이라고도 불린다. – 공식적 교육과정은 학교에서 교사의 계획에 따라 사회 구성원이 공식적으로 합의한 내용을 기반으로 이루어지므로 사회적으로 바람직한 내용을 다룬다. – 또한 사회가 급변하면서 사회적 가치나 필요한 교육 내용 역시 달라지므로 공식적 교육과정에서 다루는 내용도 이에 맞추어 변해 간다.

MEMO

잠재적 교육과정	• 잠재적 교육과정은 학교에서 공식적 교육으로 의도 혹은 계획하지 않았으나 수업이 진행되는 과정에서 또는 학교생활을 경험하면서 학습자가 은연중에 배우는 가치, 태도, 행동양식 등을 의미한다(Jackson, 1968). – 교수자가 가르치지 않았지만 학습자가 배우는 내용으로, 공식적 교육과정에 가려 잘 보이지 않는 가운데 공식적 교육과정을 진행하는 도중에 부수적이고 산발적으로 나타난다는 특징이 있다. 예 교사가 수업 분위기를 부드럽고 포용적으로 만들기 위해 편안하고 부드러운 태도로 학생들과 상호작용하면, 학생의 자존감이 높아지고 바람직한 인성 및 언어습관 형성에 도움이 될 수 있다. • 잠재적 교육과정은 주로 정의적인 내용, 학교문화, 장기적 학습 등과 관련이 있다(김종서 외, 1997). – 학습이 교사와 학습자, 학습자와 학습자 간의 상호작용이나 관계에 의해 이루어진다는 점에서 '정의적'이다. – 학교생활 안에서 구성원들이 공유하는 규범, 전통 등으로부터 영향을 받는다는 점에서 학교문화와 연관된다. – 시간의 흐름에 따라 반복되는 경험을 통해 자연스럽게 습득된다는 점에서 장기적이라고 볼 수 있다. – 잠재적 교육과정은 바람직한 내용뿐만 아니라 바람직하지 않은 내용도 포함된다. 예 학습자는 공식적 교육과정으로서 협동학습을 경험하는 가운데 특정 학생에 대한 소외나 배제, 집단 따돌림과 같은 바람직하지 못한 행동과 태도를 배울 수 있다. • 즉, 학교의 분위기, 학교문화 등과 광범위하고 포괄적으로 연관되어 학습자의 경험에 영향을 미친다(김승희, 2018).
영(null, 零) 교육과정	• 영 교육과정은 문자 그대로 '없는' 교육과정으로, 공식적으로 가르치지 않거나 소홀히 다루는 지식, 가치, 태도, 행동양식 등을 의미한다. – 의도적이든 그렇지 않든 결과적으로 배제되었기 때문에 학생들에게 학습이나 경험이 전혀 일어나지 못한 교육과정이다. – 배제되고 학습되지 않음으로써 학습자들은 다양한 대안적 사고와 선택을 하지 못하게 되고, 사고가 편향되며 경직될 위험이 있다. 예 세계사 교과에서 신항로 개척이나 미국의 독립전쟁과 영토 확장은 다루고 있으나, 아메리카 원주민인 인디언들의 피해나 몰락은 기술하지 않는 것을 예로 들 수 있다. 또한 외국어교육에서 정확한 문법이나 어휘 등은 강조하지만 실제적인 의사소통능력이나 말하기의 유창성 등을 소홀히 다루는 것은, 의사소통을 위한 말하기와 듣기 교육이 영 교육화된 것으로 볼 수 있다.

MEMO

2 변화 단계에 따른 교육과정 분류

- 교육과정은 일반적으로 전문가가 계획하고 실행가가 실천하며 학생들이 경험한다.
  - 이때 계획한 교육과정과 실천한 교육과정, 경험한 교육과정은 일치하지 않는다. 즉, 계획한 교육과정을 그대로 실천하지 않으며, 실천한 교육과정을 그대로 경험하지 않는다는 것이다.
  - 또한 계획한 교육과정, 실천한 교육과정, 경험한 교육과정 어디에도 포함되지 않는 교육과정도 존재한다. 즉, 계획하지 않았고 실천하지 않았으며 경험하지도 않은 교육과정으로, 영 교육과정이 이에 해당한다.

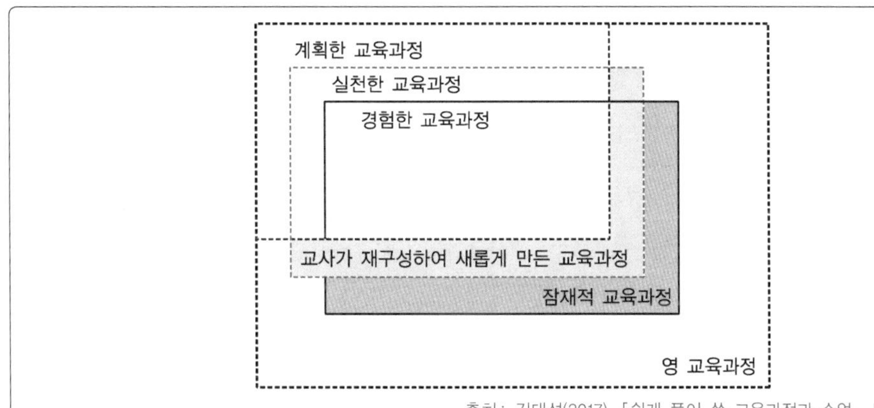

출처: 김대석(2017), 「쉽게 풀어 쓴 교육과정과 수업」, 박영스토리, p.64

계획 · 실천 · 경험한 교육과정

계획한 교육과정	• 계획한 교육과정은 교육활동을 통해 기대하는 바를 담은 실행 지침이다. 문서화되었든 문서화되지 않았든 사전에 교육의 목표와 내용, 방법, 평가 등을 미리 계획하였다면 계획한 교육과정에 포함된다. – 국가 수준의 국가 교육과정, 지역 수준의 시 · 도 교육과정 편성 · 운영 지침, 학교 수준의 연간교육계획, 교사 수준의 수업지도안 등이 계획한 교육과정에 포함된다. – 일반적으로 계획한 교육과정을 전부 실천하지는 못하므로 학생들이 이를 모두 경험하지 못하는 경향이 있다. 반대로 계획하지 않은 교육과정이 실천되고 경험될 수도 있다.
실천한 교육과정	• 학교, 교사 등 교육의 주체는 상위 수준의 계획한 교육과정을 근거로 이를 실천하며 교육을 실시한다. – 그러나 상황에 따라 계획한 교육과정을 모두 실천하기는 어렵다. 또한 계획하지는 않았지만 교사가 필요에 의해 교육과정을 구성하거나, 이미 존재하는 요소들을 새롭게 조합하여 재구성하기도 한다. – 따라서 계획한 교육과정과 실천한 교육과정은 일치하지 않고 포함관계도 아닌 교집합 관계로 보는 것이 바람직하다.
경험한 교육과정	• 경험한 교육과정은 교육 결과로서 학생들이 경험하고 성취한 교육과정을 의미한다. – 경험한 교육과정의 대부분은 교사가 실천한 교육과정 내에 존재하지만, 교사가 실천하지 않았는데도 경험한 교육과정 역시 존재한다. 이는 잠재적 교육과정과 같은 의미로 볼 수 있다. 즉, 교사가 직접 가르치지는 않았지만 학생들이 느끼고 배운 학교의 문화, 분위기, 장기적인 학습 결과가 그 사례라고 할 수 있다.

SESSION #9

MEMO

교육과정 결정자 수준에 따른 개념

• 굿래드(Goodlad, 1966)는 교육과정의 결정 수준을 '학습자와의 거리'라는 기준에 따라 ① 사회적 수준, ② 기관 수준, ③ 교육활동 수준으로 구분하였다. 또한 이영덕(1987)도 이와 유사한 사고체계를 반영해 교육과정을 ① 국가 및 사회적 수준의 교육과정, ② 교사 수준의 교육과정, ③ 학습자 수준의 교육과정으로 나누었다.
  - 교육이 '계획적으로 인간행동을 변화시키는 과정'이라고 한다면 그 계획을 국가 또는 사회에서 할 수도 있고, 기관 또는 교사가 할 수도 있으며, 학습자가 교육활동 중에 할 수도 있다. 이 경우 학습자와 거리가 먼 교육과정(국가 및 사회적 수준)은 '쓰여진' 문서를 강조할 뿐만 아니라 포괄적이며 경직성, 획일성, 통일성을 중요시하고, 표면적 교육과정의 특성을 가진다. 반면 학습자와 거리가 가까운 교육과정(활동 수준, 학생 수준)은 실행 자체를 강조하면서 구체적이고 융통성, 자율성, 개별성을 중요시하며, 잠재적 교육과정의 특성을 가진다.
  - 이러한 이론에 근거하여 김호권(1983)은 이 모두를 포괄하는 ① 공약된 목표로서의 교육과정, ② 교육활동 속에 반영된 교육과정, ③ 학습 성과로서의 교육과정이라는 개념체계를 주장하면서 다음과 같은 모형을 설정하였다.

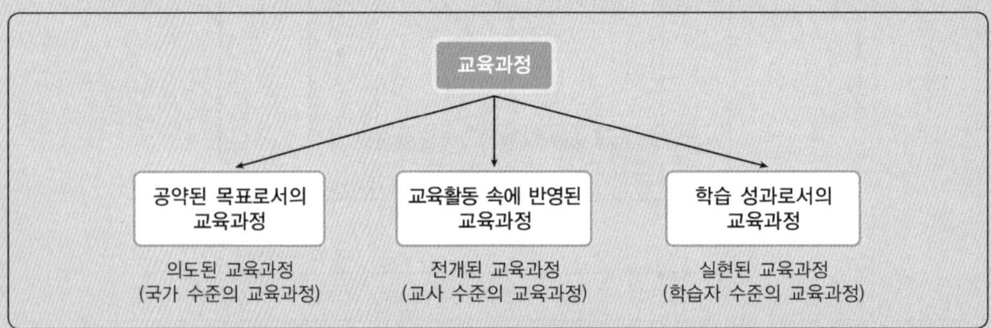

공약된 목표로서의 교육과정	• 공약된 목표로서의 교육과정이란 교육현장에서 전개되거나 실천되기 이전에 '이런 것을 가르치겠다'는 하나의 공개된 약속, 즉 '교육적 의도'로서의 교육과정을 말한다. - 교육부에서 제정·고시한 교육과정과 이를 근거로 개발된 교과서 및 교사용 지침서를 포함한 모든 교육자료가 이 수준의 교육과정이라고 할 수 있다.
교육활동 속에 반영된 교육과정	• 교육활동 속에 반영된 교육과정은 전개된 교육과정을 의미한다. - 공약이자 규범으로서의 교육과정은 교사에 의해 재해석되고, 교사의 교육활동 속에 재현되지 않으면 안된다. - 교사가 작성한 교육계획안이 이에 속하며, 이 수준의 교육과정은 국가 수준의 교육과정과 합치될 수도 있고 그렇지 않을 수도 있다.
학습 성과로서의 교육과정	• 학습 성과로서의 교육과정이란 교육활동을 통해 학습자에게 실현된 교육과정이라고 할 수 있다. - 전개된 교육과정을 통해 '학습자가 실제로 무엇을 배웠는가'를 말하는 것으로 학습자의 개인차에 따라 다양한 교육과정을 기대할 수 있고, 교사의 교육적 의도나 노력에 상관없이 전혀 뜻밖의 학습이 일어날 수 있다는 점에서 잠재적 교육과정과 유사하다.

MEMO

3 존립 수준에 따른 교육과정 분류

세계 수준 교육과정 (international curriculum)	• 세계 수준 교육과정은 국경을 넘어 인류 보편적인 지식, 가치, 행동양식을 추구하는 교육과정을 의미한다(홍후조, 2016). – 교육 내용은 국가와 관계없이 거의 동일하게 나타나며, 수학, 과학, 의학, 약학, 공학 등의 분야에서 두드러진다(김승희, 2018). 예 자동차 운전면허는 국가별로 적용되는 기준이 거의 같아서 국제운전면허증을 발급받으면 여러 나라에서 운전이 가능한 것, 다른 나라 대학으로 편입하는 경우 자국에서 취득한 학점이 인정되는 것 등 • 세계 수준 교육과정은 정보통신기술 발달과 이에 따른 국가 간 교류가 활발해짐에 따라 점차 확대되고 있다. 아울러 인터넷이 발달함에 따라 학습자들은 세계 어디에서나 국가 간 경계에 구애받지 않고 각국의 수업에 참여할 수 있다. – 따라서 각 국가의 교육과정이 보편적이고 양질의 내용을 보장할 수 있도록 상호 간에 지속적으로 노력할 필요가 있다(김승희, 2018).
국가 수준 교육과정 (national curriculum)	• 국가 수준 교육과정은 건강한 국민 육성을 위해 국가에서 고시한 교육과정을 의미하는 것으로, 이는 법적으로 고시된 문서이자 강제성을 띠는 규범적인 교육과정이다(김승희, 2018). – 따라서 국가 수준 교육과정은 지역 수준 교육과정의 편성과 운영의 지침에 반영되어야 하고, 학교 수준 및 교사 수준 교육과정에서 발현되어야 한다. • 국가 수준 교육과정은 근대 국민 국가가 형성되면서 주권 국가의 언어로 역사와 전통문화를 전달함으로써 국가 정체성(national identity)을 형성할 수 있도록 하는 데 목적이 있다(홍후조, 2016). – 즉, 국가 수준 공통 교육과정을 통해 국민으로서의 소속감과 유대감, 국가에 대한 충성심 등을 형성하도록 하여 다른 국가와의 경쟁이나 국가적 위기 상황을 극복할 수 있도록 하는 것이다. • 모든 국민에게 동등한 교육의 기회를 제공하고 일정한 교육의 질을 확보함으로써, 국가 경쟁력을 갖추고 국력 신장과 사회 발전을 도모하기 때문에 국민성 형성과 부국강병의 토대가 된다. 예 대부분의 나라에서 초등교육을 의무교육으로 규정하여 시행하는 것이 그 사례이며, 우리나라의 국가 수준 교육과정은 유치원, 초등학교, 중학교, 고등학교 등 각 학교급에서 다루는 교육의 목적과 내용 등이 포함된 형태이다.
지역 수준 교육과정 (local curriculum)	• 지역 수준 교육과정은 지역적 특성을 반영한 교육과정이다. – 미국과 같은 연방국이나 지방분권적 정책을 강조하는 국가에서는 교육에 대한 의무와 권한이 중앙정부가 아닌 지역에 있으므로 지역 수준 교육과정이 통용되고 있다. 예 혹한 지역에서는 추위에 대비한 생활이 교육과정에 강조되고, 지진이나 폭풍 등 자연 재난이 자주 발생하는 지역에서는 재난안전이 강조된 교육과정이 운영된다. – 그밖에 지역 산업을 유지·발전시키고 문화를 형성·보존하기 위해 지역 수준 교육과정이 발달된다. 예 유아교육에서 레지오 에밀리아 접근법은 이탈리아 레지오 에밀리아시의 지역적·문화적 특색을 반영한 교육을 잘 보여준다. – 우리나라의 지역 수준 교육과정은 국가 수준 교육과정을 구체화함과 동시에 지역적 특성을 반영하기 위해 각 시·도 교육청에서 특색 있는 교육과정을 만들거나 기존 국가 수준 교육과정을 보완·재구성한 형태로 존재한다. 예 지역교육청에서는 교육과정 지침서 작성과 보급, 우수 교육과정 발굴, 교재 개발, 교육과정위원회 운영, 교원 연수, 교육자원 발굴 등을 통해 국가 수준 교육과정을 구체화하고 학교 수준 교육과정을 지원한다(홍후조, 2016).

MEMO

학교 수준 교육과정	• 학교 수준 교육과정은 학교에서 이루어지는 교육과정으로 학교급에 따라 유치원, 초등학교, 중학교, 고등학교, 대학교 교육과정을 포함한다. – 학교 수준 교육과정에는 각 학교의 교육 철학, 교훈, 독특한 문화와 풍토 등이 반영되며, 연간계획이나 교육과정의 실천 방안이 구체적으로 제시된다(김연정, 2004). 예 학교마다 각 학교의 교육목표나 철학, 지역적 상황을 반영하여 중점 사업이나 특색사업의 형식으로 교육과정을 운영하는 것 • 학교 수준 교육과정이란 반드시 새로운 내용으로 개발한 교육과정만을 의미하지는 않는다. 국가 수준이나 지역 수준 교육과정을 보완하고 구체화한 것 역시 학교 수준 교육과정이라고 볼 수 있다(김연정, 2004; 이은화, 2001). – 학교 수준 교육과정은 국가 수준 및 지역 수준 교육과정을 토대로 학교의 실정에 적합하도록 변형하여 편성·운영된다. 학교가 처한 상황이 똑같지 않으므로 모든 학교에서 국가 수준 교육과정을 일률적으로 실행하는 것은 적절하지 않다(이은화, 2001). • 이렇게 각 학교의 상황에 맞게 재구성하여 운영되는 학교 수준 교육과정은 학교 현장의 자발성, 창의성, 전문성, 자율성 등을 높이는 데 기여하고, 교육과정의 다양화와 개별화를 실현하며 실효성을 높이는 데 도움이 된다(김승희, 2018).
교사 수준 교육과정	• 교사 수준 교육과정은 교실에서 교사가 계획하고 실천하는 교육과정을 의미한다. 문서화된 국가 수준 교육과정 및 지역 수준 교육과정이 학교 수준 교육과정을 거쳐 교실에서 교사에 의해 실제로 발현되는 것이 교사 수준 교육과정이라고 할 수 있다. – 초·중·고 학교급의 제7차 교육과정(1997~2007)이 '만들어가는 교육과정'을 표방한 이후 교사 수준 교육과정의 의미와 필요성이 더욱 강조되고 있다(김승희, 2018). • 교사가 교사 수준의 맥락에서 교육과정을 설계하는 것을 '* 교육과정 재구성'이라는 용어로 표현하기도 한다(한민철, 2019). – 교사는 상위 수준의 교육과정을 토대로 자신의 학급에서 학급 구성원과 함께 무엇을 배워야 하는지, 왜 배워야 하는지, 어떻게 배워야 하는지 등을 나름의 판단에 의해 결정하고 실행함으로써 교육과정을 재구성한다. – 따라서 교사 수준 교육과정은 교사마다 다르게 나타나므로 교육의 질 역시 달라진다. 이러한 교사 수준에서 교육과정을 재구성하는 것은 교사의 교육과정 설계와 운영의 자율권 및 책무성을 확대하는 데 기여한다(서경혜, 2009; 이은화, 2001). – 즉, 교사는 교육과정을 실행하고 재구성하는 과정에서 국가 수준 교육과정을 충실히 반영하는 한편, 교실 상황에 맞게 능동적이고 적극적으로 이를 변화시켜 나가는 역할을 해야 한다(소경희, 2003).

* 교육과정 재구성
국가 수준으로 제시된 교육과정을 교사 수준에서 직접 운영하고자 교육과정을 설계하고 계획하는 행위로, 이는 교사 수준 교육과정과 일맥상통하는 의미이다(박일수, 2013).

교육과정 결정자 수준에 따른 개념

교육이 '계획적으로 인간 행동을 변화시키는 과정'이라고 할 때, 그 계획이라는 것을 국가 또는 사회에서 할 수도 있을 것이고, 기관 또는 교사가 할 수도 있고, 학습자가 교육활동 중에 할 수도 있다.

국가수준 교육과정	국가수준에서 법률에 의거하여 제정·공포된 법적 문서로서의 교육과정
지역수준 교육과정	시·도 수준에서 교육과정 고시에 의거하여 제시하는 교육과정 편성·운영 지침
학교수준 교육과정	단위 학교의 교육과정
교사수준 교육과정	학교 수준의 교육과정에 의거하여 실제 교육현장에서 실천적으로 전개되고 있는 교육과정
학생수준 교육과정	실제 교육활동을 통해 학습자에게 실현된 교육과정

II 유아교육과정

UNIT 04 유아교육의 특성과 성격

MEMO

❶ 유아교육의 특성

유아교육과정의 개념에는 교육과정 개념의 기반 위에 유아교육만의 독특한 특성이 반영된다. 이기숙 등(2018)은 유아교육의 특성으로 다양한 대상 연령, 여러 형태의 교육기관 및 프로그램, 교육과 보호 역할 수행, 차별화된 교수학습방법 및 교재·교구 등을 언급하였다. 이를 기반으로 유아교육의 특성은 대상, 내용, 방법, 기관 및 프로그램 측면으로 나누어 볼 수 있다.

대상 특성	유아교육의 대상 범위가 포괄적이므로, 유아교육과정은 개별 유아의 발달적 요구와 흥미, 사회문화적 상황 등을 민감하게 반영해야 하며, 이에 따라 교육 대상도 더욱 다양화되어야 한다. 예 「유아교육법」에 따르면 유아는 만 3세부터 초등학교 취학 전까지의 어린이를 뜻하고, 「영유아보육법」에서 영유아란 6세 미만의 취학 전 아동을 뜻한다. 최근에는 유아교육기관에서의 방과후과정과 장애통합교육의 필요성에 대해 관심이 증대되면서 유아교육의 대상 범위가 더욱 확장·다양화되고 있다.
내용 특성	• 유아교육의 역할에는 교육뿐만 아니라 보호도 포함된다. OECD 국가들은 영유아교육기관에서 교육 및 보호 서비스를 모두 제공해야 한다는 의미에서 '영유아교육과 보호(early childhood education and care)'라는 용어를 사용한다(이기숙 외, 2018). 우리나라의 영유아교육기관도 교육과 보호를 분리하여 어느 한 가지 역할만 하는 것이 아니라 두 영역의 서비스를 포괄적으로 제공하고 있다. – 인지적인 학습 성취만을 교육의 의미로 한정하고, 돌봄과 보호를 비전문적인 것으로 인식하여 보육의 질을 중요시하지 않는 것은 바람직하지 않다(나정 외, 2016). 유아는 발달이 완성되지 않고 활발히 진행 중이기 때문에 이 과정에서 성인의 돌봄과 보살핌이 반드시 필요하다(이기숙 외, 2018). 유아의 인지적·언어적 발달뿐만 아니라 신체적·정서적·사회적 발달과업과 요구도 충족될 수 있도록 가르침과 돌봄이 포괄적으로 제공되어야 한다. 예 유치원 방과후과정은 유아에게 보호와 교육을 통합한 에듀케어를 제공함으로써 유아의 전인적 발달을 돕도록 노력하고 있다.
방법 특성	• 교수학습방법 및 교재·교구 측면에서 살펴볼 때, 초·중등교육에서는 학생들이 개별 교과서를 중심으로 정해진 교과를 학습하지만, 유아교육에서는 유아의 발달 특성상 교과서를 사용하지 않고 개별 유아의 흥미와 관심 수준에 따라 학습이 이루어진다는 점에서 차이가 있다. – 유아는 교사, 또래와 함께 일상 속에서 흥미로운 놀이와 자연스러운 활동을 직접 경험하는 과정에서 지식을 배우고 기술을 익히며 가치와 태도를 형성한다. 유아교육과정은 이처럼 교수학습방법 측면에서 직접적이고 유아주도적인 특성이 있다.

MEMO

기관 및 프로그램 특성	• 유아교육은 대상 유아의 연령 범위가 넓고 특성이 다양하기 때문에 교육이 이루어지는 기관이나 구체적인 교육프로그램 역시 다양하게 존재한다(이기숙 외, 2018). – 유아교육은 유치원, 어린이집, 초등학교 저학년 교실 등 여러 기관에서 이루어지고 있다. 어린이집에서는 연령에 따라 표준보육과정과 누리과정, 유치원에서는 누리과정을 통해 교육이 이루어진다. – 그러나 이같이 국가에서 제시한 교육과정을 모든 기관에서 일률적으로 수행하는 것이 아니라 각 기관의 운영 철학 및 지역사회 특성 등에 따라 적합하게 재구성하여 실행하기 때문에 실제적인 교육과정의 운영 형태는 기관마다 고유하고 다양하다.

2 유아교육의 성격

유아교육은 유아기에 해당하는 교육이다. 유아기의 연령범위는 학자마다 각기 다르게 규정하고 있지만, 모리슨(Morrison, 1976 · 2004)이 0세(태교 포함)부터 8세까지로 주장한 이후 대체로 이에 합의하고 있다.

양면성	• 유아교육은 양육과 교육의 양면성을 갖는다. 0세부터 8세까지의 유아에게는 기본적인 욕구를 해결해 주는 보호 및 양육뿐만 아니라 전인적 성장을 돕는 교육이 필요하다. – 보호 또는 양육, 교육은 가정에서 이루어지기도 하고, 유치원이나 어린이집과 같은 유아교육기관에서 이루어지기도 함으로써 다른 학교급 단계의 교육과는 달리 유아교육은 양육과 교육의 양면성을 갖는다.
포괄성	유아교육은 유아, 교사, 부모 및 지역사회가 함께 실현해가는 포괄성을 갖는다. 유아의 건강하고 조화로운 성장발달이 이루어지는 데는 유아를 위한 직접적인 양질의 교육과 함께 부모 및 지역사회의 교육적 협조와 애정적 유대가 필수적이다.
기초성	• 유아기의 모든 경험은 후기 발달의 토대가 되는 기초성을 갖는다. 유아교육은 긴 인생 여정에서 처음으로 대면하게 되는 교육으로서 앞으로 다가올 학습과 전인적인 성장의 기틀을 마련하는 데 그 의의가 있다. – 발달심리학자들은 유아기를 신체적 · 정서적 · 지적 · 도덕적 · 성격적 발달의 결정적 시기(critical period)라고 하며, 이 시기에 좋은 문화적 환경과 교육을 경험하는 것이 중요함을 강조하였다.

MEMO

UNIT 05 유아교육과정의 개념

#KEYWORD 유아가 학교에서 갖게 되는 모든 경험으로서의 교육과정

유아교육과정에 대한 개념 역시 교육과정 개념과 마찬가지로 학자마다 다양하게 정의하고 있다.

1 슈바르츠와 로빈슨(Schwartz & Robinson, 1982)의 유아교육과정 개념 분류

우연히 일어난 것으로서의 유아교육과정	**개념 및 정의** • 유아가 스스로 선택한 활동에 능동적으로 참여하여 학습해 나갈 수 있다는 믿음을 전제로, 교사가 미리 교육 내용이나 교육방법을 계획하기보다는 유아들에게 많은 선택을 부여해 개별 유아의 요구와 흥미를 중심으로 구성하는 유아교육과정을 말한다. – 교육활동은 유아의 선택과 행동으로부터 나오게 되므로 교사가 프로그램의 내용을 예상하여 미리 계획할 수는 없다. – 학습활동과 경험 속에 포함된 유아의 흥미 그 자체를 가치 있는 것으로 보기 때문에 학습의 내용과 결과보다는 과정을 강조하는 입장을 취한다. **교사 역할** 유아가 선택할 활동내용은 교사의 환경구성에 의해 영향을 받으므로, 교사는 유아의 다양한 요구와 흥미를 관찰·분석하여 풍부한 교육환경을 체계적으로 마련해 주어야 한다. 또한 이러한 환경 속에서 자유롭게 활동할 수 있는 분위기를 조성해 주어야 한다. **장점** 개별화교육이 가능하고 유아의 실제 삶에서 유용한 학습이 일어날 수 있다. **단점** • 교육의 범위가 모호하다. • 기본적인 교육 내용이 간과될 수 있다. • 경험의 한계를 가진 아동에게 불리하다. • 고도의 경험과 노련함을 갖춘 유능한 교사를 필요로 한다.
유아가 유아교육기관에서 경험하는 모든 경험으로서의 유아교육과정 (= 유아가 학교에서 갖게 되는 모든 경험으로서의 교육과정)	**개념 및 정의** • 교사가 의도하고 계획한 교육 내용뿐만 아니라 의도하지 않았으나 유아에게 영향을 미쳐 학습될 수 있는 교육 내용까지 모두 교육과정으로 보는 개념이다. – 이는 잠재적 교육과정과 일맥상통하는 의미로 교실의 분위기나 유아와 유아, 교사와 유아, 유아와 환경 간 상호작용에서 발생하는 모든 경험이 유아의 학습에 영향을 미친다는 입장이다. – 의도된 경험뿐만 아니라 계획되지 않은 많은 요인이 유아에게 영향을 미친다는 점에서 교사의 민감성이 요구된다. **교사 역할** • 교사는 물리적·심리적 환경을 세심하게 관찰하고, 유아의 학습과정을 민감하게 배려하며, 교실에서 나타나는 다양한 사회구조적 특성과 변화를 파악하기 위해 노력해야 한다. – 교사가 사회적 변화에 민감해야 하며, 학습이 일어나는 상황에 좀 더 세심하게 주의를 기울일 필요가 있다. – 학습 결과에 영향을 미칠 수 있으면서 예측할 수 없는 많은 요인들에 대해 좀 더 세심한 배려를 해야 한다.

MEMO

교수를 위한 계획으로서의 유아교육과정 (교수계획으로서의 유아교육과정)	**개념 및 정의** • '계획은 유아를 위한 교수의 기초이다'라는 입장으로, 유아기에 적합한 지식의 구조 및 기본 아이디어가 형성되기 위해서는 유아의 자발적인 탐구활동이 일어날 수 있도록 교수계획이 잘 이루어져야 한다고 보는 유아교육과정이다. • 교육의 목표, 내용, 방법, 평가 등을 미리 계획한 교육과정을 말하며, 가장 보편적인 의미로 사용되는 개념이다. – 교육과정 계획은 유아의 활동에 대한 계획, 유아가 학습하는 내용인 지식과 기술, 태도에 대한 계획, 장기적으로 성취해야 할 발달 내용에 대한 계획(예 보존개념, 일대일대응 개념 등)으로 구분할 수 있다. **장점** 이러한 종합된 형태로서의 교육과정은 유아의 흥미와 요구를 예견하고 교육 내용과 자료 등을 체계화함으로써 효과적인 교육이 일어날 수 있도록 하며, 초임 교사도 어렵지 않게 적용할 수 있다. **단점** 유아의 흥미와 요구를 즉각적으로 반영하기 어렵다는 면에서 융통성 있는 교육이 위축될 수 있다.
교수요목으로서의 유아교육과정	**개념 및 정의** • 유아들에게 가르칠 교육의 목표, 내용, 자료, 활동 순서 등이 일목요연한 문서 형태로 조직된 교육과정으로, 좁은 의미의 교육과정 개념이라고 볼 수 있다. – 일정 시기에 단원별로 학습할 내용이 교수요목으로 짜여 있어 누가 운영하든지 그 순서대로 진행할 수 있게 되어 있다. **장점** 국가적으로 믿을 만한 공식적인 문서로 제시되어 교육과정 내용을 실행하고 관찰하기가 쉬우므로, 교사가 각자의 교실 상황과 학습자인 유아의 발달 수준, 자신의 교수행위를 검토하고 평가하는 데 도움이 될 수 있다. **단점** 모든 교육현장에서 일률적으로 사용된다면 지역사회나 각 유아교육기관의 고유한 특색, 유아의 흥미와 요구, 현장에서의 실제적인 경험들이 반영되기 어려우므로 교육과정 적용의 과정이나 결과가 획일화될 수 있다. **해결** 교사들이 직·간접적으로 교수계획안을 짜는 데 참여한다면 유아들의 학습욕구에 대한 생각을 재검토하고, 교실 내의 적용을 평가하는 데 도움을 주는 자료가 될 수 있다.
프로그램으로서의 유아교육과정	**개념 및 정의** • 몬테소리 프로그램, 디스타 프로그램과 같이 특정 접근 방법이나 이론에 토대를 둔 모델로서의 교육과정을 의미한다. – 각각의 프로그램은 기관의 설립 목적 및 교육 철학, 운영 시간 및 방법, 학습자 연령과 발달 수준 등 적용 조건이 구체적으로 제시되어 있으며, 이는 교육과 학습에 대해 프로그램이 지향하는 이론적 관점에 토대를 둔다.

MEMO

	– 많은 유아교육 프로그램들은 유아학습과 발달에 관한 기본 이론으로 성숙주의, 행동주의, 구성주의의 세 이론을 선택적으로 취하고 있다. 예 성숙주의 이론을 배경으로 한 대표적 프로그램으로는 뱅크 스트리트 칼리지 프로그램, 서머힐 학교 프로그램 등이 있으며, 행동주의이론을 기초로 한 프로그램으로는 디스타 프로그램 등이 있다. 구성주의 입장의 프로그램으로는 카미-드브리스 프로그램이 있으며, 그 밖에 프로젝트 접근, 레지오 에밀리아 접근, 몬테소리 프로그램, 발도르프 프로그램, 생태유아교육 프로그램, 다문화교육 프로그램 등을 들 수 있다.

2 김승희의 유아교육과정 개념 분류

내용으로서의 유아교육과정	• 유아교육과정은 일정 기간 동안 유아가 배워야 할 교육 내용과 교육의 실행과정에 대한 내용이다. 이는 유아가 유아교육기관에서 무엇을 · 어떻게 · 왜 배워야 하는지, 잘 배웠는지를 보여주는 것으로, 학습의 목표, 내용, 방법, 평가 등이 망라된 유아교육과정을 의미한다. – 누리과정에 명시된 내용뿐만 아니라 유아들이 흥미를 보이는 개념적 주제 역시 교육 내용이 될 수 있다. 예 우리나라의 국가 수준 유아교육과정인 누리과정에 명시된 5개 영역과 이에 포함된 총 59개의 내용은 '내용으로서의 교육과정'의 면모를 잘 보여준다. **교사 역할** • 각 학급 교사들이 유아의 발달수준, 흥미, 사회문화적 배경 등을 고려하여 교육 내용을 적절히 구성해야 한다. • 교사가 일방적으로 교육 내용을 선정하지 않고 유아들을 교육과정 선정과정에 참여시킴으로써 교사와 유아가 함께 주체적으로 만들어 가는 교육과정이 될 수 있도록 한다.
경험으로서의 유아교육과정	• 사전에 계획된 내용뿐만 아니라 계획되지 않았지만 유아가 경험한 내용도 포함된 교육과정을 의미한다. 이는 유아가 유아교육기관에서 경험한 모든 것을 유아교육과정으로 보는 광의의 접근으로 잠재적 교육과정을 포함하는 개념이다. – 유아는 매일의 일상에서 예상하지 못한 크고 작은 일들을 경험하는데, 이 과정에서 또래 또는 교사, 환경과 상호작용하고, 문제를 해결해 나가며, 인지적 · 정서적 발전을 이룰 수 있는 다양한 경험을 하게 된다고 본다. **교사 역할** 유아가 유아교육기관에서 양질의 다양한 경험을 할 수 있도록 교사는 물리적 환경을 풍부하게 구성하는 동시에 상황과 맥락에 적절한, 민감하고 반응적인 상호작용을 해야 한다.
계획으로서의 유아교육과정	• 유아가 경험해야 할 내용이 사전에 조직되고, 계획에 따라 실천되는 과정을 강조하는 교육과정을 의미한다. 예 연간교육계획안, 월간교육계획안, 주간교육계획안, 일일교육계획안, 활동계획안 등 – 계획으로서의 유아교육과정에는 내용뿐만 아니라 목표와 방법, 평가 등도 포함하여 계획에 따른 체계적인 교육이 이루어질 수 있도록 한다.
성과로서의 유아교육과정	• 유아가 경험을 통해 얻는 성취에 강조점을 둔다. 이 관점은 계획뿐만 아니라 결과 측면도 중시하여, 유아가 학습 경험을 통해 무엇을 성취했는지에 대해 관심을 둔다. – 따라서 유아가 달성해야 할 목표를 사전에 자세히 기술해야 하며, 어떤 과정을 통해 이 목표를 성취할 수 있는지 학습 경험도 구체적으로 제시해야 한다. – 이는 교육의 책무성을 강조한 관점으로 유아교육과정을 운영할 때 사회와 가정, 유아의 기대에 얼마나 부합되는지에 대한 반성적 성찰이 필요함을 시사한다.

MEMO

UNIT 06 유아교육과정의 유형 분류

#KEYWORD 와이카트(아동중심 교육과정, 계획적 교육과정, 개방체제 교육과정), 콜버그와 메이어(낭만주의, 문화전달주의, 진보주의)

- 유아교육 프로그램들은 3가지 접근법(성숙주의, 행동주의, 구성주의) 중 한 가지에 근거하고 있다. 이러한 프로그램들은 그 성격과 특성을 기초로 하여 몇 가지 유형으로 구분해서 체계화하고자 하는 노력들이 있었다.
- 콜버그와 맥도널드(Kohlberg & McDonald)는 프로그램의 기초가 된 학습이론이나 아동발달이론을 근거로 구분하였으며, 와이카트(Weikart)나 메이어(Mayer)는 유아교육 프로그램에서 학습의 주도성이나 교사-유아-교구 등의 역할과 상호작용을 중심으로 분류하고 있다.

유아교육과정 유형	와이카트 : 교사-유아	메이어 : 교사-유아-교구	콜버그와 메이어 : 교육적 이데올로기	비셀 : 구조의 형태
성숙주의	아동 중심 교육과정	아동-발달 모형	낭만주의	허용적 심화 모형
행동주의	계획적 교육과정	언어-교수 모형	문화전달주의	구조적 정보 모형
구성주의	개방 체제 교육과정	언어-인지 모형	진보주의	구조적 인지 모형
몬테소리		감각-인지 모형		구조적 환경 모형

1 와이카트(Weikart)

- 유아교육 프로그램 유형을 교사와 유아가 학습에 참여하는 방식, 교사와 유아의 관계를 기초로 하여 분류하였다.
  - 학습에서 교사가 주도권을 갖느냐, 유아가 주도권을 갖느냐를 중점으로 보는 견해이다.
  - 교사의 역할이 주도적인 경우와 반응적인 경우, 유아의 역할이 주도적인 경우와 반응적인 경우의 4가지 형태로 유아교육과정의 유형을 분류하였다.

교사의 역할이 주도적인 경우	교사가 학습활동을 계획하고, 과제를 조직하며, 활동 내용과 방법을 선택한다.
교사의 역할이 반응적인 경우	교사는 유아의 요구에 반응하고 유아와 유아, 유아와 교구 사이의 상호작용이 원활히 일어날 수 있도록 촉진하는 역할을 하게 된다.
유아의 역할이 주도적인 경우	• 학습의 원동력은 유아로부터 나오게 된다. • 유아들은 교실의 여러 가지 교구를 사용하고 조작하는 직접적인 경험을 한다. • 유아들은 그들이 할 일을 결정하고, 하루 일과를 계획한다.
유아의 역할이 반응적인 경우	• 유아는 학습에 있어 수동적인 입장을 취한다. • 교사의 지시에 따르고 자신에게 주어지는 과제나 질문만 수행하므로 활동량이 줄어든다.

MEMO

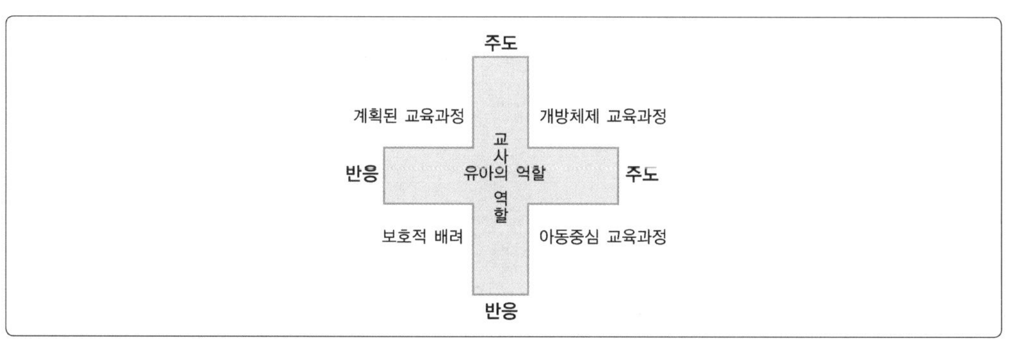

와이카트의 유아교육과정 분류의 형태

<table>
<tr><td>아동중심 교육과정</td><td>개념
• 학습활동에서 유아가 모든 주도권을 갖고 교사는 유아의 요구에 수동적으로 반응하는 형태이다.
• 인간의 발달은 선천적으로 타고난 생득적 요인들에 의한다고 하면서 유아의 흥미나 욕구, 본성 등을 충분히 발휘하도록 하는 것이 바람직한 교육이라고 본다.
기초이론
성숙주의 접근법
교육목적
인간의 정서발달에 관한 연구 및 이론을 기본으로, 교육의 전체 목적을 사회·정서적 성숙을 통한 전인적 인간의 육성에 둔다.
교육 내용
• 유아가 흥미를 느끼거나 유아에게 유용한 것으로, 유아의 생활맥락 안에서 소재를 찾는다.
• 놀이의 가치를 높이 평가하여 상상놀이나 모방놀이를 통해 유아들에게 사회 적응과 정서적 성장, 독립심을 형성시키고자 한다.
• 교실 내에 여러 가지 흥미영역을 마련하여 유아가 흥미영역 속에서 자유롭게 환경을 탐구하고 창조할 수 있게 한다.
장점
학습과정에서 개별 유아의 요구가 충분히 반영될 수 있다.
단점
• 유아에게 모든 주도권이 주어지기 때문에 자칫 방임으로 흐를 위험이 있다.
• 유아의 흥미나 요구에 상응하는 내용들이 교육적으로 바람직하지 않을 경우 교사가 갈등을 느낄 수 있다.
대표적인 예
뱅크 스트리트 프로그램</td></tr>
<tr><td>계획된 교육과정</td><td>개념
교사가 학습의 주도권을 갖고 있어 학습활동은 교사의 계획에 의해 전개되고, 유아는 교사의 요구에 반응하도록 수업이 계획·조직된 교육과정의 형태이다.
기초이론
행동주의적 접근법
• 계획된 교육과정의 기초가 되는 이론은 학습이론, 행동수정원리, 언어발달 이론 등으로 행동주의적 접근에 속하며, 인간이 외부의 자극과 환경에 의해 변화될 수 있다고 본다.</td></tr>
</table>

SESSION #9

MEMO

	교육목적 이러한 교육과정에 속하는 프로그램은 특히 경제적·문화적으로 낙후된 지역 유아들의 결손 능력을 보완해 줌으로써, 그들이 이후 학교생활을 보다 더 효과적으로 할 수 있게 하기 위한 목적으로 개발된 것이 많다. **기본 목표** • 교육과정은 상당히 구조화되어 있으며, 언어 및 수학적 기술 등 학습과 관련된 기술을 습득하는 것을 기본 목표로 한다. – 대부분 연구기관이나 전문가들이 개발한 상업적인 프로그램인 경우가 많으며 교수요목이 자세히 제시되어 있다. **장점** • 교사의 특별한 능력이나 창의력을 필요로 하지 않으므로 유아교육에 관한 특별한 지식이 없는 교사도 수행이 가능하다. • 이미 구조화된 교육과정의 일정에 따라 교사를 통제할 수 있고, 유아들이 무엇을 어떻게 학습하는지 분명하게 알 수 있기 때문에 눈에 보이는 학습결과에 관심이 많은 학교 행정가, 학부모들에게 호응받을 수 있다. **대표적인 예** 엥겔만-베커의 디스타 프로그램
개방체제 교육과정	**개념** • 교사와 유아가 모두 주도적 역할을 하는 경우이다. – 교사는 유아에게 적합한 교육계획을 세우고 환경을 준비하며, 다양한 활동을 통해 유아에게 선택권을 부여하고, 필요할 때 적절히 개입하여 주도성을 보인다. – 유아 역시 교사가 제시한 활동 안에서 선택적으로 활동에 참여하며 다양한 경험을 쌓고 자신의 생각을 구성해 나가는 주도적인 역할을 한다. **기초이론** 구성주의 접근법 • 주로 피아제의 인지발달이론에 근거를 두고 있어 구성주의 접근법에 기초한다고 본다. • 교사와 유아, 유아와 유아, 유아와 교구 간의 상호작용을 모두 중시하고, 유아의 사고와 인지과정, 유아의 직접활동을 통한 학습을 강조한다. **교육목적** 학습은 유아의 직접 경험에 의한 개념 형성이라고 보고, 특별한 지식이나 기술 습득보다는 논리적 사고력이나 원인과 결과를 연결할 수 있는 능력 발달을 교육목적으로 한다. **장점** • 교육과정 모형이 전체적인 이론적 틀만 제공하기 때문에(교사에게 상당한 자율권이 보장되기 때문에) 교육현장에서는 이론적 체계가 허용하는 범위 내에서 교사가 실제활동을 창의적으로 계획·운영할 수 있다. – 따라서 교사는 해당 집단 유아들의 발달수준 및 특징, 다양한 사회·문화적 배경을 고려하여 개별적이고 독창적인 교육을 실시할 수 있다. **단점** • 개방체제 교육과정을 실행할 때에는 확실한 이론적 근거를 가지고 교육을 체계적으로 이끌어가야 하므로 교사의 상당한 능력이 요구된다. • 교육 경험이 없거나 열의가 부족한 교사에게는 적용하기 어려운 교육과정이다. **대표적인 예** 피아제 이론에 기초한 유아교육 프로그램들(카미-드브리스 프로그램, 하이스코프 프로그램)

MEMO

보호적 배려	**개념** • 교사도 반응하고 유아도 반응하는 형태이다. – 유아의 기본적인 생리적 욕구를 해결해 주고 신체적 위험이나 질병으로부터 보호해 주는 등의 최소한의 보살핌이 이루어진다. • 와이가트는 현대 유아교육과정에서는 보살핌과 가르침을 병행하여 운영하고 있기 때문에 보호적·보모적 역할만을 하는 교육 프로그램은 존재할 수 없다고 본다.

2 메이어(Mayer)

• 교육과정을 단순히 그 구조성이나 교사-유아의 상호작용과 같은 한 가지 차원에서 정확하게 분석하기 어렵다고 지적하였다.

예 몬테소리 프로그램의 경우, 교사와 유아의 상호작용은 적으나 유아와 교구 간의 상호작용은 많은 편이다.

• 유아교육의 기초 요소를 교사, 유아, 교구로 보고 유아교육과정에서의 상호작용 유형을 교사-유아, 유아-유아, 유아-교구로 제시하여 다음의 4가지 모형으로 유아교육과정을 구분하였다.

아동-발달 모형 (child-development model)	**기초이론** 성숙주의적 접근법 (와이카트의 분류 중 아동중심 교육과정과 유사함) • 아동-발달 모형에 속하는 프로그램들은 프로이드, 에릭슨, 게젤 등의 발달이론과 성격 이론을 기초로 개발되었다. • 유아와 유아의 상호작용을 강조하며 인간발달영역 중 사회성과 정서적 발달을 중요시한다. • 아동-발달 모형에 속하는 프로그램들은 주로 중산층 유아를 위해 개발된 것으로 '풍부화 전략'이라고도 부른다. **교육 내용** • 유아의 발달단계와 발달적 요구에 맞게 교육 내용이 계획된다. • 교사가 의도한 학습내용보다 유아의 직접활동을 강조한다. • 유아의 생활 속에서 유아와 밀접한 관련이 있고 구체적인 것들로 구성되며, 흥미영역을 중심으로 이루어진다.
언어-교수 모형 (verval-didactive model)	**기초이론** 행동주의적 접근법 (와이카트의 분류 중 계획된 교육과정과 유사함) • 사회·경제적으로 낙후된 지역의 유아와 혜택을 받지 못하는 유아들의 발달적 특징 및 요구에 대한 연구를 기초로 하여 개발된 프로그램들이다. – 언어-교수모형에 속하는 프로그램들은 학습을 행동의 계획된 변화로 보고, 교사의 자극과 아동의 반응 사이의 반복적 교수를 가장 효과적인 학습방법으로 설명한다. • 인간의 자연적 성장 속에서 저절로 이루어지는 학습보다 교사에 의한 지시적 교수와 언어 발달을 강조한다. • 새로운 행동의 학습을 위해서는 언어적 칭찬과 적절한 보상, 강화를 중요한 매개로 본다.
언어-인지 모형 (verbal-cognitive model)	**기초이론** 구성주의적 접근법 (와이카트의 개방체제 교육과정과 유사함) • 언어-인지 모형에 속하는 프로그램들은 피아제의 인지발달 이론에 기초를 두고 있다. • 유아의 사회성 발달과 인지적 발달의 상호작용을 모두 중시하고, 두 영역의 조화적 발달을 도모한다는 관점에서 구성주의적 접근법에 기초한다고 볼 수 있다.

MEMO

	특징 • 교구-유아, 유아-유아, 유아-교사 간의 상호작용을 모두 중요시한다. • 교사가 유아의 학습에 보다 더 직접적인 영향을 미치며 하루의 일과도 계획하고 주도하는 반면, 유아가 능동적으로 활동에 참여하면서 개념을 형성해 나갈 수 있도록 환경을 구성한다.

감각-인지 모형 (sensory-cognitive model)	**기초이론**
	몬테소리의 교육 이념 및 방법에 입각하여 개발된 프로그램
	• 유아의 감각훈련과 실생활습관 훈련을 강조하고, 유아의 발달은 단계성이 있으며 환경과의 상호작용을 통해 나타난다고 본다.
	특징
	• 학습은 비언어적 형태로 유아가 교구를 직접 사용하는 경험을 통해 이루어진다.
	  - 학습을 위해 다양하고 풍부한 교구를 준비해야 한다.
	  - 유아들이 자유롭게 활동할 넓은 공간을 제공한다.
	  - 활동은 필요에 따라 교사가 제안하기도 하지만, 일반적으로는 유아들이 자신의 수준에 맞는 교구를 선택하여 조용히 활동하고 정리하도록 한다.
	• 감각-인지모형을 기초로 하는 프로그램은 유아와 교구 간의 상호작용을 가장 중요시하기 때문에 유아-교사, 유아-유아의 구조성은 낮으나 유아-교구의 구조성은 높다.
	• 교사는 유아의 학습을 위한 교구를 준비하고, 유아의 교구 사용을 관찰하며, 필요한 경우 언어보다는 시범을 통해 행동으로 유아를 도와준다.

4가지 유형의 상호작용을 근거로 메이어의 4가지 유아교육과정 모형 비교하기

교사와 유아의 상호작용	① 교사와 유아의 상호작용을 가장 중요시하는 모형은 언어-교수모형이다. 언어-교수모형은 언어 규칙의 학습이 인간의 사고를 촉진한다고 보며 언어적 해답을 학습결과로 생각한다. ② 그다음이 언어-인지모형이다. 언어-인지모형은 교사의 언어를 중요시하지만 언어적 반응이 곧 학습의 결과인 것으로 보지는 않는다. ③ 아동-발달모형에서는 교사와 유아의 상호작용보다는 자연적인 대화를 중심으로 한다. ④ 교사와 유아의 상호작용을 가장 강조하지 않는 것이 감각-인지모형으로 교사보다는 교구와의 상호작용을 강조한다.
유아와 교구의 상호작용	① 유아와 교구 간의 상호작용을 가장 중요시하는 것은 감각-인지 모형이다. 감각-인지모형은 교사의 개입 없이 유아가 스스로 교구와 상호작용함으로써 학습할 수 있게 한다. ② 그다음은 아동-발달모형으로 행동을 통한 학습을 중시하며 유아와 교구 간의 상호작용을 강조한다. ③ 언어-인지모형에서는 교사가 유아와 교구 사이를 중재한다. ④ 언어-교수모형에서는 유아의 구체적 조작경험 없이 교사의 언어적 설명을 통해 학습하므로 유아와 교구 간의 상호작용은 중요시하지 않는다.
유아와 유아의 상호작용	① 유아와 유아의 상호작용은 아동-발달모형이 가장 활발하다. ② 언어-인지모형도 아동-발달모형에서와 같이 유아와 유아의 상호작용을 중시하지만, 교사의 개입이 많으므로 직접적인 상호작용은 적은 편이다. ③ 감각-인지모형은 개별활동이 중시되고 사회극놀이를 하지 않으므로 유아 간의 상호작용도 거의 없다. ④ 마찬가지로 언어-교수모형에서도 유아 상호 간의 관계가 별로 없다.
유아집단형성	① 언어-교수모형에서는 유아를 소집단으로 나누어 학습시킨다. ② 감각-인지모형에서는 개별적 활동을 주로 한다. ③ 반면 언어-인지모형과 아동-발달모형에서는 소집단과 개별적 지도방법을 함께 사용한다. ④ 또한 언어-인지모형에서는 교사와 소집단 유아의 상호관계를 강조하고, 아동-발달모형에서는 교사와 개별 유아의 상호작용을 강조한다.

MEMO

③ 콜버그와 메이어(Kohlberg & Mayer)

- 콜버그와 메이어는 심리학적 이론들이 가정하는 접근법을 교육과정 구성에 적용함으로써 교육이념, 즉 교육적 이데올로기(educational ideology)가 된다고 보고 교육과정의 유형을 분류하였다.
- 콜버그와 메이어는 현대의 유아교육과정을 구성하면서 낭만주의와 문화전달주의만으로는 이상적인 모형을 제공할 수 없으므로, 진보주의 유형이 유아교육과정의 원천이 되어야 한다고 주장하였다.

구분	내용
낭만주의 (romanticism)	**기초이론** 성숙주의적 접근법 • 낭만주의 계열의 유아교육 프로그램은 발달에 대한 성숙주의적 입장의 유형으로, 유아의 내적인 본성을 전개하는 것이 중요한 학습의 경험과 활동이라고 본다. **특징** • 각 유아의 권리와 자유를 중시하고, 유아는 자신의 활동을 주도할 수 있는 존재로 신뢰받는다. • 전통적인 아동중심 또는 흥미중심의 유아교육 프로그램들이 여기에 속한다. **교사** 교실 내에 긍정적인 사회·정서적 놀이환경을 조성하고, 특히 극놀이와 창작활동을 장려하여 유아들의 정의적·사회적 발달을 촉진하도록 돕는다.
문화전달주의 (cultural transmission)	**기초이론** 행동주의적 접근법 • 유아의 발달과 학습이 주로 외부적 요인에 의해 결정되며, 인지·윤리 및 문화적 지식을 직접 가르침으로써 가장 잘 발달된다고 보는 행동주의적 입장의 유형이다. **특징** • 문화전달주의에 입각한 프로그램들은 계획적 강화에 의해 단기간에 구체적인 학습목표를 달성할 수 있도록 교사 중심적이고 상당히 구조화되어 있다. • 내적이고 주관적인 면을 강조하는 낭만주의와 달리, 객관적으로 관찰할 수 있고 예상 가능한 행위로부터 추론할 수 있는 지식을 강조한다. • 교육 내용이 구조화·순서화되고, 교수전략도 조직적으로 수행된다. – 강화·소거와 같은 학습 원리에 근거한 학습전략을 사용한다.
진보주의 (progressivism)	**기초이론** 구성주의적 접근법 • 유아와 환경과의 상호작용이 허용되고 증진되는 조건 아래, 교육은 유아와 환경과의 상호작용으로부터 이루어진다는 구성주의적 입장에 기초한다. **특징** • 듀이의 진보적인 교육관과 피아제의 인지발달에 근거하여 지식은 학습자의 내부에서 구성된다는 것을 믿으며 교사와 유아가 모두 학습을 주도한다. • 교사가 목표를 설정하지만 이것의 성취는 유아에 의해서 이루어지며, 놀이가 학습을 위한 수단이 된다. **교사** 교사는 유아의 사고를 자극하고 학습의 기회를 제공하기 위해 놀이를 더욱 적극적으로 이용하고 개발한다.

MEMO

4 비셀(Bissell)

교육목표, 수업전략, 교육 내용에 대한 조직의 구조화 정도에 따라 모형을 구분하였다.

허용적-심화 모형 (수용적-심화 모형)	**목적** 전인 발달을 지향하는 다양한 목적을 가진다. **구조성** • 프로그램 자체가 갖는 구조성은 낮다. • 유아의 욕구에 의해 교육의 형태를 결정한다. **교사** • 유아의 욕구에 적절히 반응하고, 욕구에 부응하는 활동을 계획하며, 발달에 근거한 환경을 조직한다. • 아동의 현재 발달적 수준과 그에 따른 과제를 연결지을 수 있는 교사의 능력이 요구된다. 예 헤드스타트 프로젝트 내의 여러 프로그램들
구조적-정보 모형	**목적** • 언어를 통한 정보전달이나 기술을 가르치고자 한다. - 인지적 발달을 위한 특별한 정보나 기술을 습득하는 것이다. - 학교생활에 필요한 학문적 습득을 중요시한다. **구조성** • 학습활동이 교사에 의해 사전에 계획된다. • 학습의 결과에 중점을 두는 정보 획득의 측면에서 구조성이 강하다. • 교사의 지시에 의한 상호작용을 하며 구조화 정도가 높다. 예 엥겔만-베커 프로그램(저소득층 유아들을 위한 학교 학습준비 프로그램으로 적절)
구조적-인지 모형	**목적** 학습 과정과 관계있는 적성과 태도 및 언어의 발달을 강조한다. **구조성** • 학습활동은 교사에 의해 계획되며, 구조성은 높거나 중간정도이다. • 교사의 지시와 명령에 의한 활동이 이루어진다. • 학습의 과정적 측면에서 구조적이다. - 학습과정에 중점을 두므로 환경을 구조화하며, 수업활동에서 획득된 개념은 놀이 시간을 통해 계속 확장된다. 예 피아제 이론에 근거하고 있는 프로그램들
구조적-환경 모형	**목적** • 준비된 환경을 제공하여 유아의 성장과 발달을 돕고자 한다. • 자기 교수적, 자기 교정적 교구들과의 상호작용을 통해 학습이 이루어진다. **구조성** 원하는 교구를 선택하여 활동할 수 있는 융통성과 자유로움이 허용되나, 환경과 학습 방법은 엄격히 구조화되어 있다. 예 몬테소리 프로그램

MEMO

UNIT 07 유아교육과정의 이론적 배경

#KEYWORD 진보주의, 본질주의, 계몽주의

- 교육과정의 기초는 철학적 · 심리학적 · 사회적 측면으로 나누어 살펴볼 수 있다(이귀윤, 1996).
  - 철학적 기초는 교육과정에 대한 다양한 관점을 제공하고 교육과정 개발의 역사적 배경과 맥락을 이해하는 데 도움이 된다. 주로 1920년대 과학문명이 급격히 발달하기 전 인간 본성과 아동의 존재, 교육에 대한 철학적 사유가 주된 내용이다.
  - 심리학적 기초는 학습자의 성장과 발달에 대한 이정표를 제시해 준다. 1920년대 과학의 발달로 아동에 대한 연구가 폭발적으로 이루어지면서 등장한 다양한 지식과 이론을 토대로 한다.
  - 사회적 기초는 교육과정에 반영되거나 반영되어야 할 사회적 변화, 가치, 문제 등에 관한 정보를 제공한다(이기숙, 2013).

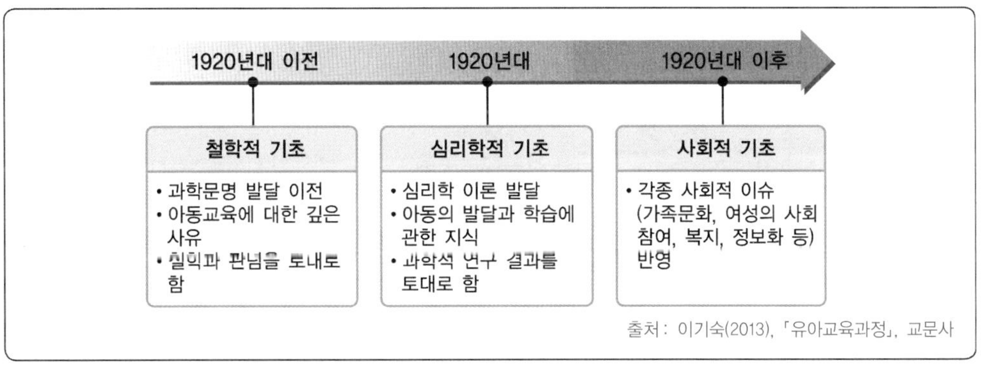

교육과정의 기초

1 철학적 기초(교육 철학)

- 철학은 인간과 세계에 대한 근본원리와 삶의 본질을 분석하고 비판하는 학문으로 인식, 존재, 가치의 3가지 기준에 따라 하위 분야를 나눌 수 있다.
- 교육 철학은 '인간은 왜 사는가? 어떤 인간으로 성장해야 하는가?'라는 질문에서 출발하여 교육의 본질적인 추구와 원리적 이해를 통해 일관성 있고 장기적이며 종합적인 가치 선택의 기준을 제공해 준다.
- 교육과정에서는 본질과 현상, 가치와 실용성에 대한 끊임없는 갈등이 발생한다. 교육의 철학적인 기초를 이해하는 것은 교육적 갈등상황에서 교사가 보다 가치로운 선택을 할 수 있는 기준을 마련해 줄 수 있다.

SESSION #9

MEMO

참고

주요 철학사상 개관

철학	실재	지식	가치	교사 역할	학습의 강조점	교육과정의 강조점
관념론	영성적·도덕적·정신적인 것, 변하지 않는 것	내재적 관념을 재생하는 것	절대적이고 영원한 것	내재적 지식이나 관념을 의식의 표면으로 불러오는 것, 도덕적·영성적 지도자	지식과 관념을 회상하는 것, 최고의 형식으로서 추상적 사고의 습득	지식 위주, 교과 중심, 고전이나 자유교과, 교과의 위계, 철학, 신학, 수학을 가장 중요시
실재론	자연법에 근거하고 객관적으로 존재하며 질료로 구성됨	감각자료와 추상화로 구성되는 것	절대적이고 영원한 것, 자연법칙에 근거한 것	합리적 사고를 가르치는 것, 도덕적이고 영성적인 지도자가 되는 것, 권위의 원천	마음의 도야, 최고의 사고형식인 논리적·추상적 사고의 습득	지식위주, 교과중심, 예술 및 과학, 교과의 위계, 인문교과와 과학교과
실용주의	개인과 환경의 상호작용, 항상 변하는 것	경험에 근거, 과학적인 방법을 활용하는 것	상황 맥락적이며 상대적인 것, 변화되고 검증 가능한 것	비판적 사고와 과학적 연구과정을 가르치는 것	변화하는 환경을 다루고 과학적으로 설명하는 방법의 습득	영원한 지식과 교과는 없다는 점, 개인이 변화에 대처할 수 있도록 하는 데 적합한 경험, 문제 해결학습에 적합한 주제
실존주의	주관적인 것	개인의 선택에 의거한 지식	자유로운 선택에 의한 개인의 지각에 근거하는 것	개인적 선택과 자아정체감을 도와주는 것	인간의 조건에 대한 지식과 원리의 습득, 선택의 행위	폭넓은 교과목 선택 가능성, 감정적·심미적·철학적 교과

<table>
<tr><td rowspan="3">진보주의
(progressivism)
교육 철학</td><td colspan="2">• 대표적 사상가: 듀이, 킬패트릭, 파커, 차일드 등
• 18세기 초에 형성된 자연주의 교육전통의 계승과 실용주의의 수용으로 나타난 교육운동이자, 교육사조이다.
– 전통교육에 대한 문제제기와 아동중심교육의 필요에 의해 나타난 교육개혁운동을 지칭한다.
– 전통적인 교육은 성인중심이자 사회중심 교육으로서, 유아를 성인의 부속물이나 축소판으로 보는 아동관을 바탕으로 이루어져 왔다. 이러한 관점은 유아를 수동적인 존재로 바라보면서 유아가 지닌 개성이나 욕구를 반영하지 못했다는 비판을 받았다.
• 인지적 교육, 신체적·정신적·육체적 가치를 포함한 전인교육을 주장하고 생활중심의 경험적 교육과정을 중시한다.</td></tr>
<tr><td>교육목적</td><td>유아의 개성을 계발하고 완전한 인간으로 성장·발달시킴으로써 사회생활에 적응하게 하는 것이다.</td></tr>
<tr><td>교육 원리</td><td>• 교육은 미래 생활의 준비가 아니라 현재의 생활 그 자체이다.
• 학습은 아동의 흥미와 직접적으로 관련되어야 한다.
• 교육 내용의 주입보다 문제해결의 방법으로 학습해야 한다.
• 교사의 역할은 지시하는 것이 아니라 조언하는 것이다.</td></tr>
</table>

MEMO

<table>
<tr><td rowspan="2"></td><td></td><td>• 학교는 경쟁보다 협력을 장려해야 한다.
• 민주주의만이 참다운 인간 성장에 필요한 상상과 인격의 상호작용을 허용하고 촉진한다.
• 학교교육은 실제생활이 이루어지는 지역사회, 가정에서의 경험과 조화롭게 공유되도록 교육적 내용을 구성해야 한다.
• 활동, 경험, 문제해결법, 구안법 등을 활용하는 교육과정을 강조한다.</td></tr>
<tr><td>비판점</td><td>• 아동중심·생활중심은 아동의 흥미와 자유를 지나치게 강조하여 교육이 지향해야 할 명확한 교육목표 설정이 어렵고, 비효율적인 시행착오와 산만한 수업분위기를 초래한다.
• 다수의 협동적 노력을 강조한 나머지 소수의 창의성이 무시되거나, 우수한 소수자의 지도성을 반영시키지 못한다.
• 절대적 진리나 가치, 본질적인 지식에 대한 학습을 소홀히 다룬다.
• 전통교육이 가진 긍정적 측면의 정당한 평가를 내리지 못한다.
– 학교교육에서 조직된 교과의 중요성을 간과하거나 성인의 가르침과 역할을 과소평가하는 경향이 있다.
• 개인주의적·자아중심적인 교육으로 흘러 사회적 훈련과 전통을 경시하는 경향이 있다.
• 현재의 생활과 경험을 강조한 나머지 미래에 대한 교육의 준비성을 간과한다.
• 교육이 가지는 사회적응적 측면이 강조되어 사회개혁의 기능은 무시되는 경향이 있다.</td></tr>
<tr><td rowspan="2">본질주의의 교육 철학</td><td colspan="2">• 본질주의 교육사상의 배경: 실재론과 관념론의 절충
• 세상에는 변화하지 않는 기본적 질서가 있다고 보는 보수적 성향이다.
– 외형적·현상적 차원의 변화는 인정하지만 그 본질에서는 변함이 없다는 입장이다.
– 즉, 사람의 외면은 나이, 환경에 따라 변화할 수 있지만 정신이나 영혼은 본질적으로 변화하지 않는다는 것이다.
• 1957년 소련의 인공위성 스푸트니크 발사의 여파로 본질주의 교육운동이 큰 힘을 얻게 되었다.</td></tr>
<tr><td>교육관</td><td>• 대표적 사상가: 배글리, 울리히, 칸델, 브리드 등
• 문화를 구성하는 가장 본질적인 것은 교육을 통해 다음 세대에 계승함으로써 역사를 전진시키는 원동력을 길러내자는 교육사조이다.
• 진보주의 교육운동이 사회적 훈련 및 사회적 전통을 경시했던 것과, 아동중심·생활중심 교육을 지나치게 강조한 결과 학력저하 문제가 나타났던 것을 각각 비판하였다.

진보주의와 본질주의의 차이
<table><tr><th>진보주의</th><th>본질주의</th></tr><tr><td>유아의 흥미 강조</td><td>유아의 노력 강조</td></tr><tr><td>유아의 자율성 강조</td><td>교사의 지도를 통한 교육에 관심</td></tr><tr><td>개인의 경험 우선: 개인의 변화를 통한 사회개조 주장</td><td>사회의 요구 우선: 사회의 공적 요구를 반영하여 교육을 구성할 것을 주장</td></tr></table></td></tr>
</table>

MEMO

<table>
<tr><td rowspan="3"></td><td></td><td><table><tr><th>진보주의</th><th>본질주의</th></tr><tr><td>교육 내용: 유아의 경험</td><td>교육 내용: 사회의 본질적인 문화유산 (교과의 모든 교재)</td></tr><tr><td>교재의 심리적 조직(심리성)</td><td>교재의 논리적 조직(논리적 본질성)</td></tr><tr><td>직접적 목적</td><td>장래의 목적</td></tr></table></td></tr>
<tr><td>교육 원리</td><td>• 학교는 인류의 문화재 중에서 가장 존귀한 본질적인 사상과 핵심을 모든 학생에게 가르쳐야 한다.
• 지나친 자유는 방종이므로 유아와 학생의 자유는 한계가 있어야 하며, 경우에 따라서는 교사의 통제도 필요하다.
• 학습이란 필연적으로 어려운 일이고 응용을 포함한다. 유아・학생의 교육에서 중요한 것은 바로 노력이다.
• 교육의 주도권은 교사에게 있다. 유아가 한 인간으로서 잠재능력을 충분히 발휘하려면 그것을 객관적으로 잘 알고 있는 교사의 지도와 감독이 필요하다. 교사는 성인과 유아 세계 사이의 중계자 역할을 담당해야 한다.
• 문제해결은 중요하지만 모든 학습과정에 진보주의의 문제해결 방법을 통용시킬 수는 없으므로, 학교는 심리적 훈련을 위한 전통적인 학문적 훈련방식을 계속 유지해야 한다.
• 교육이란 학생들이 사회구성원으로서의 역할을 수행할 수 있도록 학생들에게 기본적인 기능과 교과를 가르치는 일이므로, 교육과정은 인류의 문화재 가운데 현재 생활에 유용한 핵심을 중심으로 구성되어야 한다.
• 학교는 정신적 훈련을 교육방법으로 실행해야 한다.
• 교육은 사회적인 요구와 관심을 중심으로 행해져야 한다.</td></tr>
<tr><td>비판점</td><td>• 학문적 훈련을 강조하며 자연과학이나 인문과학을 중시한 나머지, 사회과학을 경시하고 종교적 감각 도야에 미흡한 점이 있다.
• 변화하는 문제에 소극적으로 대처하는 측면이 있고, 미래전망과 사회혁신의 자세가 부족하다.
• 문화적 유산의 근본적인 것을 보존해야 한다고 하지만, 습관과 전통, 전통과 본질적인 것을 구분하는 것은 쉽지 않다.
• 본질주의의 보수성은 지적인 진보성과 창의성을 저해할 우려가 있다.
• 유아들의 자발적 참여와 학습동기를 가볍게 본다.
• 권위주의적이고 전통적인 특성이 독립심, 비판적 사고, 협동정신을 기르는 일을 소홀히 할 수 있다.</td></tr>
<tr><td>항존주의 교육 철학</td><td>교육관</td><td>• 대표적 사상가: 허친스, 아들러, 마리탱 등
• 가장 오래되고 가장 보수적인 교육 철학이론인 항존주의는 관념에 그 근원을 두고 있다.
  – 본질주의의 진보주의 교육에 대한 온건적 비판에 문제를 제기하면서 근본적・전면적 변화를 주장한다.
• 사상적 근원: 고대 그리스의 플라톤과 아리스토텔레스의 형이상학적 교육사상 및 중세 토마스 아퀴나스의 스콜라 철학</td></tr>
</table>

MEMO

- 인간의 '이성'의 습득과 전통이 담긴 '고전'의 중요성을 강조한다.
  - 고전은 학문, 예술의 영역에서 영구적인 가치를 가지는 인류의 문화적 업적이며, 참된 고전은 지역과 시간을 초월해서 가치를 보존한다.
  - 즉, 영원불변의 진리, 보편적 진리를 담고 있는 고전을 바탕으로 현대 교육과 문명의 위기를 극복하고 구원하려는 노력을 기울인다.
- 반과학주의, 탈세속주의, 정신주의를 표방하고 있으며 절대적 원리로 돌아갈 것을 강조한다.
  - 교육의 문제는 생활수준 향상에 있지 않고 도덕성 · 지성 · 영혼성에 있다고 본다.
  - 인간의 본성은 이성이고, 지식은 절대적 · 불변적 · 보편적 진리이며, 교육은 인간의 인성을 계발하는 일이라고 본다.

항존주의와 진보주의 교육관 비교

	항존주의	진보주의
가치론	영구적 성격의 가치관, 초자연적 세계의 존중	상대적 가치관, 현실적인 인간의 경험세계 존중
진리관	진리의 절대성, 항존성	진리의 상대성, 상황성
본질론	실제의 본질을 항구적 · 불변적 성격으로 간주	본질의 변화가능성 인정
교육목적	미래 생활의 준비	현재 생활의 행복
교육과정	고전 중심 교육과정	생활 중심 교육과정
인식론	주지주의(인지주의)	반주지주의(경험주의)
교과	정신주의, 이성주의적 교과	물질주의, 과학주의적 교과
교육방법	항존적 진리와 지식의 형식을 활용한 형식도야론	학습자의 자유를 중시하는 소극적 교육방법

비판점

- 절대적이고 항구적인 것을 무조건 받아들이고 추구하기 때문에 현대 사회가 요청하는 비판정신과 사고의 신장에 저해요소가 될 수 있다.
- 지적훈련을 획일적으로 강조하기 때문에 엘리트 교육, 귀족교육, 주지주의 교육으로 전락할 가능성이 있다.
- 인간은 지적 · 정서적 · 사회적 활동의 복합체인데, 오직 인간의 지적인 일면만 강조하므로 전인교육에 위배된다.
- 진리의 절대성과 영속성, 인간의 이성적 본성에 기초해 전개되며, 전통과 고전의 원리를 강조하는 보수적 성격을 지닌다.

재건주의의 교육 철학

- 대표적 사상가 : 브라멜드 등
- 1960년대 체계화된 교육이론으로, 기존 이론들인 진보주의, 항존주의, 본질주의 등을 검토하여 그 장점들은 수용하고 단점들은 비판함으로써, 현대문명의 위기를 극복하고 보다 좋은 사회를 만들자는 목표로 재건주의가 나오게 되었다.
- 인류의 위기의식에서 출발하여 현대 문화의 병폐를 정확한 진단과 재점검을 통해 극복하고, 멸망해 가는 문화를 살리며 이상적인 문화를 건설하는 데 교육이 주도적 역할을 해야한다고 강조한다.

MEMO

		• 교육이 해결해야 할 과제: 교육에 대한 지원과 통제, 교육의 내용과 방법의 쇄신, 학문적 자유의 존중, 학교와 사회의 유대 강화 • 사회 변화에 주된 관심을 가지며, 사회적 경험과 문화의 재건을 강조한다. • 현대에 요구되는 신념의 선포를 주요 목적으로 하는 교육 철학으로서, 교육은 이 세계를 재건하는 도구가 되어야 하며 교육이라는 과정을 통해서 이상사회를 건설하려 한다. • 생물·사회과학적 관점과 실천에서 얻은 '인간 및 사회에 관한 지식'을 존중한다.
	교육관	• 교육을 통해 문화의 기본 가치를 충족시킬 수 있도록, 새로운 사회질서를 정치·경제 등의 여러 사회세력과 조화시키는 일에 앞장서야 한다고 주장한다. • 새로운 사회는 민주적이어야 하며 그 사회의 제도, 기관은 국민에 의해 지배되어야 한다고 본다. • 학교교육의 성격은 다양한 사회·문화적 요인에 의해서 영향받고 결정된다고 본다. • 교육목적, 내용, 방법은 현대문명의 위기를 극복할 수 있는 방향에서 재구성되어야 한다고 강조한다.
	비판점	• 교육의 수단과 목적들은 행동과학에 의해서 발견된 결과에 따라 재구성되어야 하는데, 다양한 심리이론을 반영하지 못했다는 측면에서 비판의 대상이 될 수 있다. • 행동과학을 유일한 방법으로 여기는데, 인간은 복합적이고 유동적이어서 행동과학만으로는 설명되지 않는 부분이 있다. • 다수의 의견을 따르는 민주적 방식에 대한 지나친 기대로 소수의 의견을 무시하기 쉽다.

참고

현대 유아교육 철학 비교

구분	교육목적	교육 내용	교육적 의미	대표학자
항존주의	이성적인 인간	위대한 교과	문화유산에 내재한 항구적 진리의 재발견	허친스, 아들러
진보주의	학습자의 흥미, 필요	실제경험, 문제해결	• 아동중심교육 • 보조자로서의 교사	듀이, 킬패트릭
본질주의	문화적 전통의 전수	역사, 과학, 외국어, 3R	• 교사의 주도권 인정 • 지식의 구조와 자연과학 강조	배글리, 울리히
재건주의	사회 재건	사회과학	교육의 사회적 역할 강조	브라멜드, 스탠리

출처: 「유아교육 철학 및 교육사」 p.61, 김희태·곽노의·백혜리 공저, 한국통신대학교

MEMO

2 심리학적 기초

성숙주의 이론	• 성숙주의 이론은 인간의 발달이 환경에 영향받기보다는 개인이 가지고 있는 유전적·생물학적·내재적 요인에 의해 이루어진다고 보는 이론이다. – 이 이론에서는 모든 인간은 태어날 때부터 발달의 잠재력과 가능성을 가지고 있으므로 시간이 흐르면서 적절한 시기가 되면 사연스럽게 발달하고 성숙할 수 있다고 본다. • 성숙주의 이론은 루소의 자연주의 교육 철학에서 출발하여 프뢰벨의 유아교육 사상으로 이어졌고, 다윈(Darwin)의 진화론에 영향을 받아 홀(Hall)과 게젤(Gesell) 등의 심리학으로 발전하였다(이기숙, 2013).
정신분석 이론	• 정신분석 이론은 인간 행동이 정신으로부터 기인한다고 보고 인간 행동을 이해하기 위해 성격, 욕구, 동기, 인성 등 내면의 정신을 탐구하는 이론이다. – 즉, 인간 발달을 외현적 행동뿐만 아니라 행동에 내재한 정신을 통해 이해하고자 하였다. • 정신분석 이론은 인간의 무의식 세계와 성적 본능을 강조하는 프로이드(Freud)의 심리성적 발달이론과 인간의 성격발달 과정에서 사회적 영향력에 주목한 에릭슨(Erikson)의 심리사회적 발달이론이 대표적이다.
행동주의 이론	• 행동주의 이론은 로크의 백지설에 철학적 근거를 두고 인간 발달에서 환경의 영향이 중요함을 주장한다. – 즉, 인간은 태어날 때 백지의 상태와 같으므로 어떠한 환경 자극이 주어지는가에 따라 반응이 달라지고 이러한 자극과 반응의 기제를 통해 발달이 이루어진다고 설명한다. – 행동주의 이론에서는 눈에 보이지 않는 정신의 세계보다는 관찰 가능한 행동에 대한 탐구를 중시한다. • 행동주의 이론은 유아의 행동을 이해하는 과정에 많은 도움을 주었지만 행동을 기본 단위나 요소로 나누어 설명했기 때문에 전인발달 측면에서 유아의 총체적인 발달 모습을 파악하는 데는 한계가 있다(이기숙, 2013). – 행동주의 이론에 기초한 유아교육과정은 유아들이 학습할 내용을 작은 단위로 나누어 위계화한 후 이를 교사가 반복적이고 누적적으로 교육한다. – 강화의 개념을 매우 강조하여 강화물을 제시하는 교사가 교수학습과정에서 주도적인 위치에 있고, 학습자인 유아를 수동적으로 보게 된다는 비판을 받기도 한다. • 대표적인 행동주의 이론으로 파블로프(Pavlov)의 고전적 조건형성이론, 스키너(Skinner)의 조작적 조건형성이론, 반두라(Bandura)의 사회학습이론 등이 있다.
인지발달 이론	• 인지발달 이론은 인간을 인지과정에 의해 환경과 능동적으로 상호작용하는 존재로 보고 유아의 인지발달 기제에 대해 설명한다. – 즉, 인지발달 이론은 유아의 지적 능력이 어떻게 변화·발전해 가는가에 관심을 가진다. 이 이론은 유아가 환경과 적극적으로 상호작용하는 경험을 통해 지식을 스스로 구성해 나간다고 주장하기 때문에 구성주의, 상호작용주의라고도 불린다(이기숙, 2013). • 인지발달 이론은 교육이 유아의 발달 수준과 단계에 적합해야 하며, 이 과정에서 유아의 능동적이고 적극적인 탐색이 중심이 되어야 함을 강조한다. 또한 유아의 발달에서 사회적 상호작용을 하는 교사의 역할을 중요시하며 오늘날의 유아교육에도 지속적인 영향을 미치고 있다.

MEMO

	– 따라서 인지발달 이론에 기초한 유아교육과정에서는 환경과의 상호작용이 일어나도록 구체적인 자료가 풍부하게 제공되고, 유아가 이를 조작하며 활동할 수 있는 시간이 충분히 주어지며, 교사와 또래 간 활발한 상호작용이 일어난다(이기숙, 2013). • 인지발달 이론의 대표적인 학자로는 피아제(Piaget)와 비고츠키(Vygotsky)가 있다.
생태학적 체계이론	• 생태학적 체계이론은 인간이 다양한 수준의 복잡한 환경체계 내에서 발달한다고 보고 인간을 둘러싼 환경에 관심을 가진다(Berk, 2014). • 생태학적 체계이론의 대표 학자는 브론펜브레너(Bronfenbrenner)이다. 브론펜브레너는 유아를 둘러싼 환경이 가정, 학교, 이웃, 직장, 문화 등 동심원적 구조로 확장된다고 보고 이를 여러 수준 체계로 구분하여 각각의 체계와 관계를 설명하였다. • 생태학적 체계이론은 유아를 둘러싼 환경을 복합적인 체계로 이해함으로써 유아의 발달을 다양한 맥락과 구조 안에서 설명했다는 점에서 의의가 있다. 또한 유아를 둘러싼 환경에 대해 폭넓은 관점을 제공함으로써 유아에 대한 체계적이고 포괄적인 이해를 가능하게 하였다.

3 사회적 기초

가족의 구조와 기능 변화	• 정보화 시대를 넘어 4차 산업혁명 시대로 접어든 오늘날 한국 사회는 핵가족화가 더욱 보편화되고 1세대 또는 1인 가구의 수도 점차 늘어나고 있다. 이러한 현상을 유아교육 관점에서 살펴보면, 사회의 교육에 대한 역할과 책임이 더욱 강화된 것으로 볼 수 있다. – 핵가족화 현상은 가족의 고유 기능이었던 자녀 양육과 교육의 역할을 축소시켰다(Morrison, 1998). – 과거 여러 세대와 친족들이 함께 모여 살 때 유아는 다양한 가족 구성원들과 상호작용하며 사회화되고, 가족의 여러 성인은 유아에 대한 양육 역할을 분담할 수 있었다. 그러나 가족이 핵가족화되면서 유아의 가정 내 대인관계 범위가 축소되고 이들의 사회화를 돕는 역할은 어린이집이나 유치원 등 영유아교육기관에서 더욱 강화되고 있다. • 맞벌이 가구 수의 증가 역시 유아교육에 대한 사회의 역할과 책임을 강화시키는 주요한 현상이다. 부모와 자녀로 이루어진 가구의 경우 부모 모두 경제활동에 참여하면 영유아기 자녀 양육에 공백이 생길 수 있다. – 이러한 상황에서 부모의 역할을 보완하여 자녀의 양육을 담당하고 영유아기에 적합한 교육을 실시하는 영유아교육기관의 필요성이 더욱 강조되고 있다. • 가족의 형태가 다양해지는 현상도 유아교육과정에 영향을 주고 있다. 현대 사회는 한부모 가족, 입양 가족, 주말부부 가족, 십대부모 가족, 동성애 가족 등 점차 가족의 형태가 다양화되어 가고 있다. – 이러한 사회현상을 반영하여 국가 수준 유아교육과정인 누리과정에는 가족의 다양함을 이해하고 이를 존중해야 함을 명시하고 있다(교육부, 2019). 가족이 서로 돕고 살아가야 함을 강조함으로써 가족의 형태와 관계없이 가족의 의미와 소중함을 알게 하는 교육 내용을 강조하게 된 것이다.

MEMO

저출산 문제	• 오늘날 한국 사회의 출산율은 OECD 국가 중 매우 낮은 순위를 기록하고 있으며, OECD 국가 중 유일하게 출산율 0명대 국가가 되었다. 이처럼 합계출산율 감소 추세가 지속될 경우 2030년이 되면 한국의 인구수가 감소할 것이라는 예측도 발표되고 있다. • 여성의 출산율이 낮은 가장 큰 원인은 자녀 양육에 필요한 경제적 비용에 대한 부담이라는 관점이 우세하다(보건복지부, 2011; Spodek & Saracho, 2005) – 한국에서도 저출산 현상을 극복하기 위해 만 5세 유아의 무상교육 실시, 보육료 및 교육비 지원, 출산휴가와 육아휴직제도 확대, 유아교육 및 보육의 질적 향상, 유아교육기관 접근성 확대와 같은 다양한 정책을 마련하며 노력하고 있다.
세계화와 다문화사회 진입	• 현대의 과학기술과 정보통신기술의 발달로 세계는 국가 간 경계가 허물어지며 하나의 사회로 급격히 변화하고 있다. 다양한 정보와 지식이 즉각적으로 교류되어 세계는 마치 촘촘히 연결된 하나의 그물망처럼 상호 의존성이 심화되고 있다. 많은 시간과 노력을 기울이지 않아도 지구 반대편에서 일어나는 일들을 바로 알 수 있고, 원하는 정보와 자료를 손쉽게 얻을 수 있는 상황에서 개인의 삶은 보다 다양해지고 폭넓어졌다. – 이러한 정보화, 세계화 사회의 특징에 적응하는 시민으로 성장하기 위해 개인은 다양한 정보들을 단순히 습득하는 것에서 나아가, 통찰력 있고 비판적인 사고능력을 통해 새로운 지식을 창출하고 활용하는 능동적이고 적극적인 태도 역시 필요해졌다(이기숙, 2013). • 세계화 현상으로 인한 특징 중 하나는 여러 문화적 배경을 지닌 다양한 구성원들을 쉽게 만날 수 있는 다문화사회로 진입했다는 점이다. 여러 민족, 인종적 배경을 지닌 구성원들이 자유롭게 국가를 이동함으로써 사회의 다양성은 점차 증가하고 있다. – 한국 사회 역시 1990년대 후반 이후 다문화가정이 증가하게 되었고, 교육기관의 다문화가정 학생 수 역시 점차 증가하고 있는 추세이다. 이에 따라 다문화현상의 확대에 대해 보다 개방적이고 포용적인 태도의 필요성이 강하게 제기된다(여성가족부, 2016). 이러한 필요성을 반영하여 국가의 여러 정부 부처에서 다문화와 관련된 다양한 정책을 펼치고 있고, 교육부에서도 다문화교육 지원 계획을 발표하고 있다(교육부, 2020). – 이러한 국가적 관심을 반영하여 유치원 교육과정에도 다양한 가족 및 문화적 배경으로 인해 차별받지 않고, 서로 이해하고 배려하며 자신과 다른 상대의 특징을 편견 없이 받아들여야 한다는 교육 내용이 명시되어 있다(교육부, 2019). 이는 다양한 문화적 배경을 이해할 수 있도록 관련 경험을 제공하여 다양성을 존중하는 태도를 기르도록 하는 교육으로, 세계화와 다문화사회로의 변화 현상이 유아교육과정에 반영되어 있음을 보여준다.
환경교육 강조	• 현대 사회는 산업화를 맞이하면서부터 비약적인 경제 성장을 이루었으며, 이에 따라 생활수준이 높아지고 삶이 풍요로워졌다. 그러나 인간중심 관점에서의 생활의 질 향상이라는 긍정적 효과를 얻는 동안, 지구의 생태계는 파괴되고 자연환경은 오염되어 왔다. – 세계 곳곳의 수많은 동식물은 멸종되거나 멸종 위기에 놓여 있고, 지구온난화 등을 비롯한 이상기온 현상으로 지구는 몸살을 앓고 있다. – 자연환경 파괴와 오염의 영향은 인간에게도 직결되어 나타났다. 영유아는 자연에서 뛰어놀며 자연과 교감하고 정서적 만족감을 얻을 기회를 잃고 가정이나 인위적으로 꾸며진 실내 공간에서 놀이하는 시간이 압도적으로 많아졌으며, 아토피나 천식 등의 질환에 시달리는 경우도 늘어나고 있다.

SESSION #9

MEMO

	– 이러한 현상을 마주한 현대 사회에서는 적극적으로 환경을 보호하고 인간의 삶이 자연과 공존하며 함께 성장해야 한다는 목소리가 점차 높아지고 있다. 교육계에서도 환경교육, 녹색성장교육, 지속가능발전교육 등의 이름으로 자연과 더불어 살아가야 하는 태도를 배우고 실천하는 교육이 강조되고 있다. • 「환경교육진흥법」에 의하면 환경교육은 '국가와 지역사회의 지속가능발전을 목표로 국민이 환경을 보전하고 개선하는 데 필요한 지식, 기능, 태도, 가치관 등을 배양하고 이를 실천하도록 하는 교육'으로 정의된다. – 환경교육의 필요성이 대두됨에 따라 정부 차원에서 환경교육 종합계획을 수립하였으며 다양한 환경교육 자료들이 개발되었고 각 학교급에서는 범교과 교육과정으로 환경교육을 실시하는 등 관련 교육이 적극적으로 실행되어오고 있다(환경교육포털, 2008; 환경부, 2019 · 2020). – 국가 수준 유아교육과정에도 환경교육과 관련된 내용이 다수 포함되어 있다. 2019 개정 누리과정에서는 생명과 자연을 존중하는 태도를 강조하여, 자연탐구 영역에서 주변의 동식물에 관심을 가지고 생명과 자연환경을 소중히 여김으로써 자연과 더불어 사는 태도를 기르도록 명시하고 있다. – 또한 최근 생태유아교육 프로그램도 등장하는 등 환경교육에 대한 사회적 요구와 관심이 유아교육과정에 영향을 미치고 있다.
제4차 산업혁명 시대를 맞이한 교육 패러다임 변화	• 제4차 산업혁명이란 인공지능(AI), 사물 인터넷(IoT), 빅데이터, 모바일 등 첨단 정보통신 기술이 사회와 경제 등에 융합되어 혁신적 변화를 이루어내는 산업혁명을 의미한다. – 제4차 산업혁명은 사회와 사회 구성원인 개개인들의 삶을 새로운 패러다임으로 전환하고 있다(Schwab. 2016). 인공지능의 발달로 인해 인간만이 가능하다고 여겼던 업무의 상당 부분이 인공지능으로 대체되고 있고, 현재 만 5세 유아들이 성인이 될 때는 지금 존재하지 않는 일을 하고 있을 가능성도 높을 것으로 예측되고 있다(김진형, 2016; 장필성, 2016). • 이와 같은 제4차 산업혁명 시대에 대한 대응으로 교육 패러다임의 전환이 전세계적으로 시행되고 있다(송윤나 · 박희숙, 2017). 제4차 산업혁명 시대를 살아갈 지금의 학습자들에게는 기존의 지식 습득 위주의 교육을 넘어 복잡한 문제해결력과 사회적 기술, 창의성을 발달시킬 수 있는 교육이 필요하게 된 것이다. – 이에 OECD에서는 2030년을 살아갈 학습자들에게 필요한 능력과 교육의 방향을 제시한 학습 개념틀(Learning Framework)을 발표하였다. OECD 교육 2030 프로젝트에서는 미래 사회에 필요한 새로운 역량을 '새로운 가치 창조하기', '긴장과 딜레마 해소하기', '책임감 가지기'로 보고, 이러한 역량을 달성하기 위한 * 지식, 기능, 태도와 가치를 제시하였다. 이 같은 OECD의 학습 개념틀은 각국에 교육의 방향성을 제시하였고 한국 역시 이러한 기조에 맞추어 교육과정을 구성하고 있다. – 2019 개정 누리과정에도 OECD 교육 2030의 내용을 반영하여 지식과 기능, 태도 및 가치가 미래사회 역량과 연계되어 있음을 언급하였다(교육부, 2019). 이처럼 제4차 산업혁명 시대로의 교육 패러다임 변화는 현대의 유아교육과정에 주요한 사회적 토대를 이루고 있다.

* 지식
학문적 지식, 간학문적 지식, 인식론적 지식, 절차적 지식

* 기능
인지 · 메타인지적 기능, 사회 · 정서적 기능, 신체 · 실용적 기능

* 태도 · 가치
개인적 태도 · 가치, 지역적 태도 · 가치, 사회적 태도 · 가치, 세계적 태도 · 가치

MEMO

UNIT 08 한국 유아교육 체제의 변화

#KEYWORD 유아교육진흥법, 초중등교육법, 유아교육법, 유아교육법 시행령

1 한국 유치원 발달과정 4단계

단계	내용
1단계 일제강점기의 유아교육 (초기 유치원 설립~1948년)	• 한국 사회에 초기 유치원의 설립부터 해방 후 교육법을 제정·공포하기 이전까지의 시기이다. – 특수한 계층의 유아를 대상으로 특수한 목적을 달성하기 위해 유치원이 설립되었다. – 한국에 세워졌던 최초의 유치원은 1897년 일본 거류민단의 자녀들을 위해 부산에 설립되었던 부산유치원이었다.
2단계 교육제도에의 진입기 (1949년~ 1968년)	• 광복 이후 최초의 「교육법」이 제정·공포되고 유치원 교육과정에 대한 법적 규정이 마련됨으로써 유아교육이 정규 교육제도로 진입하는 시기이다. – 이 시기는 유치원 교육에 대한 법적·행정적 체제가 미약하게나마 만들어진 기간이지만, 정부에서 유치원 교육을 질적·양적으로 발전시키려는 적극적인 의지를 보이지 않았기 때문에 유아교육을 독립된 교육체제로 인정하여 정책이 마련되거나 지원되지 않은 채 초등학교나 타급학교에 관한 규정에 포함되어 규정되는 경우가 많았다.
3단계 유치원 교육과정 형성기 (1969년~ 1980년)	유아교육에 대한 중요성이 우리 사회에 널리 인식되고 공립유치원의 기초가 형성되었으며, 「유치원 교육과정」(1969. 2.19)이 제정·공포되고 국가 수준의 교육과정이 정착된 시기이다.
4단계 유치원 교육의 양적·질적 발전기 (1981년~ 현재)	• 유아교육진흥법이 제정·공포(1982년)되고, 정부가 유아교육에 대한 적극적인 행·재정적 지원을 함으로써 유아교육이 양적·질적으로 발전된 시기이다. – 1980년대에 들어서며, 유아교육이 정부 주도형으로 바뀌면서 정부의 행·재정적 지원을 받아 양적·질적 발전을 이루게 되고 공립 유치원도 계속 증가하게 되었다. – 1980년에 공립 40개소, 사립 861개소 등 총 901개였던 유치원이 3년 후인 1983년에는 공립 2,562개소, 사립 1,714개소로 급증하고 취원 유아 수도 2배로 늘어났다.

MEMO

2 유치원의 도입과 발전

1897년	•'부산유치원': 우리나라 최초의 유치원은 1897년 부산에 거주하던 일본인 자녀만을 위해 사립으로 설립된 유치원이다. – 이후 1900년에 인천(인천 기념 공립유치원)과 서울에 공립 유치원(경성 공립 유치원)이 신설되기는 했으나 모두 일본인 자녀를 위한 유치원으로, 일본인이라는 특수대상과 일본인을 위한 교육이라는 특수 목적을 가진 유치원이었다.
1909년	•'나남유치원': 우리나라의 한국 어린이를 위한 최초의 유치원으로 함경북도 경성군 나남읍에 설립한 유치원이다. – 이후 1910년 정동유치원이 설립되었다.
1913년	•'경성유치원': 1913년 현재의 서울인 경성에 친일 고위층 관리 한국인의 자녀를 위한 사립 경성유치원이 설립되었다. – 비록 한국인 자녀를 위한 유치원이긴 했으나, 일본에 협조하는 고위층 관리의 자녀만 다닐 수 있었고, 일본에 동화시키려는 특수 목적(일본의 식민지 문화 정책의 일환)을 가지고 설립되었기 때문에 진정한 의미에서 한국인 유아를 위한 유치원은 아니었다. – 한국인을 일본인에게 동화시키기 위한 시범유치원의 성격을 띠고 있었다. ➔ 유아교육을 통해 한국인을 어려서부터 일본의 문화나 사상에 동화시킴으로써, 성인이 된 후에도 자연스럽게 일본의 정책에 순응하도록 만들기 위한 식민지 문화 정책 중의 하나였던 것이다.
1914년	•'이화유치원': 일반 한국인 자녀를 위한 최초의 유치원은 미국인 선교사 브라운 리에 의해 이화학당에서 설립된 부설 유치원이다. – 그 이후 '정신유치원'(1915년), '중앙유치원'(1916년), '배화유치원'(1917년), '영화유치원'(1919) 등이 설립되었는데, 이들은 모두 사립이고 기독교 재단에서 설립했다는 공통점을 가지고 있다. – 이들 유치원들은 기독교 선교와 민족정신의 강화라는 특수한 목적을 가지고 있었다. – 기독교 선교를 위한 목적에서 설립된 유치원이 당시의 항일 독립정신과 연결됨으로써 오히려 민족의 정신을 강화시키고 국권을 회복하기 위한 힘을 형성할 수 있는 곳으로 여겨져 그 발달을 이룰 수 있었다(사람들은 기독교를 통해 한편으로는 현실에 대한 어려움과 불만을 극복하고자 했고, 다른 한편으로는 신지식을 통해 민족정신을 강화함으로써 국권을 회복하려는 노력을 기울였다).
1930년대	•한국의 유치원 수는 사립을 중심으로 급증하여 1930년대에 전국적으로 약 206개의 유치원이 설립되고, 1만여 명의 유아들이 취원했다. 그러나 대부분의 유치원은 한국인 자녀를 위한 보편적 체제라기보다는 일본인 집단 거주 지역의 상류층 자녀를 위한 교육 체제의 기능을 하였다. – 유치원이 급증한 이유: 민족적 요구에 부응하려는 교육열과 함께 일제에 대항해 민중 교육을 실현시키고자 하는 의지와도 연결되어 있었다(일본 총독부의 식민지 교육 정책에서 유치원이 제외되었기 때문에 민족교육에 대한 지대한 관심과 열정을 가진 사람들이 사립유치원을 육성하게 된 것이다). – 일제식민지라는 역사적 상황 속에서 유치원은 민족의 언어와 문화를 수호하면서 민족 교육을 위해 중요한 역할을 하였다. •그 이후는 사회의 혼란으로 증가율이 둔화되어 1945년경에는 전국에 144개의 유치원만 남게 되었다.

MEMO

3 한국 유아교육 체제의 변화

1907년	유아교육과 관련된 법적·행정적 체제가 처음 마련된 것으로, 「2.8.칙령 제54호」에 의해 학무국에서 보통교육과 유치원 교육에 관한 사무를 다루게 되었다
1922년 「조선교육령」	1922년의 「조선교육령」에 기초한 유치원에 관한 규정(*'유치원 규정')이 제정되었다.
1949년 「교육법」	• 해방 후 유치원 교육은 문교부 보통교육국 초등교육과에서 업무를 담당했다. 유치원을 대상으로 법적 효능을 가진 규정이 처음 마련된 것은 1949년 12월 31일 「교육법」이 제정된 이후부터이며, 「교육법」 제148조에 유치원 관련 조항이 기록되어 있었다. – 「교육법」은 유치원을 기간 학제에 포함시키지는 않았지만, 취원 연령을 만 4세부터 초등학교 취학 전으로 규정하여 유치원을 제도 교육에 포함시키는 기틀을 마련했다. – 교육목적, 방법, 유치원의 유형, 설립인가, 감독권자, 교원의 임무 등을 규정함으로써 최소한의 법적 기준이 마련되었다.
1952년 「교육법 시행령」	6.25전쟁이 진행 중이던 1952년 유치원 설립과 폐지 절차 및 교육 내용, 교육일수, 학급당 정원 등에 관한 규정이 담긴 「교육법 시행령」이 공포되면서 유치원에 관한 각종 세부적인 기준이 마련되었다.
1953년 「교육공무원법」	• 유치원 교원 자격에 관한 규정이 포함된 「교육공무원법」이 제정·공포됨으로써 유치원 교원의 자격이 가시화되기 시작하였다. – 유치원 교원의 자격 기준은 별도로 마련되지 않고 초등학교에 포함되었다.
1962년 「유치원 시설 기준령」	• 1960년대에 접어들어 사회가 안정되자, 1962년 '유치원 시설 기준령'을 문교부령 제106호로 공포하여 유치원의 위치, 원사, 시설·설비, 완구와 교구, 소방 시설 등에 관한 최소한의 유치원 시설 기준이 마련·시행되었다. – 이로써 그동안 무질서하게 설치·운영되었던 유치원의 환경을 교육적으로 개선하는 데 큰 영향을 미쳤으며, 유아교육 체제를 정비하는 데에도 많은 영향을 끼쳤다.
1969년 「제1차 유치원 교육과정」	유치원 교육의 혼란을 바로잡고 이를 정상화시키기 위해 1966년 7월 15일 문교부는 유치원 교육과정을 마련하기로 결정하고, 문교부의 편수관을 중심으로 제정 작업 및 문교부 교과과정 운영회의 심의를 거쳐 1969년 2월 29일 제1차 유치원 교육과정을 공포하였다.
1972년	「교육공무원법」에 규정되어 있던 교원 자격기준이 「교육법」에 규정화되면서 유치원 교원 자격기준이 초등학교 교원 자격기준과 분리되어 독자적인 조항으로 신설되었다.
1982년 「유아교육 진흥법」	• 유아교육 진흥 기본시책, 유아교육기관의 법적 정의, 새마을 유치원 설치 근거, 교직원 종별 및 자격 등을 골자로 하는 「유아교육진흥법」이 1982년 12월에 제정·공포되었다. – 4원화(문교부–공·사립유치원, 보건사회부–어린이집, 내무부–새마을 협동유아원, 농촌진흥청–농번기 유아원) 되었던 유아교육기관도 문교부 산하의 공·사립 유치원과 내무부 산하의 새마을 유아원으로 이원화되고, 법적으로는 「유아교육진흥법」이라는 단일법을 적용하도록 하는 법적 단일화 체제를 갖추게 되었다.

*유치원 규정
- 일제하에 일본인에 의해서 한국유치원에 관한 규정이 만들어졌다.
  - 조선총독부가 제정한 이 '유치원 규정'은 우리나라 유치원에 관한 최초의 법적 근거가 되었다.
  - 이 규정은 광복 이후 1949년에 공포된 「교육법」 내용에 유치원 관계 조항이 만들어지기까지 유치원 교육에 관한 유일한 법적 근거가 되었다.

SESSION #9

MEMO

1991년 「영유아보육법」 및 「교육법」 개정	• 1991년 '영유아보육법'이 통과되면서 보건사회부가 관장하는 보육시설의 수가 급속하게 증가함에 따라 기존의 새마을 유아원을 1993년 말까지 유치원이나 보육시설 중 하나로 전환하도록 하는 조치가 내려졌고, 이로 인해 우리나라 유아교육체제는 교육부 산하의 유치원과 보건사회부 산하의 보육시설로 다시 이원화되었다. • 1991년 개정된 「교육법」을 통해 1992년 3월부터 유치원 입학연령을 기존의 4~5세에서 만 3~5세로 조정함으로써 이를 반영하여 교육과정의 내용을 Ⅰ수준과 Ⅱ수준으로 구분해 제시하였다. 또한 시·도 교육청의 교육과정 편성운영 지침을 작성하였다. – 즉, 각 지역의 특수성, 유치원의 실태, 유아들의 발달 정도를 고려하여 국가 수준의 교육 내용을 융통성 있게 변화시킬 수 있도록 구성하였다. • 1990년 초반(1992년 5차 유치원 교육과정) 지방분권형 교육과정으로의 전환으로 지역 교육청 유아교육계가 설치되었다.
1997년 「초중등교육법」 제정 및 「유아교육 진흥법」 개정	초등학교 취학 1년 전 유치원 무상교육을 순차적으로 실시하는 것에 대한 규정이 포함된 「* 초중등교육법[제37조(무상교육)]」이 제정·공포되고, 교육감의 유아교육기관에 대한 장학지도를 의무화한 「* 유아교육진흥법」도 개정·공포되었다.
1998년	유아교육을 향한 국민적인 관심과 유치원 교육에 대한 공교육화 요구가 증가함에 따라, 개정된 「* 유아교육진흥법」 내용에 '지역 특성, 유치원 실정, 교육적 필요' 등에 따라 종일반을 운영할 수 있는 법적 근거가 마련되었다.
2004년 「유아교육법」	유아교육법이 제정되었다.

* 초중등교육법 제37조 (무상교육)
① 초등학교 취학 직전 1년의 유치원 교육은 무상으로 하되, 대통령령이 정하는 바에 의하여 순차적으로 실시한다(1997).

* 유아교육진흥법 제16조 (장학지도)
특별시·광역시·도교육감은 유아교육기관에 관하여 장학지도를 하여야 한다. <개정 1997. 12.13.>

* 유아교육진흥법 제16조 (수업과정)
① 유치원은 다음 각 호의 수업과정을 운영할 수 있다. <개정 1998. 9. 17.>
1. 반일제 : 1일 3시간 이상 5시간 미만의 수업과정
2. 시간연장제 : 1일 5시간 이상 8시간 미만의 수업과정
3. 종일제 : 1일 8시간 이상의 수업과정
② 보호자는 필요에 따라 제1항의 규정에 의한 수업과정을 선택할 수 있다.

MEMO

UNIT 09 유치원 교육과정 및 누리과정의 변천

1 제1차 유치원 교육과정(1969. 2. 19. 고시 / 1969. 3. 1. 시행)

제1차 유치원 교육과정	• 우리나라 최초 유아교육과정은 「교육과정령」이라는 명칭하에 1969년 문교부령으로 제정·공포되었다. – 제1차 유치원 교육과정이 문교부령으로 제정되었다는 것은 문교부뿐만 아니라 법제처와 국회의 참여하에 이루어진 법 제정과 비슷한 의미를 지닌다(이원영, 2009).
사회적 배경	1949년에 공포된 「교육법」과 1962년에 제정·공포된 「유치원 시설 기준령」이 많은 영향을 미쳤다. • 제1차 유치원 교육과정이 제정되기 이전에는 법적으로 규정된 유치원 교육과정이 없었으며, 다만 1949년에 공포된 「교육법」에서 유치원 교육의 목적과 목표, 교육 대상 등을 명시하였다. – 미국 선교사에 의해 1914년에 설립된 이화학당 내의 이화유치원(현 이화여자대학교 사범대학교부속 이화유치원)이나 1916년에 설립된 중앙유치원(현 중앙대학교 사범대학 부속유치원)에서는 이미 미국 유치원 교육계의 영향을 받아 「교육법」에 기록된 교육 내용 이상으로 양질의 교육을 제공하고 있었으나, 대부분의 유치원은 「교육법」에 기록된 내용만을 참고하여 운영할 수밖에 없었다. – 특히 1950년부터 1953년까지는 한국전쟁으로 유치원 교육이 제대로 된 구실을 할 수 없었으며, 정부 수준에서의 체계적인 관리와 감독, 교육과정의 기틀이 부재하여 유치원은 그저 춤추고 노래하고 그림 그리기를 하는 곳이라는 생각이 사회 전반에 자리 잡혀 있었다(홍순정·이기숙, 2018). • 1960년대 들어 수적으로 급격히 증가하는 유치원을 정비하기 위해 유치원 교육환경을 외적으로 개선하는 「유치원 시설기준령」을 공포하고, 1969년에는 내적 정비를 위한 「유치원교육과정령」을 제정·공포하여 그 안에 유치원 교육과정을 소개하였다(홍순정·이기숙, 2018). 제1차 유치원 교육과정의 제정은 전국 유치원에 구체적인 유치원 교육의 목표, 영역, 수업일수, 운영 방법 등에 대한 주요 지침을 제공하는 역할을 하였다. 「교육법」(1949)에 명시된 유치원 교육 관련 내용 **제10절** 유치원 **제146조** 유치원은 유아를 보육하고 적당한 환경을 주어 심신의 발육을 조장하는 것을 목적으로 한다. **제147조** 유치원 교육은 전조의 목적을 실현하기 위하여 다음 각호의 목표를 달성하도록 노력하여야 한다. 1. 건전하고 안전하고 즐거운 생활을 하기에 필요한 일상의 습관을 기르고 신체의 모든 기능의 조화적 발달을 도모한다. 2. 집단생활을 경험시키어, 즐기어 이에 참가하는 태도를 기르며 협동 자주와 자율의 정신을 싹트게 한다. 3. 신변의 사회생활과 환경에 대한 바른 이해와 태도를 싹트게 한다. 4. 말은 바르게 쓰도록 인도하고 동화 그림책 등에 대한 흥미를 기른다. 5. 음악·유희·회화·수기 기타방법에 의하여 창작적 표현에 대한 흥미를 기른다. **제148조** 유치원에 입원할 수 있는 자는 만 4세부터 국민학교 취학시기에 달하기까지의 유아로 한다.

MEMO

교육목적	제1차 유치원 교육과정은 국가와 지역사회의 발전에 기여할 수 있는 행복하고 유능한 국민 양성을 교육의 궁극적인 목적으로 둔다.
교육목표	교육목적을 달성하기 위한 교육목표는 건강과 안전, 기초적인 생활습관 및 바른 사회적 태도, 과학적이고 민주적인 사고력, 바르고 고운 말 사용, 심미적 태도와 창조적 표현 능력의 신장으로 설정하고 있다.
교육과정의 조직과 운영	• 교육과정의 조직과 운영 측면에서는 생활을 중심으로 한 종합적인 교육을 계획 및 실천하고, 교과중심 교육은 지양하도록 하고 있다. • 또한 가정과의 연계, 유아 특성에 따른 개별 지도, 놀이중심, 유아의 자발적 참여와 선택 등을 강조한다. – 이는 듀이(J. Dewey)의 진보주의 이론의 영향을 받은 것으로 아동의 흥미중심, 생활중심, 경험중심 교육이 반영된 것이라 할 수 있다(홍순정 · 이기숙, 2018). • 교육과정 운영에서 융통성과 신축성을 강조한 것도 제1차 유치원 교육과정의 특징인데, 국가 수준 교육과정을 일반적 기준으로 제시하고, 구체적인 적용은 각 유치원에서 지역사회의 실정에 맞도록 창의적으로 재구성할 것을 운영 지침으로 하고 있다.
교육과정 평가	교육과정 평가에 대해서는 자세한 지침을 제시하고 있지는 않으나, 운영에 대한 반성과 평가를 하고 이를 바탕으로 개선 노력을 기울여야 함을 언급하고 있다.

2 제2차 유치원 교육과정(1979. 3. 1. 고시 · 시행)

제2차 유치원 교육과정	• 초 · 중 · 고등학교 국가 수준 교육과정과 마찬가지로 1979년부터 유치원 국가 수준 교육과정은 '령'에서 '고시'로 바뀌었다. – 당시에는 「유아교육법」이 제정되지 않았기 때문에 「교육법」을 모법으로 하여 유치원 교육과정을 고시하였다. – 고시 수준으로 바뀌면서 사회의 변동 상황, 유아의 발달 상황 등에 따라 교육과정을 수정하거나 보완하는 것이 좀 더 쉬워졌다고 할 수 있다(이원영, 2009).
사회적 배경 및 교육목적	• 제2차 유치원 교육과정은 당시 초 · 중등학교 교육과정에서 강조하던 국민교육헌장과 1972년 유신헌법의 이념 등을 기초로 개정되어 1979년 고시 · 시행하였다. – 이에 학교 교육의 일반목표(교육목적)로 자아실현, 민주적 가치의 강조에 더해 국가 발전을 위한 주체의식 확립 및 사명감 인식을 명시하였다.
이론적 배경	• 제2차 유치원 교육과정은 학문중심 교육과정의 영향을 받은 대표적인 학자인 브루너(Bruner), 피아제(Piaget) 등 이론의 영향을 받았다(이기숙, 2002). – 특히 피아제의 인지발달 이론이 새롭게 영향을 미쳐 논리 · 수학적 개념 형성, 표상 능력 등의 인지적 개념이 교육과정에 첨가되었다. – 또한 정신분석학자인 프로이드(Freud) 등 이론의 영향을 받아 정서발달을 강조한 것도 특징이다.

MEMO

교육목표	•'초보적인 사회적 규범과 규칙을 알게 하고 실천하는 습관 및 태도를 기르는 것' – 공동체 의식을 고양하고 국민적 가치관의 기틀을 마련하는 데 중점을 두었다. •'사회와 자연의 여러 가지 현상에 호기심을 가지고 적극적으로 임함으로써 느끼고 상상하며 이를 다양하게 표현하는 능력과 습관 및 태도를 기르는 것' •'능동적으로 활동할 기회를 충분히 제공하여 경험의 폭을 넓힘으로써 새로운 현상과 사태에 스스로의 힘으로 탐구하고 적응할 수 있는 능력과 태도를 기르는 것' •'다른 사람의 말을 듣고 이해하며, 자신의 경험과 생각을 표현하는 데 필요한 언어 구사력을 기르는 것' – 위와 같은 교육목표는 인지발달 이론 또는 학문중심 교육과정의 영향을 받은 것임과 동시에 정서발달의 측면에서 개인적 정서를 적극적으로 표현하는 것을 강조하는 내용이다. •'기초적인 운동능력과 개인 위생 및 보건, 영양, 안전 등의 건강 생활을 영위하는 데 필요한 이해와 습관 및 태도를 기르는 것'
교육 내용 (교육과정 영역)	교육 내용은 이 시기 유아의 '발달'이 강조됨에 따라 사회·정서발달, 인지발달, 언어발달, 신체발달 및 건강의 4개 영역으로 구성하였다.
교육과정 조직 및 운영	•교육과정의 조직과 운영 측면에서는 유아의 심신발달, 지역사회와 학교 실정, 계절에 적합한 계획을 일간, 주간, 월간, 계절간, 연간 계획으로 구성하고, 전 영역의 균형적 발달을 위한 폭넓은 경험을 제공하도록 하였다. •또한 유아의 발달 특성과 유치원 교육의 독자성을 고려하여 학습활동의 지나친 구조화·형식화는 지양하고, 영역별 교육목표를 통합적으로 달성할 수 있도록 흥미롭고 다양한 환경 및 경험을 제공하며, 이를 통해 잠재능력을 신장해야 한다고 보았다. •교사는 주입식 교과 지도가 아닌 놀이중심의 학습활동 계획과 지도를 해야 하는데, 지도 시 개별 유아에 대한 세심한 관찰을 바탕으로 유아의 학습 위계와 흥미, 관심, 요구 등에 따라 다음 학습활동을 연계하며, 과제를 탐구하는 과정에 역점을 두어야 함을 강조하였다. – 이를 위해 유아가 자유롭게 표현할 수 있도록 안정적인 학습 분위기를 유지하고 자발적 문제해결을 위하여 적합한 발문을 하는 등 풍부한 경험을 쌓도록 조력하는 자세로 지도하는 것이 중요하다고 보았다.
교육과정 평가	교육과정의 평가는 시험 형태의 학습 평가를 지양하고 성적표 활용을 금지하였다.

MEMO

③ 제3차 유치원 교육과정(1981. 12. 31. 고시 / 1982. 3. 1. 시행)

제3차 유치원 교육과정	• 제3차 유치원 교육과정은 제2차 유치원 교육과정이 시행된 지 2년 만에 정권이 교체되면서 세계 각국 및 우리나라 전반의 교육과정 변화 추세인 인간중심 교육과정과 통합 교육과정이 반영되었다. • 또한 이 시기 국가의 주요 교육개혁 정책 중 하나로 유아교육이 채택됨에 따라 문교부는 한국교육개발원에 교육과정 개발 업무를 위탁하여 유아교육전문가, 심리학자, 문교부 관계 담당관, 현장교사 등이 참여한 가운데 초・중등 교육과정과의 상호연계성을 고려하여 개정이 이루어지도록 하였다.
이론적 배경	• 제3차 유치원 교육과정에서는 특정 이론의 영향을 두드러지게 받기보다는 과거부터 현재에 이르기까지 축적해 온 다양한 아동중심 교육이론의 장점을 고루 반영하였으며, 교육목표를 좀 더 구체화・체계화하는 단계를 거쳤다(박찬옥 외, 2017). • 그러나 제2차 유치원 교육과정이 시행된 지 2년 만에 다시 개정되었기 때문에 제2차 유치원 교육과정의 기본 방향이나 내용에서 크게 벗어나지 않았다.
교육목적	유치원 교육의 목적은 국가가 아닌 유아를 위한 '전인적 성장'에 초점을 맞추었다.
교육목표	신체의 조화로운 발달, 자신과 주변 세계에 대한 긍정적 태도 형성, 창의적인 표현 등을 우선적인 교육목표로 두고, 그 밖에 기초적인 언어기능, 문제해결능력, 기본적인 예절과 규범 등을 차례로 강조하였다.
교육 내용 (교육과정 영역)	제3차 유치원 교육과정에서는 제2차의 사회・정서 발달 영역을 둘로 나누어 정서발달 영역을 강조하고, 신체발달 및 건강 영역에서 건강 영역을 신체발달에 포함하여 신체발달, 정서발달, 언어발달, 인지발달, 사회성 발달의 5개 영역으로 재구성하였다.
교육과정 조직 및 운영	• 교육과정의 조직과 운영 측면에서는 제1차 때부터 강조해 오던 융통적 운영을 계속 강조하였다. • 놀이활동 및 구체적인 경험과 주변 환경(유치원 환경), 상호작용(유아−유아 간, 유아−교사 간, 유아−교구 간), 가정과의 연계를 통해 교육하도록 하였다. • 또한 제2차와 마찬가지로 구체적인 연간, 월간, 일일지도 계획을 수립하도록 하였다. • 필요에 따라 학습 집단을 다양하게 편성하여 운영하고 유아의 발달 수준 및 관심 영역에 따른 개별적인 지도 방안을 수립할 것을 언급하였다. • 연간 교육일수는 기존 200일에서 180일 이상으로 축소・조정하였다.
교육과정 평가	• 평가 지침은 제3차 유치원 교육과정에서 처음으로 제시하였는데, "아동의 발달 상황을 이해하고 도와주는 긍정적인 측면에서 하되, 목표 지향적 평가가 이루어지도록 한다."고 명시하였다. • 유아에 대한 관찰, 기록, 평가의 내용을 다음 교육계획에 활용하도록 하였다.
비고	• 제3차 유치원 교육과정이 고시되면서 새로 개정된 교육과정 해설을 위한 『유치원 새 교육과정 개요』를 함께 발간하여 발달 영역별 교육목표를 제시하고, 교육 내용에 포함되는 개념들을 소개하고 설명하였다. • 발달 영역별 『유치원 교육과정 해설집』과 『유치원 교사를 위한 유아교육지도자료집』 10권을 교사용 지도서로 발행하여 교육 운영 시 참고하도록 하였다.

4 제4차 유치원 교육과정(1987. 6. 30. 고시 / 1989. 3. 1. 시행)

MEMO

제4차 유치원 교육과정	• 제4차 유치원 교육과정에서는 제3차 유치원 교육과정과 마찬가지로 다양한 아동중심 교육이론의 장점을 고루 반영하였으며, 인간중심 교육과정과 통합 교육과정에 대한 중요성을 더욱 강조하였다. • 제4차 유치원 교육과정에서는 이전에 사용하던 '종합식' 또는 '혼연된 총합체'라는 용어 대신 '통합적'이라는 용어를 사용하였다(이원영, 2009). **| 제4차 유치원 교육과정의 명칭 |** 1987년 개정된 유치원 교육과정은 유치원 교육과정으로는 제4차 개정에 해당하지만 초·중·고등학교 교육과정 개정 차수와 맞추기 위해 제5차 유치원 교육과정으로 고시되었다. 그러나 제4차 유치원 교육과정 없이 제5차로 고시한 것이 연구자 및 현장의 교사들에게 혼동을 주어, 이후에 다시 이 교육과정을 제4차 유치원 교육과정으로 부르기로 하였다.
교육목적	• 제4차 유치원 교육과정의 교육목적은 유아의 전인발달로 '홍익인간의 이념 아래, 모든 국민으로 하여금 인격을 완성하고 자주적 생활능력과 민주 시민으로서의 자질을 갖추게 하여, 민주 국가 발전에 봉사하며, 인류 공영의 이상 실현에 기여하게 함'으로 두고 있다. • 구체적으로는 건강한 사람, 자주적인 사람, 창조적인 사람, 도덕적인 사람을 기르는 것을 목적으로 하였다.
교육 내용 (교육과정 영역)	• 교육 내용은 제3차 유치원 교육과정과 마찬가지로 신체, 언어, 인지, 정서, 사회성의 5개 발달 영역으로 구성하였으나, 전인발달을 위한 교육을 강조하기 위해 각 발달 영역별 내용은 제시하지 않고 교육목표 수준만을 제시함으로써 교사들이 교육 내용을 자율적으로 선정할 수 있도록 하였다(이기숙, 2002). – 이는 교육목표 수준만을 제시함으로써 거시적인 국가 수준 교육과정을 바탕으로 교실별, 기관별, 더 크게는 지역별로 자율적인 교육과정을 운영할 수 있도록 하는 개별적이고 자율적인 교육과정의 지역화를 이루고자 함이었다(박찬옥 외, 2017). – 한편, 언어발달영역에서는 "글자의 기초가 되는 여러 가지 모양을 익힌다."라는 교육목표 수준을 제시하였는데, 이는 이 시기 학부모들이 고도의 산업화 및 정보화 시대에 대처할 수 있는 인재를 기르고자 하는 열망이 반영된 것이라 해석된다(이원영, 2009).
교육과정 조직 및 운영	• 운영 지침에서도 유아의 발달 수준이나 지역사회의 실정, 유치원의 특성, 계절 등을 고려하여 융통성 있게 연간교육계획을 수립·운영하도록 하였다. – 이전과는 다르게 월간교육계획에 대한 언급은 없으나 일일지도계획은 구체적으로 세우도록 하였다. • 풍부한 교수학습 자료의 사용과 유치원 환경 및 지역사회의 활용, 유아의 흥미를 지속시키는 다양한 활동의 제공, 가정과의 연계 등은 이전 교육과정에서와 같이 계속해서 강조되는 지침이다. • 모든 교육활동 속에서 준법, 질서, 예절 등의 기본생활습관 형성을 도모하였다. • 특수교육을 필요로 하는 유아의 경우 부모 동의하에 전문가에게 판별을 의뢰하고, 그 결과에 따라 적절한 지원을 제공하라는 내용은 제4차 유치원 교육과정에 새로 추가된 지침이다.

SESSION 09

MEMO

교육과정 평가	• 평가와 관련해서는 이전 차시의 교육과정보다 더 구체적인 내용을 제시하였다. – 유아의 발달 상황을 이해하고 지원하기 위한 교육의 '과정'으로서 평가를 언급함으로써 평가가 과정적으로 항상 이루어져야 함을 강조하였다. – 교육과정 운영 평가를 실시하고 그 결과를 다음 계획 수립에 활용할 것을 언급하면서, 평가는 정기적으로 이루어져야 한다고 강조하였다. – 더불어 아래와 같은 내용을 명시하고 있다. ① 대상과 내용에 따라 다양한 평가를 사용할 것 ② 유아의 제반 발달 상황에 대한 지속적인 관찰과 기록, 보관, 결과 활용이 이루어져야 한다는 것 ③ 가정 통신과 면담을 통해 교사-학부모 간 상호 이해를 도모해야 한다는 것

5 제5차 유치원 교육과정(1992. 9. 30. 고시 / 1995. 3. 1. 시행)

제5차 유치원 교육과정	• 1992년 개정된 제5차 유치원 교육과정은 한국유아교육학회가 교육부의 위촉을 받아 연구진을 구성하고, 이전 유치원 교육과정의 문제점과 개정 방향을 연구하여 새롭게 개정·고시한 교육과정이다(이기숙, 2002). **| 제5차 유치원 교육과정의 명칭 |** 제5차 유치원 교육과정도 유치원 교육과정으로서는 제5차 개정에 해당하지만 제4차 유치원 교육과정과 마찬가지로 상위학교급 교육과정과 개정 차수를 맞추기 위해 제6차 교육과정으로 고시되었다. • 1991년 「교육법」 개정으로 유치원 취원 연령이 기존 만 4, 5세에서 만 3, 4, 5세로 조정됨으로써 만 3세의 유치원 입학이 합법화됨에 따라 교육과정의 내용도 Ⅰ·Ⅱ 수준으로 구분하여 제시하였다. • 1995년부터 지방자치제에 의한 교육자치가 실시됨에 따라 유치원 교육과정도 지역화를 강조하였으며, 각 시·도 교육청과 유치원은 국가 수준 교육과정을 기초로 편성·운영 지침을 마련하여 각 지역 실정에 맞는 교육을 하도록 하였다(이기숙, 2002). – 가족과 사회구조의 변화와 기혼 여성의 사회진출 증가 등으로 급증하는 자녀양육 지원에 대한 요구에 부응하여, 1995년 3월부터 개정된 교육법에 의해 '지역적 특성, 유치원 실정, 교육적 필요' 등에 따라 유치원에서 종일제 프로그램을 운영할 수 있게 되었다. • 취업모 증가에 따른 사회적 요구에 따라 유치원 종일반 운영이 강조되었고, 학부모의 요구를 교육과정에 반영하고자 유아의 발달 특징에 맞는 읽기, 쓰기 교육에 관한 지침도 구체적으로 제시하였다(이기숙, 2002; 이선애 외, 2016). • 교육현장의 요구를 수용하고자 교육과정의 모든 영역에서 다른 사람과 더불어 사는 지식, 기술, 태도를 익힐 수 있는 사회적 관계와 기본생활습관을 강조하였다. • 이처럼 제5차 유치원 교육과정은 이전 교육과정보다 한국 사회의 유아교육에 대한 요구를 반영하고자 많은 노력을 기울인 교육과정이라고 볼 수 있다(이기숙, 2002). • 제5차 유치원 교육과정부터는 그동안 교육과정의 첫 면에 제시되었던 국민교육헌장이 없어지고, 교육과정을 통해 추구하는 인간상을 제시하였다. – 추구하는 인간상은 건강한 사람, 자주적인 사람, 창의적인 사람, 도덕적인 사람이다.

MEMO

교육목표	• 기본적인 감각·운동기능과 신체조절능력 향상, 건강하고 안전한 생활습관 형성 • 기본생활습관과 자기조절능력 향상, 사회적 지식과 태도를 익혀 자신과 다른 사람을 존중하며 더불어 생활할 수 있는 능력 신장 • 풍부한 감성과 상상력 증진, 자신이 느끼고 생각한 것을 창의적으로 표현하기 • 말과 글에 관심을 가지고 기초적인 언어능력을 신장하여 즐거운 언어 생활하기 • 주변 및 자연 환경에 관심과 호기심을 가지고 탐구하여 기초적인 사고능력과 창의적 문제해결능력 증진에 목표를 두고 있다.
교육 내용 (교육과정 영역)	제2, 3, 4차 유치원 교육과정이 교육 내용을 발달 영역별로 구성한 것과 달리 제5차 유치원 교육과정은 5개의 생활영역(건강생활, 사회생활, 표현생활, 언어생활, 탐구생활)으로 구성하였으며, 교육 내용은 Ⅰ·Ⅱ 수준 및 공통 수준으로 구분하여 제시하였다.
교육과정 조직 및 운영	• 교육활동의 계획 및 운영 방법은 이전 교육과정보다 구체적으로 제시하였다. – 각 영역별 내용이 지도 순서를 의미하는 것이 아니므로 적절한 시기와 상황에 따라 통합하여 운영하도록 하고 있으며, 동일한 교육 내용이라도 주제, 유아의 요구, 상황에 따라 여러 번 다룰 수 있음을 언급하고 있다. – 또한 하루 일과가 동적/정적, 실내/실외, 개별/집단, 유아주도/교사주도의 균형 있는 활동으로 이루어지도록 하고, 계절, 활동내용 및 유아의 요구 등에 따라 흥미영역과 놀잇감을 적절히 재구성할 것을 권고하고 있다. – 유아의 능동적인 학습을 위해 구체적이고 직접적 경험을 주는 실물 자료를 활용할 것과 유아의 의견, 의문, 질문 등을 수용하고 개방식 질문과 긍정적 언어 표현으로 상호작용할 것을 제시하고 있다. – 교육영역의 성격에 따라 대화, 토의, 발표, 극놀이, 관찰, 실험, 견학, 모델 제시 등의 다양한 방법 중에서 선택하여 진행할 것과 특수교육을 필요로 하는 유아에 대한 부모 및 관계 전문가와의 협력 등을 언급하고 있다. • 교육일수는 연간 180일을 기준으로 하되, 유아의 연령을 고려하여 조정할 수 있도록 하였다.
교육과정 평가	• 평가에 대한 지침 또한 이전보다 구체화되었는데, 유아 평가 및 교육과정 평가에 대한 자세한 지침이 포함되었다. – 유아 평가와 관련해서는 유아의 건강, 정서적 안정감, 기본생활습관, 대인관계, 의사소통능력 및 탐구심에 중점을 두고, 일화 기록, 작품 분석, 자기 평가 등의 평가 방법을 활용하라는 지침이 소개되었다. – 교육과정 평가와 관련해서는 유아의 흥미와 활동 특성에 맞는 교수 방법의 적용, 영역의 통합적 운영, 교육 자료의 활동 주제와의 연계성 등과 같이 유아의 전인적 성장을 위한 교육과정의 효율적 운영 측면이 강조되었다.

MEMO

6 제6차 유치원 교육과정(1998. 6. 30. 고시 / 2000. 3. 1. 시행)

제6차 유치원 교육과정	• 1998년 개정된 제6차 유치원 교육과정은 유아교육을 특수교육 또는 사교육의 차원에서 보던 것에서 탈피하고, 3세 이상 초등학교 취학 전 유아의 교육을 원칙적으로 공교육 세제 안에 포함시킴으로써 초·중등교육과 같이 보편화된 교육 체제로의 발전을 꾀하고자 하는 취지를 가지고 개정되었다(임미혜 외, 2011). – 이에 제6차 교육과정은 국가 수준의 공통성을 지닌다는 점, 교육청과 함께 실현해 간다는 점, 유치원 교육 체제를 교육과정 중심으로 개선하기 위함이라는 점, 교육의 과정과 결과의 질적 수준을 유지·관리하기 위함이라는 점 등을 교육과정의 성격으로 명시하였다. • 개정의 기본 방향도 초·중등학교 교육과정과 같이 '21세기의 세계화·정보화 시대를 주도할 자율적이고 창의적인 한국인 육성'으로 설정하였으며, 이와 같은 기본 방향에 맞추어 유아의 감성 계발 교육, 창의성 및 정보능력 함양 교육, 기본생활습관과 협동적 생활 태도를 기르는 인성교육을 강화하고, 전통문화교육도 충실히 하도록 하였다.
추구하는 인간상	교육과정의 구성 방향으로서 추구하는 인간상은 전인적 성장의 기반 위에 개성을 추구하는 사람, 기초 능력을 토대로 창의적 능력을 발휘하는 사람, 우리 문화에 대한 이해의 토대 위에 새로운 가치를 창조하는 사람, 민주시민 의식을 기초로 공동체의 발전에 공헌하는 사람으로 제시하였다.
교육 내용 (교육과정 영역)	교육 내용 영역은 이전과 마찬가지로 건강생활, 사회생활, 표현생활, 언어생활, 탐구생활의 5개 생활영역으로 구분하였으나, 교육 내용의 Ⅰ수준과 Ⅱ수준 간의 모호성을 탈피하고 위계성을 갖추어 수준별 적절성을 높이고자 하였다.
교육과정 조직 및 운영	• 교수학습방법은 제5차 유치원 교육과정을 거의 그대로 반영하면서도 상호작용과 관련된 부분을 추가적으로 강조하였다. – 유아-교사, 유아-유아, 유아-교구 등 여러 유형의 상호작용이 교육활동에서 일어나도록 하고, 교사는 긍정적이고 지지적인 언어와 태도로 유아와 상호작용하며 확산적 질문을 통해 유아의 호기심, 학습 동기 및 창의적 사고를 촉진할 것을 제시하였다. • 종일반의 일과는 유아의 신체적·심리적 상태를 고려하여 균형 있는 활동으로 구성하도록 하였다. – 초중등교육법 시행령(1998. 2. 28. 대통령령 제1564호) 제48조 제1항과 유아교육진흥법(1998. 9. 17. 법률 제5567호) 제6조에 의거하여 유치원 종일제 학급에서 1일 8시간 이상의 프로그램을 운영하도록 하였다. • 교육과정 편성 및 운영 지침은 이전과 크게 변화된 것은 없으나, 교육과정의 기본 방향에 따라 기본생활 교육, 인성 교육, 창의성 교육, 전통문화 존중 교육을 교육과정 전 영역에서 중시하도록 하였다
교육과정 평가	• 편성·운영 지침 외에 교육과정의 평가와 질 관리를 위한 지침을 추가적으로 제시하였는데, 여기에는 교육 내용의 통합적 편성과 운영, 교수학습방법 및 환경의 적합성, 평가 결과의 환류 노력 등의 내용이 포함되었다. • 평가 측면에서는 유치원 차원에서 유아의 성취 정도를 평가하는 내용이 포함되었다. – 유아 평가는 교육과정 영역별 목표와 내용을 준거로 하여 유아의 성취 정도를 평가하는 것으로 정의하며, 유아의 건강, 기본생활습관, 정서적 안정감, 사회적 적응, 창의적 표현, 의사소통능력 및 탐구심 등에 중점을 두도록 하였다.

MEMO

	– 또한 관찰, 일화기록, 작품분석, 면담 등 다양한 방법을 사용하고, 유아 개인의 발달 특성 및 정도를 파악하여 그 결과를 문장으로 기술하도록 하였다. – 평가의 결과는 유아의 전인적 성장, 효율적인 교육과정 운영, 부모 면담, 생활기록부 작성 등을 위한 기초 자료로 활용해야 하는 등의 평가 내용과 방법, 기술 방법 및 활용 방안까지 체계적으로 제시하였다.

7 2007 개정 유치원 교육과정(2007. 12. 19. 고시 / 2009. 3. 1. 시행)

2007 개정 누리과정	• 2007 개정 유치원 교육과정부터는 이전의 차시별 교육과정 명칭에서 개정 연도별 명칭으로 변화하였다. • 2007 개정 유치원 교육과정은 2004년 1월 「유아교육법」이 「초・중등교육법」으로부터 독립하여 제정된 후 처음 개정되는 유치원 교육과정으로, 지식 위주의 구조적인 초등교육과 차별화되는 유아중심의 통합교육을 강조하는 교육과정으로 나아가고자 하는 방향성을 지녔다(홍순정・이기숙, 2018). • 개정의 기본 방향은 21세기 지식정보화 시대를 주도할 '사람과 자연을 존중하고 사랑하는 한국인 육성'으로, 제6차 유치원 교육과정과 비교했을 때 개인과 생태계와의 관계 형성에 초점을 두는 교육관으로 전환한 것임을 알 수 있다(박찬옥 외, 2017). – 이는 교육의 목표에도 반영되어 '자연을 존중하는 태도를 가지는 것'이 추가되었다.
교육 내용 (교육과정 영역)	• 교육 내용은 이전 교육과정과 동일하게 건강생활, 사회생활, 표현생활, 언어생활, 탐구생활 영역으로 구분되었으나 '구분–내용–수준별 내용'이었던 내용체계가 '내용–하위 내용–수준별 내용'으로 수정되었다(홍순정・이기숙, 2018). – 수준별 내용 간에 차별성과 계열성을 강화하였으며, 교육 내용의 진술은 '~하기'의 형태로 하여 기존의 어려운 개념적 표현을 실생활중심 활동으로 전환하면서 교육 내용의 준거를 내포하고자 하였다(박찬옥 외 2017; 홍순정・이기숙, 2018). • 각 영역별로 지도상의 유의점을 추가하여 교사가 교육과정을 계획하고 운영하는 데 필요한 실제적인 교수학습방법의 지침을 제시하였다. • 일반적인 교수학습방법의 지침에는 개별 유아의 잠재력을 최대한 발현할 수 있도록 하는 지속적인 관찰과 적절한 지원을 요구하는 내용이 추가되었고, 자연물에 대한 활용, 시간 연장제 및 종일제의 내실 있는 운영(오전의 활동을 그대로 반복하기보다는 편안한 휴식과 놀이중심의 활동으로 구성)을 강조하였다.
교육과정 조직 및 운영	• 편성 및 운영 측면에서는, 교육일수와 교육시수의 자율성이 확대되어 유치원 최소 기준은 이전과 같으나, 시・도 교육청 지침 및 유치원 실정에 따라 자율적으로 결정할 수 있도록 하였다. – 교육일수는 연간 180일로 하되, 교육과정 운영상 필요한 경우 10분의 1 범위 내에서 수업일수를 감축 운영 가능하도록 하였다. • 또한 제6차 유치원 교육과정에서 제시한 내용과 같은 교육과정의 평가와 질 관리를 위한 지침이 포함되었다.
교육과정 평가	평가 측면에서도 유아에 대한 평가 관련 내용이 제6차 유치원 교육과정에 비해 더 구체화되었는데, 유아의 태도, 지식, 기능 등의 내용이 종합적으로 포함되도록 평가해야 한다는 점, 일상생활과 교육활동 전반에 걸쳐 포괄적으로 평가해야 한다는 점 등이 새롭게 추가되었다.

MEMO

8 5세 누리과정(2011. 9. 5. 고시 / 2012. 3. 1. 시행)

5세 누리과정	• 2011년 5월 2일 만 5세 교육과 보육에 대한 국가의 책임을 강화하는 만 5세 공통과정 도입 추진계획 발표에 기초하여 모든 유치원과 어린이집의 만 5세 유아에게 적용할 수 있는 교육과정을 개발하게 되었다(박찬옥 외, 2017). • 유치원 또는 어린이집에 다니는 모든 만 5세 유아에게 적용하는 교육과정이기 때문에 이제 유치원 교육과정이라는 명칭은 사용할 수 없게 되었고, '세상'을 뜻하는 순우리말인 '누리'가 채택되어 유아를 위한 교육과정의 명칭은 누리과정이 되었다. • 5세 누리과정은 유치원과 어린이집으로 이원화되어 있는 교육 · 보육과정을 통합하여 유치원 또는 어린이집에 다니는 모든 만 5세가 동일한 내용의 교육을 받을 수 있도록 하기 위해 제정되었다. • 누리과정의 시행과 동시에 유아를 위한 유치원 학비 또는 어린이집 보육료 지원을 전 계층으로 확대함으로써 유아를 위한 교육과 보육에 대한 국가적 책임을 더욱 강화하였는데, 이는 다음과 같은 이유에서였다. ① 2010년 당시 우리나라의 합계 출산율은 1.22명으로 세계 최저 수준이었으며, 영유아에 대한 교육 · 보육비 부담은 저출산 현상을 더욱 심화하는 요인으로 지적되었다. ② OECD 국가들에서도 유아교육과 보육의 공공성 강화를 위해 무상 교육 · 보육을 확대하는 등의 국제적 흐름이 있었다. 당시 OECD 평균 유아교육비 공공 부담률은 79.7%였으나, 우리나라는 49.7%에 불과하였다. 「유아교육법」과 「영유아보육법」에 만 5세 유아에 대한 학비, 보육료 지원과 관련된 사항이 명문화되어 있기는 했으나, 이는 소득 하위 70%에 대한 일부 금액 지원에 대한 것으로 교육 · 보육의 공공성을 보장하는 수준은 아니었다. ③ 영유아기 발달에 대한 중요성이 부각되었다. 영유아기는 생애발달에서 결정적 시기로, 이 시기의 기초 능력 형성은 후기 학습에 크게 영향을 미치며, 생애단계별로 투자 비용을 동일하게 산정할 경우 유아기의 인적자원 투자 대비 회수율이 가장 높다는 여러 연구 보고서(Sylva et al., 2008 등)가 발표되었다. ④ 2010년 기준으로 만 5세 유아 중 90%는 유치원이나 어린이집에 다니고 있지만, 나머지 10%는 경제적 부담으로 유치원이나 어린이집을 다니지 못하거나 영어 등의 특기 교육을 위한 학원을 선택하는 것으로 나타났다. 즉, 모든 유아가 질 높은 교육 · 보육의 혜택을 받을 수 있도록 하는 국가적 지원의 필요성이 대두되었다. • 이러한 배경에서 개발된 유치원 교육과정은 5세 누리과정으로 고시되었으며, 만 3~4세를 위한 유치원 교육과정은 2007년 개정 유치원 교육과정과 동일한 내용으로 고시되었다. 제정 시에는 다음과 같은 점을 고려하였다. ① 기본생활습관과 창의 · 인성교육을 강조하되, 이를 별도의 영역으로 구분하지 않고 5세 누리과정 전 영역에서 강조하도록 하였다. ② 유치원 교육과정과 어린이집 표준보육과정 중 만 5세 유아에게 필요한 기본 능력을 선별하여 수정 · 보완하였다. ③ 만 3, 4세와 구분되는 내용으로 구성하면서도 세부 내용 수준은 연계되도록 하였다. – 즉, 국제사회의 상호의존성 증가와 함께 정체성을 지키며 변화에 능동적으로 적응해 나갈 수 있는 역량을 기르고, 어느 한쪽에 편중되지 않은 경험을 하도록 도움으로써 발달의 전 영역에 걸쳐 기초 능력의 토대를 기르는 데 중점을 두었다.

MEMO

교육 내용 (교육과정 영역)	교육 내용은 신체운동·건강, 의사소통, 사회관계, 예술경험, 자연탐구의 5개 영역으로 구성하였으며, 교육 내용이 초등학교 교육과정의 내용을 상회하지 않도록 하였다.
교육과정 조직 및 운영	누리과정은 유치원, 어린이집에서 공통으로 사용하는 교육·보육과정으로 유아에게 '보편적인' 경험을 제공함으로써 공정한 출발선을 보장하려는 취지를 가지고 있으므로, 적어도 3~5시간의 운영을 하도록 규정하였다.

9 3~5세 연령별 누리과정(2012. 7. 10. 고시 / 2013. 3. 1. 시행)

3~5세 연령별 누리과정	• 유아교육·보육에 대한 국가 책임을 더욱 강화하기 위해 2013년부터 소득과 관계없이 유치원과 어린이집에 만 3~4세 자녀를 보내는 가정에도 교육·보육비를 지원한다는 정책을 발표하였다(박찬옥 외, 2017; 이선애 외, 2016). – 즉, 유아교육과 보육과정이 통합된 누리과정을 만 3~5세 모든 유아에게 제공함으로써 취학 전 교육의 질을 제고하고, 생애 초기의 공정한 출발선을 보장하고자 하였다(이선애 외, 2016). – 이로써 사실상의 의무교육 기간은 9년에서 12년으로 늘어나고, 만 3~5세 유아 전 계층에 대한 지원이 이루어지며, 교육과정과 보육과정이 일원화되었다. • 2012 개정 누리과정은 개발 과정에서 초등학교 교육과정 및 0~2세 표준보육과정과의 연계성을 고려하고자 노력하였다. – 5세 누리과정은 바로 전 해에 개정되었으나 3~4세 누리과정과의 연계를 위해 일부 더 개정되었다. 학교폭력 등과 같은 사회 문제에 대한 우려에 대처하기 위해 기본생활습관, 배려와 존중, 더불어 생활하기 등을 더욱 강조하였다. 또한 건강한 몸과 마음을 기르도록 다양한 신체활동 참여를 강조하였으며, 인터넷·미디어 중독 예방, 녹색 성장, 다른 문화에 대한 이해 교육 등을 강화하였다.
교육 내용 (교육과정 영역)	• 3~4세 누리과정의 교육 내용은 5세 누리과정과 동일하게 신체운동·건강, 의사소통, 사회관계, 예술경험, 자연탐구의 5개 영역으로 구성하였다. – 영역별 목표는 연령 공통으로 제시하였지만, 만 3, 4, 5세 각 연령에 대해 영역별 내용범주, 내용, 세부 내용을 제시하였다. – 교육일수는 연간 180일로 하되, 교육과정 운영상 필요한 경우 10분의 1 범위 내에서 수업일수를 감축 운영 가능하도록 하였다.
교육과정 조직 및 운영	• 교수학습방법 측면에서는 전 영역에 걸쳐 유아의 주도적인 경험과 놀이가 통합적으로 이루어지도록 하였다. • 편성은 1일 3~5시간을 기준으로 하고 있으며, 5개 영역의 내용을 통합적으로, 놀이를 중심으로, 학급 특성에 따라 융통성 있게, 편견이 없도록, 일과 운영시간에 따라 심화 확장할 수 있도록 편성하고 있다. • 운영시간은 연간, 월간, 주간, 일일 계획에 의거하도록 하고, 환경을 흥미영역으로 구성하여 운영하도록 하였다.

MEMO

교육과정 평가	• 평가 부분은 누리과정 운영 평가와 유아 평가로 구분하여 제시하였다. – 누리과정 운영 평가에서 평가의 다양한 방법을 구체적으로 제시하였는데, 계획안 분석, 수업참관 및 모니터링, 평가척도 등을 사용하도록 하였다. – 유아 평가의 내용은 이전 교육과정에서 제시된 것과 비슷한 맥락에서 제시하였다.

⑩ 2015 개정 누리과정(2015. 2. 24. 고시 / 2015. 3. 1. 시행)

2015 개정 누리과정	• 2015 개정 누리과정에서는 교육과정 편성 지침에서 1일 편성 기준 시간을 3~5시간에서 4~5시간으로 변경한 것 외의 특별한 개정 사항은 없다. – 유아가 누리과정을 통해 교육받는 시간을 이전보다 더 보장하기 위한 목적으로 편성 기준 시간을 변경하였다.

⑪ 2019 개정 누리과정(2019. 7. 24. 고시 / 2020. 3. 1. 시행)

2019 개정 누리과정	• 교육부에서 2017년 발표한 '유아교육 혁신방안'에서는 '유아가 중심이 되는 놀이 위주의 교육과정 개편'이라는 내용을 명시하였다. – 누리과정을 실행하는 주체인 교사는 국가가 제시하는 교육과정을 기초로 하되, 자율적으로 유아와 함께 만들어 나가는 교육과정을 실천할 것이 강조되었다.
교육과정 방향이 포함하는 3가지 취지	① 미래 사회에 부응하는 새로운 교육과정으로, 배움을 즐기는 행복한 교육이 필요하다는 점을 강조한다. – 미래 사회는 지식이 많은 사람보다 지식을 잘 활용할 수 있는 사람, 자연과 생명을 존중하고 다른 사람과 함께 살아가는 공동체 의식을 지닌 사람, 창조적 사고로 지속 가능한 사회를 만들어갈 수 있는 역량을 갖춘 사람을 필요로 한다. 이에 누리과정에서는 유아가 주도하는 놀이를 통해서 배움이 구현될 수 있도록 하는 교육과정으로 나아가고자 하였다. ② 유아의 놀이가 중심이 되는 교육과정으로, 획일적 교육과정 운영에서 벗어나 놀이를 통해 세상을 경험하고 배워나가는 것을 강조한다. – 유아는 각자 자신에게 가장 적합한 방식으로 주도적으로 놀이하며, 교사는 유아가 놀이를 통해 배울 수 있도록 지원하는 것에 중점을 둔다. ③ 유아의 놀이를 지원하기 위한 교사의 자율성을 강조하는 교육과정으로, 유아의 놀이를 가장 가까이에서 관찰하고 담당 유아를 잘 이해하고 있는 교사에 의한 배움의 지원을 강조한다. – 이에 누리과정에서 제시하는 내용을 간략화하였으며, 그 안에서 교사가 최대한 자율성을 발휘하여 유아들을 최대로 지원하도록 하고 있다.

MEMO

2019 개정 누리과정의 특성	• 누리과정의 성격을 공통 '교육과정'으로 명시하였다. – 이전의 누리과정은 만 3~5세 유아를 위한 '공통과정'으로 시행되었으나, 2019년 개정 누리과정부터는 누리과정을 모든 유아가 차별 없이 양질의 '교육적 경험'을 받아야 한다는 의미로 받아들였다. • 교육과정 구성 체계를 확립하였다. – 이를 위해 '누리과정의 성격'과 '추구하는 인간상'을 신설하였다. • 기존 구성 체계를 유지하면서도 5개 영역 내용을 간략화하였다. – 기존의 누리과정은 유아의 연령별로 내용을 구성하였으나, 2019 개정 누리과정에서는 3~5세 유아가 경험해야 할 내용으로 구성하였다. 연령별 구분이 개별 유아의 배움의 특성을 제한할 수 있다는 우려를 반영하고, 교사는 모든 내용을 무리해서 가르쳐야 한다는 생각에서 벗어나 유아의 놀이 자체를 지원하고 제시된 교육 내용을 충실히 경험하는 데 초점을 맞추도록 하였다. – 내용에서도 초등학교 1학년의 교육 내용을 상회하지 않도록 유의하게 하였다. • 유아중심 · 놀이중심 교육을 추구하였다. – 학습자의 배움을 예상하고 교수자가 사전에 조직하는 것이 아니라, 유아의 흥미와 관심이 반영되는 반면, 교사의 제안은 축소하는 방향으로 이루어질 것을 강조하였다. – 유아가 놀이하면서 배우고 있는가에 대한 걱정과 불안을 줄이기 위해 유아의 놀이를 세심하게 관찰하고 그 안에서 교육적 의미를 찾아내는 일을 우선시하였다. • 누리과정의 실행력과 현장의 자율성을 강조하였다. – 유아의 놀이는 예측하기 어렵고 상황에 따라 다양하게 일어나므로 현장의 교사가 상황에 적합한 판단을 해야 한다. – 계획안은 형식적이고 당위적인 성격으로 작성하는 것이 아니라, 유아의 놀이에 대한 기록에 바탕을 두고 교사의 지원 계획을 자율적으로 기록하는 방식으로 개선해 가고자 하였다. – 흥미영역의 운영에서도 유아의 요구 등에 따라 자율적으로 개선할 수 있다. – 미리 정해진 생활주제가 아니어도 유아의 놀이에서 나타나는 관심과 흥미에 따라 교육과정을 운영할 수 있음을 강조하였다. • 평가를 간략화하였다. – 유아가 일상에서 경험한 것, 놀이에 대한 기록, 이에 대한 교사의 지원을 중심으로 누리과정과 연결하여 평가하도록 하고 있다.

III 유아교육과정의 운영: 교육목표

MEMO

다음은 일반적으로 교육과정을 개발하고 구성하는 데 널리 적용되고 있는 '타일러(R. W. Tyler)의 합리적 교육과정 개발 모형'에 대한 개괄적인 내용, 유아교사가 교육과정을 계획하고 운영하기 위해 필수적으로 알아야 하는 유아교육과정의 구성 요소에 대한 내용이다.

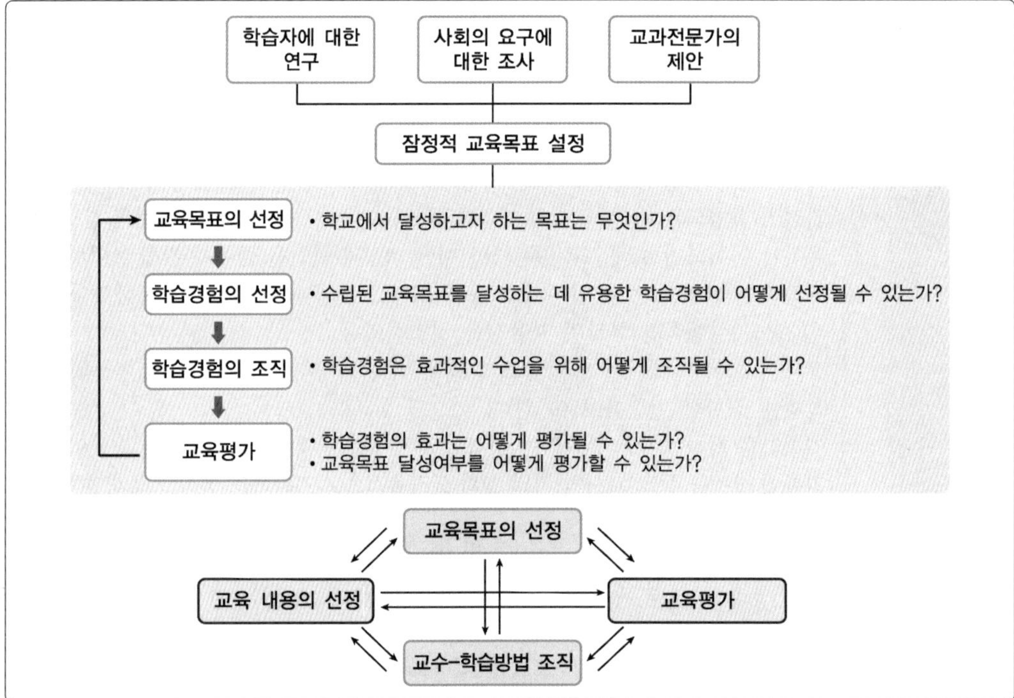

① 구성체계의 4가지 요소는 각기 독립적이라기보다는 하나의 고리처럼 연결되어 순환적인 관계를 이룬다.

㉠ 교사는 교육목표를 선정하여 목표를 토대로 학습경험을 선정·조직하고, 학습내용을 효과적으로 전달할 수 있는 학습방법을 조직하여 이를 교육평가로 연결하며, 평가결과를 고려하여 새로운 교육목표를 선정하게 된다.

㉡ 목표를 중심으로 교육 내용과 방법(학습경험의 조직), 교육평가가 결정되기 때문에 타일러의 교육과정 구성체계를 목표 중심의 교육과정 구성체계라고 한다.

② 타일러의 교육과정 개발 모형이 갖는 한계에도 불구하고 타일러 모형이 제시하고 있는 교육목표의 설정, 교육 내용의 선정 및 조직, 평가라는 것이 교육과정 개발의 주요 구성요소라는 데에는 일반적인 합의가 이루어지고 있다.

MEMO

UNIT 10 교육목표 설정 시 고려해야 하는 3가지

타당한 교육목표를 설정하기 위해서는 교육과정 대상자인 학습자에 대한 이해, 사회에서 요구하는 가치, 지식에 대한 전문가의 제안을 고루 고려하여야 한다.

학습자로서의 유아	• 유아는 교육과정을 경험하는 주체로서 교육목표 설정 시 일차적으로 가장 중요한 대상이다. 유아는 다른 초・중・고등학교의 교육 대상층과 달리 대상 연령이 매우 어리고, 발달의 속도가 빠르며, 개인차가 크므로 다른 연령대보다도 학습자에 대한 고려가 보다 세심하게 이루어져야 한다. 즉, 유아의 발달과 학습에 대한 관점 및 이해를 토대로 교육목표를 설정함으로써 학습자인 유아의 발달과 개인차, 흥미와 요구를 충분히 고려하는 입장에서 검토되고 계획되어야 한다. • 교육목표를 설정할 때 유아에 대해 고려해야 할 사항 – 학습자로서 유아의 권리와 감정을 배려, 존중하고 있는가? – 유아의 흥미와 요구가 무엇이며, 충족되고 있는가? – 유아의 발달 단계를 이해하며, 고려하고 있는가? – 개별 유아의 다양한 관심, 요구, 발달 단계, 적성, 능력을 배려하고 있는가? – 개별 유아가 성장하고 발전할 수 있도록 개별 유아의 잠재적 능력을 고려하고 있는가?
사회적 가치와 요구	• 학습자가 속한 사회의 가치와 요구를 반영한 교육목표는 학습자로 하여금 변화하는 사회에 적응하는 능력을 기를 수 있도록 도움을 준다. 그러므로 유아교육과정에서의 교육목표는 변화하는 사회를 반영하고, 사회의 가치와 요구에 기반하여 설정된다. – OECD(2018)에서는 '교육 2030 학습 개념틀'을 통해, 급변하는 현대 사회에 필요한 인재 양성을 위해서는 무엇보다 기존의 교육관점에서 벗어나 학습자가 주도적인 문제해결능력을 기르는 것과 그 과정에서 학부모, 교사, 또래, 지역사회와의 협력이 잘 이루어지는 것이 중요함을 강조하고 있다. – 2019 개정 누리과정에서는 유아중심・놀이중심 교육과정으로 개정의 초점을 맞추어 교육목표에 이와 같은 사회적 가치와 요구를 적극 반영하고 있다.
교과 전문가의 제안	많은 유아교육 전문가는 유아기에 유아교육기관에서 무엇을 가르쳐야 할지에 대한 연구를 진행해 왔으며, 이에 따라 유아의 연령과 발달에 적합하면서 가르칠 만한 가치가 있는 교육목표와 교육 내용 선정에 대한 중요성을 강조해 왔다(이기숙 외, 2019). 그러므로 유아교육 전문가의 제안에 기초하여 교육목표를 설정하는 것은 필수적인 과정이다.

MEMO

UNIT 11 교육목표의 수준 및 교육목표 설정

1 교육목표의 수준

교육목표는 그 수준에 따라 매우 추상적이고 일반적인 수준에서부터 매우 구체적이고 상세한 수준으로까지 개념화된다.

① 교육은 목적한 방향으로 학습자를 변화시키고자 노력하는 과정으로서, 교육목표는 학습자의 바람직한 성장이 이루어지도록 방향을 제시하고, 교육 내용 선정과 평가를 위한 근거를 마련해 주는 기능을 한다(Regan, 1964). 즉, 교육목표는 교육과정의 전체적인 틀을 구성하고 계획하기 위한 중요한 기준이 된다.

② 유아교사는 교육과정 계획 및 운영 시 자신이 담당하고 있는 유아를 위한 교육목표를 설정한다.

㉠ 이때 교육목표는 각 기관이나 교사가 추구하는 교육 철학 또는 교육관점에 따라 다르게 나타날 수 있으나, 교육목표 설정의 3가지 원천인 학습자로서의 유아, 사회적 가치와 요구, 교과 전문가의 제안 등을 고려하여 설정해야 한다.

㉡ 교육목표는 교육 내용을 선정하고 교육평가를 진행할 때 기준이 되므로 구체적이면서도 명확하게 진술해야 한다.

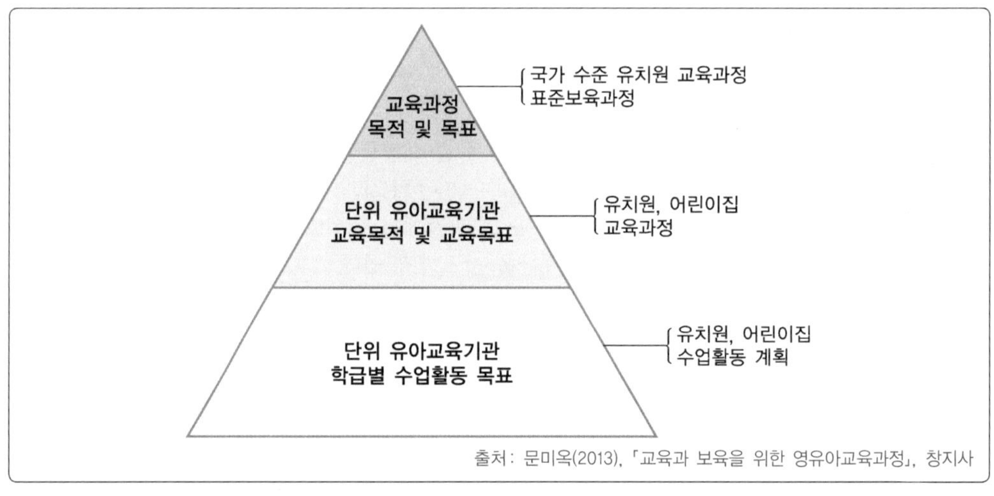

출처: 문미옥(2013), 「교육과 보육을 위한 영유아교육과정」, 창지사

유아교육 목적과 목표의 위계

MEMO

구분	교육목적	교육목표
개념	• 유사 용어: 장기목표, 일반목표 • 일반적으로 교육목표보다 포괄적이고 추상적이며 일반적인 개념으로, 가치규범적인 경향이 있다. – 국가나 시·도 교육청 수준에서 거시적이고 장기적으로 제시한 교육목표를 일반적으로 '교육목적'이라 부른다.	• 유사 용어: 단기목표, 특수목표 • 교육목적과 수업목표 사이에 놓여 있는 것을 일반적으로 '교육목표'라고 하는데, 교육목적에 비해 구체적이며 실제적인 경향이 있다. • 교육과정에서 실제로 다루어야 할 것 중 어느 것에 우선순위를 두어야 하고, 어떤 내용을 선정해야 하는지 등의 구체적인 행동 지침을 제시하는 것이다. • 교육을 통해 달성하기를 기대하는 성과를 의미하는 것, 즉 하나의 주제 또는 생활주제를 통해 유아들이 성취하기를 기대하는 학습 성과를 의미한다. – 교육활동을 통하여 학습자들에게 무엇을 배우게 할 것인가, 즉 교육활동 의도에 대한 진술을 말하는 것이다.
특성	• 교육의 큰 방향을 제시한다. • 교육과정을 구성하는 철학적·이론적 관점을 반영한다. • 가치규범적인 특성을 지닌다.	• 교수계획을 반영한다. • 일상적인 교육과정 활동과 연결되어 구체적인 교수학습형태나 실제 교수상황을 반영한다. • 교육을 통해 이루고자 하는 구체적인 행동 형성을 위해 제시하는 것이다.

2019 개정 누리과정의 교육목적 수준과 교육목표 수준 비교

2019 누리과정의 목적

유아가 놀이를 통해 심신의 건강과 조화로운 발달을 이루고 바른 인성과 민주 시민의 기초를 형성하는 데에 있다.

2019 누리과정의 목표

- 자신의 소중함을 알고, 건강하고 안전한 생활습관을 기른다.
- 자신의 일을 스스로 해결하는 기초 능력을 기른다.
- 호기심과 탐구심을 가지고 상상력과 창의력을 기른다.
- 일상에서 아름다움을 느끼고 문화적 감수성을 기른다.
- 사람과 자연을 존중하고 배려하며 소통하는 태도를 기른다.

영역별 목표

예 「사회관계의 교육목표」 – 자신을 존중하고 더불어 생활하는 태도를 가진다.

수업목표

개별 유아교육기관의 교사 수준에서 만들어지는 교육목표는 일반적으로 '수업목표'라고 불린다.

MEMO

2 교육목표의 설정

교육목표 설정

- 유아를 위한 교육목표는 유아의 연령과 발달에 적합하면서도 동시에 가르칠 만한 가치가 있는 것이어야 하며, 이러한 목표를 설정함으로써 유아의 성장과 발달을 지원할 수 있다(이기숙, 2013).
  - 이때 국가 수준 유치원 교육과정에서 제시하는 목적 및 목표에 기반하여 단위 유아 교육기관의 교육목적과 교육목표를 설정하고, 나아가 기관 내 학급별 수업활동 목표를 연계성있게 제시해야 한다.

2019 개정 누리과정에서 추구하는 인간상, 교육목적, 교육목표

구분	내용
추구하는 인간상	건강한 사람, 자주적인 사람, 더불어 사는 사람, 창의적인 사람, 감성이 풍부한 사람
교육목적	유아가 놀이를 통해 심신의 건강과 조화로운 발달을 이루고 바른 인성과 민주 시민의 기초를 형성하는 것을 목적으로 한다.
교육목표	• 자신의 소중함을 알고, 건강하고 안전한 생활습관을 기른다. • 자신의 일을 스스로 해결하는 기초 능력을 기른다. • 호기심과 탐구심을 가지고 상상력과 창의력을 기른다. • 일상에서 아름다움을 느끼고 문화적 감수성을 기른다. • 사람과 자연을 존중하고 배려하며 소통하는 태도를 가진다.

출처: 교육부·보건복지부, 개정 누리과정 해설서

- 2019 개정 누리과정에서는 교육목적과 추구하는 인간상을 구현하기 위해 필요한 내용을 중심으로 교육목표를 구성하고 있다.
- 따라서 유아교육기관의 교사는 2019 개정 누리과정에서 추구하는 교육목적과 이를 이루기 위한 다섯 가지 교육목표를 충분히 이해해야 한다. 교육목적과 교육목표에 대한 이해를 토대로 교사가 유아의 놀이를 이해하고 지원하여 확장하는 가운데 의미있는 배움이 일어나기 때문이다.
- 이처럼 교사는 누리과정의 5개 영역별 교육목표와 교육 내용에 근거하여 수업을 계획, 실행, 평가하는 교육과정을 운영해야 한다.

MEMO

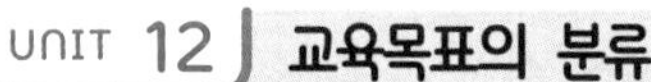

UNIT 12 교육목표의 분류

#KEYWORD 인지적 영역, 심동적 영역, 정의적 영역

1 카미(Kamii)

인지적 발달을 위한 목표	언어적 기호와 상징, 시간, 공간, 수, 서열, 분류, 사회적 지식, 물리적 지식 발달을 위한 목표를 포함한다.
지각 운동적 발달을 위한 목표	대근육과 소근육 발달을 포함한다.
사회·정서적 발달을 위한 목표	유아의 호기심, 성취동기, 학교적응, 질적·양적 상호작용, 유아의 내적 통제능력, 창의성, 교사에 대한 의존도를 포함한다.

2 블룸(Bloom)

인지적 영역	• 학습된 자료의 단순회상에서부터 새로운 아이디어와 자료를 통합·종합하거나 창의적 기능에 이르기까지 그 범위가 넓다. • 지식, 이해, 적용의 기본정신기능과 분석, 종합, 평가의 고등정신기능으로 위계화된다.		
	기본 정신기능	지식	• 과거에 학습된 내용을 기억해 내는 것으로, 모든 지적 능력의 기초가 된다. – 이미 배운 '사실, 개념, 방법, 원리, 이론' 등에 대하여 기억, 회상, 재인하는 능력을 말한다. 예 기술하다, 정의하다, 배열하다, 기억하다, 확인하다, 진술하다, 선택하다
		이해	• 과거 학습된 자료의 내용을 이해하고, 다른 수준의 내용으로 바꾸거나 추론하는 능력이다. – 단순히 자료를 기억하는 수준을 넘어, 자료가 다소 치환되더라도 의미를 파악하고 해석, 추론할 수 있는 능력이다. 예 비교하다, 설명하다, 구별하다, 예를 들다
		적용	• 과거 학습된 자료를 새로운 문제에 적용하는 능력이다. – 이미 배운 '규칙, 개념, 방법, 원리, 이론, 기술' 등을 구체적이거나 새로운 장면에 활용하는 능력이다. 예 적용하다, 계획하다, 수정하다, 연관시키다
	고등 정신기능	분석	주어진 자료의 의미를 명확히 이해하거나 그 자료를 여러 가지 구성요소로 분해하는 것이다. 예 분석하다, 분리하다, 추출하다, 찾아내다

MEMO

		종합	한 자료의 구성요소나 부분을 정리, 조작, 결합하여 어떤 새로운 지식을 만들어 내는 것이다. 예 종합하다, 구성하다, 창작하다, 고안하다, 설계하다, 재구성하다, 요약하다
		평가	특정한 자료를 주었을 때 그 자료를 일정한 기준에 의하여 평가하는 것이다. 예 판단하다, 평가하다, 결론내리다, 비평하다
심동적 영역	• 신체적 행위를 통한 운동적 능력과 기능을 발달시키는 것과 연관된 영역이다. – 근육의 발달과 사용, 신체기능의 숙달정도, 신체능력에 관한 행동을 포괄하는 영역이다.		
	1모델	반사적 기능	개인의 의지와 무관하게 일어나는 동작이다.
		초보적 운동 기능	• 반사적 운동의 통합발달에 따라 나타난다. • 모든 운동 중 가장 기초적인 수준을 의미한다.
		운동지각 능력	시각 · 촉각 · 청각적 자극에 대해 해석하고 환경에 대한 운동을 조정하는 것이다.
		신체적 기능	체력과 근력운동, 민첩성과 같은 반응, 활동 등의 신체적 기능을 의미한다.
		숙련된 운동 기능	운동과 신체적 기능을 요구하는 복잡한 운동 기능을 실천하는 데서 나타나는 능률성, 우아함 및 숙련의 정도를 의미한다.
		동작적 의사소통	신체적 운동을 통한 의사표현 및 교환의 기능을 의미한다.
	2모델	관찰	어떤 운동 기능을 각각의 요소로 분절하여 관찰하고 기술하는 것이다.
		모방	관찰한 복잡한 운동 기능 등을 자신이 보고 들은 대로 따라해 보는 것이다.
		연습	모방한 운동 기능이 숙달되도록 반복 연습하는 것으로, 이를 통해 부드럽고 능숙하게 할 수 있게 된다.
		적응	나름대로 확실하게 운동 기능을 행할 수 있는 것으로, 운동 그 자체 또는 과정을 완전히 자신의 것으로 만들어 내면화를 이루게 되는 것이다.
정의적 영역 (크래스올, 블룸과 마시아, 1973)	• 인간이 지닌 정서와 감정의 표현방식을 나타내는 특성이 강조된 교육목표로 인간의 정서와 감정을 바탕으로 형성되는 모든 행동을 포함한다. • 어떤 현상에 대해 단순히 주의를 기울이는 것에서부터 시작하여 중요한 가치관을 내면화하고 일관성 있는 인격과 양심에 이르는 것까지를 포함한다. • 정의적 영역의 교육목표를 내면화의 원리에 따라 수용, 반응, 가치화, 조직화, 인격화의 다섯 가지 범주로 분류하고, 이러한 범주를 위계적 관계로 설정한다.		

MEMO

	자극 수용하기 (수용/감수)	• 어떤 행동이나 가치에 대해 알아차리는 태도 – 주어진 현상이나 자극을 인식하고, 감지, 수용, 주의를 기울이는 단계이다. 예 관심을 가진다, 느낀다, 감지한다, 경험한다, 참여한다, 인지한다
	자극에 반응하기 (반응)	• 관심의 수준을 넘어 어떤 사태나 현상에 대해 반응하는 태도 – 주어진 현상이나 자극에 대해 느낀 것을 적극적인 행동으로 반응하며 나타내는 것으로, 관심의 수준을 넘어 참여하고 행하는 단계이다. 예 참여한다, 확인한다, 다르다, 허락한다, 공헌한다, 즐긴다, 만족한다
	가치화	• 어떤 것이 가치가 있는지 구분하는 태도 – 주어진 현상이나 자극에 대하여 의의와 가치를 부여하는 것으로, 행동의 지침이 되는 근본적인 가치에 관해 동기가 유발되는 단계이다. 예 믿는다, 추구한다, 정당화한다, 존경한다, 검색한다
	조직화	• 여러 가치를 위계적으로 조직하고 상호관계를 결정하며, 지배적 가치와 모든 경우에 적용되는 가치를 인정하는 태도 – 가치들 간의 상호관계가 수립되어 일관적인 가치체계를 수립하는 단계이다. 예 검사한다, 분류한다, 체계화한다, 창조한다, 통합한다
	인격화	• 가치화와 조직화가 정착되어 가치체계가 내면화된 상태 – 조직화된 가치체계에 따라 일관성 있는 행동을 할 수 있도록 인격의 일부로 내면화된 일반적인 행동자세를 의미한다. 예 내면화한다, 결론을 내린다, 개선한다, 해결한다, 판단한다

MEMO

UNIT 13 교육목표 진술

#KEYWORD 행동목표(내용, 행동), 메이거의 교육목표 진술방식(조건, 준거, 도착점 행동), 표현적 결과, 교육목표 진술 시 원칙

1 교육목표의 진술 방식

① 교육목표는 교육 내용을 선정하고, 평가의 방향을 설정하고, 기준을 마련하는 측면에서 중요한 역할을 하므로 명확히 진술해야 한다. 구체적이고 명확한 교육목표는 다음과 같은 교육과정 운영의 여러 측면에서 중요한 기능을 한다(홍후조, 2016).
  ㉠ 교육과정에서 목표하는 바가 무엇인지 알려줄 뿐만 아니라 그 기준을 제시한다.
  ㉡ 교육을 통해 변화시켜야 할 인간의 행동 특성이 무엇인지 알 수 있게 한다.
  ㉢ 각각의 행동 특성에 따른 교육 내용을 어떻게 가르칠 것이며, 그 행동을 어떻게 변화시킬 것인가 하는 교수학습 과정상의 여러 가지 방법을 제시한다.
  ㉣ 교육 성과를 평가하는 데 명확한 기준을 제시한다.

② 특히 타일러(Tyler)는 평가가 잘 이루어지기 위해서 무엇보다 올바른 교육목표 진술이 중요하다고 강조하였고, 그의 생각은 이후 블룸(Bloom), 메이거(Mager) 등에 의해 더욱 발전하였다. 그러나 '행동적 교육목표 진술'로 불리는 이들의 목표 진술방식은 다양한 교육경험을 반영하기에 한계가 있다는 제한점이 대두되면서 이후 아이즈너(Eisner)는 '행동적 목표'와 '표현적 목표'로 구분하였다.

<table>
<tr><td rowspan="3">타일러
(Tyler)의
진술방식</td><td colspan="2">• '행동적 교육목표 진술방식'을 제안하였다.
– 학습자가 어느 정도 성취를 해야 하는지를 구체적으로 명시하여 학습결과를 측정할 수 있는 목표 진술방식이다.
– 타일러는 학습자에게 가르치려는 행동이 무엇이며, 이 행동이 활용될 수 있는 영역이나 내용이 어떤 것인지에 기반하여 진술하는 것이 가장 효과적인 교육목표 진술이라고 보았다. 즉, 바람직하고 실현 가능한 교육목표 진술을 위해 ① 학습내용 또는 자료와 함께, ② 학습자를 주체로 하여, ③ 학습자의 기대되는 행동을 구체적으로 진술해야 한다.
• 교육목표를 내용과 행동의 두 차원으로 이루어진 이원분류 목표로 작성할 것을 제안하였다.

| 진술방식의 예 : 내용 + 행동 |
• 계절에 따른 옷차림의 변화를 이해한다.
(계절에 따른 옷차림의 변화를 → 내용, 이해한다 → 행동)
• 상황에 적절한 높임말을 사용할 수 있다.
(상황에 적절한 높임말을 → 내용, 사용할 수 있다 → 행동)</td></tr>
<tr><td>내용</td><td>변화시키고자 하는 행동이 어느 분야에서 이루어지는지를 기술한다.</td></tr>
<tr><td>행동</td><td>교육을 통해 변화시키고자 하는 행동을 분명하게 제시한다.</td></tr>
</table>

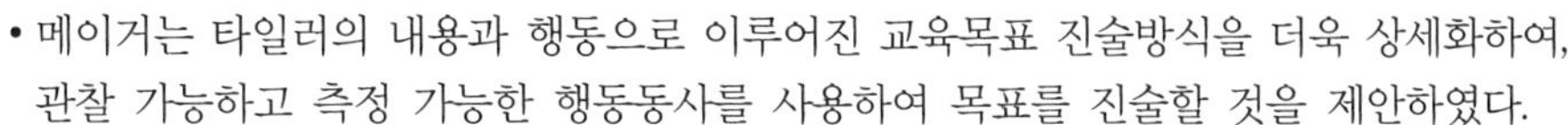

MEMO

메이거 (Mager)의 진술방식

- 메이거는 타일러의 내용과 행동으로 이루어진 교육목표 진술방식을 더욱 상세화하여, 관찰 가능하고 측정 가능한 행동동사를 사용하여 목표를 진술할 것을 제안하였다.
- 즉, 메이거에 따르면 교육목표는 ① 학습자의 도착점 행동과, ② 도착점 행동이 일어나는 상황 및 조건, ③ 도착점 행동이 어느 정도로 숙련되어야 하는지에 대한 준거가 명시되어야 한다.

장점

- 교사가 가르칠 내용과 방법을 쉽게 알 수 있으며 학습활동의 평가도 손쉽게 할 수 있다.
- 수학이나 과학활동처럼 관찰 가능한 경우나 학습 진행이 단계화되어 있는 교육활동 프로그램 혹은 훈련을 위한 수업에서 매우 유용하다.

단점

- Gronlund식 진술법과 마찬가지로 정의적 영역의 목표를 진술하기 어려우며, 폭넓고 고차원적인 목표를 중심으로 수업하기보다 지엽적인 수업에 치중할 수도 있다.
- 문학이나 표현활동과 같은 분야에서는 사용하기 어렵다.

| 진술방식의 예 : 조건 + 준거 + 행동 |

- 생활 주변에서 친숙한 글자를 읽어 본다.
  - 생활 주변에서 → 조건 / 친숙한 글자를 → 준거 / 읽어 본다. → 행동
- 여러 가지 모양의 기본 도형으로 합하거나 나누어서 다양한 모양을 구성할 수 있다.
  - 여러 가지 모양의 기본 도형으로 → 조건 / 합하거나 나누어서 → 준거 / 다양한 모양을 구성할 수 있다. → 행동

구분	내용
조건	어떤 조건(상황)에서 도착점 행동이 나타나야 할 것인지를 진술한다.
준거 (수락 기준)	• 어느 정도여야 성취를 인정할 수 있는지에 대한 기준을 나타내는 것이다. • 행동이 나타날 수준을 말한다.
도착점 행동	• 어떤 수업에서 기대하는 의도한 성과 또는 학습의 결과로서 나타나야 하는 성과이다. – 수업이 끝났을 때 무엇을 할 수 있는지를 제3자가 볼 수 있도록 명시적인 용어로 진술한다. | 명시적 동사와 암시적 동사 | • 명시적 동사 : 교육목표를 서술할 때, 학생들에게서 나타나거나 변화되어야 할 행동을 직접적으로 관찰할 수 있도록 표시해 주는 동사이다. 예 지적한다, 찾아낸다, 비교한다, 쓴다, 열거한다 • 암시적 동사 : 명시적 동사와 달리, 직접적으로 관찰되기 어렵다는 문제점을 가지고 있다. 예 이해한다, 즐긴다, 믿는다, 깨닫는다, 감상한다

SESSION #9

MEMO

	| 수업목표의 진술 원칙 | ① 교사의 행동이 아닌 학생의 행동으로 진술해야 한다. ② 학습내용과 기대되는 학생의 행동을 동시에 진술해야 한다. ③ 학습되어야 할 준거를 제시해야 한다. ④ 그 수업시간 중이나 그 단원의 학습 도중에 나타나는 학생의 행동을 강조하기보다는, 수업시간이나 학습단원이 끝났을 때 나타날 수 있는 변화된 행동과 관련지어 진술해야 한다. ⑤ 기르거나 변화시키고자 하는 학습능력에 따라 진술되는 동사의 형태를 달리해야 한다. ⑥ 학생들의 학습행위에 나타나는 장면과 조건에 따라 명시적 동사의 형태 또는 구체적이고 분명한 행위 동사들을 활용해야 한다. ➔ 수업목표 진술의 원칙 여섯 가지 요인을 교수목표 진술에 활용했을 때, 교실수업을 가르칠 때의 방향이 뚜렷해지고 교수·학습이 끝난 후에도 평가관점이 명확해진다.
블룸(Bloom)의 진술방식	• 블룸은 교육목표에 반드시 포함해야 하는 내용과 행동 중 특히 행동에 관한 아이디어를 상세화하여 진술하는 것의 중요성을 강조하였다. 블룸은 교육목표를 인지적 영역, 정의적 영역, 운동기능적 영역의 3가지 영역으로 구분하여 진술해야 한다고 하였다. – 인지적 영역은 이성적·지적 사고를 필요로 하는 영역이고, – 정의적 영역은 태도와 가치에 관련된 학습 영역이며, – 운동기능적 영역은 근육의 발달과 사용, 신체 능력에 관한 행동을 포괄하는 영역이다. 즉, 블룸은 타일러나 메이거가 제시한 '행동'을 인지적 영역, 정의적 영역, 운동기능적 영역으로 세분화하여 진술할 것을 주장하였다. **| 진술방식의 예: 인지적·정의적·운동기능적 영역의 기술 |** • 인지적 영역의 진술: 다양한 도형의 특성을 이해한다. • 정의적 영역의 진술: 개미의 생명이 소중함을 알고 보살피는 행동을 한다. • 운동기능적 영역의 진술: 신체를 활용하여 거북이의 움직임을 느리게 표현할 수 있다.
그론룬드(Gronlund)의 진술방식	교육활동 목표를 일반 교육활동 목표와 구체적 교육활동 목표로 구분하여 진술할 것을 주장하였다. **장점** 일반 교육활동 목표가 수업의 목표가 되고 구체적 교육활동 목표는 평가기준으로 활용하게 되므로, 어떤 교수·학습 모형이든 상관없이 융통성 있게 수업을 진행할 수 있다. **단점** 정의적 영역의 목표를 진술해야 할 경우, 관찰 가능한 구체적 목표 진술이 어렵다. **| 진술방식의 예: 일반 교육활동 목표 / 구체적 교육활동 목표 |** • 일반 교육활동 목표: 과일에 대해 안다. • 구체적 교육활동 목표 – 과일의 종류에 대해 열거한다. – 계절에 따라 다양한 과일을 구별한다.

MEMO

<table>
<tr><td rowspan="2"></td><td>일반 교육활동 목표</td><td>일반적인 내용을 포함하여 내재적 행동(예 알다, 이해하다, 인식하다)으로 진술하고 각 목표에 단일 성과만을 포함시키도록 하였다.</td></tr>
<tr><td>구체적 교육활동 목표</td><td>• 일반 교육활동 목표를 진술한 다음, 일반적 목표를 행동적으로 평가할 수 있도록 세부적 행동이 포함된 내용을 교육활동 목표로 진술한다.
– 즉, '구별하다, 말하다, 찾다' 등 일반 교육활동 복표의 하위에 있으면서 관찰 가능한 행동으로 구체적인 학습 성과를 파악할 수 있도록 명시적 동사로 진술한다.</td></tr>
<tr><td>아이즈너(Eisner)의 진술방식</td><td colspan="2">• 타일러의 행동목표에 대한 아이즈너의 견해(행동목표 비판)
– 수업 중에 새로운 목표가 발생할 수 있으므로 수업을 시작하기 전에 미리 행동목표로 구체화하여 진술하는 것은 불가능하다고 보았다.
– 예술 영역은 수업 후 나타내 보여야 할 행동을 상세하게 구체화할 수 없으며 바람직하지도 않기 때문에 행동목표 진술이 불가능하다고 보았다.
– 학생들이 길러내야 할 호기심, 창조성, 독창성 등은 측정할 수 있는 것이 아니므로, 행동목표는 평가기준으로 부적합하다고 보았다.
– 유아교육은 유아들의 발달특성상 잠재된 능력을 개발하는 것이 목적이므로 표현적 결과를 선호하지만, 활동의 유형에 따라 행동목표를 진술하기도 한다.
• Tyler를 거쳐 Bloom과 Mager에 의해 완성된 '행동목표'를 비판하고, 질적평가의 중요성을 강조하였다.
<table>
<tr><td>수업 시작 전 행동목표 진술은 불가능</td><td>• 수업은 아주 복잡하고 역동적인 과정을 거치면서 진행된다.
– 따라서 수업 중에 새로운 목표가 발생할 수 있으므로 수업이 끝난 후 학생들에게 나타날 수 있는 '모든' 것을 수업을 시작하기 전에 미리 행동목표의 형태로 구체화하여 진술하는 것은 불가능하다.</td></tr>
<tr><td>예술 영역은 행동목표 진술이 불가능</td><td>수학, 언어, 과학과 같은 과목과 달리 예술 영역에서는 학생들이 수업 후에 나타내 보여야 할 행동이나 조작을 아주 상세하게 구체화할 수 없으며 바람직하지도 않다.</td></tr>
<tr><td>행동목표는 평가기준으로 부적합</td><td>• 학교에서 강조하는 호기심, 창조성, 독창성 등은 어떤 기준을 적용하여 학생들에게 길러졌는지를 측정할 수 있는 것이 아니므로 행동목표가 이러한 특성의 측정 기준으로 사용될 수 없다.
• 호기심, 창조성, 독창성 등의 특성들이 길러졌는지는 교사의 질적인 눈으로 판단할 수밖에 없다.</td></tr>
<tr><td>교육목표를 교육 내용의 선정과 조직 전에 명시하는 것은 옳지 않음</td><td>• 교사들은 실제활동에서 교육적으로 유익하리라고 생각되는 활동을 선정하여 학생들에게 적용해 보고, 그 결과를 토대로 하여 그 활동의 목표와 결과를 확인하기도 한다.
• 실제 우리가 학교 밖에서 무엇을 배울 때 행동목표를 정해놓고 질서 정연한 순서에 따라 배우지 않는다.
– 따라서 교육 내용을 선정하고 조직하기 전에 교육목표를 명시하는 것은 옳지 않다.</td></tr>
</table></td></tr>
</table>

MEMO

• '비행동목표'를 주장하였다.
  – 교육목표에는 행동목표 외에 문제해결 목표와 표현적 결과라는 2가지 형태가 더 존재할 수 있음을 주장하였다.
    ① 문제해결 목표
      – 어떤 문제와 그 문제를 해결할 때 지켜야 할 조건이 주어지면, 그 조건을 충족시키면서 문제를 해결하는 것이다.
    ② 표현적 결과
      – 초기에는 '표현적 목표'라고 하였으나, 최근에는 '표현적 결과'라 부르고 있다.
      – 목표를 미리 정하지 않고, 어떤 활동을 하는 도중이나 끝낸 후에 교육적으로 바람직한 그 무엇을 얻을 수도 있으므로 이를 표현적 결과라고 한다. 따라서 활동의 목표는 활동이 끝난 후에 학습자가 결과적으로 어떠한 변화를 만들어 냈는가에 따라서 결정되는 것이라고 본다.

종류		특징	평가방식
행동 목표		• 결과지향적 관점이다. • 행동용어를 사용한다. • 정답이 미리 정해져 있다. • 학습자의 입장에서 진술한다. • 모든 학습자들에게 기대되는 행동이 같다. 행동적 목표 → 행동적 활동	• 양적 평가 • 결과 평가 • 준거지향 검사 사용
비행동 목표	문제해결 목표	• 정답이 정해져 있지 않다. • 다양한 해결책이 모두 인정된다. 문제해결 목표 → 문제해결 활동	• 질적 평가 • 결과 및 과정평가 • 교육적 감식안 사용
	표현적 결과	• 주로 음악, 미술, 체육 등의 과목에서 많이 나타난다. • 과정지향적 관점으로 조건과 정답이 없다. • 교사와 학습자의 주도성과 자발성을 강조한다. • 활동의 목표가 사전에 정해지지 않아 활동의 도중이나 끝난 후에 형성이 가능하다. 표현적 활동 → 표현적 결과	• 질적 평가 • 결과 및 과정평가 • 교육적 감식안 사용

참고

표현적 목표 [유주연 · 김혜전 · 장민영(2023), 「유아교육과정」, 한국방송통신대]

• 아이즈너는 같은 학습 맥락 안에서 각기 다른 성장 배경과 경험을 가진 학습자들이 학습에 대해 인식하고 반응하며 표현하는 방식이 다양함에 주목하여, 학습자의 개별적 성향과 다양성을 존중하는 표현적 목표 진술방식을 제안하였다.
• 아이즈너는 교수학습 목표를 행동적 목표와 표현적 목표로 구분하였다.
  – 행동적 목표가 학습의 결과로 얻어진 지식, 기술, 태도 등을 명료하게 진술하는 목표를 의미한다면,
  – 표현적 목표는 학습과정에서 학습자가 가지는 학습 상황의 경험을 나타낸다.

MEMO

진술방식의 예 : 표현적 목표 − 상황 + 문제 + 과제

고흐의 '별이 빛나는 밤'을 보고, 느낀 점을 이야기 나눈다.
→ 상황 → 문제 → 과제

- 예시에 제시된 상황은 학습이 이루어지는 환경을 말한다.
- 문제는 학습자가 학습의 의미를 두는 초점을 의미한다.
- 과제는 학습자가 학습의 의미를 표현하는 방법으로 이해할 수 있다.

➔ 즉, 표현적 목표는 학습자가 학습과정에서 의미있게 생각하거나 느낀 것을 다양한 형태로 표현하는 데 가치를 두고 있다.

2 교육목표 진술의 원칙

목표 진술 이론을 주장한 위 학자들의 관점과 유아교육적 특성을 반영하여 유아교육목표 진술의 원칙을 정리하면 다음과 같다.

① 교육의 이념과 목적에 부합하고, 교수학습활동의 방향을 제시할 수 있을 만큼 구체적이며 정확하게 진술해야 한다.

상위 위계 교육목표에서는 유아교육을 통해 추구하는 교육관을 지향하고 하위 교육목표는 구체적이고 정확하게 진술해야, 교사가 무엇을 가르쳐야 하고 유아가 무엇을 배워야 하는지 방향 설정이 가능하다. 아울러 해당 교육목표를 통해 이루어야 할 교육의 방향, 인간상과 연계가 되는지 재점검함으로써 단위활동의 목표가 유아교육과정의 목표와 같은 맥락에서 연결되어 교육이 이루어지도록 한다. 이처럼 하위 위계 교육목표와 하위 세부목표 및 단위활동 목표 간 관계를 그림으로 나타내면 다음과 같다.

2019 개정 누리과정 교육 목적

유아가 놀이를 통해 심신의 건강과 조화로운 발달을 이루고, 바른 인성과 민주 시민의 기초를 형성하는 것을 목적으로 한다.

2019 개정 누리과정 교육 목표

사람과 자연을 존중하고 배려하며 소통하는 태도를 기른다.

2019 개정 누리과정 의사소통 영역 목표

일상생활에서 필요한 의사소통능력과 상상력을 기른다 – 일상생활에서 듣고 말하기를 즐긴다.

단위활동 목표

1. 다른 사람의 말을 주의깊게 듣는다.
2. 자신의 생각과 느낌을 말로 표현할 수 있다.

상위 위계 교육목표와 하위 세부목표 및 단위활동 목표 간 관계

SESSION #9

MEMO

② 객관성을 위해 구체적인 교육상황에서 달성 가능한 형태로 진술해야 한다.

다만 원칙에 지나치게 얽매여 궁극적인 교육목표를 놓치고 있지 않은지 점검하는 것이 필요하다. 이때 교육목표의 지향점은 반드시 관찰 가능해야 하는 것은 아니며 추상적이고 포괄적일 수도 있다. 따라서 단위활동 목표는 표현적 행동과 지향점 행동의 2가지 진술을 병행할 수 있다. 표현적 행동은 경험과정 자체가 가치 있을 때 진술하며, 지향점 행동은 달성해야 하는 바가 있을 때 진술한다.

표현적 행동과 지향점 행동 진술방식의 예

- 다른 사람의 감정에 관심을 가지고 공감한다.
  - 다른 사람의 감정 → 내용
  - 관심을 가지고 공감한다 → 표현적 행동
- 도움이 필요할 때 도움을 요청하는 방법을 알고 실천한다.
  - 도움이 필요할 때 도움을 요청하는 방법 → 내용
  - 알고 실천한다 → 지향점 행동

③ 유아의 관점에서 진술해야 한다.

유아교육과정을 통해 스스로 지식을 구성하고 성장하며 발달해 가는 주체는 교사가 아닌 유아이다. 그러므로 유아 교육목표는 유아의 관점에서 어떠한 교육경험을 하고, 이를 통해 어떠한 역량이 향상되기를 기대하는지 진술하는 것이 바람직하다.

유아 관점에서 진술된 교육목표의 예

- 친구와 함께 할 수 있는 일을 알고, 협력하게 한다. (잘못 진술된 예)
- 친구와 함께 할 수 있는 일을 찾아보고 서로 협력한다. (잘 진술된 예)

④ 각 영역별 활동 목표 안에서 지식, 기능, 태도(가치)를 고루 다룰 수 있도록 해야 한다.

교육 내용을 알고 이해하는 인지적 측면뿐만 아니라 기술, 태도 등의 정의적·운동기능적 측면도 함께 고려하여 목표를 설정해야 한다. 유아교육은 단순히 지식과 기능을 성취하는 것에 목표를 두기보다는 교육과정을 경험함으로써 지식과 기능뿐만 아니라 관련 가치와 태도 또한 함께 함양함으로써 전인 발달을 이루는 데 목표를 두고 있기 때문이다.

지식, 기능, 태도가 고루 반영된 교육목표 진술의 예

- 지식: 거미의 특성을 이해한다.
- 기능: 방사형의 거미줄 모양을 구성할 수 있다.
- 태도: 생명체로서 거미를 존중하고 소중히 여긴다.

IV 유아교육과정의 운영: 교육 내용

MEMO

UNIT 14 교육 내용 선정

1 교육 내용 선정 시 일반적 기준 – 이성호(2004)

- 유아기에 가르쳐야 할 많은 교육 내용 중에서 교육과정에 반영해야 할 중요한 교육 내용을 선정하는 기준은 타당하고 합리적이어야 한다.
- 다음은 교육 내용을 선정할 때 일반적으로 적용할 수 있는 기준이다(이성호, 2004).
  - 8가지 교육 내용 선정의 일반적인 원칙을 유아교육 내용 선정에 적용해 보면, 유아를 대상으로 하는 교육 내용은 유아가 사회 구성원으로 살아가는 데 필요한 지식과 기술, 태도를 포함해야 한다. 이러한 교육 내용은 유아의 발달에 적합하면서도 균형 있게 구성되어 유아가 전인적으로 발달을 이루며 성장하는 데 기반이 되어야 한다. 유아의 발달에 적합한 교육 내용이란 유아의 연령별 발달과 개별 특성, 사회문화적 특성을 고루 고려하여 적합한 내용을 선정하는 것을 의미한다(Bredekamp & Copple, 1997).

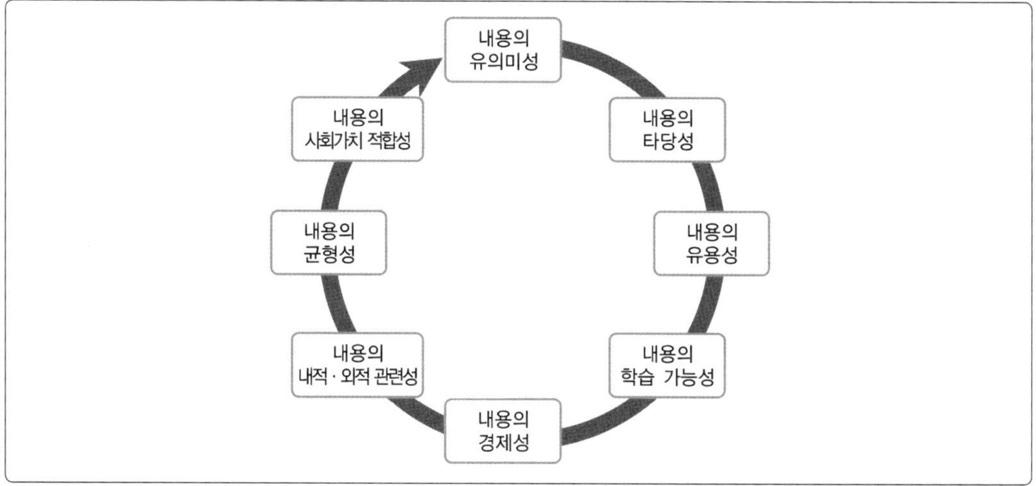

내용의 유의미성	• 교육 내용이 그 학문 분야에서 얼마나 기본적이면서 의미있는 것인가에 대한 기준이다. – 따라서 해당 학문 분야에서 기본적이고 본질적인 내용이 무엇인가에 대한 합의를 토대로 선정된다.
내용의 타당성	교육 내용 선정 시 반드시 가르치고 배워야 할 내용을 골고루 포함하고 있는가에 대한 기준이다. 이때 내용 자체의 타당성뿐만 아니라 내용의 범위와 수준에 대한 타당성도 함께 고려해야 한다.
내용의 유용성	교육 내용이 현실 세계와 얼마만큼 관련이 있으며, 활용 가능한 것인가에 대한 기준이다. 특히 교육 내용이 사회와 학습자의 요구를 적절히 수용하고 있는지, 학습자의 흥미와 필요가 잘 반영되어 있는지에 대한 고려가 중요하다.

MEMO

내용의 학습 가능성	교사에게 가르칠 수 있는 내용이어야 하고, 학습자에게는 배울 수 있는 내용이어야 한다.
내용의 경제성	학습자가 경제적인 방식으로 학습목표를 성취하는 데 도움을 줄 수 있는 교육 내용을 선정해야 함을 의미한다. 즉, 허락된 시간 안에 최대한의 교수학습 효과를 거둘 수 있는 내용에 대한 고려가 필요하다.
내용의 내적·외적 관련성	교육 내용이 다른 학문 분야의 내용과도 관련되어 여러 영역의 교육 내용을 통합적으로 경험할 수 있도록 고려해야 한다.
내용의 균형성	학습자의 요구를 비롯하여 사회 내 다양한 집단의 요구를 함께 고려하여 교육 내용을 균형있게 선정해야 함을 의미한다.
내용의 사회가치 적합성	교육 내용을 새롭고 바람직한 사회가치 창조에 적합한 내용으로 선정해야 함을 의미한다.

2 유아교육내용 선정 기준 – 홍후조

- 유아교육목표가 설정되면 이를 달성하기 위한 교육경험, 즉 교육 내용을 선정해야 한다. 이때 목표를 달성할 수 있는 교육 내용 선정기준을 고려하는 것이 중요하다.
  - 아래의 7가지 교육 내용 선정기준을 활용해 유아를 위한 교육 내용 선정에 적용해 보면, 유아를 위한 교육 내용에는 유아가 사회 구성원으로 성장하여 사회생활을 하는 데 필요한 지식과 기술, 태도 등을 포함해야 한다.
  - 이때 선정된 교육 내용은 유아의 발달 수준에 적합하고 균형 있게 구성되어 유아의 전인발달에 기반이 되어야 한다.

사회적 적합성	사회적 전통과 규범에 적절한 교육 내용
사회적 유용성	사회적으로 유용한 교육 내용
개인적 유의미성	학습자에게 유의미하며 학습 가능한 교육 내용
개인적 효용성	개인의 사회적 쓸모를 충족시킬 수 있는 교육 내용
지적 중요성	교육목표를 달성하는 데 중요한 교육 내용
학문적 타당성	시대적 변화에 적합한 타당하고 사실적인 교육 내용
실행 가능성	현재 실제적인 맥락과 여건에서 실행 가능한 교육 내용

MEMO

3 발달 적합성의 요인

연령적 적합성	• 교육 내용이 유아의 보편적인 연령별 발달에 적합한 것인지를 고려하는 것이다. – 교사는 해당 연령의 보편적인 발달 단계와 특성을 중심으로 교육 내용을 선정한다. – 다만 같은 연령이라도 유아의 놀이와 경험이 다양하게 나타날 수 있으므로 유아의 놀이에 대한 관찰을 기반으로 현재의 놀이가 의미있는 경험으로 확장될 수 있도록 지원하는 것이 중요하다.
개인적 적합성	• 유아 개개인의 특성을 고려하여 적절한 교육 내용을 선정하는 것을 의미한다. – 동일한 연령일지라도 유아마다 사전 경험과 흥미, 요구가 다를 수 있으므로 유아의 개인적 특성을 고려하여 교육 내용의 범위와 수준을 달리 선정할 필요가 있다. – 유아의 상호작용 관찰, 부모와의 상담을 통해 수집된 정보를 유아 개개인을 위한 교육계획을 수립할 때 반영한다.
사회문화적 적합성	사회문화적 적합성은 유아가 살고 있는 사회문화적 환경에서 가치 있게 여기는 교육 내용을 선정하는 것이다.

4 학습경험 선정의 일반적 기준 – 타일러(Tyler, 1982)

= 교육과정 구성에 있어서의 (학습)경험 선정의 원칙

• 교육목표 달성에 필요한 교육 내용을 무엇으로 할 것인가에 대한 결정을 말한다.
• 타일러는 교육 내용을 학습경험이라는 말로 대체하여 사용하였다.
  – 타일러에 따르면 학습경험이란 객관적으로 존재하는 교과내용을 의미하기보다는, 학습자와 그를 둘러싼 환경 속의 여러 외적 조건들 사이에서 벌어지는 상호작용을 의미하기 때문에 교육 내용을 학습경험이라는 말로 대체하여 사용하였다.

기회의 원리	• 학습자에게 교육목표 달성에 필요한 경험을 할 수 있는 기회를 제공하라는 것이다. – 교육목표를 달성하기 위해서 목표가 의도하는 행동을 학습자가 스스로 경험해 볼 수 있도록 학습경험에 기회가 내포되어야 한다. 예 문제해결력을 기르기 위해서 다양한 문제를 풀어볼 수 있는 충분한 기회를 제공하는 것이다.
만족의 원리	• 교육목표가 시사하는 행동을 학생이 수행하는 과정에서 만족감을 느낄 수 있어야 한다. 예 독서에 대한 흥미를 기르는 것이 교육 목표인 경우, 폭넓은 독서를 할 수 있는 기회를 주는 것뿐만 아니라 그런 활동에서 만족감을 느낄 수 있어야 한다.
가능성의 원리	• 학습경험에서 요구하는 학생의 반응은 학습자의 현재 능력수준, 성취수준, 발달수준에 맞아야 한다. – 지나치게 쉬운 일을 단순 반복하게 하기보다는 적절한 수준의 학습경험을 제공함으로써 도전감과 성취감을 부여해야 한다.
(동일목표) 다경험의 원리	• 한 가지 교육목표를 달성하기 위해 여러 가지의 학습 경험이 활용될 수 있음을 의미한다. – 동일한 교육목표 달성에 사용할 수 있는 학습경험은 여러 가지가 있을 수 있으므로 교육목표 달성을 위한 효과적인 활동을 많이 할 수 있다. – 교육목표 달성을 위해 제한적이고 고정된 학습경험만을 제공하는 것은 지양할 필요가 있다.

MEMO

(동일경험) 다성과의 원리	• 학습경험을 선정할 때 교육목표의 달성에 도움이 되고, 다른 영역으로의 전이가 가능하며, 활용성이 높은 학습경험을 선택해야 한다는 것을 의미한다. – 하나의 학습 경험이 여러 가지 학습 성과를 가져오기 때문에, 동일 조건이라면 학습경험을 선정할 때 여러 교육목표의 달성에 도움이 되고 전이효과가 높은 학습경험을 선택하는 것이 좋다.

UNIT 15 교육 내용 유형 - Schwartz & Robinson(1982)

• 유아교육을 위한 교육 내용은 유아의 발달에 적합하면서도 유아가 어떤 사람으로 자라길 바라는가에 대한 사회적 가치에 기반하여 선정된다.
  – 즉, 사회에서 기르고자 하는 인간상 또는 교육목표 달성을 위해 필요한 사실이나 내용을 구조화한 것이므로, 각 사회 또는 교육기관에서 중요하게 여기는 교육 철학이나 가치에 따라 교육의 내용이나 유형이 다양하게 나타날 수 있다.
• 슈바르츠와 로빈슨(Schwartz & Robinson, 1982)은 현대 유아교육에서 주로 다루는 교육 내용의 유형을 6가지로 구분하여 설명하고 있다.
  – 다만 이 6가지 유형의 교육 내용은 서로 구분되거나 한 가지 유형에만 근거해서 구성되는 것이 아니며, 경우에 따라 몇 가지가 함께 묶여서 내용의 근거를 이루기도 한다(이기숙, 2013).

사실 축적	• 사실 축적이란 사물이나 생명체의 크기와 색깔, 모양, 질감, 농도, 온도, 무게 등의 물리적 속성에서부터 국경일, 명절 등과 같은 역사적 사건이나 사실에 이르기까지의 모든 사실을 중요한 교육 내용으로 보는 관점이다(박찬옥 외, 2020). – 따라서 유아가 자신을 둘러싼 환경을 직간접적으로 경험하면서 알게 된 내용이나 사실을 새롭게 알아내어 말해 보거나, 이해한 사실을 공유하는 등의 내용이 강조된다. **장점** 선천적으로 타고난 호기심을 바탕으로 새로운 사실을 알아가고자 하는 유아의 탐구 성향을 잘 반영하고, 이미 유아가 축적한 사실에 더하여 다른 교육 내용을 새롭게 구성할 때 유용하다는 점 등을 들 수 있다. **단점** • 유아가 스스로 탐색하고 탐구하여 알게 된 사실과 교사가 교육적으로 의도한 사실이 다를 수 있다. • 교사의 교육적 의도하에 사실의 전달을 강조하다보면 교사중심적인 설명식의 일방적 교수학습방법을 사용할 수 있다.
기술 축적	• 한 사회의 구성원으로 살아가기 위해서는 기본생활습관과 사회적 기술, 언어 기술, 셈하기 기술, 대소근육 운동 기술 등 다양한 기술을 함양해야 한다(박찬옥 외, 2020). – 기술 축적의 관점에서는 이와 같은 기술들을 주요한 교육 내용으로 본다. 특히 유아기는 기본생활습관이 형성되는 결정적 시기로 교사는 스스로 옷 입고 벗기, 양치질하기, 정리하기, 신발 신고 벗기 등 유아가 스스로 생활하는 데 필요한 일상생활기술이 발달할 수 있도록 교육 내용을 선정한다.

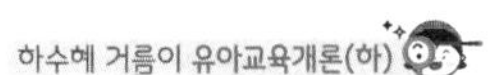

MEMO

	- 그뿐만 아니라 또래 간의 사회적 기술을 교육 내용으로 선정하거나, 효과적인 학습을 위해 필요한 읽기, 쓰기, 셈하기, 그리기, 만들기 등의 학습 기술을 교육 내용으로 선정하기도 한다. - 유아교육과정에서는 이와 같이 유아가 놀이 안에서 자연스럽게 반복적인 놀이와 게임을 통해 다양한 기술을 축적하고 발달하도록 돕는다.
교과 영역	• 교과 영역이란 교육기관에서 학습자가 배워야 할 중요한 지식과 기술, 태도를 유사한 내용을 중심으로 범주화하여 하나로 묶은 것을 의미한다(서동미 외, 2013). - 초등학교 이상의 교육과정에서는 교과별로 교육 내용을 제시하는 데 반해, 유아교육과정에서는 교과별로 교육 내용을 분리하기보다 유아의 경험과 놀이 안에서 통합적으로 교육 내용을 이해할 수 있도록 교육한다. - 즉, 유아교육에서 교사는 유아의 놀이에서 나타나는 주제와 관련하여 유아가 자연스럽게 다양한 교과의 교육 내용을 경험하고 이해할 수 있도록 지원한다. 유아의 놀이 안에서 국어, 수학, 미술, 음악, 동작, 과학 등의 교과와 연계된 다양한 경험을 엿볼 수 있다.
주제중심	• 주제중심을 교육 내용 유형으로 보는 관점은 유아의 발달에 적합한 경험과 사회적 이슈, 계절의 특성, 유아 주변의 흥미로운 사건과 경험을 통합적으로 구성한 주제를 교육 내용으로 본다(서동미 외, 2013). - 이는 유아교육과정에서 교육 내용을 바라보는 보편적인 관점으로, 주제를 중심으로 주제 관련활동을 통해 각 교과영역이나 흥미영역의 활동을 통합적으로 지도한다. - 교사는 주제중심 교육 내용에 지식과 기술, 태도 및 가치가 고루 포함되도록 통합적인 교육을 지향하며, 동시에 운영상의 융통성을 발휘할 수 있다. - 다만 교사의 교육적 경험의 범위와 수준에 따라 주제중심 교육 내용의 교육적 효과가 다르게 나타나거나, 경험이 제한되어 주제 선정에 제약이 있을 수 있다.
학문적 개념중심	• 학문적 개념이란 유아가 일상생활에서 마주하는 다양한 궁금증에 대한 해답을 탐구하는 과정에서 이해하게 되는 여러 가지 개념을 의미한다(박찬옥 외, 2020). - 유아기에는 다양한 기초적인 수준의 개념 형성이 이루어지다가 점차 상위학교의 교과 체제로 갈수록 고차원적 개념으로 구조화된다. 예 연령이 어린 유아는 동그라미, 세모, 네모 등 모양을 변별하는 것에서부터 시작하여 같은 모양끼리 분류하기 등 모양에 대한 기초적인 수학적 개념을 이해하다가 점차 연령이 증가하면서 모양의 이름과 도형의 특성, 정의 등 좀 더 높은 수준의 수학적 개념을 배우게 된다. 이와 같은 학문적 개념중심 교육 내용 관점에서는 기초적인 개념에서부터 어려운 것까지 관련 개념이 잘 조직화되어 있어 효율적인 학습이 가능하다. 다만 유아의 수준에 적절하지 않은 학문적 개념을 적용할 경우, 유아가 개념을 이해하기보다는 단지 기억하는 데 그치기 쉽다는 제한점이 있을 수 있다.
통합적 접근	• 통합적 접근은 앞서 언급한 사실 축적, 기술 축적, 교과 영역, 주제중심, 학문적 개념중심을 총체적으로 통합하는 개념이다(박찬옥 외, 2020). - 유아교육과정에서는 유아의 흥미와 관심사에 기반하여 상호보완적이면서 통합적인 형태로 교육 내용을 제공하는 통합적 학습을 추구한다. 2019 개정 누리과정은 놀이와 일상을 중심으로 유아가 경험할 내용이 통합될 수 있는 기회를 제공할 것을 권장한다(교육부·보건복지부, 2019). - 유아교육기관에서 이루어지는 유아의 놀이와 일상 안에서 사실과 기술, 교과내용과 학문적 핵심개념을 통합적으로 함께 경험할 수 있도록 교사는 끊임없이 관찰하고 지원해야 한다. 앞서 유형별 교육 내용에 따른 놀이 사례와 같이, 유아는 자신이 주도하는 놀이 안에서 교사의 관찰과 지원에 기반하여 다양한 유형의 교육 내용을 통합적으로 이해하는 과정을 학습해 간다.

MEMO

UNIT 16 교육 내용 조직방법

#KEYWORD 계속성, 계열성, 통합성, 동심원적 조직, 나선형적 조직, 통합적 조직

1 학습경험의 조직 원리 – 타일러(Tyler)

- 교육 내용 및 활동의 조직[= 학습경험의 조직 원리(Tyler, 1949)]이란 유아의 학습이 최대로 이루어질 수 있도록 교육 내용을 효율적으로 조직하기 위하여 고려해야 할 요소를 말한다.
  - 교육 내용을 선정했다면 이를 어떠한 순서로 제시하는 것이 효과적인지에 대한 조직방법을 고민해야 한다. 잘 조직된 교육 내용은 효율적인 교육으로 이어지며, 이는 곧 교육목표의 달성 여부를 가늠하게 하는 중요한 기반이 되기 때문이다.
  - 교육 내용을 효율적으로 조직하기 위해 고려해야 할 원리로는 계속성(continuity), 계열성(sequence), 통합성(integration)이 있다(Tyler, 1949).

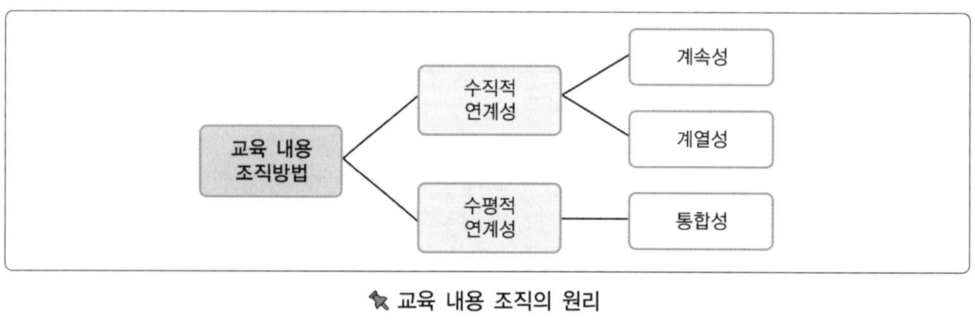

교육 내용 조직의 원리

계속성	**개념 및 정의** • 계속성은 교육 내용이나 경험을 반복적으로 경험하도록 조직하는 것을 의미한다. • 중요한 교육과정 요소나 교육내용을 수직적으로 조직하여 동일한 요소를 반복적으로 경험하도록 제시하는 것이다. **목적** • 중요한 지식이나 기술을 반복하여 경험할 수 있도록 교육 내용을 조직함으로써 새롭게 익혀야 할 지식이나 기술을 성공적으로 습득하도록 하는 것이 목적이다. • 즉, 연령이 증가함에 따라 유아기에 습득해야 할 중요한 교육 내용을 반복하여 제공함으로써 유아의 이해와 습득을 돕는다. 이러한 측면에서 계속성의 원리는 시간적 순서에 따른 수직적 조직 개념으로 이해할 수 있다. **유아기 특성** • 유아는 다른 각급 학교별 학습자에 비해 연령이 어리고, 여러 가지 측면의 발달이 아직 미숙하며, 경험의 폭이 넓지 않기 때문에 반복적으로 교육 내용을 경험해야 이를 이해하고 내재화할 수 있는 학습 특성을 지니고 있다.

MEMO

	교사 역할 • 교사는 유아의 발달 및 개인차를 고려하여 유아가 이해하고 습득할 수 있도록 교육 내용을 반복해서 다루어야 한다. • 교사는 유아가 사회생활에 필요한 여러 가지 일상생활기술(예 바른 인사예절, 질서/규칙 지키기, 의사소통기술 등)이나 학습에 필요한 기초학문기술(예 언어기술–읽기, 쓰기, 말하기, 듣기 등) 등 유아기에 학습해야 하는 교육 내용을 이해하고 습득할 수 있도록 이를 반복해서 제공해야 한다. **장점** 교육과정에서 중요한 개념이나 기능, 능력, 가치 및 태도를 반복함에 따라 학습자는 더 깊고 풍부한 지식을 얻을 수 있다.
계열성	**개념 및 정의** • 중요한 교육 내용이 동일한 수준에서 단순 반복되는 것이 아니라, 단계적으로 심화·확대되는 방식으로 조직되어 시간의 경과에 따른 학습경험이 깊어져 가는 것이다. • 유아기에 다루어야 할 교육 내용을 반복적으로 제시함과 동시에 연령이 높아짐에 따라 점차 그 내용의 범위가 넓어지고, 수준이 깊어지도록 조직하여 제공함으로써 해당 내용을 체계적으로 종합하고 복습하여 효율적인 학습이 가능해진다. 예 '개미'에 관심을 보이는 만 3세 유아는 개미의 생김새와 움직임을 관찰하고 눈에 보이는 가시적인 사실에 대해 탐색하고 탐구한다면, 만 4세 유아는 먹이와 서식지와 같은 좀 더 세부적인 개미의 특성을 알아볼 수 있으며, 만 5세 유아는 다양한 개미의 종류와 특성, 개미와 다른 곤충들과의 관계 등 더욱 세분화되고 구체적인 내용을 탐구할 수 있다. **계속성과의 비교** 계열성은 교육 내용이 제시되는 시간적 순서를 의미하며, 교육 내용의 수직적 조직 개념이라는 측면에서 계속성의 원리와 의미가 상통한다. 다만 교육 내용이 점차적으로 심화·확대 되도록 조직하는 계열성과는 달리, 계속성은 연령이 증가함에도 주요한 교육 내용을 동일한 수준에서 반복·조직함으로써 유아의 습득을 돕는 것이다. **효율적인 교육을 위한 계열성의 일반적 원칙** • 단순한 내용에서 복잡한 내용으로 • 친숙한 내용에서 생소한 내용으로 • 부분에서 전체적 내용으로 / 전체에서 부분적 내용으로 • 구체적 사실에서 추상적 개념으로 • 현재에서 과거로 / 과거에서 현재로
통합성	**개념 및 정의** • 계속성과 계열성이 교육 내용의 수직적 조직 개념이라면 통합성은 교육 내용의 수평적 조직을 의미한다. • 통합성은 학습자에게 통합 및 통합 조정된 경험을 제공할 수 있도록 수평적인 차원에서 교육 내용을 조직하는 것을 의미한다. 즉, 유아가 경험하게 될 다양한 활동과 놀이가 하나의 통합된 의미를 이해(발견)할 수 있도록 교육 내용을 조직하는 원리로 생각할 수 있다.

SESSION #9

MEMO

- 통합성은 다양한 영역의 내용, 개념 등을 통합된 전체 경험으로 이해할 수 있도록 조직하는 방법으로, 학습자는 여러 영역에서 경험하고 이해한 내용들을 학습과정에서 서로 연결하고 통합하게 된다.
  - 예 '가족'을 주제로 통합적 관점에서 교육 내용을 조직할 경우, 주제와 관련된 다양한 내용(예 다양한 가족 형태, 가족의 수, 가족 구성원의 역할, 서로 다른 가족문화 등)을 다룰 수 있다. 즉, 유아가 관심과 흥미를 보이는 주제를 탐색하고 탐구함으로써 주제에 대한 경험의 폭을 넓히고, 동시에 경험을 통합적으로 재구성하여 의미를 형성하는 것이다.

유아기 특성

- 유아는 학습과 발달이 통합적으로 이루어지고, 분절된 형태의 내용이나 사실을 학습하는 데 어려움을 느끼므로 유아에게 의미있는 상황 속에서 개념을 통합적으로 제시할 필요가 있다.
- 지식을 분절하면 잘 배울 수 없는 학습 특성을 지니고 있는 유아를 대상으로 하는 유아교육에서는 유아에게 의미 있는 학습 또는 놀이 경험을 주제나 단원, 프로젝트를 중심으로 조직함으로써 유아의 조화로운 발달을 이룰 것을 강조해 왔다(이기숙 외, 2019).

장점

사물을 종합적으로 보게 하고, 학습내용과 행동을 통합시키도록 한다.

참고

교육과정 통합의 기능 [잉그램(1979)]

❶ 인식론적 기능
- 급변하는 지식에 잘 대처할 수 있게 한다.
- 서로 다른 지식영역들을 서로 밀접하게 관련시킬 수 있게 한다.
- 서로 다른 영역의 지식 간 상호관련성을 이해함으로써 각 지식의 의미와 유용성을 제고시키는 데 도움을 준다.

❷ 심리학적 기능
- 학습자의 학습과정에 일치하는 교육을 실시할 수 있다.
- 학습자의 발달 수준과 필요에 맞는 교육을 쉽게 실시할 수 있다.
- 학습자의 전인적 인격의 개발을 도움으로써 인성의 발달을 촉진할 수 있다.

❸ 사회적 기능
- 학제적 쟁점을 다룸으로써 학습자에게 사회문제에 대처할 수 있는 능력을 길러준다.
- 공유를 통한 교수·학습을 촉진하며, 그 과정에서 학습자에게 협동심을 길러줄 수 있다.
- 학교와 사회를 긴밀하게 연결시켜 준다.

MEMO

참고

교육과정의 연계성

- 교육과정에서 연계성은 학생 수준을 고려하여 횡적으로는 교과 내 또는 교과 간 내용의 적절성을, 종적으로는 시간상 유·초·중등학교에 걸친 학습내용의 계열성을 말한다.
- 교육과정의 연계성 개념은 Tyler의 3가지 조직원리 모두와 관련되고, 이외에도 접합성(articulation), 연결성(relation 혹은 connection)의 5가지 의미를 포함하거나 이 중 어느 하나를 의미하는 것으로 사용되고 있다. 유-초 교육과정의 연계성의 개념은 Tyler의 3가지 조직원리와 접합성(articulation), 연결성(relation 혹은 connection)의 5가지 속성별로 구분할 수 있다.

연계성의 속성	속성 간의 관계성	어원	
계속성	상호관련됨	Tyler	• "중요한 교육과정 요소를 수직적으로 강조하는 것(Tyler, 1949)" • 자주 그리고 반복적으로 개념, 지식, 기능 등을 교육과정에 등장하게 하는 것
계열성		Tyler	교육 내용의 어떤 요소, 지식, 기능이 발전적인 형태로 두 개의 교육과정에 선정·조직됨
통합성	통합은 물리적 통합이 아닌 '연계'로서, 수직과 수평이 함께 고려되는 추세임	Tyler, Fogarty	• "학생들은 교과 내에서 다른 학문으로부터 유래한 유사 개념들을 배운다 … 한 교과 안에서 교과 간에 유사한 기능, 주제, 개념들을 통합하는 것은 학생들이 교과 간 개념을 연결시키는 통합적 방식으로 학습을 확장시키게 한다(Fogarty, 1991)." • 수직적 및 수평적으로 교육 내용의 어떤 요소, 지식, 기능 등이 서로 유기적인 관련성을 갖고 조직됨
접합성	계속성, 계열성, 통합성을 모두 망라적으로 포함하되, 접합지점(시기)에 초점	생물학, 교육과정 개발기관 보고서 중심으로 파급	• "이전에 배운 내용과 앞으로 배울 내용의 관계에 초점을 둔 것으로, 특정한 학습의 종결점이 다음 학습의 출발점과 잘 맞물리도록 교육 내용을 조직하는 것" • 전체 교육과정 내용의 조직에 대한 강조보다 연결 지점, 예컨대, 유치원 만 5세와 초등학교 1학년 교육과정의 연결 지점에 관심을 둠
연결성	위 4가지 속성을 모두 포함하거나, 한 가지를 특정하지 않는 포괄적 용어	일반언어	"학교급 간 및 학년 간, 교과 내용 영역 간 및 단원 간의 수평적(범위) 및 수직적(계열) 연속성과 위계성을 체계적으로 제시한 정도(교육인적자원부·한국교육과정평가원, 2006)"

MEMO

2 교육 내용을 조직하기 위해 활용할 수 있는 접근법

타일러의 교육 내용 조직원칙에 근거하여 유아교육에 적합한 형태로 유아교육과정의 교육 내용을 조직할 수 있는 방법으로 동심원적 조직, 나선형적 조직, 통합적 조직이 있다(방인옥 외, 2012).

<table>
<tr><td>동심원적 조직
(수평적 확장 조직)</td><td>

개념 및 정의

• 교육 내용을 조직할 때 유아에게 가장 가깝고 구체적이며 직접적 경험으로부터 시작하여, 점차 유아에게서 멀리 떨어져 있는 내용, 간접적이고 추상적인 교육 내용의 순서로 조직하는 접근방법이다.
 – 학기 초에는 유아에게 가장 가깝고 구체적인 교육 내용으로 '나'를 선정하고, 시간이 지날수록 나보다 시간적 · 공간적으로 확장된 '가족－우리 동네－우리나라－세계 여러 나라'의 순서로 교육 내용을 조직한다.

한계

유아들이 가깝게 느끼는 교육 내용이 항상 제시한 순서에 의해 이루어지는 것이 아니라는 점에서 한계가 있다.

예 '세계 여러 나라'라는 주제는 유아로부터 공간적으로 멀리 떨어진 교육 내용이기는 하지만, 유아가 다른 나라 사람들과 문화에 호기심을 갖는다면 언제든지 학습할 수 있다는 측면에서 동심원적 조직(수평적 확장조직)의 한계로 볼 수 있다.

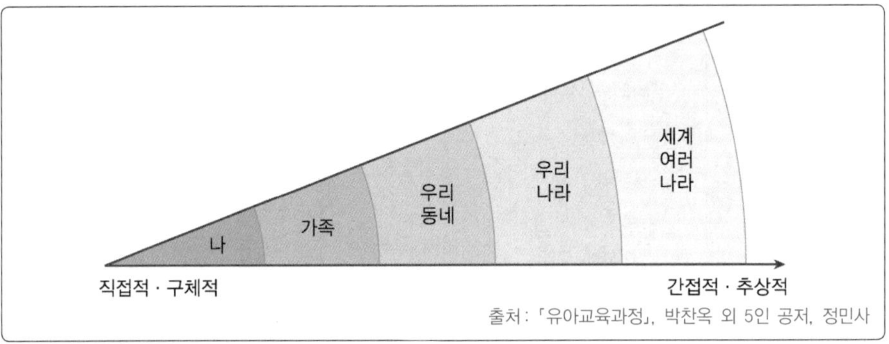

출처 : 「유아교육과정」, 박찬옥 외 5인 공저, 정민사

</td></tr>
<tr><td>나선형적 조직</td><td>

개념 및 정의

• 중요한 교육 내용이 반복되도록 조직하되 연령이 증가함에 따라 쉬운 수준에서 어려운 수준으로 계열화되도록 제시하는 조직 접근방법이다.
 – 만 3세에서 만 5세로 연령이 높아질 때 서로 다른 내용을 제시하는 것이 아니라, 유사한 생활 주제에 동일한 교육 내용을 조직하여 제시하는 것이다.
 – 단, 동일 수준에서 반복 제시하는 것이 아니라 동일 내용일지라도 각 연령의 발달수준, 탐구방법이나 표현양식에 적합한 수준을 고려하여 내용을 조직한다.
  예 만 3세 유아 : 씨앗 관찰을 통해 씨앗의 모양과 크기를 비교하고, 씨앗 심기활동을 통해 씨앗의 성장과 변화에 관심을 갖도록 한다.
  예 만 5세 유아 : 개념 수준이 확장될 수 있도록 식물과 씨앗을 관련지어 비교하고, 씨앗의 성장 과정을 이해하여 성장의 조건을 탐구하는 것으로 교육 내용을 조직한다.

• 유아들의 학습양식을 고려하여 교육 내용을 조직한다. 이는 브루너의 동작적(행동적), 영상적, 상징적 표현방식을 근거로 하여 제시한다.
 – 어린 연령의 유아는 교육 내용을 ① '동작적 표현양식'으로 학습할 수 있도록 조직 ➡ 점차 ② '영상적 표현양식' ➡ ③ '상징적 표현양식(상징적 기호 및 글자, 숫자 등)'으로 표현할 수 있도록 교육 내용을 조직한다.

</td></tr>
</table>

MEMO

한계

도덕적 가치관 같은 교육 내용은 세 가지 양식으로 표현이 어려울 수 있으므로, 교육 내용에 따라 표현양식에 따른 나선형적 조직이 가능한지 판단해야 한다.

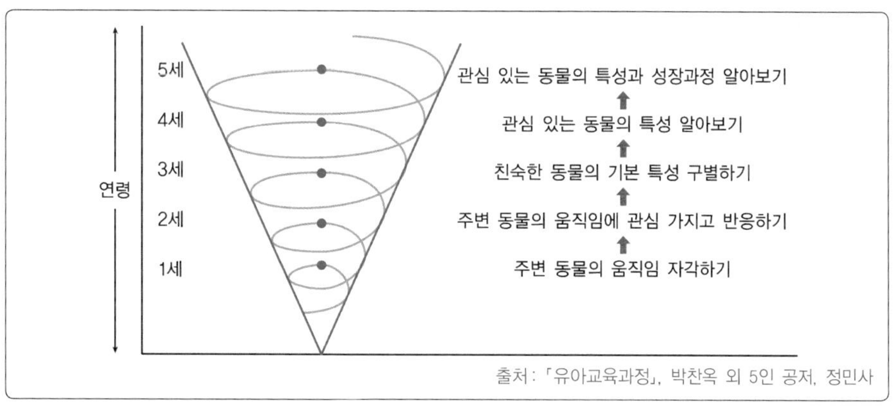

출처: 「유아교육과정」, 박찬옥 외 5인 공저, 정민사

SESSION #9

통합적 조직

유아기 특성

유아들은 자신의 생활경험과 분리된 지식을 학습할 때에 비해 의미 있는 상황에서 교육 내용을 제시하였을 때, 보다 효과적으로 학습한다.

개념 및 정의

- 유아가 흥미를 보이는 학습내용에 대해 의미 있는 상황에서 생활주제 또는 단원, 프로젝트를 중심으로 조직하는 것이다.
  - 수평적 조직과 나선형적 조직에서 교육 내용의 순서와 계열성을 강조한다면, 통합적 접근에서는 유아들의 관심과 경험, 사고의 전개과정에 따라 서로 다른 주제와 교육 내용들이 상호연계성을 갖고 통합되도록 하는 것을 강조한다.
  - 전인발달에 기초하여 발달 목표에 기반한 내용과 다른 영역의 교육 내용 간의 균형을 추구한다.
  - 진행되는 생활주제와 유아들의 흥미, 인성교육의 내용과 기본생활습관, 창의성 교육 내용이 자연스럽게 통합될 수 있도록 내용조직을 해야 한다.

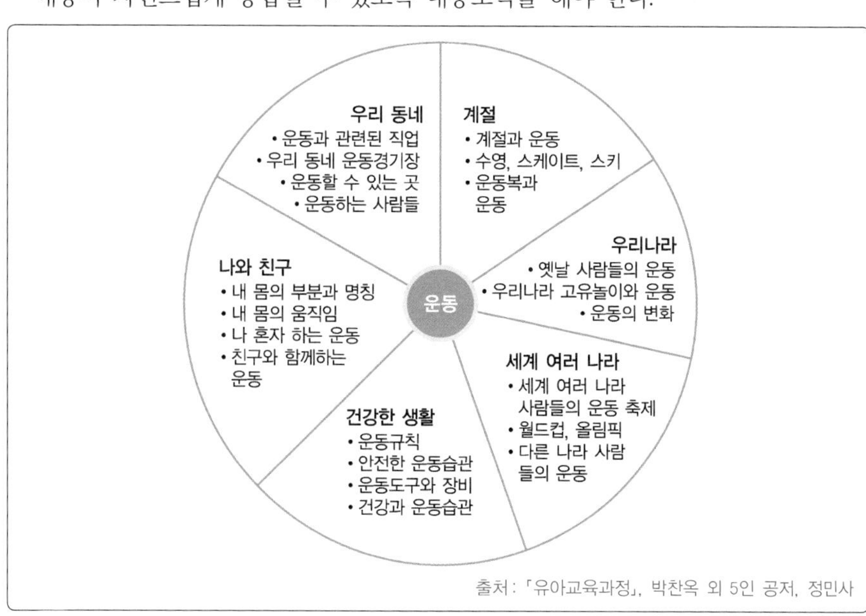

출처: 「유아교육과정」, 박찬옥 외 5인 공저, 정민사

MEMO

③ 교육과정 통합의 방법 – 포가티(Fogarty)의 교육과정 통합 모델

(1) 단일 교과 내에서의 통합 : 단일 학문 내에서의 통합

유형	내용
단절형 (분절형)	• 전통적인 개별 교과중심의 모형이다. • 교육과정의 통합 정도가 가장 낮은 모형으로, 교과 간의 통합성이 거의 없는 모형이라고 할 수 있다. – 개별적이고 고유한 교과 영역을 분절적으로 유지한다. – 각각의 교과는 서로 다른 방향에서 자신의 교과에 대해서만 철저하게 초점이 맞추어져 있다. **장점** • 개별 교과에 대한 명확한 지식과 견해들을 제공한다. • 지식의 계열성을 높게 유지할 수 있다. **단점** • 각 교과 내용을 관련짓고 유사한 개념을 통합하는 일은 학습자 스스로 해야 된다. • 학습의 전이가 어렵다.
연관형 (연결형)	• 개별 교과의 주제, 개념, 기능 등을 그와 관련된 다른 교과의 주제, 개념, 기능들에 연결하는 형태이다. • 각 교과 영역의 주제, 개념, 아이디어나 학습 방법 등이 밀접하게 관련되도록 내용을 통합한 것이다. **장점** 여러 교과의 주제나 개념 등을 관련지음으로써 학습자로 하여금 특정 개념이나 방법, 원리 등을 넓게 조감할 수 있도록 한다. **단점** 교과내용의 통합 정도가 특정한 교과들 사이에서만 부분적으로 이루어져 다양한 교과들이 서로 관련되어 있지 못하므로 폭넓은 통합의 경험을 얻기 어렵다.
동심원형	• 어떤 하나의 학습장면이나 주제, 단원을 다루면서 여러 가지의 복합적인 지식, 기능, 방법 등을 달성하려고 하는 통합의 유형이다. – 각 교과 영역에서 서로 관련되고 확산되는 여러 가지 기능을 동시에 습득시키는 것이 목표이다. **장점** 다양한 기능이 관련되면서 다차원적인 수업을 진행할 수 있다. **단점** • 과제와 목표의 다중성으로 인하여 목표와 활동의 우선순위를 명확히 하지 않을 경우 학생들에게 산만함과 혼돈감을 제공한다. • 중요 학습내용의 파악이 어렵다.

MEMO

(2) 여러 교과 간에 걸친 통합: 여러 학문들 간에서의 통합

계열형 (연속형)	• 각 교과의 주제와 단원을 서로 연관시켜 재배치하고 계열화한 것이다. • 개별적 교과 영역들은 유지되면서 유사한 아이디어들이 연속적으로 가르쳐질 수 있도록 구성하는 통합방법이다. − 광범위하게 관련된 개념들로 구성된 다양한 교과내용을 담고 있다. 예 문학시간에 특정한 역사소설을 제시하고, 역사시간에는 문학시간에 제시한 역사소설에 부합하는 역사적 시기를 가르치는 경우가 이에 해당한다. **장점** 교과 간에 관련된 주제들을 계열화함으로써 학생들이 교과내용을 이해하는 데 큰 도움을 준다. **단점** • 개별 교사들이 프로그램 개발에 있어 독립성과 자율성을 희생한다. • 교사들 간에 상당한 유연성과 계속적인 협력이 요구된다.
공유형 	상보적인 관계를 갖는 두 개의 교과에 공유되는 개념, 기능, 태도에 맞추어 실행해 나가는 통합방법이다. 예 수학과 물리학에서 상호 공유되는 개념으로 현상을 설명하고 자료를 수집, 해석, 제시하는 것이 이에 해당한다. **장점** 중복되는 개념과 기능을 공유하는 두 개의 교과를 통합·지도함으로써 중심개념 학습의 심화와 전이를 높인다. **단점** • 유기적이며 효율적으로 진행할 수 있는 교육과정 개발에 상당한 시간과 노력이 요구된다. • 교사 간의 유연성과 타협, 공통개념 추출을 위해 상호 간의 심층적인 대화가 필요하다.
거미줄형	• 다양한 학습내용들이 하나의 주제를 중심으로 재구성됨으로써 전체를 관망할 수 있는 광범위한 시야를 제공하는 통합방법이다. − 일종의 주제중심의 통합이 된다. **장점** 학습 주제는 여러 교과들이 가지고 있는 다양성을 폭넓게 반영할 수 있어서 통합의 가능성을 풍부하게 한다. **단점** 교과 본래의 논리적이고 필수적인 계열과 영역이 희생되지 않도록 주의해야 한다.
실로 꿴 형 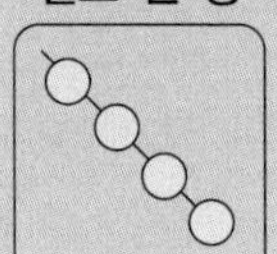	메타교육과정적인 접근을 통해 모든 교과에 공통적으로 들어가 있는 사고 기능, 사회적 기능, 다중 지능, 학습 기능 등을 실로 꿴 듯이 연결시키는 모형이다. **장점** 학생들에게 학습 방법에 대한 메타인지적 기능을 길러줄 수 있다. **단점** 메타교육과정으로 연결하려면 교사가 이에 대한 기술과 전략을 전문적으로 구사할 수 있어야 한다.

MEMO

* 간학문적 접근
다양한 영역의 전문가들이 서로 밀접하게 의사소통을 함으로써 진단과 교육 프로그램의 계획이 좀 더 화합된 형태로 이루어질 수 있는 협력적 접근방법이다.

통합형 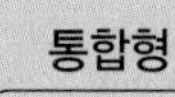	• * 간학문적 접근을 통한 팀티칭을 사용하여 여러 교과에서 중복되는 개념과 소주제들을 교과 간에 합치시킴으로써 질적인 융합을 이루는 통합방식이다. – 주요 교과들을 교육과정의 우선순위에 따라 배치하고, 주요 교과에 모두 중복되는 개념, 기능, 태도들을 찾아내어 혼합한다. – 각 교과 간의 공통적인 계획과 충분한 교수시간을 요구하므로 교육과정 실행의 전반적인 재구조화가 필요하다. **장점** 학습자가 다양한 교과들을 내적으로 상호 관련시키기 용이하다. **단점** 교과에 스며들어 있는 주요개념, 기능, 태도에 대해 능통한 교사가 필요하다.

(3) 학습자들 간의 통합: 학습자들 간에서의 통합

몰입형 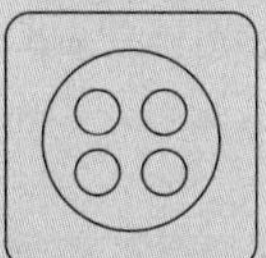	• 모든 학습내용이 학습자의 흥미와 전문지식을 통해 여과되며, 학습내용에 대하여 미시적이고 전문적인 설명을 제공하게 되는 일종의 개별 학습의 형태와 특징을 갖는 통합유형이다. – 전문지식을 통하여 학습자의 관점을 형성시켜 주고, 학습자는 이 전문적 관점을 통해서 모든 학습내용을 여과하며 자신의 학습경험에 몰두하게 된다. 예 대학이나 대학원 수준에서 전공 분야에 관한 심층적인 탐구활동을 전개하는 교육 프로그램 **한계점** 학습자의 풍부한 학습 경험과 광범위한 기초 능력이 형성되어 있을 때만이 학습자의 안목에 포괄적이면서도 전문적인 지적 너비와 깊이를 가져다줄 수 있다.
네트워크형 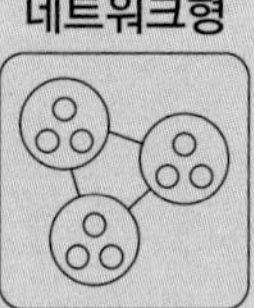	• 앞서 소개된 몰입형이 정보네트워크를 통해 상호 연결되도록 통합한 유형이다. – 몰입형 프로그램의 실행에서 학습자가 축적한 정보 지식과 노하우를 네트워크화함으로써, 학습 영역의 광역화와 함께 관련 교과 및 지식 부문들 간의 내적 정보 연관을 창출해 낸다. – 학습자는 전문가의 안목을 가지고 모든 학습내용을 여과시키며, 관련 영역에서 전문가들을 정보 네트워크로 연결시키는 내적 연관을 만들어 낸다. **단점** • 특정 분야에 실제 관심을 갖고 있는 경우에 가능하다. • 주제를 벗어나 부수적인 아이디어에 빠지기 쉽다. • 관심분야가 광범위해지면 집중적인 노력이 성과가 없을 수도 있다. 유의점 네트워크형은 정보화 사회의 확대와 인터넷 학습에의 활용도가 증가하면서 더욱더 정교화될 필요가 있다.

V 유아교육과정의 운영: 교수 · 학습 방법

MEMO

UNIT 17 유아교육의 교수학습 원리

#KEYWORD 놀이중심의 원리, 자발성의 원리, 흥미 · 몰입 중심의 원리, 개별화의 원리, 탐구학습의 원리, 융통성의 원리, 통합의 원리, 상호작용의 원리, 집단역동성의 원리, 균형의 원리

- 교육목표를 설정하고, 목표를 달성하는 데 유용한 교육 내용을 선정 · 조직한 후 학습자인 유아가 교육 내용을 잘 이해하여 목표를 달성할 수 있도록 어떠한 방법을 활용할 것인가를 계획하고 적용하는 중요한 과정이 있다. 이는 '어떻게 가르쳐야 하는가'와 관련된 교수방법과 '어떻게 학습할 것인가'와 관련된 교수학습방법을 선정하는 것이다.
- 일정하게 계획된 시간표에 따라 교육이 진행되는 다른 각급 학교와 달리 유아교육기관은 유아와의 상호작용에 기반한 생활 속에서 융통성 있게 하루 일과가 진행되는 특징이 있다. 아울러 학습자인 유아는 다른 연령대에 비해 발달의 속도가 매우 빠르고 발달 특성에 따른 개인차 또한 매우 큰 편이다. 이에 따라 교수학습적 측면에서 교사의 전문성에 기반한 의사결정능력, 자율성, 융통성이 더욱 필요하다.
- 선정된 교육 내용을 가장 효과적으로 전달할 수 있는 유아교육의 교수학습 원리를 살펴보면 크게 놀이중심의 원리, 개별화의 원리, 탐구학습의 원리, 생활중심의 원리, 통합의 원리로 나누어 볼 수 있다(이정환 · 김희진, 2017). 2019 개정 누리과정에서도 이상에서 살펴본 유아교육의 교수학습원리에 기반하여 유아 교수방법을 제안하고 있다.
- 다음은 효과적인 교수학습과정이 이루어질 수 있도록 교육과정을 계획하고 운영할 때 유아교사들이 기반으로 삼을 수 있는 교수학습원리들을 종합적으로 분석하여 제시한 것이다.

<table>
<tr>
<td>놀이중심의 원리</td>
<td>
개념
• 교육활동이 놀이를 통해 이루어지도록 하는 것으로, 교사는 유아가 놀면서 사물을 탐색하고 파악하여 지식과 기술, 태도를 형성할 수 있도록 돕는다.
– 유아는 자발적으로 놀이에 참여하여 몰입하는 가운데 주변 사물과 사람, 상황에 대한 이해를 확장시킨다.
교사 역할
교사는 유아들의 흥미를 반영한 풍부한 놀이환경을 준비하고 유아들이 스스로 놀이를 선택하며 참여할 수 있도록 안내자 역할을 한다.
유의점
• 놀이중심 활동일수록 교사의 철저한 계획하에 편성 · 운영되어야 효과를 거둘 수 있다. 올바른 놀이중심 활동을 위해 교사의 체계적인 계획과 유아의 자발적이며 적극적인 참여가 적절히 조화를 이루어야 한다.
– 계획 없이 이루어지는 놀이는 자칫 놀이를 가장한 교사 주도활동이 되거나, 반대로 유아의 순간적 즐거움만을 추구하는 것이 되기 쉽다.
</td>
</tr>
</table>

MEMO

자발성의 원리	**개념** • 외부의 강제나 영향 없이 내부의 원인과 힘에 의하여 학습이 이루어지는 것을 의미한다. – 학습은 학습자 스스로 배우고자 하는 자발적인 의욕을 가지고 있을 때 가장 효과적으로 이루어진다는 관점을 반영한다. **교사 역할** 자발성과 흥미는 즉흥적이고 일시적인 관심이 아니라 유아가 갖는 상황에 목적을 갖고 탐색하여 답을 찾아가는 과정으로 지원되어야 한다.
흥미 · 몰입중심의 원리	**개념** • 유아의 흥미를 중심으로 활동을 선택하고 지속할 수 있도록 환경을 제공하며 지원하는 것을 의미한다. – 유아의 활동은 유아가 흥미를 가지는 것에서부터 시작해야 하므로 유아의 흥미를 중심으로 활동을 선택하고 지속할 수 있도록 한다. – 유아는 자신이 흥미 있어 하는 활동이 제공되었을 때 적극적인 참여자가 되며, 의미 있는 학습이 일어난다. – 유아가 보이는 관심과 흥미에는 개인차가 있으므로 교사는 다양한 활동을 준비하여 유아가 각기 원하는 활동을 직접 선택할 수 있는 기회를 충분히 제공해야 한다. **흥미의 가치** • 흥미는 모든 활동의 기초가 되며, 흥미 없는 활동은 유아의 학습을 이끌 수 없다. • 활동의 주제나 내용이 유아의 관심 밖이거나 발달 수준보다 지나치게 낮거나 높은 경우, 유아는 흥미를 가질 수 없고 나아가 몰입은 더욱 어렵다. **관찰의 중요성** • 유아가 흥미를 가지고 몰입할 수 있도록 하기 위해 교사의 관찰이 중요하다. • 관찰은 지원이 필요한 순간이 언제인지, 어떤 종류와 어느 정도의 지원이 필요한지를 정확하게 파악하기 위한 가장 좋은 방법이 된다. – 이로써 교사는 유아의 흥미에 맞는 매력적인 활동을 제시하고, 직접 선택할 수 있는 충분한 기회를 제공할 수 있다. **몰입을 위한 교사의 역할** 주제별로 다양한 활동을 진행하는 동시에 어느 한 부분에 몰입하여 깊이 있게 알아가고자 하는 유아에 대해서 충분한 환경과 시간을 제공해야 한다. **몰입활동의 방향** 창의 · 인성 발달이 이루어질 수 있도록 유아의 관심과 흥미를 가정과 지역사회로 확장해 가는 것이 바람직하다.
개별화의 원리	**개념** • 개별 유아의 발달 수준, 흥미, 이해 정도에 따라 교육활동을 선정하는 것이다. • 장애유아가 있다면 장애유아도 참여할 수 있도록 놀이 수준 또는 자료 활용의 방법을 조정해 준다. – 장애가 있는 유아 지도 시 특수교육 전문가와의 긴밀한 협력체계를 구축하고 면밀히 관찰하여 개별 지도를 할 수 있다. **교사 역할** • 개별화된 학습을 위해서는 다양한 자료와 활동을 흥미영역에 제시하여 유아가 스스로 선택하도록 하는 것이 도움이 된다. • 교사는 유아의 학습 속도에 맞는 놀이와 활동을 지원하고, 유아의 수준에 따라 교수학습 방법을 다르게 제공할 수 있다.

MEMO

탐구학습의 원리	**개념** • 유아 스스로 탐색하고, 자신의 감각을 통해 사물의 현상을 직접 경험하여 주변 세상에 대한 지식을 습득할 수 있도록 돕는 것을 의미한다. – 유아의 교육활동은 유아 자신이 능동적으로 학습에 참여할 때 그 효과가 크며, 유아 스스로 발견하는 과정을 통해 여러 가지 문제해결능력을 기를 수 있고 독립적인 학습 태도로 발날시킬 수 있다는 점에서 탐구학습의 의의가 있다(교육과학기술부, 2008). **교사 역할** • 교사는 유아가 놀이를 통해 자발적으로 탐구할 수 있는 기회를 제공한다. – 유아는 놀이를 통해 스스로 관찰하고 탐구하면서 문제해결과정에 참여할 수 있다. – 유아에게 다양한 경험을 하도록 풍부한 기회를 제공하고, 유아가 관찰하고 실험해 보도록 격려하며, 자신의 생각이나 호기심을 창의적으로 전개하도록 도와준다. **탐구 과정** 일반적인 탐구 과정은 다음과 같은 단계를 거쳐 진행된다(교육인적자원부, 2004). ① 문제를 발견하고 정의하여 명확한 문제해결을 위한 목표를 세운다. ② 해결할 수 있는 질문과 가설을 설정한다. ③ 계획을 세운 후 자료를 수집한다. ④ 수집된 자료를 평가하고 조직하며 해석한다. ⑤ 문제해결의 결과를 비교, 검토한다. ⑥ 다음에 연구할 문제를 찾는다. ➔ 위의 단계들에 덧붙여 유아는 문제를 해결하기 위하여 주변을 자세히 관찰하는 태도가 필요하고, 문제를 해결하기 위한 실험, 분류, 분석 등의 과정이 필요하며, 사실이나 상황을 해석·평가할 수 있어야 한다. 이를 위하여 교사는 사회적 현상이나 개념에 관한 지식을 탐구할 수 있도록 다양한 실제 상황을 관찰할 기회를 풍부히 가지도록 도와주어야 한다.
생활중심의 원리	**개념** • 유아가 자신을 둘러싼 일상생활 환경 속에서 직접적인 경험을 통해 지식과 기술, 태도를 효과적으로 학습하도록 하는 것이다. – 학습의 시작은 유아가 실제 생활에서 나타내는 흥미와 관심, 욕구, 질문으로부터 시작한다. • 기본생활습관과 인성교육 – 기본생활습관과 인성교육은 하루아침에 이루어지는 것이 아니며, 특정 시간을 정해 놓고 집중적으로 지도한다고 해서 효과를 거두는 것이 아니기 때문에, 교사는 일상생활 속에서 부딪히는 다양한 상황을 학습 상황으로 이끌어가는 과정을 통해 지속적으로 지도해야 한다. 예 간식을 준비하고 먹으면서 식사예절을 배우고, 일대일대응이나 수 개념을 깨닫게 되며, 신체에 필요한 영양과 건강을 유지하는 법 등을 알게 된다. 예 유치원에서 물건을 공유하며 갈등이 일어났을 때 이를 해결하기 위해 이야기나누기를 통하여 규칙을 정하고 협력을 하는 등 필요한 사회적 기술을 습득하게 된다. **교사 역할** 유아의 매일의 일상생활, 가정과 교육기관의 경험, 지역사회 내의 여러 직업 및 기관들, 계절, 풍습 등 모든 내용이 교육적 요소가 될 수 있으므로 교사는 유아들의 경험을 민감하게 관찰하여 이를 학습상황으로 연결할 수 있어야 한다.

MEMO

<table>
<tr><td>통합의
원리</td><td>개념
• 영역별 교육 내용, 교육활동 영역, 학교와 지역사회가 각각 서로 분리되지 않고 연결되어 다루어지는 것을 말한다(교육인적자원부, 2004).
• 유아와 유아, 유아와 교사, 유아의 가정과 기관 생활, 영역별 교육 내용이 서로 분리되지 않고 연결되어 유아가 효과적으로 주세와 개념을 습득하는 것을 의미하는 것으로, 5개 영역의 내용을 하나의 활동을 중심으로 통합하거나 주제를 중심으로 통합적인 경험을 조직하여 지도하는 것이 특징이다.
① 영역별 내용을 하나의 활동 중심으로 통합: 신체운동·건강, 의사소통, 사회관계, 예술경험, 자연탐구의 5개 영역이 서로 분리되지 않고 활동을 중심으로 상호 유기적인 관련성을 맺도록 하는 것이다.
② 교육활동들을 하나의 내용을 중심으로 통합: 여러 활동들을 서로 관련지어 경험하게 함으로써 효과적이고 깊이 있게 이해할 수 있도록 하는 것이다.
➜ 하나의 놀이경험(교과 영역의 내용)이 다른 놀이경험 또는 생활경험과 연계성을 가지게 된다면 사고의 전이가 보다 쉽게 이루어진다.
③ 가정에서의 경험과 유아교육기관의 학습 경험을 연결하는 것: 유아의 가정에서의 경험과 현재 진행되는 유아교육기관의 학습경험 간에 연결성이 높을수록 유아의 학습에 대한 참여도는 높으며 이해도 잘하게 된다.
유아의 발달 특성과 통합의 원리와의 관계
• 유아는 발달 특성상 분절된 내용보다는 통합하는 과정을 통해 쉽고 즐겁게 학습한다.
• 누리과정에서 강조하는 유아의 인성과 전인발달을 위해서는 여러 영역의 내용과 활동을 고루 경험하게 하는 것이 중요하다.
• 교사는 활동을 계획할 때 유아의 위와 같은 발달 특성과 누리과정의 지향점을 고려하여 여러 영역과 활동이 자연스럽게 연결되고 확장될 수 있도록 해야 한다.
교사 역할
• 교사는 교수학습 방법을 계획할 때 단일 경험을 제시하기보다는 놀이와의 통합 또는 이전 경험과 통합하는 방법으로 학습경험을 제시한다.
• 교사는 유아의 인성과 전인발달을 위해서는 여러 영역의 내용과 활동이 자연스럽게 연결되고 확장될 수 있는 경험을 골고루 제공해야 한다.</td></tr>
<tr><td>융통성의
원리</td><td>개념
• 교사가 선정한 교육 내용과 방법일지라도 상황에 따라 유아들의 흥미와 욕구, 자발적인 참여 등을 고려하여 교육 내용이나 방법, 자료 등을 변경하는 것을 말한다.
– 교사의 자율성을 강조하는 2019 개정 누리과정에서는 유아의 자발적 놀이로부터 시작하는 놀이중심 교육과정을 강조하고 있으며, 교사에 의해 계획된 놀이와 활동일지라도 유아의 흥미와 관심을 존중하여 융통성을 발휘해야 한다고 주장한다(교육부·보건복지부, 2019).
교사 역할
일과, 활동 상황 또는 놀이 상황 등에서 유아들의 흥미나 욕구, 교육적 필요 등을 감안하여 순발력 있게 반영해야 한다.</td></tr>
</table>

MEMO

상호작용의 원리	**개념** 유아와 교사, 유아와 유아, 유아와 교구 및 환경 간에 인지적・정서적인 측면에서 교류하면서 학습이 이루어지게 하는 것이다. **상호작용의 효과** 상호작용하면서 새로운 지식과 기술을 습득하고 태도를 형성해 간다. **상호작용 시 유의점** • 쌍방적 상호작용 – 상호작용에서 중요한 것은 일방적이 아니라 쌍방적으로 이루어져야 한다는 것이다. – 교사가 유아에게 일방적으로 질문하고 답하는 방식은 상호작용이 아니다. • 공동체 문화 형성 – 무엇보다 유아와 교사, 유아와 유아가 서로 생각을 나누면서 함께 학습할 수 있도록 반(학급)의 공동체 문화가 형성되어야 한다. • 일관성 있고 체계적인 상호작용 계획 – 유아는 교재나 교구를 가지고 개별적으로 상호작용하는 동안에도 학습한다. – 교사는 일련의 상호작용이 일관성 있고 체계적으로 이루어질 수 있도록 활동과 환경 구성을 세심하게 계획해야 한다. • 유아에 대한 사랑과 존중의 마음을 가지고 상호작용 – 교사는 유아가 상호작용을 통해 긍정적인 자아 개념과 바람직한 사회 정체감을 형성하기 위한 기초가 마련될 수 있도록 유아에 대한 사랑과 존중의 마음을 가지고 상호작용해야 한다. • 유아 간의 상호작용을 긍정적인 방향으로 유도 – 교사는 유아 간의 상호작용에 관심을 가지고 긍정적인 방향으로 이끌어가야 한다.
집단역동성의 원리	**개념** • 유아와 유아, 유아와 교사가 서로 역동적인 힘과 영향을 주고받으면서 모든 활동에 상승효과를 일으키는 것을 의미한다. – 서로 다른 경험과 사고를 지닌 교사와 유아들이 서로의 생각과 의견을 교류하면서 다양한 정보를 공유하고, 지적 자극을 나누며 서로 협동하는 가운데 학습이 일어난다는 의미를 갖는다.
균형의 원리	**활동 간 균형의 원리** • 활동을 적절히 안배하여 유아의 고른 발달과 학습이 이루어지게 하는 것이다. – 교사는 유아의 신체적・정서적 안정감과 활동성을 고려하여 균형있게 활동을 계획하고 실행해야 한다. **균형활동 계획의 예** 예 실내외활동 간 균형은 물론 조용한 활동 후에는 몸을 움직일 수 있는 대집단 게임이나 신체활동의 기회를 갖도록 한다. 예 실외놀이가 어려운 비오는 날과 같은 때에도 실내에서 충분히 몸을 움직일 수 있는 시간을 주는 것이 필요하다. 예 더운 여름에는 아침 일찍 실외활동을 하는 것도 바람직하다. 이를 통하여 유아는 신체발달은 물론 에너지를 적절히 발산하여 조용한 활동에 몰입할 수 있게 된다. 예 개별활동과 대・소집단활동의 비중 또한 고려해야 한다. 학년 초에는 대집단활동보다 개별활동이나 소집단활동의 기회를 충분히 주어 정서적인 안정감과 능동적 참여를 유도한다.

MEMO

UNIT 18 유아를 위한 교수학습 전략

#KEYWORD 탐구하기, 자기표현, 토의, 문제해결 전략, 추론하기, 모델링

<table>
<tr><td>탐구하기</td><td>• 탐구하기는 유아가 어떤 사건, 사태, 현상, 사물, 사람 등을 자세히 살펴서 무엇인가를 찾아가는 과정을 의미한다. 즉, 탐구하기는 어떤 것을 인식하고 탐색하며 추론하는 과정이다.
– 유아는 탐구하는 과정에서 호기심을 발휘할 수 있으며, 보고, 듣고, 만지고, 냄새 맡는 등 감각을 활용하여 적극적으로 관찰하고 몸으로 느끼며, 유추하고 예측하며 관계 짓고 감정이입하는 등의 다양한 사고를 경험한다. 유아는 이러한 경험을 기초로 새로운 사실이나 방법을 이해하며 사건, 사물, 사람 또는 개념들이 가지고 있는 일반적이고 객관적인 의미를 이해해 간다.</td></tr>
<tr><td>자기표현</td><td>개념 및 정의
자기표현은 유아가 자연적인 발달과 의도적인 교수·학습의 결과로 얻게 된 느낌과 생각을 다양한 활동의 형태로 표현하는 것이다.
교사 역할
• 교사는 유아가 주도적으로 자신의 느낌과 생각을 자유롭게 표현하고 다른 사람들과 함께 협동하여 표현할 수 있도록 다양한 기회를 마련해 주어야 한다(박찬옥·서동미·엄은나, 2020).
• 자기표현에는 행동적 표현, 조형적 표현, 언어적 표현이 있다.
<table>
<tr><td>행동적 표현</td><td>행동으로 표현하는 기회를 제공하는 것이다.
예 역할놀이, 구성놀이, 게임, 신체적 표현 등</td></tr>
<tr><td>조형적 표현</td><td>유아들의 내면적 사고와 감정을 그림이나 조형활동을 통하여 표현하는 것이다.
예 그리기, 만들기, 꾸미기 등</td></tr>
<tr><td>언어적 표현</td><td>유아의 느낌과 생각을 말이나 글로 표현하는 것이다.
예 부정적·긍정적 감정 또는 문제해결 방법을 말이나 글로 표현하기</td></tr>
</table></td></tr>
<tr><td>토의</td><td>개념 및 정의
• 토의는 유아들이 어떤 주제 또는 사회적 갈등상황에 대해 서로의 의견을 표현하는 과정에서 의견들 사이의 유사점과 차이점을 비교하고 문제해결의 방법을 논의하는 과정을 말한다.
• 토의란 두 사람 이상이 공동의 관심사가 되는 문제에 대해 바람직한 해결방안을 찾기 위하여 상호 의견을 주고받는 대화의 형태이다.
– 토의는 공동의 관심사가 되는 문제를 해결하기 위해서 집단적 사고를 통하여 합리적 사고를 도출해 내는 과정에서 반드시 필요한 활동이다.
– 토의는 유아들이 자신의 입장을 효과적으로 전달하고 타인의 입장을 고려하면서 서로의 생각을 공유하도록 도울 수 있는 효과적인 방법이다. 토의를 통하여 유아들은 문제를 해결하기도 하고, 게임의 규칙을 만들기도 하며, 새롭고 재미있는 활동을 제안하기도 한다.
– 토의학습은 교사와 유아, 유아와 유아 간의 의사소통을 통한 토의를 바탕으로 하여, 학습자 스스로 자신이 달성하고자 하는 학습 성과를 발견해 깨닫게 하는 교수법이다. 이런 의미에서 토의학습은 유아가 상호 간에 자신의 생각과 의견을 교환함으로써, 유아가 공동으로 학습활동을 이끌어 나간다는 점에서 민주적인 학습방법이다.</td></tr>
</table>

MEMO

- 그러나 토의학습은 교사가 주도적으로 문제해결책을 유도하여 이끌어 갈 수도 있고, 유아가 주도적으로 공동의 해결책을 강구할 수도 있다는 점에서 교사중심 교수활동 혹은 유아중심 교수활동도 될 수 있는 양면성을 지닌다. 따라서 교사는 토의활동이 유아중심 교수활동으로 전개될 수 있도록 유아들을 격려하고 도와야 한다.

효과

- 유아에게 반성적 사고의 기회를 준다.
- 참여자 상호 간 민주적인 관계 형성을 촉진한다.
- 유아 중심의 학습을 가능하게 한다.
- 상대방의 의견을 존중하는 태도를 증진한다.
- 의사소통능력을 촉진시킨다.
- 공동의 결정에 대한 협력적 태도와 책임감을 증진한다.
- 토의과정에서 유아들은 질문을 제기하고, 제기된 질문에 답하며, 다시 질문을 제기하고 답하는 과정을 반복한다. 이러한 과정에서 유아들은 비판적 사고력을 증진하게 된다.

문제해결 전략

개념 및 정의

- 학습자와 교사가 문제상황의 원인과 해결책을 모색하여 문제해결을 시도하는 것이다. 문제해결 전략은 유아 스스로 사고하면서 문제를 해결해 보는 과정으로 합리적 사고와 책임감 있는 행동을 발달시키는 기초가 된다.
  - 문제해결력을 증진시키는 방법으로는 문제상황에 대한 역할극, 인형극, 동화 등을 통해 타인의 입장을 배려해 보는 기회를 제공하는 것이다.
  - 이렇게 하여 유아들이 타협, 양보, 제안 등과 같은 다양한 사회적 기술, 사고능력이 잘 발달될 수 있도록 한다.

문제 해결의 5단계

단계		내용
1	문제의 인지	문제가 무엇인가를 확인하고 그것을 전체적인 상황과 관련지어 생각한다.
2	문제에 대한 정확한 규명과 정의하기	문제를 정확하게 규명하고 진단한다.
3	가능한 해결방안의 제시	문제에 대해 가능한 해결방안과 잠정적인 해답을 내린다.
4	여러 대안에 대한 검토	문제해결을 위해 제시한 여러 대안을 체계적으로 검토한다.
5	최선의 대안 선택	논리적인 추론을 거쳐 해결안을 결론으로 채택하는 단계이다.

교사 역할

- 유아의 문제해결력을 증진시키기 위해 교사는 유아들의 지적·정의적 특성을 파악하고 유아들이 일상생활에서 해결해야 할 문제를 제시한다.
  - 유아들이 교사가 제시한 문제를 충분히 생각한 뒤 결론을 도출하도록 지도해야 한다.
  - 또한 다른 사람과 의논하며 문제를 해결하는 습관을 갖도록 해야 한다.
  - 유아들에게 적절한 질문을 하여 유아들이 비판적으로 사고하도록 해야 한다.
  - 정확하고 다양한 정보를 수집할 수 있도록 도움을 주어야 한다.

MEMO

추론하기	**개념 및 정의** 논리적인 설명, 칭찬, 유아의 행동결과에 대한 예측 등을 통하여 유아가 자신이 한 행동의 원인과 결과의 관계를 판단하도록 하는 교수전략이다. **추론하기의 2가지 유형** ① 인지적 측면을 강조한 입장: 도덕적 추론 - 도덕적 추론은 유아에게 문제상황에 관련된 추론을 자극하는 가설적 딜레마 상황을 제시하여 이야기하게 하는 방법이다. - 이 방법에서는 유아에게 하나의 상황을 제시한 후 상황 속의 주인공이 어떻게 해야 할지, 왜 그렇게 해야 하는지를 이야기하도록 하는 것이다. ② 감정이입에 기초한 정의적 측면을 강조한 입장: 귀납적 추론 - 유아들이 왜 착한 행동을 해야 하고 잘못된 행동을 하지 말아야 하는지를 이해하도록 돕는 방법이다. - 이 방법은 유아의 행동이 초래할 결과를 교사가 논리적이고 설득력 있게 설명할 때 효과가 있다.
모델링	**개념 및 정의** 사회적으로 가치 있는 행동을 유아에게 제시하고 유아로 하여금 이를 관찰하여 모방하는 것을 통해 학습하도록 하는 방법이다. **유아기 특징** 유아들은 주변의 영향력 있는 사회적 인물들 중에서 유아 자신이 친밀감을 느끼고 신뢰하는 모델들을 보고 학습하게 된다. **모델** • 유아들과 가장 가까이에 있는 자신의 부모나 형제자매, 선생님과 유능한 또래나 TV 속의 인물들은 유아들에게 중요한 모델이 된다. - 유아교육기관에서 유아는 여러 상황에서 교사의 행동과 반응을 자세히 살피게 된다. 이때 교사의 행동은 유아에게 바람직한 행동의 모델이 된다. **교사 역할** 교사는 유아가 학습하기를 바라는 행동을 항상 훈계하거나 지시만 할 것이 아니라 교사 스스로가 먼저 모범적인 행동을 보여주면 유아는 이를 관찰하고 모방할 수 있게 된다. **적용** 새로운 행동양식을 처음으로 익히게 할 때, 바람직한 행동양식을 강화하고자 할 때, 기존의 행동양식을 촉진시키고자 할 때 사용할 수 있다.
설명 (설명식 강의법)	**개념 및 정의** • 설명은 유아들의 개념 획득을 위하여 사용하는 방법의 하나로 유아가 일반적 원리를 이해하도록 한 후에 이 원리를 구체적 사례에 적용하여 개념의 구조를 형성해 나가도록 하는 방법이다. - 언어를 통한 교수학습방법으로 교사는 교재나 지침서 등의 교육 내용을 선정하고 계획하며, 이를 바탕으로 강의하면 학습자는 수동적으로 반응하게 된다. **적용** 이 방법은 교사들이 사회적 관계에 관한 지식들, 즉 예절, 전통윤리 존중, 공중도덕, 질서의식 등 배워가야 할 사회생활의 기본개념들을 가르치고자 할 때 사용할 수 있다.

MEMO

유의점

- 학습하고자 하는 목표를 분명히 선정해야 한다.
- 학습자의 입장에서 학습내용을 고려해야 한다. 즉, 학습자의 능력이나 발달 상태를 분석하여 학습내용을 알기 쉽게 설명하고, 학습자의 흥미와 욕구를 자극시킬 수 있어야 한다.
- 추상적인 설명보다는 구체적인 실물, 실연, 언어 등을 사용하여 단순한 것에서부터 복잡한 것에 이르는 단계적인 설명을 하도록 한다.
- 강의 중 중요한 관념은 글을 쓰거나 혹은 다른 수단으로 강조해야 한다.
- 언어적인 기술은 유창하고 명확해야 한다. 또한 정해진 시간에 요점을 분명히 강조해야 한다.
- 학습된 내용을 요약하고 마무리한다.
- 가능한 한 학습의 효과를 높이고 유아의 흥미를 유도할 수 있는 교수매체를 사용함으로써 학습의 변화에 대한 호기심을 유도한다.

UNIT 19 교수학습 과정

#KEYWORD 인정하기, 모범보이기, 촉진하기, 지원하기, 지지하기, 함께 구성하기, 시범 보이기, 지시하기

상호작용의 일반적인 지침

- 유아를 존중하고 평등하게 대하며, 언어적·비언어적으로 지원하는 긍정적인 상호작용을 해야 한다.
- 교사가 나타내는 비언어적인 상호작용은 교사의 신념과 태도를 드러내고, 언어로 표현하기 어려운 무의식적인 사고를 나타낼 수 있기 때문에 안아 주기, 따뜻한 눈빛 보내기, 미소 짓기, 끄덕이기 등의 비언어적인 긍정적 행동은 유아의 의도와 성취를 인정하는 데 있어 중요하다.
- 교사는 일과에서 자신이 하는 상호작용이 당시의 활동 내용이나 학습 상황, 유아의 특성 등에 비추어 유아에게 과연 적합한 것인지를 판단하고 결정해야 한다.
- 어떤 한 가지 상호작용 유형에만 의존하기보다는 다양한 상호작용 중에서 가장 적절한 방식을 선택할 수 있어야 한다.

상호작용의 효과

유아의 발달을 촉진시키고, 지속적인 학습을 유지시켜 준다.

상호작용 시 유의점

다양한 상호작용 중에서 어느 유형이 주어진 상황에서 각 유아에게 적절한 것인지를 바르게 알아야 하고, 지나치게 도움을 주거나 적절한 지지를 제공해 주지 못하는 일이 없도록 해야 한다.

MEMO

1 교사 · 유아의 상호작용(교수행동 유형 / 교수방법) – Bredekamp & Rosegrant(1992)

- 교수행동이란 가르치는 행위로 교사의 입장에서 수업하기 위한 준비, 계획, 실행(수업), 평가(수업 후 처치) 등을 포함하는 활동을 의미한다.
  - 교수의 전반적인 활동 중에서 교수학습 과정에서의 교사행동에 대하여 브레드캠프와 로즈그란트(Bredekamp & Rosegrant, 1992)는 유아들과 상호작용하면서 판단하고 의사결정해야 하는 모든 교수행동을 연속성 있게 제시하였다(교육부, 2000).

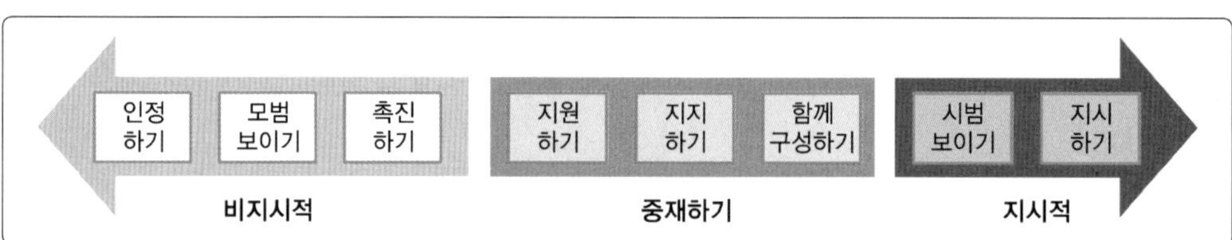

인정하기 (acknowledge)	의미	• 인정하기는 유아가 하고 있는 활동 과정에 관심을 보이고 언어적 또는 비언어적으로 긍정적인 격려를 해 주는 것이다. – 유아가 하는 행동이나 말을 교사가 인정해 준다. – 유아 스스로 자기가 교사로부터 긍정적인 관심을 받고 있다는 것을 알게 함으로써 이루어진다. – 유아의 행동에 대해 언급하거나, 옆에 가만히 앉아 유아를 지켜보는 것만으로도 이루어질 수 있다.
	효과	유아가 놀이활동에 몰입하고 있거나 스스로 문제해결을 잘하고 있을 때, 즐겁게 놀이활동에 참여하고 있을 때는 교사의 지나친 개입이 방해가 될 수 있다. 이런 경우는 교사가 유아의 생각이나 느낌, 행동을 인정해 주거나, 미소와 칭찬을 통해 유아가 놀이활동에 더 즐겁게 참여하거나 혹은 놀이를 지속하도록 지원할 수 있다.
	방법	• 행동반영: 유아의 행동을 거울에 비추이듯 그대로 반영해 주는 방법이다. • 유아가 행한 사실에 근거하여 노력한 부분에 대해 구체적이고 명확하게 인정하며 격려해 주어야 한다.
	유의점	• '자세가 좋구나!', '똑똑하게 발표를 잘 했어!'와 같은 일반적인 칭찬, 과장되거나 지나친 칭찬은 활동 자체에 대한 유아의 내적 동기를 약화시킬 수 있으므로 지양해야 한다. – 사실에 근거하지 않고 과장되거나 지나친 인정하기는 오히려 부정적인 영향을 미칠 수 있다. – 유아가 이해하고 수긍할 수 있어야 하므로, 교사는 유아를 세심하게 관찰함으로써 인정하기의 명확하고 사실적인 근거를 찾아, 유아가 이해하기 쉽도록 구체적으로 제시해야 한다.
	예	예 (낙엽이 구르는 모습을 표현하는 유아에게) "몸을 동그랗게 말아서 옆으로 구르는 모습이 정말 낙엽이 굴러가는 모습처럼 보이는구나." 예 유아가 울먹이며 놀이 상황 속에서 일어난 일을 이야기하자, 교사가 "그랬구나, 속상했겠다."라고 말하는 부분

MEMO

<table>
<tr><td rowspan="4">모범보이기
(model)</td><td>의미</td><td>• 반(학급)에서 일어나기를 바라는 경향, 태도, 가치에 대해 교사가 바람직한 모습을 직접 행동으로 보여 줌으로써 유아의 학습욕구를 촉진시키는 방법이다.
– 구체적인 문제해결 방법을 보여주는 것이라기보다는 문제에 접근하는 방식, 특히 태도를 보여주는 것이다.</td></tr>
<tr><td>효과</td><td>유아에게 기대하는 행동, 즉 바르게 말하기, 정리정돈하기, 공손한 태도, 골고루 먹기 등을 교사 자신이 매일의 생활에서 실천함으로써 유아가 자연스럽게 느끼거나 받아들일 수 있게 한다.</td></tr>
<tr><td>유의점</td><td>행동 그 자체를 모방하는 것에 초점을 두는 것이 아니라 행동 이면의 가치, 성향, 태도를 닮아가는 것을 더 중요하게 본다.</td></tr>
<tr><td>예</td><td>구체적인 어떤 하나의 행동이 아니라 문제해결에 접근하는 자세와 전반적인 태도를 보여주는 것이다.
예 "음, 안 되면 왜 안 되는지에 대해 생각할 필요가 있는 것 같아."
예 "영수야 미안해. 네가 무슨 말을 했는지 못 들었어. 다시 한 번만 나에게 말해 줄래?"
예 교사가 동물에게 먹이주기와 같은 행동을 보여줌으로써 유아에게 동물을 사랑하는 마음을 갖도록 하는 것
예 교사가 어른께 인사하는 행동을 보여줌으로써 유아에게 웃어른을 존경하는 마음을 느끼도록 하는 것</td></tr>
<tr><td rowspan="4">촉진하기
(facilitate)</td><td>의미</td><td>• 교사의 최소한의 개입으로 유아의 학습을 용이하게 해 주는 상호작용 유형이다.
• 유아 스스로 전개해 나가는 활동에서 교사가 주는 일시적인 도움이다.
• 유아가 다음 수준의 기능을 습득할 수 있도록 교사는 한시적인 도움을 제공한다.
– 유아 스스로 전개해 나가는 활동에서 교사가 일시적으로 주는 도움으로, 행동의 시작과 끝은 유아가 주도한다.</td></tr>
<tr><td>효과</td><td>유아가 과제 또는 문제를 보다 쉽게 해결할 수 있도록 한다.</td></tr>
<tr><td>유형</td><td>일과 계획하기, 도구 근처에 두기, 보조교사 배치하기, 활동 시간 조절하기 등의 방법</td></tr>
<tr><td>예</td><td>예 인접한 다른 놀이영역의 소음으로 인해 퍼즐 맞추기 놀이에 집중하지 못하는 유아에게 교사가 조용하게 퍼즐을 맞출 수 있는 공간을 마련해 주고, 그 유아가 퍼즐 놀이에 몰두할 때까지 곁에서 지켜보고 있는 경우
예 복잡한 퍼즐 조각의 위치를 찾지 못할 때 퍼즐의 각도를 살짝 돌려주면서 "이렇게 돌리면 조각을 찾을 수 있을까?" 또는 "조각을 회전시키면 자리를 쉽게 찾을 수 있을지 몰라."하면서 유아의 사고나 수행을 돕는 경우</td></tr>
<tr><td>지원하기
(support)</td><td>의미</td><td>• 유아의 학습과제 수행과정 전체에 걸쳐 지속적인 도움을 제공하는 것이다.
– 교사가 유아에게 처음부터 끝까지 도움을 제공하되, 유아가 더 이상의 도움이 필요하지 않다고 할 때까지 지속적으로 도움을 준다.
– 유아와 교사가 함께 시작과 끝을 결정한다.

| 지원하기 vs 촉진하기 |
지원하기는 촉진하기와 유사하지만 교사가 어느 정도 참여하는가에 차이가 있다.</td></tr>
</table>

MEMO

	방법	• 상황에 따라 사고의 확장을 돕는 확산적 질문을 한다. • 새로운 자료를 제공한다. • 지식 및 정보를 지원한다. • 물리적 환경 개선 등을 활용한다.
	효과적인 지원하기	• 유아의 활동 진행 상황이나 생각의 진행 과정을 세심하게 관찰하는 것이 필요하다. • 유아 스스로 해결하고 싶지만 다른 사람의 도움이 없으면 해결하기 어려운 과제에서 효과적인 지원하기가 이루어진다.
	예	예 평균대 위에서 걷기를 할 때, 교사가 유아의 손을 평균대 위에 올라갈 때부터 잡아주고 평균대에서 내려올 때까지 계속 잡아주는 경우(유아 스스로 더 이상 도움이 필요하지 않다고 할 때까지 교사의 지원은 계속된다).
지지하기 (비계설정하기, scaffold)	의미	• 비고츠키의 비계설정하기의 이론에 기초한 것으로 교사가 기대하는 행동을 유아가 할 수 있도록 유아에게 적합한 교수방법을 사용하여 도움을 주거나 도전의 기회를 제공하는 것을 의미한다. • 유아의 현재 능력이 어느 정도에 이르면, 새로운 능력을 발달시킬 수 있도록 도움을 주거나 도전해 볼 수 있는 기회를 제공하는 것을 의미한다. – 학습을 위해 일단 교사가 외부적 지지를 제공하는 것으로, 점차 유아가 과제를 수행하는 데 필요한 능력을 갖추게 되면 외부적 지지나 도움을 제거하게 된다.
	방법	• 교사는 유아의 실제적인 능력이 어떤 단계에 있는지를 파악하고, 새로운 단계로 발전할 수 있도록 도전의 기회를 마련해 주어야 한다. – 교사는 개별 유아의 발달 수준을 고려하여 유아가 기대수준에 도달할 수 있도록 학습 목표를 설정하고, 그 목표를 달성할 수 있도록 도전의 기회와 도움을 제공해 준다. – 교사의 역할은 유아의 발달수준을 정확하게 파악하여 끊임없이 유아의 발달과정을 관찰하고 분석하여 학습목표를 설정하고 새로운 능력을 발달시킬 수 있도록 지지해 주는 것이다. • 도움은 성인인 교사뿐만 아니라 유능한 또래의 도움을 통해서도 효과적으로 이루어질 수 있으므로, 교사는 또래 자원을 파악하고 적절히 활용할 수 있어야 한다.
	예	예 한 유아가 구체물을 가지고 10의 범위 내에서 더하거나 빼는 과제를 너무 쉽게 하여 지루하게 느끼고 있을 때 도전적인 수준이 되도록 과제를 제공해 주는 경우 예 바닥에 ∽모양으로 테이프를 붙여놓고, ∽모양을 따라 나뭇잎이 구르는 모습을 표현한다. ∽모양을 따라 구르는 모습을 잘 표현하면 테이프를 떼어 내고 굴러 보도록 한다.
함께 구성하기 (coconstruct)	의미	• 교사와 유아의 공동 프로젝트 형태의 교수행동으로, 교사가 유아와 동등한 학습자가 되어 만들기, 프로젝트, 놀이에 참여하는 것이다. • 교사와 유아가 공동으로 문제나 과제를 함께 생각하고 조사하며, 배우고 해결해 나가는 것을 말한다. – 문제나 과업을 교사와 유아가 함께 배우고 해결해 나감으로써 유아와 교사 모두 학습자인 동시에 교사가 될 수 있다.

MEMO

	효과	유아는 자신과 동등한 수준에서 놀이와 활동에 참여하는 교사를 통해 지식과 기술, 가치 및 태도를 습득할 수 있다.
	지도방안	문제나 과제를 해결해 가는 과정에서 교사가 즉시 답을 알려주기보다 유아와 함께 공동의 학습자가 되어 유아가 문제해결 과정을 경험해 가도록 도와야 한다.
	예	예 블록으로 만든 집이 부서진 경우 어떻게 하면 튼튼한 집을 만들 수 있을지 생각해 보고 이를 함께 해결해 나가는 경우 예 공룡 프로젝트를 함께 수행하거나 쌓기 놀이 영역에서 구조물을 함께 구성하는 경우
시범 보이기 (demonstrate)	의미	• 교사가 구체적인 행동을 지도하고자 할 때 유아가 교사의 행동을 관찰하도록 하는 것을 말하며, 새로운 행동을 지도할 때뿐만 아니라 잘못된 행동이나 학습을 수정하고 재조정하고자 할 때도 사용할 수 있다. • 어떤 사항을 유아에게 구체적으로 지도하기 위해 교사가 활동에 적극적으로 참여하여 지시적 시범을 보여 주는 상호작용을 말한다. • 교사가 유아에게 기대하는 행동을 직접 시연해 보이고, 유아는 이를 관찰함으로써 바람직한 행동을 형성하고 습득하도록 하는 것이다.
	효과	• 유아는 교사가 직접 시범 보이는 모습을 관찰할 수 있기 때문에 더욱 쉽게 특별한 기술을 습득할 수 있다. • 위험한 도구를 사용하는 데 가장 안전한 방법을 보여주거나 새로운 기술을 가르칠 때 효과적인 방법이다.
	유의점	바람직한 행동을 시범 보이거나 바람직하지 못한 행동을 고쳐 주기 위한 방안으로 사용되는 경우, 유아는 교사가 왜 시범을 보이는지 알고 있어야 한다.
	예	예 도서영역에서 유아가 자신이 보던 그림책을 아무렇게 놓아두고 떠나려 할 때 교사는 "그림책을 다 읽고 나면 이렇게 원래 있던 제자리에 꽂아야 한단다."라며 시범을 보이는 경우 예 "글자 '바'를 쓸 때는 이렇게 'ㅂ' 먼저 쓰고 'ㅏ'를 내려 긋는 거야. 잘 보자."
지시하기 (direct)	의미	• 유아가 착오 없이 학습이 이루어지도록 교사가 필요한 정보나 지식을 전달하는 경우를 말한다. • 어떤 과제를 교사가 원하는 특정한 방법으로 수행하기를 원할 때 유아의 행동을 구체적으로 명확하게 직접 지시하고 지도하는 방법이다.
	방법	• 유아의 안전에 관한 교육 내용, 새로운 도구나 위험한 도구의 사용 방법과 새로운 기술을 익히는 경우 활용한다. • 유아들이 스스로 문제를 발견하고 해결하는 것보다 직접적으로 그 방법을 말해 주는 것이 더 효과적일 경우 사용한다. • 사회생활 속에서 자연 발생적으로 형성되기를 기대할 수 없고 유아들의 탐색이나 탐구 등의 방식으로는 획득될 수 없는 유형의 지식을 유아에게 직접적으로 전달할 때 활용한다. • 유아의 주의를 끌 만한 시청각 자료, 구체적 사례, 다양한 관련 자료들을 사용할 때 효과적으로 활용할 수 있다.
	예	예 "빨간 색종이를 반으로 접은 후에 오른쪽에 풀칠을 하고 그 위에 노란 색종이를 붙여보자." 예 김 교사가 민서에게 "너는 이제 오래 놀았으니까 동생한테 양보하자."라고 말하는 경우

SESSION #9

memo

* 전통적인 교육과의 비교
유아의 요구와 상관없이 교사가 교육 내용을 전달하고 주입시키는 교수 활동만이 강조되었다.

2 학습행동 – Bredekamp & Rosegrant(1992)

- 개념이나 지식을 학습하는 과정에서 나타나는 순환적 주기로, 유아가 새로운 개념에 대해 흥미와 호기심을 가지고 탐색하는 과정에서 교사의 발문과 안내를 통해 깊이 있는 사고를 하게 되고, 개념을 탐구하여 이해하게 되는 과정이다.
- 학습행동이란 경험과 연습의 결과로 나타나는 비교적 지속적인 변화를 의미한다.
  - 유아중심·놀이중심 교육과정에서의 교수·학습이란 유아가 놀이를 통해 스스로 지식, 기술, 가치와 태도를 발견하는 방향으로 변화하고 있다. 배움과 가르침, 배움과 놀이가 서로 연결되고 통합된다는 관점에서 볼 때 교수·학습이란, 교사가 유아의 흥미와 관심을 예측하여 유아를 둘러싼 환경을 풍부하게 구성해주면 그 환경 속에서 유아가 스스로 학습을 진행하도록 돕는 과정이라고 볼 수 있다.
  - 유아가 스스로 학습을 진행하는 과정에 대해 브레드캠프와 로즈그란트(Bredekamp & Rosegrant, 1992)는 인식하기, 탐색하기, 탐구하기, 활용하기를 제시하였다.

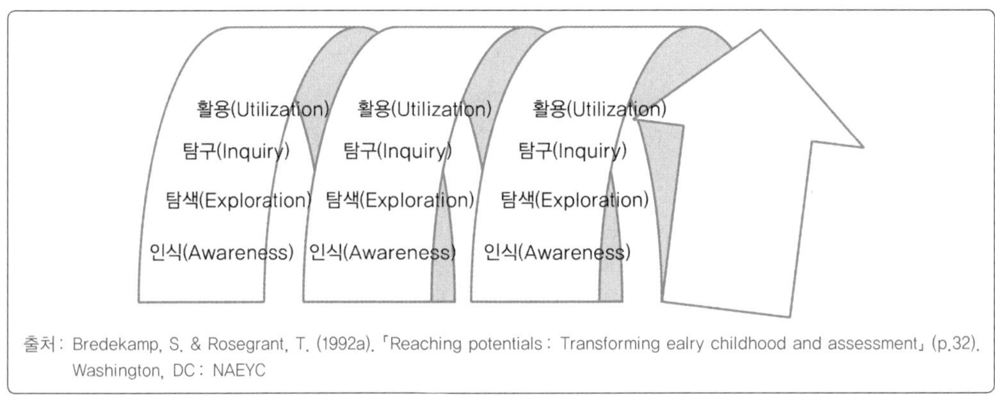

출처: Bredekamp, S. & Rosegrant, T. (1992a). 「Reaching potentials : Transforming ealry childhood and assessment」 (p.32). Washington, DC : NAEYC

학습주기

인식하기	학습은 유아가 학습할 거리들인 사건과 사물, 사람 또는 개념들을 인식하는 데서 출발한다. 인식하기는 유아가 학습할 거리를 마주하는 첫 순간의 느낌과 인상을 통해 나타난다. 예 펠트천으로 만든 수박이나 피자 교구를 제시하였을 때 유아들이 '와! 수박이다. 크다. 나 먹어봤어.' 등의 반응은 학습자료에 대한 유아의 첫 이미지라고 볼 수 있다.
탐색하기	• 사건, 사물, 사람 또는 개념들의 구성 요소나 속성들을 알아내는 과정이다. – 유아들은 탐색하는 동안 자신의 모든 감각을 활용한다. 이 과정에서 유아들은 자신이 경험한 것에 대한 개인적인 의미를 구성한다. 예 수박 교구를 만져보고 모양이나 크기, 부분과 부분에 대한 발견을 하게 된다.
탐구하기	• 유아가 자신의 개념적 이해를 검토하고 다른 사람의 이해나 객관적 실체와 비교하는 등의 활동을 하는 적응과정을 의미한다. – 이 단계에서 유아는 사건, 사물, 사람 또는 개념들이 가지는 일반적이고 객관화된 의미를 이해하기 시작한다. – 이 단계에서 개인적 개념들을 일반화하고, 이 개념들을 성인들이 생각하고 행동하는 방식으로 적응시키기 시작한다. 예 수박이 하나의 전체임과 이를 반으로 나눈 상태는 '반' 또는 '두 개 중의 하나'라는 개념임을 이해하고, 4조각으로 나누면 '반의 반' 또는 '네 개 중의 하나'라고 말한다. 그리고 이를 그림 또는 기호로 표상할 수도 있다.

MEMO

활용하기	기능적인 수준의 학습으로서 유아들이 사건, 사물, 사람 또는 개념들에 대해 형성한 의미를 적용하거나 사용할 수 있다. 예 분수의 개념이나 이를 표현하는 방법을 배운 유아들이 일상생활이나 놀이 중에 우유를 '컵의 1/2'만 따르기, '도화지를 1/4'조각으로 자르기 등을 할 수 있다.

UNIT 20 교수학습 이론

1 경험의 원추 이론 – 데일(Dale)

- 시청각 교육에 관한 가장 대표적 이론으로 경험의 원추모형을 제시하며 시청각 자료의 역할과 성격을 규명하였다.
  - 학습경험을 구체성과 추상성의 정도에 따라 크게 3가지로 나누었다.
  - 구체적이고 직접적인 경험을 많이 제공하는 매체일수록 경험의 폭이 넓은 원추의 하부에 배열되고, 추상적이고 간접적인 경험을 많이 제공하는 매체일수록 경험의 폭이 점차 좁아져 원추의 폭이 좁은 상부에 배치된다.
  - 상부에서 하부로 갈수록 구체성이 높아지고 확실한 학습을 보장받을 수 있으며, 하부에서 상부로 갈수록 학습 경험의 추상성이 증대되고 짧은 시간에 보다 많은 정보를 얻을 수 있다.
- 맨 아래 단계(직접적 경험)부터 시작할 필요가 없으므로 학습자의 지적 능력이나 경험에 맞추어 선택한다.
- 브루너의 '지식의 세 가지 표상양식'과 연계되어 서로 대응된다.

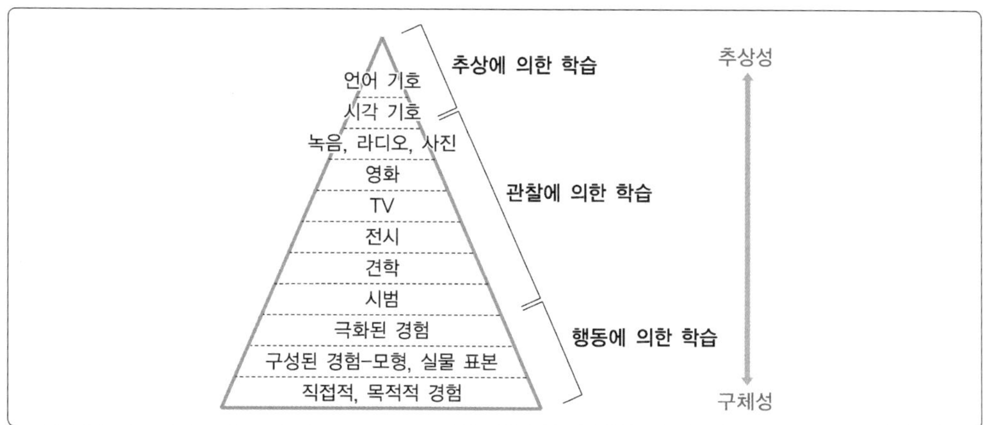

행동에 의한 학습 (행동적 경험)	직접행동을 통한 실제적 경험을 의미한다.
관찰에 의한 학습 (관찰적 경험)	• 매체를 통한 실제적 사건 및 상태의 관찰을 말한다. – 간접경험이 가능한 어느 정도의 구체성을 지닌 매체들이 해당하며, 보고 듣는 매체를 통해 관찰단계의 학습이 이루어진다.

MEMO

추상에 의한 학습 (상징적 경험)	• 상징체계의 관찰을 의미한다. ① 시각적 상징: 추상적인 표현을 다루게 되는 것이다. 예 칠판, 지도, 도표, 차트 등을 이용해 실제 물체를 나타내기도 하고 시각적인 기호로 표현 ② 언어적 상징: 사물이나 내용이 의미하는 것과 시각적으로 연관을 갖지 못하는 것이다.

2 지식의 표상양식 – 브루너(Bruner)

• 브루너는 동일한 지식 내용도 상이한 표상양식으로 사용될 수 있다고 보고, 표상양식만 조절하면 유아들에게도 성인의 내용을 가르칠 수 있다는 입장이었다. 즉, 유아를 효과적으로 가르치기 위해서 그들의 표상양식에 맞게 교과구조를 재구성하여 제시해야 한다고 주장하였다.
• 인지발달 단계에 적합한 지식의 표상양식
 – 인간의 지식 형태를 3가지 표상양식으로 구분하였다.
 – * 인지발달 순서에 따라 학습내용을 동작적 표상양식, 영상적 표상양식, 상징적 표상양식의 순서로 서열화하여 제시하였다.
• 브루너의 3가지 지식의 표상양식(학습자의 지적 표상양식)과 데일의 경험의 원추(매체의 성격에 대한 구분)는 서로 대응된다.

* 브루너의 인지발달 이론
동작적 단계 – 영상적 단계 – 상징적 단계

동작적 표상 (= 행동적 표상)	• 데일의 「행동에 의한 학습」과 대응된다. • 학습자의 직접적인 행위가 포함되어 사물을 직접 조작 또는 작동하면서 지식이 경험되고 표상된다.
영상적 표상	• 데일의 「관찰에 의한 학습」과 대응된다. • 그림에 의한 것이나 비교적 구체적인 영상으로 표현되는 것을 관찰함으로써 환경 또는 지식이 지각, 경험, 표상된다(사진, 그림, 도표 등).
상징적 표상	• 데일의 「추상에 의한 학습」과 대응된다. • 문자와 기호 같은 상징체계에 의한 이해과정이 이루어지는 것으로 상징적으로 지식을 학습한다.

3 대리적 경험학습 이론 – 올젠(Olsen)

• 올젠은 『학교와 지역사회』라는 그의 저서에서 학교와 지역사회의 공존방법을 제시하였다.
 – 학교는 지역사회의 건설적인 활동에 능동적으로 참여하고, 지역사회는 학교를 위한 생생한 실험장이 되어 지역사회의 생활영역과 문제가 학교의 교육과정에 기초가 되도록 하라는 것이다.
• 또한 올젠은 오늘날의 학교가 지역사회와 너무 떨어져 있어 제 구실을 하지 못하고 있음을 지적하면서, 학교와 지역사회를 연결짓는 가교로서의 자료가 시청각 자료라고 보았다.

학습 경험의 방법 (올젠, Olsen)	• 올젠은 지역사회의 생활에 기초한 교육 프로그램을 만들고 학습자가 어떻게 학습할지에 대한 방법으로 학습경험의 방법과 교수자료의 유형을 세 가지 유형으로 분류하여 설명하였다. – 제1형: 「직접경험」으로 현실에 직접 접촉하여 감각을 통하여 학습하는 것을 의미한다. – 제2형: 「대리경험」으로 매체에 의한 경험을 의미한다. – 제3형: 「상징경험」으로 학습의 상부구조를 형성하며 문자에 의한 추상적 경험이 강조된다.

MEMO

• 올젠은 위의 세 가지 학습경험을 근거로 교사가 학습지도를 효과적으로 할 수 있도록 학습경험의 방법을 다음과 같이 네 단계로 분류하여 제안하였다.

① 지역사회 경험을 통한 직접적 학습

- 지역사회의 주변 환경과 직접 감각적 접촉에 의한 직접경험의 단계로서, 기초학습 방법의 단계이다.

② 표현적 활동을 통한 직접적 학습

- 학습자의 역할에 의한 직접경험이며, 표현적 행동으로 학습한다.
- 학습자는 개인적으로 창의적인 활동을 하여 자신의 경험, 사상, 느낌, 통찰된 바를 표현한다.

③ 시청각 자료를 통한 대리적 학습

- 시청각 자료를 활용한 방법으로 현실을 기계적인 방법을 통하여 표현하는 대리경험의 단계이다.
- 학습자가 불가피한 시간과 공간의 제한을 초월하도록 도와주는 학습경험의 방법이다.
- 직접경험과 언어적 대리학습 사이를 연결하는 교량적 역할을 하며 반구체적, 반추상적 성격을 갖는다.

④ 언어를 통한 대리적 학습

- 언어를 통한 대리경험의 단계로 구어와 문어로 나뉘며, 추상적인 상징이기는 하나 경험을 전달하며 공유하고 판단하는 데 가장 좋은 방법이다.

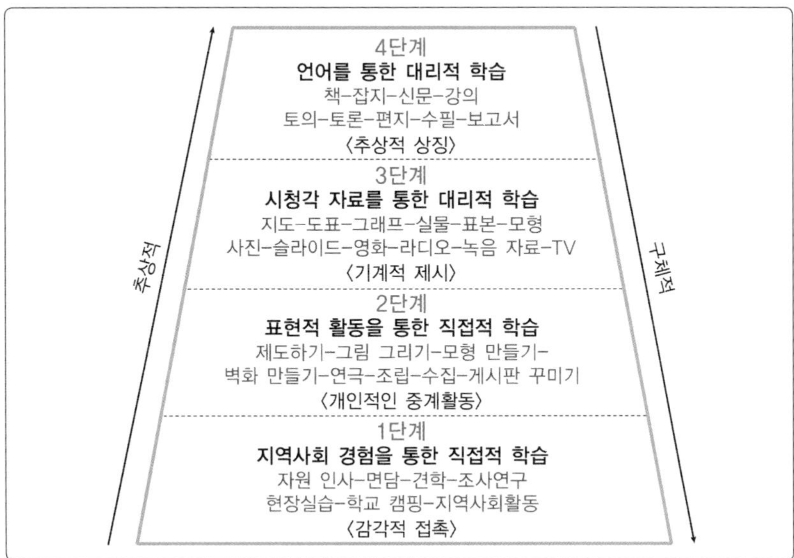

올젠의 학습경험의 유형과 교수자료

MEMO

② 지적과정 이론(정신활동 과정 이론) – 킨더(Kinder)

- 킨더(Kinder)는 『시청각 자료와 기술』이라는 저서에서 시청각 자료의 가치와 기능, 그리고 학습과정을 설명하였다. 그는 학습의 궁극적인 목표는 개념형성에 있다고 보고, 올바른 개념 형성을 위해서는 감각적이고 구체적인 경험이 있어야 하며, 이는 시청각 교재에 의해 가능하다고 보았다.
  - 킨더는 시청각 자료의 기능을 아동의 심리적 발달단계와 관련시켜 설명하였다. 아동의 인지발달 과정은 직접적 구체적 단계에서 상징적 간접적 단계로 옮겨가는데, 먼저 아동의 감각기관에 의한 감각작용으로 지각되면 그 정보가 뇌에 기억되고, 기억된 자료를 근거로 상상하고, 여러 가지 자료를 비교하여 그 자료에 대한 속성을 파악하게 되어 마침내 개념이 형성되게 된다는 것이다. 사물과 사상에 대한 많은 개념이 형성되면 그것을 근거로 개념과 개념들 사이의 관련성을 바탕으로 고등사고인 추리적 사고를 할 수 있게 된다고 본다.
- 또한 킨더는 학습자의 개념 형성 과정을 나선형의 구조에 비교하여 설명하였다.
  - 기본개념과 원리를 반복하면서 점차 폭과 깊이가 심화·확장되도록 조직해간다는 것이다.

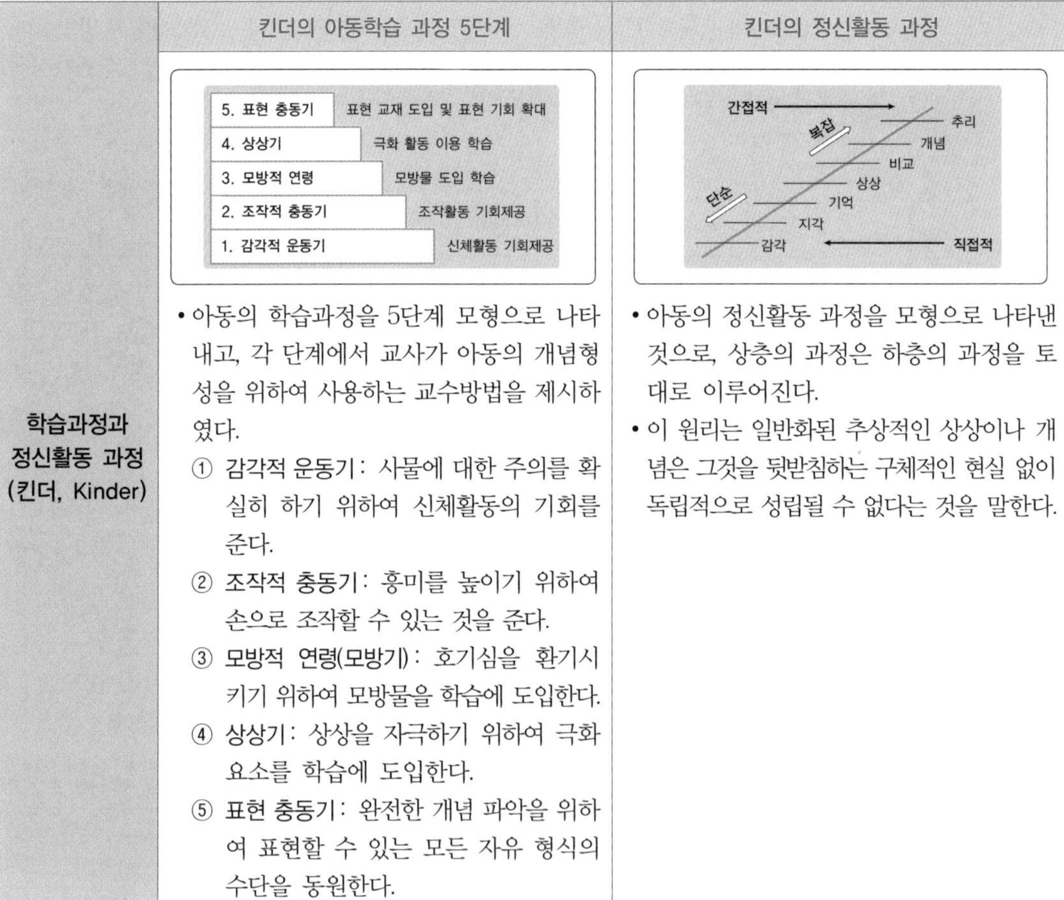

	킨더의 아동학습 과정 5단계	킨더의 정신활동 과정
학습과정과 정신활동 과정 (킨더, Kinder)	• 아동의 학습과정을 5단계 모형으로 나타내고, 각 단계에서 교사가 아동의 개념형성을 위하여 사용하는 교수방법을 제시하였다. ① 감각적 운동기: 사물에 대한 주의를 확실히 하기 위하여 신체활동의 기회를 준다. ② 조작적 충동기: 흥미를 높이기 위하여 손으로 조작할 수 있는 것을 준다. ③ 모방적 연령(모방기): 호기심을 환기시키기 위하여 모방물을 학습에 도입한다. ④ 상상기: 상상을 자극하기 위하여 극화 요소를 학습에 도입한다. ⑤ 표현 충동기: 완전한 개념 파악을 위하여 표현할 수 있는 모든 자유 형식의 수단을 동원한다.	• 아동의 정신활동 과정을 모형으로 나타낸 것으로, 상층의 과정은 하층의 과정을 토대로 이루어진다. • 이 원리는 일반화된 추상적인 상상이나 개념은 그것을 뒷받침하는 구체적인 현실 없이 독립적으로 성립될 수 없다는 것을 말한다.

MEMO

UNIT 21 유아교육과정 운영을 위한 교수학습방법의 일반적 원리(2019 개정 누리과정)

• 누리과정에서는 유아가 즐겁게 놀이하는 과정에서 스스로 배워 나갈 수 있게 하는 교사의 지원 방법을 다음과 같이 제시하였다(교육부 · 보건복지부, 2019).
  – 교사는 아래의 교수학습방법으로 놀이 및 활동 상황을 이끌고, 이를 통해 유아들은 경험을 확장하며 자연스럽고 효과적인 학습상황을 만들어 갈 수 있다.

유아가 흥미와 관심에 따라 놀이에 자유롭게 참여하고 즐기도록 한다.	• 유아의 학습은 흥미와 관심으로부터 출발한다. 유아는 자신이 흥미를 가지고 있는 현상을 관심있게 살펴보고 탐구하며 이를 놀이에 활용하는데, 이 과정에서 자연스럽게 학습이 이루어진다. – 유아의 흥미와 관심에 기반하여 이루어지는 학습은 이들이 주도적으로 학습 상황을 이끌어 간다는 점에서 의미가 있다. – 특히 놀이라는 방식은 유아가 자신의 유능함을 마음껏 드러내며 호기심을 표현하고 해결하면서 즐거운 마음으로 학습을 주도적으로 이끌 수 있기 때문에 더욱 효과적이다. – 따라서 교사는 유아가 자유롭게 놀이를 즐길 수 있도록 적절한 지원을 제공해야 한다. 개별 유아의 흥미와 관심을 파악하고 이것이 놀이로 발견될 때 유아의 흥미와 관심에 공감하게 되므로 교사는 풍부한 상호작용과 물리적 환경을 지원해 주어야 한다. – 유아들의 놀이가 전개되는 내용과 방향을 유심히 관찰하고, 놀이의 확장에 도움이 될 만한 지원 방법을 선택하여 적절한 시점에 제공해야 한다. 교사가 미리 상세하게 계획하고 준비한 놀이를 하게 하기보다는 유아가 스스로 놀이를 만들어 가도록 함으로써 주도성을 발휘할 수 있는 장을 마련하고, 이 가운데 자유로움과 즐거움을 느끼며 학습이 일어날 수 있도록 한다.
유아가 놀이를 통해 배우도록 한다.	• 누리과정은 놀이를 통한 배움을 강조한다. 놀이는 유아가 세상과 교감하며 성장할 수 있는 주요한 기제이다. 유아교육기관에서 이러한 학습 기제가 효과적으로 발휘되도록 하기 위해서는 교사의 각별한 지원이 필요하다. – 교사는 유아의 놀이를 통해 의미있는 배움이 일어나도록 놀이의 활성화를 위하여 노력해야 한다. 유아들의 놀이에서 배움의 요소를 발견하여 학습 가능성을 찾고, 배움의 요소를 구체적인 누리과정 내용과 연결지어 실제적인 학습이 일어나도록 해야 한다. • 놀이를 통한 배움은 일상생활과 활동을 통해 효과적으로 지원될 수 있다. – 유아가 주도하는 놀이의 내용과 관련된 동화 듣기, 노래 부르기, 이야기나누기, 신체 표현 등 다양한 활동을 할 수 있다. 또한 놀이를 소개하거나 규칙을 정하고 특정 내용을 함께 알아보는 활동도 할 수 있다. – 그러나 이러한 다양한 활동을 실행하는 데 전제가 되는 것은 유아들의 흥미 유지와 확장을 통한 주도적 참여이다. 교사는 유아들의 놀이와 관련된 교육적으로 유의미한 활동이라고 판단하더라도, 그 활동이 유아의 흥미에 부합되지 않거나 활동을 진행하는 과정에서 유아들의 참여가 수동적인 수준에 머무른다면 효과적인 배움이 일어나기 어렵기 때문에 놀이를 지원하는 적절한 활동이라고 볼 수 없다. – 유아의 흥미와 관심사에 기반한 활동을 유아와 함께 계획하고 실행함으로써 놀이를 통한 배움이 자연스럽게 일어날 수 있어야 한다.

SESSION #9

MEMO

	– 때로는 교사가 계획한 활동과 유아의 놀이가 다르게 이루어질 수 있는데, 이때 교사는 유아의 놀이를 존중하여 계획한 활동을 변경할 수 있다. 교사가 이러한 판단을 내리려면 유아들의 놀이를 평소 유심히 관찰하고 기록해야 한다. 유아의 놀이와 경험을 기록하고 배움의 가능성과 가르침의 순간을 파악한 후 이를 바탕으로 활동을 계획할 수 있다. – 한편 놀이와 관련하여 생활습관이나 안전교육 등의 일상생활지도를 실시해야 한다. 놀이와 직접적인 연관이 없더라도 화재안전, 교통안전, 약물안전, 유괴에 대처하는 방법 등에 대한 교육은 연중 계획하여 실시하도록 한다.
유아가 다양한 놀이와 활동을 경험할 수 있도록 실내외 환경을 구성한다.	• 유아의 놀이가 활발히 이루어지려면 이를 지원하는 물리적 환경이 적절하게 조성되어야 한다. – 유아의 놀이를 지원하는 환경은 양질의 공간 구성과 풍부한 놀이자료를 포함한다. – 실내외 공간은 유아들의 놀이와 흥미를 반영하여 구성하고 변형해 나간다. – 교실의 흥미영역이 기본적으로 구성된 상황이라도 유아들의 흥미와 놀이가 전개되는 양상에 따라 언제든지 타 영역과 통합하거나 새로운 영역을 정비하는 등 이를 재구성할 수 있다. – 교실의 영역을 구성할 때에는 유아의 요구를 반영하기 위해 유아들과 함께 교실 환경을 구성하는 것이 중요하다. 필요시 교실뿐만 아니라 복도나 원내 다른 공용 공간도 활용할 수 있으나, 이 경우 유아의 안전에 각별히 유의하도록 한다. ㉠ 실외 공간은 유아가 마음껏 뛰어놀며 자연을 느낄 수 있는 환경이므로 유아들이 충분히 몸을 움직이며 즐겁게 놀이할 수 있도록 구성해야 한다. – 유아의 안전을 고려하여 활발한 신체 움직임이 일어날 수 있도록 하며 자연의 아름다움을 느낄 수 있도록 공간을 구성한다. – 실외 공간은 대근육을 움직일 수 있는 마당뿐만 아니라 모래놀이터, 텃밭, 휴식 공간, 작은 마당 등 다양하게 구성할 수 있고, 경우에 따라 유아교육기관 인근 공원이나 놀이터도 확장된 실외 공간으로 활용할 수 있다. ㉡ 놀이자료는 유아의 놀이를 활성화할 수 있는 효과적인 매체이다. – 교사는 유아들이 놀이에 적극 활용할 수 있는 다양한 놀이자료를 제공하도록 한다. – 놀이자료에는 일상의 물건, 자연물, 재활용품, 그림책, 미술용품, 악기를 비롯한 다양한 종류의 놀잇감 등이 모두 포함되고, 이러한 자료들은 유아의 놀이내용이나 계절, 국경일 등과 같은 시기에 적절하게 제공되어야 한다. – 유아의 놀이를 통한 배움을 지원하기 위해서는 유아가 자신만의 놀이자료를 발견하고, 창의적인 방식으로 놀이자료를 활용하도록 지원해야 한다. 이때 유아의 창의적이고 주도적인 방식을 인정함으로써 자료의 사용 방법을 지나치게 제한하지 않도록 한다.

MEMO

유아와 유아, 유아와 교사, 유아와 환경 간에 능동적인 상호작용이 이루어지도록 한다.	• 유아는 또래, 교사, 환경과의 상호작용을 통해 학습하고 성장해 간다. 따라서 교사는 유아가 다양한 주체들과 질적인 상호작용을 함으로써 배움과 성장을 이루어갈 수 있도록 해야 한다. – 특히 유아중심・놀이중심을 강조하는 2019 개정 누리과정에 따르면 유아들 간 적극적이고 긴밀한 상호작용 과정에서 공동의 학습이 이루어진다. 또래들과 놀이 아이디어를 나누고 놀이에 함께 참여하며 즐거움을 공유하는 과정에서 다양한 상호작용이 이루어지고 놀이가 더욱 발전될 수 있기 때문이다. – 교사 역시 유아와의 상호작용 주체로서 유아의 놀이와 이를 통한 배움을 적극 지원하는 역할을 한다. 교사는 유아들의 놀이에 함께 참여하며 놀이에 대한 대화를 나누고, 놀이를 확장할 수 있는 아이디어를 제안하거나 관련된 유아의 목소리에 귀 기울이며, 일상생활에서도 칭찬과 격려 등의 긍정적인 상호작용을 할 수 있도록 한다. 놀이를 지원하는 활동을 실시할 때에도 필요한 상황 이외에는 되도록 지시적인 언어보다 비지시적인 언어로 상호작용함으로써, 유아가 능동적으로 특정 개념이나 현상을 이해하고 학습할 수 있도록 이끌어 간다. – 환경과의 상호작용 역시 유아의 배움에 중요한 역할을 한다. 유아는 놀이를 통해 다양한 사물, 자연물 등을 직접 만지고 자유롭게 조작하며 호기심을 충족하고 흥미와 관심을 유지・확장할 수 있으며 새로운 호기심을 발현할 수 있다. – 유아가 물리적 환경을 통해 나타내는 언어적・행동적 탐색과 표현, 이를 통한 느낌과 깨달음은 세상을 이해하는 중요한 방식이 된다. 따라서 교사는 유아의 관심을 반영하고 호기심을 유발하는 환경을 조성하여 유아가 환경과의 상호작용을 활발히 이어갈 수 있도록 해야 한다.
5개 영역의 내용이 통합적으로 유아의 경험과 연계되도록 한다.	• 교사는 유아의 경험과 놀이가 2019 개정 누리과정의 5개 영역 및 내용과 통합적으로 연계됨을 알고 이러한 연결성을 찾아 강화함으로써, 유아를 위한 교수학습 상황을 조성할 수 있다. – 2019 개정 누리과정에서는 유아의 발달 및 교육 영역으로 신체운동・건강, 의사소통, 사회관계, 예술경험, 자연탐구의 5개 영역을 제시하였다. – 유아가 일상에서 얻는 다양한 경험은 각 영역별로 분절되지 않고 여러 영역의 내용이 통합되어 일어난다. 예 유아가 건물을 만드는 쌓기 놀이를 할 때, 대・소근육을 움직이고 또래와 대화를 하며, 건축에 필요한 설계도나 완성품을 그릴 수도 있다. 혹은, 건물을 짓는 가운데 블록의 균형을 맞추는 인지적 경험을 할 수도 있다. – 이처럼 교사는 유아의 놀이나 일상생활에서 5개 영역 내용이 통합적으로 나타남을 알고, 놀이에 내재되어 있는 교육의 가능성을 찾아 이를 최대한 발현할 수 있어야 한다. • 5개 영역 내용의 통합은 유아들이 관심을 보이는 다양한 놀이 및 일상생활 주제를 중심으로 이루어질 수 있다. – 유아가 일상에서 자연스럽게 경험하는 계절과 명절, 국경일 등의 주제나 유아의 놀이 주제와 관련해 유아들이 경험할 수 있는 내용을 누리과정 5개 영역의 내용과 연계하여 지원할 수 있다. – 또한 유아가 관심을 보인 그림책이나 사물, 우연한 상황도 연계의 대상이 될 수 있다. 이처럼 교사는 유아의 흥미와 관심에 기초하여 유아의 일상을 둘러싼 다양한 현상을 누리과정과 유연하게 연계할 수 있는 융통성을 발휘해야 한다. 이를 위해 평소 누리과정의 내용을 충분히 이해하고 유아의 흥미 및 경험을 파악하며 이를 연계하기 위해 고민하는 태도가 필요하다.

MEMO

개별 유아의 요구에 따라 휴식과 일상생활이 원활히 이루어지도록 한다.	• 유아교육기관의 일과는 놀이와 활동, 휴식 등을 골고루 안배해야 하고, 이 과정에서 반드시 개별 유아의 요구가 반영되어야 한다. – 유아의 건강 상태, 날씨, 기관의 상황 등에 따라 일과가 융통성 있게 운영될 수 있도록 해야 하며, 따라서 교사는 유아의 낮잠이나 휴식, 배변 등이 일과에 반영될 수 있도록 개별 유아의 신체 리듬을 파악하고 있어야 한다. 필요하면 유아의 신체적 · 정서적 요구를 일과에 적극적으로 반영하여 계획된 일과를 융통성 있게 변경할 수 있다.
유아의 연령, 발달, 장애, 배경 등을 고려하여 개별 특성에 적합한 방식으로 배우도록 한다.	• 모든 유아는 각자 고유한 특성을 가지고 있으므로, 교사는 유아의 개별적 특성을 이해하고 이를 교수학습 상황에 적절히 반영하며 적합한 지원을 해야 한다. – 유아는 연령과 발달 수준, 장애, 가정의 배경 등이 모두 다르므로 교사는 개별 유아의 특성을 이해하고 있는 그대로 인정하며 존중할 수 있어야 한다. – 가정마다 문화적 상황이나 배경이 다르기 때문에 가정에서의 경험 역시 다를 수 있다. 교사는 유아가 가정에서 경험하는 문화적 특징을 이해하고 존중하며, 이를 놀이나 활동에 자연스럽게 반영함으로써 효과적인 배움이 일어날 수 있도록 지원한다. – 이처럼 유아에게 적합한 지원을 하기 위해 교사는 개별 유아의 발달 수준, 장애 여부 및 정도, 문화적 배경 등을 파악하고 필요 시 전문가나 관련 기관과 협의하도록 한다.

UNIT 22 유아교육과정 운영에 따른 교사의 지원

① 유아교육기관에서의 교육은 놀이, 활동, 일상생활을 통해 이루어진다.

㉠ 따라서 교사의 교수학습 지원 역시 놀이, 활동, 일상생활에 대한 지원으로 구체화된다.

㉡ 교사는 유아의 놀이를 관찰하거나 함께 놀이하면서 다양한 상호작용을 하고, 시간과 공간, 자료 등 환경을 조성함으로써 유아의 놀이를 교육적으로 지원해 줄 수 있다.

㉢ 또한 놀이와 관련된 다양한 집단활동을 유아들과 함께 계획하고 실행하면서 활동을 지원하고, 유아의 기본적인 신체적 · 심리적 욕구를 만족시키며 자조능력을 기를 수 있도록 일상생활 지도를 해야 한다.

② 유아의 놀이, 활동, 일상생활을 지원하는 교사의 역할은 다음과 같다(교육부 · 보건복지부, 2020).

㉠ 교사는 유아의 놀이가 배움으로 이어지도록 유아와 활발하게 상호작용(관찰하기, 함께 놀이하며 질문하기, 함께 놀이하며 제안하기, 정서적 지원하기)하고, 유아가 자유롭고 주도적으로 놀이할 수 있는 교육환경(시간, 공간, 자료)을 제공한다.

㉡ 놀이를 지원하는 과정에서 교사는 다양한 방안을 염두에 두고, 필요한 경우 교사가 계획하거나 유아가 준비한 활동을 실시하여 놀이가 활발하게 이루어지도록 지원한다.

㉢ 교사는 놀이, 활동, 일상생활의 전체 맥락에서 유아의 배움이 일어났는지 관찰하며, 누리과정 5개 영역 중 유아의 배움이 잘 관찰된 영역을 중심으로 평가한다.

MEMO

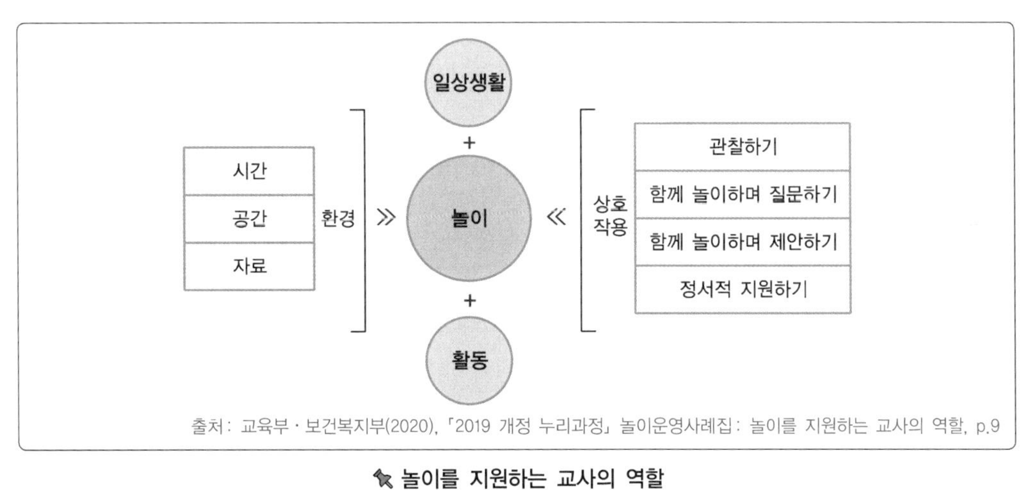

놀이를 지원하는 교사의 역할

SESSION #9

1 놀이 지원

교사는 상호작용과 환경을 통해 유아의 놀이를 지원할 수 있다.

(1) 상호작용 지원

상호작용은 관찰, 질문, 제안, 정서적 지원 등이 방법으로 할 수 있다.

관찰	• 교사의 '관찰'은 유아의 흥미와 관심을 파악하고 유아의 행동과 생각, 놀이를 이해하고자 하는 행동이다. 관찰은 이후에 이루어질 교육의 방향을 결정하는 기본적이고 중요한 과정이다. – 관찰을 통해 교사는 유아의 관심과 흥미를 발견하고, 발달 및 지식수준을 파악할 수 있으며, 그 시기에 유아들이 배우고 경험할 수 있는 지식, 기술, 태도를 판단하고 지원의 방향과 내용, 방법, 시기를 계획한다.
질문과 제안	• 교사의 '질문'과 '제안'은 유아가 생각을 확장하거나 정리하고, 놀이에 더 활발하게 참여할 수 있도록 돕는다. – 교사가 유아를 신중하게 관찰한 것을 바탕으로 교육적 목적을 가지고 적합한 질문이나 제안을 할 때 자연스럽게 배움이 일어난다. – 그러므로 교사는 유아가 어떤 것을 배울 준비가 된 상태인지 유아의 관심과 욕구, 발달 상태 등을 판단할 수 있어야 하고, 유아들이 이 시기에 무엇을 배워야 하는지에 대한 교육학적 지식을 가지고 있어야 한다.
정서적 지원	• 교사의 '정서적 지원'은 유아의 생각과 느낌, 경험을 공감하고 격려하는 표현이다. – 유아의 감정에 공감하고 스스로 감정을 다스릴 수 있도록 돕는 것, 자신의 의견과 생각을 또래와 나누도록 격려하는 것, 지속적으로 흥미를 가지도록 지원하는 것 등이 포함될 수 있다(교육부 · 보건복지부, 2020). • 유아교육기관에서의 경험을 통해 유아는 기쁨과 재미, 편안함과 자유로움, 성취감, 공동체감 등을 느끼고, 정서조절능력 및 공감능력을 발달시켜 나간다. – 이를 위해 교사는 유아가 경험하는 정서를 공유하고, 인정하며, 기다려 주고, 지지해 주는 등의 지원을 제공한다.

MEMO

(2) 환경적 지원

교사는 환경의 변화를 통해서도 유아의 배움을 지원할 수 있다. 환경적 지원은 시간, 공간, 자료의 측면에서 이루어진다.

시간 지원	• '시간' 지원은 유아에게 배움이 일어날 수 있는 방식으로 교육시간을 운영하는 것이다. – 유아의 흥미와 관심에 따라 놀이시간을 충분히 지원해 주거나, 유아들이 놀이하는 모습, 배움이 일어나는 순간 등을 사진과 영상으로 공유할 수 있는 시간을 지원해 주는 것 등이 포함된다.
공간 지원	• '공간' 지원은 유아에게 배움이 일어날 수 있는 방식으로 교육공간을 활용하는 것이다. – 유아의 흥미와 놀이 흐름에 따라 교실 공간을 조정하는 것, 유아들의 놀이 모습 및 배움의 순간 등이 잘 공유되도록 전시 방법과 공간을 수정해 나가는 것, 공간 선택 및 배치에 대한 주도권을 유아에게 주는 것, 새로운 놀이 공간을 찾고 놀이에 활용할 수 있도록 하는 것 등이 포함된다. • 유아는 교실 바닥, 복도, 계단, 공유 공간, 마당, 바깥놀이터, 다른 반 교실까지 공간을 확대해 나가며 놀이할 수 있다. – 블록으로 교통수단을 만들어 복도나 다른 반까지 타고 가거나, 알까기 놀이를 놀이터에서 하는 것으로 확장하거나, 고리를 연결하여 복도, 계단, 마당까지 길이를 재어 보고자 하는 경우에 교사가 이러한 놀이가 이루어지도록 공간의 사용을 격려하고, 다른 반의 유아들에게 허락을 구하여 협력하는 과정을 지원할 수 있다. • 공간적 지원은 지역사회와의 연결로 확대할 수도 있다. – 교실과 기관을 벗어나 동네를 산책하거나 지역사회의 여러 공간을 가는 길에 놀이를 시작할 수 있으며, 교사는 이러한 놀이가 지역사회에서 또는 교실과 기관 내에서 계속 이어지도록 지원할 수 있다.

(3) 자료 지원

자료 지원	• '자료' 지원은 유아에게 배움이 일어날 수 있는 방식으로 자료를 제공하고 활용하는 것이다. – 놀이에 필요한 자료를 유아가 자유롭게 사용하도록 하는 것, 유아가 결정한 자료 활용 방법을 격려하는 것, 교실에 없는 필요한 자료를 찾을 수 있도록 자료실을 개방하는 것, 낯선 자료를 포함한 다양한 놀이자료를 제공하는 것 등이 포함될 수 있다(교육부 · 보건복지부, 2020). • 유아가 자주 사용하여 익숙한 종이, 블록, 딱지, 컵, 상자, 재활용품, 자연물 등의 놀이자료를 새로운 방법으로 사용하게 할 수도 있고, 놀이자료로 흔히 사용하지 않았던 기계류, 바늘과 실, 전자피아노 등을 가지고 놀이할 수도 있다(교육부 · 보건복지부, 2020).

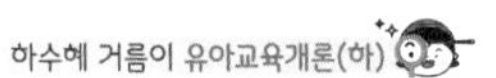

MEMO

교재 · 교구

의미

교사와 유아가 서로 상호작용할 수 있도록 연결해 주는 매개체로, 교육의 효과를 높이기 위하여 활용되는 모든 자료이다.

중요성

- 유아 교수 · 학습에서 교재 · 교구가 중요한 의미를 갖는 이유는 발달에 있어서 개인차가 큰 시기가 유아기이므로 다양한 수준의 교재 · 교구를 이용하여 발달에 적합한 활동을 할 수 있기 때문이다.
- 또한 교재 · 교구는 유아의 적극적인 탐색활동을 유발하고 자극하여 학습을 촉진시키는 데 중요한 역할을 한다.

제공 및 지도 시 고려사항

- 만 5세 유아의 발달 수준에 적합하면서 안전하고 위생적인 교재 · 교구를 제공한다.
- 오감을 자극할 수 있는 자료를 제공하고 수집한다.
- 만 5세 유아가 다양한 목적을 위해 활용할 수 있는 자료를 충분히 제공한다.
- 교사가 직접 제작한 교재 · 교구와 상품화된 교재 · 교구를 골고루 사용한다.
- 유아의 흥미를 이끌어 낼 수 있는 방법으로 교재 · 교구를 소개하고, 활동 전 · 중 · 후에 면밀히 검토하고 관리해야 한다.
  - 자료에 대한 유아의 반응에 관해 즉각적인 피드백을 해 주고, 자료를 활용한 후 적합한 자료였는지 평가한다.
- 편견 없는 자료를 사용하고, 자료를 사용하는 데 있어 공정해야 한다.
- 자료가 적으면 활동하기 위한 기다림에서 오는 지루함이 생기고 흥미가 감소되므로, 같거나 비슷한 종류의 것을 충분히 제공하는 것이 좋다.

발달수준에 적합한 교재 · 교구

교사의 도움 없이 유아가 스스로 활동하는 과정에서 긍정적인 자아상과 성취감을 느낄 수 있는 교재 · 교구여야 한다.

관리

파손되기 쉽거나 안전성에 문제가 있는 교재 · 교구는 안전한 장소에 배치해 두고 교사의 관리 감독 하에 사용이 이루어지도록 해야 한다.

개방적인 자료

기능이 정해져 있어서 한 가지 방법으로만 사용하도록 되어 있는 것이 아니라 융통성 있게 사용할 수 있는 것을 말한다.

교재 · 교구 제시 방법

- 유아가 교재 · 교구에 대해 호기심을 불러일으키고 자세한 정보를 얻을 수 있도록, 자료를 제시하기 전에 전체 유아에게 자료 사용 방법과 주의해야 할 점에 관해 소개한다.
- 시행착오를 겪으면서 자료 활용 방법을 찾아낼 수 있도록 안내한다.

MEMO

2 활동지도

• 관찰로 발견한 유아의 흥미와 관심, 놀이를 지원하기 위해 교사는 추가적인 활동을 계획할 수 있다.
  - 교육과정 내의 활동은 대집단, 소집단 또는 개별로 이루어질 수 있으며, 놀이와 달리 교사가 목표, 내용, 방법 등을 미리 선정하고 계획하여 진행한다.
  - 활동은 이야기나누기, 문학활동, 음악활동, 동작활동, 게임활동, 요리활동, 과학활동, 미술활동 등을 포함한다.
  - 이러한 활동은 별도의 활동시간에 전체 유아와 함께 진행할 수도 있고, 자유놀이시간에 관심을 보이는 유아들과 소집단으로 진행할 수도 있다.

(1) 집단구성에 따른 활동유형(대집단, 소집단, 자유놀이)

대집단활동	**대집단활동의 운영방안**
	• 주로 집단 구성원으로서 모두가 알아야 할 내용을 공유하기 위한 활동, 협의나 협력이 필요한 활동 및 귀가지도 시 운영되는 활동유형이다.
	  - 지식 확장과 개별활동으로 연결되도록 운영한다.
	• 대집단활동 시간은 일반적으로 15~30분에서 진행하되, 혼합 연령의 대집단활동의 경우 주의 집중력이 짧기 때문에 15분을 넘지 않는 것이 바람직하다.
	  - 대집단활동 시 제시되는 자료를 잘 볼 수 있고, 교사에게 주목하기 쉽도록 어린 연령 유아는 가능한 한 앞에 앉도록 하고, 큰 연령 유아들은 의자를 가지고 와서 바닥에 앉은 유아 뒤쪽에 앉도록 한다.
	  - 모든 연령이 함께하는 활동은 어린 연령 유아들의 집중시간을 고려하여 15분 이상을 넘지 않도록 한다.
	  - 유아 전체에게 하는 질문과 특정 연령을 대상으로 한 발문을 안배하여 가능한 한 모든 연령을 골고루 배려하도록 유의하고 연령 간 연계를 도모한다.
	• 공간 및 집단의 형태는 활동의 특성, 유아 집단의 크기, 교재 교구의 특성에 따라 다르다.
	  - 교사를 중심으로 카펫 위에 모여 앉을 것인지, 의자를 놓고 앉을 것인지, 책상에 모여 앉을 것인지 결정한다.
	• 유아들의 주의를 집중시키기 위해 말 잇기, 손가락 인형, 노래 부르기, 수수께끼 풀기 등의 방법을 활용할 수 있다.
	대집단활동의 효과
	• 대집단활동은 유아에게 공동체를 경험하게 해주고, 대집단 속에서 질서와 규칙을 지키며 다른 사람을 배려하고 협동하는 것을 익히는 기회를 줄 수 있다.
	• 유아들이 소속감과 일체감을 느낄 수 있는 시간이기도 하다.

소집단활동	**소집단활동의 효과** • 유아가 집중하여 적극적으로 활동에 참여할 수 있는 기회이다. • 소집단활동은 대집단 때보다 적극적으로 활동에 참여하며, 개별적인 상호 작용의 기회가 많을 뿐만 아니라 유아 간에 친밀감을 형성할 수 있다. **모이는 장소** 소집단활동 영역은 활동 유형에 따라 다를 수 있지만, 활동실의 중앙보다는 가장자리가 적절하다.

	교사의 위치 소집단활동 시 교사의 위치는 소집단활동에 참여하지 않는 다른 유아의 놀이 모습을 살필 수 있도록 전체 교실을 볼 수 있는 위치에 앉아야 한다. **유아의 위치** 소집단활동에 참여한 유아들은 산만하지 않고 활동에 주의 집중할 수 있도록 벽 쪽을 보고 앉도록 한다. **종일반 소집단활동의 필요성** 집단활동을 대부분 대집단활동으로 진행하면 유아들은 장시간 동안 고정된 자세로 앉거나 주의 집중하게 되어 피로감과 지루함을 느낄 수 있다.
자유놀이	**개념** • 유아가 유치원의 실내외에서 경험할 수 있는 다양한 흥미 영역별 활동 중에서 자신의 욕구와 흥미에 따라 자유롭게 활동을 계획하고 놀이하고 평가해 보는 시간이다. – 자유놀이를 평가하는 경험은 유아 스스로 놀이의 내용과 방법의 질을 확장해 가는 데 도움이 되며, 자신의 선택과 책임에 대해 생각하게 해준다는 점에서 유익하다. **교육적 의의** ① 유아 스스로 선택하고 결정하는 경험을 해 볼 수 있다. ② 유아의 개별적인 흥미, 욕구, 관심에 따라 놀이하게 되므로 자율적이고 적극적인 학습이 이루어질 수 있다. ③ 의도된 목표 없이 편안한 상태에서 즐겁게 놀이할 수 있다. ④ 유아 개인의 자유와 흥미가 존중되므로 기쁘고 즐거운 시간이 될 수 있다. ⑤ 놀이에 집중하여 점차 발전된 놀이를 할 수 있다. ⑥ 의사 결정 능력을 기를 수 있다. ⑦ 선택에 대한 책임감을 기를 수 있다. ⑧ 유아와 교사 간 개별적인 상호작용이 이루어 질 수 있다. ⑨ 자연스럽게 또래와 바람직한 관계를 맺을 수 있다. ⑩ 양보, 질서, 배려 등의 사회적 기술을 익힐 수 있다. ⑪ 일정시간 동안 자발적으로 통합교육이 이루어지는 효과적인 교육 시간이다.

(2) 실내놀이 및 실내활동

이야기나누기	**개념 및 운영방안** • 이야기나누기는 유아와 교사가 모여 앉아 특정 주제에 대한 이야기를 나누는 활동이다(이정환 · 김희진, 2017). – 이야기나누기는 일과 동안 필요에 따라 수시로 이루어질 수 있으며, 하루 일과나 놀이를 소개하거나 평가할 때, 학급 문제를 토의할 때 등 다양한 상황에서 실행될 수 있다. – 특히 학급에서 진행하고 있는 놀이를 확장하고 활성화하기 위한 지원 방법으로 이야기나누기를 실시할 수 있다. 놀이 관련 개념을 유아들에게 소개하고 서로 알고 있는 지식을 공유함으로써 놀이를 통해 개념 학습이 이루어질 수 있고, 놀이 진행에 관한 다양한 아이디어를 주고받으며 놀이를 발전시킬 수 있다.

MEMO

		이야기나누기의 효과 • 유아는 이야기나누기를 통해 관심과 지식의 범위를 넓혀갈 수 있다. • 다른 사람의 이야기를 경청하는 태도를 기를 수 있다. • 자신의 생각이나 느낌, 경험 등을 말로 표현하는 의사소통 능력을 기르며 의사 결정에 참여하게 된다. • 유아는 주제에 대해 함께 이야기를 나누는 과정에서 관련 개념을 이해함으로써 사고 능력이 향상되고, 서로의 의견을 주고받으면서 의사소통기술을 학습하며, 토의를 통해 협력능력과 문제해결능력이 발달된다. **교사의 발문** • 다양한 관점으로 수렴적·확산적 발문을 적절히 활용하여 유아가 다양하게 사고하고 이야기하도록 도와준다. – 정보를 묻는 발문, 정보 찾는 방법에 대한 발문, 정보를 비교하는 발문, 정보를 확인해 보는 발문, 정보를 기억하도록 하는 발문 등을 활용할 수 있다. • 발문을 한 후에는 유아가 충분히 생각해 볼 수 있는 시간적 여유를 주는 것이 좋다. **진행 시 유의점** • 교사가 일방적으로 가르쳐 주면서 지시하는 시간이 아니라 유아가 자신의 경험을 이야기하고 의견을 제시하며 결과를 함께 생각해 보는 시간으로, 유아 주도적인 학습이 일어나도록 해야 한다. • 이때 교사는 유아의 발표를 인정해 주고 발표와 관련된 자료 등을 제시해 줌으로써 자신들의 발표가 의미 있는 과정임을 스스로 인식할 수 있도록 도울 수 있다. **이야기나누기를 방해하는 유아를 지도하는 방법** • 유아의 이름을 불러 주의를 환기시킨다. • 유아가 대답할 수 있는 질문을 통해 집단의 활동으로 끌어들인다. • 노래 부르기, 손유희, 소란스러울 때 목소리 작게 하기, 노래 점점 작게 부르기 등의 방법을 사용하여 유아의 주의를 집중시킨다. • 유아의 흥미를 유발하기 위해서 이야기나누기 주제와 관련된 교수 매체를 이용한다. • 이야기나누기는 매일 하는 활동은 아니며, 생활 주제와 관련하여 필요한 경우에 시간을 마련한다.
문학활동	동화	**개념 및 특징** • 동화는 유아를 대상으로 한 서사적 성격의 산문 형식 이야기를 의미한다(이정환·김희진, 2017). – 동화는 대부분의 유아가 선호하고 교사도 준비하기 쉬우므로 교육현장에서 자주 실행되는 활동이다. – 교사는 학급에서 진행 중인 놀이의 소개나 주제와 관련된 동화를 선정하여 유아에게 들려줄 수 있다. 예 산책활동 중 유아들이 도토리를 모으는 상황에서 도토리를 많이 주워가면 다람쥐와 청설모의 먹이가 줄어든다는 유아들의 대화와 실제 도토리를 먹고 있는 청설모 관찰을 토대로 교사는 '왜 다람쥐는 도토리를 모을까요?'라는 동화를 준비하여 들려줄 수 있다.

MEMO

동화의 효과

- 동화활동을 통해 유아는 상상력을 기를 수 있고 언어능력을 향상시킬 수 있다.
- 동화 속에 포함된 다양한 사회적·과학적 지식을 습득할 수 있다.
- 정서적인 안정감과 만족감을 느끼고 부정적 정서를 순화할 수 있다.
- 공감능력과 함께 타인의 입장에서 생각할 수 있는 능력도 발달한다.

동화 지도 시 발문

- 동화를 들려줄 때 문학적 내용의 동화는 유아들이 작품의 감동을 느끼고 이를 스스로 남길 수 있도록 세부적인 질문은 하지 않는 것이 바람직하다.
- 기본생활습관이나 갈등 상황에 대한 동화 등 논의를 필요로 하는 동화의 경우, 유아가 사고할 수 있도록 하는 적절한 질문을 통하여 함께 생각해 보는 시간을 가진다.

동화	① 동화를 들려줄 때, 유아의 흥미를 유발하고 동화 내용을 잘 이해할 수 있는 다양한 매체를 활용한다. ② 유아 모두 잘 볼 수 있도록 유아의 눈높이에 맞추어 동화를 제시한다. ③ 그림동화는 크기가 적절해야 하며 테이블 인형 동화는 유아가 앉아 있는 위치에서 잘 보이도록 한다. ④ 유아의 반응을 살펴보며 동화를 들려주고, 유아의 질문은 전개 과정에 방해가 되지 않도록 적절하게 반응하며 진행한다. ⑤ 그림동화, TV 동화와 슬라이드 동화는 활동 후에 유아에게 그림만을 보여주며 유아들이 이야기해 보게 한다.

동극

개념 및 특징

- 동극은 동화의 내용을 극놀이 형태로 표현하는 것으로 유아가 직접 동화 속 등장인물이 되어 언어와 동작으로 역할을 표현함으로써 창의적인 표현력을 증진시킬 수 있다(강민정 외, 2018).
  - 동극활동은 유아들이 함께 들은 동화의 내용에 관심을 가지고 놀이에 활용할 때, 극놀이에서 이루어지고 있는 놀이를 확장하고자 할 때, 유아들이 호기심을 가지고 있는 개념을 통합적으로 접근하고자 할 때 등 다양한 상황에서 필요에 따라 이루어질 수 있다.

동극의 효과

- 동극활동을 통해 등장인물의 입장이 되어 봄으로써 타인을 이해하고 공감할 수 있는 능력이 향상된다.
- 즐거움과 재미를 느끼면서 긍정적 정서를 경험한다.
- 극을 통해 자신의 정서를 표현할 수 있다.
- 친구들과 함께 협력하여 극을 완성해 가는 과정에서 협동심과 문제해결능력을 기를 수 있다.

SESSION #9

MEMO

		고려할 점 동극을 하기 위해서는 동화를 들은 후 내용을 회상하면서 등장인물의 행동과 대사를 연습하고, 역할을 정한 후 무대를 꾸미는 등의 일련의 절차가 필요하다. 이 과정에 유아들의 의견을 적극 반영하는 등 유아가 책임감을 가지고 주도적으로 참여하게 함으로써 동극활동이 이루어지는 과정과 결과 모두에서 기쁨과 성취감을 느낄 수 있도록 한다.
	동시	**개념 및 특징** • 동시는 시의 한 분야로 유아의 감정과 심리를 함축적인 언어로 표현한 것이다(강민정 외, 2018). – 교사는 유아에게 적합한 동시를 선정하여 들려준 후 함께 낭송하거나, 유아가 직접 동시를 지어 보는 활동을 하도록 할 수 있다. 유아에게 적합한 동시를 선택할 때 기준은 다음과 같다. • 유아가 이해할 수 있는 시 • 리듬과 운율이 살아 있는 시 • 움직임이 들어 있는 시 • 유머가 있는 시 • 유아의 생활 체험이 녹아 있는 시 • 독창적인 아이디어가 들어 있는 시 • 감각적이고 심상이 뚜렷한 시 **동시의 효과** • 동시를 통해 유아는 상상력과 창의력이 증진되고 언어의 아름다움을 느낄 수 있다. • 동시에 표현된 사물이나 현상에 대한 직관력과 통찰력을 키울 수 있다. • 동시를 듣고 느낀 점을 표현하는 과정에서 심미감, 표현력을 풍부히 발달시킬 수 있다. **동시 지도 방법** • 유아가 관심을 두고 있는 주제나 소재를 담고 있는 동시를 위의 기준에 따라 선정한 후 필요시 동시의 내용을 매체로 제작한다. • 유아에게 시의 운율을 살려 실감나고 생생하게 동시를 들려주고, 동시를 듣고 난 후 느낌을 자유롭게 이야기하도록 하면서 자기표현의 기회를 제공한다. • 이후 다양한 방법으로 함께 낭송하는 경험을 통해 동시의 아름다움을 충분히 느낄 수 있도록 한다. • 유아가 동시에 관심을 보이는 경우 시의 일부 내용을 개작하거나 자신만의 동시를 지어보게 할 수 있다.

<table>
<tr>
<td rowspan="2">음악활동</td>
<td colspan="2">적합한 시간
• 하루가 시작될 때, 간식 전후, 동화나 자유놀이 시간 후에 하는 것이 좋다.
• 종일반의 경우에는 짧은 음률활동 시간을 오전과 오후에 두 번 하는 것도 가능하다.
• 학기 초에는 5~10분 정도로 하고, 학기 중간쯤부터 10~15분 정도의 시간으로 진행한다. 학기 말에는 유아의 흥미도와 집중도에 따라 15~20분 정도의 시간을 할애할 수도 있다.
피해야 할 시간
대부분의 음률활동은 신체적인 활동이 포함되어 있기 때문에 실외활동 이후, 점심과 낮잠 직후, 이른 아침, 유아가 피곤한 상태이거나 흥분되어 있을 경우에는 피하는 것이 좋다.</td>
</tr>
<tr>
<td>노래 부르기</td>
<td>유아기 특성
유아는 삶 속에서 노래를 즐기고 언어처럼 자연스럽게 노래를 습득할 수 있는 능력이 있다.
새 노래의 효과
• 유아는 노래를 부르며 즐거움과 심미감, 자기주도감과 성취감을 느낄 수 있다.
• 다양한 노랫말 표현을 익히며 언어적 감수성과 어휘력을 발달시킬 수 있다.
• 노랫말 속에 포함된 사회적·과학적 개념을 쉽게 학습할 수 있으므로 노래 부르기는 개념학습에서 통합적인 접근 수단으로 자주 활용되는 교수학습방법이다.
새 노래 지도의 일반적인 3단계
① 노래를 듣고 노랫말을 탐색하며 노래 속 음악적 요소를 찾아보는 「노래 탐색 단계」이다.
② 멜로디만 부르기, 노래의 특정 부분만 부르기, 노래를 나누어 부르기 등 다양한 방법으로 부르며 노래를 익히는 「노래 배우기 단계」이다.
③ 노래 전체를 부르고 노랫말이나 음악적 요소에 변화를 주어 부르는 「노래 부르기 단계」이다(김진영, 2010).
– 그러나 모든 노래를 같은 방식으로 지도하면 각 노래가 지니는 고유한 특징과 색깔을 살릴 수 없으므로 유아의 심미감 발달에 효과적이지 않다. 따라서 노래의 특징과 유아의 사전 경험 등을 고려하여 각 노래에 알맞은 교수법을 활용해야 한다.
노래 부르기 지도 방법
• 노래 부르기 활동은 유아의 관심과 흥미, 놀이 주제에 따라 노래를 선정하여 별도의 집단활동 시간에 진행하거나, 놀이시간에 유아들에게 자연스럽게 노래를 소개하고 함께 불러보는 방식으로 진행할 수 있다.
– 이 경우 놀이에 참여하지 않는 유아들도 같이 불러볼 수 있도록 제안하고, 이후 모여 앉아 있는 시간에 노래를 소개하여 다른 유아들도 노래 부르기 과정에 참여할 수 있도록 한다.</td>
</tr>
</table>

MEMO

SESSION #9

MEMO

	악기연주	**개념 및 특징** • 유아는 물건의 소리에 흥미를 느끼고 자발적으로 소리를 만들며 탐색하기를 즐긴다(조성연 외, 2015). • 유아교육기관에서의 악기연주활동은 이러한 유아의 선호를 반영하여 자연, 일상의 물건, 악기 등의 다양한 소리를 탐색하고 직접 표현해 볼 수 있도록 하는 활동이다. **악기연주의 효과** • 악기연주를 통해 유아는 여러 악기의 음색을 비교하며 감각적 능력을 발달시키고 집중력을 높일 수 있다. • 특정한 연주법에 따라 근육을 움직이면서 소근육 조절능력을 발달시킬 수 있다. • 악기를 통해 자신의 느낌과 생각을 표현하는 과정에서 긍정적 정서를 느끼고 표현하는 능력을 증진시킬 수 있다. **악기연주 지도 방법** • 악기를 다루는 방법은 일상에서 교사의 신호 악기 소리를 듣거나 음률영역에 제시된 악기로 연주하는 놀이를 통해 자연스럽게 익힐 수 있도록 한다. – 이때 교사는 악기의 이름과 사용하는 방법을 소개하고, 음률영역에 악기를 두어 여러 유아가 자유롭게 탐색하고 연주할 수 있도록 한다(이정환 · 김희진, 2017). • 놀이시간에 연주해 본 경험을 바탕으로 활동시간에 노래에 맞추어 악기를 연주해 보는 활동으로 확장할 수 있다. – 유아가 소리의 강약, 속도, 리듬 등의 음악적 요소에 변화를 주어 다양한 방식으로 연주하면서 음악을 만들어 내고 표현하도록 한다.
	음악 감상	**개념 및 특징** • 음악 감상은 유아가 소리를 듣고 변별하는 능력을 바탕으로 다양한 음악을 듣고 음악적 요소를 인식하며 느낌을 표현하는 활동이다. – 유아는 음악 감상을 통해 음악에 대한 선호가 생길 수 있고, 음악을 깊이 있게 느끼고 이해할 수 있으며, 노래 부르기나 동작활동을 위한 토대를 이룰 수 있다(이정환 · 김희진, 2017). **음악 감상 지도 방법** • 음악 감상을 위한 음악은 음악적 요소가 쉽게 지각될 수 있고 길이가 짧으며 구체적인 상황이나 사물을 묘사하는 곡이 좋다. • 전체 음악을 모두 감상하기보다는 유아가 흥미로워할 부분만 감상하는 방법도 효율적인 음악 감상 지도방법이다. • 음악을 들은 후 무슨 생각이 나는지, 어떤 느낌이 들었는지 유아들과 이야기를 나누고, 음악에 대한 배경정보를 제시하여 유아가 음악을 깊이 있게 이해하고 즐길 수 있도록 한다. • 음악 감상은 특정 집단활동으로 실시할 수도 있지만, 놀이시간이나 간식시간, 점심시간에 배경음악을 틀어 주어 감상하게 함으로써 일상생활에서 자연스럽게 음악 감상 기회를 제공하는 것이 좋다.

동작활동

개념 및 특징

- 동작활동은 유아가 자신의 신체를 인식하고, 동작에 영향을 주는 요소에 대한 인식을 발전시키며, 창의적이고 효율적인 움직임을 만드는 활동이다(홍용희 외, 1999).
  - 신체활동을 위한 넓고 안전한 공간을 마련해 주며, 신체 표현을 촉진하는 다양한 도구들을 활용한다.

동작활동의 효과

- 동작활동을 통해 유아는 기초적인 운동능력을 발달시킬 수 있다.
- 자신감과 성취감, 즐거움 등의 긍정적인 정서도 경험할 수 있다.
- 자신의 생각이나 느낌, 주변의 사물 등을 움직임으로 표현함으로써 비언어적 의사소통 능력을 기를 수 있다.
- 자신의 몸과 주변 환경을 탐색하고 위치적 관계를 인식하며 인지발달을 이룰 수도 있다 (오연주 외, 2012).

동작활동의 유형

유형	내용
기본동작활동	• 기본동작활동은 인간이 취할 수 있는 다양하고 복잡한 수많은 움직임의 기초가 되는 동작이다. – 기본동작에는 이동 동작, 비이동 동작, 조작적 동작이 포함된다(홍용희 외, 1999).
다른 사람에 의해 만들어진 동작활동	• 다른 사람에 의해 만들어진 동작활동은 유아가 음악에 맞추어 정해진 동작을 그대로 따라하는 활동으로, 유아교육기관에서 빈번하게 실시되는 동작활동 유형이다. 동작의 순서와 내용이 정해져 있으므로 유아는 언제 어떤 동작을 할지 기억하여 수행해야 한다(홍용희 외, 1999). – 따라서 활동을 실시하기 전에 동작의 개수, 복잡성, 동작을 지시하는 노랫말의 유무 등의 요인을 충분히 검토하여 유아의 연령과 발달 수준에 적합한 활동을 선정해야 한다.
창의적 동작활동	• 창의적 동작활동은 유아가 자신의 생각이나 느낌을 움직임으로 표현하는 활동이다. – 유아는 창의적 동작활동을 하면서 특정 대상이나 현상을 자신만의 관점으로 탐색하고 그 특징을 독특한 움직임 표현방식으로 만들어 냄으로써 관찰력과 창의력을 발달시킬 수 있다. – '~가 되어 보기'처럼 유아가 움직임 대상이 되는 상상을 통해 실감나게 몸을 움직여 볼 수 있다. – 창의적 동작활동은 학급에서 진행되는 교육의 주제나 유아들의 놀이 주제 및 소재와 연결하여 실시하기 쉬운 동작활동이다.

게임활동

개념 및 정의

- 게임은 두 명 이상의 유아가 일정한 규칙에 따라 경쟁하는 활동이다.
  - 게임을 놀이의 한 종류로 보기도 하나, 지켜야 하는 규칙과 승부가 있다는 점에서 유아주도적이고 자유롭게 진행하는 놀이와는 다르다(이정환 · 김희진, 2017).

게임의 효과

- 게임을 통해 유아는 운동능력을 향상할 수 있고, 게임의 방법과 규칙을 지키는 과정에서 사회적 기술을 증진할 수 있다.

MEMO

<table>
<tr>
<td></td>
<td>

- 게임에 참여하는 과정에서 정서적인 즐거움과 만족감을 느낄 뿐만 아니라, 역할을 완수하고 승패를 가르는 과정에서 성취감과 부정적 정서를 순화하는 경험도 할 수 있다.
- 또래와 한편이 되어 참여하는 게임의 경우 문제해결을 통한 협력과 의사소통기술도 향상할 수 있는 등 게임은 유아에게 다양한 교육적 상황을 제공하는 활동이다.

게임의 구분

자유대형 게임	자유대형 게임은 승부가 뚜렷하지 않고 방법이 비교적 단순한 게임으로, 유아가 각자의 음악에 맞추어 자유롭고 즐겁게 공간을 돌아다니다가 특정 시점에서 지시를 따르는 방식으로 진행된다. 예 '수대로 모이기', '색깔놀이' 등이 이에 해당한다.
원 게임	• 원 게임은 유아들이 원 대형으로 둘러앉아 진행하는 게임이다. – 원 게임을 할 때 유아들은 편에 소속되지 않고 순서에 맞게 자신의 역할만 수행하면 되며 승부가 없으므로 심리적 부담감이 적다. – 원 게임은 편 의식이 발달하지 않은 어린 연령에 적합한 게임이다. 예 '공 굴려 오뚝이 맞추기', '자리 바꾸기' 등이 있다.
편 게임	• 편 게임은 유아들이 둘 이상으로 편을 나누어 공동의 목표를 향해 편끼리 힘을 합쳐 노력하여 승부를 가르는 게임이다. – 규칙과 게임 방법을 정확히 이해하고 따라야 하며, 개인이 아니라 편이 이기는 것이 목적이므로 자기조절능력과 협동심, 이해력 등의 능력이 필요하다.

유의점

- 게임 방법은 유아가 이해하기 쉬워야 하며, 교사가 시범을 보이거나 게임 카드를 만들어 게임 방법과 규칙을 알려줄 수 있고 유아가 만들 수도 있다.
- 게임의 승패 결과를 강조하기보다 게임을 즐기는 것에 중점을 두고, 게임에 이기고 지는 것에 지나치게 집착하지 않도록 한다.
- 게임을 진행할 때, 유아가 규칙이나 질서를 잘 지키면서 끝까지 게임을 마칠 수 있도록 한다.
- 경쟁을 유도하는 게임보다 협력을 강조하는 게임을 계획한다.

</td>
</tr>
<tr>
<td>요리활동</td>
<td>

개념 및 특징

요리활동은 유아가 주도적으로 만들 음식을 정하고, 재료를 알맞게 준비하며, 만드는 과정에 직접 참여한 후 완성된 음식을 먹고 정리하는 일련의 활동을 말한다.

요리활동의 효과

- 유아는 재료의 특성을 탐색하고 계량하는 과정과, 재료를 섞고, 치대고, 가열하는 등의 조리하는 과정에서 물리적·화학적 변화를 경험하면서 수학적·과학적 기초 개념을 형성한다.
- 요리와 관련된 어휘를 이해하고 사용하면서 언어발달을 이룰 수 있다.
- 요리 중에 서로 도움을 주고받고 순서를 기다리며 음식을 공평히 나누는 과정에서 사회성을 발달시킬 수 있다.
- 어른들이 하는 일을 자신들도 해냈다는 점에서 성취감과 만족감, 자신감을 가질 수 있다.

</td>
</tr>
</table>

MEMO

	요리활동의 진행 • 요리활동을 처음 경험하는 유아가 많거나 어린 연령의 경우, 특별한 도구 없이 간편하게 조리할 수 있는 요리활동을 계획하는 것이 좋다. 유아들이 점차 요리에 익숙해지면 다양한 도구와 조리법을 활용한 요리활동을 계획한다. • 요리활동은 재료 탐색하기, 요리 순서 알아보기, 요리하기, 요리한 음식 먹어 보기, 자리와 도구 정리하기 순서로 전개한다. 조리는 정해진 단계에 따라 정확한 방식으로 진행되어야 하며, 유아가 도구 사용에 익숙하지 않은 경우가 많아 교사의 도움이 자주 필요하다. 그러므로 요리활동은 대집단보다는 소집단으로 진행하는 것이 바람직하다. • 요리과정에서 자칫 안전사고가 일어날 수 있으므로 유아가 조리기구를 안전하게 사용할 수 있도록 각별한 주의가 필요하다.
과학활동	**개념 및 특징** 과학활동은 유아가 스스로 또는 친구들, 교사와 함께 호기심을 가지고 특정 사물이나 현상을 관찰하거나 실험하면서 대상의 특성을 탐구하는 활동이다. **과학활동의 효과** • 과학활동을 하면서 유아는 의문을 가지고 이를 해결하는 과정을 통해 창의력과 문제해결력, 논리적 사고력을 기를 수 있고, 그 결과로 물리적 지식과 논리 · 수학적 지식을 습득할 수 있다. • 또한 물체와 현상을 탐구하는 과정과 결과에서 다양한 과학적 개념과 어휘를 습득할 수 있다. 친구들과 함께 과학활동에 참여할 때 궁금한 점과 해결 방법에 대한 서로의 생각과 의견을 나누며 의사소통 능력을 발달시킬 수 있고, 함께 문제를 해결하는 과정에서 협력하는 태도도 기를 수 있다. **과학활동의 진행** • 과학활동은 개별적으로 과학영역에서 활동하면서 관찰하고 실험하며 기록하는 개별활동과 교사의 계획하에 집단이 함께 참여하는 집단활동으로 나눌 수 있다. – 집단활동으로 과학활동을 진행할 때 교사는 해결하고자 하는 문제를 명확히 제시하고 유아들과 가설을 세운 후 이를 검증할 수 있는 방법을 합의해 간다(신지연 외, 2016). – 유아들과 함께 마련한 방법을 유아 주도적으로 실행하도록 하여 직접 가설을 검증하게 하고, 교사는 이 과정에서 필요한 자료를 준비하거나 적절한 도움을 제공하는 등의 역할을 한다. – 과학활동의 소재는 유아의 관심사나 놀이로부터 찾는다. 이때 유아의 참여 정도가 크고, 변화가 빠르거나, 감각기관을 통해 관찰이 가능한 활동을 선정하도록 한다. – 교사가 자료를 모두 준비하거나 실험 방법이 어려워 교사 주도적으로 진행해야 하는 활동이나 유아가 직접 관찰하기 어려운 활동은 유아를 위한 과학활동이라고 보기 어렵다(이정환 · 김희진, 2017). 유아들이 관심을 두는 소재를 가지고 주도적으로 활동할 수 있는 유아중심의 과학활동을 선정하도록 한다.

memo

미술활동	**개념 및 특징** 미술활동은 그리기, 만들기, 꾸미기, 구성하기 활동을 통해 미술재료의 특성을 탐색하고 미술의 요소인 색과 형태, 선을 발견하는 활동이다. 또한 유아들은 자연과 사물이 지닌 아름다움을 체험하고 자신의 생각과 느낌을 창의적으로 표현할 수 있는 기회를 갖게 된다. **미술활동의 효과** • 미술활동을 하면서 유아는 팔과 손의 근육을 원하는 대로 사용함으로써 소근육과 눈-손 협응력을 발달시킬 수 있다. – 자신의 생각을 자유롭게 표현함으로써 즐거움을 느낄 수 있다. • 자신만의 방식대로 미술활동을 계획하고 실행하면서 작품을 완성하는 과정에서 문제해결력을 기를 수 있고 성취감을 맛볼 수 있다. • 다양한 재료를 사용하면서 사물의 특성에 대해 알게 된다. – 친구들과 함께 작품을 만드는 경우 서로의 생각을 공유하고 재료를 나누어 사용하는 등 사회적 능력을 발달시킬 수 있다. • 다양한 선, 색, 형태, 질감 등 미술적 요소를 탐색하는 가운데 심미감과 미적 안목을 기를 수 있다. **미술활동의 진행** • 미술활동은 놀이시간에 유아가 자발적으로 하고 싶은 미술활동을 원하는 대로 자유롭게 하는 형태와, 교사가 준비한 미술활동을 소집단으로 모여 함께 하는 형태로 나뉜다. – 교사가 계획하는 미술활동은 주로 주말 동안 재미있었던 일이나 현장학습을 다녀온 후 기억에 남는 일 그림 그리기, 행사를 위한 작품이나 초대장 만들기 등 모든 유아가 참여하는 경우와, 학급에서 진행 중인 특정 교육 주제나 놀이 주제와 관련하여 유아의 관심과 흥미를 확장하고 놀이를 지원하기 위해 실행하는 경우로 나눌 수 있다. – 놀이 지원을 위한 미술활동의 경우 모든 유아가 반드시 참여해야 하는 것은 아니지만, 많은 유아가 참여하도록 권유하여 유아로 하여금 즐거움을 느끼고 친구들이 하는 놀이에 관심을 가지며 미술활동의 교육적 효과를 누릴 수 있도록 한다.
NIE (신문 활용 교육)	• NIE활동은 신문 기사를 활용하여 심화학습이 가능하며, 유아들의 생활에 영향을 미치는 살아 있는 교육과정을 진행할 수 있다. • 연령에 따른 NIE 교육방법 – 만 5세의 경우 신문의 내용과 그것이 자신에게 미치는 영향을 이해하고 이를 통해 건설적이며 반성적인 사고가 가능하다. – 부분적으로 이해하기 어려운 내용을 교사가 유아들의 수준에 맞게 재조직 및 재구성하여 제시한다. • NIE 수업단계 ① 1단계: 생활주제에 관련된 신문 기사를 선택한다. ② 2단계: 신문 내용에 대해 심도 있는 탐색(교사)을 실시하고, NIE 수업 모형(3단계)에 따라 교육 내용을 재구성한다.

MEMO

③ 3단계: NIE 수업 모형에 따라 교육활동을 전개한다.

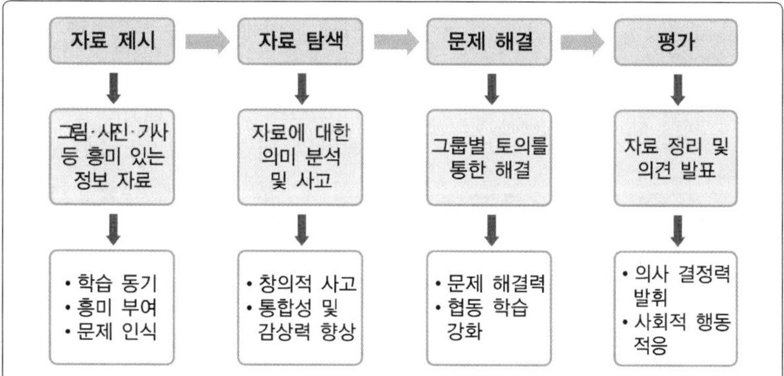

④ 4단계: 활동 결과물을 전시하고, 최종 평가를 실시한다.

토의활동	동화를 활용한 토의 교수 전략을 위한 구체적인 절차	
	① 갈등 상황의 제시 및 문제의 명료화	• 갈등 상황이 포함되어 있는 동화를 들려준다. • 유아들이 동화의 내용을 이해하였는지 알아보기 위하여 질문을 하고 갈등 상황을 일깨워 준다. – 갈등 상황의 이해를 힘들어할 때는 그림 자료를 다시 제시하여 문제 상황을 규명한다.
	② 토의의 유도와 촉진	• 주인공이 어떻게 해야 한다고 생각하며, 그 이유는 무엇인지 이야기하게 한다. – 유아들이 자발적으로 자신의 생각을 이야기하면 교사는 유아들의 이야기를 다시 한 번 정리해 준다.
	③ 갈등상태의 유지	• 갈등상태가 유지되도록 개입한다. – 갈등 상황과 초점이 맞지 않는 이야기로 토의의 갈등과 벗어날 때, 교사는 상황을 상기시키는 질문을 하여 토의의 초점이 문제 상황에서 벗어나지 않게 한다.
	④ 논쟁의 균형 유지	• 유아들이 한 유아의 주장에 동조하는 경향을 보일 때 교사는 논쟁의 균형이 유지되도록 소수 의견이나 반대 의견을 지지하는 질문을 한다. • 유아들이 자신의 의견이나 생각을 말할 때 대답을 강요하지 않는다.
	⑤ 등장인물의 감정 생각하기	토의가 끝나갈 무렵, 유아들이 생각하는 해결 방안을 따르면 등장인물의 기분이 어떨지에 대해 생각해 본다.
	⑥ 등장인물의 감정을 글로 표현하기	등장인물들의 기분이 어떨지에 대해 생각해 보고 글로 써 본다.

MEMO

(3) 바깥놀이 및 실외활동

<table>
<tr><td rowspan="2">바깥놀이</td><td>바깥놀이
계획 및 운영</td><td>• 유아교사들은 바깥놀이의 필요성과 교육적 가치를 깊이 인식하고 이를 교육계획에 최대한 반영하고자 하는 노력을 해야 한다.
• 바깥놀이 시간의 계획은 유아의 연령과 계절 및 날씨, 유아의 상태, 생활주제와의 연관성, 실내 신체활동과의 균형, 유아교육기관의 시설 여건 및 다른 학급과의 놀이시간과 공간 분배 등을 고려하여 다양하게 할 수 있다.
– 점심식사 전 40분, 귀가 전 20분, 오전 30분, 오후 30분 정도가 적절하다.
– 7, 8월: 기온이 가장 높은 오후 2시경은 피하고 대신 오후 4, 5시경이 적절하다.
– 11월 말에서 2월까지: 오히려 햇볕을 많이 받을 수 있도록 오후 2시경에 하는 것이 적절하다.
• 2019 개정 누리과정에서는 바깥놀이를 포함하여 놀이시간을 2시간 이상 확보하되, 날씨와 계절, 기관의 상황, 유아의 관심사와 놀이 특성 등을 고려하여 융통성 있게 편성·운영하도록 하고 있다.
– 바깥놀이는 미세먼지, 날씨 등을 고려하여 실내놀이로 편성 운영할 수 있고, 다른 날은 바깥놀이를 길게 편성할 수도 있다.
– 황사나 미세먼지로 인해 바깥놀이를 하지 못하는 날이 많아진 요즘, 비오는 날에는 바깥에 나가 비 놀이나 물놀이를 하며 비오는 날의 자연을 탐색하고, 눈 오는 날에는 눈 놀이를 하도록 계획하는 적극적인 자세가 필요하다.
• 유아교육기관이 바람직한 실외 놀이환경을 구비하지 못한 경우, 지역사회 인근놀이터 및 공원, 뒷산 등을 활용함으로써 환경적 제약을 적극적으로 극복하기 위해 노력해야 한다.</td></tr>
<tr><td>바깥놀이의
교육적 가치</td><td>• 유아가 순수한 내적 동기와 흥미에 기초하여 자발적으로 놀이에 참여함으로써 심신의 건강과 전인적 성장을 도모하게 된다.
• 바깥놀이는 자유롭고 안전한 신체활동의 기회가 극히 제한적인 현대 유아에게 자신의 몸을 자유롭게 움직이면서 몸에 대해 긍정적인 인식을 가지고, 다양한 신체 및 운동기술의 발달을 도모하도록 돕는다.
• 유아는 안전한 놀이환경 속에서 자신의 신체와 다양한 놀이기구를 활용한 자발적인 놀이경험을 통해 몸의 균형과 운동의 방향, 속도, 마찰 등의 기초적인 물리적 개념들을 몸으로 체득하게 된다.
예 달리다가 멈출 타이밍을 놓쳐서 넘어지고 부딪치면서 공간을 지각하고 속도와 거리의 관계를 인식하게 되며 신체조절능력을 배우게 된다.
• 안전한 바깥놀이를 위해 매일 바깥놀이 전후와 놀이시간을 통하여 놀이터 안전규칙에 대해 이야기 나누고 평가하는 시간을 가지게 되는데, 이를 통해 유아는 자신과 타인의 안전을 도모하기 위해 해야 할 행동과 하지 말아야 하는 행동을 배우게 된다.</td></tr>
</table>

MEMO

<table>
<tr><td rowspan="2"></td><td></td><td>• 다양한 동식물을 직접 만나 생명의 소중함을 배우고 자연과 친밀해질 뿐만 아니라 주의 깊은 탐색을 통하여 계절의 변화에 따른 자연의 미세한 변화를 느끼며 감동할 수 있는 시간을 제공한다.
➔ 계절에 따라 계속 변화하면서 새로움을 주는 주변 환경에 대한 민감성과 관찰능력을 기르고, 놀이의 즐거움을 느끼면서 적극적으로 활동에 참여하게 된다.</td></tr>
<tr><td>안전관리</td><td>• 위험하지 않으면서 모험적이며 도전적인 놀이, 다양하고 창의적인 놀이를 할 수 있도록 구성한다.
– 교사는 매일 아침 출근길에 바깥놀이터를 돌아보고, 놀이터의 청결 상태와 파손 여부를 확인한 다음 입실하는 습관을 가져야 한다.
– 유아교육기관에서는 놀이터 시설관리인을 지정하여 업무를 분장하고 관련 연수를 받게 한다.
– 매일 놀이터 시설물의 상황을 점검하여 일지에 기록하고, 문제가 발견되었을 때는 이를 신속하게 보수할 수 있도록 한다.
– 관할기관으로부터 정기적으로 실외 놀이시설에 대한 안전점검을 받는다.
– 바깥놀이 시설은 유아의 안전을 위해 「어린이 놀이시설 안전관리법」에 따른 시설기준을 적용하여 설치한다.</td></tr>
<tr><td>실외활동</td><td colspan="2">지도방안
• 학년 초 멘토활동
– 학년 초 혼합연령(복식) 학급에서는 큰 연령 유아들이 어린 연령 유아들의 바깥놀이 도와주기를 멘토활동으로 운영할 수 있다.
– 이를 위해 큰 연령 유아를 대상으로 어린 연령 유아들을 위해 도와줄 수 있는 일, 조심해야 할 일 등을 충분히 이야기한 후 큰 연령 유아와 어린 연령 유아를 짝을 지어 활동할 수 있다.
– 즉, 큰 연령 유아들은 실외놀이로 전이하는 시간부터 시작하여 어린 연령 유아들의 옷 입고 벗기, 신발 신고 벗기에 도움을 준다거나, 놀이기구를 함께 이용하면서 놀이방법이나 안전한 사용법 등을 알려줄 수 있다.
• 고정 놀이기구 멘토활동
– 고정 놀이기구를 전담하여 안전한 놀이방법을 안내하고 도와주는 형태로도 멘토활동을 운영할 수 있다.
– 하지만 만 4세, 만 5세도 항상 위험에 노출되어 있는 유아임을 감안하여 멘토활동의 내용을 고려해야 하며, 큰 연령 유아들의 안전관리를 소홀히 해서는 안 된다.
• 큰 연령 유아들 지도방안
– 어린 연령 유아들이 실외활동에 익숙해지면 큰 연령 유아들에게 모험놀이, 거친 놀이를 제공하여 즐길 수 있도록 하고, 이로 인해 어린 연령 유아들이 다치는 일이 없도록 유의한다.</td></tr>
</table>

MEMO

	자연체험을 위한 산책활동 • 필요성: 주변에 자연물이 있는 장소를 찾아 유아들과의 주기적인 산책활동을 통해 자연에 대한 지식을 얻고, 자연을 한 생명체로서 아끼고 늘 교감할 수 있는 친화감 형성을 도울 수 있다. • 지도 시 중점사항 – 산책을 가는 길에서 접하게 되는 꽃이나 나무, 곤충, 하늘, 여러 가지 풍경들은 모두 흥미로운 관찰대상이 될 수 있으므로, 유아들이 그냥 지나치지 않도록 주의를 환기시킨다. – 자연환경을 눈으로만 관찰하기보다는 만지고, 듣고, 보고, 냄새 맡는 등 오감을 충분히 활용하도록 하며 탐색, 관찰, 조사를 격려한다. – 산책 장소에서 발견한 자연물을 이용한 다양한 놀이 및 동화, 노래 짓기 등을 유도한다. 유의점 • 자연에 있는 모든 것의 이름에 대해 말해 주려고 생각하지 않을 것 • 자연에 대한 지식보다 자연의 아름다움과 호기심에 중점을 둘 것 • 단순한 경험부터 시작할 것 • 말로 설명하기보다 많이 보여줄 것 • 자연 속에서 산책하면서 관찰하게 하고 느껴보게 할 것 • 자연적인 더러움에서 오는 불편을 감수하게 하고 이에 대처하게 할 것 • 산책 후 느낀 경험을 평가(회고)하는 시간을 가질 것 • 자연을 놀이실 안으로 들여놓을 것 • 우리가 아는 모든 물체나 자연물은 그 뿌리가 자연 세계에 있음을 자연스럽게 알게 할 것

(4) 일상생활 지도

등원 지도	• 유아교육기관에서의 교육은 유아들이 등원할 때부터 시작된다. 교사는 유아들이 기관에 도착하기 전 미리 실내외 환경을 점검한다. 교실의 청결 상태 점검, 환기와 온도 및 습도조절, 유아들의 개인용품 확인 및 정리, 투약의뢰서 확인 등을 하며 유아들을 맞이할 준비를 한다. • 유아들이 등원하면 교사는 따뜻하고 반가운 태도로 유아를 맞이하면서 건강 및 심리 상태 등을 점검한다. – 보호자와 대면이 가능하면 전날 밤이나 당일 아침 유아에게 있었던 특별한 일이나 건강, 기분 등에 대한 정보를 교환한다. 특히 심신이 불편해 보이는 유아의 경우 상태를 면밀히 관찰하고 보호자와 소통하여 유아의 상태에 대한 정보를 얻도록 하며, 기관에서 지내기 어려울 만큼 아프거나 전염병이 의심되는 경우 즉시 귀가하도록 조치한다. • 유아가 개인용품을 가져온 경우 이름을 써서 장이나 서랍에 정리하여 보관할 수 있도록 도움을 준다. • 또한 유아가 신발과 겉옷을 알맞은 곳에 바르게 정리할 수 있도록 지도한다. • 투약이 필요한 경우 투약의뢰서를 잘 확인하여 투약방법과 양, 약품 보관 방법 등을 숙지하고 냉장 보관이 필요한 약은 반드시 약품전용 냉장고에 보관하도록 한다.

MEMO

	• 학기 초 어린 연령 유아의 경우 기관에 함께 온 부모와 헤어지기 어려워하는 경우가 종종 있다. – 이때 유아가 부모와 인사할 시간을 충분히 주고, 유아가 불안감과 서운함의 감정 표현을 할 경우 교사는 이를 수용하며 인정해 준다. – 동시에 유아가 인심하고 놀이에 참여할 수 있도록 따뜻한 태도로 흥미로운 놀이를 소개함으로써 부모와 헤어질 수 있는 분위기를 조성한다.
급식 및 간식 지도	• 음식물 섭취는 유아에게 신체적인 건강뿐만 아니라 정서적인 안정과 기쁨을 주는 행위로, 간식과 식사의 형태로 매일의 일과에서 규칙적으로 이루어진다. – 유아는 친구들, 선생님들과 함께 음식을 먹으며 서로 긍정적인 관계를 형성하고 개별적인 음식 선호도를 발달시키며 건강한 생활습관과 사회적인 예절을 배울 수 있다. • 급식과 간식 시간에 교사는 되도록 편안한 분위기를 조성하고 유아가 바른 방법으로 즐겁게 음식을 먹을 수 있도록 지도한다. • 연령에 따른 급·간식 지도 – 영아의 경우 교사가 간식 및 식사 준비부터 배식, 정리까지의 전 과정을 대부분 맡아 한다. 영아에게 적당량의 음식을 골고루 제공하고 영아 혼자서 음식을 먹을 수 있도록 지도한다. 친구들, 선생님과 모여 일정한 절차에 따라 함께 즐겁게 음식을 먹는다는 것을 이해할 수 있도록 한다. 자조능력이 급속히 발달하지만 흘리는 음식물이 많기 때문에 교사의 지도가 필요한 시기이고, 식사 중에 돌아다니는 영아의 경우 교사가 부르면 바르게 앉아서 먹는 연습을 시켜 기본적인 식사예절을 갖추도록 한다(이화여대 어린이연구원, 2016). – 만 3세 이상의 유아는 급식과 간식의 전 과정에 적극적으로 참여할 수 있다. 교사가 식사 환경을 마련하고 기본적인 배식을 하면 유아는 음식을 더 요청하거나 덜기, 먹은 자리 정돈하기, 식기 정리하기 등을 스스로 할 수 있다. – 만 5세가 되면 유아가 돌아가며 배식을 담당할 수 있다. 적절한 양의 음식 섭취와 골고루 먹기, 깨끗하게 먹기 등의 건강한 생활습관을 지도하며, 바로 앉아서 먹기, 음식을 입에 넣은 채 이야기하지 않기, 적당한 크기의 목소리로 말하기 등의 바람직한 식사예절을 익힐 수 있도록 지속적으로 지도한다. • 간식 시간 – 유아의 연령이나 운영 시간, 시기 등을 고려하여 정하며, 오전간식은 10시경, 오후 간식은 2~3시 정도가 적당하다. • 식사 자리 – 학기 초에는 표시를 해두어 지정된 자리에서 먹게 하고, 학기 중반이 지나면 원하는 자리에 앉아 식사를 하게 할 수도 있다. – 특히 학기 초에는 재원생과 신입생, 동생과 형이 서로 도우며 식사를 할 수 있도록 자리를 배치하면 교사가 지도하기에 용이하다. • 식품 알레르기를 가진 유아 지도 – 식품 알레르기를 가진 유아의 정보를 모두 공유할 수 있도록 이를 교사용 게시판에 부착해 둔다. – 유아에게 지정된 자리에서 식사를 하게 하면서 알레르기 유발 음식을 표시해 두어 해당 음식을 공급받지 못하도록 할 수 있다.

SESSION #9

MEMO

		– 팔찌나 목걸이 등의 부착물에 자신이 알레르기가 있음을 표시하는 것이 좋다. – 위험이 예상되는 음식은 절대로 먹지 말고, 에피네프린(Epinephrine) 휴대를 통해 응급 시 사용한다. • 점심식사 정리 – 식기정리, 양치질, 투약 – **조용한 활동 진행**: 점심식사 시간은 간식 시간에 비하여 시간차가 많이 생기는 편이므로 식사를 끝낸 유아들이 조용히 앉아서 할 수 있는 놀이를 준비하여 놀이하도록 하거나, 소집단으로 동화나 동시, 음악을 감상하는 활동을 실시할 수도 있다.
청결 지도	손 씻기	• 건강한 성장과 발달을 위해 유아는 청결한 행동을 습관화해야 한다. 특히 손은 많은 먼지와 세균에 노출되어 있고 손 씻기는 전염병을 예방할 수 있는 가장 좋은 습관이므로 수시로 손을 씻는 생활습관을 형성해야 한다(강민정 외, 2018). • 연령에 따른 손 씻기 지도 – 어린 영아의 경우 소매를 걷는 것에서부터 비누칠을 하고 물기를 닦은 후 소매를 내리는 전 과정에서 교사의 도움이 필요하다. 아직 언제, 왜 손을 씻는지에 대한 정확한 이해는 하지 못하지만 하루 중 손 씻기 시간이 있다는 것을 알게 된다(이화여대 어린이연구원, 2016). 교사는 손을 씻어야 할 때와 손을 씻는 이유를 구체적인 언어로 설명해 주도록 한다. – 만 3세 이후 유아는 손 씻는 상황을 이해할 수 있고, 스스로 손을 씻을 수 있는 능력이 생긴다. 교사는 바른 손 씻기 방법을 알려주고 유아가 스스로 실천할 수 있도록 꾸준히 지도한다.
	이 닦기	• 이 닦기 지도는 이를 닦아야 하는 필요성을 이해하는 것과 스스로 이를 닦는 능력을 기르는 데 교육의 목표가 있다(이화여대 어린이연구원, 2016). • 연령에 따른 이 닦기 지도 – 어린 영아의 경우 언제 이를 닦아야 하는지에 대한 이해가 없으나, 만 2세 정도가 되면 하루 중 이를 닦거나 물 양치를 하는 시간이 있음을 알게 된다. 교사가 영아의 이를 닦아 주면서 이 닦는 방법을 설명하거나, 영아 스스로 먼저 닦아 보게 한 후 교사가 다시 깨끗이 닦아 주는 방법으로 이 닦기 지도를 한다. – 만 3세 이후 유아는 왜, 언제 이를 닦는지 명확히 이해하고 자조능력이 발달하여 스스로 이를 닦을 수 있는 능력이 생기므로, 치약을 짜거나 양치도구를 정리하는 과정에도 참여할 수 있도록 지도한다.

MEMO

배변 훈련 및 화장실 지도	• 배변 훈련 및 화장실 지도는 영아의 경우 요의(尿意)나 변의(便意)를 느낀 후 화장실에 도착할 때까지 참는 능력, 유아의 경우 용변을 스스로 처리하는 능력을 기르는 데 목표가 있다. • 연령에 따른 배변 훈련 및 화장실 지도 – 영아가 대소변을 보고 싶은 느낌이 들 때 표정이나 언어로 표현하고 기저귀 가는 과정에 적극 참여할 수 있도록 한다. – 교사는 영아의 표정이나 몸짓, 말을 잘 듣고 관찰하여 배변 훈련이 순조롭게 이루어질 수 있도록 한다. 배변 훈련 초기에는 기저귀 위에 팬티를 입어 보게 하거나 자신이 입고 싶은 팬티를 직접 고르게 하는 등 팬티를 입는 것에 대해 긍정적이고 친숙하게 느낄 수 있도록 한다. 영아가 배변 욕구를 해소할 수 있도록 일과 중 화장실 가기를 주기적으로 자주 계획하고 배변 의사를 물어보도록 한다. 특히 어린 영아의 경우 배변 훈련 및 용변 처리 능력은 개인차가 크므로 개별 영아의 발달 특성에 맞게 지도하고 무리하게 배변 훈련을 시작하지 않도록 한다. – 유아는 스스로 화장실에 가서 용변을 처리할 능력이 생긴다. 일반적으로 만 3세 이후에는 소변을 본 후 스스로 뒤처리를 할 수 있다. – 만 4세까지는 대변을 본 후 교사가 뒤처리를 도와야 하지만, 만 5세 이후에는 대변을 본 후 스스로 뒤처리를 할 수 있다. 유아가 용변을 처리한 후 휴지를 변기에 잘 넣고 물을 내리는 등의 바른 화장실 사용 습관과 용변을 본 후 깨끗이 손을 씻는 습관을 가질 수 있도록 지도한다.
낮잠 및 휴식 지도	**중요성 및 목표** • 영유아의 성장은 급격하고 활발하게 이루어지므로 몸의 피로와 긴장감을 해소하고 필요한 에너지를 보충하는 낮잠과 휴식은 매우 중요하다(신혜원 외, 2019). • 낮잠 및 휴식 지도는 몸과 마음을 쉬게 해야 하는 필요성을 알고 스스로 낮잠이나 휴식을 위한 준비를 하며 실천하는 능력을 기르는 데 목표를 둔다. • 연령에 따른 낮잠 시간 – 일반적으로 영아는 2시간 내지 2시간 30분 정도 낮잠을 자고, 만 3세 이후 유아는 1시간 내지 1시간 30분 정도 잔다. 교사가 매트를 깔면 영유아가 침구를 가져오거나 정리하는 등 낮잠 준비 및 정리 과정에 조금씩 주도적으로 참여할 수 있도록 지도한다. – 만 5세가 되면 유아에 따라 낮잠을 자지 않고 20분 정도 누워서 휴식을 취할 수 있게 배려하거나 1시간 정도의 낮잠을 자기도 한다(이화여대 어린이연구원, 2016). – 낮잠시간은 연령에 따라 그 요구가 다르므로 만 5세 유아가 만 3, 4세 유아의 낮잠을 방해하지 않도록 낮잠 자는 공간과 휴식하는 공간을 분리하거나 교구장 등으로 공간을 구분하여 운영하는 것이 좋으나, 교사가 유아들의 낮잠을 도와줄 여력이 없다면 한 공간 내에서 자는 곳과 휴식하는 공간을 구분하되 교사의 시야 내에서 운영하는 것이 좋다.

MEMO

- 낮잠 준비 및 낮잠을 자지 않는 경우
  - 영유아는 이 닦기, 손 씻기, 편한 옷 입기 등의 낮잠 잘 준비를 하고 교사는 실내 온도, 채광 등을 점검하여 영유아가 쾌적한 환경에서 낮잠을 잘 수 있도록 한다. 영유아에게 안정감과 편안함을 줄 수 있는 음악이나 동화를 들려줄 수 있다.
  - 잠들지 않거나 충분히 자지 못하고 깨는 영아의 경우 적절한 휴식을 할 수 있도록 하고, 어느 정도 휴식한 후에는 책 읽기나 퍼즐 맞추기, 그림 그리기 등의 놀이를 할 수 있도록 한다.

낮잠과 휴식 지도 시 교사의 준비 및 활동실 점검

- 활동실을 환기한다.
- 적절한 실내 온도를 유지한다.
- 기저귀 상태를 확인한다.
- 자는 영유아를 수시로 살핀다.
- 활동실을 정리하거나 바닥을 닦는다.
- 조도를 조절한다(불빛, 블라인드, 커튼 등).
- 편안한 옷으로 갈아입는다.
- 영유아가 자는 동안 활동실에 함께 있는다.

유아 관찰

- 모든 유아들이 잠이 들면 교사는 유아들의 낮잠 습관을 관찰한다.
  - 유아들이 낮잠을 자는 시간 동안 교사는 잠자는 유아들 상태나 자세들을 계속 살펴보아야 한다.
- 개인 조사서를 통해 파악한 낮잠 습관 외에 문제가 되는 습관(예 생식기 만지기, 심한 이 갈기 등)이 있으면 부모와 상담한다.
- 평소와 다른 모습을 보이는 경우(예 식은 땀 흘리기, 평소에 없던 잠꼬대나 뒤척임 등)에는 주의 깊게 관찰하여 하원 지도 시 부모에게 알리도록 한다.
- 낮잠실 한 편에 휴지와 간단한 구급약품, 체온계를 구비해 두어 필요한 경우 즉시 사용할 수 있도록 한다.

영아돌연사증후군

어린 영아의 경우 영아돌연사증후군(Sudden Infant Death Syndrom : SIDS)을 예방하기 위해 영아가 자는 동안 절대 활동실을 비우지 않고 영아의 수면과정을 유심히 관찰하도록 한다.

영아돌연사증후군 예방 지침

- 영아를 재울 때 등을 바닥으로 하여 바로 눕힌다.
- 요나 침구 바닥이 단단한 것을 사용한다.
- 영아를 재울 때 이불로 머리와 얼굴을 덮지 않는다.
- 영아가 자는 주변에 부드러운 물건, 놀잇감, 느슨한 이불 등을 치운다.
- 자는 동안 실내가 너무 덥지 않게 한다(22~25℃ 권장).
- 영아 주변에서 흡연을 금한다.
- 성인과 같은 침대를 사용하거나 바로 옆에서 자지 않는다.
- 잠을 잘 때 너무 어둡지 않도록 하여 영아의 얼굴 표정을 살필 수 있도록 한다.
- 침대 사용 시 안정성을 확인한다.

MEMO

정리정돈 지도	• 정리정돈은 영유아가 주변 환경을 청결히 하는 생활습관을 형성하고자 자신이 놀이한 것은 자신이 치워야 한다는 책임감을 갖도록 하는 데 목표를 두고 일상생활 속에서 수시로 실행한다. 교사는 영유아가 놀이한 후 치워야 한다는 인식을 가지고 점차 주도적으로 치울 수 있도록 지도한다. 전이활동의 예시 • 손유희 • 노래 부르기 • 악기 소리 듣고 움직이기 • 수수께끼 • 정리정돈 시간의 교육적 의미 – 바른 생활습관을 형성할 수 있다. – 분류와 측정 능력을 신장시킬 수 있다. – 책임감, 협동, 자발성을 기를 수 있다. • 연령에 따른 정리정돈 지도 – 만 1세나 2세의 영아는 정리정돈의 개념, 놀이 후 정리해야 한다는 개념 등을 잘 모르는 경우가 있으므로 이를 이해할 수 있도록 교사가 지속적으로 상호작용을 하며 영아를 적극적으로 도와 정리를 한다. – 유아는 정리정돈의 개념과 필요성을 인식하고 스스로 정리할 능력이 생기므로 적극적으로 정리할 수 있도록 격려하고, 잘 참여하지 않거나 치울 장소를 모르는 유아들을 개별적으로 도와주도록 한다. • 정리정돈의 방법 – 정리정돈은 개별적으로 하는 정리정돈과 학급 영유아가 모두 함께 하는 정리정돈으로 나눌 수 있다. – 개별적으로 하는 정리정돈은 하던 놀이를 끝내고 다른 놀이를 하러 갈 때 먼저 했던 놀이를 치우는 것으로 놀이 중 수시로 이루어진다. – 모두 함께 하는 정리정돈은 놀이나 활동시간이 끝난 후, 점심 먹기 전 등 특정 시간 동안 교실 전체를 깨끗이 정리하는 것을 의미한다. 영유아가 개별적인 정리와 함께 하는 정리에 적극적으로 참여할 수 있도록 교사가 적절히 격려하고 지도하며 도움의 수위를 조절해 나가야 한다.
평가 및 귀가	• 일과를 마친 후 집으로 돌아가기 전 간단히 하루를 회상하는 활동을 통해 하루 동안 재미있었던 일이나 불편했던 일들을 회상하고 앞으로 해야할 일이나 특별한 전달 사항을 이야기한다. – 평가 시간은 대략 5~10분 정도가 적절하다. – 평가 및 귀가 시간은 개별 유아들이 하루의 일과를 조용히 정리하고 즐거운 마음으로 부모님을 만날 수 있도록 정서적인 지지를 해야 한다. • 귀가할 때는 개별 귀가하는 경우, 기관 차량으로 귀가하는 경우, 방과후 과정으로 기관에 남아 있는 경우 등을 잘 파악하여 유아 상황에 맞게 지도한다. – 방과후 과정으로 이동하는 경우에는 담당교사에게 전달 내용을 정확히 인계하도록 한다. – 귀가 지도가 이루어진 후에는 보호자가 유아의 안전에 전적으로 책임이 있음을 알리도록 한다. • 또한 유아가 자신의 작품이나 가정통신문, 투약 용구 및 개별 소지품 등을 잘 챙기도록 지도한다.

SESSION #9

MEMO

귀가 지도	• 귀가시간은 유아마다 차이가 있고 자칫 긴장이 풀어질 수 있는 시간이므로 교사는 유아 모두가 귀가할 때까지 안전하게 지낼 수 있도록 주의를 기울여야 한다. • 특히 만 3세 유아의 경우 귀가하는 과정에서 혼자 기관 외부로 나가거나 위험한 행동을 하지 않는지 더 세심하게 살피도록 한다. • 등원시간과 마찬가지로 형제와 같은 나(多) 연령 간, 친구인 동일 연령 간에 친근한 인사를 주고받도록 격려하여 구성원 간의 친밀감을 높이고 다음 날 만날 것을 기대할 수 있도록 한다.

3 환경구성

참고

환경구성의 원리

• 유아의 심리적 안정, 신체적 안전, 발달적 적합성, 다양성을 고려하여 구성하는 것이 바람직하다.
  - 공간은 유아가 활동할 수 있을 만큼 충분히 넓어야 한다.
  - 시설 설비와 교구는 유아의 연령 및 신체 발달에 적합하여 유아가 성인의 도움 없이 스스로 사용하고 정리할 수 있도록 한다.
  - 유아에게 매력적이고 교육적으로 의미 있는 활동을 제공하도록 환경을 구성한다. 이를 위해 유아에게 활동선택권을 주는 다양한 흥미 영역을 실내외 공간에 배치할 수 있다.
  - 청결하고 안전한 환경을 제공하고, 적정 온도나 습도를 유지해야 한다.
  - 환경은 유아의 발달 특성에 적합하여야 한다.
    예 유아의 연령이 낮을수록 일상적이고 개별적인 보살핌을 위한 환경 구성이 필요하고, 감각적인 경험의 기회가 많이 포함되는 환경을 제공한다.
  - 유아가 장시간 유치원이나 어린이집에 머물 경우 혼자 놀거나 쉴 수 있는 공간이 필요하며, 일상적인 보살핌 혹은 낮잠을 위한 물건이나 놀잇감 보관을 위한 저장 공간을 마련한다.

(1) 실내 환경 구성(흥미영역 구성의 원리)

개념 및 정의	• 흥미영역이란 분리대나 칸막이를 사용하여 분명한 경계를 두어 구분하는 교실의 각 영역을 말한다(씨펠트, 1980). - 실내놀이 공간은 교실의 크기, 교실의 현재 상태, 교육목적 및 프로그램 내용, 유아의 인원수와 연령 등을 고려하여 흥미영역을 구성하고, 각 영역에 일정한 공간과 놀이에 필요한 시설물이나 놀이자료를 제공한다.
교육적 효과	• 각 놀이 간의 경계가 뚜렷해지므로 다른 놀이를 하는 유아의 방해를 받지 않고 놀이에 집중하는 시간이 길어진다. • 각 영역별로 놀이를 하는 데 필요한 놀이 자료와 공간이 제공되어 유아가 좀 더 발전된 형태의 놀이를 할 수 있다. • 제공된 여러 종류의 놀이 중에 유아가 원하는 놀이를 스스로 선택하게 되므로 의사결정 능력과 자율성 및 독립심이 증진된다. • 유아 개개인의 놀이 속도에 따라 활동을 진행할 수 있다. • 유아의 흥미에 따라 폭넓은 경험의 기회를 제공해 준다.

MEMO

효과적인 흥미영역이 되기 위한 흥미영역 구성 시 고려사항	• 각 흥미영역은 놀이의 특징을 고려하여 적절한 인원이 들어가 놀이할 수 있는 충분한 공간을 제공한다. – 유아와 유아 간, 유아와 교구 간, 유아와 교사 간에 상호작용이 일어나기 위해서는 충분한 공간이 필요하다. • 교사가 모든 영역을 한 눈에 볼 수 있도록 함과 아울러, 유아의 사생활을 보호한다는 느낌을 주기 위해서 영역 배치 시 교구장 및 칸막이를 L, U형으로 설치한다. – 놀이 공간의 구분을 위해 낮은 교구장을 사용하면 유아가 다른 영역에서 일어나는 활동에 의해 방해받지 않고 주의 집중할 수 있으며, 유아의 안전을 위한 관리·감독이 용이해진다. • 여러 종류의 활동이 가능하도록 쌓기, 역할, 언어, 수·조작, 과학, 미술, 음률, 컴퓨터 영역 등을 구성·배치하고, 각 놀이 영역에 글씨나 그림으로 구성된 영역 표시판을 붙인다. – 유아교육의 중요한 목적은 유아가 스스로 선택하는 것을 배우도록 도와주는 것이므로 영역을 구성하고 표시하여 유아들에게 선택할 내용을 명확하게 제시해 주는 것이 필요하다. • 조용한 영역과 활동적인 영역은 분리하여 배치하고, 서로 연관되는 영역은 인접하게 배치하여 놀이 효과를 높인다. – 역할영역과 쌓기 영역을 서로 가까이 배치하면 남아와 여아가 함께 놀이하도록 자극할 수 있을 뿐만 아니라 쌓기 놀이와 역할놀이가 혼합된 것보다 발전된 놀이로 유도할 수 있다. – 단, 언어, 수, 조작 영역 등의 조용한 영역과는 떨어진 곳에 배치하는 것이 좋다. • 유아가 필요로 하는 교재·교구는 쉽게 사용할 수 있도록 교구장에 진열하며, 그림이나 명칭카드를 붙인다. – 유아는 교재·교구를 손쉽게 이용할 수 있을 때 환경에 대한 책임감을 배우고 자아존중감을 키울 수 있다. – 교재·교구의 체계적인 분류는 적절한 사용을 증진시킨다. – 각 교구가 속하는 장소에 그림이나 명칭카드를 붙임으로써 유아가 스스로 정리정돈할 수 있도록 돕는다. • 유아가 휴식을 취할 수 있고, 혼자서 또는 친구와 함께 숨을 수 있는 편안한 공간을 제공한다. – 기관에서 오랜 시간을 머무는 유아에게는 은밀하게 숨는 공간이 있을 때 편안함과 안정감을 갖게 된다. • 놀이 영역의 배치는 필요에 따라 변경할 수 있도록 한다. – 교구장이나 기타 시설물은 이동하기 쉽도록 제작하여 유아의 요구 및 참여 인원 수에 따라 놀이 영역을 확대 혹은 축소시킬 수 있도록 한다. – 주제에 따라 놀이 영역의 배치를 변화시키거나 연령별, 학기별로 변화시킬 수 있다. • 놀이 결과로 생산된 유아 작품을 유아의 눈높이에 맞게 전시한다. – 유아의 독창적인 작품을 전시하는 것은 성인이 유아 자신의 노력을 존중하고 중요하게 여기고 있음을 느끼게 해준다. – 자기 눈높이에 있는 그림에 집중하므로 유아의 눈높이에 맞게 전시해준다.

MEMO

<table>
<tr><td></td><td colspan="2">• 영역 간의 통로를 만들어야 하며, 교실의 출입구 가까이에는 영역 배치를 피하도록 한다.
– 서로의 놀이를 방해하지 않으면서 집중을 잘 할 수 있도록, 한 영역에서 다른 영역으로 이동하기 쉽게 통로를 확보하고 출입구 가까이에 영역을 배치하지 않는다.
• 영역에 따라 물을 사용하거나 소음을 줄이기 위한 바닥재를 고려한다.
– 건조한 영역: 바닥에 앉아서 하는 활동이 많으므로 소음을 줄이기 위한 부분카펫을 깔아준다.
– 물을 필요로 하는 영역: 바닥이 젖지 않고 쉽게 닦아낼 수 있는 바닥재를 사용한다.</td></tr>
<tr><td rowspan="5">실내공간 구성 기준 (Frost & Kissinger, 1976)</td><td colspan="2">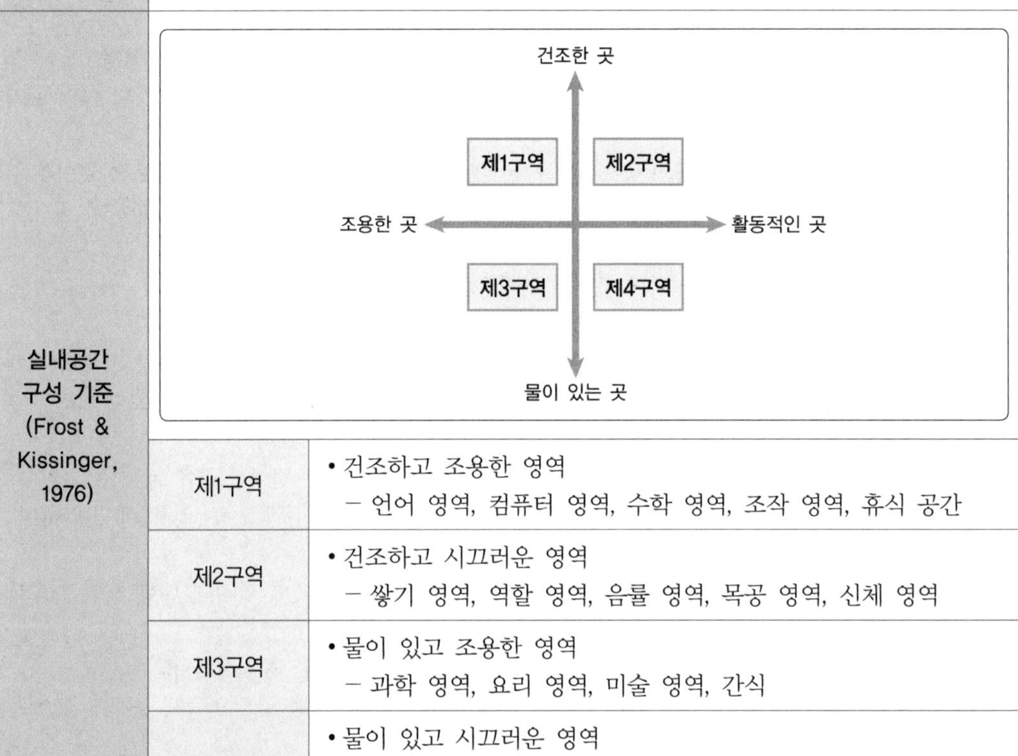</td></tr>
<tr><td>제1구역</td><td>• 건조하고 조용한 영역
– 언어 영역, 컴퓨터 영역, 수학 영역, 조작 영역, 휴식 공간</td></tr>
<tr><td>제2구역</td><td>• 건조하고 시끄러운 영역
– 쌓기 영역, 역할 영역, 음률 영역, 목공 영역, 신체 영역</td></tr>
<tr><td>제3구역</td><td>• 물이 있고 조용한 영역
– 과학 영역, 요리 영역, 미술 영역, 간식</td></tr>
<tr><td>제4구역</td><td>• 물이 있고 시끄러운 영역
– 물·모래 영역, 물감을 사용하는 미술활동, 물을 사용하는 과학활동, 화장실, 세면대 등</td></tr>
</table>

휴식공간과 벽면 공간 활용

<table>
<tr><td>휴식공간</td><td colspan="2">• 휴식을 위한 공간은 놀이 공간과 분리하는 것이 바람직하다.
• 별도의 조용한 공간이 없거나 장소가 협소한 경우에는 교실 내에 휴식 장소를 마련한다.
• 또한 휴식 공간은 환기가 잘 되어야 한다.
• 휴식 공간은 조명을 조절할 수 있는 커튼이 필요하다.
• 정기적으로 휴식 공간을 일광처리 하는 등 위생적으로 관리한다.</td></tr>
<tr><td rowspan="3">벽면구성</td><td colspan="2">벽면구성은 유아의 학습과 성장을 돕는 또 하나의 물리적 환경이 될 수 있다.</td></tr>
<tr><td>벽면구성의 교육적 효과</td><td>• 진행되는 주제 또는 유아들의 놀이 및 활동을 반영하는 실물, 모형, 사진, 그림, 관련 도서 등을 전시하여 유아의 놀이 및 학습에 대한 동기를 부여할 수 있다.
• 유아들의 놀이 및 활동과정 사진과 그 결과물을 전시함으로써 유아는 자신의 경험을 재방문하고 확인할 수 있는 기회를 갖게 된다.
• 유아들의 작품을 다양하게 전시해줌으로써 유아가 자신이 한 놀이 및 활동에 성취감과 자신감, 자아존중감을 느끼게 된다.
• 여러 가지 정보자료나 유아들의 작품을 가장 잘 돋보일 수 있는 방법으로 전시함으로써 심미감을 발달시킬 수 있다.
• 교사의 주관적 평가보다는 유아와 유아의 상호 간에 보고 느끼는 작품 감상의 기회를 가짐으로써 다른 유아들의 생각과 느낌을 함께 나누는 기회를 갖게 된다.
• 다른 유아의 작품과 함께 전시된 자신의 그림을 보며 한 집단의 일원으로 소속감을 느끼게 한다.</td></tr>
<tr><td>효과적으로 벽면을 구성하기 위한 방법</td><td>• 교사의 작품을 가능한 한 줄이고 유아의 작품 중심으로 벽면을 구성한다.
• 유아의 작품과 사진 자료, 실물, 그림, 예술품, 연관된 도서, 화분 등을 곁들여 전시하는 것도 효과적이다.
• 작품의 게시는 유아의 눈높이를 고려한다.
　– 유아 스스로 게시할 수 있도록 부착이 쉬운 게시판을 알맞은 높이로 제공한다.
• 유아들의 작품을 그대로 전시하기보다는 뒷면에 색지나 화선지, 포장지 등을 대주면 더 매력적으로 보인다.
　– 게시판은 각 흥미영역에서 나오는 결과물의 특성을 고려하여 다양한 형태(네모, 동그라미, 세모 등) 및 재질(자석겸용 화이트보드, 융, 코르크, 자석 칠판 등)의 것을 사용한다.
• 작품을 획일적으로 붙이기보다는 붙일 것인지, 매달 것인지 등 입체적인 것도 고려한다.
• 벽면에 구성된 자료들은 적절한 시기에 교체하여 변화를 주도록 한다.
　– 계절, 주제의 변화, 유아교육기관의 행사 등을 고려하여 벽면을 구성한다.</td></tr>
</table>

MEMO

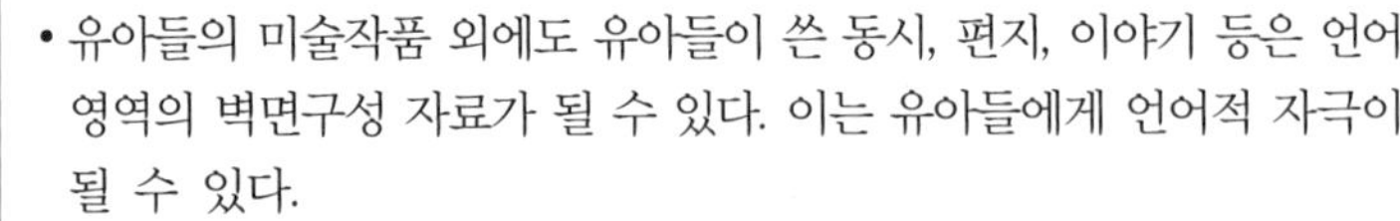

		• 유아들의 미술작품 외에도 유아들이 쓴 동시, 편지, 이야기 등은 언어 영역의 벽면구성 자료가 될 수 있다. 이는 유아들에게 언어적 자극이 될 수 있다. • 음률 영역에는 음악가의 사진, 세계 여러 나라의 악기 사진, 춤 동작 사진 등도 게시할 수 있다. • 과학 영역에는 식물과 동물, 우주, 자연현상과 세계의 자연환경에 대한 사진 자료를 게시할 수 있다. • 유아들에게 기본생활습관을 지도하기 위한 그림, 사진 자료, 안내글도 게시할 수 있다.

참고

유아중심 · 놀이중심의 놀이 공간 – 교실

개념	• 개정 전 누리과정에서의 놀이 공간은 각 영역별로 구분되어 있었으며, 영역에 따라 구분된 놀이 공간은 유아에게 다양한 경험을 제공하였다. – 그러나 공간의 구분은 때때로 유아의 놀이 흐름을 중단시키거나 방해할 수도 있다. • 유아는 놀이의 흐름에 따라 자연스럽게 영역별 기존 공간을 재구성한다. 놀이의 전개 속에서 새로운 목적을 부여하여 의미상 다른 공간으로 사용하기도 하고, 자신들의 놀이에 적합한 공간을 스스로 찾아내거나 만들기도 한다. 예 쌓기 놀이 영역에서 놀이가 진행되는 중에 흐름에 따라 가작화가 발생하면서 역할놀이로 전환되기도 한다. 또한 역할놀이 영역 내에서 자료 탐색놀이로 전환되어 수 세기나 실험과 같은 활동이 이루어지기도 한다. – 이처럼 유아의 놀이 공간은 고정된 것이 아니라 유아의 놀이에 따라 공간을 자유롭게 통합적으로 사용할 수 있다. – 따라서 정해진 흥미영역이 교실 내에 모두 배치되어야 하는 것은 아니며, 놀이의 흐름에 따라 융통성 있는 공간으로 배치하는 것이 적절하고 필요하다.
고려 사항	유아중심 · 놀이중심의 교실 놀이환경 구성을 위해 고려해야 할 점 • 놀이영역을 고정적으로 배치하지 않고 유아의 흥미와 놀이의 흐름에 따라 놀이 공간이나 영역의 크기, 위치 등을 융통성 있게 조정하여 준다. – 유아 놀이의 진행에 따라 놀이 공간을 확장하거나 축소할 수 있으며, 위치도 변경할 수 있다. – 기존의 놀이 공간 구성에서 유아들의 놀이를 방해하는 요소가 있다고 판단되면 교사는 놀이를 방해하는 가구나 구조물을 치울 수 있다. – 유아들의 관심이 덜한 영역이나 놀잇감 등도 제거하고, 유아들의 흥미와 관심 속에서 진행되는 놀이가 확장될 수 있도록 놀잇감, 시간, 공간 등을 지원해 줄 수 있다. • 놀이 공간구성에서 유아의 의견을 반영하여 배치하도록 한다. – 유아 주도의 놀이과정에서 유아의 놀이를 따라 자연스럽게 유아 스스로 놀이 공간을 배치하거나 변경할 수 있도록 한다. ➔ 유아는 자신의 놀이 공간이라는 애정을 가지고 놀이에 더욱 몰두할 수 있다. • 개정 누리과정의 유아중심 · 놀이중심 교육과정에서 제시한 5개 영역(신체운동건강, 의사소통, 사회관계, 예술경험, 자연탐구)의 내용이 유아의 다양한 놀이 경험과 연계될 수 있도록 다양한 놀잇감을 제공하고 놀이환경을 조성해준다. • 교실 환경의 안전, 위생, 환기, 청결, 조명, 습도, 채광을 중시하여 최적의 놀이환경이 조성되도록 세심하게 배려한다.

MEMO

(2) 실외 환경 구성

<table>
<tr><td rowspan="3">실외 환경의 배치</td><td colspan="2">동적인 영역과 정적인 영역을 분리하여 활동을 배치한다.</td></tr>
<tr><td>동적활동 영역</td><td>달리기, 공놀이, 자전거 타기, 물·모래 놀이 등 적극적인 활동</td></tr>
<tr><td>정적활동 영역</td><td>작입하기, 휴식하기, 책읽기 등</td></tr>
<tr><td rowspan="2">실외 환경 구성</td><td colspan="2">• 외부의 차량이나 사람들로부터 유아를 보호할 수 있도록 울타리나 담장으로 둘러 싸이도록 한다.
• 전체적인 바깥놀이 활동을 교사가 잘 감독할 수 있도록 영역을 구성한다.</td></tr>
<tr><td>운동놀이</td><td>미끄럼이나 그네와 같은 운동 놀이기구를 이용하는 놀이와, 공, 막대와 같은 작은 도구나 몸을 활용하는 놀이가 있다.
놀이시설 설치
• 대근육 운동 능력을 기르고 기구를 이용하는 방법을 습득할 수 있도록 기어오르기, 매달리기 등 다양한 운동놀이를 할 수 있는 놀이 시설을 설치한다.
• 활동 공간에 적절한 인원수, 기구의 견고성, 공간 바닥 등에 대해 정기적으로 안전 점검을 실시한다.
• 기구나 도구의 안전한 사용법을 지도하여 유아 스스로 자신의 안전을 지킬 수 있는 능력과 태도를 갖도록 한다.
• 운동놀이 기구 주변 바닥은 모래, 잔디를 깔거나 충격을 흡수할 수 있도록 표면을 처리한다.
• 운동놀이 기구는 유아의 신체 치수에 적합해야 하며, 모서리, 마무리 처리, 칠 등이 안전하게 처리되어야 한다.
영역의 배치
• 다른 영역보다 공간을 많이 차지하므로 다른 영역과의 조화를 고려한다.
• 조용한 영역과 떨어진 곳에 배치한다.
놀잇감 및 교재·교구
• 놀이 기구: 크기가 다른 공, 굴렁쇠, 후프, 줄넘기, 제기, 고무줄 등
• 운동놀이 기구: 그네, 평균대, 뜀틀, 매트 등
• 복합 놀이시설: 시소, 미끄럼틀, 그네, 정글짐, 그물망, 오름판 등
연령별 구성
• 만 3세
– 미끄럼이나 오름 틀의 경사가 완만하고 길이가 짧은 것을 제공한다.
– 자전거 등 탈것은 소형으로 제공하여 운동놀이의 즐거움을 갖도록 돕는다.
• 만 4세
– 미끄럼이나 오름 틀은 신체 조건에 적합한 것을 제공한다.
– 신체 조절 능력, 평형감각, 지구력 등을 길러주는 평균대 걷기, 공 굴리기, 고무줄뛰기 등 다양한 운동놀이 기구를 비치한다.</td></tr>
</table>

MEMO

		• 만 5세 – 모험놀이를 비치하여 도전적인 놀이를 해 보도록 돕는다. – 달리기, 구르기, 균형 잡기, 뛰어내리기 등 다양한 신체 경험을 해 볼 수 있도록 한다. – 놀이 기구를 다른 용도로 활용하는 아이디어를 내어 놀이를 할 수 있도록 영역을 구성한다. – 한 가지 놀이를 지속적으로 하여 신체나 기구를 다루는 데 익숙해지게 하며 스스로 안전 규칙을 만들어 보도록 한다.
	물 · 모래 놀이 영역	**활동의 효과** • 모래와 물은 사용방법이 정해져 있지 않아 부담 없이 마음대로 활동에 몰두한다. • 이 과정을 통해 성취감과 만족감을 느끼게 된다. • 정서적 안정감과 즐거움을 갖게 된다. • 집단놀이 형태로 이루어지는 경우가 많아 친구들과 자연스럽게 어울리는 기회를 갖게 한다. **놀이시설 관리** • 모래가 유실되는 것을 막기 위해 모래밭 가장자리에 고무판을 대거나 테두리를 만들어주고, 유실되는 모래는 1년에 1~2회 보충한다. • 모래를 사용하지 않을 때에는 뚜껑을 덮어 모래를 깨끗하게 관리하고 이물질이 들어가지 않도록 하며 주기적으로 소독을 한다. • 실외 공간이 넓은 경우, 연령과 활동 종류에 따라 모래놀이 영역을 별도로 마련해 주는 것도 좋다. **영역의 배치** • 모래놀이 영역과 물놀이 영역은 인접하여 배치하면 놀이를 확장할 수 있다. • 모래 · 물놀이 영역은 통행이 빈번하지 않은 곳에 배치한다. • 햇볕이 잘 들고 배수가 잘 되는 곳이 적합하다. • 모래놀이 영역과 가까운 그늘진 곳에 유아가 상상력을 키울 수 있도록 다양한 형태의 구조물이나 놀이집, 테이블, 극화놀이 소품 등을 마련한다. **놀잇감 및 교재 · 교구** • 모래놀이를 위한 자료 – 모래놀이용 기구(다양한 크기와 모양의 그릇과 통, 흙 파기 도구), 모형 자동차(포클레인, 지게차, 트럭 등), 모래놀이 테이블 • 물놀이를 위한 자료 – 물놀이 기구(다양한 크기의 그릇, 호스 류, 물뿌리개 등) • 측정도구, 자연물(예 돌멩이, 나뭇가지, 조개껍데기, 열매 등), 정리함, 청소도구, 극화놀이로 확장할 수 있는 다양한 소품 등

MEMO

		연령별 구성 • 만 3세 – 모래와 물을 탐색하는 놀이를 많이 한다. – 모래나 물을 그릇에 담기, 손으로 만지기, 모래 모양 찍기 등을 할 수 있도록 다양한 종류의 그릇, 인형, 공 등을 준비한다. – 물과 모래를 다른 사람에게 뿌리지 않도록 지도한다. • 만 4세 – 물의 특성을 알아볼 수 있는 다양한 도구를 제공한다. – 모래를 탐색하는 활동 이외에 소꿉놀이 도구, 인형, 자동차 모형, 자연물 등을 이용하여 여러 가지 놀이로 확장하도록 한다. – 돌멩이, 풀 등 자연물과 함께 구성하여 놀이하도록 돕는다. • 만 5세 – 물의 양을 측정할 수 있는 다양한 계량 도구를 비치해준다. – 물과 모래를 이용한 여러 가지 실험을 해 볼 수 있도록 교재 및 교구를 준비한다. – 모래 삽, 수로용 플라스틱 관, 투명 호스 등을 제공하여 모래·물놀이가 확장되도록 한다.
	자연탐구 및 관찰 영역	• 유아 스스로 여러 가지 채소를 직접 심고 가꾸어 먹을 수 있도록 함으로써 건강에 대한 인식을 돕고 식품과 건강 간의 관련성도 배우도록 한다. • 나들이를 가거나 공원에 산책을 나가 여러 가지 꽃과 나무 등을 탐색하고 즐길 수 있도록 한다. • 박물관이나 동물원, 식물원, 농장 등 지역사회 기관을 활용하는 것도 좋은 방법이다. **효과** • 동·식물을 기르며 유아들은 관찰하고, 조사하고, 실험하는 등의 탐구 과정에 적극적으로 참여함으로써 탐구를 즐기게 된다. • 자연물에 대한 전문적 지식을 얻고 개념을 형성하게 된다. • 자연에 대한 이해와 정서적 교감을 나누게 된다. **영역 배치 및 지도 방안** • 식물 기르기 영역의 배치 – 햇빛이 잘 들고 물을 사용하기 좋은 곳에 배치한다. – 텃밭을 만들 공간이 부족하다면 크고 작은 화분을 이용한다. • 식물 기르기 영역의 지도 방안 – 유아가 직접 씨를 뿌리고 재배하고 수확하는 과정을 통해 식물의 성장과정과 변화를 관찰하고 이해하도록 한다. – 유아가 사계절 내내 꽃과 열매를 관찰할 수 있도록 꽃나무와 유실수를 계절별로 적절히 안배하여 심도록 한다.

MEMO

		• 동물 기르기 영역의 배치 – 햇빛이 잘 들고 바람이 잘 통하며, 배수가 잘되는 장소에 배치한다. – 자칫 위생상태가 불량해지기 쉬우므로 청소가 용이하도록 만들고 청결하게 관리하여야 한다. – 또한 물과 사료 공급이 쉬운 곳에 설치하여 유아가 직접 먹이를 주고 관찰하도록 한다. **놀잇감 및 교재·교구** • 관찰도구(예 돋보기, 관찰 기록지, 쓰기도구, 곤충채집통), 카메라, 백과사전, 물주기 도구, 크고 작은 화분, 모종삽 등과 같은 '자연 세계를 탐색할 수 있는 도구' • 상추, 배추, 무, 고추, 토마토, 가지, 감자, 고구마 등과 같은 '기르기에 적절한 식물' • 토끼, 닭, 새 등과 같은 '기르기에 적절한 동물' **연령별 구성** • 만 3세 – 주변의 친숙한 동·식물을 관찰하도록 한다. – 식물은 토마토, 고추 등 성장 속도가 빠르고 열매가 맺히는 것을 기르는 것이 좋다. – 동물에게 먹이를 주거나 식물에 물을 주는 활동을 한다. • 만 4세 – 씨를 뿌리거나 모종을 하여 꽃밭과 텃밭을 가꾸며 식물을 기르도록 한다. – 동·식물의 성장과정이나 변화를 그림으로 나타낼 수 있도록 관찰 기록 용지를 준비한다. – 당번을 정해 먹이나 물을 주도록 한다. • 만 5세 – 동·식물의 성장에 관련된 책 등의 자료를 제공한다. – 자기 몫을 정하여 씨를 뿌리거나 모종을 하고 거름을 주며 꽃밭과 텃밭을 가꾼다. – 자신이 기르는 동·식물의 성장과정이나 변화를 그림이나 글로 기록할 수 있도록 관찰 기록 용지를 준비한다.
	작업영역	• 바깥에서 접할 수 있는 다양한 환경의 특성을 통해 다양한 주제와 활동으로 놀이를 확장하도록 한다. – 작업한 활동물을 전시할 수 있는 공간을 마련한다. – 다양한 크기의 블록과 목공 테이블, 목공놀이 도구를 제공하는 것도 좋다.

MEMO

		놀잇감 및 교재·교구 • 핑거페인팅, 점토, 물감 그림을 할 수 있는 이젤, 종이, 그림물감, 다양한 굵기의 붓, 그리기 도구, 목공도구, 비닐 옷 등 • 종이 박스, 나무 박스, 점토류, 밀가루 반죽, 톱밥, 나무젓가락, 빨대, 고무 밴드, 스티로폼, 모루, 스펀지, 수수깡, 자연물(솔방울, 도토리, 돌멩이, 낙엽) 등과 같은 '작업용 자료' • 나무망치, 다양한 그릇, 자, 장갑, 밀기막대 등과 같은 '각종 도구류' **연령별 구성** • 만 3세 – 너무 다양한 자료를 제공하기보다는 기본적인 자료를 자주 바꾸어 주도록 한다. – 핑거페인팅 재료, 큰 붓, 점토를 제공하여 작업활동을 자유롭게 표현하며 즐길 수 있도록 한다. • 만 4세 – 자연물로 꾸미기, 모래 그림 그리기, 물감 흘려 벽화 꾸미기 등의 미술활동과 블록으로 구성하기 등의 활동을 제공한다. • 만 5세 – 다양한 미술 재료 및 자연물을 활용한 놀이, 목공놀이 등 공동 작업에 필요한 자료를 제공한다.
	휴식영역	• 유아들이 동적활동 후 휴식을 취하거나 다른 유아들이 놀고 있는 모습을 보며 편안하게 시간을 보낼 수 있는 영역이다. – 유아들이 편안하게 휴식을 취할 수 있도록 조용한 공간을 마련하여 구성한다. – 다양한 종류의 나무 그늘이나 정자, 지붕이 있는 테라스를 설치하거나, 텐트나 비치파라솔 등을 활용하여 그늘을 마련한다. **놀잇감 및 교재·교구** • 의자나 벤치, 돗자리를 깔아주어 편안한 영역으로 구성하고, 책이나 조작 놀잇감을 제공한다. • 조용한 음악을 들을 수 있도록 음악 CD와 CD플레이어, 헤드셋 등을 준비한다.
	보관창고	• 바깥놀이 기구를 정리하고 보관하기 위한 곳으로, 놀이기구의 적절한 사용과 보관을 위해 필요하다. – 창고는 물이 괴지 않도록 약간 경사진 곳에 위치하는 것이 좋다. – 각종 놀이기구들의 위생 관리를 위해 통풍 및 환기를 시킬 수 있도록 한다. **놀잇감 및 교재·교구** 여러 가지 놀이기구를 정리할 수 있는 선반을 비치한다.

SESSION #9

VI 유아교육과정의 운영 : 교육평가

MEMO

UNIT 23 교육평가

1 교육평가

<table>
<tr><td rowspan="5">교육평가</td><td colspan="2">• 교육평가는 사전에 선정된 교육목표에서 교사가 의도한 변화가 실제 교육과정을 통해 유아에게 일어났는지 확인하는 과정이다. 즉, 교육평가의 궁극적인 목적은 유아의 성장과 발달을 지원하기 위해 교육의 질을 높이는 것이다.
– 유아교사는 자신이 계획하고 운영한 교육과정이 교육대상인 유아의 발달에 긍정적인 영향을 미쳐 교육목표를 달성하였는지와 더불어, 교사 자신이 교육계획을 효율적으로 운영했는지 등을 확인하고 점검하는 과정을 토대로 교육평가를 실행한다. 이에 따라 유아교육평가는 유아에 대한 평가와 함께 교사에 대한 평가, 나아가 프로그램 및 교육기관 전반에 관한 사항을 고루 살펴보는 프로그램 및 기관 평가까지 포괄한다 (이기숙 외, 2019).
• 오늘날의 교육평가는 교육의 마지막 단계라고 생각했던 종전의 관점에서 벗어나 교육과정 전반에서 이루어져야 한다는 관점에 기반하여 교육과 관련된 일련의 모든 것을 포함하는 방향으로 변화되었다. 아울러 평가 대상은 교육 대상인 학습자에게만 국한된 것이 아니라 교육 제공자인 교사에게도 적용되며, 교육의 제반 여건을 포함한 교육환경에 대한 평가까지도 포함한다.</td></tr>
<tr><td>유아 평가</td><td>유아의 발달과 학습과정을 관찰하고 기록하여 문서화하는 과정을 의미한다. 이를 통해 유아의 성장과 변화를 이해하고 유아에게 행동의 변화가 이루어지도록 도움을 줄 수 있다.</td></tr>
<tr><td>교사 평가</td><td>교사가 자신의 교수과정을 반성적으로 돌아보고 판단하여 스스로의 강점과 약점을 인식함으로써 교수 수행을 발전시켜 나가는 과정을 의미한다. 이와 같은 교사 평가를 통해 교육의 질적 발전을 도모하고 자기 향상을 이룰 수 있게 된다.</td></tr>
<tr><td>교육프로그램 평가</td><td>교육프로그램은 교육과정을 이행하기 위한 구체적인 계획으로, 교육프로그램 평가는 프로그램의 질을 진단하고 개선하기 위해 반드시 필요한 과정이다. 유아교육기관에서는 유아교육 프로그램을 개선하고 보완하기 위해 프로그램 효과에 대한 지속적인 평가 결과를 적극 활용할 필요가 있다.</td></tr>
<tr><td>기관 평가</td><td>기관에 대한 체계적 진단과 평가를 통해 기관의 운영이 질 높게 이루어질 수 있도록 하기 위해 실시한다. 국가 수준에서 시행하는 유아교육기관 평가는 유치원 평가와 어린이집 평가가 있다.</td></tr>
</table>

MEMO

2 유아교육에서의 평가

개념	• 유아교육에서의 평가는 유아의 발달을 진단하고 교육과정 개선을 위해 관련 자료를 수집·분석하여 정보를 제공함으로써 교육현장의 의사결정을 돕기 위한 과정으로 정의할 수 있다(이은혜·이기숙, 1995). – 따라서 교육현장의 교사는 평가의 개념과 구조를 이해하고, 평가의 각 과정에서 적절한 도구와 방법을 선정할 수 있어야 한다. 또한 주어진 평가 결과에 기반하여 영유아를 이해하고, 유아교육의 질을 높일 수 있도록 유아교육과정 운영 과정에서 적절한 의사결정을 내릴 수 있어야 한다. • 2019 개정 누리과정에서 평가는 유치원과 어린이집에서 유아가 중심이 되고 놀이가 살아나는 누리과정의 운영을 되돌아보며 개선해 가는 과정이다. – 개정 누리과정은 유치원과 어린이집에서 유아중심·놀이중심 교육과정을 운영하는데 도움이 되고자 평가를 간략화하고 각 기관의 자율적인 평가를 강조하였다.
중점사항	유아교육기관에서는 평가의 목적, 대상, 방법, 결과의 활용을 바탕으로 다음과 같은 중점사항에 기반하여 누리과정 평가를 자율적으로 실시할 수 있다(교육부, 2019). ① 누리과정 운영의 질을 진단하고 개선하기 위해 평가를 계획하고 실시한다. 교육평가의 목적은 누리과정 운영의 질을 진단하고 누리과정 운영을 보다 나은 방향으로 개선하는 데 있다. 교사는 학급 및 기관의 상황과 지역적 특성 등을 고려하여 누리과정 운영을 개선할 수 있도록 평가계획을 수립한다. 이때 평가의 내용, 주기, 시기, 방법 등에 대한 계획은 각 기관 구성원들 간의 협의를 통해 결정한다. ② 유아의 특성 및 변화 정도와 누리과정의 운영을 평가한다. 평가는 유아 평가와 누리과정 운영 평가로 이루어진다. 교사는 유아의 놀이, 일상생활, 활동 속에서 관찰을 통해 유아의 특성과 변화를 이해하고, 이를 통해 유아의 배움과 성장을 돕기 위한 평가를 진행한다. 누리과정 운영 평가는 유아중심·놀이중심으로 적절하게 운영되고 있는지 평가하는 데 목적이 있다. 놀이시간을 충분히 제공하였는지, 놀이 속에서 유아 주도적인 배움이 이루어지고 있는지, 유아의 놀이 지원 및 확장을 위한 교사의 지원이 적절한지 등을 평가한다. 이때 누리과정 5개 영역 내용이 놀이에 잘 반영되고 있는지 점검하며, 이를 유아가 성취해야 할 기준으로 삼되, 해당 내용들이 나타나는지에만 초점을 맞추어 평가하지 않도록 유의해야 한다. ③ 평가의 목적에 따라 적합한 방법을 사용하여 평가한다. 평가 방법은 평가의 목적과 대상에 따라 달라질 수 있으나, 유아교육기관이 지향하는 평가 목적에 가장 적합한 방법을 자율적으로 정하여 활용한다. 교사는 학급별, 기관별 상황과 필요성에 따라 유아의 놀이를 관찰하여 기록하거나 놀이 결과물 및 작품 등을 수집함으로써 변화 과정을 평가할 수 있다. 개정 누리과정에서는 교사가 많이 기록해야 한다는 부담에서 벗어나 유아관찰기록 중 유아 이해 및 놀이 지원에 중요하고 의미 있다고 판단되는 자료를 선별하는 것을 강조하고 있다. ④ 평가의 결과는 유아에 대한 이해와 누리과정 운영 개선을 위한 자료로 활용할 수 있다. 유아의 놀이, 활동, 일상생활을 통해 수집된 자료는 평가의 목적에 맞게 유아가 행복감을 느끼고 전인적으로 발달할 수 있도록 지원하는 데 중요한 근거 자료가 된다. 교사는 수집된 평가 자료를 바탕으로 개별 유아의 특성과 변화 정도를 종합적으로 이해하여 평가하고, 누리과정이 좀 더 나은 방향으로 개선될 수 있도록 지원 방향을 설정한다. 또한 평가 결과는 부모와의 면담자료 및 유아의 생활지도 등에 활용할 수도 있다.

MEMO

(1) 유아 평가

개념	• 유아 평가는 개별 유아에 대한 이해를 높이고 유아의 전인적 발달에 도움을 줄 수 있도록 하기 위해 실시한다. – 교사는 개별 유아 평기를 통해 유아의 특성 및 발달 수준에 대해 깊이 있는 이해가 가능하며, 유아가 가진 잠재력을 발달시키기 위한 지원의 시점, 종류, 수준 등을 파악할 수 있게 된다.
유아 평가 시 고려사항	① 유아의 특성과 변화 정도를 평가한다. • 교사는 교육과정을 통해 유아의 무엇이, 어떻게 변화하였는지 지속적으로 관찰함으로써 유아 평가를 진행한다. – 유아 평가를 통해 알게 된 유아의 발달 수준 및 특성, 변화 정도에 대한 정보는 유아의 놀이에 대한 교사 지원 방향을 비롯하여 부모상담 자료로 활용된다. ② 유아의 지식, 기능, 가치 및 태도를 포함하여 평가한다. • 2019 개정 누리과정에서는 유아가 놀이를 통해 지식, 기능, 태도 및 가치를 함양함으로써 누리과정에서 추구하는 인간상으로 자라나는 것을 강조하고 있다. – 따라서 유아의 평가 과정을 통해 유아의 변화된 모습을 살펴보고자 할 때는 지식, 기능, 태도 및 가치와 관련된 측면을 고루 포함하여 평가하는 것이 중요하다. ③ 유아의 일상생활과 놀이, 활동 전반에 걸쳐 평가한다. • 유아는 유아교육기관에서 지내는 일과 안에서 일상생활과 놀이, 활동 등 다양한 경험을 한다. 따라서 유아 평가 역시 유아의 일상생활, 놀이, 활동 장면을 고루 반영하여 일과 전반에 걸쳐 관찰한 것에 기초하여 평가하는 것이 바람직하다. – 다만 많이 기록해야 한다는 부담에서 벗어나 유아관찰기록 중 유아를 이해하고, 놀이를 지원하는 데 중요하고 의미 있다고 판단되는 관찰 장면을 파악하고 선별하여 관찰, 기록하는 것이 중요하다. ④ 관찰, 놀이 및 활동 결과물 분석, 부모면담 등 적합한 방법을 사용하여 평가하고 결과를 기록한다. • 유아 평가는 평가에 영향을 미치는 다양한 상황적 맥락을 고려하여 적절한 평가 방법을 활용하는 것이 필요하다. – 유아 평가의 기본은 관찰에서부터 시작된다. 교사는 유아가 참여하는 놀이 종류, 놀이에 대한 몰입 정도, 관심과 흥미, 또래관계, 발달 수준 등 놀이 안에서 관찰 가능한 측면을 최대한 구체적으로 기록하여 그 자료를 기초로 유아를 평가한다. – 그뿐만 아니라 유아가 만든 작품이나 놀이 결과물을 주기적으로 수집하여 그 속에서 유아의 변화된 모습을 통해 평가가 이루어지기도 한다. ⑤ 유아 평가 결과는 유아에 대한 이해와 유아교육과정 운영 개선 및 부모면담 자료로 활용할 수 있다. • 주기적으로 이루어지는 유아 평가 결과는 유아의 발달 수준과 유아교육과정 성취 정도를 파악하는 데 활용된다. 개별 유아의 요구를 반영한 교육과정 운영에서 이러한 유아 평가 결과는 매우 중요하다. – 아울러 신뢰성 있는 유아 평가 내용에 기초한 기관과 가정 간 원활한 의사소통 또한 유아의 발달을 지원하는 데 중요한 요소이다.

MEMO

(2) 유아교육과정 평가

개념	유아교육과정 평가는 유아교육과정 실제의 전반적인 측면에 대한 타당성, 효율성, 적절성을 점검함으로써 교육과정의 질적 수준과 효과를 평가하는 것이다.
유아교육과정 평가 시 고려사항	① 유아의 개별적 차이를 반영하여 유아교육과정이 운영되었는지 평가한다. 같은 연령이라도 유아들 간 발달 수준, 기질, 학습 속도 등에서 차이가 있으며, 부모의 양육방식 등 다양한 측면에서 자라온 환경이 다르다. 교사는 이러한 개별 유아의 특성과 경험을 잘 이해하고 인정하여 누리과정 운영 시 유아의 개별적 차이를 적절히 반영하였는지 평가한다. ② 교수학습방법이 유아의 흥미와 활동의 특성에 적합한지 평가한다. 놀이중심 유아교육과정을 운영할 때는 놀이의 맥락과 활동의 유형에 따라 적절한 교수학습방법을 선택, 적용해야 한다. 특히 유아가 놀이에 적극적으로 참여하여 주도적으로 탐색하고 탐구하였는지 여부와 더불어, 교사가 놀이 안에서 유아의 발달과 흥미에 적절한 의미 있는 경험을 지원하였는지 평가한다. 이때 놀이 맥락과 상황에 적절한 상호작용이 이루어졌는지, 놀이와 연계하여 의미 있는 배움이 일어날 수 있는 활동을 잘 반영하였는지 등을 살펴본다. ③ 놀이환경이 유아의 발달 특성과 놀이 주제, 내용 및 효율성 등을 고려하여 구성되었는지 평가한다. 효과적인 유아교육과정 운영을 위해서는 유아의 발달 특성과 흥미에 부합하는 환경 및 자료를 제공해야 한다. 환경은 유아교육기관의 실내외 시설 및 물리적 공간, 자연환경, 유아 주변의 인적 환경 등을 모두 포괄한다. 교사는 유아교육과정의 효율적 운영을 위해 적절한 공간과 시간, 자료를 구비하고 제공해야 한다. ④ 유아교육과정 평가를 위해 개선이 필요한 부분에 적합한 자료를 수집하여 평가한다. 교사는 유아교육과정 운영의 개선 사항이 무엇인지를 점검하고, 개선을 위해 수집해야 할 자료를 결정한다. 유아의 놀이 연계 및 확장이 개선할 점이라면 교사의 놀이 지원 사례를 분석하여 개선 방향을 찾을 수 있다. 한편 개별 유아에 초점을 맞추어 개선이 필요한 상황이라면 개별 유아에 초점을 두어 관찰하거나 유아의 놀이 결과물을 평가함으로써 개선 방향을 찾을 수 있다. ⑤ 교육과정 평가 결과를 반영하여 교육과정 운영 계획을 수정·보완하거나 이후 유아교육과정 편성·운영에 활용한다. 유아교육과정의 평가 결과는 이후 놀이 또는 다음 교육과정 계획에 반영하는 순환적 과정을 통해 유아의 긍정적인 변화를 이끈다. 이때 평가는 유아의 놀이가 진행되는 과정 안에서 관찰을 통해 수시로 진행하며, 평가 결과는 다음날 운영 계획을 수정하여 보완하는 데 기초자료로 활용할 수 있도록 융통성이 있어야 한다. 즉, 2019 개정 누리과정의 계획, 실행, 평가는 순차적인 단계로 이루어진다기보다 유아의 놀이 안에서 교육과정을 계획하고 실행하는 가운데 평가 과정 또한 함께 어우러짐으로써 순환적 과정을 야기한다.

MEMO

순환적 과정

2019 개정 누리과정에서는 유아의 놀이 안에서 교육과정 계획과 운영, 평가 과정이 함께 어우러져 놀이를 지원하고 확장하는 가운데 의미 있는 배움이 일어날 수 있도록 교사의 관찰과 지원이 중요함을 강조하고 있다(교육부・보건복지부, 2019). 즉, 교사는 유아의 놀이를 민감하게 관찰하고, 관찰한 내용을 토대로 유아의 흥미와 관심사, 발달 수준 등을 파악하여 놀이를 지원하는 데 적절한 교육과정을 계획하고 적용한다. 이후 관찰을 통해 변화된 놀이 상황, 유아의 반응, 가르칠 만한 순간 등을 포착하고, 다시금 유아의 놀이와 배움에 필요한 교육과정을 계획하고 적용하는 순환적 과정을 통해 교육과정 계획－운영－평가가 일어나게 된다.

VII 유아교육과정 운영의 실제

MEMO

- 유아교육과정은 유아가 유아교육기관에서 보내는 시간 동안 벌어지는 일들이 교육적 경험이 되도록 하는 이정표 역할을 한다.
  - 이에 유아교육과정을 운영하기 위해 교사는 유아와 보내는 시간 동안 어떤 교육이 어떻게 이루어질지 예상하고 계획을 수립한 뒤, 이를 바탕으로 교육의 실제를 준비하고 실행 과정에서 발견한 사항을 반영하여 교육과정 편성을 새롭게 하거나 수정하는 등의 순환 과정을 반복한다.
  - 교육과정 편성은 1년간의 중요한 경험을 반영한 '연간교육계획'의 수립부터 시작하여 유아의 흥미와 발달, 그 시기에 경험해야 할 교육 내용 등을 반영한 '월간교육계획 및 주간교육계획'의 수립, 매일의 일과와 경험에 대한 '일일교육계획' 수립으로 진행된다.
  - 교사는 계획한 교육과정에 따라 교육활동이나 자료, 환경 등을 준비하고 제공하며, 실행하면서 발견한 새로운 사실과 고민거리들, 이에 따른 반성적 평가를 기록으로 남긴다. 그리고 이를 반영하여 다음 계획을 세운다.
  - 즉, 계획, 준비, 실행, 관찰, 기록, 평가의 순환적인 과정을 반복하여 해당 학급의 유아가 열심히 참여하고 잘 배울 수 있는 교육을 구축해 나간다.

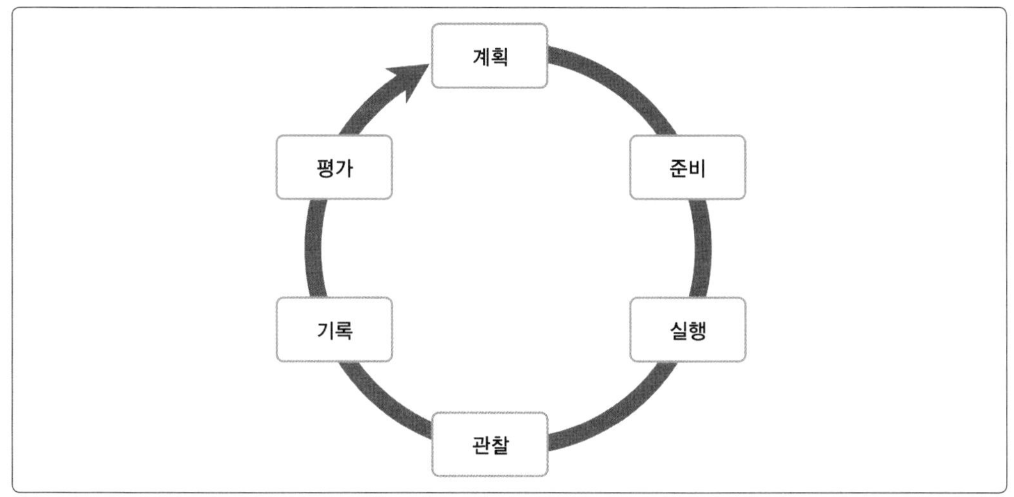

교육과정 편성의 순환 과정

MEMO

UNIT 24 교육계획

 연간교육계획

연간 교육계획 작성 시 고려사항

- 연간교육계획은 국가 수준 교육과정에서 추구하는 인간상, 교육목표, 각 지방교육청의 교육 방향, 기관의 철학, 지역사회의 특성과 요구 등을 고려하여 수립한다.
- 연간교육계획은 기관 전체의 구성원이 공유하는 자료이므로 학급 차원보다는 기관 차원에서 수립하는 것이 일반적이다.
- 연간교육계획을 편성할 때는 1년간의 중요한 경험을 반영한다. 유아들의 기관 적응, 진급, 계절, 명절, 그해의 특별한 국가적 행사(예 올림픽, 월드컵, 선거), 기관 행사 등은 연간교육계획 시 고려해야 하는 중요한 경험이다.
- 국가 수준 유치원 교육과정에서는 유아와 교사가 함께 '만들어 가는 교육과정'을 강조하기 때문에 유아에게서 발현되는 놀이 주제가 학기를 진행하는 동안 즉각적으로 반영될 수 있도록 여지를 남기고 연간교육계획을 작성한다.
  - 즉, 연간교육계획이 수립되었더라도 유아들의 놀이 경험에 따라 주제와 시기, 기간 등이 바뀔 수 있다.
- 전년도 교육과정 운영내용에 대한 평가를 바탕으로 당해 연도의 연간교육계획을 수립할 수 있다.
- '주제'는 적응과 관련된 것, 계절의 변화에 따른 것, 유아들이 흥미 있어 하는 것을 중심으로 대략적으로 계획할 수 있으며, 주제는 고정된 것이 아니므로 유아의 관심과 상황에 따라 변동될 수 있다.
  - 주제별로 세부적인 주제를 정해 두면 유아로부터 시작된 놀이나 유아의 흥미를 반영하기 어려우므로 필수적인 주제 몇 가지를 중심으로 여유롭게 편성하는 것이 좋다.
  - 연간교육계획에 반영해야 하는 주제의 개수나 종류가 정해진 것은 아니므로 이전의 운영 평가내용에 기반하여 대략적인 계획을 세워 두고 융통성 있게 변경해 나가며 운영하는 것이 필요하다.
- 그밖에도 연간교육계획안에는 1년간의 학사일정, 의무적 안전교육, 유치원 행사, 교사교육, 가정과의 연계 행사 등 빠져서는 안 될 교육일정 등을 계획하고 정리해 두어야 한다.
- 연간교육계획안은 정해진 양식이 없으므로 유아교육기관별로 필요한 정보들을 효과적으로 포함하도록 개발하여 사용할 수 있다.

구분	내용
① 작성회의	• 연간 교육계획은 신학년이 시작되기 전 2월 중순경, 전체 교사회의에서 수립한다. • 전년도 연간 교육계획안과 운영 사항을 비교하고 평가한 내용을 반영한다. – 각종 행사나 학사일정의 실시 시점과 기간, 내용 등이 적절했는지 평가하여 금년도의 계획을 수립한다.
② 유아의 특성을 반영한 전개 기간 및 심화 확장	유아의 연령, 발달 정도, 유아 교육기관 경험 유무 등 유아의 특성을 고려하여 연간 교육계획안에 반영한다. 예 유아반 교육을 처음 받는 3세 학급 : 원만한 적응을 위한 교육 내용에 더 많은 시간을 할애한다. 예 재원생들로 구성된 5세 학급 : 적응보다는 좀 더 심화된 경험을 위해 교육과정이 운영될 수 있도록 계획한다.
③ 국가나 지역사회의 행사 포함	• 국가나 지역사회에서 이루어지는 각종 행사는 교육적 필요를 고려하여 연간 교육계획안에 포함시킬 수 있다. – 풍부한 교육적 자원과 유아들의 흥미가 보장된다고 판단되는 행사의 경우 미리 포함시켜 계획하도록 한다. – 이는 유아교육기관과 사회를 더욱 밀접하게 연관시키기 위함이다.

MEMO

	④ 연령 연계	• 만 3, 4, 5세의 연간 교육계획안이 서로 연계되도록 계획한다. • 유아들의 흥미에 따라 주제가 정해진다 할지라도, 이전 연령에서 학습한 주제와 교육 내용을 참고하여 유아가 심화·확장된 경험을 할 수 있게 계획해 나가도록 한다.
	⑤ 안전교육 및 유아교육기관 특색교육 포함	• 국가에서 요구하는 안전교육 법정 시수를 고려하여 교통안전교육, 소방안전교육, 실종예방교육 등을 포함시킨다. • 유아교육기관의 특색교육이나 프로그램이 있는 경우 미리 계획할 수 있다. – 개별 유치원의 행사는 월, 일까지 구체적으로 결정하여 연간 교육계획안에 명시하고 이를 월간 및 주간 교육계획안에 반영한다.
	⑥ 가정에 공지	• 수립된 연간 교육계획안은 학기 초에 가정으로 보내 유아교육기관의 연간 일정을 알리도록 한다. • 공지 이유 – 가정에 유치원 교육에 대한 이해와 협조를 구하기 위함이다. – 부모 또는 다른 가족이 1년 동안의 행사에 참석할 수 있는 계획을 세울 수 있게 해 준다. – 가정과 연계된 경험들을 하도록 돕는 역할을 한다.

2 월간교육계획 및 주간교육계획

월간교육계획 및 주간교육계획 작성 시 고려사항	• 월간교육계획 및 주간교육계획은 일반적으로 유아가 관심을 두는 주제를 활용하여, 한 달 또는 한 주 동안 어떻게 교육적 경험을 제공할 수 있을지를 계획하는 것이다. – 교사는 유아가 국가 수준 교육과정에 제시된 교육 내용을 경험하고 일상에서 보였던 흥미를 확장할 수 있도록 놀이, 활동, 일상생활을 계획한다. • 교사는 전체 또는 개별 유아가 진행하고 있는 놀이에 초점을 두되 유아가 생활 속에서 경험하는 크고 작은 관심사, 일상생활을 편안하게 유지하기 위한 경험, 계절이나 날씨와 같은 자연 현상, 기관의 특별한 행사 등을 반영하여 월간교육계획 및 주간교육계획을 세워야 한다(교육부·보건복지부, 2019). – 특히 국가 수준 교육과정에서는 놀이와 관련하여 교사가 유아의 경험을 미리 조직하기보다 유아의 놀이를 관찰하고 이를 지원하는 방식을 제안한다. – 유아의 놀이는 교사가 계획한 대로 진행되는 것이 아니라 시시각각 변하고 교사의 기대이상으로 심화될 수 있기 때문에 모든 놀이 지원 계획을 미리 수립하기는 어렵다. 따라서 교사는 매일 진행된 유아의 놀이를 기록하고 다음 날 지원할 내용을 간단히 계획해 놓거나, 매주 또는 유아의 놀이 주제에 맞추어 조금 더 장기적인 지원 계획을 수립하기도 한다. • 국가 수준 교육과정에서는 계획과 관련하여 각 기관의 지역적 특성이나 철학에 맞게 교육계획의 양식이나 작성 시기, 활용 방법을 자율적으로 정하도록 한다. – 하나의 정해진 문서양식으로는 유아들의 다양한 놀이와 경험을 바탕으로 하는 통합적·융통적·자율적 배움을 계획하고 담아내기 어려우므로, 계획안의 형식이나 분량, 내용, 작성주기 등은 자율적으로 결정할 수 있다. – 즉, 각 기관의 실정과 철학, 학급의 상황 및 교사의 신념에 따라 기존의 다양한 양식을 통합하거나 선택적으로 활용하는 등의 결정을 한다(교육부·보건복지부, 2019).

MEMO

③ 일일교육계획

일일교육계획 작성 시 고려사항	• 일일교육계획은 교사가 유아의 놀이를 통한 배움을 지원하기 위해 하루 동안의 교육과정 내용과 시간을 조직하는 일이다. 교실에서의 하루는 유아의 놀이와 매일 반복되는 일상생활, 그리고 활동으로 구성된다. – 국가 수준 교육과정에서는 일과에서 바깥놀이를 포함하여 유아의 놀이가 충분히 이루어지도록 편성하여 운영할 것을 강조한다. – 또한 일과에는 놀이 외에도 등원과 하원, 간식과 점심, 손 씻기와 화장실 다녀오기, 안전에 대한 지도 등 매일 반복되는 일상생활이 포함되므로 이를 반영하여 계획한다. • 놀이, 일상생활, 활동이라는 일과는 교사가 미리 계획할 수 있지만 유아와 의논하여 순서를 정할 수도 있고, 날씨의 변화나 놀이에 대한 흥미 지속 여부에 따라서도 달라질 수 있다. – 교사는 유아가 놀이에 충분히 몰입하고 진정한 배움이 일어날 수 있도록 일과를 유연하게 운영할 수 있어야 한다(교육부・보건복지부, 2019). • 일일교육계획안에는 유아가 등원하는 시간부터 하원하는 시간까지 놀이, 활동, 일상생활 등의 시간 배열을 어떻게 할 것인지, 어떤 활동을 할 것인지 등을 간략하게 계획해 놓을 수 있다. 계획 시 날씨, 전날의 놀이 상황 등을 고려하고, 가능한 한 매일 바깥놀이와 충분한 놀이시간이 마련되도록 계획하지만 유아의 놀이 흥미나 상황에 따라 실제 일과는 다르게 진행되기도 한다. 이에 계획한 일과 실행된 일과를 모두 기록할 필요가 있다(교육부, 2020). – 일일계획안은 일과 진행시간 정도로 간략히 작성할 수 있으나, 하루를 보내고 난 후의 운영에 대한 기록은 유아들의 놀이 실행과 교사의 고민, 다음 날의 지원 계획 등을 포함하여 구체적으로 작성할 수 있다. – 일일교육계획안과 일일교육운영 기록도 다른 교육계획안과 마찬가지로 정해진 양식이 없으므로, 교사의 역량과 상황에 맞게 융통성 있게 변경하여 사용할 수 있다. 단, 교육계획안(또는 교육운영 기록)을 통해 해당 학급의 유아들이 어떤 경험을 하고 있는지, 유아들의 경험을 교육적으로 지원하기 위해 어떤 노력을 하고 있는지를 알 수 있도록 작성해야 한다. • 일일교육계획의 원리(교육부・보건복지부, 2019) ① 놀이시간을 충분히 운영한다. – 바깥놀이를 포함한 놀이시간이 분절되지 않고 지속적으로 운영될 때 유아는 놀이에 몰입하면서 의미 있는 배움의 기회를 가질 수 있다. 그러므로 유아들이 놀이의 흐름이 끊어지지 않고 충분히 놀았다고 느낄 수 있도록 놀이시간을 편성하는 것이 중요하다. – 교사는 놀이의 흐름을 중단하는 것이 중요한 배움의 순간을 놓칠 수 있다고 판단되면 놀이시간을 연장할 수 있다. – 바깥놀이를 포함한 놀이시간은 일과 가운데 가장 우선으로 충분히 편성되어야 한다.

MEMO

② 일상생활이 융통성 있고 유아 주도적으로 이루어지도록 한다.

- 일상생활은 기본적인 욕구를 충족시켜 주고 놀이를 잘 할 수 있는 심신의 건강을 제공하는 시간이므로 편안하고 즐겁게 이루어지도록 편성하고 운영한다. 유아들은 놀이와 활동뿐만 아니라 일상생활을 통해서도 기본생활습관, 안전, 인성 등 다양한 배움의 기회를 가진다. 교사는 유아가 사율적이고 주도적으로 일상생활을 할 수 있도록 충분한 시간을 허용해 주어 유아가 편안함을 느끼는 가운데 즐거운 배움이 일어나도록 지원한다.
- 교사는 놀이의 흐름을 지속하기 위해 유아의 기본적인 요구를 방해하지 않는 범위 내에서 일상생활 운영 방법, 일과 중 시간 배치 등의 변화를 시도해 볼 수 있다.
  - 예 간식이나 화장실 다녀오기 등의 일상생활은 놀이시간과 분리되어 일어나기도 하지만 놀이를 하는 과정에서도 허용될 수 있도록 한다.
- 또한 매일 반복되는 일상이지만 놀이와 같은 방식으로 일상생활을 즐길 수 있는 방법을 유아와 함께 찾아보는 것도 좋다.

③ 놀이와 연결하여 활동을 운영한다.

- 교사는 유아의 놀이를 관찰하고 놀이가 활발하게 이루어질 수 있도록 지원하는 과정에서 필요한 경우, 이야기나누기, 노래 부르기, 동화 듣기, 게임 등 적절한 유형의 활동을 연결하여 운영한다.
- 활동은 교사가 계획하여 제안할 수도 있고, 유아가 다른 유아들과 공유하기 위해 준비할 수도 있다.
- 활동에 참여하는 유아는 학급 전체가 될 수도 있고 관심 있는 소집단의 유아가 될 수도 있다.
- 일과 중 활동 시간은 교사가 계획하여 실시하거나, 놀이의 흐름을 위해 필요하다면 놀이 중간에 잠깐 모여서 활동을 실시하고 다시 놀이로 연결할 수 있다.
- 교사는 활동을 계획했더라도 유아의 흥미와 놀이 진행 상황에 따라 내용과 방법을 변경하거나 운영하지 않을 수도 있다.
- 활동의 내용은 놀이를 지원하거나 놀이 중의 문제를 해결하기 위한 내용으로 구성하는 것도 좋다.
- 활동방법 또한 유아중심·놀이중심 교육과정을 실천할 수 있도록 유아들이 즐겁게 참여할 수 있는 교수방법을 사용해야 한다.

④ 융통성 있게 운영한다.

- 교사는 유아들이 놀이의 흐름이 끊어지지 않고 충분히 놀았다고 느낄 수 있도록 일과를 편성하는 것이 중요하다.
- 일과의 순서는 일관성이 있어야 하지만 융통성 있게 운영되어야 한다. 교사는 전날 놀이 흐름에 대한 기록과 평가를 반영하여 다음 날의 일과를 다른 순서로 조직할 수 있다. 다른 연령과 놀이경험을 공유하도록 교사들과 협의하여 일과를 조정할 수도 있고, 날씨나 자연현상에 따른 관심을 놀이에 반영하기 위해 일과 순서를 바꿀 수도 있다.
- 융통성 있는 일과 운영은 유아로 하여금 주도적으로 경험을 구성해 볼 수 있는 기회를 준다. 유아와 함께 일과를 평가하고 다음 날의 일과 중 일부를 유아 스스로 정해보게 하는 것, 일과의 변화가 필요하다고 판단될 때 교사가 독단적으로 결정하지 않고 유아의 의견을 반영해 주는 것 등의 방법을 시도해 볼 수 있다.

MEMO

4 단위활동계획

단위활동계획	• 단위활동계획안은 유아교육기관의 일과 운영을 구성하는 단위가 되며, 유아들은 등교에서부터 귀가에 이르기까지 다양한 단위활동을 경험하게 된다. – 단위활동의 운영 시간은 짧게는 10분에서부터 길게는 60분 내외에 이르기까지 다양할 수 있다. – 대체로 유아들의 주의집중 시간을 고려하여 20분 내외의 단위활동들이 운영된다. • 개정 전 vs 2019 개정 누리과정 – 이전의 단위활동계획안은 교사가 활동목표, 활동유형, 교육과정 관련요소, 활동자료, 활동방법, 활동의 유의점, 활동평가 등을 미리 계획한 문서로 인식하였다. – 2019 개정 누리과정에서는 활동을 '유아들의 자발적 놀이를 지원하기 위한 것'으로 보기 때문에 교사가 미리 단위활동을 모두 계획하기보다는 즉각적이고 융통성 있게 활동 계획을 수립해야 한다. • 단위활동 계획 시 고려사항 – 교사는 먼저 유아들의 놀이를 잘 관찰해야 한다. ➡ 놀이를 확장하고 개념을 발전시키며 풍부한 경험을 이끌기 위해 일과 운영 중에, 혹은 일과가 끝난 후 놀이와 연계된 활동을 계획한다. – 누리과정 5개 영역의 목표와 내용을 잘 이해하고, 이들 영역 간의 통합성을 염두에 두며 활동을 계획해야 한다. – 교사가 활동을 제안할 때 유아들이 놀이와 연계된 느낌을 가질 수 있도록 이전의 놀이 경험을 회상해보며 흥미를 불러일으키는 도입과정을 계획해야 한다. – 활동하고자 하는 교과의 특성을 고려하여, 관련된 개념과 발문을 계획한다. 예 음악 교과의 경우는 유아들이 음악적 요소를 경험하며 창의적 표현을 이끄는 발문을, 수학 교과의 경우는 관련된 수학 개념이 수준에 적합하게 다뤄질 수 있도록 발문을 정리해본다. – 활동의 마무리에서는 활동을 짧게 되돌아보며 유아들에게 만족감 및 성취감, 또 다른 기대감을 심어줄 수 있도록 상호작용하고, 다음에 진행될 놀이와 연결해보도록 안내한다. – 교사 주도적인 상호작용을 지양하고, 유아들이 활동을 경험하는 가운데 보이는 관심과 흥미에 따라 활동내용이 유연하게 수정될 수 있음을 인식하고 운영해야 한다. – 활동목표는 모든 활동이 종료된 후, 달성된 목표를 중심으로 기록한다.

MEMO

참고

특별한 날들

특별한 날들의 교육적 가치	• 기념일, 국경일, 명절 및 절기 – 우리나라의 역사와 문화를 자연스럽게 배우고 우리나라 사람으로서의 올바른 가치관을 형성하여 조화로운 사회 구성원으로 성장할 수 있는 소중한 기회이다. – 우리 사회에서 중요시하고 있는 문화, 가치 등을 자연스럽게 습득하여 한국인으로서의 정체감을 형성할 수 있다. • 행사 – 교사와 함께 일상적 일과와는 다른 행사를 계획하고 즐겁게 참여하는 과정을 통하여 자율성과 책임감, 성취감을 가지게 된다. – 부모들 또한 다양한 행사에 참여함으로써 자녀들의 유치원 생활 및 유아 교육에 대한 이해를 높일 수 있다.
특별한 날들의 유형과 의미	• 국경일 : 태극기를 달고 그날을 중심으로 경축하는 행사 또는 활동을 통해 전개한다. • 기념일 : 기념일은 진행되고 있는 생활 주제와 연관지어 운영한다. • 명절 및 절기 : 특히 명절 중에서 설과 추석은 유아들의 생활과 가장 밀접하게 연관되어 있으므로 주제로 선정하기에 적절하다. – 명절 및 절기 관련활동으로 문화 유적지, 민속 박물관, 농업 박물관 등을 견학해 볼 수 있으며 탈춤, 사물놀이 등을 경험해 볼 수 있다. – 또한 가정의 협조를 구하여 우리의 전통 문화재나 집에서 보유하고 있는 옛 물건을 수집하여 전시회를 마련해 볼 수 있다. – 우리나라의 전통문화나 풍습을 잘 아는 지역 인사 또는 전통문화 예술인을 초청하여 그 분들의 이야기를 듣거나 실제 전통문화를 접해보는 기회를 가질 수 있다. • 유치원의 행사 : 입학일, 졸업일, 생일, 현장 학습, 소풍, 가족 참여일 등 – 지역과 유치원의 특성 및 상황에 따라 다양하게 계획하고 운영할 수 있다.
특별한 날들 계획 및 운영 시 고려사항	• 일상적인 일과와는 다른 활동을 제공하여 특별한 경험을 할 수 있도록 배려한다. • 각 날에 관련된 자료, 실물, 화보, 신문, 잡지, 스크랩, 사진, 음악, 영상 등을 활용할 수 있다. • '특별한 날들'을 통하여 유아들이 우리의 역사와 문화를 배우고 가치관을 형성하며, 유치원의 행사를 통해 일상적인 일과 외의 특별한 활동을 경험하기 위해서는 가정 및 지역사회와의 협력이 필요하다. • 유치원에서 이루어지는 특별한 날 행사는 사전에 가정 통신문을 통하여 일시, 목적, 내용, 진행 방법에 대해 안내하고, 이를 통해 부모 또는 가족이 행사에 적극 참여하도록 할 수 있다.

SESSION #9

MEMO

참고

방과후과정 학급

구분	세부	내용
방과후과정반 실내외 환경 구성의 원리		• 물리적 기본 조건: 단독 건물, 필요한 모든 시설과 설비, 충분한 실내외 공간 • 유아의 발달 특성을 고려한다. • 안전과 건강을 고려한다. • 독립심과 자발성을 고려한다. • 안락하고 쾌적한 분위기를 조성한다. – 가정과 같이 편안하게 환영받고 있다고 느낄 수 있는 분위기로 조성하며, 실내 공간의 모든 영역은 밝고 통풍이 잘 되도록 한다. • 소속감을 고려한다. – 유아들의 작품을 눈높이를 고려하여 전시한다. – 전시된 그림이나 각 유아의 이름이 적힌 개인 소지품을 간수할 수 있는 사물함을 제공한다.
반일반 학급 사용 시 유의점	적합한 활동실의 조건	• 단일 연령으로 구성된 오후 재편성 방과후과정반의 경우, – 같은 연령의 반일반 학급을 이용한다. • 혼합 연령으로 구성된 오후 재편성 방과후과정반의 경우, – 적합한 학급은 만 4세 학급이나 방과후과정반 유아들의 연령 중 가장 많은 연령의 반일반 학급을 이용하는 것이 적절하다.
	사용 기간	학기별로 사용하는 학급을 다르게 한다. 예 1학기에는 만 3, 4세 학급을 이용하고 2학기에는 만 4, 5세 학급을 이용한다.
	게시 공간 마련	오후 재편성 유아들이 소속감이나 책임감을 가질 수 있도록 유아들의 작품이나 결과물을 게시할 수 있는 공간을 확보한다.
오후 재편성 방과후과정반 등원		• 오후 재편성 방과후과정반의 경우 오전 일과를 마친 유아들이 오후에 방과후과정반으로 모이는 것으로 일과가 시작된다. • 모든 학급의 유아들이 모였는지 확인하고, 각 학급의 교사에게 전달 사항을 전해 듣도록 한다. • 전달 사항을 기록해 둘 수 있는 일지 등을 만들어 둔다.
방과후과정 학급의 일과 계획	교육과 보육의 균형을 고려	• 보호활동 – 주로 배변, 급식, 휴식, 낮잠 등 유아의 기본적인 신체적 욕구를 배려하는 활동들이다. • 교육과 보호를 겸하는 준 보호활동 – 산책하기, 노래 부르기, 손 유희, 음악 감상하기, 편안한 자세로 동화 듣기, 간식 만들어 먹기, 게임, 수수께끼, 말 잇기, 동작 따라하기 등을 말한다.
	연령별 발달적 특성이나 요구 고려	연령별 발달적 특성이나 요구를 고려하여 일과를 계획한다.
	방해 예방	• 어린 유아들의 권익을 보호하기 위한 방안 – 어린 유아들의 놀이계획 시간을 앞서 배치한다. – 어린 유아들을 위한 교구나 놀이 및 휴식 공간을 지정해 줄 수 있다. • 유아들의 주의 집중이 필요한 활동을 하는 경우 – 다른 연령의 유아들은 실외 놀이 또는 야외 학습활동을 하게 하거나 교구장 및 가림판으로 가려주는 등 두 집단의 활동이 원활히 이루어져 목표를 달성하도록 해야 한다.
	일과 패턴을 구성	• 혼합 연령으로 구성된 방과후과정반의 경우 연령별 패턴이 있어야 유아들뿐만 아니라 교사들도 각 연령에 적합한 교육과 보호를 제공할 수 있다. • 모든 연령이 함께 하는 활동: 계획 시간, 급식, 휴식, 낮잠 등 • 특정 시간대에 하는 연령별 중·소집단활동을 패턴화할 수 있다. • 만 3세 유아들의 경우 한 교실에서 3년간 지내는 동안 연령별 일과 패턴의 차이와 변화를 지켜보면서 자신들의 연령 증가에 따른 생활의 변화를 기대하게 되어 지루함을 느끼지 않고 생활할 수 있다.

MEMO

	오후 일과 배려	• 방과후과정반 유아들은 오후에 오전보다 더 피로감을 느낄 수 있으므로 오후활동은 긴장을 덜 요구하는 교육활동, 유아들이 항상 흥미를 보이거나 선호하는 활동으로 일과를 계획한다. – 가급적 오전 시간에는 이야기나누기 활동, 과학 실험활동, 수학활동 등을 배치한다. – 오후 시간에는 조형활동, 동극활동, 게임활동 등을 배치한다.
	오전과 오후활동의 연계	• 오전과 오후활동의 연계방법 – 오전에 유아들끼리 했던 활동을 오후에 심화·확장하여 할 수 있도록 계획해야 한다. – 유아들의 오전 자유놀이 시간의 놀이나 활동상황을 세심히 관찰하여 오후에 연계성을 확고히 할 수 있다.
	교사의 역할 분담	정보 교환이 정확하고도 원활하게 이루어질 수 있도록 게시판을 비치하여 활용한다.
방과후과정의 장점	• 유아 측면 – 반일반에서 시간 관계상 시행하기 힘든 활동을 방과후과정반에서는 할 수 있어 자신의 생각을 폭넓게 펼쳐 보일 수 있다. – 다양하고도 심화·확장된 활동으로 유아의 지적 호기심과 학습욕구를 충족시켜줄 수 있고, 유아가 충분한 시간을 가지고 자신에게 흥미있는 분야를 깊이 탐구할 수 있다. • 교사 측면 – 유아들과 친밀한 관계를 맺을 수 있고 자율적으로 운영할 수 있어 유아와 교사 모두 충족감을 얻을 수 있다. – 교사에게 유아의 발달 수준, 흥미, 요구를 파악할 수 있는 시간적 여유가 주어져 유아에게 좀 더 적합한 교육과정을 제공할 수 있다. – 개별 및 소집단활동이 많아져 유아와 활발한 상호작용 시간을 가질 수 있다.	
방과후과정의 단점	• 유아들이 부모와 장시간 떨어져 있어 정서적으로 불안정하거나 피로가 누적될 수도 있다. • 오전활동이 단순히 반복되거나 부실하게 제공되어 유아들이 지루해할 수 있다. – 유아의 발달과 흥미 및 요구를 고려한 교육적 활동 외에도 유아의 건강과 안전을 위한 보호적 활동이 균형있게 이루어져야 한다.	

참고

범교과 학습 주제

교육과정 시기	범교과 학습 주제	주제 개수
제1차	반공교육, 도의교육, 실업교육	3
제2차	국어교육, 반공도덕교육, 건강교육 및 정서교육	3
제3차	도덕교육, 국사교육, 건강증진, 보건위생, 체력향상, 안전교육	6
제4차	도덕, 국민정신, 언어생활, 건강과 안전, 환경교육	5
제5차	국가사회 8대 강조 사항(국민정신교육, 통일 안보교육, 안전교육, 환경교육, 진로교육, 인구교육, 성교육, 경제교육)	8
제6차	도덕교육, 환경교육, 경제교육, 근로정신함양교육, 보건안전교육, 성교육	6
제7차	민주시민교육, 인성교육, 환경교육, 에너지교육, 경제교육, 소비자교육, 보건교육, 성교육, 안전교육, 진로교육, 근로정신함양교육, 통일교육, 한국문화정체성교육, 국제이해교육, 해양교육, 정보화 및 정보윤리교육	16

MEMO

2007 개정	민주시민교육, 인성교육, 환경교육, 경제교육, 에너지교육, 근로정신함양교육, 보건교육, 안전교육, 성교육, 소비자교육, 진로교육, 통일교육, 한국문화정체성교육, 국제이해교육, 해양교육, 정보화 및 정보윤리교육, 청렴·반부패교육, 물보호교육, 지속가능발전교육, 양성평등교육, 장애인이해교육, 인권교육, 안전·재해대비교육, 저출산·고령화사회대비교육, 여가활용교육, 호국·보훈교육, 효도·경로·전통윤리교육, 아동·청소년보호교육, 다문화교육, 문화예술교육, 농업·농촌이해교육, 지적재산권교육, 미디어교육, 의사소통·토론중심교육, 논술교육	35
2009 개정	민주시민교육, 인성교육, 환경교육, 경제교육, 에너지교육, 근로정신함양교육, 보건교육, 안전교육, 성교육, 소비자교육, 진로교육, 통일교육, 한국정체성교육, 국제이해교육, 해양교육, 정보화 및 정보윤리교육, 청렴·반부패교육, 물보호교육, 지속가능발전교육, 양성평등교육, 장애인이해교육, 인권교육, 안전·재해대비교육, 저출산·고령화사회대비교육, 여가활용교육, 호국·보훈교육, 효도·경로·전통윤리교육, 아동·청소년보호교육, 다문화교육, 문화예술교육, 농업·농촌이해교육, 지적재산권교육, 미디어교육, 의사소통·토론중심교육, 논술교육, 한국문화사교육, 한자교육, 녹색교육, 독도교육	39
2015 개정, 2022 개정	안전·건강교육, 인성교육, 진로교육, 민주시민교육, 인권교육, 다문화교육, 통일교육, 독도교육, 경제·금융교육, 환경·지속가능발전교육	10

2022 개정 범교과 학습 주제 및 세부 주제		
안전·건강 교육	안전	생활안전, 교통안전, 폭력 및 신변안전, 약물·사이버 등 중독, 재난안전, 응급처치, 보건교육, 영양·식생활
	건강	건강 이해와 질병 예방, 생활 속 건강한 선택, 건강관리, 건강 자원과 사회문화, 정신 건강, 보건교육
인성 교육		효도와 공경, 생명 존중 의식 교육, 우월적 지위 남용 예방 교육, 부모 교육, 정보윤리 교육, 공동체 의식 및 배려·존중, 한자·정보통신활용교육
진로 교육		자기 이해와 사회적 역량 개발, 일과 직업 세계 이해, 진로 탐색, 진로 디자인과 준비, 자기 계발
민주시민 교육		민주주의 이념과 가치, 민주국가와 시민, 민주주의와 사회적 현안(청렴·반부패), 비판적 사고와 민주적 의사결정, 시민의 참여와 실천
인권 교육	인권 일반	인간의 존엄성과 인권 존중, 장애인 차별 예방, 폭력 예방, 양성평등(여성과 남성의 상호 존중), 양성평등(여성 차별 예방)
	노동인권	노동의 의미, 노동의 역사, 노동과 사회, 노동자의 권리, 노동과 행복한 삶, 노동문제와 해결 방안, 노사관계의 이해
다문화 교육		다양성 존중, 세계 시민 교육 및 국제 이해, 다문화 이해 및 상호 존중
통일 교육		평화와 통일, 안보, 국가와 민족문화, 북한 이해
독도 교육		국토 개념 이해, 독도 이해, 독도 사랑
경제·금융 교육	경제·금융 일반	합리적 경제활동, 소비자의 책임과 권리, 금융 생활(금융사기(보이스피싱 등) 예방), 복지와 세금
	사회적 경제	사회적 경제 이해 및 가치 내면화, 사회적 경제 기업 이해, 공정무역 및 윤리적 소비
	기업가 정신	기업가 정신 가치 찾기, 기업가적 소양 갖추기, 기업가 되어보기
환경·지속가능발전 교육	기후·생태 전환	생태계와 인간의 관계에 대한 관점과 태도, 기후변화와 생태계 문제 탐구, 생태 전환을 위한 참여와 실천(해양 교육, 산림교육, 물 보호, 농업·농촌 이해 교육, 동물보호 및 복지 함께 병기)
	저출산·고령화 사회 대비	저출산 대비 교육, 고령화사회 대비 교육

MEMO

UNIT 25 현장학습

#KEYWORD 사전답사, 체험학습 동의서

① 현장학습이란, 유아가 유치원 이외의 장소를 방문하여 교육활동을 수행하는 것을 의미하는 것으로, 체험학습 또는 견학이라는 말로 표현되기도 한다.

② 유아교육기관에서는 연간 교육과정 운영계획을 수립할 때에 연간 현장학습 계획을 수립한다.
- 진행 중인 생활주제와 관련하여 지역사회기관을 견학하거나 생활주제와 관련된 체험활동을 하는 것과, 생활주제와 관련 없이 유아의 흥미와 발달적 욕구를 충족하거나 다양한 예술적 경험을 제공하기 위해 체험활동을 하는 것으로 나누어 볼 수 있다.

1 현장학습 운영 절차

대주제	소주제	세부 점검 항목
1단계 현장학습 주제 및 장소 선정 단계	현장학습 주제의 타당성	• 현장학습의 교육목표 • 현장학습 주제와 교육계획안과의 연계성 • 유아의 흥미유발과 지적 호기심 자극 • 현장학습과 일상생활과의 관련성 • 현장학습 주제의 통합성 • 사회교육으로서의 현장학습 • 학부모와의 연계성
	현장학습 장소 선정	소요시간 / 현장학습 장소의 적절성 / 현장학습 프로그램 / 현장학습 장소 정보 공유
2단계 사전답사	안전사항	경로상의 안전 / 위생상의 안전 / 승하차 안전 / 응급처치 방법
	현장학습 프로그램 진행	현장학습 장소의 시설 공간 / 현장학습 프로그램 / 대체 프로그램
	이용 편의성	시설의 편의성 / 휴식 공간 / 위생 관리
3단계 현장학습 시작 단계	실행계획 수립	교사회의 / 사전활동 / 가정으로의 현장학습 안내 / 자원봉사자 / 안전교육 / 유아교육기관의 대처능력
	현장학습 장소 확인사항	계획된 일정 예약 및 참여 인원 확인 / 현장 안내자 확인 사항 / 현장학습 일정 재확인
	이동수단 확인사항	차량 관련 보험 가입 여부 / 차량 운전자에 대한 정보
	준비물 확인사항	주제, 장소, 계절에 따른 준비물 확인으로 준비물 목록 제시

MEMO

4단계 현장학습 전개 단계	출발 전 과정	출발 전 점검사항(참여 인원수, 유아의 건강상태, 준비물 차에 탑재 등) / 기사와의 정보 공유 / 현장학습지 담당자에게 통보
	본 학습 과정	전체적인 안내 / 계획된 활동과 계획되지 않은 활동 / 안내자의 설명 / 현장활동의 흐름 / 개별과 집단활동의 적절성 / 유아들의 급간식 / 유아들의 상호작용 / 계획된 현장학습 진행 여부
	복귀 후 과정	안전한 복귀 / 휴식 / 귀가지도
5단계 현장학습 마무리 단계	사후 확장	사후활동 / 가정과의 연계
	마무리	현장학습 장소와의 피드백 / 학부모 만족도 / 현장학습 평가 / 현장학습 보고서 작성

2 절차

(1) 현장학습 전 준비

교사의 준비사항	① 현장학습의 목표를 확인한다. 유아의 흥미와 발달수준에 적합한지와, 현장학습을 통해 유아들이 얻을 수 있을 것이라고 기대하는 것은 무엇인지에 대해 점검과 확인을 한다. ② 현장학습 전 장소를 사전답사하고 안전사항을 점검한다. 적합한 현장학습 장소가 정해지면 사전답사를 하고, 「현장 답사 결과보고서(사전답사 장소, 이동시간, 체험시간, 교육환경면, 사진, 사전답사 결과 및 유의사항 포함)」를 기록해 두면 도움이 된다. ③ 사전답사 결과를 기초로 하여 현장학습 일정을 계획한다. 교통편(차량이용 여부 및 견학차량 예약), 사전예약 여부와 입장료, 현장학습 장소까지의 거리, 현장학습지에서의 주요활동 및 소요시간, 이동 동선, 시간 배분, 주차 및 화장실의 위치 등 ④ 현장에 공문을 발송한다. • 방문할 현장이 정해지고 교사의 사전 방문이 이루어진 후에는, 공문이 필요한 곳인지를 살펴 미리 공문을 발송하도록 한다. • 공문을 발송함으로써 현장 관계자들의 도움을 보다 공식적으로 받을 수 있다. ⑤ 부모에게 가정 통신문을 통해 협조를 구한다. : 「체험학습 안내문, 체험학습 동의서」 • 현장학습의 일정, 목적과 내용, 장소, 교통편 등 • 가정의 협조를 구한다 : 도시락 지참 여부, 의복, 신발, 조정된 등·하원 시간 ⑥ 돌발 상황에 대한 비상계획을 수립한다. 자원봉사자 섭외 및 교통체증으로 인한 도착시간 지연, 날씨 대비책, 현장학습지에서의 여러 가지 돌발 상황에 대한 비상계획을 수립한다(우천 시 활동 가능 여부, 그 밖에도 도움을 받을 사람을 확보하고 날씨 변화 등에 대한 대비책을 마련한다).

MEMO

	⑦ 현장학습지에 가져갈 물품을 점검한다. 비상약이 든 약품상자와 교직원 및 학부모 비상연락처, 비상금, 핸드폰, 사진기, 배터리, 유아용 생수와 여벌옷, 간식 등
유아와 교사가 함께하는 준비	① 현장에 대해 유아에게 설명해 준다. • 교사가 유아들에게 가고자 하는 현장이 어떤 곳인지에 대해 개괄적(중요한 내용을 간추려)으로 설명해 준다. • 그곳에 가면 무엇을 볼 수 있는지, 누가 설명을 해줄 것인지, 현장에서 얻어올 수 있는 것에는 어떤 것들이 있는지, 누구와 함께 갈 것인지 등을 알려준다. • 사진자료와 홍보책자를 활용하여 현장학습에서 알아볼 내용과 관련된 정보를 유아와 공유한다. • 현장학습에서 더 많은 것을 기억할 수 있도록 도와준다. ② 현장학습 장소에서 관찰해야 할 사항, 전문가에게 물어볼 질문 및 조사해야 할 사항에 대해 미리 목록을 작성한다. • 알아볼 것들을 구체화하는 데 도움이 된다. • **질문목록 확인하고 알아올 것 정하기**: 벽이나 칠판에 게시해놓은 질문목록표를 함께 보면서 현장에 가서 질문해보고자 했던 것을 찾아본다. • 목록표에는 없지만 교사가 현장에 대해 설명을 해주는 중에 더 알아보고 싶은 것은 없었는지도 확인해 본다. • 여러 개의 질문이 있다면 현장에 갔을 때 누가 어떤 질문에 대해 특별히 책임을 맡고 알아올 것인지도 정하고, 질문 내용을 종이에 옮겨 적도록 한다. ③ 현장에서 지켜야 할 규칙 및 태도를 정한다. • 가야할 현장이 어떤 곳이라는 것과 어떤 주의를 해야 하는가에 대해 설명한 후, 지켜야 할 약속을 정한다. • **일반적으로 현장에서 지켜야 할 것**: 혼자 아무데나 돌아다니지 않기, 허락 없이 아무거나 만지지 않기, 소리 지르고 뛰어다니지 않기, 질문이 있을 때는 손을 들고 차례대로 질문하기, 들어가고 나올 때는 공손히 인사하기 등 ④ 기록방법을 알려주거나 확인한다. • 유아들에게 의미 있는 현장학습활동이 되기 위해서는 유아들이 다양한 기록법에 대해 알고 있어야 한다. • 유아들은 어떤 형태로든 기록을 하고자 할 때 더 유심히 사물을 관찰하게 되며, 기록을 해올 경우 현장학습 이후 학습활동에 유용하다. • **유아들이 사용할 수 있는 기록방법**: 보고 느낀 것 그리기, 쓰기, 수로 나타내기, 측정하기, 순서도로 표시하기, 사진찍기 등이 있다. ⑤ 현장학습에 필요한 준비물을 챙긴다. • 현장학습의 일반적인 준비물로는 메모판, 종이, 연필 등이 있다. • 기록을 위한 준비물 외에도 어떤 것을 현장에서 가지고 올 수 있을까를 예상하여 그에 맞는 준비를 할 수 있다. ⑥ 현장학습에 적합한 복장을 정한다. • 현장학습을 가기에 가장 적합한 복장을 함께 정한다. • 현장학습 장소에 따라 모자가 필요한 곳인지, 어떤 신발을 신는 것이 좋은지 등이 달라질 수 있다.

MEMO

	⑦ 자원봉사자의 역할을 안내한다. • 현장견학 시 소집단으로 나누어 자세한 관찰과 조사를 해야 하기 때문에 유아 전체 수를 고려한 자원봉사자를 확보하여 견학 전 미리 봉사자가 맡아야 할 역할에 대해 알려주는 것이 중요하다. • 유아들에게도 누가 자원봉사자라고 와서 어떤 역할을 할 것이라는 점을 사전에 알려준다면 더 안정적인 현장견학이 이루어질 수 있다.

(2) 현장학습

지도 중점사항

① 유아들은 현장활동을 통해 물체나 현상, 과정들을 직접 확인할 수 있고, 견학 장소에 따라 공장, 동물, 차량, 장비, 사람 및 각종 행사들을 구경할 수 있는 기회를 갖게 된다.
② 현장에 오가는 길이나 버스를 타고 내리는 과정에서도 부수적인 학습이 이루어질 수 있다.
③ 현장에 도착했을 때 교사는 유아들로 하여금 자신이 많은 관심을 가지고 있는 부분과 원에 돌아와 좀 더 구체적으로 알아보고 싶은 부분에 관하여 기록을 하도록 상기시켜 준다.
➔ 이렇게 함으로써 유아들은 현장에서 보고 듣는 것, 냄새 등에 보다 유의할 수 있으며, 교실로 돌아와 견학 사후활동을 더욱 생생하고 흥미있게 할 수 있다.

물품 점검	가져갈 물품을 재점검한다.
인원 점검 및 이름표	현장학습에 참여할 인원을 점검하고, 유아에게 이름표를 걸어준 다음 출발한다.
출발 전 화장실	20분 이상의 거리를 이동해야 하는 경우, 출발 전에 모두 화장실을 다녀오게 한다.
버스 안에서의 안전 유의	현장학습 장소로 이동할 때까지 버스 안에서의 안전에 유의해야 한다.
적극적 참여 격려	• 견학시간을 충분히 배정하여 유아 스스로 탐색하고 관찰하며 알아볼 수 있도록 한다. • 사전에 계획한 일정에 따라 현장학습을 진행하면서 유아가 적극적으로 활동에 참여하도록 격려한다. – 유아의 질문에 답하고, 또한 개방형의 질문을 사용하여 유아가 관심을 두어야 할 것들에 대해 주의를 기울여 알아보도록 돕는다. – 체험하기, 관찰 및 조사하기, 현장 사람들에게 질문하기, 기록하기, 감사인사하기
특별한 도움을 필요로 하는 유아	특별한 도움을 필요로 하는 유아는 담임교사가 짝이 되어 안전하게 체험할 수 있도록 돕는다.
평가	유치원으로 돌아오는 버스 안에서 현장학습에서의 경험에 대해 간략하게 평가해 본다.

MEMO

(3) 현장학습 사후활동

지도 중점사항

① 현장학습을 마치고 돌아와, 교사와 유아들은 그 과정 및 결과에 대하여 이야기하면서 그곳에서 무엇을 보았고, 누구와 이야기를 나누었는지, 보고 배운 것이 무엇인지를 확인한다.
 - 특히 현장학습 전의 질문 내용과 알아온 답을 발표하기도 하고, 각 유아에게 가장 흥미있었던 것은 무엇인지에 대해서도 이야기를 나눈다.

② 현장학습을 한 다음날 현장학습지에서 촬영한 활동사진을 함께 보며 경험을 회상한다.

③ 현장학습 과정에서 얻은 것을 다양한 형식으로 표상하여 기억해 본다.

④ 현장학습의 전체 과정에 대한 평가를 하고, 다음 현장학습에 반영할 사항을 「체험학습 사후 평가 협의록」에 기록한다.

현장학습에 기초한 표현활동	언어적 표현	• 말로 표현하기, 쓰기: 현장에서의 느낌이나 경험을 말로 표현해 보고, 글로 적어볼 수 있다. - 유아가 쓰기 어려운 경우, 선생님의 도움을 받아 글을 완성해본다. - 사진이나 스케치해 온 것, 간단한 메모 등을 보고 정리하여 써보기도 하고 동시로 표현하기도 한다.
	미술적 표현	• 그리기, 만들기: '쌀' 주제 시 쌀가게에서 스케치해 온 돌 고르는 기계를 자세히 그린다거나, 현장에서 얻어온 볏단을 이용해 새끼 꼬기 하는 것이다.
	수학적 표현	• 부분과 전체: 어떤 사물이 어떤 부분으로 이루어져 있는가를 조사하여 부분과 전체로 나타낼 수 있다. • 수나 측정단위를 사용하여 나타내기: 관심 있는 부분을 자세히 관찰, 조사하여 수나 측정 단위로 나타내는 것이다. • 순서: 사건의 과정이나 일의 순서를 표현해본다. 예 현장학습을 가고 오는 과정이 어떤 순서로 진행되었는지 표현하기
	사회과학적 표현	• 지도 그리기: 무엇이, 어디에, 어느 것 옆에 있는지 등을 조사하여 지도로 나타내볼 수 있다. • 순서도 그리기: 어떤 일이 이루어지기까지의 과정 또는 변화하는 순서를 순서도로 나타낼 수 있다. 예 제과점 방문 후, 빵이 만들어지기까지의 과정을 나타낼 수 있다.
심화된 조사, 탐구활동	현장학습 후, 여러 가지 활동을 하는 중 또는 친구들과 현장에 관한 이야기를 나누는 중 새로운 질문이 제기되어 심화된 조사, 탐구활동으로 확상되기도 한다.	

SESSION #9

		CHECK 1	CHECK 2	CHECK 3
UNIT01	뱅크 스트리트 프로그램			
UNIT02	헤드스타트 프로그램			
UNIT03	디스타 프로그램			
UNIT04	피아제 이론에 기초한 유아교육 프로그램			
UNIT05	프로젝트 접근법			
UNIT06	레지오 에밀리아 접근법			
UNIT07	자연친화교육 프로그램			
UNIT08	혼합연령 프로그램			

유아교육 프로그램

I 유아교육 프로그램

MEMO

UNIT 01 뱅크 스트리트 프로그램

1 배경

배경	• 미국에서 가장 오랜 역사를 지닌 뱅크 스트리트(Bank Street) 프로그램은 미첼(L. S. Mitchell)에 의해 1916년 뉴욕에 창설된 교육실험국에서 비롯되었다. – 1916년 교육실험국에서 미첼은 동료들과 함께 아동중심적 사고에 기반하여 진보적 교육과 생애 초기 교육의 중요성에 초점을 둔 실험과 연구를 하였다. – 1919년 교육실험국은 연구의 목적으로 유아원(The Harriet Johnson Nursery School)을 설립하였고 경험중심 교육과정을 유아들에게 제공하였다. – 1943년에 뉴욕시 교육위원회는 미첼 등에게 교사 연수를 부탁했으며, 이를 계기로 1950년 교육실험국은 뱅크 스트리트 사범대학으로 명칭을 변경한 후 교사들을 위한 학위과정을 운영하였다. • 뱅크 스트리트 사범대학은 듀이(J. Dewey)의 진보주의 교육철학에 입각하여 뉴욕시 교육청과 연계하면서 미국식 유아교육의 면모를 만들어 가기 시작하였다. – 뱅크 스트리트 사범대학은 아동발달에 대한 지식을 보급하고 아동발달 지식과 교육과정을 통합하는 프로그램을 발전시켜 *'발달적 상호작용 접근법'을 보급하였다. 따라서 '뱅크 스트리트'라는 용어보다는 '발달적 상호작용 접근법'이라는 용어가 보편적으로 사용되기도 한다. – 1950년대 후반 뱅크 스트리트 프로그램은 건강한 정서발달을 지적 발달보다 중시하였다. 이에 1958년에 국립정신위생연구소로부터 5년 동안 연구비를 지원받아 아동의 종합적 건강·심리 서비스를 위한 학교의 역할을 연구하게 된다. – 1959년에는 저소득 맞벌이 가정의 유아를 보호·교육하는 프로그램에 참여하여 탁아 상담 서비스 프로그램을 실시하였다. – 1965년 시행된 헤드스타트 프로그램 개발에 참여하면서 빈곤층 아동의 사회적 지지와 포괄적 교육 차원에서 인지능력과 언어능력을 강조하였다. – 1968년부터 1981년까지 뱅크 스트리트 프로그램은 빈곤 지역의 유치원 및 초등학생과 그 가족을 위해 교육 지원 서비스를 제공하는 미 연방정부의 폴로 스루 프로젝트(Project Follow Through) 운영의 주요 프로그램 주체로 활동하였다.
이론적 기초	• 뱅크 스트리트 프로그램은 미국의 많은 프로그램들 중에서 가장 현대적 의미의 '아동중심', '아동발달'을 강조하는 교육프로그램의 하나로 알려져 있으며, 특히 듀이의 진보주의 교육철학에 뿌리를 두고 있다. – 아동의 발달을 강조하며 듀이의 진보주의 이론에 기초하기 때문에 '성숙주의 유아교육과정 접근법'에 기초한 프로그램이라 할 수 있으며, 학자에 따라서는 '개방교육'으로 분류되기도 한다.

* 발달적 상호작용 접근법
아동은 환경과 상호작용하려는 내재적 성향을 지니고 있어, 아동이 주도성을 갖고 환경과 적극적으로 상호작용하고자 할 때 가장 효과적인 학습이 일어난다고 보는 것이다. 뱅크 스트리트 접근법으로도 알려져 있다.

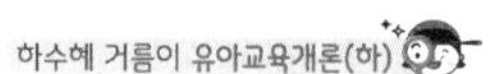

MEMO

- 뱅크 스트리트 프로그램은 다음의 세 가지 접근에 이론적인 근거를 두고 있다.
  ① 에릭슨의 심리사회적 발달이론의 영향
    - 프로이드 학파의 정신역동적 심리학에 기초를 두며, 자율적 자아형성과정의 발달에 관심을 둔 에릭슨의 영향을 많이 받았다.
    - 에릭슨의 심리사회적 발달이론의 영향으로 유아기 동안 건전한 인성발달을 이루기 위해서는 타인에 대한 신뢰감 기르기, 자신의 존재가치 의식하기, 자율감 형성하기 등이 필요하다고 보았다.
  ② 피아제의 인지발달이론, 비고츠키의 사회적 구성주의 이론의 영향
    - 피아제의 영향: 아동에게 처음에는 감각·신체적 운동, 사물의 조작 등을 통해 경험을 하도록 하며, 아동 스스로 사람이나 사물과의 경험과 그에 대한 해석을 통해 지식을 구성해 나가도록 한다.
    - 비고츠키의 영향: 아동의 문제해결과 경험에 대한 해석에 미치는 사회적 상호작용의 영향을 인식한다.
  ③ 듀이의 진보주의 교육이론의 영향
    - 듀이, 존슨, 아이작, 미첼과 같은 교육이론가와 교육실천가의 교육적 접근 방법에 기초하고 있다.
    - 전인적 아동을 강조하여 아동의 발달 전 영역(인지적·신체적·사회적·정서적·미적 영역)을 중시한다.
    - 뱅크 스트리트 프로그램의 핵심 개념은 진보주의와 정신건강이다. 학교는 단편적인 학습이나 기본적인 인지적 기술을 가르치는 곳 이상으로 창조적이고 호기심을 불러일으킬 수 있는 학습을 제공해 주어야 한다. 또한 아동의 개별성을 존중해 각각의 개인적인 특성을 살려 주어야 하고, 협동심과 민주주의 사회의 가치를 길러 주어야 한다.
    - 아동중심 교육: 아동이 성장하면서 능력을 최대한 발휘할 수 있는 환경을 창조하기 위하여 교사 및 전문가를 교육시킨다.
- 뱅크 스트리트 프로그램은 유아의 발달을 강조하는 성숙주의 관점의 교육프로그램이며, 근본적으로 인간발달에 대한 환경적 요소를 중시한다.
  - 즉, 교육은 유아의 발달단계에 적합한 학습환경을 마련해 줌으로써 발달이 일어나게 해야 한다는 것이다.
- 뱅크 스트리트는 시대의 흐름에 따라 사회가 강조하는 내용으로 변화하는 것을 볼 수 있다.
  - 1960년대와 1970년대에 이르러 혜택받지 못한 아동들에게 지적 발달을 증진시켜야 한다는 보상교육운동이 일어나면서, 뱅크 스트리트 프로그램에도 인지와 언어 발달이 새롭게 강조되기 시작하였으며, 동시에 자아강화 개념 또한 재개념화되었다.
  - 낙후지역 불우 아동의 결핍을 언어-개념 기능의 결핍과 인간관계를 유지하는 기술의 결핍으로 구분하고, 이러한 결핍 요소를 보완하기 위해 아동의 능력, 대인관계, 개성, 창의성을 중심으로 한 교육을 실시하였다.
    ➔ 이에 따라 1971년부터 '발달적 상호작용'이라는 용어가 사용되기 시작하였으며, 인지와 정서의 상호작용, 그리고 아동과 환경 간의 상호작용을 중요시하였다.

MEMO

2 뱅크 스트리트 프로그램의 기본 원리와 추구하는 인간상

① 교육과 학습에서 '발달적 상호작용'을 강조한 뱅크 스트리트 프로그램은 교사나 교구 등 다양한 형태의 상호작용을 기반으로 아동의 전인적 발달을 추구한다.

② '교사 지시적' 학습의 문제점을 지적하면서 아동 스스로 물리적·사회적 환경과의 적극적인 상호작용을 통한 직접 경험이 학습과 교육의 원동력이라고 본다.

③ 아동이 전인적 발달을 이룰 수 있도록 인지적·사회적·정서적 발달이 함께 도모되어야 하며, 이를 위해서는 아동의 발달을 고려한 개별적 학습과 교육이 필요하다고 본다.

뱅크 스트리트 프로그램의 기본 원리	① 인지기능의 발달은 사람들과의 상호작용이나 교재나 교구와 같은 구체물의 직접 경험에 의해 이루어진다. – 인지적 성장은 단순히 성숙에 의해 자연적으로 이루어지는 것이 아니라 환경과의 상호작용 등 다양한 경험을 통해 이루어지므로, 아동의 직접 체험을 통해 다양한 경험을 하도록 하는 것이 중요하다. ② 환경을 적극적으로 탐색하는 것은 인간의 기본 본능이다. 따라서 실험하고 탐구할 수 있도록 교육환경을 구성해야 한다. – 아동은 호기심 많은 존재로, 자신이 속한 환경과 세상을 탐색하기 위해 적극적으로 실험하고 탐구하려는 본성을 지니고 있다. – 이러한 본성은 아동으로 하여금 태어나면서부터 사회적·물리적 환경과 적극적으로 상호작용하게끔 하므로, 실험하고 탐구할 수 있는 교육환경이 필요하다고 본다. ③ 아동발달에서 개인차를 인정한다. – 아동은 고유한 자아를 가진 독립적 존재로 다른 사람과 다른 독특한 자아상을 지니고 있다. – 나와 다른 독특하고 고유한 또 다른 존재로서 다른 사람을 인정하는 것은 민주 시민으로서 건강하게 성장할 수 있는 토대가 된다. ④ 전인적 아동으로 성장하는 것은 건강한 사회 구성원으로 성장하기 위함이다. – 교육은 사회적 유능감을 발달시키고 사회 구성원으로서 소속 사회에 집단적 정체감을 형성할 수 있도록 해야 한다. – 이를 위해 가정과 지역사회는 책임감을 가지고 학교와 협력하며 교육의 책임을 공유해야 한다.
추구하는 인간상	• 뱅크 스트리트 프로그램의 목표는 교육을 통해 더 나은 사회를 만드는 것이다. 아동과 사회 모두가 강건해질 수 있는 방법은 실생활에서 활용할 수 있는 내용의 학습과 활동이라고 보았다. • 뱅크 스트리트 사범대학 설립자인 미첼은 사회 발전에 기여할 객관적이면서도 과학적인 태도와 윤리성을 갖춘 아동과 교사가 더 나은 사회를 만들어가는 주역이라고 보았다. 미첼이 교육을 통해 추구하는 인간상 ① 삶에 열정이 있는 사람 ② 지적 호기심을 놓치지 않는 사람 ③ 변화에 대해 융통성을 가지며 현재 맞지 않는 것을 과감히 포기할 줄 아는 사람 ④ 새로운 문제에 직면했을 때 두려워하지 않고 효용성 있게 대처할 줄 아는 사람 ⑤ 정의의 단호함과 관용의 부드러움을 가지고 타인을 판단하는 사람 ⑥ 타인에게 주어진 공식적 권리뿐만 아니라 그가 고유하게 세운 내적 기준까지도 존중할 줄 아는 사람 ⑦ 민주주의 이념을 진작시키기 위해 민주적인 삶을 생활에서 실천하려고 하는 사람

MEMO

③ 교육 목표

근본 목적을 실현하기 위한 네 가지의 일반목표를 설정하고, 그에 따라 3~5세 유아를 위한 구체적 목표, 유치원 및 초등학교 저학년을 위한 구체적 목표를 구분하고 있다.

<table>
<tr><td>교육목적</td><td>
목적
• '아동의 능력, 대인관계, 창의성을 증진시켜 자신감 있고 발명적이며 책임감 있고 생산적인 인간'으로 육성하는 데 근본목적을 두고 있다.
– 이를 위해 프로그램은 언어, 인지, 신체, 사회, 정서 그리고 미적능력 발달을 포함하는 전인발달을 지향한다.
일반목표
• 뱅크 스트리트 프로그램은 능력 함양, 개별성 또는 주체성 인식, 사회화, 제 기능의 통합이라는 네 가지의 일반목표를 설정하였다.
① 능력감의 증진
– 신체적 · 사회적 · 정서적 · 인지적 영역에서 자신의 능력이 최고조에 이를 수 있도록 잠재능력을 최대한 발휘하도록 한다.
– 지식의 사용 능력과 같은 객관적 자아감과 자아개념, 자신감, 능력감과 같은 주관적 자아감을 모두 포함한다.
② 자아정체감 혹은 개별성
– 유아는 독특한 고유성을 가진 독립적 존재이므로 그에 적합한 형태의 개별적 학습을 유아에게 지원한다.
– 객관적 자아 개념과 현실적인 기대 수준, 자율적인 선택 능력과 독립심 등을 포함한다.
③ 사회화
– 사회 구성원으로서 필요한 기능을 유아가 학습하도록 안내한다.
– 교실의 사회적 질서를 위해 개인의 충동을 조절하는 이성의 발달, 타인의 관점에 민감하고 상호 협동하는 일, 자신의 생각이나 감정 해소를 위해 다양한 의사소통 양식을 갖는 일 등을 포함한다.
④ 기능의 통합
• 학교는 위의 목표를 더욱 진전시킬 수 있도록 자신감, 능력, 동기, 대인관계의 방식과 모델 등을 자극함으로써 유아의 학교생활 자생력을 극대화시킨다.
– 내적 세계와 외적 세계의 통합, 사고와 감정의 통합 등을 포함한다.
</td></tr>
<tr><td>3~5세 유아를 위한 구체적인 목표</td><td>
3~5세 유아를 위한 구체적인 목표
위의 네 가지 일반목표를 가지고 뱅크 스트리트 프로그램에서는 3~5세를 위한 구체적 교육목표를 아래의 8가지로 설정하고 있다.
① 직접적이고 신체적인 접촉을 통해 아동이 환경에 영향을 주고자 하는 욕구를 만족시킨다.
② 인지적 전략들을 이용하여 경험을 순서화할 수 있는 잠재력을 증진시킨다.
③ 주위 환경에 대한 지식을 증진시킨다.
④ 놀이를 통해 경험을 통합시키도록 지원해준다.
⑤ 충동 억제를 내면화하도록 도와준다.
⑥ 발달 단계에서 나타나는 내적 갈등에 대처하려는 욕구를 충족시킨다.
⑦ 독특하고 능력 있는 인간으로서 자아상을 발전시키도록 조장한다.
⑧ 다양한 형태로 또래와 성인과의 상호작용을 할 수 있도록 지원해준다.
</td></tr>
</table>

MEMO

4 교육 내용

<table>
<tr>
<td>학습경험
선정기준
(교육 내용
선정기준) &
교구 선정기준</td>
<td>• 뱅크 스트리트 프로그램의 교육 내용은 유아의 능력, 흥미, 요구, 그리고 이전의 경험을 통합하여 학습경험을 제공하는 것으로 구성된다.
• 언어 · 사회 · 과학 · 음악 등 다양한 학습영역이 각기 다루어지는 것이 아니라 유아에게 제공되는 모든 학습경험에 이러한 영역들이 통합적으로 접근하는 것이다.
교육 내용(학습경험) 선정기준
① 유아가 직접 환경에 접하여 환경과 상호작용할 수 있어야 한다.
② 다양한 감각운동과 지각적 경험을 제공함으로써 유아의 다양한 사고를 표현할 수 있게 한다.
③ 유아교육기관 안팎을 관찰하게 함으로써 생활 주변에서 일어나는 여러 가지 사건과 기능에 대한 이해를 도모한다. 따라서 이야기책을 통해서 접한 에피소드나 유아가 들은 최근의 사건에 관하여 토의를 해보게 한다.
④ 극놀이를 장려함으로써 유아의 경험을 통합한다.
⑤ 유아가 내적 충동을 조절할 수 있게 하기 위하여 학급 내에서 지켜야 할 분명한 규칙과 규율을 세우고 각자의 분명한 역할을 통해 책임감을 확립한다.
⑥ 타인과 원만한 인간관계를 형성하고 인간관계 내에서 일어나는 여러 가지 사회적 갈등을 해결할 수 있게 한다.
⑦ 유아가 자신에 대해 알고, 바르게 인식하며, 자아를 실현시킬 수 있는 경험을 제공한다. 그리고 유아 자신이 고유하고 능력 있는 인간이라는 긍정적인 자아개념을 형성할 수 있도록 한다.
⑧ 성인과 유아, 유아와 유아 사이의 대화나 토의 등을 실시함으로써 상부상조적 인간관계를 형성할 수 있게 한다.
⑨ 모든 교육 내용의 선정기준은 유아의 경험이 된다.
– 설립자인 미첼이 강조한 것처럼 경험을 통해 유아가 이미 알고 있는 것, 친숙한 것을 더욱 완전하게 이해할 수 있도록 돕는다. 유아가 지닌 사전 지식과 경험을 통해 자신의 신체적 · 사회적 · 정서적 · 인지적 영역이 확장될 수 있도록 지원한다.
⑩ 감각수준, 운동수준, 상징적 수준에서의 경험과 지식을 강조하고, 인지적 발달을 위한 논리적 사고뿐만 아니라 창의적 사고를 위한 직관적 · 연상적 사고를 강조하는 활동을 교육 내용으로 한다.
– 뱅크 스트리트 프로그램의 목적은 유아의 전인적 성장발달이기 때문에, 학습은 아동의 여러 면을 조화 있게 발달시킴으로써 아동이 전인격적인 아동으로서 성장할 수 있도록 이끌 수 있어야 한다.
– 이를 위해 환경은 유아에게 운동적 · 지각적 경험을 제공하는 작업장으로 조직되며, 교실에는 다양한 흥미영역을 두고 각 영역에 유아들의 발달수준에 적합한 다양한 교구를 배치하도록 하였다.
교구 선정기준
① 실험적이고 탐구적으로 이용될 수 있는 것
② 다양하게 사용할 수 있고 표현할 수 있는 것
③ 개인적으로 의미 있고, 목적 있는 표현을 할 수 있는 것
④ 지각적 구별이나 조작적 문제해결에 도움을 줄 수 있는 것</td>
</tr>
</table>

MEMO

교육 내용	현장학습	• 현장학습(field trip)은 뱅크 스트리트 프로그램의 특징이다. – 도서관 방문, 소방서 견학, 농장 방문 등 현장학습은 직접 경험을 통해 자신이 알고 있는 내용과 개념을 구체화할 수 있는 기회이며, 여기에서 적극적인 탐색활동이 자연스럽게 이루어질 수 있도록 돕는다.
	사회교육	• 민주적인 삶을 생활 속에서 실천할 수 있도록 하기 위해 뱅크 스트리트 프로그램에서는 유아들이 공동체 의식과 사회적 책임을 인식하고 사회 구성원으로서의 필요한 기능을 학습할 수 있는 사회교육을 중요하게 다룬다. – 사회 정의(justice)와 평등(equity)은 뱅크 스트리트 프로그램의 주요 관심사로, 교실 공동체 활동에서 유아들은 자신과 타인에 대한 이해를 쌓는 데 노력한다. – 함께 나누고, 우정을 쌓고, 인종과 성 정체성을 통해 다문화를 인정하고, 책임과 공정성을 이해할 수 있도록 한다.
	언어교육	• 빈곤 아동을 위한 헤드스타트 프로그램과 폴로 스루 프로젝트에 오래도록 참여해 온 뱅크 스트리트 프로그램에서 언어교육은 유아의 인지발달 측면에서 중요하게 평가된다. • 유아의 발달에 맞게 말하기와 쓰기, 읽기 기술을 습득시키기 위해 소규모 집단활동을 한다. – 언어활동이 즐거울 뿐만 아니라 유용하게 활용될 수 있는 수단임을 스스로 인식할 수 있도록 그림책과 동화를 풍부하게 제공한다. – 언어교육은 발달에 따라 차이를 둔다. 따라서 3세아에게는 말하기와 듣기를 위한 다양한 기회를 제공하고, 4세아는 모든 교과 영역에서 발현적 문해기술과 활자 개념을 발달시키며, 5세아는 이야기하기 활동에 참여하도록 한다.
	과학교육과 수학교육	• 피아제의 인지적 구성주의 이론을 고려해 볼 때, 과학과 수학은 지식중심 교육이 아닌 탐구중심교육을 실천할 수 있는 주요 과목이다. • 피아제와 비고츠키의 구성주의적 이론을 교육 프로그램에 적극 반영한 뱅크 스트리트 프로그램에서는 실생활 속에서 과학과 수학 능력을 발현시키고자 한다. – 문화를 토대로 둔 수학적 경험, 즉 전화번호의 숫자, 엘리베이터의 숫자, 텔레비전 채널 숫자 등 문화적 도구의 내면화를 활용한 실생활 기반의 수학활동, 패턴 블록(pattern block), 페그 보드(peg board) 등을 활용한 놀이기반의 수학활동 등을 운영한다. – 뱅크 스트리트 교육대학원에서는 '수학교육 지도자 과정'을 개설하는 등 유아의 수학교육을 위해 노력하고 있다.

MEMO

	미술교육	• 미술은 유아의 정서와 인지, 사회성 및 신체활동을 도울 수 있는 포괄적 활동이다. 전인적 아동(whole child)을 지향하는 뱅크 스트리트 프로그램에서는 매주 한 번씩 미술교사와 함께 물감활동을 한다. • 뱅크 스트리트 프로그램에서는 물감활동을 강조한다. – 물감은 크레파스나 연필 등 다른 그리기 도구에 비해 강렬하고 흡입력 있는 색깔로 아동의 흥미와 관심을 유발할 뿐만 아니라, 다양한 물감을 섞으면서 느껴지는 독특한 질감과 새로운 색이 만들어 내는 과정이 환경과의 상호작용에서 필요한 몰입을 경험하게 한다. – 수채화 물감이 아닌 기름과 아교질로 만들어진 템페라 물감을 사용하는데, 템페라 물감은 만지고 싶을 만큼의 선명함과 독특한 질감 특성이 유아의 상호작용을 증진하게 만드는 요소로 작용한다. – 붓을 사용하는 물감 활동은 연필이나 크레파스와 달리 대근육과 소근육 조절이 더 민감하게 요구되기 때문에 대근육과 소근육을 발달시키는 데 이점이 있다. • 물감 외에도 헝겊, 비닐, 타일, 나뭇조각, 종이, 상표 등 서로 다른 재질감이 있는 재료들을 붙여 작품을 만드는 콜라주와, 만들다가 다시 뭉쳐 새롭게 만들기를 시도할 수 있는 가소성 높은 점토를 활용한다. – 이는 심미감을 발달시킬 수 있다는 측면 외에 반복적 활동과 탐색적 활동을 통해 가역적 사고와 창의적 사고를 통합적으로 발달시킬 수 있다는 이점이 있다.
	신체활동	• 신체활동은 몸을 움직일 뿐만 아니라 몸을 대상으로 실험하고 탐구할 수 있는 기회이다. – 실험과 탐구활동을 기반으로 환경과 적극적으로 상호작용하고자 하는 유아의 자발적 활동이 신체활동을 통해 이루어질 수 있도록 한다. – 드럼, 탬버린, 실로폰, 마라카스 등을 활용한 악기활동은 소리와 리듬을 탐구할 수 있으며, 손의 동작 크기와 힘의 크기에 따른 소리의 차이는 시행착오 과정을 통해 신체와 소리 간 관계를 스스로 학습할 수 있도록 한다. – 외국의 전통과 문화를 접할 수 있는 노래와 율동 기반의 다문화교육이 신체활동에 포함된다. 세계 여러 나라의 전통 무용이나 악기 연주는 신체발달 외에 다인종, 다민족 특성에 대한 유아의 이해를 높이는 데 도움을 준다.

5 교수 · 학습 방법

동기유발	• 뱅크 스트리트 프로그램에서는 유아의 학습을 좀 더 효과적으로 수행하기 위해 동기유발 방법을 강조한다. – 학습에 대한 유아의 동기유발은 교사와 유아, 교육 내용, 교수방법과의 연관 속에서 일어난다고 본다. 즉, 외적 동기유발보다는 내적인 동기가 유발되었을 때, 보다 적극적이고 효과적인 학습이 된다고 설명한다.

MEMO

	• 뱅크 스트리트 프로그램에서 강조하고 있는 동기유발의 요소는 다음과 같다. ① 자신의 능력이나 활동의 효율성을 위해 탐구하고 완수하는 능력 ② 새로운 기술이나 지식을 획득함으로써 얻는 내적 즐거움과 만족감 ③ 유아가 활동에 임할 수 있는 충분한 기회 제공 ④ 교실 내의 경험과 유아들의 외부 생활 간의 일관성과 상호연관성 ⑤ 실생활과 연관된 문제해결을 통한 즐거움 ⑥ 교사에 대한 신뢰감과 유대감 형성 ⑦ 유아의 발달수준에 따른 개별화된 학습방법 ➔ 이와 같이 유아의 학습에 대한 동기유발은 외부 요인에 의해서가 아니라 학습자의 내부에서 그의 경험을 통해 일어나게 된다. 또한 뱅크 스트리트 프로그램에서는 획일적인 방법보다는 이론적 기초나 교육 내용과의 연관성에 따라 학습이 융통성 있게 이루어지며, 유아의 능동적 참여와 탐구학습, 유아의 실생활과 밀접한 관계가 있는 경험에서의 출발, 개별화된 교수와 협동 활동의 조화 등을 기본적인 교수·학습 방법으로 하고 있다.

6 교사의 역할

학습촉진자	• 뱅크 스트리트 프로그램에서의 교사는 학습의 촉진자(facilitators of learning)이다. 교사는 지식 전수자의 역할에서 벗어나 유아의 잠재력을 개발하고 실현하며 안내하는 촉진자로 역할하도록 훈련받는다. – 이를 위해 뱅크 스트리트 프로그램의 교사는 유아발달 및 교육이론에 대한 전문적 지식과 이해를 기반으로 유아의 학습과 성장에 도움이 될 적합한 교수방법을 함께 논의하고 개발하여 수업에 적용한다. – 교사는 ① 발달에 대한 깊이 있는 지식을 가지고 있어야 하고, ② 유아의 독특한 개성을 이해하고 있어야 하며, ③ 교과과정 내용에 대해서도 전문적인 지식을 가지고 있어야 한다. – 그래야 유아의 호기심과 궁금증에 적합한 답을 제공할 수 있으며, 유아가 수행하고 있는 경험이 어떤 과정에서 이루어지고 있으며 어떤 과정으로 나아가고 있을지, 그리고 이 과정에서 무슨 자원이 필요할지 알 수 있다. – 또한 알아낸 정보를 기반으로 유아가 주도적으로 수행하고 있는 탐색과 발견이 좀 더 의미 있는 방향으로 발전할 수 있도록 유아의 생각과 사고를 촉진시켜 준다. ➔ 이처럼 교사는 유아의 관심사와 경험을 깊이 있고 확장된 지적 활동으로 발전시킬 수 있도록 자극하고 연결하고자 노력해야 한다. 환경과의 상호작용을 통해 유아 스스로 새로운 것을 발견하거나 익숙한 지식을 깊이 있게 확장할 수 있도록 충분한 시간을 제공하고, 독립적이고 창의적으로 생각할 수 있는 역량과 자신감을 북돋아 주어야 한다.

MEMO

관찰자와 안내자	• 사회적 구성주의에서 강조한 근접발달영역처럼 교사는 유아의 활동을 관찰한 후, 유아 스스로 문제해결의 전 과정을 다룰 수 있는 단계에 이르도록 안내하며 조언한다. – 교사는 교육 철학과 목적을 바탕으로 유아의 발달적 특성을 고려해 구체적인 교육 내용과 방법을 구성하고, 관련 활동들은 유아가 스스로 활동을 자유롭게 선택·실천해 나갈 수 있도록 안내하면서 유아의 활동을 관찰·진단하여 개별화된 교수를 한다. 즉, 유아가 선택한 활동을 그의 능력이나 발달단계에 맞게 조정해 주는 것이다. – 발달적 상호작용 프로그램으로도 알려져 있는 이 프로그램은 유아가 하는 말, 즉 질문이나 또래와의 상호작용에 교사가 귀 기울이고 유아의 활동을 관찰하는 것이 중요하다. 개별 유아에 대한 지식은 전반적인 유아발달에 대한 지식보다 구체적인 맥락의 영향을 많이 받기 때문에 관찰자로서의 교사는 개별 유아의 현재 발달정도를 파악하여 다음 활동을 효율적으로 계획할 수 있다. – 유아의 활동을 토대로 현장학습을 마련하고, 현장에서 직접 경험한 것을 토대로 유아 스스로 자신이 알고 있는 내용과 개념을 구체화할 수 있도록 한다. – 다만 유아의 지식과 경험이 좀 더 깊이 있는 방향으로 나아갈 수 있도록 유아의 호기심과 궁금증을 확장시킬 수 있는 질문을 던져 보거나, 주도적으로 문제를 해결하는 과정에서 유아가 제기하는 질문을 직면한 문제와 연결시켜 재확인해 줌으로써 유아 스스로 자신의 질문에 답을 찾을 수 있도록 안내하는 역할을 한다.
진보적 교육자	• 듀이의 *진보주의 교육철학에서 강조했던 내용을 뱅크 스트리트 프로그램에서는 수업에 반영하고 있다. – 뱅크 스트리트 프로그램의 교사는 사회가 변화하듯 실제적 삶에 기반한 교육 내용도 변화되어야 한다고 본다. 이는 사회 변화에 따라 실제 생활의 모습이 변화되고 있기 때문이다. – 이에 따라 교사는 기존의 교육적 틀에 안주하지 않고 사회적 변화를 교육 안에 끌어들이고자 계층 간 문제, 인종 간 문제, 성 역할 문제 등 사회적 이슈에 융통성 있고 포용적인 태도를 보인다.

*진보주의
진보란 기존의 틀에 박힌 고정된 형식을 넘어 변화를 지향하는 것을 말한다. 어느 시대나 진보는 존재했으나 미국의 진보주의는 산업혁명이 시작된 19세기 중엽 사회적 불평등 문제를 해소하기 위한 노력으로 형성되었다. 듀이에 의해 확산된 학교교육에서의 진보주의는 아동중심교육을 강조하고 현실과 유리된 교육이 아닌 실제적 삶에 기반한 교육을 강조한다.

7 부모 및 지역사회와의 연계

부모 및 지역사회와의 연계	• 환경과의 상호작용을 강조하는 뱅크 스트리트 프로그램에서는 다양한 형태의 상호작용을 긍정적으로 평가한다. ① **부모** 부모는 유아의 주요 상호작용자이므로 부모의 참여와 지원은 유아의 상호작용을 이해하고 발전시키는 데 중요한 역할을 한다. 따라서 유치원에서는 부모의 관심과 요구, 흥미 파악과 함께 부모들이 유아교육기관에서 실시되는 교육을 알게 하기 위해 부모교육을 실시한다. – 이를 통해 유치원에서는 유아의 가정생활에 대한 정보를 수집하고, 부모는 유아의 집단생활에 대해 알 수 있는 계기가 된다.

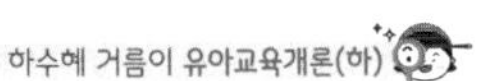

MEMO

	– 이러한 목적 아래 두 가지 차원에서 부모교육이 실시되는데, ① 하나는 정규 학부모 회의나 개인 상담의 방법을 통해 주로 아동교육을 위한 지식과 정보를 교환하는 것이며, ② 다른 하나는 부모가 직접 아동의 교육현장에 참여하여 교사 보조자로서 활동하는 것이다. ② **지역사회와의 연계** 뱅크 스트리트 프로그램에서는 현장학습을 활용하여 지역사회와 유아를 연계할 수 있도록 한다. 지역사회와의 상호작용은 실제 생활에서 필요한 지식과 정보를 실질적으로 제공하기 때문이다. – 뱅크 스트리트 프로그램은 진보주의 교육철학에 기초하여 민주시민으로서 필요한 지식과 기술, 인성과 가치가 교육을 통해 이루어질 수 있다고 본다. – 그러므로 다양한 형태의 지역사회 연계활동은 폭넓은 범위의 사회적 행동 경험을 통해 유아 스스로 건강한 시민으로 성장해 나갈 수 있는 중요한 기회라고 본다.

8 환경구성 및 일과구성

환경구성	• 사회적 상호작용을 토대로 유아의 신체적 · 인지적 · 정서적 · 사회적 발달을 이끌어 낼 수 있도록 지원하는 뱅크 스트리트 프로그램은 다양한 형태, 방법, 내용, 유형의 상호작용을 경험할 수 있도록 환경을 구성하고 있다. – 관심과 흥미에 따라 유아가 주도적으로 실험하고 탐색할 수 있도록 블록이나 점토, 물감, 물, 모래, 종이, 나무뿐만 아니라 요리하기, 나무 심기, 바느질하기 등에 필요한 재료와 컴퓨터 등 다양한 형태의 도구와 매체, 교구와 교재들이 유아가 쉽게 접근할 수 있는 장소에 충분히 확보되어 있다. – 환경과의 상호작용을 기반으로 한 유아의 관찰, 실험과 탐색은 개별적 또는 소집단별로 이루어지므로, 이동식 칸막이와 다목적용 테이블을 준비해 두어 유아가 필요한 공간을 스스로 구성할 수 있도록 하였다. – 교실환경은 질서를 갖추고 구조화되어 있다. 유아의 활동이 질서와 구조를 갖춘 교실환경에서 이루어지도록 함으로써 사회생활에 필요한 질서와 구조의 의미를 깨닫고 이를 유지하기 위한 자아통제력을 점진적으로 발달시키도록 하였다.
일과구성	• 3~6세 유아를 위한 저학년 유치원(lower school)은 실생활 경험에 기반한 사회과목을 중심으로 활동을 구성한다. 따라서 교실 공동체에서 함께 생활하면서 사회적 환경 적응에 필요한 지식과 정보, 기술 등을 유아 주도적으로 학습할 수 있도록 일과시간표가 구성되어 있다. – 사회과목을 중심으로 교육 내용이 편성되어 있지만 계획된 시간표에 따라 일과활동이 이루어지기보다는, 유아가 적극적으로 교구를 탐색하거나 현장학습을 가고, 유아의 생각이나 관심을 확인해 함께 활동할 수 있도록 유동적으로 운영된다. 일과를 융통성 있게 운영하기 때문에 유아들은 개별적 또는 소집단활동을 활발하게 할 수 있다. – 일상의 일과에서 유아들은 이야기나누기, 토론하기, 이야기 듣기, 읽기, 쓰기 등의 언어활동뿐만 아니라 신체활동, 미술활동 등의 비언어적 활동을 통해 자신의 생각과 감정을 자연스럽게 표현할 수 있도록 격려를 받는다.

MEMO

UNIT 02 헤드스타트 프로그램

1 배경

배경	• 미국에서 교육이 조기에 이루어져야 한다는 반성의 목소리가 나오면서 만들어진 프로그램 중의 하나로, 1964년 불우아동에게 가난이 미치는 부정적 효과를 방지하고 교육의 기회균등을 주기 위하여 경제기회법이 제정되었으며, 이에 따라 경제기획국이 만들어져 이 기구 안에서 헤드스타트 프로젝트가 탄생하였다. • 헤드스타트 프로그램은 경제적으로 빈곤한 가정의 유아에게 그들이 처음으로 경험해야 할 인지적·사회적·신체적 경험을 누리도록 하고, 학교생활이 시작되기 전에 교육기회를 제공함으로써 가난으로부터 야기될 수 있는 인지적·사회적 문제를 보다 쉽게 해결할 수 있도록 한다. • 이는 가난한 가정에서 태어난 유아가 다시 가난하게 사는, 즉 빈곤의 세대세습을 깨뜨리기 위해 유아들에게 교육적·사회적 경험의 기초를 초기에 제공해주도록 한다는 기본 취지를 가지고 계획되었다. • 우리나라에서 1980년 영세민 자녀를 대상으로 하는 새마을유아원을 설립하여 저소득층 유아들의 교육에 적극적으로 개입했던 보상교육운동도 헤드스타트 프로그램의 영향이라 할 수 있다.

2 헤드스타트의 개념

정의	1964년 이래 빈민구제사업의 일환으로 추진되었으며, 빈부격차로 인한 저소득층 자녀의 교육기회 격차를 해소하기 위한 프로그램을 말한다. 이는 교육, 의료보호, 사회복지 서비스, 영양 공급의 종합적인 프로그램을 제공하는데, 충분한 교육을 받지 못해 빈곤의 악순환을 겪는 것을 방지하려고 취학 전 아동을 대상으로 시행하는 미국의 교육 지원제도이다.	
목표	① 초등학교에서 학업 성취가 성공적으로 이루어지려면 취학 전 전인발달을 보완해주어야 하기 때문에, 저소득층 가정 유아들의 교육 결손을 해결해주기 위한 교육지원이다. ② 빈곤으로 인한 문제는 초등학교 이후에 대두되기 때문에 영유아기부터 사회문화적 교육의 중재 경험을 제공하여 보상하기 위한 교육이다. ③ 빈곤가정의 자녀에게 생의 초기 질적으로 우수한 교육적·사회적 경험의 기회를 규칙적이고 장기적으로 제공하기 위한 교육이다.	
	세부목표	㉠ 유아의 건강 및 신체적 능력을 증진한다. ㉡ 유아의 자신감, 자발성, 호기심, 자율성을 북돋아줌으로써 사회적·정서적 발달을 도모한다. ㉢ 유아의 사고나 언어능력에 대해 유의하여 지적 과정과 기술을 고취한다. ㉣ 유아로 하여금 현재나 장래의 학습에 대한 노력과 전체적 발달에 대해 자신감을 갖도록 하여 성공에 대한 기대감을 조성한다. ㉤ 가족이나 다른 사람과 적극적인 관계를 갖는 능력을 기름과 동시에 유아 자신과 그들의 문제를 적극적으로 책임지려는 가족의 능력을 강화한다.

MEMO

		ⓑ 유아의 가족들이 사회에 대해 책임 있는 태도를 갖도록 하고, 그들의 사회 문제를 해결함에 있어서 가난한 사람들과 함께 일하는 건설적인 기회를 갖도록 한다. ⓢ 유아와 그의 가족에게 자기 가치 및 인간 존엄을 깨달을 수 있게 하는 것이다.

3 헤드스타트 프로그램

프로그램의 기본 원리	① 그룹 간의 경험이 매우 유익함을 강조하고 있다. ② 영아와 부모에게 사회화 경험은 모두 필요하며, 가정방문 시에도 이루어진다. ③ 사회화는 헤드스타트 프로그램 수행기준이 요구하는 모든 서비스에 기회가 제공되도록 한다. ④ 사회화 경험의 목표와 결과는 영아의 발달 수준과 발달 속도에 따라 차이를 보인다. ⑤ 사회화 경험과 활동은 다음과 같은 교과 과정을 기본으로 한다. • 아동과 부모의 목표를 구체화한다. • 목표를 성취하도록 경험을 제공한다. • 교사와 부모의 적절한 역할을 제시한다. • 필요한 교구를 제공한다. • 아동발달의 모든 영역인 인지, 신체, 언어, 사회, 정서를 포함한다. • 아동의 문화, 인종, 언어, 경험을 고려한다.
프로그램의 교육 내용	• 헤드스타트 프로그램은 단순한 교육 프로그램이 아닌 유아와 그 가족들이 살아가고 있는 환경을 개선하고자 하는 포괄적인 프로그램으로서, 교육을 기본으로 부모교육, 부모 참여, 건강, 사회사업, 영양, 교사와 부모를 위한 진로 지도라는 여섯 가지 주된 사업으로 구성되어 있는 것이 특징이다. • 유아교육과 관련된 교육 내용으로는 교실의 성인 대 유아 비율이 1:5로서 일반적으로 한 명의 교사와 보조교사, 그리고 적어도 한 명의 부모나 자원봉사가 유아들을 돌보도록 하고 있다. – 대부분의 프로그램은 오전 9시에서 오후 12~1시까지 운영하며, 종일제의 경우 시간을 연장하여 운영한다.

MEMO

4 헤드스타트 프로그램의 평가

프로그램의 효과 (Zigler)	헤드스타트 프로그램의 효과에 대한 대부분의 연구 결과들은 지원비용에 비해 훨씬 긍정적인 효과를 거두었음을 보고하고 있다. 지글러(Zigler)는 헤드스타트 프로그램의 공헌을 높이 평가하고 다음과 같은 효과를 밝히고 있다. • 유아들의 교육에 부모들의 개입과 참여는 성공률을 높일 수 있다는 것을 보여주고 있다. • 다양한 사회적 배경의 유아들을 위한 가장 적합한 학습 자료를 개발하는 기초가 되었다. • 정신적 · 신체적 건강에 문제가 있는 유아들, 소외당하거나 학대받는 유아들의 조기진단 및 개입을 가능하게 하였다. • 전문적 교원 및 비전문가인 부모들에게도 새로운 진로를 마련해 주어 경제적 혜택뿐만 아니라 성인들의 자기 발전에 도움을 주었다. • 저소득층과 소수민족 약 9,000명이 이 프로그램을 통해 대학 수준의 교육을 받을 수 있었다. • 저소득층에 대한 지역사회와 사람들의 인식을 긍정적으로 변화시켰다.
프로그램의 장점	① 기회균등 반영 – 초기교육에의 접근이 어려운 저소득층 가정의 유아들에게 특별한 지원을 제공함으로써 모든 유아가 공평한 출발점에서 학습할 수 있도록 돕기 때문이다. ② 부모 참여기회 증가 – 부모들을 교육활동에 참여시키고 자녀의 교육에 대한 부모의 이해를 높이기 위한 학습 경험을 지속적으로 제공함으로써, 부모 참여를 촉진하고 부모와 학교 간의 협력을 강화한다. ③ 즉각적인 교육 효과 – 헤드스타트 프로그램에 참여한 유아들의 인지 · 언어 · 사회적 태도의 발달과 학습 준비도에서 긍정적 효과가 나타났다. – 동일조건 가정의 유아들을 대상으로 조사한 결과, 헤드스타트를 경험한 유아가 경험하지 못한 유아들에 비해 읽기와 수학에서 더 높은 점수를 보였다. ➔ 초기교육 투입을 통해 유아들이 학습의 필수적인 기초를 갖추도록 돕는다. ④ 진학률 증가 – 초기교육을 통해 학업에 대한 자신감을 키우고 학교에서의 성과를 향상시킴으로써 고등교육 단계로의 진출과 높은 학업 성취를 이룰 가능성이 높아졌다. ⑤ 범죄율의 급격한 감소 – 인생 초기에 양질의 교육을 제공함으로써 유아들의 사회 적응과 성장에 긍정적인 영향을 미치게 되면 더 건전하고 안정된 삶을 살아갈 확률이 높아지므로 범죄를 저지를 가능성이 낮아진다.
단점	① 교육과 관련된 요소의 질적 수준 제고를 위해 노력해야 한다. – 헤드스타트 프로그램은 인지능력 발달을 증진하는 것에만 관심을 갖고 있어서 유아의 정서와 사회성 발달에 대한 내용을 보완하여야 한다는 점에서 부정적 평가를 받고 있다. – 프로그램의 효과적인 운영을 위해서는 지속적인 평가, 교육자료나 교사의 전문성, 학습 환경의 다양성 등의 개선을 위한 노력이 필요하다.

MEMO

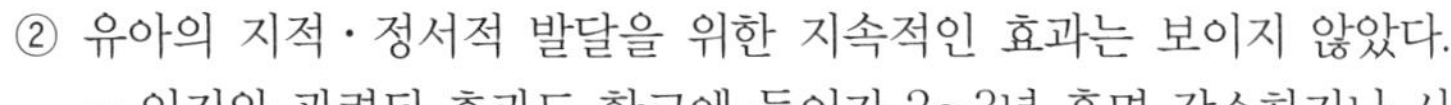

	② 유아의 지적·정서적 발달을 위한 지속적인 효과는 보이지 않았다. – 인지와 관련된 효과도 학교에 들어가 2~3년 후면 감소하거나 사라진다는 점에서 부정적 평가를 받고 있다. ③ 조기 헤드스타트 서비스의 확대 실시에 한계가 있다. – 헤드스타트 프로그램의 규모가 커짐에 따라 운영 및 지원, 자금 조달에 있어 어려움이 증가할 수 있기 때문이다. 특히 자금이 부족하면 프로그램의 품질이 저하되며 지역에 따라 서비스 제공이 불균형해질 수 있다.

5 헤드스타트 프로그램의 부모교육 및 교사의 역할

부모교육	• 부모와의 스킨십, 칭찬을 통해 자신감과 밝은 성격을 가진 아이로 성장시킬 수 있는 방안을 제시한다. • 부모에게 육아에 필요한 지식, 경험, 정보를 제공한다. • 부모들이 프로그램의 운영과 기획 측면에서 계속적으로 강력한 의사결정 역할을 하도록 지지한다.
교사 역할	• 유아들이 학교와 매일의 생활 속에서 성공을 통해 인생에 대한 긍정적인 견해를 갖도록 한다. • 인지적·언어적·사회 정서적·신체적 발달에서의 잠재적인 능력을 성취하게 함으로써 사회적 유능감을 촉진시킨다. – **사회적 유능감**: 유아들이 매일의 생활 속에서 주위의 환경을 효과적으로 조정하여 학교생활 동안이나 일생에 걸쳐 책임감 있게 생활하는 능력을 의미한다.

SESSION #10

MEMO

UNIT 03 디스타 프로그램(DISTAR Program)

1 배경 및 이론적 기초

<table>
<tr><td>배경</td><td>• 디스타 프로그램(DISTAR program)은 셈하기와 읽기 교육에 직접교수법을 적용한 프로그램을 의미한다.
• 듀이의 진보주의, 피아제와 비고츠키의 구성주의 이론에 기초하여 탐색적 교육활동이 강조되었던 미국 사회에서 직접교수에 대한 사회적 관심이 형성된 것은 존슨(L. B. Johnson) 대통령의 빈곤과의 전쟁(war on poverty)이었다.
– 1960년대 폴로 스루 프로젝트(Project Follow Through)가 실시된 이래, 여러 교수법 중에 직접교수법(Direct Instruction)이 빈곤계층과 소수민족의 아동교육에서 가장 효과적인 것으로 확인되었기 때문이다.
• 디스타 프로그램은 엥겔만(S. Engelmann, 1931~2019)의 직접교수법을 근간으로 하여 개발되었다.
– 디스타 프로그램의 시작은 아동발달 증진에 관한 연구비를 받은 일리노이 대학 교수 베레이터(C. Bereiter, 1930~)가 동료 연구원인 엥겔만과 함께 연구를 수행하면서 1964년 문화적으로 취약한 아동을 위한 프로그램(베레이터-엥겔만 프로그램)을 실시하면서부터이다.
– 이후 베레이터 교수와 함께 베레이터-엥겔만 프로그램을 운영하면서 엥겔만이 아동교육에 참여하여 직접교수법을 실시하였다. 그리고 이를 기반으로 직접교수를 위한 100여 개의 교과 프로그램을 개발하였고, 이를 기초로 읽기, 수학, 언어 교육과 관련된 교재인 디스타(DISTAR)를 개발하였다. 엥겔만이 쓴 디스타 교재는 1968년부터 1977년까지 시행된 폴로 스루 프로젝트에서 사용되면서 저소득층 취약가정 아동을 위한 교육에서 큰 효과를 나타냈다. 1960년대 개발된 디스타 프로그램 교재 가운데 현재 사용되고 있는 교재는 'Connecting Math Concept(수학 개념 연결짓기)'와 'Reading Mastery(능숙하게 읽기)'이다.
– 저소득층 아동의 학업부진으로 인한 학교생활 실패를 예방하고 성공적인 수행을 하도록 돕기 위해 개발된 DISTAR 자료를 기반으로 운영되고 있던 베레이터-엥겔만 프로젝트에 1967년 오리건 대학의 행동주의 심리학 교수 베커가 참여하면서 베레이터-엥겔만 프로젝트는 엥겔만-베커 프로그램으로 발전하였다. 취약한 지역 아동의 셈하기와 읽기 교육에 초점을 둔 엥겔만-베커 프로그램은 이후 '직접교수를 적용한 셈하기와 읽기 교육'을 의미하는 디스타(Direct Instruction System for Teaching Arithmetic and Reading, DISTAR) 프로그램으로 공식 명칭화하였다.
– 디스타 프로그램은 모든 아동의 학습에 효과적이지만 특히 위기에 처한 아동이나 취약한 계층의 아동 또는 기초학습능력이 낮거나 학습장애가 있는 아동에게 더욱 효과적이라고 알려져 있다.</td></tr>
</table>

MEMO

이론적 기초	• 디스타(DISTAR) 프로그램의 'DI'는 Direct Instruction의 약자로 직접교수를 뜻한다. – 직접교수는 탐색과 시행착오적 실험, 토론을 기반으로 한 탐구식 교수법과 달리 나열식 설명, 암기, 구조화된 실험을 기반으로 한다. 유의점 나열식 설명, 암기 등을 활용한다고 직접교수를 교사중심교육으로 해석해서는 안 된다. – 교사중심교육과 달리 직접교수에서는 아동의 참여와 반응을 중요하게 생각하며, 아동에게 적합한 교수방법을 개발하여 적용함으로써 아동이 성공적인 학습 성취를 경험하도록 하는 데 초점을 둔다. • 디스타 프로그램은 행동주의적 접근을 토대로 모든 행동은 학습이 가능하다고 믿으며, 빈곤층 아동의 행동 목표를 정하고 과제분석을 통해 행동 변화를 설정한 후 목표를 달성하면 강화를 제공하는 방식을 발전시켰다. – 행동주의적 접근에 기반하여 교육활동에서 엄격한 절차를 강조함에도 불구하고, 국가 수준의 교육 프로그램 평가 사업인 폴로 스루 프로젝트에서 디스타 프로그램만이 유일하게 기초 기술, 인지-개념적 기술, 정서적 기술에서 의미 있는 효과를 나타냈다. – 이러한 결과에 대해 듀이(J. Dewey)와 피아제(J. Piaget) 이론을 지지하는 교육자들은 "셈하기와 읽기를 얼마나 잘 가르쳤느냐에 따라 프로그램의 효과를 판단하는 것은 정당하지 않다."고 반박했지만 디스타 프로그램의 교육효과는 폴로 스루 프로젝트 이후 추적 조사에서도 우수하게 나타났다. • 디스타 프로그램의 학습전략은 행동주의 심리학자인 스키너의 조작적 조건화 이론에서 파생되었다고 볼 수 있다. – 직접교수의 특징인 수업 조직, 교수·학습 프로그램 설계, 아동-교사 상호작용 기법에 행동주의에서 강조하는 연습, 피드백, 강화 등이 활용되고 있기 때문이다. 유의점 그럼에도 디스타 프로그램을 행동주의에서 파생한 프로그램으로 설명할 뿐 행동주의에 기초한 프로그램으로 설명하지 않는 것은 연습, 피드백, 강화 등이 중요 요소로 작용하지만 이러한 요소 사용 여부는 아동의 참여와 반응, 자발적 학습에 의해 결정된다고 전제하기 때문이다.
디스타 프로그램의 4가지 기초적 가정	디스타 프로그램은 저소득층 아동 및 가족에게 제공되는 헤드스타트 프로그램에서 비롯되었기 때문에 아래의 기본 조건(가정)을 충실히 이행하고자 하였다. ① 모든 아동은 그들의 발달적 준비도나 배경에 상관없이 배울 수 있다. ② 논리적 절차를 포함한 기초기능의 학습은 지적 행동의 중심이며 모든 보상교육 프로그램의 본질이 되어야 한다. ③ 빈곤 아동들은 학교에서 성공하기 위해 필요한 기능들이 다른 아동들보다 뒤처져 있는 경향이 있다. ④ 따라서 이들을 따라잡기 위해 빈곤 아동들은 그렇지 않은 아동보다 가능한 시간 내에 더 많이 가르쳐져야 한다. • 행동주의 이론에 기초하여 저소득층 유아를 위해 만든 실천적 유아교육 프로그램이다. • 저소득층 유아가 취학 후 학습을 성공적으로 수행하여, 다른 아동들과의 경쟁에서 뒤처지지 않도록 필요한 기술을 획득하는 것이다. • 학생들이 가능한 한 빨리 배울 수 있도록 직접적인 교수방법을 통해 학문적 기초를 형성하도록 돕는다.

SESSION 10

MEMO

2 디스타 프로그램의 교육목표 및 원리

<table>
<tr><td>교육목표</td><td colspan="2">• 저소득층 유아의 성공적인 학업 성취를 목표로 한 디스타 프로그램은, 유아가 적극적으로 학업에 참여하고 지속적인 관심과 성장을 보이기 위해서는 유아의 내적 요인보다 유아가 다루는 교구나 교재의 질이나 교사의 교수기법이 변화되어야 한다고 본다.
– 유아의 낮은 학업 성취는 유아의 탐구력이나 몰입력이 낮기 때문이 아니라 유아의 탐구나 몰입을 유발하지 못하는 학습 내용이나 방법을 교사가 사용하기 때문이다.
– 따라서 디스타 프로그램에서는 명시적이고 절차적이며 구조화된 교수방법을 제안하고, 효과적인 교수활동 체계의 구성과 전달 체계를 개발하여 이를 교사가 사용함으로써 유아의 학습활동을 증진시키는 데 초점을 두고 있다.</td></tr>
<tr><td rowspan="2">디스타 프로그램의 기본 원리</td><td colspan="2">• 디스타 프로그램은 “어떤 유아도 제대로 가르치면 학습할 수 있다”라는 기본 신념을 갖고 있다.
• 유아의 학습을 증진시키기 위해 교사가 가장 먼저 해야 할 일은 학습하고자 하는 내용을 간단하고 명확하게 정리하여 사례를 제시하는 것이다.
– 유아는 교사가 정리한 사례 안에서 공통된 특성을 찾거나 그 특성에서 나타나는 ‘규칙’을 이해함으로써 좀 더 빠르고 정확하게 학습내용을 습득하게 된다.
• 교사는 교육 내용을 가르치기 쉬운 여러 하위기술로 나누고, 하위기술이 상위기술로 전환될 수 있음을 시연을 통해 보여준다.
– 유아는 교사의 시연을 통해 보다 난이도 높은 기술을 능동적으로 구성할 수 있게 된다. 사례 제시나 시연과 같은 교사의 직접교수는 빈곤층 유아처럼 보충교육을 받아야 하는 유아에게 학업수행능력을 빠르게 향상시킬 수 있는 방안이라고 보았다.</td></tr>
<tr><td>직접교수</td><td>디스타 프로그램에서 적용하고 있는 직접교수의 특성(Huitt, 1996)
① 수업의 50% 이상을 교사의 직접교수활동으로 구성한다.
② 수업 내용과 관련된 정보를 유아에게 적극적으로 제공함으로써 주의집중과 학습 동기를 부여한다.
③ 구체적이고 명료하게 시연(모델링)한다.
④ 하위 주제를 기본으로 단계별 수업을 진행한다.
⑤ 추상적 개념을 구체화하기 위해 시연이나 사례, 시각적 자료 등을 활용한다.
⑥ 학습 전, 학습 중, 학습 후 유아의 이해도 평가를 실시한다.
⑦ 유아의 이해 수준에 따라 수업 속도를 조정한다.
⑧ 유아의 주의집중을 위해 시간을 효과적으로 사용한다.

• 디스타 프로그램에서 읽기교육의 경우 새로운 내용의 학습을 시작할 때, ‘시범 제시(“선생님이 해 볼게.”) ➡ 함께 하기(“우리 같이 해 보자.”) ➡ 점검하기(“너 혼자 해 보렴.”) ➡ 교정하기’ 활동을 하고, 이 과정에서 큰 소리로 말하기, 진행 중 평가하기, 교정하기를 통해 읽기학습이 마무리될 수 있도록 하였다.
• 직접교수에서는 수업시간에 10여 개의 과제를 제시한다. 수업은 유아의 학습 수준에 따라 소집단으로 편성되며, 각 집단에 속한 유아들은 수업 시간에 배울 내용이 포함되어 있는 연습장(workbook)을 준비한다.
• 교사는 수업 내용이 체계적이고 계열성 있게 구성된 교사용 지도서로서의 교본(script)을 준비한다.
– 교사용 교본에는 교사가 유아에게 이야기할 대본이 빨간색으로 제시되어 있으며 유아가 보일 반응도 미리 예측하여 이탤릭체로 제시되어 있다.</td></tr>
</table>

MEMO

		• 직접교수를 적용한 수업은 정해진 교본을 따라 진행되기 때문에, 수업의 진행 속도가 빠르다. 빠른 수업 속도는 유아의 주의가 분산되는 것을 막고 주의를 집중시키는 효과가 있다. – 수업 속도 외에 교사가 수업시간에 손짓이나 벨소리 등의 신호(signal)를 사용하여 유아가 이 신호에 따라 교사에게 반응하게 히는 것도 유이의 주의 분산을 예방하는 데 효과적이다. • 직접교수를 실시하는 디스타 프로그램에서는 교본과 신호 외에 행동주의 교수모형의 주요 개념인 시범(modeling), 강화, 피드백, 점진적 접근방법을 활용한다.

❸ 교육 내용과 활동(직접교수를 기반으로 한 디스타 프로그램의 특징)

• 디스타 프로그램은 유아의 학문적 기초를 형성하기 위해 초등학교 교육에서 강조하는 읽기, 수학, 언어를 중심으로 교육 내용이 구성되어 있다.
  – 경제적 취약계층의 유아, 학업 성취도가 낮은 유아와 학령기 아동을 위해 개발된 디스타 프로그램은 60개의 세부적인 프로그램과 표준화된 교수 기술, 계열화된 내용(sequence)으로 구성되었다.

교재	• 교재는 과제분석자료를 토대로 학습내용과 교사의 교수활동내용이 구체적으로 제시되어 있기 때문에 계열화(sequence)되었다고 평가된다. – 교재는 명시적 단계 전략, 각 단계의 숙달, 유아 오류의 전략적 수정, 유아의 독립적 수행, 적절하고 체계적인 연습, 재검토 등과 같이 명확하고 구조화된 순서로 이루어져 있다.
교수방법 숙련	• 교재의 내용이 계열화되어 있고 명확하고 구조화된 일련의 순서와 전략을 담고 있기 때문에 교사는 직접교수의 특성을 명확히 인식하고 주어진 교재 및 교수방법을 숙련해야 한다. • 교사는 직접교수에 활용되는 신호 활용 연습, 교정절차의 적용 등의 기법에 대해 체계적 훈련을 받아야 한다. • 교과 내용에 대해서는 전문가적 역량을 요구하지 않는다. – 읽기, 수학 등 각 영역의 전문가들이 유아가 효과적으로 학습할 수 있는 방법을 분석한 후, 이를 수업에 활용할 수 있도록 구체적으로 대본화(script)하여 지도서를 만들었기 때문이다. – 따라서 읽기나 수학 교육 초보자라고 해도 지도서를 활용하여 교육 내용을 지도할 수 있다.
수준별 유아지도	프로그램을 실시하기 전 읽기나 수학 등 학습내용과 관련한 사전검사를 통해 같은 수준의 유아끼리 소집단을 구성한 후 학업수준을 고려하여 직접교수를 실시한다.
신호 활용 및 오류 수정	유아가 반응할 수 있도록 신호를 사용하며, 유아의 오류 반응에 즉각적 피드백을 제공함으로써 오류를 신속히 수정하도록 한다.
개별연습 및 집단연습	• 직접교수한 내용을 유아가 개별적으로 또는 소집단을 통해 연습하도록 한다. – 유아의 연습은 교사의 계획된 지시에 따라 이루어지는데, 연습은 지도한 내용을 유아가 완전 학습할 수 있도록 하기 위함이다.

MEMO

4 직접교수의 구성 요소

직접교수

① 직접교수는 디스타 프로그램에서 사회경제적 지위가 낮은 저소득층 유아 및 유치원 수준의 특수교육이 필요한 아동을 위한 교육에 적용되면서 1960년대에 소개되었다.

② 디스타 프로그램의 직접교수는 학습에 실패할 위험성이 높은 유아나 학습장애와 같은 낮은 학업수행능력을 지닌 아동에게 성공적인 학습 성취 경험을 제공함으로써 학습 성과를 높이는 데 긍정적 영향을 미치는 것으로 평가되고 있다.

③ 디스타 프로그램은 논리적 위계와 과제분석 기법의 원리를 적용한 교과 내용을 기본으로 하여 애매하지 않고 분명한 의사소통 방식을 통해 정확하고 뚜렷하게 교사가 원하는 행동을 시범으로 보여주고, 이를 유아가 실행해 보도록 함으로써 궁극적으로 유아가 혼자서도 학습할 수 있도록 역량을 강화해 주는 것으로 알려져 있다.

④ 직접교수에서 중요시되는 것은 프로그램 계획과 교사의 제시기법이다(Watkins & Slocum, 2003).

㉠ 프로그램 계획(program design)은 교수목표의 구체화, 전략 고안, 교수기법 개발, 예시 선택, 위계화 기술, 연습과 검토 제공으로 구성된다.

㉡ 교사의 제시기법(presentation techniques for teachers)은 소그룹 지도, 지연 시간, 속도, 점검하기, 진단과 교정, 동기로 구성된다.

프로그램 계획	교수목표의 구체화	교수목표를 구체적으로 관찰 가능한 행동으로 진술하는 것이다.
	전략 고안	프로그램을 통해 교수목표를 달성할 수 있는 전략을 지도할 수 있도록 하는 것이다.
	교수기법 개발	• 교수목표와 전략이 고안된 다음 어떻게 교사가 전략을 제시해야 하는지를 정확한 교재(format)로 완성하는 것이다. – 교재에는 교사가 무슨 말을 해야 하는지, 어떤 단어를 강조해야 하는지, 무엇을 질문해야 하는지, 어떻게 신호(signal)를 사용해야 하는지, 어떻게 적절한 교정(correction)을 해야 하는지 등이 포함되어 있다.
	예시 선택	• 적절한 예를 선택하는 원리는 유아가 정확한 대답을 할 수 있도록 이전에 배운 내용을 기초로 해야 한다. – 그런 다음 유아가 새로 배운 내용과 이전에 배운 내용을 변별할 수 있도록 한다.
	위계화 기술	• 새로운 정보와 전략을 소개하기 위한 최적의 순서를 말한다. – 중요성이 낮은 기술보다 중요성이 높은 기술을 먼저 소개하고, 어려운 기술보다 쉬운 기술을 먼저 소개하는 것 등이 이에 해당한다.
	연습과 검토 제공	유아가 학습한 내용을 연습하고 검토할 수 있는 기회를 제공한다.

MEMO

교사의 제시기법	소그룹 지도	• 일대일 지도나 소그룹 지도를 의미한다. – 소그룹 지도 시 교사는 유아들의 읽기 능력이 동질 집단이 될 수 있도록 조직하고 교사와 상호작용이 잘 이루어질 수 있도록 좌석을 배치해야 한다.
	지연 시간	선수학습이 다른 유아들이 소그룹으로 수업을 받게 되는 경우 우수한 유아가 반응을 많이 함으로써 다른 유아가 반응할 수 있는 기회를 상실하는 것을 막을 수 있도록 반응을 지연시키는 전략을 말한다.
	속도	• 교사가 제시하는 정보에 대해 유아가 반응하는 시간을 '속도'로 표현한다. 속도 조절을 통해 교사는 유아의 학습과 동기를 향상시킬 수 있다. – 새로운 정보나 전략을 처음 제공할 때는 느린 속도로 모범을 보이거나 유아의 반응을 점검하지만, 어느 정도 학습이 되면 그때부터는 빠른 속도로 정보를 제시하고 반응을 유도하는 것이 학습 참여를 높이는 데 효과적이다.
	점검하기	• 교사가 유아의 반응을 보면서 교정이 필요한지를 평가하는 것이다. – 교사는 전체 유아들의 반응과 개인 유아의 반응을 토대로 점검과 평가를 실시한다.
	진단과 교정	• 점검을 통해 교정이 필요한 유아에게 교정 절차를 실시한다. – 교사는 소그룹에서 유아 한 명을 교정할 수도 있지만 필요한 경우에는 계획된 시간에 수업을 마친 후 개별적으로 유아를 교정할 수도 있다.
	동기	교사가 토큰, 상, 칭찬 등과 같은 강화물을 사용하여 유아의 동기를 유발하는 것이다.

5 수업과정

직접교수는 수업 전개 시 '도입－전개－길잡이 연습－마무리－주도적 연습－평가'의 과정을 거친다.

직접교수 수업과정 구성

도입	유아의 학습 관심을 유도하기 위해 학습목표와 학습내용을 간략히 설명한다.
전개	• 수업 내용을 시연하여 유아가 학습할 내용을 이해할 수 있도록 한다. – 배워야 할 내용을 명확히 전달하고 구체적 사례를 제시하며, 관련된 핵심 질문을 통해 유아가 정확히 이해하고 있음을 확인한다. – 이 과정에서 교사는 다양한 시각자료나 구체물을 사용할 수 있다.
길잡이 연습	• 연습장(workbook)을 활용하여 수업 내용이 정확히 전달되었는지를 확인한다. – 이 단계에서 유아가 학습내용을 이해하지 못했다고 판단되면 전 단계로 돌아가 수업 내용을 이해할 수 있도록 한다.

SESSION #10

MEMO

마무리	수업을 종결하는 단계로 학습목표와 학습내용을 재확인하고, 혼자 연습할 내용을 명확히 전달한다.
주도적 연습	• 유아의 학습능력이나 성취도를 고려하여 과제를 할당한다. • 교사의 도움 없이 연습할 수 있는 기회를 제공하는 측면에서 주도적 연습으로 분류한다.
평가	평가는 교사와 유아 모두에게 피드백을 주기 위한 활동으로 학습 성취도를 점검하고 추후 수업 내용을 결정하는 데 활용한다.

6 교수 · 학습에서의 교사 역할

수업의 리더	• '교사가 수업의 리더 역할을 한다'라고 표현하듯 교사는 수업 내용과 진행, 유아의 학습 참여 모두를 주도하고 관리한다. – 수업에서 교사가 리더로서 역할해야 하는 것은 유아의 수업 참여 기회를 높이고 적절한 피드백을 통해 다음 단계로 발전하도록 해야 하기 때문이다. – 교사가 리더십을 갖고 수업 전개와 학습 환경을 구조화하면 유아는 다수의 시행착오를 경험하지만, 잘 짜인, 구조화된 수업활동으로 인해 성공적으로 과제를 해결할 수 있다.
평가자	• 디스타 프로그램의 교사는 직접교수를 통해 유아에게 기술들을 직접 가르친다. – 유아가 배워야 할 기술들을 언제 어떠한 순서로 가르칠 것인지 세밀하게 계획을 세우고 이를 문서화한다. – 또한 유아의 학습결과가 극대화될 수 있도록 성공 시 바로 보상해 주고, 잘못한 일에 대해서는 스스로 오류를 깨달을 때까지 기다려 주기보다는 즉시 잘못을 수정해 준다. – 한편 교사는 유아의 학습결과와 현재 수준, 학습의 효과를 자주 평가하여 비슷한 수준의 유아끼리 소집단활동을 구성하거나 교육방법을 변경하는 등 유아의 학습활동을 조정한다.

7 일과구성 및 환경구성

일과구성	• 하루일과는 크게 학습 시간과 대집단활동 시간으로 구성되어 있다. • 각 활동의 단위는 15~20분 정도이다. – 유아의 상태, 물리적 환경, 활동의 종류에 따라 융통성 있게 조정한다.
환경구성	• 디스타 프로그램에서는 지나치게 풍부한 환경이 유아의 개념학습에 도움이 되지 않는다고 본다. 따라서 새로운 개념이나 학습을 소개하기 위해 꼭 필요한 교구만 제시한다. • 교사가 학습내용을 가르치고 시연한 후 유아가 이를 연습하고 적용하는 과정으로 수업이 진행되므로 환경구성은 칠판과 책상, 의자를 중심으로 이루어진다. • 교구는 유아에게 지적 자극을 줄 수 있는 것이어야 하나, 제시 자극의 수준은 적정 수준이어야 한다고 본다. 제시된 자극 수준이 높을 경우 학습 집중도를 방해할 수 있기 때문이다.

MEMO

UNIT 04 피아제 이론에 기초한 유아교육 프로그램

1 라바텔리 프로그램

(1) 배경

배경	라바텔리 프로그램(Lavatelli Program)은 피아제 이론에 기초하여 구성주의 교수·학습 방법을 사용한 최초의 프로그램으로, 1971년에 라바텔리(C. S. Lavatelli)의 저서『피아제 이론의 유아교육과정에의 적용(Piaget's Theory Applied to Early Childhood Currirulum)』을 통해 세상에 알려지기 시작하였다.
특징	• 프로그램의 목표는 전조작기 사고 단계에 있는 유아를 구체적 조작기 사고단계로 끌어올리는 것이다. • 피아제가 아동 실험을 목적으로 사용하였던 분류, 서열, 수, 공간, 측정 과제들을 내용으로 하고 있다. – 피아제의 실험과제를 유아들에게 훈련시켜 유아의 인지 능력을 길러주려고 하였다. • 이 프로그램은 교사가 유아들에게 직접 언어적 교수방법을 사용하여 과제를 수행할 수 있게 하였다. – 즉, 라바텔리 프로그램은, 유아들에게 교사가 직접 언어로 문제해결 방법을 가르쳐 주는 방법을 사용한다.

(2) 분류 과제의 교수학습 과정 예시

① 여러 가지 교통수단 장난감을 두 집단으로 분류하는 과제

교사: 각각의 이름이 무엇인지 말해 보겠니?
(아동은 비행기, 트럭, 택시 등으로 대답한다.)
그럼 여기에 있는 모든 장난감 중에 트럭 장난감은 이쪽 접시에 담고, 트럭이 아닌 것은 저쪽 접시에 담아보자.
여기에 있는 모든 장난감은 남김없이 이쪽 또는 저쪽 접시에 담아야 해.

② 교사의 도움 없이 작업하고 있는 유아일 경우

유아: (아동이 작업을 계속한다.)
교사: 네가 무엇을 하고 있는지 말해 보렴. 이쪽 접시에는 어떤 장난감을 담아야 할까?
(유아가 "이쪽 접시에는 트럭과 같은 장난감을 담아요."라는 대답을 하도록 유도한다.)
그럼 저쪽 접시에는 무엇을 담아야 할까?
(유아들이 "비행기"라고 답하면, 왜 비행기는 이 접시에 담아야 하는지 질문한다.)

③ 교사의 도움이 필요한 유아일 경우

교사: 선생님이 저쪽 접시에는 무엇을 담아야 한다고 말했니?
(유아들에게 교사의 질문을 기억하게 한다.)
(그래도 유아들이 대답을 하지 못하면, '트럭이 아닌 것'이라고 명시해 준다.)

MEMO

(3) 비판점

• 피아제는 유아가 흥미를 갖고 자발적으로 대상을 탐색하며 유아 스스로 자신의 의문을 직접 실험하고 확인하도록 해야 한다고 말했지만, 라바텔리 프로그램은 피아제가 제시했던 유아의 흥미, 자발적 활동, 실험, 또래 간의 협동 등을 무시하였다는 점에서 비판받고 있다.
 – 즉, 피아제의 인지 실험 과제를 아이들에게 훈련시켜 유아의 인지 능력을 길러주려고 하였다는 것이다.

2 카미-드브리스 프로그램

① 카미-드브리스 프로그램은 피아제이론에 기초한 구성주의 프로그램 중 하나로, 아동의 인지적 요소와 발달단계를 기초로 개발된 프로그램이다.
 ㉠ 따라서 프로그램의 전체적 방향은 아동의 전체적인 인지구조를 발달시켜 문제해결력을 길러주는 것이다.
 ㉡ 초기에는 피아제가 자신의 이론을 설명하기 위해 예시한 과업들을 교육 내용으로 구성하여 피아제 이론의 단편적인 면만을 반영한다는 지적이 있었으나, 이후 피아제이론이 추구하는 바가 인지발달의 수직적인 촉진이 아니며 과업 중심적 교육 내용이 인지발달에 효과적이지 못하다는 것을 인식하게 되었다.

② 카미는 많은 시행착오 끝에 피아제의 인지발달 단계보다는 구성주의적 관점에 관심을 돌려 프로그램을 수정해 갔다. 그 결과 1970년부터 지식의 구성에 초점을 둔 물리적 지식이라는 범주가 교육목적에 등장하기 시작하였지만, 그때까지도 전 논리적 단계에서 논리적 단계로의 전환을 위해 7세경에 가능한 조작적 사고를 가르치고자 시도하였다. 그 후 1970년경부터 드브리스가 합류하면서 교육목적에서 구성주의가 강조되기 시작하였다.
 – 학교에서의 성공을 준비하기보다는 '아동으로 하여금 흥미있는 생각과 문제, 질문을 제기하게 하고, 사물의 공통점과 차이점을 인식하며, 사물을 관계지어보게 하는 것'으로 변화되었다.

③ 구성주의 프로그램에서는 피아제의 이론을 매우 광범위하게 적용하여 인지발달뿐만 아니라 사회성, 도덕, 성격 발달 측면에까지 확대・적용하였다.
 – 1975년에 수정된 교육목적에는 '아동으로 하여금 자신의 도덕적 규칙을 구성하는 데 자율성 또는 자기조절력을 갖도록 한다'라고 되어 있으며, 도덕적 사고, 가치관, 성격, 지능, 지식의 구성을 위한 자율성(자기조절력)의 증가를 강조하였다.

MEMO

(1) 교육목적 및 교육목표

교육목적	• 카미-드브리스 유아교육 프로그램은 교육의 궁극적 목적을 아동의 인지적, 도덕적, 사회·정서적, 신체적 영역에의 균형 있는 발달을 통한 전인적 인간으로서의 성장에 둔다. • 카미-드브리스 프로그램의 궁극적 목적은 유아들이 전인적 인간으로 성장하는 것으로서, 카미는 이러한 목적을 실현시키기 위해 교육의 장기 목표를 크게 2가지로 제시하고 있다.
장기목표	① 새로운 행동을 추구하는 창조적·발명적·탐구적인 인간을 길러내는 것 ② 기존 의식을 그대로 수용하는 것이 아니라 비판적·분석적 태도를 가지는 인간을 양성하는 것(기초 지식에 대해 비판적이고 분석적인 태도를 가진 인간으로 육성하는 것)이다.
단기목표	• 카미-드브리스 프로그램은 장기 목표를 달성하기 위한 단기 목표를 사회·정서적 목표와 인지적 목표로 구분하고 있다. 인지적 발달은 사회·정서적 발달과 병행하며 또한 상호작용한다는 견해에 근거한 것이다. ① 인지적 목표 - 물리적 지식과 논리·수학적 지식을 형성하는 데 초점을 두고 있다. 이들 지식은 피아제가 밝힌 실험 자체를 유아들에게 직접 가르침으로써 인지적 발달이 이루어지는 것이 아니고, 유아들이 흥미를 갖게 자신의 수준에 적합한 다양한 활동을 직접 경험함으로써 이루어질 수 있는 것이다. - 흥미 있는 사상이나 문제에 의문을 가진다. - 사물들의 관계를 알고, 그들의 유사점과 차이점을 안다. ② 사회 정서적 목표 - 성인과 유아는 동등한 입장에서 상호작용한다. - 유아의 자율성을 증진시킨다. - 타인의 감정과 권리를 존중하고 자신과 타인의 관점을 이해하며 탈중심화와 협동을 도모한다. - 사물이나 사상에 대해 흥미와 관심을 가지고 스스로 탐색하며 자신의 생각을 자유롭게 표현한다. • 목표 제시와 함께 카미는 목표 수립에서 주의해야 할 점을 두 가지 들고 있다. - 피아제가 실험연구를 통해 밝힌 실험 자체를 아동들에게 직접 가르침으로써 아동의 발달을 이룰 수 있다고 생각하지 말라는 것과, - 목표를 분류·서열·수·공간 등과 같이 이들이 마치 별개의 개념인 것처럼 구분하지 말라는 것이다. 이들 개념이 각각 별개로 발달한다기보다는 전체적으로 발달하기 때문이다.

MEMO

(2) 교육 내용 및 방법

카미와 드브리스는 목표를 달성하기 위한 교육 내용을 아래 세 가지 차원에서 산출하고 있다.

일상생활	• 일상생활의 수많은 상황이나 활동은 유아들로 하여금 호기심을 유발하게 하고, 관심과 흥미를 가지게 함으로써 그들이 자발적이고 능동적으로 학습하고 발달하도록 격려해준다. – 유아들은 일상생활을 통해 주변의 물리적 세계와 사회적 세계에서 여러 가지 상황이나 활동을 경험하며 발달되어 간다. – 카미-드브리스 프로그램에서 지식은 외부의 설명에 의해 습득되는 것이 아니라, 아동들이 매일 접하고 있는 일상생활의 여러 장면에서 교사의 형식적인 수업 없이 아동들이 자율적으로 학습할 수 있게 했다.
아동발달 프로그램 내용	• 카미-드브리스 프로그램에서는 기존의 아동발달 유아교육과정에서 유아들과의 오랜 경험으로 축적된 놀이, 게임과 활동들이 중요한 학습내용 및 학습활동의 자원이 되기 때문에 전통적인 유아교육내용이 거의 그대로 사용되고 있는 것처럼 보이지만, 아동들이 활동을 수행하는 과정에는 차이가 있다. – 같은 활동이라 할지라도 아동발달프로그램에서는 아동의 단순한 경험과 흥미에 가치를 두고 있지만, 이 프로그램에서는 놀이의 가치를 중요시하고 피아제 이론에 근거하여 활동 하나하나에 교육적 의미가 구체적으로 나타나 있으며, 각각의 활동들은 지식체계에 의하여 분류될 수 있다는 점이 다르다. 예 쌓기놀이, 그림 그리기, 동·식물 그리기, 물·모래놀이, 요리하기 등
피아제 이론이 암시하는 활동들	• 피아제 이론에서 시사하는 활동은 물리적 지식, 논리·수학적 지식, 사회적 지식의 3가지 유형에 근거를 둔 활동, 도덕성 발달과 대인관계 증진을 위한 갈등상황에 대한 토의, 목적물 맞추기·숨기기, 카드·판을 이용한 게임 등의 그룹게임(집단게임), 피아제의 실험과제에서 도출되는 공굴리기, 거울놀이, 진자(추) 흔들기 활동, 그림자 놀이 등이다. – 유아는 사물에 대한 경험과 직접 활동을 통하여 스스로 사물 및 사건에 대한 지식과 정보를 형성할 수 있고, 집단 활동에서 대인관계적 협동을 통하여 도덕성이 발달되어 간다. – 그러므로 이 부분의 활동은 아동이 스스로 자신이 접한 과제에 대하여 생각할 수 있게 계획된다.

참고

물리적 / 논리·수학적 / 사회적 지식

- 물리적 지식이란 물체의 속성으로부터 얻어질 수 있는 지식을 말한다.
  예 공은 '구르고' 책상은 '단단하며' 솜은 '부드럽다'는 것을 아는 것이다. 따라서 교사는 아동이 많은 물체를 접하면서 교사의 간섭 없이 스스로 물체의 속성을 탐색해 보도록 해야 한다.
- 논리·수학적 지식이란 아동과 물체와의 상호작용을 통하여 얻어질 수 있는 지식을 말한다. 분류, 일대일 대응, 서열, 공간·시간 개념 등이 이에 속한다. 따라서 교사는 직접적 교수보다는 될 수 있는 한 논리적 사고과정이 일어날 수 있는 아동과 물체와의 상호작용을 장려해 주어야 한다.
- 사회적 지식이란 사회의 규범, 예절, 규칙에 대한 지식을 말한다.
  예 12월 25일은 '크리스마스'이며, '일요일에는 학교에 가지 않는다'는 것을 아는 것이다. 따라서 교사는 아동에게 이러한 지식을 직접 알려줌으로써 이해하도록 한다.

MEMO

(3) 교수학습 방법

> 구성주의에서의 '지식'은 교사나 성인의 지도에 의해서가 아니라 유아의 내적인 동기유발에 의해 일어나고, 사물에 대한 경험과 직접 활동을 통하여 사물 및 사건에 대한 지식과 정보를 형성한다. 따라서 유아들에게는 흥미, 놀이, 시행착오 발견, 능동적이고 자발적인 학습, 직접 활동 등이 필요하고, 학습 활동의 주도권은 유아가 가지고 있어야 한다.

(4) 교사 역할

카미-드브리스 프로그램에서의 교사는 가르치는 것이 아니라 유아가 사고를 형성하도록 도와주는 역할을 하는 것이며, 유아들이 직간접적으로 접촉하는 유치원 내의 모든 성인을 포함한다.

교사 역할	• 학습을 위하여 도움이 되는 환경과 분위기를 조성한다. – 도움이 되는 환경은 유아가 독립적이며, 스스로 솔선수범하여 흥미를 추구하고, 자신의 생각을 정확하게 말하고 실험하고 관찰하고 새로운 아이디어를 생각해낼 수 있는 환경을 말한다. • 학습 자료와 활동을 제시하여 적절한 반응과 도움을 주며, 유아의 생각과 행동을 관찰 평가하고, 그 결과를 교육에 활용한다. – 교구와 놀이 활동 등을 제시해주고 자발적으로 학습할 수 있도록 하며 현재의 발달 수준 이상으로 가르치거나 촉진하려 하지 않는다. • 유아들에게 지식의 유형에 적합한 활동들을 안내하고 유아 스스로 지식을 구성할 수 있도록 한다. 물리적 지식, 논리・수학적 지식, 사회적 지식에서는 유아 자신이 사물로부터 직접 답을 찾게 하며, 사회적 지식에 관해서는 정답을 알려준다. • 유아들이 아이디어를 발전시키도록 도와준다. • 교사는 학습을 하는 유아의 내면적 동기와 발달수준을 이해하고 유아 스스로 지식의 구조 및 내용을 발견할 수 있는 조건을 제시해야 한다.

3 하이스코프 프로그램

(1) 하이스코프 프로그램의 배경

배경	• 1964년 존슨(L. B. Johnson) 대통령의 빈곤과의 전쟁(war on poverty) 선포 이후 저소득층 가정에 대한 학교교육의 중요성이 강조된 1960년대 미국 사회에서 저소득층 유아에게 인지적 학습을 제공하는 프로그램이 개발되었다. – 존슨 대통령의 빈곤과의 전쟁은 케네디(John F. Kennedy) 대통령이 계획했던 빈곤 퇴치 정책을 발전시킨 것으로 저소득층 교육을 통해 빈곤의 대물림을 없애려 한 정책이다. 이러한 정책과 맞물려 빈곤으로 인하여 문화실조를 경험하는 유아들의 취학 준비를 지원하기 위해 개발된 프로그램이 하이스코프 프로그램이다. • 하이스코프(High/Scope)란 양질의 교육(high-quality)과 폭넓은 경험(far-reaching scope)을 유아에게 제공한다는 의미에서 명명된 것으로, 문화 실조를 경험하는 저소득층 유아들이 좀 더 나은 학업 성취를 이룰 수 있도록 지원하는 것을 목표로 한다.

MEMO

*페리 유치원 프로젝트의 주요 목적은 초등학교 교육에서 낙오할 가능성이 큰 123명의 흑인 유아들에게 양질의 취학 전 교육을 제공하는 프로그램을 개발하는 것이었다.

	– 빈곤과의 전쟁을 위해 시작된 헤드스타트가 양질의 교육을 강조하고 있음을 고려해 볼 때, 하이스코프의 목표와 헤드스타트의 취지는 유사하다. 전국 단위의 헤드스타트와 달리 하이스코프는 미시간(Michigan) 주 입실란티(Ypsilanti) 지역의 저소득층 유아를 대상으로 취학 전 교육을 보충하기 위해 시작되었다. • 1965년 헤드스타트 프로그램이 시작되기 전인 1962년 심리학자인 와이카트(David P. Weikart, 1931~2003)는 입실란티 지역의 페리 초등학교에 상담교사로 근무하면서 미시간 주 최초의 흑인 교장인 베티(Charles Eugene Beatty, 1909~1998)의 도움을 받아 *페리 유치원 프로젝트(Perry Preschool Project)를 시작하였다. • 하이스코프 교육연구재단은 생애 초기인 유아기에 1달러의 교육 비용을 투자하면 성인이 되었을 때 약 16달러의 경제 효과가 발생한다고 보고하면서 생애 초기 양질의 교육 프로그램을 제공하는 데 노력하고 있다. – 헤드스타트 센터의 약 20% 정도가 하이스코프 프로그램을 적용할 만큼 이 프로그램은 문화 결핍이나 실조로 인해 발생할 수 있는 기회 격차를 좁히는 데 효과적인 것으로 평가받고 있다.

(2) **하이스코프 프로그램의 이론적 기초**

이론적 기초	• 저소득층 유아의 취학 전 보상교육을 목적으로 개발된 하이스코프 프로그램은 인지지향적 교육과정을 구성하는 데 피아제(J. Piaget)의 인지발달이론을 활용하였다. – 인지발달의 구성주의를 강조한 피아제는 개인의 경험과 이해 수준에 따라 지식이 구성됨을 강조하였다. 그리고 학습자는 능동적 주체자로 지식과 의미를 수용하는 것이 아니라 지식과 의미를 추구한다고 보았다. – 모든 학습자는 학습내용에 따라 동일하게 지식을 형성하는 것이 아니라 학습자마다 자신의 내재적 이해과정에 따라 다르다고 보았다. 이러한 피아제의 구성주의 원리는 하이스코프 프로그램 개발에 활용되었다. – 구성주의 교육을 기반으로 한 하이스코프 프로그램에서 교사는 유아가 환경과의 직접적 상호작용을 통해 지식을 개념화하고 구성해가도록 지원해 준다. 또한 유아가 자신의 발달수준에 적합한 탐색과 관찰 등을 기반으로 새로운 지식을 구성해 갈 수 있도록 환경을 제공하며, 유아가 좀 더 발전된 개념을 형성할 수 있도록 촉진하는 질문과 활동을 안내해 준다.

(3) **하이스코프 프로그램의 교육목표**

기본 관점	• 3~5세 유아의 학습을 지원하기 위해 개발된 하이스코프 프로그램은 모든 유아에게 양질의 평등한 교육을 제공함으로써 기회의 격차를 좁히고, 이를 통해 평등한 사회를 구현하고자 한다. • 하이스코프 프로그램에서는 인종, 소득, 국적 등 자신이 처한 조건과 관계없이 모든 유아는 자신의 잠재력을 최대한 발현할 수 있도록 양질의 교육을 받아야 한다고 본다. • 생애 초기 양질의 교육을 받은 유아는 다음과 같은 특징을 갖기 때문이다. – 학교 준비도가 높다. – 정서적으로 성숙하고 자기통제력이 높다. – 상급학교 진학률과 대학을 졸업할 가능성이 높다. – 졸업 후 안정된 직장에 취업하여 높은 급여를 받을 가능성이 크다. – 자신의 자녀를 위해 안락한 가정을 꾸릴 수 있다.

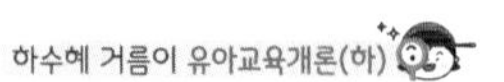

MEMO

	– 신체적으로 건강한 성인으로 생활한다. – 시민적 참여 활동이 높다. – 이와 같이 생애 초기에 제공되는 양질의 교육은 유아 자신의 미래의 삶뿐만 아니라 그다음 세대의 삶까지도 긍정적으로 변화시킬 수 있는 힘을 길러 준다. 따라서 하이스코프 프로그램에서는 양질의 교육을 다양한 계층의 유아에게 제공하고자 한다.
교육목표	• 양질의 교육 제공을 위한 하이스코프 프로그램의 교육목표는 다음과 같다. – 지식 탐구의 능동적 참여자가 된다. – 학교생활의 성공적 적응을 위해 독립성, 책임감, 자신감을 키운다. – 스스로 계획하고 수행하며, 수행한 것을 평가하는 것을 배운다. – 학업적 지식 외에 사회적·신체적 지식과 기술을 배운다.

(4) 하이스코프 프로그램의 기본 원리

하이스코프 프로그램의 기본 원리는 능동적 학습, 주요 발달지표, 계획－작업－평가이다.

능동적 학습	• 능동적 학습(active learning)이란 자발적 동기를 기반으로 유아가 탐색, 발견학습, 문제해결을 스스로 수행하는 것을 말한다. – 능동적 학습을 강조하는 하이스코프 프로그램에서는 유아 스스로 학습 및 놀이를 주도하는 것을 중요시하며, 주위에 놓여 있는 사물에 대한 조작적 경험 및 주변 사람들과 상호작용하는 것을 가치 있게 평가한다.
주요 발달지표	• 하이스코프 초기 프로그램에서 주요 경험(key experience)으로 불렸던 주요 발달 지표(Key Development Indicators : KDIs)는 영유아 발달단계에 나타나는 인지적·사회적·정서적·신체적 특성에 관한 지표이다. – 이 지표는 영유아의 사고와 학습, 추론을 구성하는 요소라고 할 수 있다. – 영유아 주도의 능동적 학습을 발달적 측면에서 지원하기 위한 이 지표는 하이스코프 교육과정을 구성하는 중요한 토대로 활용되고 있다.
계획－작업－평가	• 흥미와 관심은 자발적이고 능동적인 학습을 유발하는 주요 동기이다. – 이를 고려하여 수업시간 전에 영유아 스스로 자신이 수업시간에 할 활동과 교구를 선택하고 계획하도록 한다. 그리고 수업시간에 계획한 것을 스스로 수행하도록 하며, 수행이 끝났을 때 자신이 무엇을 했고 무엇을 학습했는지 교사와 또래들과 함께 평가하는 시간을 갖는다. 계획(plan) ▶ 작업(do) ▶ 평가(review) **하이스코프 프로그램의 기본 원리 : 계획－작업－평가**

SESSION #10

MEMO

(5) 하이스코프 프로그램의 교육과정

① 교육 내용

<table>
<tr><td rowspan="3">주요 경험과
주요 발달지표</td><td colspan="2">• 초창기 하이스코프 프로그램에서는 '능동적 학습자'로서 영유아가 학습에서 주도성을 갖게 하기 위해 교사가 유의할 것은, 영유아가 발달과정에서 접해야 하는 주요 경험을 체험할 수 있도록 교육 내용을 준비하는 것이다.
– 주요 경험은 영유아의 내재된 능력을 발현할 수 있는 기회이기 때문에 교사는 주요 경험을 촉진할 수 있는 학습 환경을 마련해야 한다.
– 주요 경험은 인지체계를 확장시킨다는 점에서 영유아에게 중요하지만, 교사의 입장에서는 영유아의 행동을 관찰하고 평가하는 지표가 되어 추후 교육 활동을 준비하거나 마련하는 데 기본 근거가 된다.
• 하이스코프 프로그램 초창기부터 강조되었던 주요 경험은 헤드스타트의 아동발달과 미국유아교육협회(NAEYC)의 지표 등과 일관성을 유지하기 위해 2010년 주요 발달지표로 변경하여 체계화하였다.
– 학습, 사회적·정서적 발달, 신체 발달과 건강, 언어·문해와 의사소통, 수학, 창의적 예술, 과학과 기술, 사회교육의 8개 영역으로 구분된 유아의 주요 발달지표는 58개가 있으며, 이는 하이스코프 프로그램의 교과 내용과 연결된다(Epstein & Hohmann, 2012).
• 과거에 주요 경험으로 불렸던 주요 발달지표는 교사가 영유아 주도의 학습 활동에서 영유아가 상호작용하거나 학습경험을 계획하고 지원 및 평가할 때 이정표로 역할한다.
– 유아의 주요 발달지표 58개는 과거 58개 주요 경험과 일치하지만, 국가 수준의 학습 표준에 좀 더 일치하도록 새롭게 범주화하고 정리한 것이다.
– 영아의 경우 학습, 사회적·정서적 발달, 신체발달과 건강, 의사소통, 언어와 문해, 인지발달, 창의적 예술의 7개 영역 42개의 주요 발달 지표를 사용하고 있다.</td></tr>
<tr><td>학습
(6개)</td><td>• 주도성: 주도적으로 주변을 탐색한다.
• 계획: 계획하고 그에 따라 실행한다.
• 몰입: 흥미 있는 일에 집중한다.
• 문제해결: 놀이 상황에서 발생하는 문제를 해결한다.
• 자원활용: 정보를 모으고 개념을 형성해 나간다.
• 반추: 자신의 경험을 반추한다.</td></tr>
<tr><td>사회적·
정서적 발달
(9개)</td><td>• 자아정체감: 긍정적 자아정체감을 갖는다.
• 유능감: 유능감을 느낀다.
• 정서: 자신의 감정을 알고 그에 맞는 단어를 사용하며 감정을 통제할 수 있다.
• 공감: 다른 사람에게 공감을 표현한다.
• 또래활동: 교실 내 또래활동에 참여한다.
• 관계구축: 또래 및 어른들과 관계를 구축한다.
• 협동놀이: 협동놀이에 참여한다.
• 도덕성 발달: 옳고 그름에 대한 감각이 발달하고 있다.
• 갈등 해결: 사회적 관계 안에서 발생하는 갈등을 해결한다.</td></tr>
</table>

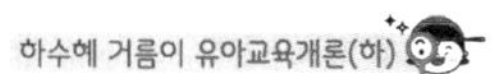

신체발달과 건강 (5개)	• 대근육활동: 대근육을 사용한 힘, 균형감, 유연성이 있다. • 소근육활동: 손가락의 미세 근육을 사용하며 눈과 손의 협응력이 있다. • 신체인식: 자신의 몸을 알고 몸을 다룰 수 있다. • 자기관리: 손을 씻거나 이를 닦는 등 자기관리를 한다. • 체육활동: 체육활동에 참여한다.
언어·문해와 의사소통 (10개)	• 이해력: 언어 이해력이 있다. • 말하기: 언어를 사용하여 표현한다. • 어휘: 다양한 단어와 문장을 이해하고 사용한다. • 음운인식: 자음과 모음의 음운 소리를 구별한다. • 글자지식(알파벳지식): 알파벳의 글자 이름과 소리를 구별한다. • 읽기: 재미와 정보를 얻기 위해 책을 읽는다. • 인쇄개념: 주변의 인쇄물(신문, 잡지, 전단지 등)에 대해 알고 있다. • 책 지식: 책(전래동화, 위인전 등)에 대해 알고 있다. • 쓰기: 여러 가지 목적(축하, 편지, 생각 모으기 등)을 위해 글을 쓴다. • 영어(또는 수화) 학습(해당되는 가정): 학교와 집에서 영어(또는 수화)를 사용한다.
수학 (9개)	• 수와 기호: 수와 기호를 알고 사용한다. • 수 세기: 수 세기를 한다. • 부분-전체 관계: 사물을 합하거나 분리한다. • 모양: 사각형, 삼각형 등 도형의 모양을 식별하고 도형의 이름을 말할 수 있으며 그릴 수 있다. • 공간인식: 사람과 사물 간에 존재하는 공간의 관계를 안다. • 측정: 사물을 비교하고 순서로 나열하기 위해 측정한다. • 단위: 단위의 개념을 이해하고 사용한다. • 패턴: 패턴의 반복성을 식별하고, 설명하고, 따라 그리고, 완성하며 새로운 패턴을 만들어 낸다. • 자료분석: 결론을 이끌어 내고 결정을 내리며 문제를 해결하기 위해 정보를 사용한다.
창의적 예술 (5개)	• 미술: 보고, 생각하고, 상상하고, 느낀 것을 평면미술과 입체미술을 통해 표현한다. • 음악: 보고, 생각하고, 상상하고, 느낀 것을 음악으로 표현한다. • 동작: 보고, 생각하고, 상상하고, 느낀 것을 동작으로 표현한다. • 가장놀이: 보고, 생각하고, 상상하고, 느낀 것을 가장놀이를 통해 표현한다. • 예술감상: 창작 예술을 감상한다.

MEMO

MEMO

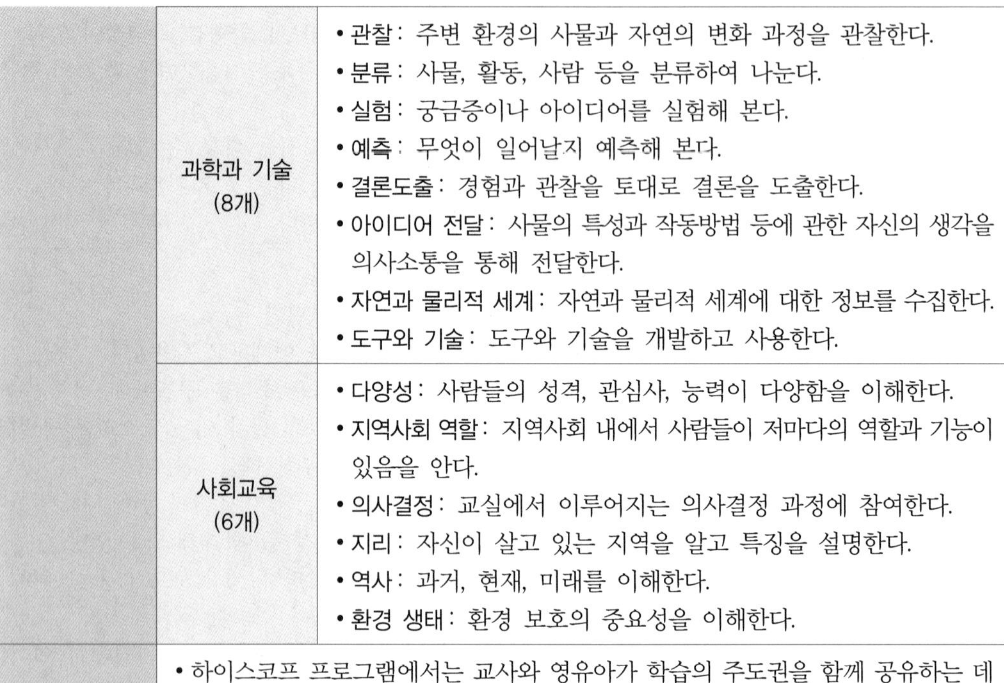

<table>
<tr><td rowspan="2"></td><td>과학과 기술
(8개)</td><td>• 관찰: 주변 환경의 사물과 자연의 변화 과정을 관찰한다.
• 분류: 사물, 활동, 사람 등을 분류하여 나눈다.
• 실험: 궁금증이나 아이디어를 실험해 본다.
• 예측: 무엇이 일어날지 예측해 본다.
• 결론도출: 경험과 관찰을 토대로 결론을 도출한다.
• 아이디어 전달: 사물의 특성과 작동방법 등에 관한 자신의 생각을 의사소통을 통해 전달한다.
• 자연과 물리적 세계: 자연과 물리적 세계에 대한 정보를 수집한다.
• 도구와 기술: 도구와 기술을 개발하고 사용한다.</td></tr>
<tr><td>사회교육
(6개)</td><td>• 다양성: 사람들의 성격, 관심사, 능력이 다양함을 이해한다.
• 지역사회 역할: 지역사회 내에서 사람들이 저마다의 역할과 기능이 있음을 안다.
• 의사결정: 교실에서 이루어지는 의사결정 과정에 참여한다.
• 지리: 자신이 살고 있는 지역을 알고 특징을 설명한다.
• 역사: 과거, 현재, 미래를 이해한다.
• 환경 생태: 환경 보호의 중요성을 이해한다.</td></tr>
<tr><td>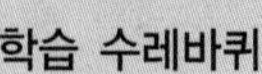 학습 수레바퀴</td><td colspan="2">• 하이스코프 프로그램에서는 교사와 영유아가 학습의 주도권을 함께 공유하는 데 노력한다. 교사중심의 교육이 아닌 영유아의 능동적 학습에 대한 잠재적 역량을 최대한 발현할 수 있도록 교사가 영유아의 학습을 지원하고 안내하는 교육활동을 강조한다(Hohmann & Weikart, 1995).
① 하이스코프 프로그램의 교육과정은 한 개의 바퀴통(hub)과 네 개의 바퀴테(rim)로 이루어진 '학습 수레바퀴'(learning wheel)를 통해 명확히 제시되고 있다.
— 능동적 학습, 교사–아동 상호작용, 학습 경험, 일과구성, 평가는 하이스코프 프로그램의 학습 수레바퀴를 이루고 있는 다섯 가지 기본 원칙으로 설명된다.
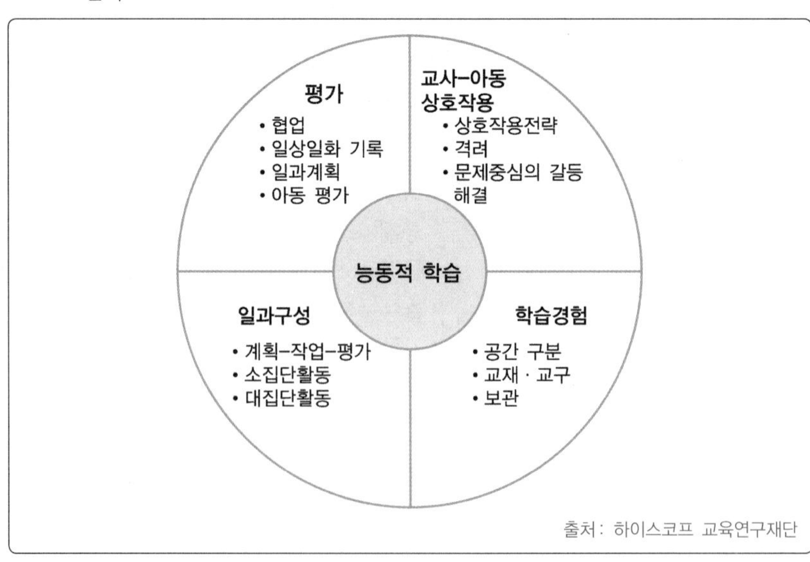

하이스코프 프로그램의 학습 수레바퀴</td></tr>
</table>

MEMO

	능동적 학습	• 능동적 학습은 수레바퀴의 바퀴통에 해당하는 것으로 하이스코프 프로그램의 초석이 된다. • 능동적 학습은 발달적으로 적합하게 갖추어진 교육 현장에서 나타난다. • 학습은 사회적 경험에서 이루어진다. • 아동의 발달적 상호작용 역량은 능동적 학습의 토대가 된다.
	교사-아동 상호작용	• 교사는 아동에게 긍정적 상호작용을 제공한다. • 지시자보다 안내자로서 역할한다. • 아동의 학습경험에 진심어린 관심을 보임으로써 신뢰적 관계를 형성한다. • 아동이 갈등을 성공적으로 해결할 수 있도록 도와준다.
	학습경험	• 아동에게 선택할 수 있는 기회를 제공한다. • 역할놀이, 읽기, 쓰기, 쌓기놀이 영역 등 놀이 공간을 설정한다. • 아동의 발달에 적합한 교재·교구를 준비해 둔다. – 한편 아동 스스로 쉽게 교재·교구를 활용하거나 제자리에 가져다 놓을 수 있도록 선반에 교재·교구 자리를 그림으로 또는 글자와 그림을 함께 표시해 둔다.
	일과구성	• 계획-작업-평가를 통해 아동은 자신의 활동을 결정하고 탐색하며 자신의 경험을 다시 생각해 본다. • 일과구성은 다음에 무엇이 일어날지를 아동 스스로 예측할 수 있는 것이다. • 무엇을 할지 아동 스스로 결정하게 하여 결정할 수 있는 힘을 갖게 한다. • 소집단활동에서는 토의나 이야기나누기 등에 시간을 더 많이 활용하도록 한다. • 대집단활동은 협동체로서의 마음가짐을 형성하거나 음악, 신체 활동의 시간으로 활용하도록 한다.
	평가	• 교사는 아동 관찰 결과를 기록화한다. • 관찰한 것은 교사 간에 공유하며 함께 의견을 교환한다. • 수업활동을 계획할 때 교사들이 함께 참여한다. • 교사는 학습환경이 어떠한지 또는 최적의 성과를 내기 위해 교구나 교재를 어떻게 활용할지를 평가한다.

MEMO

② 교수학습에서의 교사 역할

교수학습에서의 교사 역할	능동적 학습을 위한 환경조성자	• 하이스코프 프로그램에서는 교사가 영유아의 사고와 행동을 지시하고 통제하는 것이 아니라, 영유아가 능동적 학습을 할 수 있도록 환경을 조성해줌으로써 영유아 스스로 사고와 행동을 발달시키도록 한다. – 이를 위해 교사는 흥미 영역을 구성하고 영유아가 주요 발달지표에서 요구하는 학습경험을 계획하고 수행할 수 있도록 적절한 교구와 교재를 제공해야 한다. – 영유아의 발달단계에 적절한 교구 및 교재 마련과 준비는 학습에 대한 영유아의 흥미와 관심을 촉진시키는 토대가 되며 작업 수행에 몰입할 수 있는 기반이 된다. • 영유아의 능동적 학습을 위한 환경조성은 물리적 환경조성만을 의미하는 것이 아니다. 마련된 교구와 교재 또는 자료와 매체 중에서 영유아가 흥미와 관심을 가지고 스스로 수행활동을 선택하고 계획할 수 있도록 격려하고 응원하는 것도 포함된다. ➔ 그뿐만 아니라 영유아가 자신의 탐색이나 문제해결 과정에 대해 생각하도록 돕고, 자신의 생각을 표현하거나 확대할 수 있도록 질문하거나 영유아의 질문에 응답하며, 자신이 선택한 활동을 영유아 스스로 완성할 수 있도록 격려하고 돕는 것 등이 포함된다.
	능동적 학습의 지지자	• 지식 구성의 주체자로서 영유아의 능동적 학습이 강조되는 하이스코프 프로그램에서 교사는 학습자 중심의 교육활동을 지지하기 위해 교사 자신이 영유아의 학습에 능동적으로 참여한다. – 영유아의 학습에 능동적으로 참여할 뿐 영유아의 학습을 지시하거나 감독하는 것은 아니다. – 영유아 스스로 새로운 지식과 정보를 획득하게 하고 독립적이며 능동적인 학습자로서 역할할 수 있도록 교사는 영유아 주도의 능동적 학습을 지지해 준다. – 이러한 교사의 활동은 비계(scaffolding)로 표현할 수 있다. – 근접발달영역에서의 비계 역할은 방관자가 아닌 참여자라는 측면에서, 하이스코프 프로그램의 교사는 능동적 학습의 참여자이며 영유아의 능동적 학습을 촉진하는 지지자라고 할 수 있다.
	능동적 학습의 상호작용자	• 하이스코프 프로그램에서는 영유아의 발달단계를 고려한 주요 발달지표를 제시하고 있으나, 구체적인 학습 주제나 내용은 교사에게 제시되지 않는다. 학습 주제나 내용은 영유아의 흥미와 관심에 따라 정해지기 때문이다. – 따라서 교사는 능동적 학습자인 영유아의 이야기를 주의 깊게 듣고 세심하게 관찰하면서 영유아의 활동을 확장시키는 데 필요한 정보와 자료를 전달하여 영유아 스스로 자신의 활동을 확장시킬 수 있도록 지원해야 한다. 이러한 지원은 영유아와의 상호작용을 통해 제공된다.

MEMO

		• 교사는 영유아와의 상호작용 과정에서 발달수준에 적합한 과제를 영유아가 수행할 수 있도록 격려하고 응원한다. – 이때 교사는 '예/아니요' 형태의 답이 나오는 폐쇄형 질문보다 "도화지 전체에 풀을 바르고 있는데 무엇을 하려고 하는 거니?", "새의 날개를 어떻게 만들었니?", "친구가 병 속에 고무 찰흙을 넣으려 하는데 어떻게 도와줄 수 있을까?" 등의 개방형 질문을 사용하여 영유아가 자신의 생각과 의견, 문제해결을 위한 해답을 표현할 수 있도록 해야 한다.

③ 일과구성 및 환경구성

일과구성	• 영유아의 능동적 학습을 지원하기 위해 하이스코프 프로그램은 '계획–작업–평가'의 과정이 이루어지도록 하루 일과를 구성한다. – 하루 일과는 인사나누기 시간, 계획시간, 작업시간, 정리시간, 평가시간, 대집단활동 시간, 소집단활동 시간, 바깥놀이 시간으로 구성된다. – 일반적으로 계획을 세우는 시간은 5~15분을 소요하도록 하며 작업시간은 1시간 이내로 구성한다. 하이스코프 교육재단에서 제시한 하루 일과의 시간 할당은 아래와 같다.	

하루 일과 내용	시간
인사나누기 시간	융통성 있게 배정
계획시간	5~15분
작업시간	45~60분
정리시간	10분
평가시간	10~15분
대집단활동 시간	10~15분
소집단활동 시간	15~20분
바깥놀이 시간	30~40분

일과구성	계획시간	• 하이스코프 교육과정에서 영유아는 선택과 결정의 주체이므로, 영유아가 원하는 것을 스스로 결정할 수 있는 시간을 갖게 한다. – '계획–작업–평가'의 첫 번째 단계인 계획시간에 영유아는 활동을 시작하기 전 자신이 하고 싶은 것, 원하는 것을 교사에게 이야기한다. 교사와의 상호작용을 통해 영유아는 마음속에 생각하는 것을 구체적으로 실행할 수 있는 방법이나 아이디어를 얻을 수 있다. – 이 과정에서 교사는 영유아가 원하는 것을 알고, 영유아가 해결해야 할 문제의 유형과 도움을 주어야 할 내용을 파악하게 된다. 더불어 영유아의 발달수준을 평가하고 발달에 적합한 환경구성에 관한 정보를 얻게 된다(Weikart & Schweingart, 2000).

MEMO

	작업시간	• 하이스코프 프로그램에서는 영유아가 작업활동을 계획하고 실행하기 때문에 교사는 활동을 주도하지 않는다. 그러나 영유아 주도의 학습이라고 해서 교사가 자리에 앉아 있거나 소극적으로 방관해서는 안 된다. – '계획–작업–평가'의 두 번째 단계인 작업시간 동안 교사는 영유아가 자신이 세운 계획에 따라 어떻게 정보를 수집하는지, 또래와 어떻게 상호작용하는지, 어떻게 문제를 해결해 가는지 관찰한다. – 또한 영유아의 활동을 격려하고 확장해주며, 영유아가 문제를 주도적으로 해결할 수 있도록 활동을 안내하거나 함께 참여하기도 한다.
	정리시간	• 작업시간이 끝나면 사용한 교재와 교구를 원래의 자리에 되돌려 놓으며, 마무리되지 않은 활동물은 자신의 서랍장이나 보관함에 넣어둔다. – 이러한 정리 시간은 다음 활동을 위한 준비시간이 된다.
	평가시간	• '계획–작업–평가'의 마지막 단계인 평가시간에 영유아는 함께 작업했던 친구의 이름을 생각해 보기도 하고, 활동 시 경험했던 어려움에 대해 이야기를 나누면서 계획시간과 작업시간에 이루어졌던 작업을 최종적으로 마무리한다. – 평가시간은 마무리단계이지만 영유아가 새로운 활동을 시작하고자 한다면 다시 새로운 '계획–작업–평가'의 주기로 연결될 수 있다.
	대집단활동 시간	• 20명의 아동과 두 명의 교사로 이루어지는 대집단활동 시간은 음률, 동작, 게임, 동극, 집단토의를 위한 시간으로 10~15분 정도 진행된다. – '써클타임'으로 불리기도 하는 대집단활동 시간을 통해 영유아는 대집단에 참여하여 다른 사람들과 의견을 공유하고 자신의 생각을 발표하는 기회를 가지게 된다. – 비록 교사에 의해 활동이 시작되지만 영유아가 활동을 주도할 수 있다. – 대집단활동에서 영유아는 리더로서 역할하는 기회를 경험하기도 하고, 자신의 욕구뿐만 아니라 구성원의 욕구를 고려한 의사결정을 경험할 수 있다.
	소집단활동 시간	• 소집단활동은 사전에 구체적으로 계획된 수업절차에 따라 순서대로 진행되는 것이 아니라 영유아의 요구, 능력, 흥미, 인지적 목표에 반응하는 정도에 따라 유동적으로 진행된다. – 6~8명 정도의 영유아가 교구를 탐색하고 선택하며 문제를 해결하는 동안 교사는 개방적인 질문을 통해 영유아의 생각과 행동을 확장시켜 준다. – 반죽, 가위, 색종이, 연필, 블록 등 다양한 재료를 활용한 활동뿐만 아니라 쓰기활동이나 셈하기, 글 읽기 등도 종종 소집단활동에서 이루어진다.

MEMO

환경구성	• 하이스코프 프로그램에서는 영유아가 자신의 흥미와 관심에 따라 교구나 교재를 마음껏 활용할 수 있도록 5개 이상의 흥미영역을 배치한다. – 교사는 영유아에게 적합한 교재 및 교구를 선정하여 영유아가 손쉽게 이를 활용할 수 있도록 도와주어야 한다. – 이를 위해 교사는 교실 내에서 영유아가 사용하는 교구를 영유아들이 편리하게 접근할 수 있도록 개방된 선반과 정리장에 배치한다. • 하이스코프 프로그램의 특징은 다양한 흥미영역을 마련하고 흥미영역 간 경계를 개방하여 영유아의 호기심과 궁금증을 쉽게 해결할 수 있도록 환경을 구성한다는 점이다. – 교구나 교재에 쉽게 접근할 수 있을 뿐만 아니라 또래나 교사와의 상호작용이 쉽게 이루어질 수 있도록 흥미영역을 배치하고 구성함으로써, 교사가 영유아 주도의 능동적 학습을 손쉽게 관찰하고 지원하며 확장할 수 있도록 한다.

④ 부모 및 지역사회와의 연계

부모 및 지역사회와의 연계	• 하이스코프 프로그램은 능동적 학습자로서 영유아를 인정하며 영유아 스스로 학습의 주도적 역할을 할 수 있도록 스스로 계획하고 작업하는 것을 강조한다. 따라서 하이스코프 프로그램에서는 지시와 암기 등 전통적 교육방법을 지양한다. • 이는 가정에서도 지켜져야 하는데, 하이스코프 프로그램이 성공하기 위해서는 교사뿐만 아니라 부모도 교육의 일관성을 유지해야 하기 때문이다. 따라서 하이스코프 프로그램에서는 부모 참여의 중요성을 강조한다. – 교사와 부모는 양방향 의사소통을 통해 영유아에 대한 정보, 교육 내용, 가정의 문화적 특성 등을 공유한다. 이는 영유아의 관심과 흥미를 고려하면서 영유아의 자발적 학습동기를 촉발할 수 있는 교육 환경을 조성하는 토대가 되며, 교사와 영유아, 부모와 영유아 간 상호작용을 건강하게 발전시키는 힘이 된다. – 하이스코프 프로그램에서는 '계획－작업－평가'로 구성된 일과 속에서 책임 있는 성인이 되기 위한 필수 기술인 주도성, 계획과 추론 등이 발달한다고 보기 때문에, 가정에서도 '계획－작업－평가' 과정을 영유아가 실천할 수 있도록 부모교육을 실시하고 있다.

MEMO

UNIT 05 프로젝트 접근법

1 프로젝트 접근법의 배경

배경	• 킬패트릭(William H. Kilpatrick, 1871~1965)에 의해 알려진 프로젝트 접근법은 프로젝트 기반 학습의 원형이다. 프로젝트에 의한 교육은 18세기 유럽의 건축학과 공학을 전공하는 학생들의 시험방법에서 시작되었다. – 듀이와 손다이크 밑에서 수업을 받았던 킬패트릭이 1918년 컬럼비아 대학의 사범대학에서 발간하는 교육학 학술지 '사범대학 연구물(Teachers College Record)'에 '프로젝트법(The Project Method)'을 발표하면서 프로젝트 교수법이 대중화되기 시작하였다. – 민주국가의 시민 육성에 관심을 가졌던 킬패트릭은 이기적 성향의 시민을 양성하는 교사중심의 획일적이며 지식 전달 중심의 학교교육을 대체할 수 있는 방안이 프로젝트법이라고 보았다(Kilpatrick, 1918). • 킬패트릭의 프로젝트법은 스승인 듀이의 저서와 손다이크의 학습심리학에 영향을 받았다. 아동이 주도하는 프로젝트를 강조한 킬패트릭은 아동중심의 교육이 이루어질 때 높은 수준의 기술과 지식을 획득할 수 있으며, 자신감과 즐거움을 가지고 학교생활을 할 수 있다고 보았다. • 킬패트릭의 프로젝트법은 6만 5천부가 팔릴 정도로 대중성을 가졌으나 1957년 소련(현 러시아)이 인공위성 스푸트니크(Sputnik) 1호를 발사하면서 미국에서는 다시 아동에게 학문중심교육을 해야 한다는 주장이 대두되었다. 그에 따라 프로젝트 교수법은 잠시 소강상태를 보였지만, 1960년대 후반 지나치게 정형화된 교육에 대한 비판과 함께 인간중심교육에 대한 요구가 또다시 높아지면서 자유학교 운동이 일어났고, 이를 통해 인성개발, 지적 교육, 정의적 교육의 균형에 대한 요구가 증가하면서 프로젝트 접근법이 다시 새로운 대안으로 평가받기 시작하였다. • 1989년 『아이의 마음을 사로잡다 : 프로젝트 접근법(Engaging Children's Minds : The Project Approach)』을 발간한 캐츠(L. G. Katz)와 차드(S. C. Chard)에 의해 프로젝트 접근법은 재조명되기 시작하였다(Katz & Chard, 1989). • 학문적 · 인지적 · 정서적 측면에서 균형적 발달을 도모할 수 있다는 점에서 프로젝트 접근법은 '발달에 적합한 교육활동'을 잘 반영하고 있는 교육법으로 평가받고 있다.

2 프로젝트 접근법의 이론적 기초

이론적 기초	• 전통적인 교육과정이 교사중심의 교육과정과 단원중심의 교육과정으로 분류된다면, 프로젝트 접근법은 아동중심의 교육과정으로 단원 중심의 단편적 지식 또는 분절된 지식이 아닌 통합적 지식을 지향한다. • 프로젝트 접근법은 듀이의 진보주의, 피아제와 비고츠키의 구성주의 이론을 기반으로 아동의 능동적 참여, 구체적인 경험에 의한 학습, 교사 · 또래 · 부모와의 상호작용을 중시한다.

듀이의 진보주의 교육사상	• 미국 교육철학을 창시한 듀이는 아동을 능동적으로 활동을 수행할 수 있는 존재로 보며, * 아동중심교육(child-centered education)을 강조한다. 아동중심교육 외에 생활기반교육과 열린교육을 주창하면서 진보주의 교육을 선도하였다. • 프로젝트 접근법은 듀이의 진보주의 교육 이념을 수용하여 아동중심, 경험중심, 생활중심 교육을 강조한다. – 프로젝트 접근법에서는 아동의 관심과 흥미를 존중하며 아동이 능동적이고 자발적인 활동참여를 통해 일상 속 생활 경험을 새롭게 재구성할 수 있도록 적극적으로 지원한다. • 아동의 생활과 관련된 내용이 프로젝트 대상이 되고, 아동이 직접 경험한 것이 프로젝트 주제가 될 때 아동은 '몰입을 다한 활동'을 통해 프로젝트 문제를 해결하고자 한다. – 몰입을 다한 활동이 이루어지기 때문에 아동은 몰입의 즐거움을 느끼면서 말하기, 읽기, 셈하기 등 분절된 교과의 지식을 통합적으로 사용하게 된다. 교사 주도의 단원중심 교과교육이었다면 이루지 못할 학업 성취가 아동 주도의 프로젝트 과정에서 자연스럽게 이루어지는 것이다.
피아제의 인지적 구성주의	• 피아제는 인지적 구성주의를 통해 지식은 개인적 경험을 기반으로 각자가 구성하는 것임을 강조하였다. 학습은 개개인의 다양한 경험을 통해 스스로 구성되는 것으로 내적 표상을 통해 형성된다. – 지식은 가르쳐서 형성되는 것이 아니라 자신의 인지적 갈등을 해결하려고 노력하는 능동적 과정을 통해 형성되는 것이라고 보았다. – 프로젝트 접근법에서는 프로젝트 속에서 아동이 직접 경험을 통해 문제를 해결하게 하며, 문제해결과정에서 직면하는 인지적 갈등을 아동 주도로 해결할 수 있도록 격려한다는 측면에서 피아제의 주장이 반영되었다고 볼 수 있다. • 피아제는 학습의 동기가 되는 인지적 갈등은 수직적 관계에 있는 부모나 교사보다 수평적 관계에 있는 또래와의 상호작용에서 효과적으로 해결될 수 있다고 보았다. – 이러한 피아제의 주장은 프로젝트 접근법에 적용되어 또래와의 상호작용을 교사와의 상호작용보다 더 가치 있게 평가한다. – 그러나 프로젝트 접근법은 교사의 역할을 축소 평가한 피아제와 달리 또래와의 상호작용뿐만 아니라 교사와의 상호작용도 중요하게 평가하고 있다. 교사는 또래 간 상호작용을 촉진시키기도 하고, 아동의 인지적 갈등을 촉발시켜 인지적 탐색을 유도할 수 있기 때문이다.

MEMO

* 아동중심교육
전통적 교육에서 강조하는 교사 위주의 내용중심적이고 교과중심적인 교육이 아니라, 아동의 관심과 흥미에 기초한 교육을 말한다.

MEMO

	비고츠키의 사회적 구성주의	• 비고츠키의 사회적 구성주의는 인간은 사회적 존재로서 개인의 인식 작용을 통해 지식을 구조화하기보다, 유능한 사회 구성원의 도움을 기반으로 문화적 산물로서의 지식을 내면화함으로써 인지적 발달이 이루어진다고 본다. – 비고츠키는 근접발달영역이라는 개념을 통해 유능한 사람과의 협동적 상호작용 및 공동협력이 고등정신기능 발달에 중요함을 강조하였다. 동일한 능력을 가진 아동이라도 어떤 교사의 지도를 받느냐에 따라 근접발달영역의 크기가 달라진다고 보았으며, 이것은 아동의 인지발달에서 교사의 중요성을 시사하는 개념이라고 할 수 있다. – 이러한 비고츠키의 주장은 프로젝트 접근법에서 요구되는 교사의 역할에서 발견할 수 있다. 프로젝트 접근법에서 교사는 아동이 다음 단계로 도약할 수 있는 단계에 이르렀을 때 아동의 인지적 능력이 최대한 많이 도약할 수 있도록 관련 활동에 적절히 개입한다. – 프로젝트 접근법이 아동중심의 교육활동을 근간으로 하고는 있지만, 교사의 역할을 과소평가하는 것은 아니다. 아동 자신의 실제적 발달수준을 아동의 잠재적 발달수준까지 끌어올릴 수 있는 존재로 평가할 만큼 프로젝트 접근법에서는 교사의 역할과 역량을 중요시한다. – 교사의 역할이 중요하게 평가되는 만큼 또래와의 상호작용 또는 나이 어린 동생이나 나이 많은 형과의 상호 작용도 중요하게 평가된다. 개인적 경험에서 발생한 인지적 갈등을 혼자서 해결할 때보다 여러 사람과의 상호작용을 토대로 공동의 목표를 달성하거나 과제를 해결하는 과정에서 더 많은 학습이 이루어진다고 보기 때문이다. • 따라서 프로젝트 접근법에서는 여러 아동들의 흥미와 관심이 모아진 주제와 목표, 공동의 목표 달성을 위한 공동 활동, 공동 과제를 해결하기 위한 공동 의견 등 다양한 사람들과의 사회적 관계를 중요시한다.

참고

전통적 수업과 프로젝트 접근법 수업의 차이

구분	전통적 수업	프로젝트 접근법
아동관	소극적 · 수동적 존재	적극적 · 능동적 존재
목적	교과지식 습득	전인적 성장
교육과정 편성	체계화된 단원중심	흥미에 따른 주제중심
학습활동 방법	주입식	자기주도적 탐색, 상호작용
동기 유발	외적 동기 유발	내적 동기 유발
교사 역할	설명자, 지시자	관찰자, 상호조정 협력자, 안내자

MEMO

❸ 프로젝트 접근법의 교육목표

<table>
<tr><td rowspan="5">교육목표</td><td colspan="2">캐츠와 차드(Katz & Chard, 1989)는 프로젝트 접근법의 교육목표를 '아동의 주변 세계에 대한 인식을 증진시키고 계속 학습하고자 하는 성향을 강하게 키워 주는 것'이라고 하면서 지식과 기술의 획득, 성향(disposition)과 감정(feeling) 배양을 강조하였다.</td></tr>
<tr><td>지식 획득</td><td>• 지식(knowledge)이란 도식, 아이디어, 사실, 개념, 정보 등 물리적 현상과 사회적 현상에 관련된 지식을 말한다.
• 지식 획득은 이야기, 노래, 예술작품 등을 경험하고 체험할 때 이루어진다.
– 아동들은 경험과 체험 과정 속에서 새로운 정보와 개념의 의미를 이해하려고 노력하기도 하며, 잘못된 개념을 수정하고 새로운 어휘를 학습하기도 한다.</td></tr>
<tr><td>기술 습득</td><td>• 기술(skill)이란 인지적 · 사회적 의사소통 및 신체적 능력 발달에 필요한 기술을 의미한다.
– 말하기, 읽기, 쓰기, 수 세기, 측정하기와 같은 기본 학업기술과 관찰 및 자료 다루기 등의 과학적 기술, 협동과 토의, 논쟁 및 협상, 팀워크 등의 사회적 기술, 주고받기, 감사하기 등의 대인관계 기술 등이 포함된다.</td></tr>
<tr><td>성향 계발</td><td>• 프로젝트 프로그램에서는 아동을 '탐구하고 발견하려는 강한 성향'을 지닌 존재로 본다.
• '성향'이란 여러 상황에서 겪는 경험에 지속적으로 독특하게 반응하는 행동, 태도, 습관을 의미한다. 좀 더 구체적으로 표현하면 지속적으로 나타나는 행동 유형, 마음의 습관 또는 반복되는 행동의 유형을 '성향'이라고 한다.
– 프로젝트 접근법에서 성향은 효과적인 학습자가 되는 데 필요한 특성으로, 문제에 부딪혔을 때 이를 적극적으로 해결하려는 성향, 호기심을 가지고 탐구하려는 성향, 계속적으로 학습하고자 하는 성향 등이 이에 포함된다.
– 이러한 성향은 학습과 관련된 바람직한 특성이므로 아동 스스로 계발할 수 있도록 도와야 한다.</td></tr>
<tr><td>감정 발달</td><td>• 프로젝트 접근법에서는 긍정적 감정을 키워 가는 것을 목표로 한다.
• 긍정적 감정이란 수용감, 자신감, 소속감, 안정감, 유대감 등으로 아동이 스스로를 능력 있는 존재로 지각하고 자신이 속한 집단에서 필요한 존재로 느끼는 것을 말한다.
– 자연스러운 호기심을 바탕으로 아이들이 상호작용하고, 질문하며, 주제와 주제를 연결 짓고, 문제를 해결하는 과정에서 아동이 경험하는 감정은 일상생활에서 능동적이고 적극적인 참여자로 성장하게 하는 동력이 된다.</td></tr>
</table>

MEMO

4 프로젝트 접근법의 기본 원리

<table>
<tr>
<td rowspan="3">기본 원리</td>
<td colspan="2">• 프로젝트 접근법에서 아동은 학습과정에 능동적이고 자발적으로 참여하는 존재이다.
– 인간의 본성에 대한 긍정적인 관점을 지닌 듀이와 피아제는 아동을 '모든 종류의 활동을 능동적으로 수행할 수 있는 존재'로 여겼으며, 학습은 성인이 가르치고 아동이 배우는 것과 같이 수동적으로 이루어지는 것이 아니라, 학습과정에 아동이 능동적이고 자발적으로 참여할 때 진정한 교육이 이루어질 수 있다고 보았다.
– 이러한 듀이와 피아제의 견해에 따라 프로젝트 접근법에서는 아동을 학습과정에 능동적이고 자발적으로 참여하는 존재로 보며, 바람직한 교육은 아동이 주도적으로 활동을 수행하고 능동적으로 새로운 지식을 구성할 수 있도록 방향을 제시해 주는 데 있음을 강조한다.
• 비고츠키가 근접발달영역을 통해 설명한 것처럼 아동은 교사가 적절하게 개입하여 안내해 주면 사회적 환경과의 상호작용을 통해 얼마든지 잠재적인 발달수준으로 도약할 수 있는 유능한 사회적 존재라고 보았다.
– 이러한 비고츠키의 견해에 따라 프로젝트 접근법에서의 아동은 자신의 흥미와 적성에 따라 주도적으로 주제를 선택하고, 자신의 능력과 수준에 맞게 또래 및 교사와 자유롭게 상호작용하며 자율적으로 활동에 참여함으로써 자신의 잠재력을 최대한 계발해 나간다. 그뿐만 아니라 사회적 환경과의 상호작용을 통해 새로운 지식을 스스로 획득하고 성장 · 발달한다.
• 이러한 프로젝트 접근법의 기본 원리는 다음과 같다(이소은 · 이순형, 2007).</td>
</tr>
<tr>
<td>아동중심교육</td>
<td>• 프로젝트 접근법은 아동의 자율성과 탐구력을 존중하는 아동중심교육을 지향한다.
– 교사가 주제를 선정하고 활동을 이끌어 나가는 과거의 전통적인 교육 방식과는 달리, 프로젝트 접근법에서는 개별 아동 또는 집단의 아동들이 자신의 관심과 흥미에 따라 원하는 주제를 자유롭게 선택하고, 준비된 환경 속에서 자신이 선택한 주제를 깊이 있게 탐구한다(Trepanier-Street, 1993).
– 또한 이 접근법은 아동의 개별성을 존중하면서 발달 특성에도 민감하게 반응하는 등 발달적 요구에 부합한다(이순형 외, 1999). 따라서 동일한 주제로 프로젝트 접근법이 진행되더라도 이를 수행하는 아동의 발달수준에 따라 활동의 정도와 프로그램의 내용 및 지속기간이 달라진다. 그러므로 교사는 아동의 발달수준을 고려하여 이에 맞는 활동 자료와 환경을 제시하고, 또래 및 교사와의 상호작용을 촉진하여 잠재적으로 발달 가능한 수준에 도달할 수 있도록 도움을 주어야 한다.</td>
</tr>
<tr>
<td>통합된 경험 제공</td>
<td>• 프로젝트 접근법은 아동이 선택한 한 가지 주제를 깊이 있게 탐구하는 과정에서 다양한 영역의 활동이 통합되어 이루어진다(Katz & Chard, 1989).
– 통합은 아동으로 하여금 학습에 대한 통일된 관점을 갖게 하는 교육과정 경험들의 수평적인 관계로, 아동이 어릴수록 학습 내용과 방법이 유기적으로 관련되어 있을 때 더욱 효과적으로 학습할 수 있다.</td>
</tr>
</table>

MEMO

	– 프로젝트 활동을 진행하는 동안 아동은 과목마다 분리된 것을 경험하는 것이 아니라 한 가지 주제 아래 신체·언어·수학·과학·음률·미술영역 등이 의미 있게 연관된 활동들을 수행하며, 발달의 전 영역에 걸쳐 균형잡힌 통합교육을 경험하게 된다.
시공간의 제약이 없는 연속적 학습	• 프로젝트 접근법에서의 학습은 시공간의 제한을 받지 않고 연속적으로 이루어진다(Katz & Chard, 1989). – 프로젝트 접근법에서 아동은 자신의 호기심과 흥미가 충족될 때까지 시간의 제한 없이 활동을 지속한다. 특정 주제에 관심을 가지고 활동에 몰입하는 동안 새로운 정보를 획득하고, 이는 새로운 흥미로 이어져 지속적인 심화학습을 가능하게 한다. – 또한 프로젝트를 통한 학습은 실생활과 밀접하게 관련되어 있어 가정과 학교 및 학교 외부 등 아동이 존재하는 모든 공간에서 연속성 있게 이루어진다.
공동체적 삶의 경험 제공	• 프로젝트 접근법에서는 아동이 교사, 또래, 학부모, 지역사회와 긴밀한 상호 관계를 맺고, 같은 주제를 가지고 서로 상호작용하면서 공동체적 삶을 경험하게 한다(Katz & Chard, 1989). – 아동은 소집단활동 및 대집단활동을 통해 또래를 지원하거나 또래에게 도움을 받고 협동정신을 발휘할 수 있는 기회를 경험한다. – 또한 공동의 문제를 해결하는 과정에서 교사 및 또래와 지적인 상호작용을 하고 각자의 생각을 상호 보완하여 공동의 사고를 함으로써 의미 있는 협력학습을 하게 된다.
아동의 흥미와 욕구에 따른 발현적 교육	• 프로젝트 접근법은 프로젝트를 수행하기 전 아동의 지식이나 이전 경험을 토대로 일반적인 교육의 목표를 세우고 '무엇이 일어날 것인가?'에 대한 가설을 세울 뿐 개별활동의 세부적인 계획안을 구성하지 않는다. – 그리고 미리 계획된 주제망(topic web)이나 교육망(curriculum web)에 고정되어 운영하기보다는 매일의 활동 속에서 아동이 제시하는 새로운 아이디어와 흥미, 욕구를 반영하여 유동적으로 변경될 수 있는 목표를 세우고 융통성 있게 운영하는 것을 원칙으로 한다. 이러한 측면에서 프로젝트 접근법은 발현적 교육과정을 지향하는 것으로 볼 수 있다.

MEMO

5 프로젝트 접근법의 교육과정

(1) 교육 내용

프로젝트 접근법에서는 교육 내용이 '준비단계 ➡ 도입단계 ➡ 전개단계 ➡ 마무리단계'의 순서로 진행된다.

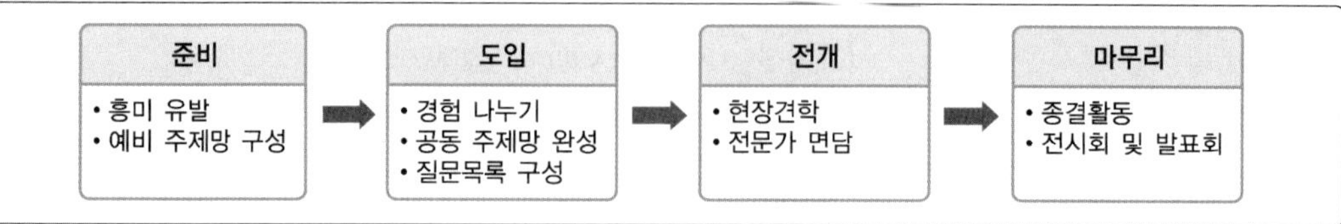

프로젝트 접근법의 활동과정

<table>
<tr><td rowspan="2">준비단계</td><td colspan="2">• 준비단계는 프로젝트 접근법의 가장 기초단계로, 탐구할 문제를 선택하고 활동목표를 확인하는 단계이다.
– 이 단계에서 교사는 아동이 충분한 동기를 가지고 주제를 선택하도록 도와주어야 한다.</td></tr>
<tr><td>① 주제 선정</td><td>• 주제 선정에 따라 교육과정의 성격이나 방향이 결정되므로 주제 선정은 매우 중요하다.

| 주제 선정을 위한 교사 역할 |
• 아동이 가지고 있는 흥미가 무엇인지 탐색한다.
• 아동이 가지고 있는 지식이나 수행 기능을 점검한다.
• 주변에서 구하기 쉬운 자료를 통해 해결할 수 있는 주제인지를 아동에게 환기시킨다.

• 아동들이 관심과 흥미를 기반으로 능동적이고 자발적으로 주제를 선정하도록 하는 것이 중요하나, 교사가 의도적으로 아동의 흥미를 유발시킬 수 있는 재료나 장치, 도구를 활용하여 제안하거나 아동의 사전 경험을 토대로 선정할 수도 있다.
– 프로젝트 수행을 위한 주제 선정 시 교사는 아동의 흥미와 욕구가 반영되고 일상생활에서 친숙한 주제를 선정하는 것이 바람직하다.

| 교사가 주제 선정 시 고려해야 할 기준(Katz & Chard, 2000) |
• 아동의 일상생활과 관련되어 있으며 직접 관찰이 가능한 주제인가?
• 직접적으로 조사할 수 있는 주제인가?
• 주변에서 쉽게 활용할 수 있는 자원을 가지고 작업할 수 있는 주제인가?
• 역할놀이, 극놀이, 만들기 등 다양한 표상활동이 가능한 주제인가?
• 아동의 연령과 발달에 적합한 기술들을 적용해 볼 수 있는 주제인가?
• 아동이 지역사회와 문화를 이해하는 데 도움이 되는 주제인가?
• 부모와의 의사소통을 촉진하고 부모참여가 활발히 이루어질 수 있는 주제인가?
• 너무 편협하거나 너무 광범위하지 않은 주제인가?
• 교사에게도 관심과 흥미가 느껴지는 주제인가?
• 여러 교과목이나 학문 영역을 통합적으로 다룰 수 있는 주제인가?</td></tr>
</table>

MEMO

		• 프로젝트의 확장 활동을 위해 조사 탐색활동이 이루어져야 하므로, 만약 조사 탐색이 불가능한 주제라면 의미와 취지가 좋다고 해도 좋은 주제라고 평가하기 어렵다. – 아동의 일상생활과 관련 있으면서 아동이 직접 탐구할 수 있는 주제를 선정하는 것이 바람직하다.
	② 예비 주제망 작성	• 주제를 선정하면 교사는 예비 주제망을 구성한다. – 아동의 사전 경험이나 흥미, 사용할 재료나 자원 등을 생각하면서 교사 자신의 사전 경험과 동료교사들과의 브레인스토밍 등을 토대로 예비 주제망을 구성해 본다. – 예비 주제망은 여러 가지 생각이나 아이디어 등을 나타내는 것으로 공동 주제망을 구성하는 자료가 되며, 프로젝트의 기본적 윤곽을 통해 프로젝트가 진행될 방향을 알아볼 수 있는 정보가 된다. – 또한 예비 주제망은 조사탐색을 위해 필요한 자원목록을 작성하는 토대가 된다.
	③ 자원목록 작성 및 필요한 자원 준비	• 선정된 주제의 조사탐사에 필요한 예상자원이 무엇인지 1차적 자원과 2차적 자원으로 구분하여 목록을 작성해 본다. – 1차적 자원이란 주제와 관련된 실제 사물, 현장견학 장소, 주제와 관련한 일을 하는 사람 등을 말한다. – 2차적 자원이란 간접 경험에 해당하는 자료이다. 주제에 대한 이해를 도울 수 있는 책, 사진이나 비디오 자료 등이 이에 해당한다. • 한편 자원목록 작성 시 가정의 협조가 필요한 자원과 프로젝트 수행 시 도움을 줄 수 있는 지역사회의 자원(소방서, 우체국, 은행 등)을 확인하는 것이 필요하다.
	④ 환경구성	아동들이 선정된 주제에 흥미를 느끼고 관심을 증대시키며 본 활동을 심화·확장시킬 수 있도록 주제와 관련된 자료를 전시하거나 영역별로 배치한다. 예 직업 프로젝트에 관한 활동을 진행하고자 한다면 역할영역에 다양한 직업을 나타내는 복장이나 도구를 준비해 놓거나, 직업과 관련된 책이나 그림, 사진을 언어영역이나 수과학영역에 전시해 주고, 쌓기영역 등에 직업과 관련된 소품으로 실물자료들을 제공하여 아동이 다양한 직업에 대해 흥미와 관심을 높일 수 있도록 한다.
	⑤ 부모에게 알리기	• 프로젝트 수행에 사용될 자원 확보는 프로젝트 활동의 효과적 진행을 위해 매우 중요하다. – 본 활동이 시작되기 전 부모들에게 프로젝트 주제를 알려주어 부모가 준비할 수 있거나 부모의 도움을 받을 수 있는 자원을 확보해 놓는 것이 필요하다. – 부모는 프로젝트에 필요한 자원을 준비해 주거나, 인적 또는 물적 자원과 연결시켜 주거나, 프로젝트와 관련한 전문가로서 또는 자원 봉사자로 참여할 수 있는지를 교사에게 알려줄 수 있다. – 이러한 과정에서 부모는 아동들의 학습활동을 이해하거나 확장시켜 줄 수 있으며, 교사는 부모의 참여와 도움을 기반으로 수업을 원활하게 지도할 수 있다.

MEMO

도입단계	① 경험 나누기 및 표현하기	• 주제를 정하면 교사는 아동들과 주제와 관련하여 이전에 아동이 경험한 것에 대해 이야기를 나눈다. – 이전 경험에 대한 이야기나누기를 통해 아동이 선정한 주제에 대해 무엇을 얼마나 알고 있는지, 아동이 어떤 경험을 통해 무슨 지식을 어떻게 획득했는지를 알 수 있다. 이러한 정보는 프로젝트를 효율적으로 지도하는 데 중요한 자원이 된다. • 아동의 경험 나누기는 이야기나누기뿐만 아니라 그리기, 쓰기, 구성하기, 역할극 놀이 등 다양한 형태로 이루어질 수 있다. – 이러한 경험 나누기는 자신의 경험을 재구성하고 자신이 가진 지식을 정리하는 데 도움이 될 뿐만 아니라 아동과 교사 간, 아동과 아동 간 지식과 개념 공유를 통해 주제에 대한 흥미와 몰입을 상호 진작시키는 데 도움이 된다.
	② 생각 모으기와 유목화	• 자신의 이전 경험을 토대로 주제와 관련된 아동의 생각과 느낌, 그리고 다른 아동의 경험 나누기를 통해 알게 된 내용을 포스트잇에 적어 놓는다. – 생각 모으기에 어려움이 있는 경우 교사는 사전에 작성한 예비 주제망을 보여 주거나, 아동들과 함께 나누었던 이야기나누기의 내용을 환기시켜 줄 수 있다. – 생각 모으기를 통해 나온 내용들은 유사한 내용끼리 분류한 후 나란히 배열해 보고 그 내용에 어울리는 소제목을 정해 본다. 소제목 밑에 배열된 내용을 토대로 서로의 차이를 비교해 보고, 재배열 여부나 소제목 수정 등에 대해 함께 토론한다.
	③ 교사와 아동의 공동 주제망 완성하기	• 생각 모으기를 통한 유목화 작업이 끝나면 주제를 중심으로 한 망을 구성한다. 큰 종이 한가운데 주제명을 적은 원을 그리고 그 주변으로 소주제명을 적은 작은 원을 그린 다음 소주제명 주변으로 유목화한 포스트잇을 붙여 준다. – 작성된 주제망은 벽에 전시한다. – 주제망은 활동이 진행되는 과정에서 추가로 더 기록할 수 있다. 주제망의 변화 과정의 추이를 알 수 있도록 추가 기록은 다른 색의 포스트잇이나 쓰기 자료를 활용하는 것이 바람직하다. • 주제망 구성은 교사와 아동의 공동활동으로 이루어진다. – 발달상 주제망 작성에 어려움을 가질 수 있으므로 교사는 아동의 생각이 주제망 안에 반영될 수 있도록 적절한 도움을 제공한다. – 이러한 과정에서 아동은 자신이 존중받고 있다는 느낌을 갖게 되고, 주제에 책임 있게 참여할 수 있는 동기가 강화된다. – 이러한 과정을 거쳐 완성된 주제망은 프로젝트가 전개되는 과정에서 수정 또는 추가되면서 학습내용에 대한 안내 역할을 하게 된다.

MEMO

<table>
<tr><td></td><td>④
질문목록
작성하기</td><td colspan="2">• 주제망을 작성하는 과정에서 아동들이 알고 싶어하는 것들이 구체화 된다.
– 이때 알고 싶어하는 것, 궁금한 것을 종이에 적어 놓도록 한다. 이것은 '궁금이 목록', 즉 질문목록이 되어 프로젝트 활동의 내용이 된다.
– 아동은 현장견학이나 전문가 면담 시 질문목록을 활용하여 궁금한 것이나 호기심을 해결할 수 있다.</td></tr>
<tr><td rowspan="5">전개단계</td><td colspan="3">전개단계는 프로젝트를 해결하기 위한 활동으로 이루어진다. 이 단계에서의 중심활동은 실험, 책, 자료 등을 활용하거나, 현장견학 및 전문가 면담을 통해 주제와 관련된 지식을 조사·탐구하고 경험을 표현하는 것이다.</td></tr>
<tr><td>①
탐구조사
활동</td><td colspan="2">• 프로젝트 주제망을 구성하면서 작성된 질문목록을 해결하기 위해 실험, 탐구 및 관찰, 책, 전단지, 신문, 사진, 인터넷 등 어떤 방법을 활용할지 아동들과 논의한 후, 이를 통해 선택된 활동을 토대로 자료를 수합하고 조사한다.
– 수합하고 조사한 자료는 활동결과물로 서로 공유한다.</td></tr>
<tr><td rowspan="3">②
현장견학
활동</td><td colspan="2">• 아동의 관심에 따라 선정된 주제를 심도 있게 탐색해 나가는 프로젝트 접근법에 있어서 궁금한 점을 해결하기 위한 현장견학은 매우 중요하다.
– 현장견학은 프로젝트에 대한 아동의 관심과 이해를 넓히는 단계로, 현장견학을 위한 준비활동, 현장견학 활동, 현장견학 사후활동의 순서로 진행된다.
– 직접 체험하고 경험할 수 있는 현장활동은 프로젝트 활동의 활성화에 큰 도움이 된다.</td></tr>
<tr><td>현장견학을
위한 준비활동</td><td>질문목록을 토대로 현장에서 무엇을 보려고 하며, 무엇을 조사할 것이며, 무엇을 물어볼 것인지 등을 아동과 함께 미리 생각하고 토의한다.</td></tr>
<tr><td>현장견학
활동</td><td>• 프로젝트 주제와 관련이 깊은 대상이나 현상들을 눈으로 직접 확인하고, 손으로 만져보고 귀로 듣고 코로 냄새를 맡으면서 관심을 가지고 있는 부분을 기록하도록 한다.
– 현장견학에서 기록하는 데 어려움이 있는 어린 아동들을 위해 교사는 견학한 내용을 사진으로 찍거나 녹음을 하거나 영상을 찍어 둔다. 또는 실물을 얻어 교실로 가져온다.
– 이는 현장견학 후 자료 정리의 기본 자료가 될 수 있기 때문이다.</td></tr>
</table>

MEMO

<table>
<tr><td rowspan="2"></td><td></td><td>현장견학
(활동현장견학)
사후활동</td><td>• 현장견학을 마치고 돌아온 결과에 대해 이야기나누기를 하고 현장에서 무엇을 보고 듣고 왔는지를 그리기, 쓰기, 점토 만들기 등의 다양한 방법으로 표현해 본다.
– 현장견학은 계획된 자료를 조사하는 기회지만 새로운 질문이 제기되어 관련 정보를 수집하거나 다른 현장견학활동을 계획하게 만드는 기회가 되기도 한다(지옥정, 1995).</td></tr>
<tr><td>③
전문가 초청</td><td colspan="2">• 전문가를 초청하여 주제와 관련한 이야기를 나누며 정보를 얻을 수 있고, 궁금한 것을 물어 답을 해결할 수 있다.
– 전문가 초청을 통해 새롭게 알게 된 사실을 재확인하기 위해 그림 그리기나 쓰기를 할 수 있다.</td></tr>
<tr><td rowspan="3">마무리단계</td><td colspan="3">• 프로젝트 수행과정에서 활동한 내용을 정리하고 평가하는 시간으로, 프로젝트 활동 결과를 전시하고 발표하는 단계이다. 이 단계에서는 프로젝트 전 과정을 돌아보며 프로젝트 수행과정에서 얻은 다양한 정보들을 전시회에 초청한 다른 반 아동이나 교사 또는 부모님들과 공유한다. 프로젝트의 전개가 다음과 같은 상황에 이르면 마무리단계를 준비한다.
– 주제망과 질문목록에 거의 다 이루어졌다는 표시가 되어 있다.
– 교사가 프로젝트 준비단계에서 설정한 중심개념이나 예상활동이 충분히 다루어졌다고 판단된다.
– 아동이 프로젝트 주제에 흥미를 잃어 가고 있고 새로운 주제에 관심을 보이거나 주제와 관련된 내용을 거의 다루었다고 판단된다.
– 연구와 조사를 위한 자원들이 거의 다 고갈되었다.</td></tr>
<tr><td>①
종결행사
준비</td><td colspan="2">• 교사는 아동들과 함께 그동안 진행해 온 프로젝트의 결과를 전시회 또는 발표회 등 어떤 형식을 사용하여 다른 사람들과 공유할 것인가를 함께 이야기한다.
– 행사의 구체적인 형식이 결정되면 아동들과 함께 행사 준비를 위한 활동을 계획하고 역할을 분담하도록 한다.
– 전시회 또는 발표회 등을 준비하기 위한 구체적 활동과 함께 행사 홍보를 위한 포스터를 제작하고 초대장을 만들어 부모님이나 초대하고 싶은 사람에게 보낸다.</td></tr>
<tr><td>②
전시회 및
발표회</td><td colspan="2">• 프로젝트의 활동결과물을 교실, 복도, 현관 등에 전시하고, 초대받은 사람들의 이해를 돕기 위해 각 전시영역별로 아동을 배치하여 전시 내용을 자세하게 설명해 주도록 한다.
• 한편 전시회와 함께 동극이나 노래, 춤 등의 발표회를 준비했다면 미리 예고된 일정에 맞추어 진행한다.</td></tr>
</table>

MEMO

(2) 교수학습에서의 교사 역할

<table>
<tr><td>협력자</td><td>• 교사는 아동의 흥미를 유발시켜 프로젝트를 시작하도록 하며, 다양한 활동을 통해 아동들의 이해를 확장시키고 잘못된 개념을 수정하도록 적극적으로 노력해야 한다.
• 교사는 가르치는 사람이기보다 아동들과 함께 문제를 해결하고 과제를 숙달하도록 돕는 협력자이다.
– 교사는 아동이 자신감을 잃었을 때 격려하고, 생각이나 아이디어가 부족할때 제안을 하거나 적절한 질문을 통해 아동 스스로 해답을 찾아갈 수 있도록 한다.
– 또한 새로운 정보를 구할 수 있는 방향을 제시하고 흥미를 증진시킬 수 있는 새로운 자극을 제시하면서 프로젝트가 아동 주도로 수행될 수 있도록 지원한다.
• 교사의 역할을 협력자라고 하는 것은 주제망 선정과 관련하여 교사가 아동과의 상호작용을 통해 새로운 학습목표와 학습내용을 새롭게 수정할 수 있으며, 프로젝트의 방향성을 제안할 수 있기 때문이다.
– 이러한 교사의 역할은 피아제의 인지적 구성주의에서 요구하는 교사의 역할과는 차이가 있다.</td></tr>
<tr><td>관찰자</td><td>• 교사와 아동이 함께 만들어 가는 프로젝트 접근법을 실행하려면 '민감한 관찰자'로서의 교사 역할이 중요하다(지옥정, 1996). 관찰자의 역할은 프로젝트 단계별로 다양하게 나타난다.
– 프로젝트의 전체 진행과정에 중요한 영향을 미치는 준비단계에서 교사는 구체적으로 프로젝트의 주제 선정 지원하기, 주제에 관한 영역별 학습내용 및 활동예상안 작성하기, 주제에 관한 아동의 관심과 흥미를 유발할 수 있는 환경구성하기 등의 역할을 수행하며, 사전에 주제에 대해 충분히 준비하고 프로젝트에 임할 수 있어야 한다.
– 이러한 역할을 수행하려면 아동의 관심과 흥미, 잠재된 역량 등에 대한 깊이 있는 이해가 선행되어야 한다. 이러한 이해는 아동에 대한 신중하고 철저한 관찰에 기반된 것이라고 할 수 있다.
– 프로젝트 접근법에서 교사가 협력자로서 성공하기 위해서는 관찰자로서의 역할을 우선 충실히 해야 한다.</td></tr>
<tr><td>안내자</td><td>• 프로젝트 시작단계에서는 주제에 관한 아동의 다양한 생각을 격려하고 아동의 흥미와 호기심을 유도할 수 있는 다양한 활동을 지원하는 한편, 아동이 탐구하고자 하는 내용의 큰 줄기를 잡아주어야 한다.
• 전개단계에서는 다양한 활동을 적극적으로 지원하기 위해 질문내용을 활동으로 연결해 주고, 적합한 자원을 조달하며, 활동결과물을 공유하는 시간을 통해 적합한 추후활동으로 이어지게 해 주어야 한다.
• 마무리단계에서는 프로젝트의 활동과정에서 이루어진 여러 가지 학습결과를 아동과 함께 검토하고 평가하면서 이후의 프로젝트가 더욱 풍부해지도록 기반을 마련해 주어야 한다.
• 이러한 모든 활동은 안내자로서 교사의 역할이라고 할 수 있다. 아동의 주제망 구성을 안내하고, 모아진 자료로부터 정보를 추출할 수 있도록 안내하며, 조사한 자료를 기반으로 다양한 매체를 통해 수합된 정보를 표현할 수 있도록 안내하고, 프로젝트가 방향성을 잃지 않도록 이정표를 제시하며 안내할 때 프로젝트 접근법은 통합적 접근의 교육 성과를 거둘 수 있다.
• 한편 프로젝트의 발전과정에서 자연스럽게 발현되는 아동의 관심과 호기심을 제대로 충족시키지 못하거나 안내하지 못하면 아동의 프로젝트를 성공적으로 수행하기 어렵다. 따라서 교사는 관심 있는 주제에 대한 아동의 깊이 있는 탐구활동을 성공적으로 안내하기 위해 연구・노력해야 한다.</td></tr>
</table>

MEMO

(3) 일과 및 환경구성

일과구성	• 프로젝트 접근법을 운영할 때의 하루 일과는 아동의 발달 정도, 기관의 철학과 환경 특성 등에 따라 약간의 차이가 있지만, 대부분 유사한 틀 안에서 이루어진다. – 어린이집과 같이 종일제 보육이 이루어지는 곳에서의 일과운영은 일반적으로 등원 및 실내 자유선택활동시간, 간식시간, 프로젝드 활동시간, 점심시간, 낮잠시간, 실내외 자유선택활동 및 특별활동 시간, 하원시간으로 구성된다. – 한편 프로젝트 접근법에서의 일과운영은 프로젝트의 진행과정에 따라 융통성 있게 조정될 수 있다. 주제에 대한 아동의 흥미를 유도하기 위해 상대적으로 교사가 주도적인 역할을 수행하는 도입단계에서는 하루 일과 중에 계획된 활동시간에만 프로젝트 활동이 이루어진다. – 그러나 프로젝트가 점차 발전되면서 아동이 주도적으로 활동하는 빈도가 높아지는 진행단계에 이르면 프로젝트 활동시간 이외에도 많은 시간을 프로젝트 활동에 할애하게 된다(이소은 · 이순형, 2007). 예 강아지 프로젝트가 발전적으로 진행될 경우, 아동은 자유선택활동시간에도 자율적으로 색종이로 다양한 종류의 강아지 모양 오리기, 지점토로 강아지 모양 만들기, 강아지 옷 만들기, 강아지 음식 만들기, 동물병원 놀이하기 등의 프로젝트 활동에 참여하게 된다.
환경구성	• 환경구성은 아동의 프로젝트 활동을 촉진하는 중요한 계기가 된다는 측면에서 중요하다. – 아동이 프로젝트 활동에 능동적으로 참여하여 최대한의 능력을 발휘하도록 촉진하려면 교실환경뿐만 아니라 프로젝트 활동이 이루어질 수 있는 실내외의 모든 공간을 풍부하게 조성해 줄 필요가 있다. – 현관 및 교실 입구를 비롯한 시설의 실내환경은 아동 및 부모의 프로젝트 활동에 대한 적극적인 참여를 장려할 수 있는 중요한 수단이 될 수 있다. 현관 입구부터 교실 입구까지 이르는 공간은 프로젝트 활동 및 진행과정에 대한 다양한 정보를 제공받을 수 있는 효율적인 환경이 된다. 주제에 따라 실외환경이 더 중요하게 부각되기도 한다. • 프로젝트 접근법을 전개하기 위해 프로젝트 활동을 수행할 수 있는 별도의 공간을 마련하여 환경을 구성할 수도 있지만, 프로젝트 활동이 아동의 실생활과 분리되지 않게 자연스럽게 진행되기 위해서는 기존의 영역별 구성을 유지하는 것이 좋다. – 다만 아동의 능동적이고 활발한 참여를 위해 프로젝트 진행단계에 따라 필요시 교실의 환경구성에 변화를 줌으로써 융통성을 발휘할 필요가 있다(이소은 · 이순형, 2007). 예 강아지 프로젝트에서 동물병원에 다녀온 후에는 역할영역을 확장하거나 동물병원이나 강아지 용품 매장을 위한 놀이공간으로 새롭게 구성할 수 있다.

MEMO

(4) 부모 및 지역사회와의 연계

연계의 중요성	• 프로젝트 접근법에서는 부모나 주변 사람들, 지역사회 구성원과의 협력관계를 강조한다. 프로젝트 활동에서 아동이 생활하는 모든 공간은 학습의 장이 될 수 있기 때문이다(Katz & Chard, 1989). • 특히 가정은 학교와 함께 아동이 하루 일과 중 대부분의 시간을 보내는 생활공간이다. 따라서 가정과 연계된 프로젝트 활동은 부모와 자녀가 프로젝트를 공유할 수 있는 기회를 제공하여 주제에 대한 아동의 학습동기를 격려하고 깊이 있는 탐구활동을 지원함으로써 프로젝트 진행의 활성화에 기여한다. – 부모는 아동과 함께 프로젝트 주제에 대해 이야기를 나누거나 활동에 필요한 자료나 물건을 수집하여 제공해 줄 수 있으며 다양한 직업과 취미, 경력을 소유하고 있는 부모들은 특정 주제와 관련한 프로젝트 활동에 전문가로서 지원할 수 있다. – 또한 마무리단계에서 전시회 또는 발표회를 통해 아동과 학습 결과를 공유하는 역할을 하기도 한다. – 그러므로 프로젝트 준비단계에서부터 마무리단계까지 부모의 적극적인 참여를 유도하고 부모와 긴밀한 협조적 관계를 유지하는 것은 프로젝트를 진행하는 교사의 중요한 역할이다. 아동이 프로젝트를 진행할 때 교사와 더불어 부모의 적극적인 협조가 있을 경우 프로젝트 활동이 더욱 풍부하게 이루어질 수 있다. • 한편 프로젝트 활동 전개 시 소방서, 은행, 경찰관, 서점 등 지역사회와 그 구성원의 도움을 받아야 할 경우가 많다. 지역사회는 현장견학의 장일 뿐만 아니라 여러 가지 자원을 제공받을 수 있는 대상이므로 지역사회와 긴밀한 연계를 유지하는 것이 중요하다.

UNIT 06 레지오 에밀리아 접근법

레지오 에밀리아 접근법의 배경

배경	• 레지오 에밀리아 접근법은 제2차 세계대전 직후 이탈리아 북부 에밀리아 로마냐주(Emilia-Romagna)의 빌라 첼라(Villa Cella)에 거주하는 부모들이 어린 자녀를 교육하기 위해 학교를 설립한 것에서 비롯되었다. – 이 지역 부모들은 전쟁 중에 무너진 건물에서 쓸 만한 벽돌과 대들보를 찾아 나르고 독일군이 남기고 간 탱크와 트럭을 팔아 가면서 마을 농민이 기증한 땅에 학교 건물을 짓기 시작하였다. 그리고 8개월 만에 '탱크 학교'로 불려진 학교를 설립하였다. 그후로 빌라 첼라 주변의 변두리와 빈곤지역에는 부모들이 설립하고 운영하는 아동학교가 7개나 추가로 설립되었다. – 그곳에서 레지오 에밀리아 접근법을 시작하고 발전시킨 로리스 말라구찌(Loris Malaguzzi)는 당시 중학교 교사로서 제2차 세계대전이 종전된 1945년 봄, 빌라 첼라의 주민들이 자녀들을 위해 학교를 세운다는 소식을 듣고 그곳을 방문하여 학교 개교와 운영에 참여하였다.

MEMO

2 레지오 에밀리아 접근법의 이론적 기초

<table>
<tr><td rowspan="3">이론적 기초</td><td colspan="2">• 아동의 일상생활에서 쉽게 찾을 수 있는 주제를 토대로 다양한 표상활동을 통해 탐구하려는 레지오 에밀리아 접근법은 '스스로 사고하는 힘을 구축해 나갈 수 있는 전인적 아동(whole child)'을 육성하는 것을 목표로 한다.
• 이러한 레지오 에밀리아 접근법은 학습을 경험의 재구성으로 보는 듀이의 교육철학, 인지적 갈등을 통해 능동적으로 지식을 구축해 간다고 보는 피아제의 인지적 구성주의, 지식 구축에 사회적 상호작용을 강조한 비고츠키의 사회적 구성주의, 지능의 다원화를 강조한 가드너의 다중지능 이론 등을 기반으로 하고 있다.</td></tr>
<tr><td>듀이
(J. Dewey)</td><td>• 듀이는 *진보주의 교육철학을 통해 교실에서의 형식적 교육과정보다 경험을 통한 교육과정을 강조하였다.
• 레지오 에밀리아 접근법에서는 *발현적 교육과정을 통해 듀이의 진보주의 교육철학에서의 아동중심 교육을 실천하고 있다.
– 발현적 교육은 프로젝트 활동을 통해 실천되는데, 아동의 생각을 교육과정에 반영하여 아동 스스로 자신의 생각을 탐색하고 그 과정에서 능동적인 학습을 하게 된다.</td></tr>
<tr><td>피아제
(J. Piaget)</td><td>• 레지오 에밀리아 접근법에서는 학습에 대한 피아제의 시각에 따라 아동 주도의 탐구적 활동을 지원한다.
– 교사는 아동 스스로 탐구적 활동을 통해 자신의 생각을 형성할 때까지 기다려야 한다는 피아제의 주장처럼 레지오 에밀리아 접근법에서의 교사는 경청자로서 역할을 강조한다.
– 아동이 프로젝트를 통해 자신의 능력을 발현할 수 있도록 경청할 뿐 개입하거나 지시하지 않는다. 아동이 새로운 것을 고안하고 발견할 가능성을 높일 수 있도록 환경을 제공하여 아동이 준비된 환경 속에서 스스로 학습을 주도할 수 있도록 한다.
• 레지오 에밀리아 접근법에서는 피아제의 시각처럼 아동을 능동적 학습자로 인정하고 있는 반면, 아동 주도의 능동적 학습에서 사회적 상호작용을 강조한다.
– 학습은 사람들과의 토론과 협상, 표현과 탐색, 재토론과 협상, 재표현과 탐색 등 순환적인 과정을 거쳐 이루어진다. 학습이 이루어지기 위해서는 반복적으로 토론하고 협상하면서 상호작용할 대상이 있어야 한다. 교사, 또래, 부모를 포함한 주변 사람들은 토론과 협상의 사회적 과정을 통해 아동의 능동적 지식 구성에 영향을 미친다.
– 레지오 에밀리아 접근법에서는 피아제의 시각처럼 지식은 아동 주도로 이루어진다는 점에 동의하지만, 아동 혼자서 구성하는 것이 아니라 사회적 구성원과 함께 만든다고 보고 있다. 이러한 시각은 레지오 에밀리아 접근법이 피아제의 시각과 구분되는 점이다.</td></tr>
</table>

* 진보주의 교육철학
  - 아동의 개성과 흥미, 적성과 자발성을 강조하면서 교사에 의한 외적 강제나 통제, 지시에 의한 교육을 비판하였다.
  - 학습은 교사의 지시와 전달에 의한 것이 아니라 아동 주도에 의한 경험의 반복적인 재구성을 통해 이루어진다고 보았다.
  - 이러한 듀이의 진보주의 정신은 권위주의에 기반한 교사중심의 교육에서 아동중심의 교육으로 변화되는 밑거름이 되었다.

* 발현적 교육
학습할 내용을 미리 정해 놓고 순서에 따라 교육하는 것이 아니라 아동의 흥미, 잠재력, 경험을 기초로 교육하는 것을 말한다.

MEMO

	비고츠키 (L. S. Vygotsky)	• 사회적 구성주의를 강조한 비고츠키는 문제해결을 위한 사회 구성원과의 상호작용이 자기조절 전략, 문제해결 전략 등 고등정신기능을 습득할 수 있는 기능을 제공함으로써 인지발달을 촉진한다고 보았다. 이러한 비고츠키의 시각은 '협력에 의한 프로젝트' 활동뿐만 아니라 학급 운영에도 영향을 미쳤다. – 사회적 구성원과의 협력학습이 성공하기 위해서는 소규모 집단을 중심으로 집단 구성원에 대한 충분한 이해가 필요하다. 소집단으로 구성할 때 무엇을 좋아하고, 무엇에 흥미를 가지며, 어떻게 문제를 접근하는지에 대한 사전 정보가 많기 때문이다. – 레지오 에밀리아 접근법에서는 3년간 반이나 교사 편성에 변동 없이 함께 생활하기 때문에 서로의 특징, 관심사, 흥미, 학습 정도를 충분히 이해할 수 있게 되면서 이해 지식의 공동 구성을 자극하거나 비계를 설정하는 데 효과적일 수 있다고 본다. 이는 아동 간 관심과 흥미, 발달수준을 고려한 토론과 협상이 상호 간에 효과적으로 이루어지게 할 뿐만 아니라, 표현과 탐색 활동 시 아동의 근접발달영역에서 교사가 아동의 특성을 고려하여 흥미나 관심을 유발하거나 아동의 발달에 적합한 생각이나 사고를 자극하게 할 수 있다. • 비고츠키의 사회적 구성주의는 인지적 발달과 기능은 사회적 상호작용이 내면화되어 이루어지는 것으로 본다. 인간을 인간답게 하는 것은 사회적 환경이므로, 인간과의 상호작용과 의사소통은 인지 발달에 매우 중요한 요소라고 본다. – 레지오 에밀리아 접근법에서 비고츠키의 시각은 아동의 능동적 지식체계 구축을 위해 지식과 문화의 전달자로서 교사, 부모, 지역사회의 참여와 관계를 강조하고, 지역사회중심 교육을 실천하도록 하는 동기가 되었다.
	가드너 (H. Gardner)	• 레지오 에밀리아 접근법에서는 가드너의 다중지능이론을 활용하여 아동마다 서로 다른 지적 능력을 반영하여 활동하게 한다. – 개별화된 활동과 학습 영역을 배치하여 아동이 자신의 흥미에 따라 활동을 선택하도록 한다. 이러한 선택과정에서 아동은 자신 안에 내재된 역량을 자연스럽게 발휘할 수 있게 된다. • 한편 가드너는 한 가지 주제나 개념을 이해하기 위해 다양한 매체를 사용하여 다양하게 표상한다면 각 매체의 서로 다른 인지 조직적 특성이 통합·축적되어 결국 주제에 대한 학습이 심화될 수 있다고 주장하였다. – 이러한 시각은 레지오 에밀리아 접근법에 적용되어, 프로젝트 학습을 통해 아동들의 서로 다른 잠재능력이 충분히 신장될 수 있도록 다양한 표상매체를 활용한 다상징적 표상활동을 강조하고 있다.

MEMO

3 레지오 에밀리아 접근법의 교육목표

교육목표	• 레지오 에밀리아 접근법은 발현적 교육과정을 실천한다. 따라서 일반적인 교육목표 외에 세부적인 교육목표를 미리 세워 놓지 않는다. – 레지오 에밀리아 교육과정에서 교사는 미리 교육목표를 세부적으로 수립하고, 수립된 계획에 따라 아동의 학습을 이끌어가기보다 아동의 관심과 흥미, 호기심, 경험에 기반하여 상호 협상과정을 통해 아동이 프로젝트를 완성할 수 있도록 지원한다. • 레지오 에밀리아 접근법이 지향하는 교육목표는 사회적 구성주의 이론을 주요 근간으로 아동, 교사, 부모, 지역사회 간 관계와 소통 그리고 상호작용에 기반한 프로젝트를 통해 '스스로 사고하는 힘을 가진 아동'을 기르는 것이다. – 따라서 레지오 에밀리아 접근법은 독특한 개성을 가진 아동이 흥미와 욕구를 기반으로 자신의 잠재가능성을 최대한 발현할 수 있도록 아동을 둘러싼 주변 환경이 상호 협력하면서 유능한 사회구성원으로 성장하는 데 초점을 둔다.

4 레지오 에밀리아 접근법의 기본 원리

발현적 교육과정	• 발현적 교육과정이란 학습내용을 구체적으로 확정하지 않고 잠정적인 교육 내용만 예측하여 설정하되, 학습활동 속에서 아동과 교사 간 협의를 통해 아동의 발달수준과 흥미, 관심, 호기심을 토대로 학습주제를 자연스럽게 발현해 나가도록 하는 교육과정이다(Stacey, 2009). – 이는 교육과정 자체보다 아동이 초점이 되는 것으로, 아동의 흥미로부터 교육과정이 만들어지는 데 의미를 둔다(Fraser, 2000). 이러한 발현적 교육과정은 레지오 에밀리아 접근법의 기초를 이룬다. – 아동이 초점이 되는 발현적 교육과정에 따라 레지오 에밀리아 접근법은 아동이 자신의 학습과정에서 수동적인 존재가 아니며, 능동적인 주인공 역할을 한다고 본다. – 아동은 자신의 학습을 구성하는 데 관심이 있고 환경의 어떤 요소에 대해서도 적응할 수 있는 존재이므로, 사회화 과정에 기반한 공동 지식획득 과정 속에서도 아동은 유능성과 잠재력을 가진 학습의 능동적 주체자가 될 수 있다고 본다.
프로젝트를 통한 학습	• 레지오 에밀리아 접근법은 발현적 교육과정을 실천하기 위한 방법으로 프로젝트를 사용하고 있다. 프로젝트 활동은 캐츠(L. G. Katz)와 차드(S. C. Chard)의 프로젝트 접근법에서도 강조되고 있다. 레지오 에밀리아 접근법의 프로젝트 활동 및 프로젝트 접근법과의 공통점 · 차이점 **공통점** 프로젝트를 통한 학습활동을 한다는 점에서 레지오 에밀리아 접근법의 프로젝트는 프로젝트 접근법과 같다. **차이점** • 레지오 에밀리아 접근법에서의 프로젝트는 이해의 깊이를 심화시키기 위해서 나선형적 프로젝트 전개방식을 활용한다. – 캐츠와 차드의 프로젝트 접근법은 이해의 폭을 넓히고자 한다.

MEMO

> • 레지오 에밀리아 접근법의 프로젝트는 레지오 에밀리아시에서 이루어지는 아동교육에 관한 철학적 가정, 교육과정과 교수법, 학교조직의 방법, 교실환경 디자인 등을 총칭하는 하나의 통합된 전체'라고 할 수 있다(지옥정, 1998).
> – 프로젝트 접근법은 '프로젝트를 통한 학습내용 선정 및 교수 · 학습과정을 제시하는 교육 방법'이다.
> • 레지오 에밀리아 접근법에서의 프로젝트는 각 단계별로 진행절차를 구조화하여 명시하고 있지 않다.
> – 프로젝트 접근법은 '준비–도입–전개–마무리' 과정을 통해 프로젝트가 운영되고 있다.

• 레지오 에밀리아의 프로젝트는 학습의 극대화를 위해 5명 정도의 소집단으로 운영한다.
 – 프로젝트 실시는 주제 정하기부터 시작된다. 주제가 정해지면 아동들에게 주제에 대해 생각해 볼 것을 권하거나 주제에 흥미를 가질 수 있는 활동에 참여시킨다.
 – 흥미를 유발할 수 있는 활동은 아동이 영감을 가지고 프로젝트에 참여할 수 있는 것이어야 한다.
 – 새로운 생각과 아이디어를 가질 수 있도록 아동과 교사는 서로 질문하고 대답하며 의견을 제안하고 문제점을 토론한다. 교사도 아동과 함께 놀고 배울 수 있어야 한다.

• 레지오 에밀리아 접근법의 프로젝트는 구조화된 단계는 없지만 프로젝트의 주제가 형성되면 주제 탐색활동이 이루어진다. 주제 탐색활동은 그림, 사진, 동영상, 쓰기 등 다양한 방법을 통해 기록된다.
 – 기록은 다음 과정을 진행할 때 기억할 수 있는 단서가 되며, 추후 같은 주제를 나선형적 방법으로 다시 다룰 때 심도있게 다루도록 하는 기초 자료가 된다.

• 한편 문제해결을 위한 토론과 표상활동도 이루어진다. 토론 내용과 표상활동은 모두 기록하는데, 이 기록 역시 이전의 토론 또는 표상활동과 비교하는 자료로 활용될 수 있다.
 – 레지오 에밀리아 접근법의 프로젝트에서 기록을 강조하는 것은 매일의 학습내용 또는 활동방법에 따라 프로젝트의 내용이 끊임없이 조정되기 때문이다. 조정과 수정 또는 변경을 위해서는 전 단계에서 수행한 내용이 중요하다. 프로젝트의 마무리는 완성의 의미도 있으나 마무리단계에서 이루어지는 토론과 협상을 통해 새로운 프로젝트를 실시하는 시작단계가 되기도 한다.

다상징적 접근 (multisymbolic approach)

• 다상징이란 다양한 활동매체와 대상 간의 상호작용에서 역동적으로 형성되는 다양한 *표상을 의미한다.
 예 '강아지'라는 개념을 그리기, 쓰기(강아지), 동작 표현하기(꼬리 흔들기), 소리 표현하기(멍멍멍) 등 다양한 활동매체를 활용하여 표현할 때 '강아지'라는 개념이 좀 더 깊이 있게 이해될 수 있다.
 – 다상징적 표상은 개념을 직선적으로 이해하는 것이 아니라 나선형적으로 이해하도록 돕는다. 나선형적 측면에서 어떤 대상을 반복적으로 관찰, 재관찰하고 이를 기반으로 표상, 재표상하면 대상에 대한 아동의 개념이 좀 더 분명해진다.
 – 개념을 하나의 상징만으로 표현하는 것이 아니라 다양한 형태로 상징화하여 표상한다면 사고의 틀(schema)이 반복적으로 재구조화되면서 강력한 사고의 틀로 아동에게 내재화될 수 있다. 이러한 점에서 레지오 에밀리아 접근법에서는 다상징적 접근법을 프로젝트에 활용한다.
  예 직접 체험하고 경험한 내용을 그림 그리기 활동을 통해 시각적 상징으로 표상화한 후 신체 움직임을 통해 신체적 상징으로 재표상한다면 다상징적 접근법에 해당된다.
 – 일상생활에서 경험한 하나의 개념을 여러 개의 서로 다른 매체를 활용하여 반복적으로 다양하게 표상하도록 하는 다상징적 접근법은 나선형적 반복을 통해 개념의 원리를 아동 스스로 깨닫게 만드는 장점이 있다.

* 표상
• 학습에서 상징은 복잡한 개념을 단순하게 전달함으로써 주어진 시간에 보다 많은 개념을 학습할 수 있게 한다.
 – 피아제에 따르면 이러한 상징 능력은 24개월부터 본격화되어 전조작기의 사고 특성을 발달시키는 데 기여한다. 인간은 대상에 대한 인식을 표현하기 위한 수단으로 상징을 사용하는데 이를 표상(presentation)이라고 한다.
 예 예를 들어 코끼리를 처음 본 아동은 코끼리에 대한 인식활동으로 상징을 사용한다. 어떤 아동은 긴 코로, 어떤 아동은 큰 귀로, 또 어떤 아동은 굵은 다리로 코끼리를 상징화할 것이다. 이런 상징은 아동의 인식 속에 서로 다른 상징으로 표상되었다고 볼 수 있다.

memo

- 다상징적 접근에 의해 상징순환(cycle of symbolization)이 이루어진다.
  - 일정 기간 한 가지 주제를 가지고 토의하고 그림을 그리고, 조사한 후 다시 그리고, 탐색하고 다시 그리는 과정을 거치면서 아동은 알고자 하는 내용을 표상하고 재표상하고 재재표상해 나간다. 이 과정을 상징순환이라고 한다.
  - 상징순환은 모든 아동에게 동일한 순서로 나타나는 것은 아니다. 어떤 아동은 재표상의 상징순환을 통해 개념이 형성되고 어떤 아동은 재재표상의 상징순환이 필요할 수 있다. 각 주제의 특성, 상황에 따라 상징순환은 짧아질 수도 길어질 수도 있다.
- 상징순환이 다상징적 접근에서 중요한 것은 아동이 한 가지 주제에 대해 다각도로 탐색하고 조사하도록 돕기 때문이다(Edwards et al., 1993).
  - 한 가지 상징체계로 표상할 때 발견되지 않은 개념들임에도 다양한 표상 수단을 사용하여 다각도의 상징체계로 표상할 경우 아는 것들 사이에 일관성이 형성되면서 이해 수준을 향상시킨다는 점에서, 상징순환은 다상징적 접근을 지향하는 프로젝트에서 주요하게 다루어진다.

상징화 주기: 상징과 주기 활용

5~7세 4학급이 참여하는 '눈 오는 도시 프로젝트' 속 상징화 주기의 예시

주기 1	• 아는 것을 말로 표현하기(구술적 분출) – 교사가 유아에게 가장 익숙한 상징체계인 언어를 활용하여 주제와 관련된 자신의 경험이나 지식을 기억하여 말로 표현하게 한다. 예 유아들은 도시에 내리는 눈과 관련된 각자의 생각이나 경험 말하기 등을 통해 다각도로 표현함
주기 2	• 첫 그림과 토론 – 유아들은 말로 표현한 것과 그림을 그리는 것의 차이를 느낀 후 의문을 제고하고 문제를 해결하므로, 그림을 그린 후 이에 대해 함께 토의한다.
주기 3	• 모의시험(시뮬레이션) – 유아들이 궁금한 것에 대하여 가설을 세워 시행한다. ➔ 그 결과를 자신의 예측과 비교해 봄으로써 추론 활동에 근거한 예상을 확인하는 과정을 거친다. 예 눈에 대해 토의하고 그림을 그리면서 동기 유발된 문제에 대한 가설과 이론에 있어 가상의 도시 모형을 만들거나 벽화를 구성하는 활동을 통해 가설에 대한 증거를 찾을 수 있음
주기 4	• 그림을 통한 개념 정의하기(그림을 대체물로서 이용하기) – 모의 시험해 본 것을 그림으로 표현한다. – 가상의 활동을 해보면서 계획하고 토의한 내용을 그림으로 표상·예측·비교하면서 새로운 문제와 가설을 갖게 됨
주기 5	• 실제 경험하기(경험) – 실제로 관찰하거나 관련 활동을 해 보는 과정을 가진다. 예 눈이 내린 현장에 나가 실제 경험을 통해 사전 활동과정에서 나온 질문에 대하여 답을 얻음
주기 6	• 경험 후의 그림 – 경험 후 이해한 내용을 그림으로 그리고 발견한 바를 그룹으로 토의하면서 이전 그림과 비교·수정해본다.

MEMO

주기 7	• 확장하기 – 프로젝트의 방향이나 과정을 새로운 측면에서 확장해본다. – 실제 경험에서 직접 관찰할 수 없는 것(예 소리)을 시각적으로 표상하여 유아 내부의 주관적 관찰과 객관적 현실을 연결시킨다. 예 눈 치우는 소리, 눈 위를 걷는 소리 등을 녹음하여 유아들에게 들려주고 무슨 소리인지 이야기하도록 한 다음 그림으로 표상하게 함
주기 8	• 심화하기 – 유아들이 수행하는 프로젝트 과정에서 특정 현상이나 내용에 대하여 심층적으로 관찰하거나 연구해본다. 예 눈송이를 관찰, 표상하여 성장과정에 대한 비디오를 시청한 후 다시 재표상하고 비교 · 토론함
주기 9	• 발전된 확장과 심화하기(더 많은 확장과 심화) – 프로젝트를 더 확장해서 무엇을 알고 싶은지에 대하여 토의한다. ➔ 다음 프로젝트의 주제를 선정하는 데 도움됨 예 물이 얼음으로 변하는 과정 표상 및 실험, 구름과 눈 만드는 기계 표상, 눈 오는 장면 관찰 등으로 확장되며 다음 프로젝트와 연계될 수 있음

출처: 최지영(2014), 「유아교육과정」, 동문사

기록작업 (documentation)

• 레지오 에밀리아 접근법의 대표적 특징인 *기록작업은 학습의 과정으로서 아동의 사고, 감정을 나타내고, 자신이 경험하고 수행했던 것에 대한 반성적 사고 및 탐구를 돕는 도구이다(Rinaldi, 1998).
  – 레지오 에밀리아 접근법에서 기록작업은 '학습의 가시화'(making learning visible) 작업이라고 할 만큼 학습과정을 한눈에 확인할 수 있게 해 준다.

• 기록작업은 기록하기와 기록된 내용을 다른 사람과 공유하면서 대화하고 반성적 사고를 하는 과정으로 구분된다.
  – '기록하기'는 다양한 기록 도구를 사용하여 기록하는 것이다. 기록작업은 종이와 연필부터 디지털 카메라, 녹음기, 비디오 카메라, 노트북 컴퓨터까지 다양한 수단이 활용된다. 상황이나 관찰대상에 따라 기록의 수단은 융통성이 있으나, 기록의 시작은 융통성 없이 항상 관찰에서 시작한다. 혼자 노는 것, 친구와 함께 노는 것, 소집단 안에서 프로젝트 활동을 하는 것 등 다양하다.
  – '기록된 내용을 다른 사람과 공유하면서 대화하고 반성적 사고를 기록하는 과정'은 기록된 내용의 분석을 토대로 다양한 사람들과 공유하면서 의사소통과 반성적 사고를 촉진하는 것이다. 이러한 과정 때문에 레지오 에밀리아 접근법에서는 기록작업을 중요하게 다룬다.

• 기록작업을 중요하게 다루는 이유를 살펴보면 다음과 같다.
  ① 의사소통과 반성적 사고를 촉진하는 기록작업은 프로젝트 수행과 관련하여 *재방문 결정의 단서가 된다.
    – 기록작업에 대한 다양한 해석과 성찰이 의사소통과 반성적 사고를 통해 이루어지는 가운데 재방문이 결정될 수 있다.
    – 만약 아동이 해결하지 못했거나 아직 완성하지 못한 작업으로 인해 도움이 필요할 때 교사는 아동과 함께 진행 중인 프로젝트 수행과정 가운데 재방문할 지점을 찾아야 한다. 이때 이전 경험에 대한 기록작업은 재방문할 지점을 효과적으로 찾는 데 도움이 된다.

* 기록작업
'기록하다'는 의미의 동사 'document', 이의 명사형인 'documentation'은 기록물이라는 의미뿐만 아니라 기록자가 어떤 경험이나 현상을 기록으로 만들어 내는 과정이나 행위를 지칭하는 의미가 포함된다. 기록작업이란 단순히 관찰하고 기록을 남기는 것 이상으로, 그 내용을 분석하여 기록작업을 하는 사람의 주장이나 메시지를 전달하는 것이 포함되며, 매우 목적지향적이고 능동적인 행위라고 할 수 있다(오문자, 2010).

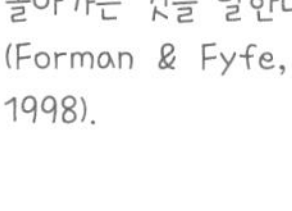

* 재방문(revisiting)
중요한 장소로 다시 돌아가는 것을 말한다(Forman & Fyfe, 1998).

SESSION 10

MEMO

<table>
<tr>
<td></td>
<td>② 기록작업은 아동의 사고와 학습 과정을 기록을 통해 가시화함으로써 아동, 교사, 부모 또는 그 밖의 사람들이 아동의 학습을 공유할 수 있고 상호 협력할 수 있게 만든다.
③ 기록작업은 교육과정의 유지, 변경, 통합, 종결 등을 이끄는 근원이 된다.
교사는 아동의 입상과 시각에서 아동의 생각이나 아이디어 또는 경험을 기록하고, 기록한 것에 대해 아동과 상호작용하며 의견 나누기를 실시한다. 이러한 과정을 통해 아동의 아이디어와 경험을 되살려보기도 하며 해당 주제에 관한 활동을 아동이 계속해 나갈지, 변화시켜 나갈지, 종결할지에 대해 생각하거나 새로운 아이디어를 얻게 된다.
④ 기록작업은 동료교사들이나 부모와 함께 아동의 생각과 경험에 대해 논의할 수 있는 수단이 된다.
– 관찰을 기반으로 기록된 내용은 교사의 가설(예 'A유아는 공간 지각력이 우수하다'라는 가설)에 따라 정리할 수 있으며, 정리하는 과정에서 부모나 동료교사들과 협력할 수 있다.
– 특히 동료교사와의 논의와 토론은 아동의 행동이나 사고를 깊이 있게 이해하는 바탕이 되면서 가설에 따른 교사의 기록 정리를 보다 구체적으로 정교화하는 데 도움이 된다.
⑤ 부모나 유치원을 방문하는 사람들은 기록을 읽음으로써 아동들의 경험과 교육 프로그램의 바탕이 되는 이론이나 철학을 생각하게 된다.
– 부모의 경우 이를 통해 아동이 어떤 활동을 하고 있는지, 그런 활동이 어떻게・왜 아동의 학습에 중요한지를 이해할 수 있게 된다.
– 이를 통해 부모는 아동과 대화할 수 있는 주제를 알게 되고, 아동이 유아교육기관에서 수행하는 프로젝트를 지속할 수 있도록 응원하거나 격려해 줄 수 있으며, 프로젝트에 기여할 수 있는 방법을 모색할 수도 있다.</td>
</tr>
<tr>
<td>지역사회중심 교육</td>
<td>• 1963년 레지오 에밀리아시에 로빈슨 시립유치원이 설립된 이래, 레지오 에밀리아 유치원은 지역사회를 중심으로 운영되었다. 지역사회가 체계성을 갖추고 교육에 참여하는 것은 레지오 에밀리아 접근법의 독특한 특징이라고 할 수 있다.
– 지역사회중심 운영체제에 의해 관리되는 레지오 에밀리아 지역의 유아교육기관은 이사회가 중심이 된다. 이사회의 주된 역할은 입학, 교육비 등을 결정하거나, 새로운 유아교육기관이나 센터 건립 여부를 결정하는 것이다. 이러한 결정 여부는 아동과 부모의 요구, 교사의 의견, 지역사회의 가치 등을 모두 고려하여 이루어진다. 2년마다 부모, 교육자, 지역 주민들은 유아교육기관을 대표할 이사회의 대표자를 뽑는다. 이사회는 각 유아교육기관마다 구성되며 자원봉사로 운영된다. 입학과 교육비 결정 외에 부모의 의견이나 고충을 처리하거나, 놀이터에 페인트를 새로 칠할지를 결정하는 등 다양한 사업이 이사회를 통해 이루어진다.
– 지역사회중심 교육은 레지오 에밀리아 접근법에서 강조하는 '참여와 관계'에 기반한 교육을 발전시키는 토대가 된다. 말라구찌는 아동과 아동, 아동과 교사, 아동과 부모, 아동과 지역주민과의 상호작용을 토대로 아동은 지식의 공동 구성에 의한 협력학습과 스스로에 의한 지식 구성인 자기학습을 이루어간다고 보았다. 교육의 공간은 유아교육기관뿐만 아니라 지역사회 전체이므로 교사, 부모, 지역사회 주민 모두는 아동의 교육에 참여해야 한다. 그리고 아동이 상호작용과 의사소통을 토대로 능동적으로 새로운 지식과 경험을 구성하는 데 도움을 주어야 한다고 보았다.
– 이처럼 레지오 에밀리아 접근법에서 '참여와 관계'에 기반한 교육을 강조하는 것은 지역사회중심 교육이 시 전체에서 이루어지기 때문이다.</td>
</tr>
</table>

MEMO

협동교수	• 레지오 에밀리아 접근법에서는 아동 간 탐구공동체뿐만 아니라 교사 간 탐구공동체도 강조한다. – 한 반은 두 명의 교사가 한 팀이 되어 협동교수한다. 두 명의 교사 간 협동교수회의는 일과 시작 전 또는 필요에 따라 이루어지지만, 유아교육기관에 상주하는 교육조정자(pedagogista)와 비상근 교사인 미술전담교사(atelierista)가 공동 참여하는 협동교수회의는 정기적으로 이루어진다. – 정기적인 협동교수회의에서는 토론과 논의를 통해 전체 아이디어나 세부 아이디어를 검토하거나 아이디어를 확장시키는 작업을 한다. – 협동교수회의에는 부모도 참여한다. 부모는 이사회를 조직하여 협동교수회의에 참석해 아동의 프로젝트를 이해하고 발전시키는 데 도움을 주거나 프로젝트 진행에 필요한 지원과 협력을 제공하는 등 협동교수의 일원으로 역할할 자격을 가진다. – 협동교수회의가 필요한 것은 아동의 프로젝트에 대한 교사의 해석과 가설 또는 의문점을 해결하기 위해서이다. 기록을 통해 모은 아동의 작업내용 또는 작업과정을 기반으로 아동의 학습과정, 지식 습득, 생활태도, 발달 현황 등을 해석하고 평가함으로써 프로젝트 과정의 방향성을 결정해야 하는 교사에게 동료교사, 학교 관계자, 부모 등이 참여한 협동교수회의의 다면적 이해와 평가는 의미 있는 자료가 된다. – 한편 협동교수회의를 통한 협동교수는 아동의 공동 지식 구성을 토대로 아동이 능동적으로 자기학습을 형성하도록 지원하는 기반이 된다.

5 레지오 에밀리아 접근법의 교육과정

• 레지오 에밀리아 접근법에서는 교육과정이라는 용어 자체를 사용하지 않는다.
  – "아동이 시작하고 교사가 구성한다"(Forman & Fyfe, 1998)는 말처럼 레지오 에밀리아 접근법에서는 구체적인 교육활동이 사전에 치밀하게 계획되기보다는 아동의 흥미와 관심에서 시작되는 발현적 교육을 지향한다. 따라서 단원 중심의 교육활동과 달리 잘 계획된 교육과정을 제시하지 않는다.
  – 레지오 에밀리아의 프로젝트는 미리 정해진 계획 없이 이루어지기 때문에 교육과정이라는 용어 대신 프로제따찌오네(progettazione)라는 용어를 사용한다. 계획이나 프로그램을 의미하는 프로제따찌오네는 교사가 처음 수립한 기대나 방향으로 교육과정을 운영하는 것이 아니라, 작업이 진행되고 있는 과정을 토대로 교육 방향을 수정해 나가는 것을 말한다.
  – 목표지향성을 가지고 확실성을 추구하는 교육과정과 달리 프로제따찌오네는 불확실성을 토대로 가능성을 추구하는 발현적 교육활동이라고 할 수 있다(Forman & Fyfe, 1998).

MEMO

(1) 교육 내용과 교육활동

주제 탐구	• 레지오 에밀리아 접근법은 발현적 모델에 기초하여 교육과정을 운영한다. 발현적 교육은 교사가 미리 계획하여 실시하는 단원중심의 교육활동과 달리 아동의 생각을 토대로 깊이 있는 발견과 학습을 유도한다. – 발현적 교육은 주제 탐구를 통한 프로젝트 수행을 통해 이루어진다. 레지오 에밀리아 접근법에서 프로젝트란 교수·학습 방법이라기보다 개방적 사고 방식을 나타내는 용어로 이해해야 한다. 교사는 아동과 함께 지식을 구성해 가는 지식의 공동 구성자로 아동과 평등한 관계에서 개방적인 의사소통과 상호작용을 한다. 아동은 교사의 개방적 관계 경험을 통해 아직 확실하지 않은 아동 자신의 사고가 다른 사람이 가지고 있는 사고와 유사하거나 다름을 안다. – 유사함을 인식할 때 아동은 자신의 지식이 옳음을 확신하고 이를 기반으로 새로운 지식으로 확장시켜 나가려는 동기를 얻게 된다. – 이와 달리 다름이 인식되면 다름의 이유를 탐색하려고 이를 기반으로 자신의 지식을 스스로 수정 또는 변경하려고 한다. – 따라서 아동이 교사와 상호작용하거나 또래 또는 부모, 지역 주민과 의사소통하는 과정은 아동 자신의 인지적 체계를 향상시키거나 변화시키는 시작점이라고 할 수 있다. '사회적 관계와 활동' 등을 통한 지식의 구성을 레지오 에밀리아 접근법은 프로젝트를 통해 실천한다고 볼 수 있다. • 프로젝트는 발현적 교육에 초점을 두기 때문에 각 단계별 진행 절차를 명시적으로 구분하지 않지만 수행과정에서도 단계별 진행을 고려하지 않는다. – 프로젝트는 소집단 단위로 수행되는 과정에서 발생하는 인지적 갈등, 해결과정, 다상징적 표상활동, 교사의 관찰 및 기록, 기록에 기초한 분석과 논의 과정을 토대로 공동작업의 목표 설정은 끊임없이 변화되며 수정된다. – 프로젝트 과정을 통해 경험되는 끊임없는 변화는 아동에게 자신만의 이론을 만들어 나가게 하는 동인이 된다. 계획된 주제나 내용에 기반한 교육과정은 없지만 아동이 다양한 유형의 사회적 상호작용에 참여하여 상호 간 일치와 불일치의 경험 속에서 대화와 토론, 갈등과 합의, 논의와 협력 등을 토대로 자신의 사고와 지식, 인지적 체계를 발전시켜 나가게 된다.
경청	• 비고츠키의 사회적 구성주의를 바탕으로 지식의 공동 구성을 위한 협력학습을 강조하는 레지오 에밀리아 접근법에서는 경청활동을 중요하게 평가한다. 그것이 강조되는 것은 의사소통의 첫 단계가 경청이기 때문이다. – 지식의 공동 구성의 기본은 의사소통과 상호교류이다. 또래, 교사, 부모, 지역 주민 등과의 '관계 맺기를 통한 참여' 활동에서 가장 먼저 요구되는 것은 상대방의 이야기에 귀를 기울이는 것이다. 타인의 말에 경청할 때 이야기 내용에 적합한 의사소통이 가능해진다. – 주의 깊게 듣는다는 것은 상호교류 의사의 적극적 표시이다. 경청함으로써 대화가 이루어지고, 대화가 이루어지는 과정에서 기록할 내용이 결정되며, 기록을 통해 교사, 부모, 지역 주민들은 협동교수적 측면에서 아동의 학습과정을 반성적 측면에서 살펴볼 수 있다. 또한, 학습과정의 반성적 활동에서 재방문, 재표상 활동을 시도할 수 있고 이 활동을 통해 다상징적 표상활동이 이루어질 수 있는 것이다. 아동은 다양한 형태의 다상징적 표상의 나선형적 활동과정을 통해 새로운 개념을 보다 깊이 있게 이해하면서 지식의 축적을 능동적으로 가속화할 수 있게 된다. 궁극적으로 레지오 에밀리아 접근법에서 추구하는 교수활동의 모든 시작은 경청이라고 볼 수 있다.

MEMO

협력학습	• 사회문화적 맥락의 중요성을 강조하는 레지오 에밀리아 접근법에서는 아동, 교사, 부모 간 협력, 사회적 관계 형성 및 의사소통에 기반한 교육을 중시한다. 사회적 관계를 토대로 의사소통을 통한 아동, 교사, 부모 간 협력은 아동의 능동적 학습을 이끄는 자원이 된다고 보았기 때문이다. – 학습은 가르치는 것이 아니라 사회적 구성원과의 호혜적 상호관계를 기반으로 아동 스스로 구축하는 것이라고 본 레지오 에밀리아 접근법에서는 능동적 학습자로서 아동이 스스로 탐구하고 발견할 수 있도록 또래와 또래, 또래와 교사, 교사와 교사, 교사와 부모 심지어 지역사회 주민까지 협력적 관계를 형성하여 아동의 교육을 지원해야 한다고 본다. • 또래, 교사, 부모, 지역사회와의 상호작용을 기반으로 이루어지는 학습인 협력학습을 위해 교사는 2명으로 구성하여 학급에 배치되며 아동의 폭넓은 교육활동을 위해 교사, 부모, 지역 주민의 대표자로 구성된 이사회도 만들어져 있다. – 아동이 교사뿐만 아니라 지역사회 내 모든 구성원과의 상호작용을 통해 협력학습이 이루어질 수 있도록 구조화되어 있는 것이다. • 아동이 협력학습할 수 있도록 교사는 아동의 프로젝트 수행과정에서 관찰된 언어적·비언어적 상호작용 내용을 표상화된 작업물로 기록한다. – 기록은 아동과 함께 교사, 부모, 지역 주민이 지식을 공동 구축할 때 사용되기 때문에 아동의 협력학습을 가능하게 만드는 주요 수단이다. • 레지오 에밀리아 접근법에서 아동의 협력학습이 강조되는 것은 교사, 부모, 지역 주민 등 다양한 구성원으로부터 제공되는 다양한 시각과 경험이 비계(scaffolding)가 되어 아동의 근접발달영역을 넓힘으로써 궁극적으로 아동의 잠재력을 최대한 발현시킬 수 있다고 보기 때문이다.
다상징적 표상활동	• 표상이란 겉으로 드러나 보이지 않는 생각이나 이미지를 드러나 보이도록 상징수단을 활용하여 표현하는 것을 말한다. – 아동은 자신의 생각을 구체화하고 의사소통하기 위해 상징적 매개수단을 동원하여 표상활동을 한다. 글씨, 그림, 조형물, 기호, 제스처, 언어 등이 대표적인 상징적 매개수단이라고 할 수 있다. • 아동은 자신의 생각을 그림이나 몸짓 등 다양한 상징적 매개수단을 활용하여 여러 형태로 표현하기 때문에 다상징적 표상활동이라고 할 수 있다. – 이때 아동이 그림이나 나뭇가지 쌓기 등 상징적 매개수단을 활용한 표상은 회화적 또는 심미적 가치를 평가하는 수단이 아닌 아동의 생각이나 사고를 전달하는 수단으로 사용해야 한다. – 발달 단계상, 자신의 경험이나 생각 등을 언어로 표현하는 데 어려움이 있는 아동이기에 상징적 표상은 아동의 경험이나 생각을 손쉽게 표현할 수 있는 중요 수단으로 작용한다(성용구, 2009). • 아동은 프로젝트를 통해 자신의 생각을 그림이나 블록 쌓기, 찰흙놀이나 수수깡 만들기 또는 역할극 놀이로 다양하게 표상화한다. 이후 아동은 표상화된 내용에 대해 또래나 교사 등과 상호작용하면서 자신의 생각과 사고를 구성해 나가거나 또는 자신의 해석과 이해를 기반으로 표상을 재표상하면서 지식과 이해의 깊이를 심화시켜 나가기도 한다. – 말이나 글을 통한 언어 표상, 몸짓이나 신체를 활용한 신체 표상, 노래를 통한 음악 표상 등 다상징적 표상활동은 레지오 에밀리아 접근법에서 강조하는 '어린이들의 수많은 언어'를 가능케 하는 활동이다.

MEMO

<table>
<tr><td>전시
(exhibition)</td><td>• 레지오 에밀리아 접근법에서 전시는 중요한 교육활동 중 하나로 주제 탐구를 위한 프로젝트의 교육활동 기록은 전시로 이어진다.
– 말라구찌는 학교 벽 전체는 아동과 교사가 일시적 또는 상시 전시하기 위한 공간으로 사용되어야 한다고 보았다. 전시는 교실과 광장(piazza)을 포함한 유아교육기관의 공간 모두를 활용한다.
– 아동은 자신이 참여했던 프로젝트의 사진이나 그림, 진술이나 의문점이 기록된 글들이 전시되었다는 것만으로도 성취감을 경험하게 된다. 그러나 더 중요한 것은 전시된 결과물들을 통해 자신의 표현방식과 다른 방식을 학습하고, 차이점을 토대로 호기심과 궁금증을 해결하기 위한 새로운 프로젝트를 생각하기도 한다.
• 한편 전시는 부모들에게 아동의 활동을 이해하고, 아동의 발달에 대한 인지 정도와 수용역량을 높이며, 유아교육기관의 교수방법이나 교육과정에 대한 이해도를 제고할 수 있는 기회를 준다.
– 전시된 결과물은 부모가 아동과 대화하거나 교사와 의사소통할 수 있는 단서가 되며, 부모와 유아교육기관이 발전적 협력관계를 구축할 수 있는 기회를 제공한다.
• 전시는 기록의 또 다른 수단일 수 있지만 프로젝트 성과에 대한 평가과정이기도 하다.
– 아동과 아동, 아동과 교사, 아동과 부모, 아동과 지역 주민, 교사와 부모, 교사와 지역 주민, 부모와 지역 주민 간 의사소통 과정 속에서 프로젝트에 대한 논의와 토론, 비평 내용은 다양한 관점을 형성하는 자료가 되어 피드백을 통해 다음 프로젝트를 계획하거나 수행할 수 있는 기초가 된다.</td></tr>
</table>

(2) 교수학습에서의 교사 역할

• 레지오 에밀리아 접근법에서는 아동의 또래, 교사, 부모 그리고 지역사회와의 협력학습을 강조한다.
  – 따라서 레지오 에밀리아 접근법에서 교사의 역할은 학교 내 교사뿐만 아니라 아동의 협력학습에 참여하는 사람들의 역할도 포함하여 설명한다.

<table>
<tr><td rowspan="2">교사</td><td colspan="2">레지오 에밀리아 접근법에서 교사의 역할은 다음과 같다.</td></tr>
<tr><td>기록자</td><td>• 교사는 아동이 머릿속에 생각하고 있는 것, 가설하고 있는 것, 탐색하고 발견하고 있는 것, 아동의 부모가 아동에 대해 생각하는 것, 지역사회 구성원이 아동과 함께 상호작용한 것, 교사 자신이 아동과 상호작용한 것 등 아동과 관련된 내용을 글이나 녹음, 영상 촬영 등 다양한 방법을 활용하여 기록한다.
– 기록은 아동이 자신의 활동을 객관적으로 바라보고 반성적으로 생각할 수 있게 하는 단서가 된다. 기록을 통해 아동은 자신의 경험을 재방문하거나, 자신의 가설을 재가설하거나, 자신의 생각을 재표상할 수 있는 기회를 갖는다.
– 이러한 기회를 통해 아동은 자신의 생각을 확장・변경하거나 깊이 있게 정리하면서 능동적 학습을 주도하게 되므로 교사는 아동의 생각, 아이디어 등을 기록해야 한다.
• 교사의 기록은 아동의 주도적 학습을 위한 자료 외에 부모나 지역사회 구성원들이 아동을 이해하고 의사소통할 수 있는 자료가 될 수 있으며, 이를 기반으로 교사가 아동의 발현적 학습활동을 지원할 수 있는 정보가 된다.</td></tr>
</table>

MEMO

협동교수자	• 레지오 에밀리아 접근법에서는 아동의 흥미나 관심을 기반으로 프로젝트가 진행될 수 있도록 교사는 협력과정을 통해 아동의 프로젝트를 지원한다. – 이때 교사는 동료교사 및 학교 관계자와 부모, 지역사회와 협력하여 프로젝트에서 표현하고자 하는 아동의 관심과 흥미, 아이디어를 함께 이해하고, 아동이 자신의 생각과 아이디어를 발전시킬 수 있도록 다함께 의견을 나누거나 학습 환경을 조성할 수 있도록 한다. • 아동의 학습과 교육은 교사뿐만 아니라 협동교수자와의 협력에 의해 이루어진다고 보는 레지오 에밀리아 접근법에서는 아동을 담당하는 교사뿐만 아니라 동료교사, 학교 관계자, 부모, 지역사회 구성원 간의 협동교수를 통해 아동의 발현적 학습활동이 지속될 수 있다고 본다. – 따라서 교사는 이들이 교사와 함께 협동교수할 수 있도록 아동의 학습과정, 지식 습득, 생활태도, 발달 현황 등을 해석하고 평가할 수 있는 기록을 제공한다. – 그리고 논의와 토론, 비평과 대안 탐색 등에 함께 참여하면서 프로젝트를 통한 아동의 발현적 학습이 성공할 수 있도록 지원한다. • 2명의 교사가 팀이 되어 학급을 3년간 담당한다. – 교사들은 동반자, 양육자, 안내자의 역할을 하는데, 이들은 교육과정을 결정할 뿐만 아니라 학습자 또는 연구자로서의 태도를 가지고 교육에 임한다. – 교사들 사이에는 위계가 없고, 서로에게 배우는 협력적인 관계에서 함께 일을 한다. 이런 교직원 배치는 성인과 아동관계의 특징인 공동사회 의식을 촉진시킨다.
지식구성 협력자	• 레지오 에밀리아 접근법에서 다섯 명 이하 소집단으로 진행되는 아동의 프로젝트는 기존에 정해진 주제나 규정된 형식이 아닌 아동의 흥미와 관심에 따라 융통성 있게 운영된다. – 아동이 정한 주제에 대해 체계적인 경험을 구성해 나가야 하므로 교사는 다양한 사고과정의 경험을 통해 아동이 주제를 해결할 수 있도록 지원해야 한다. – 이때 교사는 아동의 지식구성을 주도하는 주도자가 아니라 아동이 스스로 지식구성을 주도할 수 있도록 협력하는 협력자의 역할을 수행한다. – 교사는 아동이 관심 있어 하고 흥미로워하는 주제를 탐색할 수 있도록 함께 가설을 세우고, 다양한 표상활동을 통해 가설을 검증할 수 있도록 협력한다. • 교사가 아동의 프로젝트를 지원하는 가장 큰 방법은 상호교류에 의한 의사소통, 즉 대화이다. – 교사는 아동과의 대화를 통해 아동이 자신의 생각을 되돌아보고 반영적으로 생각할 수 있는 기회를 제공한다. – 아동은 교사와의 대화를 통해 자신이 가진 생각을 되돌아보고 점검하는 경험을 하게 되며, 이후 활동을 변경 또는 수정하거나 확장하는 등의 생각을 갖게 된다.

MEMO

	– 이는 교사가 대화를 통해 아동의 생각이나 사고 확장을 촉진시키고 이를 통해 지식 구성에 협력하고 있음을 의미하는 것이다. • 아동이 스스로 지식을 구성해 나갈 수 있도록 지식구성의 협력자로서 교사가 역할을 할 수 있는 것은 능동적 학습을 주도할 수 있는 유능한 존재로 아동을 인식하기 때문이다. – 그러므로 교사는 아동과의 대화 속에서 아동의 이야기를 경청하고, 의미와 질문을 파악하며, 아동 스스로 자신의 생각과 아이디어를 다듬어 더욱 발전시키도록 도울 수 있다. • 한편 동료교사들과 함께 교육에 관해 논의하고, 부모에게 아동이 프로젝트를 통해 경험하는 것을 충분히 접할 수 있는 기회를 제공하여 부모가 아동의 지식구성에 참여할 수 있도록 한다.
교육조정자 (페다고지스타, pedagogista)	**교사 역할** 페다고지스타로 불리는 교육조정자는 6세 미만 아동을 위한 시립 교육 프로그램의 질적 수준을 유지하도록 관리하며, 교육 시스템의 행정적 · 기술적 · 교육적 · 사회적 · 정치적 영역을 통합하는 역할을 한다. **특징** • 이들은 시장이 임명하는 유아교육 장학관과 교육담당팀 장학관의 감독하에 있다. • 교육조정자들은 교육팀 안에서 각 학교 교사들과 동등한 위치에서 협력하여 일한다. 이들은 장학관과 일주일에 한 번씩 회의를 하여 아동교육체제 전체와 관련된 정책이나 문제점에 대해 논의한다. • 교육조정자들은 다른 사람들과의 정보교환을 통해 계속 변화하며 직업적으로 성장해 나간다. • 시의 행정 담당 공무원들이나 문화단체, 과학단체 등에 속한 사람들을 대하며 그들이 제안하는 것을 통합하는 것도 교육조정자의 일이다. • 또한 아동의 다양한 경험을 지지하고 통합하는 역할도 한다. 교육조정자의 역할 교육조정자는 시정부의 정치적 · 행정적 부서에 근무하는 사람들과 협력하여 그들의 관리 기능에 기여하며, 교직원들의 직업적 발전과 교육에 대해서도 책임을 진다. • 각각의 교육조정자는 학교를 몇 군데씩 담당하며 교육 시스템 내의 업무를 분담한다. 자신이 담당한 학교에서는 모든 교직원들과 상호작용하면서 교육 시스템의 기본적인 철학이 유지되고 현장에서 실현되도록 돕는다. • 또한 학교환경에 관한 부모와 교사의 요구를 파악하고 건물을 개 · 보수하는 건축가와 논의하기도 한다. ➔ 따라서 교육조정자의 역할은 교육 시스템을 운영하는 데 관여하는 모든 기관과 담당자 간의 조정과 협력을 이루는 것이다.
미술전담교사 (아틀리에리스타, atelierista)	레지오 에밀리아 접근법에서는 아틀리에리스타(atelierista)로 불리는 미술전담교사의 역할이 중요하다. 아동의 다양한 표상활동을 지원하기 때문이다. **교사 역할** • 레지오 에밀리아 접근법에서 미술전담교사는 교사가 프로젝트 활동의 틀을 만들어갈 수 있도록 지원하는 중요 역할을 담당한다(Fraser & Gestwicki, 2002). • 아동 및 교사와 함께 긴밀한 관계를 형성하면서 아틀리에(atelier)에서 표상활동을 통해 아동이 발현적 활동을 계속해 나갈 수 있도록 지원한다.

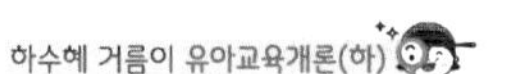

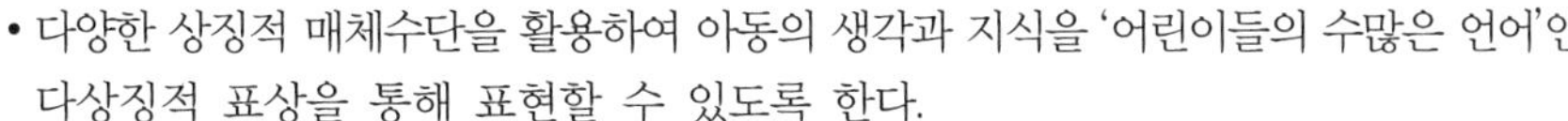

	• 다양한 상징적 매체수단을 활용하여 아동의 생각과 지식을 '어린이들의 수많은 언어'인 다상징적 표상을 통해 표현할 수 있도록 한다. • 교사와 협력하여 아동의 경험에 대한 기록을 만들어 내고 전시한다. **자격요건** 미술전담교사가 되기 위한 특별한 자격요건이 규정되어 있지는 않지만, 주로 시각미술 전공자로서 아동이 미술 재료를 통해 학습하는 방법을 이해하고 있어야 한다.

(3) 일과구성 및 환경구성

일과구성	• 하루 일과는 종일제로 이루어지는데, 치밀하게 계획된 일과표는 작성하지 않고, 일과 중 매일 반복적으로 일어나는 부분을 포함한 전반적인 일과만 계획한다. – 교사는 각 활동과 프로젝트에 소요될 것으로 예상되는 시간만 계획하고, 아동이 그때그때 활동에 몰입하는지 여부를 관찰하여 일과 진행에 관한 의사 결정 자료로 사용한다. • 레지오 에밀리아 접근법에서는 아동의 개인적 리듬과 시간 감각에 따라 그날의 일정이 결정된다.
환경구성	**환경구성의 철학** • 레지오 에밀리아 접근법은 아동교육이 지역사회 전체의 관심사이며 책임이라는 인식에 기초하고 있다. – 유아교육기관은 도시계획의 일부로 통합되는 것이 이상적이라고 본다. 유아교육기관 건물의 신축이나 개축은 교육조정자, 교사, 부모들이 건축가와 긴밀히 협의하여 계획하는데, 학교에서 근무하는 사람들이 건물 건축의 모든 부분에 대한 의사 결정에 참여한다. • 레지오 에밀리아 접근법에서 교육 공간은 '제3의 교사'로 간주된다. 교육 공간은 아동이 다양한 의미의 경험을 할 수 있는 장소이기 때문이다. – 아동의 프로젝트가 수행되고 프로젝트 과정에서 만들어진 작품들이 부착 · 전시되면서 아동은 스스로 학습하고 발전해 나간다. – 바닥, 벽면의 2차원적 개념을 탈피하여 창의적 사고를 돕고 적극적인 상호작용을 통한 문제해결 학습활동이 발현될 수 있는 3차원적 공간으로 교육 공간을 구성한다. • 레지오 에밀리아 접근법의 교육자들은 공간을 사회적 상호작용, 탐색, 학습을 지원하는 '그릇'이라고 부르며, 공간이 교육적 메시지를 담고 있고 구성원 간 상호작용 및 학습을 유도하는 자극제로 충만하기 때문에 그 자체만으로도 교육적 내용을 가지고 있다고 생각한다. – 사회적 상호작용은 학습의 필수 요소이기 때문에 아동과 아동, 아동과 교사, 교사와 교사, 아동과 부모, 교사와 부모 등 다양한 집단의 상호작용이 이루어질 수 있도록 공간을 구성한다. 따라서 교실이나 교무실 등을 포함한 내부 공간은 광장(piazza)과 같이 공용 공간을 향해 개방되도록 배치하여 자연스런 상호작용이 이루어질 수 있도록 하였다. • 교실 공간은 상황에 맞추어 변형될 수 있도록 구성한다. – 따라서 실험과 탐색의 프로젝트 과정 중 필요에 따라 공간을 계속적으로 변형하여 재설계할 수 있고 아동이 자유롭게 다른 교실을 다니며 다양한 체험을 할 수 있다.

MEMO

MEMO

<table>
<tr>
<td rowspan="3">환경구성</td>
<td colspan="2">- 한편 더 심화된 학습을 위해 필요하다고 판단되면 교실 공간을 새롭게 구성하거나 교실 내 여러 공간을 통합하는 등 탄력성 있게 공간을 활용한다.

순환성과 투명성
• 순환성: 모든 공간이 자연적으로 연결되어 있어 막힘없이 어느 곳으로나 통할 수 있다는 의미로 유아, 유아-교사, 유아-환경 간의 상호작용을 최대한 장려하는 레지오의 정신을 잘 반영하고 있는 개념이다.
- 따라서 레지오 에밀리아 유아교육기관의 환경은 공통적으로 건물의 어느 곳에서나 직접 연결되는 중앙공용 공간(피아자, piazza)이 중심부에 자리잡고 있으며, 4면을 따라 아틀리에, 활동실, 각 학급별 미니 아틀리에 그리고 화장실이나 부엌 같은 부대시설이 배치되어 있는데, 문을 통해 모두 연결되어 있다.
• 투명성: 같은 공간에 있지 않아도 서로의 존재를 보고 느낄 수 있는 가능성을 의미하는 것으로, 모든 문과 창에 유리를 사용하여 서로 볼 수 있도록 하였다.
- 또한 가능한 한 자연색과 모든 종류의 빛(예 자연 채광, 형광등, 백열등 등)과 빛을 활용하는 기구(예 투시물 환등기, 슬라이드 프로젝트, 빛책상, 손전등 등)를 많이 활용하여 투명성의 원리를 실현하고 있다.</td>
</tr>
<tr>
<td>교실</td>
<td>• 레지오 에밀리아 접근법을 따르는 학교의 실내환경 구성으로는, 1991년 뉴스위크지 선정 10대 학교의 하나로 선정된 디아나 유치원(Diana School)을 그 예로 들 수 있다.
- 3~5세 유아 교실은 두 세 부분으로 나뉘어 있다. 공간 나눔에 따라 형성된 작은 공간은 유아의 소집단활동에 도움이 되며, 서로의 이야기를 잘 들을 수 있으므로 의사소통 기회를 제공할 수 있다. 또한 교사들이 구성적 탐색과 활동을 유아와 함께 하는 데 도움이 된다.
- 세면실과 화장실은 유리벽을 적절히 활용하여 개방적으로 배치하였다.
- 교실 입구에는 다양한 형태의 거울을 부착하여 유아가 자신의 모습을 여러 형태로 볼 수 있게 하였다.
- 천장에는 작업물을 매달아 프로젝트 성과물을 감상할 수 있도록 하였다.</td>
</tr>
<tr>
<td>광장
(piazza)</td>
<td>• 이탈리아 레지오 에밀리아시에는 '피아자 그란데'(Piazza Grande)라고 일컫는 중앙 광장이 있다.
- 중앙 광장은 사람들이 드나들며 사회적 교류가 일어나는 곳으로 레지오 에밀리아시의 역사와 문화를 만들어 가는 장소이다.
- 사람들의 다양한 상호작용이 일어나는 도심의 중앙 광장처럼 아동교육기관 건물 중앙에 광장을 배치하였다.
- 모든 교실이 중앙 광장을 통해 열려 있기 때문에 자연스러운 만남이 이루어지는 장소이다. 모든 연령의 아동이 상호 교류할 수 있도록 고안된 만남의 장소일 뿐만 아니라 소집단활동 및 아동과 아동, 아동과 교사, 교사와 부모 등이 상호작용할 수 있는 공간이다.
- 또한 학교 내부의 장소를 연결하고 확장하는 공간으로 전시회, 발표회 등 다양한 활동이 이루어진다.</td>
</tr>
</table>

MEMO

	아틀리에 (atelier)	• 다상징적 접근의 프로젝트를 수행할 수 있는 공간으로, 레지오 에밀리아 접근법을 따르는 모든 학교는 아틀리에를 갖추고 있다. – 아틀리에는 문자중심의 교육에서 벗어나 그리기, 만들기 등을 활용하여 다양한 표상활동을 경험할 수 있도록 한다. – 또한 상징적 언어가 결합되어 새로운 가능성을 창조해 내며, 유아의 모든 활동이 기록·보관된 공간이기도 하다. • 레지오 에밀리아 접근법에서는 표현의 중요성을 강조한다. 특히 언어적 표현 외의 다양한 의사소통 방식을 강조한다. – 말라구찌는 이러한 믿음을 '어린이들의 수많은 언어'라고 표현하였다. • 창의성과 지적 능력의 관계에 대한 이러한 믿음에 따라 아틀리에 공간에서 미술전담교사가 다양한 형태와 방법으로 유아가 상징적 언어 표현을 할 수 있도록 지원한다. • 공용 아틀리에 외에 교실마다 작은 아틀리에가 딸려 있어 반별 활동도 가능할 수 있게 구성하였다. – 유아는 자유롭게 재료를 선택하여 작품을 만들 수 있으며, 시간에 구애받지 않고 그림 그리기, 찰흙으로 만들기 등의 상징적 언어 표현활동을 수행할 수 있다.

(4) 부모 및 지역사회와의 관계

부모 및 지역사회의 참여	• 부모 및 지역사회의 참여는 레지오 에밀리아 접근법의 기본적인 요소이다. – 레지오 에밀리아 접근법에서는 교육은 교사나 교육행정을 담당하는 사람들만의 일이 아니며, 관련된 모든 사람들의 공동책임이 필요하다고 본다. – 이는 타인의 말을 경청하고 수용함으로써 평화롭고 건설적으로 공존하는 것을 이상으로 추구하는 레지오 에밀리아 접근법의 정신 때문이다. – 따라서 레지오 에밀리아 접근법을 따르는 유아교육기관은 부모가 자녀의 교육에 대한 책임을 다할 수 있도록 부모에게 항상 기관을 개방하고 활발한 상호작용을 통해 적극적으로 학교 운영에 참여하는 것을 원칙으로 한다(Rinaldi, 1998). • 부모 및 지역사회의 참여를 증진시키기 위해 교사는 프로젝트 수행과정을 기록하고 수행과정에서 만들어진 다양한 결과물을 전시한다. – 부모는 기록물과 전시물을 통해 아동의 학습과 발달을 이해할 수 있으며, 교사와 협력하여 아동의 학습을 지원할 수 있는 방법을 모색하고 공동 지식 구성을 위한 협동교수자로 참여하게 된다.
부모참여의 형태	• 부모는 협동교수자로서 아동교육에 참여한다. 말라구찌(Malaguzzi, 1998)는 아동에 관한 것과 아동을 위한 것은 아동 자신과 부모가 가장 잘 안다고 보았다. 그러므로 부모의 아동교육 참여는 자연스러우며 필수적인 것으로 보았다. • 부모들은 학교 운영위원으로 활동하거나 프로젝트 활동에 필요한 경우에는 자원하여 도움을 주기도 하고, 부모들 간의 모임에 참석하여 관심사를 함께 논의하기도 한다. 또한 전시회, 발표회 등 행사 준비에 도움을 주거나 교사와 함께 교구를 만들고 학교 공간 재배치, 정원 가꾸기 등에 참여한다(서영숙·서지영, 2001).

MEMO

UNIT 07 자연친화교육 프로그램

1 자연 및 자연친화교육의 개념

자연의 개념	자연친화교육에서 사용하는 '자연'은 환경으로서 생물학적, 물리학적 대상을 말한다. 즉, 유아들에게 하늘, 해, 달, 별, 흙, 민들레와 같은 자연을 교육적으로 경험하도록 하는 것이다(민성길, 2001).
자연친화교육의 개념	자연친화교육은 자연이 존재하는 모습, 자신의 삶에서 자연이 갖는 의미를 실질적으로 체득하고 이해하는 교육을 말한다.
자연친화교육의 필요성	• 자연은 생명줄이고, 자유로운 사고의 표현을 가능하게 하며, 다양한 정서를 불러일으키게 한다. 인간은 태어나면서부터 자연 안에서 생활한다. 자연과 함께 생활하고 교류하면서 자연을 인식하는 것은 매우 중요한 일이다. 따라서 교육을 통해 자연을 충분히 관찰·탐구하도록 하여 유아들의 욕구표현과 호기심을 지속시키며 성취감을 갖게 하는 것은 매우 중요한 일이다(교육부, 2000). – 예로부터 자연은 우리 삶의 밑바탕이며, 아이들의 놀이 장소였다. 자연에서 놀이와 먹거리, 문화를 찾고 생성해 가는 것이 우리의 삶이었기에 자연은 삶 자체였다(조형숙 외, 2007). 자연 속에서 아이들은 땅을 딛고 하늘을 이고 자연을 접하며 성장하였다. 아이가 자연 속에서 다른 사람들과 함께 놀면서 자랄 때 몸이 건강하고 마음이 너그러우며 생각과 행동도 건전하며 지혜로워진다(하정연 외, 2009). – 자연은 곧 우리의 삶이다. 따라서 현대 과학기술 시대를 살아가는 유아들이 자연과 공존하며 더불어 살아가는 태도를 지니도록 교육의 기회를 주는 일이 필요하다.

2 자연친화교육 프로그램의 가치

유아의 자연친화적 태도의 개념	• 유아의 자연친화적 태도란 자연과의 독특한 친밀감을 가지며 감정이입적 태도를 기르면서 자연과의 관계를 형성하게 되는 것을 말한다(Wilsom, 1996). – 영유아기는 자연 속에서 뛰어놀며 자연과의 상호작용을 통해 살아 있는 것에 대한 경외심을 갖게 되는 시기이며, 유아들이 가지고 있는 호기심을 통해 주변을 탐색하는 과정을 거쳐 자연에 대한 긍정적인 태도와 다양한 개념을 형성해 나갈 수 있게 된다. – 즉, 자연과 함께 하고 경험하는 자연친화교육은 자연과의 직접적인 만남을 통해 유아가 자연의 생명체와 포괄적인 관계를 형성하고, 이를 바탕으로 삶을 풍요롭게 하고 자연과의 공존적 삶을 살아가는 데 필요한 소양을 기르도록 돕는다(조형숙, 2005).
후천적으로 형성되는 자연친화적 태도	• 자연친화적인 태도는 자연을 다양한 방식으로 만나고 관계를 맺으면서 이해하고자 하는 노력을 기울일 때 형성된다고 볼 수 있다. 즉, 자연친화적 태도는 타고난 것으로 보기보다는 경험과 학습을 통해 형성되는 것이다. – 경험과 학습을 통해 형성된 자연친화적 태도는 생명에 대한 존중의식을 바탕으로 동물과 식물에 대해 관심을 갖고 사랑하며 자연환경에 대하여 친숙함을 느끼도록 돕는다. – 나아가 자연친화적 태도는 유아들이 갖게 되는 행동, 특성, 가치관, 자연에 대한 인식 등에서도 차이를 만들어 낸다(조형숙 외, 2007).

MEMO

자연친화교육이 강조되는 이유	• 현대사회는 점차 자연환경이 파괴되고 있을 뿐 아니라, 유아가 자연을 접하고 인식하고 경험할 기회가 점차 줄고 있다. – 이에 유아에게 자연과의 만남 활동을 구체적으로 제공해 주어 자연을 경험하고, 그 안에서 인간과 자연과의 중요성에 대해 알게 하며, 자연과 공존하는 삶의 태도와 성향이 발달되도록 돕는 자연친화교육이 강조되고 있다.
자연친화적 교육을 유아기부터 해야 하는 이유	• 자연과 공존하며 살아가기 위해서는 자연과 인간의 불가분적 관계를 어린 시기부터 체험하고 인식해야 한다. – 어릴 적 획득한 자연에 대한 지식과 태도는 유아기뿐만 아니라, 성인기까지 지속되어 인간 생애 전체에 영향을 끼친다. 즉, 어릴 적 자연 체험정도에 따라 가치관이나 행동 특성, 자연에 대한 인식 등에서 차이가 나타난다는 것이다. – 따라서 현대의 유아교육은 자연을 학습의 장으로 삼아 적극적인 자연친화교육을 실시할 필요가 있다.

3 자연친화교육 프로그램의 교수학습과정

1단계 : 인식하기	• 자연에 대한 이전 경험 나누기 • 자연물의 특성과 아름다움을 주의 깊게 관찰하기 • 다각적인 관점에서 자연물의 아름다움 찾아보기 • 자연물에 대해 발견한 점에 대해 이야기나누기 • 자연물에 대한 서로의 생각과 느낌 나누기
2단계 : 탐색하기	• 자연물 체험하기 • 체험한 특징 탐색하기 • 자연물 탐색하고 감상하기 • 탐색하고 감상한 결과를 비교하며, 분석 및 해석하기 • 자연물에 대한 자신의 생각과 느낌 표현하기 • 표상방법에 대해 이야기나누기 • 다양한 자연물 수집하고 탐색하기
3단계 : 표현하기	• 표현을 위하여 자연물 재탐색하기 • 탐색한 결과와 관련 교과와의 연결방법에 대해 생각나누기 • 탐색한 결과 표현하기
4단계 : 감상하기	• 평가와 공유하기 • 자연친화교육 프로그램과정 평가해 보기 • 소집단 및 대집단활동에 대해 평가하기 • 서로 다른 다양한 생각 공유하기 • 전시를 통한 지속적인 방문 시도하기

MEMO

4 자연친화교육 프로그램의 현장 적용을 위한 노력

친숙한 자연부터 점진적 접근	유아가 자연의 아름다움을 보다 구체적으로 인식하게 하고 삶 속에서 자연의 아름다움을 내면화하면서 즐길 수 있도록 도와야 한다. 이를 위하여 교사는 유아가 친숙하게 느끼는 자연부터 접근할 수 있도록 안내해야 한다.
오감각을 활용한 자연 탐색	감각적으로 자연을 탐색할 수 있도록 도와줘야 한다. 자연물은 유아에게 감각경험을 풍부하게 해주고, 상상을 불러일으켜 보다 새롭고 독창적인 시각이미지들을 만들어 내도록 돕는다. 따라서 교사는 유아가 자연물을 스스로 선택하고, 오감각을 활용하여 탐색할 수 있도록 도와야 한다.
매체와 자연재료 제공	자연물을 보다 효과적으로 탐색할 수 있는 매체와 자연재료를 풍부하게 제공해 준다.
관련 교과와의 통합	관련 교과와의 통합을 위하여 교사는 유아와 적극적으로 상호작용해야 한다. 이를 통하여 유아가 자연을 보다 능동적으로 탐색하고 경험할 수 있도록 지원해야 한다.
자연체험의 다양한 방법 (김미정, 1998)	• 인근의 자연으로 직접 나가 체험한다. 숲, 텃밭, 공원, 강가나 바다, 공원 등 자연 생태계가 살아 있는 곳을 자연 체험장으로 선정하고 매일 변화를 느낄 수 있도록 한다. • 논・밭을 활용하여 자연 체험을 한다. 매일 먹는 식탁 위의 음식들과 논밭의 관계를 인식하고 그 안에서 자라는 곡식과 기생하는 곤충을 관찰하며 인간과 자연의 관계에 대해 생각하는 감성을 기른다. • 유아 스스로 산책 장소를 결정해 반복적으로 자연 체험을 한다. 이러한 산책 장소는 유치원 내의 활동과 유아의 호기심을 자연스럽게 연결해 준다. • 자연을 유치원 내에서 접한다. 인공적인 놀이터와 모래놀이터, 조경용 나무 몇 그루가 전부인 대부분의 유치원 내에 소규모 꽃밭과 텃밭, 동물사육장 등을 만들어주는 것이다. 유아들에게 텃밭은 좋은 교육의 장이다. 텃밭 작물을 심고 가꾸고 재배하는 활동을 통해 계절과 날씨의 변화, 수확의 기쁨, 책임감, 돌봄 등 많은 것을 배울 수 있다. 그 외 순한 집짐승이나 작은 곤충 혹은 동물 등을 길러보는 경험도 제공해야 한다. 종합 자연체험의 대표적 방법으로서 산책활동은 유아가 자연에 대한 아름다움을 느끼고 함께 살아가는 동반자로 인식할 수 있도록 돕는다. 이를 위해서는 자연을 일상적으로 접하고 체험하는 산책활동이 필요하다. 자연은 어렵고 멀리 있는 것이 아니라 유아 주변에서 일상적으로 만날 수 있어야 하고 이를 통해 자연을 만나는 시간이 많아져야 한다.

MEMO

5 자연친화교육 프로그램의 유형

(1) 숲 유치원

① 숲 유치원의 개념

개념	계절이나 날씨에 상관없이 숲을 교육공간으로 활용하여 숲에서 자유롭게 놀이하며 자연의 모든 것들을 오감을 통해 체험하는 것이다.

② 교육목표

<table>
<tr><td>숲 유치원 교육목표</td><td colspan="2">㉠ 기초체력이 튼튼한 유아
㉡ 사람과 자연을 배려하고 사랑하는 유아
㉢ 호기심과 궁금증을 다양한 방법으로 해결하며 창의적으로 사고하는 유아
㉣ 숲과 자연에서 만나는 생물과 무생물의 지속적인 관찰과 탐구를 통해 사물을 바라보는 눈을 넓히고 과학적으로 사고할 수 있는 유아
㉤ 숲에서의 경험을 언어, 조형, 음악, 움직임, 극놀이 등으로 창의적으로 표현하고 즐기는 유아
㉥ 무한한 것을 제공하는 자연처럼 타인을 위해 봉사하며 타인을 존중하고 이해할 줄 아는 유아</td></tr>
<tr><td rowspan="2">숲 유치원 프로그램의 환경교육적 목적 및 목표</td><td>목적</td><td>유아들이 자신과 주변 환경과의 관계를 바르게 인식하여 환경을 보전할 수 있는 태도 및 지식과 기능을 습득하고, 환경보전을 실천할 수 있는 인간으로 길러내는 것이다.</td></tr>
<tr><td>목표</td><td>• 환경보호의 중요성을 인식하고 환경보호 태도와 지식, 기능을 습득하여 실천해 나가도록 돕는다.
• 환경보호에 능동적으로 참여하는 동기를 제공한다.
• 환경문제를 인식하여 환경보전과 회복에 기여할 사고력, 판단력, 실천력을 길러준다.</td></tr>
<tr><td>숲 유치원 프로그램의 자연친화교육적 목표</td><td colspan="2">• 유아기의 발달적 특성을 고려하여 설명 위주가 아닌 직접적인 체험 중심의 활동으로 구성한다.
• 일회성의 이벤트적인 자연놀이가 아닌 일상생활 속에서 직접적이고 일상적으로 자연을 접할 수 있는 기회를 제공한다.
• 생명의 소중함을 일깨워준다.
• 성인인 부모나 교사가 자연을 소중히 여기는 마음과 태도를 보여주어 유아들이 자연스럽게 자연을 소중히 생각하고 나아가 자기 자신과 타인을 사랑할 수 있도록 한다.
• 유아들의 자연에 대한 호기심과 질문에 귀 기울여 주고 함께 고민하며 접근하는 것이 필요하다.</td></tr>
</table>

③ 필요성(가치, 영향, 이점, 장점)

*환경감수성	온몸으로 자연을 체험해 보면서 자연환경을 올바르게 감지하고, 자연에 대한 심미적 감상능력 및 환경친화적 태도, 자연의 변화에 민감하게 반응할 수 있는 능력이 향상된다.

*환경감수성
환경의 아름다움이나 고통에 대해 공감하면서 감정을 이입하거나, 이들의 변화에 민감하게 반응하는 능력

SESSION #10

MEMO

신체발달	숲에서 이루어지는 여러 가지 감각을 이용하는 활동과 숲에서 자유롭게 움직여보는 활동은 건강한 신체발달 및 뇌의 발달을 촉진한다.
면역 증진	• 흙, 돌, 식물 등 자연물과의 교감은 인간의 면역 시스템을 활성화하고 이를 강화시키는 데 도움을 줄 수 있다. – 이는 지나치게 깨끗한 환경보다는 '자연적인 더러움'이 인간의 면역 시스템을 적절히 강화하여 자연스럽게 건강을 지켜주는 역할을 한다고 볼 수 있다.
주의력과 집중력 향상	• 자연과 접촉하며 주의를 기울이고 상호작용하는 것을 통해 주의력과 집중력을 향상시킨다. – 질문을 던지고, 사실을 받아들이기 위해 대상 사물에 대해 온몸으로 체험해 보면서 자연환경을 올바르게 감지할 수 있는 가능성과 능력을 부여한다.
문제해결력과 창의력 향상	• 숲에서 직접적인 경험을 통해 새로운 사물을 탐구하고 발견함으로써 문제해결력과 창의력이 향상된다. – 질문을 던지고, 사실을 받아들이기 위해 대상 사물에 대해 온몸으로 체험해 보면서 자연환경을 올바르게 감지할 수 있는 가능성과 능력을 부여한다. – 또한 자연의 다양성과 예측할 수 없는 요소들은 창의적 사고를 유도하며, 문제에 대한 새로운 관점을 제공할 수 있다.
언어 및 사회성 증진	• 숲의 자연 소재를 창의적으로 가지고 놀면서 유아들 간에 상호작용이 수월하게 이루어지게 되는데, 이러한 과정이 언어 및 사회성 발달을 촉진한다. • 숲의 자연스러운 공간은 움직임의 욕구를 충분히 해결하도록 도우며, 스트레스 완화를 가져오고, 유아의 공격성이 누적되지 못하게 한다. • 서로가 가깝게 바라보고 접촉하며 활동할 수 있어 공동의 연대감을 결속할 수 있다. – 규칙 이해: 숲 유치원에서 요구하는 규칙은 유아들의 직접 체험과 밀접하게 연결되어 있어 애매하지 않고 명백하다.
개성 신장	숲에서 자연체험 활동을 하면서 발생하는 난관을 극복하는 과정에서, 여러 문제 상황들을 바르게 인식하고 창의적인 해결방안을 모색하는 것에 즐거움을 느끼게 된다.

④ 운영 형태

전통적인 숲 유치원	숲속에 교육시설을 가지고 있는 숲 유치원으로, 완성된 건물이 아닌 컨테이너식 보호 공간을 사용한다.
통합적인 숲 유치원	일반 유치원에서 숲 유치원 교육을 다양하게 접목시킨 것을 말한다.

⑤ 환경 구성

자연 공간	숲, 들, 강, 바다 등과 같은 자연 공간에서 진행한다.
모험과 도전의 기회	유아들이 탐험과 탐색의 자유를 누리도록 기회를 제공한다.
지속적인 시간	몰입에 따라 몇 시간 또는 며칠에 걸쳐 지속적으로 이어진다.

MEMO

날씨와 상관없이 이루어지는 숲 활동	변화무쌍한 날씨와 환경에 대처하는 방법을 모색하며 이를 실천한다.
놀이중심의 유아주도 활동	숲에서 하는 활동에 최대한 제한을 두지 않으며, 자유놀이활동을 통한 자연과 또래와의 상호작용을 촉진한다.
시작과 끝이 분명한 구조화된 일과 운영	자유놀이가 강조되지만 주제성을 가지고 시작과 마무리 활동이 명확한 일과운영으로 진행된다.
훈련된 숲 교사	훈련받은 유아교사 또는 유아숲지도사 등 전문가에 의한 운영으로 체험을 통한 교육의 효과를 증진시킬 수 있다.

(2) 산책활동

① 산책활동의 개념

산책활동의 개념	산책활동이란 유아들이 일상적으로 자신의 주변에 자연을 접할 수 있는 곳으로 나가 직접 자연을 느끼고 교감하며 역동적으로 놀이하는 활동을 의미한다.

② 산책활동의 효과

산책활동의 효과	• 유아들은 모든 감각을 통해 자연을 만나고 느끼고 즐기면서 자연 안에서 몸과 마음이 건강하게 자란다(최정아, 2009). • 유아는 산책을 하며 꽃과 열매, 나무, 하늘, 새와 벌레, 동물 등 자연을 만나고 자연의 아름다움을 느낀다. 자연의 아름다움을 경험하는 것은 또 다른 아름다움을 느끼고 표현하는 토대가 되며 심미적 태도의 기초가 된다. • 산책활동을 통해 사람과 사람의 관계를 알게 된다. – 좁은 공간에서 생활하다보면 서로 부딪히는 일이 많아 유아 간 싸움이 잦다. 하지만 바깥으로 나가 넓은 공간에서 자유롭게 놀다보면 싸웠던 유아와도 금방 친구가 되어 놀이하게 된다. – 또한 힘든 유아가 있을 때 서로 도움을 주고 지나가는 동네사람들을 만나 먼저 인사를 하게 된다. 산책을 통해 배려를 알게 되고 사회적 규범을 배우게 되며 사람 간의 관계에 대해서도 알게 된다. • 산책은 사람과 자연의 관계를 알게 한다. 흙에 사는 생명들을 생각하며 쓰레기를 줍고, 잡은 메뚜기를 다시 제자리에 두고 오는 경험을 통해 자연의 입장에서 생각하고 인간과 자연의 돌봄 관계를 경험하며 자연의 아름다움에 감탄할 수 있게 된다. ➔ 이상을 종합해볼 때, 산책활동은 현대 과학기술 시대를 살아가는 유아들이 자연과 공존하며 더불어 살아가는 태도를 형성하도록 돕는 활동이다. 이를 통해 유아는 자신의 주변 생활에서 자연을 일상적으로 접하고 아름다움을 느끼며 관계를 맺는다. 자연친화교육의 실천사례 – 산책활동 • 자연친화교육은 인간 중심의 가치관으로는 더 이상 발전적 미래 모습을 기대할 수 없다는 패러다임에 의해 등장하였다. 자연친화교육은 유아의 전인적 발달과 더불어 자연을 동반자로 인식하는 삶의 태도와 실천 능력을 기를 수 있다. 즉, 자연의 가치를 깨닫고 인간이 자연의 구성원임을 인식하기 위한 자연과의 일상화적 만남이 필요하다.

MEMO

	– 이를 실천하는 산책활동은 "밖으로, 밖으로"를 외치는 유아들의 목소리를 대변하는 실외 자연체험활동이다. 유아는 산책활동을 통해 오감을 활용한 자연 관찰을 많이 한다. ① 산책이 지속될수록 아이들의 관찰력은 섬세해지고 관찰 대상에 대해 의미를 부여하게 된다. ② 스스로 자연에 접근하여 탐색하며 자연 관찰, 상상놀이, 역할놀이 등을 하며 놀이와 삶, 학습을 연속선상에 두고 통합적으로 알아간다(하정연 외, 2009). ③ 또한 유아의 호기심은 산책활동을 통해 충족된다. 같은 장소이더라도 매일 다른 모습과 향기를 내뿜으며 새로운 자극과 새로운 모습을 나타나는 변화무쌍한 자연이 있기 때문이다. ④ 또한 개방된 공간에서 자연을 느낄 수 있는 산책활동은 계절이나 날씨, 장소에 따라 유아들에게 다양한 감각을 제공한다. 걷기나 달리기, 뛰기 등 대근육 활동을 통한 기본 운동 능력이 향상되며 다양한 상황에 반복적으로 노출되면서 안전 대처 능력도 향상시킬 수 있다(조순영, 임재택, 2010). ⑤ 유아는 환상을 즐기는 존재이다. 그들의 놀이는 환상과 연결되어 있으며, 산책은 환상을 현실화하는 최고의 매체이다. 자연의 놀잇감은 유아들 스스로 만들어 갈 수 있어 무한한 상상력을 촉진시키고, 왕성한 창조 충동을 충족시키며, 유아들의 내면화된 자주적 힘을 길러준다(하정연 외, 2009). **종합** 산책활동은 유아가 온몸으로 자연과 놀이하며 전인적 발달을 하는 과정이다. 유아는 산책을 통해 자연과 만나며 지속적인 상호작용을 통해 의미 있는 앎의 과정을 경험한다. 유아는 주변 세계와 관계를 맺으며 자연과 공존하는 삶을 사는 구성원으로 성장한다.

③ 산책활동 시 유의점

산책활동 시 유의점	• 산책활동을 할 때에는 예상하지 못한 사건과 발견의 과정이 일어난다. – 우연히 만나게 되는 자연물, 비·눈 등 자연 현상으로 변화한 땅의 모습, 계절에 따른 자연의 변화 등 자연은 새로운 만남을 제공한다. – 이러한 만남은 유아를 발현적 교육과정으로 이끌고 때론 위험한 상황에 처하게도 한다. – 이러한 상황에서 자연에 대한 긍정적 태도 형성을 위해서는 교사의 역할이 중요하다. 교사를 통해 산책활동은 자연을 존중하고 인간이 자연의 구성원으로 존재하는 의미 있는 교육활동이 될 수 있다. • 따라서 교사는 유아들과 자연 산책활동을 할 때 다음과 같은 점을 고려해야 한다(김수현, 2012). – 첫째, 잘 아는 장소로 산책을 간다. – 둘째, 지속적이고 연속적으로 산책을 간다. – 셋째, 살아있는 생물체에 대해 존중감을 갖는다. – 넷째, 위험한 상황이나 사물이 있는지 살펴보고, 그 문제에 대해 이야기해 본다. – 다섯째, 유아들은 식물과 동물이 사는 곳의 방문객이라는 것을 기억하도록 한다. – 여섯째, 유아들이 안전한 것과 안전하지 않은 것을 구별하도록 돕는다. – 일곱째, 유아들이 살아있는 것과 죽은 것을 구별하도록 돕는다. – 여덟째, 산책을 하기 전에 유아들과 사전 활동을 통해 산책에 대한 두려움을 조절하도록 돕는다. ➔ 이를 통해 자연에의 호기심과 신비함에 대한 몰입, 새로운 발견 등 친근감과 감수성을 토대로 자연과 존중의 관계를 맺게 된다. 산책활동을 통하여 유아들은 자연의 아름다움을 느끼며 자연을 우리와 더불어 살아가는 존재로 여기고, 우리 주위의 모든 것들은 연결되어 있다는 것을 경험한다.

MEMO

④ 산책활동 시 필요한 교사의 마음가짐

산책활동 운영 시 필요한 교사의 마음가짐 (임재택, 2008)	• 첫째, 교사는 감성이 깨어있어야 한다. – 교사부터 산책 나가는 것을 즐기고 자연에 대해 여유로운 마음을 지녀야 한다. • 둘째, 교사는 가르치는 사람이 아니다. – 교사는 나가서 무엇을 가르칠 것인가 고민하기보다 자연과 만나며 스스로 배울 수 있는 시간으로 초대하는 것이 더 바람직하다. • 셋째, 교사는 자연과 친구가 되어야 한다. – 풀과 나무, 벌레를 보면 먼저 "만나서 반갑다."라고 인사할 수 있어야 한다. 말로는 자연을 사랑하면서 지렁이를 보고 놀란다면, 유아들은 자연과 친구가 되기 어려울 것이다. 아름다운 꽃을 사랑하되 자연과의 관계 속에서 그 꽃을 바라봐야 한다. 인위적인 장난감 없이 자연 속에서 자연물로 놀이하는 모습을 보여주어야 하고, 유아들이 원하는 것은 최대한 시도할 수 있도록 격려하는 융통성을 가져야 한다. • 넷째, 교사는 지역사회와 자연에 대한 사전 지식을 가져야 한다. – 시간이 되는 대로 인근 지역을 답사하고 유아들과 함께 갈 가치가 있는 장소와 그 장소의 특징, 안전을 위해 고려할 점 등을 미리 익혀두어야 한다. – 처음에는 일정한 장소를 반복적으로 가는 것이 좋다. 같은 곳을 자주 가면 익숙해지면서 자연의 변화를 민감하게 받아들일 수 있다. • 다섯째, 유아의 부모를 교사 편으로 만든다. – 산책은 유치원 밖으로 나가기 때문에 예측하지 못한 사고 위험이 따른다. 따라서 산책활동을 위해서는 부모의 이해가 반드시 필요하다. – 학부모의 이해가 선행된다면 유아들이 모기에 물리거나 무릎에 상처가 나서 집에 가도 이해하고 대수롭지 않게 넘길 수 있을 것이다. • 여섯째, 안전사고에 대비해야 한다. – 특히 학기 초에는 유아와 교사가 서로 파악이 안 된 상태이기 때문에 더욱 유의해야 한다. • 마지막으로 산책을 위한 사전 준비가 필요하다. 유아들의 건강상태와 날씨, 유치원의 사정, 유아들의 요구 등을 고려하여 산책 장소와 시간, 거리 등을 결정한다.

SESSION #10

MEMO

UNIT 08 혼합연령 프로그램

1 혼합연령 프로그램의 배경

배경	• 사회 · 경제구조가 변화하고 출산율이 낮아지면서 영유아기 형제자매 간의 부족한 상호작용을 보완하기 위한 대안으로 영유아 보육 · 교육기관에서는 혼합연령으로 집단을 구성한 프로그램을 운영하고 있다. – 혼합연령 프로그램은 가족구조의 변화, 맞벌이 부부의 증가, 소자녀화 및 저출산 등의 사회현상과 맞물려 1980년대에 이르러 연구자들의 관심을 얻기 시작하였고(Roopnarine & Johnson, 2005), 급변하는 사회에 탄력적으로 적응하는 인간으로 준비시키기 위한 교육의 일환으로 1990년대 이후 그 필요성이 강조되고 있다(Bacharach et al., 1995). ➔ 이는 영유아들이 가정 내에서 부족하기 쉬운 다양한 인간관계를 혼합연령 학급에서의 생활을 통해 자연스럽게 터득할 수 있기 때문이다. • 우리나라 역시 이러한 시대적 흐름에 발맞추어 8시간 이상 운영하는 보육 프로그램이나 다양한 형태의 혼합연령 집단으로 구성된 종일제 프로그램을 운영하고 있다.
이론적 기초	• 혼합연령 프로그램의 이론적 기초는 비고츠키의 사회문화이론, 반두라의 사회학습이론, 피아제의 인지발달이론, 에릭슨의 심리사회적 발달이론, 브론펜브레너의 생태체계이론에서 찾을 수 있다. ① 사회문화이론적 관점에서 본 혼합연령 프로그램은 비고츠키의 근접발달영역(Zone of Proximal Development, ZPD)을 기반으로 한다. – 발달수준이 다른 영유아 간의 상호작용, 특히 좀 더 인지적으로 우수한 또래와의 사회적 상호작용이 영유아의 사회적 · 인지적 발달에 긍정적인 영향을 준다고 본다. – 혼합연령으로 집단을 구성할 경우 유능한 또래는 상호작용하는 영유아의 눈높이에 맞추어 적절히 비계(scaffolding)를 설정하여 또래학습을 주도한다. 또래학습은 상호작용을 주도하는 영유아에게는 자신감을 길러주고, 상호작용에 반응하는 영유아에게는 발달을 촉진하는 데 효과적이다. 이와 같이 혼합연령 학급에서 인지적으로 우수한 또래와의 활동은 영유아의 사고와 인지적 성장을 자극한다(Dever et al., 1994). ② 사회학습이론 관점에서 본 혼합연령 프로그램은 관찰, 모방 및 동일시를 통한 학습을 기반으로 한다. – 연령차가 나는 영유아들이 한 집단 내에서 활동을 하면 어린 영유아가 나이 많은 영유아를 관찰하고 모방하는 기회를 통해 사회적 발달을 촉진한다. – 또한 나이 많은 영유아는 어린 영유아의 교사나 양육자 역할을 수행할 뿐만 아니라 모델링 역할을 하면서 같이 성장해 나간다. – 단일연령과 혼합연령 집단을 대상으로 영유아의 놀이를 관찰한 연구결과를 살펴보면 혼합연령 집단에서 또래 간의 긍정적 강화와 사회적 상호작용이 활발하고, 어린 영아들이 상위 연령 유아의 행동을 활발히 모방하는 것으로 나타났다(Katz et al., 1990).

MEMO

	③ 피아제의 인지발달이론 관점에서 본 혼합연령 프로그램은 영유아가 역동적 과정, 실험, 성숙 등을 통해 자신의 학습을 능동적으로 구성하는 존재라는 것을 기반으로 한다. – 인지발달이론은 지위가 동일한 또래 간에 인지적 갈등이 생기면 평형화를 유지하기 위해 노력함으로써 유아의 인지가 발달한다고 본다. – 서로 다른 관점을 가진 상대와 상호작용을 할 경우 인지적 갈등이 발생하고, 이때 능력 차이가 크지 않은 유아 간에는 자발적인 상호 갈등 해결이 가능하다(De Lisi & Goldbeck, 1999). 이와 같이 혼합연령 환경은 유아의 인지적 성장을 촉진한다. ④ 에릭슨의 심리사회이론 관점에서 본 혼합연령 프로그램은 인간이 발달할수록 다양한 심리·사회적 도전에 직면하게 된다는 것을 기반으로 한다. – 심리사회이론에서는 각 발달단계별 갈등을 긍정적인 방법으로 해결하는 것을 중요하게 생각한다. – 유아들은 상이한 연령의 또래와 발달적 갈등을 경험하고 해결하는 혼합연령 프로그램에서의 경험을 통해 친사회적 행동이나 리더십 등 사회성이 발달하고, 또래와 조력한다(Slavin, 1990). ⑤ 브론펜브레너의 생태체계이론의 관점에서 본 혼합연령 프로그램은 아동과 환경의 상호관계의 결과로 발달이 이루어진다는 것을 기반으로 한다. – 생태체계론적 관점에서 볼 때 연령을 구분하지 않고 집단을 구성하는 혼합연령 프로그램은 영유아가 보육·교육기관, 가정, 사회 등과 상호관계를 공고히 발달시킬 기회를 제공한다.

SESSION #10

2 혼합연령 프로그램의 교육목표와 내용

교육목표	• 혼합연령 프로그램의 일차적 목표는 다른 사람을 수용할 수 있고 도움을 주고받는 개성적이고 사회적인 아동을 길러내는 데 있다. – 룹내린과 클로슨(Roopnarine & Clawson, 2000)은 혼합연령 프로그램의 교육목표가 다양한 연령의 또래와의 상호작용 및 사물과의 상호작용을 통해 물리적·사회적 세계에 대한 지식을 형성하도록 돕는 데 있다고 보았다. • 혼합연령 집단에 참여한 영유아는 단일연령 집단의 영유아에 비해 다연령층과의 상호작용을 통해 친사회적 행동과 사회적 기술이 증가한다. • 또한 인지적 갈등이 발생할 경우 인지적으로 성숙한 유아와 근접발달지대 내에서 서로 도움을 주고 협동하는 등의 상호작용 과정을 통해 인지적 성장이 촉진된다. • 언어적 측면에서 보면, 제한된 어휘만 사용하고 경쟁적 언어의 사용이 빈번한 단일연령 집단에 비해 혼합연령 집단에서 다양한 언어수준을 보이는 또래와의 상호작용은 유아의 어휘력 향상에 기여할 뿐만 아니라, 언어습득이 다양해져 의사소통기술이 향상되는 등 언어발달이 촉진된다.
교육 내용	혼합연령 프로그램은 미리 규정되고 결정된 교육과정이나 교수·평가에서 벗어나는 것을 추구하기 때문에 각각의 학급, 학교, 지역마다 자신들의 특수한 상황에 맞는 모델을 발달시켜야 한다(이순형 외, 2005).

MEMO

3 혼합연령 집단구성

혼합연령 집단구성	• 혼합연령 집단구성은 생활연령을 기준으로 편성되는 단일연령 집단의 수평적 구성과 달리 수직적 구성을 기본으로 한다. – 힘, 지식, 능력, 기술 등에서 다양한 수준차를 보이는 1년 이상의 연령차가 있는 영유아로 구성된 학급, 24개월 이상 연령차가 나는 집단, 한 연령의 비율이 최소 40% 이상으로 구성된 집단을 의미한다. – 즉, 혼합연령 집단구성은 교육기관에서 전형적으로 행해지는 행정적 편의에 따른 연령별 분류가 아니라, 철학적 기반에 의해 연령이 다른 유아가 학습상황에 함께 배치된 것을 의미한다(Veenman, 1996). • 혼합연령 프로그램은 집단의 연령, 크기, 구성 유형, 교사 대 영유아 비율 등에 따라 형태가 다양하다. 보통 영유아 15~30명 내외와 교사 2~3명이 상호 협력하는 형태로 운영된다(박현주, 1998).
혼합연령 집단을 구성할 때 고려할 점 (이명, 2005)	① 부모는 나이 어린 영유아가 위축되거나 교육과정을 따라가기 어려울 수 있고, 나이 많은 유아는 초등학교 준비에 소홀할 수 있으며, 구성비율이 적은 영유아의 교육에는 소홀할 수 있다는 편견을 가질 수 있으므로 부모회 등을 통해 이를 바로잡아야 한다. ② 프로그램 운영시간이 영유아에게 부담이 될 수 있다. 종일제로 운영되는 혼합연령 프로그램은 0~3세 영유아에게 부담이 될 수 있고, 반일제의 경우도 5세 유아에 비해 3세 유아의 비율이 낮아 어린 유아에 대한 교육이 소홀해질 수 있다. 이를 해결하려면 공간을 교육적으로 재구성하고, 전체 영유아가 함께 할 수 있는 적절한 프로젝트 방법을 통해 혼합연령 프로그램이 지닌 단점을 극복해야 한다. ③ 젖먹이 영아가 그룹에 처음 들어올 때 특히 신경을 많이 써 주고, 소수로 구성된 동일연령 영유아를 고려한 후 교육에 임하도록 한다. ④ 오전에 일과를 마치고 유아교육기관에 오는 초등학교 아동에 대한 대처가 필요하다. ⑤ 열린교육이 집단 내에서 영유아의 경험의 폭을 좁게 하는 것은 아닌지 재고한다. ⑥ 교사는 행동 문제가 있는 영유아에 대해 시야를 확보하기 어려우므로 이에 대한 대책을 강구해야 한다. ⑦ 문제가 있는 영유아나 학부모와 장기간 함께 지내는 경우 교사의 적절한 대처가 필요하다. ⑧ 연령에 관계없이 효과적인 프로그램을 제공하려면 보다 많이 연구하고 준비해야 한다.

MEMO

4 혼합연령 프로그램의 특징

<table>
<tr>
<td>혼합연령 프로그램의 장점</td>
<td>
• 독일 하나우 청소년청(Jugendamt Hanau)이 제시한 혼합연령 프로그램의 장점은 다음과 같다(이명환, 2005).
① 혼합연령 프로그램은 형제자매가 없는 외동에게 여러 연령층의 아동과 바람직한 사회생활 및 인간관계를 자연스럽게 터득할 수 있는 기회를 제공한다.
② 혼합연령 프로그램 내에서 아동은 연령차가 있는 또래와 생활하면서 단일연령 프로그램의 아동에 비해 일의 성과에 대한 스트레스가 적고, 비공격적인 성향을 띠는 경향이 있다.
③ 혼합연령 집단에서는 발달수준이 비슷한 아동과의 또래 상호작용이 가능하기 때문에 친구나 또래로부터 소외될 가능성이 단일연령 집단에 비해 적다.
④ 연령차가 큰 아동과의 상호작용은 아동의 사회성 발달 및 행동 형성에 긍정적인 영향을 주고, 다년간의 공동생활은 교사와의 돈독한 내적 결합이라는 신뢰감을 형성한다. 또한 교사는 다년간의 관찰을 통해 아동의 욕구와 개성, 발달과정에서의 개인차를 인식함으로써 올바른 교육으로 이끌 수 있다.
⑤ 연령차가 큰 혼합연령 집단 아동 간의 상호작용은 나이 많은 유아의 경우 아는 것과 설명하는 것, 배우는 것과 가르치는 것 간의 다양한 시도를 통해 의사소통능력 및 인지능력의 향상을 촉진한다. 어린 유아의 경우 나이 많은 유아와의 상호작용을 통해 경험과 학습의 폭이 커지고, 자부심을 갖게 되며, 언어능력과 자조기술이 발달하는 등의 효과를 얻는다.
⑥ 한 교육기관에 오래 다닐 수 있기 때문에 긴밀한 상호관계 구축이 가능하다.
⑦ 혼합연령 집단에서는 영역활동 선택의 가능성이 크고, 집단 내에서 문제가 발생할 경우 교사의 중재보다 나이 많은 유아의 중재로 문제가 해결되는 경향이 있다.
⑧ 교사는 아동이 자립적으로 행동할 수 있도록 공간을 구성해 주고, 아동을 주도적으로 이끌어나가는 인도자의 역할과, 필요할 경우 도와주는 협력자의 역할을 담당한다.
• 이 외에도 혼합연령 집단에서의 폭넓은 인간관계 경험은 유아의 상호 협동력, 지도력, 교수법을 발달시킨다.
– 따라서 나이 많은 유아는 어린 유아에게 모범이 되고, 학습을 도와주면서 타인의 입장을 고려하고 의견을 존중하는 태도를 갖게 되며, 경쟁의식이 낮아져 정서적으로 안정감을 갖고, 어린 유아를 지도하면서 사회성과 리더십이 발달하며 언어능력 또한 향상되는 효과가 있다.
– 나이 어린 유아는 근접발달지대 내에서 인지적 갈등을 유발하는 나이 많은 유아와의 상호작용을 통해 새로운 학습을 내면화하고, 그들의 사회·인지적 능력과 행동양식을 학습하는 등 발달이 촉진되어 성숙한 놀이에 참여하게 된다.
– 교사의 경우 유아 간의 활발한 상호작용으로 시간적으로 여유가 있고 개별적으로 유아의 학습을 도울 수 있다는 장점이 있다(김민아, 2004).
➔ 이와 같이 다양한 사람과의 경험을 통해 사회적 능력을 신장시킨다는 기본 논리를 추구하는 혼합연령 프로그램은 자연스러운 환경 속에서 바람직한 인간관계 기술을 터득하게 한다.
</td>
</tr>
</table>

MEMO

혼합연령 프로그램의 단점	• 혼합연령 프로그램은 발달수준 차가 큰 영유아의 개별적 욕구에 부응하기 어렵고, 교사들이 관심과 능력의 범위가 넓은 영유아에게 필요한 자료와 경험을 제공하기 어렵다. • 나이 많은 유아는 요구가 무시되거나 퇴행 현상을 경험할 수 있고, 나이 어린 유아는 좌절이나 위압감을 경험할 수 있으며, 교사는 유아 간의 현저한 개인차로 인해 학습활동을 계획하여 지도하는 데 어려움을 겪을 가능성이 있다(Katz et al., 1990). **대안** 따라서 혼합연령 프로그램을 운영할 경우 위와 같은 혼합연령 프로그램의 특징에 따른 장점과 단점을 파악하고 적당한 집단 크기와 연령범위, 영유아의 비율을 고려한 다차원적인 교육과정을 제공하며, 다양한 활동 가운데 영유아가 자발적 흥미에 따라 자유롭게 활동을 선택할 수 있도록 해야 한다. 아울러 교사는 영유아의 발달수준에 맞는 교육활동과 놀잇감을 제공하고 개별지도를 통해 프로그램의 효과를 극대화해야 한다.

5 혼합연령 프로그램의 교육활동

기본 관점	• 혼합연령 프로그램은 프로그램에 참여하는 대상과 이들의 다양한 특성에 따라 별도의 교육과정을 제시하기보다, 교사 재량하에 다양한 교육활동이 일어나며 상황에 적절한 교수전략을 사용하여 교육활동이 이루어진다. – 혼합연령 프로그램에서 교육활동은 또래와의 협력활동, 소집단활동, 협력교수학습 등으로 나누어 이루어진다.
또래 협력활동	• 또래 협력활동은 또래지도(peer tutoring), 협력학습(cooperative learning), 또래 공동작업(peer collaboration) 등 다양한 이름으로 명명되는 또래와의 협력을 통해 영유아가 인지적·사회적·정서적으로 발달할 수 있도록 지원하는 활동이다(Damon, 1977). – 또래와의 협력활동을 통해 영유아들은 자신보다 상위 인지능력을 가진 또래와 다양한 상호작용을 경험하면서 좀 더 나은 해법을 찾아가게 된다. – 혼합연령 프로그램을 운영하는 교사는 환경을 구성할 때 연령이 다양한 영유아 간의 상호작용을 촉진하고, 활동을 장려할 수 있도록 해야 한다.
소집단활동	• 소집단활동은 혼합연령 프로그램에서 연령차가 나는 영유아들이 한 가지 활동을 동시에 하기 어렵기 때문에 많이 이루어지는 활동이다. – 혼합연령 프로그램에서의 집단은 구조화 정도가 덜하고 융통적이며, 영유아들이 활동하고 싶은 또래를 선택하여 집단구성을 주도하고 형성하도록 구성한다. – 소집단활동은 다른 사람과 활동 공유를 통해 동료 간의 상호작용 기술과 지도력 등 영유아의 사회적 경험을 확장시키는 데도 기여한다.
협력교수학습	• 협력교수학습은 교사 간의 협동을 통해 이루어지는 집단적 사고와 노력으로 서로 부족한 부분을 보충할 수 있는 능력과 기능을 가진 둘 이상의 교사가 상호 협력하여 지도하는 것을 의미한다(Bergen, 1994; Rainforth & England, 1997). – 다양한 연령의 영유아들이 참여하는 혼합연령 프로그램에서 영유아들은 발달수준과 능력에서 현저한 차이를 보인다. 이러한 이유로 교사 한 명이 지도하는 데 한계가 있어 두 명 이상의 교사가 투입되는 협력교수학습(team teaching)이 필요하다. – 협력교수학습은 교사가 프로그램을 계획하고 실행·평가하며, 영유아를 판단할 때 교사의 주관적인 판단이나 감정을 배제하고 여러 교사가 다각도로 영유아를 파악하도록 하는 장점이 있다.

MEMO

6 혼합연령 프로그램에서 교사의 역할

교사 역할

- 혼합연령 프로그램에서 교사의 역할(Roopnarine & Johnson, 2005)
  - 교사는 지식 전달자에서 벗어나 영유아가 스스로 알아갈 수 있도록 환경 탐색의 기회를 제공하고, 영유아의 사고와 학습을 탐색하도록 격려하는 안내자이자 촉진자 역할을 한다.
  - 혼합연령 프로그램의 교사는 유아교육이나 아동발달 전공자로 프로그램의 전반적인 목표를 달성하기 위해 프로그램의 특정 목표를 알고 있어야 하며, 각 활동 영역에서 사회적 상호작용을 촉진하도록 새로운 소재나 도구를 소개하고, 다른 활동영역에 참여하는 데 문제가 있는 영유아를 격려해 주어야 한다.
  - 그뿐만 아니라 행동문제, 교과과정, 사회적 통합 및 프로그램의 일반적인 목표에 대해 토론하기 위해 시설장이나 핵심 연구담당자와도 만나야 한다,

혼합연령 프로그램을 운영할 경우 교사의 역할(보건복지부, 2012)

역할	내용
보호자 및 양육자로서의 역할	불안과 긴장을 해소하고, 안정된 느낌을 갖도록 상황을 통제하며, 영유아의 자아를 옹호해 주는 역할을 수행해야 한다.
학습 촉진자로서의 역할	단순한 지식의 전달자가 아닌 학습의 촉진자로서 영유아에게 다양한 학습자료와 학습경험을 마련해 주고, 학습활동의 촉진을 위해 개개인의 발달수준에 적절한 질문을 하며, 영유아 스스로 해답을 발견할 수 있도록 격려해야 한다.
상호작용자로서의 역할	사회의 가치 및 규범, 생활양식 등에서 교사와 영유아, 영유아와 교구 및 시설 등의 끊임없는 상호작용을 통해 당면하는 문제의 어려움 등을 해결해야 하며, 긍정적인 가치관을 가지고 영유아와 상호작용해야 한다.
의사결정자로서의 역할	사전에 계획된 활동이나 계획일지라도 상황에 따라 대처해야 교육의 효과를 거둘 수 있으므로, 교사는 영유아를 지도하는 과정 또는 여러 가지 상황에서 내용이나 방법 등을 선택하는 의사결정의 역할을 담당해야 한다.

➔ 혼합연령 프로그램에서 교사는 동일한 활동을 진행하더라도 융통성을 발휘하여 개별 영유아의 발달수준에 적절한 활동을 계획하고 제공할 수 있어야 한다.
직접적인 교사 개입을 최소화하여 영유아 간의 활발한 사회적 상호작용이 이루어지도록 배려하고, 친구들과 효과적인 관계를 맺도록 도와준다.
교사는 성인의 역할을 할 수 있는 연령차가 있는 또래 놀이 상대자가 반응적 놀이 촉진자로서 중요한 역할을 할 수 있도록 돕고, 다른 영유아와 공동활동을 어려워하는 영유아를 지원해야 한다(이순형 외, 2005).

MEMO

7 혼합연령반의 프로그램 및 보육계획 수립

• 혼합연령 어린이집 프로그램은 유아들이 발달 속도나 특성에서 개인차가 있음을 전제로 한다. 그러므로 혼합연령반에서는 단일연령반에서 나타나기 쉬운 경쟁과 속도의 문제점을 보완할 수 있다고 본다.
  – 혼합연령반은 개별 유아의 특성을 고려하며, 유아의 능동적 경험, 통합적 학습, 놀이과정을 통한 지식의 구성, 또래 간 협동과 리더십의 고취 등을 추구한다.

보육계획 수립	• 혼합연령반의 교사는 누리과정을 기본으로 프로그램을 운영하되 각 유아의 연령별 특성과 개별적 차이를 정확하게 파악하여 보육계획안 수립에 반영하여야 한다. • 누리과정의 기본 내용을 유아가 경험할 수 있도록 연간 보육계획안을 세운다. – 1년 동안 진행할 보육과정의 흐름을 전반적으로 파악하고, 이를 토대로 월간 및 주간 보육계획안을 수립함으로써 효과적인 프로그램을 운영할 수 있는 준비를 한다. – 이러한 보육계획은 연중 정기적인 프로그램 평가와 전반적인 보육과정 평가를 실시하여 유아들의 새로운 요구를 충족시킬 수 있는 계획안이 되도록 수정·보완해야 한다. – 특히 혼합연령반의 프로그램은 2~3년 주기로 구성해야 하므로 평가결과 반영 시 이러한 점도 고려해야 한다. • 주간 보육계획안은 전반적인 하루 일과에 대한 주간 보육활동을 구성한 것으로, 자유선택 활동 및 대소집단활동에서 각 흥미영역별 활동의 균형과 통합을 고려하여 계획해야 한다. – 특히 여러 연령대가 함께 있는 혼합연령반의 경우 발달수준을 고려하여 주간 보육계획안을 수립하는 것이 보육과정을 성공적으로 운영하는 기초가 된다.

8 혼합연령반의 운영

혼합연령반 운영	• 혼합연령 어린이집 프로그램은 누리과정에 기초한 어린이집 프로그램을 기본으로 하고 있으나, 혼합연령반이라는 특성을 감안하여 그 대상과 목적, 내용을 다르게 운영해야 한다. • 혼합연령 어린이집 프로그램은 유아를 연령에 기초하여 획일적으로 구분하기보다는 유아 개개인의 발달 특성과 흥미를 고려하여 통합적인 발달을 추구하는 것을 지향한다. – 또한 유아들의 연령차가 1~2년 정도 나는 것을 고려하되, 개별 유아의 발달수준에 차이가 있다는 것을 전제로 유아 개개인의 특성을 존중하고, 비경쟁적이며 협력적인 상호작용을 격려하도록 한다. – 교사는 개별 유아의 수준과 장점을 정확하게 파악하여 유아가 자율적으로 활동에 참여하고 성공적으로 목표를 달성하도록 적합한 환경을 구성하며 보육 활동을 지원해야 한다. 즉, 유아들의 참여 정도, 시간 등에 따라 각각의 활동이 균형 있게 계획·진행되도록 한다.
혼합연령반 운영 시 유의사항	• 혼합연령반 운영에서 교사가 유의해야 할 사항을 크게 몇 가지로 정리하면 다음과 같다(보건복지부, 2012). ① 혼합연령반의 교사는 무엇보다 유아들의 발달적 특징을 이해하고, 이에 적합한 보육과정을 계획하는 것이 필요하다. – 특히 만 3~5세 유아가 혼합되어 반을 구성하고 있는 경우에는 연령별로 폭넓은 발달 특성을 정확하게 이해하고 이를 보육활동에 반영해야 한다.

MEMO

② 각 영역별로 연령별 소집단활동을 많이 제공하여 자유놀이를 운영한다.
- 대집단활동보다 영역별 소집단활동을 자주 활용하도록 권하는 것은 연령차에서 오는 유아들의 발달수준과 능력, 주의집중 시간의 차이 등을 극복하기 위함이다.
- 담임교사가 두 명 이상이라면 같은 시간대에 연령별로 각기 다른 장소에서 연령에 적합한 다른 활동을 동시에 진행할 수 있으나, 교사가 한 명인 대부분의 학급에서는 매우 어려운 일이다. 이러한 경우에는 보육실에서 영역별로 놀이가 이루어지는 자유놀이 시간을 이용하여 연령별 소집단활동을 운영할 수 있다.
- 연령별 소집단활동은 흥미영역 중 한 영역을 이용해야 하는데, 이때 활동에 참여하지 않은 다른 연령의 유아들은 다른 흥미영역에서 활동을 실시할 수 있다. 이를 위해 자유놀이 시간에 교사는 각 흥미영역을 돌아보면서 그날의 활동을 안내하고 유아 수준에 적합한 활동을 진행한다.
- 흥미영역별 활동이 어느 정도 이루어지면, 만 5세 유아를 별도로 모아 계획된 활동을 해당 영역에서 소집단으로 진행할 수 있다. 예를 들어 대집단 '새 노래 배우기'는 음률영역에서, 대집단 '실험'은 과학영역에서 진행하는 것이다. 이 경우 자유놀이 시간이 길어질 수 있으므로 일과시간의 조절이 필요하다.

③ 대집단활동 시에는 만 3~4세 유아의 주의집중 시간과 수준을 고려한다. 자유놀이 시간은 개별 또는 소집단으로 영역별 활동을 하기 때문에 비교적 연령별 특성을 고려할 수 있다.
- 그러나 한 학급의 유아 전체가 모이는 대집단활동 또한 필요한 활동이므로 이때는 계획된 활동이 만 3~4세 유아의 흥미와 주의집중 시간을 고려하여 적절한지 파악한 후 진행한다.
- 또한 학기 초에는 이야기나누기 시간에 동생들이 앞자리에 앉을 수 있게 하는 등 형과 동생이 함께 보육활동을 하기 위해 고려할 점이 무엇인지 유아들과 함께 이야기를 나누어 보고 필요한 규칙을 정한다.

④ 혼합연령반의 최대 장점은 형, 동생이 함께 활동하면서 서로에게 긍정적인 조력자가 될 수 있다는 점이다.
- 형은 동생에게 개념을 가르쳐 주거나 도움을 주면서 자신감을 얻고, 동기간의 비교와 경쟁에 덜 신경 쓰며 동생을 도와주고 배려하는 방법을 익힐 수 있다.
- 동생은 형과의 상호작용을 통해 새로운 자극을 받고, 교사보다 형에게 더욱 쉽게 수시로 도움을 청하고 받을 수 있다.
- 활동을 진행할 때는 이러한 혼합연령반의 장점을 바탕으로 유아와 유아 간 상호작용을 최대한 활용한다.

  예 이야기나누기 시간에 동생이 의견을 말하면 교사가 바로 대답하지 말고 형에게 물어본다든지, 대집단 활동에서 형이 보조교사의 역할을 할 수 있게 하는 등, 유아와 유아 간 상호작용이 활발하게 이루어질 수 있도록 고려한다.

⑤ 일과 운영 시 개별 유아의 발달수준을 최대한 배려한다.
- 어린이집의 일과에는 보육활동 외에도 간식이나 점심, 휴식과 낮잠 등과 같은 일상생활 관련 활동이 포함되어 있다. 이러한 시간은 연령별 발달특성이 두드러지게 나타나므로 교사의 섬세한 배려가 필요하다.
- 즉, 배식의 양, 낮잠시간, 화장실 사용, 이 닦기 등이 연령에 따라 다르므로 이러한 점을 고려해야 한다.

MEMO

9 혼합연령반의 일과운영

- 교사는 유아가 어린이집에 등원하여 귀가하기까지 일과를 진행하는 동안 활동을 계획하고, 환경을 조성하며, 상호작용을 통해 다양한 교육적 경험을 할 수 있도록 해야 한다.
- 사전에 보육계획안이 수립되어 있지만 개별 유아의 건강 상태, 날씨, 어린이집의 여건 등에 따라 일과를 융통성 있게 운영할 수 있으며, 유아의 발달수준과 흥미, 사전경험 등을 고려하여 진행한다.
- 하루 일과 중 주요 활동을 살펴보면 다음과 같다(보건복지부, 2012).

등원 및 일과계획	• 유아들이 등원할 때 교사는 유아의 이름을 불러 주고 따뜻하게 인사하며 맞이하도록 한다. – 이때 유아의 기분과 건강상태 등을 살펴보고 세심하게 주의를 기울여야 하며, 등원하는 유아의 부모에게도 특별히 고려해야 할 사항에 대한 정보를 얻으면서 자연스럽게 유아가 부모와 헤어질 수 있도록 돕는다. – 어린 유아들이 등원하면서 부모와 헤어짐을 경험할 때는 높은 연령의 유아들이 자연스럽게 놀이를 유도하거나 좋아하는 놀이장면을 보여주면서 자연스럽게 적응프로그램을 실시할 수 있다. – 또한 입고 온 옷이나 가방을 정리할 때도 높은 연령의 유아들이 모델이 될 수 있다. • 유아가 일과를 계획할 때는 일과 전반을 살펴보면서 연령별 활동에 대해서도 안내받을 수 있어야 한다. – 즉, 만 5세 유아의 활동과 만 3~4세 유아의 활동을 구분하여 그림 등으로 표시해 놓으면 일과 중 자신이 참여하고 싶은 활동이 무엇인지 생각하는 데 도움이 된다. – 놀이 등으로 자연스럽게 일과를 시작하도록 계획하되, 하루 활동계획을 하더라도 유아의 흥미나 상황에 따라 선택하여 활동할 수 있으므로, 만 3세 유아의 경우 교사나 연령이 높은 유아와 상호작용을 통해 활동을 융통성 있게 계획하고 진행하는 것이 필요하다.
자유놀이	• 자유놀이 시간은 개별 유아들이 자발적으로 관심과 흥미에 따라 선택하고 참여하는 활동으로 이루어지며, 주제와 관련된 다양한 수준에 따라 경험해 볼 수 있다. – 따라서 혼합연령반의 교사는 각 연령에 적합한 놀잇감이나 활동자료를 흥미영역별로 제공해 주고, 발달수준에 맞추어 상호작용하는 것이 필요하다. • 오전과 오후, 실내와 실외 자유놀이가 연계될 수 있도록 융통성 있게 운영하며, 유아가 자유놀이를 계획할 때 전날 활동과 연계하거나 새로운 활동을 소개하여 유아의 흥미와 참여를 격려할 수 있다. – 자유놀이 시간에는 그 전에 이루어졌던 활동과의 연계나 심화가 일어날 수 있으며, 오전에 완성하지 못한 활동은 오후 자유놀이 시간에 지속할 수 있다. – 연령이 낮은 유아는 오후 자유놀이 시간에 새로운 활동을 계획하기보다는 오전에 완성하지 못한 활동을 하거나 가급적 편안하고 개별적인 활동을 하며, 연령이 높은 유아는 좀 더 심화된 활동을 계획하여 전개할 수 있다. • 교사는 자유놀이 시간에 이루어지는 영역별 활동을 통해 수준이 다른 유아들 간에 폭넓은 상호작용이 일어나도록 하여 혼합연령반의 장점을 살릴 수 있도록 하고, 만 3~4세 유아의 경우 대집단으로 활동하기보다 자유놀이 시간에 교사나 교구, 다른 유아들과의 상호작용을 통해 효과적으로 학습할 수 있도록 한다. • 연령이 높은 만 5세 유아들은 연합하여 놀이를 하는 데 비해, 어린 연령의 유아들은 놀이에 끼지 못하거나 놀잇감을 공유하지 못하는 경우가 발생할 수 있다. – 특정한 시간대에는 연령별로 사용할 수 있는 교구를 지정하여 이러한 상황을 예방하거나 해결할 수 있는 방법을 사전에 마련해야 한다.

MEMO

정리정돈	• 자유놀이를 마친 유아들은 자신이 사용한 놀잇감과 활동자료 등을 제자리에 정돈하면서 다음 일과를 준비하는데, 정리정돈을 하기 10분 전에 미리 공지하여 새로운 놀이를 시작하지 않도록 한다. • 전체 유아들이 서로 협력하여 정리하도록 지도하되, 정리정돈을 할 때도 유아들 간의 차이가 있으므로 교사는 이를 배려하여 시간이 많이 걸리는 영역과 어린 유아들의 정리를 돕는 것이 필요하다. • 활동자료를 교구장에 수준별로 구분하여 배치하면 어린 유아들이 연령이 높은 유아들 사이에 끼어 힘들게 정리정돈하지 않도록 할 수 있다
대집단활동	• 일반적으로 대집단활동보다 소집단활동이 유아들에게 더 바람직하다고 하지만, 모든 일과를 일괄적으로 하기는 어려우므로 출결석 확인하기, 놀이 계획과 평가 등 집단 구성원으로 모두가 알아야 할 내용을 공유하는 활동은 대집단으로 하여 소속감과 일체감을 느끼도록 할 수 있다. – 대집단으로 활동할 때는 제시하는 자료나 교사에게 주목하기 쉽도록 교사가 장소를 정하여 연령이 낮은 유아들이 앞에 앉고 연령이 높은 유아들이 의자를 가져와 뒤쪽에 앉도록 한다. • 대집단활동 운영시간은 유아들의 주의집중 시간을 고려하여 되도록 15분 이상을 넘기지 않도록 한다. – 학기 초에는 5~10분 내외도 무방하며, 교사는 활동이 진행되는 동안 모든 연령의 유아들이 이해할 수 있는 언어와 유아들의 흥미에 적합하고 다양한 교구로 상호작용하는 것이 필요하다. – 다만 이야기나누기와 같은 대집단활동의 경우 내용상 전체 유아를 상대로 진행하기에는 무리가 있으므로, 일반적인 내용만 다루고 좀 더 심화된 내용은 만 5세 유아만 따로 모아 진행할 수도 있다.
소집단활동	• 유아들은 발달 특성상 대집단으로 오랜 시간 모여서 활동하기에 무리가 있다. 특히 혼합연령반의 경우 유아들의 연령과 수준이 다르고 주의집중 시간, 이해도 등에서 차이가 있어 대집단활동이 적절하다고 보기 어려우므로 가급적 대집단활동보다는 연령별 소집단활동이나 개별활동을 중심으로 운영하는 것이 바람직하다. • 소집단으로 활동하면 대집단에 비해 유아와 유아 간 또는 교사와 유아 간의 상호작용이 활발해진다. 각 연령의 발달수준에 적합한 활동을 계획하여 운영할 수 있으므로 유아들의 흥미와 참여도 또한 높아질 수 있다. – 일반적으로 소집단으로 진행할 수 있는 활동은 이야기나누기, 동시 감상, 실험하기, 관찰하기, 게임 등이 있으며, 만 5세 유아들의 경우 한 가지 특정 주제에 대한 토론, 동시 및 노래 짓기, 공동작업 등을 소집단으로 할 수 있다. – 소집단활동은 같은 시간대에 각각 이루어지므로 교사 한 명이 운영하는 학급에서 진행하기 어렵기는 하지만, 자유놀이 시간에 흥미영역 중 한 곳을 이용하면 효과적으로 운영할 수 있다. – 이때 교사는 집단의 수준에 맞는 교수방법을 사용하여 활동을 전개하되, 만 3~4세 유아의 경우는 좀 더 구체적인 활동자료를 활용하고, 언어를 사용하기보다는 신체를 움직이면서 수준에 적절한 체험을 하도록 한다. – 소집단활동에 참여하지 않는 유아들은 개별적으로 자유놀이를 할 수 있다.

MEMO

	• 만 5세 유아의 경우에는 좀 더 복잡한 방법이나 추상적인 주제를 가지고 활동을 진행할 수 있다. – 흥미영역 중 한 곳에서 소집단활동을 할 경우 가장자리에 있는 곳이 좋고, 활동유형에 따라 그 위치는 바뀔 수 있다. – 다른 영역에서 놀이하고 있는 유아들에게 방해가 되지 않아야 하며, 이때 교사는 전체 보육실의 유아들을 향해 앉아 있어야 소집단활동에 참여하지 않는 다른 유아들도 관찰할 수 있다.
실외활동	• 유아들은 시기나 계절, 날씨 등에 따라 하루 중 한 번 또는 두 번 정도 실외활동을 계획하여 운영할 수 있다. • 실외활동에서 유의해야 할 사항은 무엇보다 안전에 관한 것으로 교사는 항상 유아들이 활동하고 있는 모습 전체가 보이는 곳에서 유아들의 활동을 관찰하고 격려하도록 한다. • 혼합연령반 유아들의 수준 차이를 고려하여 실외활동을 계획하되, 실내에서 하기 어려운 활동, 즉 물이나 햇빛 등을 사용하는 활동이나 다양한 과학실험 등을 준비하여 단순히 실외에서 노는 시간에 그치는 것이 아니라 실내에서 실행하기 어려운 다양한 경험을 해 볼 수 있도록 해야 한다. – 자연관찰, 실험 등의 실외활동 중 만 3~4세 유아의 수준에 어려운 활동을 계획할 때는 실외활동 시간이 같지만 연령이 낮은 다른 학급과 통합하여 만 3~4세 유아는 다른 학급 교사와 활동하고, 만 5세 유아만 혼합연령반 교사가 주도하여 별도로 활동할 수도 있다. 이때는 교사가 관리할 수 있도록 유아의 수를 적절히 분배해야 한다.
간식과 점심시간	• 오전 간식은 주로 자유선택활동 시간 전 또는 시간 중에 이루어진다. – 놀이 중에 자유롭게 먹는 경우에는 놀이에 열중하여 간식을 거를 수 있고, 단체로 간식을 먹는 경우에는 등원시간이 늦은 유아가 못 먹을 수 있다. – 오전과 오후 간식, 점심으로 균형 있는 영양 섭취가 이루어지도록 계획해야 하므로 교사는 모든 유아가 적은 양이라도 먹을 수 있도록 지도한다. • 오후 간식은 낮잠 및 휴식시간 이후에 먹는데 만 5세 유아의 경우 원하는 만큼 담아 먹도록 할 수 있으며, 만 3~4세 유아는 담아 먹기 쉬운 단위로 구분해 놓아 스스로 덜어 먹도록 격려할 수 있다. • 간식을 배식할 때 만 3~4세 유아는 아직 소근육 발달이 충분하지 않으므로 만 5세 유아가 도우미 역할을 하도록 격려한다. • 점심시간이 되면 오전 일과를 끝낸 유아들은 손을 씻고 점심 먹을 준비를 한다. – 보육실 또는 별도 공간이 있는 경우에는 식당에서 점심 배식을 하며, 이때 유아들은 전반적으로 스스로 점심 먹을 준비를 할 수 있으므로, 만 5세 유아는 교사의 배식을 돕거나 나이 어린 유아의 식사를 돕도록 할 수 있다. – 교사는 각 연령대가 골고루 함께 앉아 가정과 같은 분위기에서 식사를 하도록 하되, 편식하지 않고 골고루 먹기, 앉은 자리에서 식사하기, 입안에 음식이 있을 때 이야기하지 않기 등과 같은 올바른 식습관을 지도한다. 이때 연령이 높은 유아가 나이 어린 유아의 모델이 되도록 하여 자연스럽게 어린 유아의 사회적 기술을 발달시키고 연령이 높은 유아의 책임감과 자신감을 증진시킬 수 있다. • 점심식사가 끝난 후에는 자리 정리를 하도록 하며, 양치질을 할 때 만 5세 유아는 스스로 깨끗이 닦도록 지도할 수 있으나, 만 3~4세 유아는 이를 골고루 닦도록 교사가 구체적인 시범을 보여주는 등 격려가 필요하다.

MEMO

낮잠과 휴식	• 하루 일과 중 유아들이 신체적인 피로감과 정서적인 긴장감을 해소할 수 있도록 낮잠이나 휴식을 계획하는 것이 필요하다. – 개별적으로 침구, 친근한 인형 등을 준비하여 편안하게 휴식하도록 하며, 만 3~4세 유아의 경우 낮잠을 자도록 계획하고, 만 5세 유아는 낮잠을 자는 대신 휴식을 취하도록 한다. • 낮잠이나 휴식시간은 연령별로 욕구가 매우 다양하므로 유아들의 연령과 계절, 날씨, 일과, 활동량, 건강상태 등에 따라 융통성 있게 조절하여 제공해야 하며, 유아의 상태에 따라 활동을 하는 중간에도 휴식공간을 활용하여 쉴 수 있도록 한다. • 휴식에 대한 요구가 다양한 유아들이 한 공간에서 있게 되면 서로 방해가 되기 때문에 만 5세 중 낮잠을 자지 않는 유아는 가리개나 교구장 등으로 구분하여 조용하게 한쪽에서 활동하도록 한다. – 만 3~4세 유아가 낮잠을 안 자는 만 5세 유아들로 인해 충분한 휴식을 취할 수 없으면 낮잠을 자는 다른 보육실의 유아들과 함께 휴식을 취할 수도 있다. – 낮잠에서 깨어날 때는 따뜻하고 다정하게 안아주어 안정감을 느낄 수 있도록 한다.
화장실 다녀오기	• 유아들은 일과 중 대소집단활동 및 자유선택활동을 마친 후, 낮잠 전과 후, 실외활동 후, 간식 및 점심시간 전과 후 등에 손을 씻거나 용변을 보기 위해 화장실에 다녀온다. – 배설을 통해 기본적인 신체욕구를 충족시키는 것은 일과 중 매우 중요한 활동이며, 정서적으로도 유아를 편안하게 하므로 교사는 유아들의 배변활동이 긍정적인 경험이 되도록 격려해야 한다. • 만 3세 유아의 경우 스스로 능숙하게 용변을 보지 못하거나 놀이를 하다가 잊어버려 실수를 하는 경우가 있으므로, 교사는 일과를 운영하면서 의도적으로 유아가 화장실에 가서 용변을 본 후에 손을 깨끗이 씻도록 하고, 변기 사용법, 배변 후 물 내리는 법, 휴지 사용법, 옷 입는 법 등을 가르쳐 주어야 한다. – 혹시 유아가 실수했을 때를 대비하여 가정에서 여벌의 옷을 보내오도록 하고, 유아들 간에 놀림을 당하지 않도록 교사가 세심하게 배려해야 한다. • 손 씻기를 할 때 만 3세 유아는 교사가 먼저 손을 씻는 모습을 보여주고 유아들이 손을 씻을 때 옆에서 지켜보면서 필요할 때 도와주며, 만 4~5세 유아는 손 씻기 활동이 그려져 있는 그림을 보면서 스스로 손을 씻도록 지도한다.
귀가 및 가정과의 연계	• 유아들이 귀가하기 전에 교사는 유아가 계획한 활동과 실행한 활동에 대해 이야기를 나누고, 재미있었던 활동이나 어려웠던 활동이 무엇이었는지 평가해 보면서 일과를 정리하여 편안하고 즐거운 마음으로 보호자를 만날 수 있도록 한다. – 만 3세 유아의 경우 귀가하는 과정에서 혼자 어린이집 외부로 나가거나 위험한 행동을 하지 않는지 살펴보아야 한다. – 귀가시간은 유아마다 차이가 있고 자칫 긴장이 풀어질 수 있는 시간이므로 교사는 유아 모두가 귀가할 때까지 안전하게 지낼 수 있도록 주의를 기울여야 한다. – 교사는 보호자가 유아를 데리러 왔을 때 식사량, 낮잠 여부, 즐거웠던 하루 일과 또는 특별한 일, 아프거나 다친 일 등을 이야기하여 가정과 연계가 잘 이루어질 수 있도록 해야 한다.

		CHECK 1	CHECK 2	CHECK 3
UNIT01	누리과정의 제정과 개정			
UNIT02	국가 수준 교육과정으로서 누리과정			
UNIT03	누리과정 개정의 취지			
UNIT04	누리과정의 주요 개정 내용			
UNIT05	개정 누리과정의 구성			
UNIT06	누리과정의 성격			
UNIT07	누리과정의 구성 방향			
UNIT08	누리과정의 운영			
UNIT09	평가			

누리과정 총론

I 누리과정의 이해

MEMO

UNIT 01 누리과정의 제정과 개정

1969년	유치원 교육과정은 1969년 최초로 국가 수준 유치원 교육과정으로 제정·공포되었다.
2007년	• 여러 차례의 개정을 거쳐 「2007 개정 유치원 교육과정」으로 이어졌다. • 표준보육과정은 2007년 최초로 고시·시행되었다. • 이후 유치원에서는 유치원 교육과정을, 어린이집에서는 표준보육과정을 운영하였으나, 이원화된 운영체제 정비의 필요성이 제기되었다.
2011년	공통과정으로서 「5세 누리과정」 제정 • 2011년 5월, 유아교육·보육에 대한 국가의 책임을 강화하기 위해 5세의 유아교육과 보육 내용을 통합하여 일원화된 공통과정이 고시되었다. – 이후 유치원과 어린이집에 다니는 5세 유아의 학비·보육료 지원을 전 계층으로 확대하고, 지원 단가를 연차적으로 현실화하기 위한 정책을 마련하여 관련 법령을 정비하였다. – 2011년 9월 「5세 누리과정」을 '공통과정'으로 제정하여 고시하였고, 2012년 3월부터 유치원과 어린이집에 다니는 모든 5세 유아에게 공통으로 시행하였다.
2012년	공통과정으로서 「3~5세 연령별 누리과정」 제정 • 유아교육·보육에 대한 국가의 책임이 강화됨에 따라 누리과정 적용 대상을 5세에서 3~4세 유아까지 확대하였다. – 2012년 7월 유치원과 어린이집에 다니는 3~5세 유아를 위해 교육·보육을 통합한 '공통과정'인 「3~5세 연령별 누리과정」이 고시되어, 2013년 3월 시행되었다. – 2015년 3월, 「3~5세 연령별 누리과정」은 누리과정 운영시간을 3~5시간에서 4~5시간으로 조정하여 개정·고시되었다.
2019년	교육과정으로서 「2019 개정 누리과정」 개정 • 2017년 12월, 교육부는 국정과제 구현과 출발선 평등 실현을 위해 '유아교육 혁신방안'을 발표하였다. – '유아교육 혁신방안'의 주요 내용으로 '유아가 중심이 되는 놀이 위주의 교육과정 개편'이 명시되었다. – 이에 유아·놀이 중심 교육과정 개편 방향을 반영하여 2019년 7월, 「2019 개정 누리과정」이 고시되었다. – 「2019 개정 누리과정」은 유치원과 어린이집에 다니는 3~5세 유아에게 공통으로 적용되는 교육과정으로 2020년 3월부터 시행되었다.

MEMO

UNIT 02 국가 수준 교육과정으로서 누리과정

「2019 개정 누리과정」은 '국가 수준의 공통 교육과정'이다. 교육과정으로서의 누리과정을 이해하기 위해서는 교육과정으로서 보편적 의미와 국가 수준 교육과정으로서의 의미를 알아보는 과정이 필요하다.

교육과정으로서 누리과정	• 「2019 개정 누리과정」의 성격에서는 누리과정을 *'국가 수준의 공통 교육과정'으로 명시하고 있다. • 교육과정의 정의 ① 「2007 개정 유치원 교육과정」에서는 교육과정을 '학습자에게 제공할 학습경험을 미리 선정하고 조직하여 교육경험의 질을 구체적으로 관리하는 교육의 기본 설계도'로 정의하고 있다[유치원 교육과정 해설(Ⅰ), 교육과학기술부(2008)]. ② 「2015 초·중등학교 교육과정」에서는 교육과정을 '학교의 교육목적 및 목표를 달성하기 위해 교육 내용 또는 학습 경험을 선정하고 조직하고 실천하고 평가하는 제 행위'로 정의하고 있다[2015 개정 교육과정 총론 해설-초등학교, 교육부(2016)]. ③ 이와 함께 교육과정을 '학생이 경험하는 총체 또는 학교가 제공하는 경험의 총체'라는 광의의 의미로도 정의하고 있다[2015 개정 교육과정 총론 해설-초등학교, 교육부(2016)]. 개정 누리과정에서는 교육과정에 대한 이러한 다양한 해석을 바탕으로, 교육과정이 '교육 목표를 달성하기 위해 교육 내용을 선정·조직하는 방식'임을 고려하면서, '유아가 경험하는 총체'임에 중점을 두고 교사와 유아가 함께 만들어가는 교육과정의 중요성을 강조하였다.
국가 수준의 교육과정으로서 누리과정	• 국가 수준의 교육과정은 국가가 주체가 되어 제정·개정하고 고시하는 교육과정을 의미한다. – 국가가 고시하는 교육과정은 학교에서 교육과정을 편성·운영할 때 필요한 공통적이고 일반적인 기준을 제시한 것이다. – 이와 동시에 지역 및 기관 수준, 학급(반) 및 개인 수준의 다양성도 존중한다. ➜ 이는 국가 수준 교육과정이 국가에서 일방적으로 만들어서 '주어지는 교육과정'이 아니라 교육을 직접 실천하는 각 학교 수준에서 편성·운영하는 '만들어가는 교육과정'이라는 것을 보여준다. • 「2019 개정 누리과정」은 국가가 고시한 교육과정으로 3~5세 유아가 다니는 유치원과 어린이집에서 누리과정을 편성·운영할 때 필요한 공통적이고 일반적인 기준을 제시하고 있다. – 이와 동시에 지역 및 기관, 개인 수준의 다양성도 강조하였다. • 국가 수준 교육과정으로서 개정 누리과정은 유아가 중심이 되고 놀이가 살아나는 교육과정을 추구한다. – 유치원과 어린이집은 국가 수준에서 제시하는 공통성을 바탕으로 유아·놀이 중심 교육과정을 다양하게 실천해 갈 수 있다. – 누리과정의 실행 주체인 교사는 국가가 제시하는 유아·놀이 중심 교육과정을 기초로 하되 자율적으로 유아와 함께 만들어나가는 교육과정을 실천할 수 있다.

*'국가 수준의 공통 교육과정'
일반적으로 국가 수준 교육과정이라고 명시하지만, 누리과정은 일반적 교육과정과 달리 유치원과 어린이집이 함께 사용하는 특성을 나타내기 위해 '국가 수준의 공통 교육과정'으로 명시하였다.

MEMO

UNIT 03 누리과정 개정의 취지

미래 사회에 부응하는 새로운 교육과정	• 최근 국내외 교육과정은 역량을 중심으로 미래 사회에 부응하는 방향으로 나아가고 있다. ① 미래사회는 지식이 많은 사람보다, 지식을 잘 활용할 수 있는 사람을 필요로 한다. ② 또한 자연과 생명을 존중하며 다른 사람과 함께 살아가는 바른 인성을 갖추고, ③ 창조적 사고로 지속 가능한 사회를 만들어 갈 수 있는 역량을 갖춘 사람이 필요하다. – 이러한 역량을 반영하여 개정된 「2015 개정 초·중등학교 교육과정」은 학습자의 경험을 강조하며, 학습경험의 질 개선을 위하여 '배움을 즐기는 행복 교육'을 추구하고 있다. • 「2019 개정 누리과정」에서는 새로운 시대의 요구에 따라, 교육 내용을 간략화하고 유아가 주도하는 놀이를 통해 배움이 구현될 수 있도록 유아·놀이 중심 교육과정으로 나아가고자 하였다. • 「3~5세 연령별 누리과정」은 유치원 교육과정과 3~5세 보육과정을 통합한 공통과정으로서 유치원과 어린이집 유아들이 공통의 교육 내용을 경험할 수 있도록 하는 성과를 이루었다. – 그러나 「3~5세 연령별 누리과정」은 연령별 교육 내용이 과다하다는 문제가 있었다. ➔ 이에 「2019 개정 누리과정」에서는 새로운 시대의 요구에 따라, 교육 내용을 간략화하고 유아가 주도하는 놀이를 통해 배움이 구현될 수 있도록 유아·놀이 중심 교육과정으로 나아가고자 하였다.
유아의 놀이가 중심이 되는 교육과정	• 유아교육에서는 전통적으로 유아의 놀이를 강조해왔다. 그런데 개정 누리과정에서 유아 중심과 놀이 중심을 재차 강조하는 이유는 '놀이'의 본질과 가치를 다시 한 번 생각해 보기 위해서이다. – 놀이는 유아의 일상에서 자연스럽게 나타나며, 유아가 세상을 경험하고 배워가는 방식이다. 유아는 온몸의 감각과 기억으로 자연과 세상을 만난다. 유아가 놀이하며 보여주는 독특한 움직임, 표정, 재미있는 말과 이야기, 그림이나 노래 등은 모두 놀이의 과정이자 배움의 결과물이다. 유아는 놀이하며 다른 사람과 관계를 맺고 세상의 중요한 구성원으로 성장해 간다. • 그러나 그동안 일부 현장에서 교사용 지도서에 의존하여 누리과정을 획일적으로 운영하거나 교사가 계획한 자유선택활동을 중심으로 놀이를 운영하여 유아가 자유롭게 주도하는 놀이를 실천하는 데 한계가 있었다. • 개정 누리과정에서는 유아가 각자 자신에게 적합한 방식으로 스스로 놀이하며 배운다는 점에 주목하여 유아가 주도하는 놀이를 강조하였다. – 이는 유아의 놀이에 귀를 기울여 유아가 중심이 되고 놀이가 살아나는 교육과정을 만들고자 한 것이다. – 이처럼 개정 누리과정은 교사가 유아 놀이의 가치와 의미를 이해하고, 유아의 놀이를 통한 배움을 지원하도록 하는 데 중점을 두었다.

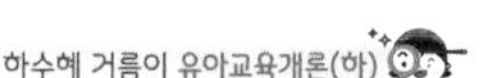

유아의 놀이를 지원하기 위한 교사의 자율성	• 교사는 유아와 가장 가까이 있는 사람으로, 그 누구보다 유아의 놀이를 잘 아는 전문가이다. – 교사는 유아의 놀이에 대한 의미를 이해하고 지원하며 유아와 함께 성장하고 배워 나간다. – 교사는 활동을 계획하고 준비하는 데 많은 시간을 보내기보다는 유아의 놀이를 이해하고 지원하는 데 더 많은 시간을 보낼 필요가 있다. – 유아의 놀이는 예측하여 계획하기 어렵기 때문에 교사는 유아의 놀이 흐름에 따라 가장 적합한 교육적 지원이 무엇인지를 상황에 따라 판단하고 실천해야 한다. • 개정 누리과정에서는 국가 수준의 공통 기준을 최소화하여 교사의 자율성과 다양성을 존중하였다. – 개정 누리과정은 교사가 자율성을 기반으로 유아가 놀이하며 배운다는 가치를 믿고 유아가 중심이 되어 놀이가 살아나는 교육과정을 유아와 함께 실천해 갈 수 있도록 하였다.

MEMO

MEMO

UNIT 04 누리과정의 주요 개정 내용

1 「3~5세 연령별 누리과정」과 「2019 개정 누리과정」의 비교

구분	내용
총론	• '누리과정의 성격'과 총론 누리과정의 구성 방향에 '추구하는 인간상'이 신설되었다. • 기존의 구성 방향은 개정 누리과정에서 구성의 중점으로 정리하였다. • 목적과 목표, 편성과 운영을 별도의 절로 기술하던 것을 개정 누리과정에서는 함께 기술하였다.
각론	• 기존의 누리과정은 연령별 누리과정으로 명시하며 목표와 내용을 분리하여 기술하였다. • 개정 누리과정에서는 영역별로 목표와 내용을 함께 제시함으로써 목표와 내용의 연계를 바로 파악할 수 있다.

3~5세 연령별 누리과정 구성체계		2019 개정 누리과정 구성체계	
		누리과정의 성격(신설)	
제1장 누리과정의 총론	Ⅰ. 구성 방향 Ⅱ. 목적과 목표 1. 목적 2. 목표 Ⅲ. 편성과 운영 1. 편성 2. 운영 3. 교수・학습 4. 평가	제1장 총론	Ⅰ. 누리과정의 구성 방향 1. 추구하는 인간상(신설) 2. 목적과 목표 3. 구성의 중점 Ⅱ. 누리과정의 운영 1. 편성・운영 2. 교수・학습 3. 평가
제2장 연령별 누리과정	제1절 3~5세 연령별 누리과정의 영역별 목표 Ⅰ. 신체운동・건강 Ⅱ. 의사소통 Ⅲ. 사회관계 Ⅳ. 예술경험 Ⅴ. 자연탐구 제2절 3~5세 누리과정의 영역별 내용 Ⅰ. 3세 누리과정 1. 신체운동・건강 2. 의사소통 3. 사회관계 4. 예술경험 5. 자연탐구 Ⅱ. 4세 누리과정 Ⅲ. 5세 누리과정	제2장 영역별 목표 및 내용	Ⅰ. 신체운동・건강 1. 목표 2. 내용 Ⅱ. 의사소통 1. 목표 2. 내용 Ⅲ. 사회관계 1. 목표 2. 내용 Ⅳ. 예술경험 1. 목표 2. 내용 Ⅴ. 자연탐구 1. 목표 2. 내용

MEMO

❷ 국가 수준의 교육과정으로서 구성체계 확립

① 「3~5세 연령별 누리과정」은 2012년 제정 이래 현재까지 유치원과 어린이집에 다니는 3~5세 유아를 위한 '공통과정'으로 시행되고 있다.

② 한편 누리과정을 '교육과정'으로 명시하고, 추구하는 인간상 등을 제시하여 국가 수준의 교육과정으로서 구성체계를 확립해야 한다는 요구가 꾸준히 제기되었다.

③ 이와 함께 역량을 중심으로 개정한 「2015 개정 초·중등학교 교육과정」의 취지와 내용을 누리과정 개정에 반영할 필요성 또한 대두되었다.

국가 수준의 교육과정으로서 구성체계 확립을 위한 개정 내용

국가 수준의 공통 교육과정으로서 성격 명시	• 「2019 개정 누리과정」은 '성격'을 신설하여 '국가 수준의 공통 교육과정'임을 명시하였다. – 누리과정을 교육과정으로 명시한 점은 유아, 교사와 기관, 국가 차원에서 중요한 의미를 가진다. ① 유아 차원에서는 유치원과 어린이집에 다니는 3~5세 모든 유아가 편견이나 차별 없이 양질의 교육적 경험을 할 수 있음을 말한다. ② 교사와 기관 차원에서는 누리과정 운영의 자율성을 가지면서도 국가 수준의 교육과정을 우선적으로 존중하여 운영해야 하는 책임감도 강화된다. ③ 그리고 국가 차원에서는 누리과정이 현장에서 지속적으로 운영될 수 있도록 행정적·재정적 지원을 해야 하는 의무가 있다.
추구하는 인간상 제시	• 개정 누리과정은 '추구하는 인간상'을 제시하여 교육과정으로서 구성체계를 확립하였다. • 개정 누리과정이 제시한 인간상은 ① 건강한 사람, ② 자주적인 사람, ③ 창의적인 사람, ④ 감성이 풍부한 사람, ⑤ 더불어 사는 사람이다. • 추구하는 인간상의 제시는 유아가 누리과정 5개 영역의 내용을 경험하면서 어떠한 모습으로 성장해 가는지에 대한 교육적 비전을 명료히 제시하였다는 점에서 의의가 있다.
초등학교 교육과정과의 구성체계 및 교육 내용 연계	• 개정 누리과정은 추구하는 인간상과 목적과 목표, 구성의 중점 등 총론 전반의 구성을 초등학교 교육과정의 체계와 통일하였다. – 특히 역량을 중심으로 개정한 「2015 개정 초·중등학교 교육과정」의 취지와 내용을 개정 누리과정 인간상과 교육목표 등에 반영하여 초등학교 교육과정과 연계하고자 하였다. – 이때 누리과정 5개 영역의 내용은 초등학교 1학년의 교육 내용을 상회하지 않도록 유의하였다. – 이로써 누리과정은 유·초 연계에 있어서 보다 적정화된 교육 내용의 계속성, 계열성, 통합성 및 접합성을 확보하게 되었다.

MEMO

3 유아 · 놀이 중심 교육과정 재정립

① 최근의 교육과정은 교수자가 학습자의 배움을 예상하여 사전에 조직하는 교사 중심에서 학습자가 주체가 되는 배움 중심으로 변화하고 있다.

② 「3~5세 연령별 누리과정」도 유아의 놀이를 강조하였지만, 일부 현장의 경직되고 획일화된 누리과정 운영에 대한 문제가 제기되었다.

➔ 이에 개정 누리과정은 유아의 흥미와 관심을 반영하지 못한 교사의 계획 중심 운영을 개선하기 위해 유아 · 놀이 중심 교육과정을 재정립하였다.

유아 · 놀이 중심 교육과정 재정립

교사 중심 교육과정에서 유아 · 놀이 중심 교육과정으로의 변화	• 개정 누리과정은 '유아와 놀이'를 최우선으로 존중하는 교육과정임을 강조하였다. – 이는 교사가 미리 계획한 활동을 중심으로 진행되는 '교사 중심' 교육과정에서 유아 주도적인 놀이가 중심이 되는 '유아 · 놀이 중심' 교육과정으로 변화하는 것을 의미한다. – 예를 들어, 개정 누리과정에서는 교사가 계획하여 제안하는 자유선택활동을 유아가 주도하는 놀이로 대체하여 운영하도록 제안하였다.
충분한 놀이시간 확보 권장	• 개정 누리과정에서는 바깥놀이를 포함하여 유아가 자유롭게 놀이할 수 있는 시간을 충분히 편성 · 운영할 것을 제안하였다. – 충분한 놀이시간은 유아가 몰입하여 놀이를 즐길 수 있도록 여유 있게 시간을 확보하여 일과를 운영하는 것을 의미한다. – 유치원과 어린이집은 유아의 안전을 고려하되 유아의 놀이가 최대한 활성화되도록 실내외 놀이환경을 포함하여 누리과정 운영 방식을 개선해 가는 것이 필요하다.
유아 놀이와 배움의 의미에 대한 재이해	• 유아 · 놀이 중심 교육과정은 유아의 놀이가 가지는 배움의 의미를 새롭게 이해하는 데서 출발한다. • 그동안 유아교육에서는 유아의 놀이를 교육의 기본 정신으로 강조하였다. – 그러나 한편으로는 유아가 스스로 놀이하며 배우고 있는지에 대한 걱정과 불안이 있었다. – 또한 교사가 놀이보다는 활동을 통해 지식을 가르치는 것에 집중한다는 반성이 이루어지기도 하였다. ➔ 개정 누리과정에서는 이러한 점을 고려하여 교사가 놀이의 의미와 가치를 재이해하는 것이 필요함을 강조하였다. • 교사가 가르치지 않아도 유아가 놀이하며 스스로 배울 수 있음을 이해하는 것은 놀이 중심 교육과정을 실천하는 데 중요한 출발점이 된다. – 따라서 개정 누리과정의 교수 · 학습에서 유아가 놀이를 통해 배우도록 함을 명시하였다. – 또한 5개 영역의 내용이 교사가 가르쳐야 할 내용이 아니라 유아가 경험하며 스스로 배우는 내용이라는 것을 구체적으로 설명하여 교사가 유아의 놀이와 배움을 재이해할 수 있도록 안내하였다.

MEMO

④ 5개 영역의 내용 간략화

- 개정 누리과정은 「3~5세 연령별 누리과정」의 과다한 세부 내용을 교육과정 대강화 경향에 따라 간략화하자는 요구에 부합하고자 하였다.
  - 교육과정 대강화의 목적은 교과 지식을 적정화하여 학습자의 학습 부담을 줄이고, 학습경험의 질을 개선하는 것이다.
- 「2015 개정 초·중등학교 교육과정」은 역량 중심으로 개정되면서 교육 내용을 줄여 교육과정을 대강화하였다.
  - 이를 반영하여 개정 누리과정도 「3~5세 연령별 누리과정」에서 제시하였던 369개의 세부 내용을 총 59개의 내용으로 간략화하였다.

유아가 경험해야 할 내용을 연령 구분 없이 제시	• 개정 누리과정은 5개 영역에 제시된 59개의 내용을 연령별로 구분하지 않고 제시하였다. – 이는 ① 유아가 경험해야 할 내용을 연령에 따라 인위적으로 제한하기 어렵고, ② 연령별 구분이 개별 유아의 배움의 특성을 제한할 수 있다는 우려를 반영한 것이다. • 교사는 59개 내용을 유아가 자신에게 가장 적합한 방식으로 놀이하며 배우는 경험으로 이해함으로써, 유아 중심 교육과정을 실천할 수 있다. • 연령 구분 없이 유아가 경험해야 할 내용으로 구성된 교육 내용은 유아가 놀이하는 실제 내용을 중심으로 누리과정을 운영해 갈 수 있는 토대가 된다는 점에서 의의가 있다.
간략화된 내용으로 교사의 누리과정 실천 지원	• 개정 누리과정에서 교육 내용의 간략화는 교사가 누리과정 5개 영역을 유아의 놀이 중심으로 실천할 수 있도록 돕는다. • 교사는 과다한 내용을 모두 가르쳐야 한다는 생각에서 벗어나 간략화된 내용을 유아의 놀이를 통한 배움과 연결하여 이해함으로써 유아·놀이 중심 교육과정을 용이하게 실천할 수 있다.

MEMO

5 교사의 자율성 강조

교육과정 대강화 경향을 반영하여 교사의 자율성 강조	• 교육과정 대강화는 국가 수준 교육과정의 기준을 상세하게 제시하는 대신 최소한의 기준을 제시하는 것을 의미한다. – 이는 교사의 자율성과 다양성을 최대한 존중하기 위한 것이다. – 이처럼 개정 누리과정에서 교사의 자율성을 강조하는 이유는 학습자 중심의 배움을 실현하는 데 교사의 교육적 판단이 중요한 역할을 하기 때문이다. – 유아의 놀이는 예측하기 어렵고 상황에 따라 다양하게 일어나므로, 교사가 유아의 놀이를 통한 배움을 최대한 지원하기 위해서는 자율성을 기반으로 상황에 적합한 판단을 해야 한다. ➔ 개정 누리과정에서는 그동안 놀이 중심 교육과정의 실행을 어렵게 했던 고시문의 세부 지침 등을 간략화함으로써 교사가 좀 더 자율성을 가지고 유아·놀이 중심 교육과정을 실천할 수 있도록 돕고자 하였다.
계획안 형식과 방법의 자율화	• 개정 누리과정에서 유아·놀이 중심 교육과정의 실천을 위하여 계획안을 각 기관의 실정에 따라 자율적으로 작성할 수 있도록 하였다. – 교사는 그동안 당위적이고 형식적으로 작성했던 연간, 월간, 주간, 일일 계획안의 형식과 내용을 개선하여 다양한 방식으로 계획안을 작성할 수 있다. • 개정 누리과정에서는 유아가 주도하는 놀이를 적극적으로 지원하기 위하여 교사가 계획안을 사전에 작성하는 방식을 최소화하는 것이 중요함을 강조하였다. – 교사는 사전 계획을 최소화함으로써 유아가 실제 놀이하는 내용과 교사의 지원 계획을 자율적으로 기록하는 방식으로 계획안을 개선해 갈 수 있다.
흥미 영역의 운영 방식 자율화	• 개정 누리과정은 유아가 주도하는 놀이가 활성화될 수 있도록 흥미 영역의 운영 방식을 자율화하였다. – 기존 유아의 놀이를 제한했던 고정된 흥미 영역의 개수, 유형, 운영 방식 등을 자율적으로 개선하여 유아의 자유로운 놀이가 가능하도록 제안하였다. – 이를 통해 유아의 놀이가 미리 계획한 생활주제에 맞지 않더라도 교사가 유아의 관심과 생각을 우선적으로 존중하고 지원할 수 있도록 하였다.
5개 영역 통합 방식의 다양화	• 개정 누리과정에서는 생활주제 외에도 교사가 자율성을 가지고 다양한 통합 방식을 운영할 수 있도록 하였다. • 유아는 놀이하면서 자연스럽게 5개 영역을 통합하여 경험하므로, 교사는 유아의 놀이를 존중함으로써 5개 영역의 통합을 실천할 수 있다. • 또한 미리 정해진 생활 주제가 아니더라도, 유아의 놀이에서 나타나는 주제, 그림책, 사물 등을 활용하여 유아의 관심과 흥미를 중심으로 누리과정을 통합적으로 실천할 수 있다.
평가의 자율화	• 개정 누리과정에서는 기관과 학급(반) 수준에서 평가의 자율적 시행을 강조하였다. – 교사가 놀이하며 배우는 유아의 실제 경험을 평가와 연계하여 이해하도록 평가의 자율성을 보장하였다. – 또한 자율성이 강조되는 평가에서 고려해야 할 핵심 사항을 평가의 목적, 대상, 방법, 결과 활용으로 나누어 간략히 제시하였다. • 무엇보다 누리과정을 운영하는 일상 속에서 유아가 실제 놀이하는 내용과 교사의 지원 내용을 기록한 계획안 등을 유아 평가 및 누리과정 운영 평가와 연계하여 활용할 수 있도록 하였다.

MEMO

UNIT 05 개정 누리과정의 구성

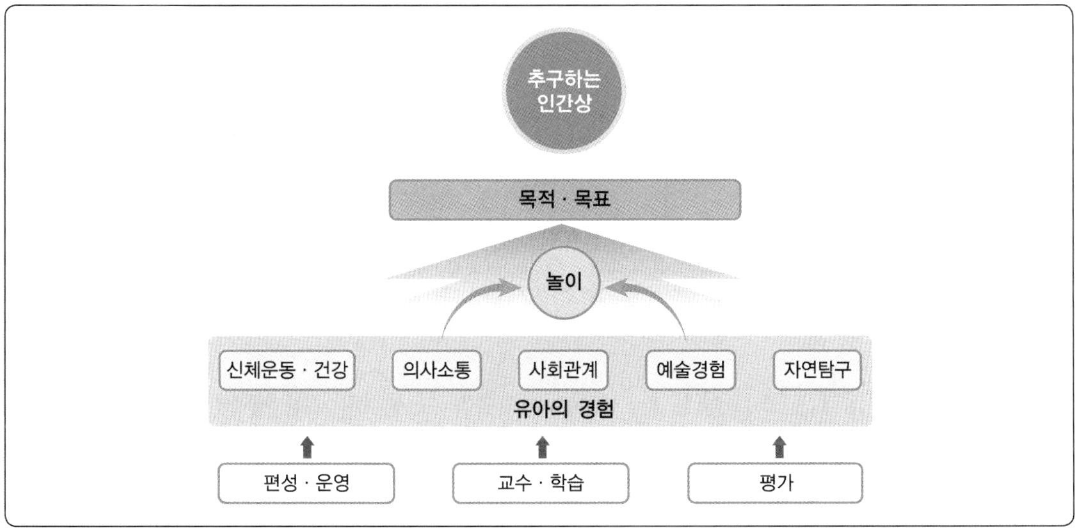

누리과정	누리과정은 성격, 총론과 영역별 목표 및 내용으로 구성되어 있다.	
	성격	성격은 개정 누리과정이 국가 수준 공통 교육과정임을 명시한 것이다.
	총론	• 총론은 현장에서 누리과정을 어떻게 운영해야 하는지를 안내하고 있다. • 총론은 누리과정의 구성 방향과 누리과정의 운영으로 구성되어 있다. ① 누리과정의 구성 방향에서는 추구하는 인간상, 목적과 목표, 구성의 중점을 제시하였다. ② 누리과정의 운영에 관한 내용은 편성 · 운영, 교수 · 학습, 그리고 평가로 나누어 기술하였다.
	영역별 목표 및 내용	• 영역별 목표 및 내용은 유아가 놀이를 통해 배우며 궁극적으로 추구하는 인간상을 향해 성장해 갈 수 있도록 돕는 내용이다. • 여기에서는 신체운동 · 건강, 의사소통, 사회관계, 예술경험, 자연탐구를 포함하는 5개 영역의 목표와 59개의 내용을 기술하고 있다.

SESSION #11

II 총론 해설

MEMO

UNIT 06 누리과정의 성격

① 국가 수준의 교육과정은 총론에 앞서 교육과정의 '성격'을 먼저 제시하고 있다.
② 교육과정에서 제시되는 성격은 국가 수준 교육과정의 구성 체계를 확립하는 출발점이다.
③ 개정 누리과정에서도 '성격' 항목을 신설하여 누리과정을 '3~5세 유아를 위한 국가 수준의 공통 교육과정'으로 정의하였다.
④ 개정 누리과정의 성격은 「2015 개정 초·중등학교 교육과정」 성격의 구성 체계와 연계하고, 유아기의 고유한 특징을 반영하여 '유아 중심 및 놀이 중심'을 강조하고 있다.

누리과정은 3~5세 유아를 위한 국가 수준의 공통 교육과정이다.

가. 국가 수준의 공통성과 지역, 기관 및 개인 수준의 다양성을 동시에 추구한다.
나. 유아의 전인적 발달과 행복을 추구한다.
다. 유아 중심과 놀이 중심을 추구한다.
라. 유아의 자율성과 창의성 신장을 추구한다.
마. 유아, 교사, 원장(감), 학부모 및 지역사회가 함께 실현해가는 것을 추구한다.

- 개정 누리과정의 성격은 누리과정을 '3~5세 유아를 위한 국가 수준의 공통 교육과정'으로 정의하고 있다.
  - 여기서 '공통'이란 유치원과 어린이집 모두를 지칭한다.
  - 국가 수준의 공통교육과정으로서 누리과정은 3~5세 유아가 다니는 유치원과 어린이집에서 누리과정을 운영할 때 우선적으로 고려해야 할 공통적이고 일반적인 기준을 국가가 고시한 것이다.
  - 따라서 3~5세 유아는 국가 수준의 교육과정에서 제시하는 기준에 따라 차별 없이 양질의 교육적 경험을 할 수 있게 된다.

가. 국가 수준의 공통성과 지역, 기관 및 개인 수준의 다양성을 동시에 추구한다.

개정 누리과정은 국가 수준에서 교육과정에 대한 공통적 기준을 제시하는 한편, 지역, 기관 및 개인 수준의 특성을 반영하여 교육과정을 다양하게 운영하는 것을 추구한다.

구분	내용
국가 수준의 공통성	국가 수준의 공통성은 유치원과 어린이집에서 교육과정을 구성·운영할 때 고려해야 할 공통적이고 일반적 기준을 의미한다.
지역 수준의 다양성	• 지역 수준의 다양성은 국가 수준의 교육과정을 바탕으로 각 시·도 교육청이나 시·군·구청에서 그 지역사회의 상황과 여건을 고려하여 누리과정을 특색 있게 운영하는 것을 의미한다. – 시·도 교육청이나 시·군·구청은 그 지역의 유치원과 어린이집에서 누리과정을 운영할 때 지역 수준의 특성을 반영할 수 있도록 안내하고 지원해야 한다.

기관 수준의 다양성	각 유치원과 어린이집이 국가 수준 교육과정과 지역 수준 교육과정의 특성을 반영하는 동시에 각 기관의 철학, 학급(반) 및 학부모의 특성에 따라 누리과정을 자율적으로 운영하는 것을 의미한다.
개인 수준의 다양성	• 교사가 담당 학급(반) 유아의 연령 및 개별 특성, 발달 수준 등 개인차를 교육과정에 반영하여 운영하는 것을 의미한다. – 교사는 유아를 개별적 특성을 가진 고유한 존재로 인정하며, 유아의 흥미와 관심을 교육과정에 반영하여 자율적으로 운영할 수 있다.

나. 유아의 전인적 발달과 행복을 추구한다.

개정 누리과정은 유아가 전인적 발달과 행복을 추구할 권리를 존중한다.

전인적 발달	유아가 전인적으로 발달한다는 것은 몸과 마음이 건강하고, 자주적이고, 창의적이며, 감성이 풍부하고 더불어 사는 사람으로 성장한다는 것을 의미한다.
행복 추구 지원	• 유아는 자유롭게 놀이할 때 즐겁고 행복하다. – 유치원과 어린이집에서는 유아의 전인적 발달과 행복 추구를 지원하기 위해서 유아가 자유롭고 즐겁게 충분히 놀이할 수 있도록 교육과정을 구성하고 운영해야 한다.

다. 유아 중심과 놀이 중심을 추구한다.

개정 누리과정은 '유아 · 놀이 중심'을 추구하는 교육과정이다.

'유아 중심' 추구	• 개정 누리과정이 '유아 중심'을 추구한다는 것은 누리과정을 운영하는 과정에서 유아의 건강과 행복, 놀이를 통한 배움의 가치를 최대한 존중하여 반영하는 것을 의미한다. – 교사는 유아의 목소리에 귀 기울이며, 유아의 의견을 존중하고 반영하는 교육과정을 구성하고 운영하는 것이 필요하다.
'놀이 중심' 추구	• 개정 누리과정이 '놀이 중심'을 추구한다는 것은 유아가 주도하는 놀이를 중심으로 교육과정을 구성하고 운영한다는 것을 의미한다. – 유아는 놀이하면서 세상을 탐색하고 자신을 표현하며 다른 사람과 교류한다. – 또한 유아는 자신의 흥미와 관심에 따라 즐겁게 놀이하는 과정에서 자연스럽게 배운다. • 개정 누리과정은 교사가 계획하여 주도하는 교육과정에서 유아가 주도적으로 놀이하며 배우는 교육과정으로의 변화를 추구한다. – 유치원과 어린이집에서는 유아 주도적인 놀이가 충분히 이루어질 수 있도록 교육과정을 구성하고 운영해야 한다.

라. 유아의 자율성과 창의성 신장을 추구한다.

- 개정 누리과정은 유아의 자율성과 창의성 신장을 추구하는 교육과정이다.
- 교사는 유아가 크고 작은 어려움을 스스로 해결해 가는 모습을 격려하고, 자신의 경험과 생각을 자유롭게 표현할 수 있도록 도와줌으로써 유아의 자율성과 창의성 신장을 지원한다.

자율성 신장	유아는 스스로 자신이 할 수 있는 일을 하고, 하고 싶은 일을 선택하며 자신의 선택과 결정에 대해 책임지는 경험을 하면서 자율성을 기른다.
창의성 신장	유아는 호기심을 가지고 주변 세계를 탐색하고 탐구하며 재미있는 상상을 해 나가고, 자신만의 방식으로 놀이를 변형하고 창조하면서 창의성을 기른다.

MEMO

마. 유아, 교사, 원장(감), 학부모 및 지역사회가 함께 실현해가는 것을 추구한다.

- 개정 누리과정은 유아와 교사, 유치원과 어린이집, 각 기관이 속한 지역사회와 가정의 협력 및 참여를 통해 함께 실현해가는 교육과정이다.
  - 개정 누리과정은 국가 수준의 교육과정이 제시하는 공통적이고 일반직 기준을 바탕으로 교사가 자율성을 가지고 유아와 함께 교육과정을 만들어 나가는 것을 강조한다.

교사, 원장(감)	• 교사, 원장(감)은 유아의 관심과 흥미 및 놀이에 대한 이해를 바탕으로 유아의 놀이를 지원하는 교육과정의 주체이다. • 또한 교사, 원장(감)은 학부모가 유아·놀이 교육과정의 의미를 이해하고 협력할 수 있도록 지원한다.
유치원과 어린이집	유치원과 어린이집은 지역사회의 공공기관이나 단체와 협력하여 지역사회의 인적, 환경적, 문화적 자원을 통해 유아가 풍부한 경험을 할 수 있도록 교육과정 운영을 지원한다.
학부모	학부모는 유아·놀이 교육과정의 의미를 이해하고 유아가 가정과 기관에서 주도적으로 충분히 놀이할 수 있도록 기관과 협력하고 지원한다.

UNIT 07 누리과정의 구성 방향

1 추구하는 인간상(신설)

- 개정 누리과정은 국가 수준의 교육과정으로서 누리과정이 추구해야 할 교육적 비전으로 추구하는 인간상을 제시하고 있다.
  - 누리과정에서 제시한 인간상은 건강한 사람, 자주적인 사람, 창의적인 사람, 감성이 풍부한 사람, 더불어 사는 사람이며, 이는 미래의 핵심역량을 반영한 초·중등학교 교육과정의 인간상과 연계되어 있다.
  - 이 중 '건강한 사람'은 누리과정에서만 제시된 인간상으로, 일생에서 가장 중요한 신체와 정신 건강의 기초를 형성하는 유아기의 특성을 고려한 것이다.
  - '감성이 풍부한 사람'은 초·중등학교 교육과정에서 '교양 있는 사람'에 해당하지만, 유아기 특성을 고려하여 적절한 표현으로 조정한 것이다.
- 교사는 유아가 놀이를 통해 인간상을 통합적으로 경험하도록 지원하는 것이 필요하다.
  - 추구하는 인간상은 유아가 일상에서 놀이하며 배우는 현재의 모습에서 발견할 수 있으며 동시에 유아가 앞으로 배우며 성장해 가야 할 모습이기도 하다.

MEMO

(1) 2015 개정 초등학교 교육과정 vs 2019 개정 누리과정

2015 개정 초등학교 교육과정	2019 개정 누리과정
이러한 교육 이념과 교육목적을 바탕으로, 이 교육과정이 추구하는 인간상은 다음과 같다. 가. 전인적 성장을 바탕으로 자아정체성을 확립하고 자신의 진로와 삶을 개척하는 자주적인 사람 나. 기초 능력의 바탕 위에 다양한 발상과 도전으로 새로운 것을 창출하는 창의적인 사람 다. 문화적 소양과 다원적 가치에 대한 이해를 바탕으로 인류 문화를 향유하고 발전시키는 교양 있는 사람 라. 공동체 의식을 가지고 세계와 소통하는 민주 시민으로서 배려와 나눔을 실천하는 더불어 사는 사람	누리과정이 추구하는 인간상은 다음과 같다. 가. 건강한 사람 나. 자주적인 사람 다. 창의적인 사람 라. 감성이 풍부한 사람 마. 더불어 사는 사람

(2) 추구하는 인간상의 내용

가. 건강한 사람	• 의미: 건강한 사람은 몸과 마음이 고루 발달하고 스스로 건강함을 유지하며 안정적이고 안전한 생활을 하는 사람을 의미한다. • 유아의 특징: 유아는 몸을 자유롭게 움직이며 놀이하는 것을 좋아하고, 세상과 즐겁게 교류하며, 자신의 건강과 안전을 스스로 지킨다. 개정 누리과정은 유아가 튼튼한 몸과 안정된 정서를 바탕으로 자신을 소중히 여기며, 일상에서 건강한 생활을 실천하고, 위험한 상황에서 자신을 보호하는 경험을 통해 건강한 사람으로 성장해 갈 수 있도록 돕는다.
나. 자주적인 사람	• 의미: 자주적인 사람은 자신을 잘 알고 존중하며 자신감을 가지고 스스로 할 수 있는 일을 주도적으로 해 나가는 사람을 의미한다. • 유아의 특징: 유아는 자신이 하고 싶은 놀이나 일을 스스로 결정하고 적극적으로 참여하며 이끌어 나간다. 개정 누리과정은 유아가 자신에 대한 이해를 바탕으로 자신을 가치 있고 긍정적인 존재로 여기며, 자신이 잘할 수 있는 일이 무엇인지 알고 자신의 능력을 확장하기 위해 스스로 노력하는 사람으로 성장해 갈 수 있도록 돕는다.
다. 창의적인 사람	• 의미: 창의적인 사람은 주변 세계에 열려 있고, 호기심이 많으며, 자기만의 방식으로 상상하고 느끼고 표현하고 탐구하는 가운데 새롭고 독창적인 생각을 하는 사람을 의미한다. • 유아의 특징: 유아는 자연과 일상에서 만나는 다양한 사물과 문제에 호기심이 많고 상상력이 풍부하며 궁금한 것을 적극적으로 탐구하면서 스스로 답을 찾아낸다. 개정 누리과정은 유아가 놀이를 통해 자신의 관심과 흥미에 따라 세계를 탐색하고 도전하고 실험하는 과정에 적극적으로 참여하는 사람으로 성장해 갈 수 있도록 돕는다.

MEMO

라. 감성이 풍부한 사람	• 의미: 감성이 풍부한 사람은 예술을 사랑하고 존중하며 자신을 둘러싼 주변 세계에 경이감과 아름다움을 느끼고 즐길 수 있는 풍부한 문화적 감수성을 지닌 사람을 의미한다. • 유아의 특징: 유아는 다양한 사물과 매체, 사람과 자연에 민감하고 주변의 다양한 예술과 문화에 관심을 가지며 그 속에서 아름다움과 재미를 발견한다. 개정 누리과정은 유아가 일상과 놀이 속에서 아름다움을 발견하고 공감하며, 이를 다양한 예술로 표현하면서 문화를 향유하는 사람으로 성장해 갈 수 있도록 돕는다.
마. 더불어 사는 사람	• 의미: 더불어 사는 사람은 자신이 속해 있는 사회에 소속감을 느끼고, 다른 사람과 생명을 존중하고 자연과 더불어 살아가며 보다 나은 사회를 만들기 위해 사회문제에 관심을 갖고 협력하는 민주 시민을 의미한다. • 유아의 특징: 유아는 주변 사람을 포함한 모든 생명에 대한 감수성이 뛰어나며, 자신과 친근한 사람 및 주변 세계와 관계를 맺으면서 자발적으로 사회질서와 소통 방식을 배워 나간다. 개정 누리과정은 유아가 가족, 이웃, 동식물과 주변 환경에 관심을 가지고 소중히 여기며, 서로 배려하는 마음과 태도, 책임 의식을 가진 사람으로 성장해 갈 수 있도록 돕는다.

2 목적과 목표

- 추구하는 인간상은 우리나라 모든 학교 교육과정이 공통적으로 추구해야 할 교육적 비전이라면, 목적은 각 학교급에서 학습자의 특성을 고려하여 지향하는 교육목적을 제시한 것이다.
- 누리과정의 목적에서는 유아기의 특성을 반영하여 누리과정이 지향해야 하는 바를 제시하였다.
- 누리과정의 목적 아래 제시된 목표는 유아가 추구하는 인간상으로 성장하기 위해 필요한 사항을 중심으로 구성하였다.

누리과정의 목적은 유아가 놀이를 통해 심신의 건강과 조화로운 발달을 이루고 바른 인성과 민주 시민의 기초를 형성하는 데에 있다.

이를 실현하기 위한 목표는 다음과 같다.
가. 자신의 소중함을 알고, 건강하고 안전한 생활습관을 기른다.
나. 자신의 일을 스스로 해결하는 기초능력을 기른다.
다. 호기심과 탐구심을 가지고 상상력과 창의력을 기른다.
라. 일상에서 아름다움을 느끼고 문화적 감수성을 기른다.
마. 사람과 자연을 존중하고 배려하며 소통하는 태도를 기른다.

- 개정 누리과정의 목적은 '유아가 놀이를 통해 심신의 건강과 조화로운 발달을 이루고 바른 인성과 민주 시민의 기초를 형성하는 데에 있다'로 제시하고 있다.
  - 누리과정의 목적에서는 '놀이를 통해'라는 표현을 제시하여 유아기의 고유한 특성을 강조하였다.
  - 또한 전통적으로 유아교육에서 강조해 온 '심신의 건강', '조화로운 발달', '민주 시민'의 가치를 반영하였다.
  - 인성의 중요성이 사회 전반에 걸쳐 강조되고 있다는 점을 반영하여 '바른 인성'을 추가하였다.
- 누리과정의 다섯 가지 목표에서는 추구하는 인간상의 구체적인 내용을 설명하고 있다.

➔ 이와 같이 누리과정이 추구하는 인간상, 목적, 목표는 체계적으로 연계되어 있다.

MEMO

(1) 3~5세 연령별 누리과정(2015) vs 2019 개정 누리과정

3~5세 연령별 누리과정(2015)	2019 개정 누리과정
Ⅱ. 목적과 목표 1. 목적 누리과정은 만 3~5세 유아의 심신의 건강과 조화로운 발달을 도와 민주시민의 기초를 형성하는 것을 목적으로 한다. 2. 목표 가. 기본 운동 능력과 건강하고 안전한 생활 습관을 기른다. 나. 일상생활에 필요한 의사소통 능력과 바른 언어 사용 습관을 기른다. 다. 자신을 존중하고 다른 사람과 더불어 생활하는 능력과 태도를 기른다. 라. 아름다움에 관심을 가지고 예술 경험을 즐기며, 창의적으로 표현하는 능력을 기른다. 마. 호기심을 가지고 주변세계를 탐구하며, 일상생활에서 수학적·과학적으로 생각하는 능력과 태도를 기른다.	2. 목적과 목표 누리과정의 목적은 유아가 놀이를 통해 심신의 건강과 조화로운 발달을 이루고 바른 인성과 민주시민의 기초를 형성하는 데에 있다. 이를 실현하기 위한 목표는 다음과 같다. 가. 자신의 소중함을 알고, 건강하고 안전한 생활 습관을 기른다. 나. 자신의 일을 스스로 해결하는 기초능력을 기른다. 다. 호기심과 탐구심을 가지고 상상력과 창의력을 기른다. 라. 일상에서 아름다움을 느끼고 문화적 감수성을 기른다. 마. 사람과 자연을 존중하고 배려하며 소통하는 태도를 기른다.

(2) 목표의 내용

가. 자신의 소중함을 알고, 건강하고 안전한 생활습관을 기른다.

- 개정 누리과정은 유아가 자신의 소중함을 알고, 건강하고 안전하게 생활할 수 있도록 돕는 것을 목표로 한다.
- 추구하는 인간상('건강한 사람')과의 관계
  - 누리과정을 통해 유아는 자신의 소중함을 알게 되고, 건강하고 안전한 생활습관을 기르는 경험을 하며 건강한 사람으로 성장해 나간다.

유아	• 유아는 놀이를 통해 몸을 마음껏 움직이며 자신의 감정과 욕구에 귀를 기울여 조절하는 경험을 한다. • 또한 일상에서 환경의 변화에 적응하는 데 필요한 건강하고 안전한 생활을 지속적으로 경험하는 것이 중요하다.
유치원과 어린이집	• 유치원과 어린이집은 유아가 자신의 몸과 마음에 대한 긍정적인 생각을 키워, 자신을 소중히 여기는 사람으로 성장하도록 도와야 한다. • 또한 유아가 자신의 신체 리듬에 맞게 생활하고, 위험한 상황에 대처하는 방법들을 배울 수 있도록 지원해야 한다.

MEMO

나. 자신의 일을 스스로 해결하는 기초 능력을 기른다.

- 개정 누리과정은 유아가 자신의 생각과 능력을 알고, 자신감을 바탕으로 자신의 일을 스스로 결정하고 해결하기 위해 필요한 기초 능력을 기르도록 돕는 것을 목표로 한다.
- 추구하는 인간상('자주적인 사람')과의 관계
  - 누리과정을 통해 유아는 자신의 일을 스스로 해결하는 기초능력을 길러 자주적인 사람으로 성장해 나간다.

유아	유아는 자신이 하고 싶은 놀이에 적극적으로 참여하고 다양한 시도를 통해 자신이 좋아하고 잘할 수 있는 일에 대해 알아 가며, 자신이 가진 여러 가지 능력을 확장하는 경험이 필요하다.
유치원과 어린이집	• 유치원과 어린이집은 유아가 자신을 이해하고 소중히 여기며 자신의 일을 주도적이고 자율적으로 해결해 나가는 사람으로 성장하도록 도와야 한다. • 또한 유아가 다른 사람과 함께 생활하는 동안 자신의 생각을 자신 있게 표현하며, 주어진 일에 책임감을 가지고 해결해 나갈 수 있도록 지원해야 한다.

다. 호기심과 탐구심을 가지고 상상력과 창의력을 기른다.

- 개정 누리과정은 유아가 주변 세계에 대해 호기심을 가지고 탐구하는 과정을 통해 풍부한 상상력과 창의력을 기를 수 있도록 돕는 것을 목표로 한다.
- 추구하는 인간상('창의적인 사람')과의 관계
  - 누리과정을 통해 유아는 호기심과 탐구심을 가지고 상상력과 창의력을 길러 창의적인 사람으로 성장해 나간다.

유아	놀이를 통해 유아는 한 번도 해 보지 않은 독특한 상상을 하고 누구도 생각하지 못한 새로운 생각을 만들어 낸다.
유치원과 어린이집	• 유치원과 어린이집은 유아가 주변 세계에 대한 호기심을 가지고 자유롭게 상상하며, 융통성 있는 발상의 전환을 지원한다. • 또한 새로운 일에 대한 열린 태도와 도전 정신을 가지고 미래에 필요한 독창적인 능력을 키울 수 있도록 도와야 한다.

라. 일상에서 아름다움을 느끼고 문화적 감수성을 기른다.

- 개정 누리과정은 유아가 자연과 문화에 대한 감수성을 바탕으로, 일상 속에서 아름다움을 느끼고 즐기는 마음을 가지도록 돕는 것을 목표로 한다.
- 추구하는 인간상('감성이 풍부한 사람')과의 관계
  - 누리과정을 통해 유아는 일상에서 아름다움을 느끼고 문화적 감수성이 풍부한 사람으로 성장해 나간다.

유아	유아는 자신이 느낀 아름다움과 경이로움, 시적인 감수성을 예술적으로 표현하는 과정을 즐기며, 자연과 문화에 대해 열린 마음을 가지고 향유하는 경험이 필요하다.
유치원과 어린이집	유치원과 어린이집은 유아가 놀이를 통하여 문화적 공감 능력과 심미적 감수성을 키워 갈 수 있도록 도와야 한다.

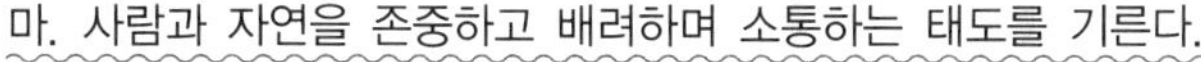

MEMO

마. 사람과 자연을 존중하고 배려하며 소통하는 태도를 기른다.

- 개정 누리과정은 유아가 자연을 사랑하고 다른 사람을 존중하고 배려하며 서로 소통할 수 있는 태도를 기르도록 돕는 것을 목표로 한다.
- 추구하는 인간상('더불어 사는 사람')과의 관계
  - 누리과정을 통해 유아는 사람과 자연을 존중하고 배려하며 소통하는 태도를 길러 더불어 사는 사람으로 성장해 나간다.

유아	• 유아는 가족과 친구, 이웃과 관계를 맺고 필요할 때 도움을 주고받으며 살아간다. • 또한 유아는 자신과 생각이 다른 사람들과 갈등을 겪을 수도 있으나 이를 원만하게 해결해 보는 경험도 필요하다.
유치원과 어린이집	유치원과 어린이집은 유아가 놀이를 통하여 자연을 소중히 여기고 다른 사람과 협력하며 소통하는 방법을 경험할 수 있는 기회를 제공하여 공동체 의식과 민주 시민의 역량을 키워갈 수 있도록 도와야 한다.

(3) 추구하는 인간상, 목표 및 5개 영역과의 연계성

① 교사는 개정 누리과정에서 추구하는 인간상 그리고 목적과 목표를 5개 영역의 내용과 연계하여 이해하는 것이 필요하다.

② 추구하는 인간상, 그리고 목적과 목표는 다소 추상적이며 유아의 미래 모습이라고 생각될 수 있다. 그러나 유아는 현재의 경험을 통하여 미래로 성장해 간다는 점에서 누리과정은 유아가 현재 경험하는 내용이 중요함을 강조하고 있다.

③ 유아는 5개 영역의 내용을 일상적으로 경험하며 궁극적으로 추구하는 인간상을 향하여 성장해 간다.

④ 누리과정의 목표는 5개 영역의 목표와 일대일 대응 관계가 아니며, 59개의 내용에 고르게 분포되어 있다.

추구하는 인간상				
건강한 사람	자주적인 사람	창의적인 사람	감성이 풍부한 사람	더불어 사는 사람
목표				
자신의 소중함을 알고, 건강하고 안전한 생활습관을 기른다.	자신의 일을 스스로 해결하는 기초능력을 기른다.	호기심과 탐구심을 가지고 상상력과 창의력을 기른다.	일상에서 아름다움을 느끼고 문화적 감수성을 기른다.	사람과 자연을 존중하고 배려하며 소통하는 태도를 기른다.
↘ ↙ ↘ ↕ ↙ ↘ ↘ ↙ ↕ ↘ ↙ ↙ ↘ ↕ ↙ ↘ ↙				
5개 영역				
신체운동 · 건강	의사소통	사회관계	예술경험	자연탐구

MEMO

③ 구성의 중점

구성의 중점은 개정 누리과정을 구성할 때, 중요하게 고려한 점을 말한다.

누리과정의 구성의 중점은 다음과 같다.
가. 3~5세 모든 유아에게 적용할 수 있도록 구성한다. 나. 추구하는 인간상 구현을 위한 지식, 기능, 태도 및 가치를 반영하여 구성한다. 다. 신체운동·건강, 의사소통, 사회관계, 예술경험, 자연탐구의 5개 영역을 중심으로 구성한다. 라. 3~5세 유아가 경험해야 할 내용으로 구성한다. 마. 0~2세 보육과정 및 초등학교 교육과정과의 연계성을 고려하여 구성한다.

(1) 3~5세 연령별 누리과정(2015) vs 2019 개정 누리과정

3~5세 연령별 누리과정(2015)	2019 개정 누리과정
Ⅰ. 구성 방향 누리과정의 구성 방향은 다음과 같다. 1. 질서, 배려, 협력 등 기본생활습관과 바른 인성을 기르는 데 중점을 두어 구성한다. 2. 자율성과 창의성을 기르는 데 중점을 두고, 전인발달을 이루도록 구성한다. 3. 사람과 자연을 존중하고, 우리 문화를 이해하는 데 중점을 두어 구성한다. 4. 만 3~5세아의 발달 특성을 고려하여 연령별로 구성한다. 5. 신체운동·건강, 의사소통, 사회관계, 예술경험, 자연탐구의 5개 영역을 중심으로 구성한다. 6. 초등학교 교육과정과 0~2세 표준보육과정과의 연계성을 고려하여 구성한다.	3. 구성의 중점 누리과정 구성의 중점은 다음과 같다. 가. 3~5세 모든 유아에게 적용할 수 있도록 구성한다. 나. 추구하는 인간상 구현을 위한 지식, 기능, 태도 및 가치를 반영하여 구성한다. 다. 신체운동·건강, 의사소통, 사회관계, 예술경험, 자연탐구의 5개 영역을 중심으로 구성한다. 라. 3~5세 유아가 경험해야 할 내용으로 구성한다. 마. 0~2세 보육과정 및 초등학교 교육과정과의 연계성을 고려하여 구성한다.

(2) 구성의 중점 내용

가. 3~5세 모든 유아에게 적용할 수 있도록 구성한다.

- 개정 누리과정은 유치원과 어린이집에 다니는 3~5세 모든 유아에게 적용할 수 있도록 구성하였다.
  - 개정 누리과정은 국가 수준의 교육과정으로서 유치원과 어린이집에 다니는 3~5세 유아가 경험해야 할 공통적이고 일반적 기준을 제시하여 모든 3~5세 유아가 양질의 교육경험을 할 수 있도록 구성하였다.

'모든 유아'	• 모든 유아란 연령, 발달, 장애, 종교나 가족구성, 지역 등의 사회·경제적 배경과 문화적 배경에 의해 배제되거나 차별받지 않는다는 것을 의미한다. – 아울러 유아의 관심사, 능력, 발달적 요구 등의 차이를 존중하여 구성한다.

MEMO

나. 추구하는 인간상 구현을 위한 지식, 기능, 태도 및 가치를 반영하여 구성한다.

- 지식, 기능, 태도 및 가치는 교육과정 구성 과정에서 중요하게 고려해야 할 요소이다.
  - 'OECD 교육 2030'을 통해 살펴본 최근 교육과정의 국제적 동향은 지식, 기능, 태도 및 가치를 미래 사회 역량과 연계하여 설명하고 있다.
  - 「2015 개정 초 · 중등학교 교육과정」에서도 지식, 기능, 태도 및 가치를 '미래형 교육과정에서 지향하는 역량'과 연계하여 설명하고 있다. 배움의 주체로서 학습자는 역량 중심 교육과정을 통해 지식, 기능, 태도 및 가치를 경험하며, 이를 바탕으로 주도적으로 배움의 방향을 찾아가며 궁극적으로 개인과 사회의 안녕을 추구해 갈 수 있다.
- 개정 누리과정에서는 추구하는 인간상 구현을 위해 지식, 기능, 태도 및 가치를 유아가 놀이하며 배우는 경험과 연계하여 제시하였으며, 지식, 기능, 태도 및 가치를 누리과정 전반에 반영하였다.

유아	유아는 유치원과 어린이집에서 즐겁게 놀이하며 배우는 과정을 통해 지식, 기능, 태도 및 가치를 자연스럽게 경험하며 형성할 수 있다.
교사	교사는 유아가 놀이 속에서 이러한 지식, 기능, 태도 및 가치를 자연스럽게 경험하면서 추구하는 인간상을 향하여 성장해 가도록 지원할 수 있다.

다. 신체운동 · 건강, 의사소통, 사회관계, 예술경험, 자연탐구의 5개 영역을 중심으로 구성한다.

개정 누리과정은 기존 누리과정이 제시한 신체운동 · 건강, 의사소통, 사회관계, 예술경험, 자연탐구 등의 5개 영역의 명칭을 그대로 유지하였다.

5개 영역의 이해 정립	• 각 영역은 유아가 누리과정을 통하여 자연스럽게 경험하거나 경험해야 하는 교육 내용을 5개 영역으로 나누어 제시한 것이다. **유의점** 다만 5개 영역을 분절하여 이해하거나 특정 교과 또는 연령별로 가르쳐야 하는 세부 내용으로 이해하지 않도록 유의할 필요가 있다. – 유아의 경험은 대부분 놀이를 통해 이루어지고 이러한 놀이는 5개 영역 내용을 통합적으로 포함하고 있으므로, 유아 · 놀이 중심 교육과정의 운영은 곧 5개 영역의 통합적 실천으로 이해해야 한다.

라. 3~5세 유아가 경험해야 할 내용으로 구성한다.

- 개정 누리과정은 5개 영역의 내용을 총 59개 내용으로 간략화하고, 이를 유아가 경험해야 할 내용으로 명시하였다.
- 또한 개정 누리과정은 5개 영역의 내용을 연령 구분 없이 3~5세 유아가 모두 경험할 수 있는 내용으로 제시하였다.

경험	• 이러한 경험은 유아가 직접 하는 것이므로 궁극적으로 개정 누리과정은 유아가 주체가 되는 교육과정을 말한다. • 또한 경험은 유아가 생활하며 직접 체험한다는 점에서 추상적 지식이 아닌 교육과정의 실제를 의미하기도 한다. • 유아의 경험 대부분은 놀이를 통하여 이루어지므로, 교사는 유아가 놀이를 통해 배우는 실제 내용을 존중하고 지원해 가면서 자연스럽게 유아 · 놀이 중심 교육과정을 실천할 수 있다.
교사	• 교사는 유아를 정해진 기준에 따라 예단하여 이해하지 않고, 유아가 자신의 연령과 발달에 따라 자연스럽게 놀이하며 배우는 경험을 있는 그대로 이해할 필요가 있다. • 또한 연령에 따라 많은 세부 내용을 가르쳐야 한다는 부담을 내려놓고 유아가 스스로 놀이하며 배우는 경험을 중심으로 누리과정을 운영해 가도록 한다.

MEMO

마. 0~2세 보육과정 및 초등학교 교육과정과의 연계성을 고려하여 구성한다.

개정 누리과정은 0~2세 보육과정 및 초등학교 교육과정과의 연계성을 강조하였다.

0~2세 보육과정과의 연계	먼저 0~2세 보육과정 내용과 3세 유아의 경험이 분설되지 않고 자연스럽게 연계되도록 구성하였다.
초등학교 교육과정과의 연계	• 또한 초등학교 교육과정과의 연계를 위하여 교육 내용의 계열성을 포함하여 체계와 형식을 통일하여 구성하고자 하였다. – 특히 추구하는 인간상, 목적과 목표 등에서는 초등학교 교육과정과 형식을 통일하되, 유아기의 고유한 특성이 드러나도록 내용을 구성하였다. – 5개 영역의 내용은 초등학교 교육 내용을 상회하지 않도록 유의하여 구성하되, 3~5세의 경험과 초등학교 1학년에서의 경험이 단절되지 않고, 유아들이 순조롭게 전이하도록 돕고자 하였다.

UNIT 08 누리과정의 운영

1 편성 · 운영

유치원과 어린이집에서 유아 · 놀이 중심 교육과정을 편성하고 운영하기 위해 고려해야 할 공통적인 기준을 안내한 것이다.

다음의 사항에 따라 누리과정을 편성 · 운영한다.

가. 1일 4~5시간을 기준으로 편성한다.
나. 일과 운영에 따라 확장하여 편성할 수 있다.
다. 누리과정을 바탕으로 각 기관의 실정에 적합한 계획을 수립하여 운영한다.
라. 하루 일과에서 바깥 놀이를 포함하여 유아의 놀이가 충분히 이루어지도록 편성하여 운영한다.
마. 성, 신체적 특성, 장애, 종교, 가족 및 문화적 배경 등으로 인한 차별이 없도록 편성하여 운영한다.
바. 유아의 발달과 장애 정도에 따라 조정하여 운영한다.
사. 가정과 지역사회와의 협력과 참여에 기반하여 운영한다.
아. 교사 연수를 통해 누리과정의 운영이 개선되도록 한다.

MEMO

(1) 3~5세 연령별 누리과정(2015) vs 2019 개정 누리과정

3~5세 연령별 누리과정(2015)	2019 개정 누리과정
Ⅲ. 편성과 운영 1. 편성 가. 1일 4~5시간을 기준으로 편성한다. 나. 5개 영역의 내용을 균형 있게 통합적으로 편성한다. 다. 유아의 발달 특성 및 경험을 고려하여 놀이를 중심으로 편성한다. 라. 반(학급) 특성에 따라 융통성 있게 편성한다. 마. 성별, 종교, 신체적 특성, 가족 및 민족 배경 등으로 인한 편견이 없도록 편성한다. 바. 일과 운영 시간에 따라 심화 확장할 수 있도록 편성한다. 2. 운영 가. 연간, 월간, 주간, 일일 계획에 의거하여 운영한다. 나. 실내·외 환경을 다양한 흥미 영역으로 구성하여 운영한다. 다. 유아의 능력과 장애정도에 따라 조정하여 운영한다. 라. 부모와 각 기관의 실정에 따라 부모교육을 실시한다. 마. 가정과 지역사회와의 협력과 참여에 기반하여 운영한다. 바. 교사 재교육을 통해서 누리과정 활동이 개선되도록 운영한다.	Ⅱ. 누리과정의 운영 1. 편성·운영 다음의 사항에 따라 누리과정을 편성·운영한다. 가. 1일 4~5시간을 기준으로 편성한다. 나. 일과 운영에 따라 확장하여 편성할 수 있다. 다. 누리과정을 바탕으로 각 기관의 실정에 적합한 계획을 수립하여 운영한다. 라. 하루 일과에서 바깥 놀이를 포함하여 유아의 놀이가 충분히 이루어지도록 편성하여 운영한다. 마. 성, 신체적 특성, 장애, 종교, 가족 및 문화적 배경 등으로 인한 차별이 없도록 편성하여 운영한다. 바. 유아의 발달과 장애 정도에 따라 조정하여 운영한다. 사. 가정과 지역사회와의 협력과 참여에 기반하여 운영한다. 아. 교사 연수를 통해 누리과정의 운영이 개선되도록 한다.

(2) 편성·운영의 내용

가. 1일 4~5시간을 기준으로 편성한다.

- 3~5세 모든 유아에게 공통교육과정을 제공하기 위해 유치원과 어린이집에서 편성해야 할 누리과정 운영 시간은 1일 4~5시간이다.
- 누리과정 운영시간은 유아가 중심이 되고 놀이가 살아나는 유아·놀이 중심 교육과정의 운영시간이며 동시에 국가가 누리과정 운영에 필요한 행정적·재정적 지원을 하는 시간을 의미한다.

나. 일과 운영에 따라 확장하여 편성할 수 있다.

- 유치원과 어린이집은 1일 4~5시간의 누리과정 운영 시간 외에도 이를 확장하여 편성·운영할 수 있다.
- 유치원과 어린이집의 운영 시간에 대한 기준은 다르므로, 각 기관의 실정과 지역적 특성을 반영하여 융통성 있게 편성·운영한다.
- 누리과정 운영 시간 이후, 운영 시간을 확장하여 편성·운영할 경우에도 개정 누리과정이 지향하는 유아·놀이 중심 교육과정이 이루어질 수 있도록 한다.

MEMO

다. 누리과정을 바탕으로 각 기관의 실정에 적합한 계획을 수립하여 운영한다.

- 유치원과 어린이집은 국가 수준의 교육과정인 개정 누리과정을 바탕으로 각 기관의 실정에 따라 적합한 계획을 수립하여 운영하여야 한다.
- 계획안: 계획안에는 교사가 기관과 학급(반) 수준에서 유아의 놀이를 지원하기 위해 필요한 사항을 미리 생각하여 준비하는 모든 과정이 포함될 수 있다.
  - 개정 누리과정은 계획안 수립에 있어서 기관과 교사의 자율성을 강조하였다.
  - 계획안을 작성할 때에는 교육과 보육 모두를 포괄하여 유아의 경험이 교육적 가치를 가지도록 놀이를 중심으로 기록하고, 교사의 지원 방안을 기술할 필요가 있다.

자율적인 계획 수립	• 유치원과 어린이집은 각 기관의 교육철학, 가정과 지역사회의 특성, 유아의 요구 등을 반영하여 자율적으로 계획을 수립할 수 있다. • 교사는 기존에 활용하였던 연간, 월간, 주간, 일일 계획안을 기관 및 학급(반)의 특성에 적합하게 변경하여 사용할 수 있다. – 즉, 계획안의 종류, 형식, 분량 등을 자율적으로 조정하여 작성할 수 있다. – 예를 들어, 기관 수준에서 매년 작성하는 연간 계획 이외에 월간과 주간, 주간과 일일 계획을 통합하거나 기관과 담당 학급(반) 특성에 따라 간단한 일지 등을 활용하여 계획안을 작성할 수 있다. – 또한 기관에서 배부하는 계획안은 유아가 활동할 내용을 미리 계획하여 안내하는 방식에서 유아가 실제 놀이한 내용과 배움에 대한 기록을 공유하는 방식으로 변화할 수도 있다.
유아의 놀이를 지원하는 계획안 작성	• 유아가 주도하는 놀이는 미리 계획하여 운영하기 어렵기 때문에 교사는 유아가 놀이하며 경험한 내용을 중심으로 계획안을 기술할 수 있다. • 기존에는 계획안을 자유선택활동, 대·소집단활동, 바깥 놀이 등을 포함하는 정해진 형식에 맞추어 기술해 왔다면 개정 누리과정에서의 계획안은 유아가 실제 놀이한 내용 및 놀이를 지원하는 내용을 포함하되 자율적인 형식으로 바꾸어 볼 수 있다. – 이것은 유아가 실제 경험한 놀이 내용과 그에 따른 교사의 놀이 지원 계획을 기술하는 형식으로, 기존의 방식에 비해 사전 계획을 최소화하여 계획을 수립한다는 특징이 있다. – 교사는 필요에 따라 안전과 관련된 사항, 유아 특성에 따라 개별적으로 지원해야 하는 사항 등을 계획할 수 있다. • 계획안을 자율적으로 작성하고, 사전 계획을 최소화함으로써 교사는 유아가 주도하는 놀이를 적극적으로 지원할 수 있다. – 단, 교사는 자율적인 계획 수립의 의미를 계획안을 작성하지 않아도 된다거나 단순히 업무를 줄이는 방식으로 이해하지 않도록 유의해야 한다.

라. 하루 일과에서 바깥 놀이를 포함하여 유아의 놀이가 충분히 이루어지도록 편성하여 운영한다.

유아·놀이 중심 교육과정에서는 교사가 미리 계획하여 하루 일과를 운영하기보다는 유아의 흥미와 관심에 따라 놀이를 충분히 즐길 수 있도록 탄력적으로 편성·운영하는 것이 중요하다.

융통성 있는 하루 일과 운영	• 유치원과 어린이집의 하루 일과는 유아가 주도하는 놀이를 중심으로 편성·운영하도록 한다. – 유아는 하루 일과에서 놀이, 일상생활, 활동 등을 하면서 다양한 경험을 한다. ① 놀이는 바깥 놀이를 포함하여 하루 일과 중 가장 길게, 우선적으로 편성·운영하여 유아가 충분히 놀이할 수 있도록 한다.

MEMO

	② 일상생활에 포함되는 등원, 손 씻기, 화장실 다녀오기, 간식, 점심, 낮잠, 휴식 등 유아의 신체적 리듬을 반영하여 편성·운영함으로써 유아들이 즐겁게 하루를 보낼 수 있도록 한다. ③ 활동은 유아가 놀이를 통한 배움을 확장해 갈 수 있도록 돕는 교사의 지원이다. • 교사는 유아가 주도하는 놀이를 지원하기 위해 필요에 따라 활동을 계획하여 운영할 수 있다. – 교사는 미리 계획한 활동을 모두 해야 한다거나 정해진 순서대로 일과를 운영해야 한다는 부담을 내려놓고 유아가 주도하는 놀이의 흐름에 따라 융통성 있게 일과를 운영하도록 한다.
2시간 이상의 충분한 놀이시간 운영	• 놀이시간은 짧게 여러 번 제공하기보다 긴 시간으로 편성하여 놀이의 흐름이 끊기지 않고 유아가 충분히 놀이하고 몰입할 수 있도록 한다. • 교사는 바깥 놀이를 포함하여 놀이시간을 2시간 이상 확보하되, 날씨와 계절, 기관의 상황, 유아의 관심사와 놀이 특성 등을 고려하여 융통성 있게 편성·운영한다. – 예를 들어, 하루 일과에서 바깥 놀이는 미세먼지, 날씨 등을 고려하여 실내놀이로 편성·운영할 수 있고, 다른 날은 바깥 놀이를 길게 편성할 수도 있다.

마. 성, 신체적 특성, 장애, 종교, 가족 및 문화적 배경 등으로 인한 차별이 없도록 편성하여 운영한다.

• 누리과정은 유아가 성, 신체적 특성, 장애, 종교, 가족 및 문화적 배경 등으로 인해 차별받지 않고 서로 배려하는 마음을 가지도록 편성·운영해야 한다.
 – 유아가 다른 사람을 대할 때 자신과 상대와의 다른 점을 발견할 경우, 틀린 것이 아니라 다른 특성으로 받아들이고 편견 없이 대할 수 있도록 지원해야 한다.

교사	• 교사는 성별, 신체적 특징 및 장애 유무에 따라 유아를 비교하고 평가하거나 불이익을 주지 말아야 하며, 유아에게 고정적인 성 역할과 특정 종교를 강요해서는 안 된다. • 또한 유아들에게 다양한 가족 형태 및 문화적 배경을 이해할 수 있는 경험을 제공하여 다양성을 존중하고 배려할 수 있도록 지원한다.

바. 유아의 발달과 장애 정도에 따라 조정하여 운영한다.

• 유아의 놀이는 연령 및 발달적 특성에 따라 다양한 모습으로 나타난다.
• 같은 연령의 유아들일지라도 흥미, 관심, 경험, 발달, 가정의 문화 등 많은 부분에서 차이가 있으므로, 교사는 유아가 자신에게 적합한 방식으로 놀이할 수 있도록 누리과정을 조정하여 운영한다.

발달지연 또는 장애 유아	• 발달지연 또는 장애 유아도 또래 유아와 함께 하는 경험이 필요하다. – 따라서 교사는 특별한 요구를 가진 유아가 차별 없이 또래와 더불어 생활하고 함께 놀이하도록 지원해야 한다. – 교사는 모든 유아가 보편적인 환경에 접근하고 참여할 수 있도록 교육환경, 교육내용, 교육방법 등을 조정하여 운영할 수 있다. • 또한 유치원과 어린이집에서는 특수학급 또는 통합학급을 편성하여 운영할 수 있다. • 교사는 장애 유아의 특성과 요구를 파악하여 개별화교육계획을 수립하는 등 개별 장애 유아의 교육적 요구에 적합한 교육이 이루어지도록 한다. • 이때 교육과정의 효과적인 운영을 위해 부모, 특수교사, 사회복지사, 의료진 등 가족과 관련 기관의 전문가와 함께 서로 소통하고 협력하는 것이 중요하다. • 필요에 따라 특별히 고안된 장치나 보조기구, 자료를 활용하여 유아가 장애로 인한 불편함을 덜 느낄 수 있도록 지원한다.

MEMO

사. 가정과 지역사회와의 협력과 참여에 기반하여 운영한다.

유아가 속해 있는 가정, 기관, 지역사회 등은 모두 교육과정의 주체이므로, 상호 연계하고 협력해야 한다.

부모 차원	• 유아 · 놀이 중심 교육과정을 운영하기 위해서는 무엇보다 부모의 역할이 중요하다. • 부모는 유아의 놀 권리와 즐겁게 놀이하며 배우는 놀이의 가치를 이해하여 가정에서 유아의 놀이를 지원해야 한다. – 이를 위해 유치원과 어린이집에서는 부모 참여, 간담회, 워크숍, 상담 등 다양한 기회를 마련하여 부모의 역할을 지원할 필요가 있다.
지역사회 차원	• 지역사회는 유아의 다양한 경험을 지원하는 풍부한 자원이다. • 따라서 유치원과 어린이집에서는 유아들이 지역사회의 여러 기관이나 장소를 직접 경험하면서 지역사회에 관심을 가질 수 있도록 지원해야 한다. – 예를 들어 유치원과 어린이집에서는 기관이 위치한 지역사회 특성에 따라 지역사회 문화예술단체와 시설, 공공기관 및 지역 인사 등을 활용하여 유아의 경험을 확장할 수 있는 기회를 마련하고 지원할 수 있다. – 또한 유치원과 어린이집을 지원하는 공공기관과의 상호 협의를 통해 누리과정 운영이 원활히 이루어질 수 있도록 한다.

아. 교사 연수를 통해 누리과정의 운영이 개선되도록 한다.

- 교사는 유아의 놀이와 배움을 지원하는 교육과정의 주체이자 유아와 함께 배우고 성장하는 전문가이다.
- 개정 누리과정에서는 누리과정의 실행자로서 유아의 놀이를 지원하는 교사의 역할을 강조하고 있다.
- 누리과정의 실천과 지속적인 개선을 위해서는 교사 연수가 필수적이다.
  - 유치원과 어린이집을 지원하는 국가 및 지역 기관에서는 다양한 형태의 교사 연수를 마련하고, 교사가 자율적으로 참여할 수 있는 기회를 제공해야 한다.
  - 교사 연수는 교사가 참여하는 다양한 유형의 교육, 배움 공동체, 소모임 등을 포함한다.
  - 교사는 누리과정에 대한 이해 및 필요 정도에 따라 자발적으로 연수에 참여하여 누리과정 운영을 개선해 가도록 한다.

MEMO

2 교수 · 학습

- 교수 · 학습은 유아가 즐겁게 놀이하며 스스로 배울 수 있도록 교사가 지원할 때 고려해야 할 사항이다.
- 유아중심 및 놀이 중심을 추구하는 개정 누리과정에서는 교사를 유아의 놀이 지원자로 제안하고 있다.
  - 교사는 놀이의 특성, 의미, 가치를 이해하여 유아가 즐겁게 놀이하면서 배우는 경험을 지원할 수 있다.
  - 교사는 적절하게 환경을 구성하고, 유아와 바람직한 상호작용을 하여 유아가 놀이에 몰입하고 놀이를 확장하도록 돕는 역할을 한다.

교사는 다음 사항에 따라 유아를 지원한다.

가. 유아가 흥미와 관심에 따라 놀이에 자유롭게 참여하고 즐기도록 한다.
나. 유아가 놀이를 통해 배우도록 한다.
다. 유아가 다양한 놀이와 활동을 경험할 수 있도록 실내외 환경을 구성한다.
라. 유아와 유아, 유아와 교사, 유아와 환경 간에 능동적인 상호작용이 이루어지도록 한다.
마. 5개 영역의 내용이 통합적으로 유아의 경험과 연계되도록 한다.
바. 개별 유아의 요구에 따라 휴식과 일상생활이 원활히 이루어지도록 한다.
사. 유아의 연령, 발달, 장애, 배경 등을 고려하여 개별 특성에 적합한 방식으로 배우도록 한다.

(1) 3~5세 연령별 누리과정(2015) vs 2019 개정 누리과정

3~5세 연령별 누리과정(2015)	2019 개정 누리과정
3. 교수 · 학습 방법 가. 놀이를 중심으로 교수 · 학습활동이 이루어지도록 한다. 나. 유아의 흥미를 중심으로 활동을 선택하고 지속할 수 있도록 한다. 다. 유아의 생활 속 경험을 소재로 하여 지식, 기능, 태도 및 가치를 습득하도록 한다. 라. 유아와 교사, 유아와 유아, 유아와 환경 간에 능동적인 상호작용이 이루어지도록 한다. 마. 주제를 중심으로 여러 활동이 통합적으로 이루어지도록 한다. 바. 실내 · 실외활동, 정적 · 동적활동, 대 · 소집단 활동 및 개별활동, 휴식 등이 균형 있게 이루어지도록 한다. 사. 유아의 관심과 흥미, 발달이나 환경 특성 등을 고려하여 개별 유아에게 적합한 방식으로 학습하도록 한다.	2. 교수 · 학습 교사는 다음 사항에 따라 유아를 지원한다. 가. 유아가 흥미와 관심에 따라 놀이에 자유롭게 참여하고 즐기도록 한다. 나. 유아가 놀이를 통해 배우도록 한다. 다. 유아가 다양한 놀이와 활동을 경험할 수 있도록 실내외 환경을 구성한다. 라. 유아와 유아, 유아와 교사, 유아와 환경 간에 능동적인 상호작용이 이루어지도록 한다. 마. 5개 영역의 내용이 통합적으로 유아의 경험과 연계되도록 한다. 바. 개별 유아의 요구에 따라 휴식과 일상생활이 원활히 이루어지도록 한다. 사. 유아의 연령, 발달, 장애, 배경 등을 고려하여 개별 특성에 적합한 방식으로 배우도록 한다.

MEMO

(2) 교수 · 학습의 내용

가. 유아가 흥미와 관심에 따라 놀이에 자유롭게 참여하고 즐기도록 한다.

- 개정 누리과정에서는 유아가 자신의 흥미와 관심에 따라 자유롭게 자발적으로 참여하고 주노하는 놀이를 강조한다.
  - 유아가 주도하는 놀이는 유아가 자신만의 방식으로 자발적으로 참여하여 자유롭게 이끌어 가는 놀이를 의미한다.

유아와 놀이	• 유아는 놀이하며 자신의 유능함을 드러내고 즐겁게 배우며 성장한다. • 일상에서 자연스럽게 자연, 사물, 사람 등을 만나며 세상과 교감하는 방식은 놀이를 통해 깊어진다. • 유아에게 놀이는 앎이자 삶의 방식이다. • 유아는 놀이를 통해 자신이 경험한 세상을 재구성하며 세상에 대한 이해를 넓혀 나간다. • 유아가 주도하는 놀이는 성인의 간섭과 통제가 최소화되고 유아가 다양한 놀이 환경과 만날 때 활발하게 나타난다. – 따라서 실내의 제한된 흥미 영역에서 교사가 미리 준비한 놀이를 선택하게 하는 방식보다는 유아가 자유롭게 놀이하며 즐기는 방식으로 바꾸어 갈 필요가 있다.
교사의 역할	• 교사는 유아가 주도하는 놀이에 내재된 의미와 가치를 파악하고 그것을 이해하는 과정에서 유아에게 무엇을 지원해 줄 수 있을지를 발견할 수 있다. • 교사는 놀이에 대한 이해를 바탕으로 유아가 주도하는 놀이를 지원할 수 있어야 한다. • 교사는 유아의 놀이를 존중하고 이해하면서 유아가 필요로 하는 놀이 자료, 놀이 공간, 놀이 규칙과 안전 등을 고려하여 필요한 지원을 할 수 있다.

나. 유아가 놀이를 통해 배우도록 한다.

- 개정 누리과정은 놀이를 통한 유아의 배움을 강조하고 있다.
  - 유아는 어디서나 자유롭게 놀이하며 배울 수 있지만, 특히 교육과정으로서 누리과정을 운영하는 유치원과 어린이집에서 이루어지는 유아의 놀이는 교사의 지원을 통해 더욱 유의미한 배움이 될 수 있다.
- 교사는 다양한 방식으로 유아가 놀이를 통해 배우고 성장할 수 있도록 돕고 지원하는 역할을 해야 한다.

놀이를 통한 배움의 이해	• 유아는 놀이하면서 자연스럽게 세상과 교감하며 성장해 간다. • 놀이는 시작과 끝이 정해져 있는 것이 아니라 이어지고 끊어지며 새롭게 생성되어 가는 연속적 과정이며, 배움의 과정과 같다. • 교사는 유아의 놀이를 배움의 과정으로 이해하고 유아의 놀이를 지원해야 한다. • 개정 누리과정에서는 유아가 놀이를 통해 경험하는 배움을 5개 영역과 연결지어 이해할 수 있도록 안내하고 있다. – 개정 누리과정의 5개 영역, 59개의 내용은 3~5세 유아가 유치원과 어린이집에서 경험해야 할 의미 있고 가치 있는 배움의 내용으로 구성되어 있다. – 이는 교사가 가르쳐야 할 내용이 아닌 유아가 즐겁게 놀이하면서 배우는 내용이다. – 교사는 유아의 놀이에서 나타나는 통합적 경험을 59개의 내용과 연결해 보면서 유아의 놀이를 통한 배움을 이해할 수 있다.

MEMO

놀이 연계 활동을 통한 유아 배움 지원	• 교사는 일상생활과 활동에도 유아의 흥미와 관심을 반영하여 유아가 즐겁게 경험하며 배우도록 지원할 수 있다. • 교사가 활동을 운영할 때 유아가 주도하는 놀이의 내용과 연계하여 유아가 즐겁게 배울 수 있도록 지원하는 것이 중요하다. – 예를 들어 현재 유아가 하고 있는 놀이에 부합하면서 유아의 흥미나 관심과 관련된 동화 듣기, 노래 부르기, 요리하기, 게임 등을 제안하여 즐겁게 놀이하는 방식의 활동을 할 수 있다. – 또한 유아가 자신이 하고 있는 놀이를 친구들에게 소개하기, 놀이 규칙 정하기, 특정 관심사에 대해 함께 알아보기 등 상황에 따라 이야기를 나누는 것도 가능하다. – 만일 교사가 유아의 놀이를 지원하기 위해 활동을 계획했더라도 유아의 관심과 흥미에 따라 얼마든지 수정할 수 있다. – 유아의 흥미나 관심 등을 고려하지 않고 미리 정해진 생활주제에 따라 활동을 진행하기보다는 유아가 주도해 가는 놀이와 연계하여 활동을 진행하는 것이 바람직하다. • 교사는 유아의 건강과 안전을 위해 필수로 요구되는 일상생활 습관 지도나 안전교육을 계획하여 운영할 수 있다. – 유치원과 어린이집에서는 유아가 놀이 안전과 생활 안전을 지키고, 위험한 일이 발생하였을 때 도움을 받아 대처할 수 있는 능력을 기를 수 있도록 안전교육을 실시해야 한다. – 안전교육이 필요한 항목으로는 화재안전, 교통안전, 약물안전, 유괴에 대처하는 방법 등이 있으며, 이는 안전교육 관련 법령 및 지침 등에서 제안하는 내용을 바탕으로 유아가 이해하기 쉬운 방식으로 지도한다.
자율성을 바탕으로 유아 놀이 배움 지원	• 유아·놀이 중심 교육과정에서는 유아가 놀이에서 경험하는 배움을 지원하기 위해 교사의 자율성을 강조한다. • 유아는 자신에게 가장 적합한 방식으로 놀이하기 때문에 유아의 놀이는 예측하기 어렵다. • 교사는 유아의 특성, 안전, 놀이 환경, 자료, 날씨, 기관의 상황 등을 고려하여 놀이를 지원해야 한다. – 교사는 유아가 놀이하며 배울 수 있도록 상황에 따라 필요한 교육적 판단을 자율적으로 할 수 있어야 한다. – 예를 들어, 교사는 유아의 놀이가 자신이 계획한 주제나 활동과 다르게 이루어지더라도 유아의 놀이를 존중하여 계획된 활동을 변경할 수 있다. • 교사가 유아의 놀이를 존중한다는 것은 유아의 놀이를 바라만 보거나 방관하는 것이 아니라, 유아의 배움에 필요한 지원 내용을 생각하고, 준비하고, 지원하는 과정을 모두 포함한다. – 예를 들어, 교사는 유아가 놀이하며 경험한 내용을 관찰하고, 놀이에서 나타나는 배움에 주목하여 이를 기록할 수 있다. 이러한 기록은 유아의 놀이 지원을 위한 교사의 자율적 판단의 근거가 된다. – 교사는 계획안을 활용하여 유아가 실제 놀이한 내용을 적합한 방식으로 기록하고 그에 따른 교사의 지원 내용도 함께 작성할 수 있다. 계획안은 유아가 놀이하며 배우는 과정을 이해하는 자료가 되며, 이를 작성하면서 유아에게 필요한 놀이 지원도 함께 계획할 수 있다.

MEMO

다. 유아가 다양한 놀이와 활동을 경험할 수 있도록 실내외 환경을 구성한다.

- 개정 누리과정에서 놀이 환경은 유아가 놀이하는 실내외 모든 공간과 놀이 자료를 포함한다.
  - 유아가 보고 듣고 만지며 자유롭게 표현할 수 있는 놀이 환경은 놀이가 다양하게 이루어지도록 하는 중요한 교육적 자원이다.
  - 따라서 교사는 다양한 실내외 놀이 환경과 풍부한 놀이 자료를 제공하여 유아의 놀이가 활성화되도록 돕는다.

다양하고 안전한 실내외 놀이 공간 구성	**실내 공간** • 교실을 포함한 유치원과 어린이집의 실내 공간은 유아에게 가장 친숙한 놀이 환경이다. • 교사는 놀이 공간을 구성하고 변형해 나가며 유아의 자유로운 놀이를 지원할 수 있다. – 교실의 흥미 영역은 유아들이 가장 좋아하는 놀이를 중심으로 구성하는 것이 좋으며, 유아들이 흥미를 보이지 않는 영역은 다른 영역과 통합하여 재구성하거나 다른 영역으로 대체하는 것도 가능하다. – 또한 유아의 관심과 흥미, 요구에 따라 새로운 영역을 구성할 수 있으며, 이때 유아가 주도적으로 놀이 영역을 창조할 수 있도록 지원해야 한다. – 교실 밖의 복도나 계단, 구석진 공간 등 유아가 놀이할 수 있는 실내 공간은 먼저 안전에 문제가 없는지 파악한 후에 놀이 공간으로 구성할 수 있다. **실외 공간** • 실외 공간은 유아가 마음껏 뛰어놀며, 자연과 계절의 변화를 만나고 탐색할 수 있는 놀이 환경이다. • 교사는 유아가 몸을 충분히 움직여 즐겁게 놀이하고 위험으로부터 자신을 안전하게 보호하는 능력을 기를 수 있도록 지원해야 한다. – 이처럼 실외 놀이 환경은 유아가 안전하게 놀이할 수 있는 공간과 자료로 구성해야 한다. – 또한 유아들이 활발한 신체 움직임을 바탕으로 모험과 도전을 하면서 궁금한 것을 찾아 자유롭게 탐색하는 등 다양하게 경험할 수 있는 놀이 환경을 구성한다. – 실외 자투리 공간, 텃밭, 통로, 작은 마당 등은 공간의 특성과 안전을 고려하여 놀이 환경으로 구성하며, 유치원과 어린이집의 상황에 따라 인근 공원과 놀이터 등도 놀이 공간으로 활용할 수 있다.
풍부한 놀이 자료 제공	• **놀이 자료**: 유아가 놀이에 사용할 수 있는 놀잇감, 매체, 재료와 도구 등을 포함한다. – 유아에게 놀이 자료는 자신의 감정과 생각, 상상 등을 자유롭게 표현하는 수단이자 세상에 대한 이해를 넓혀 나가는 데 중요한 역할을 하는 매개물이다. • 교사 ① 유아에게 일상의 평범한 사물, 자연물, 악기, 미술 재료, 그림책, 재활용품 등을 적절히 제공한다. ② 계절이나 행사, 국경일과 관련된 자료는 시기에 맞게 제공한다. ③ 비구조적인 열린 자료를 풍부하게 제공하여 유아가 자신만의 방식으로 활용할 수 있도록 지원한다. ④ 유아가 찾아낸 새로운 놀이 자료나 창의적인 놀이 방식을 인정하고 존중한다. ⑤ 놀이 자료를 제공할 때는 유아가 자유롭게 탐색할 수 있도록 자료의 사용 방법이나 놀이 방식을 지나치게 제한하지 않도록 유의한다.

MEMO

라. 유아와 유아, 유아와 교사, 유아와 환경 간에 능동적인 상호작용이 이루어지도록 한다.

- 유치원과 어린이집에서 유아는 또래, 교사 및 자신을 둘러싼 환경 등과 관계를 맺으며 성장한다.
  - 또한 유아는 놀이에서 또래 친구와 교사, 자연환경 등과 적극적으로 상호작용하면서 세상을 이해하고 배움을 이루어간다.
  - 교사는 유아가 놀이에서 만나는 다양한 관계에 관심을 기울이고 함께 상호작용을 하며 배움을 지원해야 한다.

유아와 유아 간의 상호작용	• 유아가 주도하는 놀이 중심의 개정 누리과정에서는 유아와 유아 간의 상호작용이 더 활발하고 빈번하게 일어난다. – 유아는 또래들과 놀이하면서 자신의 생각을 표현하고, 친구들의 의견을 듣고 때때로 생각을 바꾸기도 한다. – 더 재미있게 놀이하기 위해 양보하고, 배려하고, 나와 다른 의견을 수용하여 조절하는 경험도 할 수 있다. • 교사는 유아들이 자유롭고 활기차게 놀이할 수 있는 분위기를 제공하여 유아 간의 다양한 상호작용을 격려해 주어야 한다.
교사와 유아 간의 상호작용	• 교사는 유아의 놀이에 귀 기울여 놀이의 의미와 배움을 발견하고, 이를 확장하기 위해 상호작용한다. – 교사는 유아의 흥미와 관심이 어디에 있는지 파악하고, 칭찬, 격려, 미소, 공감 등 정서적 또는 언어적 상호작용을 통해 유아의 놀이를 긍정적으로 수용하고 격려한다. – 교사는 답이 정해진 질문을 하거나 일방적으로 지식을 전달하기 위해 개입하는 것이 아니라 유아의 흥미와 관심에 교감하며 놀이를 지원하는 상호작용을 하도록 한다. 이때 유아의 놀이에서 나타나는 상상력과 사물을 의인화하여 이해하는 유아의 독특한 놀이 표현을 지지하고 함께 교감하는 태도가 필요하다. – 교사는 유아와 주변 세계를 이해하는 공동의 놀이자로서 놀이에서 발생하는 문제를 함께 해결하면서 유아의 배움을 이끄는 상호작용을 할 수 있다.
유아와 환경 간의 상호작용	• 유아 · 놀이 중심 교육과정에서는 유아와 환경 간의 상호작용이 매우 중요하다. – 환경은 유아의 놀이가 활성화되는 배경이자 유아가 다양한 배움을 경험하는 원천이 된다. – 유아와 환경 간의 상호작용은 유아 주변의 친근한 공간, 자료, 일상생활에서 자연스럽게 접하는 모든 환경과의 교감을 포함한다. • 유아는 놀이에서 다양한 사물, 자료, 자연물 등을 만지고 움직여 보며 새로운 흥미와 관심을 가지게 되고, 이는 창작적 표현으로 이어지기도 한다. – 물과 모래, 블록과 종이 등을 가지고 매일 다른 놀이를 하며 즐긴다. – 또한 종이로 접은 새에게 물을 먹여 주기도 하고, 나뭇잎이 떨어진 나무를 춥다고 감싸 주며 즐거워한다. • 유아가 환경과 교감하면서 표현하는 말과 행동은 모두 유아가 환경과 상호작용하며 배우는 과정이다. • 교사는 유아와 환경 간의 상호작용에 주의를 기울이고 존중하며 유아들이 환경과 즐겁게 상호작용할 수 있도록 지원해야 한다.

MEMO

마. 5개 영역의 내용이 통합적으로 유아의 경험과 연계되도록 한다.

- 교사는 개정 누리과정에 포함된 5개 영역의 내용이 유아가 놀이를 하며 통합적으로 경험하는 것임을 이해해야 한다.
  - 5개 영역의 내용을 유아의 경험과 연계하는 방식은 다양하다. 우선 유아는 놀이를 하면서 5개 영역을 통합적으로 경험한다.
  - 예를 들면, 유아는 모래놀이를 하며, 신체를 움직이고, 친구와 대화하며, 그림도 그릴 수 있다. 모래와 물을 섞으며 물질의 변화에 대해 호기심과 탐구심을 가질 수도 있다.
  - 이처럼 유아는 놀이를 통해 여러 가지 영역을 통합적으로 경험하며, 이러한 경험은 영역별로 이루어지지 않는다.
  - 교사는 유아의 놀이에서 5개 영역의 내용이 자연스럽게 통합적으로 나타나는 것을 발견함으로써, 유아가 놀이하며 배우고 있음을 알 수 있다.
- 또한 5개 영역의 내용은 정해진 생활 주제 이외에도 유아의 관심과 흥미에 따라 다양하게 통합할 수 있다.
  - 예를 들면, 교사는 유아가 놀이하며 자연스럽게 경험하게 되는 계절이나 국경일과 같은 친근한 주제, 유아가 놀이하면서 관심을 보이는 동화나 곤충, 그네 등과 같은 주제를 중심으로 유아의 경험과 5개 영역을 통합적으로 연계하여 지원할 수 있다.
  - 유아가 관심을 갖는 그림책, 사물, 우연한 상황 등도 유아의 경험을 통합적으로 연계하여 지원할 수 있는 자원이 될 수 있다.
  - 교사는 자율성을 바탕으로 유아의 놀이 상황과 맥락을 고려하면서 5개 영역을 다양한 방식으로 융통성 있게 유아의 경험과 연계하여 지원할 필요가 있다.

바. 개별 유아의 요구에 따라 휴식과 일상생활이 원활히 이루어지도록 한다.

- 유치원과 어린이집에서 유아의 하루 일과는 놀이와 휴식을 적절하게 안배하여 운영하며 개별 유아의 요구를 반영해야 한다.
  - 유치원과 어린이집에서는 유아의 건강 상태, 날씨나 계절, 기관의 상황 등에 따라 하루 일과를 융통성 있게 운영할 수 있다.
  - 획일적인 하루 일과를 운영하기보다는 배변이나 낮잠, 휴식 등 유아마다 다른 신체 리듬을 반영하여 일과를 운영해야 한다.
- 교사는 놀이의 상황과 개별 유아의 요구 등을 적절히 반영하여 일과가 원활하게 이루어지도록 운영해야 한다.

사. 유아의 연령, 발달, 장애, 배경 등을 고려하여 개별 특성에 적합한 방식으로 배우도록 한다.

- 교사는 유아의 연령과 발달, 장애, 배경 등의 다양한 특성을 이해하고 각 특성을 최대한 고려하여 배움을 지원해야 한다.
  - 유아는 서로 다른 관심과 능력을 가지고 있으며 다양한 맥락 속에서 자신만의 방식으로 놀이하고 배운다.
  - 같은 연령이라도 개별 유아의 특성이 다르듯이 유아가 놀이하는 모습도 다르게 나타난다.
  - 또한 유아가 가정에서 경험하는 다양한 문화적 특성을 서로 인정하고 존중하며 가치 있게 여길 수 있어야 한다.
- 교사는 유아의 특성에 적합한 지원을 위해 발달적 특성이나 장애 정도, 문화적 배경을 우선적으로 파악해야 하며, 필요할 경우 관련 기관 또는 전문가와 협력할 수 있다.

MEMO

UNIT 09 평가

- 개정 누리과정에서의 평가는 유아가 중심이 되고 놀이가 살아나는 누리과정의 운영을 되돌아보고 개선해 가는 과정이다.
- 개정 누리과정은 유치원과 어린이집에서 유아·놀이 중심 교육과정을 운영하는 데 도움이 되고자 평가를 간략화하고 각 기관의 자율적인 평가를 강조하였다.
  - 유치원과 어린이집은 평가의 목적, 대상, 방법, 결과의 활용을 바탕으로 누리과정 평가를 자율적으로 실시할 수 있다.

평가는 다음 사항에 중점을 두고 실시한다.
가. 누리과정 운영의 질을 진단하고 개선하기 위해 평가를 계획하고 실시한다. 나. 유아의 특성 및 변화 정도와 누리과정의 운영을 평가한다. 다. 평가의 목적에 따라 적합한 방법을 사용하여 평가한다. 라. 평가의 결과는 유아에 대한 이해와 누리과정 운영 개선을 위한 자료로 활용할 수 있다.

(1) 3~5세 연령별 누리과정(2015) vs 2019 개정 누리과정

3~5세 연령별 누리과정(2015)	2019 개정 누리과정
4. 평가 가. 누리과정 운영 평가 (1) 운영 내용이 누리과정의 목표와 내용에 근거하여 편성·운영되었는지 평가한다. (2) 운영 내용 및 활동이 유아의 발달수준과 흥미·요구에 적합한지를 평가한다. (3) 교수·학습방법이 유아의 흥미와 활동의 특성에 적합한지를 평가한다. (4) 운영 환경이 유아의 발달특성과 활동의 주제, 내용 및 효율성 등을 고려하여 구성되었는지를 평가한다. (5) 계획안 분석, 수업 참관 및 모니터링, 평가척도 등 다양한 방법을 활용하여 평가한다. (6) 운영 평가의 결과를 반영하여 운영계획을 수정·보완하거나 이후 누리과정 편성·운영에 활용한다. 나. 유아 평가 (1) 누리과정 목표와 내용에 근거하여 유아의 특성과 변화 정도를 평가한다. (2) 유아의 지식, 기능, 태도를 포함하여 평가한다. (3) 유아의 일상생활과 누리과정 활동 전반에 걸쳐 평가한다.	3. 평가 평가는 다음 사항에 중점을 두고 실시한다. 가. 누리과정 운영의 질을 진단하고 개선하기 위해 평가를 계획하고 실시한다. 나. 유아의 특성 및 변화 정도와 누리과정의 운영을 평가한다. 다. 평가의 목적에 따라 적합한 방법을 사용하여 평가한다. 라. 평가의 결과는 유아에 대한 이해와 누리과정 운영 개선을 위한 자료로 활용할 수 있다.

MEMO

(4) 관찰, 활동 결과물 분석, 부모면담 등 다양한 방법을 사용하여 종합적으로 평가하고, 그 결과를 기록한다. (5) 유아평가 결과는 유아에 대한 이해와 누리과정 운영 개선 및 부모면담 자료로 활용할 수 있다.	

(2) 평가의 내용

가. 누리과정 운영의 질을 진단하고 개선하기 위해 평가를 계획하고 실시한다.

평가 목적	평가의 목적은 유아가 중심이 되고 놀이가 살아나는 누리과정 운영을 자체적으로 평가하여 누리과정 운영의 질을 진단하고 보다 나은 방향으로 운영을 개선하는 데 있다.
평가 계획	• 유치원과 어린이집에서는 지역 특성, 각 기관 및 학급(반)의 상황과 요구를 고려하여, 누리과정 운영을 개선할 수 있도록 자율적으로 평가 계획을 수립한다. – 평가의 내용, 평가 주기 및 시기, 평가 방법 등에 대한 계획은 각 기관 구성원들 간의 민주적인 협의를 통해 정한다.

나. 유아의 특성 및 변화 정도와 누리과정의 운영을 평가한다.

평가는 유아 평가와 누리과정의 운영 평가로 이루어진다.

유아 평가	• 유아 평가는 궁극적으로 유아의 행복과 전인적 발달을 지원하는 데 그 목적이 있다. • 교사는 유아의 놀이, 일상생활, 활동 속에서 유아의 자연스러운 모습과 고유한 특성, 의미 있는 변화를 발견하고, 그것을 바탕으로 유아의 배움과 성장을 돕기 위하여 평가를 할 수 있다. • 교사는 유아의 배움이 나타나는 놀이, 일상생활, 활동에서 유아가 가장 즐기고 잘하는 것, 놀이의 특성, 흥미와 관심, 친구 관계, 놀이를 이어가기 위한 자료의 활용 등에 주목하여 유아 놀이를 관찰하고 이를 통해 유아의 특성과 변화를 이해하도록 한다.
누리과정의 운영 평가	• 누리과정의 운영 평가는 유치원과 어린이집의 교육과정이 유아・놀이 중심으로 적절하게 운영되고 있는지 평가하는 데 그 목적이 있다. • 유치원과 어린이집의 누리과정 운영 평가에서는 놀이시간을 충분히 운영하였는지, 유아 주도적인 놀이와 배움이 이루어지고 있는지, 놀이 지원이 적절한지 등을 평가할 수 있다. – 이는 놀이 속에서 나타나는 유아의 특성 및 변화 정도와 연계하여 파악할 수 있다. • 필요에 따라 부모와의 협력이나 행정적・재정적 지원이 적절하게 이루어지고 있는지 등을 평가할 수도 있다.

MEMO

다. 평가의 목적에 따라 적합한 방법을 사용하여 평가한다.

• 평가의 방법은 평가의 목적과 대상에 따라 달라질 수 있다.
  – 유치원과 어린이집은 평가 목적에 가장 적합한 평가 방법을 자율적으로 정하여 활용할 수 있다.

교사	• 교사는 유아의 특성과 변화 정도를 파악하기 위하여 유아들의 실제 놀이 모습을 계획안에 기록할 수 있고, 놀이 결과물과 작품 등을 일상적으로 수집할 수 있다. – 유아들의 놀이를 관찰할 때에는 유아의 말, 몸짓, 표정 등에서 드러나는 놀이의 의미와 특성에 주목하여 이 중 필요한 내용을 메모나 사진 등 교사가 할 수 있는 가장 용이한 방법으로 기록한다. – 이러한 관찰기록 자료는 교실에서 자율적으로 수립한 계획안에 포함하여 유아의 특성과 변화 정도를 파악하는 데 활용할 수 있다. • 개정 누리과정에서는 교사가 유아의 놀이 관찰기록, 유아 평가와 누리과정 운영 평가 등 평가 자료를 만들고 수집하는 데 과도한 노력을 기울이기보다는 유아의 놀이에 더 집중하고 지원하는 것이 중요함을 강조하고 있다. – 교사는 개별 유아를 정기적으로 관찰하기보다는 배움이 나타나는 또래 간의 놀이나 활동 등 유아들이 일상에서 놀이하며 배우는 자연스러운 상황에서 유아의 특성과 변화를 이해하는 평가를 하도록 한다. – 또한 5개 영역 59개 내용을 성취 기준으로 잘못 인식하여 유아의 놀이에서 59개 내용이 나타나는지 여부만을 체크하지 않도록 유의한다.
유치원과 어린이집	• 유치원과 어린이집의 누리과정 운영에 대한 평가는 개선에 필요한 사항에 따라 자율적으로 실시할 수 있다. • 기관별, 학급별 상황이나 필요성에 따라 일지, 동료교사의 관찰, 부모설문지, 누리과정 운영 체크리스트 등의 적합한 방법을 선택하여 누리과정 운영을 평가한다.

라. 평가의 결과는 유아에 대한 이해와 누리과정 운영 개선을 위한 자료로 활용할 수 있다.

• 교사는 유아의 놀이, 일상생활, 활동을 통해 수집된 자료를 평가의 목적에 맞게 종합하여 평가의 결과를 얻을 수 있다.
  – 유아 평가의 결과는 유아가 행복감을 느끼고 전인적으로 발달하도록 도움을 주는 데 활용한다.
  – 또한 누리과정이 추구하는 인간상과 목적, 목표 등에 비추어 유아의 특성과 변화 정도를 이해하고 유아의 배움과 성장에 도움이 되도록 지원하는 방안을 모색하는 데 활용한다.
  – 수집된 모든 자료를 바탕으로 개별 유아의 특성과 변화 정도를 종합적으로 이해하여, 이를 부모와의 면담자료로 활용하여 가정과의 연계를 도모할 수 있으며 유아의 생활지도 등에도 활용할 수 있다.
• 한편 유치원과 어린이집에서 자율적인 방식을 통해 실시한 누리과정 운영 평가의 결과는 각 기관에서 유아·놀이 중심 교육과정의 운영을 보다 나은 방향으로 개선하는 데 활용할 수 있다.

SESSION 11

MEMO

참고

순환적 평가

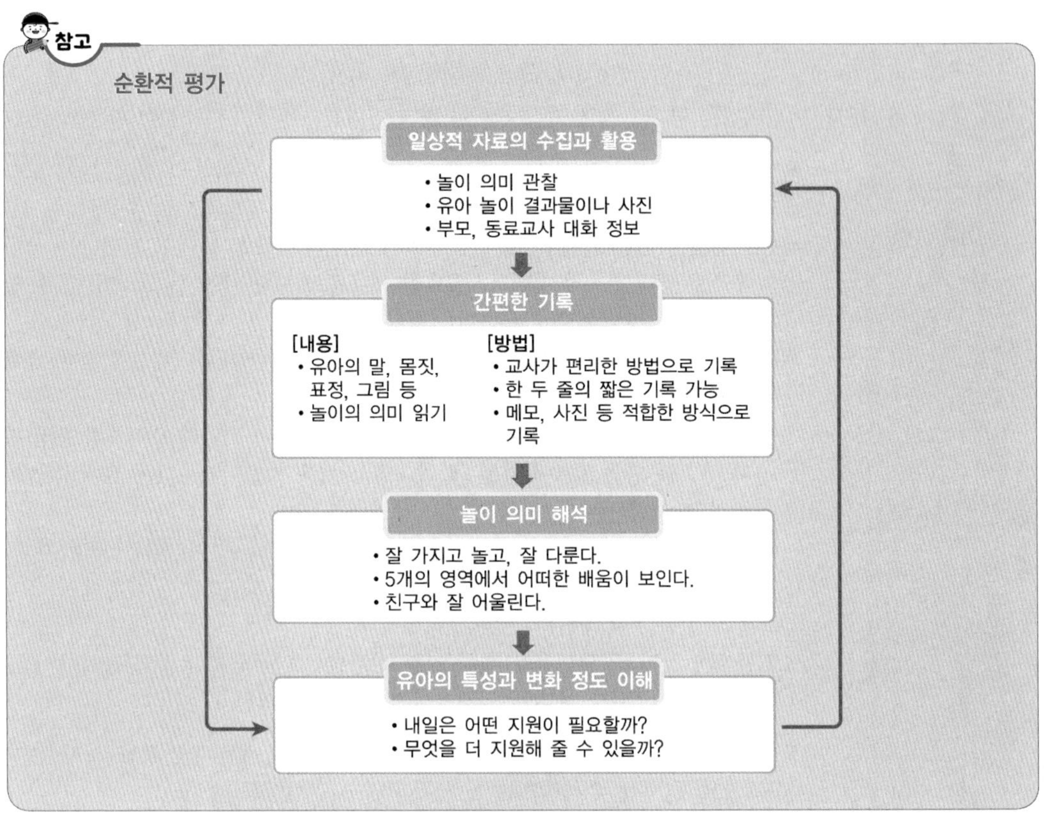

memo

참고문헌

- Kostelnik, Soderman, Whiren, Rupiper, Gregory(2017). 영유아의 사회정서발달과 교육. 박경자, 김송이, 신나리, 권연희, 김지현 옮김. 교문사.
- 신은수 외 공저(2001). 상호작용이론에 기초한 유아교육과정의 운영 및 활동의 실제. 학지사.
- 교육부(2006). 유아의 사회성 발달을 돕는 협동활동 프로그램. 현대문화사.
- 곽노의(2015). 유아교육사조. 문음사.
- 김희태, 정석환(2012). 유아교육사상사. 파란마음.
- 황해익, 최혜진, 정혜영, 권유선(2017). 아동관찰 및 행동연구. 공동체.
- 정금자, 석은조, 김춘화(2014). 유아교육사상사. 정민사.
- 김영옥(2017). 부모교육. 공동체.
- 김진경, 서주현(2014). 부모교육. 방송통신대학교.
- 양옥승(2002). 유아교육 연구방법. 양서원.
- 이영자 · 권영례(2004). 유아 교육 기관의 운영 관리. 창지사.
- 황해익, 서정현, 송연숙, 이경화, 최혜진, 정혜영, 김남희, 이혜은, 손유진, 박순호, 손원경, 남미경, 김인순, 고은미, 유수경(2016). 유아교육개론. 공동체.
- 이기숙(2002). 유아교육과정. 교문사.
- 신혜은, 고태순, 장세희(2017). 영유아 교수방법. 양서원.
- 홍순정, 김재춘(2014). 교육과정. 방송통신대학교.
- 최경숙, 송하나, 정진나, 강민희(2023). 아동발달심리. 교문사.
- 송영명 외 6인 공저(2022). 예비교사를 위한 교육심리학. 어가.
- 박찬옥, 곽현주, 서동미, 이예숙(2023). 영유아발달. 양성원.
- 박찬옥 외 5인 공저(2023). 유아교육개론. 정민사
- 최수연, 홍기경(2023). 영유아발달. 어가.
- 박성연, 이은경(2023). 아동발달. 교문사.
- 김정원 외 4인 공저(2022). 유아교육론양서원.
- 이기숙 외 6인 공저(2023). 영유아발달. 양서원.
- 김진경, 이순형(2014). 유아발달. 방송통신대학교.
- 정옥분(2004). 영유아발달의 이해. 학지사.
- 홍순정, 이규미(2014). 정신건강. 방송통신대학교.
- 이숙재, 이봉선(2008). 영유아의 발달과 교육. 창지사.
- 조형숙, 박은주, 강현경, 김태인, 배정호(2015). 유아 발달. 학지사.
- 전인옥, 이경옥(2012). 유아교육개론. 방송통신대학교.
- 류진희, 황환옥, 최명희, 정희정, 김유림(2001). 유아의 발달에 적합한 신체활동. 양서원.
- 김경중, 류왕효, 류인숙, 박은준, 신화식, 유구종, 정갑순, 조경미, 조희숙, 주리분, 최인숙, 최재숙(2002). 아동발달심리. 학지사.
- 정옥분, 정순화(2017). 부모교육(2판). 학지사.
- 중앙대학교사범대학부속유치원(2017). 중앙대학교사범대학부속유치원교육과정. 공동체.
- 황해익, 송연숙, 정혜영, 유수경(2017). 영유아 행동관찰법. 창지사.
- 정은희(2005). 쌓기 놀이의 발달적 · 교육적 의미 탐색. 중앙대학교 교육대학원 석사학위논문.
- 정미란(2013). 동료코칭을 통한 초등영어교사의 언어적 스캐폴딩과 상호작용 유형의 변화에 관한 사례연구. 광주교육대학교 교육대학원 석사학위논문.
- 김갑성(2014). 교원의 교직경력 개발 고찰. 한국교육개발원.
- 김동일, 조옥희(2015). 유아교육사상사. 양서원.
- 정금자, 석은조, 김춘화(2014). 유아교육사상사. 정민사.
- 팽영일(2017). 유아교육사상사. 교육과학사.
- 김희태, 곽노의, 백혜리(2014). 유아교육철학 및 교육사. 방송통신대학교.
- 곽성기(2022). 교육철학 및 교육사. 학이당.
- 김은경 외 6인 공저(2023). 현대철학을 반영한 유아교육사상사. 양서원.
- 조화태, 박종배, 권영민 공저(2023). 교육사. 한국방송통신대학교 출판문화원.
- 고경화, 김정임, 하경표(2022). 교육사 및 교육철학. 동문사.
- 진명희, 김호현(2022). 놀이와 학습의 통합적 연계를 위한 놀이지도. 공동체.
- 오연주, 박애순, 최정화, 이명윤(2020). 유아중심 놀이지도. 창지사.
- 개정 누리과정에 기초한 유아중심 놀이지도, 손혜숙, 김연희, 이승숙, 정민사, 2020.
- 신유림, 문혁준 외 9인(2020). 놀이지도. 창지사.
- 남효순, 신지혜, 전선영(2020). 예비 영유아 교사를 위한 놀이지도. 어가.
- 이숙재(2004). 유아를 위한 놀이의 이론과 실제. 창지사.
- 유효순, 김희태(2014). 놀이지도. 방송통신대학교.
- 신은수, 김은정, 유영의, 박현경, 백경순(2018). 놀이와 유아교육. 학지사.
- 송혜린, 신혜영, 신혜원, 조혜진(2012). 놀이지도. 다음세대.
- 박찬옥, 정남미, 곽현주(2017). 놀이지도. 양성원.

- 강숙현, 김정아, 김희정, 윤숙희, 이은희(2016). 놀이지도. 학지사.
- 이은화, 김영옥 (2002). 유아를 위한 부모교육. 동문사.
- 유효순, 이원영(2003). 부모교육. 방송통신대학교.
- 이원영, 이태영, 전우경, 강정원(2017). 영유아 교사를 위한 부모교육. 학지사.
- 정지나, 한준아, 김지현, 김태은, 윤상인(2018). 부모교육. 양서원.
- 염지숙, 이명순, 조형숙, 김현주(2017). 유아교사론. 정민사.
- 김진경, 권혜진(2016). 영유아교사론. 방송통신대학교.
- 문혁준, 김경회, 김영심, 김혜연, 배지희, 서소정, 안효진, 이경열, 이미정, 이희경, 조혜정(2016). 유아교사론. 창지사.
- 임부연, 김성숙, 송진영(2018). 유아교사론. 양서원.
- 박은혜(2018). 유아교사론. 창지사.
- 염지숙, 이명순, 조형숙, 김현주 공저(2022). 유아교사론. 정민사.
- 홍길회, 정미자(2020). 영유아 교사 인성론. 동문사.
- 권미량, 김은주(2023). (자연 · 놀이 · 아이다움을 살리는) 유아교사론. 공동체.
- 김숙자, 신은정 외3명 공저(2023). 영유아교사인성론. 공동체.
- 이순형 외 공저(2016). 아동복지 이론과 실천. 학지사.
- 정옥분, 정순화, 손화희, 김경은(2016). 아동권리와 복지. 학지사.
- 정익중, 오정수 공저(2021). 아동복지론. 학지사.
- 한미현 외 11명 공저(2021). 아동복지. 창지사.
- 이소희, 유서현, 김일부 공저(2020). 아동먼저! 아동권리와 아동복지. 정민사.
- 박선희, 조흥식 공저(2020). 아동복지. 한국방송통신대학교 출판문화원.
- 이성진, 박성수(2013). 교육심리학. 방송통신대학교.
- 박찬옥, 지성애, 조형숙, 서동미, 곽현주, 엄은나, 한진원, 김현주, 김민정, 홍찬의(2017). 유아교사를 위한 논리 · 창의 교육. 정민사.
- 양옥승, 나은숙, 신은미, 조유나, 황혜경(2015). 유아교육개론. 정민사.
- 홍순정, 이기숙(2012). 유아교육과정. 방송통신대학교
- 유주연, 김혜전, 장민영 공저(2023). 유아교육과정. 한국방송통신대학교 출판문화원.
- 이기숙(2017). 유아교육과정. 교문사.
- 최지영(2014). 유아교육과정. 동문사.
- 박찬옥, 서동미 외 4인 공저(2020). 2019 개정 누리과정을 반영한 유아교육과정. 정민사.
- 임규혁, 임웅 공저(2007). 학교학습 효과를 위한 교육심리학. 학지사.
- 양옥승, 김미경, 김숙령, 김영연, 김진영, 박선희, 서현아, 오문자, 장혜순, 조성연, 조은진, 최양미, 현은자(2003). 유아교육개론. 학지사.
- 전인옥, 이경옥(2016). 영아발달. 방송통신대학교.
- 이소현(2003). 유아특수교육. 학지사.
- 이소현(2021). 유아특수교육. 학지사.
- 이소현(연구책임자, 2017). 유치원 통합교육 가이드북 개발연구. 인천광역시 교육청.
- 김경현(연구책임자, 2022). 장애유아 놀이운영 지원 안내자료. 교육부 국립특수교육원.
- 유은영, 조윤경 공저(2023). 특수교육학개론. 한국방송통신대학교 출판문화원.
- 최지영(2014). 유아교육과정. 동문사.
- 박찬옥, 서동미, 곽현주, 박성희, 한남주, 홍찬의(2017). 유아교육과정. 정민사.
- 이소은, 이순형(2015). 영유아프로그램 개발과 평가. 방송통신대학교.
- 이기숙(2017). 유아교육과정. 교문사.
- 허미애(2016). 유아교사를 위한 현장교육의 이론과 실제. 공동체.
- 양옥승(2002). 유아교육 연구방법. 양서원.
- 김희태 · 백순근(2014). 유아교육평가. 방송통신대학교.
- 황해익 · 송연숙 · 정혜영 · 유수경(2017). 영유아행동관찰법. 창지사.
- 홍순정, 최석란(2013). 아동관찰 및 행동연구. 방송통신대학교.
- 황해익, 최혜진, 저혜영, 권유선(2017). 아동관찰 및 행동연구. 공동체.
- 김희태, 유진은 공저(2023). 교육평가. 한국방송통신대학교 출판문화원.
- 권정윤, 안혜준, 송승민, 권희경(2017). 유아생활지도. 학지사.
- 조운주, 최일선(2017). 제3판 유아교육기관에서의 유아생활지도. 창지사.
- 하수혜, 강한나(2018). 하수혜 유아임용 꽃거름 누리과정 1. 열린교육
- 하수혜, 강한나(2018). 하수혜 유아임용 꽃거름 누리과정 2. 열린교육.
- 하수혜, 강한나(2018). 하수혜 유아임용 꽃거름 누리과정 3. 열린교육.
- 하수혜, 강한나(2018). 하수혜 유아임용 꽃거름 누리과정 4. 열린교육.
- 하수혜, 강한나(2018). 하수혜 유아임용 꽃거름 누리과정 5. 열린교육.
- 하수혜, 강한나(2018). 하수혜 유아임용 꽃거름 유아교육개론. 열린교육.

하수혜 **거름이**
유아교육개론 하

제1판발행 | 2024. 1. 30. **제3판인쇄** | 2025. 2. 5. **제3판발행** | 2025. 2. 10.
편저자 | 하수혜 **발행인** | 박 용 **발행처** | (주)박문각출판
등록 | 2015년 4월 29일 제2019-000137호
주소 | 06654 서울특별시 서초구 효령로 283 서경 B/D **팩스** | (02)584-2927
전화 | 교재 문의 (02) 6466-7202, 동영상 문의 (02) 6466-7201

저자와의
협의하에
인지생략

ISBN 979-11-7262-421-7 | 979-11-7262-419-4(SET)
정가 43,000원